T0047840

EL PEQUEÑO

Larousse
de la
Cocina

Más de **1800** recetas internacionales

© Larousse, 2004

D.R. © MMXI, por Ediciones Larousse, S.A. de C.V.
Renacimiento 180, Col. San Juan Tlihuaca.
Delegación Azcapotzalco, C.P. 02400, México, D.F.

ISBN 2-03-560277-7 (Larousse)
ISBN 970-22-1311-8 (Ediciones Larousse)
978-607-04-0045-2

SEGUNDA EDICIÓN - Primera reimpresión

Impreso en México — Printed in Mexico

EL PEQUEÑO

Larousse

de la
Cocina

Más de **1800** recetas internacionales

LAROUSSE

Barcelona   México   París   Buenos Aires

EDICIÓN EN FRANCÉS

Dirección editorial
Colette Hanicotte

Edición
Ewa Lochet
Con la colaboración de Isabelle Jullien, Marie-Thérèse Lestelle, Maja Siemek, Matine Willemin

Dirección artística
Emmanuel Chaspoul con la colaboración de Jacqueline Bloch

Diseño
Grégoire Bourdin

Formación
Nord Compo

Ilustraciones
Sylvie Rochart

Fotografías
Studiaphot

EDICIÓN EN ESPAÑOL

Dirección editorial
Aarón Alboukrek

Editor asociado
Luis Ignacio de la Peña

Coordinación editorial
Verónica Rico

Traducción de Larousse con la colaboración de
Mónica Portnoy

Recetas latinoamericanas
Sara Graciela Giambruno
Verónica Rico

Formación
Guillermo Martínez César

Revisión
Rossana Treviño

Colaboraron en esta obra:
Paule Neyrat, dietista, directora de capacitación en la Fondation Escoffier.
Georges Pouvel, profesor de cocina y consejero técnico en gastronomía.
Christophe Quantin, profesor de cocina en el liceo de hotelería de Blois, premio Meilleur Ouvrier de France.

Agradecemos también la participación de Michel Maicent, chef de cocinas de la escuela de hotelería Jean-Drouant de París.

Prefacio

Después del éxito obtenido en Francia por el *Larousse gastronomique*, obra reconocida por los chefs más renombrados, en 1998 se publicó el *Petit Larousse de la Cuisine*, con el que un público extenso ha accedido a 1 800 recetas, certificadas y aprobadas por cocineros profesionales. Desde entonces, el libro seduce a miles de aficionados a la buena cocina. Los principiantes aprenden aquí el *ABC* de la cocina: cómo cocer una carne o un pescado, preparar cualquier tipo de verduras, etc., mientras que los cocineros más experimentados pueden encontrar en él una mina de ideas.

Una buena muestra de la cocina francesa y de otros sitios está reunida en grandes capítulos: sopas y potajes; entradas y entremeses; huevos y quesos; pescados, mariscos y crustáceos; carnes, etc. Para facilitar la consulta, las recetas están —dentro de cada una de estas rúbricas— clasificadas de acuerdo con los productos. Así, para la palabra "pato" encontraremos una selección de recetas para asarlo, cocinarlo a las brasas, ponerlo en conserva o incluso para preparar el foie gras...

Se incluyen platos tradicionales franceses, una muestra de platos regionales (guiso de ternera, coq au vin, volován de poro, papas gratinadas, sopa de verduras mixtas, pastel bretón, tarta Tatin, entre otros), así como una gran variedad de clásicos extranjeros (gazpacho, moussaka, paella, waterzoi, tiramisú, etc.) y platos de América Latina (cebiche, mole de olla, humitas, perico venezolano, enyucado, alfajores), sin olvidar las recetas simples y rápidas de la cocina cotidiana (omelette, soufflé de queso, jitomates rellenos, ensaladas mixtas...).

Para quien disfruta practicando el arte culinario, se explican también todas las preparaciones básicas: condimentos, consomés, caldos, concentrados, salsas, bases para pastas... Por supuesto, estas preparaciones se pueden sustituir por un producto comercial equivalente siempre que esto sea posible.

Esta edición del *Pequeño Larousse de la cocina* ofrece una presentación ágil y lectura fácil que lo convierten en una herramienta muy útil en toda cocina. Además, al pie de muchas recetas, el lector encontrará los nombres que se dan en algunos países a varios ingredientes y procedimientos marcados con otro color.

El Editor

Contenido

CONTENIDO

Conocimientos
básicos

Dietética y alimentación

Las autoridades oficiales en materia de nutrición establecieron reglas simples para el equilibrio alimentario: 15 % de las calorías diarias deben proporcionarlo las proteínas, 30 a 35 % los lípidos (grasas), 50 a 55 % los glúcidos (carbohidratos). Para respetar este equilibrio, el principio general es comer de todo, en tres momentos del día:

- un desayuno, constituido por una bebida (café o té); un producto lácteo (leche, yogur o queso blanco para las proteínas y el calcio); cereales y/o pan (que brindan carbohidratos) con un poco de mantequilla y mermelada si se prefiere; una fruta o un jugo de frutas (que proporcionan carbohidratos y vitaminas).
- un almuerzo o comida y una cena, con carne o pescado (proteínas y hierro), verduras y papas, pastas o arroz (carbohidratos y vitaminas), queso (proteínas y calcio), frutas (carbohidratos y vitaminas) o un postre, y pan (carbohidratos).

Las cantidades varían según cada individuo. De hecho, el hambre sólo se siente cuando el organismo necesita carbohidratos, es decir, cuando ya se absorbieron los de la comida anterior. Desaparece mientras se come y los carbohidratos asimilados envían señales al sistema nervioso que desencadena esta sensación.

NECESIDADES MÍNIMAS DE ENERGÍA

La energía, tanto la contenida en los alimentos como la necesaria para el organismo, se mide en kilocalorías (kcal) o en kilojoules (kJ).

Para que el balance energético sea equilibrado, es imprescindible que los aportes sean iguales a las pérdidas. Un desequilibrio —demasiado aporte y pérdidas insuficientes, o a la inversa— provoca un excedente de kilos o, por el contrario, la pérdida de peso. Para entender las necesidades de energía, primero hay que saber cómo se consume. El metabolismo básico, lo que se gasta obligatoriamente para mantener el cuerpo en reposo, ocupa el primer lugar en las pérdidas. Éste depende del tamaño, el peso, el sexo y la edad, pero también del estado físico y psíquico. La regulación térmica, o conservación de la temperatura corporal a 37 °C, también implica un gasto de energía. Por último, el hecho de alimentarse varias veces al día implica también un gasto de energía, la cual se pierde en el transcurso de la transformación y almacenamiento de los nutrientes. Sin embargo, las pérdidas ocurridas durante el trabajo muscular son, en principio, las más significativas. En una hora de caminata se pierden, por ejemplo, entre 250 y 300 kcal. El equilibrio alimentario exige que los nutrientes —proteínas, lípidos y carbohidratos—, al igual que las vitaminas y las sales minerales, se consuman en proporciones equivalentes a las pérdidas.

EN ALGUNOS PAÍSES SE LLAMA:
Mantequilla: *manteca*. Papa: *patata*.

LAS PROTEÍNAS: NUTRIENTES ESTRUCTURALES

Las proteínas que forman parte de todas las células del cuerpo están constituidas por 23 aminoácidos, de los cuales ocho son imprescindibles ya que el organismo no puede sintetizarlos. La necesidad cotidiana de proteínas es de un gramo por kilo de peso corporal; esto representa, en principio, de 12 a 15 % de las calorías diarias.

La mayor cantidad de proteínas se encuentra en los quesos madurados (18 a 25 %, en lugar de 8 a 10 % encontradas en los quesos frescos), seguidos de las carnes, pescados, mariscos y crustáceos (15 a 25 %), los huevos (13 %) y las harinas (10 %). También existen en las leguminosas (8 %) y en el pan (7 %).

Las proteínas alimenticias proporcionan 4 kcal por gramo. La tercera parte, como mínimo, de las proteínas absorbidas debe ser de origen animal, dado que éstas contienen los ocho aminoácidos indispensables, que no suelen hallarse en las proteínas vegetales. El régimen vegetariano, que sólo excluye carnes y pescados, no implica ningún riesgo, pero no sucede lo mismo con el régimen macrobiótico, ya que éste prohíbe el consumo de cualquier alimento de origen animal.

Sin embargo, este equilibrio teórico y recomendado (un tercio de proteínas animales, dos tercios de proteínas vegetales) rara vez se respeta dentro de los hábitos alimenticios actuales, que suelen descuidar los cereales. De hecho, esta proporción generalmente se halla invertida, lo que tiene serias consecuencias para la salud, ya que el exceso de grasas en los alimentos de origen animal genera un desequilibrio que propicia la obesidad y las enfermedades cardiovasculares.

LOS CARBOHIDRATOS: NUTRIENTES ENERGÉTICOS POR EXCELENCIA

Se denominan carbohidratos a raíz de su composición química. También se les llama "azúcares", aunque esto puede prestarse a confusión. El azúcar y los caramelos de azúcar son carbohidratos puros (100 %). Las galletas y las frutas secas contienen de 65 a 88 %. El pan posee 55 %, pero este alimento debería ser el principal proveedor de carbohidratos. Las pastas y el arroz, una vez cocidos, incluyen 20 %, lo mismo que las papas. Los productos lácteos aportan de 3 a 6 % y las verduras un promedio de 7 %, que en realidad es poco. Por su parte, las frutas contienen entre 5 y 20 por ciento.

Una vez que se degradan en el tubo digestivo, todos los carbohidratos alimenticios producen glucosa, el alimento esencial para todas las células del cuerpo porque les aporta la energía necesaria para funcionar. Un simple descenso en la glucemia (tasa de glucosa en la sangre) produce efectos inmediatos que se traducen en fatiga, sensación desagradable de vacío y hambre. La glucosa se encuentra sobre todo en nuestro hígado y en nuestros músculos, bajo la forma de glucógeno, y aumenta como máximo entre 300 y 400 g, lo que representa una reserva energética para unas 12 horas. Por esta razón, es absolutamente necesario absorber carbohidratos en cada comida.

EN ALGUNOS PAÍSES SE LLAMA:
Papa: *patata*. Quesos madurados: también se conocen como quesos fermentados. El espectro incluye quesos que pudieran considerarse duros, como el parmesano, así como otros más blandos, como el roquefort o el camembert.

LOS LÍPIDOS: ESTÉTICA Y ENERGÍA

Las grasas desempeñan diferentes funciones en el organismo. Agrupadas en el tejido adiposo (las grasas corporales) que envuelve los músculos, dan forma al cuerpo. Los lípidos también constituyen el depósito más importante de energía. La reserva promedio de lípidos de una persona cuyo peso es de 65 kg se estima entre 9 y 10 kg, es decir, entre 81 000 y 90 000 calorías, lo que le permitiría sobrevivir sin comer durante 40 días.

Los aceites son lípidos puros (100 %). Las materias grasas también contienen una cantidad considerable (83 % la mantequilla y las margarinas), al igual que algunos embutidos (60 %). Las carnes más grasosas aportan 30 %, los quesos madurados de 15 a 30 %; la crema de 15 a 35 por ciento.

Los lípidos alimenticios pueden contener tres tipos de ácidos grasos: saturados, monoinsaturados y poliinsaturados. Estos ácidos se conocen por el efecto nocivo o benéfico que tienen sobre el sistema cardiovascular. Los ácidos grasos saturados se encuentran esencialmente en las grasas de origen animal (mantequilla, crema, quesos, carnes) y se descubren de manera fácil: si una grasa se endurece a temperatura ambiente (18 a 22 °C), es más rica en ácidos grasos saturados. Los aceites son ricos en ácidos grasos monoinsaturados y poliinsaturados que desempeñan un papel positivo y de prevención frente a las enfermedades cardiovasculares. Las grasas animales contienen colesterol, mientras que las grasas vegetales no.

Todos los lípidos se almacenan muy fácilmente en el organismo cuando su proporción en la alimentación es significativa. El riesgo de ganar peso aparece sobre todo si se está genéticamente predispuesto.

LAS SALES MINERALES, LOS OLIGOELEMENTOS Y LAS VITAMINAS INDISPENSABLES PARA LA VIDA

Todos los minerales están presentes y tienen una función en el cuerpo humano. El término oligoelementos designa los minerales contenidos en pequeñísimas cantidades tanto en el organismo como en la alimentación. Las principales sales minerales son el calcio, el cloro, el hierro, el magnesio, el fósforo, el potasio y el sodio.

El **calcio** y el **fósforo** son, cuantitativamente, las sales más importantes para el organismo porque intervienen en la estructura ósea; de allí la necesidad de que su aporte alimenticio sea importante (de 800 a 1 000 mg por día). Todos los alimentos contienen fósforo. No sucede lo mismo con el calcio, que aportan particularmente los productos lácteos. La leche contiene 125 mg, un yogur normal 140 mg y el aporte de calcio de los quesos es variable (entre 50 mg por cada 100 g en los quesos blandos y 950 mg en los duros). Por esta razón, es bueno tomar leche durante el día, pero es absolutamente imprescindible consumir queso o un producto lácteo en cada comida.

El **hierro** es uno de los componentes de los glóbulos rojos sanguíneos. Su papel es muy importante en todos los mecanismos de respiración celular, así como para las defensas inmunitarias. Las necesidades (18 a 24 mg para las mujeres, 19 mg para los hombres) no siempre son satisfe-

---

EN ALGUNOS PAÍSES SE LLAMA:
Crema: *nata*. Mantequilla: *manteca*.

chas, ya que el hierro no es bien absorbido por el organismo y es raro encontrarlo en la alimentación. En general, existe una carencia debido al consumo insuficiente de carnes rojas. Aunque muchas verduras contienen hierro, el organismo no puede aprovecharlo correctamente.

El **magnesio** interviene en las células nerviosas y en la excitabilidad neuromuscular. Los requerimientos son bastante importantes (300 a 500 mg por día) aunque generalmente no son satisfechos, ya que, a excepción del chocolate (290 mg por cada 100 g), las frutas secas (50 a 250 mg), las leguminosas (60 a 80 mg) y los cereales integrales, la alimentación es bastante pobre en este mineral. La falta de magnesio se traduce en cansancio, problemas musculares y, a veces, en espasmofilia.

El **sodio** desempeña un papel decisivo, ya que de él depende todo el equilibrio hídrico del organismo. Nunca falta, sino todo lo contrario. La sal (cloruro de sodio) lo aporta en grandes cantidades, a menudo excesivas. Igualmente, se encuentra en casi todos los alimentos. El exceso en su consumo puede propiciar hipertensión en aquellos que están genéticamente predispuestos.

El **potasio** tiene un papel metabólico central. Lo contienen todos los alimentos, especialmente las frutas y las verduras. No existe riesgo de carencia.

Los **oligoelementos** son el cobre, el cromo, el flúor, el yodo, el manganeso, el molibdeno, el selenio y el zinc. En el caso de algunos de ellos, los requerimientos aún se desconocen.

Las **vitaminas** son indispensables para el crecimiento, la reproducción y el buen funcionamiento de todos los órganos. Lo único que las provee es la alimentación, excepto la vitamina D, aportada esencialmente por la acción de los rayos solares ultravioleta. Todos los alimentos, salvo el azúcar puro, contienen vitaminas, pero ninguno las contiene todas, lo que fortalece la necesidad de una alimentación variada. Cuando la alimentación es desequilibrada, demasiado rica en azúcares y en grasas, y/o demasiado pobre en cereales, frutas y verduras, existen carencias, sobre todo en cuanto a las vitaminas del grupo B y la vitamina C. Una ligera insuficiencia basta para generar problemas que se traducen, en primera instancia, en fatiga.

Para concluir, no hay que olvidar que el agua es el componente principal del organismo y que se renueva constantemente. Cada día se eliminan de dos a tres litros de agua, que son reemplazados por el líquido que contienen las bebidas y los alimentos: en consecuencia, es una necesidad vital beber por lo menos un litro de agua al día.

Material culinario

Para cocinar bien hay que conocer las reglas del arte culinario, pero también es necesario disponer del material adecuado para la realización de las recetas. Los diversos utensilios deben ser manejables, sólidos y de fácil limpieza.

LA BATERÍA DE COCINA

Cacerolas y ollas. Las cacerolas deben ser estables y tener un mango suficientemente largo (en ocasiones removible). El vertimiento se facilita si la cacerola tiene la orilla redondeada. La olla es una gran vasija con asas, más alta que ancha, que permite cocinar cierta cantidad de carnes con hueso. La pescadera es una cacerola alargada que sirve para la cocción de pescados enteros. Se recomienda elegir recipientes que tengan tapa y de preferencia sean de acero inoxidable, material resistente que no guarda los olores. Para la cocción de salsas y azúcar, utilizar una cacerola pequeña con fondo grueso, de ser posible, en cobre estañado, muy buen conductor del calor. También existen ollas hechas de hierro fundido o de hierro fundido esmaltado, que son insustituibles para las cocciones lentas.

Charolas. Cumplen con diferentes funciones. La charola para asar, durante la cocción al horno de carnes o aves grandes, debe ser lo suficientemente grande para recibir la grasa y los jugos de cocción. Las hay en muchos materiales. La charola para gratinar (de formas diversas) sirve para cocer cualquier preparación salada o azucarada.

Freidora. Está provista de un cestillo de metal en el cual se colocan los alimentos antes de sumergirlos en un baño de aceite.

Paellera / Arrocera. Sartén con asas, de barro o hierro fundido esmaltado. Si bien su capacidad es bastante limitada debido a su poca altura, es muy práctica sobre todo para el arroz y la paella, de donde obtiene su nombre.

Parrilla para carne. Habitualmente, es de hierro fundido acanalado y muy útil para las carnes asadas.

Refractario para soufflé. Pequeño platón redondo y ancho, con asas, generalmente de barro o porcelana refractaria.

Sartén. Es conveniente tener varios y, de ser posible, reservar uno para los pescados. Su fondo debe ser lo suficientemente grueso para que el calor se distribuya de manera uniforme. Un recubrimiento antiadherente (tipo Teflón) permite que los alimentos no se peguen.

Sartén salteador. Tipo de sartén grande y bajo, que sirve para "saltear" pedazos de carne, verduras, etc.

Terrina. Es una charola de loza o porcelana refractaria, de forma rectangular, redonda u ovalada, de bordes rectos bastante altos, provista de asas o mangos, y se cierra con una tapa que encaja en un reborde interior.

LOS UTENSILIOS BÁSICOS

Aguja para coser. Sirve para amarrar las aves y cocer las carnes rellenas.

Batidor de alambre. Sirve para batir las claras a punto de turrón. Cuando tiene alambres más rígidos, sirve para emulsionar las salsas y mezclar las cremas.

Bol. Hay que elegirlo suficientemente ancho y profundo para que sea posible batir con el batidor de alambre, amasar o dejar la masa mientras se esponja.

Cernidor. Colador que sirve para pasar la harina y evitar los grumos.

Colador. Utensilio redondo y ancho que sirve para filtrar líquidos o escurrir los alimentos, crudos o cocidos, y separarlos del líquido en que se enjuagaron, remojaron o cocieron.

EN ALGUNOS PAÍSES SE LLAMA:
A punto de turrón: *a punto de nieve.* Cernidor: *cedazo, tamiz.* Charola: *asadera.*

Colador chino. Llamado de esta manera por su semejanza con los sombreros chinos, es de forma cónica y tiene una malla fina que retiene las impurezas de salsas, caldos y almíbares.

Cuchara y espátula de madera. Una sirve para remover y mezclar, la otra para desmoldar y voltear los alimentos dentro de un sartén (sin estropear el recubrimiento antiadherente).

Cucharón. Cuchara grande, honda y con mango largo, utilizada para los líquidos. Si es más pequeña y tiene un pico vertedor, sirve para desgrasar los jugos y las salsas.

Espátula de plástico. Sirve para raspar los residuos que quedan en los utensilios.

Espumadera. Cuchara grande, redonda, llena de agujeros y con un mango largo; sirve para desgrasar los caldos y separar los alimentos sólidos de los líquidos. Para sacar los alimentos de un baño de aceite se utiliza una espumadera de aluminio o de acero inoxidable.

Pasapuré. Sirve para hacer puré de verduras cocidas. La mayoría de los modelos tiene tres discos con perforaciones más o menos grandes.

Pincel plano. Se utiliza para barnizar ciertos preparados con mantequilla derretida, yema de huevo o aceite y para engrasar los moldes o dorar la superficie de las preparaciones de masa antes de su cocción.

CUCHILLOS Y OTROS UTENSILIOS PEQUEÑOS

Acanalador y pelador de cítricos. Instrumentos de hoja corta; el primero sirve para decorar los cítricos, el segundo para sacar tiras finas de su cáscara.

Cuchillo de carnicero. Sirve para cortar la carne cruda y los asados.

Cuchillo de cocina. Su larga hoja permite picar ajo, chalote, hierbas finas, etc.

Cuchillo de sierra. Sirve para cortar los tomates, las cebollas, etc.

Cuchillo de verduras. Cuchillo pequeño y puntiagudo que se utiliza para preparar y rebanar las verduras.

Descorazonador. Cilindro corto con borde afilado que se utiliza para extraer el corazón de las manzanas, dejándolas enteras.

Deshuesador. Especie de tenaza que se utiliza para quitar los huesos de cerezas, aceitunas, etc.

Pelapapas. Su hoja tiene una ranura afilada que sirve particularmente para pelar papas.

MOLDES Y UTENSILIOS PARA REPOSTERÍA

Cilindros y cuadritos. Se trata de moldes sin fondo (la plancha para galletas cumple este papel) que suprimen la operación de desmoldar.

Cortador acanalado para masa. Pequeña rueda cuyos bordes acanalados permiten cortar la masa de manera regular. Es muy similar a los cortadores de pizza.

Flanera individual. Pequeño molde redondo con forma de cono truncado que se utiliza para servir porciones individuales.

EN ALGUNOS PAÍSES SE LLAMA:

Chalote: *ascalonia, chalota, echalote, escalonia.* Deshuesador: *descarozador.* Hueso: *carozo.* Mantequilla: *manteca.* Papa: *patata.* Pasapuré: *machacador, pisapapas, pisapuré.* Pelapapas: *pelapatatas.*

Manga pastelera. Permite rellenar los choux, decorar los pasteles y preparar algunas pastas sobre la plancha para galletas. Se utiliza con duyas que se encuentran de distintos calibres y formas múltiples.

Molde individual para soufflé. Es en un molde pequeño (de porcelana o vidrio refractario) utilizado para porciones individuales (de crema, soufflé, huevos).

Molde para brioches. Puede ser redondo o rectangular, de paredes anchas y acanaladas. Da su forma a los brioches y también a ciertos bocadillos.

Molde para carlota o budines. Molde ligeramente acampanado que puede ser rectangular o circular, con asas que facilitan su desmolde. Se usa para carlotas, budines, etc. También sirve para algunos platos salados (como, por ejemplo, el áspic).

Molde para gelatina. Tiene la forma de una corona acanalada en diagonal. Tradicionalmente es de loza, pero en la actualidad también existe con recubrimiento antiadherente. Sirve ante todo para hacer el kouglof (pastel alsaciano).

Molde para helado. Los moldes metálicos son los mejores. Tienen una tapa hermética para evitar la formación de cristales de hielo.

Molde para panecillos individuales. Es una plancha alveolada que permite la cocción simultánea de cuatro hasta 24 pastillos idénticos, como por ejemplo, la plancha para magdalenas.

Molde para paté. Molde metálico con bisagra y fondo desmontable, ovalado o rectangular. La bisagra permite retirar las paredes, lo que es muy práctico al momento de desmoldar.

Molde para rosca. Puede ser liso o acanalado, tiene un agujero en el centro, lo que brinda al pastel su forma de corona.

Molde para soufflé. Molde redondo, de diferentes capacidades, que generalmente es de porcelana o vidrio refractario y tiene bordes altos, redondeados y rectos.

Moldes para pasteles. Moldes de forma rectangular o circular, de tamaños diversos, que se utilizan en la cocción de masa para genovesas y pasteles que, una vez horneados, pueden rellenarse, enrollarse o decorarse. Sirve además para la cocción integral de una gran variedad de pasteles (cuatro-cuartos, pastel de queso blanco, bavarois, etc.). Es recomendable escogerlos con fondo desmontable.

Moldes para tartaletas y petits-fours. Moldes miniatura, de muy diversas formas, cuyo fondo puede ser desmontable.

Rodillo. Pieza cilíndrica, tradicionalmente de madera, que sirve para extender la masa.

Tartera. Es la denominación corriente del molde para tarta. Con borde liso o acanalado, puede ser de diferentes materiales y diámetros. La que tiene fondo desmontable es muy práctica para las tartas de frutas, dado que facilita el desmolde.

Wafflera. Molde con dos planchas articuladas, habitualmente de hierro, que sirve para los barquillos y los waffles. Pueden colocarse directamente sobre la estufa, aunque también las hay eléctricas.

EN ALGUNOS PAÍSES SE LLAMA:

Carlota: *charlotte*. Crema: *nata*. Duya: *boquillas*. Estufa: *cocina* (dispositivo o aparato en el que se hace fuego o produce calor para guisar los alimentos). Pastel: *cake, queque, torta*. Rodillo: *bolillo, palo de amasar, palote, uslero*.

INSTRUMENTOS DE MEDICIÓN

Báscula. Generalmente, se utiliza una báscula automática (el peso se indica a través de una aguja en el cuadrante). La báscula electrónica, con marcador digital, es mucho más precisa.

Densímetro de azúcar. Sirve para medir la concentración de azúcar, sobre todo en la fabricación de confites y confituras.

Minutero. Instrumento muy útil para programar el tiempo de cocción de las preparaciones.

Termómetro. El termómetro de cocina (cuerpo de vidrio con líquido rojo), graduado de 0 a 120 °C, sirve para controlar la temperatura de un baño maría. El termómetro para azúcar está graduado de 80 a 200 °C.

Vaso medidor. Generalmente es de plástico duro o de vidrio. Gracias a su graduación sirve para medir el volumen de líquidos o para pesar ciertos ingredientes a granel (como harina o azúcar en polvo), cuando no se dispone de una báscula. A veces también es muy práctico recurrir a utensilios comunes (una tasa, una cuchara de sopa o de café, etc.).

LOS APARATOS ELÉCTRICOS

Batidora. Tiene aspas que sirven para mezclar las salsas o batir las claras a punto de turrón o la crema Chantilly, y espirales o ganchos para amasar la pasta o batir la mantequilla. La batidora manual es apropiada para pequeñas cantidades.

Licuadora. Se utiliza para licuar frutas y verduras. El modelo manual puede sumergirse directamente en una cacerola, por ejemplo para hacer purés; los más comunes están compuestos por un recipiente de vidrio cuyo fondo está provisto de cuchillas que sirven para triturar y homogeneizar.

Máquina para helados. Aparato que sirve para producir helados de crema y de agua. La tina en la que se colocan los ingredientes está equipada con una mezcladora de motor. El producto refrigerante contenido en las paredes de esta tina o en un disco (colocados previamente en el congelador durante aproximadamente 15 horas) es el que genera el frío.

Procesador de alimentos. Se compone de un soporte sobre el que se fija un recipiente. Generalmente se consigue con tres instrumentos básicos: espátula para emulsionar, gancho para amasar y batidora para mezclar. Dependiendo de los modelos, se le pueden adaptar numerosos accesorios: picador, rebanador, rallador, colador, etc.

Cocción de los alimentos

La cocción consiste en someter un alimento a la acción del calor para modificar su textura física, su composición química y su sabor, con el objetivo de hacerlo comestible o de sacar a relucir sus cualidades gustativas.

EN ALGUNOS PAÍSES SE LLAMA:
A punto de turrón: *a punto de nieve*. Crema: *nata*. Mantequilla: *manteca*.

LOS MODOS DE COCCIÓN
Hervir/Escalfar

• *Escalfa "cuando se parte de un líquido hirviendo"* (cocción en agua hirviendo) consiste en cocer un alimento a temperatura constante dentro de un líquido en ebullición. Todos los alimentos pueden cocerse de esta manera, pero el proceso de cocción debe ser el adecuado para cada caso. Verduras frescas y carnes. Al ser poco frágiles, deben cocerse rápidamente a gran hervor, dado que es necesario extraerlas para concentrar los sabores al tiempo que se mantienen el aspecto y las propiedades nutritivas.

Huevos, pescados, frutas, albóndigas, salchichas, etc. Estos alimentos frágiles deben cocerse en un líquido a punto de hervir para preservar su aspecto, pero también para propiciar el intercambio de sabores entre el alimento y el líquido de cocción.

• *Escalfar "cuando se parte de un líquido frío"* permite cocer (o precocer) un alimento en un líquido llevado a ebullición de manera progresiva. De esta manera, se favorecen los intercambios entre el alimento y el líquido de cocción. Esta técnica se aplica en la cocción y blanqueo de papas y leguminosas, pescados hervidos en caldo, carnes (pucheros, estofados), menudencias, aves (puchero de gallina), etc., igual que en la preparación de salsas, jugos de carne y de otros tipos.

• *La cocción al vapor,* variante de la cocción en agua hirviendo, consiste en verter en un recipiente un líquido equivalente a la cuarta parte de su volumen, colocar el alimento en una vaporera que deja pasar el vapor por encima del líquido en ebullición y cocerlo a fuego lento; habitualmente el recipiente va tapado (para controlar la cocción). Puede utilizarse una olla para cuscús, una "olla vaporera" o incluso una olla a presión. Al cocerse de esta manera, las verduras y los pescados, en particular, conservan todas sus propiedades nutritivas y todo su sabor.

Observación: el baño maría no se considera un modo de cocción. El recipiente donde se halla la preparación se coloca dentro de otro recipiente, más grande, que contiene agua hirviendo. El baño maría permite conservar caliente un alimento o derretirlo (chocolate, mantequilla), sin correr el riesgo de quemarlo al contacto directo con la llama, aunque también sirve para cocer lentamente una salsa bearnesa o una genovesa, sin que la temperatura supere los 65 °C. Los flanes, las terrinas y las natillas se cuecen en un baño maría al horno.

La cocción a presión

Esta técnica permite cocer rápidamente, en agua o caldo, al vapor o "en estofado", en una olla a presión ("Express") a una temperatura cercana a los 120 °C. El tiempo de cocción se calcula a partir de que la válvula comienza a girar. Antes de abrir la olla, siempre hay que invertir la presión, ya sea retirando la válvula o enfriando la olla bajo el agua fría.

La cocción a fuego lento

Se trata de una cocción a fuego moderado y en un recipiente cubierto. La cocción a fuego lento se aplica a las piezas de carne bastante voluminosas, más bien duras y fibrosas, a las verduras

---

EN ALGUNOS PAÍSES SE LLAMA:
Mantequilla: *manteca*. Papa: *patata*.

acuosas (coles, mezclas de verduras, etc.), a los pescados de carne firme (rape, salmón, rodaballo) y a las aves de gran tamaño. Las carnes, aves y verduras se sumergen en el líquido de remojo. Con frecuencia, los pescados sólo llevan líquido hasta la mitad de su altura.

La cocción en estofado, que se comporta de manera similar, se aplica a las carnes y a las aves cortadas en pequeños trozos.

La cocción a fuego lento o en estofado de una carne (o un ave) se hace en dos tiempos: en una primera instancia, hay que dorarla en un cuerpo graso para soasarla, luego, se agrega un condimento aromático y el líquido de remojo, que recubrirá todo. Ejemplos: carne en adobo, estofado de lomo de res, guisado de cordero, etc.

La cocción en estofado o cacerola

Se trata de una cocción lenta llamada "estofado", con fuego bajo, que se lleva a cabo en un recipiente cubierto con poco líquido y un condimento aromático. Es ideal para los grandes trozos de carne o aves que correrían el riesgo de resecarse si se asaran al horno. El recipiente cubierto mantiene un ambiente húmedo proveniente del alimento preparado.

Se esparce el condimento aromático en el fondo de la olla, luego se pone encima la pieza sazonada y se baña todo con materia grasa. La olla cerrada se coloca en un horno caliente. Es aconsejable bañar la preparación frecuentemente. Al final de la cocción se retira la tapa para permitir que la pieza se dore. El fondo de cocción se obtiene agregando vino u otro alcohol a la preparación, además de un caldo espeso de la misma naturaleza que el alimento. Así es como se prepara la pierna de cordero, el patito o la gallina pintada.

La cocción en papillote (en papel de aluminio o en hojas de plátano, por ejemplo) se asemeja a la cocción en cacerola. Se reserva para los alimentos que se presentan en porciones individuales: piezas enteras, en escalopes, en pedazos o en filetes (pescados, aves, verduras, frutas). El alimento se envuelve en una hoja de papel de aluminio y se cierra bien antes de exponerlo al calor, ya sea dentro del horno o sobre las brasas. El papillote permite cocinar sin utilizar materia grasa, así como evitar la deshidratación.

El salteado

El alimento se cuece descubierto. Se "saltea" en un cuerpo graso (mantequilla o aceite).

Para el caso de una pieza de carne, el jugo que se obtiene es la mezcla de ese cuerpo graso del inicio de cocción con los jugos que se liberan durante la misma. Los pescados (enteros, en rebanadas o en filetes), previamente enharinados, se denominan cocidos "à la menière".

Los asados

Asar un alimento significa cocerlo exponiéndolo a la acción directa del calor, por contacto (plancha de hierro) o por radiación (en barbacoa o a la parrilla). El alimento se soasa y de esta manera conserva todo su sabor. Este modo de cocción es ideal para las piezas de carne y las brochetas.

EN ALGUNOS PAÍSES SE LLAMA:
Mantequilla: *manteca.*

Es aconsejable untar el alimento con un pincel embebido en aceite para evitar que se seque. Un asado no se voltea más que una vez, a media cocción (no utilizar objetos punzantes).

Observación: La "parrilla" de un horno, ubicada en su parte superior, se utiliza para asar y también para gratinar una preparación.

Asar al horno

Asar al horno, o en asador, es cocer a fuego fuerte y directo con una materia grasa. Ya se trate de carne o de ave, se produce una expulsión de jugos de cocción hacia las partes centrales y se forma una costra bien dorada.

Mientras se asa el alimento en el horno, es aconsejable bañarlo de manera frecuente con la grasa de cocción. Hay que precalentar el horno durante 10 minutos para soasar las carnes rojas (res, cordero). Asarlas ligeramente en la plancha sobre la estufa de gas es aún mejor. No debe echárseles sal durante la cocción, pues esto ocasionaría que la sangre se derrame. Es necesario regresar la pieza de carne roja o de ave a la charola, evitando manejarla con objetos punzantes. Antes de servir, se aconseja dejar en reposo un tiempo igual a la mitad del tiempo de cocción, cubriendo la pieza con papel de aluminio, con la puerta del horno entreabierta y el termostato al mínimo.

Utilizar un asador ofrece ciertas ventajas: la pieza que se va a cocer no queda bañada en materia grasa (la grasa y los jugos de cocción se acumulan en el recipiente para recoger grasa) y la cocción, rápida y homogénea, provoca la evaporación casi inmediata de agua y la concentración de los jugos de cocción.

Freír

El alimento que se va a freír se sumerge en un baño de materia grasa a muy alta temperatura, lo que le conferirá un aspecto dorado y crocante. Este modo de cocción se aplica a pequeñas piezas crudas o cocidas que no contengan nada de agua. Para obtener la coloración deseada, los alimentos húmedos en su superficie deben recubrirse de harina, pan molido, etc. Otros pueden sumergirse directamente en la fritura: papas, huevos, algunas pastas, etc.

El cuerpo graso utilizado debe soportar una temperatura que varía entre los 140 y los 180 °C. El aceite de cacahuate o la margarina responden bien a estas condiciones. En la actualidad, la etiquetación permite saber si una materia grasa sirve para freír o no: la leyenda "aceite vegetal para freír y aderezar" en el envase es una garantía. Para freír el alimento sumergiéndolo se utiliza un sartén profundo con su canasta freidora metálica o bien una freidora eléctrica. El volumen de materia grasa y el tiempo de cocción dependen de la cantidad de alimento que se va a freír. La proporción ideal es de tres volúmenes de aceite por cada volumen de alimento. Es aconsejable filtrar regularmente el baño de fritura (para eliminar los residuos que se queman y dan mal sabor),

---

EN ALGUNOS PAÍSES SE LLAMA:

Cacahuate: *cacahuete, maní*. Charola: *asadera*. Estufa: *cocina* (dispositivo o aparato en el que se hace fuego o produce calor para guisar los alimentos). Pan molido: *pan rallado*. Papa: *patata*.

así como agregar un poco de aceite cada vez que se vuelve a freír (para tener siempre el mismo volumen) y renovarlo frecuentemente.

LOS APARATOS DE COCCIÓN

Una estufa es suficiente para preparar ciertos alimentos; sin embargo, otras requieren de un horno.

Las estufas

Los quemadores de gas permiten que la temperatura suba y baje rápidamente. Las planchas eléctricas mantienen una inercia más importante. El termostato corta la corriente cuando se alcanza el calor deseado y la reestablece cuando este último desciende. La plancha de vitrocerámica es una superficie lisa, muy resistente a los golpes, que recubre las cocinas eléctricas. Muy a menudo está provista de uno o dos quemadores halógenos que aceleran el ascenso de la temperatura. Por último, la plancha de inducción recurre a una tecnología de cocción electromagnética. El ascenso de la temperatura es rápido y su ajuste muy preciso, aunque ciertos materiales son incompatibles con su uso (cobre, aluminio, vidrio).

Los hornos

Ya sea de gas o eléctrico, un horno siempre posee un termostato que controla la temperatura desde los 50 o 100 °C hasta los 300 °C. La perilla de ajuste suele estar graduada del 1 al 10 (ver tabla indicativa de cocción, pág. 1063). En un horno de gas, la combustión mantiene un flujo de aire caliente que se desplaza de manera intensiva. En un horno eléctrico, el desplazamiento de aire caliente, por convección natural, es menos importante. Muchos aparatos de este tipo están equipados con sistemas de convección forzada llamados "de calor rotativo", "de calor forzado" o "de calor envolvente". La circulación del aire y los intercambios térmicos en estos aparatos se producen aceleradamente.

El horno de microondas

El "magnetrón" emite ondas a muy alta frecuencia que penetran el alimento y lo "cuecen" por medio de la agitación de moléculas de agua. El horno de microondas tiene la ventaja de reducir considerablemente el tiempo de cocción, pero de ninguna manera puede sustituir a un horno tradicional: las carnes no se doran, la masa no se esponja, etc., lo que limita su uso. Sin embargo, es muy práctico para descongelar, recalentar y mantener la temperatura. Es indispensable leer con atención el manual del usuario. Una regla obligatoria: nunca utilizar el horno vacío.

Este aparato es ideal para ablandar la mantequilla, derretir el chocolate sin necesidad de recurrir al baño maría, calentar la leche sin que se pegue o se desborde.

EN ALGUNOS PAÍSES SE LLAMA:
Mantequilla: *manteca*.

Compras y conservación

Para algunos, ir de compras pensando de antemano en su próximo menú forma ya parte del placer de cocinar. En las diferentes épocas del año, se pueden encontrar los mejores productos y aprovechar así su frescura, especialmente si deseamos almacenarlos.

LAS COMPRAS

Por su fragilidad, ciertos alimentos se deben consumir rápidamente. Éste es el caso particular del pescado y los mariscos, que no deben almacenarse por más de 24 horas, mucho menos en época de calor. Aunque la mayoría de las especies puede encontrarse todo el año, hay algunas que son más abundantes en ciertas temporadas; además, se deben considerar las condiciones específicas de cada país (vedas, calidad de las aguas, mareas, etc.). Es recomendable pedir consejo en la pescadería.

¡Cuidado! Ciertos pescados, como el atún, se oxidan fácilmente y no deben abrirse con anticipación.

La venta de animales de caza sólo se autoriza en determinados periodos –a excepción de la codorniz–, pero la mayoría de estos animales, cuando se venden en un establecimiento comercial, proviene de criaderos. La mayoría de las aves, como el pollo, la gallina pintada, los patos y los pavos se consiguen todo el año.

En cuanto a las carnes rojas, las crisis recientes vividas en Europa y América Latina al menos tuvieron el efecto de permitir al consumidor conocer con precisión la procedencia de la carne de res y de ternera que compra. Hay que recordar que la carne de ternera proviene de un animal que apenas llega a superar, como máximo, el año de edad. De la misma manera, la palabra "cordero" designa únicamente a los animales que no tienen más de 300 días de nacidos.

La compra de frutas y verduras no debe hacerse a la ligera. Es necesario saber que los productos vendidos a granel en un supermercado están más manipulados que los ofrecidos en un mercado. Con el desarrollo de los cultivos de invernadero, las técnicas de conservación y los transportes internacionales, en la actualidad es posible encontrar en cualquier lado, y durante todo el año, todo tipo de frutas y verduras. Sin embargo, es preferible consumir las mejores variedades regionales que ofrece cada estación, no sólo por incentivar la producción regional sino también debido a las ventajas que implican los menores costos de transporte y al aumento de la calidad al reducirse el tiempo de almacenamiento.

Las frutas degustadas al natural o bien como parte de los ingredientes de un postre o una mermelada, deben estar maduras, sobre todo las frutas con semilla. Es conveniente dar preferencia al sabor y no al aspecto uniforme y atractivo que imponen ciertos productores. Una vez más, hay que considerar varios aspectos para el consumo de frutas y verduras: si son frutas de temporada, si su procedencia es local o no, si han sido o no refrigeradas, si se utilizaron fertilizantes o pesticidas para su producción, etc.

Recomendación: es imprescindible lavar y desinfectar cuidadosamente frutas y verduras, especialmente las verduras de hoja y las frutas cuya cáscara se pretenda consumir.

Las hierbas aromáticas, que condimentan maravillosamente los platos, son fáciles de encontrar en cualquier mercado. Entre más frescas, más perfumadas.

LA CONSERVACIÓN

La cocina exige que siempre se disponga de cierto tipo de productos alimenticios: arroz, sémolas, especias, frutas secas, gelatina en polvo, etc. Sin embargo, no es conveniente almacenarlos demasiado tiempo. Antes que nada se debe tener en cuenta el espacio del que se dispone, la cercanía de los comerciantes y la frecuencia con que se preparan los alimentos en el hogar. Es aconsejable verificar siempre la fecha de caducidad de cualquier producto que se vaya a almacenar. Una vez que se abre un paquete de harina, ésta se deshidrata, por lo que no se recomienda su uso después de un mes, en especial si va a utilizarse para repostería. Para evitar la deshidratación, es conveniente pasar la harina a un frasco de vidrio cerrado herméticamente.

Cualquiera sabe cuáles son las ventajas que ofrece un refrigerador. Si bien éste permite que los productos se mantengan frescos, para conservar los alimentos durante varios meses es necesario disponer de un congelador. Lo anterior permite ganar tiempo (dado que no es necesario ir de compras con tanta frecuencia) e incluso dinero (pues los productos de temporada pueden comprarse y almacenarse en el momento preciso) sin dejar de variar el menú. La gama de congeladores que los fabricantes ofrecen es muy amplia: desde el compartimiento que va integrado al refrigerador hasta el congelador gigante de 500 litros.

La congelación consiste en enfriar "a fondo" un alimento, de manera que éste convierta al estado sólido todo el líquido que contiene. Si esta operación se efectúa con rapidez, permite que los alimentos conserven todas sus cualidades (aspecto, textura, sabor). Su contenido vitamínico y de sales minerales es muy cercano al de los productos frescos. La temperatura necesaria para la congelación se sitúa por debajo de los -25 °C. Hay distintos modelos de congeladores, pero los que trabajan a una temperatura de -18 °C únicamente permiten la conservación de productos ya congelados. Se recomienda adquirir el congelador que más se adecue a sus necesidades, tomando en cuenta que se trata de un bien que no se desecha fácilmente. Si la congelación es muy lenta, la escarcha que se produce es demasiado gruesa y puede romper las fibras; en el momento de la descongelación, el alimento se ablanda y se decolora.

Para congelar adecuadamente hay que respetar determinadas reglas: se deben seleccionar productos lo más frescos posibles, ya que el frío no esteriliza y los microbios se congelan al mismo tiempo que los alimentos; hay que ajustar el aparato en la posición "congelar" con suficiente anticipación, con el fin de obtener una reserva de frío y, después de 24 horas, se deberá regular la temperatura de almacenamiento a -18 °C.

Muchos alimentos admiten ser congelados. Se requiere envasarlos eliminando todo el aire para evitar la oxidación. Una vez lavadas y desinfectadas, las verduras deben blanquearse, es decir, sumergirse en agua hirviendo. Las frutas pueden congelarse crudas, en mermelada o en jarabe.

EN ALGUNOS PAÍSES SE LLAMA:
Refrigerador: *heladera, nevera.*

Las frutas rojas se congelan en una fuente, bañadas en azúcar. Para las demás (cerezas, chabacanos, duraznos, etc.), es necesario, según el caso, quitarles el rabo, pelarlas, deshuesarlas o partirlas.

El tiempo de conservación de los alimentos congelados es variable. Ejemplos: carnes rojas, de 8 a 12 meses, aunque la carne de puerco sólo admite 5 meses; aves, 6 meses; animales de caza, 3 meses; pescados magros, 5 meses; pescados grasos, 3 meses; verduras, de 6 a 12 meses; frutas, de 6 a 10 meses; guisos con salsa, 8 meses; masa cruda (repostería), 2 meses; hierbas, 6 meses. La descongelación de un alimento o de un plato ya cocinado, jamás debe llevarse a cabo a temperatura ambiente. Se debe pasar primero al refrigerador de 2 a 20 horas; el tiempo dependerá de la naturaleza y grosor del alimento. Para descongelar rápidamente piezas muy grandes, también se puede utilizar el microondas. Por último, la cocción inmediata de un producto recién extraído del congelador sólo es conveniente para alimentos poco voluminosos.

Atención: un producto descongelado jamás debe volver a congelarse.

EN ALGUNOS PAÍSES SE LLAMA:
Chabacano: *albaricoque, damasco.* Deshuesar: *descarozar.*

Glosario culinario

A punto de listón: se dice del momento en que una combinación de yemas de huevo con azúcar en polvo, preparada en caliente o en frío, adquiere una consistencia lo suficientemente firme y homogénea para que cuando se deje caer de lo alto de una espátula o de un batidor se extienda sin romperse (ejemplo: la masa para genovesa requiere del punto de listón).

Absorción: mezcla de harina y agua en proporciones variables; es el primer estado de la masa, antes de incorporar otros ingredientes (mantequilla, huevos, leche, etc.). La absorción de la masa consiste en hacer que la harina absorba toda el agua necesaria, amasándola con la yema de los dedos pero sin trabajarla mucho.

Acabado: terminar una preparación dándole un último toque de sazón, consistencia, decoración, etc.

Acanalar: hacer pequeños surcos en forma de V, paralelos y poco profundos, sobre la superficie de una fruta, con la ayuda de un acanalador. También se puede acanalar la superficie de un puré o un mousse con la ayuda de una espátula o un tenedor. Las bases de masa se conocen como "acanaladas" cuando se cortan con un cortador para masa, ruedecilla especialmente diseñada para esta función. Una duya "acanalada" es una duya dentada.

Agregar tocino: se trata de incorporar una o más rebanadas de este producto porcino a una pieza de carne o a determinados pescados para darles sabor y una consistencia suave.

Albardilla: rebanada delgada de tocino con la que se envuelve una pieza de carne roja, de animal de caza o de ave, para evitar que se deshidrate durante la cocción.

Amasar: mezclar harina con uno o varios ingredientes, con las manos o con la ayuda de una licuadora o batidora, para incorporarlos bien y obtener una masa sin grumos y homogénea.

Áspic: forma de presentar ciertas preparaciones cocidas que se enfrían dentro de una gelatina aromatizada y decorada.

Bañar: agregar cierto líquido a una preparación para cocerla o para hacer la salsa. El líquido, llamado "baño", puede ser agua, caldo o vino.

Barnizar: recubrir la masa con una capa de huevo batido, con la ayuda de un pincel. El huevo puede diluirse con un poco de agua o de leche. Este tipo de "dorado" permite obtener, después de la cocción, una costra brillante y colorida.

Base: resultado de recubrir el fondo y las paredes de una olla o una terrina, con tocino o hierbas aromáticas. Se pone una base de masa ajustándola bien a la forma y al tamaño del molde, ya sea recortándola con la ayuda de un sacabocados, ya sea pasando el rodillo por los bordes del molde, después del recubrimiento, para quitar el excedente.

Batir: trabajar enérgicamente un elemento o una preparación con el fin de modificar su consistencia, su aspecto o su color. Para darle cuerpo, la masa esponjada se trabaja con las manos sobre una plancha de repostería; para batir los huevos a punto de turrón se mezclan con un batidor en un bol; en cambio, para incorporarlos a una terrina, se baten con un tenedor como para una omelette.

Blanco de cocción: mezcla de agua y harina acompañada de jugo de limón (o de vinagre blanco cuando las cantidades son grandes).

EN ALGUNOS PAÍSES SE LLAMA:
A punto de turrón: *a punto de nieve.* Duya: *boquillas.* Mantequilla: *manteca.* Rodillo: *bolillo, palo de amasar, palote, uslero.*

Blanquear: sumergir los alimentos crudos en agua hirviendo, natural, salada o con vinagre, para después enfriarlos y escurrirlos antes de cocerlos verdaderamente. Este proceso permite volver más firme, depurar, eliminar el exceso de sal, quitar la acidez, pelar fácilmente y reducir el volumen de las verduras.

Bouquet garni: selección de hierbas aromáticas secas, amarradas en un pequeño manojo, que dan sabor a los platos. Generalmente, el bouquet garni se compone de 2 o 3 ramas de perejil, una ramita de tomillo y una o dos hojas de laurel (secas).

Brunoise: forma de cortar las verduras en cuadros muy pequeños de 1 o 2 mm de largo, ya sea que se trate de una mezcla de diversas verduras o de cierta cantidad de una sola verdura.

Caramelizar: transformar el azúcar en caramelo, calentándolo a fuego lento. Recubrir un molde con caramelo. Perfumar el arroz con leche con caramelo. Escarchar con caramelo las frutas cristalizadas, los choux. Caramelizar también quiere decir dar color a la superficie de un pastelillo espolvoreado con azúcar, colocándolo en una parrilla. Por otro lado, ciertas verduras conocidas como "glaseadas" se caramelizan ligeramente en una cacerola con azúcar y una pequeña cantidad de agua o de mantequilla.

Chiffonnade: preparación de hojas de lechuga o endibia, rebanadas en tiras más o menos anchas. El corte en "chiffonnade" consiste en rebanar en juliana las hojas de verdura sobre una tabla para picar.

Chimenea: pequeña abertura que se hace en la superficie de la pasta de una empanada o una tarta antes de meterlas al horno, con el fin de facilitar la salida del vapor. Con frecuencia, la chimenea se compone de un tubo de papel de aluminio o de una pequeña duya metálica que se coloca verticalmente, por la que se puede vaciar, por ejemplo, gelatina líquida después de la cocción y retirarla antes de servir el plato.

Clarificar: volver más claro y nítido un caldo, un almíbar o una gelatina, al filtrarlo o decantarlo. La clarificación de la mantequilla consiste en fundirla en baño maría, sin moverla, con el fin de eliminar, una vez que está fría, el suero que forma una capa blancuzca.

Colar: filtrar con un colador chino o un cernidor un caldo, una sopa de crema, una salsa, una crema, un almíbar o una jalea que requieran la eliminación de cualquier sustancia sólida.

Colorear: resaltar o cambiar el color de una preparación (crema, mezcla, salsa) con la ayuda de un colorante natural (jugo de betabel, concentrado de jitomate, caramelo, etc.). Colorear una carne consiste en dorar su superficie friéndola sobre un poco de grasa o asándola a fuego vivo (por contacto o radiación).

Coser: pasar, con la ayuda de una aguja para coser, una o dos hebras de cáñamo a través del cuerpo de un ave (o de un animal de caza con plumas) para mantener las patas y las alas pegadas al cuerpo durante su cocción.

Dar cuerpo: trabajar la masa, amasándola, con el fin de darle una buena calidad plástica.

Decantar: trasvasar un líquido turbio después de haberlo dejado reposar el tiempo necesario para poder eliminar las impurezas que están en suspensión. Se decanta la mantequilla clarificada, un caldo, un consomé, un baño de aceite que ya ha sido utilizado y el vino. Hay que retirar de ciertas preparaciones las hierbas aromáticas que no deben servirse en el plato.

Decocción: se trata de extraer los contenidos de una sustancia por medio de la ebullición. Se sumerge el producto en agua hirviendo duran-

---

EN ALGUNOS PAÍSES SE LLAMA:
Caramelizar: *acaramelar*. Cernidor: *tamiz, cedazo*. Duya: *boquillas*. Mantequilla: *manteca*.

26

te un tiempo considerable: de esta manera se obtienen los consomés de carnes y verduras, los caldos y los concentrados aromáticos.

Dejar a fuego lento: cocer o terminar de cocer los platos lentamente, en general los que están en salsa.

Derretir o fundir: disolver, a través del calor, productos como el chocolate, cuerpos sólidos grasos, etc. Para evitar que el producto se queme, se le recurre con frecuencia al baño maría. Se le dice fundir a la cocción en un recipiente cubierto de ciertas verduras con algún tipo de elemento graso, sin más humedad que su propio líquido.

Desalar: eliminar, parcial o totalmente, la sal que contienen ciertos alimentos conservados en salmuera. El desale se lleva a cabo por inmersión en agua fría.

Desbarbar: cortar con tijeras las aletas de un pescado crudo.

Descamar: quitar las escamas a un pescado.

Desglasar: disolver, con la ayuda de algún líquido de la categoría de los aderezos (vino, consomé, crema fresca, vinagre, etc.), los restos acumulados en un recipiente que previamente se utilizó para dorar, saltear u hornear algún plato, con el fin de obtener un jugo o una salsa.

Desgrasar: disminuir el exceso de grasa de un producto, alguna preparación o un recipiente de cocción.

Deshidratar: cocer lentamente en un cuerpo graso una o varias verduras finamente picadas, para que pierdan parcial o totalmente su agua y suelten sus jugos en la materia grasa. La regulación del calor permite evitar cualquier coloración, particularmente en las cebollas o los chalotes.

Deshilar: quitar los hilos a los ejotes, cortándoles las extremidades. Filetear a lo largo las almendras, los pistaches, etc.

Distribuir: disponer la masa para galletas sobre una plancha de repostería, con la ayuda de una manga pastelera con duya.

Dorar: dar color a una carne, un ave o una verdura, en un sartén, una parrilla o una olla, hasta que adquiera un dorado superficial, utilizando un cuerpo graso muy caliente. Dorar una carne es iniciar su cocción mediante la concentración de jugos.

Empanizar: rebozar un plato con pan molido (rallado) antes de freírlo, saltarlo o asarlo a la parrilla.

Emulsionar: disolver un líquido dentro de otro (o en alguna sustancia) con el que no es soluble. El emulsionante más utilizado en cocina es la yema de huevo.

Enfriar: volver más fríos un helado, un licor, una crema, una mezcla, un champagne o una fruta, de manera acelerada, metiéndolos al congelador (por unos momentos).

Engrasar: untar con alguna materia grasa una plancha de repostería o el interior de un molde, para evitar que las preparaciones se peguen durante la cocción y facilitar su desmolde.

Espesar: agregar crema fresca a una preparación (potaje o salsa) para mejorar la mezcla y la consistencia, volverla más cremosa y suavizar el sabor.

Esponjar: se dice de la masa (para brioche, etc.) que aumenta de volumen por el efecto de la fermentación.

Espumar: quitar la espuma que se forma en la superficie de un líquido o de una preparación en el momento de su cocción (caldos, salsas, etc.), con la ayuda de una espumadera, de un pequeño cucharón o de una cuchara.

Estirar: presionar y aplastar la masa para las bases, con la palma de la mano, sobre la mesada. El amasado sirve para obtener una mez-

---

EN ALGUNOS PAÍSES SE LLAMA:

Chalote: *ascalonia, chalota, echalote, escalonia.* Crema: *nata.* Duya: *boquillas.* Empanizar: *empanar, rebozar.* Pan molido: *pan rallado.*

cla incorporada de los ingredientes y también para homogeneizar la masa, mas no para volverla más elástica.

Extender: estirar y aplanar la masa con el rodillo.

Filetear: cortar en diagonal, en rebanadas suficientemente finas, una pieza de carne, un gran filete de pescado, la carne de langosta o ciertas verduras.

Flambear: rociar una preparación salada en proceso de cocción (o un postre caliente) con un alcohol (o un licor) precalentado, e inmediatamente prenderle fuego.

Fondo de verduras (mirepoix): preparación culinaria que mezcla verduras, jamón serrano o tocino magro con hierbas aromáticas. Se sofríe lentamente con mantequilla y sirve como fondo para cocinar mariscos, guisos de carne o de verduras y salsas.

Gelatina: jalea líquida a base de mermelada de frutas (chabacano, fresa, frambuesa) tamizadas; generalmente se le agrega un gelatinizante. La gelatina le da un acabado brillante a las tartas de frutas y a otros dulces.

Glasear: formar una capa homogénea y brillante sobre la superficie de algún plato. Bañar con frecuencia una pieza horneada con jugo o consomé, durante o hacia el final de su cocción, para que se le forme una delgada costra dorada por encima. Cocer verduras (nabos pequeños, por ejemplo) con agua, sal, mantequilla y azúcar hasta que el líquido de cocción se transforme en almíbar y las recubra con una capa brillante y caramelizada. Recubrir los postres, fríos o calientes, con una cubierta de fruta o de chocolate (llamada "espejo") para volverlos brillantes y atractivos. Recubrir la superficie de un pastel con una capa de azúcar

glas, de almíbar, etc. Espolvorear con azúcar glas, hacia el final de su cocción, un pastel, un soufflé, etc., para que la superficie se caramelice y se vuelva brillante. Finalmente, poner a enfriar en hielo una preparación que debe saborearse muy fría.

Guarnición: alimento o conjunto de alimentos que sirven para decorar y acompañar un plato.

Infusión: resultado de verter un líquido hirviendo sobre alguna sustancia aromática y esperar a que se impregne de sus aromas. Por ejemplo, se puede hacer una infusión de vainilla en la leche.

Jardinera: mezcla de verduras a base de zanahorias y nabos (cortados en bastones) y de ejotes (cortados en trocitos), que se sirve como guarnición de carnes asadas al horno o salteadas, aves fritas, etc. Cada elemento se cuece por separado para después mezclarlos con chícharos frescos y ligarlos con mantequilla.

Juliana: preparación de una o más verduras cortadas en bastones que se utiliza en diversas combinaciones, en especial en potajes y consomés.

Lavar: remojar, durante un tiempo más o menos largo, en agua fría que deberá cambiarse varias veces (con o sin vinagre), una carne roja, un ave o las menudencias, con el objeto de eliminar las impurezas y la sangre. Se lava un pescado de río para eliminar el sabor a fango. De la misma manera, se lavan algunas verduras de sabor fuerte y alto contenido de agua (pepino, col), espolvoreándolas con sal o agregándoles unas gotitas de yodo.

Ligar: dar consistencia adicional a un plato al final de su preparación, por ejemplo, con harina, yemas de huevo o crema fresca.

EN ALGUNOS PAÍSES SE LLAMA:

Azúcar glas: *azúcar de repostería, azúcar glasé, azúcar impalpable.* Chabacano: *albaricoque, damasco.* Crema: *nata.* Fresa(s): *frutillas, fresón, madroncillo.* Mantequilla: *manteca.* Pastel: *cake, queque, torta.* Rodillo: *bolillo, palo de amasar, palote, uslero.*

Limpiar: eliminar las partes no utilizables (residuos) de una carne roja, un ave, un pescado o una verdura en el momento de su preparación. Emparejar las extremidades o los contornos de una tarta, un postre, etc.

Macedonia: mezcla de verduras cortadas en cuadritos con ejotes en trocitos. Estas verduras se cuecen por separado, para después mezclarlas con chícharos y, si se desea, con otras verduras. Las frutas también pueden prepararse de esta manera.

Macerar: poner a remojar elementos crudos, secos o confitados, generalmente frutas, en un líquido (alcohol, almíbar, vino, etc.) para que éste los impregne con su perfume.

Marinar: poner a remojar algún ingrediente en un líquido aromático durante un tiempo determinado para suavizarlo y perfumarlo.

Merengar: recubrir un pastel con merengue, ya sea con una espátula o con ayuda de una manga pastelera. También quiere decir agregar azúcar para batir las claras de huevo a punto de turrón.

Mezcla: combinación de diversos elementos que forman parte de la preparación de un postre antes de cocerlo o enfriarlo.

Modelar: consiste en ablandar y amasar la mantequilla para darle la consistencia de un puré.

Mondar: retirar la cáscara de una fruta (almendra, durazno, pistache) previamente sumergida con un colador en agua hirviendo, durante algunos segundos. Esto se hace con la punta de un cuchillo, delicadamente, sin dañar la pulpa.

Montar: batir, con un batidor eléctrico o manual, claras de huevo, crema fresca, o un preparado azucarado, para que su cuerpo acumule cierta cantidad de aire, lo que hace aumentar su volumen, dándole una consistencia y un color específicos.

Pasar por el fuego: dejar dorar con mayor o menor intensidad una carne, un ave, un pescado o una verdura, en un cuerpo graso muy caliente. Esta operación se efectúa a fuego vivo.

Picar: practicar algunas incisiones oblicuas poco profundas en la superficie de un pescado redondo. La operación acelera la cocción y permite que penetre la sazón. Las verduras y hierbas finas "picadas" se rebanan en pedacitos, en tiras muy finas o en cuadros muy pequeños.

Ramitas: parte de las hierbas aromáticas en donde se encuentran las hojas.

Reafirmar: iniciar la cocción de una carne, un ave o un animal de caza en un sartén salteador con algo de materia grasa, a fuego moderado, para dar firmeza a las carnes sin llegar a darles color.

Rebajar: agregar un líquido a alguna preparación demasiado concentrada o espesa.

Rebajar caramelo: reducir el grado de cocción de un almíbar, de una mermelada o de un caramelo, agregándole poco a poco, y sin dejar de revolver, la cantidad necesaria de agua fría para darle una consistencia más ligera.

Rebanar: cortar en rebanadas, en tiras o en rodajas más o menos finas, pero del mismo grosor, las verduras, las frutas o la carne.

Recubrir: tapizar la pared y/o el fondo de un molde, ya sea con una capa gruesa de una preparación que permita que los platos no se peguen al recipiente y que se desmolden fácilmente, o bien con diversos ingredientes que formen parte integral del plato. Con frecuencia, los moldes se recubren con papel de aluminio untado con mantequilla.

Reducir: disminuir el volumen de un líquido (caldo, salsa), dejándolo hervir, por medio de

---

EN ALGUNOS PAÍSES SE LLAMA:

A punto de turrón: *a punto de nieve*. Confitados: *abrillantados, cristalizados, escarchados, glaseados*. Crema: *nata*. Mantequilla: *manteca*. Pastel: *cake, queque, torta*.

la evaporación. Esto aumenta su sabor debido a la concentración de jugos y le da mayor untuosidad o consistencia.

Refrescar: dejar correr el agua fría sobre un plato recién blanqueado o cocido en agua, para enfriarlo rápidamente. También quiere decir poner en el refrigerador un entremés, una ensalada de frutas o una crema para servirlos fríos.

Rellenar: colocar un relleno graso o magro, un salpicón, un puré o una mezcla cualquiera, dentro de ciertas piezas de carnicería (espalda, pechuga, etc.), de aves, animales de caza, pescados, mariscos, verduras, huevos o frutas; por lo general, esta operación se realiza antes de cocer los alimentos, pero también se usa para preparaciones frías.

Remover: mover constantemente una crema, una salsa o una mezcla, mientras se enfrían, con una espátula de madera o un batidor, para que conserven su homogeneidad y sobre todo para evitar la formación de una nata en la superficie. Este proceso acelera el enfriamiento.

Repulgar: practicar, con la punta de un cuchillo, un tenedor o con la yema de los dedos, ligeras muescas regulares y oblicuas en los bordes de una preparación con pasta hojaldrada (tartas, empanadas, volovanes, etc.) con el fin de facilitar que se infle durante la cocción y mejorar la presentación.

Retirar: extraer las piezas de una carne roja, un ave, un pescado o legumbres de su recipiente de cocción.

Revolver: mezclar vigorosamente alguna preparación para homogeneizarla, con la ayuda de un batidor manual o eléctrico: por ejemplo, para batir las claras de huevo a punto de turrón, para compactar y suavizar la crema, etc. Ver también "batir".

Salpicón: preparación compuesta de elementos cortados en cuadritos, que se mezclan con una salsa, si se trata de un salpicón de legumbres, carnes rojas, aves, animales de caza, mariscos, pescados o huevos, y con un jarabe o una crema, si se trata de un salpicón de frutas.

Soasar: iniciar la cocción de un alimento poniéndolo en contacto con una materia grasa muy caliente o en un líquido hirviendo, para provocar la coagulación instantánea de su parte externa.

Sofreír: dar un ligero color a algún alimento, dorándolo cuidadosamente en un cuerpo graso. La operación se realiza sobre todo con las cebollas y los chalotes, pero también se puede dorar la harina en un poco de mantequilla derretida para preparar una salsa rubia.

Soltar el hervor: cuando se trata de un líquido, es la agitación que se produce inmediatamente antes de la ebullición.

Triturar: moler o aplastar una sustancia de manera más o menos burda. Se trituran los tomates, previamente mondados, después de haberles quitado las semillas, o también el perejil, el perifollo y el estragón, con algunas cuchilladas rápidas sobre una tabla de picar.

EN ALGUNOS PAÍSES SE LLAMA:

A punto de turrón: *a punto de nieve.* Chalote: *ascalonia, chalota, echalote, escalonia.* Mantequilla: *manteca.* Quitar las semillas: *despepitar.* Refrigerador: *heladera, nevera.*

Preparaciones básicas

Salsas y condimentos

Las **salsas** ocupan un lugar preponderante en la cocina francesa. Antonin Carême (1784-1833) posee el mérito de haber sistematizado el capítulo de las salsas (designó más de doscientas), dividiéndolas, en principio, en salsas frías y calientes e introduciendo la noción de salsa "madre" de la que se desprenden las diversas variantes. En una primera instancia, en el centro de este sistema se distinguen las salsas blancas u oscuras, confeccionadas a partir de una base para salsas (mezcla de mantequilla y harina a partes iguales); en segundo lugar, las emulsiones, obtenidas ya sea en caliente con mantequilla, como la salsa holandesa o la salsa bearnesa, o en frío, a través de la utilización de aceite, como en el caso de la mayonesa. Al repertorio tradicional se fueron agregando paulatinamente salsas extranjeras o regionales, caracterizadas por un ingrediente principal: ajo (alioli), crema fresca (salsa normanda), cebolla (salsa lionesa), etc.

Los **condimentos** son elementos o preparaciones que sirven para resaltar, a través de la utilización de especias, el sabor de los alimentos y de los platos preparados. Este término genérico es muy vasto, pues abarca desde las especias y hierbas aromáticas hasta las salsas y diversos compuestos más o menos elaborados (chutneys, encurtidos, esencias, etc.).

Las **mantequillas preparadas** son mantequillas suavizadas a las que se les agregan distintos elementos, ya sea crudos o cocidos, convertidos en puré o picados de manera muy fina. Se trata también de mantequilla cocida o simplemente derretida, a la cual se incorporan sazonadores y condimentos de todo tipo. Las mantequillas preparadas acompañan carnes y pescados a la parrilla. También se utilizan para dar el toque final a algunas salsas.

Las **bases** son caldos aromatizados, grasos o magros, cuyo elemento principal puede ser ternera, res o ave, e incluso animales de caza o verduras. Se ocupan en la preparación de diversas salsas, así como para bañar los guisos o las carnes cocidas a fuego lento. Los "fumets" son bases concentradas de pescado o mariscos.

El **caldo** es un líquido más o menos aromatizado que sirve principalmente para cocer pescados y mariscos, pero también para cocinar las menudencias de carnes blancas. En los establecimientos comerciales pueden encontrarse caldos deshidratados, proceso realizado a baja temperatura y al vacío, fáciles de utilizar cuando se está presionado por el tiempo (al presentarse en polvo o en cubos, basta con diluirlos en agua). En principio, un caldo jamás se desperdicia; de hecho, colado, puede servir para un potaje o para una salsa blanca.

La **marinada** es una preparación líquida aromatizada en la cual se remojan durante un tiempo considerable diversos ingredientes alimenticios, ya sea para ablandarlos, o para modificar su sabor al impregnarlos con el perfume de los condimentos.

Las **gelatinas** son preparaciones translúcidas que, al enfriarse, se solidifican. Sirven para cubrir, envolver, ligar las preparaciones que pueden ser a la vez frías o calientes o para decorar los áspics. Se preparan con huesos y carnes gelatinosas o con las menudencias de pescado que se ponen a cocer en agua junto con hierbas aromáticas. El grado de solidificación puede aumentarse agregando algo de gelatina sin sabor. En los establecimientos comerciales se pueden encontrar gelatinas en polvo muy prácticas, ya que basta con diluirlas en agua fría y luego llevarlas a ebullición.

> **En algunos países se llama:**
> Crema: *nata*. Mantequilla: *manteca*.

Preparados con pan, pan molido y rellenos

*Los **preparados con pan** están hechos a base de harina y se utilizan para ligar las croquetas, sean éstas grasas o magras. Ciertas mezclas para rellenar utilizan como base, además de la harina, yemas de huevo, pan, puré de papas e incluso arroz.*

*El **pan molido** se compone principalmente de miga de pan fresco finamente molido, o pan de caja sin corteza pasado por el cernidor. Se los utiliza solos, mezclados con queso o ajo, o bien con harina y huevos. Las comidas se empanizan antes de freírlas, saltearlas o asarlas, o se las espolvorea con pan molido para gratinarlas.*

*Por su parte, los **rellenos** son mezclas de elementos crudos o cocidos, picados más o menos finamente y sazonados. Se utilizan para rellenar animales de caza, verduras, huevos, pastas, pescados, carnes y aves. Los rellenos también constituyen la base para conformar los rollos de carne, las empanadas, carnes frías, patés y terrinas. Existen tres grandes tipos de rellenos: los rellenos magros a base de verduras; los rellenos grasos a base de carnes y menudencias; y los rellenos de pescado. En general, el componente principal de un relleno es la carne molida (de res, ave o pescado), y los ingredientes conexos son los que le dan el carácter y la consistencia. La forma en que se condimenta es determinante: especias, hierbas aromáticas, hierbas finas, alcohol, concentrados de pescados o mariscos, esencia de trufas, sal y pimienta e incluso, a veces, frutas secas.*

Masas para preparaciones saladas

Las masas de cocina (para preparaciones saladas) y de repostería (para preparaciones dulces) son mezclas a base de harina y agua, a las que se les incorpora un cuerpo graso, huevos, leche, ocasionalmente azúcar, así como diversos ingredientes complementarios. Una masa puede constituir una base, una costra o un preparado que pueden cubrirse o rellenarse, etc. En todos los casos, la cocción tiene una importancia muy significativa. El horno debe calentarse con anticipación con el fin de obtener la temperatura deseada al momento de colocar la masa dentro de él.

SALSAS Y CONDIMENTOS

Para que la exposición sea más accesible, en esta parte se agruparon las mantequillas preparadas, las bases, los concentrados de pescados y mariscos, las gelatinas y las marinadas, aunque no en todos los casos se pueda hablar específicamente de salsas. Las cantidades de las salsas (de 200 a 300 ml) que aparecen en las recetas se calcularon para tres o cuatro personas. Para la salsa vinagreta, así como para todas aquéllas de las que forma parte, se recomienda considerar siempre una cucha-

---

EN ALGUNOS PAÍSES SE LLAMA:

Carnes frías: *charcuterías, embutidos, fiambres*. Carne molida: *carne picada*. Cernidor: *cedazo, tamiz*. Empanizar: *abizcochar, aborrajar, rebozar*. Pan de caja: *pan de molde, pan inglés o pan lactal*. Pan molido: *pan rallado*. Papa: *patata*. Rollos: *arrollados, rulos*.

rada de aceite por persona. Las salsas hechas a partir de una base o un caldo, cuya realización suele requerir mucho tiempo (además de dinero), se pueden preparar con caldos deshidratados. Estos últimos se comercializan en diversas formas (polvos, tabletas, cubos, etc.) y sólo hay que diluirlos en agua. Otra solución para ganar tiempo consiste en preparar las bases y los caldos en grandes cantidades para luego congelarlos.

Mantequillas preparadas

Mantequilla preparada en frío: preparación

Sea cual fuere la preparación, es muy recomendable retirar la mantequilla del refrigerador con anticipación y trabajarla, en una ensaladera, con la espátula de madera o el tenedor, para suavizarla y modelarla de manera que absorba fácilmente el elemento que la perfumará.

Las mantequillas preparadas sirven para rellenar canapés, acompañar un pescado, una carne asada o verduras cocidas al vapor.

EN ALGUNOS PAÍSES SE LLAMA:
Mantequilla: *manteca*. Refrigerador: *heladera, nevera.*

Brochetas de mantequilla

Para 100 g de mantequilla

- *1/2 cucharada de perifollo picado*
- *1/4 de cucharadita de estragón picado*
- *1/2 cucharada de cebollín picado*
- *1/2 limón*
- *palillos de madera*
- *400 g de pan molido a la inglesa (→ ver pág. 104)*
- *50 g de mantequilla*
- *sal y pimienta*

❶ Modelar la mantequilla con el perifollo, el estragón, el cebollín y 5 gotas de jugo de limón hasta convertirlos en puré. Agregar sal y pimienta al gusto. Formar con la mano pequeños dedos (de unos 3 cm de largo), ensartarlos en los palillos y ponerlos en el congelador durante 30 minutos.

❷ Mientras transcurre ese tiempo, preparar el pan molido a la inglesa.

❸ Una vez que los deditos de mantequilla estén bien duros, pasarlos, sosteniéndolos del palillo, por el pan molido a la inglesa y colocarlos en una parrilla. Realizar 2 veces esta operación.

❹ Acomodarlos en una charola y ponerlos a la parrilla entre 8 y 10 minutos rociándolos con mantequilla derretida, volteándolos frecuentemente hasta que la costra esté bien dorada. Servir de inmediato.

Las brochetas de mantequilla, cuando se sirven con pescado o verduras, reemplazan de manera original la clásica mantequilla derretida.

■ **Preparación:** 30 min ■ **Congelación:** 30 min
■ **Cocción:** de 8 a 10 min

> **EN ALGUNOS PAÍSES SE LLAMA:**
>
> Cebollín: *cebolleta, cebollino, ciboulette.* Charola: *asadera.* Mantequilla: *manteca.* Palillos de madera: *escarbadientes, mondadientes.*

Mantequilla a la provenzal

Para 100 g de mantequilla

- 3 chalotes
- 1 1/2 dientes de ajo
- 1 cucharada de perejil picado
- sal y pimienta

① Pelar y picar los chalotes.
② Pelar muy bien el ajo y triturarlo hasta convertirlo en pasta.
③ Mezclar el ajo con los chalotes y el perejil, para luego agregar esta preparación a la mantequilla suavizada. Agregar suficiente sal y pimienta.

■ **Preparación:** 15 min

> **EN ALGUNOS PAÍSES SE LLAMA:**
>
> Chalote: *ascalonia, chalota, echalote, escalonia.* Mantequilla: *manteca.*

Mantequilla al limón

Para 100 g de mantequilla

- 1 o 2 limones enteros
- sal y pimienta

① Quitar la cáscara a la mitad de un limón. Picarla finamente y ponerla en una cacerola.
② Cubrirla de agua fría, ponerla a hervir, verterla en un colador y pasarla finalmente por un chorro de agua fría. Repetir esta operación.
③ Exprimir el o los limones hasta obtener 2 cucharadas de jugo. Mezclar la cáscara y el jugo con la mantequilla modelada en puré. Agregar sal y pimienta al gusto.

■ **Preparación:** 15 min

> **EN ALGUNOS PAÍSES SE LLAMA:**
>
> Mantequilla: *manteca.*

Mantequilla al roquefort

Para 100 g de mantequilla

- 50 g de queso roquefort
- 1 cucharadita de coñac o de brandy
- 1 cucharadita rasa de mostaza

❶ Triturar el roquefort junto con el coñac o el brandy y la mostaza hasta obtener una pasta homogénea.

❷ Agregar esta preparación a la mantequilla suavizada y mezclar bien.

> **Esta mantequilla sirve para rellenar canapés, bocadillos o para acompañar verduras crudas, como apios y zanahorias.**

■ **Preparación:** 5 min

> **EN ALGUNOS PAÍSES SE LLAMA:**
> Mantequilla: *manteca.*

Mantequilla Bercy

Para 100 g de mantequilla

- 200 g de médula de res
- 1 chalote
- 1/2 vaso de vino blanco
- 1 cucharadita de perejil picado
- 1/2 limón
- sal y pimienta

❶ Poner a hervir agua salada en una cacerola. Cortar la médula de res en cuadros y sumergirla en el agua hirviendo durante 5 minutos. Escurrirla con una espumadera.

❷ Picar el chalote finamente, colocarlo en una cacerola pequeña, agregar el vino blanco y poner esta mezcla a cocer, sin tapar, hasta que el líquido se reduzca a la mitad. Dejar enfriar.

❸ Agregar la mantequilla suavizada, luego la médula, el perejil, el jugo de limón, la sal y una buena cantidad de pimienta de grano molida en molinillo, mezclando todo muy bien cada vez que se agrega un elemento.

■ **Preparación:** 20 min

> **EN ALGUNOS PAÍSES SE LLAMA:**
> Chalote: *ascalonia, chalota, echalote, escalonia.* Mantequilla: *manteca.* Médula de res: *caracú, tuétano.*

Mantequilla Chivry

Para 100 g de mantequilla

- 75 g de una mezcla de perejil, estragón, perifollo y cebollín

❶ Poner a hervir agua salada en una cacerola y sumergir en ella las hierbas y el chalote durante 3 minutos.

❷ Escurrirlos en un colador fino, pasarlos de inmediato por agua fría y secarlos cuidadosamente con un papel absorbente.

- *1 chalote*
- *sal y pimienta*

❸ Picar todo muy finamente y luego mezclarlo en una ensaladera con la mantequilla suavizada. Agregar sal y pimienta al gusto.

■ **Preparación:** 15 min

> **EN ALGUNOS PAÍSES SE LLAMA:**
> Cebollín: *cebolleta, cebollino, ciboulette*. Chalote: *ascalonia, chalota, echalote, escalonia*. Mantequilla: *manteca*.

Mantequilla de ajo

Para 100 g de mantequilla

- *4 dientes de ajo*
- *sal y pimienta*

❶ Pelar los dientes de ajo y sumergirlos 7 u 8 minutos en agua hirviendo.

❷ Retirarlos del agua con una espumadera, secarlos con un papel absorbente y triturarlos con el pasapuré o molerlos en la licuadora.

❸ En una ensaladera, verter este puré con la mantequilla suavizada y mezclar todo muy bien con una cuchara de madera o un tenedor. Agregar sal y pimienta al gusto.

mantequilla de chalote:
se prepara utilizando 3 chalotes en lugar de los dientes de ajo.

■ **Preparación:** 15 min

> **EN ALGUNOS PAÍSES SE LLAMA:**
> Chalote: *ascalonia, chalota, echalote, escalonia*. Mantequilla: *manteca*. Pasapuré: *machacador, pisapapas, pisapuré*.

Mantequilla de anchoas

Para 100 g de mantequilla

- *de 6 a 8 filetes de anchoas saladas*
- *1/2 limón*

❶ Desalar los filetes de anchoas sumergiéndolos durante 30 minutos en una ensaladera con agua fría.

❷ Triturar las anchoas en la licuadora o machacarlas con el tenedor hasta obtener un puré.

❸ Agregar el jugo de limón en función del plato de acompañamiento. Posteriormente, mezclar este puré con la mantequilla suavizada.

■ **Preparación:** 40 min

> **EN ALGUNOS PAÍSES SE LLAMA:**
> Anchoa: *anchova, boquerón*. Mantequilla: *manteca*.

Mantequilla de berros

Para 100 g de mantequilla

- *1 manojo de berros*
- *sal y pimienta*

① Limpiar los berros y extraer 75 g de sus hojas.

② Sumergirlas un minuto en agua hirviendo y salada. Escurrirlas en un colador, pasarlas por agua fría para enfriarlas y secarlas posteriormente con un papel absorbente.

③ Convertirlas en puré con la ayuda del pasapuré o en la licuadora y mezclarlas con la mantequilla suavizada. Agregar sal y pimienta al gusto.

mantequilla de estragón:
esta mantequilla se prepara de la misma manera reemplazando los berros por un manojo de estragón.

■ **Preparación:** 15 min

> **EN ALGUNOS PAÍSES SE LLAMA:**
> Mantequilla: *manteca.* Pasapuré: *machacador, pisapapas, pisapuré.*

Mantequilla de cangrejo o camarones

Para 100 g de mantequilla

- *100 g de cangrejo en lata o de camarones cocidos y pelados*
- *sal y pimienta*

Machacar finamente con el mortero, o con la licuadora, la carne de cangrejo o camarón y mezclar bien con la mantequilla suavizada. Agregar sal y pimienta al gusto.

mantequilla de mariscos:
(jaiba, langosta o langostino):
se prepara de la misma manera, incluyendo las partes cremosas contenidas en la cabeza, el caparazón o la hueva.

■ **Preparación:** 10 min

> **EN ALGUNOS PAÍSES SE LLAMA:**
> Camarón(es): *gamba, quisquilla.* Jaiba: *cangrejo de río.* Langosta: *bogavante.* Langostino: *camarón grande.* Mantequilla: *manteca.*

Mantequilla de Montpellier

Para 100 g de mantequilla

- *1 chalote*
- *perifollo, berros, espinacas, estragón, perejil liso: 5 hojas de cada uno*
- *5 ramitas de cebollín*
- *1/2 pepinillo*
- *10 alcaparras*
- *1/2 filete de anchoas desalado*
- *1 y 1/2 dientes de ajo*
- *1/2 yema de huevo duro*
- *sal y pimienta*

❶ Pelar el chalote.

❷ Lavar y sumergir todas las hierbas y el chalote durante un minuto en agua salada hirviendo.

❸ Escurrir en un colador, pasar por un chorro de agua fría y luego secar con papel absorbente.

❹ Triturar todo en la licuadora junto con el pepinillo, las alcaparras, el filete de anchoas desalado, el ajo y la yema de huevo. Agregar esta preparación a la mantequilla suavizada y mezclar bien. Sazonar con suficiente sal y pimienta.

> Para que esta mantequilla sea más suave, puede agregársele 1/2 yema de huevo cruda muy fresca y una cucharada de aceite de oliva.

■ **Preparación:** 15 min

> **EN ALGUNOS PAÍSES SE LLAMA:**
>
> Anchoa: *anchovas, boquerones.* Cebollín: *cebolleta, cebollino, ciboulette.* Chalote: *ascalonia, chalota, echalote, escalonia.* Mantequilla: *manteca.*

Mantequilla de pimiento

Para 100 g de mantequilla

- *1/2 pimiento verde o rojo*
- *20 g de mantequilla*
- *pimienta de Cayena*
- *sal y pimienta*

❶ Quitar las semillas al pimiento, cortarlo en cuadros y cocerlo a fuego muy lento en la mantequilla, hasta que pueda triturarse en puré con el tenedor. De ser necesario, agregar un poco de agua para que no se pegue.

❷ Dejar enfriar esta preparación en el refrigerador.

❸ Pasar el puré por el cernidor o por un colador fino.

❹ Incorporar el puré a la mantequilla suavizada, agregar sal y pimienta al gusto, además de una pizca de pimienta de Cayena.

■ **Preparación:** 20 min

> **EN ALGUNOS PAÍSES SE LLAMA:**
>
> Cernidor: *cedazo, tamiz.* Mantequilla: *manteca.* Pimiento: *ají, locote, morrón.* Quitar las semillas: *despepitar.* Refrigerador: *heladera, nevera.*

Mantequilla enharinada

**Para 100 g de
mantequilla enharinada**

- *50 g de harina*
- *50 g de mantequilla*

Mezclar con el tenedor, en un plato, la harina y la mantequilla hasta que ambas se absorban por completo y la mezcla sea homogénea.

La mantequilla enharinada, batida manualmente e incorporada en forma de noisettes a algunas preparaciones y salsas, permite ligarlas y hacerlas más espesas.

■ **Preparación:** 5 min

> EN ALGUNOS PAÍSES SE LLAMA:
> Mantequilla: *manteca.*

Mantequilla envinada

**Para 100 g de
mantequilla**

- *200 ml de consomé de res
  (→ ver pág. 53)*
- *2 chalotes medianos*
- *200 ml de vino tinto*
- *1 cucharada de perejil picado*
- *de 5 a 6 gotas de jugo de
  limón*
- *3 pizcas de sal*
- *pimienta*

❶ Preparar el consomé de res (o utilizar consomé deshidratado).

❷ Picar los chalotes. Ponerlos en una cacerola con el vino tinto y cocer a fuego lento hasta que el líquido se reduzca a la mitad.

❸ Agregar el consomé y dejarlo reducir otra vez hasta que espese. Dejar enfriar.

❹ Agregar esta preparación a la mantequilla modelada en puré con el perejil y el jugo de limón. Añadir sal y pimienta al gusto. Refrigerar.

■ **Preparación:** 15 min

> EN ALGUNOS PAÍSES SE LLAMA:
> Chalote: *ascalonia, chalota, echalote, escalonia.* Mantequilla:
> *manteca.*

Mantequilla hotelera

**Para 100 g de
mantequilla**

- *100 g de hongos*
- *1/2 chalote*

❶ Realización de la pasta: pelar y picar finamente los hongos y el chalote. Derretir la mantequilla en una cacerola pequeña, añadir el chalote y dejarlos cocer a fuego lento. Luego, agregar los hongos. Continuar la cocción

- *10 g de mantequilla*
- *1 cucharada de perejil picado*
- *1/2 limón*
- *sal y pimienta*

a fuego lento hasta que se evapore el agua de los vegetales, sin dejar de remover.

❷ Pasar todo a un bol y enfriar en el refrigerador.

❸ Durante ese tiempo, picar el perejil. Mezclar la mantequilla suavizada con el perejil, 4 o 5 gotas de jugo de limón y la pasta.

■ **Preparación:** 30 min ■ **Cocción:** 10 min

> EN ALGUNOS PAÍSES SE LLAMA:
> Chalote: *ascalonia, chalota, echalote, escalonia.* Mantequilla: *manteca.* Refrigerador: *heladera, nevera.*

Mantequilla maître d'hôtel

Para 100 g de mantequilla

- *1 cucharada de perejil picado muy fino*
- *sal y pimienta*

Agregar un chorrito de jugo de limón y el perejil picado a la mantequilla suavizada y mezclar bien. Sazonar con suficiente sal y pimienta.

■ **Preparación:** 5 min

> EN ALGUNOS PAÍSES SE LLAMA:
> Mantequilla: *manteca.*

Mantequilla noisette

Para 4 personas

- *100 g de mantequilla*
- *sal y pimienta*

Calentar suavemente la mantequilla en un sartén hasta que esté dorada y despida un aroma a avellana, controlando todo el tiempo que no se oscurezca. Sazonar con sal y pimienta. Servir la mantequilla inmediatamente, mientras está esponjosa.

Esta mantequilla puede acompañar sesos de cordero o de ternera, verduras (cocidas en agua y bien escurridas) o un pescado hervido en un caldo.

■ **Preparación:** 5 min

> EN ALGUNOS PAÍSES SE LLAMA:
> Mantequilla: *manteca.*

Condimentos

Aceite a la albahaca

Para 1 litro

- 5 ramitas de albahaca fresca
- 1 litro de aceite de oliva
- 1/2 cabeza de ajo fresco
- 1/2 chalote

❶ Lavar y secar la albahaca.
❷ Ponerla en un frasco y agregar el aceite de oliva.
❸ Agregar el ajo fresco entero, pelado de manera que se vean los dientes, y el chalote.
❹ Tapar el recipiente y dejar marinar 15 días a la sombra.

El aceite de oliva se condimenta de la misma manera con el estragón, el hinojo, el romero, la ajedrea, la salvia, etc.

■ **Preparación:** 15 min ■ **Marinada:** 15 días

En algunos países se llama:
Chalote: *ascalonia, chalota, echalote, escalonia.*

Aceite de ajo

Para 1 litro

- 8 dientes de ajo
- 1 litro de aceite de oliva

❶ Pelar los dientes de ajo.
❷ Poner a hervir agua en una cacerola pequeña. Agregar los dientes de ajo y dejarlos cocer durante 2 minutos. Luego, escurrirlos y secarlos.
❸ Poner los dientes de ajo en un frasco y vaciar el aceite encima. También es posible introducir los dientes de ajo directamente en la botella de aceite de oliva.
❹ Dejar marinar 15 días a la sombra.

■ **Preparación:** 5 min ■ **Marinada:** 15 días

Aceite picante

Para 1 litro

- 6 chiles
- 1 litro de aceite de oliva

❶ Poner a hervir agua en una cacerola pequeña. Sumergir los chiles y retirarlos inmediatamente.
❷ Machacar ligeramente los chiles con un tenedor.
❸ Ponerlos en un frasco y agregar el aceite de oliva. Tapar y luego agitar el frasco. Dejar marinar durante dos meses a la sombra antes de consumirlo.

■ **Preparación:** 10 min ■ **Marinada:** 2 meses

> EN ALGUNOS PAÍSES SE LLAMA:
>
> Chile: *ají cumbarí, ají picante, conguito, guindilla, ñora, pápri-ka (picante), pimentón picante, pimiento picante.*

Aderezo mediterráneo

Para 300 g, aproximadamente

- 20 filetes de anchoas saladas
- 250 g de aceitunas negras grandes
- 50 g de alcaparras
- 150 ml de aceite de oliva
- 1/2 limón
- 1 lata de atún en aceite (opcional)

❶ Desalar los filetes de anchoas con agua fría.

❷ Deshuesar las aceitunas negras, cortarlas en cuatro y mezclarlas, o pasarlas por el procesador de alimentos, con las anchoas y las alcaparras.

❸ Agregar el aceite de oliva y el jugo de limón, mezclando bien, como para hacer una mayonesa.

❹ Si se desea, se puede añadir también una lata de atún.

El aderezo mediterráneo puede conservarse en un frasco pequeño, en un lugar frío y oscuro. Sirve para acompañar verduras crudas o para untarse sobre un pan tostado.

■ **Preparación:** 15 min

> EN ALGUNOS PAÍSES SE LLAMA:
>
> Anchoa: *anchova, boquerón.* Deshuesar: *descarozar.*

Chiles en escabeche

- 6 chiles grandes serranos o jalapeños
- 3 dientes de ajo
- 2 zanahorias
- 3 hojas de laurel
- 6 granos de pimientas
- 1 cebolla
- 1 cucharada de sal
- orégano
- 1 taza de vinagre
- 1/4 de taza de aceite de oliva

❶ Los chiles se rebanan y se cuecen en medio litro de agua con sal hasta que cambian de color.

❷ Las zanahorias se rebanan en rodajas al igual que las cebollas, se fríen en el aceite con el ajo y el laurel.

❸ Se añaden las especias y los chiles.

❹ Se agrega el vinagre, la sal al gusto y el agua que quedó de los chiles, se deja hervir y se retira del fuego.

■ **Preparación:** 30 min ■ **Cocción:** 20 min

> EN ALGUNOS PAÍSES SE LLAMA:
>
> Chile: *ají cumbarí, ají picante, conguito, guindilla, ñora, pápri-ka (picante), pimentón picante, pimiento picante.*

Chutney de cebolla

Para 2 frascos de 500 g

- 500 g de cebollas
- 75 g de jengibre cristalizado
- 175 g de azúcar morena
- 100 g de pasitas
- 1 vaso de vino blanco seco
- 1 vaso de vinagre de vino blanco
- 1/2 diente de ajo
- 1 pizca de curry
- 2 clavos de olor

❶ Pelar y cortar las cebollas en rodajas finas.

❷ Cortar el jengibre cristalizado en pedazos pequeños.

❸ Poner las cebollas y el jengibre en una olla junto con el azúcar morena, las pasitas, el vino blanco seco, el vinagre de vino blanco, el medio diente de ajo, el curry en polvo y los clavos. Dejar hervir y cocer entre una hora 45 minutos y 2 horas. Dejar enfriar.

❹ Poner los frascos a hervir en agua, añadirles el chutney frío y taparlos bien. Conservarlos en un lugar oscuro y frío.

■ **Preparación:** 10 min ■ **Cocción:** de 1 h 45 min a 2 h

> **EN ALGUNOS PAÍSES SE LLAMA:**
>
> Azúcar morena: *azúcar mascabada, azúcar moscabada, azúcar negra.* Pasitas: *pasas, pasas de uva, uvas pasas, uvas secas.*

Chutney de piña

Para 2 frascos de 500 g

- 250 ml de vinagre blanco
- 125 g de azúcar morena
- 1/2 cucharada de mostaza en granos
- 2 clavos de olor
- 1 rajita de canela
- 2 pizcas de jengibre en polvo
- 1/2 lata de piña en trozos
- 60 g de pasitas

❶ Mezclar en una cacerola el vinagre blanco con el azúcar morena los granos de mostaza, los clavos, la canela y el jengibre en polvo. Calentar y dejar hervir a fuego bajo durante 10 minutos, aproximadamente, removiendo de vez en cuando. Escurrir los trozos de piña y agregarlos junto con las pasitas a la mezcla anterior.

❷ Cocer a fuego muy lento y al descubierto, hasta que la mezcla adquiera la consistencia de una mermelada.

❸ Poner los frascos a hervir en agua, añadirles el chutney caliente y taparlos inmediatamente.

Se utiliza para acompañar carnes que se sirven frías.

■ **Preparación:** 30 min ■ **Cocción:** de 30 a 40 min

> **EN ALGUNOS PAÍSES SE LLAMA:**
>
> Azúcar morena: *azúcar mascabada, azúcar moscabada, azúcar negra.* Pasitas: *pasas, pasas de uva, uvas pasas, uvas secas.* Piña: *ananá.*

Encurtido de coliflor y jitomate

Para 3 frascos de 500 g

- *1 coliflor pequeña*
- *350 g de jitomates*
- *2 cebollas*
- *1/2 pepino*
- *100 g de sal*
- *1 cucharadita de mostaza en granos*
- *1 cucharadita de jengibre en polvo*
- *1 cucharadita de pimienta negra en granos*
- *125 g de azúcar morena*
- *1 1/2 litros de vinagre de vino blanco*

❶ Lavar y separar la coliflor en ramitos. Cortar los jitomates en cuatro. Picar las cebollas y el pepino.

❷ Poner todo en una ensaladera, acomodarlo en capas y agregarle sal a cada una. Cubrir con agua fría. Tapar la ensaladera con una película plástica antiadherente y dejar marinar en un lugar oscuro y frío durante 24 horas.

❸ Poner las verduras en un colador y enjuagarlas bien con un chorro de agua, para retirar el exceso de sal.

❹ Poner todo en una cacerola. Agregar la mostaza, el jengibre, la pimienta, el azúcar morena, 350 ml de vinagre y mezclar bien. Poner a hervir a fuego medio removiendo constantemente, luego dejar cocer a fuego bajo de 15 a 20 minutos sin dejar de remover. Las verduras deben estar tiernas pero firmes, lo que se comprueba picándolas con la punta de un cuchillo.

❺ Repartir la mezcla en los frascos, agregándoles vinagre hasta llenar cada uno por completo. Conservarlos en un lugar frío y oscuro.

■ **Preparación:** 1 h ■ **Marinada:** 24 h

> **EN ALGUNOS PAÍSES SE LLAMA:**
>
> Azúcar morena: *azúcar mascabada, azúcar moscabada, azúcar negra.* Encurtidos: *pickles, verduras curtidas.* Jitomate: *tomate.*

Encurtidos en vinagre

Para 3 frascos de 500 g

- *2 litros de agua*
- *225 g de sal gruesa*
- *6 cebollas*
- *1 coliflor*
- *1 pepino*
- *5 jitomates verdes*
- *3 chiles rojos*
- *1 litro de vinagre de manzana*
- *3 clavos de olor*

❶ Poner a hervir el agua con la sal.

❷ Pelar y picar las cebollas. Lavar las demás verduras. Separar la coliflor en ramitos, cortar el pepino en cubitos y los jitomates en rodajas. Poner todas las verduras en una ensaladera. Agregar el agua salada y dejar marinar durante 24 horas en un lugar frío y oscuro.

❸ Escurrir las verduras, repartirlas en los frascos, agregar un chile a cada uno.

❹ En una ensaladera, mezclar el vinagre con todas las especias y llenar con esta mezcla cada frasco. Cerrar

- *1 cucharadita de mostaza en granos*
- *10 granos de pimienta*

los frascos y guardarlos en un lugar frío y oscuro al menos un mes antes de consumirlo.

Los encurtidos se utilizan como acompañamiento de carnes servidas frías, guisos o como tentempié.

■ **Preparación:** 40 min ■ **Marinada:** 24 h

> **EN ALGUNOS PAÍSES SE LLAMA:**
> Chile: *ají cumbarí, ají picante, conguito, guindilla, ñora, páprika (picante), pimentón picante, pimiento picante.* Encurtidos: *pickles, verduras curtidas.* Jitomate: *tomate.* Tentempié: *aperitivo, boquitas, botana, canapé, entremés, pasapalo, tapa.*

Esencia de hongos

Para 250 ml, aproximadamente

- *50 g de hongos*
- *40 g de mantequilla*
- *1/2 litro de agua*
- *1/2 limón*
- *sal*

❶ Lavar los hongos y cortarlos en pedacitos.
❷ Poner la mantequilla en una cacerola, agregar el agua, el jugo de limón y la sal. Poner a hervir, agregar los hongos y cocer durante 10 minutos. Retirar los hongos con una espumadera.
❸ Dejar que la mezcla se reduzca a la mitad y conservar la esencia en el refrigerador.

> **Esta esencia se utiliza para dar consistencia al sabor de una preparación culinaria (potaje o salsa) o para aromatizarla.**

■ **Preparación:** 15 min ■ **Cocción:** 10 min

> **EN ALGUNOS PAÍSES SE LLAMA:**
> Mantequilla: *manteca.* Refrigerador: *heladera, nevera.*

Limones cristalizados

Para 2 frascos de 500 g

- *1 kg de limones enteros*
- *3 cucharadas de sal*
- *aceite de oliva*

❶ Lavar los limones, secarlos y cortarlos en rodajas gruesas o en cuatro partes si son pequeños.
❷ Ponerlos en una ensaladera, espolvorearlos con sal fina, mezclar todo con la mano y dejar macerar durante 12 horas, aproximadamente.
❸ Escurrir con mucho cuidado.
❹ Acomodar los limones en los frascos y cubrirlos completamente con aceite de oliva.

⑤ Conservar los frascos en un lugar seco, frío y oscuro, por lo menos durante un mes antes de consumirlos. Cerrar muy bien el frasco después de cada uso.

■ **Preparación:** 30 min ■ **Marinada:** 12 h

Pesto

Para 200 ml, aproximadamente

- 6 manojos de albahaca
- 2 dientes de ajo
- 3 cucharadas de queso parmesano rallado
- 120 ml de aceite de oliva
- 1 cucharada de piñones
- 2 ramas de apio
- sal y pimienta

① Lavar y deshojar la albahaca. Pelar el ajo y picarlo muy finamente. Cortar el apio en trozos pequeños.
② Poner la albahaca, el apio y el ajo en un mortero y machacarlos hasta volverlos puré.
③ Agregar el parmesano y mezclar bien.
④ Tostar los piñones durante algunos minutos en el horno caliente (200 °C). Luego, triturarlos aparte.
⑤ Vaciar poco a poco el aceite sobre el puré, sin dejar de revolver. Agregar sal, pimienta, los piñones y mezclar todo.

También se puede preparar el pesto en una licuadora; en ese caso, licuar los ingredientes con la mitad del aceite y luego incorporar el resto del aceite y sazonar.

■ **Preparación:** 20 min

Vinagre a las hierbas

Para 3/4 litro

- 2 cebollas pequeñas
- 2 chalotes
- 5 ramitas de cebollín
- 3/4 litro de vinagre de vino blanco

① Poner a hervir agua en una cacerola.
② Pelar las cebollas y los chalotes, cortarlos en rebanadas finas.
③ Sumergir estas rebanadas junto con el cebollín en agua hirviendo durante 30 segundos. Escurrirlas con un colador. Enjuagarlas en agua fresca y secarlas con un papel absorbente.
④ Agregar todos estos condimentos al vinagre de vino. Dejar marinar un mes antes de consumirlo.

Es preferible utilizar vinagre de vino añejo.

■ **Preparación:** 10 min ■ **Marinada:** 1 mes

EN ALGUNOS PAÍSES SE LLAMA:
Cebollín: *cebolleta, cebollino, ciboulette.* Chalote: *ascalonia, echalote, chalota, escalonia.*

Vinagre al estragón

Para 3/4 litro

- *2 ramitas de estragón*
- *3/4 litro de vinagre de vino blanco*

❶ Poner a hervir agua en una cacerola pequeña. Detener la ebullición, agregar el estragón y dejarlo ahí durante 1 h.

❷ Pasarlo por agua fría, secarlo con un papel absorbente y meterlo en la botella de vinagre.

❸ Dejar marinar un mes antes de consumirlo.

■ **Preparación:** 5 min ■ **Marinada:** 1 mes

Bases, caldos y marinadas

Base blanca de ave

Para 2 litros, aproximadamente

- *1 gallina*
- *500 g de menudencias de ave*
- *3 o 4 retazos de ave*
- *2 zanahorias*
- *2 cebollas*
- *1 cabeza grande de poro*
- *1 rama de apio*
- *1 bouquet garni*

Proceder igual que con el caldo blanco de ternera (→ ver pág. 52) realizando una primera cocción de las carnes para "blanquearlas", luego realizar la cocción larga junto con las verduras, espumando de manera frecuente. Siendo la gallina más grasa que la ternera, el enfriamiento final es muy importante para desgrasar muy bien este fondo.

Una vez desgrasados, los caldos de ave pueden congelarse, igual que el caldo de ternera. Estos caldos constituyen la base de numerosas salsas.

■ **Preparación:** 15 min ■ **Cocción:** 4 h

En algunos países se llama:
Papa: *patata.* Poro: *ajo porro, porro, puerro.*

Base de animales de caza

Para 1 litro, aproximadamente

- *1 kg de retazo con hueso de animal de caza o de retazos y menudencias de aves de caza*

❶ Precalentar el horno a 250 °C. Cortar las carnes en pedazos, colocarlas en una charola y dorarlas en el horno entre 10 y 15 minutos.

❷ Cortar las rebanadas de tocino en pedacitos.

- *100 g de tocino rebanado*
- *1 zanahoria*
- *1 cebolla grande*
- *de 6 a 8 tallos de perejil*
- *1 ramita de tomillo*
- *1 hoja de laurel*
- *de 2 a 3 hojas de salvia*
- *1 ramita de romero*
- *10 g de mantequilla*
- *100 ml de vino blanco*
- *1 y 1/2 litros de agua*
- *5 bayas de enebro*
- *5 granos de pimienta*

❸ Pelar la zanahoria y la cebolla y cortarlas en cuadritos. Componer un bouquet garni con el perejil, el tomillo, el laurel, la salvia y el romero.

❹ En una cacerola, derretir la mantequilla, colocar el tocino, los cuadritos de zanahoria y de cebolla y ponerlos a fuego lento hasta que se doren un poco. Agregar la carne, verter el vino blanco y mezclar muy bien con la cuchara de madera. Dejar reducir hasta que prácticamente no quede nada de líquido.

❺ Verter el agua fría y agregar el bouquet garni, las bayas de enebro y la pimienta. Poner a hervir y cocer durante 3 horas a fuego lento, espumando regularmente.

❻ Dejar enfriar, poner en el refrigerador, desgrasar bien, luego pasar por un cernidor fino o, aún mejor, por un colador cubierto con una muselina.

Esta base es maravillosa para cocinar los platillos cuyo elemento principal son los animales de caza. Es aconsejable prepararla en grandes cantidades, inmediatamente después de la caza, y congelarla.

■ **Preparación:** 30 min ■ **Cocción:** 3 h 30 min

> EN ALGUNOS PAÍSES SE LLAMA:
>
> Cernidor: *cedazo, tamiz*. Charola: *asadera*. Mantequilla: *manteca*. Refrigerador: *heladera, nevera*. Tocino: *bacon, larda de tocino, panceta, tocineta*.

Base de hongos

Para 100 ml, aproximadamente

- *100 ml de agua*
- *40 g de mantequilla*
- *1/2 limón*
- *300 g de hongos*
- *sal*

Poner a hervir el agua con la sal, la mantequilla y el jugo de limón. Limpiar los hongos y agregarlos al agua. Dejarlos hervir 6 minutos y luego escurrirlos.

El caldo de cocción permite perfumar una salsa, un concentrado de pescado o una marinada. Se puede congelar en recipientes herméticos para que siempre esté disponible. Los hongos pueden servir para otra preparación.

■ **Preparación:** 10 min ■ **Cocción:** 6 min

> EN ALGUNOS PAÍSES SE LLAMA:
>
> Mantequilla: *manteca*.

Base morena

**Para 1 litro,
aproximadamente**

- *1 hueso de ternera*
- *60 g de tocino rebanado*
- *50 g de jamón cocido*
- *500 g de carne de res magra
  (redondo o pulpa de paleta)*
- *500 g de chambarete de
  ternera*
- *1 zanahoria*
- *1 cebolla*
- *1 bouquet garni*
- *1 diente de ajo*
- *5 g de sal gruesa*

❶ Precalentar el horno a 250 °C. Triturar los huesos de la carne con un martillo.

❷ Sumergir en agua hirviendo las rebanadas de tocino desgrasadas y el jamón, durante 4 o 5 minutos.

❸ Deshuesar y cortar en cubos la carne de res y el chambarete de ternera. Rebanar en rodajas la zanahoria y la cebolla.

❹ Colocar todos estos ingredientes en una charola grande o sobre la parrilla del horno y colorearlos hasta dorarlos un poco.

❺ Retirarlos del horno y verterlos en una olla grande. Agregar el bouquet garni, el ajo pelado y 1/2 litro de agua.

❻ Cocer a fuego lento hasta que el líquido se reduzca "à glace", es decir, hasta que tome color caramelo y se vuelva almibarado. Entonces, agregar 1/2 litro de agua más y volver a reducir "à glace". Agregar finalmente 1 y 1/2 litros de agua y la sal gruesa, llevar a ebullición y dejar hervir a fuego bajo durante 8 horas con la olla tapada.

❼ Dejar enfriar el caldo. Quitar la capa de grasa con una espumadera y pasar esta base por un colador cubierto con una muselina.

Esta base también puede congelarse.

■ **Preparación:** 30 min ■ **Cocción:** 8 h 30 min

EN ALGUNOS PAÍSES SE LLAMA:

Charola: *asadera.* Tocino: *bacon, larda de tocino, panceta, tocineta.*

Base oscura de ternera

**Para 1 litro,
aproximadamente**

- *500 g de paleta de ternera*
- *500 g de chambarete de
  ternera*

❶ Precalentar el horno a 250 °C. Deshuesar y amarrar la espalda de paleta y el chambarete. Triturar los huesos muy finamente.

❷ Poner a dorar las carnes y el hueso en el horno (proceder igual que con la base morena).

- *1 hueso de ternera*
- *1 zanahoria*
- *1 cebolla*
- *1 bouquet garni*
- *sal y pimienta*

❸ Pelar y rebanar en rodajas la zanahoria y la cebolla y poner todo en una olla junto con el bouquet garni. Cubrir y cocer a fuego bajo durante 15 minutos.

❹ Agregar 1/2 litro de agua, hasta que se reduzca "à glace" (→ ver receta precedente). Repetir esta operación. Agregar 1 y 1/2 litros de agua o de base blanca y poner a hervir. Espumar, sazonar con un poco de sal y con pimienta. Dejar que suelte el hervor durante 6 horas.

❺ Desgrasar y filtrar igual que en la receta precedente.

Esta base también puede ser congelada.

■ **Preparación:** 15 min ■ **Cocción:** 6 h 30 min

Caldo con leche

Para 1 litro

- *1/2 limón*
- *1/2 litro de leche*
- *1/2 litro de agua*
- *15 g de sal*

Pelar el limón quitándole la piel blanca y cortarlo en rodajas. Mezclar la leche con el agua. Agregar sal al gusto. Verter sobre el alimento que se va a cocer y añadir las rodajas de limón.

Este caldo se utiliza sobre todo para la cocción de pescados planos, como la barbada o el rodaballo, o de pescados ahumados o salados, como el bacalao ahumado o la truchuela, en cuyo caso no hay que agregarles sal.

■ **Preparación:** 5 min

Caldo de "agua salada"

Para 1 litro

- *15 g de sal*
- *1 rama de tomillo (opcional)*
- *1 hoja de laurel (opcional)*

Poner a hervir el agua con la sal. El "agua salada", el más simple de todos los caldos, en general no se aromatiza, pero puede agregársele un poco de tomillo y laurel al gusto. En este caldo puede cocerse cualquier cosa, carnes, pescados, verduras, etc.

■ **Preparación:** 5 min

Caldo envinado

Para 1 litro

- *1 zanahoria*
- *1 cebolla*
- *700 ml de agua*
- *300 ml de vino blanco seco*
- *1 bouquet garni*
- *5 granos de pimienta*
- *sal*

❶ Pelar y cortar en rodajas la zanahoria y la cebolla.

❷ Colocar el agua, el vino blanco seco, el bouquet garni y las verduras en una cacerola. Agregar sal al gusto. Poner a hervir y cocer durante 20 minutos.

❸ Una vez fuera del fuego, agregar la pimienta en grano (si la pimienta se coloca antes, le dará al caldo un sabor amargo) y dejar que se impregnen los aromas durante 10 minutos. Pasar por un colador fino o por uno chino.

Este caldo se utiliza sobre todo para la cocción de pescados y mariscos.

■ **Preparación:** 5 min ■ **Cocción:** 20 min

Caldo o base blanca de ternera

Para 1 litro

- *1 kg de carne de ternera (chambarete con hueso y retazos)*
- *2 litros de agua*
- *1 cebolla*
- *1 clavo de olor*
- *1 zanahoria*
- *2 poros*
- *1 ramita de tomillo*
- *1 rama de apio*
- *1 hoja de laurel*
- *sal*

❶ Deshuesar y amarrar la carne de ternera (chambarete con hueso y retazos). Envolver los huesos en un trapo y triturarlos con un martillo.

❷ Poner la carne en una olla grande y cubrirla con agua fría. Agregar sal. Dejar hervir y espumar varias veces.

❸ Cortar la cebolla a la mitad, cocerla en una cacerola a fuego lento, y en seco, hasta que esté bien dorada. Retirarla y mecharla con el clavo.

❹ Pelar la zanahoria y atarla junto con los poros, el apio, el tomillo y el laurel.

❺ Agregar todas estas verduras a la olla. Cocer lentamente durante 2 horas y media, sin tapar y espumando regularmente.

❻ Colar el caldo. Dejarlo enfriar y luego refrigerarlo. Después, quitar la capa de grasa que se forma en la superficie.

Esta base blanca sirve para hacer velouté de ternera, jugos y salsas, para asar ciertas verduras y bañar con ella las cremas o potajes de verduras. Se puede congelar en recipientes herméticos para tenerla siempre disponible.

■ **Preparación:** 15 min ■ **Cocción:** 2 h 30 min

> **EN ALGUNOS PAÍSES SE LLAMA:**
> Poro: *ajo porro, porro, puerro.*

Caldo o consomé de res

Para 1 litro

- *350 g de carne de res magra*
- *150 g de carne de res con hueso*
- *2 litros de agua*
- *1 cebolla*
- *1 clavo de olor*
- *1 poro*
- *1 ramita de tomillo*
- *1 rama de apio*
- *1/2 hoja de laurel*
- *1 zanahoria*
- *1 diente de ajo*
- *sal*

❶ Desgrasar, deshuesar y amarrar la carne de res (paleta, redondo, pulpa de paleta, chambarete, costillas con carne, pierna, etc.).

❷ Envolver los huesos en un trapo y triturarlos con un martillo.

❸ Poner las carnes en una olla grande y cubrirlas con el agua. Agregar sal. Dejar hervir y espumar varias veces.

❹ Cortar la cebolla a la mitad, cocerla en una cacerola a fuego lento, y en seco, hasta que esté bien dorada. Retirarla y mecharla con el clavo.

❺ Pelar el poro y atarlo junto con el tomillo, el apio y el laurel. Pelar la zanahoria y el ajo.

❻ Agregar cebolla, poro, zanahoria y ajo en la olla. Cocer lentamente durante 3 horas y media, sin tapar, y espumar con frecuencia.

❼ Colar el caldo. Dejarlo enfriar y luego refrigerarlo. Después, quitar la capa de grasa que se formó en la superficie.

> **Este caldo puede congelarse.**

■ **Preparación:** 15 min ■ **Cocción:** 3 h 30 min

> EN ALGUNOS PAÍSES SE LLAMA:
> Poro: *ajo porro, porro, puerro.*

Caldo para pescado

Para 1 litro

- *1 zanahoria*
- *1 cebolla*
- *1 litro de agua*
- *1 bouquet garni*
- *1 cucharada de sal*
- *5 granos de pimienta*
- *100 ml de vinagre*

❶ Pelar y cortar la zanahoria y la cebolla en rodajas.

❷ Colocarlas en el agua junto con el bouquet garni. Poner a hervir y cocer durante 20 minutos. En ese momento, agregar la sal, la pimienta y el vinagre.

❸ Apagar el fuego y dejar que se impregne de los distintos aromas durante 10 minutos. Luego, pasar todo por un colador chino o un colador cubierto con una muselina.

> **Una vez que se ha utilizado, el caldo para pescado puede servir para un potaje o una salsa blanca, en cuyo caso hay que guardarlo en un recipiente esterilizado.**

■ **Preparación:** 10 min ■ **Cocción:** 20 min

Clarificación del caldo para puchero

Para 1 litro de caldo clarificado

- *250 g de carne de res magra*
- *1/2 zanahoria*
- *1 pedazo de la parte verde de un poro*
- *1/4 de rama de apio*
- *1 jitomate*
- *1 clara de huevo*
- *1 y 1/2 litros de consomé de res (→ ver pág. 53)*
- *1/2 manojo de perifollo*
- *5 granos de pimienta*

❶ Cortar la carne.
❷ Limpiar, pelar y cortar muy finamente todas las verduras.
❸ Colocarlas en una terrina con la clara de huevo, mezclar y dejar reposar en frío durante 15 minutos.
❹ Verter el consomé en una cacerola. Agregarle todos los ingredientes y mezclar bien con la batidora manual. Calentar lentamente, sin dejar de remover con una espátula, hasta la ebullición. Luego cocer a fuego bajo, hasta que suelte el hervor, durante una hora y media.
❺ Agregar el perifollo picado y los granos de pimienta triturados. Dejar que el preparado se impregne de los aromas durante 30 minutos.
❻ Sumergir una muselina o un trapo de cocina muy delgado en agua helada, escurrirla muy bien y cubrir con ella un colador o un colador chino. Trasvasar el consomé.

> Una vez clarificado, el consomé adquiere aún más sabor. Se puede congelar muy fácilmente con el objeto de tenerlo siempre a la mano.

■ **Preparación:** 20 min ■ **Cocción:** 1 h 30 min
■ **Reposo:** 15 + 30 min

> En algunos países se llama:
> Jitomate: *tomate*. Poro: *ajo porro, porro, puerro*.

Concentrado de pescado

Para 1 1/2 litros, aproximadamente

- *2 1/2 kg de espinas, cabeza y espinazo de pescado*
- *2 zanahorias*
- *1 cebolla*
- *7 chalotes*
- *150 g de hongos*
- *25 ramitas de perejil*
- *1 cucharada de aceite*

❶ Limpiar y triturar las espinas, así como la cabeza y el espinazo de pescado.
❷ Pelar y rebanar muy finamente las zanahorias, la cebolla, los chalotes y los hongos. Amarrar las ramitas de perejil y agregarlas a la preparación de verduras. Dorar todo en una olla con aceite, agregar el bouquet garni y el jugo de limón. Añadir sal al gusto.
❸ Cubrir de agua. Poner a hervir, desgrasar y espumar, luego dejar cocer a fuego bajo, sin tapar, durante 20 minutos.

- *1 bouquet garni*
- *1/2 limón*
- *sal gruesa*

④ Verter en un colador cubierto con una muselina presionando las espinas con el reverso de una cuchara y dejar enfriar.

Este concentrado puede congelarse fácilmente.
concentrado de pescado al vino tinto:
reemplazar el agua por un vino tinto con cuerpo.

■ **Preparación:** 15 min ■ **Cocción:** 20 min

EN ALGUNOS PAÍSES SE LLAMA:
Chalote: *ascalonia, chalota, echalote, escalonia.*

Demi-glace

Para, aproximadamente, 400 ml

- *1/2 litro de base oscura de ternera (→ ver pág. 50)*
- *800 ml de base morena (→ ver pág. 50)*
- *50 ml de madeira*
- *tronquitos de hongos (opcional)*

① Mezclar las dos bases y ponerlas a hervir a fuego muy bajo hasta que el líquido se reduzca hasta alcanzar una tercera parte.

② Espumar las impurezas de la superficie constante y cuidadosamente. Quitar del fuego, agregar el madeira y verter en un colador cubierto por una muselina.

③ Mientras las dos bases se reducen, se puede agregar un puñado de tronquitos de hongos lavados y cortados en pedacitos.

El demi-glace puede conservarse en el refrigerador en un recipiente bien cerrado.

salsa madeira:
Reducir 50 ml de madeira hasta alcanzar una tercera parte. Agregar 250 ml de demi-glace y dejar reducir algunos minutos. Una vez fuera del fuego, resaltar el sabor con un chorrito de madeira.

■ **Preparación:** 5 min ■ **Cocción:** 35-45 min

EN ALGUNOS PAÍSES SE LLAMA:
Madeira: *madera* (vino dulce elaborado en la isla de Madeira).
Refrigerador: *heladera, nevera.*

Espejo de carne

**Para 150 a 200 ml,
aproximadamente**

- *1 litro de base morena
(→ ver pág. 50)*

❶ Desgrasar completamente la base morena. Cuando esté totalmente translúcida, reducirla a la mitad dejándola cocer a fuego medio, sin tapar.

❷ Colarla con una muselina, para luego volverla a reducir espumando cuidadosamente y colarla de nuevo. Repetir la operación tantas veces como sea necesario hasta que la base se pegue, como si fuera un barniz, a la parte posterior de una cuchara, bajando cada vez más la temperatura de cocción.

❸ Verter el espejo de carne en frasquitos de vidrio, cubrir con película plástica autoadherente y conservar en lugar oscuro y frío.

> **Los espejos de carne, aves o carnes de caza dan sabor y un toque especial a numerosas preparaciones.**
>
> **espejo de ave:**
> reemplazar la base oscura por la base blanca de ave (→ ver pág. 48).
>
> **espejo de carne de caza:**
> reemplazar la base oscura por la base de animales de caza (→ ver pág. 48).

■ **Preparación:** 5 min ■ **Cocción:** alrededor de 2 h

Espejo de pescado

**Para 200 ml,
aproximadamente**

- *1 litro de concentrado de
pescado (→ ver pág. 54)*

Verter el concentrado de pescado en una cacerola y ponerlo a hervir a fuego muy bajo hasta que adquiera una consistencia almibarada. Espumar con frecuencia. Posteriormente, pasarlo por un colador cubierto con una muselina.

> **Este espejo permite realzar el sabor de una salsa o barnizar un pescado antes de meterlo al horno. También puede conservarse en el refrigerador en un recipiente bien lavado y cerrado herméticamente.**

■ **Preparación:** 5 min ■ **Cocción:** de 1 a 2 h

> **EN ALGUNOS PAÍSES SE LLAMA:**
> Refrigerador: *heladera, nevera.*

Marinada instantánea

Para 1 kg de pescado o de carne

- *4 cucharadas de aceite*
- *1 limón*
- *1 hoja de laurel*
- *1 ramita de tomillo*
- *sal y pimienta*

❶ Condimentar con sal y pimienta todas las piezas de carne o pescado que se vayan a marinar y rociarlas con aceite.

❷ Pelar completamente el limón (quitarle la cáscara y la piel blanca) y cortarlo en rebanadas finas; agregar éstas a la marinada.

❸ Desmoronar la hoja de laurel y la rama de tomillo sobre cada pieza de carne o pescado. Dejar reposar durante unos 10 minutos.

■ **Preparación:** 5 min ■ **Reposo:** 10 min

Marinada cruda para carnes rojas y de caza

Para 1 a 2 kg de carne

- *cuatro especias (pimienta, clavo de olor, nuez moscada y jengibre)*
- *1 cebolla grande*
- *2 chalotes*
- *1 zanahoria*
- *2 dientes de ajo*
- *1 ramita de tomillo*
- *1/2 hoja de laurel*
- *3 ramitas de perejil*
- *1 clavo de olor*
- *1 o 2 botellas de vino blanco o tinto*
- *2 cucharadas de vinagre*
- *1 copita de coñac*
- *2 cucharadas de aceite*
- *sal y pimienta*

❶ Agregar sal y pimienta al gusto y espolvorear con las cuatro especias la carne que se vaya a marinar. Colocarla en una terrina del tamaño justo para contenerla.

❷ Pelar las verduras. Picar la cebolla y los chalotes, cortar la zanahoria en rodajas, triturar el ajo.

❸ Poner la cebolla, los chalotes y la zanahoria en la terrina, agregar la ramita de tomillo y la de laurel desmoronadas, las ramitas de perejil y el clavo de olor. Cubrir por completo con el vino blanco o tinto y con el vinagre, agregar el coñac y el aceite.

❹ Tapar y dejar marinar en frío de 6 horas a 2 días, dando vuelta a la carne 2 o 3 veces.

La marinada mejora la textura de la carne y la vuelve más tierna y perfumada.

■ **Preparación:** 15 min ■ **Marinada:** de 6 h a 2 días

En algunos países se llama:
Chalote: *ascalonia, chalota, echalote, escalonia.*

Marinada cocida para carnes rojas y de caza

Para 1 o 2 litros

- 4 o 5 cucharadas de aceite de oliva
- 1 cebolla grande
- 2 chalotes
- 1 zanahoria
- 1 o 2 botellas de vino blanco o tinto
- 1 cucharada de vinagre
- 2 manojos de perejil
- 1 ramita de tomillo
- 1/2 hoja de laurel
- 1 rama de apio
- 1 diente de ajo
- 10 granos de pimienta
- 1 clavo de olor
- 5 bayas de enebro
- 5 ramitas de cilantro
- 1 pizca de romero

❶ Pelar las verduras. Picar la cebolla y los chalotes. Cortar la zanahoria en rodajas.

❷ Sofreír todo en una olla con una cucharada de aceite de oliva. Agregar el vino blanco o tinto (dependiendo de la receta), el vinagre y todas las hierbas aromáticas. Añadir la sal. Calcular la cantidad de vino en función del peso de la carne que se va a marinar: se estima un litro de marinada por cada 500 g de carne.

❸ Dejar hervir y cocer a fuego bajo (sin que deje de hervir) durante 30 minutos.

❹ Enfriar rápidamente esta marinada poniéndola en el refrigerador. Luego, agregarla a la carne.

❺ Añadir el resto del aceite de manera que una capa fina lo recubra todo.

❻ Tapar con una película plástica autoadherente y conservarla en un lugar fresco.

■ **Preparación:** 5 min ■ **Cocción:** 30 min

> **EN ALGUNOS PAÍSES SE LLAMA:**
> Chalote: *ascalonia, chalota, echalote, escalonia.* Cilantro: *coriandro, culantro.* Refrigerador: *heladera, nevera.*

Marinada cruda para patés y terrinas

Para 1 kg de carne

- 20 g de sal
- 3 g de pimienta
- 2 g de cuatro especias (pimienta, clavo de olor, nuez moscada y jengibre)
- 2 ramitas de tomillo
- 1 hoja de laurel
- 100 ml de coñac o de armagnac
- 100 ml de madeira

❶ Agregar sal y pimienta al gusto y espolvorear con las cuatro especias todos los elementos que se vayan a marinar. Luego, agregar el tomillo y el laurel desmoronados.

❷ Rociar con el coñac (o el armagnac) y la madeira.

❸ Dejar marinar, cubierto y en un lugar oscuro y frío, durante 24 horas, volteando las piezas que se están marinando 2 o 3 veces.

■ **Preparación:** 5 min ■ **Marinada:** 24 h

> **EN ALGUNOS PAÍSES SE LLAMA:**
> Madeira: *madera* (vino dulce elaborado en la isla de Madeira).

Ogao

- *2 tallos de cebollitas de Cambray*
- *1 jitomate rallado*
- *1/4 cucharadita de comino molido*
- *sal, pimienta y pimentón*
- *2 cucharadas de aceite*
- *orégano, tomillo, perejil picados (1/2 cucharada de c/u)*

❶ Combinar todos los ingredientes, menos las hierbas, en un sartén con aceite, y sofreír un rato, hasta que el jitomate tome color. Si se seca mucho, añadir una o dos cucharadas de agua.

❷ Agregar un poco de tomillo, orégano y perejil picados. Verificar la sazón y corregirla si es necesario.

> Puede prepararse en cantidades mayores y congelar en porciones o envases pequeños para utilizar a medida que se necesite. En ese caso conviene no echar las hierbas y agregarlas hasta el momento en que se use la conserva.

■ **Preparación:** 15 min

> EN ALGUNOS PAÍSES SE LLAMA:
>
> Cebollita(s) de Cambray: *cebolla china, cebolla de almácigo, cebolla de verdeo, cebolla en rama, cebolla junca, cebolleta(s), cebollín.* Jitomate: *tomate.*

Gelatinas

Gelatina blanca de pescado

Para 1 litro, aproximadamente

- *1 y 1/2 litros de concentrado de pescado (→ ver pág. 54)*
- *2 cabezas de poro*
- *1 pedazo de la parte verde de un poro (40 g)*
- *1 rama de apio*
- *3 o 4 hongos (50 g)*
- *200 g de pescadilla*
- *3 claras de huevo*
- *1/2 manojo de perifollo*
- *5 granos de pimienta*
- *15 g de gelatina sin sabor*
- *sal*

❶ Preparar o descongelar el concentrado de pescado. Dejarlo enfriar.

❷ Pelar y lavar los poros, el apio y los hongos; cortarlos en cuadros pequeños.

❸ Picar la pescadilla y mezclarla, en una cacerola, con las claras de huevo y las verduras picadas.

❹ Agregar el concentrado previamente enfriado. Ponerle sal. Cocerlo a fuego lento hasta que hierva, removiéndolo constantemente. Luego, dejarlo hervir durante 20 minutos a fuego bajo.

❺ Disolver la gelatina en un bol con agua fría y añadirla poco antes del término de la cocción.

❻ Cubrir un colador con una muselina, colocarle el manojo de perifollo y los granos de pimienta triturados y colar lentamente la gelatina sin aplastarla. Probar y, en caso de ser necesario, condimentar.

❼ Dejarla enfriar y luego refrigerarla hasta que cuaje. Utilizarla en las horas subsiguientes.

■ **Preparación:** 30 min ■ **Cocción:** 20 min

> **EN ALGUNOS PAÍSES SE LLAMA:**
> Poro: *ajo porro, porro, puerro.*

Gelatina de carne

Para 1 litro, aproximadamente

- *200 g de codillo de res*
- *100 g de chambarete de ternera*
- *250 g de huesos de ternera*
- *1/2 pata de ternera*
- *100 g de tocino en rebanadas*
- *1/2 cebolla*
- *1 zanahoria*
- *1/2 poro*
- *1 bouquet garni*
- *sal y pimienta*

❶ Precalentar el horno a 200 °C. Cortar las carnes en pedazos. Triturar los huesos. Ponerlos en una charola junto con la pata y las rebanadas de tocino desgrasadas. Dorarlos en el horno, dándoles vuelta regularmente.

❷ Pelar y cortar las verduras en rodajas. Poner en una cacerola las verduras, las carnes, los huesos, las rebanadas de tocino doradas; agregar el bouquet garni y una cucharadita de sal y otra de pimienta.

❸ Bañar con un litro de agua y dejar hervir. Espumar, luego agregar un vaso pequeño de agua muy fría y cocer durante 3 horas a fuego lento.

❹ Poner una muselina en un colador y vaciar lentamente el líquido. Dejarlo reposar y refrigerarlo para luego sustraer fácilmente la grasa solidificada en la superficie.

❺ Clarificar el caldo (→ ver pág. 54).

base para gelatina blanca:
se prepara de la misma manera, pero sin dejar que las carnes y los huesos se doren.

base para gelatina de animales de caza:
agregar a la carne 250 g de huesos y retazos de animales de caza dorados al horno, así como una baya de enebro.

gelatina de ave:
agregar a la carne 300 g de huesos y menudencias de ave, también doradas.

■ **Preparación:** 30 min ■ **Cocción:** 3 h 15 min

> **EN ALGUNOS PAÍSES SE LLAMA:**
> Charola: *asadera.* Poro: *ajo porro, porro, puerro.* Tocino: *bacon, larda de tocino, panceta, tocineta.*

Salsas blancas

Base para salsas blancas

Para 60 g de base para salsas

- *30 g de mantequilla*
- *30 g de harina*

❶ Derretir la mantequilla, a fuego medio, en una cacerola de fondo grueso, sin dejar que se queme.

❷ Agregar la harina poco a poco, sin dejar de removerla, y cocer hasta que el sabor de la harina cruda haya desaparecido por completo.

❸ Retirar del fuego para que la base no se oscurezca.

Esta base se utiliza fundamentalmente para preparar la salsa blanca, también llamada velouté, Bechamel o muchas otras salsas, calculando 60 g por cada 1/2 litro de agua, de caldo de ternera o de cualquier otro, o incluso de leche.

base para salsa rubia:
el método es el mismo, pero se deja cocer un poco más, sin dejar de mover, hasta que adquiera un color rubio.

■ **Preparación:** 2 min ■ **Cocción:** de 3 a 5 min

EN ALGUNOS PAÍSES SE LLAMA:
Mantequilla: *manteca.*

Salsa de chaud-froid blanca

Para 1 litro, aproximadamente

- *400 ml de gelatina de ave (→ ver pág. 60)*
- *400 ml de velouté (→ ver pág. 65)*
- *50 ml de esencia de hongos (→ ver pág. 46)*
- *200 ml de crema fresca*

❶ Preparar la gelatina (se puede utilizar un consomé deshidratado).

❷ Preparar el velouté y la esencia de hongos, mezclarlos en una cacerola grande y calentarlos a fuego alto, removiéndolos constantemente con la espátula, durante unos 10 minutos, para que se reduzcan un poco.

❸ Agregar poco a poco la gelatina y la crema fresca. Continuar la cocción hasta que la salsa forme una capa espesa en la espátula.

❹ Pasar la salsa por un colador cubierto con una muselina. Luego, continuar moviéndola hasta que se enfríe.

Esta salsa sirve para cubrir piezas de pollo asadas y frías en una fuente (→ ver pág. 572, chaud-froid de pollo). Puede perfumarse y decorarse con trufas.

■ **Preparación:** 40 min ■ **Cocción:** alrededor de 30 min

> EN ALGUNOS PAÍSES SE LLAMA:
> Crema: *nata*.

Salsa a la crema

Para 250 ml, aproximadamente

- *15 g de harina*
- *15 g de mantequilla*
- *200 ml de leche*
- *100 ml de crema líquida*
- *1/2 limón*
- *una pizca de pimienta de Cayena*
- *sal y pimienta*
- *nuez moscada*

❶ Preparar una salsa Bechamel (→ ver pág. 64) con la harina, la mantequilla, la leche y la mitad de la crema líquida. Cocerla durante unos 5 minutos, removiendo enérgicamente.

❷ Agregar el resto de la crema, vaciar el jugo de limón y mezclar bien.

❸ Agregar sal y pimienta al gusto, ponerle una pizca de pimienta de Cayena y, finalmente, añadir un poco de nuez moscada.

❹ Colar la salsa.

■ **Preparación:** 5 min ■ **Cocción:** de 8 a 10 min

> EN ALGUNOS PAÍSES SE LLAMA:
> Crema: *nata*. Mantequilla: *manteca*.

Salsa a la mostaza

Para 250 o 300 ml

- *30 g de base para salsas blancas (→ ver pág. 61)*
- *250 ml de leche*
- *4 cucharadas de crema fresca*
- *1 cucharadita de vinagre blanco*
- *1 cucharadita de granos de mostaza*
- *sal y pimienta*

❶ Preparar la salsa Bechamel con la base para salsas blancas y la leche.

❷ Al final de la cocción, agregar la crema fresca, el vinagre blanco, los granos de mostaza (que se pueden reemplazar por una cucharadita de mostaza de Dijon), 1 pizca de sal y un poco de pimienta. Probar y, de ser necesario, agregar sal y pimienta al gusto.

■ **Preparación:** 15 min ■ **Cocción:** 20 min

> EN ALGUNOS PAÍSES SE LLAMA:
> Crema: *nata*.

Salsa al vino blanco

Para 250 ml, aproximadamente

- *10 g de base para salsas blancas (→ ver pág. 61)*
- *150 ml de concentrado de pescado (→ ver pág. 54)*
- *150 ml de vino blanco*
- *50 ml de crema de leche*
- *30 g de mantequilla*
- *sal y pimienta*

❶ Preparar la base para salsas blancas y el concentrado de pescado.

❷ Verter el concentrado de pescado junto con el vino blanco en una cacerola y reducir en una tercera parte su contenido.

❸ Vaciar este preparado poco a poco sobre la base para salsas blancas sin dejar de mezclar. Cocer la salsa a fuego bajo durante 15 minutos.

❹ Agregar la nata y volver a reducir ligeramente.

❺ Colar la salsa y agregar la mantequilla sin dejar de batir. Salpimentar.

> Esta salsa generalmente sirve para barnizar el pescado hervido o cocido al vapor. También sirve como base para diversas salsas de pescado.

■ **Preparación:** 15 min ■ **Cocción:** 15 min

> EN ALGUNOS PAÍSES SE LLAMA:
> Crema: *nata*. Mantequilla: *manteca*.

Salsa Albufera

Para 250 ml, aproximadamente

- *250 ml de salsa suprema (→ ver pág. 71)*
- *20 g de mantequilla de pimiento (→ ver pág. 39)*
- *1 cucharadita de espejo de carne (→ ver pág. 56)*

❶ Preparar la salsa suprema y la mantequilla de pimiento, pero sin ponerle pimienta de Cayena.

❷ Agregar el espejo de carne y la mantequilla de pimiento a la salsa suprema y cocer a fuego lento, mezclando bien con una cuchara de madera.

❸ Pasar la salsa por un colador cubierto con una muselina. Probar y, en caso de ser necesario, condimentar.

■ **Preparación:** 30 min ■ **Cocción:** de 10 a 15 min

Salsa Aurora

Para 250 o 300 ml

- *200 ml de salsa suprema (→ ver pág. 71)*
- *2 cucharadas de salsa concentrada de jitomate (→ ver pág. 819)*

Preparar la salsa suprema y la salsa concentrada de jitomate (o descongelar esta última). Calentarlas juntas en una cacerola a fuego muy lento. Colar inmediatamente la salsa con un colador fino. Probar y, en caso de ser necesario, condimentar.

■ **Preparación:** de 15 a 30 min ■ **Cocción:** de 10 a 15 min

Salsa Bechamel

Para 250 ml, aproximadamente

- *250 ml de leche fresca o ultrapasteurizada*
- *30 g de base para salsas blancas (→ ver pág. 61)*
- *sal, pimienta y nuez moscada*

❶ Calentar la leche.
❷ Preparar la base para salsas blancas, derritiendo la mantequilla con la harina.
❸ Agregar la leche bien caliente, sin dejar de batir, para lograr que se mezcle bien y evitar la formación de grumos.
❹ Agregar sal, pimienta y, según el gusto, un poco de nuez moscada rallada.
❺ Colar la salsa con un colador fino. Si ésta no debe servirse de inmediato, hay que mantenerla caliente y removerla constantemente para evitar la formación de una capa espesa en la superficie.

■ **Preparación:** 5 min ■ **Cocción:** de 10 a 15 min

> En algunos países se llama:
> Mantequilla: *manteca.*

Salsa Bercy

Para 250 ml, aproximadamente

- *3 chalotes*
- *55 g de mantequilla*
- *100 ml de concentrado de pescado (→ ver pág. 54)*
- *100 ml de vino blanco*

❶ Pelar los chalotes, cortarlos finamente y cocerlos a fuego lento con 5 g de mantequilla, de 4 a 5 minutos, pero sin dejar que se doren.
❷ Agregar el concentrado de pescado (descongelar el concentrado casero, si se dispone de él, o utilizar un caldo deshidratado) y añadir el vino blanco. Cocer a fuego medio, removiendo de vez en cuando con una cuchara de madera, hasta que el líquido se consuma a la mitad.

- *200 ml de velouté de pescado (→ ver pág. 142)*
- *1 cucharada de perejil picado*
- *sal y pimienta*

❸ Mientras tanto, preparar el velouté de pescado y luego incorporarlo a los chalotes, mezclando bien. Dejar hervir la salsa a fuego alto durante algunos minutos.

❹ Partir el resto de la mantequilla en pedazos pequeños. Fuera del fuego, agregarla poco a poco y al mismo tiempo remover con un batidor.

❺ Finalmente, incorporar el perejil picado, además de sal y pimienta.

salsa marinera:
sustituir el velouté de pescado por el líquido de cocción restante de un plato de mejillones a la marinera. Estas salsas acompañan muy bien un simple pescado asado o cocido en caldo.

■ **Preparación:** 30 min ■ **Cocción:** de 25 a 30 min

EN ALGUNOS PAÍSES SE LLAMA:
Chalote: *ascalonia, chalota, echalote, escalonia.* Mantequilla: *manteca.*

Salsa blanca o velouté

Para 250 ml, aproximadamente

- *250 ml de base blanca de ternera (→ ver pág. 52)*
- *50 g de base para salsas blancas (→ ver pág. 61)*
- *sal y pimienta*

❶ Preparar la base blanca de ternera (descongelar el caldo hecho en casa o utilizar caldo deshidratado) y calentarlo a fuego lento.

❷ Mientras tanto, preparar la base para salsas blancas.

❸ Vaciar la base de ternera caliente sobre la base para salsas blancas y diluir, removiendo enérgicamente con un batidor. Cocer de 10 a 12 minutos a fuego muy bajo, sin dejar que hierva. Agregar sal y pimienta.

Esta salsa también puede prepararse con agua, pero tendría menos sabor. En este caso, hay que agregar nuez moscada molida o algún otro condimento, según el plato que vaya a acompañar.

velouté de ave:
reemplazar la base blanca por la base de ave.

velouté de pescado:
reemplazar la base blanca por el concentrado de pescado.

■ **Preparación:** 5 min ■ **Cocción:** alrededor de 10 min

Salsa Bontemps

**Para 250 ml,
aproximadamente**

- *1/2 cebolla*
- *30 g de mantequilla*
- *1 pizca de páprika*
- *100 ml de sidra*
- *100 ml de velouté
  (→ ver pág. 65)*
- *1 cucharadita de mostaza*
- *sal*

❶ Pelar y picar la cebolla.

❷ Derretir 10 g de mantequilla en una cacerola, agregar la cebolla y cocer a fuego muy bajo de 3 a 4 minutos. Agregar sal, una pizca de páprika y la sidra. Mezclar bien. Cocer a fuego muy lento hasta que la mezcla se haya reducido a una tercera parte.

❸ Mientras tanto, preparar el velouté.

❹ Agregarlo a la mezcla junto con la cebolla y dejar hervir todo. Retirar inmediatamente del fuego, añadir el resto de la mantequilla y la mostaza. Probar y, de ser necesario, condimentar.

❺ Colar con un colador fino.

■ **Preparación:** 15 min ■ **Cocción:** de 15 a 20 min

> **EN ALGUNOS PAÍSES SE LLAMA:**
> Mantequilla: *manteca*. Páprika: *pimentón*.

Salsa bretona

**Para 250 ml,
aproximadamente**

- *200 ml de velouté
  (→ ver pág. 65)*
- *1 cabeza de poro*
- *1 ramita de apio*
- *1 cebolla*
- *75 g de mantequilla*
- *50 g de hongos*
- *1 vaso de vino blanco seco*
- *1 cucharada colmada de
  crema fresca espesa*
- *sal y pimienta*

❶ Preparar el velouté y mantenerlo caliente.

❷ Pelar las verduras (excepto los hongos), cortar el poro y el apio en rebanadas finas, la cebolla en rodajas. Derretir 20 g de mantequilla en una cacerola, agregarle las verduras junto con una pizca de sal y cocer todo durante 15 minutos, tapado y a fuego lento.

❸ Mientras tanto, lavar los hongos y cortarlos en cuadritos. Agregarlos a la cacerola junto con el vino blanco. Cocer, hasta que se consuma casi todo el líquido (hasta que quede prácticamente seco).

❹ Añadir el velouté, mezclar bien y dejar hervir a fuego alto durante un minuto. Agregar sal y pimienta al gusto.

❺ Colar la salsa y ponerla de nuevo a fuego lento, agregar la crema fresca y el resto de la mantequilla. Retirar inmediatamente del fuego.

■ **Preparación:** 20 min ■ **Cocción:** 30 min

> **EN ALGUNOS PAÍSES SE LLAMA:**
> Crema: *nata*. Mantequilla: *manteca*. Poro: *ajo porro, porro, puerro*.

Salsa grasa alemana

Para 250 o 300 ml

- *150 ml de salsa blanca (→ ver pág. 65)*
- *2 cucharadas de base de hongos (→ ver pág. 49)*
- *100 ml de base blanca de ternera (→ ver pág. 52) o de ave (→ ver pág. 48)*
- *1/2 limón*
- *pimienta en granos*
- *nuez moscada*
- *1 yema de huevo*
- *15 g de mantequilla*

❶ Preparar la salsa blanca, la base de hongos y la base blanca de ternera o ave.

❷ Vaciar todo en la misma cacerola (guardar una o dos cucharadas de salsa blanca). Calentar a fuego lento.

❸ Agregar un chorrito de jugo de limón, algunos granos de pimienta machacados y una pizca de nuez moscada. Mezclar bien todo y poner a cocer lentamente de 10 a 15 minutos para que la salsa se consuma y deje una capa en el reverso de la cuchara. Retirar del fuego.

❹ Mezclar la yema de huevo en un bol con el resto de la salsa blanca e incorporarla a la preparación caliente.

❺ Volverla a poner al fuego sin que hierva, agregar además un chorrito de limón y colar la salsa con un colador fino.

❻ Añadir la mantequilla partida en pedazos pequeños y mezclar bien. Probar y, en caso de ser necesario, condimentar.

salsa alemana magra:
reemplazar la base blanca por concentrado de pescado.

■ **Preparación:** 30 min ■ **Cocción:** de 15 a 20 min

EN ALGUNOS PAÍSES SE LLAMA:
Mantequilla: *manteca.*

Salsa húngara

Para 250 o 300 ml

- *1 cebolla*
- *50 g de mantequilla*
- *1 pizca de páprika*
- *150 ml de vino blanco*
- *1 bouquet garni pequeño*
- *250 ml de velouté (→ ver pág. 65)*
- *sal y pimienta*

❶ Pelar y picar la cebolla.

❷ Derretir 20 g de mantequilla en una cacerola, agregar la cebolla y cocerla a fuego bajo de 5 a 10 minutos sin dejar que se dore. Sazonar con sal y pimienta al gusto y espolvorear con páprika.

❸ Agregar el vino blanco y el bouquet garni. Cocer a fuego lento hasta que la preparación se reduzca a una tercera parte.

❹ Agregar el velouté. Poner a hervir 5 minutos a fuego alto. Luego, pasarlo a un colador cubierto con una muselina.

❺ Volver a poner la salsa a calentar y, una vez retirada del fuego, agregar el resto de la mantequilla cortada en pedazos pequeños. Probar y, de ser necesario, condimentar al gusto.

■ **Preparación:** 20 min ■ **Cocción:** alrededor de 30 min

> **EN ALGUNOS PAÍSES SE LLAMA:**
> Mantequilla: *manteca.* Páprika: *pimentón.*

Salsa Mornay

Para 250 o 300 ml

- *250 ml de salsa Bechamel (→ ver pág. 64)*
- *1 yema de huevo*
- *1 cucharada de crema fresca*
- *35 g de queso gruyer rallado*
- *sal y pimienta*

❶ Preparar la salsa Bechamel.
❷ En un bol, batir la yema de huevo con la crema y, fuera del fuego, agregar esta mezcla a la salsa batiendo enérgicamente.
❸ Volver a poner al fuego durante algunos segundos cuidando que no hierva y agregar el queso rallado mezclando con una cuchara de madera.
❹ Agregar sal y pimienta al gusto. Probar y, de ser necesario, añadir más hasta obtener la sazón deseada. Si la salsa debe esperar, picar una nuez de mantequilla con la punta de un tenedor y pasarla por la superficie de la salsa para evitar que se forme una capa espesa.
❺ Antes de servir, recalentar a fuego lento sin dejar de remover.

■ **Preparación:** 25 min ■ **Cocción:** de 15 a 20 min

> **EN ALGUNOS PAÍSES SE LLAMA:**
> Crema: *nata.* Mantequilla: *manteca.*

Salsa Nantua

Para 250 ml, aproximadamente

- *30 g de mantequilla de jaiba (→ ver pág. 38)*

❶ Preparar la mantequilla de jaiba y la salsa Bechamel. Continuar cociendo la salsa hasta reducirla a dos terceras partes y agregarle enseguida la crema fresca.
❷ Pasar por el cernidor o por un colador fino, exprimiendo todo muy bien utilizando el reverso de una cuchara.

- *300 ml de salsa Bechamel (→ ver pág. 64)*
- *25 ml de crema fresca*
- *1 cucharadita de coñac*
- *1 pizca de pimienta de Cayena*
- *sal*

❸ Volver a calentar la salsa y, al soltar el hervor, agregar, sin dejar de batir, la mantequilla de cangrejo, el coñac y una pizca de pimienta de Cayena. Probar y, de ser necesario, agregar sal y pimienta al gusto.

salsa rápida Nantua:
utilizar la misma cantidad de Bechamel y agregarle, después de reducirla de igual modo, 1/2 lata (200 ml) de sopa de langosta y 20 g de mantequilla, en lugar de la mantequilla de jaiba, y la misma cantidad de coñac.

■ **Preparación:** 30 min ■ **Cocción:** de 10 a 15 min

> **EN ALGUNOS PAÍSES SE LLAMA:**
> Cernidor: *cedazo, tamiz.* Crema: *nata.* Jaiba: *cangrejo de río.*
> Mantequilla: *manteca.*

Salsa normanda

Para 250 ml, aproximadamente

- *200 ml de velouté de pescado (→ ver pág. 142)*
- *100 ml de concentrado de pescado (→ ver pág. 54)*
- *100 ml de base de hongos (→ ver pág. 49)*
- *1 yema de huevo*
- *3 cucharadas de crema fresca*
- *30 g de mantequilla*
- *sal y pimienta*

❶ Preparar el velouté, el concentrado de pescado y la base de hongos.

❷ Colocarlos en la misma cacerola, reducir ligeramente y mantener caliente.

❸ Dentro de un bol, diluir la yema de huevo con una cucharada de crema, agregarlas a la cacerola y calentar a fuego muy bajo, sin dejar de mezclar, hasta que se evapore la tercera parte de la preparación.

❹ Cortar la mantequilla en pedacitos y agregarla toda junto con las dos cucharadas de crema restantes. Probar y, de ser necesario, agregar sal y pimienta al gusto.

Puede agregársele un poco de jugo de cocción de mejillones.

■ **Preparación:** 30 min ■ **Cocción:** 10 min

> **EN ALGUNOS PAÍSES SE LLAMA:**
> Crema: *nata.* Mantequilla: *manteca.* Mejillón: *cholga, chorito, choro.*

Salsa picante

Para 250 ml, aproximadamente

- *3 chalotes grises*
- *100 ml de vino blanco seco*
- *50 ml de vinagre*
- *1 bouquet garni pequeño*
- *pimienta en granos*
- *200 ml de caldo de res (→ ver pág. 53)*
- *40 g de base para salsa rubia (→ ver pág. 61)*
- *3 pepinillos*
- *2 cucharadas de perejil picado*
- *sal*

❶ Pelar y picar los chalotes.

❷ En una cacerola, verter el vino y el vinagre, agregar el bouquet garni, 4 o 5 granos de pimienta triturados y los chalotes. Poner a hervir, luego bajar el fuego hasta reducir el líquido a la mitad.

❸ Calentar el caldo. Preparar la base para salsas rubias, bañarla con el caldo y cocer a fuego bajo durante 15 minutos.

❹ Picar los pepinillos.

❺ Retirar el bouquet garni del preparado reducido con el vino; verter este preparado en la salsa, agregar los pepinillos y el perejil picado. Añadir sal al gusto.

> Esta salsa es el acompañamiento tradicional para la lengua de res. Se puede servir también con chuletas de cerdo o con un asado de cerdo.

■ **Preparación:** 15 min ■ **Cocción:** alrededor de 25 min

EN ALGUNOS PAÍSES SE LLAMA:
Cerdo: *chancho, cochino, puerco.* Chalote: *ascalonia, chalota, echalote, escalonia.* Chuleta: *costillas, costillitas, costeletas.*

Salsa real

Para 250 ml, aproximadamente

- *100 ml de velouté de ave (→ ver pág. 141)*
- *50 ml de base blanca de ave (→ ver pág. 48)*
- *50 ml de crema fresca*
- *1 cucharada de trufas picadas*
- *25 g de mantequilla*
- *1/2 cucharada de jerez*
- *sal y pimienta*

❶ Preparar el velouté y la base de ave (se puede utilizar un caldo deshidratado comercial, o descongelar uno casero preparado con anterioridad).

❷ Mezclarlos en una cacerola y cocer a fuego lento hasta que el líquido se reduzca a la mitad, agregando la crema fresca en el transcurso de la cocción.

❸ Una vez retirado del fuego, incorporar la trufa picada, luego la mantequilla, sin dejar de batir, y finalmente el jerez. Probar y, de ser necesario, agregar sal y pimienta al gusto.

■ **Preparación:** 15 min ■ **Cocción:** alrededor de 15 min

EN ALGUNOS PAÍSES SE LLAMA:
Crema: *nata.* Mantequilla: *manteca.*

Salsa Soubise

Para 250 o 300 ml

- *2 cebollas blancas grandes*
- *50 g de mantequilla*
- *1 pizca de azúcar*
- *150 ml de salsa Bechamel (→ ver pág. 64)*
- *5 cucharadas de crema fresca*
- *sal y pimienta*

❶ Pelar y cortar las cebollas en rodajas y sumergirlas en agua hirviendo con sal.

❷ Una vez que suelte el hervor, escurrirlas y colocarlas en una cacerola con 20 g de mantequilla, sal, pimienta y la pizca de azúcar. Tapar la cacerola y dejar cocer a fuego muy bajo de 10 a 15 minutos. Las cebollas no deben llegar a dorarse.

❸ Durante ese tiempo, preparar la salsa Bechamel. Agregarla a las cebollas, mezclar bien y dejar cocer unos 10 o 15 minutos más.

❹ Probar si está bien condimentado y pasar por el cernidor o por un colador fino, utilizando el reverso de una cuchara o un mortero.

❺ Recalentar la salsa, mezclarla con el resto de la mantequilla y la crema. Volver a probar y, de ser necesario, agregar sal y pimienta al gusto.

■ **Preparación:** 25 min ■ **Cocción:** alrededor de 30 min

En algunos países se llama:
Cernidor: *cedazo, tamiz*. Crema: *nata*. Mantequilla: *manteca*.

Salsa suprema

Para 250 o 300 ml

- *250 ml de velouté de ave (→ ver pág. 141)*
- *1 cucharadita de caldo de ave deshidratado*
- *1 litro de crema fresca*
- *10 g de mantequilla*
- *sal y pimienta*

❶ Preparar el velouté de ave agregándole una cucharadita de caldo deshidratado para que adquiera más aroma.

❷ Poner a calentar el líquido a fuego lento hasta que se consuma un poco más de la mitad. Agregar la crema fresca y cocer un rato más a fuego lento hasta que la salsa pueda barnizar el reverso de una cuchara.

❸ Una vez retirado del fuego, agregar la mantequilla, sin dejar de batir.

❹ Pasar la salsa por un colador chino o por un colador fino. Salpimentar al gusto.

■ **Preparación:** 15 min ■ **Cocción:** entre 15 y 20 min

En algunos países se llama:
Crema: *nata*. Mantequilla: *manteca*.

Salsa Verón

**Para 250 ml,
aproximadamente**

- *200 ml de salsa normanda
(→ ver pág. 69)*
- *1 chalote de buen aspecto y
tamaño*
- *1 y 1/2 cucharadas de
estragón picado muy fino*
- *1/2 cucharada de perifollo
picado*
- *1 jitomate mediano*
- *2 pizcas de pimienta*
- *2 cucharadas de vino blanco*
- *2 cucharadas de vinagre de
alcohol*
- *2 cucharadas de base oscura
de ternera (→ ver pág. 50)*
- *7 filetes de anchoas saladas*
- *1 pizca de pimienta de Cayena*

1 Preparar la salsa normanda y mantenerla caliente.

2 Picar el chalote, el estragón y el perifollo.

3 Poner el jitomate en agua hirviendo, quitarle las semillas y cortarlo en cuadritos.

4 Preparar un líquido espeso: poner en una cacerola el chalote, el tomate, una cucharada de estragón, la pimienta y verter el vino blanco y el vinagre. Calentar y reducir hasta que casi no quede líquido.

5 Pasar esta preparación por un colador fino presionando bien para extraer todos los jugos de cocción. Posteriormente, mezclar el líquido obtenido con la salsa normanda.

6 Calentar la base oscura de ternera hasta que el líquido se reduzca a la mitad (también puede utilizarse una cucharada de espejo de pescado).

7 Desalar las anchoas en agua y luego triturarlas con un tenedor y agregarlas a la salsa junto con la base de ternera y una pizca de pimienta de Cayena. Mezclar todo muy bien.

8 Pasar la salsa por un colador muy fino. Agregar el perifollo y el resto del estragón.

■ **Preparación:** 30 min ■ **Cocción:** de 15 a 20 min

EN ALGUNOS PAÍSES SE LLAMA:

Anchoa: *anchova, boquerón.* Chalote: *ascalonia, chalota, echalote, escalonia.* Jitomate: *tomate.* Quitar las semillas: *despepitar.*

Salsa Villeroi

Para 250 o 300 ml

- *200 ml de salsa grasa
alemana (→ ver pág. 67)*
- *50 ml de base blanca de
ternera (→ ver pág. 52)*

1 Preparar la salsa alemana, la base blanca y la base de hongos. (Para la base blanca y la base de hongos, se pueden descongelar preparaciones caseras o utilizar productos deshidratados.)

2 Mezclar las bases en la misma cacerola y reducirlas hasta que la salsa se pegue a la espátula.

- *50 ml de base de hongos (→ ver pág. 49)*
- *sal y pimienta*

❸ Colar la salsa y revolverla hasta que se enfríe un poco. Probar y, de ser necesario, agregar sal y pimienta al gusto.

Esta salsa suele acompañar las brochetas de carne o de pescado. La base blanca puede reemplazarse con el concentrado de pescado.

■ **Preparación:** 15 min ■ **Cocción:** alrededor de 15 min

Salsas oscuras

Base para salsa oscura

Para 60 g de base para salsa oscura

- *30 g de mantequilla*
- *30 g de harina*

El método es el mismo que para la base para salsas blancas (→ ver pág. 61): derretir la mantequilla en una cacerola y agregar la harina sin dejar de mezclar. Cocer la base para salsa lentamente sin dejar de remover hasta que adquiera un color marrón claro. Las proporciones de líquido que se deben agregar para preparar después una salsa son las mismas: 1/2 litro por cada 60 g de base para salsa.

■ **Preparación:** 5 min ■ **Cocción:** de 10 a 15 min

EN ALGUNOS PAÍSES SE LLAMA:
Mantequilla: *manteca.*

Salsa a la naranja

Para 250 ml, aproximadamente

- *200 ml de base de ave (o del jugo de cocción de un pato)*
- *1 cucharadita de fécula de maíz*
- *1 naranja completa*
- *1/4 de limón*
- *1 cucharadita de azúcar*
- *1/2 cucharada de vinagre*
- *sal y pimienta*

❶ Preparar la base (o desgrasar el jugo de cocción de pato). Calentarla y mezclarla con la fécula de maíz diluida.

❷ Pelar la naranja y el limón. Cortar las cáscaras en pedacitos. Exprimir la naranja y el limón.

❸ En una cacerola, mezclar el azúcar con el vinagre y calentar hasta que la mezcla esté dorada, apenas caramelizada.

❹ Vaciar la base y mezclar todo muy bien. Posteriormente, añadir los jugos de limón y naranja. Poner a hervir a fuego bajo durante 2 minutos sin dejar de remover. Probar y, de ser necesario, condimentar.

■ **Preparación:** 15 min ■ **Cocción:** 10 min

EN ALGUNOS PAÍSES SE LLAMA:
Fécula de maíz: *almidón de maíz, maicena.*

Salsa a la pimienta

Para 250 ml, aproximadamente

- *1 zanahoria pequeña*
- *1/2 cebolla*
- *1 pedazo de rama de apio*
- *25 g de tocino sin ahumar*
- *15 g de mantequilla*
- *1 ramita pequeña de tomillo*
- *1/2 hoja de laurel*
- *15 granos de pimienta*
- *80 ml de vinagre*
- *50 ml de marinada cocida (→ ver pág. 58)*
- *250 ml de demi-glace o de base de animales de caza (→ ver pág. 55 o 48)*

❶ Pelar y cortar en cuadritos la zanahoria, la cebolla y el apio. Cortar también el tocino.

❷ Derretir la mantequilla en una cacerola, agregar el preparado, junto con el tomillo, el laurel y 5 granos de pimienta. Cocer a fuego lento durante 10 minutos y sin dejar de remover.

❸ Agregar el vinagre y la marinada, luego, reducir a la mitad. Vaciar el demi-glace o la base de animales de caza y cocer a fuego lento durante 30 minutos.

❹ Triturar 10 granos de pimienta, añadirlos a la salsa y esperar 5 minutos a que se impregne. Si la salsa es demasiado líquida, agregar una cucharadita de fécula de maíz diluida en un poco de agua.

❺ Probar y, de ser necesario, condimentar con sal y pimienta. Colar la salsa con un colador fino.

■ **Preparación:** 20 min ■ **Cocción:** de 30 a 35 min

EN ALGUNOS PAÍSES SE LLAMA:

Fécula de maíz: *almidón de maíz, maicena*. Mantequilla: *manteca*. Tocino: *bacon, larda de tocino, panceta, tocineta*.

Salsa a la pizzaiola

Para 250 ml, aproximadamente

- *1 cebolla*
- *1 y 1/2 dientes de ajo*
- *2 jitomates*
- *3 cucharadas de aceite de oliva*
- *2 cucharadas de concentrado de tomate o una latita de puré de tomate*
- *1 hoja de laurel*
- *1 cucharada de mejorana en polvo*
- *4 hojas de albahaca*
- *1 pizca de azúcar*
- *sal y pimienta*

❶ Pelar y picar la cebolla y el ajo.

❷ Sumergir los jitomates en agua hirviendo, dejarlos unos instantes, sacarlos y pelarlos. Cortarlos por la mitad, retirar las semillas y luego picarlos sobre un plato para conservar todo su jugo.

❸ Vaciar el aceite de oliva en una cacerola. Cuando esté caliente, agregar la cebolla y sofreírla a fuego bajo durante 6 minutos sin dejar de remover.

❹ Añadir el ajo, salpimentar y cocinar durante 2 minutos más sin dejar de remover.

❺ Poner los jitomates junto con su jugo, el concentrado de tomate, el laurel, la mejorana y la albahaca finamente picada con tijeras. Mezclar y cocer a fuego lento durante 30 minutos, aproximadamente, y remover de vez en cuando.

⑥ Retirar el laurel y agregar el azúcar. Probar y, de ser necesario, condimentar.

■ **Preparación:** 15 min ■ **Cocción:** 40 min

> **EN ALGUNOS PAÍSES SE LLAMA:**
> Jitomate: *tomate.*

Salsa agridulce

Para 250 o 300 ml

- *1 cucharada colmada de pasitas*
- *2 chalotes*
- *2 terrones de azúcar*
- *2 cucharadas de vinagre*
- *100 ml de vino blanco seco*
- *200 ml de demi-glace (→ ver pág. 55)*
- *2 cucharaditas de alcaparras*
- *sal y pimienta*

① Remojar las pasitas durante 2 horas en un bol lleno de agua.
② Pelar y picar los chalotes.
③ En una cacerola pequeña con fondo grueso, colocar el azúcar y el vinagre. Calentar a fuego lento hasta que la mezcla se caramelice.
④ Agregar el vino blanco y los chalotes, y cocer hasta que casi no quede líquido.
⑤ Verter el demi-glace en la cacerola y dejar hervir algunos instantes más.
⑥ Pasar la salsa por un colador fino. Posteriormente, volverla a poner al fuego hasta que suelte el hervor.
⑦ Escurrir las pasitas y agregarlas a la salsa junto con las alcaparras. Salpimentar al gusto. Probar y, de ser necesario, volver a condimentar.

■ **Preparación:** 10 min ■ **Remojo:** 2 h

■ **Cocción:** alrededor de 15 min

> **EN ALGUNOS PAÍSES SE LLAMA:**
> Chalote: *ascalonia, chalota, echalote, escalonia.* Pasitas: *pasas, pasas de uva, uvas pasas, uvas secas.*

Salsa al estragón

Para 250 ml, aproximadamente

- *200 ml de base oscura de ternera (→ ver pág. 50)*

① Preparar la base (descongelar la base casera o bien preparar un caldo comercial deshidratado).
② Picar las hojas de estragón y guardar una cucharada.
③ Ponerlas en una cacerola junto con el vino blanco y cocerlas hasta que el líquido prácticamente haya desaparecido. Luego, añadir la base. Dejar hervir algunos

- 4 o 5 manojos de estragón
  (para obtener 100 g de hojas)
- 100 ml de vino blanco

minutos y después colar. Al momento de servir, agregar el estragón picado restante.

■ **Preparación:** 15 min ■ **Cocción:** 10 min

Salsa boloñesa

**Para 500 g,
aproximadamente**

- 2 ramas de apio
- 3 cebollas
- 1 bouquet garni
- 2 hojas de salvia
- 1 ramita de romero
- 5 jitomates o 1/2 lata de
  jitomates picados
- 250 g de carne molida de res
- 2 dientes de ajo
- 2 cucharadas de aceite de
  oliva
- 200 ml de base oscura de
  ternera (→ ver pág. 50)
- 100 ml de vino blanco seco
- sal y pimienta

❶ Pelar y picar el apio y las cebollas.
❷ Agregar la salvia y el romero al bouquet garni.
❸ Pasar los jitomates por agua hirviendo, pelarlos y cortarlos en pedacitos.
❹ Colocar el aceite en una olla y calentarlo. Poner a dorar la carne en la olla, luego agregarle las cebollas, el apio y el ajo, revolviendo muy bien cada vez que se incorpora un elemento. Añadir los jitomates y continuar la cocción durante 10 minutos más.
❺ Preparar la base oscura de ternera casera (o reconstituir un caldo deshidratado) y verterla en la olla junto con el bouquet garni y el vino blanco, la sal y la pimienta.
❻ Tapar la olla y cocer la salsa durante una hora a fuego muy bajo, agregándole un poco de agua de vez en cuando. Probar y, de ser necesario, añadir sal y pimienta.

■ **Preparación:** 20 min ■ **Cocción:** 1 h 15 min

> **EN ALGUNOS PAÍSES SE LLAMA:**
> Carne molida: *carne picada*. Jitomate: *tomate*.

Salsa bordelesa

Para 250 o 300 ml

- 25 g de médula
- 2 chalotes
- 200 ml de vino tinto
- 1 ramita de tomillo
- 1/2 hoja de laurel
- 150 ml de demi-glace
  (→ ver pág. 55)
- 15 g de mantequilla
- 1 cucharadita de perejil picado
- sal y pimienta

❶ Cortar la médula en dados y ponerla a remojar en un bol con agua, durante una hora aproximadamente.
❷ Sumergirla en agua salada hirviendo durante un minuto y luego escurrirla.
❸ Pelar y picar los chalotes, ponerlos en una cacerola junto con el vino tinto, el tomillo, el laurel y una pizca de sal. Poner a cocer a fuego lento hasta que se reduzca a un tercio. Luego, agregar el demi-glace y seguir cociendo hasta que se consuma una tercera parte de la mezcla.
❹ Una vez fuera del fuego, añadir la mantequilla cortada en pedacitos y mezclar bien.

❺ Colar la salsa. Conservarla caliente y, en el último momento, agregar la médula y el perejil picado. Probar y, en caso de ser necesario, condimentar.

> **Esta salsa acompaña carnes a la parrilla o carnes fritas (bistec, costilla).**

■ **Preparación:** 15 min ■ **Remojo:** 1 h

■ **Cocción:** alrededor de 30 min

> **EN ALGUNOS PAÍSES SE LLAMA:**
> Chalote: *ascalonia, chalota, echalote, escalonia.*

Salsa borgoñona para carnes y aves

Para 250 o 300 ml

- *100 g de tocino salado en trozos o rebanadas*
- *1 cebolla*
- *1 zanahoria pequeña*
- *100 g de hongos*
- *75 g de mantequilla*
- *1/2 litro de vino tinto*
- *200 ml de base oscura de ternera*
  (→ ver pág. 50)
- *1 bouquet garni*
- *sal y pimienta*

❶ Preparar la base (descongelar la base casera o bien preparar un caldo comercial deshidratado).

❷ Calentar agua en una cacerola. Cortar el tocino en cuadritos y sumergirlos de 3 a 4 minutos en el agua hirviendo. Escurrirlos.

❸ Pelar las verduras y cortarlas en cuadritos.

❹ Derretir 25 g de mantequilla en una cacerola, vaciar las verduras y cocerlas tapadas durante 10 minutos.

❺ Agregar el tocino en cuadros y mezclar. Luego, verter el vino tinto y dejar que se consuman tres cuartas partes de la mezcla. Añadir la base oscura de ternera y el bouquet garni.

❻ Agregar sal y pimienta, y cocer a fuego lento hasta que la salsa se reduzca a una tercera parte.

❼ Colar esta salsa presionando con el reverso de una cuchara o con la mano del mortero.

❽ Calentar la salsa. Una vez fuera del fuego y al momento de servir, añadir el resto de la mantequilla, mezclando enérgicamente. Probar y, en caso de ser necesario, condimentar.

■ **Preparación:** 20 min ■ **Cocción:** de 30 a 40 min

> **EN ALGUNOS PAÍSES SE LLAMA:**
> Mantequilla: *manteca.* Tocino: *bacon, larda de tocino, panceta, tocineta.*

Salsa cazadora

Para 250 o 300 ml

- 100 g de hongos
- 1 chalote grande
- 200 ml de base oscura de ternera (→ ver pág. 50)
- 1 cucharadita de fécula de maíz
- 1 cucharadita de concentrado de tomate o una latita de puré de tomate
- 40 g de mantequilla
- 50 ml de vino blanco
- 1 copita de coñac
- 1 cucharada de hierbas finas picadas
- sal y pimienta

❶ Limpiar los hongos y cortarlos en láminas finas. Pelar y picar el chalote.

❷ Preparar la base (descongelar la base casera o bien preparar un caldo comercial deshidratado). Calentar, añadiendo poco a poco la fécula de maíz (disuelta previamente en un poco de agua) y el concentrado de tomate, y conservar caliente.

❸ Derretir 20 g de mantequilla en una cacerola y dorar en ella los hongos y el chalote. Añadir el vino blanco, bajar el fuego y dejar cocer hasta que se reduzca a la mitad.

❹ Calentar el coñac en una cacerola pequeña, verterlo sobre la preparación y flamear. Luego, vaciar la base y continuar la cocción durante unos 10 minutos más.

❺ Una vez fuera del fuego, agregar el resto de la mantequilla y las hierbas finas (estragón, perifollo y perejil). Probar y, en caso de ser necesario, condimentar.

■ **Preparación:** 20 min ■ **Cocción:** de 15 a 20 min

> **EN ALGUNOS PAÍSES SE LLAMA:**
> Chalote: *ascalonia, chalota, echalote, escalonia*. Fécula de maíz: *almidón de maíz, maicena*. Mantequilla: *manteca*.

Salsa Chateaubriand

Para 250 o 300 ml

- 2 o 3 chalotes
- 25 g de hongos
- 100 ml de vino blanco
- 150 ml de demi-glace (→ ver pág. 55)
- 3 ramitas de perejil
- 2 ramitas de estragón
- 80 g de mantequilla
- 1/2 limón
- pimienta de Cayena
- sal

❶ Pelar y picar los chalotes.

❷ Pelar, lavar y cortar en cuadros los hongos.

❸ Poner los chalotes y los hongos en una cacerola con el vino blanco y cocer a fuego lento hasta que el líquido se reduzca a una tercera parte. Añadir el demi-glace y continuar la cocción hasta que se reduzca a la mitad.

❹ Desprender las hojas de perejil y estragón y picarlas muy finamente.

❺ Una vez fuera del fuego, agregar la mantequilla y las hierbas finas picadas, luego una rodaja de limón y una pizca de pimienta de Cayena, mezclando muy bien con la cuchara de madera. Agregar sal. Probar y, en caso de ser necesario, condimentar.

Esta salsa es buena para acompañar carnes rojas y blancas, asadas o fritas.

■ **Preparación:** 15 min ■ **Cocción:** de 10 a 20 min

EN ALGUNOS PAÍSES SE LLAMA:

Chalote: *ascalonia, chalota, echalote, escalonia.* Mantequilla: *manteca.*

Salsa de hongos

Para 250 ml, aproximadamente

- 250 g de hongos
- 1 cebolla
- 1 chalote
- 20 g de mantequilla
- 100 ml de vino blanco
- 150 ml de demi-glace (→ ver pág. 55)
- 100 ml de salsa concentrada de jitomate (→ ver pág. 819) o una cucharadita de concentrado de tomate o bien una latita de puré de tomate.
- 1 cucharadita de perejil picado
- sal y pimienta

❶ Preparar la pasta: limpiar y picar los hongos, la cebolla y el chalote. Sofreír la cebolla y el chalote en la mantequilla y luego añadir los hongos. Agregar sal y pimienta. Cocer a fuego alto para eliminar el máximo de agua posible de los hongos.

❷ Agregar el vino blanco y continuar la cocción a fuego medio. Dejar que se reduzca hasta que no quede casi nada de líquido.

❸ Mezclar el demi-glace (o 200 ml de base oscura reducida) con la salsa o el concentrado de tomate y verterlo en la cacerola. Dejar hervir durante 2 o 3 minutos más, y agregar el perejil picado. Probar y, de ser necesario, condimentar.

■ **Preparación:** 15 min ■ **Cocción:** alrededor de 20 min

EN ALGUNOS PAÍSES SE LLAMA:

Chalote: *ascalonia, chalota, echalote, escalonia.* Mantequilla: *manteca.*

Salsa de médula

Para 250 ml, aproximadamente

- 75 g de médula
- 3 chalotes
- 200 ml de vino blanco
- 1/2 vaso de base para salsa blanca de ternera (→ ver pág. 52)
- 1 cucharadita de fécula de maíz

❶ Poner a remojar la médula durante 2 horas. Cambiar el agua de vez en cuando.

❷ Picar los chalotes. Ponerlos en una cacerola con el vino blanco y cocer a fuego lento hasta que la preparación se reduzca a la mitad.

❸ En la preparación del vino, diluir la base para salsa blanca de ternera junto con la fécula de maíz, sin dejar de remover.

❹ Poner a escalfar la médula en agua hirviendo con sal durante 3 minutos. Escurrirla y cortarla en cuadritos pequeños.

- *100 g de mantequilla*
- *1 cucharada de jugo de limón*
- *perejil*
- *sal*

❺ Cortar la mantequilla en pedacitos y, fuera del fuego, incorporarla a la salsa y mezclar. Agregar el jugo de limón y la médula. Espolvorear el perejil picado. Probar y, de ser necesario, condimentar.

■ **Preparación:** 15 min ■ **Remojo:** 2 h
■ **Cocción:** de 15 a 20 min

> En algunos países se llama:
>
> Chalote: *ascalonia, chalota, echalote, escalonia*. Fécula de maíz: *almidón de maíz, maicena*. Mantequilla: *manteca*.

Salsa de tomate

Para 2 litros

- *2 kg de jitomates*
- *2 dientes de ajo*
- *2 zanahorias*
- *2 cebollas*
- *100 g de tocino sin ahumar*
- *40 g de mantequilla*
- *60 g de harina*
- *1 bouquet garni*
- *150 g de jamón cocido*
- *1 litro de base blanca de ternera (→ ver pág. 52)*
- *20 g de azúcar*
- *sal y pimienta*

❶ Sumergir los jitomates en agua hirviendo de dos en dos, retirarlos inmediatamente y pelarlos. Quitarles las semillas y machacarlos. Triturar el ajo. Cortar en cuadritos las zanahorias, las cebollas y el tocino.

❷ Sumergir el tocino durante un minuto en el agua hirviendo, escurrirlo y dorarlo con la mantequilla. Dejarlo a un lado, tirar la grasa y volverlo a poner en la cacerola.

❸ Agregar las cebollas, las zanahorias y una cucharada de agua. Dejar cocer de 10 a 15 minutos, cubierto y a fuego lento, dejando que se dore ligeramente. Espolvorear la harina, mezclar bien y sofreír.

❹ Agregar los jitomates, el ajo, el bouquet garni y el jamón cocido (quitarle toda la grasa). Vaciar la base blanca y agregar la sal, la pimienta y el azúcar. Esperar a que hierva sin dejar de remover. Cubrir y dejar cocer lentamente durante 2 horas.

❺ Retirar el bouquet garni y el jamón. Colar la salsa. Probar y, de ser necesario, sazonar.

> **Es mejor preparar esta salsa en grandes cantidades y congelarla de inmediato en frascos para tenerla siempre disponible.**

■ **Preparación:** 30 min ■ **Cocción:** 2 h

> En algunos países se llama:
>
> Jitomate: *tomate*. Mantequilla: *manteca*. Quitar las semillas: *despepitar*. Tocino: *bacon, larda de tocino, panceta, tocineta*.

Salsa diabla

Para 250 ml, aproximadamente

- *2 chalotes*
- *150 ml de vino blanco seco*
- *1 cucharada de vinagre*
- *1 ramita de tomillo*
- *1/2 hoja de laurel*
- *pimienta*
- *1 cucharadita de concentrado de tomate o una latita de puré de tomate*
- *200 ml de demi-glace (→ ver pág. 55)*
- *1 cucharadita de perejil picado*

❶ Pelar y cortar los chalotes.

❷ En una cacerola, mezclar el vino blanco, el vinagre, los chalotes, el tomillo, el laurel y una buena pizca de pimienta recién molida. Cocer a fuego medio hasta que el líquido se reduzca a una tercera parte.

❸ Mezclar el concentrado de tomate con el demi-glace (o 300 ml de base oscura previamente reducida) y vaciarlos en la cacerola. Dejar hervir de 2 a 3 minutos.

❹ Colar la salsa.

❺ Probar y, de ser necesario, condimentar. Al momento de servir, añadir el perejil picado.

■ **Preparación:** 10 min ■ **Cocción:** alrededor de 15 min

> **EN ALGUNOS PAÍSES SE LLAMA:**
> Chalote: *ascalonia, chalota, echalote, escalonia.*

Salsa española

Para 1 litro, aproximadamente

- *1 zanahoria*
- *1 cebolla*
- *1 rama de apio*
- *10 g de mantequilla*
- *ramitas de tomillo y de laurel*
- *50 g de hongos*
- *1/2 kg de jitomates (o una lata de jitomates triturados)*
- *30 g de base para salsa oscura (→ ver pág. 73)*
- *1 y 1/2 litros de base oscura de ternera (→ ver pág. 50)*

❶ Preparar el fondo de verduras (mirepoix, → ver pág. 28): pelar y cortar en cuadritos la zanahoria y la cebolla, y picar el apio. Derretir la mantequilla en una cacerola. Añadir las verduras, al igual que un poco de tomillo y laurel. Cocer a fuego lento alrededor de 15 minutos. El mirepoix está listo cuando las verduras casi se deshacen.

❷ Cortar en pedacitos los hongos y triturar los jitomates.

❸ Hacer la base para salsa oscura, agregarle el mirepoix, los hongos y los jitomates. Añadir la base oscura y dejar cocer a fuego muy bajo de 3 a 4 horas, eliminando regularmente, con una espumadera, todos los residuos que se forman en la superficie.

❹ Colar la salsa con la ayuda de un colador cubierto con una muselina.

> Esta salsa sirve de base para muchas otras. Se recomienda preparar una cantidad considerable y congelarla en frascos para tenerla siempre disponible.

■ **Preparación:** 30 min ■ **Cocción:** alrededor de 4 h

> **EN ALGUNOS PAÍSES SE LLAMA:**
> Jitomate: *tomate.* Mantequilla: *manteca.*

Salsa lionesa

Para 250 ml, aproximadamente

- 2 cebollas
- 15 g de mantequilla
- 1/2 litro de vinagre
- 1/2 litro de vinagre blanco
- 200 ml de demi-glace
  (→ ver pág. 55)
- sal y pimienta

❶ Pelar y cortar finamente las cebollas.

❷ Derretir la mantequilla en una cacerola, poner las cebollas y cocerlas a fuego bajo sin dejar que se doren. Agregar el vinagre y el vino blanco y continuar la cocción hasta que prácticamente se consuma todo el líquido.

❸ Verter entonces el demi-glace (o 300 ml de base oscura reducida). Dejar hervir durante 3 o 4 minutos. Probar y, de ser necesario, condimentar. Colar la salsa o, si se desea, servirla tal cual.

■ **Preparación:** 10 min ■ **Cocción:** de 15 a 20 min

> **EN ALGUNOS PAÍSES SE LLAMA:**
> Mantequilla: *manteca.*

Salsa marinera

Para 250 ml, aproximadamente

- 50 ml de concentrado de pescado al vino tinto
  (→ ver pág. 54)
- 200 ml de salsa española
  (→ ver pág. 81) o de demi-glace (→ ver pág. 55)
- 10 g de cebolla
- 1 chalote pequeño
- 2 o 3 hongos
- 40 g de mantequilla
- 50 ml de vino tinto
- pimienta molida gruesa
- tomillo y laurel
- un clavo de olor

❶ Descongelar el concentrado de pescado (o preparar un caldo comercial deshidratado) y la salsa española o el demi-glace.

❷ Picar la cebolla, los chalotes y los hongos.

❸ Derretir 20 g de mantequilla en una cacerola, agregar la cebolla y el chalote, y cocerlos a fuego bajo de 3 a 4 minutos. Añadir el vino tinto, la pimienta molida gruesa, los hongos, una ramita de tomillo, media hoja de laurel y el clavo de olor. Reducir hasta que el líquido esté almibarado.

❹ Agregar el concentrado de pescado, dejar que se reduzca a la mitad, luego añadir la salsa española. Continuar la cocción durante 10 minutos, aproximadamente.

❺ Colar la salsa. Agregar el resto de la mantequilla, mezclando delicadamente.

■ **Preparación:** 30 min ■ **Cocción:** alrededor de 20 min

> **EN ALGUNOS PAÍSES SE LLAMA:**
> Chalote: *ascalonia, chalota, echalote, escalonia.* Mantequilla: *manteca.*

Salsa mercantil

Para 250 ml, aproximadamente

- *75 g de hongos*
- *50 g de jamón cocido sin grasa*
- *40 g de mantequilla*
- *20 g de harina*
- *200 ml de base blanca de ave (→ ver pág. 48)*
- *1/2 vaso de vino blanco*
- *ramitas de tomillo y de laurel*
- *1 lata pequeña de trufas picadas*
- *50 ml de madeira*
- *sal y pimienta*

❶ Lavar los hongos y cortarlos en cuadritos, al igual que el jamón.

❷ Derretir la mantequilla en una cacerola, agregar la mezcla y sofreírla rápidamente a fuego medio. Agregar la harina y mezclar bien. Cocer algunos minutos como para hacer una base para salsa oscura.

❸ Preparar la base de ave descongelando una base casera o bien preparando un caldo comercial deshidratado. Calentarla y vaciarla, al mismo tiempo que el vino blanco, sobre el preparado. Mezclar bien. Añadir una pizca de tomillo y de laurel. Poner sal y pimienta. Dejar cocer a fuego lento durante 20 minutos, aproximadamente. La salsa debe estar untuosa.

❹ Añadir las trufas junto con la madeira al final de la cocción.

> Esta salsa sabrá mejor si las trufas son frescas. Del mismo modo, se pueden agregar menudencias de pollo o gallina en un poco de base de ave.

■ **Preparación:** 15 min ■ **Cocción:** de 25 a 30 min

EN ALGUNOS PAÍSES SE LLAMA:
Madeira: *madera* (vino dulce elaborado en la isla de Madeira).
Mantequilla: *manteca.*

Salsa montero mayor

Para 250 ml, aproximadamente

- *200 ml de salsa a la pimienta (→ ver pág. 74)*
- *1 cucharada de gelatina de grosella*
- *2 cucharadas de crema fresca*
- *sal y pimienta*

❶ Preparar la salsa a la pimienta. Colarla y luego añadir la gelatina de grosella y la crema fresca.

❷ Poner a fuego lento y revolver. Probar y, de ser necesario, condimentar.

> Esta salsa acompaña la carne de animales de caza, en particular el venado.

■ **Preparación:** 10 min ■ **Cocción:** 45 min

EN ALGUNOS PAÍSES SE LLAMA:
Crema: *nata.*

Salsa o mantequilla Colbert

Para 150 o 200 ml

- *125 g de mantequilla*
- *2 cucharadas de espejo de carne (→ ver pág. 56)*
- *1 cucharada de base blanca de ave (→ ver pág. 48)*
- *pimienta de Cayena*
- *1/2 limón*
- *1 cucharada de perejil finamente picado*
- *1 cucharada de madeira*
- *sal y pimienta*

❶ Sacar la mantequilla del refrigerador y cortarla en pedazos.

❷ Poner a calentar el espejo de carne (o un vaso de base oscura previamente reducida) junto con la base de ave y esperar a que hiervan.

❸ En una ensaladera, ablandar la mantequilla con una espátula de madera o un tenedor.

❹ Una vez retiradas del fuego, añadir la mantequilla a la mezcla del espejo de carne con la base, sin dejar de remover. Agregar sal, pimienta y una pizca de pimienta de Cayena.

❺ Agregar, revolviendo suavemente, el jugo del limón, el perejil finamente picado y la madeira. Probar y, de ser necesario, condimentar.

■ **Preparación:** 15 min ■ **Cocción:** 10 min

> **EN ALGUNOS PAÍSES SE LLAMA:**
> Madeira: *madera* (vino dulce elaborado en la isla de Madeira).
> Mantequilla: *manteca*. Refrigerador: *heladera, nevera*.

Salsa para animales de caza

Para 250 ml, aproximadamente

- *300 ml de base oscura de ternera (→ ver pág. 50)*
- *200 g de carne o de retazo con hueso de animales de caza*
- *20 g de zanahoria*
- *20 g de cebolla*
- *2 o 3 ramitas de perejil*
- *1 ramita de tomillo*
- *1/2 hoja de laurel*
- *2 cucharaditas de vinagre de vino*
- *2 cucharaditas de coñac*
- *150 ml de vino tinto*

❶ Preparar la base oscura (descongelar la base casera o bien preparar un caldo comercial deshidratado).

❷ Cortar en pedazos la carne con hueso o los retazos de animales de caza.

❸ Preparar el fondo de verduras (mirepoix) (→ ver pág. 28): cortar en cuadritos la zanahoria y la cebolla. Picar finamente el perejil.

❹ Poner el mirepoix en una ensaladera con el tomillo, el laurel, el coñac, el vinagre y 100 ml de vino tinto. Añadir la carne y dejarla marinar durante 12 horas en un lugar frío, volteando los pedazos de carne de vez en cuando.

❺ Escurrir, reservando la marinada. Calentar el aceite en un sartén y poner ahí las carnes y el mirepoix. Dorar durante 4 o 5 minutos, luego vaciar la marinada y mezclar bien. Continuar la cocción durante algunos minutos más, luego añadir la base oscura de ternera y la pimienta.

* 2 cucharaditas de aceite de cacahuate
* 5 granos de pimienta
* pimienta de Cayena
* 1 pizca de azúcar

Dejar cocer a fuego lento hasta que se reduzca aproximadamente una tercera parte del líquido.

❻ Agregar el resto del vino tinto, una pizca de pimienta de Cayena y azúcar. Mezclar bien y, finalmente, pasar la salsa por un colador muy fino.

■ **Preparación:** 30 min ■ **Marinada:** 12 h
■ **Cocción:** 30 min

> **EN ALGUNOS PAÍSES SE LLAMA:**
> Cacahuate: *cacahuete, maní.*

Salsa Périgueux

Para 250 ml, aproximadamente

* 100 ml de demi-glace (→ ver pág. 55) o 150 ml de base oscura de ternera (→ ver pág. 50)
* 100 g de trufas picadas
* 150 ml de esencia de trufas
* sal y pimienta

❶ Calentar el demi-glace o la base, ponerlo a cocer a fuego lento para que se reduzca y así obtener una consistencia almibarada.

❷ Picar la trufa y agregarla a la reducción, al igual que la esencia de trufa. Agregar sal y pimienta. Probar y, de ser necesario, condimentar.

❸ Dar un hervor y servir.

■ **Preparación:** 10 min ■ **Cocción:** 10 min

Salsa picada

Para 250 ml, aproximadamente

* 150 ml de demi-glace (→ ver pág. 55)
* 1 cebolla
* 2 chalotes
* 30 g de hongos
* 20 g de mantequilla
* 100 ml de vinagre
* 100 ml de salsa concentrada de jitomate (→ ver pág. 819) o una lata pequeña de tomates triturados
* 1 rebanadita de jamón cocido

❶ Preparar la salsa demi-glace (se puede reemplazar por 200 ml de base oscura reducida).

❷ Pelar y picar la cebolla, los chalotes y los hongos.

❸ Derretir la mantequilla en una cacerola, agregarle la cebolla y cocerla a fuego bajo durante 5 minutos. Añadir los chalotes y los hongos, y dejar cocer durante 10 minutos más, sin subir el fuego.

❹ Verter el vinagre y continuar la cocción hasta que el líquido se reduzca a una cuarta parte.

❺ Agregar el demi-glace (o la base oscura reducida) y la salsa (en caso de usar tomates de lata, escurrir todo el líquido), y dejar que hierva durante 5 minutos.

❻ Mientras tanto, picar el jamón, los pepinillos y el perejil, y agregarlos a la salsa, al igual que las alcaparras, al momento de servir. Probar y, de ser necesario, condimentar.

- *3 pepinillos*
- *1 cucharada de perejil picado*
- *una cucharada de alcaparras*

■ **Preparación:** 30 min ■ **Cocción:** alrededor de 30 min

EN ALGUNOS PAÍSES SE LLAMA:

Chalote: *ascalonia, chalota, echalote, escalonia.* Mantequilla: *manteca.*

Salsa Roberto

Para 250 ml, aproximadamente

- *1 cebolla*
- *15 g de mantequilla*
- *100 ml de vino blanco*
- *50 ml de vinagre*
- *250 ml de salsa española* (→ *ver pág. 81*)
- *1 cucharada de mostaza*
- *sal y pimienta*

❶ Pelar y picar finamente la cebolla.

❷ Derretir la mantequilla en una cacerola y sofreír la cebolla. Agregar el vino blanco y el vinagre, mezclar bien y cocer a fuego medio hasta que prácticamente desaparezca todo el líquido.

❸ Agregar la salsa española (que puede ser reemplazada por demi-glace o por 350 ml de base oscura reducida). Añadir sal y pimienta. Probar y, de ser necesario, volver a sazonar.

❹ En un bol, disolver la mostaza con un poco de salsa, luego, una vez fuera del fuego, agregársela al resto de la salsa.

■ **Preparación:** 15 min ■ **Cocción:** alrededor de 15 min

EN ALGUNOS PAÍSES SE LLAMA:
Mantequilla: *manteca.*

Salsa ruanesa

Para, aproximadamente, 250 ml

- *3 hígados de pato o de pollo*
- *1/2 litro de base oscura de ternera o de base de animales de caza* (→ *ver pág. 50 o 48*)
- *2 chalotes*
- *1/2 vaso de vino tinto*
- *50 g de mantequilla*
- *sal y pimienta*

❶ Limpiar los higaditos, molerlos en la licuadora y luego colarlos con un cernidor.

❷ Preparar la base: descongelar una base casera o utilizar un producto comercial deshidratado.

❸ Picar los chalotes, ponerlos en una cacerola junto con el vino y cocer la preparación, a fuego lento, hasta que se reduzca a la mitad. Agregar entonces la base y esperar a que se vuelva a reducir a la mitad.

❹ Una vez fuera del fuego, agregar los higaditos, mezclar bien y volver a calentar, pero esta vez sin dejar que hierva.

❺ Colar la salsa. Calentarla de nuevo, pero sin dejar que hierva. Agregar la mantequilla poco a poco, revolviendo enérgicamente. Probar y, de ser necesario, condimentar. Servir de inmediato.

■ **Preparación:** 15 min ■ **Cocción:** de 25 a 30 min

EN ALGUNOS PAÍSES SE LLAMA:
Cernidor: *cedazo, tamiz.* Chalote: *ascalonia, chalota, echalote, escalonia.* Mantequilla: *manteca.*

Salsa Sainte-Menehould

Para 250 ml, aproximadamente

- *1 cebolla*
- *20 g de mantequilla*
- *tomillo y laurel*
- *100 ml de vino blanco*
- *1 cucharada de vinagre*
- *2 pepinillos*
- *perejil y perifollo*
- *200 ml de demi-glace*
  (→ ver pág. 55)
- *1 pizca de pimienta de Cayena*
- *1 cucharada de mostaza*
- *sal y pimienta*

❶ Picar la cebolla y cocerla en la mantequilla durante 10 minutos a fuego lento. Agregar sal, pimienta, una pizca de tomillo y de laurel, el vino blanco y el vinagre. Mezclar bien. Esperar a que el líquido se consuma hasta que prácticamente se evapore todo.

❷ Mientras tanto, picar los pepinillos, el perejil y el perifollo.

❸ Vaciar el demi-glace (o 300 ml de base oscura reducida) en la salsa. Dejar hervir durante un minuto a fuego alto, luego añadir una pizca de pimienta de Cayena y, una vez fuera del fuego, incorporar la mostaza, los pepinillos, una cucharada de perejil y de perifollo. Probar y, de ser necesario, condimentar.

■ **Preparación:** 20 min ■ **Cocción:** 20 min

EN ALGUNOS PAÍSES SE LLAMA:
Mantequilla: *manteca.*

Salsas a la mantequilla, con leche y a la crema

Salsa al curry

Para 250 ml, aproximadamente

- *2 cebollas*
- *10 g de mantequilla*
- *2 cucharadas de curry en polvo*
- *150 ml de vino blanco*
- *50 ml de concentrado de pescado (→ ver pág. 54) o de base de hongos (→ ver pág. 49)*

❶ Pelar y picar las cebollas.

❷ Derretir la mantequilla en una cacerola, agregarle las cebollas y dejarlas cocer a fuego bajo, tapadas, durante 10 o 15 minutos evitando que adquieran un color rojizo.

❸ Añadir una cucharada de curry, mezclar bien, luego verter el vino blanco y el concentrado de pescado o la base de hongos mezclando nuevamente. (El concentrado de pescado o la base de hongos pueden sustituirse por productos deshidratados.) Agregar sal y pimienta. Cocer a fuego bajo durante 20 minutos.

❹ Colar con un cernidor sirviéndose de la parte posterior de una cuchara.

- *150 ml de crema líquida*
- *sal y pimienta*

❺ Volver a colocar la cacerola a fuego lento y añadir una cucharada de curry. Mezclar y vaciarle la crema. Revolver durante 5 minutos a fuego alto hasta que la crema esté espesa. Probar y, de ser necesario, agregar sal y pimienta.

■ **Preparación:** 20 min ■ **Cocción:** alrededor de 45 min

En algunos países se llama:
Cernidor: *cedazo, tamiz.* Crema: *nata.* Mantequilla: *manteca.*

Salsa borgoñona para pescado

Para 250 ml, aproximadamente

- *1/2 cebolla*
- *2 hongos*
- *200 ml de concentrado de pescado (→ ver pág. 54)*
- *200 ml de vino tinto*
- *espinas y menudencias de pescado*
- *1 pizca de tomillo*
- *1 pizca de laurel*
- *200 ml de caldo de cocción de pescado*
- *50 g de mantequilla*
- *sal y pimienta*

❶ Pelar y cortar en rodajas pequeñas la cebolla y los hongos.
❷ Ponerlos en una cacerola junto con el concentrado de pescado (descongelar un concentrado casero preparado con anterioridad o utilizar un caldo deshidratado), el vino tinto, las espinas y las menudencias del pescado que se está preparando, y con las hierbas aromáticas. Añadir sal y pimienta. Cocer a fuego lento hasta que no quede casi nada de líquido, para luego agregar el caldo de cocción del pescado.
❸ Colar la salsa. Cortar la mantequilla en pedacitos y agregársela sin dejar de mezclar.

Esta salsa se prepara mientras el pescado que va a acompañar se está cociendo en el caldo.

■ **Preparación:** 15 min ■ **Cocción:** alrededor de 20 min

En algunos países se llama:
Mantequilla: *manteca.*

Salsa caliente de rábano blanco

Para 250 ml, aproximadamente

- *150 ml de velouté*
- *200 ml de base blanca de ternera (→ ver pág. 52)*
- *2 cucharadas de rábano blanco rallado*

❶ Preparar el velouté (→ ver pág. 52) y la base.
❷ Cocer el rábano y la base de ternera durante 15 minutos. Agregar el velouté. Continuar la cocción a fuego bajo 10 minutos más, sin dejar de remover.
❸ En un bol, disolver la mostaza con el vinagre.
❹ Colar la salsa y, una vez fuera del fuego, agregar la yema de huevo sin dejar de revolver.

- 1 cucharada de mostaza
- 1 cucharada de vinagre
- 1 yema de huevo
- sal y pimienta

⑤ Volver a poner a fuego lento hasta que se espese, revolviendo sin detenerse. Agregar la mostaza diluida. Salpimentar al gusto.

■ **Preparación:** 15 min ■ **Cocción:** 25 min

Salsa con pan

Para 250 ml, aproximadamente

- 1 cebolla pequeña
- 1 clavo de olor
- 200 ml de leche
- 15 g de mantequilla
- 35 g de migajón de pan
- 50 ml de crema líquida
- sal y pimienta

❶ Mechar la cebolla con el clavo de olor y ponerla en la leche junto con la mantequilla. Añadir sal y pimienta al gusto. Calentar. Cuando se logra la salsa, desmoronar el migajón de pan y cocer a fuego bajo durante 15 minutos.

❷ Retirar la cebolla, incorporar la crema y calentar de uno a 2 minutos sin dejar de revolver.

■ **Preparación:** 10 min ■ **Cocción:** de 15 a 20 min

> **EN ALGUNOS PAÍSES SE LLAMA:**
> Crema: *nata*. Mantequilla: *manteca*. Migajón: *borona, miga de pan, morona*.

Salsa genovesa

Para 250 ml, aproximadamente

- de 200 a 300 g de menudencias de salmón
- 1 zanahoria
- 1 cebolla
- 5 ramitas de perejil
- 10 g de mantequilla
- tomillo, laurel
- 40 ml de vino tinto
- 10 g de mantequilla enharinada (→ ver pág. 40)
- 10 g de mantequilla de anchoas (opcional)
- sal y pimienta

❶ Cortar en pedazos las menudencias de salmón. Cortar la zanahoria y la cebolla en cuadritos, y el perejil en trozos pequeños.

❷ Saltear estos ingredientes junto con la mantequilla, a fuego lento, durante 5 minutos. Agregar una ramita de tomillo, 1/2 hoja de laurel, sal, pimienta y las menudencias de pescado y cocer 15 minutos a fuego bajo y tapado. Verter el vino tinto y continuar la cocción de 30 a 40 minutos más.

❸ Colar la salsa.

❹ Preparar la mantequilla enharinada y, de preferirse, también la de anchoas (→ ver pág. 37) Volver a calentar la salsa a fuego lento y diluir las mantequillas en ella.

■ **Preparación:** 15 min ■ **Cocción:** 50 min

> **EN ALGUNOS PAÍSES SE LLAMA:**
> Mantequilla: *manteca*.

Salsa india

Para 250 ml, aproximadamente

- 1 cebolla
- 1 manzana ácida
- 2 cucharadas de aceite
- 1 cucharada de perejil picado
- 1 cucharada de rama de apio picada
- tomillo, laurel
- 1 pedacito de macis
- 1 cucharada de harina
- 1 cucharada de curry
- 50 ml de base blanca de ternera o de ave
- 1/2 limón
- 4 cucharadas de crema
- 50 ml de leche de coco

❶ Pelar y picar la cebolla y la manzana. Calentar lentamente el aceite en una cacerola y agregarle la cebolla y la manzana. Cocerlas durante 15 minutos.

❷ Agregar el perejil, el apio, una ramita de tomillo y la macis (o, en su defecto, nuez moscada molida). Añadir sal y pimienta. Mezclar bien.

❸ Agregar la harina y el curry. Mezclar de nuevo. Luego, verter la base blanca. Volver a mezclar para que todos los ingredientes se impregnen mutuamente y cocer a fuego bajo y tapado durante 30 minutos, revolviendo de vez en cuando.

❹ Añadir un poco de base blanca si es que la salsa se espesa demasiado, colarla y ponerla a cocer nuevamente en una cacerola a fuego muy bajo.

❺ Agregar una cucharadita de jugo de limón, la crema fresca y, de preferirse, un poco de leche de coco. Probar y, de ser necesario, añadir sal y pimienta.

■ **Preparación:** 20 min ■ **Cocción:** 45 min

EN ALGUNOS PAÍSES SE LLAMA:
Crema: *nata.*

Salsa pichona

Para 250 ml, aproximadamente

- 40 g de mantequilla
- 2 yemas de huevo
- 200 ml de base blanca de ternera (→ ver pág. 52) o de ave (→ ver pág. 48)
- 1/2 limón

Cortar la mantequilla en pedacitos. Diluir las yemas de huevo con la base de ternera o de ave. Calentar 10 minutos a fuego muy bajo sin dejar de revolver. Agregar el jugo de 1/2 limón y luego la mantequilla. Retirar del fuego una vez que la salsa forme una capa espesa en la parte posterior de la cuchara. Salpimentar al gusto.

■ **Preparación:** 5 min ■ **Cocción:** 10 min

EN ALGUNOS PAÍSES SE LLAMA:
Mantequilla: *manteca.*

Salsas emulsionadas calientes

Mantequilla blanca

Para 250 a 300 ml

- *6 chalotes*
- *250 ml de vinagre de vino*
- *300 ml de concentrado de pescado (→ ver pág. 54)*
- *250 g de mantequilla con sal*
- *pimienta*

❶ Pelar y picar los chalotes.

❷ Ponerlos en una cacerola junto con el vinagre, el concentrado de pescado y la pimienta resultante de dos o tres vueltas de molinillo. Cocer a fuego lento hasta que la preparación se reduzca a una tercera parte.

❸ Sacar la barra de mantequilla del refrigerador y cortarla en pedacitos.

❹ Retirar la cacerola del fuego y añadirle todos los pedacitos de mantequilla de una sola vez. Batir enérgicamente con un batidor manual hasta obtener una pasta lisa y no esponjosa. Probar y, de ser necesario, añadir sal y pimienta.

Esta salsa puede prepararse con mantequilla sin sal, en cuyo caso hay que añadírsela.
mantequilla nantesa:
añadir a la mantequilla blanca una cucharada de crema fresca espesa (lo que permite que la emulsión se estabilice).

■ **Preparación:** 20 min ■ **Cocción:** de 10 a 15 min

> **EN ALGUNOS PAÍSES SE LLAMA:**
> Chalote: *ascalonia, chalota, echalote, escalonia.* Crema: *nata.*
> Mantequilla: *manteca.* Refrigerador: *heladera, nevera.*

Salsa bearnesa

Para 250 ml, aproximadamente

- *3 chalotes*
- *50 ml de vinagre de estragón*
- *30 ml de vino blanco*
- *3 cucharadas de estragón picado*
- *2 cucharadas de perifollo picado*
- *2 pizcas de pimienta molida gruesa*
- *1 pizca de sal*

❶ Picar los chalotes.

❷ Ponerlos en una cacerola junto con el vinagre de estragón, el vino blanco, 2 cucharadas de estragón, una cucharada de perifollo, la pimienta molida y la sal. Calentar a fuego bajo de 10 a 12 minutos hasta el momento en que el líquido se haya reducido a una tercera parte.

❸ Retirar la cacerola del fuego y dejar enfriar.

❹ Mientras tanto, derretir lentamente la mantequilla (puede hacerse en el horno de microondas) sin que llegue a cocerse. En el proceso de reducción de la mantequilla, agregar las yemas de huevo y un poco de agua y mezclar enérgicamente con el batidor a fuego bajo.

- *125 g de mantequilla*
- *3 yemas de huevo*

❺ Una vez fuera del fuego, incorporar la mantequilla derretida y caliente, sin dejar de remover.

❻ Colar la salsa. Antes de servir, agregar el resto del estragón y el perifollo. Probar y, de ser necesario, agregar sal y pimienta.

■ **Preparación:** 15 min ■ **Cocción:** de 10 a 15 min

> **EN ALGUNOS PAÍSES SE LLAMA:**
> Chalote: *ascalonia, chalota, echalote, escalonia.* Mantequilla: *manteca.*

Salsa Choron

**Para 250 ml,
aproximadamente**

- *200 ml de salsa bearnesa
  (→ ver pág. 91)*
- *50 ml de salsa
  concentrada de jitomate
  (→ ver pág. 819)*
- *sal y pimienta*

Preparar la salsa bearnesa y la salsa concentrada de jitomate. Poner esta última a calentar hasta que se reduzca como para obtener 2 cucharadas de puré. Pasarla por el cernidor y mezclarla con la salsa bearnesa. Probar y, de ser necesario, agregar sal y pimienta.

La salsa concentrada de jitomate se puede reemplazar por una cucharadita de concentrado de tomate o una latita de puré de tomate.

salsa Foyot:
mezclar 2 cucharadas de espejo de carne (→ ver pág. 56) con 200 ml de salsa bearnesa.

■ **Preparación:** 30 min ■ **Cocción:** de 10 a 15 min

> **EN ALGUNOS PAÍSES SE LLAMA:**
> Cernidor: *cedazo, tamiz.*

Salsa de trufas

**Para 250 ml,
aproximadamente**

- *1/2 vaso de madeira*
- *1/2 vaso de jugo de carne*
- *1 poquito de concentrado
  de tomate o 1/2 latita de
  puré de tomate*
- *1 trufa fresca*
- *200 g de mantequilla*

❶ En una cacerola verter el madeira, el jugo de carne (o una cucharadita de espejo de carne diluido en agua), el concentrado de tomate y la trufa completa. Cocer durante 10 minutos. Posteriormente, retirar la trufa y cortarla en bastoncitos. Reservarla. Tapar la cacerola y reducir la mezcla del madeira y el jugo de carne hasta que esté muy almibarada.

❷ Cortar la mantequilla en pedacitos.

❸ Una vez fuera del fuego, agregar las yemas de huevo, la trufa y mezclarlas bien.

• 2 yemas de huevo
• sal y pimienta

❹ Volver a poner la cacerola a fuego muy lento y añadir la mantequilla mezclando como si fuera una salsa bearnesa. Condimentar con sal y pimienta al gusto.

■ **Preparación:** 10 min ■ **Cocción:** 20 min

> **EN ALGUNOS PAÍSES SE LLAMA:**
> Madeira: *madera* (vino dulce elaborado en la isla de Madeira).
> Mantequilla: *manteca*.

Salsa holandesa

Para 250 a 300 ml

• 250 g de *mantequilla*
• 2 cucharadas de agua
• 1 cucharada de vinagre
• 1 pizca de sal
• 1 pizca de pimienta
• 4 yemas de huevo
• 1/2 limón

❶ Cortar la mantequilla en pedacitos.
❷ Calentar agua en una cacerola para un baño maría.
❸ En otra cacerola, calentar el agua y el vinagre junto con la sal y la pimienta. Hervir durante algunos instantes hasta reducir y colocar la cacerola en el baño maría.
❹ Agregar las yemas de huevo revolviendo suavemente. Mezclar bien hasta que se esponjen un poco.
❺ Retirar la cacerola del baño maría y agregar los pedacitos de mantequilla, sin dejar de revolver, dando la vuelta a toda la cacerola. Al mismo tiempo, verter 1 o 2 cucharadas de agua para aligerar la salsa. Si se enfría demasiado al momento de añadir la mantequilla, volverla a colocar en el baño maría durante algunos segundos. Probar, agregar un chorrito de jugo de limón y, de ser necesario, agregar sal y pimienta. Servir de inmediato.

■ **Preparación:** 15 min ■ **Cocción:** 10 min

> **EN ALGUNOS PAÍSES SE LLAMA:**
> Mantequilla: *manteca*.

Salsa muselina

Para 300 ml, aproximadamente

• 200 ml de salsa holandesa
  (→ ver pág. 93)
• 100 ml de crema batida
  (→ ver pág. 871)
• sal y pimienta

❶ Preparar la salsa holandesa.
❷ Batir la crema y, fuera del fuego, agregarla a la salsa holandesa, revolviendo suavemente. Probar y, de ser necesario, agregar sal y pimienta. Servir tibia.

■ **Preparación:** 15 min ■ **Cocción:** 10 min

Salsas emulsionadas frías

Alioli

Para 250 ml, aproximadamente

- 4 dientes de ajo
- 1 yema de huevo
- 250 ml de aceite
- sal y pimienta

❶ Pelar los dientes de ajo. Partirlos en dos y retirarles el germen, si es que tienen. Triturarlos en un mortero junto con una pizca de sal.

❷ Añadir la yema de huevo y mezclar durante 2 minutos. Dejar reposar 5 minutos.

❸ Verter el aceite en un chorrito delgado sin dejar de revolver en la misma dirección. Agregar sal y, si se prefiere, pimienta.

> **Si, durante la preparación, el alioli se hace líquido, volver a comenzar con otra yema de huevo agregándole poco a poco el alioli líquido. A falta de mortero, batir el alioli en un bol, como si fuera una mayonesa.**

■ **Preparación:** 15 min

> **EN ALGUNOS PAÍSES SE LLAMA:**
> Germen: *brote.*

Chimichurri

Para 1 frasco de, aproximadamente, 1/2 litro

- 1 cabeza de ajos
- 1 taza de perejil
- 3 cucharadas de pimiento rojo seco y molido
- 400 ml de aceite de maíz o de girasol o 300 ml de aceite de oliva
- 125 ml de vinagre blanco o 100 ml de vinagre balsámico
- sal y pimienta

❶ Picar muy finamente los dientes de ajo.

❷ Pasar el frasco de vidrio por agua hirviendo.

❸ Agregar al frasco los dientes de ajo junto con el perejil picado y el pimiento rojo molido.

❹ Agregar el aceite y el vinagre. Condimentar con sal y pimienta al gusto.

❺ Agitar el frasco enérgicamente para que todos los ingredientes se incorporen completamente. El chimichurri está listo para consumirse.

> **Este chimichurri puede conservarse durante 2 o 3 meses en el refrigerador. Si se desea, se puede agregar el equivalente de lo consumido en agua caliente, en cuyo caso es necesario volver a agitar el frasco cada vez. Sirve muy bien para acompañar una carne al asador o sus complementos (chorizos, morcillas, etc.).**

■ **Preparación:** 10 min

> **EN ALGUNOS PAÍSES SE LLAMA:**
> Pimiento: *ají, locote, morrón.* Refrigerador: *heladera, nevera.*

Mayonesa al azafrán

**Para 250 ml,
aproximadamente**

- *3 dientes de ajo*
- *1 pizca de sal gruesa*
- *2 pizcas de pimienta blanca*
- *1 poquito de azafrán*
- *2 pizcas de pimienta de Cayena*
- *2 yemas de huevo*
- *250 ml de aceite de oliva*

❶ Esta salsa se prepara igual que la mayonesa. Por lo tanto, hay que sacar los huevos del refrigerador con anticipación para que estén a temperatura ambiente.

❷ Machacar o picar los dientes de ajo. En un mortero o un bol, mezclarlos con sal, pimienta, azafrán, pimienta de Cayena y las yemas de huevo.

❸ Verter el aceite poco a poco sin dejar de batir.

La mayonesa al azafrán es el acompañamiento tradicional de las sopas de pescado, en particular de la bouillabaisse, aunque también sirve para los pescados hervidos, las verduras al vapor o las verduras crudas como el apio y la zanahoria.

■ **Preparación:** 15 min

> EN ALGUNOS PAÍSES SE LLAMA:
> Refrigerador: *heladera, nevera.*

Mayonesa con pepinillos

**Para 250 ml,
aproximadamente**

- *250 ml de mayonesa*
- *2 pepinillos*
- *hierbas finas (perejil, cebollín, perifollo, estragón)*
- *1 cucharada de alcaparras*
- *esencia de anchoas*
- *sal y pimienta*

❶ Preparar la mayonesa tradicional (→ ver pág. 96).

❷ Cortar los pepinillos en cuadros muy pequeños y picar finamente las hierbas hasta obtener 2 cucharadas.

❸ Agregar todo lo anterior a la mayonesa junto con las alcaparras escurridas y algunas gotas de esencia de anchoas. Añadir sal y pimienta. Probar y, de ser necesario, volver a condimentar.

■ **Preparación:** 15 min

> EN ALGUNOS PAÍSES SE LLAMA:
> Anchoa: *anchova, boquerón.* Cebollín: *cebolleta, cebollino, ciboulette.*

Mayonesa tradicional

Para 250 ml, aproximadamente

- *1 yema de huevo*
- *1 cucharadita de mostaza*
- *250 ml de aceite*
- *1/2 limón*
- *sal y pimienta*

❶ Sacar el huevo del refrigerador con anticipación para que esté a la misma temperatura que el aceite.
❷ En un bol grande mezclar la yema y la mostaza. Agregar sal y pimienta.
❸ Verter el aceite en un chorrito muy delgado, sin dejar de revolver enérgicamente con una cuchara de madera o un batidor manual. Agregar el jugo de limón. Probar y, de ser necesario, agregar sal y pimienta.

> **Es más fácil batir la mayonesa con la batidora eléctrica. Se la puede aromatizar con hierbas finas picadas, un poquito de concentrado de tomate, etc.**
>
> **mayonesa en gelatina**
> agregar 100 ml de gelatina de carne (→ ver pág. 60) a la mayonesa. Esta salsa sirve para decorar platos fríos.

■ **Preparación:** 15 min

EN ALGUNOS PAÍSES SE LLAMA:
Refrigerador: *heladera, nevera.*

Pebre

- *1 manojo de cilantro*
- *2 cebollas medianas*
- *jugo de 1 limón*
- *1 cucharada sopera de vinagre*
- *3 dientes de ajo*
- *4 cucharadas soperas de aceite*
- *chile*
- *sal*
- *1 jitomate*

❶ Lavar y picar fino el cilantro.
❷ Picar muy fino las cebollas, el ajo y el jitomate
❸ Mezclar todos los ingredientes.
❹ Condimentar al gusto.

■ **Preparación:** 15 min

EN ALGUNOS PAÍSES SE LLAMA:
Chile: *ají cumbarí, ají picante, conguito, guindilla, ñora, páprika (picante), pimentón picante, pimiento picante.* Cilantro: *coriandro, culantro.* Jitomate: *tomate.*

Salsa al coñac

Para 250 ml, aproximadamente

- *2 yemas de huevo duro*

❶ En un bol, aplastar las yemas de huevo duro con un tenedor y luego mezclarlas con la crema.
❷ Picar finamente las trufas e incorporarlas a la mezcla.

- 1 cucharada de crema fresca espesa
- 2 trufas
- 150 ml de aceite de oliva
- 1/2 limón
- 1 cucharada de coñac
- sal y pimienta

❸ Preparar la salsa de aceite de oliva como para hacer una mayonesa.
❹ Agregar el jugo del limón y el coñac. Salpimentar.

■ **Preparación:** 15 min

> **EN ALGUNOS PAÍSES SE LLAMA:**
> Crema: *nata.*

Salsa andaluza

Para 250 o 300 ml

- 100 ml de caldillo de jitomate (→ ver pág. 811)
- 250 ml de mayonesa tradicional (→ ver pág. 96)
- 25 g de pimiento
- sal y pimienta

❶ Reducir a la mitad el caldillo de jitomate cociéndolo a fuego bajo de 10 a 15 minutos. Luego, dejarlo enfriar (puede ser en el refrigerador).
❷ Mientras tanto, preparar la mayonesa y cortar el pimiento en cuadritos muy pequeños.
❸ Mezclar todos los ingredientes. Probar y, de ser necesario, agregar sal y pimienta.

■ **Preparación:** 15 min ■ **Cocción:** 15 min

> **EN ALGUNOS PAÍSES SE LLAMA:**
> Pimiento: *ají, locote, morrón.* Refrigerador: *heladera, nevera.*

Salsa Cambridge

Para 250 ml, aproximadamente

- 6 filetes de anchoas saladas
- 2 yemas de huevo duro
- 1 cucharadita de alcaparras
- 4 ramitas de estragón
- 4 ramitas de perifollo
- mostaza, pimienta
- 200 ml de aceite de oliva o de girasol
- 1 chorrito de vinagre

❶ Quitarle la sal a las anchoas pasándolas por agua fría.
❷ Molerlas en la licuadora junto con las yemas de huevo duro, las alcaparras y la mitad del estragón y el perifollo. Agregar una cucharadita de mostaza. Mezclar bien. Añadir pimienta al gusto.
❸ Verter el aceite poco a poco sin dejar de remover, igual que con la mayonesa, luego agregar un poco de vinagre. Probar y, de ser necesario, agregar sal y pimienta al gusto.
❹ Picar el resto de las hierbas y agregarlas a la salsa.

■ **Preparación:** 15 min

> **EN ALGUNOS PAÍSES SE LLAMA:**
> Anchoa: *anchova, boquerón.*

Salsa con anchoas

Para 200 ml, aproximadamente

- *3 dientes de ajo*
- *de 6 a 8 tallos de perejil*
- *20 filetes de anchoas*
- *150 ml de aceite de oliva*
- *vinagre*
- *pimienta*

❶ Pelar y picar los dientes de ajo.
❷ Desprender y picar las hojas de perejil.
❸ Quitarle la sal a las anchoas pasándolas por agua fría y picarlas en pedazos gruesos.
❹ En un bol, mezclarlas con el ajo y machacar todo hasta formar una pasta.
❺ Verter el aceite poco a poco removiendo con el batidor. Añadir pimienta al gusto. Sin dejar de remover, agregar el perejil picado y algunas gotas de vinagre.

■ **Preparación:** 15 min

> **EN ALGUNOS PAÍSES SE LLAMA:**
> Anchoa: *anchova, boquerón.*

Salsa de alcaparras

Para 250 o 300 ml

- *1 huevo*
- *1 manojo de perejil, perifollo y estragón*
- *250 ml de aceite de oliva o de girasol*
- *2 cucharadas de vinagre*
- *1 cucharada de alcaparras*
- *sal y pimienta*

❶ Poner a cocer el huevo hasta que apenas esté duro: 12 minutos si se saca del refrigerador, 10 minutos si no estaba refrigerado.
❷ Separar la yema y la clara del huevo. Cortar la clara en cuadritos.
❸ Picar finamente las hierbas para obtener una cucharada de cada una de ellas.
❹ En un bol, machacar la yema de huevo hasta formar una pasta muy fina y vaciar el aceite poco a poco batiendo constantemente, como para hacer una mayonesa.
❺ Agregar vinagre, sal, pimienta, alcaparras (o pepinillos picados), perejil, perifollo, estragón y la clara de huevo. Mezclar bien. Probar y, en caso de ser necesario, condimentar.

■ **Preparación:** 20 min ■ **Cocción:** de 10 a 12 min

> **EN ALGUNOS PAÍSES SE LLAMA:**
> Refrigerador: *heladera, nevera.*

Salsa de hierbas finas

Para 2 o 3 personas

- *1/2 cebolla*
- *1 cucharada de vinagre*
- *3 cucharadas de aceite de oliva o de girasol*
- *1 cucharadita de mostaza*
- *2 cucharaditas de alcaparras*
- *hierbas finas*
- *sal y pimienta*

❶ Pelar y picar finamente la cebolla.
❷ Preparar una vinagreta mezclando en un bol el vinagre, el aceite, la mostaza, una pizca de sal y un poco de pimienta molida.
❸ Agregar la cebolla picada y las alcaparras.
❹ Picar todas las hierbas finas juntas (perejil, perifollo, cebollín, estragón) hasta obtener una cucharada colmada y agregarlas a la mezcla.

> **Esta salsa acompaña bien cabeza y patas de ternera o borrego.**

■ **Preparación:** 5 min

EN ALGUNOS PAÍSES SE LLAMA:
Cebollín: *cebolleta, cebollino, ciboulette.*

Salsa dijonesa

Para 250 ml, aproximadamente

- *2 yemas de huevo duro*
- *mostaza*
- *250 ml de aceite de oliva o de girasol*
- *1 limón*

Triturar las yemas de huevo duro con el tenedor. Luego, mezclarlas con 2 cucharadas de mostaza hasta convertirlas en una pasta. Añadir sal y pimienta al gusto. Sin dejar de remover, agregar el aceite en chorritos y, finalmente, el jugo de limón.

■ **Preparación:** 15 min

Salsa rusa fría

Para 250 ml, aproximadamente

- *250 ml de mayonesa*
- *25 g de las partes carnosas de una langosta*
- *25 g de caviar*
- *1 cucharadita de mostaza*

❶ Preparar la mayonesa tradicional (→ ver pág. 96).
❷ Pasar las partes carnosas de una langosta cocida por un tamiz o un colador fino, presionando con el reverso de una cuchara. Incorporarlas a la mayonesa, agregar el caviar y la mostaza.

■ **Preparación:** 15 min

EN ALGUNOS PAÍSES SE LLAMA:
Langosta: *bogavante.*

Salsa tártara

Para 250 ml, aproximadamente

- 250 ml de mayonesa
- 1 manojo de cebollines
- 1 cebolla pequeña
- sal y pimienta

❶ Preparar la mayonesa tradicional (→ ver pág. 96), reemplazando la yema de huevo crudo por la yema de huevo duro bien machacada con el tenedor.

❷ Picar finamente el cebollín hasta obtener dos cucharadas y agregárselas a la mayonesa.

❸ Picar la cebolla e incorporarla a la salsa. Condimentar con sal y pimienta.

■ **Preparación:** 15 min

> **EN ALGUNOS PAÍSES SE LLAMA:**
> Cebollín: *cebolleta, cebollino, ciboulette.*

Salsa vinagreta

Para 2 o 3 personas (40 ml, aproximadamente)

- 1 cucharada de vinagre o jugo de limón
- 1 pizca de sal
- 3 cucharadas de aceite
- granos de pimienta molidos

En un bol, mezclar primero el vinagre y la sal hasta que esta última se disuelva. Añadir el aceite y un poco de pimienta molida.

El vinagre puede reemplazarse con jugo de naranja o toronja y el aceite con crema fresca.

vinagreta a la mostaza:
proceder de igual manera, pero mezclando el vinagre con una cucharadita al ras de mostaza.

■ **Preparación:** 5 min

> **EN ALGUNOS PAÍSES SE LLAMA:**
> Crema: *nata.* Toronja: *pomelo, pamplemusa.*

Salsas de frutas y otras salsas

Salsa a la menta

Para 250 ml, aproximadamente

- 1 o 2 manojos de menta
- 200 ml de vinagre
- 5 cucharadas de agua

❶ Deshojar la menta hasta obtener aproximadamente 50 g.

❷ Cortar las hojas de menta en tiritas muy finas.

❸ Ponerlas en un bol junto con el vinagre, el agua, el azúcar morena, una pizca de sal y un poco de pimienta molida. Mezclar bien. Servir fría.

- *25 g de azúcar morena o azúcar en polvo*
- *sal y pimienta*

La menta puede ser reemplazada por hierbabuena.

■ **Preparación:** 10 min

> **EN ALGUNOS PAÍSES SE LLAMA:**
> Azúcar morena: *azúcar mascabada, azúcar moscabada, azúcar negra.*

Salsa Cumberland

Para 250 ml, aproximadamente

- *2 chalotes*
- *1 naranja entera*
- *1 limón entero*
- *4 cucharadas de gelatina de grosella*
- *100 ml de oporto*
- *1 cucharada de mostaza*
- *1 pizca de pimienta de Cayena*
- *1 pizca de jengibre en polvo*
- *sal*

❶ Poner a hervir el agua en una cacerola pequeña.

❷ Picar los chalotes hasta obtener media cucharada.

❸ Con un pelador, quitar las respectivas cáscaras a la naranja y al limón. Blanquearlas, sumergiéndolas durante 10 segundos en agua hirviendo, retirarlas y secarlas con un papel absorbente. Cortarlas en juliana (rebanadas muy finas).

❹ En otra cacerola pequeña, disolver la gelatina de grosella.

❺ Mezclar el chalote picado, media cucharada de cada una de las cáscaras cortadas en juliana, la mostaza, la gelatina de grosella y el oporto.

❻ Extraer el jugo de la naranja y el limón, y verterlos en la salsa. Mezclar bien. Agregar sal, la pimienta de Cayena y, si se desea, el jengibre en polvo.

■ **Preparación:** 20 min

> **EN ALGUNOS PAÍSES SE LLAMA:**
> Chalote: *ascalonia, chalota, echalote, escalonia.*

Salsa de arándanos

Para 250 ml, aproximadamente (3 o 4 personas)

- *250 g de arándanos*
- *2 o 3 cucharadas de azúcar*

❶ Poner a cocer en agua los arándanos durante 10 minutos, a fuego alto y en una olla tapada.

❷ Escurrirlos y triturarlos.

❸ Diluir el puré resultante con una parte del agua de cocción, hasta lograr una salsa bastante espesa.

❹ Azucarar al gusto.

salsa de grosella:
reemplazar los arándanos por la misma cantidad de grosellas.

■ **Preparación:** 20 min ■ **Cocción:** 10 min

Salsa Yorkshire

Para 250 ml, aproximadamente

- *1 naranja entera*
- *250 ml de oporto*
- *2 cucharadas de gelatina de grosella*
- *1 pizca de canela en polvo*
- *1 pizca de pimienta de Cayena*
- *sal*

❶ Quitarle la cáscara a la naranja y cortarla en rebanaditas. Poner en una cacerola una cucharada colmada de cáscara junto con el oporto y cocerlos a fuego muy lento y cubiertos durante 20 minutos. Escurrir las cáscaras.

❷ Guardar el oporto y ponerlo en una cacerola pequeña, agregarle la gelatina de grosella, la canela en polvo y la pimienta de Cayena. Mezclar y dejar hervir.

❸ Extraer el jugo de la naranja y agregárselo a la preparación. Esperar a que vuelva a hervir y, después, colar la salsa.

❹ Agregar la cáscara cocida. Probar y, de ser necesario, condimentar.

■ **Preparación:** 20 min ■ **Cocción:** 25 min

PREPARADOS CON PAN, PAN MOLIDO Y RELLENOS

A continuación algunas recomendaciones. El relleno de un plato hervido siempre deberá estar más condimentado que el de un plato horneado. También debe ser lo suficientemente graso como para que el plato no se seque, sobre todo si el elemento principal es un ave. Los preparados que se utilizan para elaborar algunos rellenos deben enfriarse completamente antes de ser incorporados. Los preparados para relleno que sólo llevan un huevo no pueden calcularse para cantidades más pequeñas, pues no es posible dividir el huevo.

> **EN ALGUNOS PAÍSES SE LLAMA:**
> Pan molido: *pan rallado.*

Masa de harina para rellenar

Para 250 g, aproximadamente

- *150 ml de agua*
- *25 g de mantequilla*
- *1 pizca de sal*
- *75 g de harina*

❶ Hervir el agua, agregarle la mantequilla y la sal.

❷ Cernir la harina y agregarla en forma de lluvia mezclando con una cuchara de madera. Poner la cacerola a fuego lento y revolver sin parar para que la pasta se reseque.

❸ Cuando la pasta se ablande y se despegue de la cacerola, colocarla en una charola engrasada con mantequilla, extenderla y dejarla enfriar.

■ **Preparación:** 5 min ■ **Cocción:** alrededor de 15 min

> **EN ALGUNOS PAÍSES SE LLAMA:**
> Charola: *asadera.* Mantequilla: *manteca.*

Masa de pan para rellenar

Para 250 g, aproximadamente

- *125 g de migajón*
- *150 ml de leche*

❶ Cortar el migajón en pedacitos.
❷ Calentar la leche y verterla sobre el migajón. Revolver bien.
❸ Colocar esta preparación en una cacerola y reducirla sobre el fuego, removiendo con una cuchara de madera, hasta que se despegue de las paredes.
❹ Vaciar la mezcla en una charola engrasada con mantequilla y dejar enfriar.

■ **Preparación:** 15 min

> **EN ALGUNOS PAÍSES SE LLAMA:**
> Charola: *asadera*. Mantequilla: *manteca*. Migajón: *borona, miga de pan, morona*.

Masa de papas para rellenar

Para 250 g, aproximadamente

- *150 g de papas*
- *150 ml de leche*
- *2 pizcas de sal*
- *1 pizca de pimienta*
- *nuez moscada*
- *20 g de mantequilla*

❶ Cortar las papas en rodajas. Cocerlas en agua y escurrirlas.
❷ Hervir la leche junto con la sal, la pimienta y una pizca de nuez moscada molida, de 5 a 6 minutos. Entonces, colocar la mantequilla y las papas. Cocer a fuego lento durante 15 minutos. Mezclar bien hasta obtener un puré homogéneo.

Este preparado debe utilizarse tibio.

■ **Preparación:** 15 min

> **EN ALGUNOS PAÍSES SE LLAMA:**
> Mantequilla: *manteca*. Papa: *patata*.

Pan molido

Para 100 g

- *100 g de migajón de pan fresco*

Desmoronar muy finamente entre los dedos el migajón de pan.

El pan molido se utiliza, como rebozador, para empanizar carnes o pescados, o para cubrir gratinados y que se doren muy bien al cocerse. Se utiliza solo o

mezclado con queso rallado, e incluso con una mezcla de ajo y perejil picado.

■ **Preparación:** 5 min

> EN ALGUNOS PAÍSES SE LLAMA:
> Empanizar: *empanar, rebozar.* Migajón: *borona, miga de pan, morona.* Pan molido: *pan rallado.*

Pan molido a la inglesa

Para 400 g, aproximadamente

- 1 huevo
- 1 cucharada de aceite
- 150 g de harina
- 150 g, aproximadamente, de pan molido o rebozador
- sal y pimienta

Poner en tres platos hondos: el huevo y el aceite batidos conjuntamente con un poco de sal y de pimienta, la harina y el pan molido. Pasar el alimento que se va a empanizar primero por la harina, luego por el huevo batido y finalmente por el pan molido.

■ **Preparación:** 5 min

> EN ALGUNOS PAÍSES SE LLAMA:
> Empanizar: *empanar, rebozar.* Pan molido: *pan rallado.*

Pan molido a la milanesa

Para 100 g de harina

- 1 huevo
- 100 g de pan molido (→ ver pág. 103)
- 30 g de queso parmesano rallado
- sal y pimienta

❶ Poner la harina en un plato extendido.
❷ Batir el huevo en un plato hondo.
❸ Preparar el pan molido y, en otro plato extendido, mezclarlo con el queso parmesano.
❹ Salpimentar el alimento a empanizar.
❺ Pasarlo primero por la harina, luego por el huevo batido y finalmente por el pan molido con queso parmesano, siempre por ambos lados. Una vez empanizado, freírlo en un sartén.

■ **Preparación:** 5 min

> EN ALGUNOS PAÍSES SE LLAMA:
> Empanizar: *empanar, rebozar.* Pan molido: *pan rallado.* Plato extendido: *plato llano, plato pando, plato playo.*

Relleno americano

Para 250 ml, aproximadamente

- 1 cebolla pequeña
- 100 g de tocino ahumado en rebanadas
- 100 g de migajón de pan fresco
- salvia en polvo
- tomillo
- sal y pimienta

❶ Picar finamente la cebolla.

❷ Freír el tocino en un sartén, agregar la cebolla y cocer lentamente sin dejar que se dore.

❸ Una vez fuera del fuego, incorporar el migajón de pan fresco desmoronado hasta que absorba totalmente la grasa.

❹ Agregar sal, pimienta y, según el gusto, se puede sazonar con un poco de savia y de tomillo.

■ **Preparación:** 30 min ■ **Cocción:** 10 min

> EN ALGUNOS PAÍSES SE LLAMA:
>
> Migajón: *borona, miga de pan, morona.* Tocino: *bacon, larda de tocino, panceta, tocineta.*

Relleno de ave

Para 1/2 kg, aproximadamente

- 150 g de carne de pollo
- 50 g de filete de ternera
- 225 g de tocino
- 1 huevo
- 50 ml de coñac
- sal y pimienta

❶ Cortar el pollo, el filete de ternera y el tocino en cuadritos. Luego molerlos en la licuadora o en el procesador de alimentos.

❷ Agregar el huevo y el coñac. Sazonar con bastante sal y pimienta, y mezclar todo muy bien.

❸ Cubrir la terrina con una película plástica autoadherente y guardarla en el refrigerador hasta el momento en que se vaya a utilizar.

■ **Preparación:** 15 min

> EN ALGUNOS PAÍSES SE LLAMA:
>
> Refrigerador: *heladera, nevera.* Tocino: *bacon, larda de tocino, panceta, tocineta.*

Relleno de carne

Para 1/2 kg, aproximadamente

- *3 cucharadas de aceite*
- *1 cebolla grande*
- *1/2 kg de carne molida de res*
- *200 g de puré de tomate de lata o de jitomates triturados*
- *2 cucharadas de pimiento rojo molido*
- *1 cucharada de azúcar*
- *100 g de aceitunas verdes deshuesadas*
- *3 huevos*
- *sal y pimienta*

❶ Picar finamente la cebolla. Calentar el aceite en una olla grande. Saltear ahí la cebolla hasta que adquiera un color translúcido, sin que llegue a dorarse.

❷ Agregar la carne molida a la olla y cocerla junto con la cebolla, alrededor de 10 minutos, hasta que pierda el color rojo, revolviendo con una cuchara de madera.

❸ Condimentar con sal y pimienta al gusto. Añadir el puré de tomate o los jitomates triturados, sin piel y sin semillas. Entonces, agregar el pimiento rojo molido y el azúcar. Mezclar todo muy bien.

❹ Continuar la cocción hasta que suelte el hervor, alrededor de 10 minutos más, sin dejar que el puré de tomate se evapore por completo.

❺ Agregar las aceitunas deshuesadas y picadas y cocer durante 5 minutos más para que la preparación se impregne del sabor de las aceitunas.

❻ Dejar enfriar a temperatura ambiente.

❼ Poner a cocer los huevos en una cacerola con agua hirviendo hasta que estén duros. Dejarlos enfriar. Luego pelarlos y picarlos en pedacitos muy pequeños. Añadirlos al relleno y mezclar bien.

■ **Preparación:** 20 min ■ **Cocción:** alrededor de 35 min

> **EN ALGUNOS PAÍSES SE LLAMA:**
> Carne molida: *carne picada*. Deshuesar: *descarozar*. Jitomate: *tomate*. Pimiento: *ají, locote, morrón.*

Relleno de hígado

Para 1/2 kg, aproximadamente

- *2 o 3 chalotes*
- *4 o 5 hongos*
- *250 g de tocino sin ahumar*
- *300 g de hígado de puerco, de ternera, de animales de caza o de ave*
- *80 g de mantequilla*

❶ Pelar y picar los chalotes y los hongos.

❷ Cortar el tocino en cuadros muy pequeños y el hígado en cubitos.

❸ En un salteador o un sartén, derretir 30 g de mantequilla y dorar el tocino. Después, retirarlo con una espumadera y saltear el hígado en el mismo sartén durante 5 o 6 minutos, aproximadamente.

❹ Agregar el tocino y la mezcla picada de hongos y chalotes, junto con la sal, la pimienta, las cuatro especias,

- *12 pizcas de sal*
- *2 pizcas de pimienta*

el tomillo y el laurel. Calentar durante 2 minutos a fuego alto y sin dejar de remover.

❺ Retirar los cubitos de hígado con una espumadera y ponerlos en el bol de la batidora. Sacar el tomillo y el laurel.

❻ Verter el vino blanco en el sartén salteador y "desglasar", raspando con una espátula todo lo que se haya quedado en el fondo y en las paredes del sartén. Vaciar esta salsa sobre los cubitos de hígado.

❼ Agregar 50 g de mantequilla y las yemas de huevo. Mezclar bien hasta obtener un puré muy fino. Guardar esta mezcla en el refrigerador hasta que se vaya a utilizar.

Si no se tiene una batidora, puede utilizarse un pasapuré con una hoja fina. Para darle aún más sabor a este relleno se le puede agregar una copita de coñac.

■ **Preparación:** 30 min ■ **Cocción:** 15 min

En algunos países se llama:

Chalote: *ascalonia, chalota, echalote, escalonia.* Mantequilla: *manteca.* Pasapuré: *machacador, pisapapas, pisapuré.* Refrigerador: *heladera, nevera.* Tocino: *bacon, larda de tocino, panceta, tocineta.*

Relleno de hongos

Para 1/2 kg, aproximadamente

- *3 chalotes*
- *200 g de hongos*
- *40 g de mantequilla*
- *nuez moscada*
- *125 g de masa de pan para rellenar (→ ver pág. 103)*
- *4 yemas de huevo*

❶ Pelar los chalotes, limpiar los hongos (u otro tipo de hongos) y picar todo.

❷ Derretir la mantequilla en un sartén pequeño y sofreír las verduras picadas a fuego alto hasta que los hongos no suelten más agua. Espolvorear con un poco de nuez moscada y mezclar. Dejar enfriar.

❸ Mientras tanto, elaborar el preparado con pan.

❹ Moler la mezcla en la licuadora, o con la lámina fina del pasapuré, junto con la mezcla de hongos y chalotes.

❺ Agregar una por una las yemas de huevo y mezclar bien.

■ **Preparación:** 20 min ■ **Cocción:** alrededor de 20 min

En algunos países se llama:

Chalote: *ascalonia, chalota, echalote, escalonia.* Mantequilla: *manteca.* Pasapuré: *machacador, pisapapas, pisapuré.*

Relleno muselina

Para 1/2 kg, aproximadamente

- 250 g de ternera (filetes) o de pollo (pechuga)
- 1 clara de huevo
- 350 g de crema
- sal y pimienta

❶ Cortar la ternera o el pollo en pedacitos muy pequeños y volverlos puré con la ayuda de una licuadora o un pasapuré.

❷ Batir la clara de huevo ligeramente con un tenedor.

❸ Poner la carne molida en una terrina y agregarle poco a poco la clara de huevo, la sal y la pimienta, mezclando bien con una espátula de madera. Después, dejar la terrina durante 2 horas en el refrigerador hasta que el relleno tenga la misma temperatura que la crema.

❹ Poner la terrina en un recipiente lleno de hielos e incorporar poco a poco la crema fresca, trabajando la mezcla enérgicamente con la espátula.

❺ Cubrir con una película plástica autoadherente y guardar esta mezcla en el refrigerador hasta que se vaya a utilizar.

relleno muselina de pescado:
reemplazar la carne por la misma cantidad de carne de cualquier pescado que se desee.

■ **Preparación:** 30 min ■ **Reposo:** 2 h

> **EN ALGUNOS PAÍSES SE LLAMA:**
> Crema: *nata.* Pasapuré: *machacador, pisapapas, pisapuré.* Refrigerador: *heladera, nevera.*

Relleno para pescado

Para 1/2 kg, aproximadamente

- 250 g de migajón de pan
- 1 vaso de leche
- 1 manojo de perejil
- 1/2 cebolla
- 3 chalotes
- 1/2 diente de ajo
- 150 g de hongos
- 25 g de mantequilla
- 1/2 vaso de vino blanco
- 2 yemas de huevo
- sal y pimienta
- nuez moscada

❶ Desmoronar el migajón de pan en un bol y bañarlo con la leche. Amasar un poco la mezcla con los dedos hasta que esté bien humedecida.

❷ Picar un puñado pequeño de perejil.

❸ Pelar y picar por separado la cebolla, los chalotes, el ajo y los hongos.

❹ Calentar la mantequilla en una olla. Agregar los hongos, la cebolla y el perejil picados, y cocer la mezcla durante algunos minutos, removiéndola bien.

❺ Poner los chalotes y el vino blanco en una cacerola pequeña, calentar, dejar que se reduzca hasta la mitad y, finalmente, verter esta preparación sobre las verduras picadas y mezclar.

❻ Presionar el migajón de pan con los dedos, para eliminar el exceso de leche y ponerlo en una terrina.

❼ Agregar la preparación que está en la olla y mezclar cuidadosamente todo con una cuchara de madera. Añadir las yemas de huevo, el ajo picado, sal, pimienta, una pizca de nuez moscada y revolver todo de nuevo.

■ **Preparación:** 30 min ■ **Cocción:** alrededor de 15 min

> **EN ALGUNOS PAÍSES SE LLAMA:**
> Chalote: *ascalonia, chalota, echalote, escalonia.* Mantequilla: *manteca.* Migajón: *borona, miga de pan, morona.*

Relleno para ravioles

Para aproximadamente 1/2 kg de relleno de carne y verduras:

- *150 g de espinacas*
- *150 g de res en adobo o a las brasas*
- *1 chalote*
- *1 cebolla grande*
- *50 g de sesos de ternera o cordero*
- *30 g de mantequilla*
- *1 huevo*
- *50 g de queso parmesano rallado*

de relleno de carne y queso:

- *100 g de lechuga*
- *100 g de mantequilla*
- *200 g de carne de ternera o de pollo*
- *100 g de mortadela*
- *50 g de queso parmesano*
- *1 huevo*

de relleno de espinacas:

- *350 g de espinacas*
- *30 g de mantequilla*
- *50 g de requesón*
- *50 g de queso parmesano*

Relleno de carne y verduras para ravioles

❶ Poner a hervir el agua en una cacerola. Lavar las espinacas, sumergirlas en agua hirviendo durante 5 minutos, escurrirlas, exprimirlas bien con las manos y picarlas finamente.

❷ Picar la carne. Pelar y picar el chalote y la cebolla. Cocer todo en la mitad de la mantequilla durante 15 minutos, tapado y a fuego bajo. Cocer los sesos de la misma manera en el resto de la mantequilla.

❸ Batir el huevo en un bol.

❹ Mezclar cuidadosamente todos estos ingredientes, agregando el queso parmesano, sal, pimienta y la nuez moscada molida.

Relleno de carne y queso para ravioles

❶ Preparar la lechuga de la misma manera que se indicó anteriormente para las espinacas, pero antes de picarla es necesario cocerla durante 10 minutos en la mantequilla.

❷ Picar finamente la carne, la mortadela y la lechuga.

❸ Agregar el queso parmesano rallado, el huevo entero batido, sal, pimienta y un poco de nuez moscada molida. Mezclar bien.

Relleno de espinacas para ravioles

❶ Lavar y picar las espinacas.

❷ Derretir la mantequilla en una cacerola grande y agregarle las espinacas picadas crudas. Dejar cocer de 10 a 15 minutos. Añadir sal, pimienta y una pizca de nuez moscada. Agregar, revolviendo bien, el queso ricota, el queso parmesano rallado y, finalmente, la yema de huevo.

- *1 yema de huevo*
- *sal, pimienta y nuez moscada*

■ **Preparación:** 20 min ■ **Cocción:** de 15 a 20 min

> **EN ALGUNOS PAÍSES SE LLAMA:**
>
> Chalote: *ascalonia, chalota, echalote, escalonia.* Mantequilla: *manteca.* Requesón: *ricota.*

Relleno para una terrina de verduras

Para 1/2 kg, aproximadamente

- *1/2 cabeza de apio-nabo*
- *2 zanahorias*
- *100 g de chícharos*
- *100 g de ejotes*
- *2 huevos*
- *100 g de crema fresca*
- *sal y pimienta*
- *nuez moscada*

❶ Precalentar el horno a 180 °C.

❷ Pelar y cortar en cuatro el apio-nabo. Cocerlo al vapor de 15 a 20 minutos.

❸ Pelar y cocer de la misma manera las demás verduras, pero por separado.

❹ Moler el apio-nabo en la licuadora (o en el pasapuré, con una lámina fina).

❺ Poner este puré en una charola y meterla al horno durante unos 10 minutos hasta dejar que se seque ligeramente, sin que se dore, removiendo de vez en cuando.

❻ Romper los huevos, separando las claras de las yemas. Batir las claras a punto de turrón, con una pizca de sal, hasta que queden bien firmes.

❼ Mezclar en la batidora, o en una terrina con batidor manual, el puré de apio, el resto de las verduras cocidas y cortadas en pedacitos, las yemas de huevo, la crema fresca y, finalmente, las claras de huevo batidas a punto de turrón. Agregar sal, pimienta y nuez moscada molida, al gusto.

❽ Cubrir la terrina con una película plástica autoadherente y dejarla en un lugar fresco hasta que se utilice el relleno.

terrina de verduras:
preparar el mismo relleno, pero únicamente con el apio. Cortar las zanahorias y los ejotes en pedazos muy pequeños. Acomodar en el molde una capa de relleno de apio, luego poner las verduras, después otra capa de relleno de apio. Cocer en el horno a 180 °C, a baño maría, durante 40 minutos.

■ **Preparación:** 40 min ■ **Cocción:** de 15 a 20 min

> **EN ALGUNOS PAÍSES SE LLAMA:**
>
> A punto de turrón: *a punto de nieve.* Charola: *asadera.* Chícharo: *alverja, arveja, guisante, petit pois.* Crema: *nata.* Ejote: *chaucha, judía verde, poroto verde, vaina, vainica, vainita.* Pasapuré: *machacador, pisapapas, pisapuré.*

MASAS PARA PREPARACIONES SALADAS

Algunas masas, como por ejemplo la masa de repostería, la masa hojaldrada o la masa para pizza, pueden congelarse (una vez extendidas), lo que permite ganar tiempo al momento de preparar las recetas. Sin embargo, la descongelación debe ser lenta dentro del refrigerador. Si de ganar tiempo se trata, también se las puede sustituir por las masas que venden en los establecimientos comerciales (sólo utilizar las que son de "mantequilla pura").

EN ALGUNOS PAÍSES SE LLAMA:
Mantequilla: *manteca*. Refrigerador: *heladera, nevera*.

Masa para buñuelos

Para 1/2 kg, aproximadamente

- *3 yemas de huevo*
- *250 g de harina*
- *5 g de sal fina*
- *250 ml de cerveza o de leche*
- *1 cucharadita de aceite*

❶ Romper los huevos separando las claras de las yemas.
❷ Cernir la harina y colocarla en una terrina. Armar una fuente con la harina, poner en el centro las yemas de los huevos, la sal, la cerveza (o la leche) y el aceite.
❸ Mezclar muy bien hasta obtener una masa lisa. Dejar reposar una hora como mínimo.

> **Al momento de la utilización, se pueden incorporar con la espátula las claras de huevo batidas a punto de turrón muy firme. Esto hará la masa más ligera.**

■ **Preparación:** 5 min ■ **Reposo:** 1 h

EN ALGUNOS PAÍSES SE LLAMA:
A punto de turrón: *a punto de nieve*.

Masa para brioche

Para 1/2 kg, aproximadamente

- *200 g de mantequilla*
- *7 g de levadura de panadería*
- *4 cucharadas de leche*
- *250 g de harina*
- *25 g de azúcar*
- *1 cucharadita de sal*
- *4 huevos*

❶ Sacar la barra de mantequilla del refrigerador con anticipación y cortarla en pedacitos para que se ablande.
❷ En un bol, disolver la levadura con la leche.
❸ Amasar en un procesador de alimentos (o con las manos dentro de una ensaladera) la harina, la levadura disuelta, el azúcar, la sal y 2 huevos. Una vez que todo está amalgamado, agregar los otros 2 huevos, uno a la vez, y continuar amasando. Cuando la masa se despegue de las paredes de la ensaladera, agregar la mantequilla en pedacitos y amasar hasta que ya no se pegue.
❹ Formar una bola con la masa dentro de una terrina grande, cubrir con una película plástica autoadherente

o con un trapo de cocina limpio y dejarla leudar (hasta duplicar su volumen) de 2 a 3 horas en un ambiente cálido (22 °C).

❺ Colocarla sobre la mesa de trabajo y "rebajarla" aplastándola vigorosamente con el puño hasta que tenga el volumen inicial. Formar de nuevo una bola y, ya sin amasar, volverla a colocar en la terrina, cubrir y dejarla leudar otra vez entre una hora y media y 2 horas (tiene que volver a duplicar su volumen), para después rebajarla una vez más.

❻ Modelar la pasta dependiendo de para qué se vaya a utilizar y dejarla leudar de la misma manera.

■ **Preparación:** de 6 a 7 h

> **EN ALGUNOS PAÍSES SE LLAMA:**
> Mantequilla: *manteca*. Refrigerador: *heladera, nevera*.

Masa para repostería

Para 1/2 kg, aproximadamente

- *150 g de mantequilla*
- *1 huevo*
- *300 g de harina*
- *2 cucharadas de agua*
- *sal*

❶ Cortar la mantequilla en pedacitos para que se ablande.

❷ En un bol, batir el huevo.

❸ Cernir la harina en un bol grande o sobre la mesa de trabajo, agregar una pizca considerable de sal. Colocar en el centro la mantequilla y el huevo batido y verter el agua muy fría. Amasar todo lo más rápidamente posible. Conformar una bola con la masa, aunque queden algunas porciones de mantequilla que no se hayan incorporado del todo.

❹ Envolver la masa en una hoja de papel de aluminio y dejarla reposar una hora en el refrigerador.

❺ Volver a colocar la masa sobre la mesa de trabajo previamente enharinada y extenderla con la palma de la mano para machacar los pedacitos de mantequilla que queden. Amasarla hasta alcanzar el espesor deseado.

masa para tarta:
más rústica y más rápida de realizar, se hace con las mismas proporciones de harina y mantequilla, pero no lleva huevo.

■ **Preparación:** 15 min ■ **Reposo:** 1 h

> **EN ALGUNOS PAÍSES SE LLAMA:**
> Mantequilla: *manteca*. Refrigerador: *heladera, nevera*.

Masa para choux

**Para 1/2 kg,
aproximadamente**

- *200 ml de agua*
- *50 g de mantequilla*
- *1 cucharadita de sal*
- *125 g de harina*
- *3 huevos*
- *1 pizca de nuez moscada*

❶ Verter el agua en una cacerola, agregarle la mantequilla y la sal, y poner a hervir mezclando con una cuchara de madera hasta que la mantequilla se derrita.

❷ Bajar el fuego y vaciar la harina de una sola vez, sin dejar de remover. Luego revolver, también con la espátula, raspando los bordes de la cacerola hasta que la pasta esté seca y se despegue sola de las paredes del recipiente.

❸ Trasvasar a un bol grande e incorporar los huevos, uno por uno. La masa está lista cuando forma un listón al levantarla con la cuchara. Si se va a utilizar en preparaciones saladas, agregar una pizca de nuez moscada.

■ **Preparación:** 15 min

> **EN ALGUNOS PAÍSES SE LLAMA:**
> Mantequilla: *manteca.*

Masa para crepas saladas

**Para 1/2 kg,
aproximadamente**

- *100 g de harina*
- *2 huevos*
- *300 ml de leche*
- *1 buena pizca de sal*

❶ Cernir la harina.

❷ Batir los huevos en omelette junto con la sal y mezclarlos con la harina, con la ayuda de una cuchara de madera.

❸ Verter la leche poco a poco, sin dejar de remover. Dejar reposar 2 horas a temperatura ambiente. Antes de la cocción de las crepas, rebajar la masa con un poco de agua. Si tiene grumos, quitárselos aplastando la masa con la parte posterior de una cuchara.

Los 300 ml de leche se pueden sustituir con 200 ml de leche y 100 ml de agua, o bien 200 ml de leche y 100 ml de cerveza. La leche también puede reemplazarse por consomé blanco (→ ver pág. 123), en cuyo caso hay que agregar 10 g de mantequilla derretida.
masa de trigo sarraceno para crepas:
reemplazar la harina de trigo por harina de trigo sarraceno. La masa es un poco más compacta. Se le agrega una cucharada de aceite.

■ **Preparación:** 10 min ■ **Reposo:** 2 h

> **EN ALGUNOS PAÍSES SE LLAMA:**
> Crepas: *crêpes, panqueques, panquecas, tortitas.* Mantequilla: *manteca.*

Masa hojaldrada

Para, aproximadamente, 1 kg

- 1/2 kg de harina
- 250 ml de agua
- 10 g de sal
- 1/2 kg de mantequilla

❶ Preparar el primer paso de la masa: cernir la harina y formar con ella una fuente en la mesa de trabajo o en un bol grande. Verter el agua fría y la sal, y mezclar en principio con una cuchara de madera, luego con la mano, rápidamente hasta que la preparación sea homogénea. Formar una bola, envolverla en una hoja de papel de aluminio y dejarla reposar 30 minutos en un ambiente fresco.

❷ Mientras tanto, cortar la mantequilla en pedacitos, colocarla en un bol grande y, con la ayuda de la espátula, ablandarla hasta que tenga la misma consistencia que la primera mezcla.

❸ Enharinar la mesa de trabajo y el rodillo. Extender la masa dándole una forma cuadrada de alrededor de 20 cm de lado. Colocar la mantequilla en el centro del cuadrado de masa. Luego, plegar cada esquina de este cuadrado hacia el centro para encerrar bien la mantequilla. Dejar reposar durante 15 minutos en el mismo lugar (no meterla al refrigerador porque esto endurecería la mantequilla).

❹ Volver a enharinar ligeramente la mesa y el rodillo. Extender la masa hasta formar un rectángulo de alrededor de 60 cm de largo y 20 cm de ancho, logrando el mismo espesor en toda la masa, trabajándola con cuidado para que la mantequilla no se salga.

❺ Darle la primera "vuelta": plegar el rectángulo en tres y darle golpecitos suaves con el rodillo para que el "plegado" quede parejo en cuanto a su espesor. Después, darle a la masa un cuarto de vuelta y extenderla suavemente hasta que quede un rectángulo del mismo tamaño que el anterior. Volver a plegar la masa en tres. La "vuelta" está terminada. Hundir suavemente un dedo en el centro para señalar esta primera vuelta. Dejar reposar como mínimo 15 minutos, esta vez en el refrigerador.

❻ Repetir la operación (extender, darle vuelta, plegarla) cuatro veces más, dejándola reposar al menos 15 minutos entre cada "vuelta". Marcar en cada ocasión con la yema de los dedos el número de vueltas (dos dedos para la segunda vuelta, tres para la tercera, etc.).

❼ En la sexta vuelta, estirar la masa en los dos sentidos y dejarla preparada dependiendo de para qué se vaya a utilizar. Este tipo de masa hojaldrada se llama "de seis vueltas".

■ **Preparación:** 30 min ■ **Reposo:** 2 h

> **EN ALGUNOS PAÍSES SE LLAMA:**
> Mantequilla: *manteca*. Refrigerador: *heladera, nevera*. Rodillo: *bolillo, palo de amasar, palote, uslero*.

Masa para freír

Para 1/2 kg, aproximadamente

- *225 g de harina*
- *2 huevos*
- *200 ml de cerveza*
- *1 cucharadita de sal*

❶ Cernir la harina.
❷ Verterla en una terrina y formar una fuente.
❸ Agregar los huevos, la sal y la cerveza y mezclar bien hasta que la masa adquiera una consistencia homogénea. Dejar reposar una hora en un lugar fresco y oscuro.

Al momento de su utilización, se pueden agregar 2 claras batidas a punto de turrón muy firme con una pizca de sal para que la masa sea más ligera.

■ **Preparación:** 10 min ■ **Reposo:** 1 h

> **EN ALGUNOS PAÍSES SE LLAMA:**
> A punto de turrón: *a punto de nieve*.

Masa para pan

Para 1/2 kg, aproximadamente

- *10 g de levadura de panadería*
- *300 ml de agua*
- *1/2 kg de harina extrafina*
- *10 g de sal*

❶ Preparar la levadura: desmoronar la levadura de panadería en una terrina, verter 100 ml de agua y remover con el dedo para que la levadura se disuelva. Luego, agregar 125 g de harina y mezclar con la mano. La masa debe estar muy blanda. Cubrir la terrina con un trapo de cocina limpio y ponerla en un lugar cálido durante 2 horas. La levadura debe duplicar su volumen.
❷ Añadir el resto de la harina, 200 ml de agua, la sal y mezclar bien, siempre con la mano, hasta obtener una bola de masa lo suficientemente consistente y pegajosa.
❸ Enharinar ligeramente la mesa de trabajo, colocar la masa y amasarla de la siguiente manera: separar la mi-

tad de la bola de masa y pegarla enérgicamente a la otra mitad. Repetir esta operación ocho veces. Luego, aplanar la masa con las manos y plegarla en tres, darle un cuarto de vuelta y golpearla suavemente sobre la mesa. Realizar esta operación tres veces más. Dejar reposar la masa durante 5 minutos y repetir la operación (plegar tres veces plegada, golpear suavemente tres veces) otras tres veces, con intervalos de 5 minutos.

❹ Enharinar la masa, colocarla en la terrina cubierta con un lienzo y dejarla reposar durante 2 horas en un ambiente cálido (22 °C). La masa debe duplicar su volumen.

❺ Engrasar con aceite un molde ovalado grande. Colocar la masa sobre la mesa enharinada, darle la forma del molde de manera que quede un poco más grande. Doblar este excedente hacia abajo y colocar la masa en el molde de modo que no sobrepase las tres cuartas partes. Cubrirla con un lienzo y dejarla reposar 2 horas más en el mismo lugar. La masa debe duplicar su volumen y llenar el molde. La parte de arriba debe estar ligeramente agrietada.

❻ Precalentar el horno a 220 °C y cocer la masa durante 45 minutos.

■ **Preparación:** alrededor de 1 h ■ **Reposo:** 6 h
■ **Cocción:** 45 min

Masa para pastel salado

Para 1/2 kg, aproximadamente

- *100 g de mantequilla*
- *350 g de harina*
- *2 huevos*
- *4 cucharadas de agua*
- *1 cucharada de sal*

❶ Cortar la mantequilla en pedacitos.

❷ Cernir la harina y formar una fuente sobre la mesa de trabajo. Colocar en el centro los huevos, la sal, la mantequilla y el agua mezclando todo con los dedos. Conformar una bola con la masa, estirarla con los dedos, y volver a formar la bola. Repetir esta operación (amasado).

❸ Volver a hacer una bola, colocarla en una terrina, cubrirla con una hoja de papel de aluminio y mantenerla en un lugar oscuro y fresco durante 2 horas antes de su utilización.

■ **Preparación:** 15 min ■ **Reposo:** 2 h

EN ALGUNOS PAÍSES SE LLAMA:
Mantequilla: *manteca.* Pastel: *torta.*

Masa para pastel salado con manteca de cerdo

Para 1/2 kg, aproximadamente

- 100 g de manteca de cerdo
- 400 g de harina
- 1 huevo
- 150 ml de agua
- 1 cucharada de sal

❶ Derretir la manteca de cerdo.

❷ Cernir la harina, formar una fuente sobre la mesa de trabajo. Colocar en el centro la manteca de cerdo, agregar el huevo, el agua y la sal. Mezclar con los dedos y amasar ligeramente. Conformar una bola con la masa y guardarla en un lugar oscuro y fresco hasta su utilización.

■ **Preparación:** 15 min

> **EN ALGUNOS PAÍSES SE LLAMA:**
> Cerdo: *chacho, cochino, puerco.* Manteca: *grasa, lardo.* Pastel: *torta.*

Masa para pizza

Para 1/2 kg, aproximadamente

- 15 g de levadura de panadería
- 1 pizca de azúcar
- 450 g de harina
- 1 cucharadita de sal
- 4 cucharadas de aceite de oliva

❶ Precalentar el horno a 200 °C durante 10 minutos.

❷ Colocar la levadura junto con el azúcar y 4 cucharadas de agua tibia dentro de un bol y mezclar bien.

❸ Apagar el horno y colocar el bol dentro de él durante 5 minutos para que la levadura duplique su volumen. Es normal que se formen burbujas en la superficie.

❹ Verter la harina en una terrina, formar una fuente. Agregar la sal, 5 cucharadas de agua, la levadura y el aceite. Amasar con los dedos hasta formar una bola grande; la masa debe estar esponjosa.

❺ Enharinar la mesa de trabajo, colocar la bola de masa y amasarla durante 10 minutos, empujándola hacia adelante con la mano a intervalos regulares y luego replegándola hasta que adquiera una consistencia lisa y elástica. Espolvorearla con harina, volver a formar una bola y colocarla en una terrina. Cubrirla con un trapo limpio y dejarla levar en un ambiente cálido (aproximadamente a 22 °C) durante una hora y media. La masa debe duplicar su volumen.

6 Volver a poner la masa en la mesa de trabajo. Aplanarla con el puño una o dos veces y cortarla en cuatro porciones. Tomar una y amasarla durante un minuto, agregándole un poco de harina si la masa se pega. Posteriormente, aplanarla de nuevo con la palma de la mano hasta obtener un disco grueso. Tomar este disco con las dos manos y estirarlo haciéndolo girar sobre sí mismo varias veces en el aire, de modo que se extienda. Colocar la masa sobre la mesa de trabajo enharinada y extenderla: la masa debe medir alrededor de 25 cm de diámetro y 3 mm de espesor. Acomodar ligeramente el borde para formar una especie de anillo. Dejarla reposar sobre un lienzo enharinado. Proceder de igual manera con las otras tres porciones de masa.

La manera más simple de rellenar la masa consiste en verter algunas cucharadas de salsa concentrada de jitomate (→ ver pág. 819) condimentada con ajo y orégano (calcular 1/2 litro de salsa para cuatro personas). Espolvorear con queso parmesano rallado (más o menos 80 g) y agregar 100 g de queso mozzarella en láminas finas. Rociar con aceite de oliva y cocer durante 10 minutos en el horno a 250 °C.

■ **Preparación:** 20 min ■ **Cocción:** 1 h 30 min

Caldos, consomés, potajes y sopas

Los potajes

Los potajes son alimentos muy sanos. Constituyen una excelente manera de consumir verduras. Generalmente se sirven al inicio de las comidas. De acuerdo con su composición, se distinguen dos grupos de potajes: los claros y los compuestos. Los potajes claros incluyen caldos y consomés. Entre los potajes compuestos se encuentran los potajes-puré, las sopas de mariscos, las cremas, los veloutés y las sopas en general.

*Los **caldos** pueden utilizarse como base para la cocción de ciertos platillos y aparecen en la preparación de numerosas salsas. También constituyen la base de consomés, sopas y potajes. Los caldos desgrasados y colados pueden consumirse directamente.*

*Los **consomés** son caldos de carne, animales de caza, aves o pescado. La calidad de un consomé se reconoce a partir de su claridad y su transparencia.*

*Las **cremas-potajes** se realizan a partir de una salsa Bechamel. Se las incorpora a la harina o a la fécula de maíz y al final se les agrega crema fresca, lo que les da una consistencia untuosa. Si, además, se le agregan yemas de huevo, la crema se convierte en un velouté (no confundir con el velouté que es sinónimo de salsa blanca). Las cremas y los veloutés pueden prepararse a partir de verduras, arroz o carne, pescado o mariscos. Todos los alimentos se mezclan en la licuadora, lo que les otorga una textura muy fina.*

*Muy sabrosa y perfumada, la **sopa de mariscos** es un potaje compuesto, producto de la cocción de mariscos junto con sus caparazones, aromatizado con vino blanco y al que se le agrega crema fresca. El ingrediente principal (langosta, langostino, cangrejo, jaiba) suele flambearse al coñac, con lo que se logra resaltar aún más el sabor de la sopa de mariscos. La carne de los mariscos se corta en cuadritos para conformar la guarnición.*

La mayoría de los potajes adquieren mayor sabor si se les añade mantequilla, crema fresca, batida o no con yema de huevo. Estos ingredientes se incorporan en el último momento, a fuego lento (ya que no deben hervir) o fuera del fuego. Los potajes deben servirse muy calientes, a excepción de los potajes fríos (como el gazpacho y la vichyssoise), que se sirven muy fríos. Se conservan 1 o 2 días en el refrigerador, aunque también se los puede congelar.

Las sopas

Generalmente de carácter regional, se trata de potajes que no están colados ni son compuestos, y que se espesan mediante la incorporación de pan de caja, pastas o arroz. Las diferentes guarniciones, carnes, pescados, verduras, se colocan en pedazos dentro de las sopas para su cocción. De hecho, algunas sopas constituyen en sí mismas un plato único.

EN ALGUNOS PAÍSES SE LLAMA:
Crema: *nata.* Jaiba: *cangrejo de río.* Langosta: *bogavante.* Langostino: *camarón grande.* Mantequilla: *manteca.* Pan de caja: *pan de molde, pan inglés o pan lactal.* Refrigerador: *heladera, nevera.*

Caldos

Caldo a las hierbas

Para 1 litro, aproximadamente

- *1 manojo de perifollo*
- *40 g de acedera*
- *20 g de lechuga*
- *1 litro de agua*
- *2 pizcas de sal*
- *5 g de mantequilla*

❶ Desprender las hojas de perifollo hasta obtener 10 g de éstas. Lavar la acedera y la lechuga y colocarlas en una cacerola, junto con el perifollo y el agua.

❷ Poner a hervir y cocer entre 15 y 20 minutos.

❸ Agregar la sal y la mantequilla. Mezclar bien y colar.

Durante la cocción, se pueden agregar hojas de acelga o espinacas y, cuando se va a servir, perejil y jugo de limón.

■ **Preparación:** 15 min ■ **Cocción:** de 15 a 20 min

EN ALGUNOS PAÍSES SE LLAMA:
Acedera: *agrilla, vinagrera.* Mantequilla: *manteca.*

Caldo de menudencias

Para 1 litro

- *2 zanahorias*
- *1 nabo*
- *1 cabeza de poro*
- *1 rama de apio*
- *1 cebolla*
- *1 clavo de olor*
- *2 litros de agua*
- *1 bouquet garni*
- *1 diente de ajo*
- *2 paquetitos de menudencias de pollo*
- *1/2 limón*
- *1 cucharada de perejil picado*
- *sal y pimienta*

❶ Pelar y cortar en cuadros muy pequeños todas las verduras, con excepción de la cebolla y el ajo. Mechar la cebolla con el clavo de olor. Triturar el diente de ajo.

❷ Verter 2 litros de agua en una cacerola y agregar las menudencias de pollo. Poner a hervir.

❸ Espumar el caldo y agregarle todas las verduras junto con el bouquet garni. Agregar sal y pimienta al gusto. Dejar hervir a fuego bajo durante una hora, aproximadamente.

❹ Colar el caldo. Deshuesar las menudencias y agregar las carnes al caldo, al mismo tiempo que el jugo de limón y el perejil finamente picado. Probar y, de ser necesario, volver a agregar sal y pimienta.

■ **Preparación:** 20 min ■ **Cocción:** alrededor de 1 h

EN ALGUNOS PAÍSES SE LLAMA:
Poro: *ajo porro, porro, puerro.*

Caldo de verduras

Para 1 litro, aproximadamente

- 3 zanahorias, 3 jitomates
- 3 ramas de apio
- 3 poros, 1 nabo
- 1 diente de ajo (opcional)
- 1 manojito de perejil
- 1 ramita de tomillo
- 1/2 hoja de laurel
- 1/2 litro de agua
- sal gruesa

❶ Pelar y cortar en pedacitos todas las verduras. Ponerlas en una cacerola junto con el perejil, el tomillo, el laurel y, si se desea, el ajo. Agregar un litro y cuarto de agua fría y una cucharada de sal gruesa. Poner a hervir, espumar las impurezas de la superficie y cocer a fuego bajo durante 40 minutos.

❷ Colar sin romper las verduras. Probar y, de ser necesario, condimentar al gusto.

■ **Preparación:** 30 min ■ **Cocción:** 50 min

> **EN ALGUNOS PAÍSES SE LLAMA:**
> Jitomate: *tomate*. Poro: *ajo porro, porro, puerro.*

Caldo graso

Para 2 litros

- 200 g de costillas de res
- 150 g de aguayón
- 2 litros de agua
- sal
- 2 huesos de médula de res
- 1 cebolla
- 1 zanahoria
- 1 diente de ajo
- 1 poro
- 1 clavo de olor
- 1 ramita de tomillo
- 1 rama de apio
- de 5 a 6 ramitas de perejil
- 1 hoja de laurel

❶ Colocar las carnes y los huesos en una olla grande, verter 2 litros de agua, añadir sal y poner a hervir. Espumar.

❷ Pelar la cebolla, la zanahoria y el ajo, lavar y limpiar bien el poro. Cortar la cebolla en dos y dorarla en una cacerola. Retirarla del fuego y mecharla con el clavo de olor.

❸ Amarrar conjuntamente el poro, el tomillo, el apio y el laurel. Agregar a la olla grande el poro junto con las hierbas aromáticas, la zanahoria, el ajo y la cebolla. Cocer a fuego bajo durante 3 horas, espumando de manera regular. Colar el caldo.

■ **Preparación:** 15 min ■ **Cocción:** 3 h

> **EN ALGUNOS PAÍSES SE LLAMA:**
> Médula de res: *caracú, tuétano*. Poro: *ajo porro, porro, puerro.*

Consomés

Consomé a la madrileña

Para 4 o 6 personas

- 1 litro de consomé de ave
  (→ ver pág. 124)
- 2 jitomates de buen tamaño
- 1 pizca de pimienta de Cayena

❶ Poner a hervir el agua en una cacerola y sumergir en ella los jitomates durante 30 segundos. Quitarles la piel y las semillas.

❷ Cortar la pulpa de los jitomates en cuadros muy pequeños y colarlos triturándolos bien con la ayuda de la parte posterior de una cuchara.

❸ Agregar esta pulpa al consomé de ave junto con la pimienta de Cayena y mezclar bien.

❹ Poner el consomé en el refrigerador durante una hora como mínimo y servirlo bien frío en tazones.

A este consomé se le pueden agregar cuadros muy pequeños de pimiento rojo cocidos en caldo.

■ **Preparación:** 10 min ■ **Refrigeración:** al menos 1 h

En algunos países se llama:
Jitomate: *tomate*. Pimiento: *ají, locote, morrón*. Quitar las semillas: *despepitar*. Refrigerador: *heladera, nevera*.

Consomé blanco sencillo

Para 3 litros, aproximadamente

- 1 hueso grande de res
- 750 g de carne de res (de espaldilla, paletilla o algún otro corte)
- 3 y 1/2 litros de agua
- 2 zanahorias
- 2 nabos
- 1 poro grande
- 1 bouquet garni
- 1 cebolla
- 1 clavo de olor
- 1/2 diente de ajo
- sal gruesa y pimienta

❶ Triturar los huesos con un martillo, colocarlos en una olla muy grande junto con la carne y verter 3 litros y medio de agua fría. Poner a hervir y espumar varias veces todas las impurezas que aparecen en la superficie.

❷ Agregar un poco de sal gruesa (es mejor rectificar la sazón al final de la cocción que salar demasiado al principio).

❸ Mientras tanto, pelar las verduras y cortarlas en pedazos grandes, mechar la cebolla con el clavo de olor y agregar todo en la olla. Dejar cocer alrededor de 4 horas a hervores bajos y con la olla tapada.

❹ Retirar la carne y colar el caldo.

❺ Poner el caldo a enfriar en el refrigerador; luego, cuando la grasa se haya solidificado en la superficie, desgrasarlo bien.

Congelar lo que no se vaya a utilizar. Este consomé puede utilizarse en lugar de agua o de la base blanca para "bañar" algunas preparaciones: arroz blanco (→ ver pág. 844), risotto (→ ver pág. 848) o estofados. También constituye la base de otras recetas de consomé que se encuentran en esta sección.

■ **Preparación:** 15 min ■ **Cocción:** 4 h

EN ALGUNOS PAÍSES SE LLAMA:
Poro: *ajo porro, porro, puerro.* Refrigerador: *heladera, nevera.*

Consomé de ave

Para 3 litros

- *1 gallina o 1 kg de menudencias de ave*
- *2 zanahorias*
- *2 nabos*
- *1 poro grande*
- *1 bouquet garni*
- *1 cebolla*
- *1 clavo de olor*
- *1/2 diente de ajo*
- *sal gruesa y pimienta*

❶ Precalentar el horno a 250 °C. Cortar la gallina en pedazos (desplumada y pasada directamente por el fuego para quemar los restos de las plumas). Poner la gallina (o las menudencias) a dorar en el recipiente para horno que sirve para recuperar la grasa entre 15 y 20 minutos.

❷ Pasar la gallina y la grasa de cocción a una olla muy grande y agregarle 3 litros y medio de agua fría. Poner a hervir, espumando frecuentemente todas las impurezas que aparecen en la superficie. Agregar sal al gusto.

❸ Mientras tanto, pelar las verduras y cortarlas en pedazos grandes; mechar la cebolla con el clavo de olor. Agregar las verduras y el bouquet garni en la olla. Dejar cocer al menos 4 horas sin que hierva demasiado y con la olla tapada.

❹ Retirar la gallina (o las menudencias de ave) y colar el caldo Dejarlo enfriar y ponerlo en el refrigerador para poder desgrasarlo bien una vez que la grasa se solidifique en la superficie.

Este consomé puede congelarse y utilizarse en otras recetas para "bañar" los ingredientes en lugar de agua o de base blanca, o bien puede servir para cocer un ave, si es que no se consume todo de inmediato.

■ **Preparación:** 15 min ■ **Cocción:** 4 h

EN ALGUNOS PAÍSES SE LLAMA:
Poro: *ajo porro, porro, puerro.* Refrigerador: *heladera, nevera.*

Consomé de carne de animales de caza

Para 3 litros, aproximadamente

- 1 kg de cuello de venado
- de 500 a 700 g de carne suave de liebre
- 1 faisán
- 3 litros de agua
- 2 zanahorias
- 2 poros pequeños
- 1 cebolla grande
- 1 rama de apio
- 25 bayas de enebro
- 2 clavos de olor
- 1 manojo de perejil
- 1 diente de ajo
- 1 ramita de tomillo
- 1/2 hoja de laurel
- 1 bouquet garni
- sal

❶ Precalentar el horno a 250 °C. Cortar toda la carne de animales de caza en pedazos y colocarla en el recipiente para horno que sirve, además de la cocción, para recuperar la grasa, de 15 a 20 minutos, hasta que esté bien dorada.

❷ Verter lo que se recogió de grasa en una olla muy grande, agregar 3 litros de agua fría y poner a hervir.

❸ Mientras tanto, pelar y cortar en pedacitos las verduras, y dorarlas en el horno, en el mismo recipiente donde se recogió la grasa.

❹ Anudar dentro de una muselina las bayas de enebro y los clavos de olor.

❺ Una vez que el caldo comienza a hervir, agregar las verduras, el perejil, el ajo pelado, las hierbas aromáticas y el "anudado" de enebro y clavos de olor. Añadir sal y poner a hervir una vez más. Dejar cocer a fuego lento y con la olla tapada, durante 3 horas y media, espumando regularmente.

❻ Dejar enfriar y poner en el refrigerador, luego desgrasar cuidadosamente y colar el caldo: está listo para servirse como potaje.

Una vez deshuesadas, las carnes utilizadas para esta receta pueden servir para diversos rellenos. Este consomé debe prepararse al día siguiente de que se cazaron los animales. Puede congelarse para su uso posterior.

■ **Preparación:** 30 min ■ **Cocción:** 4 h

EN ALGUNOS PAÍSES SE LLAMA:
Poro: *ajo porro, porro, puerro*. Refrigerador: *heladera, nevera*.

Consomé de pescado

Para 3 litros

- 750 g de bacalao fresco
- 300 g de espinas de pescado
- 500 g de cabezas de pescado
- 1 cebolla grande
- 1 poro grande
- 1 manojo pequeño de perejil
- 1 rama pequeña de apio
- 1 ramita de tomillo
- 1/2 hoja de laurel
- 300 ml de vino blanco

❶ Colocar el pescado, las espinas y las cabezas en una olla muy grande. Cubrir con 3 litros de agua fría y poner a hervir.

❷ Mientras tanto, pelar y cortar muy finamente la cebolla y el poro. Agregarlos a la olla grande, junto con el perejil, el apio, la ramita de tomillo, la 1/2 hoja de laurel y el vino blanco. Añadir sal al gusto. Cocer de 45 a 50 minutos sin que hierva demasiado fuerte.

❸ Colar el caldo.

Este consomé puede congelarse y utilizarse en otras recetas si es que no se consume todo de inmediato. Se lo puede preparar con cualquier tipo de pescado.

■ **Preparación:** 15 min ■ **Cocción:** alrededor de 1 h

> **EN ALGUNOS PAÍSES SE LLAMA:**
> Bacalao: *abadejo*. Poro: *ajo porro, porro, puerro*.

Consomé Florette

Para 1 litro, aproximadamente

- 100 g de poro
- 10 g de mantequilla
- 1 litro de consomé blanco sencillo (→ ver pág. 123)
- 1 cucharada de arroz
- crema fresca espesa
- queso parmesano rallado

❶ Pelar y cortar el poro en julianas finas (bastoncitos pequeños).

❷ Derretir la mantequilla en una cacerola, saltear en ella el poro, agregar 2 o 3 cucharadas de consomé blanco sencillo y reducir hasta que no quede nada de líquido.

❸ Hervir por separado el resto del consomé, agregar el arroz y dejarlo cocer de 10 a 15 minutos. Probar para ver si ya está cocido el arroz.

❹ Agregar el poro cocido, mezclar. Probar nuevamente y, de ser necesario, añadir sal.

❺ Servir con la crema fresca y el queso parmesano rallado por separado. Los comensales los agregarán, si lo desean, en el tazón o en el plato hondo.

■ **Preparación:** 15 min ■ **Cocción:** 15 min

> **EN ALGUNOS PAÍSES SE LLAMA:**
> Crema: *nata*. Mantequilla: *manteca*. Poro: *ajo porro, porro, puerro*.

Cremas, potajes y veloutés

Crema de ave

Para 4 o 6 personas

- 1 pollo (o una gallina chica)
- 1 litro de consomé blanco sencillo (→ ver pág. 123)
- 1 bouquet garni
- 2 cabezas de poro
- 1 rama de apio
- 800 ml de salsa Bechamel (→ ver pág. 64)
- 100 ml de crema fresca
- sal y pimienta

❶ Descongelar el consomé blanco sencillo.

❷ Ponerlo en una cacerola grande o en una olla junto con el pollo (o la gallina) y dejarlo hervir. Espumar regularmente.

❸ Mientras tanto, lavar y pelar las cabezas de poro y la rama de apio. Amarrarlas al bouquet garni y agregarlas a la olla. Cocer con la olla tapada, sin dejar que hierva demasiado fuerte, entre una hora y media y dos horas, hasta que la carne se desprenda por sí sola de los huesos.

❹ Preparar la salsa Bechamel y mantenerla caliente.

❺ Escurrir el ave: quitarle toda la piel y los huesos. Reservar las pechugas en un plato. Convertir el resto de la carne en puré, pasándola por el pasapuré.

❻ Mezclar esta carne con la salsa Bechamel y poner a hervir. Agregar algunas cucharadas del caldo de cocción del ave, mezclando bien.

❼ Pasar por un colador fino, con la ayuda de la parte posterior de una cuchara. Verter la crema fresca y revolver al mismo tiempo que se calienta a fuego lento.

❽ Cortar las pechugas del ave en pedazos muy pequeños y agregarlos al momento de servir.

El caldo de cocción del ave puede utilizarse para preparar un potaje o una salsa. Colocarlo en el **refrigerador** y posteriormente desgrasarlo.

■ **Preparación:** 30 min ■ **Cocción:** entre 1 h 30 min y 2 h

EN ALGUNOS PAÍSES SE LLAMA:
Crema: *nata.* Pasapuré: *machacador, pisapapas, pisapuré.* Poro: *ajo porro, porro, puerro.* Refrigerador: *heladera, nevera.*

Crema de camarones

Para 4 o 6 personas

- *800 ml de salsa Bechamel (→ ver pág. 64)*
- *50 ml de consomé blanco sencillo (→ ver pág. 123)*
- *1 zanahoria*
- *1 cebolla*
- *30 g de mantequilla*
- *350 g de la parte más carnosa de los camarones*
- *50 ml de vino blanco*
- *1 cucharada de coñac*
- *200 ml de crema fresca*
- *sal y pimienta*

❶ Preparar la salsa Bechamel y conservarla caliente. Descongelar el consomé.

❷ Preparar un fondo de verduras (mirepoix) (→ ver pág. 28): cortar la zanahoria y la cebolla en cuadritos pequeños y cocerlas junto con la mantequilla, a fuego bajo, de 10 a 15 minutos hasta que se hayan convertido en puré.

❸ Agregar la carne de los camarones y saltearlos. Añadir sal y pimienta. Posteriormente, verter el vino blanco y el coñac. Mezclar bien y cocer durante 5 minutos.

❹ Separar 12 camarones, pelarlos, desvenarlos y reservarlos aparte. Triturar todo lo demás en la licuadora.

❺ Agregar la salsa Bechamel y mezclar bien al tiempo que se vuelve a calentar. Verter el consomé, la crema y revolver bien.

❻ Probar y, de ser necesario, agregar sal y pimienta al gusto. Utilizar los camarones que se habían separado para decorar la crema al momento de servirla.

■ **Preparación:** 30 min ■ **Cocción:** de 20 a 30 min

> **EN ALGUNOS PAÍSES SE LLAMA:**
> Camarón(es): *gamba, quisquilla.* Crema: *nata.* Mantequilla: *manteca.*

Crema de cebada

Para 4 o 6 personas

- *1 y 1/2 litros de consomé blanco sencillo (→ ver pág. 123)*
- *300 g de cebada perlada*
- *1 rama de apio*
- *200 ml de crema fresca*
- *sal y pimienta*

❶ Descongelar el consomé.

❷ Lavar la cebada perlada y sumergirla durante una hora en agua tibia. Pelar y cortar el apio en pedazos muy pequeños.

❸ En una cacerola, mezclar la cebada con el apio y un litro de consomé blanco sencillo. Cocer durante 2 horas y media a fuego muy bajo sin dejar que hierva demasiado fuerte.

❹ Pasar la crema por un colador muy fino.

❺ Agregar 3 o 4 cucharadas de consomé (o de leche). Volver a calentar y añadir la crema fresca revolviendo muy bien. Probar y, de ser necesario, agregar sal y pimienta al gusto.

■ **Preparación:** 1 h ■ **Cocción:** 2 h 30 min

> **EN ALGUNOS PAÍSES SE LLAMA:**
> Crema: *nata.*

Crema de estragón

Para 4 o 6 personas

- *600 ml de salsa Bechamel (→ ver pág. 64)*
- *4 o 5 manojos de estragón*
- *200 ml de vino blanco*
- *30 g de mantequilla*
- *sal y pimienta*

❶ Preparar la salsa Bechamel.

❷ Desprender las hojas del estragón. Reservar algunas para decorar. Picar el resto de las hojas y colocarlas en una cacerola junto con el vino blanco. Poner a hervir a fuego lento hasta que el líquido se haya reducido en dos terceras partes.

❸ Agregar la salsa Bechamel, sal y pimienta al gusto. Poner a hervir y luego pasar la crema a través de un colador muy fino con la ayuda de la parte posterior de una cuchara.

❹ Recalentar y, una vez fuera del fuego, agregar la mantequilla.

❺ Utilizar las hojas reservadas para decorar la crema al momento de servirla.

■ **Preparación:** 30 min ■ **Cocción:** alrededor de 30 min

> **EN ALGUNOS PAÍSES SE LLAMA:**
> Mantequilla: *manteca.*

Crema de jaiba

Para 4 o 6 personas

- *2 litros de consomé blanco sencillo (→ ver pág. 123)*
- *1 zanahoria*
- *1 cebolla*
- *100 g de mantequilla*
- *75 g de arroz*
- *18 jaibas frescas o congeladas*

❶ Descongelar el consomé.

❷ Preparar el fondo de verduras (mirepoix) (→ ver pág. 28): pelar la zanahoria y la cebolla, cortarlas en cuadros muy pequeños y cocerlas, en una cacerola, junto con 40 g de mantequilla hasta que todo se convierta en puré.

❸ Poner a hervir 1/2 litro de consomé blanco sencillo, agregar el arroz y dejar cocer de 15 a 20 minutos (si el consomé no es suficiente, se puede utilizar agua). Cuando el arroz esté listo, escurrirlo.

- *1 bouquet garni pequeño*
- *3 cucharadas de coñac*
- *400 ml de vino blanco*
- *1 pizca de pimienta de Cayena*
- *150 ml de crema fresca*
- *sal y pimienta*

❹ "Castrar" las jaibas, si son frescas (→ ver pág. 279), o descongelarlas en el horno de microondas. Enjuagarlas bajo un chorro de agua y agregarlas al fondo de verduras junto con el bouquet garni. Añadir sal y pimienta al gusto. Saltearlas hasta que adquieran un color rojizo.

❺ Verter el coñac en un cucharón pequeño, sostenerlo por encima de la flama para calentarlo (o calentarlo en el horno de microondas, dentro de una taza). Una vez que esté bien caliente bañar las jaibas y flambearlas, sin dejar de remover. Agregar el vino blanco y cocer hasta que el líquido se haya reducido dos terceras partes. Verter dos vasos de consomé (alrededor de 200 ml) y cocer a fuego bajo durante 10 minutos, removiendo de vez en cuando.

❻ Dejar enfriar las jaibas y pelarlas. Cortar la parte carnosa en cuadros muy pequeños y reservarlas en un plato.

❼ Machacar el caparazón con un mortero (o triturarlo con el procesador de alimentos), junto con el arroz cocido y el jugo de cocción de las jaibas.

❽ Pasar todo por el cernidor o por un colador fino, presionando bien para que se expriman todos los jugos.

❾ Colocar este puré en una cacerola con el resto del consomé y hervir, sin dejar de remover, de 5 a 6 minutos.

❿ Cortar el resto de la mantequilla en pedazos muy pequeños. Agregar la pimienta de Cayena, luego la crema fresca y la mantequilla en pedacitos de una sola vez, revolviendo bien con un batidor manual. Probar y, de ser necesario, agregar sal y pimienta al gusto. Añadir la parte carnosa de las jaibas en cuadritos y servir muy caliente.

> **La crema de jaiba puede prepararse con anticipación, en cuyo caso la crema y la mantequilla se agregarán al momento de servir.**

■ **Preparación:** de 30 a 45 min

■ **Cocción:** alrededor de 30 min

EN ALGUNOS PAÍSES SE LLAMA:
Cernidor: *cedazo, tamiz.* Crema: *nata.* Jaiba: *cangrejo de río.* Mantequilla: *manteca.*

Crema grasa de arroz

Para 4 o 6 personas

- 1 litro de consomé blanco sencillo (→ ver pág. 123)
- 175 g de arroz
- 25 g de mantequilla
- 200 ml de crema fresca
- sal y pimienta

❶ Descongelar el consomé blanco sencillo y calentarlo. Apartar un vaso de consomé.

❷ Colocar el arroz en una cacerola con agua hirviendo, dejarlo 5 minutos y luego escurrirlo.

❸ Agregar la mantequilla en el consomé y, una vez que empiece a hervir, añadirle el arroz blanqueado. Dejar cocer a fuego lento durante 45 minutos.

❹ Moler en la licuadora (o en el pasapuré) y luego pasar esta crema por un colador fino con la ayuda de la parte posterior de una cuchara.

❺ Agregar el vaso de consomé que se había reservado. Volver a poner al fuego y agregar la crema fresca revolviendo muy bien. Probar y, de ser necesario, agregar sal y pimienta al gusto.

■ **Preparación:** 10 min ■ **Cocción:** 50 min

> **EN ALGUNOS PAÍSES SE LLAMA:**
> Crema: *nata*. Mantequilla: *manteca*. Pasapuré: *machacador, pisapapas, pisapuré*.

Gazpacho andaluz

Para 4 personas

- 4 jitomates
- 1 pimiento rojo
- 1 pimiento verde
- 150 g de pepino
- 1 cebolla
- 2 dientes de ajo
- 1 cucharada de concentrado de tomate o una latita de puré de tomate
- 1 cucharada de alcaparras
- 1 ramita de tomillo fresco
- 2 cucharadas de vinagre
- 10 hojas de estragón

❶ Poner a hervir el agua en una cacerola, sumergir los jitomates y retirarlos de inmediato. Pelarlos, quitarles las semillas y cortarlos en cuadritos. Hacer lo mismo con los pimientos.

❷ Pelar el pepino y cortarlo en cubitos. Pelar y picar la cebolla y el ajo.

❸ Juntar todas las verduras en una ensaladera, agregar el concentrado de tomate, las alcaparras escurridas, las hojas de tomillo y el vinagre.

❹ Verter 1 litro de agua fría en la ensaladera y moler todo en la licuadora o con la cuchilla fina del pasapuré.

❺ Picar muy finamente el estragón, exprimir el limón y agregarlos a la ensaladera junto con el aceite de oliva. Mezclar bien.

❻ Colocar el gazpacho en el refrigerador por lo menos dos horas antes de servirlo en platos hondos bien fríos.

- 1 limón
- 3 cucharadas de aceite de oliva

■ **Preparación:** 25 min ■ **Refrigeración:** 2 h

> **EN ALGUNOS PAÍSES SE LLAMA:**
>
> Jitomate: *tomate*. Pasapuré: *machacador, pisapapas, pisapuré*.
> Pimiento: *ají, locote, morrón*. Refrigerador: *heladera, nevera*.

Potaje Crécy

Para 4 o 6 personas

- 1 litro de caldo de res (→ ver pág. 53) o de base blanca de ave (→ ver pág. 48)
- 1/2 kg de zanahorias
- 1 cebolla grande
- 80 g de mantequilla
- 1 pizca de sal
- 1/2 cucharadita de azúcar
- 100 g de arroz

❶ Descongelar el caldo o la base, o bien utilizar un producto comercial deshidratado.

❷ Pelar y cortar las zanahorias y la cebolla en rodajas delgadas. Ponerlas en una cacerola y cocerlas a fuego muy lento con 50 g de mantequilla, la sal y el azúcar.

❸ Cuando estén cocidas, agregar el consomé, esperar a que hierva y agregar el arroz en forma de lluvia, mezclando con una cuchara de madera. Dejar cocer a fuego muy lento durante 20 minutos y con la olla tapada.

❹ Pasar el potaje por el pasapuré y después por un colador fino.

❺ Añadir algunas cucharadas de caldo para que se disuelva. Volverlo a poner sobre el fuego y agregar la mantequilla restante.

> **Este potaje suele acompañarse de croûtons (→ ver pág. 839) fritos en mantequilla.**

■ **Preparación:** 15 min ■ **Cocción:** 30 min

> **EN ALGUNOS PAÍSES SE LLAMA:**
>
> Croûton: *crostón, cruton, picatoste* (cuadritos de pan frito, muy utilizados en ensaladas). Mantequilla: *manteca*. Pasapuré: *machacador, pisapapas, pisapuré*.

Potaje de calabaza

Para 4 o 6 personas

- 1 kg de calabaza
- 80 g de rebanadas de tocino
- 1 rama de apio
- 1 cebollita de Cambray
- 30 g de mantequilla

❶ Precalentar el horno a 200 °C.

❷ Preparar un puré de calabaza: cortar la calabaza en pedazos, cocerla al vapor de 15 a 20 minutos y molerla con el pasapuré. Conservarla caliente.

❸ Colocar las rebanadas de tocino en una charola y ponerlas tal como están en el horno para que se doren.

- 1 cucharada de harina
- 200 ml de caldo de ave deshidratado
- 200 ml de leche
- 1 pizca de páprika
- nuez moscada
- 80 g de croûtons de pan de caja
- 2 cucharadas de aceite de oliva
- 200 ml de crema fresca

④ Cortar el apio y la cebolla en cuadritos pequeños. Derretir la mantequilla, saltear en ella los cuadritos de verduras a fuego bajo de 4 a 5 minutos. Espolvorear con harina y cocer durante 5 minutos más.

⑤ Preparar el caldo deshidratado, verterlo en la cacerola, agregar la leche y mezclar bien. Añadir sal al gusto, la páprika y un poquito de nuez moscada rallada. Poner a hervir a fuego lento durante 5 minutos.

⑥ Incorporar el puré de calabaza. Seguir la cocción durante 10 minutos más, pero sin dejar que hierva.

⑦ Cortar los croûtons y freírlos rápidamente en el aceite. Escurrirlos bien con un papel absorbente.

⑧ Diluir la crema fresca en el potaje. Agregar el tocino, desmoronándolo. Servir los croûtons por separado.

■ **Preparación:** 40 min ■ **Cocción:** de 40 a 45 min

EN ALGUNOS PAÍSES SE LLAMA:

Calabaza: *auyama, ayote, uyama, zapallo*. Cebollita(s) de Cambray: *cebolla china, cebolla de almácigo, cebolla de verdeo, cebolla en rama, cebolla junca, cebolleta(s), cebollín*. Charola: *asadera*. Crema: *nata*. Croûton: *crostón, cruton, picatoste* (cuadritos de pan frito, muy utilizados en ensaladas). Mantequilla: *manteca*. Pan de caja: *pan de molde, pan inglés o pan lactal*. Páprika: *pimentón*. Pasapuré: *machacador, pisapapas, pisapuré*. Tocino: *bacon, larda de tocino, panceta, tocineta*.

Potaje de chícharos machacados

Para 4 o 6 personas

- 350 g de chícharos machacados
- 1 diente de ajo
- 1 poro pequeño
- 1 zanahoria pequeña
- 1 cebolla mediana
- 80 g de mantequilla
- 50 g de tocino en cuadritos
- 1 bouquet garni
- 1 rebanada de pan de caja de aproximadamente 50 g
- 50 ml de aceite

① Lavar los chícharos machacados, ponerlos en una cacerola y cubrirlos con agua fría. Esperar a que hiervan, cocerlos durante 1 o 2 minutos y escurrirlos.

② Pelar el diente de ajo. Pelar y lavar la cebolla, la zanahoria y el poro. Cortarlos en dados pequeños.

③ Derretir 30 g de mantequilla en una cacerola y sofreír las verduras en daditos junto con los trocitos de tocino, durante 2 o 3 minutos. Agregar los chícharos machacados, un litro y medio de agua, el bouquet garni y el ajo. Añadir sal al gusto. Tapar la cacerola y cocer a fuego lento durante una hora.

④ Mientras tanto, preparar los croûtons: quitarle la corteza al pan de caja y cortar la rebanada en cuadritos. Calentar el aceite y freír los cuadritos de pan, sin dejar de

- *sal*
- *perifollo (opcional)*

removerlos. Retirarlos cuando estén dorados, ponerlos sobre un papel absorbente para que se escurran.

⑤ Cuando el potaje esté cocido, extraer el bouquet garni, licuarlo y colarlo. Probar y, en caso de ser necesario, sazonar nuevamente. Si el potaje está muy espeso, agregar un poco de agua. Volverlo a calentar, añadir el resto de la mantequilla y mezclar.

⑥ Espolvorear unas hojitas de perifollo triturado. Servir en una sopera, con los croûtons aparte.

■ **Preparación:** 15 min ■ **Cocción:** alrededor de 1 h

> **EN ALGUNOS PAÍSES SE LLAMA:**
> Chícharo: *alverja, arveja, guisante, petit pois.* Croûton: *crostón, cruton, picatoste* (cuadritos de pan frito, muy utilizados en ensaladas). Mantequilla: *manteca.* Pan de caja: *pan de molde, pan inglés o pan lactal.* Poro: *ajo porro, porro, puerro.* Tocino: *bacon, larda de tocino, panceta, tocineta.*

Potaje de ostras

Para 4 o 6 personas

- *24 ostras*
- *300 ml de vino blanco*
- *1 paquete de galletas saladas*
- *200 ml de crema fresca*
- *100 g de mantequilla*
- *1 pizca de pimienta de Cayena*
- *sal y pimienta*

① Abrir las ostras sobre una ensaladera con el fin de guardar toda el agua que suelten. Sacarlas de sus caparazones y ponerlas en una cacerola.

② Filtrar el agua con la ayuda de un colador cubierto con una muselina y verterla en la cacerola. Agregar el vino blanco.

③ Calentar y retirar del fuego en cuanto empiece a hervir. Con una espumadera, retirar todas las impurezas que queden en la superficie.

④ Desbaratar finamente con los dedos las galletas saladas, hasta obtener 3 cucharadas. Agregarlas, al igual que la crema, al potaje.

⑤ Partir la mantequilla en pedazos pequeños.

⑥ Volver a calentar el potaje y añadirle toda la mantequilla junta, mezclando con una cuchara de madera. Agregar sal y pimienta al gusto, condimentar con la pimienta de Cayena y volver a mezclar. Servir en una sopera.

■ **Preparación:** 30 min ■ **Cocción:** 15 min

> **EN ALGUNOS PAÍSES SE LLAMA:**
> Crema: *nata.* Mantequilla: *manteca.*

Potaje de verduras

Para 4 o 6 personas

- 2 zanahorias
- 1 nabo pequeño
- 1 cabeza de poro
- 1 cebolla
- 2 ramas de apio
- 60 g de mantequilla
- 1/8 de col
- 1 papa
- 1 taza de chícharos congelados
- perifollo

❶ Pelar y cortar en cuadros grandes las zanahorias, el nabo, la cabeza de poro, la cebolla y el apio.

❷ Derretir 30 g de mantequilla en una cacerola y agregarle todas estas verduras. Cocerlas tapadas y a fuego bajo durante 10 minutos. Agregar un litro y medio de agua y esperar a que hierva.

❸ Mientras tanto, poner a hervir agua en otra cacerola. Partir la col en pedazos muy pequeños, dejarla hervir de 3 a 4 minutos y luego escurrirla con un colador y enjuagarla con agua fresca. Añadir la col a la otra cacerola y dejar cocer a fuego lento durante una hora.

❹ Pelar y cortar en cuadros la papa, agregarla al potaje y cocer durante 25 minutos más.

❺ Añadir los chícharos entre 12 y 15 minutos antes de que termine la cocción.

❻ Al momento de servir, agregar los 30 g de mantequilla que sobran, mezclar bien y espolvorear con hojitas de perifollo trituradas.

Este potaje también puede servirse con croûtons (→ ver pág. 839) de pan.

■ **Preparación:** 20 min ■ **Cocción:** 1 h 30 min

> **EN ALGUNOS PAÍSES SE LLAMA:**
> Chícharo: *alverja, arveja, guisante, petit pois.* Col: *berza, repollo.* Croûton: *crostón, cruton, picatoste* (cuadritos de pan frito, muy utilizados en ensaladas). Mantequilla: *manteca.* Papa: *patata.* Poro: *ajo porro, porro, puerro.*

Potaje Du Barry

Para 4 o 6 personas

- 1 coliflor
- 1 poco de puré de papas (150 o 200 g)
- 800 ml o 1 litro de consomé blanco sencillo (→ ver pág. 123) o de leche

❶ Poner a hervir agua con sal. Lavar y desprender cada uno de los ramitos de la coliflor y, luego, sumergirlos en el agua hirviendo. Cocerlos de 10 a 15 minutos.

❷ Molerlos en la licuadora o con la ayuda de un **pasapuré** con una lámina fina.

❸ Calentar el puré de papas y mezclarlo con el de coliflor. Calentar la leche (o el consomé) y agregarla poco a poco al puré hasta obtener una consistencia líquida y untuosa. Dejar a fuego muy bajo y añadir la crema fresca.

- *200 ml de crema fresca*
- *perejil*
- *sal y pimienta*

④ Probar y, en caso de ser necesario, sazonar con sal y pimienta. Espolvorear el perejil finamente picado.

■ **Preparación:** 15 min ■ **Cocción:** alrededor de 30 min

> **EN ALGUNOS PAÍSES SE LLAMA:**
> Crema: *nata*. Papa: *patata*. Pasapuré: *machacador, pisapapas, pisapuré*.

Potaje frío de pepino

Para 4 o 6 personas

- *1 pepino grande*
- *12 cebollitas de Cambray*
- *1/2 litro de queso blanco con 20% de materia grasa*
- *cebollín, perejil*
- *sal y pimienta*

① Pelar el pepino, quitarle las semillas y cortarlo en cuadritos. Pelar las cebollitas de Cambray y partirlas en cuatro. Picar estas verduras y ponerlas en un bol.

② Agregar el mismo volumen de queso blanco que tiene la preparación de verduras, además de sal y pimienta. Revolver. Probar y, en caso de ser necesario, volver a sazonar: este puré debe quedar bien condimentado.

③ Ponerlo en el refrigerador durante 2 horas o bien en el congelador durante 10 minutos, para que esté bien frío.

④ Al momento de servir, agregarle agua helada hasta obtener la consistencia de un potaje espeso.

⑤ Espolvorear cebollín o perejil finamente picado y servir de inmediato.

■ **Preparación:** 10 min ■ **Refrigeración:** 2 h

> **EN ALGUNOS PAÍSES SE LLAMA:**
> Cebollín: *cebolleta, cebollino, ciboulette*. Cebollita(s) de Cambray: *cebolla china, cebolla de almácigo, cebolla de verdeo, cebolla en rama, cebolla junca, cebolleta(s), cebollín*. Quitar las semillas: *despepitar*. Refrigerador: *heladera, nevera*.

Potaje grisón

Para 4 o 6 personas

- *1 litro de caldo de res (→ ver pág. 53)*
- *50 g de cebada perlada*
- *2 zanahorias*

① Descongelar el caldo hecho en casa o preparar un caldo comercial deshidratado.

② Poner a remojar la cebada en un bol con agua.

③ Pelar y cortar en cuadritos las zanahorias y el apio-nabo. Lavar y cortar en rodajas el poro. Sofreír estas verduras en una olla con mantequilla.

- *1/2 apio-nabo*
- *1 poro*
- *30 g de mantequilla*
- *1 cebolla mechada con un clavo de olor*
- *1 hoja de laurel*
- *100 g de costillar de cerdo ahumado*
- *1 yema de huevo*
- *100 ml de crema fresca*
- *cebollín*
- *sal y pimienta*

④ Agregar el caldo y calentar a fuego más alto. En cuanto el líquido suelte el hervor, agregar la cebada con su agua de remojo al igual que la cebolla mechada, el laurel y el cerdo ahumado. Bajar el fuego y cocer a fuego lento durante una hora y media.

⑤ Extraer la carne de cerdo, cortarla en cubitos y volver a ponerlos en el potaje.

⑥ Al momento de servir, disolver la yema de huevo y la crema en un bol, vaciarlas en el caldo, revolviendo constantemente, y calentar a fuego bajo, sin dejar que hierva, hasta que el potaje esté untuoso.

⑦ Espolvorear con cebollín finamente picado.

Potaje de borrego:
proceder igual, pero con 200 g de lomo de borrego.

■ **Preparación:** 15 min ■ **Cocción:** 1 h 45 min

EN ALGUNOS PAÍSES SE LLAMA:

Cebollín: *cebolleta, cebollino, ciboulette*. Cerdo: *chancho, cochino, puerco*. Crema: *nata*. Mantequilla: *manteca*. Poro: *ajo porro, porro, puerro*.

Potaje-puré de apio

Para 4 o 6 personas

- *1 y 1/2 litros de consomé de ave (→ ver pág. 124)*
- *250 g de papas*
- *4 o 5 ramitas de apio*
- *70 g de mantequilla*
- *sal y pimienta*

❶ Descongelar el consomé hecho en casa o utilizar un consomé deshidratado.

❷ Pelar y cortar las papas en cubos.

❸ Picar finamente el apio y sofreírlo algunos minutos en 30 g de mantequilla. Después, molerlo con el pasapuré.

❹ Poner el puré resultante en una cacerola, agregarle la mitad del consomé y las papas. Esperar a que hierva y cocer durante 30 minutos.

❺ Pasar todo por el pasapuré y luego agregar el resto del consomé (en menor cantidad si se desea obtener un potaje más espeso). Agregar sal y pimienta al gusto.

❻ Al momento de servir, añadir el resto de la mantequilla cortada en pedazos pequeños.

■ **Preparación:** 15 min ■ **Cocción:** 40 min

EN ALGUNOS PAÍSES SE LLAMA:

Mantequilla: *manteca*. Papa: *patata*. Pasapuré: *machacador, pisapapas, pisapuré*.

Potaje-puré de tomate

Para 4 o 6 personas

- *1 y 1/4 litros de caldo de res (→ ver pág. 53) o de consomé de ave (→ ver pág. 124)*
- *8 jitomates*
- *1/2 cebolla*
- *60 g de mantequilla*
- *1 diente de ajo*
- *1 bouquet garni*
- *100 g de arroz*
- *perejil o albahaca*
- *sal y pimienta*

❶ Descongelar o preparar el caldo de su preferencia y calentarlo.

❷ Pasar los jitomates por agua hirviendo. Pelarlos y quitarles las semillas. Picar la cebolla.

❸ Derretir 20 g de mantequilla en una cacerola y sofreír en ella la cebolla picada sin dejar que se dore. Añadir los jitomates, el diente de ajo triturado, el bouquet garni, sal y pimienta. Cocer a fuego lento durante 20 minutos y luego agregar el arroz y remover bien durante 1 o 2 minutos.

❹ Verter el caldo bien caliente, revolver, tapar la cacerola y dejar cocer durante 20 minutos. Retirar el bouquet garni.

❺ Licuar todo hasta convertirlo en puré o bien utilizar el pasapuré con una lámina fina. Luego, volver a ponerlo en la cacerola y agregar, sin dejar de remover, el resto de la mantequilla cortada en pedazos pequeños. Esparcir perejil o albahaca finamente picados.

Este potaje puede servirse con pequeños croûtons frotados con ajo y fritos en aceite de oliva.

■ **Preparación:** 15 min ■ **Cocción:** alrededor de 30 min

> **EN ALGUNOS PAÍSES SE LLAMA:**
>
> Croûton: *crostón, cruton, picatoste* (cuadritos de pan frito, muy utilizados en ensaladas). Jitomate: *tomate*. Mantequilla: *manteca*. Pasapuré: *machacador, pisapapas, pisapuré*. Quitar las semillas: *despepitar*.

Potaje-puré suasonés

Para 4 o 6 personas

- *350 g de frijoles blancos secos*
- *1 zanahoria*
- *1 y 1/2 litros de agua*
- *1 cebolla mechada con 2 clavos de olor*
- *1 bouquet garni*

❶ Poner a remojar los frijoles en agua fría durante 12 horas.

❷ Pelar la zanahoria y cortarla en cuadritos.

❸ Escurrir los frijoles, ponerlos en una cacerola con un litro y medio de agua fría y esperar a que hiervan. Agregarles la cebolla mechada con los clavos de olor, la zanahoria en cuadritos, el bouquet garni y los pedacitos de tocino (o bien 75 g de filete de puerco semisalado, previamente sumergido en agua hirviendo, cortado en dados, dorado en mantequilla y escurrido). Tapar la ca-

- *75 g de tocino en cuadritos*
- *40 g de mantequilla*

cerola, esperar a que hierva y cocer hasta que los frijoles se puedan machacar fácilmente. Extraer el bouquet garni y la cebolla.

❹ Triturar los frijoles con el pasapuré y poner el puré obtenido en el líquido de cocción.

❺ Si se desea, agregar un poco de caldo o de consomé. Probar y, en caso de ser necesario, condimentar. Esperar a que hierva. Agregar la mantequilla, sin dejar de mezclar.

Este potaje puede servirse con pequeños croûtons fritos en mantequilla (→ ver pág. 839).

■ **Remojo:** 12 h ■ **Preparación:** 15 min

■ **Cocción:** de 1 h 30 min a 2 h

EN ALGUNOS PAÍSES SE LLAMA:

Croûton: *crostón, cruton, picatoste* (cuadritos de pan frito, muy utilizados en ensaladas). Frijol: *alubia, caráota, fréjol, habichuela, judía, poroto.* Mantequilla: *manteca.* Pasapuré: *machacador, pisapapas, pisapuré.* Tocino: *bacon, larda de tocino, panceta, tocineta.*

Sopa crema: método básico

Para 4 o 6 personas

- *1/2 kg de una verdura o de una mezcla de verduras*
- *40 g de mantequilla*
- *800 ml de salsa Bechamel (→ ver pág. 64)*
- *50 ml de consomé blanco sencillo (→ ver pág. 123) o de leche*
- *200 ml de crema fresca*
- *sal y pimienta*

❶ Lavar, pelar y cortar en pedacitos finos la verdura escogida: alcachofas, espárragos, apio, hongos, coliflor, berros, endivias, lechuga, poro o la mezcla de verduras. Cocer durante 10 minutos en agua hirviendo con sal. Escurrir.

❷ Derretir la mantequilla en una cacerola, agregar las verduras, sal y pimienta al gusto, y cocerlas otros 10 minutos.

❸ Preparar la salsa Bechamel, agregarla a las verduras y cocer durante 10 minutos, a fuego muy bajo, removiendo de vez en cuando.

❹ Triturar todo el potaje en la licuadora (o en el pasapuré con la cuchilla fina).

❺ Agregar el consomé blanco sencillo o la leche. Volver a calentar, agregar la crema y mezclar bien. Probar y, de ser necesario, agregar sal y pimienta al gusto.

■ **Preparación:** 30 min ■ **Cocción:** alrededor de 30 min

EN ALGUNOS PAÍSES SE LLAMA:

Alcachofa: *alcaucil.* Crema: *nata.* Mantequilla: *Manteca.* Pasapuré: *machacador, pisapapas, pisapuré.* Poro: *ajo porro, porro, puerro.*

Velouté de alcachofas

Para 4 o 6 personas

- *200 ml de consomé de ave*
  (→ ver pág. 124)
- *800 ml de velouté*
  (→ ver pág. 65)
- *8 corazones de alcachofa*
  en lata
- *3 yemas de huevo*
- *100 ml de crema fresca*
- *30 g de mantequilla*
  (opcional)

❶ Descongelar el consomé hecho en casa (o preparar un caldo deshidratado).

❷ Preparar el velouté.

❸ Escurrir los corazones de alcachofa, partirlos en pedacitos y agregárselos al velouté. Esperar a que hierva y cocer a fuego lento, hasta que las verduras se desbaraten.

❹ Poner todo en una licuadora o en un pasapuré con lámina fina para que la mezcla sea completamente homogénea. Agregar un poco de consomé, hasta darle la consistencia deseada.

❺ En un bol, disolver las yemas de huevo junto con la crema fresca y, una vez fuera del fuego, mezclarlas con el potaje, revolviendo enérgicamente. Calentar el potaje de nuevo sin dejar que hierva y continuar moviendo hasta que se forme una capa espesa en el reverso de la cuchara de madera.

❻ Si se desea, añadir la mantequilla al potaje en el momento de servir, sin dejar de revolver.

    velouté de espárragos:
    reemplazar los corazones de alcachofa por 400 g de espárragos (o de tallos de espárragos) cocidos durante 5 minutos en agua hirviendo.

■ **Preparación:** 15 min

■ **Cocción:** de 15 a 20 min, aproximadamente

> **EN ALGUNOS PAÍSES SE LLAMA:**
> Alcachofa: *alcaucil*. Crema: *nata*. Mantequilla: *manteca*. Pasapuré: *machacador, pisapapas, pisapuré*.

Velouté de carne de animales de caza

Para 6 personas

- *1 litro de consomé de carne*
  de animales de caza
  (→ ver pág. 125)
- *100 g de base para salsas*
  blancas (→ ver pág. 61)

❶ Preparar 1 litro de consomé bien concentrado con la carne de animales de caza elegida.

❷ Preparar la base para salsas blancas, agregarle poco a poco el consomé, mezclar bien y dejar cocer este velouté a fuego lento.

❸ Cortar la carne de caza en trozos. Dorar la carne durante 4 o 5 minutos en una cacerola con 50 g de mante-

- 350 g de carne de animales de caza
- 100 g de mantequilla
- 3 yemas de huevo
- 100 ml de crema fresca
- hojitas de perifollo trituradas
- sal y pimienta

quilla. Luego, agregarla al velouté y cocer a fuego lento entre 30 y 40 minutos.

❹ Sustraer uno o dos trozos de carne, cortarlos en daditos y apartarlos en un plato. Si se requiere, quitarle los huesos.

❺ Licuar todo lo demás (o molerlo en el pasapuré con una lámina fina). Luego, pasarlo por un colador muy fino: la consistencia debe ser lo suficientemente espesa para que se adhiera al reverso de una cuchara.

❻ Esperar a que vuelva a hervir ligeramente.

❼ En un bol, batir las yemas de huevo junto con la crema fresca y, una vez fuera del fuego, agregarlas al velouté sin dejar de revolver. En ese momento, añadir 50 g de mantequilla fresca. Probar y, de ser necesario, condimentar.

❽ Al momento de servir, agregar los daditos de carne de animales de caza, verter el velouté en la sopera y esparcir algunas hojitas de perifollo trituradas.

velouté de res:
se prepara de la misma manera, con un litro de consomé blanco sencillo (→ ver pág. 123) y con 400 g de carne de res magra.

velouté de ave:
se prepara de la misma manera, con el consomé de ave (→ ver pág. 124) y con un pollo de 1 kg. Después de la cocción, extraer la pechuga de pollo, partirla en daditos y agregárselos nuevamente al momento de servir.

■ **Preparación:** 30 min ■ **Cocción:** alrededor de 1 h

EN ALGUNOS PAÍSES SE LLAMA:
Crema: *nata*. Mantequilla: *manteca*. Pasapuré: *machacador, pisapapas, pisapuré*.

Velouté de mariscos

Para 4 o 6 personas

- 100 ml de velouté de pescado (→ ver pág. 142)
- 80 g de mantequilla de mariscos (→ ver pág. 38)

❶ Preparar o descongelar el velouté de pescado y mantenerlo caliente.

❷ Preparar la mantequilla de mariscos y ponerla en el refrigerador.

❸ Pelar y cortar en cuadritos la zanahoria, la cebolla y los chalotes.

141

- 1/2 zanahoria
- 1 cebolla pequeña
- 2 chalotes
- 50 g de mantequilla
- 500 g de mariscos (langosta, langostino u otros)
- 1 cucharada de coñac
- 100 ml de vino blanco
- páprika
- pimienta de Cayena
- 1 cucharada de concentrado de tomate o 1 latita de puré de tomate
- 3 yemas de huevo
- 100 ml de crema fresca espesa
- hojitas de perifollo trituradas

❹ Derretir la mantequilla en una cacerola grande, echar las verduras, dorarlas rápidamente y agregar los mariscos elegidos. Voltear los ingredientes varias veces.

❺ Calentar el coñac en el horno de microondas, vaciarlo de inmediato en la cacerola y flambear. Agregar el vino blanco. Sazonar con sal, pimienta, páprika y una pizca de pimienta de Cayena. Añadir el concentrado de tomate. Mezclar bien y cocer durante 20 minutos.

❻ Pelar y desvenar las partes carnosas de los mariscos y apartarlas en un plato. Moler los mariscos junto con su líquido de cocción en el mortero, o en la licuadora. Agregar este puré al velouté de pescado y dejar cocer todo a fuego bajo durante algunos minutos.

❼ Pasar a través de un colador fino y dejar que vuelva a hervir ligeramente.

❽ En un bol, batir las yemas de huevo junto con la crema fresca y agregarlas a la mezcla una vez fuera del fuego, sin dejar de remover. Probar y, de ser necesario, condimentar.

❾ Volver a calentar el velouté y, una vez fuera del fuego, diluir en él la mantequilla de mariscos. Mantenerlo caliente.

❿ Cortar en cuadritos las partes carnosas de los mariscos previamente apartadas, añadirlas al velouté y esparcir hojitas de perifollo trituradas.

■ **Preparación:** 1 h ■ **Cocción:** alrededor de 1 h

> **EN ALGUNOS PAÍSES SE LLAMA:**
>
> Chalote: *ascalonia, chalota, echalote, escalonia*. Crema: *nata*. Langosta: *bogavante*. Langostino: *camarón grande*. Mantequilla: *manteca*. Páprika: *pimentón*. Refrigerador: *heladera, nevera*.

Velouté de pescado

Para 4 o 6 personas

- 1 litro de concentrado de pescado
  (→ ver pág. 54)
- 100 g de base para salsas blancas
  (→ ver pág. 61)

❶ Preparar el concentrado de pescado.

❷ Preparar la base para salsas blancas, agregarle poco a poco el concentrado de pescado, sin dejar de mezclar. Agregar los filetes de pescado y cocer a fuego lento de 15 a 20 minutos.

❸ Licuar todo (o molerlo en el pasapuré). Luego, pasarlo por un colador fino. Esperar a que vuelva a hervir ligeramente.

- *1/2 kg de filetes de bacalao fresco o de otro pescado fresco o congelado*
- *3 yemas de huevo*
- *100 ml de crema fresca*
- *perifollo*
- *sal y pimienta*

④ En un bol, batir las yemas de huevo junto con la crema fresca y, una vez fuera del fuego, agregar esta mezcla al velouté. Volver a poner a fuego lento, removiendo bien sin dejar que hierva.

⑤ Probar y, en caso de ser necesario, condimentar. Al momento de servir, esparcir algunas hojitas de perifollo trituradas.

■ **Preparación:** 15 min ■ **Cocción:** alrededor de 20 min

EN ALGUNOS PAÍSES SE LLAMA:
Bacalao: *abadejo*. Crema: *nata*. Pasapuré: *machacador, pisapapas, pisapuré*.

Vichyssoise

Para 4 o 6 personas

- *2 cabezas de poro*
- *400 g de papas*
- *40 g de mantequilla*
- *1 y 1/2 litros de agua*
- *1 bouquet garni*
- *200 ml de crema fresca*
- *cebollín*
- *sal y pimienta*

① Cortar en rodajas las cabezas de poro y las papas. Derretir la mantequilla en una cacerola, agregarle los poros y cocerlos tapados durante 10 minutos, sin que se doren. Luego, añadir las papas y revolver. Agregar el agua, el bouquet garni, sal y pimienta al gusto, y dejar que hierva. Cocer entre 30 y 40 minutos.

② Licuar todo junto y volver a calentar.

③ Agregar la crema fresca y esperar a que hierva nuevamente, sin dejar de remover. Volver a condimentar con sal y pimienta al gusto.

④ Dejar que la crema se enfríe y ponerla entre 1 y 2 horas en el refrigerador (o bien 15 minutos en el congelador). Servirla bien fría. Espolvorear con cebollín picado muy finamente.

■ **Preparación:** 15 min ■ **Cocción:** 40 min

■ **Refrigeración:** 2 h

EN ALGUNOS PAÍSES SE LLAMA:
Cebollín: *cebolleta, cebollino, ciboulette*. Crema: *nata*. Mantequilla: *manteca*. Papa: *patata*. Poro: *ajo porro, porro, puerro*. Refrigerador: *heladera, nevera*.

Sopas

Borscht (sopa de betabel)

Para 4 o 6 personas

- *1 y 1/2 litros de caldo de res (→ ver pág. 53)*
- *2 cebollas*
- *20 g de mantequilla*
- *2 betabeles*
- *200 g de col blanca*
- *2 zanahorias*
- *1/2 nervadura de apio*
- *1 ramita de perejil*
- *1/2 lata de tomates triturados*
- *2 papas*
- *20 g de mantequilla enharinada (→ ver pág. 40)*

❶ Descongelar el caldo hecho en casa o utilizar un caldo comercial deshidratado.

❷ Pelar y picar las cebollas. Sofreírlas en una cacerola con 20 g de mantequilla. Agregar los betabeles cortados en cuadritos. Revolver, apagar el fuego y mantener caliente.

❸ Lavar, pelar y cortar la col en rebanadas, las zanahorias y el apio en dados.

❹ Calentar el caldo y, una vez que haya hervido, agregar la col, las zanahorias, el apio, el perejil y la mezcla de cebolla con betabel. Escurrir los tomates de lata y añadirlos también. Dejar cocer durante 2 horas a fuego lento.

❺ Pelar y cortar las papas en dados, ponerlas en la cacerola y cocer entre 15 y 20 minutos.

❻ Preparar la mantequilla enharinada, disolverla en un poco de caldo y añadirla al borscht. Dejar que hierva durante 15 minutos más y servir.

El borscht puede servirse tal cual o acompañado de crema fresca.

■ **Preparación:** 30 min ■ **Cocción:** 2 h 30 min

> **EN ALGUNOS PAÍSES SE LLAMA:**
> Betabel: *betarraga, betarrata, remolacha.* Col: *berza, repollo.* Crema: *nata.* Mantequilla: *manteca.* Papa: *patata.*

Minestrone florentino

Para 4 o 6 personas

- *300 g de frijoles blancos pequeños*
- *3 dientes de ajo*
- *1 manojo de salvia*
- *100 ml de aceite de oliva*
- *2 calabacitas*
- *2 poros*
- *1 col pequeña*

❶ Poner los frijoles blancos en una cacerola grande junto con el agua, un diente de ajo, la salvia y una cucharada de aceite de oliva, y cocerlos a fuego lento alrededor de una hora. Probarlos para verificar el grado de cocción.

❷ Mientras tanto, preparar las verduras: lavar y cortar las calabacitas y los poros en cuadritos, la col en láminas finas y las espinacas en listones gruesos. Picar la cebolla y el jamón.

❸ Descongelar la salsa concentrada de jitomate.

❹ Escurrir los frijoles blancos cuando estén cocidos (conservando el agua de cocción) y dividirlos en dos partes.

- 1/2 kg de espinacas (frescas o congeladas)
- 1 cebolla
- 1 rebanada de jamón serrano
- 150 g de salsa concentrada de jitomate (→ ver pág. 819), o bien una latita de concentrado de tomate o una lata de puré de tomate
- 1 rama de apio
- 1 manojo de perejil
- 1 cebolla
- 2 ramitas de tomillo
- 1 litro de consomé de ave (→ ver pág. 124)
- 2 ramitas de romero
- sal y pimienta

Moler una mitad en el pasapuré, con la cuchilla fina y apartar este puré.

❺ En una cacerola grande, calentar dos cucharadas de aceite de oliva, agregar el jamón, el apio, el perejil, la cebolla picada y una ramita de tomillo. Revolver bien. Luego, añadir los cuadritos de calabacitas y de poros, la col y las espinacas. Volver a revolver bien. Dejar cocer y, pasados 10 minutos, verter la salsa concentrada de jitomate. Continuar la cocción a fuego lento durante al menos 30 minutos.

❻ Durante ese tiempo, descongelar el consomé o utilizar un producto deshidratado. Posteriormente, agregar a la cacerola los frijoles enteros con su agua de cocción y el puré de frijoles. Rebajar con el consomé hasta obtener una consistencia untuosa. Cocer a fuego muy bajo durante una hora más. Añadir sal y pimienta al gusto.

❼ Colocar en un sartén pequeño el resto del aceite de oliva, 2 dientes de ajo triturados, una ramita de tomillo y el romero. Calentar y, cuando el ajo comience a dorarse, verter este aceite aromatizado sobre la sopa minestrone a través de un colador, de manera que las hierbas se queden en él. Servir caliente o frío.

■ **Preparación:** 40 min ■ **Cocción:** entre 1 h 30 min y 2 h

---

EN ALGUNOS PAÍSES SE LLAMA:

Calabacita(s): *calabacín, calabaza italiana, zapallito italiano, zapallito largo, zucchini.* Col: *berza, repollo.* Frijol: *alubia, caráota, fréjol, habichuela, judía, poroto.* Jamón serrano: *jamón crudo.* Pasapuré: *machacador, pisapapas, pisapuré.* Poro: *ajo porro, porro, puerro.*

Sopa a la cerveza

Para 4 o 6 personas

- 1 litro de consomé de ave (→ ver pág. 124)
- 150 ml de cerveza clara
- 125 g de migajón de pan duro
- 50 ml de crema fresca
- sal, pimienta y nuez moscada

❶ Descongelar el consomé casero o utilizar un producto comercial deshidratado. Verterlo en una cacerola. Agregar la cerveza y el migajón de pan. Añadir sal y pimienta, y continuar la cocción durante 30 minutos, a fuego lento y con la cacerola tapada.

❷ Moler todo en la licuadora o en el pasapuré, con la cuchilla fina.

❸ Agregar un poco de nuez moscada rallada y la crema fresca. Probar y, de ser necesario, volver a sazonar. Servir muy caliente.

■ **Preparación:** 10 min ■ **Cocción:** 30 min

Sopa con leche y pan

Para 4 o 6 personas

- *1 litro de leche*
- *250 g de pan de caja duro, del día anterior*
- *nuez moscada*
- *sal*

❶ Calentar la leche.

❷ Retirar la corteza del pan de caja duro, cortar el migajón en pedazos y colocarlo en una cacerola. Bañarlo con la leche hirviendo y dejar que se impregne de 2 a 3 minutos. Posteriormente, cocer a fuego bajo durante 15 minutos.

❸ Moler en la licuadora (o en el pasapuré), agregar sal y un poco de nuez moscada rallada al gusto. Volver a calentar antes de servir.

> **También se puede endulzar este preparado o añadirle una yema de huevo batida junto con 50 o 100 ml de crema fresca. Estos elementos deberán añadirse una vez que la sopa esté fuera del fuego y molida.**

■ **Preparación:** 5 min ■ **Cocción:** 15 min

Sopa de ajo

Para 4 o 6 personas

- *18 dientes de ajo*
- *1 litro o 1 y 1/2 litros de agua*
- *1 cucharadita de sal gruesa*
- *1 ramita de salvia (de preferencia fresca)*
- *1/2 hoja de laurel*
- *1 ramita de tomillo*
- *8 o 12 rebanadas de pan*

❶ Pelar los dientes de ajo y quitarles el germen. Poner a hervir el agua con el ajo y la sal gruesa durante aproximadamente 15 minutos.

❷ Apagar el fuego, agregar la salvia, el laurel y el tomillo y dejar que éstos suelten sus aromas durante 10 minutos.

❸ Mientras tanto, espolvorear las rebanadas de pan con queso gruyer rallado y ponerlas durante 2 minutos en la parrilla del horno.

❹ Colar la sopa de ajo para quitarle las hierbas y ponerlo a calentar nuevamente.

- *30 o 40 g de queso gruyer rallado*
- *4 o 6 cucharadas de aceite de oliva*
- *1 yema de huevo (opcional)*

❺ Colocar dos rebanadas de pan por plato y una cucharada de aceite de oliva. Luego, verter encima el caldo hirviendo. Servir de inmediato.

También se puede ligar la sopa de ajo, fuera del fuego, con una yema de huevo.

■ **Preparación:** 15 min ■ **Cocción:** de 15 a 20 min

> **EN ALGUNOS PAÍSES SE LLAMA:**
> Germen: *brote.*

Sopa de almejas

Para 4 o 6 personas

- *1 cebolla*
- *1/2 pimiento*
- *2 jitomates pequeños*
- *1 diente de ajo*
- *12 almejas*
- *400 g de pescado*
- *300 g de calamares frescos o congelados*
- *8 cucharadas de aceite de oliva*
- *200 ml de vino blanco*
- *4 o 6 rebanadas de pan de caja*
- *perejil*
- *sal y pimienta*

❶ Pelar y picar la cebolla y el pimiento. Pasar ligeramente los jitomates por agua hirviendo y luego pelarlos, quitarles las semillas y cortarlos en pedazos. Triturar el ajo. Agregar sal y pimienta al gusto a todas las verduras y revolver.

❷ Lavar las almejas. Si se puede, cortar el pescado en pedazos gruesos, retirándole la piel y la mayor cantidad de espinas posible (para que la operación sea más sencilla, utilizar una pinza de depilar). Si los calamares son frescos, limpiarlos y cortarlos en rodajas finas.

❸ Verter en una olla 4 cucharadas de aceite de oliva. Colocar las almejas en el fondo, cubrirlas con la mitad de la mezcla de verduras, luego añadir los pedazos de pescado y los calamares. Cubrir con la otra mitad de las verduras. Bañar con el vino blanco y poner a hervir, con la olla tapada. Bajar el fuego y dejar cocer durante 20 minutos.

❹ Verter el resto del aceite de oliva en un sartén y dorar en él las rebanadas de pan de caja por los dos lados. Escurrirlas en un papel absorbente.

❺ Colocar una rebanada de pan en cada plato hondo. Bañarlas con un cucharón de caldo, colocarles encima el pescado, las almejas y los calamares. Espolvorear con bastante perejil muy finamente picado y servir de inmediato.

■ **Preparación:** 40 min ■ **Cocción:** 40 min

> **EN ALGUNOS PAÍSES SE LLAMA:**
> Jitomate: *tomate.* Pan de caja: *pan de molde, pan inglés o pan lactal.* Pimiento: *ají, locote, morrón.* Quitar las semillas: *despepitar.*

Sopa de bolitas de hígado a la húngara

Para 4 o 6 personas

- 150 g de hígado de ternera o de higaditos de ave
- 75 g de mantequilla
- 1/2 cebolla
- 1 cucharada de perejil picado
- 1 huevo
- 1 cucharadita de páprika
- 1/2 litro de caldo de res o de ternera (→ ver pág. 53 o pág. 52)
- 1 y 1/2 litros de consomé de ave (→ ver pág. 124)
- sal, pimienta y nuez moscada

❶ Cortar el hígado en cubitos y dorarlo rápidamente en un sartén con 15 g de mantequilla. Añadir sal y pimienta al gusto.

❷ Cortar la cebolla muy finamente y cocerla a fuego lento con 10 g de mantequilla.

❸ Juntar la cebolla con el hígado y hacer un puré en la licuadora o en el pasapuré.

❹ Agregar el perejil, el huevo, 50 g de mantequilla, sal, pimienta, la páprika y una buena pizca de nuez moscada rallada.

❺ Calentar el caldo (se puede utilizar también un caldo comercial deshidratado).

❻ Moldear las bolitas de hígado (del tamaño de una nuez) y cocerlas durante 15 minutos en el caldo mientras está hirviendo a fuego lento.

❼ Mientras tanto, calentar el consomé de ave. Agregarle las bolitas de hígado junto con su jugo de cocción y servir.

■ **Preparación:** 30 min ■ **Cocción:** 15 min

> EN ALGUNOS PAÍSES SE LLAMA:
> Mantequilla: *manteca*. Páprika: *pimentón*. Pasapuré: *machacador, pisapapas, pisapuré*.

Sopa de calabaza de Castilla

Para 4 o 6 personas

- 1/2 litro de caldo de res (→ ver pág. 53) o de ternera (→ ver pág. 52)
- 1/2 litro de leche
- 1 kg de calabaza de Castilla
- 2 papas
- 2 poros medianos
- 15 g de mantequilla
- 3 cucharadas de crema fresca
- sal y pimienta, nuez moscada

❶ Descongelar el caldo casero (o utilizar un producto comercial deshidratado). Calentarlo.

❷ Entibiar la leche.

❸ Pelar y cortar en cubos la calabaza y las papas. Limpiar los poros y cortarlos en rodajas delgadas.

❹ En una cacerola, derretir la mantequilla y agregarle los poros. Cocer a fuego lento durante 5 minutos. Posteriormente, añadir la calabaza, las papas, el caldo y la leche. Agregar sal al gusto y cocer durante 20 minutos con la cacerola tapada.

❺ Moler todo en la licuadora. Añadir pimienta y un poco de nuez moscada rallada.

❻ Volver a poner al fuego. Dejar que suelte el hervor, agregar la crema fresca y servir.

> **Esta sopa puede realizarse de manera rápida cociendo en la olla exprés la misma cantidad de calabaza de Castilla con un vaso de agua. Licuar, agregar 200 ml de leche evaporada sin azúcar, añadir sal y pimienta, así como nuez moscada rallada y rebajar con un poco de agua hasta que se adquiera la consistencia deseada.**

■ **Preparación:** 15 min ■ **Cocción:** 30 min

> **EN ALGUNOS PAÍSES SE LLAMA:**
> Calabaza: *auyama, ayote, uyama, zapallo*. Crema: *nata*. Mantequilla: *manteca*. Papa: *patata*. Poro: *ajo porro, porro, puerro*.

Sopa de cebolla

Para 4 o 6 personas

- 1 y 1/2 litros de caldo de res (→ ver pág. 53) o de consomé blanco sencillo (→ ver pág. 123)
- 3 cebollas
- 30 g de mantequilla
- 1 buena cucharada de harina
- 2 cucharadas de oporto o de madeira
- de 4 a 6 rebanadas de pan
- queso gruyer rallado (opcional)

❶ Descongelar el caldo de res o utilizar un caldo comercial deshidratado. Calentarlo.

❷ Pelar las cebollas y cortarlas en rodajas muy delgadas. Derretir la mantequilla en una cacerola y dorar en ella las cebollas, a fuego moderado, sin dejar que se doren demasiado. Una vez que estén casi listas, pero aún "al dente", espolvorearlas con harina. Continuar la cocción durante algunos segundos más, removiendo con una cuchara de madera, luego verter el caldo de res o el consomé blanco sencillo y mezclar bien.

❸ Añadir el oporto o la madeira y cocer a fuego lento durante 30 minutos más.

❹ Mientras tanto, cortar las rebanadas de pan y tostarlas un poco en el horno (a 200 °C). Colocar el pan en el fondo de la sopera y verter la sopa bien caliente.

> **sopa gratinada de cebolla:**
> espolvorear la superficie de la sopera (o de cada plato) con queso gruyer rallado (10 a 15 g por persona) y colocarla sobre el fuego de 5 a 10 minutos.

■ **Preparación:** 15 min ■ **Cocción:** 40 min

> **EN ALGUNOS PAÍSES SE LLAMA:**
> Madeira: *madera* (vino dulce elaborado en la isla de Madeira). Mantequilla: *manteca*.

Sopa de ejotes

Para 4 o 6 personas

- 1 y 1/2 litros de caldo de verduras (→ ver pág. 122)
- 1/2 kg de ejotes (frescos o congelados)
- 5 ramitas de ajedrea
- 60 g de base para salsa oscura (→ ver pág. 73)
- 1 cucharada de vinagre
- 400 g de papas

❶ Descongelar el caldo de verduras o utilizar un caldo comercial deshidratado. Calentarlo.

❷ Lavar y quitarle las puntas a los ejotes (o descongelarlos en el horno de microondas). Cortarlos en diagonal, en pedazos de 1.5 cm. Agregarlos, junto con la ajedrea, al caldo que está hirviendo y cocer durante 25 minutos.

❸ Preparar la base para salsa oscura, rebajarla con caldo. Colarla y verterla en la sopa. Añadir el vinagre y continuar la cocción durante 15 minutos más.

❹ Mientras tanto, pelar las papas y cortarlas en cubitos de 1 cm de lado, aproximadamente. Agregarlas a la sopa y cocer 20 minutos más.

Esta sopa puede acompañarse con trocitos de tocino y rebanadas de salchichón cocido. Colocarlos en el fondo del plato y verter la sopa encima de ellos. La ajedrea puede reemplazarse por la misma cantidad de hierbabuena, menta o tomillo.

■ **Preparación:** 30 min ■ **Cocción:** 1 h 15 min

> **EN ALGUNOS PAÍSES SE LLAMA:**
>
> Ejote: *chaucha, judía verde, poroto verde, vaina, vainica, vainita*. **Papa:** *patata*. **Tocino:** *bacon, larda de tocino, panceta, tocineta*.

Sopa de frijoles

Para 4 personas

- 1/2 kg de frijoles
- 1 diente de ajo
- 2 granos de pimienta
- 2 cebollas
- 2 chiles serranos
- 4 huevos
- aceite para freír
- sal

❶ Remojar los frijoles en agua por 8 horas. Cambiar el agua y cocinar en una olla hasta que estén casi tiernos.

❷ Añadir el ajo machacado, la sal y continuar con la cocción.

❸ Poner una taza de frijoles en otra olla con 4 tazas de caldo donde se cocieron los frijoles. Agregarle una cebolla rallada, el chile picado y las pimientas, cocinar por 10 minutos y licuar.

❹ Freír en aceite la otra cebolla finamente picada e incorporarla a la mezcla y llevarlo a fuego bajo.

⑤ Verter los huevos de uno en uno y distribuidos en la superficie de la sopa hasta que cuajen.

■ **Preparación:** 20 min ■ **Cocción:** 1 h 30 min

> **EN ALGUNOS PAÍSES SE LLAMA:**
> Chile: *ají cumbarí, ají picante, conguito, guindilla, ñora, páprika (picante), pimentón picante, pimiento picante.* Frijol: *alubia, caráota, fréjol, habichuela, judía, poroto.*

Sopa de frijol blanco

Para 4 o 6 personas

- *400 g de frijoles blancos secos*
- *1 cabeza de apio-nabo*
- *50 g de tocino*
- *125 g de jamón ahumado*
- *4 zanahorias*
- *1 rama de apio*
- *2 dientes de ajo*
- *350 g de carne de cerdo fresca*
- *1 bouquet garni*
- *1 cebolla mechada con un clavo de olor*
- *1 manojo de perejil*
- *250 g de papas*
- *pan duro*

① Remojar en agua fría los frijoles durante 12 horas.
② Pelar la cabeza de apio-nabo y cortarla en rebanadas gruesas.
③ Picar el tocino, colocarlo en un sartén, calentarlo y agregar la mitad de la cabeza del apio. Dorar bien.
④ Cortar el jamón en cubitos. Pelar las zanahorias, cortar la rama de apio en trozos, picar los dientes de ajo.
⑤ Escurrir los frijoles secos, ponerlos en una olla muy grande, cubrirlos con agua fría, agregar el jamón, el tocino y la carne de cerdo. Poner a hervir, espumar, agregar todas las rebanadas de apio, el bouquet garni, la cebolla mechada, las zanahorias, la rama de apio, el manojo de perejil y el ajo. Continuar la cocción a fuego lento de 20 a 30 minutos para que los ingredientes se incorporen.
⑥ Pelar las papas y cortarlas en rebanadas gruesas. Agregarlas a la olla y continuar la cocción durante 40 minutos más.
⑦ En una sopera, poner las rebanadas de pan duro y luego verter la sopa.

■ **Remojo:** 12 h ■ **Preparación:** 20 min
■ **Cocción:** alrededor de 1 h 15 min

> **EN ALGUNOS PAÍSES SE LLAMA:**
> Cerdo: *chancho, cochino, puerco.* Frijol: *alubia, caráota, fréjol, habichuela, judía, poroto.* Papa: *patata.* Tocino: *bacon, larda de tocino, panceta, tocineta.*

Sopa de habas

Para 4 o 6 personas

- *1/4 de cebolla*
- *125 g de carne de res para puchero (codillo o espaldilla)*
- *150 g de habas frescas*
- *75 g de tocino en trocitos*
- *30 g de cebada perlada*
- *2 pizcas de mejorana*
- *2 zanahorias*
- *1 nabo*
- *1/2 rama de apio*
- *1 papa*
- *3 hojas de lechuga*
- *1 cucharada de perejil*
- *1 chalote*

❶ Pelar y picar la cebolla. Cortar la carne de res en cubos. Pelar las habas.

❷ Dorar los trocitos de tocino en una olla y, una vez que estén bien crujientes, agregar la cebolla y remover bien.

❸ Añadir la carne de res en cubos, las habas y la cebada perlada. Verter un litro y medio de agua en la olla. Agregar sal y pimienta, y espolvorear dos pizcas de mejorana. Cocer entre una hora y una hora y media.

❹ Pelar y cortar en cuadritos las zanahorias, el nabo, el apio y la papa. Lavar y picar muy finamente la lechuga. Agregar las verduras a la sopa y continuar la cocción durante 30 minutos más.

❺ Picar el perejil y el chalote y agregarlos justo en el momento de servir, después de haber probado la sopa y de verificar si está bien condimentada.

■ **Preparación:** 30 min ■ **Cocción:** 2 h

> EN ALGUNOS PAÍSES SE LLAMA:
>
> Chalote: *ascalonia, chalota, echalote, escalonia.* Papa: *patata.* Tocino: *bacon, larda de tocino, panceta, tocineta.*

Sopa de pescados

Para 4 o 6 personas

- *2 kg de pescados mixtos: (escorpina, pescadilla, rubio, pedazos de congrio)*
- *2 poros*
- *2 cebollas*
- *4 jitomates*
- *4 dientes de ajo*
- *50 ml de aceite de oliva*
- *2 hojas de laurel*
- *cáscara de 1/4 de naranja*
- *3 tallos de hinojo seco*
- *4 tallos de perejil*

❶ Descamar, vaciar y lavar los pescados (o pedir en la pescadería que lo hagan) y cortarlos en pedazos grandes.

❷ Pelar y lavar los poros y las cebollas. Cortarlos en rodajas.

❸ Sumergir los jitomates en agua hirviendo, pelarlos, quitarles las semillas y cortarlos en pedacitos.

❹ Pelar el ajo.

❺ Calentar el aceite de oliva en una olla grande y dorar en él las cebollas y los poros de 2 a 3 minutos. Agregar los pescados, los jitomates, el ajo, el laurel, la cáscara de naranja, el hinojo, el perejil y el concentrado de tomate. Mezclar bien y cocer a fuego lento hasta que los pescados se hayan desbaratado.

❻ Mientras tanto, poner a hervir 2 litros y medio de agua. Verterla en la olla cuando los pescados estén bien coci-

- 1 cucharadita de concentrado de tomate o una latita de puré de tomate
- 2 y 1/2 litros de agua
- 80 g de espaguetis
- 1/2 g de azafrán
- sal y pimienta

dos y mantener la cocción durante 20 minutos más a fuego bajo. Añadir sal y pimienta al gusto.

❼ Retirar todas las hierbas aromáticas. Moler la sopa en la licuadora o en el pasapuré, con la cuchilla fina, y luego pasarla por un colador.

❽ Volver a poner la sopa al fuego y, una vez que hierva, agregar los espaguetis cortados en pedacitos de 2 cm de largo. Cocer de 10 a 15 minutos. Probar y, de ser necesario, agregar sal y pimienta.

❾ En un cucharón, verter el azafrán, diluirlo con una cucharada de sopa y verterlo, mezclando muy bien.

Esta sopa puede servirse con pequeños croûtons tostados. También puede agregársele de 50 a 60 g de queso gruyer rallado.

■ **Preparación:** 1 h ■ **Cocción:** alrededor de 35 min

> **EN ALGUNOS PAÍSES SE LLAMA:**
> Croûton: *crostón, cruton, picatoste* (cuadritos de pan frito, muy utilizados en ensaladas). Jitomate: *tomate.* Pasapuré: *machacador, pisapapas, pisapuré.* Poro: *ajo porro, porro, puerro.* Quitar las semillas: *despepitar,*

Sopa de plátano verde

Para 6 personas

- 1 poro
- 1 kg de carne de res en trozos
- 1 cebolla
- 1 pimiento rojo
- 1/4 kg de jitomates
- 4 plátanos machos verdes
- aceite
- sal

❶ Colocar en una olla el poro entero con 2 litros y medio de agua. Poner a hervir por 10 minutos.

❷ Agregar la carne y cocer hasta que esté suave.

❸ Picar el pimiento y la cebolla finamente y freír en aceite por 2 minutos.

❹ Agregar el jitomate molido sin semillas y dejar hervir por 2 minutos para agregarlo al caldo, agregar sal, tapar y dejar hervir.

❺ Pelar los plátanos y asarlos sin que se lleguen a quemar en el horno sobre una rejilla, cuando estén asados se aplanan y se desmenuzan. Se integran al caldo y se dejan hervir por unos minutos más a fuego lento.

■ **Preparación:** 20 min ■ **Cocción:** 1 h 30 min

> **EN ALGUNOS PAÍSES SE LLAMA:**
> Jitomate: *tomate.* Pimiento: *ají, locote, morrón.* Plátano: *banana, cambur.* Poro: *ajo porro, porro, puerro.*

Sopa de pollo a la inglesa

Para 4 o 6 personas

- 1 y 3/4 litros de caldo de ave deshidratado
- 1 pollo chico
- 1 cebolla mechada con un clavo de olor
- 1 bouquet garni
- 2 ramas de apio
- 100 g de arroz
- 1 zanahoria grande

❶ Preparar el caldo.
❷ Colocar el pollo en una olla grande y verter el caldo. Poner a hervir, espumar, añadir sal, luego agregar la cebolla mechada, el bouquet garni, una rama de apio y el arroz. Cocer a fuego muy bajo hasta que la carne del pollo se desprenda de los huesos.
❸ Escurrir el ave y cortar la carne en pedacitos. Retirar el bouquet garni y la cebolla. Volver a poner la carne del pollo en la olla.
❹ Pelar y cortar la zanahoria y la rama de apio restante en cuadritos muy pequeños, agregarlos a la olla. Poner a hervir y cocer 10 minutos más. Servir muy caliente.

■ **Preparación:** 10 min
■ **Cocción:** de 1 h a 1 h 30 min

Sopa de poro y papa

Para 4 o 6 personas

- 4 papas grandes
- 6 poros medianos
- 30 g de mantequilla
- 1 y 1/2 litros de agua
- sal y pimienta
- perejil

❶ Pelar las papas y cortarlas en pedazos. Retirar las partes marchitas de los poros. Lavarlos y cortarlos en rodajas delgadas. Poner a calentar el agua.
❷ Derretir la mantequilla en la cacerola, saltear en ella los poros, verter el agua muy caliente y poner a hervir. Agregar las papas. Añadir sal y pimienta y cocer a fuego lento, con la cacerola tapada, aproximadamente una hora.
❸ Moler en el **pasapuré**, verter en la sopera y espolvorear con perejil finamente picado.

■ **Preparación:** 10 min ■ **Cocción:** 1 h

> **EN ALGUNOS PAÍSES SE LLAMA:**
> Mantequilla: *manteca*. Papa: *patata*. Pasapuré: *machacador, pisapapas, pisapuré*. Poro: *ajo porro, porro, puerro*.

Sopa de tortillas

Para 5 personas

- *12 tortillas de maíz*
- *400 g de jitomates*
- *1 y 1/2 dientes de ajo*
- *1/2 cebolla*
- *1 y 1/2 litros de consomé de ave (→ ver pág. 124)*
- *1 rama de epazote*
- *250 g de queso rallado*
- *1 aguacate*
- *crema*
- *aceite para freír*
- *sal*

❶ Cortar las tortillas en tiras y freírlas en suficiente aceite, escurrir en papel absorbente y reservar.

❷ Licuar los jitomates con el ajo y la cebolla.

❸ En una olla con un poco de aceite freír la salsa de jitomate hasta que se cocine.

❹ Agregar el caldo, la rama de epazote y la sal, hervir por unos minutos.

❺ Servir en platos individuales el caldo sobre las tiras de tortillas y agregarle queso, crema y una rebanada de aguacate.

■ **Preparación:** 20 min ■ **Cocción:** 20 min

EN ALGUNOS PAÍSES SE LLAMA:
Aguacate: *avocado, cura, palta.* Crema: *nata.* Jitomate: *tomate.*

Sopa de verduras

Para 4 o 6 personas

- *1 y 1/2 litros de consomé de ave (→ ver pág. 124)*
- *3 papas*
- *3 zanahorias*
- *4 nabos*
- *1 coliflor pequeña*
- *1 poro*
- *2 cebollas*
- *80 g de mantequilla*
- *1 manojo de cebollín*
- *100 ml de crema líquida*
- *sal y pimienta*

❶ Descongelar el consomé y calentarlo.

❷ Pelar las papas, las zanahorias y los nabos. Cortarlos en cubos grandes. Desprender las ramitas de coliflor y lavarlas. Cortar el poro y las cebollas en rodajas delgadas.

❸ Derretir la mantequilla en una cacerola. Agregar todas las verduras, una a la vez, sin dejar de mezclar en cada nueva incorporación y dejarlas cocer, a fuego lento y con la cacerola tapada, durante 10 minutos.

❹ Verter el caldo caliente. Añadir sal y pimienta. Dejar cocer a fuego lento durante 40 minutos.

❺ Picar muy finamente el cebollín y colocarlo en una sopera, verter la crema líquida y mezclar bien. Verter suavemente la sopa, revolviendo con una cuchara de madera. Probar y, de ser necesario, condimentar con sal y pimienta al gusto. Servir de inmediato.

■ **Preparación:** 30 min ■ **Cocción:** alrededor de 50 min

EN ALGUNOS PAÍSES SE LLAMA:
Cebollín: *cebolleta, cebollino, ciboulette.* Crema: *nata.* Mantequilla: *manteca.* Papa: *patata.* Poro: *ajo porro, porro, puerro.*

Sopa grasa con pan

Para 4 o 6 personas

- 1 y 1/2 litros de caldo de res
  (→ ver pág. 53) o de ternera
  (→ ver pág. 52)
- 250 g de pan de caja duro
- 5 jitomates
- 1 cebolla grande
- 2 cucharadas de aceite de
  girasol
- 1 pizca de orégano
- 2 cucharadas de hierbas finas
- sal y pimienta

❶ Descongelar el caldo (o utilizar un caldo comercial deshidratado) y calentarlo.

❷ Poner a hervir agua en una cacerola.

❸ Retirar la corteza del pan de caja duro y desmoronar el migajón en una ensaladera. Sumergir los jitomates en agua hirviendo, pelarlos, quitarles las semillas y cortar la pulpa en pedazos.

❹ Pelar y picar la cebolla.

❺ Verter el aceite en una cacerola, poner a dorar en él la cebolla, sin dejar de remover, agregar el jitomate y cocer 5 minutos a fuego medio y con la cacerola tapada. Verter un litro de caldo, agregar el orégano en polvo, añadir sal y pimienta y continuar la cocción durante 30 minutos más.

❻ Verter el caldo restante sobre el migajón de pan y dejarlo remojar. Luego, agregar esta mezcla a la cacerola, remover y cocer otros 10 minutos.

❼ Cernir (o licuar) todo. Volver a calentar.

❽ Ponerla en la sopera y espolvorear con las hierbas finas. Esta sopa debe servirse muy caliente.

■ **Preparación:** 15 min ■ **Cocción:** 45 min

> **EN ALGUNOS PAÍSES SE LLAMA:**
>
> Jitomate: *tomate*. Pan de caja: *pan de molde, pan inglés o pan lactal*. Migajón: *borona, miga de pan, morona*. Quitar las semillas: *despepitar*.

Entradas y entremeses

Entradas y entremeses

Una comida tradicional se conforma de un plato principal, precedido por un entremés (primer plato), una sopa o, en ocasiones, una entrada (que en la tradición más estricta ocupa el tercer lugar después del entremés), y seguido por la ensalada, el queso y el postre. En la actualidad, todo esto se ha simplificado mucho, el número de platos se ha reducido considerablemente, y los términos de entrada y entremés tienden a confundirse. Las entradas y los entremeses tienen la función de abrir el apetito, pero sin ser demasiado sustanciosos.

*También pueden llamarse **tentempiés**, pero en ese caso se trata de una combinación variada de pequeños platillos salados, fáciles de comer, que por lo general se sirven junto con un aperitivo.*

Se distingue entre las entradas y los entremeses calientes y las entradas y los entremeses fríos. Estos últimos se componen de pescados o mariscos marinados, ahumados, al aceite o al vinagre; de carnes frías diversas, verduras a la griega, hueva de pescado, todo tipo de verduras crudas y platillos preparados (coctel de camarones, huevos rellenos o en áspics, verduras y frutas cocidas, ensaladas mixtas, etc.). Las entradas y los entremeses calientes incluyen hojaldres, bocadillos, rollitos, croquetitas, patés, quiches, tartas saladas, empanaditas, etc.

*Las **ensaladas mixtas** a menudo se sirven como entremeses o entradas, mientras que las ensaladas verdes van más bien después del plato principal. Decorativas y coloridas, las ensaladas mixtas reúnen una gran variedad de verduras crudas y ciertos alimentos fríos, siempre bien combinados, que pueden contener ingredientes sencillos o muy elaborados. El aderezo que las acompaña de manera armoniosa no debe ocultar el sabor de los ingredientes. Estas ensaladas mixtas, ya sean a base de verduras cocidas o crudas, se utilizan también para acompañar platillos calientes o fríos. Cuando contienen ingredientes como carnes rojas, aves, pescados, mariscos, jamón, etc., pueden constituir un plato principal por sí solas.*

EN ALGUNOS PAÍSES SE LLAMA:

Carnes frías: *charcuterías, embutidos, fiambres.* Camarón(es): *gamba, quisquilla.* Tentempié: *aperitivo, boquitas, botana, canapé, entremés, pasapalo, tapa.*

Tentempiés

Bastoncitos de comino

Para 20 bastoncitos

- 300 g de masa azucarada (→ ver pág. 985)
- 20 g de comino en granos
- 1 huevo

❶ Preparar la masa azucarada, mezclándola con los granos de comino. Dejarla reposar alrededor de 2 horas.

❷ Precalentar el horno a 240 ºC. Extender la masa con el rodillo y cortarla en bastones pequeños de aproximadamente 8 cm de largo.

❸ Batir el huevo en un bol, y con un pincel, barnizar cada bastoncito para que se dore.

❹ Cubrir con papel aluminio la charola del horno, alinear los bastoncitos y cocerlos durante 10 minutos.

■ **Preparación:** 25 min ■ **Reposo:** 2 h
■ **Cocción:** 10 min

> **EN ALGUNOS PAÍSES SE LLAMA:**
> Charola: *asadera*.

Bolitas de bacalao

Para 4 o 6 personas

- 1/2 kg de bacalao salado
- 250 g de masa para buñuelos (→ ver pág. 111)
- 1 hoja de laurel
- 2 cucharadas de aceite de oliva
- 2 chalotes
- 1 diente de ajo
- 5 ramitas de cebollín
- 1 pizca de pimienta de Cayena
- aceite
- sal y pimienta

❶ Un día antes, desalar el bacalao en una cacerola, dejándolo debajo de un chorro de agua fría o bien cambiándole el agua varias veces.

❷ Preparar la masa para buñuelos y dejarla reposar durante una hora.

❸ Poner el bacalao desalado junto con el laurel en una cacerola con agua fría y cocerlo a fuego bajo durante 10 minutos. Luego, escurrirlo.

❹ Desmenuzar el bacalao: tomar el pescado entre las manos, quitarle la piel y las espinas, y separar la carne del pescado con la punta de los dedos. Poner los pedacitos en una ensaladera y machacarlos bien con un tenedor, agregándole simultáneamente el aceite de oliva.

❺ Pelar los chalotes, el ajo, el cebollín y picarlos finamente. Agregarlos al bacalao triturado, verter la masa para buñuelos y mezclar bien. Añadir una pizca de pimienta de Cayena y mezclar. Probar y, en caso de ser necesario, condimentar.

⑥ Calentar el aceite (si no se cuenta con una freidora, verter el litro de aceite de cacahuate en un sartén grande y calentarlo hasta que prácticamente hierva).

⑦ Tomar la masa, cucharadita por cucharadita, y deslizarla dentro del aceite caliente. Dejar que las bolitas se doren (de 3 a 4 minutos), volteándolas con una cuchara de madera. Luego, sacarlas con una espumadera y colocarlas sobre un papel absorbente. Freír 5 o 6 a la vez. Servirlas calientes o tibias.

■ **Remojo:** 12 h ■ **Reposo:** 1 h ■ **Preparación:** 30 min
■ **Cocción:** alrededor de 20 o 30 min

EN ALGUNOS PAÍSES SE LLAMA:
Bacalao: *abadejo*. Cacahuate: *cacahuete, maní*. Cebollín: *cebolleta, cebollino, ciboulette*. Chalote: *ascalonia, chalota, echalote, escalonia*.

Bolitas de queso gruyer

Para 30 bolitas (650 g de masa para bolitas de queso gruyer)

- *150 g de queso gruyer*
- *500 g de masa para choux (→ ver pág. 113)*
- *3 pizcas de pimienta*
- *1 huevo*

① Cortar el queso gruyer en rebanadas finas.

② Preparar la masa según la receta y añadir, después de los huevos, 100 g de queso gruyer y la pimienta.

③ Precalentar el horno a 200 °C.

④ Tapizar la charola del horno con papel aluminio. Colocar ahí la masa, ya sea en bolitas formadas con dos cucharas o bien en forma de corona, utilizando para ello una manga con duya.

⑤ Batir el huevo en un bol.

⑥ Barnizar la masa con un pincel para que se dore y esparcir el resto del queso gruyer en rebanadas.

⑦ Cocer durante 20 minutos hasta que las bolitas o la corona estén bien doradas. Dejarlos enfriar un poco dentro del horno ya apagado y entreabierto.

■ **Preparación:** 30 min ■ **Cocción:** 30 min

EN ALGUNOS PAÍSES SE LLAMA:
Charola: *asadera*. Duya: *boquillas*.

Canapés: preparación

❶ Los canapés se preparan con una sola rebanada, rectangular, redonda o triangular, de pan de caja, pan rústico o de centeno, o de pan integral. Es necesario quitarle la corteza. Para ello, se deben apilar 4 o 5 rebanadas de pan, sostenerlas bien con una mano y cortar cada lado con un cuchillo bien afilado. Luego, cortarlos todos juntos de acuerdo con las dimensiones deseadas.

❷ Cuando los canapés ya estén rellenos (de mantequillas compuestas, mousse, paté de pescado o de ave, rebanadas finas de carne, etc.), colocarlos en una fuente, cubrirla con una película plástica autoadherente para impedir que los canapés se resequen y luego meterlos al refrigerador.

También se pueden recubrir los canapés con gelatina sin sabor, para protegerlos y volverlos más brillantes. Para ello, se debe usar gelatina deshidratada y untarla, mientras aún esté tibia, con un pincel sobre el canapé.

EN ALGUNOS PAÍSES SE LLAMA:

Mantequilla: *manteca*. Pan de caja: *pan de molde, pan inglés o pan lactal*. Refrigerador: *heladera, nevera*.

Canapés a la bayonesa

Para 20 canapés

- 100 g de mantequilla a las hierbas finas (→ ver mantequilla de berros pág. 38)
- 5 rebanadas de pan de caja
- 3 o 4 rebanadas de jamón

❶ Preparar la mantequilla a las hierbas finas de la misma manera que la mantequilla de berros, reemplazando estos últimos por las hierbas finas de su elección.

❷ Cortar las rebanadas de pan de caja en cuatro, después de haberles quitado la corteza.

❸ Con un cuchillo, cubrir los canapés con mantequilla a las hierbas finas, alisando bien la superficie.

❹ Cortar las rebanadas de jamón exactamente del tamaño de los canapés. Colocar un pedazo sobre cada uno.

■ **Preparación:** 30 min

EN ALGUNOS PAÍSES SE LLAMA:

Pan de caja: *pan de molde, pan inglés o pan lactal*.

Canapés de anchoas

Para 20 canapés

- *2 huevos*
- *100 g de mantequilla de Montpellier (→ ver pág. 39)*
- *5 rebanadas de pan de caja*
- *10 filetes de anchoas en aceite*
- *perejil picado*

❶ Cocer los huevos hasta que estén duros, enfriarlos y pelarlos.

❷ Picar finamente las claras y las yemas por separado.

❸ Preparar la mantequilla de Montpellier.

❹ Cortar las rebanadas de pan de caja en cuatro después de haberles quitado la corteza.

❺ Con un papel absorbente, quitar el aceite a los filetes de anchoas y cortarlos en dos a lo largo y después a lo ancho.

❻ Con un cuchillo, cubrir los canapés con la mantequilla de Montpellier, alisando bien la superficie. Colocar dos pedazos de anchoas en forma de cruz, un poco del huevo picado a cada lado y algo de perejil.

■ **Preparación:** 30 min

> EN ALGUNOS PAÍSES SE LLAMA:
>
> Anchoa: *anchova, boquerón.* Pan de caja: *pan de molde, pan inglés o pan lactal.*

Canapés de anguila ahumada

Para 20 canapés

- *2 huevos*
- *80 g de mantequilla*
- *1 cucharada de mostaza*
- *5 rebanadas de pan de caja*
- *100 g de anguilas ahumadas*
- *cebollín picado*
- *1 limón*

❶ Cocer los huevos hasta que estén duros, enfriarlos, pelarlos y picar la yema.

❷ Ablandar la mantequilla y mezclarla con la mostaza con la ayuda de un tenedor.

❸ Con un cuchillo, cubrir los canapés con la mantequilla, alisando bien la superficie.

❹ Cortar la anguila en rebanadas muy finas y colocar dos o tres en forma de rosetón.

❺ Espolvorear con yema de huevo y cebollín.

❻ Bañar los canapés con un poco de jugo de limón.

■ **Preparación:** 30 min

> EN ALGUNOS PAÍSES SE LLAMA:
>
> Cebollín: *cebolleta, cebollino, ciboulette.* Mantequilla: *manteca.* Pan de caja: *pan de molde, pan inglés o pan lactal.*

Canapés de camarones

Para 20 canapés

- *100 g de mantequilla de camarones (→ ver pág. 38)*
- *5 rebanadas de pan de caja*
- *20 camarones pequeños*
- *2 o 3 cucharadas de perejil picado*

❶ Preparar la mantequilla de camarones.
❷ Cortar las rebanadas de pan de caja en cuatro después de haberles quitado la corteza.
❸ Con un cuchillo, cubrir los canapés con la mantequilla de camarón, alisando bien la superficie.
❹ Colocar un camarón pelado y desvenado encima de cada cuadrito de pan y espolvorear una pizca de perejil.

> Los canapés de **langosta** o de **langostino** pueden prepararse de la misma manera, poniendo una rodaja de la parte más carnosa encima del canapé.

■ **Preparación:** 30 min

> EN ALGUNOS PAÍSES SE LLAMA:
> Camarón(es): *gamba, quisquilla.* Langosta: *bogavante.* Langostino: *camarón grande.* Pan de caja: *pan de molde, pan inglés o pan lactal.*

Canapés de salmón ahumado

Para 20 canapés

- *5 rebanadas de pan de caja*
- *60 g de mantequilla, aproximadamente*
- *2 o 3 rebanadas de salmón ahumado*
- *2 limones*

❶ Cortar las rebanadas de pan de caja en cuatro después de haberles quitado la corteza.
❷ Untar mantequilla a las rebanadas de pan.
❸ Cortar el salmón del mismo tamaño que los canapés y colocar un pedazo sobre cada canapé.
❹ Decorar cada canapé con la mitad de una rodaja de limón acanalada: con un acanalador, hacer surcos cercanos en los limones. Luego, cortarlos en rodajas finas y volver a cortar cada rodaja en dos.

■ **Preparación:** 30 min

> EN ALGUNOS PAÍSES SE LLAMA:
> Mantequilla: *manteca.* Pan de caja: *pan de molde, pan inglés o pan lactal.*

Canapés primaverales

Para 20 canapés

- *2 huevos*
- *1 manojo de berros*
- *100 g de mantequilla de Montpellier (→ ver pág. 39)*
- *5 rebanadas de pan de caja*

❶ Cocer los huevos hasta que estén duros. Enfriarlos, pelarlos y picar la yema.

❷ Lavar y secar cuidadosamente, con un papel absorbente, unas 50 hojas de berros.

❸ Preparar la mantequilla de Montpellier.

❹ Cortar las rebanadas de pan de caja en cuatro después de haberles quitado la corteza. Con un cuchillo, cubrir los canapés con la mantequilla de Montpellier, alisando bien la superficie.

❺ Colocar la yema de huevo sobre las orillas del pan.

❻ Poner 2 o 3 hojas de berros sobre cada canapé.

■ **Preparación:** 30 min

> EN ALGUNOS PAÍSES SE LLAMA:
> Pan de caja: *pan de molde, pan inglés o pan lactal.*

Ciruelas al roquefort

Para 20 ciruelas

- *20 ciruelas pasas oscuras*
- *80 g de queso roquefort*
- *2 cucharadas de avellanas picadas*
- *1 cucharada grande de crema fresca*
- *1/2 cucharada de oporto*
- *pimienta*

❶ Quitar el hueso a las ciruelas pasas y aplanarlas bien con la hoja de un cuchillo ancho.

❷ Con un tenedor, desbaratar el queso roquefort.

❸ En un bol, mezclar el queso roquefort, las avellanas, la crema fresca y el oporto. Agregar suficiente pimienta.

❹ Con una cucharita, depositar una bolita de esta mezcla en el centro de cada ciruela pasa. Volver a dar forma a las ciruelas y ponerlas a enfriar durante 2 horas antes de servirlas como acompañamiento del aperitivo.

■ **Preparación:** 30 min ■ **Refrigeración:** 2 h

> EN ALGUNOS PAÍSES SE LLAMA:
> Crema: *nata.* Hueso: *carozo.*

Ciruelas con tocino

Para 20 ciruelas

- *10 rebanadas finas de tocino*
- *20 ciruelas pasas oscuras*
- *20 pistaches*
- *20 palillos de madera*

❶ Precalentar el horno a 250 °C.

❷ Cortar las rebanadas de tocino en dos, a lo largo. Quitar el hueso a las ciruelas cortándolas a lo largo.

❸ Introducir un pistache pelado en lugar del hueso. Luego, envolver cada ciruela pasa con media rebanada de tocino. Fijarlas con un palillo.

❹ Acomodar las ciruelas pasas en una charola y meterlas al horno durante 8 o 9 minutos. Servirlas bien calientes.

■ **Preparación:** 30 min ■ **Cocción:** de 8 a 9 min

> EN ALGUNOS PAÍSES SE LLAMA:
>
> Charola: *asadera*. Hueso: *carozo*. Palillos de madera: *escarbadientes, mondadientes*. Pistache: *pistacho*. Tocino: *bacon, larda de tocino, panceta, tocineta*.

Diablitos de nuez y roquefort

Para 20 diablitos

- *1 baguette muy delgada*
- *100 g de mantequilla al roquefort (→ ver pág. 36)*
- *1 cucharada de nueces picadas*

❶ Cortar el pan en rodajas de 5 o 6 mm de espesor.

❷ Precalentar el horno a 250 °C.

❸ Preparar la mantequilla al roquefort, mezclarla con las nueces picadas. Untar con esta mezcla las rodajas de pan.

❹ Hornear 5 minutos. Servir de inmediato.

■ **Preparación:** 30 min ■ **Cocción:** 5 min

Diablitos de queso

Para 20 diablitos

- *1 baguette muy delgada*
- *de 40 a 50 g de mantequilla*
- *de 80 a 100 g de queso beaufort, comté, emmental, de parmesano rallado o bien entre 100 y 125 g de queso gruyer o edam*

❶ Cortar el pan en rodajas de 5 o 6 mm de espesor.

❷ Untar con mantequilla las rebanadas de pan y espolvorearlas con el queso rallado o cubrirlas con una rebanada fina de queso gruyer o edam.

❸ Gratinar los diablitos bajo la parrilla del horno hasta que estén bien dorados y servirlos inmediatamente.

■ **Preparación:** 30 min ■ **Cocción:** alrededor de 5 min

> EN ALGUNOS PAÍSES SE LLAMA:
> Mantequilla: *manteca*.

Puré frío de anchoas

Para 200 g de puré

- *4 huevos*
- *75 g de filetes de anchoas saladas*
- *50 g de mantequilla*
- *hierbas finas*

❶ Cocer los huevos hasta que estén duros. Ponerlos a enfriar, pelarlos y separar las yemas de las claras.

❷ Desalar las anchoas, poniéndolas bajo un chorro de agua fría.

❸ Reducirlas a puré en un mortero o en la licuadora, junto con las yemas y la mantequilla.

❹ Añadir una cucharada de hierbas finas y mezclar. Servirlo muy fresco con rebanadas de pan tostado.

■ **Preparación:** 20 min

> **EN ALGUNOS PAÍSES SE LLAMA:**
> Anchoa: *anchova, boquerón*. Mantequilla: *manteca*.

Truchas inuits secas "Pissik"

Para 4 o 6 personas

- *3 o 4 truchas*
- *sal y pimienta*

❶ Descamar, vaciar y lavar las truchas. Luego, secarlas con mucho cuidado.

❷ Cortarles la cabeza. Abrir los pescados por el vientre para poder quitarles la espina dorsal; esto debe hacerse con mucho cuidado, pues es indispensable que los dos filetes se mantengan unidos por la piel del pescado. Extraer las espinas restantes con la ayuda de una pinza de depilar.

❸ En la carne de cada filete, practicar algunas incisiones en forma de rombo de 1 cm de lado, llegando hasta la piel pero teniendo cuidado de no cortarla.

❹ Condimentar con sal y pimienta al gusto.

❺ Precalentar el horno a 150 °C y meter el pescado durante 30 minutos para que se seque.

❻ Conservar a temperatura ambiente, dentro de una bolsa de tela bien cerrada y colgada en un lugar aireado. Servir como tentempié.

■ **Preparación:** 15 min ■ **Cocción:** 30 min

Entradas y entremeses calientes

Barquitos de anchoas y hongos

Para 10 barquitos

- *250 g de anchoas saladas*
- *250 g de masa para repostería (→ ver pág. 112)*
- *100 ml de salsa Bechamel (→ ver pág. 64)*
- *250 g de hongos*
- *1 cebolla grande*
- *30 g de mantequilla*
- *100 g de migajón de pan duro, del día anterior*

❶ Poner las anchoas a desalar colocándolas en un bol con agua, cambiando esta última varias veces.

❷ Precalentar el horno a 180 °C.

❸ Preparar la masa para repostería y dejarla reposar durante una hora. Estirarla con el rodillo y cortarla en 10 pedazos que se ajusten a los moldes para barquitos. Rellenar los moldes. Picar el fondo de la masa con un tenedor y cocerla durante 10 minutos.

❹ Preparar la salsa Bechamel.

❺ Pelar y cortar en cubitos los hongos y la cebolla. Saltearlos con 10 g de mantequilla, escurrir los dos ingredientes y mezclarlos con la salsa Bechamel.

❻ Desbaratar el migajón de pan y freírlo con el resto de la mantequilla.

❼ Cortar los filetes de anchoas en cuadritos y agregarlos a la salsa Bechamel y los demás ingredientes.

❽ Rellenar los barquitos con esta mezcla, espolvorear con migajón de pan y poner en el horno durante 10 minutos.

■ **Preparación:** 1 h ■ **Cocción:** alrededor de 10 min

> EN ALGUNOS PAÍSES SE LLAMA:
>
> Anchoa: *anchova, boquerón.* Mantequilla: *manteca.* Migajón: *borona, miga de pan, morona.* Rodillo: *bolillo, palo de amasar, palote, uslero.*

Barquitos de hongos

Para 10 barquitos

- *250 g de masa para repostería (→ ver pág. 112)*
- *1/2 kg de hongos*
- *3 chalotes medianos*
- *125 g de mantequilla*
- *1 cucharadita de perejil picado*
- *5 huevos*

❶ Precalentar el horno a 180 °C.

❷ Preparar la masa para repostería y dejarla reposar durante una hora. Estirarla con el rodillo y cortarla en 10 pedazos que se ajusten a los moldes para barquitos. Rellenar los moldes. Picar el fondo de la masa con un tenedor y cocerla durante 10 minutos.

❸ Pelar y cortar los hongos y los chalotes. Freírlos en un sartén con 50 g de mantequilla, revolviendo de manera frecuente, hasta que el agua de los vegetales se

- *50 g de migajón de pan duro, del día anterior*
- *sal y pimienta*

haya eliminado. Condimentar con sal y pimienta al gusto. Una vez que la mezcla esté cocida, agregarle el perejil picado.

❹ Preparar los huevos revueltos (→ ver pág. 239).

❺ Desbaratar el migajón de pan y freírlo en un sartén con 50 g de mantequilla.

❻ Extender una capa de huevos revueltos y luego una capa de hongos en cada barquito. Espolvorear con migajón de pan.

❼ Poner algunos minutos en el horno caliente.

■ **Preparación:** 40 min ■ **Cocción:** alrededor de 2 min

> **EN ALGUNOS PAÍSES SE LLAMA:**
> Chalote: *ascalonia, chalota, echalote, escalonia*. Mantequilla: *manteca*. Migajón: *borona, miga de pan, morona*. Rodillo: *bolillo, palo de amasar, palote, uslero*.

Barquitos de queso

Para 10 barquitos

- *250 g de masa para repostería (→ ver pág. 112)*
- *350 g de hongos*
- *80 g de mantequilla*
- *100 ml de salsa Bechamel (→ ver pág. 64)*
- *100 g de queso gruyer rallado*
- *50 g de pan molido o de rebozador*

❶ Precalentar el horno a 180 °C.

❷ Preparar la masa para repostería y dejarla reposar durante una hora. Estirarla y cortarla en 10 pedazos con forma de moldes para barquitos. Rellenar los moldes. Picar el fondo de la masa con un tenedor y cocerla durante 10 minutos.

❸ Pelar y cortar finamente los hongos y dorarlos en un sartén con 30 g de mantequilla.

❹ Preparar la salsa Bechamel, agregarle el queso gruyer y, posteriormente, los hongos salteados.

❺ Rellenar los barquitos con esta mezcla, espolvorear con pan molido o con rebozador, bañar con 50 g de mantequilla derretida y gratinar en horno caliente.

■ **Preparación:** 40 min ■ **Cocción:** 30 min

> **EN ALGUNOS PAÍSES SE LLAMA:**
> Mantequilla: *manteca*. Pan molido: *pan rallado*.

Bocadillos salados: preparación

Para 10 bocadillos de 8 a 10 cm de diámetro

- *1 kg de masa hojaldrada (→ ver pág. 114); también puede utilizarse una masa comercial*
- *1 huevo*

❶ Preparar la masa hojaldrada y dejarla reposar durante una hora.

❷ Extender la masa con el rodillo hasta que alcance unos 5 mm de espesor, aproximadamente. Con un sacabocados redondo y acanalado de 8 a 10 cm de diámetro, cortar 20 círculos. Sobre la placa humedecida, colocar 10 círculos, volteándolos para evitar que los bordes un poco oblicuos se retraigan durante la cocción.

❸ Barnizarlos con el huevo batido para que se doren.

❹ Con un sacabocados liso de 7 a 9 cm de diámetro, cortar el centro de los otros 10 círculos para obtener coronas. Colocar estas 10 coronas sobre los 10 círculos, superponiendo bien los bordes exteriores.

❺ Colocar la placa en el refrigerador durante 30 minutos.

❻ Precalentar el horno a 180 °C, deslizar la placa en el horno y cocer de 12 a 15 minutos.

❼ Con la punta de un cuchillo, separar con mucho cuidado la cubierta de cada bocadillo y retirar, de ser el caso, el excedente de masa que aún esté blanda en el interior.

❽ Rellenar los bocadillos con la guarnición elegida.

■ **Preparación:** 1 h ■ **Cocción:** alrededor de 15 min

■ **Reposo de la masa:** 2 h + 1 h 30 min

> **EN ALGUNOS PAÍSES SE LLAMA:**
> Refrigerador: *heladera, nevera.* Rodillo: *bolillo, palo de amasar, palote, uslero.*

Bocadillos a la benedictina

Para 10 bocadillos

- *1 kg de masa hojaldrada (→ ver pág. 114)*
- *1 kg 800 g de bacalao a la provenzal (→ ver pág. 345)*
- *125 g de trufas*

❶ Preparar los bocadillos (→ ver receta anterior), luego el bacalao a la provenzal. Precalentar el horno a 200 °C.

❷ Cortar 100 g de trufas en cuadritos y mezclarlos con el bacalao a la provenzal. Rellenar con esta mezcla los bocadillos.

❸ Cortar el resto de las trufas en 10 rodajas muy delgadas y colocar una sobre cada bocadillo. Poner en el horno durante 2 minutos.

■ **Preparación:** 1 h ■ **Cocción:** 2 min

■ **Reposo de la masa:** 2 h + 1 h 30 min

Bocadillos de foie gras y ostras

Para 10 bocadillos

- *1 kg de masa hojaldrada*
  (→ ver pág. 114)
- *10 ostras*
- *150 g de foie gras*
- *pimienta*

❶ Preparar los bocadillos (→ ver pág. 169).
❷ Abrir las ostras y extraerlas de su concha.
❸ Precalentar el horno a 250 °C. Colocar los bocadillos en el horno durante 5 minutos para que se calienten.
❹ Cortar el foie gras en 10 cuadrados. Poner un cuadrado en cada bocadillo, luego colocarle una ostra cruda encima.
❺ Espolvorear con pimienta blanca recién molida. Servir de inmediato.

■ **Preparación:** 1 h 15 min ■ **Cocción:** 5 min
■ **Reposo de la masa:** 2 h + 1 h 30 min

Bocadillos de yuca y queso

Para 6 personas

- *750 g de yuca*
- *4 cucharadas de queso fresco*
- *1/2 cucharadita de polvo de hornear*
- *1 cucharada de harina de trigo*
- *3 huevos separados*
- *sal al gusto*
- *aceite para freír*

❶ Cocer la yuca en agua con sal hasta que esté tierna.
❷ Escurrir y triturarla hasta formar un puré.
❸ Incorporar al puré de yuca el queso rallado, el polvo de hornear, la harina y las yemas de huevo. Salar y mezclar bien hasta que esté suave.
❹ Batir las claras a punto de nieve e incorporarlas a la mezcla con movimientos envolventes.
❺ Calentar abundante aceite en un sartén y freír pequeñas porciones de la mezcla en forma de tortitas, hasta que doren. Dejar escurrir en papel absorbente y servir.

■ **Preparación:** 30 min ■ **Cocción:** 15 min

> EN ALGUNOS PAÍSES SE LLAMA:
> Yuca: *mandioca.*

Buñuelitos al soufflé

Para 20 o 25 buñuelitos

- *250 g de masa para choux (→ ver pág. 113)*
- *aceite*
- *sal y pimienta*

❶ Preparar la masa para choux.
❷ Calentar el aceite.
❸ Con una cuchara, tomar un poco de masa. Con los dedos, darle forma de bolita (debe ser más o menos del tamaño de una nuez). Dejarla caer en el aceite caliente. Cocer de 8 a 10 buñuelitos a la vez hasta que estén bien dorados.
❹ Retirarlos del aceite con una espumadera, escurrirlos sobre papel absorbente y agregar sal y pimienta al gusto.

Los buñuelitos al soufflé pueden aromatizarse con anchoas, queso o cebolla. Mezclar al gusto el ingrediente elegido con la masa para choux.

■ **Preparación:** 30 min ■ **Cocción:** de 15 a 20 min

EN ALGUNOS PAÍSES SE LLAMA:
Anchoa: *anchova, boquerón.*

Capuchinos

Para 8 tartaletas

- *200 g de masa para repostería (→ ver pág. 112)*
- *1/2 kg de masa para choux (→ ver pág. 113)*
- *75 g de queso gruyer rallado*

❶ Preparar la masa para repostería.
❷ Rellenar los moldes y dejar reposar en un lugar frío durante una hora.
❸ Precalentar el horno a 190 °C. Preparar la masa para choux agregándole, al final, después de los huevos, el queso gruyer rallado.
❹ Poner la masa en una manga con duya y colocar una bolita de masa en cada tartaleta (o moldear una bolita con una cuchara humedecida con agua fría en cada ocasión).
❺ Cocer en el horno alrededor de 20 minutos. Servir muy caliente.

■ **Preparación:** 30 min ■ **Reposo:** 1 h
■ **Cocción:** 20 min

EN ALGUNOS PAÍSES SE LLAMA:
Duya: *boquillas.*

Carimañolas

Para 6 personas

- *500 g de yuca*
- *1 yema de huevo*
- *200 g de queso fresco*
- *aceite para freír*
- *sal*

❶ Pelar la yuca y cortarla en trozos grandes, hervir en agua con sal hasta que esté suave, escurrir y moler caliente.

❷ Agregar la yema, amasar bien.

❸ Tomar pequeñas porciones de masa y darles forma de bolas del tamaño que se desee.

❹ Hacer un hueco y rellenar con queso desmenuzado.

❺ Cerrar el hueco y darle forma ovalada.

❻ Freír en aceite caliente hasta que estén doradas, escurrir en papel absorbente.

■ **Preparación:** 20 min ■ **Cocción:** 30 min

> **EN ALGUNOS PAÍSES SE LLAMA:**
> Yuca: *mandioca.*

Choux de la huerta

Para 4 o 6 personas

- *300 g de masa para choux (→ ver pág. 113)*
- *400 g de chícharos congelados*
- *200 g de ejotes congelados*
- *200 g de puntas de espárragos congeladas*
- *100 ml de crema fresca*
- *sal y pimienta*

❶ Precalentar el horno a 200 °C. Preparar la masa para choux.

❷ Sobre la placa del horno, distribuir la masa en pequeñas manchas, ya sea con una cuchara o con la manga con duya y cocer los choux durante 25 minutos. Posteriormente, dejarlos enfriar.

❸ Descongelar todas las verduras y cocerlas por separado en agua hirviendo con sal.

❹ Triturar una después de la otra en la licuadora o con el pasapuré.

❺ Mezclar todos los purés en una cacerola y luego, a fuego lento, agregarle la crema fresca. Probar y, de ser necesario, añadir sal y pimienta al gusto.

❻ Colocar el puré en una manga con una duya puntiaguda y rellenar los choux picando con la duya desde abajo.

❼ Volverlos a calentar lentamente en el horno, a 160 °C, cubiertos con una hoja de papel aluminio, antes de servirlos.

■ **Preparación:** 40 min ■ **Cocción:** 35 min

> **EN ALGUNOS PAÍSES SE LLAMA:**
>
> Chícharo: *alverja, arveja, guisante, petit pois*. Crema: *nata*. Duya: *boquillas*. Ejote: *chaucha, judía verde, poroto verde, vaina, vainica, vainita*. Pasapuré: *machacador, pisapapas, pisapuré*.

Choux de queso

Para 10 choux, aproximadamente

- *1/2 kg de masa para choux (→ ver pág. 113)*
- *300 ml de salsa Bechamel (→ ver pág. 64)*
- *75 g de queso gruyer o chester o 50 g de queso parmesano rallado*
- *sal y pimienta*

❶ Precalentar el horno a 200 °C.

❷ Preparar la masa para choux.

❸ Cubrir la placa de horno con papel encerado, distribuir la masa en pequeñas manchas, ya sea con una cuchara o con una manga con duya y cocer los choux durante 25 minutos. Posteriormente, dejarlos enfriar.

❹ Preparar la salsa Bechamel y agregarle, al final de la cocción, el queso elegido y nuez moscada rallada.

❺ Colocar la salsa Bechamel en una manga con duya puntiaguda y rellenar los choux, picando con la duya desde abajo.

❻ Volver a calentar los choux lentamente en el horno a 160 °C, cubiertos con una hoja de papel aluminio, alrededor de 10 minutos.

> La cantidad de queso puede reducirse a la mitad y reemplazarse con 75 g de jamón cortado en cubitos.

■ **Preparación:** 30 min ■ **Cocción:** alrededor de 35 min

> **EN ALGUNOS PAÍSES SE LLAMA:**
> Duya: *boquillas*.

Cofrecitos de higos rellenos de queso de cabra y ensalada de ejotes con pasitas

Para 4 personas

- *250 g de masa hojaldrada*
  (→ ver pág. 114)
- *60 g de pasitas*
- *100 ml de salsa vinagreta*
  (→ ver pág. 100)
- *1 huevo*
- *400 g de ejotes delgados*
- *2 piezas pequeñas de queso*
  de cabra
- *8 higos*
- *1/2 manojo de cebollín*
- *almendras fileteadas*

❶ Preparar la masa hojaldrada. Precalentar el horno a 210 °C. Extender la masa hasta que quede muy delgada. Con un sacabocados acanalado cortar 8 círculos de masa de 6 cm de diámetro, barnizarlos con huevo y colocarlos sobre una placa cubierta con papel encerado.

❷ Preparar la salsa vinagreta y poner a macerar en ella las pasitas.

❸ Limpiar, lavar y cocer en agua salada los ejotes entre 10 y 15 minutos. Éstos deben quedar "al dente".

❹ Partir cada pieza de queso de cabra en cuatro partes. Cortar los higos a una altura de 1 cm y medio y guardar las tapitas. Extraer un tercio de la pulpa de los higos. Picar el cebollín.

❺ Rellenar cada higo con un pedazo de queso de cabra. Colocar un higo relleno sobre cada circulito de masa hojaldrada y recubrir las orillas y el exterior con una capa de huevo. Cocer en el horno durante 20 minutos. Cuando hayan pasado 15 minutos, volver a colocar su tapita a cada higo.

❻ Sazonar los ejotes con la vinagreta de pasitas y agregarles el cebollín picado.

❼ Colocar sobre cada plato una cama de verduras, ponerle encima dos cofrecitos de higo y decorar con los filetes de almendras.

■ **Preparación:** 1 h ■ **Cocción:** 20 min

> **EN ALGUNOS PAÍSES SE LLAMA:**
>
> Cebollín: *cebolleta, cebollino, ciboulette.* Ejote: *chaucha, judía verde, poroto verde, vaina, vainica, vainita.* Pasitas: *pasas, pasas de uva, uvas pasas, uvas secas.*

Cortezas de pan de caja: preparación

❶ Cortar un pan de caja duro, ya sea redondo o cuadrado, en rebanadas de aproximadamente 5 o 6 cm de espesor, calculando una rebanada por persona. Con la punta de un cuchillo, hacer una incisión circular profunda, de entre 4 y 5 cm, en la parte de arriba, pero sin desprender aún el migajón.

❷ Freír las cortezas en aceite muy caliente (180 °C) y luego quitarles el exceso de grasa.

❸ Retirar todo el migajón que haya sido delimitado por la incisión.

❹ Colocar las cortezas del pan sobre la puerta abierta del horno ya caliente, hasta el momento en que se vayan a rellenar con la guarnición.

■ **Preparación:** 15 min ■ **Cocción:** de 5 a 10 min

> EN ALGUNOS PAÍSES SE LLAMA:
> Migajón: *borona, miga de pan, morona.* Pan de caja: *pan de molde, pan inglés o pan lactal.*

Cortezas con médula

Para 4 personas

- *4 cortezas de pan de caja* (→ *ver receta anterior*)
- *100 ml de base de ternera*
- *1/2 kg de médula de res*
- *5 o 6 chalotes*
- *50 ml de vino blanco*
- *sal y pimienta*

❶ Preparar las cortezas de pan de caja cuadradas, cortándolas de 2 cm de espesor y de 4 cm de lado.

❷ Preparar la base de ternera y dejar que se reduzca a la mitad.

❸ Poner a hervir agua con sal en una cacerola, sumergir la médula y cocerla durante unos 10 minutos, a fuego muy bajo (el agua no debe soltar el hervor).

❹ Escurrir la médula. Cortar 4 rodajas y el resto cortarlo en cuadritos.

❺ Pelar y picar los chalotes. Ponerlos en una cacerola junto con el vino blanco, y cocerlos a fuego bajo durante aproximadamente 10 minutos.

❻ Precalentar el horno a 250 °C. Mezclar los cuadritos de médula con la base de ternera reducida. Agregar en seguida los chalotes al vino blanco y repartir esta preparación sobre las cortezas. Colocar una rodaja de médula sobre cada corteza. Espolvorearlas con el migajón de pan.

❼ Condimentar las cortezas con pimienta y gratinarlas durante unos 10 minutos. Servir de inmediato.

■ **Preparación:** 30 min ■ **Cocción:** alrededor de 10 min

> EN ALGUNOS PAÍSES SE LLAMA:
> Chalote: *ascalonia, chalota, echalote, escalonia.* Migajón: *borona, miga de pan, morona.*

Crepas al roquefort

Para 8 o 10 crepas

- *300 g de masa para crepas saladas (→ ver pág. 113)*
- *250 ml de salsa Bechamel (→ ver pág. 64)*
- *de 60 a 80 g de queso roquefort*
- *pimienta, nuez moscada*
- *15 g de mantequilla*
- *30 g de queso rallado*

❶ Preparar la masa para crepas y dejarla reposar durante 2 horas.
❷ Elaborar las crepas y mantenerlas calientes.
❸ Preparar la salsa Bechamel.
❹ Triturar el queso roquefort con un tenedor hasta convertirlo en pasta y mezclarlo con la salsa Bechamel. Remover bien, añadir pimienta y una ralladura de nuez moscada.
❺ Precalentar el horno a 280 °C.
❻ Rellenar las crepas con una cucharada grande de la mezcla y enrollarlas.
❼ Engrasar levemente con mantequilla una charola para horno.
❽ Espolvorear las crepas con queso rallado y gratinarlas en el horno durante 10 minutos.

■ **Preparación:** 45 min ■ **Reposo:** 2 h ■ **Cocción:** 10 min

> EN ALGUNOS PAÍSES SE LLAMA:
> Charola: *asadera.* Crepas: *crêpes, panquecas, panqueques, tortitas.* Mantequilla: *manteca.*

Crepas de anchoas

Para 4 personas

- *1 lata de anchoas saladas*
- *250 g de masa para crepas saladas (→ ver pág. 113)*
- *350 ml de salsa Bechamel (→ ver pág. 64)*

❶ Colocar las anchoas en una ensaladera para desalarlas bajo un chorro de agua (calcular cuatro filetes de anchoas por persona).
❷ Preparar la masa para crepas y dejarla reposar durante 2 horas.
❸ Elaborar ocho crepas. Mantenerlas calientes en un plato colocado sobre un baño maría.

- 1 latita de anchoas en aceite
- 10 g de mantequilla
- 30 g de pan molido o rebozador

❹ Preparar la salsa Bechamel sin añadirle sal y reducirla hasta que adquiera una consistencia bastante espesa.

❺ Moler las anchoas en el mortero o en la licuadora hasta reducirlas a puré y mezclarlas con la salsa Bechamel. Cortar en pedacitos pequeños 8 filetes de anchoas en aceite. Con una cuchara, distribuir la salsa Bechamel con anchoas sobre cada crepa y espolvorear con los pedacitos de filetes de anchoas en aceite.

❻ Engrasar con mantequilla una charola para horno. Plegar las crepas en cuatro y acomodarlas en la charola. Espolvorear con pan molido y dejar que se cuezan 3 o 4 minutos en la parrilla del horno.

■ **Preparación:** 30 min ■ **Cocción:** de 3 a 4 min

> **EN ALGUNOS PAÍSES SE LLAMA:**
> Anchoa: *anchova, boquerón*. Charola: *asadera*. Crepas: *crêpes, panquecas, panqueques, tortitas*. Mantequilla: *manteca*. Pan molido: *pan rallado*.

Crepas de huevo y queso

Para 4 personas

- 1/2 kg de masa para crepas saladas (→ ver pág. 113)
- 20 g de mantequilla baja en sal
- 4 huevos
- 120 g de queso rallado
- sal y pimienta

❶ Preparar la masa para crepas con harina de trigo sarraceno y dejarla reposar durante dos horas.

❷ Derretir la mantequilla en un sartén y verter la masa con un cucharón. Las crepas deben ser lo suficientemente gruesas.

❸ Luego de voltearlas para cocer el otro lado, romper el huevo y echarlo en el centro de la crepa. Una vez que la clara esté cocida, añadir un poco de sal y pimienta, espolvorear con queso rallado y plegar cada crepa en cuadros. Servir inmediatamente.

■ **Preparación:** 15 min ■ **Reposo:** 2 h
■ **Cocción:** de 15 a 20 min

> **EN ALGUNOS PAÍSES SE LLAMA:**
> Crepas: *crêpes, panquecas, panqueques, tortitas*. Mantequilla: *manteca*.

Crepas de jamón

Para 8 o 10 crepas

- *300 g de masa para crepas saladas (→ ver pág. 113)*
- *250 ml de salsa Bechamel (→ ver pág. 64)*
- *150 g de jamón (cocido o ahumado)*
- *100 g de queso rallado*
- *40 g de mantequilla*
- *sal, pimienta y nuez moscada*

❶ Preparar las crepas y conservarlas en un plato colocado sobre un baño maría.

❷ Preparar la salsa Bechamel, rallar un poco de nuez moscada.

❸ Cortar el jamón en cubitos y agregarlo, junto con 50 g de queso rallado. Dejar entibiar.

❹ Precalentar el horno a 280 °C. Engrasar con mantequilla una charola para horno.

❺ Colocar una buena cucharada de salsa Bechamel sobre cada crepa, distribuir la salsa, enrollar las crepas y acomodarlas en la charola. Espolvorear las crepas con el queso parmesano restante.

❻ Bañar con mantequilla derretida y gratinar en el horno durante 10 minutos.

■ **Preparación:** 45 min ■ **Cocción:** alrededor de 10 min

> **EN ALGUNOS PAÍSES SE LLAMA:**
> Charola: *asadera.* Crepas: *crêpes, panquecas, panqueques, tortitas.* Mantequilla: *manteca.*

Crepas de queso

Para 4 personas

- *8 crepas*
- *350 ml de salsa Bechamel (→ ver pág. 64)*
- *130 g de queso gruyer o de queso parmesano rallado*

Proceder de la misma manera que con las crepas de anchoas (→ ver pág. 176), simplemente reemplazando las anchoas de la salsa Bechamel por 100 g de queso gruyer o de queso parmesano rallado y espolvoreando las crepas con el resto del queso antes de colocarlas en la parrilla del horno para que se gratinen.

■ **Preparación:** 20 min ■ **Cocción:** de 3 a 4 min

> **EN ALGUNOS PAÍSES SE LLAMA:**
> Crepas: *crêpes, panquecas, panqueques, tortitas.*

Crepas saladas a la francesa

Para unas 10 crepas

- 10 g de levadura de panadería
- 25 g de harina de trigo candeal
- 400 ml de leche
- 2 huevos
- 50 ml de crema fresca
- 125 g de harina
- 1 buena pizca de sal
- mantequilla

❶ Diluir, en una ensaladera, la levadura de panadería y la harina de trigo candeal con 250 ml de leche. Mezclar y dejar que se eleve durante 20 minutos en un ambiente tibio.

❷ Mientras tanto, romper los huevos separando las claras de las yemas. Montar las claras a punto de turrón. Batir la crema fresca.

❸ Cernir la harina en la ensaladera, agregar las yemas de huevo, el resto de la leche, previamente entibiada, y la sal. Revolver sin homogeneizar demasiado. En el último momento, añadir las claras a punto de turrón y la crema batida. Dejar que la masa repose durante aproximadamente una hora.

❹ Cocer las crepas en mantequilla, en un sartén pequeño, específico para tal fin.

Servir con salmón ahumado o con hueva de salmón.

■ **Preparación:** 35 min ■ **Reposo:** 1 h

■ **Cocción:** de 20 a 30 min

> **EN ALGUNOS PAÍSES SE LLAMA:**
>
> A punto de turrón: *a punto de nieve*. Crema: *nata*. Crepas: *crêpes, panquecas, panqueques, tortitas*. Mantequilla: *manteca*.

Cromesquis de la casa

Para 4 o 6 personas

- 1/2 kg de carne de res
- 1/2 kg de masa para freír (→ ver pág. 115)
- 1 cebollita de Cambray
- 15 g de mantequilla
- 150 g de harina
- aceite
- sal

❶ Poner a calentar el agua en una cacerola grande. Colocar en ella la carne de res. Cocerla durante una hora a fuego lento. Espumar.

❷ Mientras tanto, preparar la masa para freír. Dejarla una hora en un lugar fresco y fuera de la luz directa.

❸ Retirar la carne de la cacerola y reducir el caldo hasta que queden aproximadamente 200 ml.

❹ Pelar y picar las cebollitas de Cambray. Derretir la mantequilla en una cacerola y agregarle la cebolla hasta que comience a dorarse.

❺ Espolvorear una cucharada de harina y cocer durante 5 minutos sin dejar de revolver.

⑥ Agregar el caldo poco a poco, revolver bien y cocer otros 15 minutos a fuego muy bajo.

⑦ Cortar la carne en cubitos muy pequeños e incorporarlos a la salsa. Volver a calentar. Posteriormente, dejar que se enfríe por completo.

⑧ Dividir la preparación en porciones de 60 a 70 g, moldearlas como si fueran tapitas. Hacerlas rodar por la harina y luego por la masa para freír. Sumergirlas paulatinamente en el aceite caliente (a 170 °C). Cuando estén bien doradas, escurrirlas, secarlas y añadirles sal al gusto.

■ **Preparación:** 15 min ■ **Cocción:** alrededor de 1 h 30 min

> **EN ALGUNOS PAÍSES SE LLAMA:**
>
> Cebollita(s) de Cambray: *cebolla china, cebolla de almácigo, cebolla de verdeo, cebolla en rama, cebolla junca, cebolleta(s), cebollín.* Mantequilla: *manteca.*

Croque-monsieur

Para 4 personas

- *150 g de mantequilla*
- *8 rebanadas de pan de caja de 10 a 12 cm de lado*
- *4 rebanadas de queso gruyer del tamaño del pan*
- *2 rebanadas de jamón*

❶ Sacar la mantequilla del refrigerador con una hora de anticipación.

❷ Untar ligeramente con mantequilla cada rebanada de pan.

❸ Cortar las rebanadas de jamón en dos.

❹ Sobre 4 rebanadas de pan, colocar una rebanada de queso, luego una de jamón, luego otra rebanada de pan con mantequilla (con la mantequilla hacia adentro).

❺ Derretir un pedazo de mantequilla en un sartén y poner ahí los croque-monsieur, a fuego lento, hasta que se doren. Luego, agregar un poco más de mantequilla al sartén y dorarlos del otro lado. Voltearlos con la ayuda de dos espátulas o con un tenedor. Si no se van a servir inmediatamente, mantenerlos en el horno caliente.

croque-madame:
agregar un huevo estrellado sobre cada croque-monsieur.

■ **Preparación:** 15 min ■ **Cocción:** 20 min

> **EN ALGUNOS PAÍSES SE LLAMA:**
>
> Mantequilla: *manteca.* Pan de caja: *pan de molde, pan inglés o pan lactal.* Refrigerador: *heladera, nevera.*

Croquetas de bacalao

Para 4 o 6 personas

- 300 g de bacalao
- 1/2 litro de salsa de tomate
  (→ ver pág. 80)
- 250 g de puré de papas
  (→ ver pág. 805)
- 100 ml de salsa Bechamel
  (→ ver pág. 64)
- aceite

❶ Poner a desalar el bacalao desde la noche anterior.
❷ Preparar el bacalao (→ ver pág. 343).
❸ Elaborar la salsa de tomate.
❹ Preparar el puré de papas.
❺ Hacer la salsa Bechamel con 15 g de harina, 15 g de mantequilla y 100 ml de leche, para que esté bien espesa.
❻ Cocer el bacalao en agua hirviendo durante 10 minutos.
❼ Calentar el aceite.
❽ Desmenuzar muy finamente el bacalao, retirándole todas las espinas. Luego, mezclarlo con el puré de papas y la salsa Bechamel.
❾ Con las manos, formar bolitas del tamaño de un huevo y freírlas en el aceite previamente calentado a 180 °C. Cubrirlas con salsa de tomate y servirlas bien calientes.

■ **Preparación:** 1 h ■ **Cocción:** alrededor de 15 min

> **EN ALGUNOS PAÍSES SE LLAMA:**
> Bacalao: *abadejo*. Mantequilla: *manteca*.

Croquetas de queso

Para 4 o 6 personas

- 1/2 litro de salsa Bechamel
  (→ ver pág. 64)
- 50 ml de crema fresca
- 125 g de queso rallado
- 400 g de pan molido a la
  inglesa (→ ver pág. 104)
- aceite
- sal y pimienta
- nuez moscada

❶ Preparar la salsa Bechamel, aumentando un poco las proporciones de harina y de mantequilla (75 g de cada una por cada 1/2 litro de leche). Agregar la crema y después el queso. Mezclar hasta obtener una pasta homogénea.
❷ Añadir sal, pimienta y un poco de nuez moscada rallada. Dejar enfriar. Preparar el pan molido a la inglesa.
❸ Dividir la salsa Bechamel con queso en porciones del tamaño de un huevo pequeño. Redondearlas con las manos y pasar cada una por el pan molido. Luego, sumergirlas en el aceite previamente calentado a 180 °C hasta que estén bien doradas.
❹ Escurrirlas. Servirlas bien calientes.

■ **Preparación:** 30 min ■ **Cocción:** de 15 a 20 min

> **EN ALGUNOS PAÍSES SE LLAMA:**
> Crema: *nata*. Mantequilla: *manteca*.

Croquetas de res

Para 4 o 6 personas

- 1/2 litro de salsa de tomate
  (→ ver pág. 80)
- 250 g de carne de res cocida
- 200 ml de salsa Bechamel
  (→ ver pág. 64)
- 1 yema de huevo
- 80 g de jamón
- aceite
- 400 g de pan molido a la
  inglesa (→ ver pág. 104)
- 1 ramito de perejil

❶ Preparar la salsa de tomate (o descongelarla), y agregarle suficiente pimienta. Mantenerla caliente.

❷ Utilizar un sobrante de caldo de res o bien cocer el pedazo de carne de res entre 15 y 20 minutos como para hacer un caldo.

❸ Preparar la salsa Bechamel y agregarle, fuera del fuego, la yema de huevo. Volverla a calentar a fuego bajo. Cortar la carne de res y el jamón en daditos pequeños y mezclarlos con la salsa Bechamel. Probar y, de ser necesario, condimentar. Dejar enfriar.

❹ Calentar el aceite.

❺ Preparar el pan molido a la inglesa.

❻ Dividir la preparación en bolitas del tamaño de un huevo (de 50 a 70 g). Darles vuelta con las manos. Pasar cada bolita por el pan molido y luego freírlas en el aceite previamente calentado a 180 °C. Mantenerlas calientes.

❼ Freír el perejil (→ ver pág. 781).

❽ Acomodar las croquetas en una fuente y decorarlas con perejil frito. Servir la salsa de tomate en una salsera.

■ **Preparación:** 1 h ■ **Cocción:** de 15 a 20 min

Croquetas Montrouge

Para 4 o 6 personas

- 600 g de hongos
- 30 g de mantequilla
- 80 g de migajón de pan
- 100 ml de leche
- 150 g de jamón
- 2 cucharadas de perejil picado
- 400 g de pan molido a la
  inglesa (→ ver pág. 104)
- 4 yemas de huevo
- sal y pimienta
- aceite

❶ Lavar y cortar los hongos en cuadritos. Derretir la mantequilla en un sartén y sofreír ahí los hongos hasta que se evapore toda el agua.

❷ Poner a remojar el migajón en la leche.

❸ Picar el jamón y el perejil.

❹ Preparar el pan molido a la inglesa.

❺ Mezclar los hongos, el migajón de pan escurrido (exprimirlo con las manos), el jamón y el perejil. Agregar una por una las yemas de huevo, revolviendo bien cada vez. Probar y, de ser necesario, sazonar.

❻ Calentar el aceite.

❼ Con las manos, formar bolitas del tamaño aproximado de una mandarina. Luego, aplanarlas ligeramente, empanizarlas y freírlas en el aceite previamente calentado a 180 °C. Dejarlas escurrir, secarlas con un papel absorbente, espolvorearlas con sal fina y servirlas bien calientes.

■ **Preparación:** 30 min

■ **Cocción:** de 15 a 20 min, aproximadamente

> EN ALGUNOS PAÍSES SE LLAMA:
> Empanizar: *empanar, rebozar.* Mantequilla: *manteca.* Migajón: *borona, miga de pan, morona.*

Cuernitos de queso

Para 4 personas

- *4 cuernitos*
- *40 g de mantequilla*
- *200 g de queso gruyer o emmental*
- *pimienta*

❶ Precalentar el horno a 275 °C. Abrir los cuernitos a la mitad y untarles mantequilla por dentro.
❷ Cortar el queso en rebanadas muy delgadas y distribuirlo en el interior de cada cuernito. Agregar pimienta al gusto.
❸ Colocar los cuernitos en la bandeja del horno y calentarlos hasta que el queso se haya derretido. Servir muy caliente.

■ **Preparación:** 10 min ■ **Cocción:** alrededor de 10 min

> EN ALGUNOS PAÍSES SE LLAMA:
> Cuernitos: *croissants, cruasanes, medialunas, medias lunas.* Mantequilla: *manteca.*

Empanadas argentinas

Para 4 personas (alrededor de 12 empanadas)

- *400 g de masa hojaldrada (→ ver pág. 114) o 12 discos comerciales de masa para empanadas*
- *500 g de relleno de carne (→ ver pág. 106)*
- *aceite para freír (opcional)*

❶ Preparar la masa hojaldrada y dejarla reposar durante 15 minutos. Extenderla con el rodillo hasta que alcance aproximadamente 3 mm de espesor. Cortar los discos para las empanadas de 12 cm de diámetro. Cubrir con un trapo húmedo hasta el momento de rellenarlos.
❷ Precalentar el horno a 250 °C.
❸ Colocar un poco de relleno en el centro de cada disco. Se deben dejar 6 mm libres de relleno alrededor de toda la circunferencia del disco para poder pegarlo.
❹ Con un pincel embebido en agua, barnizar los bordes de masa, luego, plegar las empanadas y presionar los bordes con los dedos para que suelden bien.

❺ Realizar el repulgue, plegando la masa desde la esquina de la empanada, superponiéndola sucesivamente con los dedos, de manera que selle bien. Si se desea, se pueden pegar, presionando los bordes de masa con los dientes de un tenedor.

❻ A medida que se van preparando las empanadas, colocarlas en una charola para horno engrasada con aceite. Picar la parte de arriba de las empanadas con un palillo de madera. Si se desea, se las puede barnizar con huevo batido para que tomen brillo.

❼ Hornearlas alrededor de 25 minutos, sin abrir el horno, hasta que adquieran un color dorado. Retirarlas del horno y dejarlas enfriar durante 5 minutos antes de servir. Si se desea, en lugar de hornearlas pueden freírse sumergiéndolas en una olla con aceite caliente, en este caso no se les barnizará con huevo y el tiempo de cocción sólo es el necesario para que las empanadas se doren y pierdan todo el color blanco de la masa. Se recomienda no voltear las empanadas durante la cocción.

Si bien constituyen un entremés, las empanadas pueden ser un plato único si se las acompaña de una ensalada verde. Además, pueden congelarse con mucha facilidad, por lo que pueden prepararse en mayores cantidades. Para ello, colocarlas en una fuente dentro del congelador hasta que estén como "piedra" y luego, ponerlas en bolsas especiales para congelación y utilizarlas, según necesidad, colocándolas en una charola engrasada con aceite y dejándolas retomar la temperatura ambiente antes de cocerlas.

■ **Preparación:** 30 min

■ **Cocción:** 25 min (en horno) o 10 min (en aceite)

> **EN ALGUNOS PAÍSES SE LLAMA:**
> Charola: *asadera*. Palillos de madera: *escarbadientes, mondadientes*. Rodillo: *bolillo, palo de amasar, palote, uslero*. Trapo: *paño, repasador, toalla o trapo de cocina*.

Empanaditas de yuca

Para 6 personas

- 125 g de carne molida
- 1 cebolla roja pequeña
- 1 chile verde
- 5 hojas de hierbabuena
- 1 pizca de orégano
- pimienta negra molida
- 1 cucharada de pasta de tomate
- 1/4 taza de pasitas
- 500 g de yuca
- 1 diente de ajo
- 2 tazas de aceite
- sal al gusto

❶ Freír en un poco de aceite la carne molida, picar finamente la cebolla, el chile verde, la hierbabuena y agregar a la carne, sazonar con sal, pimienta y orégano. Revolver hasta que se cueza uniformemente.

❷ Agregar dos cucharadas de agua, la pasta de tomate y las pasitas. Dejar que se guise a fuego medio. Ajustar el agua de ser necesario.

❸ Dejar que todo el líquido se evapore, reservar.

❹ Hervir la yuca pelada en agua con un diente de ajo y sal hasta que ablande. Retirar del fuego antes de que se deshaga. Eliminar el agua y el ajo.

❺ Triturar la yuca y dejar enfriar a temperatura ambiente.

❻ Amasar la yuca con las manos. Separar en bolitas de dos cucharadas de masa cada una. Extender cada bolita con un rodillo entre dos hojas de papel encerado hasta que alcance aproximadamente 4 mm de espesor. Agregar una cucharadita de relleno, doblar y cerrar presionando las orillas. Recortar los bordes dándole forma de media luna.

❼ Freír en aceite hasta que doren, escurrir.

■ **Preparación:** 50 min ■ **Cocción:** 15 min

> **EN ALGUNOS PAÍSES SE LLAMA:**
>
> Carne molida: *carne picada*. Chile: *ají cumbarí, ají picante, conguito, guindilla, ñora, páprika (picante), pimentón picante, pimiento picante*. Pasitas: *pasas, pasas de uva, uvas pasas, uvas secas*. Rodillo: *bolillo, palo de amasar, palote, uslero*. Yuca: *mandioca*.

Ensalada tibia de lentejas

Para 4 o 6 personas

- 350 g de lentejas verdes
- 3 dientes de ajo
- 2 cebollas
- 2 clavos de olor
- 15 g de mantequilla
- 1 ramita de tomillo
- 1 hoja de laurel

❶ Remojar las lentejas durante una hora y después lavarlas. Partir en dos los dientes de ajo. Picar una cebolla. Derretir la mantequilla en una olla y saltear a fuego alto el ajo, la cebolla picada, el tomillo y el laurel, durante algunos minutos, para que se doren.

❷ Poner las lentejas en la olla, agregar el vino y la segunda cebolla, mechada con un clavo de olor y sal. Poner a hervir y, una vez que hierva, bajar el fuego y cocer durante 40 minutos.

- *700 ml de vino blanco*
- *2 chalotes*
- *6 cucharadas de aceite de oliva*
- *2 cucharadas de vinagre de vino tinto*
- *250 g de tocino rebanado*
- *2 cucharadas de perejil*

❸ Picar los chalotes. Preparar la vinagreta e incorporar los chalotes. Dorar las rebanadas de tocino en un sartén antiadherente y luego escurrirlas para que suelten toda la grasa.

❹ Retirar el tomillo y el laurel, escurrir las lentejas, verterlas en un recipiente hondo precalentado. Agregar el tocino, bañar con la vinagreta, mezclar y espolvorear con perejil finamente picado.

■ **Remojo:** 1 h ■ **Preparación:** 1 h 30 min
■ **Cocción:** 40 min

> En algunos países se llama:
>
> Chalote: *ascalonia, chalota, echalote, escalonia*. Mantequilla: *manteca*. Tocino: *bacon, larda de tocino, panceta, tocineta*.

Flan a la bordelesa

Para 4 personas

- *1 tarta de 18 cm (→ ver pág. 199)*
- *100 ml de salsa bordelesa (→ ver pág. 76)*
- *1/2 litro de caldo de res (→ ver pág. 53)*
- *1/2 kg de médula de res*
- *2 o 3 setas grandes*
- *2 cucharadas de aceite*
- *300 g de jamón*
- *100 g de migajón de pan*
- *20 g de mantequilla*
- *1 cucharada de perejil*
- *sal y pimienta*

❶ Preparar la tarta con 250 g de masa para tarta y hornearla.

❷ Hacer la salsa bordelesa y conservarla caliente.

❸ Poner a calentar el caldo de res y cocer la médula de 10 a 15 minutos a hervores muy ligeros.

❹ Limpiar las setas y cortarlas en rebanadas delgadas.

❺ Calentar el aceite en un sartén y saltear las setas. Agregar sal y pimienta. Después, escurrirlas sobre un papel absorbente.

❻ Cortar el jamón en cuadritos. Desmoronar el migajón de pan.

❼ Escurrir la médula. Sacar 6 u 8 rebanadas gruesas y el resto cortarlo en cuadritos.

❽ Precalentar el horno a 275 °C. Agregar a la salsa los cuadritos de jamón y de médula, revolver bien y verter todo sobre la tarta.

❾ Distribuir en la superficie las rodajas de médula y las setas, alternándolas. Derretir la mantequilla y bañar con ella la superficie del flan.

❿ Gratinar en el horno alrededor de 10 o 12 minutos. Servir caliente, espolvoreándolo con el perejil finamente picado.

■ **Preparación:** 40 min ■ **Cocción:** de 10 a 12 min

> En algunos países se llama:
>
> Mantequilla: *manteca*. Médula de res: *caracú, tuétano*. Migajón: *borona, miga de pan, morona*.

Hojaldre de anchoas

Para 4 o 6 personas

- *200 g de relleno para pescado (→ ver pág. 108)*
- *50 g de mantequilla de anchoas (→ ver pág. 37)*
- *80 g de filetes de anchoas en aceite*
- *1/2 kg de masa hojaldrada (→ ver pág. 114)*
- *1 huevo*

① Preparar el relleno para pescado y la mantequilla de anchoas. Agregar la mantequilla al relleno y mezclar bien.

② Secar las anchoas en un papel absorbente.

③ Extender la masa hojaldrada (utilizar una masa ya preparada) de manera que alcance un espesor de 3 mm. Cortarla en dos tiras: una de 10 × 24 cm y la otra de 12 × 26 cm.

④ Precalentar el horno a 240 °C. Colocar la tira más pequeña de masa hojaldrada sobre una placa recubierta de papel de aluminio.

⑤ Con una cuchara, cubrir la mantequilla de anchoas con el relleno para pescado sin rebasar los 5 mm de espesor ni llegar a los bordes del rectángulo. Dejar 1 cm de masa sin recubrir.

⑥ Acomodar los filetes de anchoas encima del relleno. Luego, cubrirlos con una segunda capa de relleno y extenderlo bien. Con un pincel remojado en agua, humectar las orillas de la masa.

⑦ Colocar el segundo rectángulo sobre el relleno y pegar ambos bordes presionando bien con los dedos. Con la ayuda de un pincel, barnizar el hojaldre con el huevo batido para que se dore.

⑧ Con un cuchillo, hacer una pequeña incisión sobre la masa. Introducir un pedacito de papel enrollado que sirva de chimenea.

⑨ Hornear durante 25 minutos y servir caliente.

■ **Preparación:** 1 h ■ **Cocción:** 25 min

> **EN ALGUNOS PAÍSES SE LLAMA:**
> Anchoa: *anchova, boquerón.*

Hojaldre de mariscos

Para 4 o 6 personas

- *400 g de masa hojaldrada (→ ver pág. 114)*

① Preparar la masa hojaldrada y dejarla reposar durante 2 horas.

② Calentar el caldo para pescado. Cuando esté hirviendo, sumergir los langostinos durante 5 minutos, luego retirarlos, pelarlos y cortar la parte carnosa en pedacitos.

- 1/2 litro de caldo para pescado (→ ver pág. 53)
- 8 langostinos
- 1 chalote
- 100 ml de vino blanco
- 150 ml de crema fresca
- 8 ostiones
- 50 g de camarones pelados
- 15 g de mantequilla
- 1 cucharada de calvados o de grapa

❸ Picar el chalote. Ponerlo en una cacerola junto con el vino blanco, la crema fresca, la sal y la pimienta. Calentarlo todo. Poner los ostiones en la cacerola durante 5 minutos.

❹ Retirar los ostiones con una espumadera y cortarlos en cuadritos.

❺ Agregar el licor a la salsa y luego dejarla reducir hasta que se vuelva untuosa. Entonces, verter los langostinos, los ostiones y los camarones pelados. Mezclar bien todo y volver a calentar a fuego bajo.

❻ Posteriormente, seguir el mismo procedimiento utilizado para el hojaldre de anchoas (→ ver pág. 187).

■ **Preparación:** 15 min ■ **Cocción:** alrededor de 15 min

EN ALGUNOS PAÍSES SE LLAMA:

Camarón(es): *gamba, quisquilla.* Chalote: *ascalonia, chalota, echalote, escalonia.* Crema: *nata.* Langostino: *camarón grande.* Mantequilla: *manteca.* Ostión: *ostra, ostrón.*

Hojaldres de higadito de ave

Para 10 hojaldres

- 1 kg de masa hojaldrada (→ ver pág. 114)
- 250 ml de salsa madeira (→ ver pág. 55)
- 1 kg de de higaditos de ave
- 1 kg de hongos o de hongos silvestres (mucerón o mojardón, mízcalo)
- 150 g de chalotes
- 4 dientes de ajo
- 1/2 manojo de perejil
- 1/2 manojo de estragón
- 5 ramitas de cebollín
- 200 g de mantequilla
- sal y pimienta

❶ Preparar entre 10 y 12 tartaletas de masa hojaldrada (→ ver pág. 199)

❷ Preparar la salsa madeira y mantenerla caliente.

❸ Lavar cuidadosamente los hígados de ave (pollo o pato) para quitarles lo amargo, separar los lóbulos y rebanarlos en filetes muy finitos. Sazonarlos con sal y pimienta.

❹ Lavar y cortar finamente los hongos. Lavar y picar los chalotes y el ajo. Picar todas las hierbas.

❺ Derretir 100 g de mantequilla en un sartén y saltear los higaditos de ave a fuego alto entre 5 y 10 minutos.

❻ En otro sartén, derretir el resto de la mantequilla y sofreír ahí los chalotes y el ajo. Agregar los hongos y las hierbas finas. Freír todo a fuego alto. Agregar sal y pimienta.

❼ Calentar en el horno las tartaletas vacías.

❽ Mezclar la salsa madeira con la preparación de hongos y luego añadirle los hígados. Rellenar las tartaletas con esta mezcla bien caliente. Servirlas muy calientes.

Si no se cuenta con salsa madeira, mezclar directamente los hongos y los higaditos, verter 100 ml de madeira, revolver bien, raspando el fondo del sartén con una cuchara de madera, dejar que se reduzca entre 5 y 10 minutos, a fuego bajo. Rellenar las tartaletas. Se pueden decorar con una rodajita de trufa.

■ **Preparación:** 15 min ■ **Cocción:** alrededor de 15 min

EN ALGUNOS PAÍSES SE LLAMA:

Chalote: *ascalonia, chalota, echalote, escalonia*. Cebollín: *cebolleta, cebollino, ciboulette*. Mantequilla: *manteca*.

Morcilla blanca

Para 30 morcillas, aproximadamente

- *2 metros de tripa*
- *150 g de migajón de pan*
- *50 ml de leche*
- *400 g de hongos*
- *4 chalotes*
- *30 g de mantequilla*
- *1/2 limón*
- *1 pollo*
- *250 g de jamón*
- *2 huevos*
- *100 g de polvo de almendras*
- *200 ml de crema fresca*
- *100 ml de madeira o de jerez*
- *1 buena pizca de páprika*
- *1 pizca de pimienta de Cayena*
- *2 cucharadas de perejil picado*
- *1 pizca de tomillo en polvo*
- *1 latita pequeña de cáscaras de trufa (opcional)*
- *sal y pimienta*

❶ Encargar al carnicero que limpie una tripa y la desgrase en limón.

❷ Elaborar el preparado para el relleno: desmoronar el migajón de pan en una cacerola pequeña. Agregarle la leche necesaria para que se remoje y moverlo con una cuchara de madera, a fuego lento, hasta que se espese. Dejar enfriar.

❸ Lavar y cortar los hongos en cuadritos. Pelar y picar los chalotes. Derretir la mantequilla en un sartén, colocar en él los hongos y los chalotes. Agregar el jugo de limón y cocer, sin dejar de revolver, hasta que toda el agua de los hongos se evapore. Dejar enfriar.

❹ Mientras tanto, cortar el pollo en pedazos, quitarle la piel y separar, con un cuchillo pequeño, toda la carne. Cortar el jamón en pedacitos y picar todo muy finamente.

❺ Romper los huevos y separar las claras de las yemas. Batir las claras a punto de turrón.

❻ Incorporar muy bien el preparado para el relleno, el pollo y el jamón picados, los hongos, las yemas de huevo, el polvo de almendras, la crema fresca, el madeira o el jerez, la páprika, sal, pimienta, la pimienta de Cayena, el perejil picado, el tomillo y, de desearse, la latita de cáscaras de trufas.

❼ Añadir las claras de huevo batidas a punto de turrón, revolviendo siempre en la misma dirección para que no se deshagan.

❽ Rellenar las tripas. Cortar la tripa en pedazos de aproximadamente 30 cm. Anudar una de las extremidades de cada pedazo y, con un cucharón, verter la preparación por el agujero de la otra punta. Comprimir presionando por encima de la extremidad anudada. Cuando se hayan llenado 5 o 10 cm (dependiendo del tamaño de morcilla deseado), darle varias vueltas a la tripa para poder cerrarla. Rellenar de la misma manera todos los pedazos de tripa.

❾ Calentar agua en una olla muy grande sin que llegue a hervir. Sumergir las morcillas y dejar que se cuezan durante 30 minutos. Luego, dejarlas enfriar.

■ **Preparación:** 1 h ■ **Cocción:** 20 min

> **EN ALGUNOS PAÍSES SE LLAMA:**
> A punto de turrón: *a punto de nieve.* Chalote: *ascalonia, chalota, echalote, escalonia.* Crema: *nata.* Madeira: *madera* (vino dulce elaborado en la isla de Madeira). Mantequilla: *manteca.* Migajón: *borona, miga de pan, morona.* Páprika: *pimentón.*

Mousse de pescado

Para 4 o 6 personas

- *1/2 kg de filetes de pescado*
- *3 claras de huevo*
- *600 ml de crema fresca*
- *sal y pimienta*

❶ Cortar en pedazos los filetes de pescado y molerlos en el mortero o en la licuadora. Agregar sal y pimienta.

❷ Mezclar las claras de huevo, añadiéndolas una por una.

❸ Cernir este relleno, y colocarlo posteriormente en el refrigerador durante 2 horas.

❹ Precalentar el horno a 190 °C.

❺ Llenar con cubos de hielo una ensaladera grande, colocar en ella el recipiente que contiene el relleno de pescado y agregar, poco a poco, revolviendo con la espátula, la crema fresca espesa. Probar y, de ser necesario, añadir sal y pimienta.

❻ Con la ayuda de un pincel, engrasar ligeramente con aceite un molde; verter el mousse. Cocerlo en el horno a baño maría durante 20 minutos. Esperar 10 minutos antes de desmoldar y servir tibio, cubierto con una salsa Nantua (→ ver pág. 68), normanda (→ ver pág. 69), o bien cualquier otra salsa para pescado.

■ **Preparación:** 30 min ■ **Refrigeración:** 2 h
■ **Cocción:** 20 min

> **EN ALGUNOS PAÍSES SE LLAMA:**
> Crema: *nata.* Refrigerador: *heladera, nevera.*

Pan de pescado

Para 4 o 6 personas

- 250 g de filetes de pescado
- 125 g de masa de harina para rellenar (→ ver pág. 102)
- 125 g de mantequilla
- 1 huevo pequeño
- 2 yemas de huevo
- 10 g de mantequilla blanca
- sal, pimienta y nuez moscada

❶ Quitar las espinas de los filetes de pescado (con la ayuda de una pinza de depilar) y luego cortarlos en cubos. Añadir sal, pimienta y un poco de nuez moscada rallada.

❷ Moler finamente en el mortero o en la licuadora.

❸ Precalentar el horno a 200 °C.

❹ Elaborar el preparado enharinado para relleno, incorporarle la mantequilla y mezclarlo con el puré de pescado, ya sea en el mortero o en la licuadora. En ese momento, agregar, sin dejar de revolver, primero el huevo entero y luego las yemas, una por una.

❺ Triturar todo en el mortero hasta que el relleno tenga una consistencia homogénea. Engrasar un molde, redondo o rectangular, con mantequilla, y verter el relleno.

❻ Cocer de 45 a 50 minutos dentro del horno, a baño maría. Desmoldar sobre una fuente y presentarlo con una mantequilla blanca (→ ver pág. 91) o cualquier otra salsa para pescado.

■ **Preparación:** 40 min ■ **Cocción:** de 40 a 45 min

> EN ALGUNOS PAÍSES SE LLAMA:
> Mantequilla: *manteca*.

Pastel marioneta de ave

Para 6 u 8 personas

- 1 rollo de capón (→ ver pág. 598)
- 600 g de masa para brioche (→ ver pág. 111)
- 1 y 1/2 litros de base blanca de ave (→ ver pág. 48)
- 100 g de rebanadas muy delgadas de tocino
- 1 huevo

❶ Preparar el rollo de capón caliente y sin gelatina (esto puede prepararse el día anterior y guardarse en el refrigerador). Preparar la masa para brioche.

❷ Descongelar la base blanca de ave preparada con anterioridad (o utilizar un producto comercial deshidratado). Una vez que la base hierva, agregarle el rollo de pollo y cocer a fuego lento de 30 a 40 minutos. Escurrirlo y dejarlo enfriar.

❸ Precalentar el horno a 190 °C.

❹ Extender la masa para brioche sobre la mesa de trabajo y dividirla en dos partes iguales. Recubrir una de las mitades con rebanadas delgadas de tocino, colocar el rollo de pollo en el centro y pegar la masa cubierta de tocino a los lados del rollo de pollo. Distribuir también rebanadas finas de tocino sobre la parte de arriba y recubrir con la segunda mitad de la masa. Pegar muy bien los bordes entre sí.

❺ Con la ayuda de un cuchillo, estriar la parte superior de la masa, barnizarla con huevo batido para que se dore e introducir un papel en forma de cono a manera de chimenea.

❻ Colocar el pastel en una charola o sobre la placa del horno recubierta con papel encerado y cocerlo durante una hora y media. Servir caliente.

■ **Preparación:** 2 h ■ **Cocción:** alrededor de 1 h 30 min

> **EN ALGUNOS PAÍSES SE LLAMA:**
> Charola: *asadera*. Pastel: *torta*. Refrigerador: *heladera, nevera*.
> Tocino: *bacon, larda de tocino, panceta, tocineta*.

Pirojki caucásico

Para 4 o 6 personas

- *1/2 kg de masa para choux (→ ver pág. 113)*
- *100 g de queso rallado*
- *400 ml de salsa Bechamel (→ ver pág. 64)*
- *150 g de hongos*
- *15 g de mantequilla*
- *aceite*
- *200 g de pan molido o rebozador*
- *400 g de pan molido a la inglesa (→ ver pág. 104)*
- *sal y pimienta*

❶ Precalentar el horno a 180 °C. Preparar la masa para choux, agregándole 50 g de queso rallado. Cubrir una placa con papel encerado y extender la masa en una capa delgada. Poner en el horno durante 25 minutos.

❷ Preparar la salsa Bechamel y dejarla cocer a fuego muy suave para que su consistencia sea muy espesa. Revolverla de vez en cuando y agregarle el resto del queso rallado.

❸ Limpiar y lavar los hongos. Cortarlos muy delgaditos.

❹ Derretir la mantequilla en una cacerola y saltear en ella los hongos de 10 a 15 minutos. Añadir sal y pimienta. Agregarlos a la mitad de la salsa Bechamel (aproximadamente 250 g).

❺ Poner a calentar el aceite.

❻ Voltear la masa para choux cocida sobre la mesa de trabajo y dividirla en dos partes iguales. Cubrir la primera mitad con la mezcla de salsa Bechamel y hongos, sin llegar a las orillas de la masa. Colocar por encima la otra mitad de masa y pegar firmemente las dos partes por sus bordes. Cortar en rectángulos de 6 cm de largo por 3 cm de ancho y recubrir cada rectángulo con la salsa Bechamel con queso. Empanizar.

❼ Sumergir los pirojkis en aceite muy caliente (180 °C). Escurrirlos sobre un papel absorbente.

❽ Colocar los pirojkis en una charola cubierta con una servilleta y servir.

■ **Preparación:** 30 min ■ **Cocción:** alrededor de 15 min

> **EN ALGUNOS PAÍSES SE LLAMA:**
> Charola: *bandeja*. Empanizar: *empanar, rebozar*. Mantequilla: *manteca*. Pan molido: *pan rallado*.

Pirojki hojaldrado

Para 4 o 6 personas

- *100 g de arroz salteado (→ ver pág. 846)*
- *2 huevos*
- *de 80 a 100 g de restos de carne de animales de caza o de pescado*
- *400 g de masa hojaldrada comercial*
- *1 huevo extra para barnizar*
- *sal y pimienta*

❶ Preparar el arroz salteado y mantenerlo caliente. Poner a hervir los huevos hasta que estén duros. Picar la carne de animales de caza (o el pescado). Pelar los huevos duros, cortarlos en pedacitos y mezclarlos con la carne picada. Luego, agregar el arroz. Condimentar con sal y pimienta al gusto.

❷ Precalentar el horno a 220 °C. Extender la pasta hojaldrada hasta que tenga 2 o 3 mm de espesor. Cortar 12 discos de 7 cm de diámetro. Estirarlos ligeramente hasta que tengan forma ovalada. Colocar en la mitad izquierda de cada disco una pequeña porción del relleno, sin que llegue hasta el borde. En un bol, batir el huevo y, con la ayuda de un pincel, barnizar la mitad derecha de la masa, la que no tiene relleno. Plegarla sobre la otra mitad y pegar los bordes presionando bien con los dedos. Con la punta de un cuchillo, realizar algunas estrías en la parte de arriba. Barnizar con el huevo para que se doren en el horno.

❸ Poner en el horno durante 20 minutos. Servir muy caliente.

■ **Preparación:** 40 min ■ **Cocción:** 20 min

Pizza cuatro estaciones

Para 4 personas

- *4 bases para pizza*
- *2 dientes de ajo*

❶ Preparar las bases para pizza (→ ver pág. 117).

❷ Picar el ajo. Sumergir los jitomates en agua hirviendo, pelarlos y cortarlos en pedazos. En un sartén calentar una cucharada de aceite de oliva y saltear los jitomates

- 800 g de jitomates
- 2 cucharadas de aceite de oliva
- 3 pizcas de orégano
- 4 rebanadas de jamón serrano
- 150 g de salchichón ahumado
- 1 lata de corazones de alcachofa
- 1 latita de filetes de anchoas
- 100 g de aceitunas negras
- 150 g de hongos
- 80 g de queso parmesano
- sal y pimienta

junto con el orégano, el ajo, la sal y la pimienta, de 15 a 30 minutos, hasta que se haya eliminado la mayor cantidad de líquido posible. Precalentar el horno a 250 °C.

❸ Cortar el jamón en tiritas y el salchichón en cuartos de rodaja.

❹ Escurrir los corazones de alcachofa y partirlos en dos.

❺ Secar los filetes de anchoas con papel absorbente.

❻ Deshuesar las aceitunas y cortar los hongos muy finamente.

❼ Extender el preparado de jitomates sobre las bases para pizza, distribuir los filetes de anchoas. Colocar los demás ingredientes: alcachofas, champiñones, jamón y salchichón, reagrupándolos en cuartos. Esparcir las aceitunas por toda la superficie y espolvorear con queso parmesano. Bañar con un chorrito de aceite de oliva.

❽ Hornear durante aproximadamente 10 minutos. Servir caliente.

■ **Preparación:** 30 min ■ **Cocción:** alrededor de 10 min

> **EN ALGUNOS PAÍSES SE LLAMA:**
> Alcachofa: *alcaucil*. Anchoa: *anchova, boquerón*. Deshuesar: *descarozar*. Jamón serrano: *jamón crudo*. Jitomate: *tomate*.

Pizza napolitana

Para 4 personas

- 4 bases para pizza
- 1 lata de tomates triturados
- 400 g de queso mozzarella
- 50 g de filetes de anchoas salados o en aceite
- 100 g de aceitunas negras
- 1 cucharadita de orégano
- 1/2 vaso de aceite de oliva

❶ Preparar las bases para pizza (→ ver pág. 117). Precalentar el horno a 250 °C.

❷ Escurrir los tomates triturados y distribuirlos sobre cada una de las bases para pizza. Cortar el queso mozzarella en rebanadas muy delgadas y ponerlo encima de las bases.

❸ Enjuagar los filetes de anchoas saladas bajo un chorro de agua o secarlos en aceite con papel absorbente y repartirlos sobre las bases para pizza. Proceder de igual forma con las aceitunas negras.

❹ Espolvorear con orégano. Salpimentar y bañar con el aceite de oliva. Cocer en el horno durante 30 minutos.

■ **Preparación:** 30 min ■ **Cocción:** 30 min

> **EN ALGUNOS PAÍSES SE LLAMA:**
> Anchoa: *anchova, boquerón*.

Quiche lorraine

Para 4 o 6 personas

- *450 g de masa para repostería (→ ver pág. 112)*
- *250 g de rebanadas delgadas de tocino magro o ahumado*
- *4 huevos*
- *300 ml de crema fresca*
- *sal y pimienta*
- *nuez moscada*

❶ Preparar la masa para repostería y dejarla reposar.

❷ Precalentar el horno a 200 °C. Extender la masa hasta que quede de un espesor cercano a los 4 mm.

❸ Engrasar con mantequilla y enharinar una tartera de 26 cm de diámetro. Extender en ella la masa hasta cubrir íntegramente la superficie y las paredes. Picar el fondo de la masa con un tenedor. Hornear de 12 a 14 minutos. Dejar enfriar.

❹ De no utilizarse rebanadas de tocino listas, hervir agua, cortar en cuadritos el tocino ahumado y blanquearlo durante 5 minutos. Escurrir las rebanadas de tocino, secarlas y dorarlas un poco en un sartén antiadherente. Distribuir las rebanadas en el fondo de la masa cocida.

❺ Batir los huevos en omelette junto con la crema fresca. Añadir sal y pimienta, rallar un poco de nuez moscada y verter todo sobre las rebanadas, o los daditos, de tocino.

❻ Hornear durante 30 minutos. Servir caliente.

Si se acompaña con una ensalada verde, esta quiche puede constituir en sí misma un plato único.

■ **Preparación:** 30 min ■ **Cocción:** alrededor de 30 min

> EN ALGUNOS PAÍSES SE LLAMA:
> Crema: *nata.* Mantequilla: *manteca.* Tocino: *bacon, larda de tocino, panceta, tocineta.*

Soufflé salado: preparación

Para 4 o 6 personas

- *400 ml de salsa Bechamel (→ ver pág. 64)*
- *4 huevos*
- *mantequilla*
- *sal y pimienta*
- *nuez moscada*

❶ Preparar la salsa Bechamel, condimentarla con sal, pimienta y un poco de nuez moscada rallada. Posteriormente, mezclar el acompañamiento escogido.

❷ Precalentar el horno a 220 °C.

❸ Batir las claras de huevo a punto de turrón con una pizca de sal. Agregar a la salsa Bechamel, primero, las yemas de huevo, una por una y mezclando bien en cada ocasión, luego, las claras batidas a punto de turrón, revolviendo suavemente con una cuchara de madera, siempre en el mismo sentido para que no se corten.

❹ Engrasar con mantequilla un molde para soufflé de 20 cm de diámetro y verter la preparación.

❺ Cocer durante 30 minutos, sin abrir la puerta del horno. Servir de inmediato.

■ **Preparación:** 30 min ■ **Cocción:** 30 min

> **EN ALGUNOS PAÍSES SE LLAMA:**
> A punto de turrón: *a punto de nieve.* Mantequilla: *manteca.*

Soufflé de ave

Para 4 o 6 personas

- *250 g de restos de ave (paloma, pollo, pavo pequeño, gallina pintada)*
- *30 g de mantequilla*
- *400 ml de salsa Bechamel (→ ver pág. 64)*
- *4 huevos*
- *sal y pimienta*

❶ Picar los restos de ave cocida. Mezclarlos con la mantequilla y molerlos en la licuadora o en un pasapuré con lámina fina. Condimentar con sal y pimienta.

❷ Preparar la salsa Bechamel y terminar el soufflé (→ ver soufflé salado, pág. 195). La mezcla se puede distribuir en flaneras individuales, en cuyo caso deberá cocerse entre 15 y 20 minutos.

soufflé a la reina:
agregar 2 cucharadas de trufas picadas a la mezcla de ave.

■ **Preparación:** 30 min ■ **Cocción:** 30 min

> **EN ALGUNOS PAÍSES SE LLAMA:**
> Mantequilla: *manteca.* Pasapuré: *machacador, pisapapas, pisapuré.*

Soufflé de cangrejo

Para 4 o 6 personas

- *100 ml de caldo de mariscos concentrado (caldo comercial deshidratado)*
- *400 ml de salsa Bechamel (→ ver pág. 64)*
- *1 lata de cangrejo*
- *6 huevos*
- *sal y pimienta*

❶ Escurrir la carne de cangrejo. Rehidratar el caldo de mariscos concentrado.

❷ Preparar la salsa Bechamel con 300 ml de leche y el caldo de mariscos.

❸ Triturar el cangrejo en el procesador de alimentos y añadirlo a la salsa Bechamel.

❹ Probar y, de ser necesario, volver a condimentar. Finalizar el soufflé del mismo modo que la preparación del soufflé salado (→ ver pág. 195).

soufflé de camarones:
reemplazar el cangrejo por 200 g de camarones pelados y desvenados.

soufflé de langosta:
utilizar 200 g de carne de langosta congelada en lugar del cangrejo.

■ **Preparación:** 30 min ■ **Cocción:** 30 min

> **EN ALGUNOS PAÍSES SE LLAMA:**
> Camarón(es): *gamba, quisquilla.* Langosta: *bogavante.*

Soufflé de carne de animales de caza con salsa Périgueux

Para 4 o 6 personas

- 250 g de carne de animales de caza (faisán o perdiz)
- 400 ml de base de animales de caza (→ ver pág. 48)
- 400 ml de salsa Bechamel (→ ver pág. 64)
- 4 huevos
- sal y pimienta

❶ Moler la carne de animales de caza en el mortero o en la licuadora.
❷ Preparar la salsa Bechamel junto con la base de animales de caza. Incorporar la carne en puré. Condimentar con sal y pimienta.
❸ Terminar el soufflé como lo indica la receta de preparación del soufflé salado (→ ver pág. 195).
❹ Servirlo con una salsa Périgueux (→ ver pág. 85).

■ **Preparación:** 30 min ■ **Cocción:** alrededor de 30 min

Soufflé de higadito de ave

Para 4 o 6 personas

- 3 chalotes
- 1 manojo pequeño de perejil
- 250 g de higaditos de ave
- 50 g de mantequilla
- 400 ml de salsa Bechamel (→ ver pág. 64)
- 4 huevos
- sal y pimienta

❶ Pelar y picar los chalotes. Picar el perejil. Cortar en pedazos los higaditos de ave. Derretir 20 g de mantequilla en un sartén y saltear en ella los higaditos junto con los chalotes y el perejil. Condimentar con sal y pimienta.
❷ Moler todo en la licuadora o con el pasapuré, junto con el resto de la mantequilla.
❸ Precalentar el horno a 200 °C.
❹ Preparar la salsa Bechamel e incorporar el puré de higaditos de ave. Terminar el soufflé como se indica en la receta de preparación de soufflé salado (→ ver pág. 195).

■ **Preparación:** 30 min ■ **Cocción:** 30 min

> **EN ALGUNOS PAÍSES SE LLAMA:**
> Chalote: *ascalonia, chalota, echalote, escalonia.* Mantequilla: *manteca.* Pasapuré: *machacador, pisapapas, pisapuré.*

Soufflé de papas

Para 4 o 6 personas

- *4 papas de buen tamaño*
- *4 cucharadas de crema fresca*
- *4 huevos*
- *sal y pimienta*
- *75 g de queso rallado*
  (opcional)

❶ Pelar las papas y cortarlas en pedazos. Cocerlas en un poco de agua salada.

❷ Triturarlas con el pasapuré, añadir la crema fresca y mezclar bien. Condimentar con sal y pimienta.

❸ Si se desea, agregar el queso rallado. Terminar el soufflé como lo indica la receta de preparación del soufflé salado (→ ver pág. 195), sólo que reemplazando la salsa Bechamel de costumbre con el puré.

soufflé de castañas o de camote:
proceder del mismo modo, pero sustituyendo las papas por la misma cantidad de castañas o camotes. Si se desea, agregar 75 g de queso gruyer rallado o 50 g de queso parmesano.

■ **Preparación:** 40 min ■ **Cocción:** alrededor de 30 min

> **EN ALGUNOS PAÍSES SE LLAMA:**
> Camote: *batata, boniato, chaco, papa dulce.* Crema: *nata.* Papa: *patata.* Pasapuré: *machacador, pisapapas, pisapuré.*

Soufflé de queso

Para 4 o 6 personas

- *150 g de queso comté o beaufort*
- *400 ml de salsa Bechamel (→ ver pág. 64)*
- *4 huevos*
- *sal y pimienta*
- *nuez moscada*

Proceder como en la receta de preparación del soufflé salado (→ ver pág. 195), pero agregando el queso rallado antes de incorporar los huevos.

Un soufflé de queso se puede realizar con cualquier otro queso de pasta cocida e incluso con uno de pasta verde (queso roquefort o queso azul de Auvergne). Si se acompaña con una ensalada verde, este soufflé puede servirse como plato principal.

■ **Preparación:** 20 min ■ **Cocción:** alrededor de 30 min

Soufflé de salmón ahumado

Para 4 o 6 personas

- *400 g de salmón ahumado*
- *4 huevos enteros*

❶ Llenar un recipiente grande con hielos. Picar el salmón ahumado en pedacitos muy pequeños y ponerlo en una ensaladera. Colocarla sobre los hielos.

❷ Precalentar el horno a 200 °C.

- *250 ml de crema fresca*
- *4 claras de huevo*
- *20 g de mantequilla*
- *sal y pimienta*

❸ Batir los huevos con la crema y verter poco a poco esta mezcla sobre el salmón, revolviendo bien con la espátula durante 7 u 8 minutos.

❹ Batir las claras a punto de turrón muy firme, añadiéndoles una pizca de sal.

❺ Incorporar delicadamente las claras batidas a punto de turrón al mousse de salmón, vertiéndolas poco a poco y revolviéndolas siempre en el mismo sentido.

❻ Engrasar con mantequilla un molde para soufflé. Vaciar todo en el molde y cocer durante aproximadamente 25 minutos, sin abrir la puerta del horno.

■ **Preparación:** 20 min ■ **Cocción:** alrededor de 25 min

> **EN ALGUNOS PAÍSES SE LLAMA:**
> A punto de turrón: *a punto de nieve*. Crema: *nata*. Mantequilla: *manteca*.

Tartas y tartaletas: preparación

❶ Preparar 400 g de masa para tarta o para repostería (→ ver pág. 112) para un molde de 28 cm de diámetro (8 personas), 350 g de masa para un molde de 22 cm de diámetro (4 a 6 personas) o 250 g de masa para 4 tartaletas individuales de 10 cm de diámetro (o una tarta pequeña de 18 cm de diámetro). Extender la masa hasta que tenga 3 mm de espesor.

❷ Precalentar el horno a 240 °C.

❸ Engrasar con mantequilla y enharinar el o los moldes. Sacudir ligeramente para eliminar el exceso de harina.

❹ Cubrirlos con la masa. Adherirla bien al fondo y a las paredes del molde, presionando con los dedos. Moldearla de manera que quede un poco más gruesa en las paredes y no se encoja al momento de la cocción. Después, retirar la masa que sobrepase el molde, pasándole el rodillo por encima y presionando bien.

❺ Picar el fondo con un tenedor y cubrir la masa (paredes y fondo) con papel de aluminio ligeramente engrasado con mantequilla.

❻ Hornear durante 10 minutos. Dejar que se enfríe y luego sacar la tarta o las tartaletas de su molde.

❼ En un bol batir un huevo y, con un pincel, barnizar toda la tarta para que se dore.

❽ Volverla a meter en el horno durante 3 o 4 minutos más para que se dore. Ahora está lista para rellenarse.

■ **Preparación:** 20 min ■ **Cocción:** 10 min

> **EN ALGUNOS PAÍSES SE LLAMA:**
> Mantequilla: *manteca.*

Tarta de bistec y riñones

Para 4 o 6 personas

- *400 g de masa para tarta (→ ver pág. 112)*
- *4 huevos*
- *250 g de agujas de lomo de res o de espaldilla*
- *1 riñón de ternera*
- *1/2 kg de papas*
- *2 cebollas*
- *1 manojo pequeño de perejil*
- *20 g de mantequilla*
- *1 vaso pequeño de caldo de res (→ ver pág. 53)*
- *1 huevo extra para barnizar*
- *sal y pimienta*

❶ Preparar la masa para tarta y dejarla reposar durante una hora.

❷ Cocer los huevos hasta que estén duros. Cortar la carne en tiritas delgadas. Quitarle la grasa al riñón y cortarlo en pedacitos. Revolver las tiritas de carne con los pedacitos de riñón.

❸ Pelar las papas, lavarlas y cortarlas en rebanadas finas. Pelar las cebollas y cortarlas en rodajas. Picar el perejil.

❹ Pelar los huevos duros y cortarlos en rodajas.

❺ Precalentar el horno a 190 °C. Engrasar con mantequilla una tartera (o un molde para soufflé) y depositar en ella la mitad de la carne mezclada con el riñón. Agregar un poco de sal y pimienta. Espolvorear un poco de perejil picado. Cubrir con una capa de papas y, luego, con una capa de rodajas de huevo. Añadir una capa de cebollas y finalmente el resto de la carne. Verter el caldo de res.

❻ Extender la masa de manera que la base quede más grande que la tartera. Al ponerla encima de la tartera, la masa debe caer y cubrir sus bordes. Presionar con los dedos para que la masa se pegue bien sobre todo el borde exterior del molde.

❼ Barnizar bien con huevo toda la masa para que se dore y estriar la superficie con la punta de un cuchillo.

❽ Hacer una chimenea con un pedacito de papel enrollado e insertarlo en medio de la cubierta de masa.

❾ Hornear durante una hora y cuarto. Servir muy caliente directamente en una fuente.

■ **Preparación:** 1 h ■ **Cocción:** 1 h 15 min

> **EN ALGUNOS PAÍSES SE LLAMA:**
> Mantequilla: *manteca.* Papa: *patata.*

Tarta de queso blanco

Para 4 o 6 personas

- *300 g de masa de repostería*
  (→ ver pág. 112)
- *500 g de queso blanco*
  escurrido
- *5 cucharadas de harina*
- *5 cucharadas de crema fresca*
- *2 huevos*
- *25 g de mantequilla*
- *sal y pimienta*

❶ Preparar la masa de repostería y dejarla reposar durante una hora. Extenderla y colocarla en un molde de 26 cm de diámetro.

❷ Precalentar el horno a 200 °C.

❸ Mezclar el queso blanco con la harina y luego añadir la crema fresca, los huevos, sal y un poquito de pimienta.

❹ Verter esta mezcla en el molde, esparcir encima pedacitos de mantequilla y hornear durante 45 minutos. Servir tibia.

■ **Preparación:** 15 min ■ **Cocción:** 45 min ■ **Reposo:** 1 h

> EN ALGUNOS PAÍSES SE LLAMA:
> Crema: *nata*. Mantequilla: *manteca*.

Tartaletas a la diabla

Para 4 personas

- *4 tartaletas individuales*
  (→ ver pág. 199)
- *150 ml de demi-glace*
  (→ ver pág. 55)
- *350 g de hongos*
- *50 g de mantequilla*
- *300 g de jamón*
- *pimienta de Cayena*
- *100 g de migajón de pan*
- *sal y pimienta*

❶ Preparar las tartaletas.

❷ Preparar o descongelar el demi-glace.

❸ Limpiar los hongos y cortarlos en cuadritos. Sofreírlos en la mantequilla caliente a fuego muy bajo. Cortar el jamón en cuadritos.

❹ Precalentar el horno a 250 °C. Reducir el demi-glace en aproximadamente una tercera parte y agregarle una pizca de pimienta de Cayena.

❺ Mezclar los cuadritos de jamón y de hongo con el demi-glace reducido y rellenar las tartaletas.

❻ Desmoronar el migajón de pan y espolvorear un poco sobre cada tartaleta. Gratinarlas en el horno durante unos 10 minutos.

■ **Preparación:** 30 min ■ **Cocción:** 10 min

> EN ALGUNOS PAÍSES SE LLAMA:
> Mantequilla: *manteca*. Migajón: *borona, miga de pan, morona*.

Tartaletas de higadito de ave

Para 4 personas

- *4 tartaletas individuales (→ ver pág. 199)*
- *100 ml de salsa madeira (→ ver pág. 55)*
- *350 g de higaditos de ave*
- *350 g de hongos*
- *2 chalotes*
- *100 g de mantequilla*
- *sal y pimienta*
- *1 trufa (opcional)*

❶ Preparar las tartaletas y la salsa madeira.

❷ Limpiar los higaditos de ave. Quitarles todos los filamentos y separar los lóbulos. Sazonarlos con sal y pimienta.

❸ Rebanar finamente los hongos. Picar los chalotes.

❹ Derretir 50 g de mantequilla en una cacerola y sofreír rápidamente los chalotes y los hongos. Agregarles sal y dejarlos cocer durante unos 10 minutos a fuego bajo.

❺ En un sartén, derretir el resto de la mantequilla y, cuando esté bien caliente, saltear los higaditos de ave. Escurrirlos (tirar la mantequilla de cocción) y luego añadirlos a la mezcla de chalotes y hongos. Agregar la salsa madeira y revolver bien.

❻ Recalentar las tartaletas, rellenarlas y servirlas bien calientes. Se pueden decorar con una rodajita de trufa o un poco de trufa picada.

■ **Preparación:** 30 min ■ **Cocción:** alrededor de 15 min

> EN ALGUNOS PAÍSES SE LLAMA:
> Chalote: *ascalonia, chalota, echalote, escalonia.* Mantequilla: *manteca.*

Tostones/Patacones/Chatinos

Para 4 personas

- *2 plátanos verdes grandes*
- *aceite para freír*
- *sal*

❶ Pelar los plátanos y cortarlos en rodajas de 3 cm.

❷ Freírlos en abundante aceite a fuego bajo por 5 minutos.

❸ Escurrirlos y machacarlos con el fondo de un vaso.

❹ Freír nuevamente en aceite caliente hasta que doren, escurrir y poner sal.

■ **Preparación:** 5 min ■ **Cocción:** 10 min

> EN ALGUNOS PAÍSES SE LLAMA:
> Plátano: *banana, cambur.*

Volovanes: preparación

Para 4 personas

- *1/2 kg de masa para brioche, hojaldrada o para tarta*
- *aceite*

❶ Preparar la masa (→ ver págs. 111, 114 o 112) y extenderla hasta que su espesor alcance los 3 o 4 mm. Con un sacabocados acanalado, redondo u ovalado, de 6 cm de diámetro, cortar 24 discos de masa.

❷ Colocar una bolita de relleno del tamaño de una nuez (aproximadamente 15 g) en el centro de una docena de discos.

❸ Humedecer los bordes de los discos con un pincel embebido en agua, cubrir cada uno con un segundo disco de masa y presionar para que se peguen bien los bordes. (Si se trata de una masa para brioche, cuando los volovanes estén listos será necesario dejarlos levar de 30 a 45 minutos, en un ambiente cálido y al abrigo de las corrientes de aire.)

❹ En cualquier caso, freír los volovanes en aceite muy caliente (180 °C), dorarlos por ambos lados, escurrirlos y secarlos con papel absorbente.

❺ Presentarlos en una fuente cubierta con una servilleta.

> Todos los rellenos preparados para croquetas, cromesquis o cortezas pueden utilizarse para los volovanes. Calcular 300 g de relleno por cada 1/2 kg de masa.

■ **Preparación:** alrededor de 30 min

Volován de poro

Para 4 o 6 personas

- *1/2 kg de masa para repostería (→ ver pág. 112)*
- *1 y 1/2 kg de poros*
- *50 g de mantequilla*
- *3 yemas de huevo*
- *1 huevo entero*

❶ Preparar la masa para repostería.

❷ Mientras la masa reposa, lavar los poros, quitarles las partes verdes y cortar el resto en rodajas delgadas.

❸ Derretir 40 g de mantequilla en una cacerola y sofreír los poros a fuego bajo entre 25 y 30 minutos. Condimentar con sal y pimienta.

❹ Precalentar el horno a 230 °C. Mientras tanto, dividir la masa en dos partes (una más grande que la otra). Extenderlas con el rodillo.

❺ Untar con mantequilla una tartera de 28 cm y colocar ahí la porción más grande de masa.

❻ En un bol, batir las yemas de huevo y, fuera del fuego, mezclarlas con los poros. Probar y sazonar con sal y pimienta. Vaciar la mezcla con los poros en la tartera, extendiéndola hasta que quede pareja.

❼ Cubrir con la porción de masa restante y pegar bien los bordes. Con un cuchillo, hacer algunos cortes en la superficie de la masa y hacer un hoyito en el centro para colocar la chimenea.

❽ Batir el huevo en un bol y, con un pincel, barnizar el volován para que se dore.

❾ Hacer la chimenea con un pedacito de papel rectangular (o con una tarjetita) y colocarla en el hoyito del centro. Cocer de 30 a 40 minutos. Dejar que la superficie se dore bien. Servir muy caliente.

■ **Preparación:** 40 min ■ **Cocción:** alrededor de 1 h 10 min

---

EN ALGUNOS PAÍSES SE LLAMA:

Mantequilla: *manteca.* Poro: *ajo porro, porro, puerro.* Rodillo: *bolillo, palo de amasar, palote, uslero.*

Volovanes granjeros

Para 4 o 6 personas

- 1/2 kg de masa para tarta (→ ver pág. 112)
- 100 ml de salsa madeira (→ ver pág. 55)
- 1 zanahoria
- 1 rama de apio grande
- 100 g de hongos
- 3 chalotes
- 50 g de mantequilla
- 300 g de jamón
- sal y pimienta

❶ Preparar la masa para tarta y dejarla reposar una hora.

❷ Con un sacabocados acanalado, redondo u ovalado, de 6 cm de diámetro, cortar 24 discos de masa.

❸ Preparar la salsa madeira y mantenerla caliente.

❹ Pelar todas las verduras, cortarlas en cubitos y picar los chalotes. Dorarlos un poco en la mantequilla y saltearlos a fuego lento hasta que se hayan incorporado completamente.

❺ Cortar el jamón en cuadritos.

❻ Reducir la salsa madeira hasta que no queden más que 3 o 4 cucharadas. Mezclar las verduras, el jamón y la salsa. Rellenar la mitad de los volovanes.

❼ Concluir la preparación como se indica en la preparación de los volovanes y servirlos muy calientes.

■ **Preparación:** alrededor de 45 min

■ **Cocción:** alrededor de 15 min

EN ALGUNOS PAÍSES SE LLAMA:

Chalote: *ascalonia, chalota, echalote, escalonia.* Mantequilla: *manteca.*

Entradas y entremeses fríos

Aguacates rellenos a la americana

Para 4 personas

- 125 g de germen de soya
- 150 ml de mayonesa tradicional (→ ver pág. 96)
- pimienta de Cayena
- 2 aguacates
- 1/2 limón
- 250 g de piña fresca o en conserva al natural
- 1 jitomate pequeño
- 2 cucharadas de perejil finamente picado
- sal y pimienta

❶ Poner a hervir agua en una cacerola, sumergir en ella el germen de soya y retirarlo de inmediato. Escurrirlo.

❷ Preparar la mayonesa sencilla con dos cucharaditas de mostaza y una pizca de pimienta de Cayena.

❸ Abrir los aguacates en dos, sacarles la pulpa con una cuchara y cortarla en cuadritos. Exprimir algunas gotas de limón dentro de las cáscaras de aguacate y distribuirlas con el dedo (para impedir que el aguacate se oxide). Añadir sal, pimienta y jugo de limón a la pulpa también. Mezclar bien todo.

❹ Cortar la piña fresca o en conserva en cuadritos. Mezclar la piña y el germen de soya con la mayonesa bien condimentada. Luego, agregar los cuadritos de aguacate.

❺ Llenar las cáscaras de aguacate con esta mezcla, de manera que simulen un domo. Ponerles una rodaja de jitomate encima. Espolvorear el perejil finamente picado y meter los aguacates rellenos al refrigerador hasta el momento de servir.

■ **Preparación:** 30 min

> **EN ALGUNOS PAÍSES SE LLAMA:**
> Aguacate: *avocado, cura, palta.* Germen: *brote.* Jitomate: *tomate.* Piña: *ananá.* Refrigerador: *heladera, nevera.*

Aguacates rellenos de cangrejo

Para 4 personas

- 150 ml de mayonesa tradicional (→ ver pág. 96)
- pimienta de Cayena
- 1 cucharada de salsa catsup
- 250 g de cangrejo enlatado o congelado
- 2 aguacates
- 1/2 limón

❶ Preparar la mayonesa sencilla con dos cucharaditas de mostaza y una pizca de pimienta de Cayena (apartar dos cucharadas de esta mayonesa y mezclarlas con la salsa catsup).

❷ Desmenuzar la carne de cangrejo, eliminando los cartílagos.

❸ Abrir los aguacates en dos, sacarles la pulpa con una cuchara y cortarla en cuadritos. Salpimentar y exprimir algunas gotas de limón en la pulpa y dentro de las cáscaras de aguacate.

- *páprika*
- *sal y pimienta*

❹ Mezclar la mayonesa con la carne de cangrejo y luego añadir con cuidado la pulpa de los aguacates.

❺ Llenar las cáscaras de aguacate con esta mezcla, de manera que simulen un domo. Decorar con la mayonesa entomatada, utilizando una manga con duya acanalada. Espolvorear con páprika.

■ **Preparación:** 30 min

> EN ALGUNOS PAÍSES SE LLAMA:
> Aguacate: *avocado, cura, palta.* Duya: *boquillas.* Páprika: *pimentón.* Salsa catsup: *salsa katchup, salsa ketchup.*

Anchoiade

Para 4 o 6 personas

- *125 g de anchoas en aceite*
- *125 g de anchoas saladas*
- *3 dientes de ajo*
- *1 higo seco*
- *1 pedazo de cáscara de limón*
- *1 cucharada de aceite de oliva*
- *1 cucharadita de vinagre*
- *4 o 6 rebanadas de pan rústico bastante gruesas.*

❶ Precalentar el horno a 250 °C.

❷ Quitar el aceite a las anchoas con un papel absorbente. Desalar las otras anchoas colocándolas bajo un chorro de agua y luego secarlas. Cortarlas en pedacitos.

❸ Pelar y picar los dientes de ajo. Cortar el higo en pedacitos. Picar la cáscara de limón.

❹ Moler las anchoas, el ajo y el higo en un mortero o en la licuadora. Luego, añadir el aceite, el vinagre y la cáscara de limón.

❺ Untar cada rebanada de pan rústico con la anchoiade, procurando que penetre bien en el migajón. Dorar de 5 a 7 minutos en el horno. Servir inmediatamente.

■ **Preparación:** 15 min ■ **Cocción:** de 5 a 7 min

> EN ALGUNOS PAÍSES SE LLAMA:
> Anchoa: *anchova, boquerón.* Migajón: *borona, miga de pan, morona.*

Áspic: preparación

❶ Meter durante una hora el molde elegido al refrigerador (o durante 10 minutos en el congelador) para que esté bien frío.

❷ Verter gelatina de áspic en el molde. Ésta debe estar fría, pero no cuajada. Girar rápidamente el molde para revestir de manera uniforme el fondo y las paredes. Volver a refrigerarlo para que la gelatina cuaje, pero sin dejar que realmente se endurezca.

❸ Colocar los elementos decorativos en el fondo y el contorno del molde (pedacitos de trufa, rodajas de huevos duros, jamón magro, lengua escarlata, hojas de estragón, salmón ahumado, etc.). Al realizar esta presentación de ingredientes, también es necesario pensar en el aspecto exterior de la preparación, una vez que se saque del molde.

❹ Volver a poner el molde ya relleno en el refrigerador durante 10 minutos.

❺ Llenar el molde con la preparación básica, aplanarla delicadamente y, luego, agregar encima la gelatina. Poner el molde en el refrigerador hasta el momento de servir.

❻ Para desmoldar el áspic, sumergir el molde durante algunos segundos en agua hirviendo; luego voltearlo sobre una fuente fría que se volverá a colocar en el refrigerador algunos instantes antes de servir.

■ **Preparación:** alrededor de 30 min ■ **Refrigeración:** 1 h

> **EN ALGUNOS PAÍSES SE LLAMA:**
> Refrigerador: *heladera, nevera.*

Áspic de cangrejo, camarón, langosta o langostino

Para 4 personas

- *100 g de camarones*
- *1 huevo*
- *300 ml de gelatina de pescado deshidratada*
- *1 jitomate pequeño*
- *4 hojas de estragón*
- *100 g de cangrejo (en lata o congelado) o pequeños camarones pelados o carne de langostino o de langosta*

❶ Cocinar los camarones y cortarlos. Poner a cocer el huevo hasta que esté duro. Mezclar y machacar.

❷ Preparar la gelatina disolviendo el polvo en agua.

❸ Enfriar el huevo con agua, pelarlo y cortarlo en rodajas. Cortar el jitomate de la misma manera.

❹ Recubrir 4 moldes con gelatina (→ ver preparación de áspic, pág. 206) y colocar en el fondo de cada uno una hoja de estragón, media rodaja de huevo duro y medias rodajas de jitomate. Verter un poco de gelatina sobre esta decoración.

❺ Llenar hasta la mitad los moldes con carne de mariscos, luego con la mezcla de camarón y completar con la gelatina de pescado. Colocar en el refrigerador de 5 a 6 horas.

■ **Preparación:** 40 min ■ **Refrigeración:** de 5 a 6 h

> EN ALGUNOS PAÍSES SE LLAMA:
>
> Camarón(es): *gamba, quisquilla.* Jitomate: *tomate.* Langosta: *bogavante.* Langostino: *camarón grande.* Refrigerador: *heladera, nevera.*

Áspic de espárragos

Para 4 personas

- *300 ml de gelatina sin sabor*
- *1 manojo de espárragos verdes pequeños (de 120 a 160 g de puntas)*
- *160 g de foie gras en barra*
- *sal y pimienta*

❶ Recubrir con gelatina el fondo y las paredes de flaneras individuales (→ ver preparación de áspic, pág. 206).

❷ Pelar y poner a cocer los espárragos en agua hirviendo con sal. Éstos deben quedar un poco firmes (verifique el grado de cocción picando las puntas con un cuchillo).

❸ Escurrir los espárragos y cortarlos de la altura de las flaneras individuales. Si están muy gruesos, volver a cortarlos en dos, a lo largo. Luego, acomodarlos unos junto a otros, con la cabeza hacia abajo y rodeando el perímetro interior de los moldes individuales.

❹ En un plato, machacar el foie gras con el tenedor hasta convertirlo en puré. Rellenar los moldes con este puré, sin comprimirlo.

❺ Cubrir la superficie con gelatina y meter los moldes individuales al refrigerador de 3 a 4 horas antes de desmoldarlos y servirlos.

■ **Preparación:** 40 min ■ **Refrigeración:** de 3 a 4 h

> EN ALGUNOS PAÍSES SE LLAMA:
> Refrigerador: *heladera, nevera.*

Áspic de foie gras

Para 4 personas

- *1 huevo*
- *300 ml de gelatina de madeira (o de jerez)*

❶ Poner a cocer el huevo hasta que esté duro. Preparar la gelatina (utilizar un producto comercial deshidratado). Separar la clara y la yema del huevo y picar la clara.

❷ Recubrir 4 moldes con gelatina (→ ver preparación de áspic, pág. 206), agregándoles la clara de huevo picada y 25 g de trufa también picada.

- *200 g de foie gras*
- *25 o 45 g de trufas*

❸ Cortar el foie gras en rebanadas delgadas y colocarlas en el interior de las flaneras individuales. Si se desea, añadir 20 g de trufas también cortadas en rebanadas delgadas.

❹ Terminar de llenar los moldes con gelatina y ponerlos en la parte más fría del refrigerador. Desmoldar al momento de servir.

■ **Preparación:** alrededor de 30 min

■ **Refrigeración:** de 5 a 6 h

> EN ALGUNOS PAÍSES SE LLAMA:
> Madeira: *madera* (vino dulce elaborado en la isla de Madeira). Refrigerador: *heladera, nevera*.

Áspic de pescado

Para 4 personas

- *300 ml de gelatina de pescado deshidratada*
- *100 g de filetes de pescado*
- *100 g de mousse de pescado (→ ver pág. 190)*
- *1 jitomate pequeño*
- *1 huevo*
- *4 hojas de estragón*

Proceder como con el áspic de cangrejo (→ ver receta pág. 207), pero reemplazando los mariscos por los filetes de pescado (bacalao fresco, cría de merluza, merluza, salmón, trucha rosada, bacalao ahumado, rodaballo o cualquier otro pescado) cocidos en agua o al vapor, por el mousse de pescado.

Se puede añadir al mousse de pescado una cucharada de perejil finamente picado.

■ **Preparación:** 40 min ■ **Refrigeración:** de 5 a 6 h

> EN ALGUNOS PAÍSES SE LLAMA:
> Bacalao: *abadejo*. Jitomate: *tomate*.

Áspic de salmón ahumado

Para 4 personas

- *300 ml de gelatina de pescado*
- *3 cucharadas de jerez*
- *100 g de relleno de salmón (→ ver relleno muselina pág. 108)*

❶ Preparar la gelatina de pescado, agregándole el jerez.
❷ Preparar el relleno de salmón y la ensalada rusa.
❸ Cortar el salmón en rebanadas delgadas.
❹ Recubrir cuatro moldes (→ ver preparación de áspic, pág. 206).
❺ Poner la ensalada rusa sobre las rebanadas de salmón ahumado y enrollarlas. Acomodarlas en los moldes, alternando una capa de salmón relleno con una capa de

- *100 g de ensalada rusa (→ ver pág. 225)*
- *100 g salmón ahumado*

relleno de salmón. Terminar de llenar el molde con la gelatina.

⑥ Colocar en el refrigerador para que cuaje y desmoldar al momento de servir.

La ensalada rusa se puede hacer rápidamente con 100 g de macedonia de verduras enlatadas, mezcladas con dos cucharadas de mayonesa comercial.

■ **Preparación:** 1 h ■ **Refrigeración:** de 5 a 6 h

EN ALGUNOS PAÍSES SE LLAMA:
Refrigerador: *heladera, nevera.*

Carolinas a la holandesa

Para 12 carolinas

- *4 huevos*
- *200 g de masa para choux (→ ver pág. 113)*
- *4 filetes de arenques salados*
- *95 g de mantequilla*
- *1 cucharada de cebollín picado*
- *2 cucharadas de perejil picado*
- *pimienta*

① Poner a cocer 3 huevos hasta que estén duros.

② Precalentar el horno a 190 °C. Preparar la masa para choux y ponerla en una manga con duya. Recubrir la placa del horno con papel encerado y acomodar ahí 12 bastoncitos de aproximadamente 4 cm de largo.

③ Separar la clara y la yema del huevo restante. Poner la yema en un bol y barnizar cada carolina con un pincel para que se doren. Hornear durante 10 minutos y luego dejar enfriar.

④ Desalar los filetes de arenque bajo un chorro de agua. Quitarles las espinas con la ayuda de una pinza de depilar, volverlos a acomodar y secarlos.

⑤ Molerlos o licuarlos junto con las yemas de 2 huevos duros y con 80 g de mantequilla. Agregar el cebollín y una cucharada de perejil. Condimentar con pimienta al gusto.

⑥ Poner el relleno en una manga con duya. Abrir delicadamente los bastoncitos por un costado y, por esta abertura, ponerles el relleno.

⑦ Derretir el resto de la mantequilla y cubrir las carolinas con ella. Desmoronar bien la última yema de huevo duro. Luego, revolverla con el resto del perejil picado y espolvorear la mezcla sobre las carolinas. Colocarlas en el refrigerador antes de servir.

■ **Preparación:** 30 min ■ **Cocción:** 10 min

EN ALGUNOS PAÍSES SE LLAMA:
Cebollín: *cebolleta, cebollino, ciboulette.* Duya: *boquillas.* Mantequilla: *manteca.* Refrigerador: *heladera, nevera.*

Chicharrones de puerco de Tours

Para 1/2 kg de chicharrones

- *3/4 kg de pedazos de carne de puerco grasa y magra, con y sin huesos (cuello, lomo, jamón, pecho, etc.)*
- *1 clavo de olor*
- *3 granos de pimienta negra*
- *1 ramita de tomillo*
- *1 hoja de laurel*
- *2 cucharaditas de sal*

❶ Con un cuchillo pequeño, separar la parte grasa de la parte magra de la carne. Luego, deshuesar cuidadosamente todos los pedazos. Partir los huesos en pedazos grandes (envolviéndolos en un trapo y martillándolos). Cortar la parte magra de la carne en tiritas delgadas, y picar la parte grasa en rebanadas gruesas.

❷ En un pedazo de muselina colocar el clavo de olor, los granos de pimienta, el tomillo y el laurel, y anudarla como para hacer una bolsita.

❸ Colocar la parte grasa de la carne en una olla muy grande de hierro fundido, por encima poner los huesos triturados y luego las tiritas de carne magra. Agregar el "anudado" de muselina y, posteriormente, la sal. Tapar la olla y dejar a fuego lento durante 4 horas.

❹ Quitar la tapa, subir el fuego y retirar los huesos. Si todavía les queda algo de carne, recuperarla y volverla a colocar en la olla.

❺ Poner a cocer nuevamente revolviendo sin parar hasta que ya no salga nada de vapor del recipiente. En ese momento, la cocción termina.

❻ Retirar el "anudado" de muselina. Verter los chicharrones distribuyéndolos en botes de cerámica (o en tarros), mezclando bien hasta homogeneizar la parte grasa y la magra. Dejar enfriar; la grasa subirá de manera natural a la superficie.

❼ Cubrir con una película plástica autoadherente y conservar en un lugar fresco y seco.

■ **Preparación:** 1 h ■ **Cocción:** alrededor de 4 h 30 min

> **EN ALGUNOS PAÍSES SE LLAMA:**
> Puerco: *cerdo, chancho, cochino*. Trapo: *paño, repasador, toalla o trapo de cocina.*

Choux de mousse de foie gras

Para 12 choux

- *200 g de masa para choux (→ ver pág. 113)*
- *200 g de crema batida*

❶ Preparar la masa para choux y proceder de la misma manera que con las carolinas a la holandesa (→ ver pág. 210), pero colocando la masa sobre la placa del horno en forma de choux.

- *200 g de mousse de foie gras*
- *1 huevo*

❷ Batir la crema. Mezclarla con el mousse de foie gras (que se vende en algunos comercios especializados en carnes frías).

❸ Perforar el fondo de los choux con la punta de un cuchillo y, luego, rellenarlos con una manga con duya.

■ **Preparación:** 30 min ■ **Cocción:** 10 min

> **EN ALGUNOS PAÍSES SE LLAMA:**
>
> Carnes frías: *charcuterías, embutidos, fiambres.* Crema batida: *nata montada.* Duya: *boquillas.*

Coctel de cangrejo

Para 4 o 6 personas

- *250 ml de mayonesa tradicional (→ ver pág. 96)*
- *1 cucharada de salsa catsup*
- *1 manojo de estragón*
- *3 chalotes*
- *1 vaso de vino blanco*
- *1 pizca de pimienta de Cayena*
- *1 copita de coñac (opcional)*
- *1 o 2 latas de cangrejo (peso neto: 400 g)*
- *vinagreta*
- *1 lechuga pequeña*
- *sal y pimienta*

❶ Preparar la mayonesa tradicional, sazonarla bien, agregarle la salsa catsup y una cucharada de estragón picado. Guardarla en un lugar fresco.

❷ Pelar y picar los chalotes, ponerlos en una cacerola pequeña junto con el vino blanco y cocer a fuego lento hasta que el líquido se haya absorbido. Dejar enfriar.

❸ Añadir los chalotes y el vino a la mayonesa, mezclando bien. Probar y, de ser necesario, condimentar con sal y pimienta al gusto. Agregar la pizca de pimienta de Cayena y, si se desea, el coñac. Luego, mezclar bien esta salsa con la carne de cangrejo desmenuzada.

❹ Preparar 2 o 3 cucharadas de vinagreta. Lavar la lechuga, cortarla en chiffonade (tiritas) y sazonarla con la vinagreta.

❺ Distribuir la lechuga en las copas para coctel y luego servir en ellas el coctel de cangrejo. Guardar en un lugar fresco.

❻ Espolvorear un poco de estragón finamente picado, justo al momento de servir.

coctel de camarones:
sustituir la carne de cangrejo por la misma cantidad de camarones pelados y desvenados. Cada copa para coctel se puede decorar con huevos duros y jitomates cortados en rodajas, completando con un camarón rosa pelado y desvenado.

■ **Preparación:** 30 min

> **EN ALGUNOS PAÍSES SE LLAMA:**
>
> Camarón(es): *gamba, quisquilla.* Chalote: *ascalonia, chalota, echalote, escalonia.* Jitomate: *tomate.* Salsa catsup: *salsa katchup, salsa ketchup.*

Corazones de palmito con camarones

Para 4 o 6 personas

- *1 lata de corazones de palmito*
- *1/2 kg de camarones rosados*
- *150 g de germen de soya*
- *200 ml de mayonesa tradicional (→ ver pág. 96)*
- *salsa catsup*
- *pimienta de Cayena*
- *1 lechuga pequeña*
- *sal y pimienta*

❶ Escurrir los corazones de palmito, refrescarlos bajo un chorro de agua fría, secarlos y cortarlos en bastones gruesos.

❷ Pelar y desvenar los camarones. (Guardar las cabezas y congelarlas para utilizarlas en otra ocasión, ya sea en un caldo o en una salsa.)

❸ Pasar el germen de soya por agua hirviendo.

❹ Preparar la mayonesa agregándole una pizca de pimienta de Cayena y una buena cucharada de salsa catsup.

❺ Mezclar bien todos los ingredientes. Añadir sal y pimienta y conservar en un lugar fresco.

❻ Lavar la lechuga, escoger las hojas más bonitas, secarlas y cortarlas en tiritas delgadas. Revestir copas individuales, repartir la mezcla de los ingredientes en cada una y llevar al refrigerador hasta el momento de servir.

■ **Preparación:** 30 min

> **EN ALGUNOS PAÍSES SE LLAMA:**
>
> Camarón(es): *gamba, quisquilla*. Germen: *brote*. Refrigerador: *heladera, nevera*. Salsa catsup: *salsa katchup, salsa ketchup*.

Cucuruchos de salmón ahumado con hueva de pescado

Para 4 personas

- *200 ml de crema líquida*
- *1/2 limón*
- *50 g de rábano blanco rallado*
- *4 rebanadas de salmón ahumado de 40 g cada una*
- *320 g de hueva de pescado (caviar, salmón o sucedáneo de caviar)*
- *2 cucharadas de salsa vinagreta (→ ver pág. 100)*

❶ Batir la crema y agregarle algunas gotas de jugo de limón y el rábano blanco rallado. Probar y condimentar con sal y pimienta al gusto.

❷ Formar cucuruchos con las rebanadas de salmón ahumado. En el fondo de los cucuruchos colocar una cucharadita de la crema batida con el rábano blanco rallado. Agregar la hueva de pescado en la parte de arriba.

❸ Lavar la lechuga, secarla y cortar en tiritas delgadas las hojas más grandes. Condimentarla con la vinagreta y colocarlas en el fondo de una fuente. Acomodar los cucuruchos encima de la lechuga y decorar con limones cortados en cuartos.

- 2 limones para decorar
- sal y pimienta

❹ Servir el resto de la crema batida con rábano blanco rallado en una salsera.

■ **Preparación:** 30 min

> EN ALGUNOS PAÍSES SE LLAMA:
> Crema: *nata.*

Ensalada Alí-Babá

Para 4 o 6 personas

- 1 calabacita pequeña
- 4 papas pequeñas
- 3 huevos duros
- 150 ml de mayonesa tradicional (→ ver pág. 96)
- 4 jitomates pequeños o 10 a 12 jitomates cereza
- 300 g de camarones rosados
- 1 cucharada de hierbas finas picadas
- 100 ml de vinagreta (→ ver pág. 100)
- sal y pimienta

❶ Cocer la calabacita en agua salada procurando que se mantenga bastante firme; luego cortarla en bastoncitos pequeños.

❷ Cocer las papas en agua, con todo y la cáscara. Pelarlas y cortarlas en rodajas.

❸ Cocer los huevos hasta que estén duros, enfriarlos bajo un chorro de agua, pelarlos y cortarlos en cuatro.

❹ Mientras se cuecen los ingredientes precedentes, preparar la mayonesa.

❺ Pasar los jitomates por agua hirviendo, pelarlos, cortarlos en cuatro y quitarles las semillas.

❻ Pelar y desvenar los camarones y mezclarlos con la mayonesa y las hierbas finas.

❼ En una ensaladera, acomodar los camarones en forma de domo. Rodearlos con los bastoncitos de calabacitas, rodajas de papas, los cuartos de huevos duros y los jitomates. Bañar todo con la vinagreta en el momento de servir. No revolver.

Esta ensalada puede verse muy bien si se decora con flores de capuchina.

■ **Preparación:** 30 min ■ **Cocción:** 15 min

> EN ALGUNOS PAÍSES SE LLAMA:
> Calabacita(s): *calabacín, calabaza italiana, zapallito italiano, zapallito largo, zucchini.* Camarón(es): *gamba, quisquilla.* Jitomate: *tomate.* Jitomate cereza: *tomate cereza, tomate cherry, tomatito cereza, tomatito cherry.* Papa: *patata.* Quitar las semillas: *despepitar.*

Ensalada americana

Para 4 personas

- 4 huevos
- 1 piña
- 1 lata grande de elote desgranado (peso neto: 300 g)
- sobras de pechuga de pollo
- 1 pepino
- 1/2 vaso de salsa vinagreta (→ ver pág. 100)
- 2 cucharadas de salsa catsup
- 1 lechuga
- 4 jitomates cereza

❶ Poner a cocer los huevos hasta que estén duros.

❷ Cortar 4 o 6 rebanadas de piña. Quitarles la cáscara. Cortar las rebanadas en cuadritos para obtener 4 buenas cucharadas.

❸ Escurrir el elote. Cortar las sobras de pechuga de pollo en cuadritos. Pelar el pepino, quitarle las semillas y cortarlo de manera que se obtengan 4 cucharadas.

❹ Preparar la vinagreta y mezclarla con la salsa catsup.

❺ Enfriar los huevos duros bajo un chorro de agua y pelarlos. Cortarlos en cuatro. Luego, mezclar todos los ingredientes con la vinagreta.

❻ Decorar 4 copas con hojas de lechuga de buen aspecto. Colocarles encima un domo de ensalada y decorar finalmente con un jitomate cereza.

■ **Preparación:** 30 min ■ **Cocción:** 10 min

> **EN ALGUNOS PAÍSES SE LLAMA:**
> Elote: *chilote, choclo, jojoto, mazorca tierna de maíz, tolonca.* Jitomate cereza: *tomate cereza, tomate cherry, tomatito cereza, tomatito cherry.* Piña: *ananá.* Quitar las semillas: *despepitar.* Salsa catsup: *salsa katchup, salsa ketchup.*

Ensalada californiana

Para 4 personas

- 4 granadas
- 1 lata de elotes dulces desgranados
- 1 limón
- 4 jitomates
- 200 g de atún en agua
- 200 ml de queso blanco sin grasa
- 1 cucharadita de páprika
- 1 cucharadita de curry
- salsa tabasco
- salsa inglesa

❶ Pelar las granadas, desgranarlas y ponerlas en el refrigerador.

❷ Escurrirle toda el agua a la lata de elotes desgranados y bañarlos con jugo de limón. Pasar los jitomates por agua hirviendo, pelarlos y cortarlos en rodajas.

❸ Desmenuzar el atún.

❹ En una ensaladera, poner los granos de elote, los jitomates y el atún. Añadir el queso blanco, la páprika, el curry y algunas gotas de salsa tabasco y de salsa inglesa. Agregar sal y pimienta. Revolver todo cuidadosamente.

❺ Colocar por encima los filetes de anchoas en forma de cruz. Deslizar por los costados de la ensaladera las hojas de lechuga.

- 12 filetes de anchoas
- 1 corazón de lechuga
- sal y pimienta

❻ Al momento de servir, esparcir sobre la ensalada los granos de granada roja.

■ **Preparación:** 25 min

> **EN ALGUNOS PAÍSES SE LLAMA:**
> Anchoa: *anchova, boquerón.* Elote: *chilote, choclo, jojoto, mazorca tierna de maíz, tolonca.* Jitomate: *tomate.* Páprika: *pimentón.* Refrigerador: *heladera, nevera.*

Ensalada César

Para 4 o 6 personas

- 3 huevos
- 2 corazones de lechuga romana
- 5 rebanadas gruesas de pan de caja
- 2 dientes de ajo
- 4 cucharadas de aceite de oliva
- 6 filetes de anchoas en aceite
- 1 limón
- 50 g de queso parmesano rallado
- sal y pimienta

❶ Poner a cocer los huevos hasta que estén duros. Deshojar y lavar la lechuga romana.

❷ Quitar las cortezas a las rebanadas de pan y cortarlas en cuadros pequeños. Pelar y picar los dientes de ajo. Calentar 2 cucharadas de aceite de oliva en un sartén, sofreír el ajo y revolver. Agregar los croûtons y saltearlos durante 5 minutos. Escurrirlos sobre un papel absorbente.

❸ Enfriar los huevos duros bajo un chorro de agua, pelarlos y cortarlos en cuatro. Cortar las anchoas en tiritas.

❹ En una ensaladera, preparar la vinagreta con el jugo de limón, el resto del aceite de oliva, sal y pimienta; agregar las hojas de lechuga romana y revolver. Incorporar los huevos duros, los croûtons de ajo y las anchoas. Espolvorear queso parmesano rallado y servir.

■ **Preparación:** 25 min ■ **Cocción:** 10 min

> **EN ALGUNOS PAÍSES SE LLAMA:**
> Anchoa: *anchova, boquerón.* Croûton: *crostón, cruton, picatoste* (cuadritos de pan frito, muy utilizados en ensaladas). Pan de caja: *pan de molde, pan inglés o pan lactal.*

Ensalada de anchoas a la sueca

Para 4 o 6 personas

- 2 huevos
- 1/2 vaso de vinagreta a la mostaza

❶ Poner a cocer los huevos hasta que estén duros. Preparar la vinagreta. Exprimir el jugo de limón y verterlo en una ensaladera. Cortar las manzanas en cuadritos. Pasarlas por el jugo de limón para evitar que se oxiden,

- *1 o 2 limones*
- *6 manzanas granny-smith (verdes)*
- *2 betabeles rojos cocidos*
- *de 6 a 8 filetes de anchoas saladas o en aceite*
- *4 cabezas de hongo de buen tamaño*

escurrirlas y colocarlas en otra ensaladera. Cortar los betabeles en cuadritos, agregarlos a la ensaladera y mezclar bien.

❷ Desalar las anchoas bajo un chorro de agua fría (o quitar el exceso de aceite de las anchoas en aceite con la ayuda de un papel absorbente) y colocarlas en la superficie de la ensalada.

❸ Enfriar los huevos duros bajo un chorro de agua y pelarlos. Picar por separado las claras de las yemas y espolvorearlas por toda la superficie. Lavar y cortar en láminas delgadas las cabezas de hongo, rociarlas con jugo de limón y acomodarlas de modo que el conjunto se vea bien.

■ **Preparación:** 30 min ■ **Cocción:** 10 min

> **EN ALGUNOS PAÍSES SE LLAMA:**
> Anchoa: *anchova, boquerón.* Betabel: *betarraga, betarrata, remolacha.*

Ensalada de betabel a la escandinava

Para 4 o 6 personas

- *4 huevos*
- *2 betabeles rojos cocidos*
- *1/2 vaso de vinagreta*
- *1/2 manojo de perejil*
- *2 cebollas*
- *4 o 6 filetes de arenques marinados en aceite (→ ver pág. 337) o de arenques dulces a la escandinava*

❶ Cocer los huevos hasta que estén duros. Preparar la vinagreta.

❷ Cortar los betabeles en cubitos y mezclarlos con la vinagreta.

❸ Desprender las hojas del perejil y picarlas muy finamente con un cuchillo o con unas tijeras. Pelar las cebollas y cortarlas en rodajas, desbaratar los aros de cebolla y esparcirlos sobre los betabeles.

❹ Cortar los filetes de arenque en pedacitos muy pequeños y agregarlos a la preparación anterior.

❺ Partir los huevos en cuatro y distribuirlos encima de los betabeles. Espolvorear todo con el perejil finamente picado.

■ **Preparación:** 20 min ■ **Cocción:** 10 min

> **EN ALGUNOS PAÍSES SE LLAMA:**
> Betabel: *betarraga, betarrata, remolacha.*

Ensalada de carne de res

Para 4 o 6 personas

- *250 g de carne de res*
- *6 papas pequeñas*
- *150 ml de vino blanco*
- *1 cucharada de aceite de oliva*
- *4 jitomates*
- *1 cebolla*
- *1/2 manojo de perifollo*
- *1/2 vaso de vinagreta a la mostaza*
- *sal y pimienta*

❶ Cocer la carne de res durante 30 minutos en 1/2 litro de caldo o bien utilizar un resto de caldo de res preparado anteriormente.

❷ Cocer las papas con todo y cáscara, pelarlas cuando todavía estén calientes y cortarlas en rodajas muy delgadas. Agregarles sal y pimienta. Bañarlas con el vino blanco y el aceite de oliva. Voltearlas de vez en cuando para que se impregnen bien con esta salsa.

❸ Cortar los jitomates en rodajas delgadas. Pelar las cebollas y cortarlas en rodajas muy finas. Desprender las hojitas de perifollo. Preparar la vinagreta.

❹ Cortar la carne de res en rebanadas de aproximadamente 5 mm de espesor.

❺ En una ensaladera, acomodar las papas en forma de domo y poner a su alrededor las rebanadas de carne de res. Luego, rodearlas con las rodajas de jitomate. Bañar todo con la vinagreta. Decorar con los aros de cebolla y las hojitas de perifollo.

■ **Preparación:** 40 min ■ **Cocción:** 30 min

> EN ALGUNOS PAÍSES SE LLAMA:
> Jitomate: *tomate*. Papa: *patata*.

Ensalada de chícharos chinos

Para 4 o 6 personas

- *1/2 kg de chícharos chinos*
- *1 lata de cangrejo*
- *1 limón bien lavado*
- *100 ml de crema líquida*
- *2 cucharadas de aceite de oliva*
- *1 cucharada de perejil o de estragón finamente picados*
- *sal y pimienta*

❶ Quitar los filamentos a los chícharos chinos. Ponerlos a cocer durante 10 minutos en agua hirviendo con sal o al vapor.

❷ Abrir la lata de cangrejo y escurrirla bien. Extraer cuidadosamente el cartílago de cangrejo.

❸ Rallar la cáscara del limón, exprimirlo y bañar el cangrejo con el jugo.

❹ En un bol, batir la crema líquida y mezclarla con el aceite, la cáscara de limón, la sal y la pimienta.

❺ En la ensaladera que se vaya a llevar a la mesa, mezclar los chícharos chinos, la carne de cangrejo y el jugo de limón. Agregar la salsa y revolver con mucho cuidado. Espolvorearlos con perejil o estragón finamente picados y servir.

■ **Preparación:** 10 min ■ **Cocción:** 10 min

> EN ALGUNOS PAÍSES SE LLAMA:
> Crema: *nata*. Chícharo: *alverja, arveja, guisante, petit pois.*

Ensalada de dientes de león con tocino

Para 4 o 6 personas

- *300 g de dientes de león*
- *1/2 vaso de salsa vinagreta (→ ver pág. 100)*
- *150 g de tocino ahumado en trocitos*
- *1 cucharada de vinagre*

❶ Lavar las hojas de diente de león y escurrirles toda el agua. Preparar la salsa vinagreta y mezclarla con los dientes de león.
❷ Dorar los trocitos de tocino en un sartén.
❸ Verterles el vinagre encima, revolver con una cuchara de madera, raspando el fondo del sartén y vaciar el tocino humeante sobre los dientes de león. Revolver bien y servir inmediatamente.

■ **Preparación:** 15 min ■ **Cocción:** alrededor de 10 min

> EN ALGUNOS PAÍSES SE LLAMA:
> Tocino: *bacon, larda de tocino, panceta, tocineta.*

Ensalada de espinacas al pescado ahumado

Para 4 o 6 personas

- *500 o 600 g de espinacas*
- *4 cucharadas de aceite de cacahuate*
- *1 cucharada de aceite de avellanas*
- *1 cucharada de vinagre de vino blanco*

❶ Escoger las mejores espinacas y lavarlas, sumergirlas durante 3 minutos en agua hirviendo, enfriarlas, escurrirlas y secarlas con un trapo.
❷ Preparar una vinagreta con 3 cucharadas de aceite de cacahuate, el aceite de avellanas, los 2 vinagres, una cucharadita de mostaza, sal y pimienta.
❸ Poner las espinacas junto con la vinagreta en una ensaladera. Revolver.
❹ Partir los filetes de pescado en pedacitos pequeños. Calentar una cucharada de aceite de cacahuate en un sar-

- *1 cucharada de vinagre de jerez*
- *mostaza*
- *200 g de pescado ahumado (salmón, trucha o rodaballo)*
- *sal y pimienta*

tén y saltear allí los pedacitos de pescado durante 2 minutos. Distribuir sobre la ensalada los trozos de pescado bien calientes y servir.

■ **Preparación:** 15 min ■ **Cocción:** 5 min

> **EN ALGUNOS PAÍSES SE LLAMA:**
> Cacahuate: *cacahuete, maní.* Trapo: *paño, repasador, toalla o trapo de cocina.*

Ensalada de soya con cangrejo

Para 4 personas

- *1/2 kg de germen de soya*
- *8 bastoncitos de cangrejo*
- *200 g de camarones pequeños pelados y desvenados*
- *2 cebollitas de Cambray pequeñas*
- *salsa de soya*
- *mostaza dulce*
- *1 pizca de azúcar*
- *1 cucharada de jerez*
- *1 cucharada de vinagre*
- *3 cucharadas de aceite de soya*
- *pimienta de Cayena*
- *cilantro fresco*

❶ Lavar el germen de soya y luego sumergirlo durante un minuto en agua hirviendo con sal. Colocarlo en un colador y enfriarlo bajo un chorro de agua. Luego, escurrirlo y secarlo con un papel absorbente.
❷ Cortar en pedacitos los bastoncitos de cangrejo. Colocarlos en una ensaladera junto con los camarones y el germen de soya.
❸ Pelar y cortar finamente las cebollitas de Cambray. Ponerlas en un recipiente hondo.
❹ Agregar una cucharada de aceite de soya, una cucharadita de mostaza, el azúcar, el jerez, el vinagre, el aceite y dos pizcas de pimienta de Cayena.
❺ Batir enérgicamente, con un batidor, para emulsionar la salsa y luego verterla sobre la ensalada. Mezclar bien todo. Decorar con hojitas de cilantro fresco.

■ **Preparación:** 20 min ■ **Cocción:** 1 min

> **EN ALGUNOS PAÍSES SE LLAMA:**
> Camarón(es): *gamba, quisquilla.* Cebollita(s) de Cambray: *cebolla china, cebolla de almácigo, cebolla de verdeo, cebolla en rama, cebolla junca, cebolleta(s), cebollín.* Cilantro: *coriandro, culantro.* Germen: *brote.*

Ensalada de verduras crudas

Para 4 o 6 personas

- 1 betabel rojo cocido
- 2 pimientos
- 1 bulbo de hinojo
- 3 ramitas de apio
- 4 jitomates medianos
- 1 manojo pequeño de perejil
- 1/2 vaso de vinagreta
- 1 lechuga
- 10 o 12 aceitunas verdes o negras

❶ Limpiar y lavar bien todas las verduras. Pelar el betabel y cortarlo en cuadritos. Partir los pimientos en dos, quitarles las semillas y cortar la pulpa en rebanadas muy delgadas. Cortar de la misma manera el hinojo y las ramas de apio. Cortar los jitomates en rodajas. Lavar y picar el perejil.

❷ Preparar la salsa vinagreta (→ ver pág. 100).

❸ Cubrir el fondo de un plato con las hojas de lechuga y colocar encima, alternándolos, el hinojo, el betabel, el apio y los pimientos. Poner las aceitunas en el centro. Rodearlas con rodajas de jitomate. Bañar todo con la vinagreta y espolvorear con el perejil picado.

■ **Preparación:** 15 min

> **EN ALGUNOS PAÍSES SE LLAMA:**
> Betabel: *betarraga, betarrata, remolacha.* Jitomate: *tomate.*
> Pimiento: *ají, locote, morrón.* Quitar las semillas: *despepitar.*

Ensalada de zanahorias a la naranja

Para 4 o 6 personas

- 1/2 kg de zanahorias
- 4 naranjas
- 2 cebollas blancas grandes
- 1/2 vaso de vinagreta de aceite de oliva y limón

❶ Rallar las zanahorias.

❷ Pelar las naranjas (procurando quitarles toda la piel blanca) y cortar la pulpa en cuadritos.

❸ Cortar las cebollas en rodajas muy delgadas y desbaratarlas en aros.

❹ Preparar la vinagreta.

❺ Colocar en una ensaladera las zanahorias ralladas en forma de domo. Bañarlas con la vinagreta y agregarles los cuadritos de naranja. Revolver todo y decorar con los aros de cebolla. Servir muy fresco.

■ **Preparación:** 15 min

Ensalada Du Barry

Para 4 o 6 personas

- *1 coliflor grande*
- *1 manojo de rabanitos*
- *1 manojo de berros*
- *1/2 vaso de vinagreta al limón*
- *1 cucharada de hierbas finas picadas*

❶ Desprender los ramitos de coliflor, lavarlos y cocerlos al vapor durante 12 minutos.

❷ Limpiar y lavar bien los rabanitos y los berros, quitándoles las ramas más grandes.

❸ Preparar la salsa vinagreta (→ ver pág. 100).

❹ En una ensaladera, acomodar la coliflor fría en forma de domo. Agregarle los rabanitos rojos y los ramilletes de hojas de berros. Bañar todo con la vinagreta.

❺ Espolvorear con las hierbas finas picadas.

■ **Preparación:** 20 min ■ **Cocción:** 12 min

Ensalada Montfermeil

Para 4 o 6 personas

- *2 huevos*
- *250 g de papas*
- *1 manojo pequeño de perejil*
- *5 o 6 ramitas de estragón*
- *1/2 lata de corazones de alcachofa*
- *1 lata grande de salsifíes*
- *1/2 vaso de vinagreta a la mostaza*

❶ Poner a cocer los huevos hasta que estén duros. Cocer en agua las papas.

❷ Lavar y picar muy finamente el perejil y las hojas de estragón.

❸ Escurrir el agua de los corazones de alcachofa y de los salsifíes. Enjuagarlos bien bajo un chorro de agua. Cortar los corazones de alcachofa en cubitos y los salsifíes en pedacitos.

❹ Pelar las papas y cortarlas en cubitos.

❺ Preparar la vinagreta. Pelar y picar los huevos duros y mezclarlos con el perejil y el estragón.

❻ En una ensaladera, juntar los cubitos de papas y las alcachofas, los pedacitos de salsifíes y la vinagreta. Mezclar bien todo y espolvorear las hierbas finas y los huevos duros picados.

■ **Preparación:** 30 min ■ **Cocción:** de 15 a 20 min

> **EN ALGUNOS PAÍSES SE LLAMA:**
> Alcachofa: *alcaucil*. Papa: *patata*.

Ensalada niçoise

Para 4 o 6 personas

- 5 huevos
- 1 lechuga pequeña
- 6 u 8 jitomates
- 1 manojo de cebollín
- 12 o 18 filetes
  de anchoas saladas
- 1 pimiento
- 3 ramas de apio
- 3 o 4 corazones
  de alcachofas violetas
- 1 limón
- 1 lata de atún en aceite
  o en agua
- 1/2 vaso de vinagreta de
  aceite de oliva
- 100 g de aceitunas negras
  pequeñas

❶ Poner a cocer los huevos hasta que estén duros.

❷ Lavar la lechuga. Secar bien las hojas. Cortar los jitomates en cuatro partes. Pelar los cebollines y picar un poquito de la parte verde del rabo (la parte más cercana al bulbo).

❸ Desalar las anchoas bajo un chorro de agua.

❹ Enjuagar el pimiento, quitarle las semillas y cortarlo en rebanadas muy finas. Lavar las ramas de apio y cortarlas en cuadritos muy pequeños. Agregar jugo de limón a los corazones de alcachofa y cortarlos en rebanadas. Enfriar los huevos duros con agua, pelarlos y cortarlos en cuatro.

❺ En un plato hondo grande, poner algunas hojas de lechuga, luego unas cuantas rodajas de jitomate, algunas rebanadas de alcachofas, pimiento, atún desmenuzado, cebollines y, finalmente, 2 o 3 pizcas de apio y de rabo de cebollín picado. Continuar formando capas en este orden hasta que se terminen todos los ingredientes.

❻ Verter la vinagreta sobre la ensalada y revolver. Colocar hasta encima los pedazos de huevo y las anchoas. Decorar con las aceitunas.

■ **Preparación:** 40 min ■ **Cocción:** 10 min

> **EN ALGUNOS PAÍSES SE LLAMA:**
>
> Alcachofa: *alcaucil*. Anchoa: *anchova, boquerón*. Cebollín: *cebolleta, cebollino, ciboulette*. Jitomate: *tomate*. Pimiento: *ají, locote, morrón*. Quitar las semillas: *despepitar*.

Ensalada Raquel

Para 4 o 6 personas

- *5 papas medianas*
- *1 manojo de espárragos verdes pequeños (o una lata de espárragos pequeños)*
- *200 ml de mayonesa tradicional (→ ver pág. 96)*
- *2 cucharaditas de mostaza*
- *1 lata de corazones de alcachofas*
- *3 ramas de apio*
- *sal y pimienta*

❶ Cocer las papas en agua. Dejarlas enfriar, pelarlas y cortarlas en cuadritos.

❷ Lavar y cocer los espárragos en agua con sal. No deben quedar muy cocidos. Si se utilizan espárragos en conserva, escurrirles toda el agua. Cortarles el rabo.

❸ Preparar la mayonesa con 2 cucharaditas de mostaza. Escurrir el agua a los corazones de alcachofas y cortarlos en cuadritos. Pelar y cortar las ramas de apio en pedacitos.

❹ Mezclar las verduras, excepto los espárragos, con la mayonesa bien condimentada. Acomodarlas en forma de domo dentro de una ensaladera y agregar las puntas de los espárragos.

■ **Preparación:** 30 min ■ **Cocción:** de 15 a 20 min

> **EN ALGUNOS PAÍSES SE LLAMA:**
> Alcachofa: *alcaucil.* Papa: *patata.*

Ensalada reina Pedauque

Para 4 o 6 personas

- *6 lechugas pequeñas*
- *2 naranjas*
- *300 g de cerezas*
- *4 cucharadas de salsa vinagreta (→ ver pág. 100)*
- *100 ml de crema fresca*
- *1 cucharada de aceite de oliva*
- *1/2 cucharadita de mostaza*
- *1 limón*
- *1/2 cucharadita de páprika*
- *sal y pimienta*

❶ Lavar las lechugas. Partir los corazones en cuatro partes. Cortar unas 10 hojas grandes en chiffonnade (tiritas). Pelar las naranjas (quitándoles toda la piel blanca) y cortarlas en rodajas. Lavar y deshuesar las cerezas. Preparar la salsa vinagreta.

❷ Mezclar la crema, el aceite, la mostaza, el jugo de limón, la páprika, la sal y la pimienta. Revolver un poco.

❸ En una fuente, colocar los cuartos de corazones de lechuga en forma de corona, abrirlos y bañarlos con la salsa de crema. Mezclar la chiffonnade de lechuga con la vinagreta y colocarla en el centro de la corona. Esparcir algunas cerezas. Colocar en el centro de cada corazón abierto de lechuga una rebanada de naranja.

■ **Preparación:** 15 min

> **EN ALGUNOS PAÍSES SE LLAMA:**
> Crema: *nata.* Páprika: *pimentón.*

Ensalada rusa

Para 4 o 6 personas

- 250 g de chícharos
- 1 papa
- 2 zanahorias
- 1 nabo, de preferencia fresco
- 150 g de ejotes
- 250 ml de mayonesa tradicional (→ ver pág. 96)
- 1 langosta o langostino, frescos o congelados
- 1 trufa (opcional)

❶ Desgranar los chícharos (o descongelarlos) y cocerlos en agua hirviendo con sal durante 15 o 20 minutos.

❷ Pelar las demás verduras y cocerlas por separado de la misma manera.

❸ Preparar la mayonesa. Descongelar la carne del marisco elegido y cortarla en cuadritos. Cortar en cuadritos pequeños la papa, las zanahorias y el nabo. Cortar los ejotes en pedacitos muy pequeños. Mezclar todas las verduras con los chícharos y la mayonesa, luego, colocarlos en forma de corona en una ensaladera. Poner los cuadritos de carne de marisco en el centro de la corona.

❹ Espolvorear la ensalada, ya sea con una trufa cortada en juliana o con pedacitos de perifollo o de perejil picado.

■ **Preparación:** 40 min

■ **Cocción:** de 15 a 20 min, aproximadamente

> EN ALGUNOS PAÍSES SE LLAMA:
>
> Chícharo: *alverja, arveja, guisante, petit pois.* Ejote: *chaucha, judía verde, poroto verde, vaina, vainica, vainita.* Langosta: *bogavante.* Langostino: *camarón grande.* Papa: *patata.*

Entremés mungo

Para 4 personas

- 1/2 kg de germen de soya
- 4 cucharadas de aceite de oliva
- 4 huevos
- 2 pechugas de pollo cocidas
- vinagre de jerez
- pimienta de Cayena
- 1 manojo de perifollo fresco
- 8 jitomates cereza
- sal

❶ Lavar el germen de soya, escurrirlo y luego blanquearlo durante un minuto en una cacerola con agua hirviendo. Escurrirlo nuevamente.

❷ En un sartén grande, calentar 2 cucharadas de aceite de oliva, verter el germen de soya y sofreírlo rápidamente revolviendo con frecuencia durante 2 minutos. Escurrirlos y dejar que se enfríen.

❸ Hervir los huevos hasta que estén duros, enfriarlos bajo un chorro de agua fría y pelarlos.

❹ Cortar las pechugas de pollo en tiritas pequeñas.

❺ Preparar una vinagreta con el resto del aceite de oliva, una cucharada de vinagre de jerez, una pizca de pimienta de Cayena y el perifollo finamente picado.

❻ Lavar y secar con un trapo los jitomates cereza.

❼ Colocar el germen de soya en una ensaladera junto con las tiritas de pechuga de pollo. Mezclar todo.

❽ Poner esta ensalada en el centro de una fuente redonda. Cortar los huevos duros en rodajas y acomodarlos sobre la ensalada. Rodear con los jitomates cereza y servir como entrada fría.

■ **Preparación:** 20 min ■ **Cocción:** 13 min

> **EN ALGUNOS PAÍSES SE LLAMA:**
>
> Germen: *brote.* Jitomate cereza: *tomate cereza, tomate cherry, tomatito cereza, tomatito cherry.* Trapo: *paño, repasador, toalla o trapo de cocina.*

Filetes de lisa al vino blanco

Para 4 personas

- *4 lisas de 200 g cada una, aproximadamente*
- *1 zanahoria grande*
- *1 cebolla grande*
- *2 ramitas de tomillo*
- *1 hojita de laurel*
- *6 granos de pimienta*
- *1 clavo de olor*
- *1/2 litro de vino blanco*
- *1 limón entero*
- *1 cucharada de vinagre de vino blanco*

❶ Pedir al empleado de la pescadería que corte los filetes de lisa. Acomodarlos en un plato hondo para horno, espolvorear con sal fina y colocar una hora en el refrigerador.

❷ Precalentar el horno a 180 °C.

❸ Pelar y cortar en rodajas delgadas la zanahoria y la cebolla. Colocarlas en una cacerola junto con el tomillo, el laurel, la pimienta, el clavo de olor y el vino blanco. Poner a hervir y, una vez que hierva, bajar el fuego y cocer durante 10 minutos más.

❹ Cortar el limón en rodajas finas y agregarlas, lo mismo que el vinagre, a la cacerola. Cocer durante 2 minutos más y verter todo sobre los filetes de lisa.

❺ Hornear durante 5 minutos. Dejar enfriar y colocar en el refrigerador durante 24 horas antes de servir.

■ **Preparación:** 15 min ■ **Reposo:** 1 h + 24 h
■ **Cocción:** 17 min

> **EN ALGUNOS PAÍSES SE LLAMA:**
> Lisa: *mújil, mújol.* Refrigerador: *heladera, nevera.*

Galantina de ave

Para 8 o 10 personas

- 1 pollo bastante grande
- 250 g de lomo de cerdo sin hueso
- 250 g de espaldilla de ternera
- 150 g de tocino graso
- 150 g de jamón cocido o jamón de pavo
- 150 g de lengua escarlata o jamón
- 150 g de pistaches pelados
- 2 huevos
- sal y pimienta
- 100 ml de coñac
- 1/2 cucharadita de cuatro especias
- 5 litros de gelatina de madeira comercial

❶ Limpiar y pasar por la flama directa el pollo (para eliminar las últimas plumas), vaciarlo y cortarle las patas y los alerones. Abrir el ave por la espalda desde el origen de la rabadilla y, con la ayuda de un cuchillo pequeño, deshuesarla completamente sin deshacerla. Extenderla sobre la mesa, extraer toda la carne y cortarla en daditos homogéneos.

❷ Picar finamente en la licuadora el lomo de cerdo y la espaldilla de ternera. Cortar en cubitos el tocino, el jamón y la lengua escarlata.

❸ Mezclarlos con los pedazos de pollo, los pistaches, la carne de cerdo y de ternera picada, los huevos batidos en omelette, el coñac, la sal, la pimienta y las cuatro especias. Trabajar esta mezcla con las manos húmedas para que tenga una consistencia más homogénea y moldearla, primero en forma de bola y luego rectangular.

❹ Colocar el relleno dentro de la piel del pollo deshuesado y enrollarla, estirándola bien, pero sin que se rompa.

❺ Humedecer un trapo delgado, escurrirlo bien y enrollar la galantina, apretando bien. Con la ayuda de hilo de cocina o de cáñamo, atar la galantina envuelta en el trapo, de manera que no se salga nada del relleno, como si fuera un paquete, en los dos extremos y alrededor.

❻ Preparar la gelatina y calentarla. Colocar la galantina en la gelatina hirviendo y dejar que se incorpore durante 3 horas.

❼ Escurrirla presionando el trapo con las manos, colocarla sobre la mesa de trabajo, ponerle una plancha y algo de peso para que la galantina se aplane un poco. Desgrasar la cocción y, posteriormente, dejarla reposar hasta que se haya enfriado por completo.

❽ Desenvolver la galantina, secarla completamente, colocarla sobre una reja de cocina y cubrirla de varias capas de gelatina, con la ayuda de un pincel, cada 10 minutos.

■ **Preparación:** 1 h ■ **Cocción:** 3 h

> **EN ALGUNOS PAÍSES SE LLAMA:**
>
> Cerdo: *chancho, cochino, puerco.* Madeira: *madera* (vino dulce elaborado en la isla de Madeira). Pistache: *pistacho.* Tocino: *bacon, larda de tocino, panceta, tocineta.* Trapo: *paño, repasador, toalla o trapo de cocina.*

Hojas de parra rellenas

Para 15 hojas de parra

- *15 hojas de parra grandes*
- *50 g de arroz salteado (→ ver pág. 846)*
- *100 g de cebollas*
- *100 ml de aceite de oliva*
- *60 g de carne de cordero*
- *1 cucharadita de menta fresca*
- *1 cucharita de consomé deshidratado*
- *1 limón*
- *1 cucharadita de cilantro en granos*

❶ Sumergir las hojas de parra en agua hirviendo durante 2 minutos como máximo. Refrescarlas bajo un chorro de agua fría, extenderlas sobre un trapo y secarlas.

❷ Cocer el arroz procurando que se mantenga firme.

❸ Pelar y picar las cebollas y soasarlas en una cacerola con una cucharada de aceite de oliva, sin que lleguen a dorarse.

❸ Picar la carne de cordero y dorarla en un sartén con un poco de aceite.

❹ Picar la menta fresca.

❻ En una ensaladera, mezclar todos estos ingredientes. Posteriormente, colocar una bolita de este relleno en el centro de cada hoja de parra. Plegar hacia arriba las esquinas más puntiagudas (de la hoja y el tallo). Enrollar el resto de la hoja sobre el relleno como si fuera un cilindro y sostenerlo para que se mantenga firme. Atar cada cilindro con hilo de cocina o cáñamo.

❼ Diluir el consomé deshidratado en 1/2 vaso de agua.

❽ Aceitar un sartén salteador y acomodar en él los rollitos de hojas de parra, bien apretados unos contra otros. Bañar con una cucharada de aceite de oliva, jugo de limón y consomé. Añadir el cilantro. Tapar y cocer durante 20 minutos a pequeños hervores.

❾ Escurrir los rollitos de hojas de parra y dejarlos enfriar completamente antes de retirarles los hilos.

■ **Preparación:** 1 h ■ **Cocción:** 20 min

EN ALGUNOS PAÍSES SE LLAMA:

Cilantro: *coriandro, culantro*. Trapo: *paño, repasador, toalla o trapo de cocina.*

Hueva de pescado asada

Para 4 personas

- *de 200 a 250 g
  de hueva de pescado
  (de mújol o cualquier otra)*
- *2 cucharadas de aceite
  de oliva*
- *1 limón*
- *40 g de mantequilla*
- *sal y pimienta*

❶ Poner la hueva de pescado en una ensaladera y mezclarla suavemente con el aceite de oliva, el jugo de limón, la sal y la pimienta. Dejarla reposar durante 30 minutos.

❷ Derretir la mantequilla en un sartén y cocer la hueva de pescado durante 10 minutos a fuego bajo.

   Servir con pan de centeno, mantequilla y limón.

■ **Preparación:** 15 min ■ **Reposo:** 30 min

■ **Cocción:** 10 min

> EN ALGUNOS PAÍSES SE LLAMA:
> Mantequilla: *manteca.*

Limones rellenos

Para 4 o 6 personas

- *200 ml de alioli
  (→ ver pág. 94)*
- *4 huevos*
- *30 aceitunas negras grandes*
- *1 pequeño manojo de perejil*
- *6 limones grandes*
- *1 lata de atún o de salmón
  al natural*

❶ Preparar el alioli.

❷ Cocer los huevos hasta que estén duros.

❸ Deshuesar las aceitunas negras, apartar 6 y picar el resto junto con el perejil.

❹ Quitar la parte superior de los limones, del lado del rabo. Con un cuchillo o una pequeña cuchara con borde filoso, vaciarlos manteniendo la cáscara.

❺ Desmenuzar el atún o el salmón. Pelar los huevos, extraerles las yemas y machacarlas con un tenedor. Mezclar la pulpa y el jugo del limón con el pescado, agregar las aceitunas y el perejil picados, las yemas de huevo y el alioli. Probar y, de ser necesario, condimentar con sal y pimienta al gusto.

❻ Rellenar las cáscaras de limón con esta mezcla, decorar cada limón con una aceituna negra y colocarlos en el refrigerador hasta que se vayan a servir.

   Se puede sustituir la mezcla de atún con alioli, o de salmón con alioli, por un relleno de sardinas en aceite con mantequilla.

■ **Preparación:** 30 min

> EN ALGUNOS PAÍSES SE LLAMA:
> Deshuesar: *descarozar.* Mantequilla: *manteca.* Refrigerador:
> *heladera, nevera.*

Paté de conejo con avellanas

Para 6 personas

- *1 conejo de 1 y 1/2 kilos*
- *150 g de lonja de tocino*
- *1/2 kg de higaditos de ave*
- *100 ml de oporto*
- *2 cebollas*
- *1 manojo de perifollo*
- *1/2 kg de carne molida mixta (res y cerdo)*
- *1 huevo*
- *1 cucharadita de tomillo*
- *1/2 hoja de laurel*
- *16 avellanas peladas*
- *sal y pimienta*

❶ Pedir al carnicero que corte el tocino en lonjas muy finas.

❷ Precalentar el horno a 190 °C. Cortar los higaditos de ave en cuadritos, colocarlos en una ensaladera, verter el oporto y dejar marinar durante 30 minutos.

❸ Mientras tanto, picar las cebollas, muy finamente el perifollo y cortar la carne de conejo en pedacitos pequeños. Poner los pedacitos de conejo en una ensaladera junto con la carne molida mixta, añadir el huevo y revolver bien. Añadir sal y pimienta al gusto, la cebolla y el perifollo picados, las hierbas aromáticas, las avellanas enteras, la mitad del oporto de la marinada y mezclar todo. Probar y, de ser necesario, volver a condimentar.

❹ Cubrir una terrina con 3/4 de la albardilla y verter encima la mitad del relleno. Recubrir con los higaditos de ave y con el resto del relleno posteriormente. Decorar la parte de arriba con la albardilla restante.

❺ Hornear a baño maría durante 2 horas. Dejar enfriar, tapar y poner en el refrigerador como mínimo durante 24 horas antes de servir.

■ **Preparación:** 40 min ■ **Marinada:** 30 min

■ **Cocción:** 2 h ■ **Refrigeración:** 24 h

> EN ALGUNOS PAÍSES SE LLAMA:
> Carne molida: *carne picada.* Cerdo: *chancho, cochino, puerco.* Refrigerador: *heladera, nevera.* Tocino: *bacon, larda de tocino, panceta, tocineta.*

Paté de foie casero

Para 6 personas

- *120 g de lonja de tocino*
- *300 g de hígado de becerro*
- *300 g de hígado de cerdo*
- *1 huevo*
- *1 cucharadita de tomillo*
- *1 cucharadita de mejorana*
- *1 cucharada de salvia*
- *1 cucharada de coñac*

❶ Pedir al carnicero que corte el tocino en lonjas muy finas.

❷ Precalentar el horno a 200 °C. Cortar los hígados en pedacitos pequeños, luego picarlos finamente.

❸ Agregar el huevo completo, las hierbas aromáticas, el coñac y el madeira, uno por uno. Condimentar con sal y pimienta al gusto y volver a mezclar. Probar y, de ser necesario, volver a sazonar.

❹ Verter esta preparación en una terrina. Acomodar las rebanadas de albardilla encima de la preparación en forma de cruces. Agregar en el medio de la terrina la hoja de laurel.

- *2 cucharadas de madeira*
- *1 hoja de laurel*
- *sal y pimienta*

❺ Colocar la terrina en una charola grande para gratinar llena hasta la mitad con agua hirviendo. Hornear durante 45 minutos. Dejar enfriar, tapar y poner en el refrigerador durante 24 horas como mínimo.

■ **Preparación:** 30 min ■ **Cocción:** 45 min
■ **Refrigeración:** 24 h

> **EN ALGUNOS PAÍSES SE LLAMA:**
> Cerdo: *chancho, cochino, puerco.* Charola: *asadera.* Madeira: *madera* (vino dulce elaborado en la isla de Madeira). Refrigerador: *heladera, nevera.* Tocino: *bacon, larda de tocino, panceta, tocineta.*

Pastel de salmón

Para 8 o 10 personas

- *600 g de relleno para pescado* (→ ver pág. 108)
- *1 trufa*
- *1/2 kg de masa para tarta* (→ ver pág. 112)
- *2 cucharadas de hierbas finas*
- *1/2 kg de filetes de salmón*
- *100 ml de aceite de oliva o de cacahuate*
- *sal y pimienta*

❶ Preparar el relleno con la trufa picada.

❷ Preparar la masa para tarta. Precalentar el horno a 190 °C.

❸ Picar las hierbas finas.

❹ Cortar el salmón en filetes de alrededor de 5 o 6 cm y ponerlos a macerar en una ensaladera con el aceite, sal, pimienta y las hierbas finas, durante 1 hora.

❺ Cortar alrededor de dos terceras partes de la masa, extenderla hasta que alcance un espesor aproximado de 4 mm y cubrir el interior de una terrina redonda u ovalada con ese pedazo de masa. Cortar lo que sobrepase el tamaño de la terrina.

❻ Colocar en el fondo de la terrina la mitad del relleno para pescado, luego recubrirlo con los filetes de salmón escurridos y con el resto del relleno. Hacer una bola con la masa que se cortó de la terrina y con la tercera parte restante. Estirarla con el rodillo y cubrir la parte de arriba de la terrina con ella. Cortar la masa sobrante.

❼ Hacer una chimenea colocando un papel enrollado en forma de cono invertido en el centro de la masa.

❽ Hornear durante 1 hora y 15 minutos. Servir frío.

■ **Preparación:** 1 h 30 min ■ **Cocción:** 1 h 15 min

> **EN ALGUNOS PAÍSES SE LLAMA:**
> Cacahuate: *cacahuete, maní.* Pastel: *torta.* Rodillo: *bolillo, palo de amasar, palote, uslero.*

Peras Savarin

Para 4 personas

- 50 g de queso roquefort
- 25 g de mantequilla
- 4 peras
- 1/2 limón
- 4 cucharadas de crema fresca
- páprika

❶ Con las manos, mezclar el roquefort con la mantequilla.

❷ Pelar las peras, cortarlas en dos y rociarlas con jugo de limón para evitar que se oxiden. Con una cucharita, quitarles las semillas. Llenar la cavidad con roquefort a la mantequilla.

❸ Acomodar las peras en una fuente o sobre platos individuales y cubrirlas con crema fresca. Espolvorear con páprika. Servir muy frescas.

■ **Preparación:** 15 min

> EN ALGUNOS PAÍSES SE LLAMA:
> Crema: *nata*. Mantequilla: *manteca*. Páprika: *pimentón*. Quitar las semillas: *despepitar*.

Pescados marinados a la griega

Para 4 o 6 personas

- 2 pimientos
- 1 diente de ajo
- 100 g de cebollas
- 150 ml de aceite de oliva
- 150 ml de vino blanco
- 150 ml de agua
- 1 limón
- 1 bouquet garni
- 4 pizcas de sal
- pimienta
- 1/2 kg de salmonetes o de filetes de sardina

❶ Cortar los pimientos en bastoncitos. Triturar el ajo sin pelarlo. Pelar y picar finamente las cebollas.

❷ En una cacerola, calentar el aceite de oliva, agregarle las cebollas y cocerlas destapadas durante 10 minutos.

❸ Agregar el vino blanco, el agua, el jugo de limón colado, y luego los pimientos, el ajo, el bouquet garni, la sal y la pimienta. Poner a hervir durante 15 minutos.

❹ Mientras tanto, quitar las espinas al pescado con la ayuda de una pinza de depilar.

❺ Verter la marinada caliente sobre los filetes de pescado, dejar enfriar y luego colocar en el refrigerador.

■ **Preparación:** 30 min

■ **Cocción:** alrededor de 25 min

> EN ALGUNOS PAÍSES SE LLAMA:
> Pimiento: *ají, locote, morrón*. Refrigerador: *heladera, nevera*.

Piña al jamón ahumado

Para 4 personas

- 1 piña grande o 2 piñas medianas
- 300 g de papas duras
- 200 g de apio-nabo
- 200 g de manzanas golden (amarillas)
- 1/2 limón
- 1 chalote
- algunas ramitas de cebollín
- algunas ramitas de perifollo
- 4 rebanadas de jamón ahumado
- 150 ml de mayonesa
- 50 ml de crema fresca
- sal y pimienta

❶ Partir la piña grande, con todo y cáscara, en cuatro pedazos (o las medianas en dos), en el sentido de la altura. Sacarles la pulpa y cortarla en cuadritos. Guardar las cáscaras vacías.

❷ Pelar y lavar las papas, luego cortarlas en cuadritos. Cocerlas en agua hirviendo con sal. Enfriarlas con agua y escurrirlas bien.

❸ Pelar el apio-nabo y las manzanas y luego echarles jugo de limón. Cortar las manzanas en cuadritos y el apio en juliana. Picar el chalote. Picar finamente el cebollín y el perifollo hasta obtener una cucharada de cada hierba.

❹ Partir en tiritas muy parejas 3 rebanadas de jamón ahumado.

❺ Preparar la mayonesa tradicional según la receta (→ ver pág. 96) y rebajarla en seguida con la crema fresca. Probar y, de ser necesario, condimentar.

❻ Mezclar los cuadritos de piña, de papa y de manzana con la juliana del apio; luego, añadir las tiritas de jamón, las hierbas y la mayonesa.

❼ Poner esta preparación en las cáscaras de piña, formando un domo.

❽ Cortar en triangulitos la rebanada de jamón restante y formar con ellos especies de cucuruchos. Decorar la superficie de las piñas rellenas. Acomodarlas en una fuente y servirlas muy frescas.

■ **Preparación:** 40 min

> **EN ALGUNOS PAÍSES SE LLAMA:**
> Cebollín: *cebolleta, cebollino, ciboulette.* Chalote: *ascalonia, chalota, echalote, escalonia.* Crema: *nata.* Papa: *patata.* Piña: *ananá.*

Pizzaleta a la provenzal

Para 4 o 6 personas

- *1/2 kg de masa para pan (→ ver pág. 115)*
- *100 ml de aceite de oliva*
- *1 kg de cebollas*
- *3 dientes de ajo*
- *1 ramita de tomillo*
- *1/2 hoja de laurel*
- *1 cucharada de alcaparras*
- *1 latita de filetes de anchoas saladas*
- *20 aceitunas negras*
- *sal y pimienta*

❶ Preparar la masa para pan. Posteriormente agregarle 4 cucharadas de aceite. Amasarla con las manos, formar una bola y dejarla levar 1 hora a temperatura ambiente.

❷ Picar las cebollas. Triturar los dientes de ajo. En un sartén grande poner 4 o 5 cucharadas de aceite, agregar las cebollas y sofreírlas suavemente con el sartén tapado, con muy poca sal, un poco de pimienta, el ajo triturado, el tomillo y el laurel.

❸ Con la ayuda de un tenedor, convertir las alcaparras en puré. Agregarlas al puré de cebolla y mezclar bien.

❹ Precalentar el horno a 240 °C. Aplanar la masa hasta formar un círculo delgado y colocarla sobre la placa del horno engrasada con aceite. Distribuir por encima el puré de cebollas, sin llegar hasta los bordes de la masa.

❺ Desalar las anchoas bajo un chorro de agua fría, secarlas y distribuirlas sobre el puré de cebollas, hundiéndolas un poco. Del mismo modo, acomodar las aceitunas, hundiéndolas en el puré.

❻ Moldear la masa de manera que el borde sea más alto para que el relleno no se salga. Hornear durante 20 minutos. Servir tibia o fría.

■ **Preparación:** 1 h ■ **Cocción:** 20 min

> EN ALGUNOS PAÍSES SE LLAMA:
> Anchoa: *anchova, boquerón.*

Terrina de pato tierno

Para una terrina de 26 cm

- *1 pato de aproximadamente 1 y 1/4 kg*
- *300 g de rebanadas de tocino*
- *sal y pimienta*
- *1/2 cucharadita de cuatro especias (pimienta, clavo de olor, nuez moscada y jengibre)*

❶ El día anterior pedir al carnicero que deshuese el pato y separe los filetes. Cortar estos últimos, junto con las rebanadas de tocino, en tiritas. Ponerlos en un plato hondo con sal, pimienta, cuatro especias, coñac, una hoja de laurel desmoronada y una rama de tomillo deshojada. Dejar marinar todo durante 24 horas en el refrigerador.

❷ Sacarle al pato el resto de la carne y ponerla en el refrigerador. Poner a remojar en agua fría una tripa de cerdo

- *4 cucharadas de coñac*
- *2 hojas de laurel*
- *3 ramitas de tomillo*
- *1 tripa de cerdo*
- *1 cáscara de naranja bien lavada*
- *250 g de hongos*
- *3 chalotes*
- *20 g de mantequilla*
- *350 g de pecho de cerdo*
- *1 cebolla*
- *2 huevos*

y luego secarla. Sumergir la cáscara de naranja en agua hirviendo y secarla.

❸ Cortar los hongos y los chalotes en cubitos y saltearlos durante 15 minutos en la mantequilla con sal y pimienta.

❹ Picar el pecho de cerdo, la cebolla, el resto de la carne de pato y la cáscara de naranja. Mezclar todo esto en una ensaladera junto con los hongos y luego añadir los huevos, la sal y la pimienta. Precalentar el horno a 180 °C.

❺ Escurrir el pato y el tocino y colar la marinada. Agregarla al relleno y trabajarlo bien hasta que adquiera una consistencia y una apariencia homogéneas.

❻ Recubrir una terrina con la tripa. Verter la mitad del relleno y comprimirlo bien hasta que quede una capa pareja. Acomodar encima las tiritas de filete de pato y de tocino, alternándolas, hasta cubrir toda la superficie del relleno. Agregar el resto del relleno y volverlo a comprimir. Plegar la tripa sobre el contenido de la terrina y cortar el excedente. Poner encima una hoja de laurel y 2 ramitas de tomillo fresco. Posteriormente, tapar la terrina.

❼ Poner la terrina en baño maría. Una vez que haya hervido sobre el fuego, cocerla en el horno durante 1 hora y 30 minutos.

❽ Dejar que se enfríe un poco. Quitarle la tapa y colocar en su lugar una placa con un peso por encima para que la terrina se aplaste un poco. Dejar que se enfríe y meter en el refrigerador.

■ **Marinada:** 24 h ■ **Preparación:** 2 h

■ **Cocción:** 1 h 30 min

> **EN ALGUNOS PAÍSES SE LLAMA:**
>
> Cerdo: *chancho, cochino, puerco.* Chalote: *ascalonia, chalota, echalote, escalonia.* Mantequilla: *manteca.* Refrigerador: *heladera, nevera.* Tocino: *bacon, larda de tocino, panceta, tocineta.*

Toronjas con camarones

Para 4 personas

- *1 cucharada de vinagre*
- *3 cucharadas de aceite de oliva*
- *1/2 cucharadita de azúcar*
- *1 cucharada de salsa de soya*
- *1 cucharadita de jengibre en polvo*
- *1 cucharada de salsa catsup*
- *1 cucharadita de miel*
- *150 g de carne de camarón rosado*
- *1 pepino pequeño*
- *2 toronjas*
- *sal y pimienta*

❶ Preparar la vinagreta mezclando el vinagre con una pizca de sal, luego añadir el aceite de oliva, el azúcar, la salsa de soya, el jengibre en polvo, la salsa catsup, la miel y la pimienta. Revolver todo muy bien.

❷ Pelar y desvenar los camarones.

❸ Pelar el pepino, quitarle las semillas y cortarlo en rodajas delgadas.

❹ Pelar las toronjas (procurando retirar toda la piel blanca) y cortar los gajos en pedacitos.

❺ Mezclar los camarones y los pepinos con la salsa. Probar y, de ser necesario, condimentar al gusto. Luego, agregar los pedacitos de toronja y remover con mucho cuidado.

❻ Acomodar en copas y mantener en frío hasta el momento de servir.

■ **Preparación:** 15 min

> **EN ALGUNOS PAÍSES SE LLAMA:**
>
> Camarón(es): *gamba, quisquilla.* Quitar las semillas: *despepitar.* Salsa catsup: *salsa katchup, salsa ketchup.* Toronja: *pamplemusa, pomelo.*

Huevos y quesos

Los huevos

Gracias a sus cualidades nutritivas y a la diversidad en su uso, los huevos siempre han desempeñado un papel muy importante en la alimentación. Se trata de una buena fuente de proteínas, vitaminas (A, B, D, E) y hierro. Los huevos se utilizan tanto en la cocina como en la repostería. Pero también se los prepara por sí mismos. Así, numerosos métodos de cocción —en omelette, pochés, fritos, tibios, etc.— garantizan una variedad de platos y permiten la creación de muchísimas posibilidades.

Los huevos que se encuentran en los establecimientos comerciales suelen tener fecha de caducidad, a la que hay que prestar mucha atención: para garantizar que los huevos realmente estén muy frescos, esta fecha nunca debe exceder los 11 días posteriores a la adquisición. En todo caso, hay que evitar adquirir huevos cuya fecha de caducidad sea menor a 7 días. Observación: las denominaciones "huevos del día" o "huevos de granja" no tienen ningún valor en cuanto a la frescura, sólo hacen referencia a la forma de producción.

Los huevos se almacenan sin lavarlos (con el objetivo de no volverlos permeables a los olores y de no acelerar su propia deshidratación). Un huevo cuya fecha de caducidad es de 11 días respecto de su adquisición se conserva 3 semanas en la parte menos fría del refrigerador. Un huevo duro se conserva 4 días si no se ha pelado y 2 días si se ha retirado la cáscara; una yema de huevo cruda se conserva 24 horas mientras que la clara puede conservarse hasta 3 días. Todas las preparaciones a base de huevos crudos o cocidos a medias (mayonesas, cremas para pastelería) no deben conservarse más de 2 días en el refrigerador.

Los huevos deben romperse siempre por separado; de hecho, un huevo que no sea apropiado para su consumo (lo que se reconoce por la condición líquida y su fuerte olor) vuelve inutilizable el conjunto de los huevos con que se haya mezclado. Para romper más fácilmente huevos duros o blandos, es suficiente con pasarlos previamente bajo un chorrito de agua.

La cantidad de huevos que hay que calcular por persona depende del tipo de plato y de la importancia que éste tenga dentro de la comida completa. Generalmente, se estima un huevo por persona para una entrada, 2 para un plato principal; para una omelette, calcular 2 o 3 huevos por persona, dependiendo del tipo de relleno.

El queso

El queso es un alimento rico en proteínas y calcio, además de ser muy energético. En la cocina sirve como ingrediente básico o como condimento. Se emplea crudo (en canapés, patés, ensaladas mixtas, para untar) o cocido (en crepas, gratines, pizzas, soufflés, etc.). Hay una gran variedad de platos típicos a base de queso, por ejemplo el aligot de Auvergne, los croque-monsieur, algunos volovanes, en la fondue... Todas las recetas a base de queso que se presentan en esta sección constituyen platos únicos.

EN ALGUNOS PAÍSES SE LLAMA:

Crepas: *crêpes, panquecas, panqueques, tortitas.* Huevos pochés: huevos cocidos sin su cáscara sumergiéndolos en un líquido hirviendo. Huevos tibios: huevos cocidos en su cáscara el tiempo necesario para que la clara esté cocida pero la yema permanezca cremosa, *huevos pasados por agua.* Refrigerador: *heladera, nevera.*

Huevos revueltos

Huevos revueltos: cocción

❶ Derretir un pedacito de mantequilla en una cacerola con fondo grueso, de preferencia antiadherente.

❷ Retirar la cacerola del fuego y agregar los huevos partidos, simplemente revueltos, sin batirlos. Añadir sal y pimienta al gusto. Luego, cocerlos a fuego muy bajo o a baño maría removiendo constantemente con la ayuda de una cuchara de madera y raspando muy bien los bordes de la cacerola.

❸ Una vez que los huevos adquieran una consistencia cremosa, retirarlos del fuego, agregar un pedacito de mantequilla fresca y mezclar bien.

> **EN ALGUNOS PAÍSES SE LLAMA:**
> Mantequilla: *manteca.*

Barquitos de huevos revueltos y espárragos

Para 10 barquitos

- *250 g de masa para tarta (→ ver pág. 112)*
- *de 10 a 15 espárragos pequeños (o 1 lata de espárragos de 250 g)*
- *10 huevos*
- *50 g de mantequilla*
- *sal y pimienta*

❶ Precalentar el horno a 210 °C. Preparar la masa para tarta y dejarla reposar durante 1 hora. Extenderla con el rodillo hasta que alcance 3 mm de espesor, aproximadamente. Cortar la masa en 10 pedazos y colocarlos en los moldes para barquitos previamente engrasados con mantequilla. Hornear los barquitos durante 10 minutos.

❷ Pelar los espárragos y cocerlos en agua hirviendo con sal por 10 minutos.

❸ Cortarles la cabeza y una parte de los tallos de modo que se obtengan de 30 a 50 pedacitos (dependiendo del tamaño) y mantenerlos calientes en el horno apagado.

❹ Preparar los huevos revueltos (→ ver arriba cocción de huevos revueltos) y usarlos para rellenar los barquitos ya desmoldados.

❺ Distribuir los espárragos sobre cada barquito. Servir inmediatamente.

■ **Preparación:** 30 min ■ **Reposo:** 1 h
■ **Cocción:** alrededor de 20 min

> **EN ALGUNOS PAÍSES SE LLAMA:**
> Mantequilla: *manteca*. Rodillo: *bolillo, palo de amasar, palote, uslero*.

Gratín de huevos revueltos de Antibes

Para 4 personas

- *400 g de salsa concentrada de jitomate (→ ver pág. 819)*
- *400 g de calabacitas*
- *50 ml de aceite de oliva*
- *12 huevos*
- *80 g de mantequilla*
- *40 g de queso parmesano rallado*

❶ Preparar (o descongelar) la salsa concentrada de jitomate.

❷ Pelar y cortar las calabacitas en rodajas. Saltearlas en un sartén con aceite de oliva durante 15 minutos. Añadir sal y pimienta al gusto. Verificar el grado de cocción: deben estar bastante blanduzcas.

❸ Cocer los huevos revueltos (→ ver receta de cocción de huevos revueltos, pág. 239) con 40 g de mantequilla.

❹ Engrasar con mantequilla una charola para gratín y extender en ella una primera capa de huevos revueltos. Luego, añadir una capa de calabacitas y otra de salsa concentrada de jitomate. Concluir con otra capa de huevos revueltos.

❺ Espolvorear con queso parmesano rallado, derretir el resto de la mantequilla y usarla para bañar la superficie del gratín.

❻ Colocar en el horno hasta que se gratine.

■ **Preparación:** 30 min ■ **Cocción:** alrededor de 20 min

> **EN ALGUNOS PAÍSES SE LLAMA:**
> Calabacita(s): *calabacín, calabaza italiana, zapallito italiano, zapallito largo, zucchini*. Charola: *asadera*. Mantequilla: *manteca*.

Huevos revueltos a la Argenteuil

Para 4 personas

- *1 manojo de espárragos*
- *60 g de mantequilla*
- *12 huevos*
- *sal y pimienta*

❶ Pelar los espárragos y cocerlos en agua hirviendo con sal durante 10 minutos.

❷ Cortarles las puntas (guardar los tallos para alguna otra ocasión).

❸ En una cacerola, derretir 20 g de mantequilla, añadir las puntas de espárragos y acabar su cocción a fuego muy bajo de 5 a 10 minutos.

❹ Preparar los huevos revueltos (→ ver receta de cocción de huevos revueltos, pág. 239) con el resto de la mantequilla. Mezclarlos con las puntas de espárragos, verter en una fuente y servir de inmediato.

■ **Preparación:** 15 min ■ **Cocción:** alrededor de 25 min

> **EN ALGUNOS PAÍSES SE LLAMA:**
> Mantequilla: *manteca.*

Huevos revueltos a la romana

Para 4 o 6 personas

- *3/4 kg de espinacas frescas o congeladas*
- *40 g de mantequilla*
- *8 huevos*
- *80 g de queso parmesano rallado*
- *8 filetes de anchoa en aceite*

❶ Limpiar las espinacas o descongelarlas. Derretir 30 g de mantequilla en una cacerola y sofreír en ella las espinacas durante 15 minutos removiendo de vez en cuando.

❷ Preparar los huevos revueltos (→ ver receta de cocción de huevos revueltos, pág. 239) y agregarles 50 g de queso parmesano rallado. Engrasar una charola para gratín con el resto de la mantequilla.

❸ Secar con un papel absorbente los filetes de anchoa, cortarlos en pedacitos y mezclarlos con las espinacas. Verterlos en la charola.

❹ Agregar los huevos revueltos por encima y espolvorear con el resto del queso parmesano rallado. Gratinar al horno durante 5 minutos. Servir una vez que la superficie comience a dorarse.

■ **Preparación:** 20 min ■ **Cocción:** 20 min

> **EN ALGUNOS PAÍSES SE LLAMA:**
> Anchoa: *anchova, boquerón.* Charola: *asadera.* Mantequilla: *manteca.*

Huevos revueltos con camarones

Para 4 personas

- *150 ml de salsa a la crema (→ ver pág. 62)*
- *50 g de mantequilla de camarones (→ ver pág. 38)*
- *300 g de camarones rosados*
- *4 rebanadas de pan de caja*
- *12 huevos*
- *40 g de mantequilla*
- *sal y pimienta*

❶ Preparar la salsa a la crema y agregarle, batiendo muy bien, la mantequilla de camarones. Conservarla caliente.

❷ Pelar y desvenar los camarones (guardar las cabezas para alguna otra ocasión). Agregar la carne de los camarones a la salsa a la crema.

❸ Tostar las rebanadas de pan de caja (sin dejar que se endurezcan) y cortarlas en cuartos o en diagonal (de manera que se obtengan 4 triángulos).

❹ Preparar los huevos revueltos (→ ver receta de cocción de huevos revueltos, pág. 239) y verterlos en una fuente (de preferencia, honda). Colocar en el medio los camarones a la crema y los croûtons todo alrededor. Servir el resto de la salsa en una salsera.

> Los camarones pueden sustituirse por la parte carnosa de las jaibas y la salsa a la crema por salsa Nantua (→ ver pág. 68).

■ **Preparación:** 30 min ■ **Cocción:** de 10 a 15 min

> **EN ALGUNOS PAÍSES SE LLAMA:**
> Camarón(es): *gamba, quisquilla*. Croûton: *crostón, cruton, picatoste* (cuadritos de pan frito, muy utilizados en ensaladas). Jaiba: *cangrejo de río*. Mantequilla: *manteca*. Pan de caja: *pan de molde, pan inglés o pan lactal*.

Huevos revueltos Massenet

Para 4 personas

- *1/2 manojo o 1 lata de espárragos*
- *2 corazones de alcachofa congelados*
- *30 g de mantequilla*
- *200 g de hígado de pato*
- *12 huevos*
- *1 trufa pequeña*
- *sal y pimienta*

❶ Preparar los espárragos igual que para los huevos revueltos a la Argenteuil (→ ver pág. 241).

❷ Cortar los corazones de alcachofa en cuadritos y dorarlos en un sartén con 10 g de mantequilla.

❸ Cortar el hígado de pato en filetes pequeños y saltearlos rápidamente (1 o 2 minutos de cada lado, dependiendo del espesor de los filetes) en un sartén antiadherente bien liso. Escurrirlos sobre un papel absorbente para quitarles el exceso de aceite y mantenerlos calientes.

❹ Preparar los huevos revueltos (→ ver receta de cocción de huevos revueltos, pág. 239) y mezclarlos con los cuadritos de alcachofas.

⑤ Verter en una fuente, decorar con las puntas de espárragos, los filetes de hígado y la trufa en rodajitas o picada.

■ **Preparación:** 30 min ■ **Cocción:** de 15 a 20 min

> EN ALGUNOS PAÍSES SE LLAMA:
> Alcachofa: *alcaucil*. Mantequilla: *manteca*.

Perico venezolano

Para 4 personas

- *3 cucharadas de aceite*
- *250 g de chorizo*
- *1 cebolla mediana*
- *4 jitomates*
- *6 huevos*
- *sal*

❶ Freír en aceite el chorizo desmenuzado hasta que esté ligeramente dorado.
❷ Picar finamente la cebolla y el jitomate, saltearlos con el chorizo hasta que la cebolla se acitrone sin que llegue a dorarse.
❸ Batir los huevos ligeramente, salpimentar y agregar a la preparación anterior, seguir cocinando hasta que el huevo esté firme.

■ **Preparación:** 15 min ■ **Cocción:** 15 min

> EN ALGUNOS PAÍSES SE LLAMA:
> Jitomate: *tomate*.

Revuelto de trufas

Para 4 personas

- *1 trufa*
- *12 huevos*
- *sal y pimienta*

❶ Cortar una mitad de la trufa en rodajitas delgadas y la otra mitad en cuadritos.
❷ Preparar los huevos revueltos (→ ver receta de cocción de huevos revueltos, pág. 239). Cuando ya estén listos, agregarles los cuadritos de trufa.
❸ Verter en una charola para legumbres y cubrir con las rodajitas de trufa.

> Este revuelto puede servirse con **croûtons** de **pan de caja fritos en** **mantequilla**.

■ **Preparación:** 5 min ■ **Cocción:** alrededor de 15 min

> EN ALGUNOS PAÍSES SE LLAMA:
> Charola: *bandeja*. Croûton: *crostón, cruton, picatoste* (cuadritos de pan frito, muy utilizados en ensaladas). Mantequilla: *manteca*. Pan de caja: *pan de molde, pan inglés o pan lactal*.

Huevos en refractario

Huevos en refractario: cocción

❶ Engrasar flaneras individuales con mantequilla cuya consistencia sea muy cremosa. Luego espolvorearlas con sal fina y pimienta recién molida (si se coloca directamente sobre las yemas, aparecerían puntos blancos en éstas).

❷ Romper un huevo directamente en cada una de las flaneras.

❸ Cocer a baño maría de 6 a 8 minutos sobre la placa de la estufa, o en el horno precalentado a 150 °C, sin tapar. La opacidad de las claras indica el nivel de cocción.

> **EN ALGUNOS PAÍSES SE LLAMA:**
> Estufa: *cocina* (dispositivo o aparato en el que se hace fuego o produce calor para guisar los alimentos). Mantequilla: *manteca*.

Huevos en refractario a la crema

Para 4 personas

- *30 g de mantequilla*
- *4 cucharadas de crema fresca*
- *4 huevos*
- *sal y pimienta*

❶ Precalentar el horno a 220 °C. Engrasar con mantequilla 4 flaneras individuales y distribuir en ellas 2 cucharaditas de crema fresca.

❷ Romper un huevo directamente en cada una de las flaneras. Condimentar con sal y pimienta. Verter el resto de la crema. Cocer a baño maría (→ ver arriba cocción de huevos en refractario).

Si se desea, se puede agregar a la crema fresca 2 cucharadas de queso rallado, de salsa de tomate o de jamón picado.

■ **Preparación:** 5 min ■ **Cocción:** de 6 a 8 min

> **EN ALGUNOS PAÍSES SE LLAMA:**
> Crema: *nata*. Mantequilla: *manteca*.

Huevos en refractario a la ruanesa

Para 4 personas

- *100 g de restos de relleno de hígado (→ ver pág. 106)*
- *4 huevos*
- *de 10 a 15 g de mantequilla*

❶ Embadurnar las paredes de las flaneras individuales o de moldes refractarios de porcelana con el relleno de hígado.

❷ Romper un huevo directamente en cada recipiente, agregar un pedacito de mantequilla por encima y cocer a baño maría (→ ver cocción de huevos en refractario, pág. 244).

■ **Preparación:** 5 min ■ **Cocción:** de 6 a 8 min

> EN ALGUNOS PAÍSES SE LLAMA:
> Mantequilla: *manteca.*

Huevos pasados por agua en su cáscara

Huevos pasados por agua: cocción

Se puede proceder de tres maneras diferentes: sumergir los huevos en agua hirviendo y dejarlos 3 minutos; sumergirlos en agua hirviendo y dejarlos hervir 1 minuto, retirar la cacerola del fuego y dejarlos 3 minutos más antes de quitarlos del agua; ponerlos en una cacerola de agua fría, ponerlos a hervir y retirarlos en el momento en que comienza la ebullición.

Todo lo anterior es válido para huevos que están a temperatura ambiente al momento de sumergirlos en el agua. Si se los pone a hervir en el momento de sacarlos del refrigerador, extender el tiempo de cocción un minuto y medio más.

Para evitar que un huevo se parta cuando se lo coloca en agua hirviendo, perforar con una aguja la extremidad más plana de la cáscara.

> EN ALGUNOS PAÍSES SE LLAMA:
> Refrigerador: *heladera, nevera.*

Huevos pasados por agua en su cáscara a la trufa

Para 4 personas

- *1 o 2 huevos por persona*
- *1 latita de cáscaras de trufas*

❶ Picar finamente las cáscaras de trufa.

❷ Poner a cocer los huevos pasados por agua (→ ver cocción de huevos pasados por agua, pág. 245).

❸ Cortarles la parte de arriba y reservarla. Extraer las yemas con una cucharita, añadir sal al gusto. Verter en las yemas un poco del jugo de la lata, agregar una pizca de trufa picada, mezclar y volverlas a poner en las claras. Finalmente, volver a colocar la "tapa" que se había retirado. Servir de inmediato.

■ **Preparación:** 5 min ■ **Cocción:** 3 min

Huevos pasados por agua con hueva de salmón

Para 4 personas

- *1 o 2 huevos por persona*
- *1 frasquito de hueva de salmón*

❶ Poner a cocer los huevos pasados por agua (→ ver cocción de huevos pasados por agua, pág. 245). Cortarles la parte de arriba y reservarla.

❷ Mezclar una cucharadita de hueva de salmón con las yemas. Colocar 5 o 6 huevas de salmón por encima y volverles a poner la parte de huevo que se había quitado. Servir inmediatamente.

huevos pasados por agua con hierbas finas:
reemplazar la hueva de salmón por hierbas finas picadas (perejil, perifollo, estragón, cebollín, acedera...). Calcular una cucharadita de hierbas por huevo.

■ **Preparación:** 5 min ■ **Cocción:** 3 min

EN ALGUNOS PAÍSES SE LLAMA:
Acedera: *agrilla, vinagrera.* Cebollín: *cebolleta, cebollino, ciboulette.*

Huevos duros

Huevos duros: cocción

Cocer los huevos durante 10 minutos si es que están a temperatura ambiente, 2 o 3 minutos más si se acaban de sacar del refrigerador. Luego, sumergirlos 7 u 8 minutos en agua fría para enfriarlos y pelarlos. Nunca hay que dejarlos hervir durante más tiempo, ya que las claras se vuelven gomosas y las yemas se desmenuzan.

> **EN ALGUNOS PAÍSES SE LLAMA:**
> Refrigerador: *heladera, nevera.*

Huevos duros a la Chimay

Para 4 personas

- *1/2 litro de salsa Mornay* (→ *ver pág. 68*)
- *6 huevos*
- *1 chalote*
- *200 g de hongos*
- *30 g de mantequilla*
- *1/2 limón*
- *2 cucharadas de perejil*
- *40 g de queso gruyer rallado*

❶ Preparar la salsa Mornay y conservarla caliente.
❷ Poner a hervir los huevos hasta que estén duros, enfriarlos y pelarlos.
❸ Pelar y picar el chalote y los hongos. En una cacerola con 20 g de mantequilla, sofreír el chalote picado, agregarle los hongos y cocer hasta que todo el líquido de los vegetales se haya evaporado. Añadir algunas gotas de jugo de limón y el perejil picado.
❹ Precalentar el horno a 250 °C.
❺ Cortar los huevos a la mitad, a lo largo, y retirarles las yemas. Triturar las yemas y mezclarlas con la preparación de hongos. Rellenar las claras con esta mezcla.
❻ Engrasar con mantequilla una charola de horno y acomodar los huevos en ella. Bañar con la salsa Mornay y espolvorear con queso gruyer rallado. Meter en el horno durante 3 o 4 minutos y servir inmediatamente.

■ **Preparación:** 30 min ■ **Cocción:** de 3 a 4 min

> **EN ALGUNOS PAÍSES SE LLAMA:**
> Chalote: *ascalonia, chalota, echalote, escalonia.* Charola: *asadera.* Mantequilla: *manteca.*

Huevos duros en salsa de cebolla

Para 4 personas

- 8 huevos
- 100 g de cebollas
- 40 g de mantequilla
- 40 g de harina
- 1/2 litro de leche fría
- sal, pimienta y nuez moscada

❶ Poner a hervir los huevos hasta que estén duros, enfriarlos y pelarlos.

❷ Cortarlos en rodajas bastante gruesas, acomodarlos en un plato hondo y mantenerlos calientes.

❸ Cortar las cebollas en rodajas delgadas. Derretir la mantequilla y sofreír en ella las cebollas entre 5 y 10 minutos, sin que lleguen a dorarse.

❹ Espolvorear la harina, remover bien y cocer durante 5 minutos más.

❺ Verter la leche fría, sin dejar de remover y continuar la cocción por 10 minutos. Rallar un poco de nuez moscada. Condimentar con sal y pimienta al gusto. Bañar las rodajas de huevo con esta salsa muy caliente y servir inmediatamente.

■ **Preparación:** 15 min ■ **Cocción:** alrededor de 25 min

> EN ALGUNOS PAÍSES SE LLAMA:
> Mantequilla: *manteca.*

Huevos mimosa

Para 4 personas

- 4 huevos
- 4 cucharadas de mayonesa tradicional (→ ver pág. 96)
- 1 cucharada de perejil picado

❶ Poner a hervir los huevos hasta que estén duros, enfriarlos y pelarlos.

❷ Cortar los huevos a la mitad, a lo largo, y retirarles las yemas. Picarlas. Preparar la mayonesa.

❸ Acomodar las claras en una fuente, rellenarlas con la mayonesa y colocar las yemas picadas por encima.

❹ Espolvorear todo con perejil picado y servir de inmediato.

■ **Preparación:** 10 min ■ **Cocción:** alrededor de 10 min

Huevos fritos

Huevos fritos: cocción

❶ Partir los huevos por separado y colocarlos en tazas.

❷ Calentar el aceite a fuego fuerte en un sartén pequeño y deslizar en él suavemente cada huevo.

❸ Dejarlos freír algunos segundos y luego, con la ayuda de una espátula de madera, cubrir la yema con la clara, llevando el huevo hacia el borde del sartén y enrollarlo hacia el fondo de la misma para volver a darle su forma natural.

❹ Después de un minuto de cocción, retirarlo del sartén y escurrirlo sobre un lienzo o sobre papel absorbente. Condimentar con sal fina al gusto.

Huevos fritos a la americana

Para 4 personas

- *8 rebanadas de tocino*
- *4 jitomates*
- *1 cucharada de aceite de girasol*
- *perejil rizado*
- *4 rebanadas de pan de caja*
- *4 huevos*
- *200 ml de aceite*
- *sal*
- *pimienta de Cayena*

❶ Poner las rebanadas de tocino, sin añadir ningún tipo de materia grasa, en un sartén antiadherente. Retirarlas cuando estén muy crujientes y mantenerlas calientes.

❷ Lavar y secar los jitomates, cortarlos a la mitad y quitarles las semillas. Verter el aceite de girasol en el sartén caliente y dorar en él los jitomates. Añadir sal y pimienta al gusto. Escurrir los jitomates.

❸ Preparar el perejil frito (→ ver pág. 781).

❹ Tostar las rebanadas de pan de caja. Freír los huevos (→ ver cocción de huevos fritos, receta anterior), escurrirlos y colocar cada uno sobre una rebanada de pan tostado.

❺ Añadir una pizca de pimienta de Cayena. Agregar el tocino crujiente y los jitomates, como adorno, junto con ramilletes de perejil rizado frito. Servir de inmediato.

■ **Preparación:** 10 min ■ **Cocción:** 20 min

EN ALGUNOS PAÍSES SE LLAMA:

Jitomate: *tomate*. Pan de caja: *pan de molde, pan inglés o pan lactal*. Quitar las semillas: *despepitar*. Tocino: *bacon, larda de tocino, panceta, tocineta*.

Huevos fritos bamboches

Para 4 personas

- *aceite*
- *1/2 kg de jardinera de verduras congeladas o de lata*
- *100 ml de crema fresca*
- *200 g de lenguas de bacalao*
- *8 huevos*
- *sal y pimienta*

① Calentar el aceite.

② Calentar la jardinera de verduras. Mezclarla con la crema fresca. Condimentar con sal y pimienta al gusto. Mantener caliente.

③ Lavar, secar las lenguas de bacalao y freírlas a 180 °C. Secarlas con un papel absorbente para eliminar el exceso de aceite.

④ En una fuente, acomodar la jardinera de verduras formando una corona. Colocar en el centro las lenguas de bacalao.

⑤ Freír los huevos (→ ver cocción de huevos fritos, pág. 249) y acomodarlos a medida que estén listos sobre la corona de verduras. Servir inmediatamente

■ **Preparación:** 30 min ■ **Cocción:** 15 min

> EN ALGUNOS PAÍSES SE LLAMA:
> Crema: *nata.*

Huevos tibios

Huevos tibios: cocción

Seguir el mismo procedimiento que con los huevos pasados por agua en su cáscara (→ ver pág. 245), pero prolongando la cocción. Calcular 5 minutos para los huevos que están a temperatura ambiente y que van a sumergirse en agua que ya está hirviendo, y 7 minutos si se sacan directamente del refrigerador. Enfriarlos inmediatamente bajo un chorro de agua fría y luego pelarlos con mucho cuidado. La clara debe estar coagulada y la yema cremosa.

> EN ALGUNOS PAÍSES SE LLAMA:
> Refrigerador: *heladera, nevera.*

Huevos en gelatina

Para 6 personas

- 250 ml de gelatina sin sabor
- 2 cucharadas de madeira
- 6 huevos
- 2 rebanadas de jamón
- perejil
- 2 pepinillos
- sal y pimienta

❶ Preparar la gelatina sin sabor y añadirle el madeira.

❷ Cocer los huevos tibios (→ ver cocción de huevos tibios, pág. 250).

❸ Verter una capa de gelatina de aproximadamente 3 mm de espesor en 6 flaneras individuales; inclinar los recipientes para recubrir también las paredes y ponerlos inmediatamente en el refrigerador durante 15 minutos.

❹ Mientras tanto, cortar 6 pedacitos de jamón del tamaño del fondo de las flaneras elegidas. Picar el perejil. Cortar los pepinillos en rodajas delgadas.

❺ Colocar algunas rodajas de pepinillo, un pedacito de jamón y un huevo tibio, en cada flanera. Luego, llenar la flanera con la gelatina restante (si ésta ya se ha endurecido, calentarla de nuevo para volverla líquida). Poner los recipientes en el refrigerador hasta el momento de servir (al menos 2 horas).

❻ Para desmoldar los huevos en gelatina: sumergir cada flanera durante 5 segundos en una cacerola con agua tibia, luego pasar la hoja de un cuchillo entre la gelatina y la pared de la flanera. Voltear el molde sobre un plato y retirarlo lentamente en posición vertical.

Se puede agregar 1/2 cucharada de jardinera de verduras sobre el jamón. También se puede reemplazar el jamón por salmón ahumado y decorar con hojas de estragón colocadas en forma de cruz en el fondo del molde.

■ **Preparación:** 30 min ■ **Reposo:** 2 h

■ **Cocción:** 6 min

EN ALGUNOS PAÍSES SE LLAMA:
Madeira: *madera* (vino dulce elaborado en la isla de Madeira).
Refrigerador: *heladera, nevera.*

Huevos tibios a la escocesa

Para 4 personas

- 4 tartaletas de masa hojaldrada (→ ver pág. 114)
- 150 ml de salsa a la crema (→ ver pág. 62)
- 1 cucharadita de concentrado de tomate o una latita de puré de tomate
- 250 ml de salsa Bechamel (→ ver pág. 64)
- 250 ml de caldo para pescado (→ ver pág. 53)
- 200 g de salmón
- 50 g de mantequilla de camarones (→ ver pág. 38)
- 4 huevos

❶ Preparar las tartaletas. Luego preparar la salsa a la crema y agregarle el concentrado de tomate. Mantenerla caliente.

❷ Hacer la salsa Bechamel y dejarla reducir un poco.

❸ Calentar el caldo para pescado y poner a cocer allí el salmón durante 10 minutos a pequeños hervores; desmenuzarlo y agregarlo a la salsa Bechamel. Mezclarlo bien para obtener un puré homogéneo.

❹ Recalentar las tartaletas. Preparar los huevos tibios (→ ver cocción de huevos tibios, pág. 250).

❺ Agregar la mantequilla de camarones a la salsa a la crema sin dejar de remover.

❻ Rellenar las tartaletas con el puré de salmón.

❼ Pelar los huevos tibios y colocarlos encima. Cubrir la superficie con la salsa de camarones y servir de inmediato.

■ **Preparación:** 40 min ■ **Cocción:** alrededor de 20 min

Huevos tibios a la florentina

Para 4 personas

- 1/2 litro de salsa Mornay (→ ver pág. 68)
- pimienta de Cayena
- 1/2 kg de espinacas congeladas
- 50 g de mantequilla
- 8 huevos
- 40 g de queso gruyer rallado
- sal y pimienta

❶ Preparar la salsa Mornay agregándole una pizca de Cayena y mantenerla caliente.

❷ Descongelar las espinacas y cocerlas en una cacerola con 40 g de mantequilla de 10 a 15 minutos. Condimentar con sal y pimienta al gusto; luego, escurrirlas bien.

❸ Cocer los huevos tibios (→ ver cocción de huevos tibios, pág. 250). Engrasar con mantequilla platitos para huevo y tapizar el fondo con espinacas de manera que se formen dos huecos. Colocar allí los huevos tibios.

❹ Cubrirlos con la salsa Mornay y espolvorear queso rallado encima. Gratinar en la parrilla del horno.

■ **Preparación:** 40 min ■ **Cocción:** 20 min

> **EN ALGUNOS PAÍSES SE LLAMA:**
> Mantequilla: *manteca*.

Huevos tibios a la provenzal

Para 4 personas

- 300 ml de salsa concentrada de jitomate (→ ver pág. 819), una latita de concentrado de tomate o una lata de puré de tomate
- 4 jitomates grandes
- 150 ml de aceite de oliva
- 1 berenjena
- 1 calabacita
- 50 g de migajón de pan
- 2 dientes de ajo
- 1/2 manojo de perejil
- 8 huevos
- 40 g de mantequilla
- 2 cucharadas de hierbas finas picadas
- sal y pimienta

❶ Preparar o descongelar la salsa concentrada de jitomate. Diluirla en 2 o 3 cucharadas de agua.

❷ Precalentar el horno a 200 °C. Cortar los jitomates en dos. Quitar las semillas con una cuchara pequeña. En una charola, verter aproximadamente 2 cucharadas de aceite de oliva. Colocar allí las mitades de jitomate y voltearlas una o dos veces para que se impregnen de aceite. Dejarlas cocer en el horno entre 8 y 10 minutos.

❸ Lavar bien la berenjena y la calabacita; cortarlas en rodajas pero sin pelarlas. Calentar el resto del aceite de oliva y cocer en él las verduras a fuego bajo, removiendo de vez en cuando hasta que estén bien suaves. Agregar sal y pimienta al gusto.

❹ Desmoronar el migajón de pan. Picar finamente el ajo y el perejil y mezclarlos bien.

❺ Preparar los huevos tibios (→ ver cocción de huevos tibios, pág. 250) o pochés (→ ver pág. 258).

❻ Derretir la mantequilla. Enfriar bajo un chorro de agua los huevos tibios y luego pelarlos. Bañarlos en la mantequilla derretida, pasarlos por la mezcla de pan, ajo y perejil y finalmente colocarlos dentro de las mitades de jitomate.

❼ Acomodar en una fuente redonda y caliente los jitomates en forma de corona. Colocar las rodajas de verduras en el centro y espolvorearlas con hierbas finas bien picadas. Cubrirlos con salsa concentrada de jitomate.

■ **Preparación:** 20 min ■ **Cocción:** alrededor de 30 min

EN ALGUNOS PAÍSES SE LLAMA:

Calabacita(s): *calabacín, calabaza italiana, zapallito italiano, zapallito largo, zucchini.* Charola: *asadera.* Jitomate: *tomate.* Mantequilla: *manteca.* Migajón: *borona, miga de pan, morona.* Quitar las semillas: *despepitar.*

Huevos tibios Amélie

Para 4 personas

- *4 tartaletas de masa hojaldrada (→ ver pág. 114)*
- *120 g de setas frescas o 20 g de setas secas*
- *250 ml de salsa a la crema (→ ver pág. 62)*
- *1 zanahoria*
- *100 g de cabeza de poro*
- *1 rama pequeña de apio*
- *100 g de hongos*
- *75 g de mantequilla*
- *5 cucharadas de madeira*
- *1 chalote*
- *200 ml de crema líquida*
- *4 huevos*
- *sal y pimienta*

❶ Preparar las tartaletas.

❷ Lavar los hongos cuidadosamente y en repetidas ocasiones, o bien rehidratarlos. Luego, escurrirlos.

❸ Preparar la salsa a la crema y mantenerla caliente.

❹ Pelar todas las verduras y cortarlas en cuadritos. Saltearlas a fuego bajo en 50 g de mantequilla derretida, hasta que estén bien suaves. Agregar sal y pimienta al gusto.

❺ Verter el madeira y mezclar bien, raspando el fondo y las paredes de la cacerola con una cuchara de madera.

❻ Pelar y picar el chalote, sofreírlo en el resto de la mantequilla derretida en una cacerola. Añadir los hongos, bajar el fuego, agregar 3/4 de la crema líquida, poner sal y pimienta, y dejar cocer hasta que se reduzca casi por completo. Entonces, agregar el resto de la crema. Probar y, de ser necesario, condimentar.

❼ Recalentar las tartaletas.

❽ Cocer los huevos tibios (→ ver cocción de huevos tibios, pág. 250).

❾ Distribuir el fondo de verduras en las tartaletas. Pelar los huevos tibios y añadírselos a cada tartaleta.

❿ Cubrir las tartaletas con salsa a la crema, ponerles 1 o 2 hongos encima y servir el resto por separado.

■ **Preparación:** 40 min ■ **Cocción:** alrededor de 30 min

> **EN ALGUNOS PAÍSES SE LLAMA:**
>
> Chalote: *ascalonia, chalota, echalote, escalonia.* Crema: *nata.*
> Madeira: *madera* (vino dulce elaborado en la isla de Madeira).
> Mantequilla: *manteca.* Poro: *ajo porro, porro, puerro.*

Huevos tibios Brillat-Savarin

Para 4 personas

- 1 tarta de 22 cm de masa para repostería (→ ver pág. 112)
- 250 ml de salsa madeira (→ ver pág. 55)
- 120 g de hongos frescos o 20 g de hongos secos
- 1 manojo de espárragos (o 1 frasco de 250 g)
- 50 g de mantequilla
- 8 huevos

❶ Preparar la tarta y la salsa madeira. Mantener la tarta caliente.

❷ Lavar los hongos cuidadosamente y en repetidas ocasiones o bien rehidratar los secos. Secarlos bien.

❸ Preparar las puntas de espárragos (→ ver pág. 654). Saltear los hongos entre 5 y 8 minutos en la mantequilla derretida y luego agregarles los espárragos. Mantenerlos calientes.

❹ Preparar los huevos tibios (→ ver cocción de huevos tibios, pág. 250). Pelarlos.

❺ Rellenar la tarta con los hongos y los espárragos. Colocar todo alrededor de los huevos tibios. Cubrir con salsa Madeira.

■ **Preparación:** 30 min ■ **Cocción:** 15 min

EN ALGUNOS PAÍSES SE LLAMA:
Mantequilla: *manteca.*

Huevos al plato y huevos al sartén

Huevos en espejo: cocción

❶ Precalentar el horno a 180 °C. Extender un pedacito de mantequilla suavizada en el fondo de una paila para huevo, agregar sal y pimienta. Estrellar uno o dos huevos, según el tamaño de la paila.

❷ Derretir 5 g de mantequilla (un pedacito pequeño) para bañar las yemas.

❸ Cocer los huevos en el horno, durante un tiempo más o menos prolongado, según el grado de coagulación deseado. La clara debe permanecer muy brillante y una especie de barniz translúcido debe aparecer sobre la yema.

EN ALGUNOS PAÍSES SE LLAMA:
Mantequilla: *manteca.*

Huevos al plato: cocción

❶ Preparar cada paila para huevo como para los huevos de espejo.

❷ Calentar un poco cada paila sobre la placa. Luego, estrellar ahí los huevos.

❸ Cocer a fuego bajo para que la clara se coagule sin que se le hagan "ampollas" y para que la yema no se cueza. Servir en la misma paila de cocción.

Huevos al sartén: cocción

❶ Derretir un pedacito de mantequilla en un sartén antiadherente y romper los huevos una vez que la mantequilla comience a saltar.

❷ Cocer hasta que la clara esté más o menos coagulada, según se prefiera. Condimentar con sal y agregar una pizca de pimienta recién molida.

> **EN ALGUNOS PAÍSES SE LLAMA:**
> Mantequilla: *manteca.*

Huevos a la lorraine

Para 4 personas

- *12 rebanadas delgadas de tocino ahumado*
- *20 g de mantequilla*
- *12 rebanadas delgadas de queso gruyer*
- *8 huevos*
- *2 cucharadas de crema fresca*
- *sal y pimienta*

❶ Poner las rebanadas de tocino ahumado en un sartén antiadherente caliente y dorarlas hasta que se vuelvan translúcidas.

❷ Engrasar con mantequilla 4 pailas para huevo y colocar allí el tocino y las rebanadas de queso gruyer.

❸ Romper 2 huevos en cada paila, agregar una franja de crema fresca alrededor de las yemas. Añadir sal y pimienta al gusto, y cocer en el horno del mismo modo que los huevos en espejo (→ ver pág. 255).

■ Preparación: 15 min **■ Cocción:** de 5 a 10 min

> **EN ALGUNOS PAÍSES SE LLAMA:**
> Crema: *nata.* Mantequilla: *manteca.* Tocino: *bacon, larda de tocino, panceta, tocineta.*

Huevos al sartén a la catalana

Para 4 personas

- *1 berenjena pequeña*
- *3 cucharadas de aceite de oliva*
- *4 jitomates*
- *1/2 diente de ajo*
- *1 cucharadita de perejil picado*
- *8 huevos*
- *sal y pimienta*

❶ Cortar la berenjena en rodajas muy delgadas. Agregar sal y pimienta al gusto. Calentar 2 cucharadas de aceite de oliva en un sartén y sofreír la berenjena durante aproximadamente 15 o 20 minutos.

❷ Cortar los jitomates en dos, quitarles las semillas y saltearlos en otro sartén, con el resto del aceite de oliva, hasta que el agua que contienen se haya evaporado por completo. Agregar sal y pimienta.

❸ Picar el ajo y el perejil. Juntar los jitomates y la berenjena en el mismo sartén. Agregar el ajo y el perejil, y cocerlo todo durante 2 o 3 minutos más.

❹ Colocar estas verduras en una fuente y mantenerlas calientes.

❺ Preparar los huevos al sartén (→ ver cocción de huevos al sartén, pág. 256) y colocarlos sobre las verduras. Servir de inmediato.

■ **Preparación:** 10 min

■ **Cocción:** alrededor de 30 min

> EN ALGUNOS PAÍSES SE LLAMA:
> Jitomate: *tomate*. Quitar las semillas: *despepitar*.

Huevos con tocino

Para 4 personas

- *20 g de mantequilla*
- *4 rebanadas de tocino*
- *8 huevos*
- *sal y pimienta*

❶ Derretir la mantequilla y cocer en ella las rebanadas de tocino hasta que se vuelvan translúcidas.

❷ Romper los huevos en el sartén y continuar la cocción hasta que la clara esté coagulada. Agregar un poco de sal y de pimienta recién molida.

■ **Preparación:** 5 min ■ **Cocción:** 10 min

> EN ALGUNOS PAÍSES SE LLAMA:
> Mantequilla: *manteca*. Tocino: *bacon, larda de tocino, panceta, tocineta*.

Huevos pochés

Huevos pochés: cocción

❶ Poner a hervir 2 litros de agua sin sal (la sal vuelve líquida la albúmina de la clara) y añadir 100 ml de vinagre blanco.

❷ Romper cada huevo dentro de un cucharón y sumergirlo hasta el fondo de la cacerola con agua. Sacar el cucharón con mucho cuidado, dejando el huevo dentro del agua que apenas comienza a hervir. Realizar el mismo procedimiento con los demás huevos. La clara cubre a la yema al coagularse.

❸ Dejar que los huevos se cuezan durante 3 minutos, sin que el agua hierva. Cuando la clara esté coagulada, retirar los huevos con una espumadera y colocarlos en una ensaladera con agua fría.

❹ Con unas tijeras, eliminar los pequeños filamentos que se hayan formado alrededor de los huevos, para darles una forma regular.

Huevos en meurette

Para 4 personas

- *400 ml de salsa borgoñona (→ ver pág. 77)*
- *20 g de mantequilla*
- *100 g de pedacitos de tocino*
- *160 g de pan rústico duro (del día anterior)*
- *1 diente de ajo*
- *250 ml de vino tinto*
- *50 ml de vinagre*
- *8 huevos*
- *sal y pimienta*

❶ Preparar la salsa borgoñona y mantenerla bien caliente.

❷ Derretir la mantequilla en un sartén, sofreír los pedacitos de tocino de 5 a 10 minutos, luego escurrirlos sobre un papel absorbente y agregarlos a la salsa borgoñona.

❸ Cortar el pan en rebanadas delgadas, frotarlas con el diente de ajo y luego ponerlas en la tostadora de pan.

❹ Calentar el vino, el vinagre y un litro de agua. Condimentar con pimienta al gusto. Dejar que los líquidos hiervan durante 5 minutos y cocer allí los huevos (→ ver cocción de huevos pochés, receta anterior). Posteriormente, escurrirlos sobre un papel absorbente.

❺ Verter la salsa en la fuente y agregar los huevos pochés con mucho cuidado. Acompañar con los croûtons.

■ **Preparación:** 40 min ■ **Cocción:** alrededor de 15 min

EN ALGUNOS PAÍSES SE LLAMA:

Croûton: *crostón, cruton, picatoste* (cuadritos de pan frito, muy utilizados en ensaladas). Mantequilla: *manteca*. Tocino: *bacon, larda de tocino, panceta, tocineta*.

Huevos pochés a la Mornay

Para 4 personas

- 1/2 litro de salsa Mornay
  (→ ver pág. 68)
- 8 rebanadas de pan de caja
- 50 g de mantequilla
- 8 huevos
- 40 g de queso gruyer rallado
- 20 g de queso parmesano
  rallado
- 20 g de pan molido
- sal

❶ Preparar la salsa Mornay y mantenerla caliente.

❷ Partir las rebanadas de pan de caja y untarlas con 40 g de mantequilla. Recubrir la parrilla del horno con una hoja de papel aluminio y colocar ahí las rebanadas de pan para dorarlas ligeramente.

❸ Preparar los huevos pochés (→ ver cocción de huevos pochés, pág. 258).

❹ Colocar los croûtons en una fuente y poner encima los huevos pochés. Luego, bañarlos con la salsa Mornay.

❺ Mezclar los dos quesos rallados con el pan molido. Espolvorear toda la superficie de la fuente con esta mezcla.

❻ Derretir los 10 g de mantequilla restantes y bañar los huevos con ella. Poner la fuente en la parrilla del horno durante 5 minutos.

■ **Preparación:** 20 min ■ **Cocción:** 15 min

> **EN ALGUNOS PAÍSES SE LLAMA:**
> Croûton: *crostón, cruton, picatoste* (cuadritos de pan frito, muy utilizados en ensaladas). Mantequilla: *manteca*. Pan de caja: *pan de molde, pan inglés o pan lactal*. Pan molido: *pan rallado*.

Huevos pochés en salsa de camarones

Para 6 personas

- 300 ml de salsa Bechamel
  (→ ver pág. 64)
- 1 cucharada de curry
- 2 cucharadas de crema fresca
- 100 g de camarones pelados
  y desvenados
- 6 huevos muy frescos
- 6 rebanadas tostadas
  de pan de caja
- sal, pimienta y nuez moscada

❶ Preparar la salsa Bechamel, agregándole el curry, la crema fresca y los camarones cortados en pedacitos. Condimentar con pimienta y nuez moscada al gusto. Mantener la salsa caliente.

❷ Preparar los huevos pochés (→ ver cocción de huevos pochés, pág. 258).

❸ Tostar ligeramente las rebanadas de pan de caja y acomodarlas en una fuente. Poner un huevo poché sobre cada rebanada de pan tostado y cubrirlos con salsa. Servir inmediatamente.

■ **Preparación:** 10 min ■ **Cocción:** 20 min

> **EN ALGUNOS PAÍSES SE LLAMA:**
> Camarón(es): *gamba, quisquilla*. Crema: *nata*. Pan de caja: *pan de molde, pan inglés o pan lactal*.

Huevos pochés Raquel

Para 4 personas

- *1/2 litro de salsa de médula (→ ver pág. 79)*
- *100 g de médula de res*
- *200 g de pan de caja circular*
- *8 huevos*
- *sal y pimienta*

❶ Preparar la salsa de médula y mantenerla caliente. Cocer la médula de res de 10 a 12 minutos, a hervores muy pequeños. Dejarla en su jugo de cocción y mantenerla caliente. Cortar el pan de caja en 8 rebanadas y ponerlas en la tostadora de pan. Mantenerlas calientes en una servilleta.

❷ Cocer los huevos pochés (→ ver cocción de huevos pochés, pág. 258). Acomodar las rebanadas de pan tostado en una fuente. Colocar un huevo sobre cada rebanada. Cubrirlas con la salsa de médula.

❸ Escurrir la médula y cortarla en rodajas. Distribuirlas sobre cada huevo.

Se pueden reemplazar los huevos pochés por tibios.

■ **Preparación:** 40 min ■ **Cocción:** de 15 a 20 min

> **EN ALGUNOS PAÍSES SE LLAMA:**
>
> Médula de res: *caracú, tuétano.* Pan de caja: *pan de molde, pan inglés o pan lactal.*

Omelettes

Omelette al natural: cocción

Para 4 personas

- *8 huevos*
- *de 20 a 25 g de mantequilla*
- *sal y pimienta*

❶ Romper los huevos en una ensaladera pequeña y batirlos con un tenedor, pero no de manera excesiva. Condimentar con sal y pimienta al gusto.

❷ Derretir la mantequilla en un sartén antiadherente y, una vez que se vuelva esponjosa, verter los huevos y subir el fuego. Con una espátula de madera, llevar los huevos del borde del sartén hacia el centro del mismo, cuando empiecen a cocerse. Simultáneamente, inclinar el sartén de vez en cuando para distribuir el huevo que aún está líquido. La omelette está lista una vez que todo el huevo está coagulado. Si se prefiere una omelette "más líquida", detener la cocción cuando todavía quede un poco de huevo líquido en el centro del sartén.

❸ Una vez que la omelette está lista, deslizarla en una fuente caliente, plegándola en tres para enrollarla. Si se desea, untar en la superficie de la omelette un pedacito de mantequilla; de esa manera quedará brillante.

Si se prefiere, se puede agregar a los huevos batidos 2 o 3 cucharadas de leche o una cucharada de crema líquida.

■ **Preparación:** 5 min ■ **Cocción:** de 8 a 10 min

> EN ALGUNOS PAÍSES SE LLAMA:
> Crema: *nata*. Mantequilla: *manteca*.

Omelette Du Barry

Para 4 personas

- *1 coliflor pequeña*
- *50 g de mantequilla*
- *1/2 manojo de perifollo*
- *8 huevos*
- *sal y pimienta*

❶ Separar los ramilletes de coliflor y cocerlos al vapor (manteniéndolos un poco firmes).
❷ Dorarlos en un sartén con la mantequilla derretida.
❸ Batir los huevos, condimentar con sal y pimienta al gusto, agregarles el perifollo finamente picado y verter toda esta mezcla sobre la coliflor. Cocer como si se tratara de una gran crepa.

■ **Preparación:** 15 min ■ **Cocción:** de 15 a 20 min

> EN ALGUNOS PAÍSES SE LLAMA:
> Crepas: *crêpes, panquecas, panqueques, tortitas*. Mantequilla: *manteca*.

Omelette a la vasca

Para 4 personas

- *1 pimiento rojo*
- *1 pimiento verde*
- *1 diente de ajo*
- *2 cucharadas de aceite de oliva*
- *8 huevos*
- *pimienta de Cayena*
- *30 g de mantequilla*
- *sal*

❶ Lavar los pimientos y partirlos a la mitad. Quitarles las semillas y el pedúnculo, posteriormente, cortar cada pimiento en bastoncitos pequeños. Pelar y picar el diente de ajo.
❷ Calentar el aceite en un sartén. Agregarle los pimientos y el ajo, y cocer a fuego lento durante 10 minutos removiendo con la espátula.
❸ Romper y batir los huevos en una terrina. Añadir sal al gusto y 1 o 2 pizcas de pimienta de Cayena.
❹ Calentar la mantequilla en un sartén. Verter los huevos y dejarlos cocer removiendo la superficie con la parte posterior de una cuchara. Agregar los pimientos y dis-

tribuirlos de manera homogénea por toda la omelette. Continuar la cocción durante 2 minutos más, luego enrollar la omelette, plegándola, y servir inmediatamente.

■ **Preparación:** 15 min ■ **Cocción:** 12 min

EN ALGUNOS PAÍSES SE LLAMA:
Mantequilla: *manteca*. Pimiento: *ají, locote, morrón*. Quitar las semillas: *despepitar*.

Omelette a las hierbas finas

Para 4 personas

- *1/2 manojo de perifollo*
- *1/2 manojo de estragón*
- *1/2 manojo de perejil*
- *1/2 manojo de cebollín*
- *12 huevos*
- *20 g de mantequilla*

❶ Desprender las hojas del estragón, del perejil y del perifollo. Luego cortar todas las hojas con unas tijeras, sin que queden demasiado pequeñas.

❷ Batir los huevos, mezclarlos con las hierbas finas, condimentar con sal y pimienta al gusto y cocer la omelette (→ ver receta de cocción de omelettes al natural, pág. 260).

■ **Preparación:** 15 min ■ **Cocción:** de 8 a 10 min

EN ALGUNOS PAÍSES SE LLAMA:
Cebollín: *cebolleta, cebollino, ciboulette*. Mantequilla: *manteca*.

Omelette de hongos

Para 4 personas

- *150 g de hongos*
- *70 g de mantequilla*
- *8 huevos*
- *sal y pimienta*

❶ Cortar los hongos en rebanadas delgadas.

❷ Saltearlos en un sartén con 20 g de mantequilla derretida durante aproximadamente 10 minutos, luego mezclarlos con los huevos batidos, condimentados con sal y pimienta al gusto.

❸ Derretir el resto de la mantequilla en el sartén y cocer la omelette (→ ver receta de cocción de omelettes al natural, pág. 260). Plegar la omelette y deslizarla sobre una fuente.

■ **Preparación:** 15 min ■ **Cocción:** alrededor de 15 min

EN ALGUNOS PAÍSES SE LLAMA:
Mantequilla: *manteca*.

Omelette de jitomate

Para 4 personas

- 4 jitomates
- 1 chalote
- 1 diente de ajo
- 1 cucharada de aceite
- 1 ramita de tomillo
- 1/4 de hoja de laurel
- 8 huevos
- 40 g de mantequilla
- sal y pimienta

❶ Pasar los jitomates por agua hirviendo, pelarlos y cortarlos en pedacitos.

❷ Pelar y picar el chalote y el ajo. Saltearlos a fuego bajo en aceite caliente, añadir los jitomates, el tomillo y el laurel. Condimentar con sal y pimienta al gusto y cocer hasta que el líquido se haya evaporado completamente.

❸ Batir los huevos, añadirles sal y pimienta y agregar la mitad de los jitomates cocidos. Conservar caliente la otra mitad. Mezclar.

❹ Cocer la omelette (→ ver receta de cocción de omelettes al natural, pág. 260). Al final de la cocción, y antes de enrollarla, verterle el resto de los jitomates cocidos.

■ **Preparación:** alrededor de 30 min

■ **Cocción:** alrededor de 15 min

> **EN ALGUNOS PAÍSES SE LLAMA:**
> Chalote: *ascalonia, chalota, echalote, escalonia.* Jitomate: *tomate.* Mantequilla: *manteca.*

Omelette de papa

Para 4 personas

- 150 g de papas
- 60 g de mantequilla
- 8 huevos
- sal y pimienta

❶ Cocer las papas con cáscara en agua salada. Una vez cocidas, pelarlas y cortarlas en cuadritos.

❷ Saltear los cuadritos de papa en un sartén con 20 g de mantequilla. Mantenerlos calientes.

❸ Preparar la omelette (→ ver receta de cocción de omelettes al natural, pág. 260).

❹ Agregar las papas al final de la cocción, antes de enrollar la omelette.

■ **Preparación:** 30 min ■ **Cocción:** alrededor de 15 min

> **EN ALGUNOS PAÍSES SE LLAMA:**
> Mantequilla: *manteca.* Papa: *patata.*

Omelette de papas con jamón serrano

Para 4 personas

- *2 papas*
- *1 rebanada gruesa de jamón serrano*
- *40 g de mantequilla*
- *8 huevos*
- *30 g de queso edam o emmental*
- *1 cucharada de crema fresca*
- *sal y pimienta*

❶ Pelar y cortar las papas en cubos.

❷ Cortar el jamón del mismo modo.

❸ En un sartén, derretir 10 g de mantequilla para dorar los cuadritos de jamón. Escurrirlos una vez que estén dorados.

❹ Agregar el resto de la mantequilla para dorar las papas. Volver a colocar el jamón, verter los huevos batidos y condimentar con sal y pimienta al gusto.

❺ Cocer la omelette por un lado, luego por el otro. Cortar el queso en cuadritos muy pequeños y distribuirlos sobre la superficie de la omelette. Verter posteriormente la crema fresca y servir de inmediato.

■ **Preparación:** 30 min ■ **Cocción:** alrededor de 20 min

> **EN ALGUNOS PAÍSES SE LLAMA:**
> Crema: *nata.* Jamón serrano: *jamón crudo.* Mantequilla: *manteca.* Papa: *patata.*

Omelette de queso

Para 4 personas

- *8 huevos*
- *40 g de mantequilla*
- *150 g de queso rallado*
- *sal y pimienta*

Preparar la omelette (→ ver receta de cocción de omelettes al natural, pág. 260) y verter el queso rallado hacia el final de la cocción, justo antes de enrollarla.

■ **Preparación:** 5 min ■ **Cocción:** 15 min

> **EN ALGUNOS PAÍSES SE LLAMA:**
> Mantequilla: *manteca.*

Omelette muselina

Para 4 personas

- 12 huevos
- 3 cucharadas de crema fresca
- 20 g de mantequilla
- sal y pimienta

❶ Romper los huevos y separar las claras de las yemas. Batir las yemas junto con la crema, condimentar con sal y pimienta al gusto.

❷ Batir las claras a punto de turrón con una pizca de sal e incorporarlas delicadamente a las yemas.

❸ Derretir la mantequilla en un sartén y cocer esta preparación como si fuera una gran crepa, de 2 a 3 minutos de cada lado.

■ **Preparación:** 10 min ■ **Cocción:** alrededor de 6 min

> **EN ALGUNOS PAÍSES SE LLAMA:**
> A punto de turrón: *a punto de nieve*. Crema: *nata*. Crepas: *crêpes, panquecas, panqueques, tortitas*. Mantequilla: *manteca*.

Omelette plana a la lorraine

Para 4 personas

- 150 g de tocino magro o de cubitos de tocino listos para usarse
- 80 g de queso gruyer
- 1/4 de manojo de cebollín
- 8 huevos
- 15 g de mantequilla
- pimienta

❶ Cortar el tocino en cuadritos. Dorarlos en un sartén antiadherente, escurrirlos y tirar la grasa de cocción del sartén.

❷ Cortar el queso gruyer como si fuera rallado grueso. Picar el cebollín.

❸ Batir los huevos junto con estos ingredientes y condimentar con pimienta al gusto.

❹ Calentar la mantequilla en un sartén, verter la preparación y cocer como si se tratara de una gran crepa, durante 2 o 3 minutos de cada lado.

■ **Preparación:** 15 min ■ **Cocción:** alrededor de 6 min

> **EN ALGUNOS PAÍSES SE LLAMA:**
> Cebollín: *cebolleta, cebollino, ciboulette*. Crepas: *crêpes, panquecas, panqueques, tortitas*. Mantequilla: *manteca*. Tocino: *bacon, larda de tocino, panceta, tocineta*.

Omelette de tocino o jamón

Para 4 personas

- *125 g de jamón o de tocino listos para usarse*
- *40 g de mantequilla*
- *8 huevos*
- *sal y pimienta*

❶ Para preparar una omelette de jamón, cortar el jamón en cuadritos pequeños. Para una omelette de tocino, dorar las rebanadas de tocino en un sartén y luego escurrirlas sobre un papel absorbente. Tirar la grasa de cocción del sartén.

❷ En un sartén, derretir la mantequilla. Batir los huevos, condimentar con sal y pimienta al gusto y agregar los cuadritos de jamón o las rebanadas de tocino. Cocer la omelette (→ ver receta de cocción de omelettes al natural, pág. 260), enrollarla y deslizarla sobre una fuente.

■ **Preparación:** 15 min ■ **Cocción:** alrededor de 15 min

> **EN ALGUNOS PAÍSES SE LLAMA:**
> Mantequilla: *manteca*. Tocino: *bacon, larda de tocino, panceta, tocineta*.

Platos principales a base de queso

Fondue al vino blanco

Para 4 o 6 personas

- *2 o 3 baguettes*
- *2 dientes de ajo*
- *de 600 a 800 g de queso gruyer*
- *1 botella de vino blanco*
- *1 cucharadita de fécula de maíz*
- *1 copita de licor de kirsch*
- *pimienta*

❶ Cortar el pan en cubos grandes, colocarlos en una panera y cubrirla con una servilleta.

❷ Pelar los dientes de ajo y frotar con ellos el fondo y las paredes de un recipiente para fondue.

❸ Cortar en rebanadas muy delgadas todo el queso; colocarlas en el recipiente para fondue y cubrir todo con el vino blanco seco.

❹ Colocar el recipiente para fondue sobre el fuego y, con la ayuda de una cuchara de madera, revolver hasta que el queso se haya derretido. Entonces, agregar 3 o 4 pizcas de pimienta recién molida.

❺ Diluir la fécula de maíz en el kirsch y verterla en el recipiente para fondue. Mezclar bien y llevar a la mesa sobre un mechero de alcohol para mantenerlo caliente.

■ **Preparación:** 30 min ■ **Cocción:** de 10 a 15 min

> **EN ALGUNOS PAÍSES SE LLAMA:**
> Fécula de maíz: *almidón de maíz, maicena*.

Queso fundido a la belga

Para 4 o 6 personas

- 4 huevos
- 1/2 litro de salsa Bechamel (→ ver pág. 64)
- nuez moscada
- 125 g de queso cheddar o gouda añejos
- 25 g de mantequilla
- 150 g de pan molido o rebozador
- aceite

❶ Romper los huevos, separar las claras (colocarlas en un plato hondo grande) y las yemas.

❷ Cubrir una placa con papel encerado.

❸ Preparar la salsa Bechamel, condimentar con sal y pimienta al gusto y con un poco de nuez moscada rallada.

❹ Cortar el queso en pedacitos y mezclarlo con la salsa, a fuego medio, sin dejar de revolver. Luego, añadir las yemas una por una. Continuar revolviendo hasta obtener una pasta que se desprenda de los bordes. Verterla sobre la placa en una capa de 1 cm de espesor.

❺ Derretir la mantequilla en el horno de microondas y, con la ayuda de un pincel, barnizar con ella la superficie de la pasta y dejar enfriar.

❻ Calentar el aceite.

❼ Enharinar la mesa de trabajo y voltear sobre ella el preparado de queso. Cortarlo en cuadrados de 5 cm de lado.

❽ Pasar cada cuadrado por las claras de huevo y posteriormente por el pan molido.

❾ Freír los cuadrados de queso a la belga en el aceite caliente (a 180 °C) hasta que estén bien dorados. Realizar esta operación en pequeñas cantidades. Servir calientes.

■ **Preparación:** 30 min

■ **Cocción:** alrededor de 10 min

> EN ALGUNOS PAÍSES SE LLAMA:
> Mantequilla: *manteca*. Pan molido: *pan rallado*.

Queso fundido a la piamontesa

Para 4 o 6 personas

- 600 g de queso fontina
- 3/4 litro de leche
- de 8 a 12 rebanadas de pan de caja

❶ Cortar el queso fontina en cuadritos, meterlos en un recipiente lo bastante estrecho y verter en él la leche fría. Dejar reposar al menos durante 2 horas.

❷ Cortar las rebanadas de pan de caja, tostarlas y mantenerlas calientes dentro de una servilleta.

- *6 yemas de huevo*
- *120 g de mantequilla*

❸ Colocar el queso y la leche en una cacerola y agregarles las yemas de huevo y la mantequilla.

❹ Cocer a baño maría sobre fuego moderado, sin dejar de batir, hasta que la mezcla se derrita y adquiera una consistencia cremosa. El punto ideal de cocción corresponde a los primeros hervores del agua del baño maría.

❺ Servir en una sopera, decorando los platos con triángulos de pan de caja tostados.

■ **Preparación:** 15 min ■ **Reposo:** 2 h

■ **Cocción:** alrededor de 15 min

> EN ALGUNOS PAÍSES SE LLAMA:
> Mantequilla: *manteca.* Pan de caja: *pan de molde, pan inglés o pan lactal.*

Tarta de queso gruyer

Para 4 o 6 personas

- *250 g de masa para repostería (→ ver pág. 112)*
- *2 huevos*
- *250 ml de leche*
- *150 ml de crema fresca*
- *125 g de queso gruyer*
- *sal, pimienta y nuez moscada*

❶ Preparar la masa para repostería y dejarla reposar 1 hora o utilizar una masa ya preparada adquirida en un establecimiento comercial.

❷ Precalentar el horno a 220 °C. Batir conjuntamente los huevos, la leche y la crema. Añadir sal y pimienta al gusto, así como un poco de nuez moscada rallada. Agregar el queso rallado.

❸ Estirar la masa con el rodillo y colocarla en un molde de 26 cm de diámetro engrasado con mantequilla. Verter la preparación de queso y hornear durante 30 minutos.

Esta tarta puede acompañarse con una ensalada verde.

■ **Preparación:** 30 min ■ **Cocción:** 30 min

> EN ALGUNOS PAÍSES SE LLAMA:
> Crema: *nata.* Mantequilla: *manteca.* Rodillo: *bolillo, palo de amasar, palote, uslero.*

Pescados, mariscos, crustáceos, ranas y moluscos

Los pescados

El pescado es un alimento particularmente bien adaptado al hombre. Es rico en proteínas, contiene numerosos oligoelementos y vitaminas del tipo B. Su contenido de lípidos es muy bajo, lo que lo convierte en un alimento dietético. La mayor parte de los pescados viven en los mares y los océanos; los pescados de agua dulce son menos abundantes. Se clasifican en tres categorías: magros (lucio, dorado), semigrasos (sardina, arenque, trucha) y grasos (alosa, anguila, atún).

Los pescados pueden prepararse de distintas maneras. Dado que se trata de un producto frágil, su cualidad más importante es la frescura. Ésta se reconoce por un olor ligeramente iodado, aunque sin que despida tufos, y por el brillo de sus escamas; el pescado debe tener branquias de color rojo fuerte, ojos brillantes y saltones, y la carne firme; la carne de los filetes de pescado o de las rebanadas no debe estar descolorida ni estar bañada por ningún líquido. Estas características son primordiales para guiar al consumidor respecto de la frescura del producto que va a adquirir.

El pescado se conserva en frío. El tiempo de conservación depende de diversos factores: el pescado en rebanadas o en filetes se conserva menos tiempo que un pescado entero; este último debe estar forzosamente preparado, es decir, sin barbas, vaciado y lavado (no debe quedar ninguna huella de sangre, ya que ésta le da un sabor amargo a la carne), y envuelto en una película plástica autoadherente antes de ser refrigerado.

El precio de los pescados varía según la especie, la procedencia, la estación del año, pero también de acuerdo con la manera en que están presentados. De hecho, la presentación determina el porcentaje de desperdicios: un pescado que se adquiere entero contiene de 30 a 60 % de desperdicios; un pescado descabezado y cortado en pedazos, de 15 a 20 %; un pescado en rebanadas, 10 %; un pescado fileteado no genera ningún desperdicio, lo que justifica que su precio sea más elevado.

Preparación de los pescados. *En principio, un pescado entero debe estar limpio: con la ayuda de unas tijeras, se le cortan las aletas laterales, la ventral y la dorsal; luego, se lo descama con un cuchillo. Posteriormente, hay que vaciarlo, para lo cual se realiza una incisión de algunos centímetros en la piel del vientre, partiendo de la base de la cabeza, se retiran las vísceras y se lava la cavidad central. También puede vaciarse el pescado por las agallas (en particular si se pretende rellenarlo) y concluir con una pequeña incisión en el orificio anal, cerca de la cola.*

En ocasiones, el pescado debe desollarse (es decir, despojarse de la piel), para cocerse al vapor, en aceite y en salsa. La incisión se practica en la cola, se despega ligeramente la piel, y luego se la arranca tirando hasta la cabeza (ejemplo: el lado gris oscuro del lenguado). También se puede solicitar al vendedor de la pescadería que lo haga.

Algunos consejos para la cocción de pescados. *Para asar pescados enteros, se recomienda realizar en la carne algunos cortes en diagonal para que el calor penetre de manera uniforme.*

Para cocer un pescado en un sartén, se recomienda utilizar mantequilla mezclada con aceite o solamente aceite.

Para hervir un pescado en un caldo se recomienda que la cocción siempre comience en frío y atender de manera estricta los tiempos señalados en las recetas.

Para la cocción en papillote (pescados pequeños, en rebanadas o en filetes), se recomienda utilizar un horno tradicional, una vaporera o el horno de microondas (en este último caso, los papillotes se realizarán en papel sulfurizado).

Para la cocción en aceite se recomienda utilizar únicamente pescados de carne firme.

Mariscos, moluscos y ranas

Al igual que los pescados, los crustáceos, los mariscos y los moluscos constituyen alimentos sanos, ricos en proteínas y en sales minerales. Son muy apreciados por su carne fina y sabrosa.

*La langosta y la cigala son los más solicitados entre los **crustáceos**. Se destinan a ocasiones especiales debido a que su costo es bastante alto. De tamaño menor, el cangrejo, los camarones y los langostinos, también poseen cualidades gustativas muy interesantes. Los crustáceos se cuecen habitualmente en un caldo aromatizado (como en el caso de la langosta y la cigala); también se pueden asar —completos o en brochetas— o freír. Se consumen calientes o fríos. Pueden utilizarse también en la preparación de sopas de mariscos.*

*Los **mariscos** —vieiras, ostiones, mejillones, berberechos, pechinas, entre otros— se comen cocidos y, ocasionalmente, crudos. La mayor parte debe cocinarse dentro de los tres días posteriores a su expedición desde el sitio de producción. Salvo que se consuman crudos, es más fácil abrir algunos mariscos (como, por ejemplo, los ostiones) si se los coloca en una placa dentro del horno muy caliente. Los mariscos que, después de la cocción, siguen cerrados (mejillones, berberechos) no deben consumirse. Para consumir mariscos crudos (vieiras, almejas, ostiones) es imprescindible tener absoluta certeza de que están frescos.*

*Los **moluscos** agrupan diversas especies que viven en los mares, a excepción de los caracoles, que son moluscos terrestres. Se los cocina en un caldo (como en el caso del pulpo), en el sartén (los calamares), en el horno o en la olla (caracoles rellenos de mantequilla).*

*Las **ranas** pertenecen a la familia de los batracios. Sólo se consumen sus ancas de carne fina, cuyo sabor suave debe resaltarse.*

EN ALGUNOS PAÍSES SE LLAMA:

Camarón(es): *gamba, quisquilla.* Cigala: *centolla.* En papillote: *envuelto en papel aluminio.* Langosta: *bogavante.* Langostino: *camarón grande.* Mejillón: *cholga, chorito, choro.* Ostión: *ostra, ostrón.* Vieira: *concha de abanico, conchitas.*

Mariscos y crustáceos

Ensalada de berberechos

Para 4 o 6 personas

- 1/2 kg de habas o chícharos
- 100 ml de salsa vinagreta (→ ver pág. 100)
- 2 cucharadas de hierbas finas
- 2 kg de berberechos
- sal

❶ Pelar las habas o los chícharos y cocerlos de 10 a 15 minutos en agua con sal.

❷ Preparar la salsa vinagreta y agregarle las hierbas finas.

❸ Lavar bien los berberechos bajo un chorro de agua y luego dejarlos purgar de 1 a 2 horas en agua muy salada.

❹ Ponerlos en una olla grande a fuego vivo y revolverlos varias veces hasta que se abran.

❺ Sacarlos de su concha y mezclarlos con las habas y la vinagreta en una ensaladera. Servirlos tibios.

■ **Preparación:** 20 min + 1 h ■ **Cocción:** de 15 a 20 min

EN ALGUNOS PAÍSES SE LLAMA:
Chícharo: *alverja, arveja, guisante, petit pois.*

Buccinos y caracoles de mar: cocción

❶ Lavar los mariscos bajo un chorro de agua.

❷ Poner a hervir agua salada en una cacerola grande (una cucharada grande de sal aproximadamente por cada litro de agua) y agregarle una hoja de laurel y una rama de tomillo.

❸ Sumergir las conchas en el agua hirviendo y escurrirlas después de 8 o 10 minutos de cocción. Se recomienda no dejarlas más tiempo, pues se vuelven quebradizas y la concha no se puede desprender con facilidad.

EN ALGUNOS PAÍSES SE LLAMA:
Buccino: *caracol de bocina.* Caracol de mar: *bígaro, litorina.*

Buccinos a la mayonesa

Para 4 o 6 personas

- 200 ml de mayonesa tradicional (→ ver pág. 96)
- 1 kg de buccinos

❶ Preparar la mayonesa tradicional.
❷ Cocer los buccinos (→ ver indicaciones de cocción, pág. 272). Servirlos tibios, acompañados de la mayonesa tradicional, servida por separado en una salsera, y de pan rústico.

■ **Preparación:** 25 min ■ **Cocción:** 15 min

> EN ALGUNOS PAÍSES SE LLAMA:
> Buccino: *caracol de bocina*.

Cangrejos: cocción

Los cangrejos se cuecen simplemente en una cantidad grande de agua con sal o en un caldo para pescado (→ ver pág. 53). Calcular un tiempo de cocción de 18 a 20 minutos para un cangrejo que pese entre 800 g y un kilo.

Caldo de cangrejo

Para 4 o 6 personas

- 1 cebolla grande
- 4 jitomates
- 2 dientes de ajo
- 4 o 6 cangrejos (dependiendo del tamaño)
- 4 cucharadas de aceite de oliva
- 1 buena pizca de jengibre en polvo
- 1 pizca de azafrán
- 1 pizca de pimienta de Cayena
- 1 rama de tomillo

❶ Picar la cebolla. Pasar los jitomates por agua hirviendo, pelarlos y triturarlos. Machacar el ajo.
❷ Poner a hervir agua con sal en una olla y sumergir en ella los cangrejos durante 3 minutos.
❸ Escurrirlos y quitarles las tenazas y las patas. Retirar el contenido del caparazón y reservarlo aparte.
❹ Triturar (con un martillo o un hacha grande) el caparazón vacío y las patas con su carne.
❺ Sofreírlos junto con la cebolla en dos cucharadas de aceite caliente.
❻ Añadir los jitomates, el jengibre, el azafrán, la pimienta de Cayena, el ajo y el tomillo. Bañar con mucho caldo, tapar la olla y dejar que los ingredientes se incorporen a fuego bajo durante aproximadamente 2 horas.

- 1 y 1/2 litros de caldo para pescado (→ ver pág. 53), caldo o consomé de res (→ ver pág. 53) o base blanca de ave (→ ver pág. 48)
- sal y pimienta

❼ Retirar los pedazos de caparazón y las tenazas. Pasar la cocción por un cernidor o por un colador de malla fina, con la ayuda del mazo de un mortero, para obtener una salsa con cierta consistencia. Probar y, de ser necesario, condimentar al gusto.

❽ Vaciar las tenazas, cortar en cuatro la carne que se ha retirado de los caparazones y sofreír todo con el resto del aceite en un sartén salteador. Bañar con la salsa y poner a hervir nuevamente. Una vez que hierva, cocer 5 o 6 minutos.

❾ Verter el caldo en una sopera, acompañándolo con arroz blanco (→ ver pág. 830) servido por separado.

■ **Preparación:** 20 min ■ **Cocción:** alrededor de 2 h

> **EN ALGUNOS PAÍSES SE LLAMA:**
> Cernidor: *cedazo, tamiz.* Jitomate: *tomate.*

Cangrejos a la bretona

Para 4 o 6 personas

- 2 litros de caldo para pescado (→ ver pág. 53)
- 4 o 6 cangrejos (dependiendo del tamaño)
- 300 ml de mayonesa tradicional (→ ver pág. 96)
- hojas de lechuga o de perejil

❶ Poner a hervir el caldo. Sumergir en él los cangrejos vivos entre 8 y 10 minutos, escurrirlos y dejarlos enfriar.

❷ Separar las tenazas y las patas. Retirar el contenido del caparazón y guardarlo aparte. Limpiar los caparazones bajo un chorro de agua.

❸ Preparar la mayonesa.

❹ Cortar en pedazos la carne de cangrejo que se extrajo de los caparazones, volver a colocarla en los caparazones limpios y acomodarlos sobre una fuente. Rodearlos con las patas y las tenazas de cangrejo. Adornar con perejil picado o con hojas de lechuga.

❺ Servir la mayonesa por separado, en una salsera.

■ **Preparación:** 30 min ■ **Cocción:** de 8 a 10 min

Cangrejos rellenos a la martiniquesa

Para 4 o 6 personas

- 4 o 6 cangrejos grandes
- 2 litros de caldo para pescado (→ ver pág. 53)
- 1 taza de leche
- 1 bol de migajón de pan duro
- 4 rebanadas de jamón
- 6 chalotes
- 1 manojo pequeño de perejil
- 4 dientes de ajo
- 2 cucharadas de aceite de oliva
- 1 pizca de pimienta de Cayena
- 2 o 3 yemas de huevo
- 2 o 3 cucharadas de ron blanco
- 2 o 3 cucharadas de pan molido o rebozador
- 30 g de mantequilla

❶ Limpiar muy bien los cangrejos. Cocerlos en el caldo para pescado.

❷ Pelar completamente los cangrejos, procurando mantener enteros los caparazones, ya que éstos se llevarán a la mesa. Desmenuzar su carne.

❸ Precalentar el horno a 180 °C.

❹ Mezclar la leche con el migajón de pan.

❺ Pelar y picar finamente, por separado, los chalotes, el jamón, el perejil y el ajo.

❻ En un sartén, calentar el aceite y dorar los chalotes; posteriormente, agregar el perejil y el ajo, y revolver bien. Condimentar con sal al gusto.

❼ Añadir la carne de cangrejo desmenuzada, la pimienta de Cayena, el migajón de pan exprimido y el jamón picado. Mezclar bien y volver a calentar. Probar y, de ser necesario, condimentar de nuevo: el relleno debe contener bastante pimienta.

❽ Disolver las yemas de huevo con el ron blanco e incorporarlas al relleno caliente, una vez fuera del fuego.

❾ Calentar un poco más el relleno y distribuirlo en los caparazones.

❿ Espolvorear con pan molido, bañar con mantequilla derretida y gratinar en el horno, a fuego bajo, de 10 a 15 minutos.

■ **Preparación:** 1 h ■ **Cocción:** alrededor de 15 min

> **EN ALGUNOS PAÍSES SE LLAMA:**
>
> Chalote: *ascalonia, chalota, echalote, escalonia*. Mantequilla: *manteca*. Migajón: *borona, miga de pan, morona*. Pan molido: *pan rallado*.

Hojaldre de cangrejos

Para 4 o 6 personas

- 1/2 kg de masa hojaldrada (→ ver pág. 114)
- 2 cangrejos grandes
- 1 zanahoria

❶ Preparar la masa hojaldrada (o emplear una masa comercial) y dejarla reposar durante 2 horas.

❷ Lavar y cepillar los cangrejos, sumergirlos durante 8 minutos en agua hirviendo y escurrirlos.

❸ Quitarles las tenazas y las patas, y triturarlas. Partir los cuerpos en dos.

- 1 cebolla
- 1 chalote
- 1/2 cabeza de poro
- 1 rama de apio
- 40 g de mantequilla
- 50 ml de coñac
- 300 ml de vino blanco
- 1 cucharada de concentrado de tomate o una latita de puré de tomate
- 1 pedazo de cáscara seca de naranja
- 1 pizca de pimienta de Cayena
- 1 diente de ajo
- 1 manojo pequeño de perejil
- 1 huevo
- sal y pimienta

④ Pelar y picar finamente la zanahoria, la cebolla, el chalote, la cabeza de poro y el apio. Calentar la mantequilla en un sartén salteador. Colocar allí los cangrejos, luego la combinación de verduras y revolver hasta que los pedazos de cangrejo tomen un color muy rojo.

⑤ Calentar el coñac, verterlo y flambear. Añadir entonces el vino blanco, el concentrado de tomate, la cáscara seca de naranja, sal y pimienta, el diente de ajo triturado, la pimienta de Cayena y el perejil. Mezclar bien, tapar y cocer así durante 10 minutos.

⑥ Retirar los pedazos del crustáceo y continuar la cocción durante 10 minutos más.

⑦ Extraer toda la carne de los cangrejos (del caparazón y las tenazas).

⑧ Colar la salsa con un colador chino o con un colador fino. Mezclar la mitad con la carne y dejarla enfriar por completo.

⑨ Precalentar el horno a 230 °C. Extender la masa hojaldrada hasta que alcance 6 mm de espesor. Cortarla en rectángulos de 13 cm por 8 cm. Con la punta de un cuchillo, trazar sobre éstos una cruz, barnizarlos con el huevo batido para que se doren, colocarlos sobre la placa del horno humedecida y hornearlos durante 20 minutos.

⑩ Cuando los hojaldres estén cocidos, abrirlos por el lado más grueso y rellenarlos con el cangrejo en salsa.

⑪ Recalentar el resto de la salsa y servirla aparte.

■ **Preparación:** 45 min ■ **Cocción:** 50 min

> **EN ALGUNOS PAÍSES SE LLAMA:**
> Chalote: *ascalonia, chalota, echalote, escalonia.* Mantequilla: *manteca.* Poro: *ajo porro, porro, puerro.*

Camarones al tequila con arroz

Para 8 personas

- 1 kilo de camarón grande pelado, pero con la colita
- 2 tazas de sangrita
- pimienta

① Marinar los camarones en la sangrita durante 30 minutos, se escurren y se guarda la marinada.

② Cortar los camarones a lo largo (sin separar las dos partes), se rellenan con el queso, se envuelven con las tiras de tocino y se fríen en aceite caliente hasta dorarlos. Mantenerlos calientes.

- *300 gramos de queso Chihuahua cortado en tiritas*
- *750 gramos de tiras de tocino*
- *aceite*
- *1 taza de tequila blanco*

❸ Hervir la marinada durante 10 minutos, añadir 3/4 partes del tequila y se deja cocer otros 2 minutos. Luego se añaden los camarones, se vierten en una fuente y se flamean con el resto del tequila.

Este plato se acompaña con arroz blanco (→ ver pág. 844). Para servir se hace una rosca con el arroz y en el centro se pone parte de los camarones y en un platoncito hondo el resto.

■ **Preparación:** 15 min ■ **Marinada:** 30 min
■ **Cocción:** 20 min

EN ALGUNOS PAÍSES SE LLAMA:

Camarón(es): *gamba, quisquilla.* Queso Chihuahua: *queso mozzarella.* Sangrita: bebida que se hace con jugos de tomate, limón y naranja, con picante y sal (se usa para acompañar el tequila). Tocino: *bacon, larda de tocino, panceta, tocineta.*

Camarones salteados

Para 4 o 6 personas

- *800 g de camarones grises frescos*
- *30 g de mantequilla*
- *1 cucharada de aceite de cacahuate*
- *1 vaso de sidra seca*
- *1 cucharada de sal gruesa*
- *pimienta*

❶ Lavar rápidamente los camarones y secarlos con un trapo.
❷ Calentar la mantequilla y el aceite de cacahuate en un sartén grande. Agregar los camarones, remover bien, tapar y cocer durante 3 minutos.
❸ Verter la sidra y cocer durante 2 minutos más.
❹ Escurrir los camarones y colocarlos en una fuente. Agregar la sal gruesa y cuatro o cinco pizcas de pimienta recién molida. Remover bien. Servir tibio.

También se pueden saltear los camarones sin necesidad de añadir la sidra.

■ **Preparación:** 10 min ■ **Cocción:** alrededor de 5 min

EN ALGUNOS PAÍSES SE LLAMA:

Cacahuate: *cacahuete, maní.* Camarón(es): *gamba, quisquilla.* Mantequilla: *manteca.* Trapo: *paño, repasador, toalla o trapo de cocina.*

Camarones salteados al whisky

Para 4 o 6 personas

- *800 g de camarones grises frescos*
- *30 g de mantequilla*
- *1 cucharada de aceite de oliva*
- *1/2 vaso de whisky*
- *pimienta de Cayena*
- *1 cucharada de sal gruesa y pimienta recién molida*

❶ Lavar los camarones y secarlos con un trapo.
❷ Saltearlos en el aceite de oliva (→ ver indicaciones pág. 277).
❸ Poner a calentar el whisky (también puede utilizarse coñac o grapa) con una pizca de pimienta de Cayena y verterlo sobre los camarones.
❹ Flambear los camarones al mismo tiempo que se sofríen en el sartén. Agregar la sal gruesa y cuatro o cinco pizcas de pimienta recién molida. Mezclar bien y servir inmediatamente.

■ **Preparación:** 10 min ■ **Cocción:** alrededor de 5 min

> **EN ALGUNOS PAÍSES SE LLAMA:**
> Camarón(es): *gamba, quisquilla.* Mantequilla: *manteca.* Trapo: *paño, repasador, toalla o trapo de cocina.*

Chupe de camarones

Para 3 personas

- *1/2 kilo de camarones medianos*
- *2 huevos duros*
- *2 papas medianas*
- *1 cebolla*
- *1 jitomate*
- *4 tazas de agua*
- *aceite*
- *sal*

❶ Picar finamente la cebolla y el jitomate y freírlos en aceite hasta que espesen.
❷ Lavar los camarones.
❸ Cocer los camarones durante 5 minutos en agua con sal, escurrirlos, limpiar la concha y quitar la vena negra.
❹ Machacar las conchas y hervir durante 5 minutos en el agua donde se cocieron. Colar.
❺ Agregar a ese caldo los camarones, la cebolla con el jitomate, las papas cocidas y los huevos duros picados. Cocine hasta que hierva.
❻ Servir caliente (si se desea con ají picante).

■ **Preparación:** 10 min ■ **Cocción:** 15 min

> **EN ALGUNOS PAÍSES SE LLAMA:**
> Ají: *ají cumbarí, chile, conguito, guindilla, ñora, páprika (picante), pimentón picante, pimiento picante.* Camarón(es): *gamba, quisquilla.* Jitomate: *tomate.* Papa: *patata.*

Jaibas: preparación

Las jaibas deben estar indefectiblemente "castradas". Esta operación consiste en retirar el intestino, jalándolo suavemente de la extremidad de color negro que se encuentra exactamente debajo de la cola. También se pueden dejar marinar en leche durante 2 horas para evitarse este paso. Después, las jaibas deben cocerse en un caldo o en estofado. Sólo se consume la parte carnosa de los cuerpos. Las cabezas y las patas de las jaibas pueden utilizarse para preparar una sopa de mariscos o una mantequilla compuesta.

> **EN ALGUNOS PAÍSES SE LLAMA:**
> Jaiba: *cangrejo de río.* Mantequilla: *manteca.*

Chilpachole de jaiba

Para 6 personas

- *12 jaibas enteras pequeñas*
- *1 1/2 cebollas*
- *1/2 kilo de jitomate*
- *3 chiles chipotles en escabeche*
- *10 tazas de agua*
- *2 dientes de ajo*
- *2 cucharadas de aceite*
- *2 hojas de laurel*
- *4 ramas completas de epazote*
- *sal y pimienta*

❶ Asar los jitomates junto con una cebolla y el ajo en una plancha.

❷ Cocinar las jaibas en agua hirviendo con 1/2 cebolla, laurel y sal por 5 minutos. Sacar las jaibas para limpiarlas, extraer la pulpa, dejar los huesos en el caldo, junto con la hueva de color anaranjado vivo.

❸ Pelar y despepitar los jitomates, licuarlos con la cebolla y el ajo. Freír esta mezcla en aceite a fuego medio. Salpimentar al gusto y tapar para que se reduzca el líquido.

❹ Agregar al puré de jitomate el epazote picado y los chipotles también picados; agregar el caldo de las jaibas colado y dejar cocinar por 10 minutos más. Agregar la pulpa de la jaiba.

■ **Preparación:** 30 min ■ **Cocción:** 20 min

> **EN ALGUNOS PAÍSES SE LLAMA:**
> Chile chipotle: tipo de chile (*ají*) que se elabora a partir del jalapeño seco, marinado con salsa dulce. Jaiba: *cangrejo de río.* Jitomate: *tomate.*

Jaibas a la bordelesa

Para 4 o 6 personas

- 2 o 3 kg de jaibas (de 6 a 8 jaibas por persona)
- 1 zanahoria
- 1 cebolla
- 1/2 rama de apio
- 100 g de mantequilla
- 1 pizca de pimienta de Cayena
- 1/2 vaso de coñac
- 1 botella de vino blanco
- 3 yemas de huevo
- sal y pimienta

❶ "Castrar" las jaibas (→ ver indicaciones en preparación de jaibas, pág. 279).

❷ Pelar las verduras y cortarlas en cuadritos pequeños.

❸ Saltearlas en un sartén con 10 g de mantequilla.

❹ Derretir 30 g de mantequilla en una cacerola grande y saltear rápidamente las jaibas. Añadir sal, pimienta y la pimienta de Cayena al gusto. Cuando las jaibas estén bien rojas, calentar el coñac y flambearlas.

❺ Bañar con el vino blanco hasta que éste apenas cubra las jaibas. Añadir las verduras y continuar la cocción durante 10 minutos más, como máximo.

❻ Escurrir las jaibas (sin tirar el jugo de cocción), acomodarlas sobre una fuente y mantenerlas calientes.

❼ Batir las yemas de huevo en un bol, diluirlas con un poco del jugo de cocción y verterlas en la cacerola.

❽ Colocar nuevamente la cacerola sobre el fuego muy bajo, añadir el resto de la mantequilla poco a poco y en pedacitos, sin dejar de revolver. Probar y, de ser necesario, volver a condimentar. Debe estar muy condimentado.

❾ Cubrir las jaibas con la salsa muy caliente y servir.

■ **Preparación:** 1 h ■ **Cocción:** alrededor de 15 min

> **EN ALGUNOS PAÍSES SE LLAMA:**
> Jaiba: *cangrejo de río*. Mantequilla: *manteca*.

Jaibas en su jugo

Para 4 o 6 personas

- 2 o 3 kg de jaibas (de 6 a 8 jaibas por persona)
- 1 zanahoria
- 1 cebolla
- 4 chalotes
- 1 diente de ajo
- 1 rama de tomillo
- 1/2 hoja de laurel

❶ Pelar y cortar la zanahoria, la cebolla y los chalotes en rodajas delgadas.

❷ Colocarlas en una cacerola grande junto con el ajo pelado, el tomillo, el laurel, el perejil, sal y pimienta. Verter el vino blanco y el agua, y poner a hervir. Una vez que hierva, cocer de 15 a 20 minutos a fuego lento.

❸ Mientras tanto, "castrar" las jaibas (→ ver indicaciones en preparación de jaibas, pág. 279).

❹ Sumergirlas en el líquido hirviendo y cocerlas durante 8 minutos, removiendo de vez en cuando.

- *1/2 manojo de perejil*
- *1/2 botella de vino blanco*
- *1 litro de agua*
- *10 granos de pimienta*
- *1 pizca de pimienta de Cayena*
- *sal y pimienta*

❺ Agregar la pimienta de Cayena, mezclar y dejar que las jaibas se enfríen dentro del líquido de inmersión. Una vez frías, verterlas en una ensaladera junto con el jugo de cocción.

> **Las langostas en su jugo se cuecen de la misma manera (calcular un tiempo de cocción de entre 18 y 20 minutos para una pieza que pese entre 800 g y 1 kg).**

■ **Preparación:** 10 min ■ **Cocción:** alrededor de 30 min

> **EN ALGUNOS PAÍSES SE LLAMA:**
> Chalote: *ascalonia, chalota, echalote, escalonia.* Jaiba: *cangrejo de río.* Langosta: *bogavante.*

Buñuelos de langostino

Para 4 o 6 personas

- *1/2 kg de masa para buñuelos (→ ver pág. 111)*
- *16 o 24 langostinos*
- *2 cebollas grandes*
- *aceite*
- *1 clara de huevo*
- *2 o 3 limones*
- *sal y pimienta*

❶ Preparar la masa para buñuelos y dejarla reposar durante 1 hora.
❷ Sumergir los langostinos durante 2 o 3 minutos en agua hirviendo con sal. Escurrirlos, dejarlos enfriar y pelarlos. Cortar la parte carnosa de las colas a la mitad. Guardar las cabezas para utilizarlas en otra ocasión (se pueden congelar).
❸ Mientras que la carne se está enfriando, cortar en rodajas las cebollas y dividirlas en aros. Calentar el aceite.
❹ Montar la clara de huevo a punto de turrón firme e incorporarla a la masa para buñuelos.
❺ Sumergir las rodajas de cebolla y las mitades de cola de langostino en la masa para buñuelos. Freírlas a 180 °C durante algunos segundos. Realizar esta operación sumergiendo en el aceite sólo unos cuantos buñuelos de langostino a la vez, para que tengan el suficiente espacio para inflarse al tiempo que se doran.
❻ Escurrir el exceso de aceite sobre un papel absorbente y servir inmediatamente acompañándolos con gajos de limón.

■ **Preparación:** 20 min ■ **Cocción:** 5 min

> **EN ALGUNOS PAÍSES SE LLAMA:**
> A punto de turrón: *a punto de nieve.* Langostino: *camarón grande.*

Ensalada de langostinos

Para 4 o 6 personas

- de 12 a 18 langostinos
- 2 calabacitas de piel fina
- 5 cucharadas de aceite de oliva
- 50 g de achicoria roja
- 24 aceitunas negras
- 2 limones
- 1 manojo pequeño de perifollo
- sal y pimienta

❶ Poner a hervir agua con sal en una cacerola grande y sumergir en ella los langostinos durante 2 minutos. Escurrirlos, pelarlos y desvenarlos. Colocarlos en una ensaladera.

❷ Cortar las calabacitas, sin pelarlas, en rodajas delgadas. En un sartén, calentar una cucharada de aceite y sofreír las calabacitas a fuego alto durante 3 minutos. Condimentar con sal y pimienta al gusto. Escurrirlas y secarlas sobre un papel absorbente.

❸ Lavar y secar las hojas de achicoria. Deshuesar las aceitunas.

❹ Batir cuatro cucharadas de aceite de oliva junto con tres cucharadas de jugo de limón. Añadir sal y pimienta al gusto. Verter la mitad de esta vinagreta sobre los langostinos y mezclar bien. Aliñar la ensalada con la otra mitad de la vinagreta.

❺ Picar el perifollo muy finamente. Distribuir las calabacitas sobre los platos de servicio. Añadir los langostinos, la ensalada y las aceitunas negras. Espolvorear con perifollo.

■ **Preparación:** 25 min ■ **Cocción:** 5 min

> **EN ALGUNOS PAÍSES SE LLAMA:**
>
> Achicoria: *almirón, amargón, chicoria, escarola, hierba del café, husillo, lechuga trevise, lechuguilla. radicchio, radicheta.* Calabacita(s): *calabacín, calabaza italiana, zapallito italiano, zapallito largo, zucchini.* Langostino: *camarón grande.*

Langostinos asados

Para 4 personas

- 12 langostinos
- marinada instantánea (→ ver pág. 57)

❶ Quitar el caparazón a los langostinos entre la cabeza y la cola.

❷ Picar horizontalmente cada langostino con un palillo para brocheta (primero, picar el tórax, o cofre, y luego atravesar toda la parte carnosa hasta abajo).

❸ Preparar la marinada y colocar las brochetas en ella durante aproximadamente 1 hora.

❹ Escurrir el exceso de aceite y asar las brochetas de langostino 2 minutos de cada lado, barnizándolas constantemente con la marinada con la ayuda de un pincel. Servir inmediatamente.

■ **Preparación:** 30 min ■ **Marinada:** 1 h
■ **Cocción:** 4 min

> EN ALGUNOS PAÍSES SE LLAMA:
> Langostino: *camarón grande.*

Langostinos fritos

Para 4 o 6 personas

- de 16 a 24 langostinos
- 2 o 3 limones
- 400 g de pan molido a la inglesa (→ ver pág. 104)
- aceite
- sal y pimienta

❶ Quitarles la parte carnosa de la cola a los langostinos y pelarlos antes de cocerlos. Ponerles sal y pimienta. Bañarlos con jugo de limón y dejarlos reposar en un lugar fresco durante 30 minutos.
❷ Mientras tanto, preparar el pan molido a la inglesa y calentar el aceite a 180 °C.
❸ Escurrir las colas de los langostinos y empanizarlas. Luego, sumergirlas en el aceite alrededor de 3 o 4 minutos y voltearlas con una cuchara de madera. No freír todos los langostinos de una sola vez.
❹ Escurrirlos sobre un papel absorbente y servirlos muy calientes.

Tradicionalmente, los langostinos fritos se acompañan con una salsa de alcaparras o con un alioli.

■ **Preparación:** 30 min ■ **Reposo:** 30 min
■ **Cocción:** 20 min

> EN ALGUNOS PAÍSES SE LLAMA:
> Empanizar: *empanar, rebozar.* Langostino: *camarón grande.*

Langostinos Ninon

Para 4 o 6 personas

- 4 cabezas de poro
- 24 langostinos

❶ Partir las cabezas de poro y lavarlas bien, luego cortarlas en tiritas.
❷ Quitar el caparazón a las partes carnosas de las colas de los langostinos. Triturar las cabezas.

- 1 cucharada de aceite de oliva
- 2 naranjas bien lavadas
- 125 g de mantequilla
- sal y pimienta

❸ Calentar el aceite de oliva en un sartén salteador y sofreír rápidamente las cabezas.

❹ Agregar sal y cubrir con agua fría. Dejar que hiervan, tapar el sartén y cocerlas durante 15 minutos.

❺ Mientras tanto, pelar con cuidado una naranja y cortar la cáscara en tiritas delgadas. Exprimir el jugo de las dos naranjas y ponerlo en un vaso.

❻ Calentar 30 g de mantequilla en un sartén salteador, agregarle el poro y recubrirlo con agua fría. Cocerlo destapado a fuego alto hasta que el agua se evapore por completo.

❼ Escurrir las cabezas de los langostinos y filtrar el líquido de cocción con un colador fino. Verter dos vasos de este líquido en una cacerola, añadir el jugo de naranja y la cáscara.

❽ Dejar que hierva y reducir a la mitad. Sin dejar de remover, añadir 50 g de mantequilla en pedacitos. Sacar el sartén del fuego y agregar sal y pimienta al gusto.

❾ Freír durante 2 o 3 minutos la carne de los langostinos en el resto de la mantequilla. Colocarlos en el centro de una fuente, previamente calentada, y rodearlos con el poro. Bañarlos delicadamente con la salsa de naranja.

■ **Preparación:** 40 min ■ **Cocción:** alrededor de 30 min

> **EN ALGUNOS PAÍSES SE LLAMA:**
> Langostino: *camarón grande*. Mantequilla: *manteca*. Poro: *ajo porro, porro, puerro*.

Pepian de choclo con langostinos

Para 4 personas

- 500 g de colas de langostinos
- 1/2 poro
- 1 zanahoria
- 1 rama de romero
- 1 rama de apio
- 1 rama de perejil
- 6 a 8 ajíes amarillos frescos
- 2/3 de taza de aceite vegetal
- 2 cebollas medianas

❶ Pelar las colas de los langostinos.

❷ Preparar un caldo con los caparazones en una olla con tres tazas de agua, el poro, la zanahoria cortada en trozos, el romero, el apio, perejil, sal, pimienta y comino. Hervir durante 15 minutos. Retirar del fuego y colar. Reservar el caldo.

❸ Hervir agua en una olla, retirar del fuego y remojar en ella los ajíes durante 2 minutos. Cambiar el agua y repetir el procedimiento dos veces más. Escurrir y eliminar el agua. Licuar con la cantidad necesaria de aceite para obtener una crema pastosa. Sazonar con sal.

- *3 dientes de ajo*
- *8 choclos desgranados y licuados*
- *1 huevo cocido*
- *sal*
- *pimienta*
- *comino*

④ Picar finamente la cebolla, calentar el resto del aceite y freír ahí la cebolla con los ajos molidos. Añadir el ají al gusto y cocinar unos minutos.

⑤ Agregar los langostinos y cocinarlos hasta que estén cocidos y cambien de color. Retirarlos de la olla y reservarlos. Agregar el choclo molido y de media a una taza del caldo que se reservó. Hervir hasta que espese. Rectificar la sazón. Si se desea más picante, agregar más ají.

⑤ Calentar y mezclar los langostinos (reservar algunos para la decoración).

⑥ Servir en una fuente y decorar encima con huevo cocido picado y las colas de langostinos que se reservaron. Acompañar con arroz blanco (→ ver pág. 844) .

■ **Preparación:** 15 min ■ **Cocción:** 25 min

> **EN ALGUNOS PAÍSES SE LLAMA:**
>
> Ají: *ají cumbarí, chile, conguito, guindilla, ñora, páprika (picante), pimentón picante, pimiento picante.* Choclo: *chilote, elote, jojoto, mazorca tierna de maíz, tolonca.* Langostino: *camarón grande.* Poro: *ajo porro, porro, puerro.*

Langosta o cigala: preparación

La langosta y la cigala deben indefectiblemente estar vivas, agitar enérgicamente la cola cuando se las agarra y no tener ninguna huella de combate. Deben poseer todas sus patas y tenazas (para el caso de la langosta) y no presentar ningún hoyo en su caparazón. Lo único que ocasionalmente pudiera estar quebrado, debido a su fragilidad, son las antenas de la cigala.

Estos crustáceos se cortan vivos, de ser necesario, sosteniéndolos firmemente.

Para cocerlos en caldo (llevado a ebullición previamente), hay que atarlos con ligas gruesas, habiendo plegado las tenazas sobre el cuerpo, para que no forcejeen.

Antes de realizar cualquier cocción de langosta cortada viva, hay que vaciarle la bolsa de arena situada bajo la cabeza y retirarle los intestinos que se encuentran bajo el cuerpo. La langosta y la cigala se preparan de la misma manera. La carne de la cigala es más fina, aunque menos perfumada que la de la langosta.

Una langosta pesa entre 450 g y 1 kg, mientras que una cigala pesa entre 800 g y 1 kg. Las hembras siempre son más pesadas que los machos y ocasionalmente están llenas de huevecillos.

> **EN ALGUNOS PAÍSES SE LLAMA:**
> Cigala: *centolla*. Langosta: *bogavante*.

Caparazones fríos de langosta

Para 4 personas

- *1 langosta de 1 kg o 2 langostas de 1/2 kg o 2 cuerpos de langosta o de cigala cocidas y congeladas*
- *2 huevos*
- *100 ml de mayonesa tradicional (→ ver pág. 96)*
- *100 ml de vinagreta (→ ver pág. 100)*
- *1 lechuga pequeña*
- *4 vieiras*
- *1 cucharada de perifollo picado*
- *1 cucharada de perejil picado*

❶ Cocer la langosta en un caldo (→ ver indicaciones para la langosta a la mayonesa, pág. 290) o descongelarla.

❷ Pelarla completamente (conservar la cabeza para utilizarla en otra ocasión). Cortar la parte carnosa del cuerpo en ocho rebanadas.

❸ Preparar un salpicón: cortar el resto de la carne y el interior de las tenazas en cuadritos pequeños.

❹ Poner a hervir los huevos hasta que estén duros.

❺ Preparar la mayonesa y la vinagreta.

❻ Lavar la lechuga. Extraer el corazón y dividirlo en cuatro. Cortar las hojas más grandes en chiffonnade (en tiritas pequeñas). Aliñar la lechuga con un poco de vinagreta; verter el resto de la vinagreta sobre los cuadritos de langosta. Pelar los huevos duros y cortarlos en cuatro gajos.

❼ Acomodar la lechuga en chiffonnade dentro de las conchas de vieira. Recubrir con el salpicón de langosta. Espolvorear con perejil y perifollo. Colocar dentro de cada concha de vieira dos rebanadas de langosta. Bañar con la mayonesa. Decorar con los pedacitos de lechuga y de huevo duro. Poner en el refrigerador hasta el momento de servir.

■ **Preparación:** 1 h ■ **Cocción:** de 8 a 10 min

> **EN ALGUNOS PAÍSES SE LLAMA:**
> Cigala: *centolla*. Langosta: *bogavante*. Refrigerador: *heladera, nevera*. Vieira: *concha de abanico, conchitas*.

Cigala asada al jerez

Para 4 o 6 personas

- *2 cigalas vivas de 700 g cada una*
- *100 g de mantequilla*
- *4 cucharadas de jerez seco*
- *páprika*
- *pimienta de Cayena*
- *aceite de oliva*
- *sal*
- *pimienta recién molida*

❶ Poner a hervir agua con sal y pimienta en una olla grande y sumergir en ella las cigalas durante 2 minutos.

❷ Escurrir las cigalas. Cuando estén tibias, cortarlas por la mitad a todo lo largo.

❸ Precalentar la parrilla del horno. En una cacerola pequeña, derretir a fuego lento la mantequilla, agregarle el jerez, una buena pizca de páprika y otra de pimienta de Cayena. Mezclar y conservar caliente.

❹ Engrasar con aceite la parrilla del horno y colocar en ella las cigalas con el caparazón hacia arriba. Hornear en la parrilla de 8 a 10 minutos.

❺ Voltear las cigalas y bañarlas con la mantequilla al jerez. Añadir pimienta al gusto y hornear en la parrilla durante otros 10 minutos. Servir inmediatamente.

■ **Preparación:** 10 min ■ **Cocción:** alrededor de 20 min

> **EN ALGUNOS PAÍSES SE LLAMA:**
> Cigala: *centolla*. Mantequilla: *manteca*. Páprika: *pimentón*.

Cigalas en su jugo

Para 4 o 6 personas

- *2 litros de caldo envinado (→ ver pág. 52)*
- *2 cigalas vivas de 700 g cada una*

❶ Preparar el caldo y sumergir en él las cigalas, cociéndolas durante 15 minutos a pequeños hervores. Dejarlas enfriar en el líquido de cocción.

❷ Escurrirlas y cortarlas a la mitad a lo largo o pelarlas y cortar la parte carnosa de las colas en pedazos.

❸ Servir con un jugo de limón o una vinagreta.

cigala a la parisiense:
Preparar la cigala en su jugo, acomodarla sobre hojas de lechuga y acompañarla de una salsa mayonesa.

■ **Preparación:** 20 min ■ **Cocción:** 15 min

> **EN ALGUNOS PAÍSES SE LLAMA:**
> Cigala: *centolla*.

Ensalada de langosta o de cigala

Para 4 o 6 personas

- 2 langostas de 400 o 500 g o 1 cigala de 1 kg de peso
- 200 ml de mayonesa tradicional (→ ver pág. 96)
- 2 limones
- 1 lata de corazones de alcachofa
- 2 corazones de lechuga
- páprika
- coñac

1. Cocer las langostas o la cigala en agua con sal o en un caldo, durante 10 minutos para el caso de las langostas, o durante 15 minutos para la cigala. Dejarlas enfriar dentro del líquido de cocción.
2. Mientras tanto, preparar la mayonesa.
3. Pelar completamente los crustáceos, cortar las partes carnosas de las colas en rebanadas uniformes y desmenuzar la carne contenida en las tenazas.
4. Exprimir un limón y poner el jugo en una ensaladera.
5. Escurrir los corazones de alcachofa, cortarlos en rebanadas finas y colocarlos poco a poco en la ensaladera, mezclándolos con el jugo de limón.
6. Lavar y secar la lechuga. Quitarle los bordes a las hojas y cortarlas en tiras gruesas. En un bol, mezclar la mitad de la mayonesa con la carne desmenuzada de crustáceo, el jugo del otro limón, sal y pimienta. Verter sobre las hojas de lechuga y mezclar.
7. Colocar esta ensalada en cada copa o plato de servicio. Distribuir por encima las rebanadas de crustáceos y de corazones de alcachofa.
8. Agregar al resto de la mayonesa una buena pizca de páprika y el coñac. Probar y, de ser necesario, condimentar al gusto. Bañar con la salsa la superficie de cada copa o plato. Mantener en el refrigerador hasta el momento de servir.

■ **Preparación:** 30 min ■ **Cocción:** de 10 a 15 min

EN ALGUNOS PAÍSES SE LLAMA:
Alcachofa: *alcaucil*. Cigala: *centolla*. Langosta: *bogavante*. Páprika: *pimentón*. Refrigerador: *heladera, nevera*.

Langosta a la americana

Para 4 o 6 personas

- 2 langostas de 800 g a 1 kg
- 100 g de mantequilla
- 100 ml de aceite de oliva

1. Poner a hervir agua con sal en una olla muy grande. Sumergir en ella las langostas y cocerlas durante 1 minuto después de que vuelva a hervir. Escurrirlas.
2. Partir las tenazas y reservarlas aparte. Cortar la parte carnosa en pedazos grandes. Retirar los intestinos, se-

- *2 jitomates*
- *1 zanahoria*
- *1 cebolla*
- *2 chalotes*
- *1 diente de ajo*
- *200 ml de vino blanco*
- *4 cucharadas de coñac*
- *2 cucharadas de concentrado de tomate*
- *1 hoja de laurel*
- *150 ml de concentrado de pescado (→ ver pág. 54)*
- *20 g de mantequilla enharinada (→ ver pág. 40)*
- *1 limón*
- *pimienta de Cayena*
- *1 cucharada de perejil*
- *1 cucharada de estragón*

parar los corales y colocarlos en un bol con el jugo que sale de ellos.

❸ Calentar 40 g de mantequilla y dos cucharadas de aceite de oliva en una cacerola grande y saltear en ella los pedazos de langosta durante 3 o 4 minutos, sin dejar de remover. Posteriormente acomodarlos en una charola.

❹ Pasar los jitomates por agua hirviendo, pelarlos, quitarles las semillas, triturarlos y apartarlos.

❺ Picar finamente la zanahoria, la cebolla, los chalotes y el ajo. Calentar 60 g de mantequilla y una cucharada de aceite de oliva en una olla y sofreír en ella las verduras, a fuego lento.

❻ Añadir la langosta, mezclar bien y agregar el vino blanco. Tapar la olla y dejar que los ingredientes se incorporen durante 6 o 7 minutos.

❼ Calentar el coñac, verterlo en la olla y flambear. Agregar los jitomates, el concentrado de tomate, el laurel, el jugo de langosta recuperado y el concentrado de pescado. Condimentar con sal y pimienta al gusto, revolver y cocer con la olla destapada durante aproximadamente 15 minutos.

❽ Con una espumadera, retirar los pedazos de langosta y acomodarlos en una fuente. Mantenerlos calientes.

❾ Reducir la salsa hasta que queden dos terceras partes de su volumen.

❿ Preparar la mantequilla enharinada, agregarle los corales que se habían separado e incorporarlos a la salsa, en pedacitos pequeños y a fuego lento, revolviendo enérgicamente. Verter el jugo de limón. Añadir sal y pimienta al gusto y luego agregar una pizca de pimienta de Cayena. La salsa debe estar muy bien condimentada.

⓫ Batir la salsa una vez más hasta que esté muy untuosa y verterla sobre la langosta. Espolvorear con perejil y estragón picados. Servir muy caliente.

> **La langosta a la americana, plato excepcional, tradicionalmente se acompaña con algún arroz al natural, como el arroz blanco (→ ver pág. 844).**

■ **Preparación:** 45 min ■ **Cocción:** 25 min

EN ALGUNOS PAÍSES SE LLAMA:

Chalote: *ascalonia, chalota, echalote, escalonia.* Charola: *bandeja.* Jitomate: *tomate.* Langosta: *bogavante.* Mantequilla: *manteca.* Quitar las semillas: *despepitar.*

Langosta asada

Para 4 o 6 personas

- 2 o 3 langostas de 400 o 500 g
- 2 o 3 cucharadas de crema fresca
- 1 yema de huevo
- páprika
- 1 cucharadita de jerez
- albahaca
- sal y pimienta

❶ Precalentar el horno a 225 °C.

❷ Sumergir las langostas durante 1 minuto en agua hirviendo.

❸ Retirarlas y cortarlas en dos a lo largo. Quitar la bolsa de arena de la cabeza y los intestinos de la parte carnosa de la cola.

❹ Extraer el coral (parte cremosa contenida en el tórax) y mezclarlo con la crema, la yema de huevo, una buena pizca de páprika, sal, pimienta, el jerez y una hoja de albahaca fresca picada. Moler ligeramente todo en la licuadora. Probar y, de ser necesario, condimentar al gusto.

❺ Condimentar con sal y pimienta las mitades de langostas y acomodarlas en una charola para horno, con el caparazón hacia el fondo de la misma. Con una cucharita, bañarlas con un poco de la preparación de coral y hornearlas durante 1 minuto.

❻ Repetir esta operación dos o tres veces: las langostas deben cocerse durante 8 minutos en total. Servir de inmediato.

■ **Preparación:** 30 min ■ **Cocción:** alrededor de 8 min

> **EN ALGUNOS PAÍSES SE LLAMA:**
> Charola: *asadera*. Crema: *nata*. Langosta: *bogavante*. Páprika: *pimentón*.

Langosta o cigala a la mayonesa

Para 4 o 6 personas

- 2 litros de caldo envinado (→ ver pág. 52)
- 3 langostas de 400 g, aproximadamente, o 2 cigalas de 800 g a 1 kg de peso
- 250 ml de mayonesa tradicional (→ ver pág. 96)

❶ Preparar el caldo y ponerlo a hervir. Sumergir en él los crustáceos y cocerlos a pequeños hervores (8 minutos para una langosta de 400 g, 10 minutos para una cigala de 1 kg). Escurrirlos.

❷ Atar los crustáceos a lo largo sobre una tabla para que conserven una forma pareja y dejarlos enfriar completamente.

❸ Preparar la salsa mayonesa.

❹ Si los crustáceos son pequeños, partirlos en dos. Si son más grandes, separar la parte carnosa, retirarle la carne y cortarla en medallones, partir el cofre (tórax) en dos; separar y romper las tenazas.

❺ Presentar los medallones sobre el caparazón de la cola y acomodar las dos mitades del cofre para reconstituir la forma del animal. Decorar con las tenazas.

❻ Servir la mayonesa en una salsera, por separado.

■ **Preparación:** 30 min ■ **Cocción:** de 8 a 10 min

> **EN ALGUNOS PAÍSES SE LLAMA:**
> Cigala: *centolla.* Langosta: *bogavante.*

Brochetas de mejillones

Para 4 personas

- 1 y 1/2 kg de mejillones a la marinera (→ ver pág. 294)
- 300 g de hongos pequeños
- 2 y 1/2 limones
- 25 g de mantequilla
- aceite
- 1/2 manojo de perejil
- 2 cucharadas de mostaza
- 400 g de pan molido a la inglesa (→ ver pág. 104)
- palillos de madera para brochetas

❶ Preparar los mejillones a la marinera, sacarlos de sus conchas y escurrirlos bien.

❷ Lavar los hongos, quitarles los tallitos y bañarlos con el jugo de medio limón. Derretir la mantequilla en una cacerola y cocer los hongos a fuego lento, de 10 a 15 minutos. Calentar el aceite.

❸ Preparar el perejil frito (→ ver indicaciones para perejil frito, pág. 781).

❹ Untar los mejillones con la mostaza. Ensartarlos en los palillos para brochetas, alternándolos con los hongos.

❺ Empanizarlos a la inglesa y freírlos en el aceite precalentado a 180 °C, durante 5 minutos.

❻ Servirlos con el perejil frito y los limones partidos en cuatro.

■ **Preparación:** 40 min ■ **Cocción:** de 15 a 20 min

> **EN ALGUNOS PAÍSES SE LLAMA:**
> Empanizar: *empanar, rebozar.* Mantequilla: *manteca.* Mejillón: *cholga, chorito, choro.*

Choritos con arroz

Para 6 personas

- 1 1/2 kg de choritos
- 1 1/2 tazas de arroz
- 3 tazas de agua hirviendo
- 1/2 cebolla pequeña
- 1/4 de pimiento rojo o verde
- 1/2 zanahoria
- 1 cucharadita de sal
- 1 cucharada de mantequilla

❶ Antes de cocinar los choritos, comprobar que estén vivos. Basta con darles un golpecito a la concha y si está vivo ésta se cerrará. Si el chorito permanece abierto, significa que está muerto y hay que eliminarlo.

❷ A continuación lavar y raspar los choritos.

❸ Freír la cebolla picada en cuadritos en mantequilla en una cacerola, agregar la zanahoria y el pimiento cortado en cubitos pequeños.

❹ Añadir el arroz y freír revolviendo por 2 minutos.

❺ Agregar los choritos, el agua hirviendo y la sal. Tapar bien y cocinar a fuego lento durante 20 minutos.

■ **Preparación:** 15 min ■ **Cocción:** 30 min

> **EN ALGUNOS PAÍSES SE LLAMA:**
> Chorito: *cholga, choro, mejillón.* Mantequilla: *manteca.* Pimiento: *ají, locote, morrón.*

Choritos en salsa verde

Para 6 personas

- 3 kilos de choritos
- 1 ají verde
- 1 cebolla
- 2 cucharadas de aceite
- 1 ramo de perejil
- 1/2 taza de jugo de limón

❶ Lavar, raspar y cocer al vapor los choritos por 10 minutos.

❷ Retirar y mezclar con una salsa verde preparada con la cebolla en cuadritos, ají y perejil picados finamente, aceite y limón.

❸ Servir en conchas grandes de ostiones o en pocillos pequeños.

■ **Preparación:** 15 min ■ **Cocción:** 10 min

> **EN ALGUNOS PAÍSES SE LLAMA:**
> Ají: *ají cumbarí, chile, conguito, guindilla, ñora, páprika (picante), pimentón picante, pimiento picante.* Chorito: *cholga, choro, mejillón.* Ostión: *ostra, ostrón.*

Choros a la chalaca

Para 3 o 4 personas

- 12 choros cerrados
- 2 cebollas moradas

❶ Limpiar los choros eliminando las barbas.

❷ Eliminar cualquier choro que no esté bien cerrado, cocinar en agua hirviendo y retirarlos conforme se van abriendo. Eliminar los que no se abren. Dejar enfriar.

- 4 limones
- 1 cucharada de ají amarillo fresco
- 1/2 rocoto
- 1 1/2 cucharadas de perejil picado muy fino
- 3/4 taza de choclo
- 1/2 taza de jitomate
- 1 cucharada de aceite
- sal
- pimienta

❸ Abrir los choros y colocar la mitad en una fuente.
❹ Mezclar en un bol la cebolla finamente picada, el roco-to picado, el jitomate en cuadritos, el perejil finamente picado, el choclo desgranado y sancochado, el jugo de limón, el ají amarillo molido, el aceite, la sal y la pi-mienta. Se deja reposar de 5 a 10 minutos.
❻ Colocar aproximadamente una cucharada de la mezcla obtenida encima de cada choro.
❼ Servir con limón cortado al lado.

■ **Preparación:** 15 min ■ **Cocción:** 15 min

> **EN ALGUNOS PAÍSES SE LLAMA:**
> Ají: *ají cumbarí, chile, conguito, guindilla, ñora, páprika (picante), pimentón picante, pimiento picante*. Cebolla morada: *cebolla roja*. Choclo: *chilote, elote, jojoto, mazorca tierna de maíz, tolonca*. Choro: *cholga, chorito, mejillón*. Jitomate: *tomate*. Rocoto: *ají muy picante, chile*.

Ensalada de mejillones

Para 4 o 6 personas

- 6 papas medianas
- 2 o 2 y 1/2 kg de mejillones frescos o 1/2 kg de mejillones sin concha congelados
- 1 limón
- 2 chalotes
- 1 diente de ajo
- 1 rama de apio
- 1 manojo de perifollo
- 2 cucharadas de vino blanco
- 3 cucharadas de aceite
- sal y pimienta

❶ Lavar las papas y cocerlas de 15 a 20 minutos en agua hirviendo.
❷ Poner los mejillones en una olla, a fuego alto, durante unos 10 minutos, para que se abran. Darles vuelta va-rias veces. Escurrirlos y sacarlos completamente de sus conchas. Colocarlos en una ensaladera y bañarlos con jugo de limón.
❸ Pelar y picar finamente los chalotes y el ajo. Cortar la rama de apio en rebanadas delgadas. Picar el perifollo.
❹ Escurrir las papas y pelarlas. Cortarlas en rodajas y po-nerlas en la ensaladera junto con los mejillones.
❺ En un bol, mezclar el ajo, el chalote, el apio, el vino y el aceite. Añadir sal y pimienta al gusto y verter este ade-rezo en la ensaladera. Revolver con cuidado. Espolvo-rear con perifollo y servir tibio.

■ **Preparación:** 20 min ■ **Cocción:** 20 min

> **EN ALGUNOS PAÍSES SE LLAMA:**
> Chalote: *ascalonia, chalota, echalote, escalonia*. Mejillón: *cholga, chorito, choro*. Papa: *patata*.

Mejillones a la crema

Para 4 o 6 personas

- 2 o 2 y 1/2 kg de mejillones a la marinera
  (→ ver receta siguiente)
- 300 ml de crema fresca
- 1/2 manojo de perejil
- sal y pimienta

❶ Preparar los mejillones a la marinera.

❷ Después, escurrirlos con una espumadera y ponerlos en una fuente. Mantenerlos calientes.

❸ Reducir el líquido de cocción en una tercera parte, a hervores fuertes. Luego, bajar el fuego y añadir la crema fresca. Mezclar.

❹ Volver a reducir en aproximadamente una tercera parte, pero a fuego más bajo. Probar y, de ser necesario, condimentar al gusto. Verter la salsa sobre los mejillones y espolvorear el perejil picado.

■ **Preparación:** 30 min ■ **Cocción:** alrededor de 15 min

> EN ALGUNOS PAÍSES SE LLAMA:
> Crema: *nata*. Mejillón: *cholga, chorito, choro*.

Mejillones a la marinera

Para 4 o 6 personas

- 2 o 2 y 1/2 kg de mejillones
- 1 cebolla grande
- 1 chalote
- 1 manojo de perejil
- 30 g de mantequilla
- 200 o 300 ml de vino blanco seco
- 1 ramito de tomillo
- 1/2 hoja de laurel
- sal y pimienta

❶ Limpiar con mucho cuidado los mejillones.

❷ Pelar y picar la cebolla y el chalote. Picar el perejil.

❸ Derretir la mantequilla en una cacerola, agregar la cebolla y el chalote. Dejar que se sofrían a fuego muy bajo durante 1 o 2 minutos.

❹ Agregar los mejillones y luego el vino blanco. Condimentar con sal y pimienta, añadir el perejil, el tomillo y el laurel. Cocer durante 6 minutos a fuego alto, revolviendo frecuentemente y sacudiendo la cacerola de vez en cuando.

❺ Una vez que los mejillones se hayan abierto, sacarlos de la cacerola y ponerlos en una ensaladera caliente. Sacar el tomillo y el laurel, al igual que los mejillones que se hayan quedado cerrados. Verter el líquido de cocción sobre los mejillones. Revolver bien y servir.

> **También se puede filtrar el líquido de cocción antes de bañar los mejillones y agregarle tres cucharadas de crema fresca.**

■ **Preparación:** 20 min ■ **Cocción:** de 7 a 8 min

> EN ALGUNOS PAÍSES SE LLAMA:
> Chalote: *ascalonia, chalota, echalote, escalonia*. Crema: *nata*.
> Mantequilla: *manteca*. Mejillón: *cholga, chorito, choro*.

Mejillones a la pichona

Para 4 o 6 personas

- *300 ml de salsa pichona*
  (→ ver pág. 90)
- *2 o 2 y 1/2 kg de mejillones*
  a la marinera
  (→ ver pág. 294)
- *1 limón*
- *2 cucharadas de perejil*
  finamente picado

❶ Preparar la salsa pichona y mantenerla caliente.
❷ Preparar los mejillones a la marinera.
❸ Quitar a los mejillones la mitad de la concha que queda libre. Poner las mitades que contienen los mejillones en una ensaladera y mantenerlas calientes.
❹ Pasar el líquido de cocción por un colador fino y reducirlo a la mitad a fuego alto. Agregar la salsa pichona y un poco de jugo de limón.
❺ Verter esta salsa sobre los mejillones y espolvorearlos con el perejil finamente picado.

■ **Preparación:** 30 min

■ **Cocción:** alrededor de 30 min

> En algunos países se llama:
> Mejillón: *cholga, chorito, choro.*

Mejillones a la provenzal

Para 4 o 6 personas

- *2 o 2 y 1/2 kg de mejillones*
- *6 jitomates grandes*
- *4 dientes de ajo*
- *3 cucharadas de aceite de*
  oliva
- *1 bouquet garni*
- *1/2 manojo de albahaca*
- *sal y pimienta*

❶ Limpiar los mejillones con mucho cuidado.
❷ Pasar los jitomates por agua hirviendo, pelarlos, quitarles las semillas y picar la pulpa en pedacitos irregulares.
❸ Pelar y picar los dientes de ajo.
❹ En una olla, calentar el aceite. Agregar los jitomates, el ajo y el bouquet garni. Añadir pimienta al gusto y dejar que los ingredientes se cocinen a fuego lento durante 10 minutos con la olla destapada, sin dejar de revolver.
❺ Agregar los mejillones y cocer durante 10 minutos más a fuego alto, sacudiendo la olla y revolviendo frecuentemente con una cuchara de madera. Retirar los mejillones cuando se hayan abierto y eliminar las conchas vacías.
❻ Colocar los mejillones en su concha en una fuente grande y mantenerlos calientes.
❼ Reducir aproximadamente una tercera parte del líquido de cocción, a fuego alto, y agregar las hojas de albahaca finamente picadas. Probar y, de ser necesario, con-

dimentar al gusto. Después, verter esta preparación sobre los mejillones y mezclar bien. Servir enseguida.

■ **Preparación:** 30 min ■ **Cocción:** 20 min

> **EN ALGUNOS PAÍSES SE LLAMA:**
> Jitomate: *tomate*. Mejillón: *cholga, chorito, choro*. Quitar las semillas: *despepitar*.

Mejillones con vino blanco y azafrán

Para 4 o 6 personas

- 2 o 2 y 1/2 kg de mejillones
- 2 vasos de vino blanco
- 8 dientes de ajo
- 150 g de mantequilla
- 2 cucharadas de perejil picado
- algunos pistilos de azafrán o 1 pizca de azafrán en polvo
- 200 ml de crema fresca
- 1 cucharadita de fécula de maíz

❶ Limpiar y lavar los mejillones con mucho cuidado. Ponerlos en una olla grande, añadir el vino blanco y abrirlos calentándolos a fuego alto de 5 a 10 minutos revolviendo frecuentemente, o bien agitando la olla. Después, sacar las medias conchas vacías y colocar cada mejillón con la mitad restante de la concha en una fuente. Mantenerlos calientes.

❷ Pelar y picar el ajo. Partir la mantequilla en pedacitos.

❸ Filtrar el jugo de cocción en un colador forrado con un papel absorbente.

❹ Calentar el jugo de cocción, sin dejar que hierva, y agregarle el ajo, el perejil y la mantequilla, revolviendo muy bien con una cuchara de madera. Finalmente, añadir el azafrán. Cuando la mantequilla esté derretida, agregarle la crema fresca. Subir la intensidad del fuego y dejar que hierva ligeramente. Disolver la fécula de maíz en un poco de agua y verterla en la salsa sin dejar de revolver.

❺ Verter la salsa sobre los mejillones, mezclar todo y servir de inmediato.

> **El azafrán puede reemplazarse por una cucharadita de curry y la fécula de maíz diluida, por una yema de huevo disuelta en un poco de crema y añadida una vez fuera del fuego.**

■ **Preparación:** 1 h ■ **Cocción:** alrededor de 20 min

> **EN ALGUNOS PAÍSES SE LLAMA:**
> Crema: *nata*. Fécula de maíz: *almidón de maíz, maicena*. Mantequilla: *manteca*. Mejillón: *cholga, chorito, choro*.

Mejillones fritos

Para 4 o 6 personas

- *2 o 2 y 1/2 kg de mejillones a la marinera (→ ver pág. 294)*
- *3 cucharadas de perejil*
- *1 vaso de aceite de oliva*
- *2 limones*
- *pimienta*
- *1/2 kg de masa para freír (→ ver pág. 115)*
- *aceite*

❶ Preparar los mejillones a la marinera. Después, sacarlos de sus conchas, ponerlos en una ensaladera y dejarlos enfriar.

❷ Picar muy finamente el perejil. Preparar una marinada con el aceite de oliva, el jugo de los limones, el perejil y la pimienta. Verterla sobre los mejillones, mezclar bien y dejar reposar durante 30 minutos.

❸ Mientras tanto, preparar la masa para freír y dejarla reposar durante 1 hora. Poner a calentar el aceite.

❹ Remojar los mejillones en la masa para freír y luego irlos sacando en cantidades pequeñas con una espumadera, para sumergirlos enseguida, durante 2 o 3 minutos, en el aceite previamente calentado a 180 °C.

❺ Escurrirlos y secarlos sobre un papel absorbente.

Servirlos como entremés, acompañados con limones partidos en cuatro, o como **tentempié** junto con el aperitivo.

■ **Preparación:** 40 min ■ **Cocción:** de 15 a 20 min

EN ALGUNOS PAÍSES SE LLAMA:

Mejillón: *cholga, chorito, choro.* Tentempié: *aperitivo, boquitas, botana, canapé, entremés, pasapalo, tapa.*

Ostiones a la Boston

Para 4 o 6 personas

- *de 12 a 18 ostiones planos*
- *pimienta blanca recién molida*
- *50 g de pan molido o de rebozador*
- *50 g de queso gruyer rallado*
- *50 g de mantequilla*

❶ Precalentar el horno a 230 °C. Abrir los ostiones. Desprender la carne con delicadeza y escurrirla en un colador.

❷ Lavar cuidadosamente todas las conchas. En el fondo de cada una de ellas, espolvorear un poco de pimienta blanca recién molida y agregar una buena pizca de pan molido.

❸ Volver a poner los ostiones dentro de sus conchas: espolvorearlas con queso gruyer rallado y pan molido. Agregar un pedacito de mantequilla hasta arriba.

❹ Colocarlas en una charola y gratinarlas de 6 a 7 minutos.

Se puede poner una capa de sal gruesa o de algas en el fondo de la charola para volver a calzar las ostras.

■ **Preparación:** de 20 a 30 min ■ **Cocción:** 6 o 7 min

> EN ALGUNOS PAÍSES SE LLAMA:
>
> Charola: *asadera*. Mantequilla: *manteca*. Ostión: *ostra, ostrón*. Pan molido: *pan rallado*.

Ostiones a la diabla

Para 4 personas

- *12 ostiones abombados*
- *25 g de mantequilla*
- *1 cucharada de harina*
- *2 cucharadas de crema fresca*
- *nuez moscada*
- *sal y pimienta blanca*
- *migajón de pan blanco duro (del día anterior)*
- *páprika*

❶ Abrir los ostiones sobre una ensaladera y desprender la carne de su concha con delicadeza.

❷ Filtrar el agua con un colador forrado con papel absorbente y verterla en una cacerola a fuego medio. Sumergir en ella los ostiones con mucho cuidado y cocerlos durante 3 minutos. Retirarlos del fuego con una espumadera y escurrirlas.

❸ Preparar una salsa Bechamel (→ ver pág. 64) con 10 g de mantequilla, la harina, el agua de cocción de los ostiones y la crema fresca. Agregar sal y pimienta al gusto y un poco de nuez moscada rallada.

❹ En un sartén, derretir el resto de la mantequilla y dorar el migajón de pan desmoronado.

❺ Mezclar los ostiones hervidos con la salsa Bechamel.

❻ Rellenar las conchas con los ostiones en salsa. Espolvorearlos con el migajón de pan y con un poco de páprika. Añadir un pedacito de mantequilla.

❼ Acomodar las conchas sobre la placa del horno, calzándolas con la ayuda de hojas de papel aluminio arrugadas. Meterlas al horno precalentado a 200 °C durante 3 o 4 minutos. Servirlas inmediatamente.

■ **Preparación:** 1 h ■ **Cocción:** 6 min

> EN ALGUNOS PAÍSES SE LLAMA:
>
> Crema: *nata*. Mantequilla: *manteca*. Migajón: *borona, miga de pan, morona*. Ostión: *ostra, ostrón*. Páprika: *pimentón*.

Brochetas de ostión

Para 4 personas

- 250 ml de salsa Villeroi
  (→ ver pág. 72)
- 12 ostiones abombados
- 150 g de hongos
- 2 y 1/2 limones
- 25 g de mantequilla
- aceite
- 400 g de pan molido a la
  inglesa (→ ver pág. 104)
- 1/2 manojo de perejil
- sal y pimienta
- palillos de madera para
  brochetas

❶ Preparar la salsa Villeroi con un concentrado de pescado.
❷ Abrir las ostras sobre una ensaladera para guardar su agua.
❸ Filtrar el agua recuperada, ponerla a hervir y sumergir en ella los ostiones durante 2 minutos. Escurrirlos y quitarles con unas tijeras todas las partes grisáceas que rodean la carne.
❹ Lavar los hongos, bañarlos con jugo de limón, cortarlos en rebanadas gruesas y saltearlos a fuego muy bajo en la mantequilla.
❺ Calentar el aceite. Preparar el pan molido a la inglesa.
❻ Freír el perejil (→ ver indicaciones para perejil frito, pág. 781).
❼ Armar las brochetas, ensartando alternadamente los ostiones y los hongos. Sumergirlas en la salsa, empanizarlas y meterlas durante 3 o 4 minutos en el aceite calentado a 180 °C.
❽ Servir con el perejil frito y mitades de limón.

■ **Preparación:** 40 min ■ **Cocción:** de 10 a 15 min

> **EN ALGUNOS PAÍSES SE LLAMA:**
> Empanizar: *empanar, rebozar.* Mantequilla: *manteca.* Ostión: *ostra, ostrón.*

Brochetas de vieiras y ostiones a la Villeroi

Para 4 o 6 personas

- de 8 a 12 vieiras en su concha
- de 8 a 12 ostiones
- 250 ml de salsa Villeroi
  (→ ver pág. 72)
- 400 g de pan molido a la
  inglesa (→ ver pág. 104)
- sal
- aceite

❶ Extraer las vieiras y los corales de su concha, limpiarlos (cortarles toda la carne de las orillas con el fin de que no quede más que el centro) y lavarlos bien bajo un chorro de agua. Hacer lo mismo con los ostiones.
❷ En una cacerola, poner a hervir agua con sal y sumergir primero los corales y las vieiras durante 1 minuto; luego escurrirlos de inmediato.
❸ En la misma agua, sumergir los ostiones, también durante 1 minuto.

4 En un palillo para brocheta, ensartar alternadamente las vieiras, los corales y los ostiones. Bañarlos con salsa Villeroi, empanizarlos y freírlos a 180 °C durante 2 minutos. Servir inmediatamente.

■ **Preparación:** 45 min ■ **Cocción:** 2 min

> **EN ALGUNOS PAÍSES SE LLAMA:**
> Empanizar: *empanar, rebozar.* Ostión: *ostra, ostrón.* Vieira: *concha de abanico, conchitas.*

Ensalada de vieiras

Para 4 o 6 personas

- *200 g de calabacitas*
- *12 o 18 vieiras frescas*
- *2 cucharadas de jugo de limón*
- *3 cucharadas de aceite de oliva*
- *1 cucharada de perejil picado*
- *1 cucharada de vinagre*
- *2 corazones de lechuga*
- *sal y pimienta*

1 Precalentar el horno a 200 °C. Cortar las calabacitas en rodajas muy delgadas y las vieiras en dos o tres partes, dependiendo de su espesor. Ponerlas en un bol que se pueda meter al horno junto con las calabacitas. Agregarles sal y pimienta al gusto. Bañarlas con el jugo de limón y mezclar bien. Dejar marinar entre 10 y 15 minutos.

2 Meter el bol al horno durante 3 minutos y luego sacarlo. Revolver bien la mezcla y meter de nuevo al horno durante 2 o 3 minutos más.

3 Verter el jugo de cocción en otro bol, agregarle el aceite, el perejil y el vinagre. Condimentar con sal y pimienta y revolver bien para emulsionar la mezcla.

4 Deshojar los corazones de lechuga sobre una fuente. Ponerles encima las vieiras y las calabacitas ya frías. Bañar con la vinagreta.

■ **Preparación:** 20 min ■ **Cocción:** 6 min

> **EN ALGUNOS PAÍSES SE LLAMA:**
> Calabacita(s): *calabacín, calabaza italiana, zapallito italiano, zapallito largo, zucchini.* Vieira: *concha de abanico, conchitas.*

Vieiras a la provenzal

Para 4 o 6 personas

- *de 12 a 18 vieiras*
- *1 cebolla*

1 Lavar las vieiras y quitarles las orillas grisáceas (→ ver indicaciones en receta de vieiras con poros, pág. 301).

2 Pelar y picar la cebolla y ponerla en una cacerola junto con las vieiras, el vino blanco, el bouquet garni, sal y

- 300 ml de vino blanco seco
- 1 bouquet garni
- 1 diente de ajo
- 2 cucharadas de aceite de oliva
- 2 cucharadas de mantequilla
- 2 cucharadas de perejil picado
- 2 cucharadas de pan molido o rebozador
- sal y pimienta

pimienta. Poner a fuego bajo hasta que suelte el hervor, reducir más el fuego y dejar que hierva ligeramente durante 5 minutos.

❸ Extraer las vieiras de su concha, escurrirlas y cortarlas en dos.

❹ Picar el ajo. Precalentar la parrilla del horno.

❺ En un bol que se pueda meter al horno, calentar el aceite junto con la mantequilla. Poner allí las vieiras y espolvorearlas con el ajo picado, el perejil y el pan molido.

❻ Meter el bol al horno y dejar que las vieiras se doren. Servir inmediatamente.

■ **Preparación:** 20 min ■ **Cocción:** de 8 a 10 min

> **EN ALGUNOS PAÍSES SE LLAMA:**
> Mantequilla: *manteca.* Pan molido: *pan rallado.* Vieira: *concha de abanico, conchitas.*

Vieiras con poros

Para 4 o 6 personas

- de 12 a 18 vieiras frescas o congeladas
- 250 ml de leche
- de 800 g a 1 kg de cabezas de poro
- 100 g de mantequilla
- 30 g de chalotes
- 1 limón
- 150 ml de vino blanco
- 4 cucharadas de crema fresca
- sal y pimienta

❶ Si las vieiras son frescas, lavarlas y cepillarlas. Luego, ponerlas en una charola (o sobre la placa del horno) con la parte abombada hacia abajo y meterlas al horno caliente hasta que se abran. Desprender las vieiras y los corales de las conchas y quitarles las orillas grisáceas. Lavar bien todo para eliminar la arena que pudiera haberles quedado. Si se trata de vieiras congeladas, descongelarlas en leche durante 30 minutos.

❷ Lavar los poros y cortarlos en rodajas delgadas. Derretir 80 g de mantequilla en una cacerola y poner allí los poros. Agregar sal y dejarlos cocer sin tapar, entre 20 y 25 minutos, hasta que se evapore la mayor cantidad posible del agua que contienen los poros.

❸ Derretir el resto de la mantequilla en un sartén. Picar los chalotes y saltearlos a fuego lento con sal. Bañarlos con una cucharada de jugo de limón y cinco o seis cucharadas de vino blanco. Condimentar con pimienta.

❹ Secar las vieiras, ya sin las conchas. Ponerlas en el sartén, dejarlas cocer 1 minuto de cada lado y luego sacarlas. Verter la crema fresca y revolverla hasta que se mezcle. Volver a poner las vieiras en el sartén y cocer todo durante 2 minutos más.

❺ Escurrir las vieiras y distribuirlas en los platos calientes con la guarnición de poros.

❻ Colar el jugo de cocción con un colador chino o un cernidor, volver a ponerlo en una cacerola y añadirle el resto del vino. Dejar que se reduzca un poco, revolviendo enérgicamente y utilizarlo para recubrir las vieiras.

■ **Preparación:** 30 min ■ **Cocción:** alrededor de 30 min

> **EN ALGUNOS PAÍSES SE LLAMA:**
> Cernidor: *cedazo, tamiz.* Chalote: *ascalonia, chalota, echalote, escalonia.* Charola: *asadera.* Crema: *nata.* Mantequilla: *manteca.* Poro: *ajo porro, porro, puerro.* Vieira: *concha de abanico, conchitas.*

Vieiras crudas

Para 4 o 6 personas

- *de 8 a 12 vieiras en su concha*
- *100 ml de aceite de oliva*
- *1 limón agrio*
- *hojitas de perifollo*
- *4 ramitas de eneldo*
- *pimienta*

❶ Sacar las vieiras de su concha, limpiarlas (cortarles toda la carne de las orillas con el fin de que sólo quede el centro de la vieira), lavarlas bajo un chorro de agua y secarlas sobre un papel absorbente.

❷ Con un pincel, engrasar con aceite de oliva el fondo de cada plato y después agregarle unas gotas de limón agrio.

❸ Con un cuchillo muy filoso, cortar las vieiras en rebanadas muy delgaditas y colocarlas en forma de rosa en el fondo de cada plato. Con el pincel, barnizarlas con aceite de oliva y condimentarlas con un poco de pimienta recién molida. No agregar sal.

❹ Decorar con las hojitas de perifollo, el eneldo finamente picado y rebanaditas de limón agrio partidas a la mitad.

■ **Preparación:** 15 min

> **EN ALGUNOS PAÍSES SE LLAMA:**
> Vieira: *concha de abanico, conchitas.*

Vieiras en su jugo

Para 4 o 6 personas

- *1 zanahoria*
- *1 cebolla*
- *4 chalotes*

❶ Pelar la zanahoria y la cebolla, y cortarlas en rodajas delgadas. Picar los chalotes. Triturar el ajo.

❷ Poner estas verduras en una cacerola junto con el tomillo, el laurel y el perejil. Agregar el vino blanco y el agua.

- 1 diente de ajo
- 1 ramita de tomillo
- 1/2 hoja de laurel
- 1/2 manojo de perejil
- 1 vaso de vino blanco
- 2 vasos de agua
- de 12 a 18 vieiras en su concha
- 1 o 2 cucharadas de crema fresca (opcional)
- sal y pimienta

Condimentar con sal y pimienta al gusto. Cocer todo a fuego lento durante 20 minutos y luego dejar enfriar.

❸ Precalentar el horno a 180 °C. Lavar y cepillar las conchas de las vieiras. Ponerlas en una charola o sobre la placa del horno, con la parte abombada hacia abajo, y meterlas al horno hasta que se abran.

❹ Desprender la carne de las conchas. Quitarles a las vieiras y a los corales las orillas grisáceas. Lavar bien todo para eliminar la arena que pudiera haberles quedado.

❺ Poner las vieiras y los corales, junto con las orillas cortadas, dentro del caldo frío. Esperar a que hierva y cocerlos durante 5 minutos a fuego muy bajo (a hervores muy ligeros). Con una espumadera, sacar y escurrir las vieiras y los corales. Mantenerlos calientes.

❻ Dejar que el resto del contenido de la cacerola hierva durante 15 minutos más y luego colar el caldo.

❼ Volver a poner el caldo en el fuego y, si se desea, añadirle una o dos cucharadas de crema fresca.

❽ Dejar que el caldo se reduzca en una tercera parte y bañar con él las vieiras y los corales.

■ **Preparación:** 40 min ■ **Cocción:** alrededor de 1 h

> EN ALGUNOS PAÍSES SE LLAMA:
>
> Chalote: *ascalonia, chalota, echalote, escalonia*. Charola: *asadera*. Crema: *nata*. Vieira: *concha de abanico, conchitas*.

Brochetas de mariscos

Para 4 personas

- 8 ostiones medianos
- 4 vieiras sin su concha
- 400 g de mejillones de criadero
- 4 langostinos o 4 camarones grandes
- 160 g de hongos pequeños
- marinada instantánea (→ ver pág. 57)

❶ Abrir las ostras sobre una ensaladera, escurrirles toda el agua y ponerla a calentar. Sumergir las ostras en el líquido, cuando apenas empiece a hervir, y dejarlas allí durante 1 minuto.

❷ Abrir los mejillones, poniéndolos durante 2 o 3 minutos dentro del horno caliente, y sacarlos de su concha.

❸ Quitar el caparazón a los langostinos (o a los camarones).

❹ Limpiar y lavar los hongos. Quitarles el tronquito.

❺ Poner todos los mariscos en una terrina grande, bañarlos con la marinada instantánea y mezclar.

❻ Ensartarlos alternadamente en un palillo para brocheta, sin escurrirlos, junto con los hongos.

❼ Asar las brochetas sobre la parrilla del horno o en un asador.

■ **Preparación:** 30 min ■ **Cocción:** alrededor de 5 min

> **EN ALGUNOS PAÍSES SE LLAMA:**
>
> Camarón(es): *gamba, quisquilla.* Langostino: *camarón grande.* Mejillón: *cholga, chorito, choro.* Ostión: *ostra, ostrón.* Vieira: *concha de abanico, conchitas.*

Cazuela de mariscos

Para 8 personas

- *1 kg de almejas en su concha*
- *1 kg de camarones grandes crudos*
- *750 g de pescado crudo*
- *500 g de calamares crudos*
- *1 taza de vino blanco*
- *300 g de zanahorias*
- *3 tallos de apio*
- *1 pimiento verde*
- *1 pimiento rojo*
- *1/2 taza de puré de tomate*
- *1 taza de ogao*
  (→ ver pág. 59)
- *orégano y tomillo*
- *sal y pimienta*
- *1 taza de crema*

❶ Cocinar las almejas en una olla con una taza de agua hasta que se abran. Escurrir y reservar el caldo; retirar la concha.

❷ Cocer los camarones en agua con sal, escurrir y reservar el caldo.

❸ Verter en una olla el caldo de las almejas y el de los camarones, agregar el vino blanco.

❹ Picar finamente las zanahorias, el apio y los pimientos. Cortar en rodajas los calamares y agregar a los caldos junto con el orégano y el tomillo. Cocinar por 15 minutos.

❺ Poner en un sartén el ogao y el puré de tomate a fuego medio, añadir las almejas, los camarones pelados y el pescado en trozos, cuando esté cocido incorporar a la olla. Servir con crema.

■ **Preparación:** 15 min ■ **Cocción:** 30 min

> **EN ALGUNOS PAÍSES SE LLAMA:**
>
> Calamar: *chipirón, jibión.* Camarón(es): *gamba, quisquilla.* Crema: *nata.* Pimiento: *ají, locote, morrón.*

Cazuela de mariscos con plátano

Para 8 personas

- *300 g de camarones crudos*
- *300 g de pescado crudo*
- *300 g de pulpo cocido*
- *300 g de calamar crudo*
- *8 plátanos verdes*

❶ Pelar los plátanos, cortar en trozos pequeños, licuarlos con dos litros de agua y reservar.

❷ Colocar en una olla una cucharada de aceite, agregar un ajo finamente picado y enseguida añadir el licuado de plátanos verdes, sin dejar de mover para que no se pegue mientras se cocina, por aproximadamente 10 minutos.

- 2 dientes de ajo
- 1/2 taza de cacahuates molidos
- 1/2 taza de leche
- 1 cebollita de Cambray completa
- 2 ramas de cilantro picado
- aceite
- comino
- achiote al gusto

❸ Licuar los cacahuates con la leche, agregar una parte a la masa de plátano; reservar la otra para el relleno.

❹ Picar finamente la cebolla, el ajo y el cilantro, freír en poco aceite y agregar los mariscos, el achiote, la sal y una pizca de comino en polvo. Incorporar el cacahuate licuado con leche y dejar cocinar por 5 minutos, o hasta que los mariscos y el pescado estén listos. En un molde de barro o vidrio acomodar la mitad de la masa de plátano, colocar el relleno y terminar con la masa restante del plátano.

❺ Hornear aproximadamente 15 minutos o hasta que dore la costra.

■ **Preparación:** 20 min ■ **Cocción:** 40 min

> **En algunos países se llama:**
>
> Achiote: *bijol, onoto.* Cacahuate: *cacahuete, maní.* Calamar: *chipirón, jibión.* Camarón(es): *gamba, quisquilla.* Cebollita(s) de Cambray: *cebolla china, cebolla de almácigo, cebolla de verdeo, cebolla en rama, cebolla junca, cebolleta(s), cebollín.* Cilantro: *coriandro, culantro.* Plátano: *banana, cambur.*

Chupe de mariscos

Para 6 personas

- 1 kilo de choritos
- 1 kilo de langostinos o camarones
- 6 locos
- 1 baguette
- 1/2 cebolla
- 2 cucharadas de mantequilla
- 1 cucharada de aceite
- 1/2 litro de consomé de pescado (→ ver pág. 126)
- 1 cucharada de fécula de maíz
- 1/2 cucharada de ají de color
- 2 cucharadas de queso parmesano
- 2 cucharadas de perejil
- 1 cucharadita de salsa de ají
- 1 cucharadita de orégano

❶ Por separado, cocinar al vapor los langostinos y los choritos por 10 minutos.

❷ Hacer lo mismo con los locos.

❸ Mezclar los caldos resultantes de los cocimientos.

❸ Retirar los choritos de sus conchas.

❹ Pelar las colitas de los langostinos, moler los cefalotórax en un mortero y pasar el resultado por un cedazo hasta obtener un puré.

❺ Cortar los locos en cubos.

❻ Freír la cebolla en la mantequilla y el aceite. Agregar mientras se fríe la salsa de ají, el ají de color, el orégano, la pimienta y el perejil, en ese orden. Luego se añade el pan remojado en el caldo de los mariscos y desmenuzado con las manos.

❼ Cocinar durante 5 minutos revolviendo y agregar más caldo hasta obtener una crema semilíquida. Disolver la fécula de maíz en tres cucharadas de agua y verterla muy lentamente sobre la salsa mientras hierve. Revolver constantemente y controlar la espesura deseada.

- *2 huevos duros*
- *sal y pimienta*

⑧ Pasar el guiso a seis moldes individuales enmantequillados, salpicar con huevo duro picadito, espolvorear queso rallado y meter al horno durante 10 minutos.

⑨ Dejar enfriar un poco y servir.

■ **Preparación:** 15 min ■ **Cocción:** 30 min

> **EN ALGUNOS PAÍSES SE LLAMA:**
> Ají: *ají cumbarí, chile, conguito, guindilla, ñora, páprika (picante), pimentón picante, pimiento picante.* Camarón(es): *gamba, quisquilla.* Chorito: *cholga, choro, mejillón.* Fécula de maíz: *almidón de maíz, maicena.* Langostino: *camarón grande.* Locos: *abulón, oreja de mar.* Mantequilla: *manteca.*

Estofado de mariscos

Para 4 o 6 personas

- *400 ml de salsa a la crema (→ ver pág. 62)*
- *1 langosta de 1 kg o 2 langostas de 1/2 kg o 1 kg de langostinos u 800 g de camarones grandes*
- *200 g de arroz*
- *3 o 4 chalotes*
- *50 g de mantequilla*
- *50 g de mantequilla de mariscos (→ ver pág. 38)*
- *1 cucharada de hierbas finas*
- *sal y pimienta*

❶ Preparar la salsa a la crema.

❷ Sumergir los mariscos en el agua hirviendo y cocer: de 8 a 10 minutos la langosta de 1 kg, 6 minutos las langostas de 1/2 kg, de 4 a 5 minutos los langostinos y 1 o 2 minutos los camarones.

❸ Escurrir los mariscos y quitarles el caparazón.

❹ Preparar el arroz blanco (→ ver pág. 844) y mantenerlo caliente.

❺ Pelar y picar los chalotes.

❻ Cortar en pedazos las colas de langosta, pero si se trata de langostinos o camarones, dejarlos enteros.

❼ Derretir la mantequilla y usarla para freír los chalotes, añadir los mariscos y condimentar con sal y pimienta al gusto. Tapar y cocer de 8 a 10 minutos. Añadir la salsa a la crema, mezclar bien y cocer durante 5 minutos más.

❽ En el momento de servir, agregar la mantequilla de mariscos (preparada con el marisco utilizado en esta receta). Espolvorear hierbas finas bien picadas. Servir con el arroz.

■ **Preparación:** 40 min ■ **Cocción:** de 20 a 25 min

> **EN ALGUNOS PAÍSES SE LLAMA:**
> Camarón(es): *gamba, quisquilla.* Chalote: *ascalonia, chalota, echalote, escalonia.* Langosta: *bogavante.* Langostino: *camarón grande.* Mantequilla: *manteca.*

Ranas

Ranas: preparación

❶ Despellejar las ranas abriéndoles la piel del cuello y ja-lándola hacia atrás.

❷ Cortar la columna vertebral de manera que no se sepa-ren las ancas. Quitarles las patas.

❸ Poner las ancas de rana a remojar durante 12 horas en agua muy fría, la cual se deberá cambiar varias veces para que la carne se infle y se blanquee. Finalmente, se-carlas.

Ancas de rana a las hierbas finas

Para 4 o 6 personas

- *400 g de pan molido a la inglesa (→ ver pág. 104)*
- *4 o 5 docenas de ancas de rana*
- *3 cucharadas de aceite de oliva*
- *3 cucharadas de perejil finamente picado*
- *2 o 3 limones*
- *sal y pimienta*

❶ Preparar el pan molido a la inglesa. Condimentar las ancas de rana con sal y pimienta al gusto y empani-zarlas.

❷ Calentar el aceite de oliva en un sartén y saltear las an-cas a fuego alto durante 7 u 8 minutos.

❸ Escurrirlas y colocarlas en la fuente en la que se van a ser-vir, previamente calentada. Espolvorearlas con el pere-jil finamente picado y bañarlas con el jugo de limón.

También se pueden freír las ancas en 30 g de **mantequi-lla** y entonces bañarlas con su propio jugo de cocción, o bien escurrirlas y untarles mantequilla maître d'hôtel (→ ver pág. 41). De la misma manera, se pueden ser-vir con papas a la inglesa (→ ver pág. 797), acompa-ñadas con mantequilla fresca.

■ **Preparación:** 15 min ■ **Cocción:** de 7 a 8 min

En algunos países se llama:
Empanizar: *empanar, rebozar.* Mantequilla: *manteca.*

Ancas de rana fritas

Para 4 personas

- 250 g de masa para freír
  (→ ver pág. 115)
- 2 claras de huevo
- 250 ml de salsa de alcaparras
  (→ ver pág. 98)
- marinada instantánea
  (→ ver pág. 57)
- 4 docenas de ancas de rana
- aceite
- 1/2 manojo de perejil
- 2 limones

❶ Preparar la masa para freír, añadiéndole las dos claras de huevo batidas a punto de turrón.

❷ Preparar la salsa de alcaparras y la marinada. Marinar las ancas de rana durante 30 minutos.

❸ Calentar el aceite y preparar el perejil frito (→ ver pág. 781).

❹ Envolver las ancas de rana en la masa para freír y sumergirlas en el aceite previamente calentado a 180 °C. Freír cantidades pequeñas cada vez.

❺ Escurrirlas, secarlas sobre un papel absorbente y servirlas con el perejil frito, limones partidos en cuatro y la salsa de alcaparras presentada en una salsera.

> ■ **Preparación:** 30 min ■ **Marinada:** 30 min
> ■ **Cocción:** de 15 a 20 min

> EN ALGUNOS PAÍSES SE LLAMA:
> A punto de turrón: *a punto de nieve*.

Brochetas de ancas de rana

Para 4 o 6 personas

- 1 diente de ajo
- 2 cucharadas de perejil picado
- 1 vaso de aceite de oliva
- 4 o 5 limones
- 1 pizca de pimienta de Cayena
- 1 hoja de laurel
- 4 o 5 docenas de ancas
  de rana
- sal
- pimienta recién molida

❶ Pelar y picar el ajo y el perejil.

❷ Mezclar el aceite con el jugo de dos limones. Añadir el ajo, el perejil, la pimienta de Cayena, el laurel desmenuzado, sal y pimienta.

❸ Colocar las ancas de rana en un plato hondo grande y verter ahí esta marinada. Mezclar y dejar reposar durante 1 hora.

❹ Precalentar la parrilla del horno o preparar el asador.

❺ Escurrir las ancas de rana y secarlas sobre un papel absorbente.

❻ Ensartarlas en las brochetas, en sentido perpendicular.

❼ Asar lentamente las ancas de rana, ya sea en el horno o a las brasas, durante aproximadamente 5 minutos, volteándolas varias veces.

❽ Servirlas de inmediato con limones partidos en cuatro.

> ■ **Preparación:** 5 min ■ **Marinada:** 1 h
> ■ **Cocción:** alrededor de 5 min

Moluscos de mar

Calamares: preparación

Los calamares, que según las distintas regiones de América Latina se conocen también como chipirones o jibiones, generalmente se venden enteros y ya limpios. Sin embargo, es necesario enjuagarlos bien antes de cocinarlos y verificar que su bolsa de tinta, situada en la cabeza, esté totalmente vacía. Más allá de cómo se llamen, se preparan de la misma manera. También se pueden encontrar calamares congelados y a menudo ya cortados en rebanadas.

Calamares a la andaluza

Para 4 o 6 personas

- *1 kg de filetes de calamar frescos o congelados*
- *100 ml de aceite de oliva, aproximadamente*
- *4 pimientos*
- *3 cebollas*
- *5 jitomates*
- *100 g de pan rústico*
- *1 vaso de vino blanco*
- *4 dientes de ajo*
- *1 manojo pequeño de perejil*
- *1 medida de azafrán*
- *75 g de almendras en polvo*
- *sal y pimienta*

❶ Lavar, secar y cortar en rebanadas los filetes de calamar fresco o descongelarlos en el microondas si están congelados.

❷ Calentar cuatro cucharadas de aceite de oliva y sofreír los calamares durante 2 o 3 minutos. Escurrirlos y colocarlos sobre un papel absorbente.

❸ Colocar los pimientos en una charola y asarlos en la parrilla del horno alrededor de 15 minutos. Luego, quitarles la piel ennegrecida y las semillas. Cortarlos en rebanadas.

❹ Cortar las cebollas en rodajas.

❺ Pasar los jitomates por agua hirviendo y machacarlos.

❻ Cortar el pan rústico en cuadros y freírlos en dos cucharadas de aceite de oliva muy caliente. Colocarlos aparte sobre un papel absorbente.

❼ En un sartén grande, calentar dos cucharadas de aceite de oliva, vaciar los calamares, los pimientos en rebanadas y los jitomates, mezclando cada vez que se incorpora un ingrediente, y freírlo todo. Bañar todo con el vino blanco y cocer de 35 a 45 minutos a fuego lento y con el sartén tapado.

❽ Picar al mismo tiempo los cuadros de pan, el perejil y el ajo. Agregar el azafrán, las almendras en polvo y dos cucharadas de aceite de oliva. Mezclar bien. Verter esta preparación sobre los calamares cuando ya estén cocidos y, de ser necesario, volver a sazonar. Servir bien caliente con arroz.

■ **Preparación:** 30 min ■ **Cocción:** de 35 a 45 min

En algunos países se llama:
Calamar: *chipirón, jibión*. Charola: *asadera*. Jitomate: *tomate*.
Pimiento: *ají, locote, morrón*. Quitar las semillas: *despepitar*.

Calamares rellenos a la provenzal

Para 4 personas

- *3 cebollas grandes*
- *4 calamares grandes y limpios, con sus tentáculos*
- *100 g de migajón de pan duro*
- *1 vaso de leche*
- *4 dientes de ajo*
- *1 manojo de perejil*
- *4 cucharadas de aceite de oliva*
- *2 jitomates*
- *2 yemas de huevo*
- *1 vaso de vino blanco seco*
- *2 o 3 cucharadas de pan molido o rebozador*
- *sal y pimienta*

❶ Picar dos cebollas junto con los tentáculos de los calamares.

❷ Remojar el migajón en un poco de leche, escurrirlo y agregarlo al relleno anterior.

❸ Picar tres dientes de ajo y la mitad del perejil. Saltear el relleno de calamares y las cebollas en un sartén grande con dos cucharadas de aceite. Añadir el ajo, el perejil y los jitomates cortados en pedazos.

❹ Una vez fuera del fuego, incorporar al relleno las yemas de huevo y mezclar bien todo.

❺ Precalentar el horno a 180 °C. Picar el resto del ajo, de la cebolla y del perejil. Agregar sal y pimienta al gusto. Mezclar bien todo. Con una cuchara, rellenar los calamares con esta mezcla. Cerrar la bolsa cosiéndola con una aguja e hilo común o bien con un hilo de cocina muy fino.

❻ Engrasar con aceite una charola y acomodar en ella los calamares muy juntos unos de otros. Espolvorearlos con el relleno restante y condimentar con sal y pimienta. Verter el vino blanco y un litro y medio de agua.

❼ Engrasar con aceite una hoja de papel aluminio y cubrir con ella la charola. Comenzar la cocción en la estufa durante 5 minutos, luego hornear y dejar cocer durante 30 minutos.

❽ Quitar el papel aluminio, volver a poner la charola sobre la estufa a fuego alto y reducir la cocción durante 5 minutos. Bañar los calamares con un chorrito de acei-

te de oliva, espolvorear con el pan molido y gratinar
durante 3 minutos en la parrilla del horno.

■ **Preparación:** 40 min ■ **Cocción:** 40 min

> **EN ALGUNOS PAÍSES SE LLAMA:**
> Calamar: *chipirón, jibión.* Charola: *asadera.* Estufa: *cocina* (dis-
> positivo o aparato en el que se hace fuego o produce calor
> para guisar los alimentos). Jitomate: *tomate.* Migajón: *borona,*
> *miga de pan, morona.* Pan molido: *pan rallado.*

Calamares salteados

Para 4 o 6 personas

- *1 kg de calamares pequeños y limpios*
- *120 ml de aceite de oliva*
- *4 dientes de ajo*
- *perejil picado*
- *sal y pimienta*

❶ Lavar y secar bien los calamares. Ponerlos en un sartén,
verter el aceite encima y mezclar.
❷ Calentar a fuego alto y dejar cocer durante 10 minutos
sin dejar de remover. Agregar sal y pimienta. Tapar y
dejar cocer durante 15 minutos más a fuego muy bajo.
❸ Pelar y picar finamente los dientes de ajo.
❹ Añadir al sartén el ajo y el perejil picados y revolver hasta que los calamares se impregnen bien. Luego, subir un
poco la flama. Servir de inmediato y muy caliente.

■ **Preparación:** 10 min ■ **Cocción:** 25 min

> **EN ALGUNOS PAÍSES SE LLAMA:**
> Calamar: *chipirón, jibión.*

Calamares salteados a la vasca

Para 4 o 6 personas

- *1 kg de filetes de calamar*
- *1 kg de jitomates*
- *8 pimientos rojos o verdes*
- *4 cebollas*
- *4 dientes de ajo*
- *50 ml de aceite de oliva*
- *1 bouquet garni*

❶ Lavar los filetes de calamar, secarlos y cortarlos en rebanadas. Pasar rápidamente los jitomates por agua hirviendo, pelarlos y cortarlos en pedazos grandes.
❷ Quitar las semillas a los pimientos y cortarlos en tiritas.
Cortar las cebollas en rodajas delgadas.
❸ Machacar los dientes de ajo.
❹ Calentar el aceite de oliva en un sartén grande para sofreír los pimientos alrededor de 3 minutos. Luego, añadir las cebollas, los calamares y el ajo. Mezclar bien y
cocer durante 15 minutos a fuego medio.

- *3 cucharadas de perejil finamente picado*
- *sal y pimienta*

⑤ Agregar los jitomates y el bouquet garni. Condimentar con sal y pimienta al gusto. Dejar que se incorporen todos los ingredientes, cociéndolos a fuego muy bajo de 10 a 15 minutos tapando sólo la mitad del recipiente.

⑥ Destapar el recipiente hacia el final de la cocción y subir la flama si la salsa todavía está demasiado líquida. Espolvorearla con un poco de perejil finamente picado y servir.

■ **Preparación:** 30 min ■ **Cocción:** alrededor de 30 min

EN ALGUNOS PAÍSES SE LLAMA:

Calamar: *chipirón, jibión*. Jitomate: *tomate*. Pimiento: *ají, locote, morrón*. Quitar las semillas: *despepitar*.

Chicharrón de calamar

Para 3 o 4 personas

- *12 a 14 calamares medianos*
- *1 taza de harina*
- *aceite para freír*
- *sal y pimienta*

① Limpiar y lavar bien los calamares. Cortarlos en anillos. Sazonar con sal y pimienta.

② Pasar los calamares por harina y freírlos en abundante aceite hasta que estén dorados y crocantes. (Se debe freír por tandas para que el aceite no se enfríe y es necesario esperar a que el aceite se caliente bien antes de freír la siguiente.)

③ Escurrir bien los anillos conforme se van retirando y colocarlos en papel absorbente para eliminar el exceso de grasa.

④ Servir con salsa tártara y con un limón cortado.

Para preparar la salsa tártara se emplea mayonesa tradicional (→ ver pág. 96) bien sazonada y se le agrega perejil, pepinillo, alcaparras y cebollitas de Cambray finamente picados.

■ **Preparación:** 15 min ■ **Cocción:** 25 min

EN ALGUNOS PAÍSES SE LLAMA:

Calamar: *chipirón, jibión*. Cebollita(s) de Cambray: *cebolla china, cebolla de almácigo, cebolla de verdeo, cebolla en rama, cebolla junca, cebolleta(s), cebollín*.

Pulpos: preparación

El pulpo, octópodo marino, tiene ocho tentáculos con ventosas y puede medir hasta 80 centímetros.

Se puede conseguir ya listo en las pescaderías. Si se piensa cocinar un pulpo recién pescado, es necesario limpiar cuidadosamente la bolsa de tinta bajo un chorro de agua, dándole vueltas, además de quitarle la boca y los ojos. El pulpo tiene una carne muy firme y es necesario golpearla durante bastante tiempo para ablandarla. Para ello, hay que tomarlo con la mano y golpearlo contra la mesa de trabajo o contra el borde del fregadero. No es necesario golpear los pulpos pequeños (aquellos que miden entre 10 y 15 cm) de esta manera.

> **EN ALGUNOS PAÍSES SE LLAMA:**
> Fregadero: *pila, pileta de cocina.*

Pulpo en adobo

Para 4 o 6 personas

- *1 kg de pulpos pequeños*
- *1 pimiento*
- *2 cebollas*
- *100 g de jamón serrano*
- *2 cucharadas de aceite de oliva*
- *1/2 manojo de perejil*
- *1 ramita de tomillo*
- *1 hoja de laurel*
- *300 ml de vino tinto*
- *sal y pimienta*

❶ Lavar bien los pulpos, cortarlos en pedazos de 3 o 4 cm y ponerlos en una cacerola a fuego bajo y destapada durante 15 minutos, volteándolos de vez en cuando para que suelten el agua.

❷ Precalentar el horno a 180 °C.

❸ Quitarle las semillas al pimiento y cortarlo en rebanadas muy delgadas. Pelar y picar las cebollas. Partir el jamón serrano en tiritas. En una olla, sofreír esta mezcla en aceite de oliva durante 5 minutos.

❹ Machacar el perejil.

❺ Escurrir los pulpos y agregarlos a la olla junto con el tomillo, el laurel y el perejil. Añadir sal y pimienta. Verter el vino tinto, revolver y tapar herméticamente.

❻ Poner la olla en el horno durante aproximadamente 2 horas. Probar y, de ser necesario, sazonar. Servir en un plato hondo bien caliente.

■ **Preparación:** 30 min ■ **Cocción:** alrededor de 2 h 30 min

> **EN ALGUNOS PAÍSES SE LLAMA:**
> Jamón serrano: *jamón crudo.* Pimiento: *ají, locote, morrón.*
> Quitar las semillas: *despepitar.*

Pulpos a la provenzal

Para 4 o 6 personas

- *1 pulpo de 1 kg a 1 kg 200 g*
- *2 litros de caldo para pescado (→ ver pág. 53)*
- *2 cebollas*
- *6 jitomates*
- *2 dientes de ajo*
- *4 cucharadas de aceite de oliva*
- *1/2 botella de vino blanco seco*
- *1 bouquet garni*
- *2 cucharadas de perejil finamente picado*
- *sal y pimienta*

❶ Preparar el pulpo (→ ver preparación de pulpo, pág. 313), luego calentar el caldo para pescado.

❷ Cortar los tentáculos y el cuerpo en pedazos de 2 o 3 cm. Sumergirlos en el caldo durante 10 minutos, escurrirlos y secarlos bien.

❸ Pelar y picar las cebollas. Pasar los jitomates por agua hirviendo, pelarlos y partirlos en pedazos grandes. Pelar los dientes de ajo y machacarlos.

❹ Calentar el aceite en una olla y sofreír el pulpo y la cebolla picada durante 5 minutos. Agregar sal y pimienta al gusto.

❺ Añadir los jitomates. Dejar que se incorporen los ingredientes, cociéndolos a fuego bajo durante 10 minutos.

❻ Verter el vino blanco y la misma cantidad de agua fría. Agregar el bouquet garni y el ajo. Cocer con la olla tapada durante al menos 1 hora.

❼ Probar y, de ser necesario, sazonar. Acomodar los pedazos de pulpo en una fuente y espolvorear el perejil finamente picado.

■ **Preparación:** 20 min ■ **Cocción:** 1 h 30 min

> En algunos países se llama:
> Jitomate: *tomate.*

Moluscos de tierra

Caracoles: preparación

❶ Los caracoles vivos primero deben ayunar 10 días.

❷ Luego, para purgar los caracoles, es necesario encerrarlos en un recipiente y agregarles un puñado pequeño de sal gruesa (para cuatro docenas de caracoles), medio vaso de vinagre y una pizca de harina. Tapar el recipiente, ponerle algo de peso encima y dejarlos así durante 3 horas, moviéndolos de vez en cuando.

❸ Después, lavarlos varias veces, cambiando el agua en cada ocasión para eliminar todas las mucosidades y, finalmente, blanquearlos durante 5 minutos en agua hirviendo.

④ Escurrirlos y pasarlos por agua fresca.

⑤ Quitarles el caparazón y retirarles la extremidad negra ("cloaca"). Por el contrario, hay que cuidar de no dañar el "rodete" que, al estar formado por el hígado y las glándulas, representa la cuarta parte del peso total del animal (es la parte más sabrosa y donde se concentran las sustancias nutritivas).

Los caracoles también se pueden conseguir en lata y listos para su utilización.

Caracoles a la bourguignonne

Para 6 personas

- *400 g de mantequilla a la provenzal (→ ver pág. 35)*
- *6 docenas de caracoles de Borgoña en lata, con todo y caparazón*

① Preparar la mantequilla a la provenzal y meterla en el refrigerador.

② Escurrir los caracoles en un colador, enjuagarlos bajo un chorro de agua y secarlos.

③ Rellenar a la mitad cada caparazón con la mantequilla compuesta. Enseguida, insertar un caracol y cubrirlo completamente con la mantequilla. Alisar la superficie con un cuchillo.

④ Colocar los caparazones rellenos en las celdillas de los platos para caracoles con la abertura hacia arriba. Cocer durante 10 minutos en la parrilla del horno. Servir cuando la mantequilla comience a saltar.

■ **Preparación:** 45 min ■ **Cocción:** 10 min

EN ALGUNOS PAÍSES SE LLAMA:
Refrigerador: *heladera, nevera.*

Cazuelitas de caracoles

Para 6 personas

- *6 docenas de caracoles de Borgoña en conserva*
- *1 diente de ajo*
- *2 chalotes*
- *1 manojo de perejil*
- *100 g de mantequilla*

① Escurrir los caracoles.

② Pelar y picar menudamente el ajo, los chalotes y el perejil. Mezclar bien. Cortar 80 g de mantequilla en pedacitos y, con un tenedor, incorporarla a la mezcla. Agregar sal, pimienta al gusto, así como un poco de nuez moscada rallada.

③ Limpiar los hongos, quitarles los tronquitos (pueden guardarse para otra preparación) y rebanarlos.

- *nuez moscada*
- *1/2 kg de hongos*
- *250 ml de vino blanco seco*
- *200 ml de crema fresca*
- *6 rebanadas redondas de pan de caja*
- *sal y pimienta*

4 Derretir la mantequilla aromatizada en un sartén salteador para cocer los hongos durante 4 o 5 minutos.

5 Añadir los caracoles y mezclar bien. Verter el vino blanco, remover y dejar que los ingredientes se incorporen, cociéndolos a fuego muy bajo, con el sartén destapado, de 8 a 10 minutos, aproximadamente.

6 Incorporar la crema fresca y reducir a fuego alto durante 8 minutos.

7 Mientras tanto, dorar las rebanadas de pan en el resto de la mantequilla. Escurrirlas y colocar una rebanada en el fondo de cada cazuelita. Bañar cada una con el estofado de caracoles y hongos. Servir muy caliente.

■ **Preparación:** 15 min ■ **Cocción:** 20 min

> **EN ALGUNOS PAÍSES SE LLAMA:**
> Chalote: *ascalonia, chalota, echalote, escalonia*. Crema: *nata*. Mantequilla: *manteca*. Pan de caja: *pan de molde, pan inglés o pan lactal*.

Pescados de agua dulce

Anguila: preparación

1 Tomar con un trapo la anguila recién pescada, y azotarla sobre una superficie dura.

2 Con una cuerda, hacerle un nudo en la base de la cabeza y colgarla.

3 Cortar toda la piel que está bajo la cuerda. Despegársela y, con la ayuda de un trapo, jalarla fuertemente hacia abajo.

4 Vaciar el pescado haciéndole una pequeña incisión en el vientre. Cortarle la cabeza y el extremo de la cola. Lavarlo y secarlo.

5 También se puede partir la anguila en pedazos y asarlos durante un momento para que la piel se abotargue y se pueda quitar fácilmente. Además, de esta manera el pescado pierde el exceso de grasa.

> **EN ALGUNOS PAÍSES SE LLAMA:**
> Trapo: *paño, repasador, toalla o trapo de cocina*.

Anguila a la provenzal

Para 4 o 6 personas

- *4 jitomates*
- *1 diente de ajo*
- *1 cebolla*
- *1 cucharada de aceite de oliva*
- *de 800 g a 1 kg de pedacitos de anguila deshuesada*
- *1 bouquet garni*
- *100 ml de vino blanco*
- *12 aceitunas negras*
- *2 cucharadas de perejil picado*
- *sal y pimienta*

❶ Pasar los jitomates por agua hirviendo, pelarlos y cortarlos en pedazos. Pelar y triturar el ajo. Pelar y picar la cebolla, sofreírla en el aceite caliente y dejarla cocer a fuego muy bajo hasta que se dore muy bien.

❷ Subir un poco la flama y agregar los pedazos de anguila. Saltearlos volteándolos varias veces. Condimentar con sal y pimienta al gusto, y añadir los jitomates machacados, el bouquet garni y el ajo. Mezclar bien. Verter el vino blanco, cocer a fuego lento, con la olla tapada, de 25 a 30 minutos.

❸ 10 minutos antes de servir, añadir las aceitunas negras deshuesadas. Poner la anguila en un plato hondo y espolvorear el perejil finamente picado.

■ **Preparación:** 15 min ■ **Cocción:** 30 min

> **EN ALGUNOS PAÍSES SE LLAMA:**
> Deshuesar: *descarozar*. Jitomate: *tomate*.

Anguila escalfada a la quebequense

Para 4 o 6 personas

- *800 g de pedacitos de anguila deshuesada*
- *150 ml de vinagre*
- *1 cebolla*
- *50 g de mantequilla*
- *1 cucharada de perejil picado*
- *2 chalotes*
- *60 g de mantequilla enharinada (→ ver pág. 40)*
- *2 o 3 limones*
- *salsa inglesa*
- *150 ml de crema fresca*

❶ Poner los pedacitos de anguila en una cacerola con 1/2 litro de agua, el vinagre y la cebolla picada. Cocerlos durante 10 minutos. Escurrirlos y enjuagarlos en agua caliente. Desechar el líquido de cocción.

❷ Volver a poner la anguila en una cacerola con 50 ml de agua, sal, la mantequilla, el perejil y los chalotes picados. Luego, cocer durante 15 minutos.

❸ Preparar la mantequilla enharinada. Sacar el pescado. Añadir la mantequilla enharinada en el caldo para pescado sin dejar de remover. Exprimir los limones hasta obtener 100 ml de jugo, agregarlo, junto con algunas gotas de salsa inglesa y la crema fresca. Mezclar bien.

❹ Colocar la anguila en una fuente y bañarla con la salsa.

■ **Preparación:** 15 min ■ **Cocción:** alrededor de 30 min

> **EN ALGUNOS PAÍSES SE LLAMA:**
> Chalote: *ascalonia, chalota, echalote, escalonia*. Crema: *nata*.
> Mantequilla: *manteca*.

Guiso de anguilas a la molinera

Para 4 o 6 personas

- 2 cebollas
- 1 rama de apio
- 1 zanahoria
- 1 diente de ajo
- 120 g de mantequilla
- de 800 g a 1 kg de pedazos de anguila deshuesados
- 1 copita de grapa
- 1 litro de vino tinto
- 1 bouquet garni
- 1 clavo de olor
- 5 granos de pimienta
- 24 cebollitas de Cambray glaseadas (→ ver pág. 777)
- 250 g de hongos
- 10 g de mantequilla enharinada (→ ver pág. 40)
- 6 rebanadas pequeñas de baguette
- sal

❶ Pelar y cortar finamente las cebollas, el apio y la zanahoria. Pelar y machacar el diente de ajo.

❷ Derretir 60 g de mantequilla y sofreír en ella los pedazos de anguila.

❸ Calentar la grapa, verterla sobre las anguilas y flambear. Agregar las cebollas, el apio y la zanahoria. Mezclar bien y verter el vino tinto.

❹ Añadir el bouquet garni, el ajo, el clavo de olor, los granos de pimienta y sal al gusto. Poner a hervir y una vez que alcance la ebullición, bajar el fuego y cocer durante 20 minutos más.

❺ Preparar las cebollitas de Cambray glaseadas y mantenerlas calientes.

❻ Limpiar y cortar finamente los hongos. Dorarlos en 30 g de mantequilla derretida.

❼ Cuando los pedazos de anguila estén cocidos, escurrirlos y mantenerlos calientes.

❽ Preparar la mantequilla enharinada.

❾ Batir el líquido de cocción en la licuadora, volverlo a calentar y agregar la mantequilla enharinada batiendo enérgicamente.

❿ Volver a colocar el pescado dentro de la salsa, añadir los hongos y dejar que se incorporen a fuego lento durante 5 minutos.

⓫ Freír las rebanadas de pan en el resto de la mantequilla.

⓬ Verter el guiso en un plato hondo, añadir las cebollitas glaseadas y adornar con los croûtons.

> Si se prefiere, al momento de servir se pueden agregar unos 20 pedacitos pequeños de **tocino** blanqueados y dorados en mantequilla.

■ **Preparación:** 1 h ■ **Cocción:** alrededor de 30 min

EN ALGUNOS PAÍSES SE LLAMA:

Cebollita(s) de Cambray: *cebolla china, cebolla de almácigo, cebolla de verdeo, cebolla en rama, cebolla junca, cebolleta(s), cebollín.* Croûton: *crostón, cruton, picatoste* (cuadritos de pan frito, muy utilizados en ensaladas). Mantequilla: *manteca.* Tocino: *bacon, larda de tocino, panceta, tocineta.*

Carpa a la cerveza

Para 4 o 6 personas

- 1 carpa de 1 y 1/2 kg, aproximadamente
- 1 cebolla grande
- 1 pedacito de rama de apio
- 70 g de mantequilla
- 30 g de pan de especias
- 1 bouquet garni
- 1/2 litro de cerveza clara
- sal y pimienta

❶ Pedirle al vendedor de la pescadería que prepare la carpa y conserve aparte las glándulas seminales.

❷ Añadir sal al pescado, tanto por fuera como por dentro.

❸ Pelar y cortar finamente la cebolla y el apio y saltearlos de 5 a 10 minutos en 20 g de mantequilla, con el sartén tapado y sin que lleguen a dorarse.

❹ Cortar el pan de especias en cuadritos.

❺ Precalentar el horno a 170 °C. Engrasar con mantequilla una charola para horno, distribuir en ella la cebolla, el apio y el pan de especias. Acomodar la carpa, agregar el bouquet garni y verter la cerveza. Hornear durante 30 minutos.

❻ Apartar un poco del líquido de cocción, ponerlo en una cacerola y cocer en él las glándulas seminales del pescado entre 5 y 10 minutos. Escurrirlas y cortarlas en rebanadas pequeñas.

❼ Retirar el pescado, acomodarlo en una fuente junto con las rebanadas de las glándulas seminales, mantenerlo caliente.

❽ Reducir una tercera parte del jugo de cocción y colarlo.

❾ Volver a colocarlo en la cacerola hasta que hierva. Una vez fuera del fuego, agregar los 40 g de mantequilla restantes sin dejar de revolver y servir esta salsa por separado, en una salsera, para acompañar la carpa.

■ **Preparación:** 15 min ■ **Cocción:** alrededor de 35 min

> EN ALGUNOS PAÍSES SE LLAMA:
> Charola: *asadera*. Mantequilla: *manteca*.

Carpa a la china

Para 4 o 6 personas

- 1 carpa de 1 y 1/2 kg
- 2 cebollas grandes
- 50 ml de aceite
- 2 cucharadas de vinagre

❶ Pedirle al vendedor de la pescadería que prepare la carpa y la corte en pedazos.

❷ Pelar y cortar finamente las cebollas, saltearlas en dos cucharadas de aceite bien caliente hasta que se doren.

❸ Agregar el vinagre, el azúcar en polvo, el jengibre, el sake (o el jerez), sal, pimienta y un vaso de agua. Mez-

- 1 cucharada rasa de azúcar en polvo
- 1/2 cucharada de jengibre fresco rallado
- 2 cucharadas de sake o jerez
- sal y pimienta

clar bien, tapar y dejar que los ingredientes se incorporen durante 10 minutos.

❹ Cocer los pedazos de carpa en un sartén con el resto del aceite durante 10 minutos, posteriormente colocarlos sobre la salsa y continuar la cocción durante 4 o 5 minutos más. Servir bien caliente.

■ **Preparación:** 15 min ■ **Cocción:** alrededor de 20 min

Carpa a la idische momme

Para 4 o 6 personas

- 1 carpa de 1 y 1/2 kg, aproximadamente
- sal gruesa
- 1 manojo de perejil
- 3 dientes de ajo
- 4 cucharadas de aceite de cacahuate
- 2 cucharadas de harina
- sal y pimienta

❶ Pedirle al vendedor de la pescadería que prepare la carpa y separe la hueva con mucho cuidado.

❷ Cortar el pescado en pedazos, distribuirlos sobre una charola y cubrirlos con sal gruesa. Dejar que los pedazos de pescado se maceren de esta manera entre 20 y 30 minutos.

❸ Picar el perejil y el ajo, colocarlos en un bol y mezclarlos.

❹ Escurrir los pedazos de carpa, enjuagarlos rápidamente y secarlos con un trapo.

❺ En una olla con aceite, sofreír los pedazos de pescado junto con la hueva, luego retirarlos de la olla y colocarlos en una charola caliente.

❻ Diluir la harina en la grasa que quedó en la olla. Posteriormente agregarle agua hasta sus dos terceras partes. Añadir sal y pimienta al gusto, el perejil y el ajo. Después agregar los pedazos de carpa y la hueva del pescado. Cocer durante 20 minutos a pequeños hervores.

❼ Retirar los pedazos de pescado y las glándulas seminales y acomodarlas en un plato hondo.

❽ Reducir a fuego muy bajo una tercera parte de la salsa. Verter sobre el pescado y dejar que se gelatinice dentro del refrigerador, de 1 a 2 horas.

■ **Preparación:** 15 min ■ **Reposo:** 30 min

■ **Cocción:** alrededor de 45 min

■ **Refrigeración:** de 1 a 2 h

EN ALGUNOS PAÍSES SE LLAMA:

Cacahuate: *cacahuete, maní.* Charola: *asadera.* Refrigerador: *heladera, nevera.* Trapo: *paño, repasador, toalla o trapo de cocina.*

Croquetas de lucio: preparación

Para 25 croquetas, aproximadamente

- *1 lucio que pese entre 1 kg y 200 g y 1 y 1/2 kg*
- *280 g de mantequilla*
- *125 g de harina*
- *3 yemas de huevo*
- *6 huevos completos*
- *sal y pimienta*
- *nuez moscada*

❶ Pedirle al empleado de la pescadería que corte el lucio en filetes.

❷ Retirar la piel y las espinas. Se deben obtener 400 g de carne. Molerla muy finamente en la licuadora, y luego colocarla en el refrigerador.

❸ Poner a hervir 250 ml de agua junto con 80 g de mantequilla, sal, pimienta y nuez moscada.

❹ Cernir la harina. Una vez fuera del fuego, verterla de una sola vez y revolver enérgicamente con la espátula para obtener una consistencia lisa y homogénea. Volver a colocar esta masa al fuego removiendo hasta que se desprenda de las paredes de la olla.

❺ Una vez fuera del fuego, agregar las yemas de huevo, una por una. Verter este preparado para relleno sobre una placa o en una charola, cubrirla con una película plástica autoadherente para evitar que se seque y dejarla enfriar en el refrigerador. Cuando esté bien fría, licuarla junto con la carne de lucio.

❻ En una terrina, modelar con una cuchara de madera el resto de la mantequilla hasta que obtenga una consistencia pastosa.

❼ Colocar el preparado para el relleno en una terrina que esté dentro de un recipiente lleno de cubitos de hielo. Condimentar con sal y pimienta al gusto.

❽ Incorporar los huevos completos, uno por uno, y finalmente la mantequilla: la preparación debe tener una consistencia muy homogénea. Colocar la mezcla en el refrigerador durante 30 minutos.

❾ Calentar 4 litros de agua con sal en una cacerola grande.

❿ Moldear las croquetas sumergiendo dos cucharas en agua caliente y extrayendo el relleno entre las dos cucharas (como si se tratara de unas pinzas). Pasar el relleno de una cuchara a otra hasta que adquiera la forma de una croqueta. Ir deslizando las croquetas en el agua salada a punto de hervir y cocerlas durante 15 minutos. Las croquetas deben inflarse en este paso.

⑪ Retirarlas cuidadosamente con la ayuda de una espumadera, escurrirlas sobre papel absorbente y dejar que se enfríen.

■ **Preparación:** 1 h ■ **Cocción:** alrededor de 15 min

> **EN ALGUNOS PAÍSES SE LLAMA:**
> Charola: *bandeja*. Mantequilla: *manteca*. Refrigerador: *heladera, nevera*.

Croquetas de lucio a la muselina

Para 25 croquetas, aproximadamente

- *1/2 kg de carne de lucio sin espinas*
- *5 pizcas de sal*
- *1 pizca de pimienta blanca*
- *1 pizca de nuez moscada rallada*
- *3 claras de huevo*
- *650 ml de crema fresca*

① Moler en la batidora la carne de lucio junto con la sal, la pimienta blanca y la nuez moscada.

② Añadir, una por una, las claras de huevo. Cuando la mezcla tenga una consistencia regular y homogénea, verterla en un bol. Colocarlo en el refrigerador al mismo tiempo que la crema fresca y el bol de la batidora.

③ Una vez que la mezcla esté fría, verterla en el bol de la batidora. Agregarle 250 ml de la crema fría y batir la mezcla algunos segundos para que el relleno esté completamente homogéneo.

④ Repetir esta operación con 200 ml de crema y luego con el resto.

⑤ Moldear y poner a hervir estas croquetas igual que las croquetas de lucio (→ ver pág. 321).

■ **Preparación:** 30 min ■ **Cocción:** alrededor de 15 min

> **EN ALGUNOS PAÍSES SE LLAMA:**
> Crema: *nata*. Refrigerador: *heladera, nevera*.

Croquetas de lucio en salsa Bechamel

Para 4 o 6 personas

- *10 o 12 croquetas (→ ver pág. 321)*
- *750 ml de salsa Bechamel (→ ver pág. 64)*

① Preparar las croquetas sin sumergirlas en el agua hirviendo.

② Preparar la salsa Bechamel sustituyendo la mitad de la leche por crema líquida y rallar algunas pizcas de nuez moscada.

③ Precalentar el horno a 190 °C.

- 50 g de mantequilla
- nuez moscada

❹ Engrasar con mantequilla una charola para gratín y verterle una cuarta parte de la salsa Bechamel. Acomodar las croquetas por encima, cubrirlas con el resto de la salsa y espolvorear con pedacitos de mantequilla.

❺ Hornear durante 15 minutos: las croquetas van a inflarse considerablemente. Servir de inmediato.

■ **Preparación:** 1 h ■ **Cocción:** 15 min

EN ALGUNOS PAÍSES SE LLAMA:
Charola: *asadera*. Crema: *nata*. Mantequilla: *manteca*.

Croquetas en salsa Nantua

Para 4 o 6 personas

- 10 o 12 jaibas
- 1/2 litro de salsa Nantua (→ ver pág. 68)
- 12 croquetas de lucio (→ ver pág. 321)
- 350 g de hongos
- 1/2 limón
- 80 g de mantequilla
- 30 g de pan molido o rebozador (opcional)

❶ Cocer las jaibas en su jugo (→ ver pág. 280). Escurrirlas y mantenerlas calientes.

❷ Colar el jugo de cocción, reducirlo a la mitad y preparar la salsa Nantua. Mantenerla caliente.

❸ Preparar las croquetas de lucio y hervirlas.

❹ Limpiar y lavar los hongos. Cortarlos en cuartos. Cocerlos en un poco de agua con jugo de limón, sal y 20 g de mantequilla, durante 4 o 5 minutos.

❺ Quitar el caparazón a las jaibas.

❻ Precalentar el horno a 180 °C.

❼ Derretir 50 g de mantequilla.

❽ Acomodar las croquetas y las jaibas sin su caparazón en una charola para horno engrasada con mantequilla. Bañar con la salsa Nantua. Si se desea, espolvorear con pan molido y rociar con mantequilla derretida. Hornear durante 15 minutos.

❾ Servir las croquetas inmediatamente y los hongos por separado, en otro plato.

■ **Preparación:** 1 h ■ **Cocción:** 15 min

EN ALGUNOS PAÍSES SE LLAMA:
Charola: *asadera*. Jaiba: *cangrejo de río*. Mantequilla: *manteca*. Pan molido: *pan rallado*.

Lucio en mantequilla blanca

Para 4 o 6 personas

- *1 lucio que pese alrededor de 2 kg*
- *2 litros de caldo para pescado (→ ver pág. 53)*
- *1/2 litro de mantequilla blanca (→ ver pág. 91)*
- *algunas ramitas de perejil o perifollo*

❶ Preparar el caldo para pescado y cocerlo (de preferencia en una pescadera). Dejar enfriar.

❷ Vaciar el lucio, limpiarlo, cortarle las aletas y la cola. Colocarlo dentro del caldo frío o tibio y cocerlo durante unos 15 minutos a fuego lento, después de que comienza a hervir. Posteriormente, retirar la pescadera del fuego.

❸ Preparar la mantequilla blanca.

❹ Escurrir el lucio y retirarle la piel.

❺ Acomodarlo sobre una fuente alargada y bañarlo con mantequilla blanca, o presentar esta última en una salsera por separado. Espolvorear con hojitas de perejil o perifollo frescos.

■ **Preparación:** 30 min ■ **Cocción:** de 15 a 20 min

Filetes de perca a la milanesa

Para 4 o 6 personas

- *150 g de col*
- *250 g de risotto (→ ver pág. 848)*
- *4 percas grandes*
- *400 g de pan molido a la inglesa (→ ver pág. 104)*
- *50 g de mantequilla*
- *2 limones*

❶ Quitar los bordes a las hojas de col. Sumergirlas durante 5 minutos en una cacerola con agua con sal. Escurrirlas, exprimirlas y picarlas.

❷ Preparar el risotto agregando al arroz la col picada desde el inicio de la cocción.

❸ Preparar el pan molido a la inglesa.

❹ Cortar los filetes de perca, lavarlos, secarlos con papel absorbente y empanizarlos a la inglesa.

❺ Derretir 40 g de mantequilla en un sartén y cocer los filetes de perca a fuego muy bajo, de 3 a 4 minutos de cada lado.

❻ Colocar mantequilla en una fuente alargada, añadir el risotto y acomodar los filetes de perca por encima. Decorar con limones partidos en cuatro.

■ **Preparación:** 40 min ■ **Cocción:** entre 8 y 10 min

> **EN ALGUNOS PAÍSES SE LLAMA:**
> Col: *berza, repollo.* Empanizar: *empanar, rebozar.* Mantequilla: *manteca.*

Trucha salmonada rellena

Para 4 o 6 personas

- *1 trucha salmonada de 1 kg a 1 y 1/4 kg*
- *300 g de relleno muselina de pescado (→ ver pág. 108)*
- *1 zanahoria*
- *1 cebolla*
- *100 g de mantequilla*
- *250 ml de concentrado de pescado (→ ver pág. 54)*
- *250 ml de vino blanco*
- *1/2 kg de bolitas de papa congeladas*
- *sal y pimienta*

❶ Pedir en la pescadería que preparen la trucha y le quiten las espinas. Preparar el relleno muselina con cría de merluza.

❷ Cortar la zanahoria y la cebolla en cuadritos muy pequeños y cocerlas en una cacerola con 20 g de mantequilla. Dejar que se enfríen y luego agregarlas al relleno muselina.

❸ Preparar el concentrado de pescado con el vino blanco.

❹ Precalentar el horno a 230 °C.

❺ Rellenar la trucha y ponerla dentro de una olla (o una pescadera), con el vientre hacia abajo. Verter el concentrado de pescado al vino blanco y meter la olla en el horno durante 20 minutos.

❻ Mientras tanto, freír las bolitas de papa en un sartén con 30 g de mantequilla.

❼ Escurrir la trucha, acomodarla en una fuente y mantenerla caliente.

❽ Colar el líquido de cocción, reducirlo en aproximadamente una tercera parte y agregarle 50 g de mantequilla, revolviendo bien. Bañar la trucha con esta preparación y servirla acompañada de las bolitas de papa.

■ **Preparación:** 30 min ■ **Cocción:** alrededor de 30 min

EN ALGUNOS PAÍSES SE LLAMA:
Mantequilla: *manteca*. Papa: *patata*.

Truchas a la bourguignonne

Para 4 personas

- *4 truchas*
- *12 cebollitas de Cambray glaseadas (→ ver pág. 777)*
- *250 g de hongos*
- *1 zanahoria*
- *1 cebolla*
- *50 g de mantequilla*
- *1 bouquet garni*

❶ Limpiar las truchas. Condimentarlas con sal y pimienta, tanto por dentro como por fuera.

❷ Preparar las cebollitas glaseadas. Precalentar el horno a 240 °C. Cortar en rebanadas muy delgadas los hongos, la zanahoria y la cebolla.

❸ Engrasar con mantequilla una charola y cubrir el fondo con las verduras. Acomodar las truchas en la charola, añadir el bouquet garni y verter el vino para que quede al ras de las truchas. Poner a hervir, cubrir con papel aluminio y hornear durante 10 minutos.

❹ Preparar la mantequilla enharinada.

- *2 vasos de vino tinto de Borgoña*
- *20 g de mantequilla enharinada (→ ver pág. 40)*
- *sal y pimienta*

⑤ Escurrir las truchas y acomodarlas en un platón caliente junto con las cebollitas glaseadas.

⑥ Colar el líquido de cocción, agregarle la mantequilla enharinada mezclando muy bien y volver a colocar sobre el fuego de 2 a 3 minutos para que la salsa se espese. Entonces, agregar 20 g de mantequilla, sin dejar de revolver, y bañar las truchas con esta salsa.

■ **Preparación:** 30 min ■ **Cocción:** alrededor de 15 min

> **EN ALGUNOS PAÍSES SE LLAMA:**
>
> Cebollita(s) de Cambray: *cebolla china, cebolla de almácigo, cebolla de verdeo, cebolla en rama, cebolla junca, cebolleta(s), cebollín.* Charola: *asadera.* Mantequilla: *manteca.*

Truchas a la bretona

Para 4 personas

- *2 litros de caldo para pescado (→ ver pág. 53) o de concentrado de pescado (→ ver pág. 54)*
- *1 trucha de mar de 1 kg*
- *800 g de papas*
- *60 g de mantequilla*
- *2 cucharadas de aceite de oliva*
- *200 g de tocino ahumado o de tocino en pedacitos listos para usarse*
- *3 chalotes*
- *250 g de hongos*
- *300 ml de vino blanco*
- *100 ml de crema fresca*
- *sal y pimienta*

① Preparar el caldo y ponerlo a calentar.

② Lavar la trucha. Una vez que el caldo comience a hervir, sumergir el pescado y cocerlo de 25 a 30 minutos a fuego bajo para que no hierva demasiado fuerte.

③ Mientras tanto, pelar las papas y cortarlas en cubos. Calentar 20 g de mantequilla y el aceite de oliva en un sartén y saltear las papas.

④ Cortar el tocino en cuadritos y dorarlos en un sartén sin añadir nada de materia grasa.

⑤ Picar los chalotes. Rebanar muy finamente los hongos. En un sartén, derretir el resto de la mantequilla y cocer los chalotes durante 5 minutos. Agregar los hongos y cocer otros 5 minutos.

⑥ Verter el vino blanco y cocer a fuego bajo durante 10 minutos sin que hierva demasiado fuerte. Añadir la crema y cocer hasta que vuelva a hervir. Condimentar con sal y pimienta al gusto.

⑦ Escurrir la trucha y cortarla en filetes.

⑧ Distribuir el tocino y las papas doradas en los platos. Colocar los filetes de trucha por encima. Comprobar si la salsa está bien sazonada y usarla para bañar los filetes. Servir de inmediato.

■ **Preparación:** 20 min ■ **Cocción:** alrededor de 55 min

> **EN ALGUNOS PAÍSES SE LLAMA:**
>
> Chalote: *ascalonia, chalota, echalote, escalonia.* Crema: *nata.* Mantequilla: *manteca.* Papa: *patata.* Tocino: *bacon, larda de tocino, panceta, tocineta.*

Truchas con almendras

Para 4 personas

- 75 g de almendras fileteadas
- 4 truchas de 250 g cada una
- 200 g de harina
- 70 g de mantequilla
- 1 o 2 limones
- 1 cucharada de perejil finamente picado
- 1 cucharada de vinagre
- sal y pimienta

❶ Precalentar el horno a 200 °C. Colocar las almendras fileteadas directamente sobre la placa del horno recubierta con papel encerado. Poner la placa en el horno cuando ya esté caliente. Retirarla cuando las almendras estén doradas.

❷ Preparar y limpiar las truchas, secarlas y colocarlas sobre un papel absorbente. Espolvorearlas con sal y pimienta por ambos lados. Colocar la harina en un plato, enharinar las truchas una por una y luego sacudirlas bien.

❸ Calentar 50 g de mantequilla en un sartén grande (si es ovalado es mejor) y dorar las truchas por ambos lados. Posteriormente, bajar el fuego y dejar que la cocción continúe entre 5 y 7 minutos más (si las truchas son demasiado gruesas, hacerlo durante 10 minutos más), volteándolas una sola vez. En el transcurso de esta cocción, añadir las almendras.

❹ Retirar las truchas del sartén y acomodarlas en una fuente. Rociarlas con dos cucharadas de jugo de limón y espolvorearlas con el perejil finamente picado. Mantener la fuente caliente.

❺ Agregar al sartén 20 g de mantequilla y el vinagre, calentar y verter esta salsa sobre las truchas, junto con las almendras.

■ **Preparación:** 15 min ■ **Cocción:** alrededor de 15 min

> En algunos países se llama:
> Mantequilla: *manteca.*

Truchas con espinacas

Para 4 personas

- 4 truchas de unos 200 g cada una
- 800 g de espinacas frescas o congeladas
- 2 dientes de ajo

❶ Vaciar, lavar y secar las truchas.

❷ Escoger las espinacas, cortarles los tallos, lavarlas, secarlas y picar las hojas si se trata de espinacas frescas, si no, descongelarlas en el horno de microondas y picarlas inmediatamente. Pelar y picar los dientes de ajo.

❸ Colocar 20 g de mantequilla en un bol y ponerlo en el horno de microondas durante 30 segundos a su máxi-

- 60 g de mantequilla
- 1 huevo
- 4 galletas sin sal o 50 g de pan molido o rebozador
- 1 o 2 limones
- sal y pimienta
- 4 palillos de madera

ma potencia o derretir la mantequilla a baño maría. Agregar el ajo y seguir calentando (puede ser 1 minuto más en el horno de microondas).

❹ En otro bol, batir el huevo con un tenedor y añadirle sal y pimienta al gusto.

❺ Triturar las galletas hasta molerlas por completo. Mezclar las espinacas picadas, las galletas molidas y el huevo batido. Añadir la mantequilla con ajo, sal y pimienta. Mezclar bien hasta que el relleno adquiera una consistencia homogénea.

❻ Rellenar las truchas. Cerrar la incisión con un palillo de madera. Acomodar las truchas en una charola.

❼ Si se van a cocer en el horno de microondas, cubrir la charola con una película plástica autoadherente y picarla 3 o 4 veces para que salga algo del vapor de cocción. Cocer a la máxima potencia entre 7 y 8 minutos, girando un poco la charola a la mitad de la cocción. Si, por el contrario, la cocción se realiza en un horno convencional, colocar la charola en el horno precalentado a 200 °C y hornear durante 20 minutos.

❽ Poner el resto de la mantequilla en un bol y colocarlo durante 30 segundos en el horno de microondas, o bien derretir la mantequilla en una cacerola pequeña. Añadir sal y pimienta. Agregar, además, dos cucharadas de jugo de limón. Bañar las truchas con esta salsa y servir bien caliente.

■ **Preparación:** 15 min ■ **Cocción:** entre 7 y 8 min en horno de microondas – 20 min en horno convencional

En algunos países se llama:

Charola: *asadera*. Mantequilla: *manteca*. Palillos de madera: *escarbadientes, mondadientes*. Pan molido: *pan rallado*.

Truchas en papillote

Para 6 personas

- 6 truchas de 200 g
- 1/2 manojo de perejil liso
- 1 ramito de tomillo
- 1/2 cucharadita de cilantro en granos

❶ Limpiar las truchas. Condimentarlas con sal y pimienta por dentro y por fuera. Picar el perejil. Poner los pescados en un plato hondo. Agregar el tomillo partido, tres cucharadas de perejil picado y el cilantro. Bañarlos con jugo de limón y dejarlos marinar durante 1 hora.

❷ Precalentar el horno a 200 °C.

- *1 limón*
- *3 ramas de apio*
- *3 chalotes*
- *aceite*
- *sal y pimienta*

❸ Picar el apio. Cortar finamente los chalotes y mezclarlos con el apio. Añadir sal y pimienta al gusto.

❹ Cortar y engrasar con aceite 6 rectángulos de papel encerado. Distribuir en ellos la mezcla de apio con chalote y luego colocar encima las truchas. Cerrar los papillotes, ponerlos en una charola y hornearlos durante 15 minutos. Servir inmediatamente.

■ **Marinada:** 1 h ■ **Preparación:** 20 min
■ **Cocción:** 15 min

> **EN ALGUNOS PAÍSES SE LLAMA:**
> Chalote: *ascalonia, chalota, echalote, escalonia*. Charola: *asadera*. Cilantro: *coriandro, culantro*. En papillote: *envuelto en papel aluminio*.

Truchas en vinagre de vino

Para 4 personas

- *1 y 1/2 litros de caldo para pescado (→ ver pág. 53) o de concentrado de pescado (→ ver pág. 54)*
- *200 g de mantequilla o 250 ml de salsa holandesa (→ ver pág. 93)*
- *4 truchas vivas*
- *1 vaso de vinagre de vino*
- *1/2 manojo de perejil*

❶ Preparar el caldo para pescado duplicando la cantidad de vinagre. Preparar la salsa holandesa o derretir la mantequilla a baño maría en una cacerola.

❷ Matar las truchas, vaciarlas y limpiarlas rápidamente sin secarlas. Colocarlas en una charola y bañarlas con vinagre. Luego, sumergirlas en el caldo justo cuando el agua empieza a agitarse. Cocerlas de 6 a 7 minutos a fuego bajo para impedir que hiervan demasiado fuerte.

❸ Escurrirlas y acomodarlas en una charola cubierta con una servilleta. Decorarlas con hojitas de perejil.

❹ Servir por separado la mantequilla derretida o la salsa holandesa, en una salsera.

■ **Preparación:** 30 min ■ **Cocción:** de 6 a 7 min

> **EN ALGUNOS PAÍSES SE LLAMA:**
> Charola: *asadera*. Mantequilla: *manteca*.

Pescados a la marinera

Para 4 o 6 personas

- *1 y 1/2 kg de pescados de agua dulce (carpa, anguila, etc.)*
- *125 g de cebollitas de Cambray glaseadas (→ ver pág. 777)*
- *2 cebollas grandes*
- *4 dientes de ajo*
- *190 g de mantequilla*
- *1 bouquet garni*
- *50 ml de coñac*
- *1/2 litro de vino blanco*
- *1/2 litro de concentrado de pescado (→ ver pág. 54)*
- *125 g de hongos pequeños*
- *80 g de mantequilla enharinada (→ ver pág. 40)*
- *sal y pimienta*

❶ Preparar los pescados y cortarlos en pedazos grandes.

❷ Preparar las cebollitas glaseadas.

❸ Pelar las cebollas y cortarlas en rodajas delgadas. Pelar y machacar el ajo.

❹ Engrasar con 20 g de mantequilla una charola para saltear (o un sartén grande), colocar en ella las rodajas de cebolla, el ajo y, finalmente, los pedazos de pescado por encima. Agregar el bouquet garni y condimentar con sal y pimienta al gusto.

❺ Calentar el coñac, verterlo en la charola y flambear. Luego, añadir el vino blanco seco y el concentrado de pescado. Poner a hervir. Una vez que comience la ebullición, tapar y cocer a fuego lento durante aproximadamente 25 minutos.

❻ Mientras tanto, limpiar los hongos. Agregarles sal y pimienta y cocerlos enteros en 20 g de mantequilla alrededor de 15 minutos, con la olla tapada.

❼ Escurrir los pedazos de pescado, colocarlos en un sartén salteador (o en una cacerola). Mantenerlos calientes.

❽ Reducir dos terceras partes del caldo de cocción de los pescados.

❾ Durante este tiempo, preparar la mantequilla enharinada y agregarla al caldo. Cortar la mantequilla restante (150 g) en pedacitos y luego, una vez retirada la olla del fuego, incorporárselos. Mezclar bien.

❿ Colocar los honguitos y las cebollitas glaseadas en la cacerola donde está el pescado. Verterle la salsa por encima y dejar que todo se incorpore suavemente entre 5 y 10 minutos.

⓫ Verter todo el guisado de pescado en una gran ensaladera.

El pescado a la marinera se puede acompañar con una docena de jaibas cocidas en caldo y servirse con arroz blanco (→ ver pág. 844).

■ **Preparación:** 1 h ■ **Cocción:** alrededor de 30 min

EN ALGUNOS PAÍSES SE LLAMA:

Cebollita(s) de Cambray: *cebolla china, cebolla de almácigo, cebolla de verdeo, cebolla en rama, cebolla junca, cebolleta(s), cebollín*. Charola: *asadera*. Jaiba: *cangrejo de río*. Mantequilla: *manteca*.

Pescados en salsa de vino tinto

Para 4 o 6 personas

- 1 y 1/2 kg de pescados de agua dulce (salmonete, lucio pequeño, carpa, anguilas pequeñas, tencas, etc.)
- 1 zanahoria
- 1 cebolla
- 1 chalote
- 1 diente de ajo
- 50 g de mantequilla
- 1 copita de grapa
- 1/2 litro de vino tinto de Borgoña
- 1 bouquet garni
- 100 g de croûtons al ajo (→ ver pág. 839)
- 50 g de mantequilla enharinada (→ ver pág. 40)
- sal y pimienta

❶ Preparar y limpiar los pescados (o pedirle al empleado de la pescadería que lo haga) y cortarlos en pedazos grandes.

❷ Pelar y cortar en rodajas delgadas la zanahoria, la cebolla y el chalote. Pelar y machacar el diente de ajo. Derretir 50 g de mantequilla en una olla y sofreír los pedazos de pescado revolviendo bien.

❸ Calentar la grapa, verterla en la olla y flambear. Agregar la zanahoria, la cebolla, el chalote, el ajo machacado, el bouquet garni, condimentar con sal y pimienta al gusto y mezclar bien todo. Verter el vino tinto. Tapar la olla y cocer durante 20 minutos sin dejar que hierva demasiado fuerte.

❹ Mientras tanto, preparar los croûtons al ajo.

❺ Preparar la mantequilla enharinada. Agregarla a la olla, mezclar bien y cocer entre 5 y 10 minutos más hasta que la salsa se espese.

❻ Probar y, de ser necesario, volver a condimentar. Verter en un plato hondo grande y caliente. Añadir los croûtons.

■ **Preparación:** 30 min ■ **Cocción:** alrededor de 30 min

> **EN ALGUNOS PAÍSES SE LLAMA:**
> Chalote: *ascalonia, chalota, echalote, escalonia*. Mantequilla: *manteca*.

Estofado de pescado

Para 4 o 6 personas

- 1 y 1/2 kg de pescados de agua dulce (anguila y rape de río, tenca, lucio, carpa, etc.)
- 10 cebollitas de Cambray glaseadas (→ ver pág. 777)
- 2 cebollas
- 1 zanahoria

❶ Preparar y limpiar los pescados y cortarlos en pedazos medianos.

❷ Preparar las cebollitas glaseadas. Pelar y cortar en rodajas delgadas las cebollas y la zanahoria. Pelar y machacar los dientes de ajo.

❸ Derretir 20 g de mantequilla en una olla. Verter en ella las cebollas y la zanahoria en rodajas. Añadir los pedazos de pescado sin revolver. Colocar en el centro el bouquet garni.

- *2 dientes de ajo*
- *40 g de mantequilla*
- *1 bouquet garni*
- *1/2 litro de vino blanco*
- *250 g de hongos*
- *100 g de pedacitos de tocino listos para usarse*
- *1/2 limón*
- *40 g de mantequilla enharinada (→ ver pág. 40)*
- *150 ml de crema fresca*
- *100 g de croûtons al ajo (→ ver pág. 839)*
- *sal y pimienta*

④ Verter el vino blanco y agregar los dientes de ajo machacados. Condimentar con sal y pimienta al gusto. Tapar la olla y ponerla a hervir. Una vez que llega a la ebullición, cocer durante 20 minutos a fuego bajo para que no hierva demasiado fuerte.

⑤ Mientras tanto, limpiar y cortar los hongos en laminillas. Añadirles jugo de limón.

⑥ En un sartén salteador derretir 20 g de mantequilla y dorar los pedacitos de tocino y los hongos de 10 a 12 minutos.

⑦ Preparar la mantequilla enharinada.

⑧ Retirar los pedazos de pescado de la olla y colocarlos en el sartén salteador. Añadir también las cebollitas glaseadas.

⑨ Incorporar a la olla la mantequilla enharinada y mezclar hasta que la salsa tenga una consistencia bastante espesa. Colar la salsa y verterla en el sartén salteador.

⑩ Volver a calentar todo, agregar la crema fresca y dejar que se reduzca un poco, durante 5 minutos, con la olla destapada.

⑪ Verter el estofado en una fuente profunda caliente y decorarlo con los croûtons.

■ **Preparación:** 30 min ■ **Cocción:** alrededor de 30 min

EN ALGUNOS PAÍSES SE LLAMA:

Cebollita(s) de Cambray: *cebolla china, cebolla de almácigo, cebolla de verdeo, cebolla en rama, cebolla junca, cebolleta(s), cebollín.* Crema: *nata.* Mantequilla: *manteca.* Tocino: *bacon, larda de tocino, panceta, tocineta.*

Pescados de mar

Anchoas: preparación

La carne de las anchoas es muy frágil. Por consiguiente, éstas no deben lavarse ni escamarse. Primero, se les debe desprender la cabeza, luego, se les quitan los intestinos, presionando el pescado con el dedo pulgar. Finalmente, las anchoas deben secarse sobre un papel absorbente.

EN ALGUNOS PAÍSES SE LLAMA:
Anchoa: *anchova, boquerón.*

Anchoas fritas

Para 4 o 6 personas

- 600 g de anchoas
- 1/2 litro de leche
- 1 manojo grande de perejil
- 250 g de harina
- aceite
- 3 limones
- sal fina

❶ Limpiar los pescados (→ ver preparación de las anchoas, pág. 332) y ponerlos a remojar en la leche.

❷ Cortar la parte más grande de las ramas del perejil. Calentar el aceite y freír el perejil (→ ver pág. 781).

❸ Escurrir las anchoas con un colador. Extender la harina sobre un trapo y enharinar las anchoas. Deben quedar bien cubiertas. Sumergirlas en el aceite calentado a 180 °C, freírlas durante 2 minutos, volteándolas, y luego escurrirlas con una espumadera y ponerlas sobre un papel absorbente. Llevar a cabo esta operación con pocas anchoas a la vez.

❹ Espolvorearlas con sal fina y acomodarlas en forma de pirámide sobre una servilleta. Servirlas adornadas con el perejil frito y con pedacitos de limón.

■ **Preparación:** 15 min ■ **Cocción:** de 15 a 20 min

> **EN ALGUNOS PAÍSES SE LLAMA:**
> Anchoa: *anchova, boquerón*. Trapo: *paño, repasador, toalla o trapo de cocina*.

Anchoas marinadas

Para 1/2 kg de anchoas

- 1 cebolla
- 1 zanahoria
- 1 cucharadita de pimienta en granos
- 250 ml de aceite de cacahuate
- 3 dientes de ajo
- 100 ml de vinagre
- 1 ramita de tomillo
- 1/2 hoja de laurel
- 5 ramitas de perejil
- sal

❶ Preparar las anchoas (→ ver preparación de las anchoas, pág. 332). Luego, extenderlas en una charola, condimentarlas con sal y dejarlas macerar durante 2 horas.

❷ Pelar la cebolla y la zanahoria y cortarlas en rodajas muy delgadas. Machacar los granos de pimienta.

❸ Calentar 200 ml de aceite de cacahuate en un sartén. Una vez que esté bien caliente, freír las anchoas. Removerlas con precaución, a fuego alto. Cuando todas estén listas, escurrirlas con una espumadera y acomodarlas, bien alineadas, en una terrina.

❹ Agregar al sartén cinco cucharadas de aceite de cacahuate y verter las rodajas de cebolla y zanahoria. Freírlas durante 5 minutos. Añadir los dientes de ajo sin pelar, el vinagre y 100 ml de agua. Agregar sal al gusto.

❺ Después, agregar el tomillo, el laurel, el perejil y los granos de pimienta machacados. Dejar hervir durante

10 minutos y verter muy caliente en la terrina, sobre las anchoas. Dejar marinar durante 24 horas.

Servir en una fuente y decorar con rodajas de limón. eperlanos marinados:
el procedimiento es exactamente el mismo.

■ **Preparación:** 30 min ■ **Marinada:** 2 h + 24 h

■ **Cocción:** alrededor de 15 min

> EN ALGUNOS PAÍSES SE LLAMA:
>
> Anchoa: *anchova, boquerón.* Cacahuate: *cacahuete, maní.* Charola: *asadera.*

Filetes de anchoa a la sueca

Para 4 personas

- *2 huevos*
- *400 g de filetes de anchoas saladas*
- *150 ml de salsa vinagreta (→ ver pág. 100)*
- *300 g de manzanas reinetas*
- *300 g de betabel cocido*
- *1/2 manojo de perejil chino*

❶ Poner a cocer los huevos hasta que estén duros.

❷ Quitarles completamente la sal a las anchoas, sumergiéndolas en agua y cambiando ésta varias veces. Después, cortarlas en rebanadas delgadas.

❸ Pelar y cortar en cubitos pequeños las manzanas y los betabeles. Mezclarlos con una parte de la salsa vinagreta.

❹ Pelar los huevos duros y picar por separado las yemas y las claras.

❺ Colocar las manzanas y los betabeles en una fuente. Ponerles encima los filetes de anchoa y luego distribuir las claras y las yemas de huevo picadas. Bañar con el resto de la salsa vinagreta. Decorar con ramitos de perejil.

■ **Preparación:** 30 min

> EN ALGUNOS PAÍSES SE LLAMA:
>
> Anchoa: *anchova, boquerón.* Betabel: *betarraga, betarrata, remolacha.*

Arenque: preparación

Si los pescados son frescos, escamarlos cuidando de no partir el vientre. Vaciarlos por las agallas, sin separarlas demasiado, dejándoles la glándula seminal o la hueva, lavarlos y secarlos.

Para cocerlos enteros, hacerles una pequeña incisión con unas tijeras sobre el dorso, por ambos lados.

Para prepararlos en filetes, cortarlos con un cuchillo muy afilado partiendo de la cola, luego limpiarlos, lavarlos y secarlos.

Si los pescados son ahumados, cortarlos en filetes, quitarles la piel y limpiarlos. Remojarlos en leche para desalarlos. Si los pescados son salados, cortarlos en filetes y remojarlos enseguida en leche o en una mezcla de agua y leche para desalarlos. Escurrirlos, limpiarlos y secarlos con mucho cuidado.

Arenques a la diabla

Para 4 o 6 personas

- *1 kg 400 g de arenques*
- *1 frasco de mostaza*
- *300 g de pan molido, migajón de pan duro o rebozador*
- *150 ml de aceite*

❶ Preparar los arenques (→ ver pág. 334) o pedir en la pescadería que los preparen.

❷ Con la punta de un cuchillo, hacerles tres incisiones muy poco profundas sobre el dorso.

❸ Con una cuchara pequeña, untarles mostaza por los dos lados, luego pasarlos por el pan molido.

❹ Bañarlos con aceite y ponerlos a cocer en la parrilla del horno durante aproximadamente 10 minutos.

Servir por separado una salsa diabla (→ ver pág. 81), una salsa a la mostaza (→ ver pág. 62) o una salsa de hierbas finas (→ ver pág. 96).

■ **Preparación:** 20 min ■ **Cocción:** alrededor de 10 min

> EN ALGUNOS PAÍSES SE LLAMA:
> Migajón: *borona, miga de pan, morona.* Pan molido: *pan rallado.*

Arenques en papillote

Para 4 personas

- *4 arenques frescos de 200 g*
- *2 huevos*
- *100 g de hongos*
- *4 chalotes*
- *2 cucharadas de perejil liso picado*

❶ Preparar y quitarles las espinas a los arenques.

❷ Poner a cocer los huevos hasta que estén duros y picarlos.

❸ Precalentar el horno a 200 °C.

❹ Picar los hongos y los chalotes. Mezclarlos con los huevos, la sal, la pimienta y el perejil. Rellenar los arenques con esta preparación.

- *40 g de mantequilla*
- *2 cucharaditas de rábano blanco rallado en conserva*
- *sal y pimienta*

⑤ Mezclar la mantequilla con el rábano blanco rallado. Distribuir esta mezcla en cuatro hojas de papel aluminio. Colocar encima los pescados rellenos. Cerrar los papillotes.

⑥ Hornear durante 25 minutos. Servir los pescados con todo y papillote en el plato para no perder el jugo de la cocción.

■ **Preparación:** 20 min ■ **Cocción:** 25 min

> EN ALGUNOS PAÍSES SE LLAMA:
>
> Chalote: *ascalonia, chalota, echalote, escalonia.* En papillote: *envuelto en papel aluminio.* Mantequilla: *manteca.*

Arenques marinados

Para una terrina pequeña

- *de 10 a 15 arenques muy pequeños*
- *3 cebollas*
- *3 zanahorias*
- *2 cucharadas de perejil finamente picado*
- *10 granos de pimienta*
- *2 clavos de olor*
- *1 hoja de laurel*
- *1 ramita de tomillo*
- *300 ml de vino blanco*
- *100 ml de vinagre*
- *sal*

① Preparar los arenques y acomodarlos en una charola grande. Espolvorearlos con un poco de sal fina por ambos lados y dejarlos marinar durante 6 horas. Precalentar el horno a 225 °C.

② Pelar y cortar en rodajas las cebollas y las zanahorias. En el fondo de una terrina de 22 cm de largo, esparcir la mitad de las verduras, añadir un poco de perejil, los granos de pimienta, los clavos de olor, y el laurel y el tomillo desmoronados. Colocar los arenques encima de todo.

③ Mezclar el vino blanco con el vinagre y verterlos sobre los pescados. El líquido debe apenas cubrir los pescados. Luego, cubrirlos con el resto de las verduras. Tapar la terrina con una hoja de papel aluminio.

④ Ponerlos en el fuego y dejar que hiervan, luego hornearlos durante 20 minutos.

⑤ Dejar enfriar los arenques en su propia cocción y luego meter la terrina en el refrigerador.

■ **Marinada:** 6 h ■ **Preparación:** 15 min
■ **Cocción:** 20 min

> EN ALGUNOS PAÍSES SE LLAMA:
> Charola: *bandeja.* Refrigerador: *heladera, nevera.*

Ensalada de papas con arenques

Para 4 o 6 personas

- 1 kg de papas
- 1/2 vaso de vino blanco
- 2 cebollas
- 1 manojo de cebollín
- de 8 a 12 filetes de arenque marinados en aceite (→ ver receta siguiente)
- 6 cucharadas de aceite
- 3 cucharadas de vinagre de vino blanco
- sal y pimienta negra

❶ Poner a cocer las papas con todo y cáscara en agua con sal de 20 a 25 minutos. Pelarlas y cortarlas en rodajas gruesas. Bañarlas de inmediato con el vino blanco. Agregar sal y pimienta. Luego, mezclar muy bien.

❷ Cortar las cebollas en rebanadas finas y deshacerlas en aros. Picar el cebollín. Escurrir los filetes de arenque.

❸ Preparar una vinagreta con el aceite, el vinagre, sal y pimienta. Verterla sobre las papas, mezclar bien y repartirlas en los platos. Colocar dos filetes de arenque en cada plato y espolvorearlos con el cebollín. Servir de inmediato.

La ensalada sabrá mejor si las papas están tibias. Si no se pueden servir de inmediato, se recomienda conservarlas calientes después de haberlas sazonado.

■ **Preparación:** 20 min ■ **Cocción:** 25 min

EN ALGUNOS PAÍSES SE LLAMA:
Cebollín: *cebolleta, cebollino, ciboulette*. Papa: *patata*.

Filetes de arenque marinados en aceite

Para una terrina pequeña

- 800 g de filetes de arenque ligeramente ahumados
- 1 litro de leche
- 4 cebollas
- 3 zanahorias
- 2 cucharadas de cilantro en granos
- 1 hoja de laurel
- 2 ramitas de tomillo
- 1 litro de aceite de cacahuate

❶ Poner los filetes de arenque en una terrina y cubrirlos con leche. Taparla con una película plástica autoadherente y dejarlos remojar 24 h en el refrigerador.

❷ Escurrir y secar los filetes. Pelar y cortar las cebollas y las zanahorias en rodajas delgadas.

❸ Colocar la mitad de las cebollas en el fondo de la terrina. Acomodar los filetes encima, añadir el resto de las cebollas, las rodajas de zanahoria, el cilantro en granos y la hoja de laurel cortada en pedacitos. Desmoronar el tomillo. Recubrirlo todo con el aceite de cacahuate.

❹ Tapar la terrina y dejar marinar de 8 a 10 días en la parte baja del refrigerador antes de consumir.

■ **Preparación:** 15 min ■ **Reposo:** 24 h

■ **Marinada:** de 8 a 10 días

EN ALGUNOS PAÍSES SE LLAMA:
Cacahuate: *cacahuete, maní*. Cilantro: *coriandro, culantro*. Refrigerador: *heladera, nevera*.

Atún: preparación

El atún es un pescado muy grande, por esta razón siempre se vende rebanado en las pescaderías. Sin embargo, hay que enjuagar las rebanadas bajo un chorro de agua fría y secarlas con un papel absorbente antes de cocinarlas.

Atún con berros

Para 4 o 6 personas

- *400 g de berros*
- *4 chalotes*
- *1 diente de ajo*
- *50 g de mantequilla*
- *4 yemas de huevo*
- *250 ml de crema fresca*
- *1 cucharada de aceite de cacahuate*
- *5 rebanadas de atún de 150 g cada una, aproximadamente*
- *sal y pimienta*

❶ Desprender las hojas de berro, lavarlas y picarlas. Pelar y picar los chalotes y el ajo.

❷ En una cacerola, derretir la mantequilla, agregarle los chalotes y el ajo picados, dorarlos un poco, luego agregar el berro picado. Cocer durante 5 minutos sin dejar de remover. Condimentar con sal y pimienta al gusto.

❸ En un bol, mezclar las yemas de huevo con la crema, luego añadir unas dos cucharadas del salteado de berros bien caliente y mezclar con energía.

❹ Volver a colocar el contenido del bol en la cacerola, poner a fuego lento, sin dejar de revolver. Probar y, en caso de ser necesario, condimentar con sal y pimienta al gusto. Al cabo de 2 minutos, retirar la cacerola del fuego. Verter la salsa en un bol y mantenerla caliente.

❺ Con la ayuda de un pincel, engrasar con aceite las rebanadas de atún. Calentar un sartén con recubrimiento antiadherente (tipo Teflón) y cocer las rodajitas de atún entre 7 y 8 minutos de cada lado.

❻ Escurrirlas, acomodarlas sobre una fuente, bañarlas con la salsa y llevarlas a la mesa de inmediato.

■ **Preparación:** 15 min ■ **Cocción:** alrededor de 15 min

EN ALGUNOS PAÍSES SE LLAMA:

Cacahuate: *cacahuete, maní.* Chalote: *ascalonia, chalota, echalote, escalonia.* Crema: *nata.* Mantequilla: *manteca.*

Brochetas de atún a la niçoise

Para 12 brochetas

- 1/2 kg de atún
- 100 ml de aceite de oliva
- 1 limón
- 250 ml de salsa Villeroi
  (→ ver pág. 72)
- 1 cucharada de concentrado
  de tomate
- 1/2 manojo de estragón
- 400 g de pan molido a la
  inglesa (→ ver pág. 104)
- 24 aceitunas negras grandes
- 24 hongos pequeños
- 12 filetes de anchoas en
  aceite
- aceite
- palillos de madera para
  brocheta
- sal y pimienta

❶ Cortar el atún en cuadritos pequeños y ponerlos a marinar entre 1 y 2 horas en aceite de oliva mezclado con jugo de limón, sal y pimienta.

❷ Mientras tanto, preparar la salsa Villeroi. Agregarle el concentrado de tomate y las hojas de estragón picadas y mantenerla caliente.

❸ Preparar el pan molido a la inglesa. Deshuesar las aceitunas. Lavar y secar los hongos.

❹ Secar los filetes de anchoa. Calentar el aceite.

❺ Armar las brochetas alternando una aceituna, un pedazo de atún, una cabeza de hongo (guardar los tronquitos para otra ocasión), y un filete de anchoa enrollado.

❻ Sumergir las brochetas una por una en la salsa Villeroi, empanizarlas y colocarlas en el aceite previamente calentado a 180 °C durante 5 minutos, aproximadamente. Escurrirlas sobre un papel absorbente.

■ **Preparación:** 30 min ■ **Marinada:** de 1 a 2 h
■ **Cocción:** 5 min

> **EN ALGUNOS PAÍSES SE LLAMA:**
> Anchoa: *anchova, boquerón.* Deshuesar: *descarozar.* Empanizar: *empanar, rebozar.*

Estofado de atún a la provenzal

Para 4 o 6 personas

- 6 filetes de anchoa en aceite
- 2 rebanadas de atún que
  pesen entre 300 y 350 g
  cada una
- 150 ml de aceite de oliva
- 1 limón
- 2 cebollas
- 4 jitomates grandes
- 2 dientes de ajo
- 1 bouquet garni
- 300 ml de vino blanco
- sal y pimienta

❶ Secar los filetes de anchoa. Con un cuchillo pequeño, practicar seis incisiones en cada rebanada de atún y colocar en ellas la mitad de cada filete de anchoa.

❷ Colocar el atún en una charola, bañarlo con 100 ml de aceite de oliva y jugo de limón. Condimentar con sal y pimienta al gusto y dejar marinar durante 1 hora.

❸ Pelar y picar las cebollas. Pasar los jitomates por agua hirviendo, pelarlos, quitarles las semillas y cortarlos en pedazos. Pelar y machacar los dientes de ajo.

❹ En una olla, verter el resto del aceite de oliva y sofreír las cebollas. Cuando estén doradas, retirarlas con una espumadera y colocarlas sobre un plato pequeño.

❺ Escurrir las rebanadas de atún, colocarlas en la olla y dorarlas por ambos lados.

⑥ Volver a colocar las cebollas dentro de la olla, agregar los jitomates, los dientes de ajo y el bouquet garni. Tapar la olla y cocer a fuego lento durante 15 minutos.

⑦ Precalentar el horno a 220 °C.

⑧ Añadir el vino blanco a la olla, mezclar bien, volver a tapar la olla y continuar la cocción en el horno otros 45 minutos. Bañar las rebanadas de atún varias veces con el líquido de cocción.

⑨ Retirar las rebanadas de atún de la olla, colocarlas sobre la charola en que se van a servir y mantenerlas calientes.

⑩ Retirar el bouquet garni. Colocar la olla sobre el fuego de la estufa y reducir el líquido de cocción a la mitad, aproximadamente. Probar y, en caso de ser necesario, volver a condimentar. Verter la salsa sobre el atún. Servir bien caliente.

■ **Preparación:** 30 min ■ **Marinada:** 1 h

■ **Cocción:** alrededor de 1 h

> **EN ALGUNOS PAÍSES SE LLAMA:**
>
> Anchoa: *anchova, boquerón.* Charola: *bandeja.* Estufa: *cocina* (dispositivo o aparato en el que se hace fuego o produce calor para guisar los alimentos). Jitomate: *tomate.* Quitar las semillas: *despepitar.*

Mousse de atún

Para 4 o 6 personas

- *150 ml de mayonesa tradicional (→ ver pág. 96)*
- *50 ml de crema fresca*
- *450 g de atún en aceite*
- *400 g de ejotes muy delgados*
- *1 cucharada de vinagre o jugo de limón*
- *3 cucharadas de aceite de oliva*
- *1 limón*
- *sal*

① Preparar la mayonesa tradicional. Batir la crema fresca.

② Escurrir el atún y pasarlo por la licuadora. Mezclar la mayonesa, la crema batida y el puré de atún. Rellenar con este preparado un molde para pastel que tenga recubrimiento antiadherente. Alisar la superficie y colocar el molde en el refrigerador durante 6 horas.

③ Quitarles la nervadura fibrosa a los ejotes y cocerlos durante 8 minutos en agua hirviendo con poca sal. Escurrirlos en un colador, enjuagarlos bajo un chorro de agua fría, removiéndolos bien para que se enfríen y conserven su color verde. Dejarlos enfriar por completo.

④ Preparar la vinagreta con el vinagre o el jugo de limón, sal y aceite de oliva, y mezclarla con los ejotes.

⑤ Desmoldar el mousse de atún sobre la fuente en que se va a servir. Colocar los ejotes por encima y alrededor como decoración. Agregar, además, mitades de rodajas de limón acanaladas. Servir frío.

■ **Preparación:** 15 min (con 6 h de anticipación)

■ **Cocción:** 8 min

> EN ALGUNOS PAÍSES SE LLAMA:
>
> Crema: *nata*. Ejote: *chaucha, judía verde, poroto verde, vaina, vainica, vainita*. Refrigerador: *heladera, nevera*.

Rodajas de atún a la vasca

Para 4 o 6 personas

- 2 pimientos rojos
- 1 berenjena
- 4 jitomates
- 2 cebollas
- 1 diente de ajo
- 2 cucharadas de harina
- 1 rodaja de atún que pese entre 800 g y 1 kg
- 2 cucharadas de aceite de oliva
- 1 ramita de tomillo
- 1 hoja de laurel
- 1 pizca de pimienta de Cayena
- sal

❶ Cortar los pimientos a la mitad, quitarles las semillas y cortar la pulpa en rebanadas delgadas. Cortar la berenjena, sin pelarla, en cuadritos pequeños. Pasar los jitomates por agua hirviendo, pelarlos y cortarlos en pedazos. Pelar y picar las cebollas y el ajo.

❷ Enharinar la rodaja de atún. En una olla, calentar el aceite, colocarle el atún y dorarlo por los dos lados durante 5 minutos. Retirar la rodaja de atún de la olla.

❸ Colocar los pimientos en la olla y cocerlos durante 3 minutos removiendo bien.

❹ Añadir luego la berenjena en cuadritos, el ajo, las cebollas picadas y mezclar bien. Finalmente, agregar el jitomate picado, el tomillo, el laurel, sal y la pizca de pimienta de Cayena. Mezclar bien y cocer hasta que comience a hervir.

❺ Volver a colocar la rodaja de atún en la olla, taparla y reducir el fuego. Dejar que todos los ingredientes se incorporen a fuego lento durante aproximadamente 45 minutos.

Servir muy caliente con calabacitas al vapor o papas al vapor.

■ **Preparación:** 30 min ■ **Cocción:** alrededor de 1 h

> EN ALGUNOS PAÍSES SE LLAMA:
>
> Calabacita(s): *calabacín, calabaza italiana, zapallito italiano, zapallito largo, zucchini*. Jitomate: *tomate*. Papa: *patata*. Pimiento: *ají, locote, morrón*. Quitar las semillas: *despepitar*.

Rodajas de atún al curry

Para 4 o 6 personas

- *10 filetes de anchoas saladas*
- *1 rodaja de atún que pese entre 800 g y 1 kg*
- *2 ramitas de tomillo*
- *1 hoja de laurel*
- *350 ml de vino blanco seco*
- *3 cucharadas de aceite de oliva*
- *4 ramas de apio*
- *3 cebollas*
- *3 jitomates grandes*
- *1 cucharada de curry*
- *1 pizca de azafrán*
- *1 limón*
- *sal y pimienta*

❶ Desalar los filetes de anchoa bajo un chorro de agua fría y partirlos en dos. Practicar incisiones regulares en la rodaja de atún y colocar en cada una de ellas la mitad de un filete de anchoa. Colocar la rodaja de atún en un plato hondo.

❷ Desmenuzar el tomillo y el laurel encima del atún, verterle el vino blanco y una cucharada de aceite de oliva. Dejar marinar la rodaja de atún durante 1 hora en el refrigerador volteándola dos o tres veces.

❸ Mientras tanto, pelar el apio y cortarlo en pedacitos. Pelar y picar las cebollas. Pasar los jitomates por agua hirviendo, pelarlos, quitarles las semillas y cortarlos en pedazos.

❹ Calentar una cucharada de aceite en una olla. Agregarle el apio y las cebollas, cocer a fuego medio durante 3 minutos, sin dejar de remover. Añadir los jitomates, el curry y el azafrán, así como sal y pimienta al gusto. Dejar que los ingredientes se incorporen a fuego lento y con la olla tapada durante 30 minutos, revolviendo de vez en cuando.

❺ Retirar y escurrir la rodaja de atún y secarla con un papel absorbente. En un sartén calentar una cucharada de aceite y dorar la rodaja de atún por ambos lados durante 3 minutos.

❻ Colocar la rodaja de atún en la olla, colar la marinada y agregársela. Mezclar bien. Tapar y cocer a fuego lento durante 1 hora.

❼ Exprimir el limón y añadir su jugo. Mezclar. Probar y, en caso de ser necesario, condimentar al gusto. Servir bien caliente.

Este plato se sirve con arroz blanco (→ ver pág. 844).

■ **Preparación:** 30 min ■ **Marinada:** 1 h
■ **Cocción:** 1 h 40 min

EN ALGUNOS PAÍSES SE LLAMA:
Anchoa: *anchova, boquerón*. Jitomate: *tomate*. Quitar las semillas: *despepitar*. Refrigerador: *heladera, nevera*.

Bacalao: preparación

Antes de utilizar el bacalao, debe desalarse casi por completo. Para ello, es necesario colocar los filetes en un colador y sumergirlo dentro de un recipiente lleno de agua fría. Luego, dejar los filetes en el agua durante 12 horas, cambiando ésta tres o cuatro veces para que se les quite bien la sal.

El pejesapo es un bacalao seco que necesita permanecer un tiempo más prolongado dentro del agua para que se le quite la sal; varía entre 24 y 48 horas.

EN ALGUNOS PAÍSES SE LLAMA:
Bacalao: *abadejo*.

Bacalao a la benedictina

Para 4 o 6 personas

- 800 g de bacalao
- 400 g de papas
- 400 ml de leche
- 200 ml de aceite de oliva
- 30 g de mantequilla
- sal y pimienta

❶ Desalar el bacalao (→ ver arriba preparación de bacalao). Colocarlo en una cacerola, cubrirlo con agua fría y ponerlo a hervir a fuego muy bajo de 8 a 10 minutos.

❷ Pelar las papas y cortarlas en pedazos. Cocerlas en agua con sal y, una vez cocidas, escurrirlas.

❸ Precalentar el horno a 200 °C. Luego de haber desmenuzado el bacalao, colocarlo en una charola y hornearlo de 2 a 3 minutos en el horno caliente para que se seque.

❹ Calentar la leche.

❺ Con el mazo de un mortero, triturar el bacalao y las papas, ya sea en un mortero o en una ensaladera. Incorporar el aceite de oliva, sin dejar de machacar, alternándolo con la leche caliente, hasta el momento en que la pasta tenga la consistencia de un puré. Añadir sal y pimienta al gusto.

❻ Mantener el horno a una temperatura de 200 °C. Engrasar con mantequilla una charola para gratín y verterle este puré, alisando completamente la superficie.

⑦ Bañar con mantequilla derretida y hornear de 5 a 7 minutos hasta que se dore. Servir bien caliente.

■ **Desalado:** alrededor de 12 h ■ **Preparación:** 30 min
■ **Cocción:** de 5 a 7 min

> **EN ALGUNOS PAÍSES SE LLAMA:**
> Bacalao: *abadejo*. Charola: *asadera*. Mantequilla: *manteca*.
> Papa: *patata*.

Bacalao a la criolla

Para 4 o 6 personas

- 3/4 kg de bacalao
- 1 y 1/2 kg de jitomates
- 2 cebollas
- 4 dientes de ajo
- 200 ml aproximadamente de aceite de oliva
- 1 pizca de pimienta de Cayena
- 2 pimientos verdes
- 1 o 2 limones verdes
- sal y pimienta

① Desalar el bacalao (→ ver preparación de bacalao, pág. 343). Sumergirlo en agua fría, poner a hervir y cocer a fuego muy bajo de 5 a 7 minutos, después de que alcance la ebullición. Escurrirlo, desmenuzarlo y quitarle las espinas.

② Pasar los jitomates por agua hirviendo y pelarlos. Apartar seis de ellos y a los demás quitarles las semillas y cortarlos en pedazos. Pelar y picar las cebollas y el ajo.

③ Verter tres cucharadas de aceite de oliva en una olla y sofreír las cebollas. Cuando estén doradas, agregar los jitomates y el ajo, una pizca de pimienta de Cayena, además de sal y pimienta al gusto. Cocer hasta que se haya evaporado la mayor cantidad de líquido posible.

④ Precalentar el horno a 230 °C.

⑤ Cortar a la mitad y quitarles las semillas a los seis jitomates que se habían apartado. Abrir y limpiar el interior de los pimientos verdes y cortarlos en rebanadas muy delgadas.

⑥ Verter dos cucharadas de aceite en un sartén y dorar los jitomates y los pimientos. Condimentar con sal y pimienta. Voltear los jitomates para que se doren por ambos lados.

⑦ Engrasar con aceite una charola para gratín y verterle la salsa concentrada de tomate. Colocar encima el bacalao desmenuzado. Cubrirlos con las mitades de jitomates y las rebanaditas de pimientos.

❽ Verter dos cucharadas de aceite y hornear durante 10 minutos bañando con un poco de jugo de limón verde.

Servir muy caliente con arroz blanco (→ ver pág. 844).

■ **Desalado:** 12 h ■ **Preparación:** 40 min
■ **Cocción:** 10 min

> EN ALGUNOS PAÍSES SE LLAMA:
> Bacalao: *abadejo*. Charola: *asadera*. Jitomate: *tomate*. Pimiento: *ají, locote, morrón*. Quitar las semillas: *despepitar*.

Bacalao a la provenzal

Para 4 o 6 personas

- *800 g de bacalao*
- *1/2 litro de salsa concentrada de jitomate (→ ver pág. 819)*
- *2 dientes de ajo*
- *2 cucharadas de perejil picado*
- *sal y pimienta*

❶ Desalar el bacalao (→ ver preparación de bacalao, pág. 343).

❷ Preparar o descongelar la salsa concentrada de jitomate.

❸ Cocer el bacalao en agua y desmenuzarlo como para un bacalao de Nîmes a la provenzal (→ ver pág. 346).

❹ Pelar y picar los dientes de ajo. Verter la salsa concentrada de jitomate en un sartén salteador (o en un sartén grande), agregar el ajo y el bacalao y mezclar bien. Dejar que los ingredientes se incorporen durante 10 minutos, a fuego bajo, sin permitir que hiervan.

❺ Probar y, de ser necesario, condimentar al gusto. Posteriormente, verter el preparado en la fuente en que se va a servir y espolvorearlo con el perejil finamente picado.

■ **Desalado:** 12 h ■ **Preparación:** 30 min
■ **Cocción:** 10 min

> EN ALGUNOS PAÍSES SE LLAMA:
> Bacalao: *abadejo*.

Bacalao de Nîmes a la provenzal

Para 4 o 6 personas

- *1 kg de bacalao*
- *800 ml de aceite de oliva*
- *250 ml de leche*
- *5 o 6 rebanadas de pan de caja duro (o tostado)*
- *2 dientes de ajo*
- *sal y pimienta blanca*

❶ Desalar el bacalao (→ ver preparación de bacalao, pág. 343).

❷ Poner a hervir agua en una olla muy grande o en una cacerola grande y colocar en ella los filetes de bacalao. Reducir el fuego y cocer los filetes durante 8 minutos sin dejar que hierva fuerte.

❸ Escurrirlos, retirarles la piel y las espinas. Desmenuzarlos con la yema de los dedos.

❹ Poner a calentar en una cacerola 200 ml de aceite de oliva. Cuando el aceite esté bien caliente, agregar el bacalao, reducir el fuego inmediatamente y mover los filetes de bacalao, siempre con fuego bajo, volteándolos hasta que estén cada vez más pastosos.

❺ Calentar la leche. Cuando la pasta de bacalao tenga una consistencia muy lisa, retirar la cacerola del fuego y seguir mezclando. Irle agregando 400 o 500 ml de aceite de oliva, pero sin dejar de revolver (como si se tratara de una mayonesa), alternando el aceite con la leche bien caliente. Condimentar con sal y pimienta blanca al gusto. La pasta blanca y homogénea debe tener la consistencia de un puré de papas. Mantenerla caliente.

❻ Frotar las rebanadas de pan de caja con los dientes de ajo pelados. Cortarlas en cuatro o en triangulitos y freírlas en el resto del aceite de oliva.

❼ Verter el bacalao a la provenzal en un plato hondo grande, dándole forma de domo. Decorar con los croûtons al ajo y servirlo bien caliente.

> Si queda algo del bacalao a la provenzal se puede recalentar fácilmente, ya sea en el horno de microondas o en una cacerola, a fuego lento, volteándolo constantemente para que no se pegue al recipiente.

■ **Desalado:** alrededor de 12 h ■ **Preparación:** 30 min

■ **Cocción:** de 15 a 20 min

EN ALGUNOS PAÍSES SE LLAMA:

Bacalao: *abadejo*. Croûton: *crostón, cruton, picatoste* (cuadritos de pan frito, muy utilizados en ensaladas). Pan de caja: *pan de molde, pan inglés o pan lactal*. Papa: *patata*.

Filetes de bacalao a la maître d'hôtel

Para 4 o 6 personas

- de 600 a 800 g de filetes de bacalao
- 1 kg de papas pequeñas
- 100 g de mantequilla maître d'hôtel (→ ver pág. 41)
- 400 g de pan molido a la inglesa (→ ver pág. 104)
- 20 g de mantequilla
- 4 cucharadas de aceite de cacahuate

❶ Desalar los filetes de bacalao completos (→ ver preparación de bacalao, pág. 343).

❷ Pelar las papas y cocerlas en agua con sal.

❸ Preparar la mantequilla maître d'hôtel y el pan molido a la inglesa.

❹ Cortar los filetes de bacalao ya sin sal en rebanadas de 3 a 4 cm, aplanarlas ligeramente y empanizarlas.

❺ Calentar la mantequilla y el aceite en un sartén y freír las rebanadas de bacalao de 3 a 5 minutos volteándolas para que se cuezan por ambos lados.

❻ Derretir la mantequilla maître d'hôtel en el horno de microondas durante 1 minuto y usarla para bañar las rebanadas de bacalao. Servir las papas cocidas por separado.

■ **Desalado:** 12 h ■ **Preparación:** 15 min

■ **Cocción:** alrededor de 5 min

> **EN ALGUNOS PAÍSES SE LLAMA:**
> Bacalao: *abadejo.* Cacahuate: *cacahuete, maní.* Empanizar: *empanar, rebozar.* Mantequilla: *manteca.* Papa: *patata.*

Bacalao ahumado a la india

Para 4 o 6 personas

- 800 g de bacalao ahumado
- 1 litro de leche
- 1/2 litro de salsa india (→ ver pág. 90)
- 2 cebollas grandes
- 30 g de mantequilla

❶ Poner a remojar el bacalao durante 2 o 3 horas en la leche fría.

❷ Preparar la salsa india.

❸ Pelar y cortar finamente las cebollas y sofreírlas en la mantequilla hasta que se suavicen. Dejar que se enfríen.

❹ Secar el pescado, cortarlo en cuadritos pequeños y quitarle las espinas.

❺ Añadir los pedazos de pescado a las cebollas y luego verter la salsa india. Mezclar bien. Cocer durante 10 minutos, a fuego bajo y con la olla tapada.

Servir con arroz a la india (→ ver pág. 841).

■ **Remojo:** de 2 a 3 h ■ **Preparación:** 5 min

■ **Cocción:** 10 min

> **EN ALGUNOS PAÍSES SE LLAMA:**
> Bacalao: *abadejo.* Mantequilla: *manteca.*

Bacalao ahumado con huevo

Para 4 o 6 personas

- *800 g de filetes de bacalao ahumado*
- *1 litro de leche*
- *1 hoja de laurel*
- *4 o 6 huevos*
- *120 g de mantequilla*
- *1 limón*
- *hojitas de perejil chino*
- *pimienta*

❶ En una ensaladera, poner a remojar el bacalao ahumado en la leche fría durante aproximadamente 30 minutos.

❷ Sacar el pescado de la leche y ponerla en una cacerola, junto con el laurel, y dejar que hierva. Añadir el bacalao fresco y bajar el fuego al mínimo. Dejar que se cueza a fuego muy bajo durante 10 minutos como máximo.

❸ Mientras tanto, preparar los huevos pochés (→ ver pág. 258).

❹ Cortar la mantequilla en pedazos y derretirla sin llegar a cocerla. Exprimir el limón y agregar el jugo a la mantequilla derretida, sin dejar de remover.

❺ Escurrir el bacalao fresco y servir un filete en cada plato, colocar un huevo poché encima del filete y bañarlo con la mantequilla al limón. Agregar pimienta y espolvorear con el perejil chino.

Servir con papas hervidas o cocidas al vapor.

■ **Remojo:** 30 min ■ **Preparación:** 15 min
■ **Cocción:** de 8 a 10 min

> EN ALGUNOS PAÍSES SE LLAMA:
> Bacalao: *abadejo*. Mantequilla: *manteca*. Papa: *patata*.

Bacalao fresco: preparación

Los bacalaos pequeños (de 1 a 3 kg de peso) siempre se ve iden vacíos. Sólo hay que escamarlos, si es que el empleado de la pescadería no lo hace, lavarlos bien y secarlos.

Los filetes y las rebanadas de bacalao grande siempre se deberán enjuagar bajo un chorro de agua fría y secarse con un papel absorbente antes de ser utilizados. Más allá de cuál sea el tamaño del pescado, la carne de bacalao es muy frágil, por lo que no puede asarse a las brasas.

> EN ALGUNOS PAÍSES SE LLAMA:
> Bacalao: *abadejo*.

Bacalao fresco a la india

Para 4 o 6 personas

- 2 filetes de bacalao fresco de 400 g o 1/2 kg cada uno
- 3 cebollas grandes
- 5 jitomates
- 2 dientes de ajo
- 1 manojo pequeño de perejil
- 6 cucharadas de aceite de cacahuate
- 1 cucharada grande de curry
- 200 ml de vino blanco
- sal y pimienta

❶ Condimentar los filetes de bacalao fresco con sal y pimienta al gusto.

❷ Picar las cebollas. Pasar los jitomates por agua hirviendo, pelarlos y cortarlos. Picar el ajo y el perejil. En una olla, calentar cuatro cucharadas de aceite y sofreír las cebollas y los jitomates. Tapar la olla y dejar que los ingredientes se incorporen alrededor de 20 minutos.

❸ Añadir sal y pimienta, el ajo y el perejil picados y cocer durante 10 minutos más.

❹ Precalentar el horno a 220 °C. Colocar el bacalao fresco en la olla, sobre los jitomates, espolvorearlo con curry, bañarlo con dos cucharadas de aceite y el vino blanco seco. Comenzar la cocción sobre el fuego y luego hornear durante 15 minutos, rociando el pescado tres o cuatro veces con el jugo de cocción.

Servir muy caliente con arroz a la india (→ ver pág. 841).

■ **Preparación:** 15 min ■ **Cocción:** 45 min

> En algunos países se llama:
> Bacalao: *abadejo.* Cacahuate: *cacahuete, maní.* Jitomate: *tomate.*

Bacalao fresco asado a la flamenca

Para 4 personas

- 2 chalotes
- 4 filetes de bacalao fresco de 150 g cada uno
- 1 limón
- 20 g de mantequilla
- 3 cucharadas de perejil picado
- 200 ml de vino blanco
- 2 rebanadas de pan tostado
- sal y pimienta

❶ Precalentar el horno a 220 °C. Picar los chalotes.

❷ Condimentar los filetes de bacalao fresco con sal y pimienta al gusto. Pelar el limón quitándole toda la piel blanca y cortarlo en rodajas.

❸ Engrasar con mantequilla una charola para horno, espolvorearla con los chalotes picados y dos cucharadas de perejil también picado. Acomodar los filetes en la charola y cubrirlos con vino blanco hasta que apenas se tapen. Colocar sobre cada filete de bacalao fresco una rodaja de limón. Comenzar el proceso de cocción sobre el fuego hasta que empiece a hervir y luego colocar la charola en el horno y cocer durante 15 minutos.

❹ Escurrir los filetes, distribuirlos en el plato en que se van a servir y mantenerlos calientes.

⑤ Desmoronar muy finamente las rebanadas de pan tostado. Verter el contenido de la charola en una cacerola. Poner a hervir a fuego lento el líquido de cocción hasta que se reduzca un poco. Luego, sin parar de remover, agregar las rebanadas de pan tostado desmoronadas y el resto de la mantequilla.

⑥ Mezclar todo bien y verter esta salsa sobre el bacalao fresco. Espolvorear con el resto del perejil picado.

■ **Preparación:** 15 min ■ **Cocción:** de 15 a 20 min

> EN ALGUNOS PAÍSES SE LLAMA:
> Bacalao: *abadejo.* Chalote: *ascalonia, chalota, echalote, escalonia.* Charola: *asadera.* Mantequilla: *manteca.*

Bacalao fresco rostizado

Para 4 o 6 personas

- 1 bacalao fresco de 1 y 1/2 kg
- 3 cucharadas de aceite
- 2 limones
- 100 g de mantequilla
- 150 ml de vino blanco
- sal y pimienta

① Preparar el bacalao fresco. Condimentarlo con sal y pimienta, bañarlo en aceite y jugo de limón y dejarlo macerar durante 30 minutos.

② Derretir la mantequilla. Escurrir el pescado, ensartarlo en el rostizador del horno y untarle mantequilla derretida con un pincel. Girar el rostizador y hornearlo de 15 a 20 minutos untándole mantequilla derretida varias veces.

③ Acomodarlo sobre la fuente en que se va a servir y mantenerlo caliente.

④ Colocar el recipiente en el que se recogió la grasa de cocción sobre la flama de la estufa. Verterle el vino blanco y calentar raspándolo con una cuchara de madera. Reducir este líquido un poco y usarlo para bañar el pescado.

También puede cocerse el bacalao en el horno (a 220 °C), con la condición de hacerlo sobre una parrilla para que no se bañe en el jugo de cocción.

■ **Preparación:** 10 min ■ **Marinada:** 30 min
■ **Cocción:** alrededor de 20 min

> EN ALGUNOS PAÍSES SE LLAMA:
> Bacalao: *abadejo.* Estufa: *cocina* (dispositivo o aparato en el que se hace fuego o produce calor para guisar los alimentos). Mantequilla: *manteca.*

Bacalao fresco salteado a la crema

Para 4 personas

- *4 rebanadas de bacalao fresco de aproximadamente 150 g cada una*
- *50 g de mantequilla*
- *150 ml de crema fresca*
- *sal y pimienta*

① Condimentar las rebanadas de bacalao fresco con sal y pimienta al gusto.
② Derretir 30 g de mantequilla en un sartén y dorar el pescado a fuego alto, volteando las rebanadas. Agregar la crema fresca. Tapar y cocer entre 7 y 10 minutos.
③ Escurrir el pescado, acomodarlo sobre una fuente y mantenerlo caliente.
④ Poner a hervir la crema hasta que se reduzca casi a la mitad. Añadir sal y pimienta.
⑤ Una vez fuera del fuego, agregarle 20 g de mantequilla, verterla sobre el bacalao fresco y servir de inmediato.

■ **Preparación:** 5 min ■ **Cocción:** alrededor de 15 min

> **EN ALGUNOS PAÍSES SE LLAMA:**
> Bacalao: *abadejo.* Crema: *nata.* Mantequilla: *manteca.*

Estofado de bacalao a la crema

Para 4 o 6 personas

- *800 g de filetes de bacalao fresco*
- *2 cebollas*
- *30 g de mantequilla*
- *200 ml de vino blanco*
- *200 ml de crema fresca*
- *sal y pimienta*

① Cortar los filetes de bacalao fresco en cuadrados de 5 cm de lado, colocarlos sobre un papel absorbente y condimentarlos con sal y pimienta al gusto.
② Picar las cebollas. En una olla, derretir la mantequilla y verter las cebollas picadas. Dejarlas cocer removiendo de vez en cuando entre 10 y 15 minutos.
③ Cuando estén listas, agregarles los cuadrados de pescado y soasarlos a fuego alto; luego, retirarlos con una espumadera y acomodarlos en una fuente.
④ Verter el vino blanco y dejar a fuego lento hasta que el líquido se reduzca tres cuartas partes. Agregar la crema fresca, mezclar bien y cocer a fuego alto otros 5 minutos para que la salsa vuelva a reducirse.
⑤ Colocar nuevamente los cuadrados de pescado en la olla y cocer durante otros 5 minutos.

■ **Preparación:** 15 min ■ **Cocción:** de 20 a 25 min

> **EN ALGUNOS PAÍSES SE LLAMA:**
> Bacalao: *abadejo.* Crema: *nata.* Mantequilla: *manteca.*

Pusandao de bagre

Para 6 personas

- 1 1/2 kg de bagre en rodajas
- 500 g de yuca
- 500 g de papas
- 4 plátanos verdes
- 1 taza de ogao
  (→ ver pág. 59)
- 2 tazas de agua de coco
- 2 tazas de agua
- 2 tazas de leche de coco
- sal y pimienta

❶ Colocar en una olla el agua de coco, el agua, la yuca, las papas y los plátanos en trozos y el ogao. Cocinar por 30 minutos.

❷ Agregar la leche de coco y el pescado, cocinar a fuego bajo y tapado por 15 minutos.

■ **Preparación:** 15 min ■ **Cocción:** 45 min

> **EN ALGUNOS PAÍSES SE LLAMA:**
> Papa: *patata*. Plátano: *banana, cambur*. Yuca: *mandioca*.

Besugo y dorado: preparación

El besugo real tiene una carne muy fina, llega a pesar hasta 3 kg y se pesca en el mar Mediterráneo, pero también se reproduce en criaderos.

El dorado rosa, que pesa hasta 3 kg, proviene sobre todo del Atlántico. Su carne es menos compacta y un poco más seca.

El dorado gris pesa entre 300 g y 2 kg. Es el más conocido de todos. Se pesca tanto en el Atlántico como en el Mediterráneo.

Todos estos pescados, que se venden enteros y ya vacíos, se deben escamar con mucho cuidado, lavar y secar. Se pueden asar a la parrilla sin ningún problema. En los establecimientos comerciales pueden conseguirse filetes congelados.

Besugo real con limón cristalizado

Para 4 o 6 personas

- 1 besugo de aproximadamente 1 kg y 600 g
- 1 cucharada de semillas de cilantro

❶ Escamar y vaciar el besugo. Realizar algunas incisiones en forma de cruz con un cuchillo sobre el dorso del pescado.

❷ Precalentar el horno a 230 °C. Engrasar con mantequilla una charola para gratín y distribuir en el fondo de la misma nueve rebanadas de limón cristalizado. Colocar

- *15 rebanadas de limón cristalizado (→ ver pág. 46)*
- *1 o 2 limones*
- *5 cucharadas de aceite de oliva*
- *sal y pimienta*

encima el besugo y condimentar con sal y pimienta al gusto. Espolvorear las semillas de cilantro.

❸ Colocar seis rebanadas de limón cristalizado en el dorso del pescado y bañar con dos cucharadas de jugo de limón y cuatro cucharadas de aceite de oliva.

❹ Meter la charola en el horno y hornear durante 30 minutos, bañando varias veces el pescado con el jugo de cocción.

■ **Preparación:** 5 min ■ **Cocción:** 30 min

> **EN ALGUNOS PAÍSES SE LLAMA:**
> Charola: *asadera.* Cilantro: *coriandro, culantro.* Mantequilla: *manteca.*

Dorado a la molinera

Para 4 o 6 personas

- *2 dorados de 600 g o 3 dorados de 400 g cada uno, aproximadamente*
- *100 g de harina*
- *80 g de mantequilla*
- *2 limones*
- *2 cucharadas de perejil finamente picado*
- *sal y pimienta*

❶ Preparar los dorados y colocarlos sobre una hoja grande de papel absorbente. Con la punta de un cuchillo, practicarles algunas incisiones pequeñas sobre el dorso. Condimentarlos por ambos lados con sal y pimienta al gusto.

❷ Poner la harina en una charola, enharinar los pescados y sacudirlos ligeramente para eliminar su excedente.

❸ En un sartén grande, calentar 40 g de mantequilla y cocer los pescados, aproximadamente 10 minutos de cada lado.

❹ Escurrirlos, acomodarlos sobre una fuente alargada, espolvorearlos con el perejil finamente picado, bañarlos con jugo de limón y mantenerlos calientes.

❺ Colocar el resto de la mantequilla en el mismo sartén en que se frieron los pescados, calentarla hasta que adquiera un color dorado claro y verterla sobre los pescados cuando tenga una consistencia esponjosa. Servir inmediatamente.

■ **Preparación:** 15 min ■ **Cocción:** 20 min

> **EN ALGUNOS PAÍSES SE LLAMA:**
> Charola: *bandeja.* Mantequilla: *manteca.*

Dorado al vino blanco

Para 6 personas

- *1 dorado de 1 kg y 200 g*
- *2 zanahorias*
- *2 cebollas*
- *1 diente de ajo*
- *2 chalotes*
- *2 ramitas de apio*
- *150 g de hongos*
- *60 g de mantequilla*
- *1 ramita de tomillo*
- *1 hoja de laurel*
- *400 ml de moscatel*
- *1 limón*
- *sal y pimienta*

❶ Preparar el dorado. Condimentarlo con sal y pimienta al gusto tanto por fuera como por dentro.

❷ Pelar las zanahorias, las cebollas, el ajo y los chalotes. Quitarle las nervaduras fibrosas al apio y limpiar los hongos.

❸ Precalentar el horno a 230 °C. Picar finamente todas las verduras. En una cacerola, derretir la mantequilla. Añadir las verduras picadas y cocerlas durante 15 minutos junto con el tomillo y el laurel a fuego medio, revolviendo de vez en cuando.

❹ Distribuir esta preparación en el fondo de una charola para horno y colocar encima el dorado. Verter el vino blanco y un poco de agua hasta que la mitad del pescado se cubra con el líquido. Cortar el limón en rodajas y colocarlas sobre el dorado.

❺ Hornear durante 30 minutos, bañando frecuentemente con el jugo de cocción.

❻ Unos 10 minutos antes de servir, apagar el horno y cubrir la charola con una hoja de papel aluminio. Servir directamente en la charola de cocción, muy caliente.

■ **Preparación:** 30 min ■ **Cocción:** 30 min

> **En algunos países se llama:**
> Chalote: *ascalonia, chalota, echalote, escalonia*. Charola: *asadera*. Mantequilla: *manteca*.

Dorado relleno de hinojo

Para 4 o 6 personas

- *1 dorado de 1 kg y 600 g*
- *250 g de migajón de pan duro*
- *1 vaso de leche*
- *1 bulbo de hinojo*
- *2 chalotes*
- *2 cucharadas de licor de anís*
- *1 limón*
- *1 hoja de laurel*

❶ Escamar el dorado, vaciarlo por las agallas, lavarlo y secarlo (o pedirle al empleado de la pescadería que realice toda esta operación). Condimentarlo con sal y pimienta al gusto. Abrirlo por el dorso, a un lado y otro de la espina central. Hacerle un corte alrededor de la cabeza y la cola y quitarle esta última.

❷ En un bol, colocar el migajón de pan y la leche. Pelar y picar finamente el bulbo de hinojo y los chalotes. Exprimir el migajón de pan embebido en leche y mezclarlo con el hinojo picado. Añadir el licor de anís, una cucha-

- 1 ramita de tomillo
- 30 g de mantequilla
- 200 ml de vino blanco
- 2 cucharadas de aceite de oliva
- sal y pimienta

rada de jugo de limón, el laurel y el tomillo desmoronados y mezclar bien.

❸ Precalentar el horno a 250 °C. Rellenar el pescado con el preparado de hinojo y atarlo como si fuera un rollo, pero no demasiado ajustado.

❹ Engrasar con mantequilla una charola para gratín, espolvorear el fondo de la misma con los chalotes picados y colocar el dorado encima.

❺ Verter el vino blanco hasta que alcance una tercera parte de la altura del pescado y bañar con el aceite de oliva.

❻ Hornear durante 30 minutos bañando de vez en cuando con el jugo de cocción. Hacia el final de la cocción, proteger el pescado cubriéndolo con una hoja de papel aluminio para evitar que se reseque. Servir en la misma charola en que se coció.

■ **Preparación:** 30 min ■ **Cocción:** alrededor de 30 min

> **EN ALGUNOS PAÍSES SE LLAMA:**
> Chalote: *ascalonia, chalota, echalote, escalonia*. Charola: *asadera*. Mantequilla: *manteca*. Migajón: *borona, miga de pan, morona*.

Filetes de dorado a la juliana de verduras

Para 4 o 6 personas

- 2 cabezas de poro
- 4 ramas de apio
- 1/2 bulbo de hinojo
- 2 nabos pequeños (de preferencia frescos)
- 50 g de mantequilla
- 800 g de filetes de dorado
- 1 o 2 limones
- 200 ml de crema fresca
- sal y pimienta

❶ Pelar, lavar y cortar todas las verduras en bastoncitos delgados. Derretir 40 g de mantequilla en un sartén o una cacerola y poner a cocer las verduras a fuego bajo hasta que se suavicen. Agregar sal y pimienta al gusto.

❷ Precalentar el horno a 220 °C. Engrasar con mantequilla una charola para gratín y esparcir en ella la juliana de verduras. Añadir sal y pimienta a los filetes y colocarlos en la charola.

❸ Exprimir los limones hasta obtener dos cucharadas de jugo. Mezclar en un bol el jugo de limón y la crema fresca. Luego, verter esta mezcla sobre los filetes de pescado.

❹ Tapar la charola con una hoja de papel aluminio y hornear de 15 a 20 minutos. Servir en la misma charola.

De esta manera también se pueden preparar filetes de bacalao fresco o de cualquier otro pescado.

■ **Preparación:** 30 min ■ **Cocción:** de 15 a 20 min

> **EN ALGUNOS PAÍSES SE LLAMA:**
> Charola: *asadera*. Crema: *nata*. Mantequilla: *manteca*. Poro: *ajo porro, porro, puerro*.

Caballa: preparación

La caballa se puede pescar en cualquier época del año. Es abundante y barata y se presta a cualquier tipo de cocción. Su piel gris no tiene escamas. Este pescado debe vaciarse y lavarse con mucho cuidado y luego secarse sobre un papel absorbente.

> **EN ALGUNOS PAÍSES SE LLAMA:**
> Caballa: *macarela*.

Caballa con mejillones

Para 4 o 6 personas

- *1 kg de mejillones de criadero*
- *200 ml de vinagre*
- *2 litros de caldo para pescado (→ ver pág. 53)*
- *3 caballas de aproximadamente 1/2 kg cada una*
- *40 g de harina*
- *140 g de mantequilla*
- *3 yemas de huevo*
- *1 cucharada de crema fresca*
- *1 limón*
- *sal y pimienta*

❶ Limpiar los mejillones y ponerlos dentro de una olla con 100 ml de vinagre y a fuego alto para que se abran. Luego, quitarles las conchas, mantenerlos calientes y filtrar el líquido de cocción con un colador cubierto con un papel absorbente.

❷ Calentar el caldo para pescado y agregarle 100 ml de vinagre. Preparar las caballas, cortarlas en pedazos grandes y cocerlas durante 10 minutos en el caldo a hervores muy bajos.

❸ Sacar aproximadamente 400 ml del caldo para pescado, filtrarlo y hervirlo entre 5 y 10 minutos para que se reduzca un poco.

❹ Preparar una salsa blanca o velouté (→ ver pág. 65) con 40 g de mantequilla, la harina y el caldo reducido. Añadirle el jugo de cocción colado de los mejillones.

❺ En un bol, batir las yemas de huevo con la crema y, una vez fuera del fuego, incorporar esta mezcla a la salsa sin dejar de remover. Calentar a fuego lento para que la salsa se espese hasta que se quede pegada a la cuchara. Añadir pimienta.

6 Escurrir los pedazos de pescado, quitarles toda la piel, colocarlos en una fuente y rodearlos de mejillones. Poner la fuente en un lugar caliente.

7 Partir el resto de la mantequilla en pedacitos pequeños y agregarlos a la salsa junto con el jugo de limón, cociéndolos a fuego lento, sin dejar de remover. Probar y, de ser necesario, agregar sal y pimienta. Verter la salsa sobre las caballas y servir de inmediato.

■ **Preparación:** 40 min ■ **Cocción:** alrededor de 25 min

> EN ALGUNOS PAÍSES SE LLAMA:
> Caballa: *macarela*. Crema: *nata*. Mantequilla: *manteca*. Mejillón: *cholga, chorito, choro*.

Caballas a la normanda

Para 4 personas

- 4 caballas de aproximadamente 300 g cada una
- 2 cebollas
- 5 manzanas grandes
- 250 ml de sidra
- 50 ml de vinagre de sidra
- 30 g de mantequilla
- 1/2 manojo de cebollín
- sal y pimienta

1 Preparar las caballas o pedir en la pescadería que las preparen. Condimentarlas con sal y mucha pimienta, por dentro y por fuera.

2 Pelar las cebollas y una de las manzanas y cortarlas en rodajas. Colocarlas en el fondo de una olla. Poner encima las caballas. Verter la sidra y el vinagre de sidra. Ponerlas a hervir y, una vez lograda la ebullición, continuar la cocción a fuego muy lento durante 5 minutos. Dejar enfriar dentro de la olla.

3 Pelar las demás manzanas y cortarlas en cuatro partes. Derretir la mantequilla en un sartén y poner a dorar los pedazos de manzana, sin dejarlos mucho tiempo para que no se vuelvan compota.

4 Cortar los filetes de pescado. Acomodarlos en una fuente y mantenerlos calientes. Rodearlos con los pedacitos de manzana.

5 Reducir en aproximadamente un tercio el jugo de cocción y bañar los filetes con él. Ponerle una buena pizca de pimienta recién molida y espolvorearle el cebollín finamente picado.

■ **Preparación:** 15 min ■ **Cocción:** alrededor de 15 min

■ **Reposo:** alrededor de 20 min

> EN ALGUNOS PAÍSES SE LLAMA:
> Caballa: *macarela*. Cebollín: *cebolleta, cebollino, ciboulette*. Mantequilla: *manteca*.

Filetes de caballa a la dijonesa

Para 4 personas

- 4 caballas grandes
- 1 frasco pequeño de mostaza blanca
- 20 g de mantequilla
- 1 vaso de concentrado de pescado (→ ver pág. 54)
- 2 cebollas
- 2 cucharadas de aceite
- 1 cucharada de harina
- 1 vaso de vino blanco seco
- 1 bouquet garni
- 1 limón
- 1/4 de manojo de perejil
- sal y pimienta

❶ Cortar los filetes de caballa. Engrasar con mantequilla una charola para gratín. Condimentar los filetes con sal y pimienta al gusto y luego, con un pincel, barnizarlos con mostaza. Colocarlos en la charola.

❷ Preparar el concentrado de pescado.

❸ Pelar y picar finamente las cebollas. Poner el aceite en una cacerola y dorarlas. Agregar la harina y revolver bien. Verter el concentrado de pescado y el vino blanco seco y revolver. Agregar el bouquet garni y cocer todo de 8 a 10 minutos.

❹ Precalentar el horno a 200 °C. Verter la salsa sobre las caballas. Poner la cacerola sobre la flama de la estufa hasta que hierva y luego hornearla durante 10 minutos más.

❺ Escurrir los filetes de caballa y colocarlos en la fuente de servicio.

❻ Sacar el bouquet garni de la cacerola, agregar una cucharada de mostaza y mezclar bien. Probar y, de ser necesario, condimentar con sal y pimienta. Verter la salsa sobre los filetes.

❼ Adornar el plato con rodajas o gajos de limón y con ramitos pequeños de hojas de perejil.

■ **Preparación:** 15 min ■ **Cocción:** alrededor de 15 min

EN ALGUNOS PAÍSES SE LLAMA:

Caballa: *macarela*. Charola: *asadera*. Estufa: *cocina* (dispositivo o aparato en el que se hace fuego o produce calor para guisar los alimentos). Mantequilla: *manteca*.

Guiso de cazón

Para 4 personas

- 1 kg de cazón
- 2 limones
- 3 dientes de ajo
- 1 cebolla mediana
- 2 jitomates

❶ Blanquear el cazón en agua.

❷ Cortar el pescado en cubos, agregar agua y el jugo de los limones por unos minutos.

❸ Picar finamente el ajo y la cebolla, freír a fuego bajo en aceite por 5 minutos.

❹ Incorporar el jitomate y el pimiento previamente picados junto con la páprika.

- 1/2 pimiento rojo
- 1/2 cucharadita de páprika
- 5 cucharadas de aceite
- 1 cucharada de salsa inglesa
- sal y pimienta

⑤ Escurrir el pescado, agregarlo, al mismo tiempo incorporar la salsa inglesa, la sal y la pimienta. Dejar hervir a fuego bajo hasta que espese la salsa.

■ **Preparación:** 15 min ■ **Cocción:** 20 min

> **EN ALGUNOS PAÍSES SE LLAMA:**
> Jitomate: *tomate*. Páprika: *pimentón*. Pimiento: *ají, locote, morrón*.

Caldillo de congrio

Para 10 personas

- 1 congrio de 4 kg o más
- 3 cebollas
- 1/2 pimiento
- 3 jitomates
- 2 cucharadas de mantequilla
- 2 cucharadas de aceite
- 2 cucharadas de ají de color
- 4 cucharadas de crema
- 3 dientes de ajo
- 1 hoja de laurel
- 1 ramo de perejil
- jugo de 1 limón
- 1 cucharadita de orégano
- 1 pizca de salsa de ají
- 2 tazas de vino blanco

① Hervir durante 2 horas en tres litros de agua las aletas, los cueros y la cabeza del pescado, agregando una hoja de laurel, una cebolla partida en cuatro, un ramo de perejil y dos dientes de ajo.

② Colar el caldo y ponerlo en una olla. Agregar los trozos de carne que se obtengan de la cabeza.

③ Cortar el pescado en pedazos y condimentar con sal, pimienta, jugo de limón, un diente de ajo molido, orégano y una pizca de salsa de ají.

④ Agregar al caldo cebolla finamente cortada y frita en mantequilla junto con dos jitomates, dos dientes de ajo picados y fritos, medio pimentón en cuadritos, dos cucharaditas de ají de color y dos tazas de vino blanco.

⑤ Hervir el caldo (pueden agregarse papas y zanahorias en rodajas

⑥ Unos 20 minutos antes de servir se agregan los trozos del pescado.

■ **Preparación:** 1 h ■ **Cocción:** 2 h 30 min

> **EN ALGUNOS PAÍSES SE LLAMA:**
> Ají: *ají cumbarí, chile, conguito, guindilla, ñora, páprika (picante), pimentón picante, pimiento picante*. Congrio: *anguila de mar*. Crema: *nata*. Jitomate: *tomate*. Mantequilla: *manteca*. Papa: *patata*. Pimiento: *ají, locote, morrón*.

Eperlano: preparación

Los eperlanos, pequeños pescados de unos 20 cm de longitud como máximo, siempre deben vaciarse, lavarse y secarse, mas no escamarse. La forma más frecuente de prepararlos es freírlos en aceite. También se comen marinados, cocidos en vino blanco, a la molinera o gratinados. Cuando este pescado está fresco, se puede congelar sin problemas.

Lenguado: preparación

Los lenguados siempre deben desollarse. Para ello, se debe sostener la cola del pescado con un trapo o con un pedazo de papel absorbente y cortar la piel negra a la altura de la cola y ligeramente en diagonal. Con el pulgar, despegar suavemente la piel y después, con un trapo u otro pedazo de papel absorbente, agarrar el pedazo de piel y jalarlo con fuerza hacia la cabeza para arrancarlo. Retirar la piel de la cabeza. Voltear el lenguado y, por el lado blanco, jalar la piel de la cabeza hacia la cola. Con un par de tijeras, cortar las aletas laterales al ras de los filetes.

Para cortar los lenguados en filetes, hacer una incisión en la carne hasta las espinas, a un lado y otro de la espina central, con un cuchillo para filetear lenguado. Luego, separar la carne de cuatro filetes con el cuchillo, en un corte franco, partiendo de la espina central hacia los bordes. Por último, despojar los filetes de los residuos que pudieran tener adheridos y aplanarlos ligeramente. Lavar los filetes con un chorro de agua fría.

> **EN ALGUNOS PAÍSES SE LLAMA:**
> Trapo: *paño, repasador, toalla o trapo de cocina.*

Filetes de lenguado con mariscos

Para 4 o 6 personas

- 250 ml de salsa al vino blanco (→ ver pág. 63)
- 12 ostiones
- 6 filetes de lenguado grandes
- 250 ml de concentrado de pescado (→ ver pág. 54)
- 200 g de camarones pequeños pelados y desvenados
- 1 limón

❶ Preparar la salsa al vino blanco.

❷ Abrir los ostiones encima de una ensaladera para recuperar el agua que contienen. Filtrar esta agua en un colador cubierto con papel absorbente. Calentarla y sumergir en ella los ostiones durante 3 minutos para que se cuezan a fuego lento. Escurrirlos y mantenerlos calientes.

❸ Enrollar los filetes de lenguado sobre sí mismos y atarlos (como si fueran paquetes).

❹ Mezclar el concentrado de pescado con el agua de cocción de los ostiones y hervirlo hasta que se reduzca a la mitad. Luego, dejarlo enfriar.

❺ Una vez que el líquido esté frío, sumergir en él los filetes de lenguado y cocerlos durante 10 minutos a fuego suave. Posteriormente, escurrirlos y acomodarlos en círculo sobre una fuente. Ponerla en un lugar caliente.

❻ Calentar los camarones durante 1 minuto en este concentrado, retirarlos con una espumadera y mantenerlos calientes.

❼ Reducir el líquido de cocción a la mitad, a fuego alto, y mezclarlo con la salsa al vino blanco. Añadir un chorrito de jugo de limón. Probar y, de ser necesario, condimentar al gusto.

❽ Decorar el centro de la fuente con los camarones. Colocar dos ostiones sobre cada filete de lenguado enrollado. Bañar todo con la salsa y servir de inmediato.

■ **Preparación:** 20 min ■ **Cocción:** alrededor de 15 min

> **EN ALGUNOS PAÍSES SE LLAMA:**
> Camarón(es): *gamba, quisquilla.* Ostión: *ostra, ostrón.*

Filetes de lenguado en albahaca

Para 4 o 6 personas

- 2 lenguados grandes de aproximadamente 3/4 kg cada uno
- 4 chalotes

❶ Cortar los filetes de lenguado (→ ver preparación de lenguado, pág. 360). Precalentar el horno a 250 °C.

❷ Cortar finamente los chalotes. Picar la albahaca. Mezclar los chalotes con una cucharada de albahaca y el aceite. Distribuir esta mezcla en el fondo de una charola para hornear. Condimentar los filetes de lenguado

- *2 cucharadas de albahaca picada*
- *1 cucharada de aceite de oliva*
- *1/2 vaso de concentrado de pescado (→ ver pág. 54)*
- *1/2 vaso de vino blanco seco*
- *1 jitomate*
- *120 g de mantequilla*
- *1/2 limón*
- *sal y pimienta*

con sal y pimienta al gusto y acomodarlos en la charola. Mezclar el concentrado de pescado con el vino blanco y verterlos encima de los filetes de lenguado.

❸ Poner la charola sobre el fuego de la estufa hasta que hierva. Luego, cubrirla con una hoja de papel aluminio y hornearla durante 5 minutos.

❹ Retirar y escurrir los filetes de pescado y mantenerlos calientes. Volver a poner la charola sobre la flama de la estufa y reducir el líquido de cocción en una tercera parte.

❺ Pasar el jitomate por agua hirviendo y cortarlo en cuadritos pequeños.

❻ Cortar la mantequilla en pedacitos e incorporarla al jugo de cocción reducido, batiendo enérgicamente. Añadir sal, pimienta y el jugo de limón.

❼ Distribuir los cuadritos de jitomate sobre los filetes de lenguado, bañarlos con la salsa y espolvorear con el resto de la albahaca picada.

■ **Preparación:** 15 min ■ **Cocción:** alrededor de 15 min

EN ALGUNOS PAÍSES SE LLAMA:

Chalote: *ascalonia, chalota, echalote, escalonia.* Charola: *asadera.* Estufa: *cocina* (dispositivo o aparato en el que se hace fuego o produce calor para guisar los alimentos). Jitomate: *tomate.* Mantequilla: *manteca.*

Filetes de lenguado fritos con perejil

Para 4 o 6 personas

- *1 lenguado grande que pese entre 800 g y 1 kg*
- *aceite*
- *1/2 litro de leche*
- *250 g de harina*
- *perejil frito (→ ver pág. 781)*
- *2 limones*
- *sal*

❶ Cortar los filetes de lenguado o pedir en la pescadería que lo hagan. Cortarlos en diagonal, en rebanadas de 2 cm de ancho, aproximadamente.

❷ Calentar el aceite. Añadir sal a la leche.

❸ Sumergir los pedazos de lenguado en la leche con sal, escurrirlos y enharinarlos. Sacudirlos bien para quitarles el exceso de harina.

❹ Colocar los filetes de lenguado en el aceite previamente calentado a 180 °C hasta que estén bien dorados. Escurrirlos y secarlos sobre un papel absorbente. Repetir esta operación varias veces para que los "pescaditos" se doren bien.

❺ Espolvorearlos con sal fina y acomodarlos en una fuente, en forma de pirámide, sobre una servilleta.

⑥ Freír el perejil y usarlo para decorar la fuente. Cortar los limones en cuatro partes y ponerlos alrededor de la pirámide de "pescaditos" de lenguado.

■ **Preparación:** 10 min ■ **Cocción:** alrededor de 20 min

Filetes de lenguado Mornay

Para 4 o 6 personas

- *1 lenguado grande que pese aproximadamente 1 kg*
- *400 ml de salsa Mornay (→ ver pág. 68)*
- *1/2 vaso de concentrado de pescado (→ ver pág. 54)*
- *30 g de queso parmesano rallado*
- *30 g de mantequilla*
- *sal y pimienta*

❶ Cortar los filetes de lenguado o pedir en la pescadería que lo hagan.

❷ Preparar la salsa Mornay. Preparar el concentrado de pescado.

❸ Precalentar el horno a 200 °C. Condimentar los filetes con sal y pimienta al gusto. Engrasar con mantequilla una charola para gratín, acomodar en ella los filetes de lenguado y verter el concentrado de pescado. Hornear entre 7 y 8 minutos.

❹ Retirar la charola del horno y escurrir los filetes de lenguado. Verter el líquido de cocción en un bol (puede utilizarse en otra ocasión).

❺ Volver a colocar los filetes de lenguado en la charola y cubrirlos con la salsa Mornay. Espolvorear con queso parmesano rallado. Derretir el resto de la mantequilla y bañar con ella los filetes de lenguado. Gratinar en el horno de 2 a 3 minutos.

■ **Preparación:** 30 min ■ **Cocción:** alrededor de 10 min

> **EN ALGUNOS PAÍSES SE LLAMA:**
> Charola: *asadera*. Mantequilla: *manteca*.

Lenguados a la molinera

Para 4 o 6 personas

- *4 o 6 "porciones" de lenguado (de 250 a 300 g cada una)*
- *1 vaso de harina*
- *150 g de mantequilla*
- *1 cucharada de aceite de cacahuate*

❶ Preparar las porciones de lenguado. Verter la harina sobre un papel absorbente, enharinar las porciones de lenguado por ambos lados para que se cubran bien. Sacudir los trozos de pescado para eliminar el excedente de harina. Condimentarlos con pimienta al gusto.

❷ Calentar en un sartén (si es posible ovalado) 75 g de mantequilla y el aceite de cacahuate. Dorar los pedazos

- 1 limón
- 1 cucharada de perejil picado
- pimienta

de lenguado a fuego bastante alto de 6 a 7 minutos de cada lado.

❸ Escurrirlos y acomodarlos en una fuente caliente. Derretir el resto de la mantequilla en una cacerola pequeña junto con el jugo de limón. Bañar los pedazos de lenguado con este líquido. Espolvorear con perejil picado.

pescadillas a la molinera:
proceder de la misma manera.

■ **Preparación:** 5 min ■ **Cocción:** alrededor de 15 min

EN ALGUNOS PAÍSES SE LLAMA:
Cacahuate: *cacahuete, maní.* Mantequilla: *manteca.*

Lenguados en charola

Para 4 personas

- 2 lenguados de 300 a 400 g cada uno
- 100 g de mantequilla
- 1 vaso de concentrado de pescado (→ ver pág. 54)
- 1/2 limón, sal y pimienta

❶ Preparar los lenguados (→ ver preparación de lenguado, pág. 360) o pedir en la pescadería que lo hagan.
❷ Con un tenedor, mezclar 40 g de mantequilla, cuatro buenas pizcas de sal y cuatro pizcas grandes de pimienta recién molida. Rellenar el vientre de cada lenguado con esta mantequilla. Precalentar el horno a 250 °C.
❸ Preparar el concentrado de pescado y agregarle el jugo del medio limón.
❹ Engrasar con mantequilla una charola para gratín. Colocar en ella los pescados. Verter el concentrado de pescado hasta que llegue apenas a la altura de los lenguados.
❺ Cortar el resto de la mantequilla en pedacitos y distribuirlos sobre los pescados. Condimentar con sal y pimienta al gusto. Hornear durante aproximadamente 15 minutos, bañando el pescado con su jugo de cocción entre cuatro y cinco veces: el jugo de cocción se vuelve almibarado y termina dorando la superficie del pescado. Servir en la charola de cocción.

■ **Preparación:** 10 min ■ **Cocción:** alrededor de 15 min

EN ALGUNOS PAÍSES SE LLAMA:
Charola: *asadera.* Mantequilla: *manteca.*

Tiradito criollo de lenguado

Para 4 personas

- 500 g de filete de lenguado
- 1 ají limo
- 15 limones
- 2 ramas de apio
- 1 cucharada de hojas de cilantro
- 1/2 cucharadita de jengibre
- sal
- pimienta blanca

❶ Cortar el pescado en láminas delgadas y colocarlas en un plato sobreponiéndolas ligeramente.

❷ Extraer el jugo a los limones y mezclarlo con el jengibre, el apio, el cilantro y el ají limo, todo finamente picado.

❸ Sazonar con sal y pimienta y bañar generosamente el pescado 5 minutos antes de servir.

■ **Preparación:** 15 min

> **EN ALGUNOS PAÍSES SE LLAMA:**
> Ají: *ají cumbarí, chile, conguito, guindilla, ñora, páprika (picante), pimentón picante, pimiento picante.* Cilantro: *coriandro, culantro.*

Merluza: preparación

La merluza posee una carne frágil y muy fina. En las pescaderías, las merluzas pequeñas se suelen vender ya vacías. Se deben escamar, lavar y secar con un papel absorbente con mucho cuidado. Las rebanadas o los filetes necesitan además enjuagarse bajo un chorro de agua fría antes de su preparación.

Merluza a la panadera

Para 4 o 6 personas

- 1 pedazo de merluza de 1 kg
- 700 g de papas
- 3 cebollas medianas
- 80 g de mantequilla
- 1 ramita de tomillo
- 1 hoja de laurel
- 2 cucharadas de perejil picado
- sal y pimienta

❶ Preparar un pedazo de merluza extraído de la mitad del pescado. Condimentarlo con sal y pimienta al gusto.

❷ Pelar y cortar las papas y las cebollas en rodajas muy finas. Mezclarlas y añadirles sal y pimienta.

❸ Precalentar el horno a 220 °C. Derretir la mantequilla en una cacerola pequeña.

❹ Con un pincel, untar con mantequilla una charola para gratín y colocar en ella la merluza. Acomodar las rodajas de papa y cebolla alrededor de la merluza. Bañar todo con la mantequilla derretida. Condimentar con sal y pimienta, espolvorear con tomillo y desmoronar la hoja de laurel.

⑤ Hornear de 30 a 35 minutos, bañando frecuentemente
con el jugo de cocción. Espolvorear con perejil picado y
servir en la misma charola.

■ **Preparación:** 20 min ■ **Cocción:** alrededor de 35 min

> **EN ALGUNOS PAÍSES SE LLAMA:**
> Charola: *asadera*. Mantequilla: *manteca*. Papa: *patata*.

Merluza fría a la mayonesa

Para 6 personas

- *1 merluza de aproximadamente 2 kg*
- *2 litros de caldo para pescado
(→ ver pág. 53)*
- *2 cucharadas de gelatina sin
sabor en polvo*
- *300 ml de mayonesa
tradicional (→ ver pág. 96)*
- *1 latita de jardinera de
verduras*
- *6 jitomates redondos
pequeños*
- *algunas hojas de lechuga*
- *2 limones*
- *sal y pimienta*

❶ Preparar la merluza y el caldo para pescado.
❷ Envolver la merluza en una muselina y colocarla en una
pescadera o en una olla ovalada grande. Verter el caldo
para pescado frío o tibio y poner a hervir a fuego lento.
Reducir aún más el fuego y dejar que suelte el hervor
durante 25 minutos.
❸ Retirar la merluza, quitarle la muselina y colocarla sobre una rejilla. Quitarle toda la piel al pescado.
❹ Colar el caldo. Disolver la gelatina sin sabor en 300 ml
del mismo caldo. Mientras que la gelatina se enfría, preparar la mayonesa tradicional.
❺ Bañar la merluza al menos tres veces seguidas con la
gelatina líquida para cubrirla bien. Colocarla sobre una
fuente alargada.
❻ Enjuagar la jardinera de verduras con agua fría y escurrirla bien. Mezclarla con dos cucharadas de mayonesa.
❼ Cortar la parte de arriba de los jitomates y vaciarlos con
una cucharita. Rellenarlos con la jardinera de verduras
y acomodarlos alrededor de la merluza sobre las hojas
de lechuga, intercalando limones cortados en cuatro.
❽ Servir el resto de la mayonesa en una salsera. Conservar la merluza en el refrigerador hasta el momento de
servir.

■ **Preparación:** 40 min (con 2 h de anticipación)

■ **Cocción:** 25 min

> **EN ALGUNOS PAÍSES SE LLAMA:**
> Jitomate: *tomate*. Refrigerador: *heladera, nevera*.

Rebanadas de merluza en mantequilla

Para 4 personas

- *1/2 kg de hongos*
- *1 limón*
- *2 chalotes*
- *1 vaso de caldo para pescado (→ ver pág. 53)*
- *60 g de mantequilla*
- *4 rebanadas gruesas de merluza*
- *1 vaso de vino blanco*
- *1 bouquet garni*
- *100 ml de crema fresca*
- *sal y pimienta*

❶ Limpiar y picar los hongos y después agregarles una cucharada de jugo de limón. Pelar y picar los chalotes y mezclarlos con los hongos.

❷ Preparar el caldo para pescado.

❸ Precalentar el horno a 230 °C.

❹ En un sartén, derretir la mantequilla, agregarle las verduras picadas y cocer durante 5 minutos a fuego alto.

❺ Engrasar con mantequilla una charola para gratín y distribuir en el fondo de la misma la mezcla de hongos y chalotes picados. Acomodar las rebanadas de merluza encima de las verduras. Verterle el vino blanco y el caldo para pescado. Agregar 30 g de mantequilla en pedacitos, sal, pimienta y el bouquet garni.

❻ Poner la charola en el horno caliente durante 20 minutos. Bañar dos o tres veces el contenido de la charola con una o dos cucharadas de agua.

❼ Retirar y escurrir las rebanadas de merluza y mantenerlas calientes.

❽ En el horno o sobre la flama de la estufa, reducir el jugo de cocción una tercera parte, volver a colocar las rebanadas de merluza en la charola, bañarlas con la crema y volverlas a hornear durante 5 minutos. Servir inmediatamente.

■ **Preparación:** 15 min ■ **Cocción:** alrededor de 30 min

> **EN ALGUNOS PAÍSES SE LLAMA:**
>
> Chalote: *ascalonia, chalota, echalote, escalonia*. Charola: *asadera*. Crema: *nata*. Estufa: *cocina* (dispositivo o aparato en el que se hace fuego o produce calor para guisar los alimentos). Mantequilla: *manteca*.

Anticuchos de pescado (mero)

Para 5 personas

- *800 g de filete de mero*
- *6 dientes de ajo*
- *1 cucharada de páprika*
- *1 cucharada de sal*

❶ Cortar el pescado en dados de unos 3 cm por lado.

❷ Mezclar los demás ingredientes (ajo, pimentón, sal, vinagre, jugo de limón, pimienta y comino) y marinar el pescado media hora en esta preparación.

❸ Ensartar en los palitos los trozos de pescado (tres por cada palito).

- 1/4 de taza de vinagre blanco
- 1 limón
- aceite vegetal
- 1/2 cucharadita de pimienta
- 1/4 cucharadita de comino
- palitos para anticuchos

Salsa

- 1 cucharada de ají amarillo fresco
- 1/2 cucharadita de sal
- 1 cucharada de aceite vegetal
- pimienta al gusto

④ Freír sobre parrilla caliente volteando y untando aceite con una brocha hasta notar que estén cocidos.

⑤ Servir sobre un plato o fuente bañados con salsa de ají amarillo.

⑥ Licuar los ingredientes de la salsa.

> **Para esta receta debe usarse un pescado blanco de carne firme. Para que no se deshaga, poner un papel aluminio sobre la parrilla al cocinarlos para lograr un anticucho criollo o sobre una plancha sólida.**

■ **Preparación:** 15 min ■ **Cocción:** 25 min

> **EN ALGUNOS PAÍSES SE LLAMA:**
> Ají: *ají cumbarí, chile, conguito, guindilla, ñora, páprika (picante), pimentón picante, pimiento picante.* Anticucho: *brocheta.* Páprika: *pimentón.*

Mojo isleño de mero

Para 6 personas

- 1 1/2 kg de rodajas de mero
- 1/2 taza de aceite de oliva
- 1 diente de ajo
- 2 cucharadas de sal

Ingredientes para la salsa

- 1/2 taza de aceite de oliva
- 2 cucharadas de vinagre
- 1/2 taza de agua
- 2 cucharadas de alcaparras
- 2 hojas de laurel
- 1 taza de puré de tomate
- 2 pimientos de lata
- 2 cebollas grandes
- 24 aceitunas rellenas
- sal

① Picar en tiras los pimientos y en rodajas las cebollas, ponerlos en una olla e incorporar el resto de los ingredientes de la salsa, cocinar a fuego bajo por 30 minutos.

② Calentar el aceite y freír el ajo, retirarlo y freír el pescado previamente condimentado hasta que esté ligeramente dorado.

③ Servir el pescado con la salsa caliente por encima.

■ **Preparación:** 15 min ■ **Cocción:** 45 min

> **EN ALGUNOS PAÍSES SE LLAMA:**
> Pimiento: *ají, locote, morrón.*

Pescado con coco (mero)

Para 4 personas

- 1 kg de mero en rodajas

① Mezclar el ajo molido, el achiote, la sal y la pimienta.

② Untar las rodajas de pescado con la mezcla anterior.

- 1 pimiento rojo
- 4 dientes de ajo
- 1 cucharadita de achiote
- 4 tazas de leche de coco
- 2 ramas de cilantro
- 4 cucharadas de aceite
- sal y pimienta

❸ Freír en aceite el pescado por ambos lados hasta que doren. Añadir el pimiento cortado en tiras y revolver hasta que se ablande.

❹ Agregar el cilantro y la leche de coco, dejar hervir a fuego lento hasta que reduzca a la mitad. Rectificar la sal.

■ **Preparación:** 15 min ■ **Cocción:** 20 min

> **EN ALGUNOS PAÍSES SE LLAMA:**
> Achiote: *bijol, onoto*. Cilantro: *coriandro, culantro*. Pimiento: *ají, locote, morrón*.

Pescadilla: preparación

La pescadilla se puede pescar en cualquier época del año, pues es abundante. Tiene una carne muy delgada y frágil. Este pescado debe vaciarse y escamarse con mucho cuidado, las aletas se le deben cortar con unas tijeras y, finalmente, debe lavarse y secarse sobre un papel absorbente.

Pescadilla al vino blanco

Para 4 personas

- 4 pescadillas
- 2 cebollas
- 2 chalotes
- 40 g de mantequilla
- 200 ml de concentrado de pescado (→ ver pág. 54)
- 200 ml de vino blanco
- 300 ml de crema
- sal y pimienta

❶ Vaciar las pescadillas. Condimentarlas con sal y pimienta al gusto.

❷ Pelar y picar finamente las cebollas y los chalotes. Saltearlos en una cacerola con 30 g de mantequilla. Precalentar el horno a 220 °C.

❸ Preparar el concentrado de pescado.

❹ Engrasar con el resto de la mantequilla una charola para gratín. Cubrir el fondo de la charola con las cebollas y el chalote picados. Colocar las crías de merluza encima.

❺ Verter el concentrado de pescado y el vino: el líquido debe llegar hasta la mitad de la altura de los pescados. Comenzar la cocción sobre la flama de la estufa. Una vez que hierva, retirar la charola del fuego, cubrirla con papel aluminio y colocarla en el horno caliente durante 10 minutos.

❻ Escurrir las crías de merluza, acomodarlas en la charola en que se van a servir y mantenerlas calientes.

❼ Volver a colocar en el horno la charola en que se cocieron los pescados y reducir hasta la mitad el líquido que contiene. Agregar la crema y mezclar bien raspando el fondo y las paredes de la charola con una cuchara de madera. Volver a reducir el líquido y, una vez que la salsa tenga una consistencia muy untuosa, usarla para bañar los pescados.

■ **Preparación:** 15 min ■ **Cocción:** alrededor de 10 min

> EN ALGUNOS PAÍSES SE LLAMA:
>
> Chalote: *ascalonia, chalota, echalote, escalonia*. Charola: *asadera*. Crema: *nata*. Estufa: *cocina* (dispositivo o aparato en el que se hace fuego o produce calor para guisar los alimentos). Mantequilla: *manteca*.

Pescadillas fritas Colbert

Para 4 personas

- 4 pescadillas de aproximadamente 300 g cada una
- 100 g de mantequilla maître d'hôtel (→ ver pág. 41)
- 400 g de pan molido a la inglesa (→ ver pág. 104)
- 1/2 litro de leche
- aceite
- 1 limón
- 1/4 de manojo de perejil
- sal y pimienta

❶ Preparar las pescadillas (→ ver preparación de pescadillas, pág. 369). Abrirlas por el dorso y retirarles la espina central o bien pedir en la pescadería que lo hagan. Condimentarlas con sal y pimienta y dejarlas en una charola. Preparar la mantequilla maître d'hôtel.

❷ Preparar el pan molido a la inglesa. Poner la leche en un plato hondo y bañar en ella los pescados durante 2 o 3 minutos. Poner a calentar el aceite.

❸ Escurrir las pescadillas y empanizarlas. Sumergirlas de inmediato en el aceite previamente calentado a 100 °C, durante unos 5 minutos.

❹ Escurrir las pescadillas sobre un papel absorbente para eliminar el exceso de aceite y colocarlas sobre la charola de servicio caliente. Con una cuchara pequeña, poner alrededor de 25 g de mantequilla maître d'hôtel en la incisión que dejó la espina central en el dorso de cada pescado.

❺ Servir las pescadillas rodeadas de limones partidos en cuatro y ramitos de perejil.

■ **Preparación:** 30 min ■ **Cocción:** alrededor de 5 min

> EN ALGUNOS PAÍSES SE LLAMA:
> Charola: *asadera*. Empanizar: *empanar, rebozar*.

Pez de San Pedro: preparación

El pez de San Pedro es uno de los mejores pescados de mar. Su carne es blanca y firme. Se cocina tanto entero, cuando es pequeño y su longitud oscila entre 25 y 30 cm, como en filetes, cuando éstos se extraen de un espécimen más grande (de 40 a 50 cm de longitud). Debe escamarse, vaciarse y lavarse cuidadosamente. La cabeza de este pescado, de aspecto muy desagradable, se debe cortar, al igual que las aletas.

Filetes de San Pedro al limón

Para 4 personas

- *800 g de filetes de San Pedro*
- *2 limones enteros bien lavados*
- *1 cucharada de aceite de oliva*
- *300 g de ejotes*
- *30 g de mantequilla*
- *5 ramitas de cebollín*
- *sal y pimienta*

❶ Cortar los filetes de San Pedro en cuadros grandes de alrededor de 5 cm de lado.

❷ Quitarles las cáscaras a los limones y cortarlas en bastoncitos delgados. Calentar el aceite en un sartén y saltear las cáscaras de limón. Cocerlas durante 2 minutos, sin dejar de remover. Terminar de pelar los limones (eliminando completamente la piel blanca) y cortar la pulpa en cubitos pequeños.

❸ Precalentar el horno a 240 °C.

❹ Quitarle la nervadura fibrosa a los ejotes y lavarlos.

❺ Ablandar la mantequilla. Cortar cuatro pedazos grandes de papel aluminio. Engrasarlos con mantequilla, con la ayuda de un pincel. Distribuir encima los ejotes y los cubitos de limón, posteriormente los cuadros de filetes de San Pedro y las cáscaras de limón sofritas. Condimentar con sal y pimienta al gusto. Cerrar los papillotes. Hornear durante aproximadamente 10 minutos.

❻ Retirar los papillotes, abrirlos y espolvorearlos con algunas pizcas de cebollín picado. Servir de inmediato.

■ **Preparación:** 20 min ■ **Cocción:** alrededor de 10 min

> **EN ALGUNOS PAÍSES SE LLAMA:**
> Cebollín: *cebolleta, cebollino, ciboulette*. Ejote: *chaucha, judía verde, poroto verde, vaina, vainica, vainita*. En papillote: *envuelto en papel aluminio*. Mantequilla: *manteca*.

Filetes de San Pedro al ruibarbo

Para 4 o 6 personas

- 300 g de ruibarbo
- 800 g de filetes de San Pedro
- 30 g de mantequilla
- 1 cucharada de aceite
- 1 pizca de azúcar granulada
- 200 ml de crema fresca
- sal y pimienta

❶ Pelar y cortar el ruibarbo lo más finamente posible. Calentar la mantequilla y el aceite en un sartén y freír los filetes de San Pedro durante 4 minutos de cada lado. Condimentarlos con sal y pimienta al gusto. Retirarlos del sartén con una espumadera y mantenerlos calientes.

❷ Colocar el ruibarbo en el sartén y cocerlo a fuego lento entre 10 y 15 minutos en el jugo de cocción del pescado.

❸ Agregar una pizca de azúcar granulada y la crema fresca. Mezclar bien. Aumentar la intensidad del fuego para que la crema hierva y luego dejar que se espese durante 5 minutos, sin dejar de remover.

❹ Volver a poner los filetes de San Pedro dentro de esta salsa. Probar y, de ser necesario, agregar sal y pimienta al gusto. Servir inmediatamente.

■ **Preparación:** 20 min ■ **Cocción:** alrededor de 25 min

> **EN ALGUNOS PAÍSES SE LLAMA:**
> Crema: *nata*. Mantequilla: *manteca*.

Filetes de San Pedro con calabacitas

Para 4 personas

- 800 g de filetes de San Pedro
- 1 limón entero bien lavado
- 1/2 kg de calabacitas de cáscara fina
- de 100 a 120 g de mantequilla
- 5 ramitas de cebollín
- sal y pimienta

❶ Cortar los filetes de San Pedro en pedazos de 3 a 4 cm de lado.

❷ Rallar la cáscara de limón y exprimir su jugo.

❸ Lavar las calabacitas. No pelarlas. Cortarlas en rodajas delgadas.

❹ Precalentar el horno a 240 °C. Cortar cuatro cuadrados grandes de papel encerado y engrasarlos ligeramente con mantequilla. Distribuir las calabacitas sobre cada uno de los cuadrados de papel encerado en una capa gruesa. Colocar encima los cuadritos de filetes de San Pedro. Espolvorear con la cáscara de limón rallada y bañar con el jugo de limón. Añadir 20 g de mantequilla en pedacitos pequeños a cada papillote. Condimentar con sal y pimienta al gusto. Cerrar los papillotes herméticamente y hornear entre 8 y 9 minutos.

⑤ Abrir los papillotes y espolvorearlos con cebollín picado.

■ **Preparación:** 20 min

■ **Cocción:** entre 8 y 9 min, aproximadamente

> **EN ALGUNOS PAÍSES SE LLAMA:**
> Calabacita(s): *calabacín, calabaza italiana, zapallito italiano, zapallito largo, zucchini.* Cebollín: *cebolleta, cebollino, ciboulette.* Mantequilla: *manteca.*

Raya: preparación

La piel sin escamas de la raya está recubierta por una capa viscosa que se forma después de 10 horas de haber muerto el pescado y que le otorga ese olor característico a amoníaco, lo que permite evaluar su grado de frescura.

La raya no tiene espinas. Generalmente se vende en pedazos y ya desollada, liberada de su espesa piel; las aletas suelen dejarse enteras. Sin embargo, la raya debe lavarse varias veces antes de su consumo.

Ensalada de raya

Para 4 o 6 personas

- *800 g de aletas de raya*
- *100 ml de vinagre*
- *1 ramita de tomillo*
- *1 jitomate*
- *1 cucharada de hierbas finas*
- *1 lechuga italiana o 1 achicoria*
- *1 limón*
- *3 cucharadas de aceite de oliva*
- *sal y pimienta*

❶ Lavar las aletas de raya. Poner a hervir dos litros de agua junto con el vinagre y el tomillo.

❷ Pasar el jitomate por agua hirviendo y cortarlo en cuadritos. Picar las hierbas finas.

❸ Una vez que el agua con vinagre esté fría, sumergir la raya y cocerla de 5 a 7 minutos, sin que hierva demasiado fuerte. Espumar. Encender el horno.

❹ Lavar la lechuga y escoger las hojas blancas que se encuentran en su interior. Quitarle los bordes y cortar las hojas en dos. Preparar una vinagreta con el jugo de limón, el aceite, las hierbas finas picadas, sal y pimienta. Verterla sobre la ensalada. Colocar la ensaladera sobre la puerta abierta del horno caliente para entibiar la ensalada.

⑤ Pelar la raya, cortarla en rebanaditas muy delgadas, agregarla a la ensalada junto con los cuadritos de jitomate, mezclar todo bien y servir.

■ **Preparación:** 15 min ■ **Cocción:** de 5 a 7 min

> **EN ALGUNOS PAÍSES SE LLAMA:**
>
> Achicoria: *almirón, amargón, chicoria, escarola, hierba del café, husillo, lechuga trevise, lechuguilla, radicchio, radicheta*. Jitomate: *tomate*.

Raya en mantequilla noisette

Para 4 o 6 personas

- *800 g de aletas de raya*
- *2 litros de caldo para pescado (→ ver pág. 53)*
- *80 g de mantequilla noisette (→ ver pág. 41)*
- *1 limón*
- *3 cucharadas de alcaparras*
- *6 a 8 ramitas de perejil liso*

① Lavar muy bien las aletas de raya.
② Preparar el caldo para pescado (o poner a hervir dos litros de agua con sal y 100 ml de vinagre). Dejar enfriar. Sumergir en él las aletas de raya. Ponerlas a cocer y, una vez que vuelva a hervir, espumar la superficie del caldo y bajar el fuego, dejando que suelte el hervor de 5 a 7 minutos.
③ Mientras tanto, preparar la mantequilla noisette.
④ Escurrir la raya y acomodarla en una fuente caliente. Escurrir las alcaparras. Exprimir el limón. Cortar los tallos de perejil. Bañar la raya con jugo de limón y espolvorearla con las alcaparras y el perejil. Bañar con la mantequilla noisette y servir inmediatamente.

■ **Preparación:** 10 min ■ **Cocción:** de 5 a 7 min

Róbalo: preparación

Vaciar el pescado por las agallas y a través de una pequeña incisión en la base del vientre. Escamar el pescado empezando por la cola y subiendo hacia la cabeza, excepto si éste debe ser cocido en agua, ya que las escamas protegerán la carne, que es muy frágil.

Lavarlo y luego secarlo con mucho cuidado con un papel absorbente.

Para asarlo a la parrilla, hacerle primero algunas incisiones con tijeras en la parte carnosa del dorso.

> **EN ALGUNOS PAÍSES SE LLAMA:**
> Róbalo: *lubina*.

Róbalo a la parrilla

Para 4 personas

- *1 róbalo de 1 kg*
- *2 cucharadas de aceite de oliva*
- *100 g de mantequilla de anchoas (→ ver pág. 37) o de mantequilla maître d'hôtel (→ ver pág. 41)*
- *sal y pimienta*

❶ Pedir en la pescadería que preparen el róbalo.
❷ Añadir sal y pimienta al aceite y, con un pincel, barnizar todo el pescado.
❸ Poner el róbalo en una parrilla doble y colocarlo en la parrilla del horno o bien en el asador. Asarlo de 10 a 12 minutos de cada lado.
❹ Durante la cocción, preparar la mantequilla aromatizada. Servirla por separado, o bien abrir el róbalo, quitarle la espina central y colocar ahí la mantequilla.

■ **Preparación:** 15 min ■ **Cocción:** de 20 a 25 min

> **EN ALGUNOS PAÍSES SE LLAMA:**
> Róbalo: *lubina.*

Róbalo a la provenzal

Para 4 personas

- *400 ml de salsa concentrada de jitomate (→ ver pág. 819)*
- *2 róbalos de 1/2 kg*
- *80 g de harina*
- *6 cucharadas de aceite de oliva*
- *100 g de migajón de pan fresco*
- *1 cucharada de perejil finamente picado*
- *sal y pimienta*

❶ Preparar la salsa concentrada de jitomate.
❷ Preparar los róbalos, agregarles sal y pimienta, enharinarlos y freírlos en un sartén con cinco cucharadas de aceite de oliva. Precalentar el horno a 275 °C.
❸ Poner un poco de salsa concentrada de jitomate en el fondo de una charola. Acomodar ahí los róbalos y cubrirlos con el resto de la salsa concentrada de jitomate.
❹ Espolvorearlos con el migajón de pan fresco desmoronado, bañarlos con el resto del aceite y gratinarlos en el horno durante 10 minutos. Espolvorearlos con el perejil finamente picado y servirlos muy calientes en la charola de cocción.

■ **Preparación:** 20 min ■ **Cocción:** alrededor de 15 min

> **EN ALGUNOS PAÍSES SE LLAMA:**
> Charola: *asadera.* Migajón: *borona, miga de pan, morona.* Róbalo: *lubina.*

Róbalo y vieiras marinados en jengibre

Para 4 o 6 personas

- 1 limón verde
- 50 g de jengibre fresco
- 100 ml de aceite de oliva
- 450 g de filete de róbalo
- 4 vieiras con coral
- sal gruesa
- 1/2 manojo de eneldo
- pimienta en grano recién molida

❶ Quitarle la cáscara al limón, picarla finamente y luego ponerla a hervir durante 5 minutos. Lavarla y escurrirla. Pelar y rallar el jengibre. En un frasco, mezclar el aceite, el jengibre y la cáscara de limón. Dejar marinar durante 24 horas.

❷ Con un cuchillo bien afilado, cortar el róbalo y las vieiras en rebanadas muy delgadas. Colocar las rebanadas en los platos, en forma de rosa.

❸ Bañar el pescado y las vieiras con el aceite aromatizado, condimentar con sal gruesa y pimienta, y espolvorear con el eneldo finamente picado. Cubrir los platos con una película plástica autoadherente y meterlos en el refrigerador durante 1 hora.

❹ Exprimir los limones y bañar el pescado y las vieiras con el jugo. Servir de inmediato.

■ **Preparación:** 15 min ■ **Reposo:** 24 h + 1 h

> EN ALGUNOS PAÍSES SE LLAMA:
>
> Refrigerador: *heladera, nevera*. Róbalo: *lubina*. Vieira: *concha de abanico, conchitas*.

Sancocho de pescado (róbalo)

Para 6 personas

- 1 1/2 kg de filetes de róbalo
- 2 dientes de ajo
- 1 cebolla mediana molida
- 1/2 cucharadita de comino
- 4 cebollitas de Cambray
- 2 jitomates
- 2 elotes
- 10 tazas de agua
- 1 manojo de cilantro
- 500 g de ñame

❶ Colocar en un bol el pescado con el ajo y la cebolla molidos. Tapar y dejar marinar por 2 horas.

❷ Freír en aceite la cebolla picada junto con el jitomate. Poner a hervir las 10 tazas de agua en la olla. Añadir el sofrito anterior, el cilantro, el pimentón, la sal y la pimienta al gusto, los elotes en rodajas, el ñame en trozos, la yuca en trozos, las papas y los plátanos en trozos. Cocinar a fuego medio durante 1 hora, aproximadamente.

❸ Adicionar el pescado con los aliños y con los jugos que soltó y cocinar durante otros 30 minutos. Retirar el manojo de cilantro.

- 500 g de yuca
- 700 g de papas
- 2 plátanos verdes
- 2 plátanos maduros
- aceite
- 1 cucharadita de páprika
- sal y pimienta

■ **Preparación:** 30 min ■ **Marinada:** 2 h
■ **Cocción:** 1 h 30 min

> **EN ALGUNOS PAÍSES SE LLAMA:**
>
> Cebollita(s) de Cambray: *cebolla china, cebolla de almácigo, cebolla de verdeo, cebolla en rama, cebolla junca, cebolleta(s), cebollín.* Cilantro: *coriandro, culantro.* Elote: *chilote, choclo, jojoto, mazorca tierna de maíz, tolonca.* Jitomate: *tomate.* Papa: *patata.* Páprika: *pimentón.* Plátano: *banana, cambur.* Róbalo: *lubina.* Yuca: *mandioca.*

Rubio o trigla: preparación

Los distintos tipos de rubio o trigla siempre deben vaciarse, escamarse, lavarse y secarse. Se preparan hervidos, en sopa o en bouillabaisse. Pero también pueden cocerse a la parrilla o en el horno. En este caso, es necesario proteger su piel, ya que es muy frágil.

Rubio o trigla al horno

Para 4 personas

- 2 rubios o triglas de 400 g cada uno
- 2 limones
- 2 cebollas
- 2 chalotes
- 1 diente de ajo
- 1/2 manojo de perejil
- 60 g de mantequilla
- 200 ml de vino blanco
- 1 ramita de tomillo
- 1 hoja de laurel
- 4 cucharadas de licor de anís
- sal y pimienta

❶ Preparar los rubios. Con la punta de un cuchillo, hacer tres incisiones en diagonal sobre el dorso partiendo de la espina central y verter en las incisiones algunas gotas de limón.

❷ Pelar y picar las cebollas, los chalotes, el ajo y el perejil y mezclarlos bien.

❸ Precalentar el horno a 240 °C. Engrasar con mantequilla una charola para gratín y distribuir en ella la mezcla.

❹ Derretir 50 g de mantequilla en el horno de microondas o en una cacerola pequeña. Colocar los pescados en la charola y bañarlos con el vino blanco y la mantequilla derretida. Agregarles sal y pimienta. Espolvorear el tomillo y el laurel desmoronados. Cortar suficientes rodajas de limón para cubrir el dorso de los rubios o triglas.

❺ Hornear durante 20 minutos, bañando varias veces los pescados con el líquido de cocción.

❻ Al momento de servir, calentar el licor de anís, verterlo en la charola y flambear.

■ **Preparación:** 30 min ■ **Cocción:** 20 min

Sábalo: preparación

Escamar el sábalo con mucho cuidado. Luego, vaciarlo guardando la glándula seminal o la hueva. Lavar muy bien el pescado con agua fría: por afuera para quitarle el resto de las escamas y por adentro para eliminar bien la sangre. Secarlo con papel absorbente.

Sábalo al plato

Para 4 o 6 personas

- *1 sábalo de aproximadamente 1 y 1/2 kg*
- *100 g de mantequilla*
- *2 cucharadas de perejil picado*
- *2 chalotes*
- *150 ml de vino blanco seco*
- *sal y pimienta*

❶ Vaciar, escamar, lavar y secar el sábalo (→ ver arriba preparación del sábalo).

❷ Con una cuchara de madera, trabajar 50 g de mantequilla para suavizarla. Picar el perejil y los chalotes. Luego, mezclarlos con la mantequilla, sal y pimienta, formando una pasta muy homogénea. Rellenar con esta pasta el interior del pescado.

❸ Precalentar el horno a 200 °C. Engrasar con mantequilla una charola alargada que se pueda meter en el horno y colocar el sábalo. Condimentar con sal y pimienta al gusto y bañar con el vino blanco seco.

❹ Espolvorear el resto de la mantequilla partida en pedacitos y meter en el horno de 15 a 20 minutos. Durante la cocción, bañar con frecuencia el pescado con su propio jugo. Si el líquido de cocción se reduce demasiado rápido, agregarle un poco de agua. Servir inmediatamente.

■ **Preparación:** 15 min ■ **Cocción:** de 15 a 20 min

Salmón: preparación

El salmón debe escamarse cuidadosamente, vaciarse y luego lavarse bajo un chorro de agua para eliminar todas las escamas, que son muy pegajosas. Por la misma razón, también se deben lavar las rebanadas de salmón que se compran en la pescadería. Después, es necesario quitarle, con unas pinzas de depilar, todas las espinas que estén a la vista.

Chaud-froid de salmón

Para 4 personas

- 4 rebanadas de salmón de 150 g cada una
- 1 y 1/2 litros de concentrado de pescado (→ ver pág. 54)
- 1/2 litro de chaud-froid blanca (→ ver pág. 61)
- 10 g de trufas (o 4 aceitunas negras)
- 40 g de pimiento verde (o un manojo de estragón)
- 200 ml de gelatina blanca de pescado (→ ver pág. 60)

❶ Lavar y secar las rebanadas de salmón (→ ver preparación anterior).

❷ Preparar el concentrado de pescado. Cuando esté hirviendo, agregarle las rebanadas de salmón, luego bajar el fuego de inmediato y cocerlas, a hervores muy pequeños, de 7 a 8 minutos. Las rebanadas de pescado deben quedar un poco firmes. Dejarlas enfriar dentro del concentrado de pescado y luego escurrirlas sobre una rejilla.

❸ Pasar el concentrado de pescado por un colador forrado con papel absorbente y luego utilizarlo para preparar la salsa chaud-froid blanca. Bañar las rebanadas de salmón con tres capas sucesivas de salsa, dejando que se impregnen, metiéndolas en el refrigerador de 15 a 20 minutos entre una capa y otra.

❹ Después de la última aplicación, decorar con rodajas de trufa (o de aceitunas negras) y con cuadritos pequeños de pimiento verde o con hojas de estragón.

❺ Reconstituir la gelatina blanca de pescado y, con un pincel, barnizar con ella cada rebanada de salmón. Luego, acomodar las rebanadas de pescado en salsa chaud-froid en una fuente y mantenerla en el refrigerador hasta que se vaya a servir.

■ **Preparación:** alrededor de 2 h ■ **Cocción:** de 7 a 8 min

---

EN ALGUNOS PAÍSES SE LLAMA:
Pimiento: *ají, locote, morrón.* Refrigerador: *heladera, nevera.*

Ensalada de salmón marinado

Para 4 o 6 personas

- *600 g de salmón*
- *1 paquete de sal gruesa*
- *5 chalotes*
- *1/2 manojo de perejil*
- *200 ml de aceite de oliva*
- *200 ml de aceite de cacahuate*
- *1 ramita de tomillo*
- *1 hoja de laurel*
- *1 cucharadita de pimienta blanca en granos*
- *1 cucharadita de pimienta negra en granos*
- *1/2 kg de papas*
- *1 manojo de cebollín*
- *1/2 manojo de perifollo*
- *sal*

❶ Colocar el filete de salmón en una terrina y cubrirlo con sal gruesa. Dejarlo marinar durante 3 horas y luego enjuagarlo bien con agua.

❷ Pelar y picar finamente los chalotes. Quitarle los tallos al perejil. En un plato hondo, mezclar el aceite de oliva junto con el aceite de cacahuate, los chalotes y el perejil. Desmoronar el tomillo y el laurel. Machacar los granos de pimienta y agregarlos a la mezcla. Condimentar con sal al gusto.

❸ Cortar horizontalmente el filete de salmón en dos y sumergirlo en esta marinada durante 24 horas.

❹ Cocer las papas con todo y cáscara en agua con sal.

❺ Picar finamente el cebollín y el perifollo. Escurrir los filetes de salmón y cortarlos en rebanadas de aproximadamente medio centímetro de espesor.

❻ Pelar las papas y cortarlas en rebanadas. Colocarlas en una ensaladera y mezclarlas con cuatro cucharadas de la marinada. Espolvorearlas ligeramente con sal gruesa y con las hierbas finamente picadas (guardar una cucharada de hierbas).

❼ Revolver nuevamente y acomodarlas en una fuente. Colocar encima las rebanadas de salmón y espolvorearlas con las hierbas finamente picadas restantes.

■ **Marinada:** 3 h + 24 h ■ **Preparación:** de 30 a 40 min

EN ALGUNOS PAÍSES SE LLAMA:

Cacahuate: *cacahuete, maní.* Cebollín: *cebolleta, cebollino, ciboulette.* Chalote: *ascalonia, chalota, echalote, escalonia.* Papa: *¡atata.*

Hamburguesas de salmón Pojarski

Para 4 personas

- *400 g de carne de salmón*
- *100 g de migajón de pan duro (del día anterior)*
- *1 vaso de leche*

❶ Quitarle al salmón las espinas con mucho cuidado.

❷ Poner a remojar en la leche el migajón de pan y luego exprimirlo.

❸ Preparar el pan molido a la inglesa.

❹ Picar el salmón y el migajón de pan, agregando 60 g de mantequilla. Condimentar con sal y pimienta al gusto y

- 400 g de pan molido a la
  inglesa (→ ver pág. 104)
- 70 g de mantequilla
- 1 cucharada de aceite de
  cacahuate
- 1 limón
- sal y pimienta
- nuez moscada

añadir una pizca de nuez moscada rallada. Dividir esta preparación en cuatro porciones iguales y modelarlas en forma de una hamburguesa de aproximadamente 3 cm de espesor. Luego, empanizarlas con el pan molido a la inglesa.

❺ En un sartén, derretir el resto de la mantequilla junto con el aceite de cacahuate y freír las hamburguesas de salmón por ambos lados.

❻ Acomodarlas en una fuente, bañarlas con la misma mantequilla en que se cocieron y decorarlas con rodajas de limón.

■ **Preparación:** 20 min ■ **Cocción:** alrededor de 10 min

> **EN ALGUNOS PAÍSES SE LLAMA:**
> Cacahuate: *cacahuete, maní*. Empanizar: *empanar, rebozar*. Mantequilla: *manteca*. Migajón: *borona, miga de pan, morona*.

Pastel ruso de salmón

Para 6 personas

- 1/2 kg de masa hojaldrada
  (→ ver pág. 114)
- 4 huevos
- 100 g de arroz
- 3 cucharadas de sémola fina
- 600 g de salmón
- 1 vaso de vino blanco
- 1 bouquet garni
- 1 cucharada de páprika
- 3 chalotes
- 350 g de hongos
- 165 g de mantequilla

❶ Preparar la masa hojaldrada (o utilizar una masa comercial ya preparada) y dejarla reposar durante 2 horas.

❷ Poner a cocer tres huevos hasta que estén duros. Cocer el arroz blanco (→ ver pág. 844).

❸ Colocar la sémola en un plato y rociarla con agua hirviendo con sal (el equivalente a una vez y media el volumen de sémola).

❹ Preparar el pedazo de salmón (→ ver pág. 379).

❺ Poner a hervir un litro y medio de agua con sal y añadirle el vino blanco, el bouquet garni y la páprika. Agregar el salmón, bajar el fuego y cocer durante 10 minutos más a hervores muy bajos. Luego, dejar que el salmón se enfríe en su jugo de cocción.

❻ Picar los chalotes y los hongos. Dorarlos en una cacerola con 15 g de mantequilla. Condimentar con sal y pimienta al gusto.

❼ Pelar los huevos duros y cortarlos en cuatro.

❽ Forrar la placa del horno con una hoja de papel encerado. Enharinar la mesa de trabajo y extender ahí dos terceras partes de la masa hojaldrada. Cortar un rectángulo de masa de 3 mm de grosor. Colocar ese rectángulo en la placa forrada de papel encerado.

⑨ Distribuir, en capas, pero sin llegar hasta los bordes, el arroz, el salmón desmenuzado, los hongos, la sémola y los pedacitos de huevo duro. Levantar las orillas de masa del rectángulo y plegarlas encima del relleno. Extender, con un rodillo, el resto de la masa y cubrir con ella el pastel. Pellizcar los bordes con los dedos índice y pulgar para que se sellen bien las uniones.

⑩ Decorar con tiritas de masa y luego barnizarlas con huevo batido para que se doren. Meter la placa en el horno previamente calentado a 230 °C y cocer durante 30 minutos.

⑪ Servir muy caliente, junto con la mantequilla derretida en una salsera.

■ **Preparación:** 1 h 30 min ■ **Cocción:** 30 min

> **EN ALGUNOS PAÍSES SE LLAMA:**
>
> Chalote: *ascalonia, chalota, echalote, escalonia*. Mantequilla: *manteca*. Páprika: *pimentón*. Rodillo: *bolillo, palo de amasar, palote, uslero*.

Rodajas de salmón a la florentina

Para 4 personas

- *1/2 litro de salsa Mornay (→ ver pág. 68)*
- *1 kg de espinacas congeladas*
- *40 g de mantequilla*
- *nuez moscada*
- *1 litro de concentrado de pescado (→ ver pág. 54)*
- *4 rodajas de salmón de aproximadamente 180 g cada una*
- *40 g de queso rallado*
- *10 g de mantequilla*
- *sal y pimienta*

❶ Preparar la salsa Mornay.

❷ Descongelar las espinacas y picarlas gruesas. Derretir la mantequilla en un sartén y sofreír las espinacas durante aproximadamente 15 minutos a fuego lento. Condimentar con sal y pimienta al gusto y añadir una pizca de nuez moscada rallada.

❸ Mientras tanto, preparar el concentrado de pescado y luego dejarlo enfriar. Colocarle las rodajas de salmón y cocerlas entre 7 y 8 minutos a fuego lento. Luego, escurrirlas.

❹ Acomodar las espinacas en el fondo de una charola para horno y colocar las rodajas de salmón encima.

❺ Bañar las rodajas con la salsa Mornay. Espolvorearlas con el queso rallado, bañarlas con la mantequilla derretida y gratinar durante 5 minutos en la parrilla del horno.

■ **Preparación:** 30 min ■ **Cocción:** 20 min

> **EN ALGUNOS PAÍSES SE LLAMA:**
> Charola: *asadera*. Mantequilla: *manteca*.

Rodajas de salmón en salsa Nantua

Para 4 personas

- 1 litro de concentrado de pescado (→ ver pág. 54)
- 4 rebanadas de salmón de aproximadamente 150 o 160 g cada una
- 1/2 litro de salsa Nantua (→ ver pág. 68)
- 12 jaibas o 12 camarones grandes
- sal y pimienta

❶ Preparar el concentrado de pescado. Colocar ahí las rodajas de salmón, bajar el fuego y cocerlas de 6 a 7 minutos a hervores bajos.

❷ Escurrir las rodajas de pescado y colocarlas en una fuente. Mantenerlas calientes. Preparar la salsa Nantua.

❸ Quitar el caparazón a las jaibas o pelar y desvenar los camarones, y agregar los mariscos al concentrado de pescado hirviendo para que se calienten. Extraer un cucharón de concentrado de pescado y reducirlo en una tercera parte. Agregarlo a la salsa Nantua, mezclando bien. Probar y, de ser necesario, condimentar con sal y pimienta al gusto.

❹ Bañar las rodajas de salmón con esta salsa y acomodar las jaibas o los camarones a su alrededor.

■ **Preparación:** 40 min ■ **Cocción:** alrededor de 8 min

EN ALGUNOS PAÍSES SE LLAMA:
Camarón(es): *gamba, quisquilla.* Jaiba: *cangrejo de río.*

Salmón glaseado al vino tinto

Para 4 personas

- 4 rodajas de salmón de 180 g cada una
- 1 caja de gelatina sin sabor instantánea
- 1 litro de vino tinto de Borgoña
- 20 g de mantequilla
- 1/2 manojo de estragón
- sal y pimienta

❶ Engrasar con mantequilla una charola. Condimentar las rodajas de salmón con sal y pimienta y colocarlas en la charola.

❷ Preparar la gelatina con el vino y, cuando esté bien caliente, verterla sobre el salmón. Poner la charola en la llama de la estufa y, cuando suelte el hervor, bajar el fuego y cocer a hervores lentos de 6 a 8 minutos.

❸ Colocar las rodajas de salmón sobre una rejilla con un plato debajo, para que se escurran, y secarlas con un papel absorbente. Dejarlas enfriar por completo.

❹ Si se desea, se puede clarificar la base de gelatina (seguir el mismo procedimiento que para la clarificación del caldo para puchero, → ver pág. 54). Esperar a que esté tibia, pero sin dejar que cuaje.

❺ Barnizar las rodajas de salmón con 4 o 5 capas sucesivas de gelatina, con la ayuda de un pincel.

❻ Entre cada aplicación, meter la rejilla en el refrigerador con todo y el plato. Colocar dos hojas de estragón sobre cada rodaja de salmón antes de aplicar la última capa de gelatina.

❼ Verter una capa delgada de gelatina en la base de la charola en que se va a servir y agregarle algunas hojas de estragón antes de que cuaje.

❽ Dejar que la gelatina cuaje en el refrigerador y luego colocar encima las rodajas de salmón.

■ **Preparación:** 2 h ■ **Cocción:** de 6 a 8 min

EN ALGUNOS PAÍSES SE LLAMA:

Charola: *asadera*. Estufa: *cocina* (dispositivo o aparato en el que se hace fuego o produce calor para guisar los alimentos). Mantequilla: *manteca*. Refrigerador: *heladera, nevera*.

Salmón hojaldrado

Para 6 u 8 personas

- *400 g de masa hojaldrada*
  (→ ver pág. 114)
- *1 salmón entero de 900 g*
  a 1 kg
- *2 huevos*
- *sal y pimienta*

❶ Preparar la masa hojaldrada (o utilizar una masa comercial ya preparada) y dejarla reposar durante 2 horas.

❷ Escamar y vaciar el salmón (sin cortarle la cabeza). Lavarlo por dentro con mucho cuidado.

❸ Poner a hervir dos litros de agua. Colocar el salmón sobre una rejilla y ésta sobre un plato hondo. Verter agua hirviendo sobre todo el cuerpo del salmón (excepto sobre la cabeza) y enseguida quitarle la piel. Voltear el salmón y realizar de nuevo esta operación. Secarlo con un papel absorbente. Condimentar el interior del pescado con sal y pimienta al gusto.

❹ Forrar la placa del horno con una hoja de papel encerado.

❺ Enharinar la mesa de trabajo.

❻ Batir los huevos en un bol. Separar dos terceras partes de la masa hojaldrada, extenderla con un rodillo y cortar un rectángulo de masa de 36 x 14 cm, con aproximadamente 3 mm de espesor. Colocar ese rectángulo en la placa forrada de papel encerado. Acomodar el salmón sobre la masa, con la cabeza hacia la izquierda. Condimentar con sal y pimienta al gusto. Plegar toda la orilla del rectángulo de masa sobre sí misma (unos cuantos centímetros) y, con un pincel, barnizarla con huevo para que se dore.

❼ Con el rodillo, extender el resto de la masa y formar otro rectángulo de 30 x 10 cm, y 4 mm de espesor. Colocarlo encima del pescado y presionar los bordes contra la parte barnizada con huevo para que se sellen bien las uniones. Cortar el excedente de masa, siguiendo la forma del salmón. Con la punta de un cuchillo, dibujar ligeramente la cabeza, la cola y las escamas. Luego, barnizar muy bien la masa con huevo batido para que se dore.

❽ Meter la placa del horno en el refrigerador durante 30 minutos.

❾ Precalentar el horno a 180 °C. Volver a barnizar la masa con huevo batido y hornear durante 45 minutos.

❿ Sacar la placa del horno y dejar que el salmón repose durante 10 minutos. Colocarlo en una fuente y servir bien caliente.

■ **Preparación:** 30 min ■ **Refrigeración:** 30 min

■ **Cocción:** 45 min

EN ALGUNOS PAÍSES SE LLAMA:

Refrigerador: *heladera, nevera.* Rodillo: *bolillo, palo de amasar, palote, uslero.*

Salmón tártaro

Para 4 personas

- 400 g de salmón fresco
- 10 ramitas de perejil
- 200 g de camarones grandes
- 2 pepinillos
- 4 filetes de anchoas en aceite
- 8 alcaparras
- 2 yemas de huevo
- 1 cucharada de pimienta verde
- 4 cucharadas de aceite de oliva
- 1 cucharadita de salsa inglesa
- 3 gotas de salsa Tabasco
- 1 cucharada de vinagre de jerez

❶ Quitarle la piel y las espinas al salmón.

❷ Desprender las hojitas de perejil.

❸ Pelar y desvenar los camarones. Secar bien los filetes de anchoa.

❹ Picar con un cuchillo el salmón, los camarones y los filetes de anchoa, al igual que los pepinillos, las alcaparras y el perejil. Poner todos estos ingredientes en una terrina y revolverlos bien. Agregar las yemas de huevo y la pimienta verde. Mezclar bien todo con una espátula.

❺ Añadir el aceite de oliva, la salsa inglesa, la salsa Tabasco, una cucharada de vinagre de jerez y el coñac o el vodka. Revolver bien cada vez que se incorpore un nuevo ingrediente a la mezcla. Dividir esta mezcla en cuatro porciones iguales, ya sea con la mano o bien vertiéndola en moldes individuales. Meterlos en el refrigerador.

- 1 cucharadita de coñac o de vodka
- 1 pepino pequeño
- perifollo fresco

6 Pelar el pepino, cortarlo en rodajas muy delgadas y usarlas para cubrir los platos en los que se va a servir. Colocar encima el salmón tártaro y decorar con hojitas de perifollo.

> El salmón tártaro puede servirse como entrada o bien como plato principal. En este último caso, duplicar las proporciones.

■ **Preparación:** 20 min ■ **Reposo:** 1 h

> **EN ALGUNOS PAÍSES SE LLAMA:**
> Anchoa: *anchova, boquerón.* Camarón(es): *gamba, quisquilla.* Refrigerador: *heladera, nevera.*

Waterzoi de salmón y bacalao fresco

Para 4 o 6 personas

- 1/2 kg de salmón
- 1/2 kg de bacalao fresco
- 1 y 1/2 litros de concentrado de pescado (→ ver pág. 54)
- 4 ramas de apio
- 1 bouquet garni
- 4 hojas de salvia
- 150 g de mantequilla
- 3 rebanadas de pan tostado
- 1 baguette
- sal y pimienta

1 Pedir en la pescadería que escamen los pescados. Lavarlos bien para eliminar todas las escamas que pudieran quedarle.

2 Preparar el concentrado de pescado (también se puede utilizar un caldo comercial deshidratado).

3 Cortar las ramas de apio en bastoncitos.

4 Engrasar con mantequilla el fondo de una olla y distribuir en ella los bastoncitos de apio. Condimentar con sal y pimienta al gusto y agregar el bouquet garni y la salvia. Colocar encima los dos pedazos de pescado. Verter un litro de concentrado de pescado (hasta que se cubran los pescados) y añadir 80 g de mantequilla en pedacitos. Tapar la olla y cocer a fuego bajo durante 15 minutos. Luego, dejar enfriar.

5 Desollar los pescados y cortarlos en pedacitos.

6 Colar el jugo de cocción, volverlo a poner en la olla junto con los pedazos de salmón y de bacalao fresco.

7 Si se desea, se puede agregar el resto del concentrado de pescado. Tapar la olla hasta la mitad, llevar a ebullición y, luego, bajar el fuego y cocer durante 15 minutos más.

8 Escurrir los pescados. Triturar las rebanadas de pan tostado y añadirlas a la olla. Mezclar bien todo. Reducir aproximadamente una tercera parte de esta salsa y después volver a colocar en ella los pedacitos de pescado para que se calienten.

⑨ Cortar la baguette en rebanadas, tostarlas y untarles mantequilla. Servir este puchero en la misma olla de cocción y las rebanadas de pan por separado.

■ **Preparación:** 40 min ■ **Cocción:** alrededor de 30 min

> **EN ALGUNOS PAÍSES SE LLAMA:**
> Bacalao: *abadejo*. Mantequilla: *manteca*.

Salmonete: preparación

Los salmonetes, de una longitud que oscila entre 20 y 30 cm, deben escamarse y vaciarse. Además, hay que lavarlos y secarlos cuidadosamente antes de su utilización.

Cuando se trata de "salmonetes de roca", pequeños y muy frescos, hay que escamarlos bajo un chorro de agua fría y no hay necesidad de vaciarlos. Cuando son más grandes, hay que quitarles los intestinos, aunque siempre se conserva el hígado.

A los filetes de salmonete siempre hay que quitarles las espinas, antes de prepararlos, lo que se logra con la ayuda de una pinza de depilar.

Salmonetes al horno con hinojo

Para 4 o 6 personas

- *2 salmonetes de 1/2 kg cada uno*
- *1 cebolla grande*
- *1/2 bulbo de hinojo*
- *3 cucharadas de aceite de oliva*
- *pan molido*
- *1 cucharada de perejil*
- *1 limón*
- *sal y pimienta*

❶ Preparar los salmonetes (→ ver arriba preparación de salmonete). Con un cuchillo pequeño, realizar dos o tres incisiones sobre el dorso de los pescados. Condimentarlos con sal y pimienta al gusto.

❷ Pelar y picar la cebolla y el hinojo. En una cacerola, calentar una cucharada de aceite y sofreír la cebolla. Cocerla durante 10 minutos a fuego bajo, luego agregar el hinojo y cocer durante otros 10 minutos.

❸ Precalentar el horno a 210 °C. Con un pincel, engrasar con aceite una charola para gratín. Verter el hinojo y la cebolla picados y distribuirlos en el fondo de la charola. Colocar los salmonetes encima.

❹ Espolvorear los salmonetes con pan molido y bañarlos con dos cucharadas de aceite de oliva. Hornear de 15 a 20 minutos.

❺ Espolvorearlos con el perejil picado finamente y rociarlos con un chorrito de jugo de limón al momento de servir.

■ **Preparación:** 25 min ■ **Cocción:** entre 15 y 20 min

> **EN ALGUNOS PAÍSES SE LLAMA:**
> Charola: *asadera*. Pan molido: *pan rallado*.

Salmonetes asados

Para 4 personas

- *800 g de salmonetes pequeños*
- *100 ml de aceite de oliva*
- *1 ramita de romero*
- *2 limones*
- *sal y pimienta*

❶ El día anterior a su consumo, colocar el romero y el aceite en un bol. Cubrir con una película plástica autoadherente y dejar marinar.

❷ No vaciar los salmonetes. Con la punta de un cuchillo, hacerles pequeños cortes. Con un pincel, untarles el aceite de romero.

❸ Cubrir la parrilla del horno con una hoja doble de papel aluminio. Acomodar los salmonetes encima de la parrilla y hornearlos de 3 a 4 minutos. Voltearlos, volverles a untar aceite de romero y hornearlos durante otros 3 minutos.

❹ Condimentar con sal y pimienta al gusto. Servirlos inmediatamente con los limones cortados en cuartos.

■ **Marinada:** 12 h ■ **Preparación:** 10 min
■ **Cocción:** de 6 a 7 min

Salmonetes en papillote

Para 4 personas

- *40 g de mantequilla de anchoas (→ ver pág. 37)*
- *8 salmonetes pequeños de 150 g a 200 g de peso cada uno*
- *5 rebanadas de pan de caja*
- *1 vaso de leche*
- *2 cucharadas de perejil*

❶ Preparar la mantequilla de anchoas. Preparar los salmonetes (→ ver preparación de salmonete, pág. 387).

❷ Desmoronar el pan de caja en un bol, verterle la leche y mezclar bien. Picar el perejil. Exprimir el migajón de pan y amalgamarlo con la mantequilla de anchoas y el perejil.

❸ Salpimentar los salmonetes por los dos lados. Con una cucharita, rellenarlos con la mezcla de mantequilla, pan y perejil. Colocarlos en una charola, embadurnarlos con aceite y dejarlos reposar 1 hora en el refrigerador.

- 50 ml de aceite de oliva
- 2 limones
- sal y pimienta

④ Precalentar el horno a 240 °C. Engrasar con aceite cuatro hojas rectangulares de papel aluminio, colocar dos salmonetes en cada una de ellas y cerrarlos en papillotes. Hornearlos entre 15 y 20 minutos, aproximadamente.

⑤ Servirlos en los papillotes con los pedacitos de limón por separado.

■ **Reposo:** 1 h ■ **Preparación:** 15 min

■ **Cocción:** de 15 a 20 min, aproximadamente

> En algunos países se llama:
> Charola: *bandeja*. En papillote: *envuelto en papel aluminio*. Migajón: *borona, miga de pan, morona*. Pan de caja: *pan de molde, pan inglés o pan lactal*. Refrigerador: *heladera, nevera*.

Salmonetes salteados en jitomate triturado

Para 4 personas

- 8 salmonetes pequeños de 150 g a 200 g de peso cada uno
- 200 g de salsa concentrada de jitomate (→ ver pág. 819)
- 4 chalotes
- 70 g de mantequilla
- 250 ml de vino blanco
- 5 ramitas de estragón fresco
- sal y pimienta

① Preparar los salmonetes (→ ver preparación de salmonete, pág. 387).

② Hacer una salsa concentrada de jitomate.

③ Pelar los chalotes y picarlos finamente. Derretir 40 g de mantequilla en un sartén, colocar en él los salmonetes y cocerlos 2 minutos de cada lado.

④ Agregar los chalotes y verter el vino blanco. Llevar al límite de la ebullición, luego bajar el fuego, tapar y dejar que se cuezan lentamente durante 10 minutos. Retirar los salmonetes del sartén y mantenerlos calientes en una fuente.

⑤ Verter la salsa concentrada de jitomate en el sartén donde se cocieron los salmonetes, mezclarla con el jugo de cocción de los pescados al vino y al chalote, y calentar. Condimentar con sal y pimienta al gusto.

⑥ Desprender las hojitas de estragón y picarlas. Verter la salsa sobre los salmonetes y agregar algunas pizcas de estragón picado.

■ **Preparación:** 50 min ■ **Cocción:** 18 min

> En algunos países se llama:
> Chalote: *ascalonia, chalota, echalote, escalonia*. Jitomate: *tomate*. Mantequilla: *manteca*.

Sardina: preparación

Sea cual fuere la forma en que se vayan a preparar, las sardinas siempre se deben escamar, vaciar, lavar y secar sobre un papel absorbente.

Después, se les debe cortar la cabeza, excepto si se van a asar a la parrilla. Las sardinas muy pequeñas y frescas simplemente se deben secar.

Hojaldre de sardinas

Para 4 o 6 personas

- 1/2 kg de masa hojaldrada (→ ver pág. 114)
- 800 g de espinacas congeladas
- 1 diente de ajo
- 300 g de acedera
- 60 g de mantequilla
- 24 sardinas en aceite
- 1 yema de huevo
- sal y pimienta

❶ Preparar la masa hojaldrada (o utilizar una masa ya lista vendida comercialmente) y dejarla reposar durante 2 horas.

❷ Descongelar las espinacas. Pelar y picar el ajo. Lavar y cortarle las ramitas a la acedera y secar sus hojas. Derretir la mantequilla en una cacerola, verter ahí la acedera junto con las espinacas y cocerlas durante 5 minutos, removiéndolas varias veces.

❸ Añadir el ajo. Condimentar con sal y pimienta al gusto, mezclar bien todo y retirar la cacerola del fuego después de 10 minutos de cocción. Exprimir las hojas de acedera en un colador para eliminar el exceso de líquido.

❹ Precalentar el horno a 220 °C. Extender la masa hojaldrada hasta que quede de 5 mm de espesor y cortar dos tiras de 30 cm de largo por 12 cm de ancho cada una. Cubrir la placa del horno con papel encerado y colocar en ella una de las tiras de masa.

❺ Escurrir las sardinas y secarlas sobre un papel absorbente. Quitarles la espina central.

❻ Colocar las verduras en la tira de masa que está en la placa del horno y distribuirlas para que quede una capa homogénea, pero sin que llegue hasta las orillas. Acomodar encima las sardinas, a lo largo, invertidas y una junto a la otra.

❼ Con un pincel, humedecer ligeramente con agua las orillas de la masa. Colocar encima la otra tira de masa hojaldrada y pegar bien los bordes, presionándolos entre el pulgar y el índice.

❽ En un bol, diluir la yema de huevo con una cucharadita de agua y, con un pincel, barnizar la parte de arriba del hojaldre para que se dore. Meter la placa en el horno durante 1 hora.

❾ Servirlo caliente o frío, utilizando un cuchillo aserrado para cortar el hojaldre.

■ **Preparación:** 1 h ■ **Cocción:** 1 h 30 min

> **EN ALGUNOS PAÍSES SE LLAMA:**
> Acedera: *agrilla, vinagrera*. Mantequilla: *manteca*.

Sardinas a la parrilla

Para 4 personas

- *2 docenas de sardinas*
- *aceite de cacahuate*
- *2 limones*
- *aceite de oliva*
- *sal*

❶ Preparar las sardinas (→ ver pág. 390).

❷ Engrasar ligeramente con aceite una parrilla de hierro fundido o la parrilla del asador. Si se cuenta con una parrilla doble especial para pescados pequeños, éstos se podrán voltear más fácilmente en una sola maniobra.

❸ Colocar las sardinas sobre la parrilla y cocerlas durante 5 minutos a temperatura media. Voltear los pescados. Cocerlos de 3 a 5 minutos más: la piel debe comenzar a agrietarse.

❹ Condimentar con sal al gusto y servir con los limones cortados en cuatro y un chorrito de aceite de oliva.

> Unas papas en papillote y mantequilla fresca son excelentes para acompañar las sardinas a la parrilla.

■ **Preparación:** 15 min ■ **Cocción:** de 8 a 10 min

> **EN ALGUNOS PAÍSES SE LLAMA:**
> Cacahuate: *cacahuete, maní*. En papillote: *envuelto en papel aluminio*. Mantequilla: *manteca*. Papa: *patata*.

Sardinas crudas a la bretona

Para 4 personas

- *2 docenas de sardinas*
- *1 cucharada grande de sal gruesa*
- *1/2 manojo de perejil*
- *pan rústico*
- *mantequilla con sal*

❶ Preparar las sardinas (→ ver pág. 390). Colocarlas en una charola grande, espolvorearlas con sal y luego voltearlas para que la sal se distribuya bien. Dejarlas reposar durante 8 horas en el refrigerador.

❷ Secar cada sardina con un papel absorbente: la salazón despega la piel y ésta se cae sola. Con un cuchillo pequeño, separar los dos filetes de cada sardina y quitarles la espina central. Acomodar los filetes en una fuente.

❸ Picar el perejil y espolvorear con él los filetes. Servir acompañado de algunas rebanadas de pan rústico tostado y de mantequilla con sal.

■ **Preparación:** 8 h ■ **Cocción:** 20 min

> **EN ALGUNOS PAÍSES SE LLAMA:**
> Charola: *bandeja*. Mantequilla: *manteca*. Refrigerador: *heladera, nevera*.

Sardinas en charola

Para 4 personas

- *2 docenas de sardinas*
- *4 chalotes*
- *1 limón*
- *1/2 vaso de vino blanco*
- *40 g de mantequilla*
- *2 cucharadas de perejil*
- *sal y pimienta*

❶ Lavar y vaciar las sardinas. Condimentarlas con sal y pimienta al gusto.

❷ Precalentar el horno a 250 °C.

❸ Pelar y picar los chalotes.

❹ Engrasar con mantequilla una charola para horno y colocar en ella los chalotes picados. Condimentar con sal. Acomodar las sardinas en la charola y bañarlas con un chorrito de jugo de limón. Verter encima el vino blanco y agregar el resto de la mantequilla cortada en pedacitos pequeños. Hornear de 10 a 12 minutos.

❺ Espolvorear las sardinas con el perejil finamente picado en cuanto salgan del horno y servir inmediatamente.

■ **Preparación:** 20 min

■ **Cocción:** de 10 a 12 min, aproximadamente

> **EN ALGUNOS PAÍSES SE LLAMA:**
> Chalote: *ascalonia, chalota, echalote, escalonia*. Charola: *asadera*. Mantequilla: *manteca*.

Sardinas en escabeche

Para 4 personas

- *2 docenas de sardinas*
- *1 cucharada de perejil*
- *40 g de harina*

❶ Preparar las sardinas (→ ver pág. 390). Picar el perejil.

❷ Enharinar las sardinas. Calentar la mitad del aceite en un sartén y freír las sardinas de 2 a 3 minutos de cada lado. Retirarlas con una espumadera y colocarlas en un plato hondo.

- 100 ml de aceite de oliva
- 3 cucharadas de vinagre de vino viejo
- 3 dientes de ajo
- 1 ramita de tomillo
- 2 ramitas de romero
- 2 hojas de laurel
- 1 pizca de pimienta de Cayena
- sal y pimienta

❸ Agregar el resto del aceite al sartén que contiene el aceite de cocción y volver a calentar. Añadir el vinagre, dos cucharadas de agua, el ajo, el tomillo, el romero, el laurel, el perejil, la pimienta de Cayena, sal y pimienta al gusto, y cocer durante 15 minutos, a fuego lento y con el sartén tapado. Retirar el sartén de la lumbre y dejar enfriar.

❹ Verter este aceite aromatizado sobre las sardinas. Dejar marinar durante al menos 24 horas antes de servir.

■ **Preparación:** 30 min ■ **Cocción:** 15 min
■ **Marinada:** 24 h

Bouillabaisse de Marsella

Para 4 o 6 personas

- 2 kg de pescados diversos (congrio, dorado, rubio o trigla, rape o pejesapo, cría de merluza, rescaza, pez de San Pedro)
- 10 cangrejos pequeños (nécoras)
- 2 cebollas
- 3 dientes de ajo
- 2 cabezas de poro
- 3 ramas de apio
- 150 ml de aceite de oliva
- 3 jitomates
- 1 bulbo de hinojo
- 250 ml de mayonesa al azafrán (→ ver pág. 95)
- 1 bouquet garni
- 2 pizcas de azafrán
- 1 baguette
- sal y pimienta

❶ Escamar, vaciar y quitar la cabeza a la variedad de pescados enteros. Luego, cortarlos en pedazos grandes. Cepillar los cangrejos.

❷ Picar una cebolla, un diente de ajo, los poros y el apio. Dorarlos en 100 ml de aceite de oliva. Condimentar con sal y pimienta al gusto. Agregar las cabezas y los restos de pescado. Cubrir todo con agua, esperar a que hierva y cocer a fuego muy lento durante 20 minutos. Colar y guardar el jugo de cocción.

❸ Mientras se lleva a cabo esta cocción, pasar por agua hirviendo los jitomates y luego pelarlos y cortarlos en pedacitos. Pelar y picar la otra cebolla, los dientes de ajo restantes y el bulbo de hinojo.

❹ Preparar la mayonesa al azafrán.

❺ Sofreír las verduras picadas en el aceite de oliva restante. Verter el caldo, los jitomates y el bouquet garni. Agregar la rescaza, luego el rubio o la trigla, el pejesapo, el congrio, el dorado, los cangrejos y el azafrán. Cocer durante 8 minutos a fuego alto. Después, agregar la cría de merluza y el pez de San Pedro y continuar la cocción durante 5 o 6 minutos más. Mantener caliente la bouillabaisse, pero sin que se siga cociendo.

❻ Cortar la baguette en rodajas y tostarlas en la parrilla del horno.

❼ Escurrir los pescados y los cangrejos con una espumadera y colocarlos en una fuente grande.

❽ Vaciar el caldo en una sopera, sin colarlo, y servirlo acompañado de la mayonesa de azafrán y los croûtons.

■ **Preparación:** 45 min ■ **Cocción:** alrededor de 15 min

> **EN ALGUNOS PAÍSES SE LLAMA:**
> Croûton: *crostón, cruton, picatoste* (cuadritos de pan frito, muy utilizados en ensaladas). Jitomate: *tomate*. Poro: *ajo porro, porro, puerro*.

Ceviche

Para 4 personas

- *800 g de pescado (lenguado o corvina)*
- *1 cebolla morada*
- *1/2 ají limo*
- *16 limones*
- *sal*
- *1 elote*
- *300 g de camote*

❶ Cortar el pescado en trozos pequeños y mezclar con julianas de cebolla en un recipiente, lavarlo y escurrirlo bien.

❷ Agregar sal y el ají limo finamente picado.

❸ Añadir el jugo de los limones y reservar por 5 minutos.

❹ Servir en un plato hondo, acompañar con trozos de camote sancochado y rodajas de elote sancochadas.

■ **Preparación:** 15 min

> **EN ALGUNOS PAÍSES SE LLAMA:**
> Ají limo: *Ají muy picante, chile*. Camote: *batata, boniato, chaco, papa dulce*. Cebolla morada: *cebolla roja*. Elote: *chilote, choclo, jojoto, mazorca tierna de maíz, tolonca*.

Conchas calientes de pescado en salsa Mornay

Para 4 personas

- *300 ml de salsa Mornay (→ ver pág. 68)*
- *400 g de pescado (filetes de bacalao fresco o el pescado que se prefiera)*
- *1 manojo de perejil*

❶ Preparar la salsa Mornay.

❷ Cocer el pescado en agua con sal o en un caldo durante 10 minutos, o bien utilizar algo de pescado que haya quedado para hacer el caldo.

❸ Precalentar el horno a 260 °C. Picar el perejil.

❹ Desmenuzar el pescado y mezclarlo con la salsa Mornay y el perejil picado. Probar y, de ser necesario, condimentar al gusto.

- *40 g de queso gruyer rallado*
- *20 g de mantequilla*
- *4 conchas de vieira vacías*

❺ Rellenar las conchas de vieira vacías con esta preparación. Espolvorear con queso gruyer rallado y pedacitos de mantequilla. Gratinar en el horno de 5 a 10 minutos.

■ **Preparación:** 15 min ■ **Cocción:** alrededor de 10 min

EN ALGUNOS PAÍSES SE LLAMA:
Bacalao: *abadejo*. Mantequilla: *manteca*. Vieira: *concha de abanico, conchitas*.

Indio viejo de pescado

Para 6 personas

- *1 kg de filete de pescado*
- *2 jitomates medianos*
- *4 tazas de masa de maíz*
- *1 pimiento verde*
- *2 cebollas medianas*
- *3 dientes de ajo*
- *1 rama de hierbabuena*
- *1/2 cucharada de achiote*
- *1/2 taza de naranja agria*
- *100 g de mantequilla*
- *pimienta y sal*
- *2 litros de agua*

❶ Lavar los filetes y cocer en agua con ajo, sal, una cebolla y medio pimiento por unos 6 minutos. Escurrir los filetes y desmenuzar. Reservar el agua.

❷ Picar finamente el resto de la cebolla, el pimiento, los jitomates y la hierbabuena; sofreír en mantequilla junto con el pescado.

❸ Disolver la masa en el agua en que se coció el pescado; agregar achiote, pimienta, jugo de naranja agria o limón. Poner a cocer a fuego lento, moviendo para que no se pegue, incorporar agua si es necesario.

❹ Agregar a la masa ya cocida el sofrito del pescado y mezclar. Dejar reposar por 3 minutos.

■ **Preparación:** 20 min ■ **Cocción:** 30 min

EN ALGUNOS PAÍSES SE LLAMA:
Achiote: *bijol, onoto*. Jitomate: *tomate*. Mantequilla: *manteca*. Pimiento: *ají, locote, morrón*.

Pescado a la veracruzana

Para 4 personas

- *6 filetes de róbalo u otro pescado de carne firme*
- *1 cucharada de aceite*
- *4 dientes de ajo*
- *1/2 taza de cebolla*
- *1 kg de jitomates*
- *1 pimiento verde*

❶ Calentar el aceite en una cacerola grande y freír los ajos y la cebolla finamente picados durante 3 minutos.

❷ Agregar los jitomates pelados y finamente picados y dejar que hierva. Añadir el pimiento cortado en tiras y mover durante 2 minutos. Incorporar la sal, la pimienta, las hojas de laurel y el orégano y, cuando vuelva a hervir, tapar y cocinar a fuego lento durante 8 minutos.

❸ Incorporar las aceitunas y las alcaparras y cocer durante 5 minutos más. Comprobar la sazón y retirar del fuego.

- 1 cucharadita de sal
- 1/2 cucharadita de pimienta negra recién molida
- 2 hojas de laurel
- 1/2 cucharadita de orégano seco
- 1/2 taza de aceitunas
- 1/4 taza de alcaparras
- 30 g de mantequilla
- 6 chiles güeros o jalapeños en vinagre, para adornar

④ Lavar y secar los filetes de pescado y espolvorearlos ligeramente con sal y pimienta.

⑤ Derretir la mantequilla en un sartén grande, freír el pescado por ambos lados y pasarlo a un recipiente para horno engrasado.

⑥ Bañar con la salsa, cubrir el recipiente con papel aluminio y hornear a 190 °C de 10 a 15 minutos. Adornar cada filete con un chile güero antes de servir.

■ **Preparación:** 20 min ■ **Cocción:** 35 min

EN ALGUNOS PAÍSES SE LLAMA:

Chile: *ají cumbarí, ají picante, conguito, guindilla, ñora, páprika (picante), pimentón picante, pimiento picante.* Jitomate: *tomate.* Mantequilla: *manteca.* Pimiento: *ají, locote, morrón.* Róbalo: *lubina.*

Sopa de pescado bretona

Para 4 o 6 personas

- 1 y 1/2 kg o 2 kg de pescados (sardina, caballa o sarda, besugo, rape o pejesapo, merluza, congrio, rubio o trigla y salmonete)
- 1 o 2 cabezas de pescados grandes
- 3 cebollas grandes
- 6 papas
- 25 g de mantequilla
- 1 bouquet garni
- 1/2 manojo de perejil
- 4 o 6 rebanadas de pan rústico
- 200 ml de vinagreta (→ ver pág. 100)

① Pedir al empleado de la pescadería que prepare los pescados. Cortarlos en pedazos de 5 cm y añadir las cabezas.

② Pelar las cebollas y las papas y cortarlas en cuartos. Derretir la mantequilla en una olla muy grande y sofreír las cebollas. Agregar tres litros de agua, las papas, el bouquet garni y el perejil. Poner a hervir y, una vez que se alcance la ebullición, cocer durante 15 minutos.

③ Agregar los pedazos de pescado y las cabezas de pescados grandes. Continuar la cocción alrededor de 10 minutos más.

④ Preparar la vinagreta. Retirar los pescados y las papas con una espumadera. Desechar las cabezas.

⑤ Colocar las rebanadas de pan en el fondo de una sopera y verter encima el caldo. Servir por separado el pescado y las papas, por un lado, y la vinagreta en una salsera.

■ **Preparación:** 30 min ■ **Cocción:** de 25 a 30 min

EN ALGUNOS PAÍSES SE LLAMA:

Caballa: *macarela.* Mantequilla: *manteca.* Papa: *patata.*

Carnes rojas comerciales y menudencias

Las carnes rojas comerciales

Las carnes rojas comerciales incluyen las carnes de cordero, res, borrego, cerdo y ternera. Inmediatamente después de pasar por el rastro, la carne aún está caliente y por lo tanto no puede consumirse: debe someterse a un proceso de maduración. Una vez "endurecida", la carne ya está lista para consumirse. La carne se evalúa de acuerdo con su color, su blandura, su jugosidad y su sabor.

El color depende de la raza, la edad y la alimentación del animal: así, la carne de res es rojo vivo, oscuro y brillante y su grasa amarilla con aspecto de red fina; la ternera tiene una carne ligeramente rosada y su grasa es blanca; la carne de cordero es rosa fuerte y su grasa también blanca; en el caso del borrego, es más oscura; y la carne de puerco es rosada.

La blandura depende del animal mismo (su edad, raza y alimentación), el grado de maduración, el tipo de músculo y las condiciones de cocción: si se hierve o se cocina a las brasas la carne será más blanda.

La suculencia o jugosidad designa el grado en que la carne desprende su jugo durante la masticación: la suculencia generalmente está vinculada a la presencia de grasa visible entre los músculos (carne entreverada); sin embargo, algunas carnes jóvenes (la ternera criada a través de la ubre de su madre, sobre todo), ricas en contenido de agua, pueden ser suculentas si el agua se mantiene en los músculos en el momento de la cocción.

Por su parte, el sabor proviene esencialmente de la grasa, por lo que está vinculado al tipo de alimentación del animal. No hay que confundir la calidad de la carne con el tipo de corte. Un codillo de buena calidad puede dar lugar a un puchero delicioso, mientras que una costilla con lomo puede ser decepcionante si proviene de un animal de calidad mediocre.

Los modos de cocción de la carne. En la actualidad se dividen en dos grandes procedimientos: cocción rápida (en sartén, parrilla u horno, en cuyo caso la carne se baña frecuentemente con el líquido de cocción) y cocción lenta. Esta última agrupa tres tipos de operaciones: el asado, el cocido incorporando los ingredientes en un caldo o en vino, y la cocción propiamente dicha dentro de un líquido más abundante, con verduras y hierbas aromáticas.

A veces, la carne se consume cruda (carpaccio, carne a la tártara); para ello debe estar muy condimentada, lo cual resalta el sabor. Advertencia: la carne molida debe picarse frente al consumidor, quien deberá exigírselo al carnicero. También puede conseguirse congelada. La denominación "tártara" se reserva a las carnes molidas que se componen de músculos completamente limpios.

Las menudencias

Se trata de los órganos internos de los animales que se consiguen en las carnicerías. Los que más se consumen son el hígado, la lengua, los sesos, los riñones, las mollejas de ternera y el corazón. El estómago y los intestinos se ocupan solamente en la preparación de callos y tripas.

EN ALGUNOS PAÍSES SE LLAMA:

Callos: *menudo, mondongo, pancita.* Carne molida: *carne picada.* Tripas: *chinchulines, chinchurrias, choncholis, chunchules, chunchullos, intestino delgado.*

CORDERO Y BORREGO

La carne de borrego corresponde a la de un ovino macho castrado de más de un año, engordado para su consumo a través de las carnicerías. También se llama "borrego" a la carne de carnero, menos sabrosa, y a la de oveja, más grasa y de menor calidad. En la actualidad, el gusto popular tiende a preferir el cordero, cría de la oveja con menos de 300 días de nacida, por su carne delicada, muy tierna y perfumada.

El cordero y el borrego se cortan de la misma manera y su preparación varía en función de los diferentes pedazos. Las piezas que se van a hornear proceden de la pierna del cordero (que también puede hervirse), de la faldilla, el costillar y la espaldilla, deshuesada o no (las dos piernas y la faldilla juntas llevan el nombre de "cuarto trasero"); las piezas que suelen asarse a la parrilla son, básicamente, las chuletas; las piezas que se utilizan en brochetas suelen extraerse del pecho del animal, la espaldilla o el cuello, aunque son menos tiernas en el borrego que en el cordero; en general, los pedazos que se van a asar, saltear o hervir proceden del cuello, el pecho o la espaldilla, que sirve muy bien para los estofados, los guisados de carnero, los tajines magrebíes o halicots de borrego...

Los estofados, salteados o asados, que constituyen la mayor parte de los preparados, brindan a las carnes firmes la untuosidad que necesitan. Para los horneados o parrilladas, se escogerá un animal lo más joven posible.

Cordero y borrego: cocción en agua

Pierna cocida a la inglesa

Para 6 u 8 personas

- *1 pierna de cordero que pese de 1 kg y 600 g a 1 kg y 800 g*
- *2 zanahorias*
- *2 cebollas*
- *1 clavo de olor*
- *1 diente de ajo*
- *100 g de mantequilla*
- *3 cucharadas de harina*
- *1 bouquet garni*
- *50 ml de salsa a la menta (→ ver pág. 100)*
- *sal y pimienta*

❶ Condimentar la pierna de cordero con sal y pimienta al gusto.

❷ Pelar las zanahorias y cortarlas en pedacitos. Pelar las cebollas y mecharlas con un clavo de olor. Pelar el diente de ajo. En una olla grande, poner a hervir agua con mucha sal (8 g por litro).

❸ Extender una toalla limpia sobre la mesa de trabajo y engrasarla con mantequilla. Luego, espolvorearla con harina. Colocar encima la pierna de cordero, envolverla como si se tratara de un paquete y atarla. Sumergirla en el agua hirviendo junto con las verduras y el bouquet garni. Cuando el agua ya esté en plena ebullición, poner a cocer la pierna durante aproximadamente 50 minutos (30 minutos por kg).

❹ Preparar la salsa a la menta.

❺ Escurrir la pierna, desenvolverla y acomodarla sobre una fuente alargada. Servir la salsa por separado.

Esta pierna puede acompañarse con un puré de papa (→ ver pág. 805). También puede servirse con una salsa de alcaparras: 50 ml de salsa Bechamel (→ ver pág. 64) mezclada con 125 g de alcaparras.

■ **Preparación:** 10 min ■ **Cocción:** alrededor de 50 min

> En algunos países se llama:
> Mantequilla: *manteca*.

Cordero y borrego: horneado, asado o frito

Costillar de cordero a la bordelesa

Para 4 personas

- *1 costillar de cordero de aproximadamente 1 kg y 200 g*
- *400 g de papas muy pequeñas*
- *400 g de hongos*
- *150 ml de aceite de oliva*
- *40 g de mantequilla*
- *50 ml de base oscura de ternera (→ ver pág. 50)*
- *1 cucharadita de concentrado de tomate*
- *1 diente de ajo*
- *sal y pimienta*

❶ Pedirle al carnicero que prepare el costillar de cordero, que lo limpie y lo deshuese. Pelar las papas, cocerlas durante 10 minutos en agua con sal y luego escurrirlas.

❷ Precalentar el horno a 180 °C. Limpiar los hongos y dorarlos en 100 ml de aceite de oliva bien caliente.

❸ En una olla, derretir la mantequilla con el resto del aceite y dorar la carne por todos lados. Agregarle los hongos escurridos y las papas. Condimentar con sal y pimienta al gusto. Tapar la olla y hornear durante 25 minutos.

❹ Preparar la base oscura de ternera e incorporarle el concentrado de tomate.

❺ Unos minutos antes de servir, pelar y machacar el diente de ajo y añadirlo a la olla junto con la base de ternera. Mezclar y servir muy caliente.

■ **Preparación:** 15 min ■ **Cocción:** 25 min

> En algunos países se llama:
> Mantequilla: *manteca*. Papa: *patata*.

Costillar de cordero a la niçoise

Para 4 personas

- 1 costillar de cordero de 1 kg y 200 g, aproximadamente
- 3 calabacitas
- 3 jitomates
- 400 g de papas de Cambray pequeñas
- 150 ml de aceite de oliva
- 1 ramita de tomillo
- 2 cucharadas de aceitunas negras pequeñas
- 1 cucharada de perejil finamente picado
- sal y pimienta

❶ Pedir al carnicero que prepare el costillar de cordero, que lo limpie y lo deshuese.

❷ Pelar y cortar las calabacitas en cuadros grandes. Pasar los jitomates por agua hirviendo, pelarlos y quitarles las semillas, luego cortarlos en pedazos. Pelar las papas.

❸ Poner a dorar cada una de estas verduras por separado en un sartén con aceite de oliva y escurrirlas.

❹ Precalentar el horno a 210 °C.

❺ En una olla de barro, dorar el cordero por todos lados.

❻ Desechar la grasa de la olla y volver a colocar la carne de cordero junto con todas las verduras. Agregar sal y pimienta al gusto, la ramita de tomillo y hornear de 15 a 20 minutos. Agregarle las aceitunas 5 minutos antes de que finalice la cocción. Espolvorear el perejil. Servir en la misma olla.

■ **Preparación:** 30 min ■ **Cocción:** de 15 a 20 min

> **EN ALGUNOS PAÍSES SE LLAMA:**
> Calabacita(s): *calabacín, calabaza italiana, zapallito italiano, zapallito largo, zucchini*. Jitomate: *tomate*. Papa: *patata*. Quitar las semillas: *despepitar*.

Chuletas de cordero al tomillo

Para 4 personas

- 200 ml de aceite de oliva
- 1 cucharada de tomillo seco
- 12 chuletas de cordero pequeñas
- sal y pimienta

❶ Verter el aceite en un bol junto con el tomillo, revolver y dejar reposar a temperatura ambiente durante 1 hora.

❷ Barnizar cada chuleta de cordero por ambos lados con este aceite al tomillo.

❸ Justo antes de servir, asar las chuletas en una parrilla de 3 a 4 minutos de cada lado. Condimentar con sal y pimienta al gusto.

> También es posible barnizar las chuletas con un aceite a la albahaca o al romero (→ ver pág. 42).

■ **Marinada:** 1 h ■ **Preparación:** 5 min
■ **Cocción:** de 7 a 8 min

Chuletas de cordero del hortelano

Para 4 personas

- 40 g de mantequilla
- 1 cucharada de perejil picado
- 1 manojo de berros
- 8 chuletas de cordero grandes
- sal y pimienta

❶ Cortar la mantequilla en pedacitos pequeños y ponerla dentro de una ensaladera. Modelarla con una espátula hasta que tenga una consistencia pastosa. Agregarle una pizca de sal, un poco de pimienta en granos recién molida y el perejil picado. Amasar y guardar esta mantequilla en el refrigerador.

❷ Lavar y escurrir los berros. Separarlos en ramitos.

❸ Condimentar las chuletas con sal y pimienta al gusto. Asarlas en una parrilla de 3 a 4 minutos de cada lado. Colocarlas en una fuente bien caliente y sobre cada una colocar una cuarta parte de la mantequilla compuesta bien fría.

❹ Rodear las chuletas con los ramitos de berros y servir inmediatamente.

■ **Preparación:** 10 min ■ **Cocción:** 8 min

> EN ALGUNOS PAÍSES SE LLAMA:
> Mantequilla: *manteca.* Refrigerador: *heladera, nevera.*

Espaldilla de cordero al horno

Para 4 personas

- 1 kg y 200 g de espaldilla de cordero
- 1 cucharada de aceite de cacahuate
- 2 dientes de ajo
- 2 ramitas de tomillo
- 1/2 hoja de laurel
- sal y pimienta

❶ Pedir en la carnicería la espaldilla ya deshuesada y los huesos triturados. Precalentar el horno a 220 °C.

❷ Condimentar la carne con sal y pimienta al gusto y coserla con aguja e hilo. Colocarla en una charola junto con los huesos y el aceite de cacahuate. Hornearla de 30 a 35 minutos. Voltearla y bañarla varias veces con agua durante la cocción.

❸ Después, acomodar la carne en una charola de servicio, taparla con una hoja de papel aluminio y dejarla reposar, manteniéndola caliente, durante unos 15 minutos.

❹ Pelar los dientes de ajo.

❺ Desechar la grasa de cocción de la charola, poner ahí el tomillo, el laurel y el ajo, verter 400 ml de agua, despegar bien los jugos de cocción que hubieran quedado en las paredes de la charola y reducir a la mitad. Condimentar con sal y pimienta al gusto. Si se desea, agregar también el jugo de la carne y luego colarlo antes de vaciarlo en una salsera bien caliente.

❻ Descoser la carne y servirla.

■ **Preparación:** 10 min ■ **Cocción:** alrededor de 45 min

En algunos países se llama:
Cacahuate: *cacahuete, maní.* Charola: *asadera.*

Medallones de cordero a la turca

Para 4 personas

- 8 medallones de cordero de 70 g cada uno
- 300 g de arroz pilaf (→ ver pág. 846)
- 250 ml de caldo o base blanca de ternera (→ ver pág. 52)
- 1 cucharada de concentrado de tomate o una latita de puré de tomate
- 4 berenjenas
- 200 ml de aceite de oliva
- 65 g de mantequilla
- 1 cucharada extra de aceite de oliva
- sal y pimienta

❶ Pedir en la carnicería que preparen los medallones de cordero.

❷ Preparar el arroz pilaf y mantenerlo caliente.

❸ Preparar el caldo o base blanca de ternera (utilizar un caldo comercial deshidratado) y mezclarlo con el concentrado de tomate.

❹ Lavar las berenjenas y cortarlas en cubitos. Agregarles sal y saltearlas en aceite de oliva. Verificar la cocción con la punta de un cuchillo.

❺ Poner a calentar 40 g de mantequilla y la cucharada de aceite de oliva. Cocer ahí los medallones de cordero, 2 o 3 minutos de cada lado. Condimentar con sal y pimienta al gusto. Calentar la fuente de servicio.

❻ Escurrir los cubitos de berenjena sobre un papel absorbente. Colocar los medallones en la fuente, acompañarlos con los pedacitos de berenjena y el arroz pilaf. Mantenerlos calientes.

❼ Desechar la grasa de cocción de los medallones y verter el caldo o base blanca de ternera en el sartén. Subir la intensidad del fuego. Raspar bien con una cuchara de madera las paredes del sartén para desglasar su contenido. Agregar 25 g de mantequilla, mezclando bien. Verter la salsa sobre los medallones y servir.

■ **Preparación:** 40 min ■ **Cocción:** alrededor de 6 min

En algunos países se llama:
Mantequilla: *manteca.*

Pierna de cordero a la panadera

Para 4 o 6 personas

- 600 g de papas
- 2 o 3 cebollas grandes
- 1 cucharada de aceite de cacahuate
- 2 dientes de ajo
- 100 ml de caldo o base blanca de ternera (→ ver pág. 52)
- 1 pierna de cordero sin huesos de aproximadamente 1 y 1/2 kg o 1 kg y 600 g
- sal y pimienta

❶ Pelar las papas y cocerlas durante 10 minutos en agua con sal, luego cortarlas en rodajas, al igual que las cebollas. En un sartén, poner una cucharada de aceite y saltear estas verduras, sin dejar que se doren. Escurrirlas. Pelar los dientes de ajo.

❷ Preparar el caldo o base blanca de ternera (descongelar un caldo casero o utilizar un producto comercial deshidratado).

❸ Precalentar el horno a 275 °C. Condimentar la pierna de cordero con sal y pimienta al gusto y frotarla con los dientes de ajo.

❹ Revolver las rodajas de papa con las de cebolla, agregarles sal y pimienta al gusto y acomodarlas en el fondo de una charola para horno. Colocar el cordero encima y hornear. Después de 10 minutos de cocción, bajar la temperatura del horno a 250 °C y continuar la cocción entre 20 y 25 minutos más, aproximadamente.

❺ Durante la cocción, bañar la pierna con una o dos cucharadas de caldo o base blanca de ternera.

❻ Verificar la cocción de las papas. Colocar una hoja de papel aluminio sobre la charola y dejar reposar durante 15 minutos en la puerta del horno antes de servir.

■ **Preparación:** 20 min ■ **Cocción:** de 30 a 35 min

> **EN ALGUNOS PAÍSES SE LLAMA:**
> Cacahuate: *cacahuete, maní.* Charola: *asadera.* Papa: *patata.*

Pierna de cordero con frijoles

Para 6 u 8 personas

- 750 g de frijoles secos
- 1 zanahoria
- 3 cebollas
- 5 dientes de ajo
- 1 clavo de olor
- 1 bouquet garni

❶ Poner a remojar los frijoles en agua fría durante 2 horas. Pelar la zanahoria, las cebollas y el ajo.

❷ Escurrir los frijoles, ponerlos en una cacerola y cubrirlos con agua. Añadir la zanahoria, una cebolla mechada con un clavo de olor, un diente de ajo y el bouquet garni. Poner a hervir. Una vez que haya soltado el hervor, bajar el fuego y cocer entre 1 hora y 1 hora y 30 minutos. Espumarlos y agregarles sal al gusto a media cocción.

- *1 pierna de cordero limpia de aproximadamente 2 kg*
- *5 o 6 jitomates maduros*
- *80 g de mantequilla*
- *1 ramita de tomillo*
- *sal y pimienta*

❸ Precalentar el horno a 240 °C. Partir dos dientes de ajo en cuatro pedazos. Picar la pierna de cordero con la punta de un cuchillo y colocar un pedazo de ajo en cada incisión. Luego, hornear la carne (→ ver pierna de cordero horneada, receta siguiente).

❹ Durante la cocción, rebanar finamente las cebollas restantes. Pasar los jitomates por agua hirviendo, pelarlos y quitarles las semillas. Picar los ajos restantes.

❺ Derretir 30 g de mantequilla en una olla y sofreír las cebollas. Agregar el ajo, el tomillo y por último los jitomates. Dejar cocer a fuego bajo durante 15 minutos.

❻ Escurrir los frijoles (quitarles las hierbas aromáticas), agregarlos a la olla y cocer todo a fuego muy bajo hasta el momento de servir. Entonces, incorporar 20 g de mantequilla y mezclar bien. Vaciar los frijoles en una ensaladera y mantenerlos calientes.

❼ Sacar la pierna del horno. Mantener los platos y la salsera calientes dentro del horno ya apagado. Verter el jugo de cocción en una cacerola. Cortar la pierna y agregar a la cacerola el jugo que suelte. Calentar.

❽ Una vez fuera del fuego, incorporar el resto de la mantequilla revolviendo enérgicamente. Probar y, de ser necesario, condimentar con sal y pimienta. Servir en la salsera bien caliente.

> **También se pueden utilizar frijoles de lata. Es necesario escurrirlos bien y ponerlos a cocer a fuego muy bajo junto con la cebolla y el jitomate.**

■ **Remojo:** 2 h ■ **Preparación:** 15 min

■ **Cocción:** 1 h 30 min

EN ALGUNOS PAÍSES SE LLAMA:

Frijol: *alubia, caráota, fréjol, habichuela, judía, poroto.* Jitomate: *tomate.* Mantequilla: *manteca.* Quitar las semillas: *despepitar.*

Pierna de cordero horneada

Para 6 personas

- *1 pierna de cordero deshuesada de aproximadamente 1 kg y 600 g*

❶ Pedir en la carnicería que preparen la pierna deshuesada.

❷ Precalentar el horno a 240 °C.

❸ Si la pierna tiene demasiada grasa, quitarle una parte de la capa de grasa con un cuchillo pequeño.

- *1 diente de ajo*
- *sal y pimienta*

❹ Pelar el diente de ajo e introducirlo en la carne pegada al hueso.

❺ Acomodar la pierna en una charola y hornearla durante 15 minutos. Condimentarla con sal y pimienta al gusto y luego continuar la cocción durante 25 minutos más, a 200 °C. Dejarla reposar dentro del horno entre 10 y 15 minutos, cubierta con una hoja de papel aluminio y con la puerta entreabierta.

❻ Calcular 20 minutos por cada kilogramo de peso, para obtener una pierna muy jugosa y 30 minutos por kilogramo, si se desea una pierna rosada.

■ **Preparación:** 5 min ■ **Cocción:** alrededor de 45 min

EN ALGUNOS PAÍSES SE LLAMA:
Charola: *asadera.*

Pierna de cordero horneada al perejil

Para 6 personas

- *1 pierna de cordero deshuesada de aproximadamente 1 kg y 600 g*
- *4 dientes de ajo*
- *1 manojo de perejil*
- *100 g de migajón de pan fresco*
- *2 ramitas de tomillo*
- *1 cucharadita de laurel en polvo*
- *sal y pimienta*

❶ Preparar la pierna sin ajo. Hornearla (→ ver pierna de cordero horneada, pág. 405).

❷ Pelar y picar el ajo. Lavar el perejil, quitarle los tallos y picarlo. Desmoronar el pan. Mezclar bien estos ingredientes junto con el tomillo desbaratado, el laurel, sal y pimienta al gusto.

❸ Una vez que hayan transcurrido los primeros 15 minutos de cocción, retirar la pierna del horno y bañarla con esta preparación. Luego, hornear otra vez durante aproximadamente 30 minutos más.

■ **Preparación:** 10 min ■ **Cocción:** alrededor de 45 min

EN ALGUNOS PAÍSES SE LLAMA:
Migajón: *borona, miga de pan, morona.*

Pierna de cordero horneada con ajos recubiertos

Para 4 personas

- 50 ml de aceite de oliva
- 2 ramitas de tomillo
- 1 cucharadita de romero en polvo
- 3 o 4 filetes de anchoas saladas
- 3 cabezas de ajo
- 1 pierna de cordero sin huesos de aproximadamente 1 y 1/2 kg
- sal y pimienta

① Revolver el aceite de oliva, junto con el tomillo desmoronado y el romero. Sazonar con dos pizcas de pimienta en granos recién molida.

② Desalar los filetes de anchoa y cortarlos en dos. Pelar cinco dientes de ajo y cortar dos de ellos en varios pedacitos. Precalentar el horno a 240 °C.

③ Colocar la pierna en una charola. Con un cuchillo pequeño, hacer algunas incisiones en la carne e introducir en ellas los pedacitos de anchoas y de ajo.

④ Barnizar la pierna con el aceite aromatizado, agregar los tres dientes de ajo pelados restantes y hornear de 35 a 40 minutos (→ ver pierna de cordero horneada, pág. 405). Bañar continuamente con el resto del aceite aromatizado.

⑤ Mientras tanto, preparar los ajos envueltos (→ ver pág. 647). Agregarlos a la charola, con todo y su jugo, 5 minutos antes de que finalice la cocción. Bañar una vez más la pierna. Servirla muy caliente en la charola de cocción.

■ **Preparación:** 20 min ■ **Cocción:** de 35 a 40 min

> **EN ALGUNOS PAÍSES SE LLAMA:**
> Anchoa: *anchova, boquerón.* Charola: *asadera.*

Pierna de cordero rostizada

Para 6 u 8 personas

- 1 pierna de cordero deshuesada de aproximadamente 1 kg y 800 g o 2 kg
- 2 dientes de ajo
- sal y pimienta

① Condimentar la pierna de cordero con sal y pimienta al gusto.

② Pelar y cortar los dientes de ajo en tres o cuatro pedacitos. Luego, con la punta de un cuchillo, hacer algunas incisiones pequeñas en la pierna de cordero y colocar ahí los pedacitos de ajo.

③ Ensartar la pierna en el rostizador del horno y cocerla durante 1 hora, bañándola continuamente con su propio jugo.

■ **Preparación:** 10 min ■ **Cocción:** 1 h

Shish kebab

Para 4 o 6 personas

- *2 dientes de ajo*
- *2 chalotes*
- *1/2 manojo de perejil liso*
- *6 cucharadas de aceite de oliva*
- *4 cucharadas de jerez*
- *1 cucharadita de orégano seco*
- *1 kg o 1 y 1/2 kg de carne de cordero sin hueso (pierna)*
- *2 pimientos verdes*
- *10 cebollitas de Cambray*
- *de 4 a 6 jitomates cereza*
- *de 10 a 12 hongos pequeños*
- *sal y pimienta negra*

❶ Pelar y picar el ajo, los chalotes y el perejil. Mezclarlos en un bol con el aceite, el jerez, el orégano, sal y pimienta.

❷ Cortar la carne en cubos de 2.5 cm de lado. Agregarlos a la marinada y mezclar bien. Colocar una película plástica autoadherente sobre el bol y dejar marinar en el refrigerador durante al menos 12 horas (si es posible, hacerlo durante 24 horas). Voltear la carne varias veces mientras se está marinando.

❸ Precalentar el horno o encender el fuego del asador.

❹ Lavar los pimientos, cortarlos en cuartos y quitarles las semillas. Pelar las cebollas. Lavar los jitomates y limpiar los hongos.

❺ Escurrir los pedazos de carne, conservando la marinada.

❻ Ensartar los ingredientes en palitos para brochetas, alternándolos. Engrasar con aceite la parrilla del horno o la del asador. Sumergir las brochetas en la marinada, una a la vez, y asarlas de 10 a 12 minutos volteándolas y bañándolas varias veces en la marinada. Servir muy caliente.

El shish kebab puede acompañarse con arroz pilaf (→ ver pág. 846) y con una ensalada de lechuga.

■ **Preparación:** 25 min ■ **Marinada:** de 12 a 24 h
■ **Cocción:** de 10 a 12 min

EN ALGUNOS PAÍSES SE LLAMA:

Cebollita(s) de Cambray: *cebolla china, cebolla de almácigo, cebolla de verdeo, cebolla en rama, cebolla junca, cebolleta(s), cebollín.* Chalote: *ascalonia, chalota, echalote, escalonia.* Jitomate cereza: *tomate cereza, tomate cherry, tomatito cereza, tomatito cherry.* Pimiento: *ají, locote, morrón.* Quitar las semillas: *despepitar.* Refrigerador: *heladera, nevera.*

Cordero y borrego: a fuego lento

Cordero al curry

Para 4 o 6 personas

- *1 cucharada de jengibre fresco rallado*
- *1 pizca de azafrán*
- *5 cucharadas de aceite de cacahuate*
- *pimienta de Cayena*
- *1 y 1/2 kg de cuello o espaldilla de cordero en trozos*
- *3 jitomates grandes*
- *4 cebollas grandes*
- *3 dientes de ajo*
- *1 cucharada de curry*
- *1 bouquet garni*
- *1 manzana granny-smith (verde)*
- *150 ml de leche de coco*
- *400 g o 1/2 kg de arroz a la india (→ ver pág. 841)*
- *2 o 3 rebanadas de piña fresca o de lata*
- *1 plátano*
- *1/2 limón*
- *50 g de nuez de acajú*
- *30 g de pasitas*
- *sal y pimienta*

❶ Revolver el jengibre, el azafrán, dos cucharadas de aceite de cacahuate, una pizca grande de pimienta de Cayena, sal y pimienta. Rodar los pedazos de cordero en esta mezcla y dejarlos macerar durante 1 hora.

❷ Pasar los jitomates por agua hirviendo, pelarlos y cortarlos en pedazos. Pelar y cortar las cebollas en rodajas, pelar y cortar el ajo.

❸ En una olla, calentar tres cucharadas de aceite de cacahuate, dorar los pedazos de carne y luego sacarlos. Agregar las cebollas y saltearlas durante 5 minutos, después incorporar los jitomates, el curry, el ajo y el bouquet garni.

❹ Pelar y rallar la manzana, agregarla a la olla y remover durante 2 o 3 minutos. Volver a colocar la carne dentro de la olla, mezclar bien, agregar la leche de coco o, en su defecto, leche semidescremada. Tapar la olla y dejar cocer a fuego muy lento durante 40 minutos. Probar y, de ser necesario, condimentar con sal y pimienta antes de servir.

❺ Durante la cocción, preparar el arroz a la india.

❻ Cortar las rebanadas de piña en cubitos. Cortar el plátano en rodajas y mezclarlo con el jugo de limón. Colocar en recipientes separados las rebanadas de piña y las rodajas de plátano, al igual que las nueces de acajú y las pasitas. Cada comensal agregará a su plato la cantidad que desee de estos ingredientes.

■ **Maceración:** 1 h ■ **Preparación:** 40 min
■ **Cocción:** 40 min

> **EN ALGUNOS PAÍSES SE LLAMA:**
> Cacahuate: *cacahuete, maní.* Jitomate: *tomate.* Nuez de acajú: *anacardo, castaña de acajú, castaña de cajú, nuez de cajú, nuez de la India, nuez de marañón.* Pasitas: *pasas, pasas de uva, uvas pasas, uvas secas.* Piña: *ananá.* Plátano: *banana, cambur.*

Espaldilla de borrego al pistache

Para 4 o 6 personas

- 4 cabezas de ajo
- 1 kg y 200 g de espaldilla de borrego deshuesada
- 50 g de manteca de ganso
- 1 zanahoria
- 1 cebolla
- 1 rebanada gruesa de jamón ahumado
- 400 ml de caldo o consomé de ternera deshidratado
- 2 cucharadas de harina
- 200 ml de vino blanco
- 1 bouquet garni
- 1 cáscara de naranja entera
- sal y pimienta

① Pelar todos los dientes de ajo y sumergirlos durante 2 minutos en agua hirviendo.

② Condimentar la espaldilla con sal y pimienta al gusto. Enrollarla y atarla con hilo. Derretir una cucharada bien servida de manteca de ganso en una olla y dorar la espaldilla de borrego por todas sus caras. Escurrirla y desechar la grasa.

③ Pelar y cortar finamente la cebolla y la zanahoria.

④ Cubrir el fondo de la olla con la rebanada de jamón, la zanahoria y la cebolla picadas. Colocar encima la espaldilla de borrego. Añadir el resto de la manteca de ganso y cocer a fuego bajo de 10 a 15 minutos.

⑤ Preparar el caldo de ternera deshidratado. Quitarle la cáscara a la naranja.

⑥ Precalentar el horno a 220 °C.

⑦ Retirar la espaldilla y el jamón de la olla y vaciar en ella la harina. Mezclar bien y cocer durante 5 minutos, luego verter el vino blanco y el caldo. Cocer 5 minutos más y luego colar el jugo de cocción y mantenerlo caliente.

⑧ Cortar el jamón en cuadritos. Volver a colocar la espaldilla en la olla junto con el jamón, los dientes de ajo, el bouquet garni y la cáscara de naranja. Verter el jugo de cocción, tapar la olla y meterla en el horno alrededor de 20 minutos.

⑨ Escurrir la espaldilla, desatarla y colocarla en una fuente caliente. Bañarla con la salsa y servir los dientes de ajo como guarnición.

⑩ Para no tener que pelar el ajo, se pueden preparar ajos envueltos (→ ver pág. 647). En ese caso, poner tres dientes de ajo pelados y cortados en la olla, durante la primera cocción.

■ **Preparación:** 1 h ■ **Cocción:** de 35 a 40 min

> **EN ALGUNOS PAÍSES SE LLAMA:**
> Manteca: *grasa*. Pistache: *pistacho*.

Espaldilla de cordero horneada

Para 4 personas

- 1 kg y 200 g de espaldilla de cordero deshuesada
- 2 cucharadas de aceite de cacahuate
- 1 cebollita de Cambray
- 1 zanahoria
- 20 g de mantequilla
- 250 ml de caldo o base blanca de ternera (→ ver pág. 52)
- 100 ml de salsa concentrada de jitomate (→ ver pág. 819), o 1 cucharadita de concentrado de tomate, o bien una latita de puré de tomate.
- 100 g de tocino en rebanadas
- 1 bouquet garni

❶ Pedir en la carnicería que deshuesen la espaldilla de cordero. Conservar los huesos y los retazos por separado. Condimentar la carne con sal y pimienta al gusto y luego enrollarla y atarla para que se mantenga completa.

❷ En una olla, calentar el aceite de cacahuate y dorar la carne. Luego retirarla y desechar el aceite.

❸ Pelar y cortar en cuadritos la cebolla y la zanahoria. En un sartén, saltearlos junto con la mantequilla. Escurrirlos.

❹ Preparar el caldo o base blanca de ternera (aunque también se puede utilizar un caldo comercial deshidratado) y agregarle la salsa concentrada de jitomate.

❺ Precalentar el horno a 220 °C. Cubrir el fondo de la olla con las rebanadas de tocino. Agregar la mezcla de cebolla y zanahoria. Cocer a fuego lento durante 10 minutos. Colocar la carne encima y condimentar con sal y pimienta al gusto. Agregar el caldo o base blanca de ternera mezclada con la salsa concentrada de jitomate, el bouquet garni, los huesos y los retazos de la espaldilla de cordero. Colocar la olla tapada en el horno caliente de 35 a 40 minutos.

❻ Escurrir la carne y colocarla en una fuente caliente.

❼ Colar el contenido de la olla, aplastando bien las verduras con el reverso de una cuchara y servir este líquido en una salsera.

■ **Preparación:** 25 min ■ **Cocción:** de 45 a 50 min

EN ALGUNOS PAÍSES SE LLAMA:

Cacahuate: *cacahuete, maní.* Cebollita(s) de Cambray: *cebolla china, cebolla de almácigo, cebolla de verdeo, cebolla en rama, cebolla junca, cebolleta(s), cebollín.* Mantequilla: *manteca.* Tocino: *bacon, larda de tocino, panceta, tocineta.*

Fricasé de cordero

Para 4 o 6 personas

- 1 kg y 200 g de espaldilla de cordero deshuesada
- 2 cucharadas de aceite
- 1 cucharada de harina
- 300 ml de consomé de ternera deshidratado
- 1 bouquet garni
- 15 o 20 cebollitas glaseadas (→ ver pág. 777)
- 300 g de hongos
- 25 g de mantequilla
- 1 yema de huevo
- 1 cucharada de perejil picado
- sal y pimienta

❶ Pedir en la carnicería que corten la espaldilla en pedazos.

❷ En una olla, saltear los pedazos de carne en el aceite bien caliente, sin dejar que se doren. Escurrirlos, desechar el aceite y volver a poner los pedazos de carne en la olla. Agregar sal y pimienta al gusto. Espolvorearlos con la harina y removerlos durante 3 o 4 minutos. Verter el consomé, agregar el bouquet garni y dejar que hierva. Después, cocer durante unos 30 minutos con la olla tapada y a fuego bajo.

❸ Mientras tanto, preparar las cebollitas glaseadas.

❹ Limpiar los hongos, cortarlos en pedazos y saltearlos con la mantequilla en un sartén.

❺ Retirar los pedazos de cordero de la olla y colocarlos en una fuente caliente.

❻ Colar el caldo de cocción y volverlo a poner en la olla. Añadir las cebollitas glaseadas, los hongos y mezclar todo bien.

❼ En un bol diluir la yema de huevo con tres o cuatro cucharadas del caldo de cocción. Luego, verter la mezcla en la olla y revolver bien. Bañar el cordero con la salsa y espolvorearle el perejil.

■ **Preparación:** 30 min ■ **Cocción:** alrededor de 30 min

> EN ALGUNOS PAÍSES SE LLAMA:
> Mantequilla: *manteca.*

Pecho de cordero relleno

Para 6 u 8 personas

- 2 kg de pecho de cordero o borrego
- 150 g de hongos silvestres o cultivados
- 2 cebollas
- 2 zanahorias
- 150 g de jamón
- 4 dientes de ajo

❶ Pedir en la carnicería que preparen el pecho de cordero (o de borrego): todas las costillas deben retirarse sin que se perfore la piel.

❷ Pelar los hongos y cortarlos en rebanadas finas, al igual que las cebollas y las zanahorias.

❸ Cortar el jamón en cuadritos pequeños. Pelar todos los ajos y picar dos dientes solamente.

❹ Lavar el perejil, cortarle los tallos y picarlo. Preparar la salsa concentrada de jitomate y el caldo o consomé de res.

- 1/2 manojo de perejil
- 100 ml de salsa concentrada de jitomate (→ ver pág. 819)
- 200 ml de caldo o consomé de res (→ ver pág. 53)
- 300 g de migajón de pan duro
- 2 vasos de leche
- 2 huevos
- 30 g de mantequilla
- 200 g de tocino en rebanadas
- 1 bouquet garni
- 200 ml de vino blanco seco
- sal y pimienta

❺ En un bol, mezclar el migajón de pan duro con la leche. Luego, exprimirlo entre los dedos para eliminar el exceso de leche. Añadir los huevos batidos, el jamón, los hongos, el perejil y el ajo picado. Condimentar con sal y pimienta al gusto.

❻ Frotar el interior del pecho con los dientes de ajo, agregarle sal y pimienta. Rellenarlo con la mezcla anterior y luego coserlo con hilo de cocina de manera que forme una bolsa.

❼ Engrasar con mantequilla una olla, cubrir el fondo con las rebanadas de tocino y esparcir las cebollas y las zanahorias. Colocar el pecho de cordero en la olla, añadir el bouquet garni. Luego, tapar la olla y cocer todo a fuego lento durante unos 20 minutos, volteándolo frecuentemente.

❽ Precalentar el horno a 220 °C. Verter el vino blanco seco en la olla y reducir el líquido a la mitad. Diluir la salsa concentrada de jitomate en el consomé y añadirlo también. Cubrir y hornear durante 45 minutos, aproximadamente.

❾ Luego de quitarle los hilos, colocar el pecho de cordero en una fuente y servirlo muy caliente.

> Generalmente, el pecho de cordero se acompaña con papas salteadas (→ ver pág. 804) en manteca de ganso y rollitos de col (→ ver pág. 714). El resto se puede comer frío, con pepinillos.

■ **Preparación:** 30 min ■ **Cocción:** de 1 h a 1 h y 5 min

---

EN ALGUNOS PAÍSES SE LLAMA:

Mantequilla: *manteca*. Migajón: *borona, miga de pan, morona*. Tocino: *bacon, larda de tocino, panceta, tocineta*.

Salteado de cordero a la salsa pichona

Para 4 personas

- 1 kg y 200 g de espaldilla de cordero
- 2 cebollas

❶ Cortar la espaldilla en pedazos y quitarles la grasa. Saltearlos en un sartén con recubrimiento antiadherente (tipo Teflón), sin grasa. Retirar los pedazos de carne cuando estén bien dorados.

- 3 cabezas de poro
- 30 g de mantequilla
- 1 cucharada de harina
- 200 ml de vino blanco seco
- 1 bouquet garni
- 300 g de hongos
- 2 yemas de huevo
- 100 ml de crema fresca
- 1 limón
- sal y pimienta

❷ Cortar las cebollas y los poros en rodajas muy delgadas.

❸ Derretir la mantequilla en una olla para sofreír las cebollas y los poros. Dejarlos cocer entre 5 y 10 minutos, luego agregar la carne y sofreírla también. Mezclar bien, espolvorear con harina y mezclar nuevamente para rebozarlos.

❹ Verter el vino blanco junto con 200 ml de agua. Añadir el bouquet garni y condimentar con sal y pimienta al gusto. Dejar que los ingredientes se incorporen a fuego lento y con la olla tapada, durante 30 minutos.

❺ Limpiar y lavar los hongos, cortarlos en rebanadas muy finas y añadirlos a la olla. Revolver y cocer durante otros 10 minutos, a fuego lento.

❻ Mientras tanto, batir en un bol las yemas de huevo, la crema fresca, una cucharadita de jugo de limón y un poco de la salsa caliente.

❼ Retirar el bouquet garni y, una vez fuera del fuego, verter el contenido del bol en la olla.

❽ Volver a poner la olla sobre el fuego. Cocer durante 2 o 3 minutos más, sin dejar de remover y sin que hierva, y servir.

■ **Preparación:** 15 min ■ **Cocción:** alrededor de 50 min

> **EN ALGUNOS PAÍSES SE LLAMA:**
> Crema: *nata*. Mantequilla: *manteca*. Poro: *ajo porro, porro, puerro*.

Salteado de cordero o de ternera a la cazadora

Para 4 personas

- 1 kg y 200 g de espaldilla
- 2 chalotes
- 20 g de mantequilla
- 4 cucharadas de aceite de cacahuate
- 300 ml de caldo o consomé de ternera

❶ Cortar la espaldilla en pedazos y quitarles la grasa. Agregar sal y pimienta al gusto.

❷ Pelar y picar los chalotes.

❸ Calentar la mantequilla junto con dos cucharadas de aceite en un sartén salteador y dorar los pedazos de carne. Añadir los chalotes y mezclar bien. Verter el consomé o caldo y la salsa de tomate. Condimentar con sal y pimienta. Agregar el bouquet garni, mezclar bien y tapar el sartén salteador. Dejar cocer a fuego muy lento durante 30 minutos (35 minutos si se trata de carne de ternera).

- 2 cucharadas de salsa de tomate (→ ver pág. 80)
- 1 bouquet garni
- 250 g de hongos
- 1/4 de manojo de estragón
- 1/4 de manojo de perifollo
- sal y pimienta

❹ Mientras tanto, limpiar y cortar finamente los hongos y saltearlos en un sartén con el resto del aceite. Condimentar con sal y pimienta al gusto. Verter todo en el sartén salteador y cocerlos durante 15 minutos más (20 minutos para la ternera). Picar finamente las hierbas.

❺ Servir el salteado en una fuente y espolvorearlo con las hierbas finas.

■ **Preparación:** 10 min ■ **Cocción:** alrededor de 45 min

> **EN ALGUNOS PAÍSES SE LLAMA:**
> Cacahuate: *cacahuete, maní.* Chalote: *ascalonia, chalota, echalote, escalonia.* Mantequilla: *manteca.*

Salteado de cordero o de ternera con berenjenas

Para 4 personas

- 1 kg y 200 g de cuello de cordero o espaldilla de ternera
- 3 berenjenas
- 1 diente de ajo
- 1/4 de manojo de perejil
- 20 g de mantequilla
- 200 ml de aceite de cacahuate
- 300 ml de caldo o base blanca de ternera (→ ver pág. 52)
- 150 ml de vino blanco
- 100 ml de salsa concentrada de jitomate (→ ver pág. 819)
- sal y pimienta

❶ Pedir en la carnicería que le quiten los huesos al cuello de cordero (o a la espaldilla de ternera). Luego, cortarlo en pedazos regulares y, con un cuchillo pequeño, quitarle la mayor cantidad de grasa posible. Agregar sal y pimienta al gusto.

❷ Pelar las berenjenas y cortarlas en cuadritos pequeños. Pelar el diente de ajo, quitarle los tallos al perejil y picar todo.

❸ En una olla, calentar la mantequilla y tres cucharadas de aceite de cacahuate. Dorar los pedazos de carne y voltearlos varias veces, retirarlos y desechar la grasa.

❹ Volver a poner los pedazos de carne en la olla, verter el caldo o base blanca de ternera, agregar sal y pimienta al gusto y cocer durante 15 minutos con la olla tapada (25 minutos si se trata de carne de ternera).

❺ Mientras tanto, calentar 150 ml de aceite y saltear las berenjenas. Añadirles sal. Una vez que estén cocidas, escurrirlas sobre un papel absorbente.

❻ Retirar la carne de la olla, verter el vino blanco y la salsa concentrada de jitomate y mezclarlos bien con el líquido de cocción.

❼ Volver a poner la carne y las berenjenas en la olla, agregar el ajo y la mitad del perejil, mezclar bien y continuar la cocción de 5 a 10 minutos. Probar y, en caso de ser necesario, condimentar con sal y pimienta.

❽ Servir en una fuente bien caliente y espolvorear con el perejil picado.

■ **Preparación:** 15 min

■ **Cocción:** de 25 a 35 min, aproximadamente

> **EN ALGUNOS PAÍSES SE LLAMA:**
> Cacahuate: *cacahuete, maní*. Mantequilla: *manteca*.

Cordero y borrego: estofados

Arvejado de cordero

Para 4 o 6 personas

- 1 kg de pierna de cordero deshuesada
- 1 cebolla mediana
- 3 tazas de chícharos
- 2 zanahorias
- 4 papas
- 3 dientes de ajo
- 1/2 taza de aceite
- 1 cucharada de tomillo
- sal y pimienta

❶ Freír en aceite los dientes de ajo hasta que estén muy dorados, retirar.

❷ Cortar la carne en cubos y freír en el aceite, hasta dorar.

❸ Agregar las zanahorias cortadas en rodajas y la cebolla en cubos. Freír hasta que la cebolla esté transparente.

❹ Agregar una taza de agua, sal, pimienta y tomillo, dejar hervir a fuego lento hasta que la carne esté blanda.

❺ Añadir las papas en cubos y hervir por 15 minutos más, adicionar los chícharos y continuar hirviendo hasta que estén bien cocidos. Agregar agua, si se seca demasiado. Ajustar sal y pimienta.

■ **Preparación:** 20 min ■ **Cocción:** de 40 min

> **EN ALGUNOS PAÍSES SE LLAMA:**
> Chícharo: *alverja, arveja, guisante, petit pois*. Papa: *patata*.

Cordero con ciruelas pasas y almendras

Para 4 personas

- 1 kg y 200 g de espaldilla de cordero
- 20 g de mantequilla

❶ Desgrasar la espaldilla y cortarla en cubos grandes. Agregar sal al gusto.

❷ En una olla, calentar la mantequilla y el aceite de cacahuate y dorar bien los pedazos de carne. Escurrir y luego desechar la grasa de cocción.

- 2 cucharadas de aceite de cacahuate
- 1 bastoncito de canela
- 50 g de almendras limpias
- 70 g de azúcar
- 1/2 cucharadita de agua de azahar
- 200 g de ciruelas pasas deshuesadas
- 1 bol de té verde
- sal y pimienta

❸ Verter 250 ml de agua en la olla, agregar el bastoncito de canela en pedazos, las almendras, el azúcar y el agua de azahar. Dejar que esta mezcla hierva a fuego alto, sin dejar de remover. Luego, volver a poner los cubos de carne en la olla, taparla y dejar que hierva a fuego muy bajo durante 30 minutos.

❹ Mientras tanto, preparar el té verde bien cargado y dejar remojando en él las ciruelas pasas.

❺ Agregar las ciruelas pasas, sin escurrirlas, a la olla y cocer durante 10 minutos más. Servir bien caliente.

■ **Preparación:** 10 min ■ **Cocción:** alrededor de 40 min

> **EN ALGUNOS PAÍSES SE LLAMA:**
> Cacahuate: *cacahuete, maní.* Deshuesar: *descarozar.* Mantequilla: *manteca.*

Guisado de cordero

Para 4 o 6 personas

- 600 g de espaldilla de cordero
- 600 g de pescuezo de cordero
- 2 jitomates
- 2 dientes de ajo
- 2 cucharadas de aceite de cacahuate
- 1 cucharada de harina
- 1 bouquet garni
- 500 g de zanahorias
- 200 g de nabos frescos
- 1 manojo de cebollitas de Cambray blancas
- 300 g de ejotes
- 300 g de chícharos frescos
- 25 g de mantequilla
- sal, pimienta y nuez moscada

❶ Cortar la espaldilla de cordero en pedazos grandes, y el pescuezo en rebanadas.

❷ Pasar los jitomates por agua hirviendo, pelarlos, quitarles las semillas y cortarlos. Picar el ajo.

❸ Calentar el aceite en una olla grande y dorar los pedazos de cordero. Escurrirlos sobre un papel absorbente y tirar la grasa de cocción.

❹ Volver a colocar la carne en el recipiente, espolvorearla con harina y cocer durante 3 minutos sin dejar de remover. Condimentar con sal y pimienta al gusto y con nuez moscada recién rallada. Añadir los jitomates, el ajo, el bouquet garni, con un poco de agua para que la carne quede cubierta. Una vez que comience a hervir, tapar la olla y dejar que los ingredientes se incorporen a fuego lento durante 35 minutos.

❺ Rallar las zanahorias y los nabos, pelar las cebollas, quitarles las nervaduras fibrosas a los ejotes, sacarles las vainas a los chícharos frescos. Derretir la mantequilla en un sartén salteador y dorar apenas las zanahorias, las cebollas y los nabos.

❻ Cocer los ejotes al vapor de 7 a 8 minutos.

❼ Poner las zanahorias, los nabos, las cebollas y los chí-

Continuar la cocción entre 20 y 25 minutos más a fuego lento.

⑧ Agregar los ejotes 5 minutos antes de servir y mezclar suavemente. Servir muy caliente, directamente de la olla de cocción.

■ **Preparación:** 25 min ■ **Cocción:** alrededor de 1 h

> **EN ALGUNOS PAÍSES SE LLAMA:**
> Cacahuate: *cacahuete, maní.* Cebollita(s) de Cambray: *cebolla china, cebolla de almácigo, cebolla de verdeo, cebolla en rama, cebolla junca, cebolleta(s), cebollín.* Chícharo: *alverja, arveja, guisante, petit pois.* Ejote: *chaucha, judía verde, poroto verde, vaina, vainica, vainita.* Jitomate: *tomate.* Mantequilla: *manteca.* Quitar las semillas: *despepitar.*

Guiso de los leales

Para 4 o 6 personas

- *1 kg y 200 g de espaldilla de cordero*
- *2 cebollas*
- *1 litro de caldo de res (→ ver pág. 53)*
- *3 cucharadas de aceite de cacahuate*
- *1 cucharada de harina*
- *400 g de zanahorias*
- *400 g de nabos*
- *400 g de papas*
- *1/4 de manojo de perejil*
- *sal y pimienta*

❶ Cortar la espaldilla de cordero en cubos de 2 cm de lado. Condimentarlos con sal y pimienta al gusto.

❷ Pelar las cebollas y cortarlas en rodajas delgadas. Preparar el caldo de res.

❸ Calentar el aceite de cacahuate en una olla. Dorar en ella los cubos de carne junto con las cebollas y espolvorear todo con harina. Mezclar con una cuchara de madera, luego verter el caldo y tapar la olla. Cocer durante 30 minutos a fuego lento.

❹ Mientras tanto, pelar las verduras y cortarlas en cuadritos. Añadir las zanahorias, los nabos y las papas a la olla. Cocer de 20 a 25 minutos. Probar y, en caso de ser necesario, condimentar al gusto.

❺ Cuando las papas estén bien cocidas, retirar la olla del fuego. Espolvorear con perejil finamente picado.

■ **Preparación:** 15 min ■ **Cocción:** alrededor de 55 min

> **EN ALGUNOS PAÍSES SE LLAMA:**
> Cacahuate: *cacahuete, maní.* Papa: *patata.*

Halicot de borrego

Para 4 o 6 personas

- 1 kg y 200 g de pescuezo y pecho de borrego
- 2 cebollas
- 1 diente de ajo
- 1/2 litro de caldo de res (→ ver pág. 53)
- 3 cucharadas de aceite de cacahuate
- 2 cucharaditas de azúcar
- 3 cucharadas de harina
- 1 cucharada de concentrado de tomate
- 1 bouquet garni
- 600 g de papas firmes
- 300 g de nabos pequeños
- 200 g de cebollitas de Cambray
- sal y pimienta

❶ Cortar toda la carne en pedazos. Condimentarla con sal y pimienta al gusto. Picar las cebollas y machacar el diente de ajo. Preparar el caldo de res.

❷ Calentar el aceite en una olla y dorar los pedazos de borrego. Agregar la cebolla picada y mezclar bien. Añadir posteriormente el azúcar y la harina. Volver a mezclar bien.

❸ Disolver el concentrado de tomate en un poco de caldo y verterlo en la olla. Agregar el resto del caldo, luego el ajo y el bouquet garni. Remover, tapar la olla y cocer de 30 a 35 minutos a fuego lento.

❹ Mientras tanto, pelar todas las verduras. Cortar las papas en cuartos. Con una espumadera, desgrasar la salsa.

❺ Agregar las verduras a la olla. Si se desea, completar con un poco de caldo para que las verduras se cubran con la salsa. Continuar la cocción de 30 a 40 minutos más, hasta que las verduras se disuelvan en la boca.

❻ Retirar el bouquet garni y servir directamente de la misma olla.

■ **Preparación:** 15 min ■ **Cocción:** de 1 h a 1 h y 10 min

---

EN ALGUNOS PAÍSES SE LLAMA:

Cacahuate: *cacahuete, maní.* Cebollita(s) de Cambray: *cebolla china, cebolla de almácigo, cebolla de verdeo, cebolla en rama, cebolla junca, cebolleta(s), cebollín.* Papa: *patata.*

Tajín mogrebí de cordero primavera

Para 4 o 6 personas

- 1 kg y 200 g de espaldilla de cordero deshuesada
- 3 cebollas
- 3 dientes de ajo
- 4 jitomates
- 6 papas medianas
- 6 cucharadas de aceite de oliva
- 1 cucharadita de canela
- 1 cucharadita de comino

❶ Cortar la espaldilla de cordero en pedazos.

❷ Pelar y picar las cebollas y el ajo. Pasar por agua hirviendo los jitomates, pelarlos, quitarles las semillas y cortarlos en cuartos. Pelar y cortar las papas en cuadros grandes.

❸ Calentar el aceite de oliva en una olla de barro (o en una olla común). Dorar en ella los pedazos de carne, junto con las cebollas y el ajo. Luego, agregar los jitomates, las papas, la canela y el comino. Mezclar bien cada vez que se incorpora un nuevo ingrediente. Condimentar con sal y pimienta al gusto y bañar con 200 ml de agua.

- 250 g de habas
- 4 limones cristalizados (→ ver pág. 46)
- 4 alcachofas pequeñas
- 1 manojo de cilantro
- sal y pimienta

Tapar la olla y dejar que los elementos se incorporen durante 1 hora a fuego lento.

4 Mientras tanto, pelar y desgranar las habas, cortar los limones cristalizados en cuatro, deshojar las alcachofas y cortar sus corazones a la mitad. Añadir todo a la olla de barro. Cocer durante 30 minutos más. Probar y, en caso de ser necesario, condimentar al gusto.

5 Lavar el cilantro, quitarle los tallos y picarlo finamente. Espolvorear el contenido de la olla con el cilantro picado al momento de servir.

■ **Preparación:** 20 min ■ **Cocción:** 1 h 30 min

> **EN ALGUNOS PAÍSES SE LLAMA:**
> Alcachofa: *alcaucil*. Cilantro: *coriandro, culantro*. Jitomate: *tomate*. Papa: *patata*. Quitar las semillas: *despepitar*.

CARNE DE RES

En carnicería, el término "res" se aplica a la carne de todos los bovinos grandes: buey, novillo, toro y becerro, vaca y becerra. Las razas vacunas destinadas a "carne" se distinguen de aquellas que se crían por la leche. Entre las razas destinadas a "carne", las más conocidas son la charolesa, la lemosina y la rubia de Aquitania, muy apreciadas en Francia, aunque en el resto del mundo también razas como la Aberdeen Angus, Shorthorn y Hereford, originarias de Gran Bretaña, son muy cotizadas por su excelente calidad.

Los diferentes pedazos de carne se clasifican en función del modo de cocción para el cual se destinan: cocción rápida (para freír, para asar a la parrilla o en el horno) y cocción lenta (carnes para estofados o para cocer en algún líquido hirviendo).

La mayoría de las piezas "nobles", de cocción rápida, se extraen del cuarto trasero de la res, es decir (en orden decreciente de acuerdo con la calidad): el filete, el lomo, el aguayón, la chuleta, la bola, la cara, el cuete, la arrachera, el chambarete, el diezmillo y, finalmente, el codillo. Casi todas estas piezas salen de las piernas traseras.

Para la cocción lenta, se escogerán pedazos como el centro del lomo, la falda, el vacío, el chambarete, el pescuezo, la aldilla, el pecho, la pulpa de paleta, y las costillas con carne, la bola, la planchuela, la espaldilla y el suadero. El medallón de filete es una rebanada de carne de res muy tierna que se corta del lomo de la res y cuyo espesor ronda los 3 cm. Los filetes miñón son rebanadas de filete de aproximadamente 2 cm de espesor, a las que se rodea con una rebanada de tocino que se ata al medallón para que éste mantenga la forma durante la cocción.

Advertencia: la carne molida fresca no debe consumirse después de 24 horas de comprada.

> **EN ALGUNOS PAÍSES SE LLAMA:**
> Aguayón: *bifes de lomo*. Arrachera: *entraña*. Bola: *cuadril*. Carne molida: *carne picada*. Chuleta: *costeletas, costillas, costillitas*. Costillas con carne: *agujas cortas, asado de tira*. Cuete: *peceto*. Filete: *lomo, solomillo*. Lomo: *bifes de lomo anchos, ribeye, solomillo bajo*. Suadero: *matambre*. Tocino: *bacon, larda de tocino, panceta, tocineta*.

Carne de res cruda

Carne a la tártara

Para 4 personas

- 2 cebollas
- 2 chalotes
- 700 g de bola, contracara o aguayón
- pimienta de Cayena
- salsa catsup
- salsa inglesa y salsa Tabasco
- 4 yemas de huevo
- 4 cucharaditas de alcaparras
- algunas ramitas de perejil
- sal y pimienta

❶ Pelar y picar las cebollas y los chalotes.

❷ Picar la carne de res. Condimentarla con sal y pimienta al gusto. Agregar una pizca de pimienta de Cayena y algunas gotitas de salsa inglesa. Moldear la carne en cuatro bolitas y colocar una en cada plato. Hacer un hueco en el centro de cada bola y poner en él la yema de huevo crudo.

❸ Rodear la carne con media cucharada al ras de cebolla picada, una cucharadita de alcaparras escurridas y un puñadito de perejil finamente picado y del chalote picado.

❹ Servir con salsa catsup, aceite de oliva, mostaza, salsa inglesa y salsa Tabasco, de manera que cada comensal aderece la carne a su gusto.

■ **Preparación:** 15 min

> **EN ALGUNOS PAÍSES SE LLAMA:**
> Aguayón: *bifes de lomo.* Bola: *cuadril.* Chalote: *ascalonia, chalota, echalote, escalonia.* Salsa catsup: *salsa katchup, salsa ketchup.*

Carpaccio

Para 4 personas

- 200 g de filete de res
- 4 cucharadas de aceite de oliva
- 2 limones
- 50 g de queso parmesano añejo
- 1/4 de manojo de perejil
- sal y pimienta

❶ Envolver el filete en una película plástica autoadherente y colocarlo durante 4 horas en el congelador. Barnizar los platos con aceite, con la ayuda de un pincel.

❷ Cortar el filete en rebanadas tan delgadas como si fueran una hoja de papel, ya sea con un cuchillo muy afilado o con la máquina para cortar carnes frías. Irlas acomodando en forma de rosa sobre los platos.

❸ Exprimir los limones hasta obtener cuatro cucharadas de jugo. Bañar el carpaccio con el resto del aceite de oliva y el jugo de limón. Añadir sal y pimienta al gusto.

❹ Cortar el queso parmesano en láminas finas, picar finamente el perejil y distribuir ambos sobre los platos. Colocar una botella de aceite de oliva sobre la mesa, así como la sal y la pimienta, para que cada comensal condimente el carpaccio a su gusto.

■ **Congelación:** 4 h ■ **Preparación:** 20 min

> **EN ALGUNOS PAÍSES SE LLAMA:**
> Carnes frías: *charcuterías, embutidos, fiambres.* Filete: *lomo, solomillo.*

Carne de res: cocción en agua

Carne de res con sal gruesa o carne de res hervida

Para 4 o 6 personas

- *de 700 a 800 g de huesos de carne de res o de ternera*
- *6 zanahorias*
- *3 nabos*
- *6 poros pequeños*
- *2 ramas de apio*
- *2 dientes de ajo*
- *2 cebollas*
- *1 clavo de olor*
- *1 kg y 200 g de redondo, paleta o paletilla o 2 kg de costillas con carne o cola*
- *1 pedazo de zanahoria salvaje*
- *1 bouquet garni*
- *sal y pimienta*

❶ Colocar los huesos en una olla grande con dos litros y medio de agua y poner a hervir. Espumar varias veces la superficie del caldo y las paredes del recipiente, y dejar hervir durante 1 hora.

❷ Mientras tanto, lavar y pelar todas las verduras, atar los poros en un manojo, igual que las ramas de apio. Mechar una cebolla con el clavo de olor.

❸ Agregar la carne a la olla, poner a hervir nuevamente y espumar. Una vez que se alcanza la ebullición, añadir las verduras y el bouquet garni. Condimentar con sal y pimienta al gusto. Tapar la olla y cocer durante 3 horas a fuego muy bajo.

❹ Escurrir la carne (desechar los huesos), cortarla en pedazos regulares y servirla rodeada de las verduras.

Este plato se sirve acompañado de sal gruesa, cebollas y pepinillos en vinagre, y mostaza.

■ **Preparación:** 40 min ■ **Cocción:** 4 h

> **EN ALGUNOS PAÍSES SE LLAMA:**
> Costillas con carne: *agujas cortas, asado de tira.* Poro: *ajo porro, porro, puerro.* Zanahoria salvaje: *chirivía, nabo gallego, pastinaca.*

Cola de res con nabos

Para 4 o 6 personas

- *800 g de cola de res*
- *2 patas de cerdo*
- *2 orejas de cerdo*
- *sal gruesa*
- *pimienta en granos*
- *1 col verde bien arrepollada*
- *3 poros*
- *2 ramas de apio*
- *1 cebolla*
- *1 clavo de olor*
- *4 dientes de ajo*
- *4 zanahorias*
- *4 nabos*
- *1/2 bulbo de apio-nabo*
- *1 cucharada de bayas de enebro*

❶ Pedir en la carnicería que preparen la cola de res desollada y cortada en pedazos, las patas de cerdo cortadas y las orejas de cerdo enteras. Cocer todo durante 15 minutos en agua con sal.

❷ Escurrir las carnes, enfriarlas, meterlas en una olla grande de barro esmaltada (o en una olla normal) y cubrir con agua fría. Poner a hervir, espumar varias veces. Agregar dos cucharadas de sal gruesa y de pimienta en granos. Cocer durante 2 horas a fuego lento.

❸ Mientras tanto, lavar y pelar todas las verduras. Cortar la col en cuartos y cocerla en agua durante 10 minutos. Mechar la cebolla con el clavo de olor, cortar el apio-nabo en pedazos. Agregar las verduras a la olla y cocer durante 2 horas más. Escurrir.

❹ Acomodar los pedazos de carne y las patas de cerdo en una fuente y rodear todo con las verduras y las orejas de cerdo cortadas en tiritas.

❺ Servir el caldo aparte con pan tostado.

■ **Preparación:** 15 min ■ **Cocción:** 4 h 15 min

> **EN ALGUNOS PAÍSES SE LLAMA:**
> Cerdo: *chancho, cochino, puerco.* Col: *berza, repollo.* Poro: *ajo porro, porro, puerro.*

Fondue china

Para 4 o 6 personas

- *150 g de camarones rosas*
- *1/2 kg de lomo*
- *3 pechugas de pollo*
- *100 g de tocino*
- *de 10 a 12 vieiras sin su concha*
- *1 corazón de lechuga romana*
- *150 g de hongos*
- *1 manojo de berros*
- *100 g de brotes de bambú*

❶ Pelar y desvenar los camarones.

❷ Cortar el lomo, el pollo y el tocino en tiras muy finas, las vieiras en rebanadas y los camarones en pedazos. Colocarlos en recipientes por separado.

❸ Deshojar la lechuga romana, lavarla y picarla finamente. Limpiar y rebanar los hongos. Lavar los berros y colocarlos en una ensaladera.

❹ Distribuir en copas la lechuga romana, los brotes de bambú escurridos y los hongos embebidos en jugo de limón. De la misma manera, preparar recipientes para los condimentos: cebolletas y ajos picados, jengibre rallado y las salsas.

- *1 limón*
- *3 dientes de ajo*
- *4 cebolletas o 1 manojo de cebollín*
- *50 g de jengibre fresco*
- *salsa de soya*
- *salsa de ostiones*
- *1 litro de caldo de ave*
- *de 4 a 6 huevos frescos*

⑤ Calentar el caldo. Verterlo en un sartén grande y mantenerlo caliente con un mechero para fondue.

⑥ Cada comensal sumerge la carne, los camarones o las vieiras dentro del caldo con un tenedor, luego los sazona con uno de los condimentos y los come junto con las verduras crudas.

⑦ Al final de la comida, verter en el sartén grande el resto de los ingredientes para saltearlos rápidamente. Cada comensal rompe un huevo en su propio bol antes de verter en él un cucharón del caldo hirviendo.

> **Este caldo puede enriquecerse añadiendo vermicellis. Acompañar con té o cerveza china.**

■ **Preparación:** 30 min ■ **Cocción:** algunos segundos

> **EN ALGUNOS PAÍSES SE LLAMA:**
> Camarón(es): *gamba, quisquilla.* Cebollín: *cebolleta, cebollino, ciboulette.* Lomo: *bifes de lomo anchos, ribeye, solomillo bajo.* Ostión: *ostra, ostrón.* Tocino: *bacon, larda de tocino, panceta, tocineta.* Vieira: *concha de abanico, conchitas.*

Hilachas

Para 4 personas

- *500 g de falda de res*
- *4 jitomates*
- *3 cebollitas de Cambray*
- *1 diente de ajo*
- *1 chile verde*
- *1 pimiento*
- *1 tortilla*
- *1 cucharadita de achiote*
- *3 papas*
- *1 zanahoria*

❶ Cocer la carne en trozos en agua con sal hasta que esté suave, dejar enfriar y deshebrar.

❷ Licuar los jitomates con las cebollas, el ajo, el chile verde, el pimiento, la tortilla y el achiote disuelto en agua.

❸ Freír la mezcla en un poco de aceite y agregarle el caldo de la carne.

❹ Agregar la carne y las papas y la zanahoria cortadas en rodajas y continuar a fuego lento hasta que las verduras estén cocidas. Servir con arroz blanco (→ ver pág. 844).

■ **Preparación:** 20 min ■ **Cocción:** 1 h 30 min

> **EN ALGUNOS PAÍSES SE LLAMA:**
> Achiote: *bijol, onoto.* Cebollita(s) de Cambray: *cebolla china, cebolla de almácigo, cebolla de verdeo, cebolla en rama, cebolla junca, cebolleta(s), cebollín.* Chile: *ají cumbarí, ají picante, conguito, guindilla, ñora, páprika (picante), pimentón picante, pimiento picante.* Jitomate: *tomate.* Papa: *patata.* Pimiento: *ají, locote, morrón.*

Olla parisina

Para 4 o 6 personas

- *2 zanahorias*
- *3 nabos pequeños*
- *1/4 de bulbo de apio-nabo*
- *2 cabezas de poro*
- *2 cebollitas de Cambray*
- *1/2 col*
- *2 y 1/2 litros de caldo o consomé de res (→ ver pág. 53)*
- *800 g de bola de res*
- *400 g de costillas con carne*
- *15 g de mantequilla*
- *2 piernas con muslo de pollo*
- *1/2 baguette*
- *1 hueso de médula de res grande*
- *sal y pimienta*

❶ Pelar todas las verduras. Cortar zanahorias, nabos, apio-nabo y poros en pedazos. Cortar las cebollas a la mitad y dorarlas, sin materia grasa, en un sartén con recubrimiento antiadherente (las cebollas darán color al caldo). Cocer la col durante 10 minutos en agua con sal.

❷ Verter dos litros de consomé en una olla muy grande y añadirle las carnes. Poner a hervir, espumar varias veces y, una vez que hierva, agregar las verduras y cocer durante 3 horas bajando el fuego para evitar que hierva demasiado fuerte, añadiendo de vez en cuando un poco más de consomé.

❸ En un sartén, derretir la mantequilla y dorar ligeramente las piernas de pollo. Escurrirlas, agregarlas a la olla grande y continuar la cocción durante 50 minutos más.

❹ Cortar el pan en rodajas y tostarlas. Mantenerlas calientes dentro de una servilleta.

❺ Envolver el hueso de médula con una muselina y agregarlo a la olla. Dejar que se incorpore a los demás ingredientes durante 10 minutos a fuego lento. Quitar la grasa de la superficie de la olla con una espumadera.

❻ Quitarle la muselina al hueso de médula. Retirar la médula del hueso, untando con ella algunas rebanadas de pan tostado. Añadir pimienta al gusto. Bañar las demás rebanadas de pan con un poco de la grasa del caldo. También añadirles pimienta.

❼ Verter el contenido de la olla en una sopera grande y servirla bien caliente con las rebanadas de pan tostado por separado.

■ **Preparación:** 30 min

■ **Cocción:** alrededor de 4 h 15 min

> **EN ALGUNOS PAÍSES SE LLAMA:**
> Bola: *cuadril*. Cebollita(s) de Cambray: *cebolla china, cebolla de almácigo, cebolla de verdeo, cebolla en rama, cebolla junca, cebolleta(s), cebollín*. Col: *berza, repollo*. Costillas con carne: *agujas cortas, asado de tira*. Mantequilla: *manteca*. Médula de res: *caracú, tuétano*. Poro: *ajo porro, porro, puerro*.

Pabellón criollo

Para 6 personas

- *1 kg de falda de res*
- *2 cebollas*
- *aceite*
- *3 dientes de ajo*
- *1 pimiento verde*
- *4 jitomates grandes*
- *1/2 cucharadita de achiote*
- *3 plátanos*
- *sal y pimienta*
- *1/2 kg de frijoles negros*

❶ Colocar en una olla grande la carne con media cebolla cortada en aros, cocinar hasta que la carne se ablande. Retirar del fuego, escurrir la carne y dejar enfriar.

❷ Deshebrar la carne en hebras delgadas y reservar.

❸ Colocar aceite en un sartén y agregar la cebolla finamente picada junto con el ajo picado, agregar el pimiento cortado en tiras y el jitomate picado, el achiote, la sal y la pimienta, guisar por algunos minutos.

❹ Reservar dos o tres cucharadas del guiso anterior para incorporar a los frijoles previamente cocidos en agua con sal.

❺ Agregar la carne en el guiso restante y continuar cocinando, adicionar parte del caldo de la carne y cocinar por 30 minutos, aproximadamente, revolviendo con frecuencia, hasta lograr la consistencia deseada.

❻ Cortar los plátanos en forma longitudinal y freírlos en aceite hasta que estén ligeramente dorados.

❼ Servir la carne acompañada con frijoles, plátanos y arroz blanco (→ ver pág. 844).

■ **Preparación:** 20 min ■ **Cocción:** 1 h 30 min

> **EN ALGUNOS PAÍSES SE LLAMA:**
>
> *Achiote: bijol, onoto. Deshebrar: deshilachar, desmechar, desmenuzar. Frijol: alubia, caráota, fréjol, habichuela, judía, poroto. Jitomate: tomate. Pimiento: ají, locote, morrón. Plátano: banana, cambur.*

Pizca andina

Para 6 personas

- *8 tazas de agua*
- *1 cebolla*
- *3 ramas de cebollín*
- *5 dientes de ajo*
- *1 kg de falda de res*
- *1 kg de papas*
- *1 taza de leche*

❶ Cocinar la carne en el agua, con la cebolla, el cebollín, el ajo y la sal hasta que se ablande. Retirarla del caldo, cortarla en trozos pequeños y regresar al caldo.

❷ Pelar y cortar las papas en trozos medianos y agregarlas al caldo.

❸ Añadir la leche, la ricota y las yemas batidas cuando las papas estén tiernas.

❹ Agregar los huevos uno a uno, esperando que el calor cocine un poco el anterior para introducir el siguiente.

- *250 g de ricota*
- *2 yemas de huevo*
- *6 huevos*
- *6 rebanadas de pan tostado*
- *1 cucharada de cilantro*
- *sal*

⑤ Servir en platos individuales poniendo en cada uno una rebanada de pan y un huevo y, por último, salpicar con el cilantro picado.

■ **Preparación:** 20 min ■ **Cocción:** 1 h 30 min

EN ALGUNOS PAÍSES SE LLAMA:

Cebollín: *cebolleta, cebollino, ciboulette.* Cilantro: *coriandro, culantro.* Papa: *patata.* Ricota: *requesón.*

Puchero

Para 6 personas

- *1/2 kg de costillas con carne*
- *1/2 kg de bola*
- *1/2 kg de paleta*
- *1 cebolla*
- *4 clavos de olor*
- *4 dientes de ajo*
- *1 bouquet garni*
- *de 6 a 8 granos de pimienta*
- *1 cucharada de sal gruesa*
- *5 zanahorias*
- *5 nabos*
- *3 zanahorias salvajes*
- *4 cabezas de poro*
- *2 ramas de apio*
- *4 huesos de médula de res*

① Verter dos litros y medio de agua fría en una olla grande. Colocar en ella las costillas con carne, la paleta y la bola de res. Poner a hervir a fuego bajo (mínimo 10 minutos) y luego cocer durante 1 hora espumando frecuentemente.

② Pelar la cebolla y mecharla con el clavo de olor. Pelar y machacar el ajo. Agregarlo a la olla junto con el bouquet garni, los granos de pimienta y la sal gruesa. Poner a hervir nuevamente, espumar, luego bajar el fuego y dejar que todos los ingredientes se incorporen durante 2 horas. Espumar de vez en cuando.

③ Mientras tanto, pelar y lavar todas las verduras. Cortarlas en pedazos grandes. Agregarlas a la olla y continuar la cocción durante 30 minutos más.

④ Envolver los huesos de médula con una muselina, agregarlos a la olla y cocer otros 30 minutos. Pasar un papel absorbente varias veces por la superficie del puchero para quitarle la grasa.

⑤ Escurrir las carnes, las verduras y los huesos de médula y colocarlos en un plato hondo grande previamente calentado.

⑥ Colar el caldo en una sopera. Bañar el plato hondo con dos o tres cucharadas del líquido.

⑦ Servir con sal gruesa, pepinillos, mostaza y pan tostado untado con la médula.

■ **Preparación:** 30 min ■ **Cocción:** 4 h

EN ALGUNOS PAÍSES SE LLAMA:

Bola: *cuadril.* Costillas con carne: *agujas cortas, asado de tira.* Médula de res: *caracú, tuétano.* Poro: *ajo porro, porro, puerro.* Zanahoria salvaje: *chirivía, nabo gallego, pastinaca.*

Ropa vieja

Para 4 personas

- 750 g de falda de res
- 1 cebolla grande
- 2 dientes de ajo
- 1 pimiento
- sal y pimienta
- 1 hoja de laurel
- 1/2 taza de puré de tomate
- 1/2 taza de vino blanco
- aceite

① Cocer la carne en agua con sal y desmenuzarla en hebras finas.

② Freír el ajo machacado, agregar la cebolla y el pimiento cortados en tiritas junto con la carne desmenuzada.

③ Revolver un poco, añadir el resto de los ingredientes y poner a fuego lento durante 15 minutos.

■ **Preparación:** 20 min ■ **Cocción:** 1 h y 15 min

EN ALGUNOS PAÍSES SE LLAMA:
Pimiento: *ají, locote, morrón.*

Sancocho

Para 4 personas

- 700 g de pulpa de res
- 2 elotes
- 500 g de yuca
- 1 zanahoria
- 1/2 taza de chícharos
- 1 plátano verde
- 2 cucharadas de aceite
- 4 tazas de agua
- 1 cebolla mediana
- 2 cucharadas de cilantro
- sal y pimienta.

① Cortar en trozos pequeños y dorar la carne en un poco de aceite, agregar los elotes cortados en trozos pequeños y el agua hirviendo. Dejar cocinar por unos 15 minutos.

② Sazonar con sal y pimienta. Agregar el plátano verde partido en cubos pequeños, la yuca pelada y partida en trozos, la zanahoria partida en cubos y los chícharos, cocinar a fuego bajo hasta que todo esté tierno.

③ Picar la cebolla y el cilantro, agregar al momento de servir.

■ **Preparación:** 15 min ■ **Cocción:** 40 min

EN ALGUNOS PAÍSES SE LLAMA:
Chícharo: *alverja, arveja, guisante, petit pois.* Cilantro: *coriandro, culantro.* Elote: *chilote, choclo, jojoto, mazorca tierna de maíz, tolonca.* Plátano: *banana, cambur.* Yuca: *mandioca.*

Carne de res: horneada, a la parrilla y frita

Arracheras asadas al chalote

Para 4 personas

- 2 pedazos de arrachera de 200 a 250 g cada uno
- 40 g de mantequilla
- 8 o 10 chalotes picados
- 3 cucharadas de vinagre
- sal y pimienta

❶ Dibujar una cuadrícula con incisiones poco profundas a ambos lados de cada pedazo de arrachera. Calentar la mantequilla en un sartén y dorar la carne, a fuego vivo, de 3 a 4 minutos de cada lado. Condimentar con suficiente sal y pimienta. Escurrir y conservar caliente.

❷ Agregar los chalotes picados en el sartén y sofreírlos a fuego bajo. Añadir el vinagre y, con una cuchara de madera, despegar los jugos de cocción que hayan quedado adheridos a las paredes y al fondo del sartén. Reducir el jugo hasta la mitad.

❸ Verter este jugo sobre la arrachera y servir inmediatamente.

■ **Preparación:** 15 min ■ **Cocción:** de 6 a 8 min

> **EN ALGUNOS PAÍSES SE LLAMA:**
> Arrachera: *entraña.* Chalote: *ascalonia, chalota, echalote, escalonia.* Mantequilla: *manteca.*

Brochetas marinadas de filete de res

Para 4 o 6 personas

- perifollo, cebollín, estragón, perejil (5 ramitas de cada uno)
- 200 ml de aceite de oliva
- 800 g de filete de res
- 200 g de pechuga ahumada
- 1 pimiento verde
- 8 hongos grandes
- 1/2 limón
- 12 cebollitas de Cambray

❶ Deshojar y picar las hierbas finas. Mezclarlas con 150 ml de aceite de oliva y condimentar con sal y pimienta al gusto.

❷ Cortar el filete de res y la pechuga ahumada en cubos de 3 cm de lado, aproximadamente. Marinarlos en el aceite durante 30 minutos.

❸ Quitarle las semillas al pimiento y cortarlo en cuadrados de 3 cm de lado.

❹ Partir los hongos al ras de la cabeza y bañarlos en jugo de limón. Saltearlos en aceite junto con los pedazos de pimiento. Retirarlos y escurrirlos sobre un papel absorbente una vez que el pimiento se haya ablandado.

429

- *12 jitomates cereza*
- *sal y pimienta*

⑤ Ensartar los ingredientes, alternándolos, en palitos de madera para brochetas y ponerlos en la parrilla de 7 a 8 minutos.

■ **Marinada:** 30 min ■ **Preparación:** 20 min
■ **Cocción:** de 7 a 8 min

EN ALGUNOS PAÍSES SE LLAMA:

Cebollín: *cebolleta, cebollino, ciboulette.* Cebollita(s) de Cambray: *cebolla china, cebolla de almácigo, cebolla de verdeo, cebolla en rama, cebolla junca, cebolleta(s), cebollín.* Filete: *lomo, solomillo.* Jitomate cereza: *tomate cereza, tomate cherry, tomatito cereza, tomatito cherry.* Pimiento: *ají, locote, morrón.* Quitar las semillas: *despepitar.*

Carne molida al roquefort

Para 4 personas

- *60 g de mantequilla al roquefort (→ ver pág. 36)*
- *1 cucharada de pimienta verde*
- *8 bayas de enebro*
- *1/2 kg de carne molida de res*
- *20 g de mantequilla*

❶ Preparar la mantequilla al roquefort.
❷ Machacar ligeramente la pimienta verde y las bayas de enebro y mezclarlas con la carne molida de res. Moldear la carne con las manos hasta formar cuatro bolitas y luego aplanarlas.
❸ Derretir la mantequilla en un sartén y freír la carne alrededor de 3 minutos de cada lado.
❹ Retirar la carne del sartén y colocarla en una charola para hornear. Untar la carne con la mantequilla roquefort y ponerla en la parrilla del horno durante 1 minuto. Servir inmediatamente.

Esta carne puede acompañarse con un puré de papas (→ ver pág. 805) o de apio-nabo (→ ver pág. 681).

■ **Preparación:** 10 min ■ **Cocción:** 7 min

EN ALGUNOS PAÍSES SE LLAMA:

Carne molida: *carne picada.* Charola: *asadera.* Mantequilla: *manteca.*

Charquicán

Para 6 personas

- *500 g de carne molida*
- *1 cebolla grande*
- *4 papas grandes peladas*
- *250 g de calabaza*
- *2 dientes de ajo picado*
- *1 1/2 tazas de caldo de carne*
- *1 cucharadita de páprika*
- *1 1/2 cucharaditas de orégano*
- *1/4 cucharadita de comino*
- *1 1/2 cucharaditas de sal*
- *1 taza de granos de elote*
- *1 taza de chícharos*
- *1 zanahoria grande*

❶ Freír la carne en aceite caliente por 3 minutos.
❷ Agregar la cebolla y freír por 3 minutos.
❸ Añadir las papas, la zanahoria y la calabaza cortadas en cubos, el ajo molido y los aliños.
❹ Agregar el caldo y hacerlo hervir.
❺ Cocinar a fuego moderado hasta que las papas estén casi cocidas (aproximadamente 15 minutos).
❻ Agregar los granos de elote y los chícharos y cocinar 15 minutos más.
❼ Deshacer las papas y la calabaza con una cuchara, sin moler demasiado.

■ **Preparación:** 60 min ■ **Cocción:** 45 min

> **EN ALGUNOS PAÍSES SE LLAMA:**
>
> Calabaza: *auyama, ayote, uyama, zapallo.* Carne molida: *carne picada.* Chícharo: *alverja, arveja, guisante, petit pois.* Elote: *chilote, choclo, jojoto, mazorca tierna de maíz, tolonca.* Papa: *patata.* Páprika: *pimentón.*

Chuletas de la abuelita

Para 4 personas

- *12 cebollitas glaseadas (→ ver pág. 777)*
- *12 cabezas de hongo*
- *1 limón*
- *100 g de cubitos de tocino listos para usarse*
- *1 chuleta de res de 600 g*
- *30 g de mantequilla*
- *100 ml de caldo*
- *1 cucharada de perejil picado*
- *sal y pimienta*

❶ Preparar las cebollitas glaseadas. Lavar las cabezas de hongo y cocerlas en agua hirviendo con sal y jugo de limón.
❷ Sumergir los cubitos de tocino en agua fría. Ponerlos a hervir y escurrirlos.
❸ Freír la chuleta de res con la mantequilla durante 3 o 4 minutos de un solo lado. Voltearla y cocerla durante 1 minuto más, añadiendo las cebollas, los hongos y los cubitos de tocino. Mezclar todo muy bien. Continuar la cocción otros 2 o 3 minutos (o un poco más si se desea una carne bien cocida).
❹ Colocar la chuleta en una fuente caliente junto con las guarniciones y mantenerla caliente.
❺ Verter el caldo en el sartén, raspar bien el fondo y las paredes del mismo, mezclar bien y reducir en una tercera parte a fuego lento. Verter este jugo sobre la chuleta. Espolvorear con perejil.

Esta chuleta de res se puede acompañar con papas salteadas (→ ver pág. 804).

■ **Preparación:** 20 min ■ **Cocción:** alrededor de 10 min

> EN ALGUNOS PAÍSES SE LLAMA:
> Chuleta: *costeletas, costillas, costillitas.* Mantequilla: *manteca.*
> Tocino: *bacon, larda de tocino, panceta, tocineta.*

Chuletas de res a la bordelesa

Para 4 personas

- *2 chuletas de aproximadamente 400 g cada una*
- *4 o 5 chalotes grises*
- *125 g de mantequilla*
- *1 cucharada de aceite de cacahuate*
- *1 ramita de tomillo*
- *1 cucharada de perejil liso picado*
- *1/2 litro de vino tinto de Bordeaux*
- *sal y pimienta triturada*

❶ Sacar la carne del refrigerador una hora antes de la cocción.

❷ Picar finamente los chalotes.

❸ Calentar 25 g de mantequilla junto con el aceite en un sartén grande. Cocer las chuletas de 4 a 5 minutos a fuego medio, voltearlas y continuar la cocción de 3 a 4 minutos más. Retirarlas del fuego y colocarlas en una fuente previamente calentada. Verter el jugo de cocción en un bol.

❹ Desechar la grasa de cocción del sartén y volverlo a poner al fuego con 20 g de mantequilla. Agregar los chalotes y sofreírlos de 2 a 3 minutos sin dejar de remover, a fuego medio. Añadir sal al gusto, así como una cucharadita de pimienta triturada, el tomillo desmenuzado y el perejil picado. Revolver bien. Luego, añadir el vino tinto.

❺ Reducir esta salsa a fuego alto durante 5 minutos, añadir el jugo de cocción de las chuletas de res que se había apartado y mezclar. Incorporar el resto de la mantequilla en pedacitos, batiendo bien.

❻ Cuando la salsa tenga una consistencia untuosa, colarla y bañar con ella las chuletas. Servir inmediatamente.

Para resaltar el sabor de los chalotes sofritos en el vino tinto, la salsa puede servirse sin colar. Las chuletas a la bordelesa se pueden acompañar de papas noisettes (→ ver pág. 802).

■ **Preparación:** 10 min (con 1 h de anticipación)

■ **Cocción:** alrededor de 15 min

> EN ALGUNOS PAÍSES SE LLAMA:
> Cacahuate: *cacahuete, maní.* Chalote: *ascalonia, chalota, echalote, escalonia.* Chuleta: *costeletas, costillas, costillitas.* Mantequilla: *manteca.* Refrigerador: *heladera, nevera.*

Chuletas de res a la bourguignonne

Para 4 personas

- 100 ml de salsa demi-glace
  (→ ver pág. 55)
- 2 chuletas de 300 o 400 g
  cada una
- 30 g de mantequilla
- 100 ml de vino tinto
- sal y pimienta

❶ Descongelar la salsa demi-glace.

❷ Condimentar la carne con sal y pimienta al gusto. En un sartén, derretir la mantequilla y freír la carne de 2 a 3 minutos de cada lado (un poco más si se desea una carne bien cocida). Sacar la carne y mantenerla caliente sobre una fuente.

❸ Verter el vino tinto y la salsa demi-glace en el sartén, mezclar bien y raspar las paredes y el fondo del sartén. Reducir hasta que el líquido se vuelva untuoso y usarlo para bañar las chuletas.

■ **Preparación:** 30 min ■ **Cocción:** alrededor de 15 min

> **EN ALGUNOS PAÍSES SE LLAMA:**
> Chuleta: *costeletas, costillas, costillitas.* Mantequilla: *manteca.*

Chuletas de res a la campesina

Para 4 personas

- 80 g de mantequilla maître
  d'hôtel (→ ver pág. 41)
- 1/2 manojo de berros
- 300 g de papas paille
  (→ ver pág. 801)
- 2 chuletas de aproximadamente 300 g cada una
- sal y pimienta

❶ Preparar la mantequilla maître d'hôtel. Modelarla en forma de cilindro delgado, envolverla en una hoja de papel aluminio o en una película plástica autoadheren-te y colocarla en el refrigerador al menos durante 1 hora.

❷ Separar los berros en ramilletes. Preparar las papas paille.

❸ Condimentar las chuletas con sal y pimienta al gusto, asarlas de 2 a 3 minutos de cada lado y luego acomo-darlas en una fuente caliente.

❹ Cortar la mantequilla maître d'hôtel en rodajas y colo-carlas sobre la carne. Adornar con los ramilletes de be-rros y con las papas paille.

■ **Reposo:** 1 h ■ **Preparación:** 30 min
■ **Cocción:** alrededor de 10 min

> **EN ALGUNOS PAÍSES SE LLAMA:**
> Chuleta: *costeletas, costillas, costillitas.* Refrigerador: *helade-ra, nevera.*

Chuletas de res Mirabeau

Para 4 personas

- 15 aceitunas verdes
- 40 g de mantequilla de anchoas (→ ver pág. 37)
- 1/2 manojo de estragón
- 8 filetes de anchoa en aceite
- 2 chuletas de res de 250 o 300 g cada una
- 1 cucharada de aceite
- pimienta

❶ Quitarle los huesos a las aceitunas. Sumergirlas en agua hirviendo y escurrirlas después de 2 minutos de estar en el agua. Preparar la mantequilla de anchoas.

❷ Desprender las hojas de estragón, sumergirlas en agua hirviendo y retirarlas inmediatamente.

❸ Secar los filetes de anchoa para extraerles el excedente de aceite y cortarlos en tiritas.

❹ Barnizar con aceite las chuletas de res y condimentarlas con pimienta recién molida. Asarlas aproximadamente 2 minutos de cada lado (o más tiempo si se desea una carne más cocida). Colocar por encima de las chuletas las tiritas de filetes de anchoa.

❺ Decorar con las hojas de estragón blanqueadas, las aceitunas y la mantequilla de anchoas en pedacitos.

■ **Preparación:** 15 min ■ **Cocción:** alrededor de 5 min

EN ALGUNOS PAÍSES SE LLAMA:

Anchoa: *anchova, boquerón.* Chuleta: *costeletas, costillas, costillitas.* Hueso: *carozo.*

Chuletas de res salteadas a la lionesa

Para 4 personas

- 100 ml de salsa demi-glace (→ ver pág. 55)
- 2 cebollas grandes
- 50 g de mantequilla
- 2 chuletas de 300 o 400 g cada una
- 2 cucharadas de vinagre
- 1/2 cucharada de perejil picado
- sal y pimienta

❶ Descongelar la salsa demi-glace.

❷ Pelar las cebollas y cortarlas en rebanadas muy delgadas. Sofreírlas en un sartén con 30 g de mantequilla.

❸ En otro sartén, derretir el resto de la mantequilla. Condimentar las chuletas con sal y pimienta al gusto y sofreírlas 1 minuto de cada lado. Luego, agregar las cebollas y continuar la cocción de la carne de 2 a 3 minutos más de cada lado.

❹ Verter todo en una fuente y mantenerla caliente.

❺ Verter el vinagre en el sartén y "desglasar" (raspar bien las paredes y el fondo del sartén con una cuchara de madera). Añadir la salsa demi-glace, mezclar bien y reducir hasta que la salsa se vuelva muy untuosa. Agregar el perejil picado, revolver bien y bañar las chuletas.

■ **Preparación:** 30 min ■ **Cocción:** alrededor de 15 min

EN ALGUNOS PAÍSES SE LLAMA:

Chuleta: *costeletas, costillas, costillitas.* Mantequilla: *manteca.*

Costillar de res horneado con verduras

Para 4 personas

- *500 g de zanahorias pequeñas*
- *3 nabos pequeños*
- *100 g de ejotes*
- *4 corazones de alcachofa*
- *200 g de coliflor*
- *140 g de mantequilla*
- *100 g de chícharos*
- *400 g de papas muy pequeñas*
- *1 costillar de res con hueso de 1 kg y 400 g*
- *1/2 vaso de caldo de res*
- *sal y pimienta*

① Preparar la guarnición de verduras. Limpiar todas las verduras y cocerlas en agua con sal por separado: las zanahorias y los nabos cortados en pedazos, los ejotes, los corazones de alcachofa enteros, y los ramitos de coliflor. Escurrirlos y saltearlos rápidamente en un sartén con 50 g de mantequilla.

② Cocer los chícharos a la francesa (→ ver pág. 785) y usarlos para rellenar los corazones de alcachofa. Cocer las papas en un sartén con 50 g de mantequilla. Mantener calientes todas las verduras.

③ Precalentar el horno a 250 °C. Condimentar con sal y pimienta el costillar de res, bañarlo con 40 g de mantequilla derretida y hornearlo (18 minutos, aproximadamente, por cada kilogramo de peso). Escurrirlo, cubrirlo con una hoja de papel aluminio y mantenerlo 30 minutos dentro del horno apagado para que el calor se distribuya uniformemente en el interior de la carne.

④ Acomodar el costillar sobre una fuente.

⑤ Calentar el caldo y verterlo sobre la charola en que se coció la carne, a fuego medio. Raspar bien el fondo de la charola con una cuchara de madera para desprender todo el jugo de cocción. Reducir hasta que el jugo adquiera una consistencia untuosa.

⑥ Rodear el costillar con todas las verduras en ramilletes y bañarlo con el jugo de cocción reducido.

■ **Preparación:** 1 h ■ **Cocción:** alrededor de 30 min

■ **Reposo:** 30 min

> **EN ALGUNOS PAÍSES SE LLAMA:**
>
> Alcachofa: *alcaucil.* Charola: *asadera.* Chícharo: *alverja, arveja, guisante, petit pois.* Ejote: *chaucha, judía verde, poroto verde, vaina, vainica, vainita.* Mantequilla: *manteca.* Papa: *patata.*

Filete con chalotes

Para 4 personas

- *100 g de chalotes grises*
- *40 g de mantequilla*
- *4 pedazos de filete de 120 a 150 g cada uno*
- *2 cucharadas de vinagre de vino tinto*
- *1 cucharada de perejil picado*
- *sal y pimienta*

❶ Pelar y picar los chalotes.

❷ En un sartén, derretir la mantequilla y dorar los pedazos de filete por ambos lados. Agregar los chalotes y sofreír todo junto. Condimentar con sal y pimienta al gusto.

❸ Retirar la carne y acomodarla en una charola.

❹ Verter el vinagre en el sartén y mezclar bien raspando el fondo del mismo con una cuchara de madera. Posteriormente, bajar la intensidad del fuego y reducir el líquido en una tercera parte. Verter sobre la carne, espolvorear con perejil picado y servir de inmediato.

> **Si se desean filetes muy jugosos, retirarlos del sartén cuando se añadan los chalotes.**

■ **Preparación:** 15 min ■ **Cocción:** de 10 a 15 min

> **EN ALGUNOS PAÍSES SE LLAMA:**
>
> Chalote: *ascalonia, chalota, echalote, escalonia.* Charola: *bandeja.* Filete: *lomo, solomillo.* Mantequilla: *manteca.*

Filete de res a la pimienta

Para 4 personas

- *4 cucharadas de coñac*
- *4 medallones de filete de res de 180 g de peso y 3 cm de espesor cada uno*
- *4 cucharadas de pimienta negra triturada*
- *30 g de mantequilla*
- *150 ml de crema fresca*
- *sal*

❶ Verter el coñac en un plato hondo y colocar en él los medallones de filete. Dejarlos ahí durante aproximadamente 1 minuto de cada lado.

❷ En otro plato, poner la pimienta triturada y rebozar los medallones de filete, uno por uno y por ambos lados, presionando bien para que los granos se adhieran a la carne. Dejar reposar durante 15 minutos.

❸ En un sartén, derretir la mantequilla y freír ahí los medallones de filete a fuego alto, de 2 a 3 minutos de cada lado. Retirarlos y desechar la mantequilla de cocción.

❹ Verter el coñac del plato hondo en una cacerola pequeña y calentarlo (o bien ponerlo en un bol y calentarlo en el horno de microondas).

❺ Volver a poner los medallones de filete en el sartén, bañarlos con el coñac y flambearlos. Retirar los medallones de filete del sartén y mantenerlos calientes en la fuente en la que se van a servir.

❻ Agregar la crema fresca al sartén, mezclar con la espátula y raspar bien las paredes y el fondo para que se desprendan los jugos de cocción. Dejar que hierva. Retirar del fuego. Agregar a esta salsa el jugo de los medallones de filete que haya escurrido en la charola de servicio. Mezclar bien y bañar los medallones de filete con esta salsa.

■ **Reposo:** 15 min ■ **Preparación:** 5 min
■ **Cocción:** de 4 a 6 min

> En algunos países se llama:
> Crema: *nata.* Filete: *lomo, solomillo.* Mantequilla: *manteca.*

Filete de res envuelto

Para 4 o 6 personas

- *1/2 kg de masa para brioche* (→ ver pág. 111)
- *300 ml de salsa Périgueux* (→ ver pág. 85)
- *25 g de mantequilla*
- *3 cucharadas de aceite de cacahuate*
- *1 kg de filete de res (atado con hilo, pero sin tocino)*
- *1 huevo*
- *sal y pimienta*

❶ Preparar la masa para brioche y la salsa Périgueux.
❷ Precalentar el horno a 260 °C. En una olla, derretir la mantequilla, agregar el aceite y dorar el filete, a fuego alto, por todos sus lados. Colocar el contenido de la olla en una charola y hornear durante 10 minutos. Durante la cocción, bañar los filetes dos o tres veces.
❸ Escurrir la carne, condimentarla con sal y pimienta al gusto y dejarla enfriar.
❹ Bajar la temperatura del horno a 220 °C. Extender la masa con un rodillo hasta formar un rectángulo que sea lo suficientemente grande como para envolver el filete.
❺ En un bol, batir el huevo.
❻ Desatar el filete y colocarlo en el centro del rectángulo de masa, a lo largo. Barnizar toda la masa que quede alrededor del filete con el huevo batido para que se dore. Plegar uno de los lados del rectángulo y luego enrollar el filete hacia el otro lado para envolverlo por completo. Cerrarlo bien. Cortar los dos extremos de la masa, dejando un espacio después del filete y cerrarlos bien. Barnizar toda la superficie de la masa con huevo batido.
❼ Con un sacabocados se pueden obtener figuritas del resto de la masa y usarlas para decorar la carne envuelta. Las figuritas también deben barnizarse con huevo batido para que se doren.

⑧ Colocar el filete envuelto en una charola para horno, ligeramente engrasada con mantequilla y enharinada, y hornearlo durante 30 minutos. Servir con la salsa Périgueux por separado, en una salsera.

■ **Preparación:** alrededor de 3 h ■ **Cocción:** 30 min

> **EN ALGUNOS PAÍSES SE LLAMA:**
> Cacahuate: *cacahuete, maní*. Charola: *asadera*. Filete: *lomo, solomillo*. Mantequilla: *manteca*. Rodillo: *bolillo, palo de amasar, palote, uslero*. Tocino: *bacon, larda de tocino, panceta, tocineta*.

Filete miñón en salsa cazadora

Para 4 o 6 personas

- *200 o 300 ml de salsa cazadora (→ ver pág. 78)*
- *4 o 6 filetes miñón de aproximadamente 120 g cada uno*
- *20 g de mantequilla*
- *1 cucharada de perejil*
- *sal y pimienta*

① Preparar la salsa cazadora y mantenerla caliente.
② Condimentar la carne con sal y pimienta al gusto. Derretir la mantequilla en un sartén y freír los filetes de 2 a 3 minutos de cada lado. Escurrirlos y colocarlos en una fuente caliente.
③ Bañarlos con la salsa cazadora, espolvorearlos con el perejil picado y servir de inmediato.

■ **Preparación:** 30 min ■ **Cocción:** de 4 a 6 min

> **EN ALGUNOS PAÍSES SE LLAMA:**
> Filete: *lomo, solomillo*. Mantequilla: *manteca*.

Filete miñón en salsa Choron

Para 4 o 6 personas

- *200 o 300 ml de salsa Choron (→ ver pág. 92)*
- *4 o 6 filetes miñón de aproximadamente 120 g cada uno*
- *sal*
- *pimienta triturada*

① Preparar la salsa Choron y mantenerla tibia en una salsera.
② Condimentar los filetes con sal y pimienta al gusto. Asarlos en una parrilla durante 2 o 3 minutos de cada lado. Servir inmediatamente junto con la salsa.

Estos filetes pueden acompañarse con papas paille (→ ver pág. 801) o papas fritas (→ ver pág. 801).

■ **Preparación:** 25 min ■ **Cocción:** alrededor de 6 min

> **EN ALGUNOS PAÍSES SE LLAMA:**
> Filete: *lomo, solomillo*.

Filetes de res a la Rossini

Para 4 personas

- *4 rebanadas de pan de caja redondo*
- *150 g de foie gras crudo de pato*
- *1 trufa*
- *4 medallones de filete de aproximadamente 130 g cada uno (sin tocino)*
- *60 g de mantequilla*
- *50 ml de madeira*
- *sal y pimienta*

❶ Quitar las cortezas a las rebanadas de pan de caja.

❷ Cortar el foie gras en cuatro rebanadas. Picar la trufa en rebanaditas muy delgadas. Condimentar los medallones con sal y pimienta al gusto.

❸ En un sartén, freír las rebanadas de pan de caja en 30 g de mantequilla. Escurrirlas y mantenerlas calientes sobre la fuente en que se van a servir.

❹ En un sartén antiadherente (tipo Teflón), cocer las rebanadas de foie gras 1 minuto de cada lado. Luego, retirarlas con una espumadera y mantenerlas calientes sobre un papel absorbente.

❺ Sofreír las rebanadas de trufa por ambos lados en el sartén con 10 g de mantequilla y luego escurrirlas también sobre un papel absorbente.

❻ En otro sartén con 20 g de mantequilla, cocer los medallones de filete 2 o 3 minutos de cada lado. Sacarlos y acomodarlos encima de cada croûton. Luego, colocarles encima las rebanadas de foie gras y, finalmente, las rebanadas de trufa.

❼ Verter la madeira en el sartén y despegar, con una cuchara de madera, todos los jugos de cocción que quedaron en las paredes y en el fondo del sartén. Bañar con este líquido los medallones de filete y servir inmediatamente.

■ **Preparación:** 20 min ■ **Cocción:** de 6 a 8 min

EN ALGUNOS PAÍSES SE LLAMA:

Croûton: *crostón, cruton, picatoste* (cuadritos de pan frito, muy utilizados en ensaladas). Filete: *lomo, solomillo*. Madeira: *madera* (vino dulce elaborado en la isla de Madeira). Mantequilla: *manteca*. Pan de caja: *pan de molde, pan inglés o pan lactal*.

Hamburguesas con jitomate

Para 4 personas

- *1 cebolla*
- *1 chalote*
- *70 g de mantequilla*
- *2 jitomates grandes*
- *1 cucharada de aceite*
- *1/2 kg de carne molida de res*
- *1 huevo*
- *1 cucharada de concentrado de tomate o una latita de puré de tomate*
- *3 cucharadas de perejil picado*
- *6 cucharadas de salsa catsup*
- *salsa Tabasco*
- *sal y pimienta*

❶ Picar finamente la cebolla y el chalote. En una cacerola pequeña, derretir 15 g de mantequilla y sofreír la cebolla y el chalote picados durante 3 o 4 minutos. Luego, retirarla del fuego.

❷ Cortar los jitomates en dos, horizontalmente. Bañarlos con aceite, asarlos y condimentarlos con sal y pimienta al gusto.

❸ Colocar la carne en una terrina, agregar la cebolla y el chalote picados, el huevo, el concentrado de tomate, el perejil y sal y pimienta al gusto. Mezclar bien todo. Dividir la mezcla en cuatro porciones. Con las manos mojadas, formar cuatro bolitas y luego aplanarlas en discos bien comprimidos.

❹ En un sartén, calentar el resto de la mantequilla y freír las hamburguesas durante aproximadamente 4 minutos de cada lado.

❺ Mezclar la salsa catsup con unas cuantas gotas de salsa Tabasco, sal y pimienta.

❻ Colocar los jitomates en una fuente redonda y ponerles encima las hamburguesas. Bañarlas con la salsa catsup y servirlas.

■ **Preparación:** 15 min ■ **Cocción:** alrededor de 10 min

> **EN ALGUNOS PAÍSES SE LLAMA:**
> Carne molida: *carne picada*. Chalote: *ascalonia, chalota, echalote, escalonia*. Jitomate: *tomate*. Mantequilla: *manteca*. Salsa catsup: *salsa katchup, salsa ketchup*.

Medallones de filete a la maître d'hôtel

Para 4 personas

- *40 g de mantequilla maître d'hôtel (→ ver pág. 41)*
- *800 g de papas muy pequeñas*
- *50 g de mantequilla*

❶ Preparar la mantequilla maître d'hôtel y mantenerla en el refrigerador.

❷ Cepillar las papas, lavarlas y secarlas. Calentar 25 g de mantequilla junto con el aceite de cacahuate en un sartén. Agregar las papas y cocerlas a fuego lento durante 20 minutos, con el sartén tapado, removiéndolas

- 1 cucharada de aceite de cacahuate
- 4 medallones de filete de 150 a 200 g cada uno
- sal y pimienta

frecuentemente. Condimentarlas con sal y pimienta al gusto.

❸ Derretir en un sartén el resto de la mantequilla. Cuando esté bien caliente, cocer los medallones de filete alrededor de 4 minutos de cada lado. Escurrirlos y acomodarlos en una fuente caliente.

❹ Rodear los medallones de filete con las papas y añadir un pedacito de mantequilla maître d'hôtel a cada uno.

■ **Preparación:** 15 min ■ **Cocción:** 30 min

> **EN ALGUNOS PAÍSES SE LLAMA:**
>
> Cacahuate: *cacahuete, maní*. Filete: *lomo, solomillo*. Mantequilla: *manteca*. Papa: *patata*. Refrigerador: *heladera, nevera*.

Pastelón de mandioca

Para 12 personas

- 2 kg de mandioca
- 2 huevos
- 1/2 taza de leche
- 350 g de queso blanco
- 6 cucharadas de aceite
- 1 cucharadita de sal
- 700 g de carne molida de res
- 3 dientes de ajo
- 2 cebollas medianas
- 2 jitomates medianos
- 2 pimientos
- 1 cucharadita de chile
- 1 cucharadita de comino
- sal y pimienta al gusto

❶ Pelar la mandioca, lavarla y hervirla en agua con sal hasta que esté blanda.

❷ Retirarla del fuego y molerla. Ponerla en un bol. Agregar los huevos, el queso desmenuzado, la leche, dos cucharadas de aceite y una de sal. Amasar bien.

❸ Freír la carne con un poco de aceite, agregar el ajo, la cebolla, el jitomate, el pimiento, el chile, todo finamente picado, sazonar con comino, sal y pimienta. Dejar cocinar hasta que se consuma el líquido.

❹ Engrasar y enharinar un molde rectangular. Cubrir el fondo con la mitad de la masa y poner encima el relleno. Tapar con el resto de la masa, emparejando con un cuchillo. Hornear durante 1 hora a 160 °C.

■ **Preparación:** 20 min ■ **Cocción:** 1 h 30 min

> **EN ALGUNOS PAÍSES SE LLAMA:**
>
> Carne molida: *carne picada*. Chile: *ají cumbarí, ají picante, conguito, guindilla, ñora, páprika (picante), pimentón picante, pimiento picante*. Jitomate: *tomate*. Mandioca: *yuca*. Pimiento: *ají, locote, morrón*.

Picadillo a la habanera

Para 6 personas

- *500 g de carne molida de res*
- *2 cucharadas de aceite de oliva*
- *1 cebolla*
- *1 pimiento verde*
- *2 dientes de ajo*
- *2 jitomates*
- *1/2 taza de vino blanco*
- *1/2 taza de puré de tomate*
- *50 g de alcaparras*
- *50 g de aceitunas deshuesadas*
- *2 cucharadas de pasitas*
- *1/2 cucharadita de azúcar*
- *1/4 cucharadita de comino molido*
- *1/4 cucharadita de orégano*
- *1 hoja de laurel*
- *sal y pimienta*

① Sazonar la carne con sal y pimienta, reservar.
② Calentar el aceite y sofreír la cebolla, el pimiento verde, el ajo y el jitomate finamente picados.
③ Agregar la carne molida y cocinar por unos minutos a fuego lento y moviendo constantemente.
④ Añadir el resto de los ingredientes y dejarlo cocer por 20 minutos.

■ **Preparación:** 20 min ■ **Cocción:** 30 min

> **EN ALGUNOS PAÍSES SE LLAMA:**
>
> Carne molida: *carne picada*. Deshuesar: *descarozar*. Jitomate: *tomate*. Pasitas: *pasas, pasas de uva, uvas pasas, uvas secas.* Pimiento: *ají, locote, morrón.*

Rosbif: cocción

① Sacar el rosbif del refrigerador por lo menos 1 hora antes de su cocción. Prever un tiempo de cocción de 10 a 15 minutos para 1/2 kg, dependiendo del espesor de la pieza.
② Precalentar el horno a 250 °C. Colocar el rosbif directamente en una charola si está rodeado de tocino, de lo contrario, utilizar un pincel para barnizarlo con aceite. Hornearlo de 8 a 10 minutos y luego bajar la temperatura del horno a 200 °C. En este momento, condimentarlo con sal y pimienta al gusto y continuar la cocción dependiendo de su peso.
③ Una vez transcurrido el tiempo de cocción, tapar el rosbif con una hoja de papel aluminio y dejarlo 5 minutos dentro del horno apagado, con la puerta abierta; luego, sacar la charola y esperar algunos minutos más. Así los jugos se distribuyen mejor en la carne, cuyo centro tiene un color rosa y está caliente, y es más fácil partirla. Colocar el rosbif en la charola de servicio.

❹ Si el rosbif se cuece sin tocino, calentar la charola directamente sobre la flama de la estufa para dorar ligeramente los jugos, luego verter algunas cucharadas de caldo o base blanca de ternera (→ ver pág. 52) o de agua y raspar las paredes y el fondo con una cuchara de madera, para despegar todos los jugos. De esta manera se obtiene una salsa untuosa. Colarla y verterla en una salsera caliente.

❺ Si el rosbif se cuece envuelto en tocino, hay que desechar esta grasa y luego "desglasar" de la misma manera.

EN ALGUNOS PAÍSES SE LLAMA:

Charola: *asadera.* Estufa: *cocina* (dispositivo o aparato en el que se hace fuego o produce calor para guisar los alimentos). Refrigerador: *heladera, nevera.*

Carne de res: salteada

Fondue bourguignonne

Para 4 o 6 personas

- *salsas y condimentos diversos*
- *de 800 g a 1 kg de lomo de res*
- *1 litro de aceite de cacahuate*
- *1 diente de ajo*
- *sal*
- *pimienta en granos*

❶ Primero, preparar una combinación de salsas: una salsa bearnesa (→ ver pág. 91), condimentada con un poco de concentrado de tomate (o de puré de tomate); una mayonesa tradicional (→ ver pág. 96), condimentada con whisky o coñac; un aderezo mediterráneo (→ ver pág. 43); una mayonesa al azafrán (→ ver pág. 95); y condimentos diversos: diferentes tipos de mostaza, mantequilla de anchoas (→ ver pág. 37), pepinillos, cebollitas de Cambray en vinagre y chutneys.

❷ Cortar la carne en cubitos de 2 cm de lado.

❸ Pelar el diente de ajo y usarlo para frotar el interior de una olla para fondue (de preferencia de hierro fundido).

❹ En una cacerola, calentar el aceite junto con una pizca de sal y verterlo en la olla para fondue. Colocarla sobre un mechero para fondue y dejarlo encendido en la mesa para que el aceite se mantenga muy caliente.

❺ Cada comensal ensartará un cubito de carne en la punta de un tenedor y lo sumergirá en el aceite caliente, hasta que la carne se cueza a su gusto.

■ **Preparación:** 10 min (sin las salsas)

EN ALGUNOS PAÍSES SE LLAMA:

Cacahuate: *cacahuete, maní.* Cebollita(s) de Cambray: *cebolla china, cebolla de almácigo, cebolla de verdeo, cebolla en rama, cebolla junca, cebolleta(s), cebollín.* Lomo: *bifes de lomo anchos, ribeye, solomillo bajo.*

Carne de res: cocción lenta

Brufado

Para 6 personas

- 1 kg y 200 g de pierna de res
- 2 cebollas grandes
- 1/2 vaso de vinagre de vino tinto
- 5 cucharadas de aceite de oliva
- 1 copita de licor de aguardiente
- 1 bouquet garni
- 12 filetes de anchoas saladas
- 1 vaso de vino tinto o blanco
- 4 pepinillos
- 10 cebollitas en vinagre
- 15 g de mantequilla enharinada (→ ver pág. 40)
- pimienta

❶ Cortar la carne de res en cubos de 5 cm de lado. Pelar y cortar en rodajas una de las cebollas. En una ensaladera grande, mezclar el vinagre, tres cucharadas de aceite de oliva, el aguardiente, el bouquet garni, la cebolla y la pimienta. Agregarle los cubos de carne y dejarlos marinar durante 24 horas en el refrigerador, volteándolos varias veces.

❷ Precalentar el horno a 200 °C.

❸ Quitarles la sal a las anchoas bajo un chorro de agua fría. Pelar y picar la segunda cebolla.

❹ Escurrir la carne y dorarla en una olla con dos cucharadas de aceite de oliva. Añadir la cebolla, la marinada y, finalmente, el vino. Poner a hervir y, una vez que se alcance la ebullición, tapar la olla y hornearla durante 2 horas.

❺ Cortar los pepinillos en rodajas. Colocarlos en la olla junto con las cebollas en vinagre y cocer otros 15 minutos.

❻ Cortar los filetes de anchoas en pedacitos. Preparar la mantequilla enharinada y mezclarla con los pedacitos de anchoas. Agregar esta mezcla a la olla y remover bien durante 5 minutos. Servir muy caliente.

Este plato puede acompañarse con papas hervidas.

■ **Preparación:** 15 min ■ **Marinada:** 24 h

■ **Cocción:** alrededor de 2 h 20 min

EN ALGUNOS PAÍSES SE LLAMA:

Anchoa: *anchova, boquerón.* Papa: *patata.* Refrigerador: *heladera, nevera.*

Carbonada flamenca

Para 4 o 6 personas

- 3 cebollas
- 800 g de falda o de pulpa de paleta de res
- 100 ml de caldo o consomé de res (→ ver pág. 53)
- 40 g de manteca de cerdo
- 1 bouquet garni
- 600 ml de cerveza clara
- 25 g de mantequilla
- 25 g de harina
- 1/2 cucharadita de azúcar morena
- sal y pimienta

① Pelar las cebollas y cortarlas en rodajas finas.

② Cortar la carne en pedazos o en rebanadas delgadas. Preparar el caldo de res.

③ Derretir la manteca de cerdo en un sartén y sofreír la carne. Posteriormente, escurrirla. Dorar las cebollas en la misma grasa y luego escurrirlas.

④ En una olla, colocar una capa de carne, condimentar con sal y pimienta, luego agregar una capa de cebollas; volver a añadir sal y pimienta, y continuar del mismo modo hasta que se acaben todos los ingredientes. Finalmente, añadir el bouquet garni.

⑤ Verter la cerveza y el caldo de res en el sartén y calentarlos.

⑥ Preparar una base para salsa oscura (→ ver pág. 73) con la mantequilla y la harina, diluirla con la mezcla de cerveza y caldo, y añadir el azúcar morena. Probar y, de ser necesario, condimentar al gusto.

⑦ Verter esta preparación en la olla, taparla y dejar que los ingredientes se incorporen a fuego muy bajo durante 2 horas y 30 minutos. Servir en la olla de cocción.

■ **Preparación:** 30 min ■ **Cocción:** 2 h 30 min

> **EN ALGUNOS PAÍSES SE LLAMA:**
> Azúcar morena: *azúcar mascabada, azúcar moscabada, azúcar negra.* Cerdo: *chancho, cochino, puerco.* Manteca: *grasa, lardo.*

Carne de res a la bourguignonne

Para 4 o 6 personas

- 1/2 kg de falda de res
- 2 zanahorias
- 2 cebollas grandes
- 3 dientes de ajo
- 1/2 litro de caldo o base blanca de ternera (→ ver pág. 52)

① Cortar la carne de res en pedazos de aproximadamente 5 cm de lado.

② Pelar las zanahorias, las cebollas y el ajo. Cortar las zanahorias y las cebollas en rodajas. Machacar un diente de ajo. Preparar el caldo o base blanca de ternera (descongelar un caldo hecho en casa o bien utilizar un caldo comercial deshidratado).

③ Precalentar el horno a 250 °C.

- *2 cucharadas de aceite*
- *150 g de tocino en cubitos ya listos*
- *2 cucharadas de harina*
- *600 ml de vino tinto de Borgoña*
- *1 bouquet garni*
- *12 cebollitas glaseadas (→ ver pág. 777)*
- *200 g de hongos*
- *20 g de mantequilla*
- *200 g de croûtons con ajo (→ ver pág. 839)*
- *sal y pimienta*

④ En una olla, calentar el aceite y saltear los cubitos de tocino. Luego, retirarlos.

⑤ Colocar los pedazos de carne en la olla y dorarlos por todos sus lados. Añadir las rodajas de cebolla y zanahoria, y saltearlas a fuego lento. Condimentar con sal y pimienta al gusto. Escurrir todo, desechar la grasa de cocción de la olla y volver a poner en ella la carne, las zanahorias y las cebollas. Espolvorearlas con harina, mezclar bien todo y dejar sobre el fuego unos minutos más para que se dore.

⑥ Verter en la olla el caldo o base blanca de ternera, al igual que el vino tinto. Agregar el ajo machacado, el bouquet garni, mezclar bien y cocer en la olla tapada y a fuego muy lento de 2 horas y 15 minutos a 2 horas y 30 minutos.

⑦ Mientras tanto, preparar las cebollitas glaseadas. Limpiar los hongos, cortarlos en pedacitos y saltearlos durante 10 minutos en 20 g de mantequilla.

⑧ Preparar los croûtons con pan rústico.

⑨ Sacar los pedazos de carne de res de la olla y colocarlos en un plato hondo grande.

⑩ Desgrasar y, si se desea, reducir el líquido de cocción y luego colarlo. Volverlo a poner en una cacerola, agregarle los cubitos de tocino, las cebollitas glaseadas y los hongos salteados. Probar y, en caso de ser necesario, volver a condimentar con sal y pimienta al gusto.

⑪ Volver a calentar el líquido y verterlo sobre la carne de res. Servir junto con los croûtons, como se hace en Borgoña.

■ **Preparación:** 45 min

■ **Cocción:** alrededor de 2 h 30 min

EN ALGUNOS PAÍSES SE LLAMA:

Mantequilla: *manteca.* Tocino: *bacon, larda de tocino, panceta, tocineta.*

Carne de res a la guardiana

Para 4 o 6 personas

- 1 kg y 200 g de puntas de filete de res
- 30 g de tocino en cubitos
- 3 cebollas grandes
- 6 dientes de ajo
- 2 cucharadas de aceite
- 2 clavos de olor
- albahaca, laurel, romero, ajedrea, tomillo en polvo (1 pizca de cada uno)
- 200 ml de vino blanco
- 1 y 1/2 litros de base morena (→ ver pág. 50)

❶ Con la punta de un cuchillo, hacer algunas incisiones pequeñas en las puntas de filete de res e introducir en ellas los cubitos de tocino. Luego, coser estas aberturas con hilo y aguja.

❷ Cortar las cebollas en rodajas. Pelar el ajo.

❸ En una olla, calentar el aceite y dorar la carne por todos sus lados. Agregar las cebollas, el ajo, los clavos de olor y todas las hierbas aromáticas. Luego, verter el vino, reducir y agregar la base morena. Tapar la olla y dejar que los ingredientes se incorporen a fuego muy lento al menos durante 2 horas y 30 minutos.

❹ Vigilar la cocción y agregar una cucharada de agua de vez en cuando.

❺ Servir las puntas de filete en tiritas y bañarlas con el jugo de cocción reducido a la mitad.

■ **Preparación:** 15 min ■ **Cocción:** 2 h 30 min

> EN ALGUNOS PAÍSES SE LLAMA:
> Filete: *lomo, solomillo.* Tocino: *bacon, larda de tocino, panceta, tocineta.*

Carne de res al vino blanco

Para 4 o 6 personas

- 800 g de carne cocida de res
- 6 cebollas grandes
- 140 g de mantequilla
- 1 cucharada de harina
- 2 cucharadas de vinagre
- 2 cucharadas de vino blanco
- 50 g de pan molido
- 2 cucharadas de perejil picado
- sal y pimienta

❶ Cortar la carne de res cocida en rebanadas muy delgadas. Pelar las cebollas, cortarlas en rodajas finas y sofreírlas a fuego lento en 120 g de mantequilla. Espolvorearlas con harina y seguir cociéndolas sin dejar de remover. Agregar el vinagre y el vino blanco. Condimentar con sal y pimienta al gusto. Poner a hervir y, una vez alcanzada la ebullición, retirar del fuego.

❷ Precalentar el horno a 230 °C. Verter la mitad de la salsa en una charola para gratín. Colocar encima las rebanadas de carne cocida superponiéndolas ligeramente. Bañar con el resto de la salsa. Espolvorear con pan molido y bañar con el resto de la mantequilla derretida.

❸ Poner en el horno y gratinar de 15 a 20 minutos sin de
jar que hierva.

❹ Espolvorear con el perejil picado y servir muy caliente.

■ **Preparación:** 30 min ■ **Cocción:** de 15 a 20 min

> **EN ALGUNOS PAÍSES SE LLAMA:**
> Charola: *asadera*. Mantequilla: *manteca*. Pan molido: *pan ra-
> llado*.

Carne de res Brandeburgo

Para 4 o 6 personas

- *1 kg y 200 g de costillas con carne deshuesadas*
- *800 g de cebollas*
- *3 cucharadas de aceite de cacahuate*
- *1 hoja de laurel*
- *2 clavos de olor*
- *2 rebanadas de pan de especias*
- *1 limón bien lavado*
- *1 cucharada de alcaparras*
- *sal y pimienta*

❶ Cortar la carne en cubitos grandes. Condimentarla con
sal y pimienta al gusto.

❷ Pelar las cebollas y cortarlas en rodajas.

❸ Calentar el aceite en una olla y dorar la carne por todos
sus lados. Luego, retirarla.

❹ Verter las cebollas y sofreírlas a fuego bajo, sin dejar
que se doren. Agregar el laurel, los clavos de olor machacados y cuatro vasos de agua fría. En cuanto empiece a hervir, volver a poner la carne en la olla y dejar que
los ingredientes se incorporen a fuego lento durante 1
hora y 30 minutos con la olla tapada.

❺ Mientras tanto, tostar las rebanadas de pan de especias en el horno o en un tostador de pan. Luego, des
moronarlas.

❻ Rallar la cáscara del limón y luego exprimir el jugo.

❼ Escurrir la carne y colocarla en la fuente en que se va a
servir. Taparla y mantenerla caliente.

❽ Agregar el pan de especias desmoronado a la olla, al
igual que las alcaparras bien escurridas, el jugo y la
cáscara del limón y la pimienta recién molida. Reducir
durante 5 minutos, bañar la carne con la salsa y servir

■ **Preparación:** 30 min ■ **Cocción:** 1 h 30 min

> **EN ALGUNOS PAÍSES SE LLAMA:**
> Cacahuate: *cacahuete, maní*. Costillas con carne: *agujas cor-
> tas, asado de tira*.

Estofado de res con tocino

Para 6 personas

- *125 g de tocino*
- *100 ml de coñac*
- *1 ramita de tomillo*
- *1 hoja de laurel*
- *3 cebollas*
- *1 kg de zanahorias*
- *3 dientes de ajo*
- *1 y 1/2 kg de pierna de res*
- *1 litro de vino tinto*
- *150 ml de aceite de oliva*
- *1 bouquet garni*
- *1 pata de ternera deshuesada*
- *150 g de tocino en rebanadas*
- *1/2 litro de caldo o consomé de res (→ ver pág. 53)*
- *sal y pimienta*

❶ Cortar el tocino en bastoncitos gruesos y marinarlos durante 1 hora en el coñac, junto con el tomillo y el laurel desmenuzados.

❷ Pelar las cebollas, las zanahorias y el ajo. Cortarlos en rodajas.

❸ Escurrir la carne y mecharla con los pedacitos de tocino (→ ver estofado de res porte-maillot, pág. 450), condimentarla con suficiente sal y pimienta y colocarla en una ensaladera grande. Agregar la marinada con el coñac, el vino tinto, 100 ml de aceite de oliva, las cebollas, las zanahorias, el ajo, el bouquet garni, algunos granos de pimienta, y dejar marinar todo de 5 a 6 horas. Durante ese tiempo, voltear la carne varias veces para que se impregne bien de los diferentes perfumes.

❹ En una cacerola, poner la pata de ternera y las rebanadas de tocino y cubrirlas con agua fría. Dejar que hierva durante 5 minutos.

❺ Precalentar el horno a 200 °C.

❻ Sacar la carne de su marinada y secarla con mucho cuidado. Escurrir todos los demás elementos de la marinada.

❼ En una olla de fondo grueso, dorar la carne por todos sus lados en el aceite de oliva restante. Luego, retirarla, desechar el aceite, volver a poner la carne en la olla y añadirle los elementos de la marinada. Después, agregar las rebanadas de tocino y la pata de ternera escurridas. Bañar con la marinada y el caldo de res. Condimentar con sal al gusto y tapar la olla. Dejar que hierva y luego hornearla durante aproximadamente 2 horas y 30 minutos.

❽ Cortar la carne de res en rebanadas regulares y la pata de ternera en cubitos. Acomodar estos cubitos junto con las zanahorias alrededor de las rebanadas de carne de res. Verter los jugos de cocción que hayan quedado en la olla encima de la carne y servir bien caliente.

■ **Preparación:** 30 min ■ **Marinada:** alrededor de 7 h
■ **Cocción:** 2 h 30 min

EN ALGUNOS PAÍSES SE LLAMA:
Tocino: *bacon, larda de tocino, panceta, tocineta.*

Estofado de res porte-maillot

Para 4 o 6 personas

- *80 g de tocino*
- *100 ml de aceite*
- *3 cucharadas de coñac*
- *1 cucharada de hierbas finas*
- *1 diente de ajo*
- *1 kg y 200 g de puntas de filete de res*
- *1 y 1/2 litros de caldo o consomé de res (→ ver pág. 53)*
- *200 ml de vino blanco*
- *20 cebollitas glaseadas (→ ver pág. 777)*
- *500 g de zanahorias*
- *5 nabos pequeños*
- *150 g de ejotes*
- *2 cucharadas de perejil*

❶ Cortar el tocino en bastoncitos delgados.

❷ En una ensaladera pequeña, mezclar 50 ml de aceite, el coñac, las hierbas finas y el ajo picados. Condimentar con sal y pimienta al gusto. Añadir los pedacitos de tocino y dejar marinar todo durante 12 horas.

❸ Escurrir el tocino. Hacer algunas incisiones en las puntas de filete e introducir en ellas los pedacitos de tocino.

❹ Verter el resto del aceite en una olla. Dorar las puntas de filete de res por todos sus lados. Escurrirlas y desechar el aceite. Inmediatamente después, volver a poner la carne dentro de la olla.

❺ Preparar el caldo de res (o bien utilizar un caldo comercial deshidratado) y agregarlo a la olla, al igual que el vino blanco y la marinada. Cocer a fuego lento durante 2 horas y 30 minutos.

❻ Mientras tanto, preparar las cebollitas glaseadas.

❼ Pelar las zanahorias y los nabos y cortarlos en pedacitos. Glasear también estas verduras (→ ver zanahorias glaseadas, pág. 676).

❽ Quitarle las nervaduras fibrosas a los ejotes y cocerlos al vapor. Deben quedar firmes. Luego, escurrirlos y mantenerlos calientes. Añadir las verduras glaseadas a la olla y cocer todo durante 2 minutos más.

❾ Escurrir la carne y colocarla en una fuente alargada caliente. Acomodar las verduras en forma de ramilletes alrededor de la carne. Mantenerlas calientes.

❿ Quitarle la grasa a la base de cocción, colarla y reducirla hasta que tenga una consistencia muy untuosa. Probar y, de ser necesario, volver a condimentar con sal y pimienta al gusto.

⓫ Espolvorear la guarnición con perejil finamente picado y presentar la salsa aparte, en una salsera.

■ **Preparación:** 20 min ■ **Marinada:** 12 h
■ **Cocción:** 2 h 45 min

EN ALGUNOS PAÍSES SE LLAMA:

Ejote: *chaucha, judía verde, poroto verde, vaina, vainica, vainita.* Filete: *lomo, solomillo.* Tocino: *bacon, larda de tocino, panceta, tocineta.*

Gulasch

Para 4 o 6 personas

- *3 cebollas*
- *1/2 kg de jitomates*
- *1 diente de ajo*
- *1/2 litro de caldo o consomé de res (→ ver pág. 53)*
- *1 kg y 200 g de pulpa de paleta*
- *60 g de manteca de cerdo*
- *1 bouquet garni*
- *1/2 cucharada de páprika*
- *750 g de papas*
- *sal y pimienta*

❶ Pelar las cebollas y cortarlas en rodajas. Pasar los jitomates por agua hirviendo, pelarlos, quitarles las semillas y cortarlos en pedazos. Pelar y machacar el ajo.

❷ Preparar el caldo (descongelar un caldo casero o utilizar un caldo comercial deshidratado).

❸ Cortar la pulpa de paleta de res en pedazos muy grandes.

❹ Calentar la manteca de cerdo en una olla. Colocar en ella la carne y las cebollas en olla, dorarlas, luego añadir los jitomates, el ajo machacado, el bouquet garni, sal, pimienta y páprika. Mezclar todo muy bien. Verter el caldo de res hasta la altura de la carne y poner a hervir. Posteriormente, reducir el fuego y cocer durante 2 horas a fuego muy bajo, con la olla tapada.

❺ Pelar las papas y cortarlas en cuartos. Añadirlas a la olla junto con 200 ml de agua hirviendo. Volver a hervir y mantener en ebullición hasta que las verduras estén cocidas.

❻ Probar y, de ser necesario, condimentar al gusto. Verter en una fuente y servir muy caliente.

■ **Preparación:** 20 min

■ **Cocción:** alrededor de 2 h 45 min

> EN ALGUNOS PAÍSES SE LLAMA:
>
> Cerdo: *chancho, cochino, puerco*. Jitomate: *tomate*. Manteca: *grasa, lardo*. Papa: *patata*. Páprika: *pimentón*. Quitar las semillas: *despepitar*.

Lomo a la Stroganoff

Para 4 o 6 personas

- *800 g de lomo de res*
- *4 cebollas*
- *3 chalotes*
- *1 zanahoria grande*
- *1 hoja de laurel*
- *1 ramita de tomillo*

❶ Cortar el lomo de res en tiras de 2.5 cm de largo. Condimentar con sal y pimienta al gusto.

❷ Pelar y picar las cebollas y los chalotes. Pelar y cortar la zanahoria. Colocar estas verduras en una terrina. Agregar las tiras del lomo, el laurel y el tomillo desmenuzados y verter el vino blanco. Dejar marinar durante 12 horas como mínimo en el refrigerador, con la terrina

- 1 botella de vino blanco
- 200 g de hongos
- 80 g de mantequilla
- 1 copita de licor de coñac
- 150 ml de crema fresca espesa
- 2 cucharadas de perejil picado
- sal y pimienta

tapada, volteando la carne de vez en cuando. Pelar y cortar los hongos en rebanadas delgadas.

❸ Escurrir y secar la carne. Reducir la marinada a la mitad y colarla.

❹ Dorar los hongos en 30 g de mantequilla, escurrirlos y mantenerlos calientes.

❺ Desechar la grasa, limpiar el sartén con un papel absorbente y calentar en él los 50 g de mantequilla restantes. Agregar la carne y saltearla durante 5 minutos a fuego alto, sin dejar de voltearla para que no se queme. Calentar el coñac, verterlo en el sartén donde está la carne y flambearla. Mezclar bien y luego, con una espumadera, retirar la carne y colocarla en una fuente. Mantenerla caliente.

❻ Poner los hongos en el sartén donde se coció la carne, agregarles la marinada y la crema fresca. Revolver a fuego alto hasta que la salsa se espese. Probar y, en caso de ser necesario, condimentar al gusto. Bañar la carne con esta salsa.

❼ Espolvorear con perejil y servir muy caliente.

■ **Preparación:** 15 min ■ **Marinada:** 12 h
■ **Cocción:** alrededor de 15 min

EN ALGUNOS PAÍSES SE LLAMA:

Chalote: *ascalonia, chalota, echalote, escalonia.* Crema: *nata.* Lomo: *bifes de lomo anchos, ribeye, solomillo bajo.* Mantequilla: *manteca.* Refrigerador: *heladera, nevera.*

Picadillo de res a la italiana

Para 4 personas

- 250 ml de salsa de tomate (→ ver pág. 80)
- 300 o 400 g de restos de carne de res cocida
- 1 cebolla
- 1 diente de ajo
- 300 ml de caldo o consomé de res (→ ver pág. 53)
- 1 cucharada de aceite de oliva
- 1 cucharada de harina

❶ Preparar la salsa de tomate y mantenerla caliente.

❷ Picar la carne. Pelar la cebolla y el ajo. Picar la cebolla. Machacar el ajo. Preparar el caldo de res (se puede utilizar un producto comercial deshidratado).

❸ En una olla, calentar el aceite y sofreír la cebolla hasta que apenas empiece a dorarse. Espolvorear con harina y revolver bien. Verter 200 ml de caldo y mezclar.

❹ Diluir el concentrado de tomate en el resto del caldo y agregarlo junto con el bouquet garni y el ajo. Dejar que los ingredientes se incorporen durante 20 minutos a fuego bajo.

- 2 cucharadas de concentrado de tomate
- 1 bouquet garni

❺ Una vez fuera del fuego, retirar el bouquet garni. Dejar que se enfríe un poco el contenido de la olla. Luego, agregar el picadillo de res y volver a calentar. Servir la salsa de tomate por separado.

Este plato puede servirse con pastas frescas.

■ **Preparación:** 15 min ■ **Cocción:** 20 min

Picadillo de res gratinado con berenjenas

Para 4 personas

- 300 o 400 g de restos de carne de res cocida
- 2 cucharadas de perejil
- 1 cebolla
- 150 ml de aceite de oliva
- 1 cucharada de harina
- 100 ml de caldo o consomé de res (→ ver pág. 53)
- 2 cucharadas de concentrado de tomate
- 1 bouquet garni
- 1 diente de ajo
- 2 berenjenas
- 40 g de queso parmesano rallado
- 30 g de pan molido
- sal y pimienta

❶ Picar la carne muy bien y mezclarla con el perejil finamente picado.

❷ Picar la cebolla y sofreírla en una olla con una cucharada de aceite de oliva. Espolvorear con harina, mezclar bien y verter 200 ml de caldo de res. Diluir el concentrado de tomate en el resto del caldo y añadirlo a la olla junto con el bouquet garni y el ajo machacado. Dejar que los ingredientes se incorporen durante 20 minutos a fuego bajo.

❸ Mientras esta salsa se cuece, cortar las berenjenas en rodajas. Cocerlas en un sartén con el resto del aceite de oliva y luego escurrirlas sobre un papel absorbente.

❹ Precalentar el horno a 230 °C.

❺ Retirar de la salsa el bouquet garni. Mezclar la salsa con la carne picada y el perejil. Cubrir una charola para gratín con las berenjenas en rodajas. Agregar encima el picadillo, homogeneizar la superficie y espolvorear con el queso parmesano y el pan molido. Echarle a todo un chorrito de aceite de oliva y gratinar en el horno.

■ **Preparación:** 15 min ■ **Cocción:** alrededor de 30 min

EN ALGUNOS PAÍSES SE LLAMA:
Charola: *asadera*. Pan molido: *pan rallado*.

Picadillo de res a la parmentier

Para 4 o 6 personas

- 1 kg de puré de papas
  (→ ver pág. 805)
- 2 cucharadas de crema fresca
- 600 g de carne de res hervida
  o cocida a fuego lento
- 200 ml de caldo o consomé
  de res (→ ver pág. 53) o de
  puchero (→ ver pág. 427)
- 2 cebollas
- 3 chalotes
- 60 g de mantequilla
- pan molido
- sal y pimienta

❶ Preparar el puré de papas y agregarle la crema fresca.

❷ Picar la carne. Preparar el caldo.

❸ Pelar y picar las cebollas y los chalotes. En una cacerola, derretir 20 g de mantequilla y sofreír las cebollas y los chalotes picados. Condimentar con sal y pimienta al gusto. Verter el caldo, mezclar bien y cocer durante 15 minutos a fuego bajo. Dejar enfriar, luego agregar la carne picada y mezclar bien.

❹ Precalentar el horno a 275 °C. Engrasar con mantequilla una charola para gratín. Distribuir en ella todo el picadillo, cubrir con el puré de papas, espolvorear con pan molido y bañar con mantequilla derretida. Gratinar durante 15 minutos en el horno.

■ **Preparación:** 30 min ■ **Cocción:** 15 min

> **EN ALGUNOS PAÍSES SE LLAMA:**
>
> Chalote: *ascalonia, chalota, echalote, escalonia*. Charola: *asadera*. Crema: *nata*. Mantequilla: *manteca*. Pan molido: *pan rallado*.

Res en adobo

Para 6 personas

- 3 cebollas
- 3 zanahorias
- 5 dientes de ajo
- 200 g de tocino magro
- 50 g de tocino en rebanadas
- 1 y 1/2 kg de falda o bola
  de res
- 5 cucharadas de aceite de oliva
- 1 botella de vino tinto
- 2 tallitos de perejil
- 1 cucharada de pimienta
  en granos
- 4 bayas de enebro
- 4 clavos de olor

❶ Pelar las verduras. Picar las cebollas, cortar el ajo en rodajitas y las zanahorias en pedazos. Cortar el tocino magro y las rebanadas de tocino en tiritas. Cortar la carne en pedazos y condimentarla con sal al gusto.

❷ En una olla, calentar el aceite de oliva y dorar la carne y las tiritas de ambos tocinos. Retirarlos de la olla, tirar el aceite y volver a colocar la carne y el tocino.

❸ Agregar el ajo, las cebollas y las zanahorias, y saltearlas durante 2 minutos.

❹ Verter el vino, agregar las hierbas aromáticas y un pedazo grande de cáscara de naranja. Añadir agua en caso de que el vino no llegue a cubrir la carne por completo. Espolvorear dos pizcas de sal gruesa. Tapar la olla y cocer a fuego muy bajo durante 3 horas (si es falda de res) o 2 horas (si es bola).

- 1 ramita de apio
- 1 ramita de tomillo
- 2 hojas de laurel
- 1/2 naranja bien lavada
- sal gruesa

❺ Retirar el tomillo y el laurel. Probar y, en caso de ser necesario, condimentar al gusto. Servir enseguida.

Este estofado se acompaña tradicionalmente con pastas frescas.

■ **Preparación:** 25 min ■ **Cocción:** 2 o 3 h

> **EN ALGUNOS PAÍSES SE LLAMA:**
> Bola: *cuadril*. Tocino: *bacon, larda de tocino, panceta, tocineta*.

Tajín mogrebí de res con cardos

Para 4 o 6 personas

- 1 kg de pulpa de paleta o de bola de res
- 2 cebollas
- 2 dientes de ajo
- 4 cucharadas de aceite de oliva
- 1/2 cucharada de comino
- 2 pizcas de azafrán
- 1/2 cucharadita de jengibre
- 1/2 cucharadita de pimienta gris
- 1 cucharadita de sal
- 1 y 1/2 kg de cardos
- 2 limones

❶ Cortar la carne de res en pedazos medianos. Pelar y picar las cebollas y el ajo.

❷ En una olla de barro (o en una olla normal), calentar el aceite de oliva y dorar los pedazos de carne junto con las cebollas y el ajo picados.

❸ Agregar el comino, el azafrán, el jengibre, la pimienta gris y la sal. Verterle agua caliente hasta la altura de la carne y cocer a fuego bajo durante 30 minutos.

❹ Mientras tanto, pelar los cardos, cortarlos en bastoncitos y sumergirlos en agua con jugo de limón para evitar que se oscurezcan. Escurrirlos y agregarlos a la olla de barro.

❺ Dejar que los ingredientes se incorporen durante 30 minutos más a fuego lento, luego verter el jugo de un limón y continuar la cocción otros 10 minutos.

■ **Preparación:** 15 min ■ **Cocción:** alrededor de 1 h 15 min

> **EN ALGUNOS PAÍSES SE LLAMA:**
> Bola: *cuadril*.

Carne de res: menudencias

Anticuchos de corazón

Para 6 personas

- *1 corazón de res*
- *aceite*
- *2 dientes de ajo*
- *1/4 de taza de ají panca*
- *sal y pimienta*
- *1 pizca de cominos*
- *3/4 de taza de vinagre*
- *ají amarillo*
- *palitos para anticuchos*

❶ Mezclar los dientes de ajo molidos con el ají panca, la sal, la pimienta, el comino y el vinagre, reservar.

❷ Limpiar el corazón quitándole la grasa y las venas. Cortar en trozos de 2 a 3 cm y colocarlos en un bol. Verter la mezcla anterior y dejar marinar por 12 horas.

❸ Ensartar tres trozos de corazón en cada palito y poner en una parrilla caliente a cocinar, bañándolos por ambos lados con una mezcla de ají amarillo con aceite hasta que estén cocidos.

■ **Marinada:** 12 h ■ **Preparación:** 15 min
■ **Cocción:** 15 min

> EN ALGUNOS PAÍSES SE LLAMA:
> Ají: *ají cumbarí, chile, conguito, guindilla, ñora, páprika (picante), pimentón picante, pimiento picante.* Anticucho: *brocheta.*

Cachete de res en estofado

Para 6 personas

- *1 kg y 200 g de cachete de res*
- *100 ml de aceite de oliva*
- *1 litro de vino blanco*
- *1 ramita de tomillo*
- *1 hoja de laurel*
- *4 zanahorias*
- *300 g de tocino magro*
- *300 g de aceitunas verdes*
- *6 cebollitas de Cambray*
- *4 dientes de ajo*
- *sal y pimienta*

❶ El día anterior, limpiar los cachetes de res eliminando los desperdicios y la grasa. Cortarlos en pedazos grandes. Condimentarlos con sal y pimienta al gusto. Colocarlos en una terrina, junto con la mitad del aceite de oliva, dos vasos de vino blanco, el tomillo y el laurel. Cubrir la terrina con una película plástica autoadherente y dejar marinar en el refrigerador durante 12 horas.

❷ Pelar y cortar las zanahorias en cubitos.

❸ Cortar el tocino en cubos, cubrirlos con agua fría y hervirlos durante 1 minuto. Luego, enfriarlos bajo un chorro de agua.

❹ Quitarles el hueso a las aceitunas verdes y blanquearlas de la misma manera que los cubitos de tocino.

❺ Pelar las cebollas y el ajo. Cortar las cebollas en pedazos y machacar el ajo.

❻ Calentar el resto del aceite en una olla. Escurrir y secar la carne y dorarla en la olla junto con las zanahorias y el tocino en cubitos.

⓻ Entibiar un poco la marinada y verterla en la olla, con el resto del vino blanco. Agregar el ajo y las cebollas. Poner a hervir y dejar en ebullición durante 15 minutos, luego tapar la olla y cocer durante 3 horas más como mínimo, a fuego muy bajo.

⓼ Agregar las aceitunas al momento de servir.

■ **Preparación:** 15 min ■ **Marinada:** 12 h

■ **Cocción:** alrededor de 3 h 30 min

EN ALGUNOS PAÍSES SE LLAMA:

Cebollita(s) de Cambray: *cebolla china, cebolla de almácigo, cebolla de verdeo, cebolla en rama, cebolla junca, cebolleta(s), cebollín.* Hueso: *carozo.* Refrigerador: *heladera, nevera.* Tocino: *bacon, larda de tocino, panceta, tocineta.*

Callos de res a la lionesa

Para 4 o 6 personas

- *3 cebollas*
- *50 g de* mantequilla
- *2 cucharadas de aceite de* cacahuate
- *800 g de* callos cocidos
- *2 cucharadas de vinagre*
- *2 cucharadas de perejil picado*
- *sal y pimienta*

❶ Pelar y cortar las cebollas en rodajas delgadas. En un sartén, derretir 25 g de mantequilla junto con una cucharada de aceite de cacahuate y dorar las cebollas. Condimentar con sal y pimienta al gusto.

❷ Cortar los callos en tiritas muy delgadas. Saltearlos en un sartén junto con el resto de la mantequilla y el aceite bien calientes. Añadir sal y pimienta. Verter las cebollas encima, mezclar y dorar removiendo frecuentemente.

❸ Escurrir y poner todo en un plato hondo. Verter el vinagre en el sartén, mezclar y despegar los jugos de cocción adheridos al fondo o a las paredes del mismo. Luego, verter la salsa en el plato hondo. Espolvorear con perejil picado y servir bien caliente.

■ **Preparación:** 15 min ■ **Cocción:** alrededor de 15 min

EN ALGUNOS PAÍSES SE LLAMA:

Cacahuate: *cacahuete, maní.* Callos: *menudo, mondongo, pancita.* Mantequilla: *manteca.*

Callos de res caseros

Para 4 o 6 personas

- *800 g de callos*
- *400 g de zanahorias pequeñas*
- *36 cebollitas de Cambray blancas*
- *600 ml de caldo o consomé de res (→ ver pág. 53)*
- *50 g de mantequilla*
- *1 cucharada de harina*
- *1 bouquet garni*
- *pimienta de Cayena*
- *2 cucharadas de perejil finamente picado*
- *sal y pimienta*

❶ Cortar los callos blanqueados en cuadrados pequeños.

❷ Rallar las zanahorias y pelar las cebollitas de Cambray. Poner a calentar agua. Cuando suelte el hervor, agregarle las zanahorias. Cocerlas durante 10 minutos y luego escurrirlas.

❸ Poner a calentar el caldo de res (utilizar un caldo casero o un producto comercial deshidratado), cocer en él dos terceras partes de las cebollitas durante 5 minutos. Escurrirlas.

❹ Derretir la mantequilla en una olla y poner a dorar en ella el resto de las cebollitas. Espolvorearlas con harina, dorarlas ligeramente, verter el caldo de cocción de las cebollitas, remover y dejar hervir durante 6 minutos. Agregar los callos, sal, pimienta, el bouquet garni, una pizca de pimienta de Cayena y cocer a fuego alto durante 1 hora y 30 minutos. Añadir las zanahorias y el resto de las cebollitas, tapar la olla y cocer a fuego lento durante 10 minutos más.

❺ Colocar todo en un plato hondo y espolvorear con perejil finamente picado.

■ **Preparación:** 10 min ■ **Cocción:** alrededor de 2 h

EN ALGUNOS PAÍSES SE LLAMA:

Callos: *menudo, mondongo, pancita.* Cebollita(s) de Cambray: *cebolla china, cebolla de almácigo, cebolla de verdeo, cebolla en rama, cebolla junca, cebolleta(s), cebollín.* Mantequilla: *manteca.*

Cola de res asada a la Sainte-Menehould

Para 4 personas

- *1 kg de puré de papas (→ ver pág. 805)*
- *400 ml de la salsa de su elección*
- *1 kg y 200 g de cola de res*

❶ Preparar el puré de papas y la salsa escogida.

❷ Cortar la carne de res en pedazos regulares de 6 o 7 cm de largo. Cocer como si se tratara de un caldo o consomé de res (→ ver pág. 53).

❸ Deshuesar los pedazos de carne, volverles a dar forma, secarlos y untarles mostaza por todos lados. Rebozarlos con el migajón de pan desmenuzado.

- 4 cucharadas de mostaza
- 400 g de migajón de pan fresco

❹ Asar los pedazos de carne y servirlos con una salsa diabla (→ ver pág. 81), picante (→ ver pág. 70), a la mostaza (→ ver pág. 62), a la pimienta (→ ver pág. 74), a la bordelesa (→ ver pág. 76) o Roberto (→ ver pág. 86), acompañados del puré de papas.

■ **Preparación:** 3 h 30 min + 30 min ■ **Cocción:** 10 min

> EN ALGUNOS PAÍSES SE LLAMA:
> Migajón: *borona, miga de pan, morona.* Rebozar: *abizcochar, aborrajar, emborrizar.*

Lengua de res a la alsaciana

Para 8 personas

- 1 kg y 400 g de lengua de res
- 3 o 4 litros de caldo o consomé de res (→ ver pág. 53)
- 1 bouquet garni
- 2 kg y 400 g de chucrut (→ ver pág. 714)
- 250 g de tocino magro
- 1/2 kg de tocino en rebanadas
- 8 salchichas tipo alemán
- 1 kg de papas
- sal y pimienta

❶ Lavar y posteriormente secar la lengua de res. Verter el caldo de res en una olla grande, agregar el bouquet garni y colocar la lengua en la olla. Poner a hervir y, una vez alcanzada la ebullición, cocer durante 2 horas y 30 minutos a fuego bajo.

❷ Mientras tanto, preparar y calentar el chucrut.

❸ Colocar el tocino magro en una cacerola, cubrirlo con agua fría y ponerlo a hervir. Dejar que suelte el hervor durante 10 minutos, espumando regularmente.

❹ Retirar la lengua de res del caldo, quitarle la parte grasa y el cartílago. Desprender la piel de la lengua practicando una incisión con un cuchillo bien afilado desde la base y sobre la parte de arriba, y jalando la piel hacia la punta de la lengua.

❺ Precalentar el horno a 180 °C. Colocar la lengua en medio del chucrut. Cubrir todo con las rebanadas de tocino y tapar la olla. Meter en el horno y cocer durante 30 minutos más.

❻ En el transcurso de la cocción en el horno, cocer las papas en agua.

❼ Sumergir las salchichas alemanas en agua hirviendo durante 5 minutos.

❽ Acomodar el chucrut en una fuente. Cortar la lengua y el tocino magro en rebanadas, colocarlas sobre el chucrut junto con las papas hervidas y las salchichas.

■ **Preparación:** 20 min ■ **Cocción:** 3 h

> EN ALGUNOS PAÍSES SE LLAMA:
> Papa: *patata.* Tocino: *bacon, larda de tocino, panceta, tocineta.*

Lengua de res horneada

Para 6 personas

- *1 lengua de res de aproximadamente 2 kg*
- *200 g de tocino en rebanadas*
- *4 cebollas*
- *3 zanahorias*
- *1 bouquet garni*
- *200 ml de vino blanco seco*
- *2 litros de caldo o consomé de res (→ ver pág. 53)*
- *5 o 6 pepinillos*
- *25 g de mantequilla*
- *2 cucharadas de harina*
- *2 cucharadas de alcaparras*
- *1 cucharadita de mostaza al estragón*
- *sal y pimienta*

❶ Poner la lengua en una cacerola, cubrirla con agua fría y hervirla. Mantenerla hirviendo durante 15 minutos espumando de manera regular.

❷ Cubrir el fondo de una olla con las rebanadas de tocino, con el lado de la piel hacia abajo.

❸ Pelar y cortar finamente las cebollas y las zanahorias. Agregarlas a la olla junto con el bouquet garni. Colocar encima la lengua de res, tapar la olla y calentar a fuego lento durante 10 minutos.

❹ Precalentar el horno a 175 °C. Verter el vino en la olla, poner a hervir con la olla destapada para que se reduzca, luego verter el caldo de res y poner nuevamente a hervir. Condimentar con sal y pimienta al gusto. Volver a tapar la olla y colocarla en el horno. Hornear durante 2 horas. Voltear la lengua de res varias veces en el transcurso de la cocción.

❺ Escurrir la lengua de res y cortarla en rebanadas regulares. Poner una parte en la fuente de servicio previamente calentada. Colar el fondo de cocción.

❻ Picar los pepinillos.

❼ Preparar una base para salsas blancas (→ ver pág. 61), con la harina y la mantequilla. Diluirla con 600 ml del jugo de cocción, poner a hervir, luego incorporarle los pepinillos, las alcaparras escurridas y la mostaza. Probar y, en caso de ser necesario, condimentar al gusto. Servir la salsa por separado.

■ **Preparación:** 35 min ■ **Cocción:** 2 h 40 min

En algunos países se llama:

Mantequilla: *manteca.* Tocino: *bacon, larda de tocino, panceta, tocineta.*

Lengua en salsa de tomate

Para 6 personas

- *1 lengua de res de 1 1/2 kg*
- *1 taza de ogao*
  (→ ver pág. 59)
- *4 tazas de cerveza*
- *5 hojas de laurel*
- *1 cucharada de tomillo*
- *sal y pimienta*
- *10 jitomates grandes maduros*
- *3 cucharadas de mantequilla*
- *3 granos de pimienta*
- *1 cucharadita de azúcar*

❶ Lavar la lengua y cocerla en agua con el ogao, la cerveza, tres hojas de laurel, el tomillo, la sal y la pimienta durante 1 hora en olla de presión o 3 horas en olla corriente.

❷ Sacar la lengua, cortarla en rebanadas y reservar el caldo.

❸ Colocar los jitomates en agua hirviendo durante 2 minutos, quitarles la piel y las semillas y machacarlos un poco.

❹ Derretir la mantequilla a fuego medio, agregar los jitomates, el azúcar, dos hojas de laurel, los granos de pimienta y freír durante 15 minutos.

❺ Agregar una y media tazas del caldo en el que se coció la lengua y sal al gusto, revolver de vez en cuando hasta que espese un poco.

❻ Colocar la lengua en la salsa 15 minutos antes de servir para que se caliente.

■ **Preparación:** 20 min ■ **Cocción:** 1 h 30 min a 3 h 30 min

> **EN ALGUNOS PAÍSES SE LLAMA:**
> Jitomate: *tomate*. Mantequilla: *manteca*.

Matambre relleno

Para 6 personas

- *1 1/2 kg de matambre*
- *1 taza de migajón de pan blanco*
- *1/2 taza de leche*
- *2 tazas de acelgas cocidas*
- *100 g de salchichas*
- *1/2 taza de aceitunas deshuesadas*
- *2 huevos*
- *1 cucharadita de sal*
- *1/4 cucharadita de pimienta*
- *1/2 taza de queso fresco*
- *1 cebollita de Cambray*

❶ Quitar la parte gruesa de la grasa del matambre y agregarle sal.

❷ Colocar en un bol la acelga picada, el migajón remojado en leche y exprimido, la salchicha picada, las aceitunas picadas, los huevos, la sal, la pimienta y el queso rallado. Mezclar bien y extender esta mezcla sobre el matambre.

❸ Arrollar bien, doblar las puntas y coser con una aguja y cordel. También puede atarse por fuera.

❹ Colocar en una olla con agua, la cebolla, las zanahorias y el apio. Pincharlo en un solo lado cuando el agua hierva y cocinarlo durante 2 horas o hasta que esté suave.

❺ Retirar, escurrir bien y prensarlo.

❻ Envolver en papel aluminio y dejar de un día para otro en el refrigerador.

- *2 zanahorias*
- *2 ramas de apio*
- *cordel*

❼ Servir en rodajas.

■ **Preparación:** 20 min ■ **Cocción:** alrededor de 2 h
■ **Reposo:** 24 h

> **EN ALGUNOS PAÍSES SE LLAMA:**
>
> Cebollita(s) de Cambray: *cebolla china, cebolla de almácigo, cebolla de verdeo, cebolla en rama, cebolla junca, cebolleta(s), cebollín.* Deshuesar: *descarozar.* Matambre: *suadero.* Migajón: *borona, miga de pan, morona.* Refrigerador: *heladera, nevera.*

Sobrebarriga al horno

Para 8 personas

- *3 kg de suadero*
- *3 cebollitas de Cambray con el tallo*
- *3 cebollas medianas*
- *4 dientes de ajo*
- *1 rama de tomillo fresco*
- *sal y pimienta*
- *6 cucharadas de aceite*
- *4 zanahorias*
- *4 hojas de laurel*
- *1 manojo de perejil*
- *350 ml de cerveza*
- *cordel*

❶ Quitar el exceso de grasa de la carne.

❷ Moler en un mortero las cebollas, el ajo, el tomillo, la sal y la pimienta y agregar el aceite.

❸ Barnizar con la mezcla anterior la carne, enrollarla y amarrarla con el cordel y dejarla macerar en el refrigerador un día.

❹ Cocinar la carne en suficiente agua con las zanahorias, el laurel, el perejil y dos cucharadas de sal, hasta que ablande, 40 minutos en olla a presión o 3 horas en olla normal.

❺ Sacar la carne, escurrirla, ponerla en una charola engrasada con la parte grasosa de la carne hacia arriba y retirar el cordel.

❻ Bañar la carne con un poco de cerveza y llevar al horno precalentado a 250 °C durante 35 minutos, rociarla varias veces con cerveza y el jugo que suelte.

■ **Preparación:** 30 min ■ **Maceración:** 24 h
■ **Cocción:** 4 h y 35 min

> **EN ALGUNOS PAÍSES SE LLAMA:**
>
> Cebollita(s) de Cambray: *cebolla china, cebolla de almácigo, cebolla de verdeo, cebolla en rama, cebolla junca, cebolleta(s), cebollín.* Charola: *asadera.* Refrigerador: *heladera, nevera.* Suadero: *matambre.*

CARNE DE CERDO

Del cerdo, "todo se come". Una vez sacrificado el animal, el corte se realiza quitando todo lo que está adentro (menudencias) y separando la cabeza. Luego se parte el cerdo en dos: de cada una de las mitades se retira el costillar que se va a rebanar y, a la altura del chamorro (codillo del pernil), la pierna trasera (el jamón propiamente dicho) y la espaldilla, que se manejan por separado. Es sobre todo el dorso (donde se encuentra el lomo) lo que se vende como carne fresca. Un cerdo de calidad se reconoce por su carne rosa, bastante firme y sin exceso de humedad. La carne se consume fresca, con poca sal, salada o ahumada. Las chuletas, ya sean las delanteras, las que se encuentran en el filete o las que están en el espinazo, se pueden asar. En cuanto a los otros pedazos, como el espinazo, el costillar con lomo, el filete, el lomo, el pecho, el costillar con carne pero sin lomo, las costillas cortas o la pulpa de paleta, se pueden hornear o cocer a fuego lento.

A veces, el jamón se comercializa fresco: se pueden cortar rebanadas gruesas que sirven para asar; también puede cocerse en caldo, hornearse, o bien cocerse a fuego lento.

De la parte de arriba del animal se extrae la albardilla (piel y tocino) para sacar de ella la grasa y las capas de tocino después de haber retirado la corteza.

A diferencia de lo que sucede con la carne de res, el cerdo debe consumirse muy cocido. Combina muy bien con frutas o con un puré de verduras. Suele condimentarse con pimienta verde, mostaza, cebollas salteadas, salsa a la pimienta o ajo.

EN ALGUNOS PAÍSES SE LLAMA:

Cerdo: *chancho, cochino, puerco.* Chuleta: *costeletas, costillas, costillitas.* Tocino: *bacon, larda de tocino, panceta, tocineta.*

Cerdo: cocción en agua

Adobo de cerdo arequipeño

Para 4 personas

- *500 g de lomo de cerdo*
- *4 ajíes colorados, molidos*
- *2 dientes de ajo*
- *1 pizca de comino*
- *3 cebollas medianas*
- *sal*
- *chicha de jora (lo suficiente como para cubrir la carne)*
- *2 cucharadas de vinagre*
- *1 pizca de orégano*
- *1 rama de ruda*

❶ Marinar el cerdo con sal, vinagre, ají molido, ajos molidos, comino, ruda, orégano, dos cebollas cortadas en rebanadas gruesas y la chicha de jora necesaria para cubrir la carne. Se deja reposar por varias horas o hasta el día siguiente.

❷ Verter todo en una olla y cocinar a fuego fuerte hasta que el jugo espese.

❸ Cuando está a medio cocinar se agrega la cebolla restante, cortada a lo largo, y dejar en el fuego hasta que la carne está tierna y la salsa del adobo tenga una consistencia espesa.

■ **Marinada:** de 4 a 6 h ■ **Preparación:** 25 min

■ **Cocción:** 1 h

EN ALGUNOS PAÍSES SE LLAMA:

Ají: *ají cumbarí, chile, conguito, guindilla, ñora, páprika (picante), pimentón picante, pimiento picante.* Cerdo: *chancho, cochino, puerco.* Chicha de jora: bebida alcohólica obtenida del maíz fermentado.

Arrollado de chancho

Para 6 personas

- *1 lomo vetado de chancho de 2 kg*
- *1 trozo grande de cuero de chancho*
- *2 cucharaditas de sal*
- *1 cucharadita de pimienta molida*
- *1/3 de cucharadita de comino molido*
- *1 cucharada de salsa de ají*
- *2 cucharaditas de orégano*
- *2 cucharaditas de páprika*
- *3 dientes de ajo*

❶ Cortar el lomo a lo largo en cinco o seis tiras y ponerlas a marinar 2 horas o más con la sal, la pimienta, el comino, el orégano, la páprika y el ajo molido.

❷ Si el cuero tuviera cerdas, pasarlo por una llama y extenderlo sobre una mesa. Colocar en un extremo las tiras de carne ordenadamente y enrollar apretando bien.

❸ Amarrar con cordel, con dos lazadas longitudinales cruzadas y arrollando a 1 cm de distancia cada vuelta con fuerza.

❹ Colocar en una bolsa de plástico, extraerle el aire y cerrarla con un nudo. Hervir durante 2 horas en una olla grande, con espacio y agua suficiente para que flote.

❺ Retirar del fuego y dejar que se enfríe lentamente con la olla tapada. Una vez fría sacar la bolsa del agua y ponerla en el refrigerador.

❻ Cuando la grasa se haya solidificado, abrir la bolsa y retirar el arrollado, Eliminar la grasa con las manos y barnizar con la salsa de ají.

■ **Marinada:** 2 h ■ **Preparación:** 20 min
■ **Cocción:** 2 h

> EN ALGUNOS PAÍSES SE LLAMA:
> Ají: *ají cumbarí, chile, conguito, guindilla, ñora, páprika (picante), pimentón picante, pimiento picante.* Chancho: *cerdo, cochino, puerco.* Páprika: *pimentón.* Refrigerador: *heladera, nevera.*

Cazuela de chancho

Para 6 personas

- *6 trozos de carne de chancho (cadera o chuletas)*
- *10 granos de comino*
- *6 granos de pimienta*
- *1 1/2 cucharaditas de orégano*
- *1 cucharadita de sal*

❶ Moler en un mortero los ingredientes apegándose al siguiente orden: el comino, la pimienta, una cucharadita de orégano, una cucharadita de sal, un diente de ajo. Se agrega una cucharada de agua.

❷ Marinar en esa mezcla la carne durante 2 horas, y una vez marinada, hervir la carne en dos litros de agua sazonados con dos dientes de ajo, media cucharadita de orégano, sal y una pizca de pimienta.

- 3 dientes de ajo
- 6 papas grandes
- 1/2 cebolla partida en cuatro
- 6 trozos de zapallo
- 1/2 cucharadita de pimienta en polvo
- 3 cucharadas de chuchoca

❸ Cuando esté cocida, agregar las papas, la cebolla, el zapallo, media cucharadita de pimienta y la chuchoca (que se puso a remojar 2 horas antes).

Esta cazuela puede acompañarse con ají.

■ **Marinada:** 2 h ■ **Preparación:** 15 min ■ **Cocción:** 1 h

> EN ALGUNOS PAÍSES SE LLAMA:
> Ají: *ají cumbarí, chile, conguito, guindilla, ñora, páprika (picante), pimentón picante, pimiento picante.* Chancho: *cerdo, cochino, puerco.* Chuchoca: *maíz seco molido.* Chuleta: *costeletas, costillas, costillitas.* Papa: *patata.* Zapallo: *auyama, ayote, calabaza, uyama.*

Cazuela estilo hondureño

Para 4 personas

- 500 g de costilla de cerdo
- 1 chayote
- 250 g de papas
- 125 g de col
- 1 zanahoria
- 200 g de ejote
- 125 g de yuca
- 250 g de plátano maduro
- 125 g de queso
- 2 pelotas de masa para tortilla de maíz
- 1/2 cucharadita de achiote
- 100 g de puré de tomate
- 1 clavo de olor
- sal, pimienta, cebolla, ajo y laurel al gusto

❶ Cortar las costillas en trocitos pequeños y condimentar con sal, pimienta, cebolla, ajo, laurel y un clavo de olor molido.
❷ Sofreír en poco aceite, darle color con achiote y tomate. Agregar las verduras en cuadritos pequeños.
❸ Hervir hasta que todo esté cocinado.
❹ Cortar el plátano maduro en cuadritos, freírlo y agregarlo.
❺ Adornar con pelotitas de masa y queso fritas.

■ **Preparación:** 25 min ■ **Cocción:** 1 h

> EN ALGUNOS PAÍSES SE LLAMA:
> Achiote: *bijol, onoto.* Cerdo: *chancho, cochino, puerco.* Col: *berza, repollo.* Ejote: *chaucha, judía verde, poroto verde, vaina, vainica, vainita.* Papa: *patata.* Plátano: *banana, cambur.* Yuca: *mandioca.*

Guiso auvernés

Para 8 personas

- 1/2 cabeza de cerdo
- 1/2 kg de tocino con poca sal
- 1 paleta de cerdo con poca sal

❶ Poner en una olla grande la cabeza de cerdo, el tocino y la paleta. Cubrir toda la carne con agua. Cocer durante 15 minutos a fuego bajo para que no hierva demasiado.
❷ Escurrir las carnes, colocarlas en una olla muy grande con tres litros de agua caliente, la cebolla mechada con

- 1 cebolla
- 2 clavos de olor
- 1 bouquet garni
- 800 g de zanahorias
- 1 col verde
- 800 g de papas
- 2 salamis de aproximadamente 200 g cada uno
- sal y pimienta

el clavo de olor y el bouquet garni. Cocer durante 2 horas a fuego bajo. Extraer 300 ml del caldo de cocción.

❸ Pelar las zanahorias, agregarlas a la olla con la carne y cocer durante 30 minutos más.

❹ Mientras tanto, poner a hervir agua en una cacerola y echarle sal. Limpiar la col, cortarla en cuartos y sumergirla durante 2 minutos en el agua hirviendo. Escurrirla, ponerla bajo un chorro de agua fría y apartarla.

❺ Pelar las papas y cocerlas en los 300 ml de caldo que se habían separado. Verificar la cocción.

❻ Agregar finalmente los salamis y la col blanqueada a la olla donde se está cociendo la carne. Continuar la cocción otros 30 minutos.

❼ Servir las carnes y todas las verduras escurridas en un plato hondo grande.

■ **Preparación:** 30 min ■ **Cocción:** alrededor de 3 h

> EN ALGUNOS PAÍSES SE LLAMA:
>
> Cerdo: *chancho, cochino, puerco*. Col: *repollo, berza*. Papa: *patata*. Tocino: *bacon, larda de tocino, panceta, tocineta*.

Guiso con codillo de cerdo

Para 6 personas

- 1 codillo de pernil de cerdo con poca sal
- 300 g de espinazo de cerdo con poca sal
- 300 g de pulpa de paleta de cerdo con poca sal
- 1 cebolla
- 2 dientes de ajo
- 2 clavos de olor
- 1 bouquet garni
- 6 granos de pimienta
- 3 papas grandes
- 3 zanahorias
- 2 poros
- 2 bulbos de hinojo

❶ Desalar el codillo, el espinazo y la pulpa de paleta de cerdo sumergiéndolos en agua fría durante 2 horas.

❷ Pelar la cebolla y el ajo, mechar la cebolla con el clavo de olor.

❸ Enjuagar las carnes, colocarlas en una olla muy grande llena de agua, hervirlas durante 10 minutos y posteriormente escurrirlas. Tirar el agua.

❹ Volver a colocar las carnes dentro de la olla. Agregar la cebolla y el ajo, el bouquet garni y los granos de pimienta. Cubrir con agua y cocer durante 1 hora y 30 minutos.

❺ Pelar y lavar las papas, las zanahorias, los poros, los bulbos de hinojo y el apio nabo. Añadirlos enteros a la olla y continuar la cocción durante 30 minutos más.

❻ Verter la crema fresca en una cacerola, añadir la mostaza, una pizca de azafrán y el jugo del limón. Condimentar con sal y pimienta al gusto. Calentar sin dejar de revolver durante 3 minutos.

- 100 g de apio-nabo
- 150 g de crema fresca
- 1 cucharada de mostaza dulce
- azafrán
- 1 limón
- sal y pimienta

❼ Escurrir las carnes, cortarlas en pedazos regulares y acomodarlas en una fuente. Escurrir las verduras y colocarlas alrededor de las carnes. Servir la salsa por separado.

El caldo resultante podrá reservarse para preparar un potaje.

■ **Remojo:** 2 h ■ **Preparación:** 15 min ■ **Cocción:** 2 h

> **EN ALGUNOS PAÍSES SE LLAMA:**
> Cerdo: *chancho, cochino, puerco*. Crema: *nata*. Papa: *patata*.
> Poro: *ajo porro, porro, puerro*.

Guiso lorraine

Para 8 personas

- 1 kg y 200 g de pulpa de paleta de cerdo con poca sal
- 1 col verde mediana
- 6 zanahorias
- 6 nabos
- 3 poros
- 1 rama de apio
- 300 g de tocino en rebanadas
- 400 g de tocino magro fresco
- 1 colita de cerdo
- 1 bouquet garni
- 400 g de papas amarillas
- 1 salami de aproximadamente 200 g
- sal y pimienta

❶ Quitarle la sal a la paleta de cerdo sumergiéndola una hora en agua fría y cambiando esta última al menos una vez.

❷ Limpiar la col, sumergirla 3 minutos en agua hirviendo y luego enfriarla bajo un chorro de agua fría. Pelar y lavar las demás verduras. Atar los poros.

❸ Cubrir el fondo de una olla muy grande con las rebanadas de tocino. Agregarle la paleta de cerdo, el tocino magro fresco, la colita de cerdo, la col entera, todas las verduras, a excepción de las papas, y el bouquet garni. Cubrir con agua, hervir y, una vez alcanzada la ebullición, dejar que los ingredientes se incorporen a fuego lento durante 2 horas y 15 minutos aproximadamente.

❹ Pelar las papas. Añadirlas junto con el salami y cocer durante 45 minutos más. Probar y, de ser necesario, condimentar al gusto.

❺ Retirar las carnes y cortarlas en la fuente en que se van a servir previamente calentada. Rodearlas con las verduras.

❻ Colar el caldo de cocción y servirlo por separado.

■ **Desalado:** 1 h ■ **Preparación:** 30 min
■ **Cocción:** alrededor de 3 h

> **EN ALGUNOS PAÍSES SE LLAMA:**
> Cerdo: *chancho, cochino, puerco*. Col: *berza, repollo*. Papa: *patata*. Poro: *ajo porro, porro, puerro*. Tocino: *bacon, larda de tocino, panceta, tocineta*.

Mole de olla

Para 6 personas

- 1 kg de espinazo de cerdo
- 2 xoconoxtles
- 2 elotes
- 1 taza de ejotes cortados en rajitas
- 6 calabacitas
- 4 zanahorias
- 1 cebolla
- 4 dientes de ajo
- 2 ramas de epazote
- 4 granos de pimientas
- chile pasilla al gusto
- sal

❶ Cocer el espinazo en 8 o 10 tazas de agua, junto con los xoconoxtles, sin cáscara y rebanados, los elotes en rebanadas, las ramas de epazote, los dos dientes de ajo, la pimienta y la sal.

❷ Lavar, remojar y desvenar los chiles. Licuarlos en media taza de agua con la cebolla y el ajo restante.

❸ Pasar la mezcla por un colador y agregarlo a la olla en que se cuece el espinazo.

❹ Añadir las zanahorias, las calabacitas y los ejotes. Bajar la flama y cocinar hasta que las verduras estén tiernas.

■ **Preparación:** 15 min ■ **Cocción:** 1 h

> **EN ALGUNOS PAÍSES SE LLAMA:**
>
> Calabacita(s): *calabacín, calabaza italiana, zapallito italiano, zapallito largo, zucchini.* Cerdo: *chancho, cochino, puerco.* Chile: *ají cumbarí, ají picante, conguito, guindilla, ñora, páprika (picante), pimentón picante, pimiento picante.* Ejote: *chaucha, judía verde, poroto verde, vaina, vainica, vainita.* Elote: *chilote, choclo, jojoto, mazorca tierna de maíz, tolonca.* Epazote: *hierba aromática típica de México.* Xoconoxtle: *tuna agria (higo chumbo agrio).*

Montucas

Para 6 personas

- 5 tazas de elote hecho puré
- 1/2 taza de manteca de cerdo
- 1 1/2 tazas de leche
- 1 taza de mantequilla
- 2 dientes de ajo
- 2 cucharadas de sal
- 5 cucharadas de azúcar
- 600 g de costillas de cerdo
- 1/4 de cucharadita de pimienta
- 1 cucharada de achiote
- 1 chile verde pequeño
- 1 cebolla pequeña
- 2 jitomates

❶ Desgranar los elotes, molerlos y mezclar con un poco de leche y agua a modo de formar una pasta espesa. Poner al fuego lento con sal y manteca. Agregar mantequilla, azúcar, cuidando de no incorporar mucha agua ni leche.

❷ Cortar la carne de cerdo en trozos pequeños, cocinarla en agua con sal hasta que esté suave, escurrir y freír en aceite.

❸ Picar finamente la cebolla, el chile, el jitomate pelado, el achiote disuelto en agua, un poquito de comino, pasas, sal y pimienta, revolver todo con la carne y cocinar a fuego lento, agregar agua de ser necesario.

❹ Escoger las hojas más anchas, poner una cucharada grande de masa en medio, extenderla y poner un poco del guisado de carne. Se envuelven y se amarran con fibras de tallo de plátano seco o con tiras de hojas de elote.

❺ Cocinar las montucas, se ponen en una olla que tenga agua suficiente para que queden cubiertas. Se colocan

- 1 pizca de comino
- 1 pizca de pimienta molida
- 100 g de pasas
- hojas de elotes enteras

varias hojas de elotes y entonces se ponen las montucas por capas. Poner al agua un poco de sal y que hiervan a fuego fuerte por 1 hora.

■ **Preparación:** 40 min ■ **Cocción:** 1 h

> **EN ALGUNOS PAÍSES SE LLAMA:**
> Achiote: *bijol, onoto.* Cerdo: *chancho, cochino, puerco.* Chile: *ají cumbarí, ají picante, conguito, guindilla, ñora, páprika (picante), pimentón picante, pimiento picante.* Elote: *chilote, choclo, jojoto, mazorca tierna de maíz, tolonca.* Hoja de elote: *chala.* Jitomate: *tomate.* Manteca: *grasa, lardo.* Mantequilla: *manteca.* Pasas: *pasas de uva, pasitas, uvas pasas, uvas secas.* Plátano: *banana, cambur.*

Paleta de cerdo con frijoles blancos

Para 4 o 6 personas

- 400 g o 1/2 kg de frijoles blancos secos
- 1 kg, aproximadamente, de pulpa de paleta de cerdo con poca sal
- 1 diente de ajo
- 1 cebolla
- 2 bouquets garni
- sal

❶ Remojar los frijoles de 2 a 3 horas.
❷ Desalar la pulpa de paleta de cerdo sumergiéndola durante 1 hora en agua fría, cambiando esta última una vez.
❸ Pelar el ajo y la cebolla. Cortar el diente de ajo en cuatro.
❹ Escurrir la carne de cerdo, hacerle cuatro incisiones e introducir en ellas los pedacitos del diente de ajo. Colocarla en una olla grande, cubrir con abundante agua fría, agregar uno de los bouquets garni y poner a cocer a fuego lento durante 2 horas.
❺ Escurrir los frijoles y verterlos en una cacerola junto con la cebolla y el segundo bouquet garni. Cubrir con bastante agua y cocer todo a fuego lento aproximadamente 2 horas. Los frijoles deben quedar todavía un poco firmes.
❻ Entonces, escurrir la carne y agregarla a la cacerola que contiene los frijoles. Probar y, de ser necesario, condimentar al gusto. Continuar la cocción, a fuego muy bajo y con la cacerola tapada, hasta que los frijoles estén bien cocidos. Retirar la cebolla y el bouquet garni antes de servir.

■ **Preparación:** 5 min ■ **Remojo y desalado:** de 2 a 3 h
■ **Cocción:** de 2 h 30 min a 3 h

> **EN ALGUNOS PAÍSES SE LLAMA:**
> Cerdo: *chancho, cochino, puerco.* Frijol: *alubia, caráota, fréjol, habichuela, judía, poroto.*

Tatemado al estilo Colima

Para 6 personas

- 1 kg de lomo de cerdo
- 1/2 kg de costilla de cerdo
- 1 taza de vinagre
- 6 chiles guajillos
- 1 cucharadita de tomillo
- 3 dientes de ajo
- 10 granos de pimienta negra
- 2 clavos de olor
- 1/4 de cucharadita de jengibre fresco
- 1 pizca de comino
- 1 cebolla grande
- 4 limones
- sal

❶ Cortar la carne en trozos y ponerla a cocer a fuego lento con la sal y el vinagre hasta que se consuma el vinagre.

❷ Limpiar y remojar los chiles en agua caliente, licuar con las hierbas y las especias.

❸ Colar la mezcla anterior y agregarla a la carne con agua para cubrir la carne.

❹ Cocinar a fuego lento hasta que la carne esté blanda.

❺ Cortar la cebolla en rodajas y ponerla a desflemar en jugo de limón con sal. Servir la carne con cebolla y frijoles refritos (→ ver pág. 750).

■ **Preparación:** 20 min ■ **Cocción:** 1 h 30 min

> **EN ALGUNOS PAÍSES SE LLAMA:**
>
> Cerdo: *chancho, cochino, puerco*. Chile: *ají cumbarí, ají picante, conguito, guindilla, ñora, páprika (picante), pimentón picante, pimiento picante*.

Tinga

Para 6 personas

- 1 kg de lomo de cerdo
- 200 g de chorizo
- 5 jitomates
- 3 papas
- 1 1/2 cebollas
- 2 dientes de ajo
- 2 cucharadas soperas de vinagre
- chiles chipotles en vinagre
- hierbas de olor
- aceite para freír
- sal
- 2 aguacates
- hojas de lechuga picadas finamente

❶ Cocinar la carne con un cuarto de cebolla y dos dientes de ajo. Una vez cocinada, dejarla enfriar y deshebrar.

❷ Asar los jitomates, pelarlos y picarlos.

❸ Cocer las papas y partirlas en cuadritos.

❹ Freír el chorizo desmenuzado, retirarlo y, en la misma grasa, freír el resto de la cebolla fileteada y la carne deshebrada. Agregar el jitomate, las papas y los chipotles finamente picados. Volver a colocar el chorizo.

❺ Añadir el vinagre, las hierbas de olor y sal. Dejar hervir hasta que seque un poco.

❻ Verter todo en una fuente. Adornar con cebolla rebanada, tiras de aguacate y lechuga.

■ **Preparación:** 25 min ■ **Cocción:** 1 h 30 min

> **EN ALGUNOS PAÍSES SE LLAMA:**
>
> Aguacate: *avocado, cura, palta*. Cerdo: *chancho, cochino, puerco*. Chile chipotle: tipo de chile (*ají*) que se elabora a partir del jalapeño seco, marinado con salsa dulce. Deshebrar: *deshilachar, desmechar, desmenuzar*. Jitomate: *tomate*. Papa: *patata*.

Carne de cerdo: horneada, a la parrilla, salteada

Asado de cerdo a la dijonesa

Para 6 personas

- 1 trozo de filete de cerdo de 1 y 1/2 kg de peso
- 6 cucharadas de mostaza fuerte
- 50 g de tripas limpias
- 200 ml de vino blanco seco
- 1 cucharada de crema fresca

❶ Atar el filete con hilo de cocina o pedir que lo hagan en la carnicería.

❷ Precalentar el horno a 220 °C. Colocar la carne en una parrilla o en una charola para horno y, con un pincel, untarla con la mostaza por ambos lados (apartar una cucharada de mostaza). Enrollar la carne y después envolverla con la tripa.

❸ Hornear la carne en una charola profunda durante unos 55 minutos. Bañar varias veces con el vino durante la cocción. Guardar medio vaso de vino.

❹ Dejar la carne en el horno apagado durante 5 minutos, con la puerta cerrada. Luego, colocarla en la fuente en que se va a servir.

❺ Verter el vino blanco restante y mezclar bien para remover los jugos de cocción. Reducir el líquido a la mitad, añadir la crema fresca y reducir nuevamente. La salsa debe estar untuosa y espesa.

■ **Preparación:** 10 min ■ **Cocción:** alrededor de 1 h

> **EN ALGUNOS PAÍSES SE LLAMA:**
> Cerdo: *chancho, cochino, puerco.* Charola: *asadera.* Crema: *nata.*

Carnitas

Para 6 personas

- 1 1/2 kg de carne de cerdo surtida en trocitos (costilla, lomo, espinazo)
- 1 taza de leche
- 1/2 cebolla
- 1 cascarita de naranja
- hierbas de olor
- manteca de cerdo
- sal y pimienta

❶ Freír la carne en la manteca con la cebolla.

❷ Cuando esté bien dorada sacar la cebolla, añadir la leche, las hierbas de olor y la cascarita de naranja.

❸ Bajar la flama y dejar cocinar sin tapar alrededor de 1 hora y 30 minutos.

❹ Escurrir la carne.

❺ Añadir sal y pimienta. Servir con tortillas de maíz calientes y guacamole (→ ver pág. 668).

■ **Preparación:** 15 min ■ **Cocción:** 1 h 30 min

> **EN ALGUNOS PAÍSES SE LLAMA:**
> Cerdo: *chancho, cochino, puerco.* Manteca: *grasa, lardo.*

Chuletas de cerdo a la parrilla

Para 4 personas

- 4 chuletas de cerdo de 200 g cada una
- 2 cucharadas de aceite
- 1/2 manojo de berros
- sal y pimienta

❶ Pedir en la carnicería que preparen las chuletas. Untarles aceite por todos lados y condimentarlas con sal y pimienta al gusto. Asarlas a la plancha entre 15 y 20 minutos, volteándolas varias veces.

❷ Limpiar los berros y desprender los ramilletes.

❸ Colocar las chuletas en fuente caliente y rodearlas de los ramilletes de berros.

> Estas chuletas se pueden servir con una salsa Soubise (→ ver pág. 71).

■ **Preparación:** 5 min ■ **Cocción:** alrededor de 20 min

> **EN ALGUNOS PAÍSES SE LLAMA:**
> Cerdo: *chancho, cochino, puerco*. Chuleta: *costeletas, costillas, costillitas*.

Chuletas de cerdo con miel de maple

Para 4 personas

- 2 manzanas amarillas
- 1/2 limón
- 20 g de mantequilla
- 1 cucharada de aceite
- 4 chuletas de cerdo
- 2 cucharadas de miel de maple
- 2 cucharadas de crema fresca espesa
- sal y pimienta

❶ Precalentar el horno a 200 °C.

❷ Pelar las manzanas, partirlas en dos, quitarles las semillas y las fibras que las rodean y cortarlas en rebanadas delgadas. Bañarlas con jugo de limón.

❸ Calentar la mantequilla y el aceite en un sartén. Condimentar con sal y pimienta las chuletas de cerdo y freírlas durante 2 minutos de cada lado a fuego alto.

❹ Escurrir las chuletas de cerdo y ponerlas en una charola para horno. Acomodar las manzanas encima de las chuletas, condimentar con sal y pimienta al gusto.

❺ Bañarlas con la miel de maple y con la crema fresca, y hornearlas durante 20 minutos. Servir muy caliente.

■ **Preparación:** 10 min ■ **Cocción:** 25 min

> **EN ALGUNOS PAÍSES SE LLAMA:**
> Cerdo: *chancho, cochino, puerco*. Charola: *asadera*. Chuleta: *costeletas, costillas, costillitas*. Crema: *nata*. Mantequilla: *manteca*. Quitar las semillas: *despepitar*.

Chuletas de cerdo en queso gruyer

Para 4 personas

- *4 chuletas de cerdo*
- *20 g de mantequilla*
- *1 cucharada de aceite*
- *100 g de queso gruyer rallado*
- *2 cucharadas de mostaza fuerte*
- *100 ml de crema fresca espesa*
- *sal y pimienta*

❶ Quitarles un poco de grasa a las chuletas de cerdo y condimentarlas con sal y pimienta al gusto.

❷ Calentar la mantequilla y el aceite en un sartén. Freír las chuletas de cerdo durante 3 minutos de cada lado y luego continuar la cocción a fuego muy bajo durante 5 o 6 minutos más, también de cada lado.

❸ Mientras tanto, precalentar la parrilla del horno.

❹ Mezclar en un bol el queso gruyer rallado, la mostaza y la crema fresca.

❺ Escurrir las chuletas de cerdo y ponerlas en una charola para gratín. Rebozarlas con la mezcla de queso. Colocarlas en la parrilla durante 5 minutos para que se gratinen y servirlas de inmediato.

■ **Preparación:** 5 min ■ **Cocción:** alrededor de 25 min

> **EN ALGUNOS PAÍSES SE LLAMA:**
>
> Cerdo: *chancho, cochino, puerco.* Charola: *bandeja.* Chuleta: *costeletas, costillas, costillitas.* Crema: *nata.* Mantequilla: *manteca.* Rebozar: *abizcochar, aborrajar, emborrizar.*

Chuletas de cerdo en salsa de pepinillos

Para 4 personas

- *1 cebolla*
- *250 ml de base oscura de ternera (→ ver pág. 50)*
- *8 pepinillos*
- *40 g de mantequilla*
- *1 cucharada de aceite de cacahuate*
- *4 chuletas de cerdo de 200 g cada una*
- *100 ml de vino blanco*
- *1 cucharada de mostaza*
- *sal y pimienta*

❶ Pelar y picar finamente la cebolla.

❷ Calentar la base oscura de ternera o utilizar un caldo comercial deshidratado. Cortar los pepinillos en rebanadas finas.

❸ En un sartén, calentar el aceite de cacahuate junto con 20 g de mantequilla. Condimentar las chuletas de cerdo con sal y pimienta al gusto. Freírlas en el sartén de 6 a 8 minutos de cada lado.

❹ Escurrir las chuletas, acomodarlas en una fuente y mantenerlas calientes.

❺ Desechar la grasa del sartén, añadir la cebolla picada y sofreírla. Verter el vino blanco y reducir a la mitad.

❻ Agregar la base oscura de ternera y dejar que hierva.

❼ Una vez fuera del fuego, incorporar la mostaza y la mantequilla restante, y después los pepinillos. Probar y, en caso de ser necesario, condimentar con sal y pimienta al gusto. Verter la salsa sobre las chuletas de cerdo. Servir muy caliente.

> **Este plato se puede acompañar con colecitas de Bruselas a la inglesa** (→ ver pág. 700) **o con un puré de papa** (→ ver pág. 805).

■ **Preparación:** 30 min ■ **Cocción:** 15 min

> EN ALGUNOS PAÍSES SE LLAMA:
>
> Cacahuate: *cacahuete, maní.* Cerdo: *chancho, cochino, puerco.* Chuleta: *costeletas, costillas, costillitas.* Mantequilla: *manteca.*

Costillar de cerdo con lomo a la alsaciana

Para 8 personas

- *1 kg y 600 g de costillar de cerdo con lomo*
- *1 y 1/2 kg de chucrut* (→ *ver pág. 714*)
- *1 vaso de vino blanco*
- *sal y pimienta*

❶ Precalentar el horno a 210 °C. Poner la carne en una charola para horno y condimentar con sal y pimienta al gusto. Hornearla durante 45 minutos, aproximadamente. Voltearla a la mitad de la cocción.

❷ Sacar la carne, verter un vaso de vino blanco en la charola y raspar con una cuchara de madera los jugos que estén adheridos a las paredes y al fondo del recipiente. Poner este líquido en una olla.

❸ Colocar el costillar de cerdo con lomo en la olla, en medio del chucrut, y cocerlo de 20 a 30 minutos. Servir la carne en una charola y acomodar el chucrut encima.

■ **Preparación:** 2 h ■ **Cocción:** 1 h 15 min

> EN ALGUNOS PAÍSES SE LLAMA:
>
> Cerdo: *chancho, cochino, puerco.* Charola: *asadera.*

Costillar de cerdo con lomo horneado

Para 4 o 6 personas

- de 800 g a 1 kg de costillar de cerdo con lomo o de lomo deshuesado
- 3 cucharadas de aceite de cacahuate
- 1 diente de ajo
- 1/2 manojo de berros
- 3 hojas de salvia
- 3 ramitas de perejil
- 1 ramita de tomillo
- 1/2 hoja de laurel
- sal y pimienta

❶ Pedir en la carnicería que preparen la pieza de carne.

❷ Precalentar el horno a 220 °C. Condimentar la carne con sal y pimienta al gusto, ponerla en la charola de cocción junto con el aceite de cacahuate, los huesos y los retazos y dorarla a fuego vivo, volteándola varias veces durante 2 o 3 minutos. Luego, hornearlo todo junto.

❸ Al cabo de 15 minutos, bajar la temperatura del horno a 180 °C y continuar la cocción durante 40 o 45 minutos más (1 hora para una pieza deshuesada de 1 kg).

❹ Pelar y picar el ajo. Preparar los berros.

❺ Sacar la charola del horno, retirar la carne y envolverla en una hoja de papel aluminio. Mantenerla caliente.

❻ Desechar la grasa de la charola de cocción, verter 50 ml de agua y raspar bien los jugos. Añadir las hierbas aromáticas, condimentar con sal y pimienta al gusto y reducir a la mitad, aproximadamente. Luego, colar este líquido y verterlo en una salsera bien caliente.

❼ Servir la carne en una charola y rodearla con ramilletes de berros.

■ **Preparación:** 25 min ■ **Cocción:** alrededor de 1 h

> **EN ALGUNOS PAÍSES SE LLAMA:**
> Cacahuate: *cacahuete, maní.* Cerdo: *chancho, cochino, puerco.* Charola: *asadera.*

Espaldilla de cerdo a las cinco especias

Para 4 o 6 personas

- 3 dientes de ajo
- 4 chalotes
- 1 cucharada de azúcar
- 1 cucharada de salsa de pescado
- 1 cucharada de salsa de soya
- 1 cucharada de 5 especias
- pimienta

❶ Picar el ajo y los chalotes, molerlos en un mortero (o en una licuadora) junto con el azúcar, la salsa de pescado, la salsa de soya, las cinco especias y tres pizcas de pimienta recién molida.

❷ En una olla, dorar la espaldilla de cerdo durante 10 minutos, con todo y su capa de grasa. Luego, agregarle la mezcla de especias.

❸ Verter la base blanca de ave, tapar la olla y cocer durante 50 minutos a fuego bajo, volteando la carne a la mitad de la cocción.

- 200 ml de base blanca de ave (→ ver pág. 48)
- 1 trozo de espaldilla de cerdo de 1 kg de peso

❹ Rodar la espaldilla en su propio jugo de cocción antes de retirarla de la olla. Luego, partirla en rebanadas, colocarla en una fuente y bañarla con el jugo de cocción.

■ **Preparación:** 5 min ■ **Cocción:** alrededor de 1 h

EN ALGUNOS PAÍSES SE LLAMA:

Cerdo: *chancho, cochino, puerco.* Chalote: *ascalonia, chalota, echalote, escalonia.* Salsa de pescado: *nuoc-mâm* (condimento muy utilizado en la comida oriental, particularmente en la cocina vietnamita).

Espinazo de cerdo a la salvia

Para 8 personas

- 3 dientes de ajo
- 1 pieza de carne del espinazo del cerdo, de 2 kg de peso
- 2 docenas de hojas de salvia frescas
- 1 cucharada de aceite de maíz o de cacahuate
- 150 ml de vino blanco seco
- sal y pimienta

❶ Precalentar el horno a 230 °C.

❷ Cortar los dientes de ajo en cuatro pedazos. Hacer pequeñas incisiones en la superficie de la carne y colocar en ellas los pedazos de ajo. Hacer otras incisiones un poco más grandes e introducir en ellas las hojas de salvia, hundiéndolas bien.

❸ Engrasar con aceite una charola para gratín, colocar ahí la carne con la parte grasa hacia arriba, condimentarla con sal y pimienta al gusto, y hornearla durante 30 minutos.

❹ Bajar la temperatura del horno a 180 °C, añadir dos o tres cucharadas del vino blanco seco y bañar bien la carne durante la cocción. Continuar la cocción durante 50 minutos más. Luego, clavar una aguja para bordar en la carne: el jugo que salga debe ser translúcido, lo que garantiza el grado de cocción.

❺ Colocar la carne en la charola de servicio y dejarla 10 minutos dentro del horno apagado, con la puerta cerrada.

❻ Mientras tanto, desechar la grasa de la charola de cocción, verter el resto del vino y, sobre el fuego, despegar los jugos con una cuchara de madera.

❼ Verter este jugo en una salsera y servirlo aparte.

■ **Preparación:** 20 min ■ **Cocción:** alrededor de 1 h 20 min

---

EN ALGUNOS PAÍSES SE LLAMA:

Cacahuate: *cacahuete, maní.* Cerdo: *chancho, cochino, puerco.* Charola: *asadera.*

Filete miñón de cerdo

Para 4 personas

- 2 filetes miñón de cerdo de 250 g cada uno
- 2 cebollas
- 1 diente de ajo
- 4 rebanadas de tocino
- 20 g de mantequilla
- 1 cucharada de aceite
- 350 ml de vino blanco seco
- sal y pimienta

❶ Cortar los filetes en rebanadas de aproximadamente 2 cm de espesor y condimentarlos con sal y pimienta al gusto.

❷ Pelar y picar las cebollas y el ajo. Cortar el tocino en tiritas.

❸ En un sartén, calentar 10 g de mantequilla junto con el aceite y saltear ahí los filetes de cerdo. Primero, cocerlos a fuego alto durante 1 minuto de cada lado, luego a fuego bajo volteándolos varias veces durante 8 o 10 minutos. Escurrirlos en una fuente y mantenerlos calientes.

❹ Desechar la grasa de cocción, vaciar el resto de la mantequilla en el sartén y derretirla. Luego, añadir las cebollas, el ajo y el tocino. Mezclar bien, subir la flama un poco para que se doren, luego verter el vino. Reducir sin dejar de mover de 10 a 15 minutos.

❺ Bañar la carne con esta salsa, sin colarla. Servir con mostaza dulce, como se estila tradicionalmente.

Este plato se puede acompañar con chucrut bien crujiente (→ ver pág. 714).

■ **Preparación:** 15 min ■ **Cocción:** de 30 a 35 min

> **EN ALGUNOS PAÍSES SE LLAMA:**
> Cerdo: *chancho, cochino, puerco.* Mantequilla: *manteca.* Tocino: *bacon, larda de tocino, panceta, tocineta.*

Carne de cerdo: cocción lenta

Asado de cerdo con leche

Para 6 personas

- 1 y 1/2 kg de espinazo de cerdo
- 12 dientes de ajo
- 1 litro de leche entera
- 50 g de migajón de pan fresco
- nuez moscada
- sal y pimienta

❶ Quitarle los huesos al espinazo y atarlo (o pedir al carnicero que lo haga) para que al cocerlo no se deforme la pieza.

❷ Precalentar el horno a 160 °C. En una olla, poner los dientes de ajo sin pelar, la carne de cerdo y la leche.

❸ Condimentar con sal y pimienta al gusto y espolvorear un poco de nuez moscada rallada. Calentar a fuego lento hasta que suelte el hervor, y luego tapar la olla y hornear durante 1 hora y 10 minutos. Cuidar que la leche no se desborde.

❹ Voltear la carne tres o cuatro veces durante la cocción. Escurrirla sobre una fuente caliente y cubrirla con una hoja de papel aluminio.

❺ Colar el líquido de cocción machacando, con el reverso de una cuchara, los dientes de ajo contra el colador para extraerles la pulpa. Agregar el migajón de pan fresco y poner a hervir.

❻ Licuar esta salsa, probarla y, de ser necesario, condimentarla al gusto. Servirla por separado en una salsera.

■ **Preparación:** 15 min ■ **Cocción:** 1 h 20 min

> **EN ALGUNOS PAÍSES SE LLAMA:**
> Cerdo: *chancho, cochino, puerco*. Migajón: *borona, miga de pan, morona*.

Chuletas de cerdo **Pilleverjus**

Para 4 personas

- *1 col verde pequeña y fresca*
- *3 cucharadas de crema fresca*
- *2 cebollas*
- *50 g de mantequilla*
- *4 chuletas de cerdo*
- *1 cucharada de aceite de cacahuate*
- *1 bouquet garni*
- *1 cucharada de vinagre*
- *sal y pimienta*

❶ Limpiar la col, lavarla y cocerla en agua hirviendo con sal durante 10 minutos. Escurrirla y cortar las hojas en tiritas delgadas. Colocarlas en una cacerola, añadir la crema, condimentar con sal y pimienta al gusto y dejar que se cuezan a fuego bajo durante 15 minutos.

❷ Pelar y picar finamente las cebollas. En un sartén, sofreírlas con 20 g de mantequilla, durante aproximadamente 10 minutos. Retirarlas del sartén y colocarlas en un bol.

❸ Condimentar las chuletas de cerdo con sal y pimienta, calentar el aceite en un sartén y dorarlas por ambos lados.

❹ Retirar las chuletas, desechar la grasa del sartén, colocar en él 20 g de mantequilla, las cebollas, la carne y el bouquet garni. Tapar el sartén y dejar cocer a fuego lento durante 30 minutos.

❺ Colocar la col en una fuente profunda.

❻ Escurrir las chuletas, colocarlas encima de la col y mantenerlas calientes.

❼ Verter el vinagre en el sartén, mezclarlo con el caldo de cocción que contiene las cebollas. Desprender bien los jugos con una cuchara de madera y verter la mezcla sobre las chuletas de cerdo. Servir bien caliente.

■ **Preparación:** 40 min ■ **Cocción:** 35 min

> **EN ALGUNOS PAÍSES SE LLAMA:**
> Cacahuate: *cacahuete, maní*. Cerdo: *chancho, cochino, puerco*. Chuleta: *costeletas, costillas, costillitas*. Col: *berza, repollo*. Crema: *nata*. Mantequilla: *manteca*.

Col rellena de carne de cerdo

Para 4 personas

- *300 g de migajón de pan duro*
- *150 ml de leche*
- *2 dientes de ajo*
- *2 chalotes*
- *1 manojo de perejil*
- *1/2 manojo de estragón*
- *400 g de espinazo de cerdo molido*
- *3 yemas de huevo*
- *1 cucharadita de cuatro especias (pimienta, clavo de olor, nuez moscada y jengibre)*
- *1 col grande*
- *2 litros de caldo de verduras (→ ver pág. 122) o de caldo o consomé de res (→ ver pág. 53)*
- *sal y pimienta*

❶ Desmoronar el migajón de pan en una ensaladera y bañarlo con la leche. Picar el ajo, los chalotes, el perejil, el estragón, y mezclarlos con la carne de cerdo molida.

❷ Exprimir el migajón de pan y agregárselo a esta mezcla junto con las yemas de huevo, las cuatro especias y sal y pimienta al gusto. Mezclar bien todo este relleno hasta que sea homogéneo. Luego, meterlo en el refrigerador.

❸ Poner a hervir agua con sal en una olla grande. Desprender las hojas de col, eliminar las hojas verdes gruesas exteriores y sumergir el resto en agua hirviendo durante 5 minutos (guardar el corazón para otra ocasión). Escurrirlas, refrescarlas bajo un chorro de agua, secarlas y colocarlas en forma de rosa.

❹ Moldear el relleno hasta formar una bola, colocarla sobre las hojas de col y envolverla con éstas. Atar con hilo de cocina la col rellena o envolverla con una muselina. Calentar el caldo o consomé y cocer en él la col a hervores bajos durante 1 hora y 45 minutos.

❺ Retirar la muselina o el hilo. Cortar la col rellena en rebanadas y servirlas muy calientes.

■ **Preparación:** 40 min ■ **Cocción:** 1 h 45 min

> **EN ALGUNOS PAÍSES SE LLAMA:**
>
> Cerdo: *chancho, cochino, puerco.* Chalote: *ascalonia, chalota, echalote, escalonia.* Col: *berza, repollo.* Migajón: *borona, miga de pan, morona.* Refrigerador: *heladera, nevera.*

Patas de cerdo: cocción

❶ Limpiar las patas de cerdo y blanquearlas, sumergiéndolas durante 10 minutos en agua hirviendo. Atarlas de dos en dos y ponerlas en una olla con agua fría.

❷ Dejar que hiervan, luego añadir una guarnición aromática hecha de zanahoria, apio, nabo, cebolla mechada con un clavo de olor, poro y un bouquet garni.

❸ Cocer a fuego bajo durante 4 horas, luego escurrirlas.

> **EN ALGUNOS PAÍSES SE LLAMA:**
>
> Cerdo: *chancho, cochino, puerco.* Poro: *ajo porro, porro, puerro.*

Guisado quebequense de patas de cerdo

Para 4 o 6 personas

- 3 kg de patas de cerdo
- 3 cebollas
- 1 clavo de olor
- 1 pizca de canela en polvo
- 3 cucharadas de harina
- 1/2 kg de papas medianas
- 30 g de mantequilla
- sal y pimienta

❶ Poner a hervir agua en una olla muy grande. Partir las patas de cerdo en pedazos grandes y sumergirlos en el agua durante 10 minutos. Escurrirlos.

❷ Pelar las cebollas y cortarlas en pedazos grandes. Ponerlas en la olla junto con las patas, el clavo de olor, la canela en polvo, la sal y la pimienta, y cubrir con agua. Cocer durante 3 horas a fuego bajo.

❸ Pelar las papas y añadirlas 20 minutos antes del final de la cocción.

❹ Sacar las patas de cerdo y las papas. Deshuesar las patas y mantenerlas calientes. Colar el caldo.

❺ Hacer una base para salsas blancas con la mantequilla y la harina (→ ver pág. 61), diluirla con el caldo y cocerla durante 30 minutos, aproximadamente.

❻ Volver a colocar las patas de cerdo y las papas en la salsa. Dejar que hierva y servir de inmediato.

■ **Preparación:** 15 min ■ **Cocción:** 3 h 30 min

> EN ALGUNOS PAÍSES SE LLAMA:
> Cerdo: *chancho, cochino, puerco.* Mantequilla: *manteca.* Papa: *patata.*

Morcilla a la normanda

Para 4 o 6 personas

- 1/2 kg de manzanas
- 1 limón
- 60 g de mantequilla
- 700 g de morcilla
- sal y pimienta

❶ Pelar las manzanas y cortarlas en rebanadas delgadas. Mezclarlas con el jugo de limón.

❷ En un sartén, derretir 40 g de mantequilla y dorar las manzanas durante aproximadamente 15 minutos.

❸ Cortar la morcilla en pedazos de alrededor de 10 cm. Picarlos con la punta de un tenedor.

❹ En otro sartén, calentar el resto de la mantequilla y sofreír la morcilla volteándola continuamente durante 10 o 12 minutos. Condimentar con sal y pimienta al gusto.

❺ Escurrir la morcilla y colocarla en una fuente caliente. Rodearla con las rebanadas de manzana.

■ **Preparación:** 15 min ■ **Cocción:** alrededor de 15 min

> EN ALGUNOS PAÍSES SE LLAMA:
> Mantequilla: *manteca.*

Orejas de cerdo asadas

Para 4 o 6 personas

- *6 orejas de cerdo*
- *1 zanahoria*
- *1 cebolla*
- *20 g de mantequilla*
- *250 g de tocino en rebanadas*
- *1 bouquet garni*
- *200 ml de vino blanco*
- *400 ml de base blanca de ternera (→ ver pág. 52)*
- *sal y pimienta*

❶ Pedir en la carnicería las orejas ya limpias y flambearlas.
❷ Poner a hervir agua en una olla grande y sumergir en ella las orejas de cerdo durante 5 minutos. Pelar la cebolla y la zanahoria y cortarlas en rodajas.
❸ Escurrir las orejas y partirlas en dos a lo largo.
❹ Precalentar el horno a 180 °C. Engrasar con mantequilla una olla y cubrir el fondo con las rebanadas de tocino. Agregar la cebolla y la zanahoria rebanadas y colocar ahí las mitades de oreja bien aplanadas y luego el bouquet garni. Comenzar la cocción a fuego bajo y con la olla tapada, luego verter el vino blanco y cocer hasta que se haya reducido por completo.
❺ Agregar en ese momento la base blanca de ternera, tapar la olla y hornear durante 50 minutos.
❻ Escurrir las orejas y acomodarlas en una fuente. Mantenerlas calientes dentro del horno apagado.
❼ Colar el líquido de cocción, reducirlo ligeramente y usarlo para bañar las orejas.

■ **Preparación:** 15 min ■ **Cocción:** 1 h 15 min

> En algunos países se llama:
> Cerdo: *chancho, cochino, puerco*. Mantequilla: *manteca*. Tocino: *bacon, larda de tocino, panceta, tocineta*.

Patas de cerdo a la Sainte-Menehould

Para 4 personas

- *400 g de pan molido a la inglesa (→ ver pág. 104)*
- *2 patas de cerdo cocidas (→ ver pág. 479)*
- *30 g de mantequilla*
- *sal y pimienta*

❶ Preparar el pan molido a la inglesa.
❷ Cortar las patas de cerdo en dos, a lo largo, y empanizar cada una con una capa gruesa de pan molido a la inglesa.
❸ Derretir la mantequilla y untarla con un pincel en las patas de cerdo. Asarlas a fuego bajo en una plancha de 8 a 10 minutos, volteándolas de vez en cuando y bañándolas varias veces.

④ Servir muy caliente, con mostaza.

■ **Preparación:** 15 min ■ **Cocción:** de 8 a 10 min

> **EN ALGUNOS PAÍSES SE LLAMA:**
> Cerdo: *chancho, cochino, puerco*. Empanizar: *empanar, rebozar*. Mantequilla: *manteca*.

Rodaja de cerdo al pistache

Para 4 o 6 personas

- *1 y 1/2 litros de marinada cruda para carnes rojas y de caza (→ ver pág. 57)*
- *1 kg de jamón de cerdo fresco*
- *1 botella de vino blanco*
- *400 g de ciruelas pasas deshuesadas*
- *3 dientes de ajo*
- *1 cucharada de pistaches sin cáscara*
- *2 cucharadas de aceite de cacahuate*
- *sal y pimienta*

❶ La noche anterior preparar la marinada con el vino blanco y sumergir ahí el jamón. Dejarlo marinar durante 24 h en el refrigerador.

❷ Sacar el vino blanco del refrigerador y esperar a que adquiera la temperatura ambiente. Remojar en él, dentro de un bol, las ciruelas pasas.

❸ Pelar los dientes de ajo y cortarlos en cuatro. Con la punta de un cuchillo, hacer pequeñas incisiones en toda la carne e introducir en ellas los pedacitos de ajo y los pistaches.

❹ Calentar el aceite en una olla y dorar la carne por todos sus lados, retirarla, desechar el aceite y volverla a poner en la olla.

❺ Verter tres vasos de la marinada, tapar la olla y cocer durante 3 horas a fuego medio. Si se desea, agregar un poco más de marinada durante la cocción.

❻ Escurrir las ciruelas pasas y agregarlas a la olla, luego continuar con la cocción durante 45 minutos más.

❼ Servir muy caliente.

■ **Marinada:** 24 h ■ **Preparación:** 30 min
■ **Cocción:** 3 h 45 min

> **EN ALGUNOS PAÍSES SE LLAMA:**
> Cacahuate: *cacahuete, maní*. Cerdo: *chancho, cochino, puerco*. Deshuesar: *descorazar*. Pistache: *pistacho*. Refrigerador: *heladera, nevera*.

Seco de puerco

Para 8 personas

- 2 kg de carne de puerco sin grasa
- 2 cebollas
- 2 dientes de ajo
- 1/4 de taza de aceite
- 1 pimiento grande natural o en conserva
- 1 taza de cilantro
- 1 cubito de caldo de carne
- 1 taza de vino blanco
- 300 ml de cerveza
- 1 cucharada de *ají* amarillo fresco molido (o pimiento amarillo con un poco de *chile manzano amarillo*)
- 8 papas amarillas
- 1 zanahoria
- 1 taza de *chícharos*

① Licuar el cilantro con la cantidad necesaria de agua para obtener un puré espeso.

② Picar la carne y sazonarla, dorarla en una olla con la mitad del aceite hasta que tome color. Retirar la carne.

③ Agregar en la misma olla el resto de aceite si fuese necesario y saltear las cebollas picadas y el ajo, remover 1 minuto. Agregar el cilantro licuado, los chícharos, la zanahoria picada y rehogar unos minutos. Agregar la carne, el cubito disuelto, el vino y la cerveza, el ají y el pimiento. Mezclar bien, tapar y dejar hervir.

④ Bajar la temperatura y cocinar a fuego lento. Cuando la carne esté a medio cocer, agregar las papas partidas por la mitad. Si las papas se cuecen antes que la carne, retirarlas para evitar que se deshagan y mantenerlas tibias. Continuar la cocción hasta que la salsa espese. Regresar las papas a la olla y mezclar.

⑤ Servir con ají amarillo molido fresco y arroz blanco (→ ver pág. 844).

■ **Preparación:** 30 min ■ **Cocción:** 90 min

> **EN ALGUNOS PAÍSES SE LLAMA:**
> Ají: *ají cumbarí, chile, conguito, guindilla, ñora, páprika (picante), pimentón picante, pimiento picante*. Chícharo: *alverja, arveja, guisante, petit pois*. Chile manzano amarillo: *rocoto*. Cilantro: *coriandro, culantro*. Papa: *patata*. Pimiento: *ají, locote, morrón*. Puerco: *cerdo, chancho, cochino*.

Carne de cerdo: jamón y salchichas

Jamón en papillote

Para 4 personas

- 2 chalotes
- 1 manojo de *cebollín*
- 400 g de hongos o de *mízcalos*
- 30 g de *mantequilla*

① Picar los chalotes y el cebollín. Cortar los hongos en rebanadas delgadas.

② Calentar la mantequilla en una cacerola y sofreír los chalotes. Agregar los hongos y el cebollín. Cocer de 7 a 8 minutos a fuego muy alto sin dejar de remover.

③ Quitarle la grasa a las rebanadas de jamón y cortarlas a la mitad.

- *4 rebanadas finas de jamón (blanco o York)*
- *4 cucharadas de crema fresca*
- *sal y pimienta*

④ Preparar cuatro rectángulos de papel aluminio. Sobre cada rectángulo, extender una cucharada de los hongos picados con los chalotes y el cebollín. Poner encima media rebanada de jamón, otra vez distribuir hongos picados y finalizar con la segunda mitad de la rebanada de jamón. Bañar con crema fresca y condimentar con pimienta al gusto.

⑤ Cerrar los papillotes y hornearlos de 8 a 10 minutos en el horno precalentado a 200 °C. Hacerles una incisión con la punta de un cuchillo y servir.

■ **Preparación:** 25 min ■ **Cocción:** 20 min

> **EN ALGUNOS PAÍSES SE LLAMA:**
> Cebollín: *cebolleta, cebollino, ciboulette.* Chalote: *ascalonia, chalota, echalote, escalonia.* Crema: *nata.* En papillote: *envuelto en papel aluminio.* Mantequilla: *manteca.*

Jamón horneado en madeira

Para 4 o 6 personas

- *2 ramitas de tomillo*
- *2 hojas de laurel*
- *2 cucharadas de sal gruesa*
- *1 rebanada de jamón fresco que pese entre 800 g y 1 kg*
- *2 zanahorias*
- *1 rama de apio*
- *1 cebollita de Cambray*
- *110 g de mantequilla*
- *1 pizca de azúcar*
- *300 ml de madeira*
- *200 ml de caldo o consomé de res (→ ver pág. 53)*
- *sal y pimienta*

① Desmenuzar una ramita de tomillo y una hoja de laurel y mezclarlas con la sal gruesa. Frotar bien el jamón con esta mezcla. Dejarlo aromatizar durante 4 o 5 horas.

② Pelar las zanahorias y el apio y cortarlos en cubitos pequeños. Picar la cebolla.

③ Derretir 30 g de mantequilla en una cacerola y cocer estas verduras junto con el tomillo y el laurel restantes, sal, pimienta y el azúcar, durante 20 minutos a fuego lento y con la cacerola tapada, aunque revolviendo constantemente. Verter 200 ml de madeira, mezclar y dejar que el líquido se reduzca a la mitad con la cacerola destapada.

④ Precalentar el horno a 200 °C.

⑤ Secar el jamón. Derretir 50 g de mantequilla en una olla y dorar ligeramente el jamón por ambos lados.

⑥ Colocar el jamón en una charola y cubrirlo con las verduras cocidas en madeira. Derretir la mantequilla restante y verterla encima del jamón. Tapar la charola con una hoja de papel encerado engrasada con mantequilla. Hornear de 45 a 50 minutos bañando el contenido varias veces con el mismo jugo de cocción.

⑦ Retirar el papel encerado y las verduras. Acomodar el jamón en la fuente en que se va a servir previamente calentada.

⑧ Mezclar el resto del madeira con el caldo, verter esta mezcla en la charola de cocción y calentarla desprendiendo bien lo que se haya quedado pegado en las paredes o en el fondo de la misma. Reducir el líquido a la mitad.

⑨ Moler en la licuadora las verduras junto con el jugo de cocción y bañar el jamón con esta mezcla.

Este plato puede servirse con espinacas a la mantequilla (→ ver pág. 733).

■ **Preparación:** 20 min ■ **Reposo:** de 4 a 5 h

■ **Cocción:** alrededor de 1 h

> EN ALGUNOS PAÍSES SE LLAMA:
>
> Cebollita(s) de Cambray: *cebolla china, cebolla de almácigo, cebolla de verdeo, cebolla en rama, cebolla junca, cebolleta(s), cebollín.* Charola: *asadera.* Madeira: *madera* (vino dulce elaborado en la isla de Madeira). Mantequilla: *manteca.*

Jamón salteado en vino blanco

Para 4 personas

- 5 chalotes
- 1/2 manojo de estragón
- 150 ml de vino blanco (de preferencia, chablis)
- 150 ml de caldo o consomé de res (→ ver pág. 53)
- 5 cucharadas de concentrado de tomate
- 200 ml de crema fresca
- 25 g de mantequilla
- 4 rebanadas de jamón blanco o York (de 200 g cada una)

❶ Picar los chalotes y el estragón. Poner los chalotes en una cacerola junto con el vino blanco. Poner a hervir y, una vez alcanzada la ebullición, reducir durante 10 minutos a fuego bajo.

❷ Añadir el estragón, el caldo de res y el concentrado de tomate. Mezclar, tapar la cacerola y dejar que se cueza a fuego lento durante aproximadamente 10 minutos. Verter la crema, mezclar y continuar la cocción otros 10 minutos a fuego lento.

❸ Quitarles el borde de grasa a las rebanadas de jamón. Calentarlas a fuego lento en un sartén con mantequilla derretida, volteándolas una vez y sin dejar que se doren.

❹ Enrollar las rebanadas de jamón, colocarlas en una fuente, bañarlas con la salsa y servirlas inmediatamente.

■ **Preparación:** 15 min ■ **Cocción:** alrededor de 30 min

> EN ALGUNOS PAÍSES SE LLAMA:
>
> Chalote: *ascalonia, chalota, echalote, escalonia.* Crema: *nata.* Mantequilla: *manteca.*

Pastel de jamón

Para 6 personas

- 2 rebanadas gruesas de jamón (de 200 g cada una)
- 3 huevos
- 100 g de harina
- 100 ml de leche
- 3 cucharadas de aceite de maíz o de cacahuate
- 1 bolsita de levadura
- 150 g de queso gruyer rallado
- 1 cucharada de pimienta verde en granos
- 2 cucharadas de cebollín picado
- 30 g de mantequilla
- sal y pimienta negra en granos

❶ Precalentar el horno a 180 °C. Quitarle la grasa al jamón y cortarlo en cubitos pequeños.

❷ Con un tenedor, batir los huevos en una terrina. Agregar la harina y mezclar. Incorporar la leche, el aceite, una pizca de sal, la levadura y dos pizcas de pimienta negra recién molida. Revolver bien todo cada vez que se agregue un nuevo ingrediente. Trabajar la masa hasta que adquiera una consistencia homogénea.

❸ En ese momento, agregar el queso gruyer rallado, la pimienta verde en granos, el cebollín y finalmente los cubitos de jamón.

❹ Engrasar con mantequilla un molde rectangular para pastel y verter ahí la preparación. Luego de alisar la superficie, hornear durante 40 minutos.

❺ Sacar el pastel del horno y dejarlo enfriar un poco. Desmoldarlo y cortarlo en rebanadas gruesas. Servirlo así, acompañado de una ensalada.

> Este pastel también puede servirse frío, como entremés.

■ **Preparación:** 20 min ■ **Cocción:** alrededor de 40 min

> En algunos países se llama:
> Cacahuate: *cacahuete, maní.* Cebollín: *cebolleta, cebollino, ciboulette.* Mantequilla: *manteca.*

Salchichas a la catalana

Para 4 o 6 personas

- 20 dientes de ajo
- 3 cucharadas de aceite de oliva
- 800 g o 1 kg de salchichas
- 2 cucharadas de harina
- 1 cucharada de concentrado de tomate
- 200 ml de vino blanco
- 200 ml de caldo
- 1 bouquet garni

❶ Pelar los dientes de ajo y sumergirlos 5 minutos en agua hirviendo. Escurrirlos.

❷ Calentar el aceite en un sartén grande y dorar las salchichas. Una vez doradas, retirarlas del sartén.

❸ Verter la harina en el sartén sin dejar de remover para que se dore un poco, luego agregar el concentrado de tomate, el vino blanco, el caldo y mezclar bien todo. Cocer durante 10 minutos.

❹ Colar la salsa. Volver a colocar las salchichas en el sartén, agregar el ajo, el bouquet garni, la cáscara seca de naranja y la salsa. Tapar el sartén y cocer a fuego lento durante 30 minutos.

- 1 pedazo de cáscara seca de naranja
- sal y pimienta

⑤ Retirar el bouquet garni y la cáscara de naranja. Verter lo demás en la fuente de servicio caliente y servir.

■ **Preparación:** 30 min ■ **Cocción:** alrededor de 40 min

Salchichas asadas

Para 4 o 6 personas

- 1 kg de puré de papa (→ ver pág. 805)
- 1 kg de salchichas italianas (→ ver pág. 488) o de salchichas aplanadas (→ ver pág. 487)

① Comenzar a preparar el puré de papa.

② Picar las salchichas con un tenedor. Colocarlas una al lado de la otra sobre la parrilla del asador, o en una parrilla vertical. Asarlas lentamente (para que el centro se cueza y el exterior no se queme) durante 15 minutos, aproximadamente, volteándolas si se trata de una parrilla horizontal.

③ Terminar la preparación del puré de papa mientras se están cociendo las salchichas.

④ Colocar las salchichas sobre el puré y servir.

■ **Preparación:** 30 min ■ **Cocción:** alrededor de 15 min

Salchichas de cerdo aplanadas

Para 4 personas

- 100 g de tripa de cerdo
- 400 g de carne para salchichas
- 2 cucharadas de perejil picado
- 1 hoja de salvia
- 50 ml de coñac
- 20 g de mantequilla
- sal y pimienta

① Colocar la tripa en una ensaladera con agua.

② En una terrina, mezclar la carne para salchichas, el perejil y la hoja de salvia picados junto con el coñac. Añadir ocho pizcas de sal y tres o cuatro pizcas de pimienta recién molida. Moldear este relleno en cuatro salchichas de 100 g cada una y aplanarlas.

③ Secar la tripa y cortarla en cuatro pedazos iguales. Envolver cada una de las salchichas con un pedazo de tripa.

④ Derretir la mantequilla y untarla sobre las salchichas aplanadas. Luego, asarlas a fuego bajo, volteándolas. Servirlas bien calientes.

Este plato puede acompañarse con un puré de papa. (→ ver pág. 805).

■ **Preparación:** 15 min ■ **Cocción:** alrededor de 15 min

EN ALGUNOS PAÍSES SE LLAMA:
Cerdo: *chancho, cochino, puerco.* Mantequilla: *manteca.*

Salchichas italianas con risotto a la piamontesa

Para 4 o 6 personas

- *250 g de col verde*
- *1/2 kg de risotto a la piamontesa (→ ver pág. 850)*
- *4 o 6 salchichas italianas*
- *20 g de mantequilla*
- *200 ml de vino blanco*
- *200 ml de caldo o consomé de res (→ ver pág. 53)*
- *sal*

① Escoger las hojas más claras de la col, quitarle los bordes y sumergirlas 5 minutos en agua hirviendo. Escurrirlas y picarlas con un cuchillo.

② Preparar el risotto colocando la col picada al mismo tiempo que el arroz. Distribuir el risotto en un molde en forma de rosca, comprimiéndolo bien, luego desmoldarlo sobre la fuente en que se va a servir y mantenerlo caliente.

③ Picar las salchichas en trozos medianos. Luego, dorarlas rápidamente en un sartén con mantequilla sin dejar de voltearlas. Agregarles el vino blanco y cocerlas durante 5 minutos más.

④ Escurrir las salchichas y acomodarlas sobre la corona de risotto.

⑤ Agregar el caldo al sartén, reducirlo hasta la mitad y verterlo sobre las salchichas con risotto.

■ **Preparación:** 40 min ■ **Cocción:** alrededor de 10 min

> **EN ALGUNOS PAÍSES SE LLAMA:**
> Col: *berza, repollo.* Mantequilla: *manteca.*

CARNE DE TERNERA

La calidad de la ternera se define a partir de la alimentación del animal. La ternera de leche, criada "de la madre", se alimenta con la leche de la madre y con la de otras vacas si ésta no es suficiente. Esta ternera brinda una carne de calidad extraordinaria, llamada "blanca", tierna, con grasa no aceitosa. La mejor ternera es la que tiene entre 3 y 5 meses de edad.

La ternera que tiene entre 3 y 10 meses y que ya se ha alimentado con hierbas después de haberlo hecho "de la ubre", no debe despreciarse. Ofrece una carne ligeramente rosada. La ternera que se comercializa en las carnicerías, criada en "batería", se alimenta con leche descremada en polvo y con diversos complementos alimenticios; su carne es un poco menos clara y es menos sabrosa.

Se diferencian los cortes que sirven para hornear o para freír: la espaldilla, el ossobuco y la cara con o sin tapa, el lomo con hueso y el filete, así como las costillas. Los otros cortes son la paleta, el pecho, el suadero, el vacío, las chuletas, el pescuezo y la pierna. Las preparaciones más tradiciona-

> **EN ALGUNOS PAÍSES SE LLAMA:**
> Suadero: *matambre.*

les son los escalopes fritos (rebanadas que se extraen de la cara con o sin tapa, del lomo y de la cabeza de filete), el asado (piezas que salen de la cara con o sin tapa, del lomo con o sin hueso, del filete, de la espaldilla o del costillar), el fricandó y la chuleta, salteados o a la cacerola, el rollo de ternera, el guiso de ternera y el salteado de ternera.

> **EN ALGUNOS PAÍSES SE LLAMA:**
> Chuleta: *costeletas, costillas, costillitas*. Rollo: *arrollado, rulo*.

Carne de ternera: cocción en agua

Estofado de ternera

Para 4 o 6 personas

- de 800 g a 1 kg de paleta, pescuezo o *suadero* de ternera, o una mezcla de los tres cortes
- 1 zanahoria
- 1 rama pequeña de apio
- 1 cabeza de poro
- 1 cebolla
- 1 clavo de olor
- 1 bouquet garni
- 2 litros de caldo o base blanca de ternera (→ ver pág. 52) o de agua
- 30 g de mantequilla
- 30 g de harina
- 1 yema de huevo
- 100 ml de crema fresca
- 1/2 limón
- sal y pimienta

❶ Cortar la carne de ternera en pedazos grandes.

❷ Pelar todas las verduras. Cortar la zanahoria, el apio y la cabeza de poro en pedazos grandes, mechar la cebolla con el clavo de olor. Colocar todo en una olla grande junto con la carne y el bouquet garni. Verter el caldo o base blanca de ternera, o agua en su defecto. Condimentar con sal al gusto y cocer a fuego lento durante 1 hora. Espumar varias veces.

❸ Escurrir los pedazos de carne y mantenerlos calientes. Colar el líquido de cocción.

❹ Preparar una base para salsas blancas (→ ver pág. 61) y disolverla con el líquido de cocción batiendo bien. Poner a hervir y, una vez alcanzada la ebullición, cocer durante 10 minutos.

❺ En un bol, mezclar la yema de huevo y la crema con algunas cucharadas de la salsa. Una vez fuera del fuego, añadir el contenido del bol a la olla y mezclar bien. Probar, volver a sazonar de ser necesario y agregar el jugo de medio limón.

❻ Volver a colocar la carne en la salsa. Mantener sobre el fuego hasta el momento de servir, sin dejar que hierva.

El guiso de ternera se sirve generalmente con arroz blanco (→ ver pág. 844).

■ **Preparación:** 20 min ■ **Cocción:** alrededor de 1 h 10 min

> **EN ALGUNOS PAÍSES SE LLAMA:**
> Crema: *nata*. Mantequilla: *manteca*. Poro: *ajo porro, porro, puerro*. Suadero: *matambre*.

Carne de ternera: horneada, a la parrilla, salteada

Asado de ternera

Para 4 personas

- *1 trozo de carne de ternera que pese entre 700 y 800 g (lomo, costillar deshuesado, cara con o sin tapa, paleta con huesos y retazos)*
- *3 cucharadas de aceite de cacahuate*
- *1/2 manojo de berros*
- *3 ramitas de perejil*
- *1 ramita de tomillo*
- *1/2 hoja de laurel*
- *sal y pimienta*

❶ Pedirle al carnicero que prepare el trozo de carne de ternera.

❷ Precalentar el horno a 220 °C.

❸ Condimentar la carne con sal y pimienta al gusto. Calentar el aceite en la charola de cocción. Agregar los huesos y los retazos y dorar la carne por todas sus caras.

❹ Hornear la carne durante 15 minutos, bajar la temperatura del horno a 200 °C y continuar la cocción durante 25 minutos, bañando la carne varias veces.

❺ Limpiar los berros.

❻ Escurrir la carne y mantenerla caliente en la charola de servicio. Quitarle la grasa a la charola en que se coció la carne. Verterle medio litro de agua, añadir el perejil, el tomillo, el laurel, despegar lo que se haya quedado adherido a las paredes y al fondo de la charola, y reducir todo este líquido a la mitad a fuego alto. Probar y, de ser necesario, añadir sal y pimienta al gusto.

❼ Colar la salsa y verter dos o tres cucharadas de la misma sobre la carne de ternera asada y el resto servirlo en una salsera. Decorar con ramilletes de berros.

■ **Preparación:** 5 min ■ **Cocción:** 40 min

> EN ALGUNOS PAÍSES SE LLAMA:
> Cacahuate: *cacahuete, maní.* Charola: *asadera.*

Chuletas de ternera a la normanda

Para 4 personas

- *4 chuletas de ternera*
- *80 g de mantequilla*
- *50 ml de calvados*
- *250 ml de crema fresca*
- *4 manzanas*

❶ Condimentar las chuletas de ternera con sal y pimienta al gusto y practicar algunas incisiones en los bordes para que no se deformen durante la cocción.

❷ Derretir 40 g de mantequilla en un sartén grande y dorar las chuletas de ternera durante 2 minutos de cada lado. Reducir el fuego, tapar el sartén y dejar cociendo a fuego bajo durante 10 minutos.

- *sal*
- *pimienta blanca recién molida*

❸ Calentar el calvados, verterlo en el sartén y flambear. Retirar las chuletas y mantenerlas calientes.

❹ Verter la crema en el sartén y cocerla sin dejar de remover de 3 a 4 minutos hasta que espese. Probar y, de ser necesario, volver a condimentar.

❺ Volver a colocar las chuletas en la salsa y mantener el sartén caliente.

❻ Pelar las manzanas, quitarles las semillas y cortarlas en rebanadas finas. En otro sartén, saltearlas a fuego fuerte con el resto de la mantequilla.

❼ Acomodar las chuletas y su salsa en una fuente caliente. Rodear con las rebanadas de manzana y servir.

■ **Preparación:** 25 min ■ **Cocción:** 20 min

> **EN ALGUNOS PAÍSES SE LLAMA:**
> Chuleta: *costeletas, costillas, costillitas*. Crema: *nata*. Mantequilla: *manteca*. Quitar las semillas: *despepitar*.

Escalopes a la milanesa

Para 4 personas

- *200 ml de salsa concentrada de jitomate (→ ver pág. 819)*
- *200 g de espaguetis o macarrones*
- *300 g de pan molido milanés (→ ver pág. 104)*
- *2 hongos*
- *1 rebanada de jamón de 80 g, aproximadamente*
- *4 escalopes de ternera de aproximadamente 150 g cada uno*
- *80 g de mantequilla*
- *2 cucharadas de aceite de cacahuate*
- *3 cucharadas de madeira*
- *200 ml de base oscura de ternera (→ ver pág. 50)*

❶ Preparar (o descongelar) la salsa concentrada de jitomate.

❷ En una cacerola grande, calentar agua con sal y, cuando comience a hervir, colocar las pastas.

❸ Preparar el pan molido milanés.

❹ Limpiar y cortar los hongos en bastoncitos pequeños. Hacer lo mismo con el jamón.

❺ Condimentar los escalopes con sal y pimienta al gusto. Empanizarlos. En un sartén, derretir 20 g de mantequilla junto con el aceite de cacahuate. Saltear los escalopes en el sartén de 8 a 10 minutos, volteándolos.

❻ En una cacerola pequeña, derretir 20 g de mantequilla, cocer en ella los hongos durante 2 minutos, agregar el jamón y cocer durante 2 minutos más. Verter el madeira, reducir durante 1 minuto, agregar la base oscura de ternera y reducir de 2 a 3 minutos más.

❼ Incorporar 20 g de mantequilla. Verificar la sazón y mantener la salsa caliente.

❽ Escurrir las pastas, mezclarlas con 20 g de mantequilla y colocarlas en una fuente caliente.

491

- *20 g de queso parmesano*
- *sal y pimienta*

⑨ Servir los escalopes en otra fuente caliente; presentar por separado el queso parmesano, la salsa concentrada de jitomate y la salsa.

Las chuletas a la milanesa se preparan de la misma manera.

■ **Preparación:** 20 min ■ **Cocción:** de 15 a 20 min

> **EN ALGUNOS PAÍSES SE LLAMA:**
> Cacahuate: *cacahuete, maní*. Chuleta: *costeletas, costillas, costillitas*. Empanizar: *empanar, rebozar*. Madeira: *madera* (vino dulce elaborado en la isla de Madeira). Mantequilla: *manteca*.

Escalopes Casimir

Para 4 personas

- *2 zanahorias pequeñas*
- *1 cebollita de Cambray*
- *4 corazones de alcachofa*
- *80 g de mantequilla*
- *4 escalopes de ternera que pesen entre 120 y 150 g cada uno*
- *1 cucharada de páprika*
- *4 cucharadas de crema fresca*
- *1 latita de cáscaras de trufa (opcional)*
- *sal y pimienta*

① Cortar las zanahorias en bastoncitos, picar la cebolla y escurrir los corazones de alcachofa de lata.

② Poner las zanahorias en una cacerola con 30 g de mantequilla y cocerlas a fuego lento de 10 a 12 minutos. Condimentarlas con sal y pimienta al gusto. Luego, añadir los corazones de alcachofa y cocer durante otros 10 minutos.

③ Mientras tanto, condimentar los escalopes con sal y pimienta y espolvorearlos con páprika. En un sartén, derretir 30 g de mantequilla y sofreír los escalopes por ambos lados para que se doren un poco. Posteriormente, bajar el fuego, agregar la cebolla y cocer alrededor de 10 minutos más, volteando la carne.

④ Colocar los corazones de alcachofa en una fuente, coronarlos con un escalope y colocar las zanahorias como guarnición.

⑤ Verter la crema en el sartén, mezclar bien y reducir la salsa a la mitad. Bañar los escalopes con esta salsa. Si se desea, decorar con las cáscaras de trufa.

■ **Preparación:** 15 min ■ **Cocción:** alrededor de 15 min

> **EN ALGUNOS PAÍSES SE LLAMA:**
> Alcachofa: *alcaucil*. Cebollita(s) de Cambray: *cebolla china, cebolla de almácigo, cebolla de verdeo, cebolla en rama, cebolla junca, cebolleta(s), cebollín*. Crema: *nata*. Mantequilla: *manteca*. Páprika: *pimentón*.

Escalopes empanizados

Para 4 personas

- 4 escalopes de ternera de aproximadamente 150 g cada uno
- 400 g de pan molido a la inglesa (→ ver pág. 104)
- 20 g de mantequilla
- 2 cucharadas de aceite
- 1 limón
- sal y pimienta

❶ Poner sal a los escalopes por ambos lados.

❷ Preparar el pan molido a la inglesa y empanizar los escalopes.

❸ En un sartén, calentar la mantequilla y el aceite. Cocer los escalopes alrededor de 8 minutos volteándolos de manera que se doren bien. Escurrirlos y colocarlos en una fuente caliente.

❹ Servirlos con un cuarto de limón en cada plato.

■ **Preparación:** 5 min ■ **Cocción:** de 8 a 10 min

> **EN ALGUNOS PAÍSES SE LLAMA:**
> Empanizar: *empanar, rebozar*. Mantequilla: *manteca*.

Fricandó de ternera

Para 6 personas

- 6 medallones de filete de ternera que pesen entre 150 y 200 g cada uno
- 30 g de tocino
- 1 zanahoria
- 1 cebolla
- 40 g de mantequilla
- 200 g de tocino en rebanadas
- 200 ml de vino blanco
- 3 o 4 cucharadas de base oscura de ternera (→ ver pág. 50)
- sal y pimienta

❶ Pedirle al carnicero que prepare los medallones de ternera.

❷ Cortar el tocino en bastoncitos y practicar una pequeña incisión en los medallones de ternera con la punta de un cuchillo. Mechar los medallones con los trocitos de tocino.

❸ Pelar la zanahoria y la cebolla, cortarlas en rodajas finas y sofreírlas rápidamente en 20 g de mantequilla. Escurrirlas.

❹ Volver a colocar 10 g de mantequilla en el sartén y dorar los medallones, 1 minuto de cada lado.

❺ Engrasar con mantequilla una olla y cubrir el fondo con el tocino en rebanadas. Distribuir por encima la mezcla de zanahoria y cebolla, y luego los medallones de ternera. Tapar la olla y cocer a fuego lento durante 10 minutos. Verter el vino blanco, subir el fuego y cocer hasta que prácticamente no quede nada de líquido.

❻ En ese momento, agregar la base oscura de ternera, hasta una tercera parte de la altura de los medallones. Poner a hervir y, una vez alcanzada la ebullición, tapar la olla y cocer durante 20 minutos más, bañando la carne tres o cuatro veces con el jugo de cocción.

❼ Acomodar los medallones en una fuente caliente.

❽ Colar el líquido de cocción. Ponerlo en una cacerola y reducirlo en una tercera parte. Probar y, en caso de ser necesario, condimentar con sal y pimienta al gusto. Bañar los medallones de ternera con esta salsa.

■ **Preparación:** 15 min ■ **Cocción:** alrededor de 30 min

> **EN ALGUNOS PAÍSES SE LLAMA:**
> Mantequilla: *manteca*. Tocino: *bacon, larda de tocino, panceta, tocineta*.

Lomo de ternera con riñón

Para 8 personas

- *1 lomo de ternera de aproximadamente 2 kg con su riñón*
- *1 cucharada de aceite de cacahuate*
- *40 g de mantequilla*
- *2 zanahorias*
- *2 cebollas grandes*
- *2 jitomates grandes*
- *1 bouquet garni*
- *100 ml de vino blanco*
- *250 g de cebollitas glaseadas (→ ver pág. 777)*
- *1 litro de base blanca de ternera (→ ver pág. 52)*
- *sal y pimienta*

❶ Pedirle al carnicero que prepare el lomo de ternera, dejando la parte inferior lo suficientemente larga como para envolver el filete, y el riñón por separado, sin toda la grasa.
❷ Precalentar el horno a 200 °C.
❸ Cortar el riñón en dos a lo largo. Quitarle los nervios.
❹ En una olla, calentar el aceite y la mantequilla y sofreír ligeramente los dos pedazos de riñón. Escurrirlos.
❺ Condimentar el lomo con sal y pimienta al gusto por la parte de adentro. Colocar en el medio las dos mitades de riñón. Luego, enrollarlo, atarlo con hilo de cocina y condimentarlo con sal y pimienta por afuera.
❻ Pelar y cortar en cuadritos las zanahorias, las cebollas y los jitomates. Colocarlos en el fondo de la olla con el bouquet garni.
❼ Poner el lomo encima de las verduras, tapar la olla y hornear durante 30 minutos. Luego, verter el vino blanco y prolongar la cocción otros 30 minutos bañando la carne varias veces con su propio jugo de cocción.
❽ Mientras tanto, preparar las cebollitas glaseadas.
❾ Escurrir el lomo, quitarle el hilo y mantenerlo caliente junto con las cebollas en la fuente en que se van a servir.
❿ Añadir a la olla la base blanca de ternera y reducirla a la mitad a fuego alto. Bañar el lomo con algunas cucharadas de esta salsa reducida y servir el resto en una salsera.

■ **Preparación:** 20 min ■ **Cocción:** 1 h

> **EN ALGUNOS PAÍSES SE LLAMA:**
> Cacahuate: *cacahuete, maní*. Jitomate: *tomate*. Mantequilla: *manteca*.

Carne de ternera: cocción lenta

Chuletas de ternera a la campesina

Para 4 personas

- 4 zanahorias
- 2 cebollas
- 2 cabezas de poro
- 1 nabo
- 4 ramas de apio
- 100 g de mantequilla
- 2 papas grandes
- 2 cucharadas de aceite
- 200 g de tocino en cubitos
- 4 chuletas de ternera que pesen entre 160 y 180 g cada una
- 1 cucharada de perejil picado
- sal y pimienta

❶ Cortar en bastoncitos finos las zanahorias, las cebollas, las cabezas de poro, el nabo y las ramas de apio. Cocerlos en una olla con 30 g de mantequilla. Añadir sal y pimienta al gusto. Probar y verificar el grado de cocción.

❷ Pelar las papas, cortarlas en cuadritos pequeños, condimentarlas con sal y saltearlas en un sartén con 20 g de mantequilla y el aceite.

❸ Sofreír los cubitos de tocino.

❹ Realizar incisiones pequeñas en los bordes de las chuletas de ternera. En una olla, derretir 30 g de mantequilla y dorar las chuletas de 1 a 2 minutos de cada lado. Agregar sal y pimienta al gusto, luego bajar el fuego y cocerlas de 10 a 12 minutos.

❺ Escurrir las verduras y las papas. Hacer lo mismo con los cubitos de tocino. Agregar todo a la olla y cocer durante 5 minutos más.

❻ Colocar las chuletas en una fuente caliente rodeadas de las verduras. Espolvorear el perejil picado.

■ **Preparación:** 25 min ■ **Cocción:** alrededor de 20 min

EN ALGUNOS PAÍSES SE LLAMA:

Chuleta: *costeletas, costillas, costillitas.* Mantequilla: *manteca.* Papa: *patata.* Poro: *ajo porro, porro, puerro.* Tocino: *bacon, larda de tocino, panceta, tocineta.*

Chuletas de ternera a la piamontesa

Para 4 personas

- 300 g de risotto a la piamontesa (→ ver pág. 850)
- 200 ml de salsa concentrada de jitomate (→ ver pág. 819)
- 300 g de pan molido milanés (→ ver pág. 104)

❶ Preparar el risotto a la piamontesa. Preparar o descongelar la salsa concentrada de jitomate. Preparar el pan molido milanés.

❷ Condimentar las chuletas de ternera con sal y pimienta al gusto. Empanizarlas. En un sartén, calentar la mantequilla junto con el aceite y cocer las chuletas a fuego lento entre 10 y 15 minutos, volteándolas para que se cuezan de manera pareja.

- *4 chuletas de ternera que pesen entre 160 y 180 g cada una*
- *20 g de mantequilla*
- *1 cucharada de aceite de cacahuate*
- *sal y pimienta*

❸ Escurrir las chuletas de ternera, acomodarlas sobre una fuente y bañarlas con la salsa concentrada de jitomate. Servir el risotto por separado.

■ **Preparación:** 30 min ■ **Cocción:** alrededor de 15 min

EN ALGUNOS PAÍSES SE LLAMA:
Cacahuate: *cacahuete, maní.* Chuleta: *costeletas, costillas, costillitas.* Empanizar: *empanar, rebozar.* Mantequilla: *manteca.*

Chuletas de ternera Foyot

Para 2 personas

- *100 g de mantequilla*
- *140 g de pan molido*
- *40 g de queso gruyer rallado*
- *4 cucharadas de perejil picado*
- *4 jitomates medianos y bien redondos*
- *2 chuletas de ternera de 250 g cada una*
- *1 cucharada de harina*
- *2 chalotes*
- *150 ml de vino blanco*
- *50 ml de caldo o base blanca de ternera (→ ver pág. 52) o de agua*
- *sal y pimienta*

❶ En un plato, preparar una pasta de consistencia espesa trabajando con el tenedor 30 g de mantequilla, 60 g de pan molido y el queso gruyer rallado.
❷ En otro plato, trabajar de la misma manera 30 g de mantequilla, 80 g de pan molido, el perejil picado, sal y pimienta.
❸ Precalentar el horno a 180 °C.
❹ Cortar los jitomates a la mitad, horizontalmente, vaciarlos y rellenarlos con la mantequilla que contiene perejil. Condimentar las chuletas con sal y pimienta al gusto. Enharinarlas ligeramente, colocarlas en una charola engrasada con 20 g de mantequilla y hornearlas.
❺ Al cabo de 15 minutos, voltear las chuletas, embadurnarlas con la pasta de queso gruyer y acomodar los jitomates rellenos con la pasta de perejil en la charola. Hornear de 15 a 20 minutos más, bañando el contenido de la charola varias veces con el jugo de cocción.
❻ Picar los chalotes. Escurrir las chuletas y los jitomates y colocarlos en una charola caliente. Agregar los chalotes a la charola de cocción, remover bien a fuego alto. Verter el vino blanco y el caldo o base blanca de ternera, despegar de las paredes y el fondo de la charola lo que se haya adherido durante la cocción con una cuchara de madera y reducir esta salsa a la mitad.
❼ Añadir 20 g de mantequilla sin dejar de revolver, probar y, de ser necesario, condimentar al gusto. Bañar las chuletas de ternera con esta salsa.

■ **Preparación:** 20 min ■ **Cocción:** alrededor de 30 min

Chuletas de ternera Pojarski

Para 2 personas

- 2 chuletas de ternera de 200 g cada una
- 200 g de migajón de pan
- 50 ml de leche
- 100 g de mantequilla
- 1 cucharada de perejil picado
- nuez moscada
- 1 cucharada de harina
- 1 cucharada de aceite
- 1/2 limón
- sal y pimienta

❶ Deshuesar las chuletas de ternera con un cuchillo pequeño bien afilado. Raspar bien los huesos y sumergirlos durante 5 minutos en agua hirviendo. Luego, enjuagarlos bajo un chorro de agua fría y secarlos.

❷ En un bol, desmoronar el migajón de pan, verterle la leche encima y dejarlo remojar.

❸ Ablandar 60 g de mantequilla.

❹ Picar finamente la carne.

❺ Exprimir con las manos el migajón de pan. Mezclar la carne, el migajón de pan embebido en leche, la mantequilla, el perejil picado, sal, pimienta y nuez moscada rallada y trabajar bien este relleno hasta que tenga una consistencia homogénea. Untar este relleno en cada uno de los huesos, presionando bien para volverle a dar forma a la chuleta y dejar que se endurezca un poco durante 30 minutos en el refrigerador.

❻ Espolvorear con harina las chuletas reconstituidas por ambos lados. En un sartén, calentar 20 g de mantequilla y el aceite, y cocer las chuletas durante 15 minutos, aproximadamente, volteándolas.

❼ Acomodar las chuletas reconstituidas en una fuente y decorarlas con una rodaja de limón acanalado.

❽ Preparar una mantequilla noisette (→ ver pág. 41) con el resto de la mantequilla, agregarle algunas gotas de jugo de limón y usarla para bañar las chuletas de ternera.

■ **Preparación:** 20 min ■ **Reposo:** 30 min

■ **Cocción:** de 15 a 20 min

Fricasé de ternera

Para 4 personas

- 800 g de paleta, pescuezo o suadero de ternera
- 1 cebolla grande
- 40 g de mantequilla
- 40 g de harina
- 1 litro de caldo o base blanca de ternera (→ ver pág. 52) o de agua
- 1 bouquet garni
- 2 cucharadas de crema fresca
- sal y pimienta

❶ Cortar la carne de ternera en pedazos medianos (de aproximadamente 50 g cada uno). Pelar y picar la cebolla.

❷ Sofreír la carne de ternera en la mantequilla caliente pero sin dejar que se dore. Agregar la cebolla y cocer a fuego lento durante 5 minutos. Espolvorear con harina y cocer durante 5 minutos más sin dejar de remover.

❸ Verter el caldo o base blanca de ternera o el agua, añadir el bouquet garni y sal al gusto. Poner a hervir y, una vez alcanzada la ebullición, cocer durante 45 minutos con la olla tapada.

❹ Escurrir los trozos de carne y acomodarlos en la fuente en que se van a servir, aún calientes.

❺ Reducir el líquido de cocción una tercera parte (si se desea), agregar la crema, mezclar bien y volver a hervirlo sin dejar de revolver. Probar y, en caso de ser necesario, condimentar al gusto. Colar la salsa y usarla para bañar los pedazos de carne.

■ **Preparación:** 15 min ■ **Cocción:** 45 min

En algunos países se llama:
Crema: *nata*. Mantequilla: *manteca*. Suadero: *matambre*.

Ossobuco a la milanesa

Para 4 o 6 personas

- 1/2 kg de jitomates
- 2 cebollas
- 1 rama de apio
- 1 diente de ajo
- 5 cucharadas de aceite de oliva
- 2 cucharadas de harina
- 4 o 6 rebanadas de ossobuco de ternera de 200 g (con hueso)
- 1 hoja de laurel
- 200 ml de vino blanco seco

❶ Pasar los jitomates por agua hirviendo. Pelarlos, quitarles las semillas y partirlos en pedazos.

❷ Precalentar el horno a 200 °C.

❸ Pelar y picar las cebollas, el apio y el ajo. Calentar el aceite en una olla y sofreír estas verduras.

❹ Enharinar ligeramente las rebanadas de ossobuco y dorarlas por ambos lados, en el mismo sartén. Agregar el laurel y el vino blanco. Reducir en una tercera parte y luego agregar los jitomates. Cocer durante algunos minutos y verter el caldo. Cuando éste haya hervido, meter la olla en el horno durante 1 hora.

❺ Picar las hojas de perejil y mezclarlas con el romero desmoronado.

- 1 y 1/2 litros de caldo de verduras o de carne
- 1/2 manojo de perejil liso
- 1 ramita de romero

6 Colocar las rebanadas de ossobuco en una fuente.

7 Colar el jugo de cocción, añadirle las hierbas picadas y reducir a la mitad.

> Este plato se puede servir con un risotto a la milanesa (→ ver pág. 849).

■ **Preparación:** 15 min ■ **Cocción:** 1 h

> **EN ALGUNOS PAÍSES SE LLAMA:**
> Jitomate: *tomate*. Quitar las semillas: *despepitar*.

Ossobuco de ternera a la provenzal

Para 4 o 6 personas

- 4 o 6 rebanadas de ossobuco de ternera de 180 g cada una
- 2 cebollas
- 6 u 8 jitomates
- 2 dientes de ajo
- 3 cucharadas de aceite de oliva
- 200 ml de vino blanco
- 1 bouquet garni
- 150 ml de caldo o base blanca de ternera (→ ver pág. 52)
- sal y pimienta

1 Condimentar las rebanadas de ossobuco de ternera con sal y pimienta al gusto.

2 Pelar y picar las cebollas. Pasar los jitomates por agua hirviendo, quitarles las semillas y cortarlos en pedazos. Pelar y machacar los dientes de ajo.

3 Calentar el aceite en un sartén salteador y dorar las rebanadas de jarrete por ambos lados. Agregar la cebolla y dejar que tome algo de color. Luego, añadir los jitomates, el vino blanco y el bouquet garni. Remover bien y cocer durante 5 minutos.

4 Añadir el caldo o base blanca de ternera y el ajo. Tapar el sartén y cocer alrededor de una 1 y 20 minutos a fuego lento. Posteriormente, reducir el líquido durante 10 minutos con el sartén destapado. Servir bien caliente.

■ **Preparación:** 15 min ■ **Cocción:** alrededor de 1 h 30 min

> **EN ALGUNOS PAÍSES SE LLAMA:**
> Jitomate: *tomate*. Quitar las semillas: *despepitar*.

Pecho de ternera relleno

Para 6 personas

- 1 kg y 600 g de pecho de ternera
- 1/2 pata de ternera

1 Pedir en la carnicería que preparen el pecho de ternera. Condimentar la carne con sal y pimiento al gusto.

2 Poner la pata de ternera en agua fría, dejar que hierva y luego cocerla durante 10 minutos. Escurrirla, enfriarla, deshuesarla y cortarla en pedacitos.

- 250 g de hongos
- 85 g de mantequilla
- 2 cebollas
- 2 chalotes
- 300 g de migajón de pan
- 1 vaso de leche
- 3 dientes de ajo
- 1 manojo de perejil
- 2 yemas de huevo
- 1 pizca de pimienta de Cayena
- 1 zanahoria
- 1 cabeza de poro
- 1 rama de apio
- 150 g de tocino en rebanadas
- 2 cucharadas de concentrado de tomate o una latita de puré de tomate (125 g)
- 250 ml de vino blanco
- 250 ml de caldo o base blanca de ternera (→ ver pág. 52)
- sal y pimienta

❸ Pelar y cortar los hongos en cuadritos y sofreírlos en 10 g de mantequilla hasta que el agua que contienen se haya evaporado.

❹ Pelar y picar una cebolla y los chalotes. Sofreírlos también en 20 g de mantequilla.

❺ Poner a remojar el migajón de pan en la leche.

❻ Picar los dientes de ajo y el perejil.

❼ Exprimir el migajón de pan y colocarlo en una ensaladera. Agregarle el ajo y el perejil picados, los hongos escurridos, las yemas de huevo, la cebolla y los chalotes. Condimentar todo con sal y pimienta al gusto. Añadir también la pimienta de Cayena. Rellenar con esta mezcla el pecho y coser la abertura con hilo de cocina y aguja.

❽ Precalentar el horno a 200 °C.

❾ Pelar y cortar en cubitos la zanahoria, la cabeza de poro, el apio y la cebolla restante. Colocarlas en una cacerola y cocerlas en 25 g de mantequilla durante 10 minutos.

❿ En un sartén con 30 g de mantequilla dorar el pecho relleno.

⓫ Engrasar con mantequilla una olla y cubrir el fondo y las paredes, hasta la mitad de la olla, con las rebanadas de tocino. Añadir las verduras cocidas y acomodarlas encima. Agregar el pecho y la pata de ternera deshuesada.

⓬ Diluir el concentrado de tomate en el vino blanco y verterlo en la olla junto con el caldo. Tapar la olla, dejar que hierva sobre el fuego de la estufa y luego meterla al horno durante aproximadamente 1 hora y 40 minutos.

⓭ Escurrir el pecho.

⓮ Desgrasar el caldo de cocción, colarlo y reducirlo en una tercera parte. Verterlo sobre la carne. Servir bien caliente.

Los restos del pecho de ternera relleno se pueden comer fríos acompañados de pepinillos, mostaza y una ensalada verde.

■ **Preparación:** 1 h ■ **Cocción:** 1 h 40 min

EN ALGUNOS PAÍSES SE LLAMA:

Chalote: *ascalonia, chalota, echalote, escalonia.* Estufa: *cocina* (dispositivo o aparato en el que se hace fuego o produce calor para guisar los alimentos). Mantequilla: *manteca.* Migajón: *borona, miga de pan, morona.* Poro: *ajo porro, porro, puerro.* Tocino: *bacon, larda de tocino, panceta, tocineta.*

Rebanadas de ternera de Zurich

Para 4 o 6 personas

- 2 chalotes
- 50 g de mantequilla
- 150 g de hongos
- 400 g de tapa de ternera
- 1 riñón de ternera
- 100 ml de vino blanco
- 200 ml de crema fresca
- 100 ml de demi-glace
  (→ ver pág. 55)
- 1 cucharada de perejil picado
- sal y pimienta

❶ Pelar y picar los chalotes. Cocerlos a fuego lento en una cacerola con 10 g de mantequilla.

❷ Pelar y cortar finamente los hongos y agregarlos a la olla. Continuar la cocción a fuego lento.

❸ Mientras tanto, cortar la tapa y el riñón de ternera en rebanadas muy delgadas. Saltearlas en un sartén con 40 g de mantequilla, durante aproximadamente 15 minutos, volteándolas varias veces. Condimentarlas con sal y pimienta al gusto y mantenerlas calientes.

❹ Añadir sal y pimienta a los hongos, verter el vino blanco en la cacerola y cocer durante 5 minutos a fuego alto. Escurrir los hongos.

❺ Verter la crema fresca y el demi-glace, mezclar bien y reducir el líquido de la salsa a la mitad.

❻ Volver a colocar la carne y los hongos en la cacerola y recalentar rápidamente. Luego, poner todo en la fuente en que se va a servir. Espolvorear con el perejil picado.

■ **Preparación:** 15 min ■ **Cocción:** alrededor de 25 min

> EN ALGUNOS PAÍSES SE LLAMA:
> Chalote: *ascalonia, chalota, echalote, escalonia*. Crema: *nata*.
> Mantequilla: *manteca*.

Salteado de ternera al vino tinto

Para 6 personas

- 1 cebolla grande
- 1 diente de ajo
- 1 kg y 200 g de paleta de ternera
- 50 g de mantequilla
- 300 ml de vino tinto
- 150 ml de caldo o base blanca de ternera (→ ver pág. 52)
- 1 bouquet garni
- 20 cebollitas glaseadas
  (→ ver pág. 777)

❶ Pelar la cebolla y el ajo. Cortar finamente la cebolla y machacar el ajo. Cortar la paleta en trozos de unos 80 g y condimentarlos con sal y pimienta al gusto.

❷ En un sartén salteador, calentar 30 g de mantequilla y dorar los pedazos de carne. Agregar la cebolla y saltearla también. Verter el vino tinto y el caldo de ternera. Agregar el bouquet garni y el ajo. Tapar el sartén y dejar cocer a fuego lento durante 45 minutos.

❸ Mientras tanto, preparar las cebollitas glaseadas.

❹ Pelar y cortar finamente los hongos y saltearlos en 20 g de mantequilla.

❺ Preparar la mantequilla enharinada.

- 150 g de hongos
- 10 g de mantequilla enharinada (→ ver pág. 40)

⑥ Escurrir la carne. Colar la salsa y mezclarla con la mantequilla enharinada, batiéndola bien.

⑦ Volver a colocar los pedazos de ternera en el sartén, agregar las cebollas, los hongos y la salsa. Recalentar todo junto a fuego bajo.

■ **Preparación:** 15 min ■ **Cocción:** 45 min

> **EN ALGUNOS PAÍSES SE LLAMA:**
> Mantequilla: *manteca.*

Salteado de ternera Marengo

Para 6 personas

- 5 jitomates grandes
- 2 cebollas
- 1 diente de ajo
- 1 y 1/2 kg de paleta de ternera
- 50 g de mantequilla
- 2 cucharadas de aceite
- 1 cucharada de harina
- 200 ml de vino blanco
- 1 bouquet garni
- 24 cebollitas glaseadas (→ ver pág. 777)
- 150 g de hongos
- 150 g de croûtons
- 1 cucharada de perejil finamente picado
- sal y pimienta

① Pasar los jitomates por agua hirviendo. Pelarlos, quitarles las semillas y partirlos en pedazos. Picar las cebollas y machacar el ajo. Cortar la paleta de ternera en pedazos de aproximadamente 80 g. Condimentarla con sal y pimienta al gusto.

② En una olla, calentar 30 g de mantequilla junto con el aceite y dorar la carne. Agregar las cebollas y saltearlas también. Espolvorear con harina, revolver y cocer durante 3 minutos.

③ Verter el vino blanco, raspando con una cucharada de madera el fondo de la olla. Luego, agregar los jitomates, el bouquet garni y el ajo. Condimentar con sal y pimienta al gusto. Verter alrededor de 300 ml de agua caliente (no debe tapar la carne), dejar que hierva y luego cocer a fuego muy lento durante 45 minutos con la olla tapada.

④ Mientras tanto, preparar las cebollitas glaseadas.

⑤ Cortar los hongos en rebanadas y saltearlos en 20 g de mantequilla. Preparar los croûtons.

⑥ Cinco minutos antes de que termine la cocción, agregar los hongos a la olla.

⑦ Colocar el salteado de ternera en una fuente honda caliente y espolvorear con perejil. Decorar con las cebollitas glaseadas y los pequeños croûtons.

■ **Preparación:** 30 min ■ **Cocción:** 45 min

> **EN ALGUNOS PAÍSES SE LLAMA:**
> Croûton: *crostón, cruton, picatoste* (cuadritos de pan frito, muy utilizados en ensaladas). Jitomate: *tomate.* Mantequilla: *manteca.* Quitar las semillas: *despepitar.*

Suadero de ternera a la cazadora

Para 4 personas

- 1 cebolla grande
- 1 zanahoria
- 1 diente de ajo
- 100 ml de salsa de tomate (→ ver pág. 80)
- 2 cucharadas de aceite de cacahuate
- 4 pedazos de suadero de ternera de 160 a 200 g cada una
- 1 bouquet garni
- 100 ml de vino blanco
- 1 litro de caldo o base blanca de ternera (→ ver pág. 52)
- 200 g de hongos
- 2 chalotes
- 30 g de mantequilla
- 1 cucharada de perejil picado
- sal y pimienta

❶ Pelar, lavar y cortar en cubitos la cebolla y la zanahoria. Pelar el ajo.

❷ Preparar o descongelar la salsa de tomate.

❸ En una olla, calentar el aceite de cacahuate y dorar los trozos de suadero por todos sus lados. Retirarlos, agregar la cebolla, la zanahoria, el ajo y el bouquet garni. Sofreír estas verduras durante algunos minutos y luego colocar encima los trozos de suadero.

❹ Agregar el vino blanco, reducir y verter el caldo de ternera y la salsa de tomate. Cocer a fuego lento durante 1 hora y con la olla tapada.

❺ Pelar y cortar finamente los hongos y los chalotes. Saltearlos con la mantequilla.

❻ Escurrir los trozos de suadero sobre una fuente de servicio y mantenerlos calientes.

❼ Colar la salsa sobre el recipiente que contiene los hongos y dejar que se incorporen a fuego bajo durante 2 minutos.

❽ Probar y, en caso de ser necesario, condimentar con sal y pimienta al gusto. Verter la salsa sobre los trozos de suadero. Espolvorear con perejil picado.

■ **Preparación:** 20 min ■ **Cocción:** 1 h

> **EN ALGUNOS PAÍSES SE LLAMA:**
> Cacahuate: *cacahuete, maní.* Chalote: *ascalonia, chalota, echalote, escalonia.* Mantequilla: *manteca.* Suadero: *matambre.*

Ternera: menudencias

Asaduras de ternera blanqueadas:

preparación

Las asaduras de ternera siempre deben cocerse durante un largo rato en agua antes de cocinarse. Para esto, es necesario diluir una cucharada de harina por cada litro de agua utilizado en una olla muy grande.

Añadir 6 g de sal y una cucharada de vinagre por litro, una cebolla mechada con dos clavos de olor y un bouquet garni. Dejar que hierva, sumergir ahí las asaduras de ternera y cocerlas al menos durante una 1 y 30 minutos.

Después de este proceso, las asaduras se pueden preparar en estofado, o acompañarse con una salsa al coñac o una salsa pichona.

Asaduras de ternera fritas

Para 4 o 6 personas

- *250 ml de salsa diabla (→ ver pág. 81) o de salsa picante (→ ver pág. 70)*
- *400 g de pan molido a la inglesa (→ ver pág. 104)*
- *1/2 manojo de perejil*
- *600 u 800 g de asaduras de ternera cocidas*
- *2 limones*
- *aceite*
- *sal y pimienta*

❶ Primero, preparar alguna de las salsas y luego, el pan molido a la inglesa.

❷ Calentar el aceite y freír el perejil (→ ver pág. 764).

❸ Cortar la carne en cuadros de 3 o 4 cm de lado. Condimentarlos con sal y pimienta al gusto y empanizarlos. Hornearlos a una temperatura de 180 °C hasta que estén bien dorados.

❹ Colocar las asaduras de ternera sobre una fuente cubierta con una servilleta de tela, espolvorearlas con el perejil frito y decorarlas con rebanaditas de limón. Servir la salsa de su elección por separado.

■ **Preparación:** 30 min ■ **Cocción:** alrededor de 15 min

> **EN ALGUNOS PAÍSES SE LLAMA:**
> Empanizar: *empanar.*

Brochetas de corazón de ternera

Para 4 personas

- *2 corazones de ternera*
- *marinada instantánea (→ ver pág. 57)*
- *100 g de hongos pequeños*
- *4 jitomates cereza*

❶ Pedir en la carnicería que preparen los corazones. Cortarlos en cubos gruesos.

❷ Limpiar los hongos.

❸ Preparar la marinada y sumergir ahí los corazones y los hongos durante 30 minutos.

❹ Preparar unas brochetas, ensartando los cubos de corazón y los hongos alternadamente. Terminar cada brocheta con un jitomate cereza.

❺ Asar las brochetas en una parrilla, volteándolas varias veces. Servirlas inmediatamente.

■ **Preparación:** 15 min ■ **Marinada:** 30 min

■ **Cocción:** de 10 a 12 min

> EN ALGUNOS PAÍSES SE LLAMA:
>
> Jitomate cereza: *tomate cereza, tomate cherry, tomatito cereza, tomatito cherry.*

Cabeza de ternera: cocción

Colocar los pedazos de cabeza de ternera en una olla muy grande. Cubrirla con agua fría y hervir durante 10 minutos, espumando frecuentemente. Escurrirlos y enfriarlos bajo un chorro de agua.

Preparar una base para salsas blancas: disolver la harina en agua fría (una cucharada de harina por cada litro de agua), agregar sal y jugo de limón (una cucharada de cada uno por cada litro de agua) y poner a hervir. Colocar los pedazos de cabeza de ternera junto con un bouquet garni y una cebolla mechada con un clavo de olor.

Cocer a fuego muy bajo entre 1 hora y 30 minutos y 2 horas.

Cabeza de ternera a la occitana

Para 6 u 8 personas

- 1 kg y 400 g de cabeza de ternera deshuesada en pedazos
- 1 lengua de res lista para cocerse
- 100 g de harina
- 2 limones
- la mitad de los sesos de una ternera
- 2 huevos
- 2 cebollas
- 1 diente de ajo

❶ Pedir en la carnicería que preparen la cabeza de ternera y la corten en pedazos. Cocerla (→ ver preparación anterior) junto con la lengua. (Para la base para salsas blancas, prever 100 g de harina, tres cucharadas de jugo de limón y tres cucharadas de sal, además de tres litros de agua).

❷ Preparar los sesos: lavarlos bajo un chorro de agua fría, quitarles todos los vasos sanguíneos y las membranas que los cubren. Colocarlos durante 1 hora en una ensaladera llena de agua con vinagre y volverlos a lavar. Luego, cocerlos durante 15 minutos en agua con sal.

❸ Cocer los huevos hasta que estén duros.

❹ Pelar y picar las cebollas y el diente de ajo y cocerlos en una cucharada de aceite de oliva hasta que estén bien blandos.

505

- 50 ml de aceite de oliva
- 2 jitomates
- 150 g de aceitunas negras
- 2 cucharadas de perejil picado
- sal

⑤ Pasar los jitomates por agua hirviendo, pelarlos, quitarles las semillas y cortarlos en cuadritos. Sofreírlos en una cucharada de aceite de oliva.

⑥ Escurrir la cabeza de ternera y la lengua. Desollar la lengua y cortarla en rebanadas medianas junto con los sesos.

⑦ En un plato hondo, distribuir las cebollas y colocarles encima los pedazos de cabeza de ternera, las rebanadas de lengua y de sesos.

⑧ Añadir las aceitunas negras, los jitomates y los huevos duros cortados en rebanadas gruesas.

⑨ Verter seis cucharadas de aceite de oliva y el jugo de un limón sobre la cabeza de ternera. Espolvorear con perejil picado. Cubrir el plato con una hoja de papel aluminio y ponerlo a baño maría de 15 a 20 minutos para recalentar todo.

⑩ Al momento de servir, bañar la parte de arriba con el líquido que se escurrió en el plato.

■ **Preparación:** 2 h ■ **Cocción:** de 15 a 20 min

EN ALGUNOS PAÍSES SE LLAMA:
Jitomate: *tomate*. Quitar las semillas: *despepitar*.

Cabeza de ternera en salsa de alcaparras

Para 4 personas

- 800 g de cabeza de ternera en pedazos deshuesados
- 400 ml de salsa de alcaparras (→ ver pág. 98)
- 1/2 manojo de perejil
- sal y pimienta

① Pedir en la carnicería que preparen la cabeza de ternera y la corten en pedazos. Cocerla (→ ver pág. 505).

② Preparar la salsa de alcaparras.

③ Quitarle los tallos al perejil, lavarlo y secarlo.

④ Escurrir los pedazos de cabeza de ternera y ponerlos en un plato hondo. Decorarlos con ramilletes de perejil y servir la salsa de alcaparras por separado.

■ **Preparación:** 20 min ■ **Cocción:** 1 h 30 min

Corazones de ternera a la cacerola

Para 4 o 6 personas

- *2 corazones de ternera*
- *150 g de cebollitas de Cambray*
- *1 kg de papas pequeñas*
- *150 g de tocino en rebanadas o en cubitos*
- *40 g de mantequilla*
- *sal y pimienta*

❶ Pedir en la carnicería que preparen los corazones.

❷ Pelar las cebollitas y las papas.

❸ Cortar el tocino en cubitos y sumergirlo durante 5 minutos en agua hirviendo.

❹ Derretir la mantequilla en una olla y saltear los corazones por ambos lados. Retirarlos de la olla.

❺ Añadir los cubitos de tocino a la olla y sofreírlos también. Agregar las cebollitas y mezclar bien todo.

❻ Volver a poner los corazones en la olla. Colocar las papas alrededor. Tapar la olla y dejar cocer durante 30 minutos a fuego bajo, removiendo de vez en cuando.

❼ Probar y, en caso de ser necesario, condimentar con sal y pimienta al gusto. Servir.

■ **Preparación:** 30 min ■ **Cocción:** 30 min

> **EN ALGUNOS PAÍSES SE LLAMA:**
>
> Cebollita(s) de Cambray: *cebolla china, cebolla de almácigo, cebolla de verdeo, cebolla en rama, cebolla junca, cebolleta(s), cebollín.* Mantequilla: *manteca.* Papa: *patata.* Tocino: *bacon, larda de tocino, panceta, tocineta.*

Corazones de ternera salteados

Para 4 personas

- *2 corazones de ternera*
- *200 g de hongos grandes*
- *70 g de mantequilla*
- *100 ml de madeira*
- *sal y pimienta*

❶ Pedir en la carnicería que preparen los corazones y cortarlos en rebanadas delgadas. Condimentarlos con sal y pimienta al gusto.

❷ Limpiar los hongos y cortarlos también en rebanadas.

❸ Derretir 40 g de mantequilla en un sartén y freír las rebanadas de corazón de 3 a 4 minutos a fuego alto. Escurrirlas y mantenerlas calientes.

❹ Vaciar los hongos en el mismo sartén y dorarlos luego de retirar las rebanadas de corazón. Condimentarlos con sal y pimienta al gusto. Mezclarlos con las rebanadas de corazón.

❺ Verter el madeira en el sartén y, con una cuchara de madera, despegar los jugos de cocción. Reducir a la mitad.

❻ Una vez fuera del fuego, añadir el resto de la mantequilla sin dejar de remover. Bañar con esta salsa toda la preparación.

■ **Preparación:** 15 min ■ **Cocción:** alrededor de 20 min

EN ALGUNOS PAÍSES SE LLAMA:

Madeira: *madera* (vino dulce elaborado en la isla de Madeira).
Mantequilla: *manteca*.

Hígado de ternera a la criolla

Para 6 personas

- *6 rebanadas de hígado de ternera de 150 g cada una*
- *marinada instantánea (→ ver pág. 57)*
- *60 g de tocino en cubitos*
- *1 cebolla*
- *1 cucharada de perejil picado*
- *2 cucharadas de harina*
- *2 cucharadas de aceite de oliva*
- *1 cucharada de pan molido*
- *1 cucharada de concentrado de tomate*
- *50 ml de vino blanco*
- *sal y pimienta*

❶ Pedir en la carnicería que preparen las rebanadas de hígado de manera que queden pequeñas y gruesas, de 150 g cada una.

❷ Preparar la marinada con limón agrio.

❸ Cortar el tocino en cuadritos pequeños y dejarlos marinar durante 15 minutos. Hacer pequeñas incisiones en las rebanadas de hígado e insertar ahí los cuadritos de tocino. Incorporar el hígado mechado en la misma marinada y dejarlo durante 20 minutos más.

❹ Picar la cebolla y el perejil.

❺ Calentar el aceite en un sartén y sofreír las rebanadas de hígado a fuego alto durante 2 minutos de cada lado y luego a fuego bajo de 6 a 8 minutos. Escurrirlas en la fuente de servicio caliente.

❻ Vaciar la cebolla en el sartén y saltearla junto con el perejil, añadir el pan molido y condimentar con sal y pimienta al gusto.

❼ Diluir el concentrado de tomate en el vino blanco, verter en el sartén y mezclar bien. Calentar durante 5 minutos, sin dejar de revolver. Bañar las rebanadas de hígado con esta salsa.

■ **Preparación:** 1 h ■ **Marinada:** 35 min
■ **Cocción:** de 15 a 20 min

EN ALGUNOS PAÍSES SE LLAMA:

Pan molido: *pan rallado*. Tocino: *bacon, larda de tocino, panceta, tocineta*.

Hígado de ternera a la florentina

Para 4 personas

- *1 kg de espinacas congeladas*
- *150 g de masa para freír (→ ver pág. 115)*
- *1 cebolla grande*
- *aceite*
- *100 g de mantequilla*
- *nuez moscada*
- *4 filetes de hígado de ternera de 125 g cada uno*
- *100 ml de vino blanco*
- *sal y pimienta*

❶ Descongelar las espinacas y preparar la masa para freír.

❷ Pelar y cortar la cebolla en rodajas, separarlas unas de otras.

❸ Calentar el aceite.

❹ Escurrir bien las espinacas para quitarles el exceso de agua y cocerlas a fuego bajo con 50 g de mantequilla. Condimentar con sal y pimienta al gusto y agregar un poco de nuez moscada rallada.

❺ Rebozar las rodajas de cebolla en la masa para freír y luego sumergirlas en el aceite a una temperatura de 180 °C. Retirar las rodajas de cebolla una vez que estén doradas y escurrirlas sobre un papel absorbente.

❻ Poner las espinacas en una fuente de servicio ligeramente engrasada con mantequilla y mantenerla caliente.

❼ Calentar el resto de la mantequilla en un sartén y dorar los filetes de hígado de ternera 2 o 3 minutos de cada lado. Colocarlos sobre las espinacas.

❽ Verter el vino blanco en el sartén y desprender bien los jugos de cocción con una cuchara de madera. Reducir este líquido a la mitad y verterlo sobre el hígado. Adornar con las rodajas de cebolla fritas y servir.

■ **Preparación:** 30 min ■ **Cocción:** alrededor de 10 min

> **EN ALGUNOS PAÍSES SE LLAMA:**
> Mantequilla: *manteca*. Rebozar: *abizcochar, aborrajar, emborrizar*.

Hígado de ternera a la lionesa

Para 4 personas

- *3 cebollas grandes*
- *80 g de mantequilla*
- *4 rebanadas de hígado de ternera de 125 g cada una*
- *2 cucharadas de harina*

❶ Pelar y cortar finamente las cebollas. Sofreírlas en una cacerola con 40 g de mantequilla caliente durante unos 20 minutos y a fuego bajo.

❷ Condimentar las rebanadas de hígado con sal y pimienta al gusto, enharinarlas y dorarlas a fuego alto en 40 g de mantequilla.

❸ Escurrir las rebanadas de hígado y mantenerlas calientes en la fuente en que se van a servir.

- *2 cucharadas de espejo de carne (→ ver pág. 56)*
- *50 ml de vinagre*
- *1 cucharada de perejil picado*
- *sal y pimienta*

④ Añadir el espejo de carne a la cacerola de las cebollas, disolverlo, mezclar bien todo y bañar el hígado con este líquido.

⑤ Poner el vinagre en el sartén, calentarlo y verterlo sobre el hígado. Espolvorear con perejil picado.

■ **Preparación:** 30 min ■ **Cocción:** alrededor de 10 min

EN ALGUNOS PAÍSES SE LLAMA:
Mantequilla: *manteca.*

Hígado de ternera rostizado

Para 12 o 15 personas

- *1 hígado de ternera de 2 y 1/2 kg*
- *250 g de tripas*
- *250 g de tocino en cubitos*
- *100 ml de coñac*
- *1 pizca de cuatro especias*
- *1/2 manojo de perejil picado*
- *200 ml de vino blanco*
- *1 litro de caldo o consomé blanco de ternera (→ ver pág. 52)*
- *sal y pimienta*

① Pedir en la carnicería que preparen el hígado de ternera.

② Poner a remojar la tripa en agua y luego secarla y estirarla bien.

③ Cortar el tocino en cuadros grandes y mechar con ellos el hígado de ternera entero a través de algunas incisiones pequeñas.

④ Precalentar el horno a 200 °C.

⑤ Bañar el hígado con el coñac. Condimentarlo con sal y pimienta al gusto. Espolvorearlo con las cuatro especias y el perejil picado. Luego, envolverlo con la tripa y atarlo. Colocarlo en una charola y hornearlo durante 1 hora y 30 minutos, aproximadamente.

⑥ Escurrir el hígado en la charola de servicio caliente.

⑦ Desechar la grasa de cocción, verter el vino blanco y el consomé en la charola, despegar bien los jugos de cocción que se hayan adherido a la charola y reducir todo en aproximadamente una tercera parte, a fuego alto. Servir esta salsa por separado.

Las zanahorias glaseadas (→ ver pág. 676) acompañan muy bien este plato.

■ **Preparación:** 15 min ■ **Cocción:** alrededor de 1 h 30 min

---

EN ALGUNOS PAÍSES SE LLAMA:
Charola: *asadera.* Rostizar: *asar.* Tocino: *bacon, larda de tocino, panceta, tocineta.*

Mollejas de ternera o de cordero: preparación

❶ Remojar las mollejas en agua fría, al menos durante 5 horas, cambiando el agua frecuentemente hasta que salga clara.

❷ Colocar las mollejas en una cacerola, cubrirlas con agua fría con sal, ponerlas a hervir y luego escurrirlas. Enfriarlas bajo un chorro de agua y secarlas.

❸ Retirar todos los filamentos. Colocarlas durante 1 hora entre dos lienzos con algo pesado encima. Posteriormente, prepararlas siguiendo las indicaciones de cada receta.

Mollejas de ternera en base blanca

Para 4 o 6 personas

- 600 g de mollejas de ternera preparadas (→ ver pág. 511)
- 1 zanahoria
- 1 cebolla grande
- 30 g de mantequilla
- 100 g de tocino en rebanadas
- 1 bouquet garni
- 200 ml de caldo o base blanca de ternera (→ ver pág. 52)
- sal y pimienta

❶ Preparar las mollejas de ternera. Precalentar el horno a 220 °C.

❷ Pelar y cortar finamente la zanahoria y la cebolla.

❸ Engrasar con mantequilla una olla, cubrir el fondo de la misma con las rebanadas de tocino y las verduras. Agregar las mollejas y el bouquet garni. Condimentarlas con sal y pimienta al gusto.

❹ Iniciar la cocción a fuego lento y con la olla tapada. Luego, agregar el caldo o base blanca de ternera. Hornear de 25 a 35 minutos, bañando el contenido de la olla varias veces con el propio jugo de cocción.

❺ Servir en la misma olla o colocar todo en una fuente bien caliente.

mollejas de ternera en base oscura:
al inicio de la cocción, remojar las mollejas en 50 ml de vino blanco, reducir hasta que no quede nada de líquido y posteriormente bañar con 200 ml de base oscura de ternera (→ ver pág. 50).

■ **Preparación:** 6 h 15 min + 15 min

■ **Cocción:** de 25 a 35 min

EN ALGUNOS PAÍSES SE LLAMA:

Mantequilla: *manteca.* Tocino: *bacon, larda de tocino, panceta, tocineta.*

Orejas de ternera a la mirepoix

Para 4 personas

- *400 ml de base oscura de ternera (→ ver pág. 50)*
- *4 orejas de ternera*
- *2 zanahorias*
- *2 cebollas grandes*
- *1 bouquet garni*
- *200 ml de vino blanco*
- *sal y pimienta*

❶ Preparar o descongelar la base oscura de ternera (o utilizar un producto comercial deshidratado).

❷ Sumergir las orejas en agua fría y dejar que hiervan durante 8 minutos. Luego, refrescarlas, escurrirlas, limpiarlas y secarlas.

❸ Precalentar el horno a 180 °C.

❹ Pelar las zanahorias y las cebollas y cortarlas en cuadritos. Poner las orejas en una olla y cubrirlas con los cuadritos de verduras. Añadir el bouquet garni, la sal, la pimienta y el vino blanco.

❺ Reducir por completo a fuego alto. Luego, verter la base oscura de ternera y cocer durante 1 hora y 30 minutos con la olla tapada.

❻ Escurrir las orejas. Retirarles la piel que recubre el interior y el exterior de su parte más delgada. Después, cortarlas en pedazos medianos.

❼ Colar el líquido de cocción, desgrasarlo y reducirlo en aproximadamente una tercera parte. Agregar los pedazos de oreja para recalentarlos y luego servirlos en una fuente caliente.

■ **Preparación:** 30 min ■ **Cocción:** 1 h 30 min

Orejas de ternera en salsa diabla

Para 4 personas

- *4 orejas de ternera a la mirepoix (→ ver receta anterior)*
- *250 ml de salsa diabla (→ ver pág. 81)*
- *20 g de mantequilla*
- *4 cucharadas de mostaza*
- *150 g de pan molido*

❶ Preparar las orejas a la mirepoix. Escurrirlas, partirlas en dos (a lo largo) y dejar que se enfríen entre dos platos durante 30 minutos, poniéndoles un peso encima (el segundo plato se debe poner al revés).

❷ Durante la cocción, preparar la salsa diabla.

❸ Derretir la mantequilla. Con una cuchara o un pincel, untar muy bien las orejas con mostaza, luego pasarlas por el pan molido y bañarlas con la mantequilla derretida. Asarlas en una parrilla a fuego bajo de 10 a 15 minutos. Servir la salsa diabla por separado.

■ **Preparación:** 40 min ■ **Cocción:** de 10 a 15 min

EN ALGUNOS PAÍSES SE LLAMA:
Mantequilla: *manteca*. Pan molido: *pan rallado*.

Patas de ternera: cocción

❶ Las patas de ternera suelen estar limpias, de lo contrario, pedir al carnicero que las limpie. Colocarlas en una
olla muy grande; cubrirlas con agua fría y dejar que
hiervan durante 10 minutos.

❷ Escurrirlas, refrescarlas y bañarlas con jugo de limón.

❸ Diluir harina en agua fría (una cucharada de harina por
cada litro de agua). Añadir sal (6 g por litro de agua) y
jugo de limón (una cucharada por litro).

❹ Añadir las patas de ternera, una cebolla mechada con
un clavo de olor y un bouquet garni. Dejar que hierva a
fuego muy bajo de 1 hora y 30 minutos a 2 horas.

Patas de ternera a la tártara

Para 4 personas

- *4 patas de ternera cocidas*
- *250 ml de salsa tártara*
  (→ ver pág. 100)
- *400 g de pan molido a la*
  inglesa (→ ver pág. 104)
- *aceite*

❶ Preparar y cocer las patas de ternera (→ ver arriba cocción de patas de ternera).

❷ Mientras se cuecen las patas, preparar la salsa tártara.

❸ Escurrir las patas y deshuesarlas mientras estén todavía calientes. Cortar la carne en cubos grandes y secarlos sobre un papel absorbente.

❹ Preparar el pan molido a la inglesa. Calentar el aceite.
Rebozar los cubos de carne en el pan molido y luego sumergirlos en el aceite previamente calentado a 180 °C.
Retirarlos una vez que estén dorados, escurrirlos y, finalmente, secarlos sobre un papel absorbente.

❺ Servirlos bien calientes junto con la salsa tártara.

■ **Preparación:** 2 h 30 min ■ **Cocción:** de 10 a 15 min

> **EN ALGUNOS PAÍSES SE LLAMA:**
> Rebozar: *abizcochar, aborrajar, emborrizar.*

Riñones: preparación

En primer lugar, el riñón debe extraerse de la capa de grasa que lo envuelve. En general, esto se realiza en la carnicería.

Abrir el riñón en dos, quitarle la membrana que lo cubre jalando desde arriba.

Con un cuchillo pequeño, retirar las partes nerviosas y blancuzcas. Ahora está listo para cocinarse.

Riñones de ternera a la bordelesa

Para 4 personas

- 50 g de médula de res
- 2 chalotes
- 2 riñones de ternera
- 40 g de mantequilla
- 200 ml de vino blanco
- 400 ml de caldo o base blanca de ternera (→ ver pág. 52)
- 1 cucharada de perejil picado
- sal y pimienta

❶ Sumergir la médula de res en agua hirviendo con sal y cocerla durante 2 minutos. Escurrirla y mantenerla caliente.

❷ Pelar y picar los chalotes.

❸ Preparar los riñones (→ ver arriba preparación de riñones) y cortarlos en rebanadas medianas. Condimentarlos con sal y pimienta al gusto.

❹ Derretir la mantequilla en un sartén y cocer las rebanadas de riñón de 3 a 4 minutos, volteándolas regularmente. Escurrirlas y mantenerlas calientes.

❺ Verter el vino blanco y despegar del sartén lo que se haya adherido durante la cocción. Añadir el chalote picado y cocer hasta que el líquido se haya evaporado casi por completo.

❻ Agregar el caldo o base blanca de ternera y el líquido resultante de la cocción de los riñones y reducirlo a la mitad. Probar y, en caso de ser necesario, condimentar al gusto.

❼ Volver a colocar los riñones en la salsa, sin dejar que hiervan. Cortar la médula en cuadritos y agregarla al sartén. Mezclar bien.

❽ Colocar todo en la fuente en que se va a servir y espolvorear con el perejil picado.

■ **Preparación:** 15 min ■ **Cocción:** alrededor de 10 min

> **EN ALGUNOS PAÍSES SE LLAMA:**
> Chalote: *ascalonia, chalota, echalote, escalonia.* Mantequilla: *manteca.* Médula de res: *caracú, tuétano.*

Riñones de ternera a la parrilla

Para 4 personas

- *2 riñones de ternera*
- *1 chalote*
- *4 cucharadas de aceite de oliva*
- *1 ramita de tomillo*
- *2 jitomates grandes*
- *1 manojo de berros*
- *sal y pimienta*

❶ Preparar los riñones (→ ver pág. 514). Cortar cada mitad en dos.

❷ Pelar y picar finamente el chalote.

❸ En una ensaladera, mezclar dos cucharadas de aceite de oliva, el tomillo desmenuzado, el chalote, sal y pimienta. Colocar los riñones en la ensaladera y marinarlos durante 20 minutos.

❹ Precalentar la parrilla del horno.

❺ Lavar los jitomates, cortarlos en dos y extraerles las semillas. Seleccionar las hojas de berros, lavarlas y secarlas.

❻ Escurrir y secar los riñones. Ensartarlos en palillos de madera para brochetas y colocarlos en la parrilla del horno a media altura. Asarlos de 5 a 7 minutos, volteándolos varias veces.

❼ Apagar el horno y dejar los riñones durante 5 minutos en el horno aún caliente.

❽ Mientras tanto, saltear las mitades de jitomate en un sartén con el aceite restante. Condimentarlas con sal y pimienta al gusto.

❾ Servir los riñones a la parrilla junto con las mitades de jitomate y ramilletes de berros.

■ **Preparación:** 10 min ■ **Marinada:** 20 min
■ **Cocción:** alrededor de 12 min

> EN ALGUNOS PAÍSES SE LLAMA:
> Chalote: *ascalonia, chalota, echalote, escalonia.* Jitomate: *tomate.*

Riñones de ternera con granos de mostaza

Para 4 personas

- *2 riñones de ternera*
- *300 ml de base oscura de ternera (→ ver pág. 50)*

❶ Preparar los riñones (→ ver pág. 514) y la base oscura de ternera.

❷ Pelar y picar finamente los chalotes y ponerlos en un sartén salteador con el vino blanco seco, el laurel y el tomillo.

515

- *2 chalotes*
- *200 ml de vino blanco seco*
- *1 hoja de laurel*
- *1 ramita de tomillo*
- *200 ml de crema líquida*
- *2 cucharadas de mostaza en granos*
- *2 cucharadas de aceite de cacahuate*
- *1 cucharada de cebollín finamente picado*
- *sal y pimienta*

❸ Reducir el líquido hasta la mitad a fuego lento y luego verter la base oscura de ternera y la crema líquida. Cocer a fuego lento hasta que la salsa se pegue a la parte de atrás de una cuchara.

❹ Colocar la mostaza en un bol grande y colar la salsa encima revolviendo con una cuchara para que se disuelva. Verificar la sazón, tapar con una hoja de papel aluminio y mantener esta salsa caliente.

❺ Cortar los riñones transversalmente en rebanadas gruesas y dorarlas en aceite 2 minutos de cada lado. Condimentarlas con sal y pimienta al gusto. Ponerlas en un colador y dejarlas escurrir durante 10 minutos.

❻ Volver a colocar la salsa en una cacerola, recalentarla y sumergir en ella las rebanadas de riñón. No dejar que hierva.

❼ Colocar en la fuente de servicio y espolvorear con el cebollín finamente picado.

■ **Preparación:** 30 min ■ **Cocción:** de 4 a 5 min

> **EN ALGUNOS PAÍSES SE LLAMA:**
> Cacahuate: *cacahuete, maní.* Cebollín: *cebolleta, cebollino, ciboulette.* Chalote: *ascalonia, chalota, echalote, escalonia.* Crema: *nata.*

Riñones de ternera de la olla

Para 4 personas

- *2 riñones de ternera*
- *40 g de mantequilla*
- *100 ml de calvados o de coñac*
- *250 ml de crema fresca*
- *1 cucharadita de mostaza*
- *sal y pimienta*

❶ Preparar los riñones (→ ver pág. 514). Cortarlos a la mitad a lo largo.

❷ En una olla, derretir la mantequilla sin dejar que se dore. Colocar en ella los riñones y cocerlos a fuego lento de 5 a 6 minutos volteándolos varias veces.

❸ Verter el licor, tapar la olla y retirarla del fuego. Dejar macerando durante 10 minutos.

❹ Retirar los riñones de la olla y colocarlos en un plato hondo. Cubrirlo con una hoja de papel aluminio.

❺ Reducir la salsa a la mitad. Condimentarla con sal y pimienta al gusto.

❻ Verter la crema fresca en la olla y dejarla hervir revolviendo hasta que se espese.

❼ En un bol, disolver la mostaza con una cucharada de salsa y verterla en la olla.

❽ Mezclar bien esta salsa y usarla para bañar los riñones. Servir inmediatamente.

■ **Preparación:** 15 min ■ **Cocción:** alrededor de 15 min

> EN ALGUNOS PAÍSES SE LLAMA:
> Crema: *nata*. Mantequilla: *manteca*.

Sesos: preparación

❶ Lavar los sesos bajo un chorro de agua fría. Quitarles todos los vasos sanguíneos y las membranas con las que están cubiertos.

❷ Colocarlos durante 1 hora en una ensaladera llena de agua con vinagre y, posteriormente, volverlos a lavar bajo un chorro de agua fría.

❸ A partir de entonces, los sesos se pueden blanquear en agua con sal o bien cocerse a fuego muy bajo en un caldo, o cortarse en rebanadas y saltearse directamente en mantequilla o aceite. Los sesos de ternera se preparan de la misma manera.

Sesos de ternera a la inglesa

Para 2 personas

- *sesos de una ternera*
- *marinada instantánea (→ ver pág. 57)*
- *400 g de pan molido a la inglesa (→ ver pág. 104)*
- *50 g de mantequilla*
- *2 limones*
- *sal y pimienta*

❶ Preparar los sesos (→ ver preparación anterior) y la marinada. Cortar los sesos en rebanadas de 1 cm, aproximadamente, y dejarlas marinar durante 30 minutos.

❷ Preparar el pan molido a la inglesa.

❸ Empanizar las rebanadas de sesos y cocerlas en la mantequilla de 2 a 3 minutos de cada lado. Escurrirlas y servirlas con jugo de limón.

■ **Preparación:** 15 min ■ **Marinada:** 30 min
■ **Cocción:** alrededor de 10 min

> EN ALGUNOS PAÍSES SE LLAMA:
> Empanizar: *empanar, rebozar*. Mantequilla: *manteca*.

Sesos de ternera en vino tinto

Para 2 personas

- *sesos de una ternera*
- *1 zanahoria*
- *1 cebolla grande*
- *1 diente de ajo*
- *1 bouquet garni*
- *300 ml de vino tinto (de Borgoña, de preferencia)*
- *1 cucharada de grapa*
- *100 g de croûtons (→ ver pág. 839)*
- *30 g de mantequilla enharinada (→ ver pág. 40)*
- *sal y pimienta*

❶ Lavar y preparar los sesos (→ ver pág. 517).

❷ Pelar y cortar finamente la cebolla y la zanahoria. Pelar y machacar el ajo. Ponerlos en un sartén junto con el bouquet garni y sal y pimienta al gusto. Verter el vino tinto y la grapa y cocer durante 30 minutos a fuego bajo.

❸ Mientras tanto, preparar los croûtons.

❹ Sumergir los sesos en la salsa con vino y cocerlos de 15 a 20 minutos a fuego bajo.

❺ Preparar la mantequilla enharinada. Escurrir los sesos, colocarlos en la fuente en que se van a servir y mantenerlos calientes.

❻ Retirar el bouquet garni de la salsa. Agregar la mantequilla enharinada, mezclar bien, manteniendo el fuego bajo, y verter la salsa sobre los sesos. Decorar con los croûtons.

■ **Preparación:** de 35 a 40 min ■ **Cocción:** de 45 a 50 min

Tuétano frito

Para 4 o 6 personas

- *de 600 a 800 g de tuétano*
- *250 ml de salsa de tomate (→ ver pág. 80)*
- *marinada instantánea (→ ver pág. 57)*
- *250 g de masa para freír (→ ver pág. 115)*
- *aceite*
- *1/2 manojo de perejil*
- *sal*

❶ Poner a remojar el tuétano durante 1 hora en agua fría. Quitarle las membranas y lavarlo. Cocerlo durante 10 minutos en agua o en caldo y luego escurrirlo y dejarlo enfriar.

❷ Preparar o descongelar la salsa de tomate.

❸ Sumergir el tuétano en la marinada instantánea y dejarlo marinar durante 30 minutos.

❹ Preparar la masa para freír. Calentar el aceite. Freír el perejil (→ ver pág. 781).

❺ Escurrir el tuétano, rebozarlo en la masa para freír y sumergirlo en el aceite previamente calentado a 160 °C, hasta que esté bien dorado. Escurrirlo sobre un papel absorbente y espolvorearlo con sal fina.

❻ Colocar el tuétano junto con el perejil frito en un plato cubierto con una servilleta. Servir la salsa de tomate aparte.

■ **Remojo:** 1 h ■ **Preparación:** 30 min
■ **Cocción:** de 20 a 30 min

> **EN ALGUNOS PAÍSES SE LLAMA:**
> Tuétano: *caracú*.

Carnes mixtas: res y cerdo

Locro criollo

Para 6 personas

- 300 g de falda de res
- 200 g de tocino ahumado
- 3 patas de cerdo
- 400 g de chuletas de cerdo
- 1 chorizo
- 500 g de calabaza
- 2 elotes
- 1 taza de frijoles
- 2 tazas de maíz blanco
- 7 cucharadas de manteca de res
- 2 cucharadas de chile seco molido
- 1 cebollita de Cambray
- 1 pizca de comino
- 1 cucharada de páprika
- sal gruesa

❶ Remojar los granos de maíz y los frijoles durante 12 horas.

❷ Pelar la calabaza y rallarla junto con los elotes.

❸ Cortar las patas por la mitad y condimentar con sal.

❹ Cortar el tocino, el chorizo, la falda y las chuletas en trozos.

❺ Calentar en una olla dos cucharadas de manteca y añadir las patas, el tocino, el chorizo y las carnes hasta que doren.

❻ Añadir el maíz y los frijoles junto con el agua donde se remojaron, la calabaza, el elote y agua (la necesaria). Condimentar con sal gruesa. Cocinar durante 2 horas aproximadamente.

❼ Calentar en un sartén la grasa, agregar la cebolla picada con todo y rabo, dejar que se acitrone, agregar el chile seco, el pimentón, el comino y la sal, mezclar y añadir dos cucharadas de agua fría. Servir una cucharada de esta grasa en cada plato del guisado.

■ **Remojo:** 12 h ■ **Preparación:** 20 min ■ **Cocción:** 2 h

> **EN ALGUNOS PAÍSES SE LLAMA:**
> Calabaza: *auyama, ayote, uyama, zapallo*. Cebollita(s) de Cambray: *cebolla china, cebolla de almácigo, cebolla de verdeo, cebolla en rama, cebolla junca, cebolleta(s), cebollín*. Cerdo: *chancho, cochino, puerco*. Chile: *ají cumbarí, ají picante, conguito, guindilla, ñora, páprika (picante), pimentón picante, pimiento picante*. Chuleta: *costeletas, costillas, costillitas*. Elote: *chilote, choclo, jojoto, mazorca tierna de maíz, tolonca*. Frijol: *alubia, caráota, fréjol, habichuela, judía, poroto*. Manteca: *grasa, grasa de pella*. Páprika: *pimentón*. Tocino: *bacon, larda de tocino, panceta, tocineta*.

Pastelitos de masa

Para 4 personas

- *4 tazas de masa de maíz*
- *125 g de carne molida de res*
- *125 g de carne molida de cerdo*
- *2 papas medianas*
- *1 cebolla*
- *1 diente de ajo*
- *1 chile verde*
- *aceite o grasa para freír*
- *cúrcuma o achiote*
- *condimento de carnes al gusto*
- *sal*

❶ Poner a la masa un poco de cúrcuma o achiote y un poco de sal.

❷ Freír juntas las dos carnes, con las papas ya cocidas y en cuadritos, la cebolla, el ajo y el chile picados. Agregar los condimentos que se prefieran.

❸ Hacer tortillas con la masa de maíz y colocarles en medio un poco de la carne cocida. Doblar las tortillas y cerrar los bordes de tal forma que tenga apariencia de media luna.

❹ Freír en aceite o grasa caliente hasta que se cocine la masa y quede crujiente.

Al servir puede agregarse una salsa picante.

■ **Preparación:** 20 min ■ **Cocción:** alrededor de 15 min

En algunos países se llama:

Achiote: *bijol, onoto.* Carne molida: *carne picada.* Cerdo: *chancho, cochino, puerco.* Chile: *ají cumbarí, ají picante, conguito, guindilla, ñora, páprika (picante), pimentón picante, pimiento picante.* Papa: *patata.*

Aves de corral, conejo y animales de caza

Las aves de corral

La expresión "aves de corral" designa el conjunto de aves criadas por la carne o los huevos, o ambos (pato, gallito, pavo, ganso, paloma, gallina, pollo), a las que se agrega el conejo doméstico. Las recetas de "aves de corral" son a base de pollo la mayoría de las veces. En los demás casos, se especifica el nombre del animal.

La carne de estos animales, rica en proteínas y en vitaminas B y PP, constituye la base de platos sencillos y económicos, así como de grandes clásicos regionales y de preparaciones más refinadas.

El ave de corral más consumida en Francia, igual que en el resto del mundo, es el pollo, seguido del pavo, que generalmente se vende por piezas. En la actualidad, los gansos se engordan para la producción de foie gras. La crianza del pato, por su parte, se desarrolla a partir del doble impulso de la fama del foie gras de pato y del filete de pato.

Un ave de corral debiera distinguirse para su venta de acuerdo con su "calibre" (es decir, el peso, considerando el tipo de preparación: sin vísceras, vacío, etc.), además de la edad, y la "clase" (en la cual interviene el grado de engorda, el desarrollo de músculos, su conformación, etc.) y finalmente, debiera señalarse el lugar de origen.

La cocción de las aves de corral. *Los procedimientos clásicos de cocción de las aves de corral son el asado —el más habitual—, hervido, la cocción lenta (sobre todo para las aves más viejas o de gran tamaño, igual que para los menudillos), el salteado y, a veces, la cocción al vapor o a la parrilla, así como la cocción en estofado y en fricasé. Las aves rellenas constituyen una preparación cada vez menos habitual. Los hígados de ave, las mollejas y, más raramente, las crestas y riñones de gallo se utilizan de diversas maneras en la cocina. Las aves de corral también intervienen en la preparación de rollos, chaud-froids, bocadillos, volovanes, etc. La carne de ave puede consumirse tanto caliente como fría.*

Los animales de caza de pluma y los animales de caza de pelo

Bajo el término animales de caza *se incluye a todos los animales salvajes que se cazan. Se diferencian dos categorías de animales de caza: los de pelo y los de pluma. En el primer grupo, los animales de caza grandes comprenden: la cabra, el ciervo, la gamuza, el gamo, el jabato, el musmón y el jabalí, mientras que los animales pequeños incluyen a la liebre y al conejo de caza.*

Los animales de caza de pluma incluyen a los pájaros que se cazan en montaña o llanura (perdiz real, becada o chocha, urogallo o gallo de breza, ganga, lagópedo, perdiz, paloma torcaz, rascón); el "menú" de caza se clasifica en una categoría específica (alondra, becafigo, zorzal o tordo, mirlo, hortelano), y en otra categoría se encuentran los animales de caza

---

EN ALGUNOS PAÍSES SE LLAMA:
Rollo: *arrollado, rulo.*

de agua (chorlito, pato salvaje, courlise o chorlito real, ganso salvaje, polla de agua, cerceta, frailecillo).

La carne de animales de caza. Los hábitos y la alimentación del animal determinan la textura y el sabor de su carne, dándole un aroma perfumado y fuerte que se acentúa a medida que el animal crece.

La carne es más compacta y más coloreada que la carne roja comercial, menos rica en grasa y más rica en proteínas. Se considera difícil de digerir, por lo que debe consumirse con moderación.

La carne de animales de caza siempre se debe dejar reposar antes de cocinarla; de esta manera adquiere cierto grado de maduración que la vuelve más tierna y más sabrosa.

Si no se deja manir, la carne de animales de caza se puede vaciar rápidamente y luego colgarse en un lugar fresco y oscuro —de las patas posteriores en el caso de los animales de caza de pelo; de la cabeza, en el caso de los animales de caza de plumas— o directamente en una cámara frigorífica. Esta carne no se desuella ni se despluma sino hasta el momento en que se va a utilizar.

La carne de animales de caza que se consigue en establecimientos comerciales ya está madurada; al momento de adquirirla, conviene escoger un animal "fresco" (no manido) y joven (el pico de un ave debe ser flexible).

La cocina de los animales de caza. El corte y los modos de preparación de los animales de caza grandes son los mismos que los de las carnes rojas comerciales; sin embargo, los animales de caza generalmente se marinan, lo que los hace más tiernos.

Las costillas con carne, los perniles y los cuartos traseros se hornean; los pescuezos, las espaldillas y los pechos se preparan en estofado o en guisos; las chuletas y landrecillas se saltean o se asan a la parrilla. Los animales de caza de pluma se preparan como las aves de corral. Las terrinas y los patés completan el repertorio culinario de los animales de caza.

EN ALGUNOS PAÍSES SE LLAMA:

Chuleta: *costeletas, costillas, costillitas.* Manir: hacer que algunos alimentos, especialmente la carne, se pongan tiernos y sazonados, dejándolos cierto tiempo preparados con el condimento necesario.

PATO

En la actualidad, se trata de un ave de cría cuyas razas más conocidas son el pato común y el pato almizclado. El híbrido de ambos da como resultado un pato que se cría sobre todo para la elaboración de foie gras.

Una vez cazado, el pato debe consumirse durante los siguientes 3 días. Es preferible optar por un ave joven, aunque no demasiado joven, puesto que la carne podría no estar lista para consumirse. La juventud de un pato se reconoce por la suavidad de la carne de los alerones y por la flexibilidad del pico, el cual debe plegarse con la sola presión del dedo. En la actividad gastronómica, la tendencia actual es recurrir a los patos muy jóvenes o a las anadinas, es decir, las crías de pato llamadas de esta manera cuando tienen menos de 2 meses de edad, pero cuya carne permanece tierna hasta los 4 meses.

La carne muy tierna se ocupa para brochetas asadas, mientras que la carne tierna se destina para hacer asados al horno, cuidando que la carne permanezca rosada. Respecto de la carne menos tierna, se utiliza en la preparación de estofados con guarniciones de cebollas, nabos, aceitunas o frutas ácidas. Los patos muy grandes son ideales para la realización de patés y rollos, así como para las fabadas. Los pedazos de pato cocidos en su propia grasa constituyen los "confits", una de las formas de conservación más antiguas.

> **EN ALGUNOS PAÍSES SE LLAMA:**
> Rollo: *arrollado, rulo.*

Pato: preparación

❶ Pasar el pato desplumado directamente por la flama, secarlo cuidadosamente y, en caso de ser necesario, retirar los tubitos capilares que hayan quedado.

❷ Cortar las patas en la base de las palmas, las alas a la altura de la articulación y el cogote justo debajo de la cabeza.

❸ Cortar la piel del cogote a media altura y jalar hacia arriba para despegarla. Quitarle los tubitos capilares y la grasa que está sobre esta piel y, con el dedo índice, rascar el interior del tórax para despegar el corazón y los pulmones. Retirarlos.

❹ Cortar y retirar el orificio anal y quitarle todas las vísceras. Limpiar el corazón, el hígado (quitarle la hiel sin perforarla) y las mollejas (cortarlas a la mitad, vaciarlas y lavarlas).

❺ Pasar un dedo bajo la piel del pescuezo y levantarla para despegar las clavículas sin lastimar las supremas.

6. Hacer una incisión por encima de la rabadilla y retirar las dos glándulas grasosas con la punta de un cuchillo. Volver a plegar la rabadilla hacia dentro.

7. Practicar una pequeña incisión en la piel a cada lado de la quilla y deslizar las patas por ahí.

8. Atar el pato antes de la cocción.

Pato: asado, frito

Asado de pato en miel de maple

Para 4 personas

- 1 pato de 2 kg
- 1 pera williams
- 25 g de azúcar
- 1 limón
- 1 naranja
- 200 ml de vino blanco
- 150 ml de miel de maple
- 1 pizca de pimienta
- 1 zanahoria
- 1 cebolla
- 1 rama de apio
- 1 salsifí
- 1 diente de ajo
- 1 clavo de olor
- 1 hoja de laurel
- 5 ramitas de tomillo
- 1 cucharada de aceite de cacahuate
- 1/2 litro de base blanca de ave (→ ver pág. 48)
- 1 cucharada de concentrado de tomate
- sal y pimienta

1. Preparar el pato (→ ver pág. 524) o pedir en la carnicería que lo hagan.

2. Pelar la pera, partirla en dos y quitarle el centro.

3. En un sartén hondo, mezclar el azúcar, el jugo de limón y de naranja y el vino blanco. Dejar que hierva. Agregar la pera, la miel de maple y la pimienta. Dejar que los ingredientes se incorporen a fuego bajo. Una vez que las mitades de pera se suavicen, retirarlas del caldo y mantenerlas calientes.

4. Precalentar el horno a 200 °C.

5. Pelar y picar la zanahoria, la cebolla, el apio, el salsifí y el ajo. Mezclarlos con el clavo de olor, el laurel y el tomillo desmenuzado.

6. Con un tenedor, picar la piel de la pechuga del pato y condimentar toda el ave con sal y pimienta al gusto. Untarle aceite, colocarla en una charola para horno y rodearla con las verduras picadas y hierbas aromáticas.

7. Hornear. Después de 15 minutos de cocción, bajar el termostato del horno a 150 °C. Bañar el pato cada 10 minutos con una cucharada del jugo de miel de maple. Una vez que las verduras empiecen a dorarse, verter la mitad de la base blanca de ave. Continuar la cocción durante 1 hora y cuarto, aproximadamente, sin dejar de bañar el pato.

8. Retirar el pato de la charola y mantenerlo caliente. Quitarle la máxima cantidad posible de grasa a la charola.

9. Poner las verduras y el jugo en un sartén hondo un poco más pequeño y calentarlos. Añadir el concentrado de tomate y saltear todo de 2 a 3 minutos. Verter el resto de la base blanca de ave. Dejar que se incorporen todos los ingredientes durante 15 minutos a fuego bajo y luego escurrir.

⑩ Cortar el pato y colocar los pedazos en la charola en que se van a servir. Partir la pera en rebanadas y colocarlas en forma de abanico. Bañar con la salsa.

■ **Preparación:** 30 min ■ **Cocción:** alrededor de 1 h 30 min

> EN ALGUNOS PAÍSES SE LLAMA:
> Cacahuate: *cacahuete, maní*. Charola: *asadera*.

Filetes de pato con cebollas y chícharos

Para 4 personas

- 2 filetes de pato
- 800 g de cebolla
- 60 g de mantequilla
- 1/2 kg de chícharos congelados o 1 lata grande de chícharos en conserva
- 1 copita de licor de coñac o de armagnac
- 3 cucharadas de crema fresca
- 1 cucharada de estragón picado
- sal y pimienta

❶ Hacer algunas incisiones en la piel de los filetes con la punta de un cuchillo. Condimentar con sal y pimienta al gusto.

❷ Pelar las cebollas y cortarlas en rodajas delgadas. En una olla, derretir 40 g de mantequilla, mezclarla con las cebollas, añadir sal y pimienta, además de medio vaso de agua. Tapar la olla y cocer a fuego lento de 15 a 20 minutos, hasta que las cebollas estén bien cocidas y blandas.

❸ Calentar un sartén y colocar los filetes de pato del lado de la piel. Cocerlos durante 10 minutos sin voltearlos. Escurrirlos y encerrarlos en una hoja de papel aluminio para que saquen su propio jugo. Desechar la grasa del sartén.

❹ Cocer los chícharos congelados en dos vasos de agua. Luego, escurrirlos y mezclarlos con el resto de la mantequilla. Mantenerlos calientes (o recalentar el contenido de la lata de chícharos, agregar la mantequilla y mantener caliente).

❺ Acomodar las cebollas en la fuente en que se va a servir. Desollar los filetes de pato y cortarlos en rebanadas de 2 cm de espesor. Acomodar estas últimas junto a las cebollas. Mantenerlas calientes.

❻ En el sartén, verter el jugo que suelten los filetes y el alcohol. Calentar y añadir la crema fresca. Poner a hervir hasta que la salsa se vuelva un poco espesa y muy untuosa. Probar y, en caso de ser necesario, condimentar al gusto. Bañar los filetes de pato con esta salsa.

❼ Colocar los chícharos en otra fuente y añadirles el estragón picado. Servir todo muy caliente.

La piel puede utilizarse cortándola en cuadritos y friéndola en un sartén a fuego alto, sin ocupar ninguna materia grasa. Luego se la puede escurrir y agregarla a una ensalada verde, por ejemplo.

■ **Preparación:** 20 min ■ **Cocción:** alrededor de 30 min

EN ALGUNOS PAÍSES SE LLAMA:
Armagnac: aguardiente elaborado en la región francesa del mismo nombre. Chícharo: *alverja, arveja, guisante, petit pois*. Crema: *nata*. Mantequilla: *manteca*.

Filetes de pato con duraznos

Para 4 personas

- *2 filetes de pato*
- *4 duraznos blancos grandes*
- *80 g de mantequilla*
- *1 cucharadita de caldo de pollo en polvo*
- *50 ml de vino blanco*
- *sal y pimienta*

❶ Hacer algunas incisiones en la piel de los filetes con la punta de un cuchillo.

❷ Sumergir los duraznos durante 2 minutos en agua hirviendo, enfriarlos bajo un chorro de agua, pelarlos, cortarlos a la mitad, retirar el hueso y volver a cortar cada mitad en dos.

❸ Calentar 20 g de mantequilla en un sartén y freír los filetes de pato del lado de la piel, durante 5 minutos, a fuego muy alto. Escurrirlos, desechar la grasa y volverlos a colocar en el sartén. Condimentarlos con sal y pimienta al gusto y cocerlos a fuego moderado 5 minutos más de cada lado.

❹ Retirar los filetes del sartén, cortarlos en rebanadas y acomodarlos en la fuente de servicio caliente.

❺ En un sartén, derretir 20 g de mantequilla y cocer los cuartos de durazno de 5 a 7 minutos, sin dejar de revolverlos. Agregarlos a la charola, acomodándolos alrededor de los filetes de pato.

❻ Disolver el caldo de pollo en el vino blanco y verter esta mezcla en el sartén. Raspar bien los jugos de cocción y reducir todo el líquido en una tercera parte.

❼ Una vez fuera del fuego, agregar el resto de la mantequilla y verter esta salsa sobre los filetes de pato. Servir bien caliente.

■ **Preparación:** 15 min ■ **Cocción:** alrededor de 20 min

EN ALGUNOS PAÍSES SE LLAMA:
Durazno: *melocotón*. Hueso: *carozo*. Mantequilla: *manteca*.

Pato en salsa a la naranja

Para 4 personas

- 1 pato que pese de 1 y 1/2 kg a 1 kg y 800 g
- 2 cucharadas de aceite
- 300 ml de salsa a la naranja (→ ver pág. 73)
- sal y pimienta

❶ Preparar el pato (→ ver pág. 524).

❷ Precalentar el horno a 230 °C. Poner el pato en una charola, condimentarlo con sal y pimienta al gusto. Untarle aceite en toda la superficie y hornearlo de 40 a 45 minutos, bañándolo frecuentemente con los jugos de cocción.

❸ Preparar la salsa a la naranja.

❹ Cortar el pato, colocar los pedazos en la fuente en que se van a servir y bañarlos con la salsa a la naranja.

■ **Preparación:** 15 min ■ **Cocción:** de 40 a 45 min

> **EN ALGUNOS PAÍSES SE LLAMA:**
> Charola: *asadera.*

Pato laqueado

Para 4 o 6 personas

- 1 diente de ajo
- 20 g de jengibre
- 1 pizca de glutamato
- 4 cucharadas de salsa de soya
- 1/2 cucharadita de 5 especias
- 4 cucharadas de miel líquida
- 50 ml de vinagre
- 2 cucharadas de fécula de maíz
- 2 o 3 gotas de colorante rojo
- 2 cucharadas de sake (aguardiente de arroz)
- 1 cucharadita de salsa Hoisin
- 1/2 estrellita de anís
- 15 g de canela
- 20 granos de pimienta de Sichuán machacados
- 1 pato de 2 kg

❶ Picar el ajo y el jengibre fresco.

❷ En una ensaladera grande, preparar la "salsa para laquear" mezclando todos los ingredientes, en el orden en que aparecen en la lista.

❸ Preparar el pato (→ ver pág. 524) y picarlo en varios lugares con una aguja. Marinarlo en la salsa para laquear durante una noche completa. Luego, colgarlo y colocar una ensaladera por debajo, para que recupere parte de la salsa de la marinada.

❹ Con un pincel, untar el pato con la salsa de seis a ocho veces seguidas, dejando que se seque entre cada operación.

❺ Hornearlo en la brocheta del rostizador del horno durante 1 hora y cuarto, bañándolo cada 5 minutos con la salsa para laquear y su propio jugo. El éxito de la cocción depende del grado en que el pato absorba la salsa.

❻ Cortar el pato en rebanadas finas, perpendicularmente al sentido de las fibras.

> **El pato laqueado puede servirse con hojas de lechuga bien crocantes y cabezas de poro agridulces o con pepinillos.**

■ **Preparación:** 30 min ■ **Marinada:** 12 h

■ **Cocción:** 1 h 15 min

> **EN ALGUNOS PAÍSES SE LLAMA:**
> Fécula de maíz: *almidón de maíz, maicena.* Poro: *ajo porro, porro, puerro.* Rostizador: *asador.*

Rollo de pato

Para 6 u 8 personas

- *1 pato de 2 kg*
- *2 cucharadas de coñac*
- *1 pizca de 4 especias*
- *100 g de tripas*
- *250 g de hongos*
- *200 g de tocino*
- *250 g de carne magra de cerdo y 250 g de carne magra de ternera*
- *1 manojo de perejil*
- *50 g de polvo de almendras*
- *1 latita de cáscaras de trufa*
- *1 huevo*
- *200 ml de vino blanco*
- *2 cucharadas de oporto*
- *sal y pimienta*

❶ Pedir en la carnicería que deshuesen el pato por completo, sin cortar los filetes de la pechuga. Desprender toda la carne de la piel. Cortar los filetes en rebanadas muy delgadas y marinarlas durante 24 horas en el refrigerador, junto con el coñac, las cuatro especias, la sal y la pimienta.

❷ Remojar las tripas en agua fría.

❸ Limpiar los hongos.

❹ Picar la carne de pato, el tocino, las carnes de cerdo y de ternera, los hongos y el perejil y mezclarlo todo. Agregar el polvo de almendras, las cáscaras de trufa, el huevo, sal y pimienta al gusto y trabajar muy bien el relleno con las manos.

❺ En un sartén, saltear un poquito de esta mezcla para probarla y, de ser necesario, volverla a condimentar.

❻ Precalentar el horno a 200 °C.

❼ Extender la piel del pato en la mesa de trabajo, distribuir encima la mitad del relleno, repartir los pedazos de pato marinados y cubrir con el resto del relleno. Plegar nuevamente la piel del pato hacia el centro, del lado del pescuezo y de la rabadilla, y formar el rollo.

❽ Escurrir y secar las tripas y extenderlas sobre la mesa de trabajo. Envolver con ellas el rollo de pato y cortar el excedente. Atar todo con un hilo de cocina bien apretado.

❾ Colocar el rollo de pato en un plato hondo para horno y hornearlo de 1 hora y media a 1 hora 45 minutos bañándolo varias veces con un poco de vino blanco. Cuando al picar el rollo de pato se escurre un líquido translúcido, la cocción ha finalizado.

❿ Retirar los hilos y los elementos de la tripa que no se llegaron a derretir. Desgrasar el jugo de cocción y agregarle dos cucharadas de oporto y el resto del vino blanco. Luego, reducir el líquido a la mitad.

⓫ Cortar el rollo en rebanadas y presentarlo rodeado de berros y acompañado de la salsa.

Este rollo de pato también puede servirse frío, con una ensalada verde o mixta.

■ **Marinada:** 24 h ■ **Preparación:** 45 min

■ **Cocción:** de 1 h 30 min a 1 h 45 min, aproximadamente

> EN ALGUNOS PAÍSES SE LLAMA:
>
> Cerdo: *chancho, cochino, puerco.* Refrigerador: *heladera, nevera.* Rollo: *arrollado, rulo.* Tocino: *bacon, larda de tocino, panceta, tocineta.*

Pato: cocción lenta

Estofado de pato al vino tinto

Para 4 o 6 personas

- *1 pato de 2 kg*
- *1/2 litro de marinada cruda para carnes rojas y de caza (→ ver pág. 57)*
- *250 g de hongos*
- *1 diente de ajo*
- *100 g de tocino en cubitos*
- *1 cucharada de aceite de oliva o de cacahuate*
- *1 bouquet garni*
- *sal y pimienta*

❶ Preparar el pato (→ ver pág. 524) o pedir en la carnicería que lo hagan.

❷ Preparar la marinada, cortar el pato en pedazos y marinarlos en un plato hondo durante 2 horas en el refrigerador.

❸ Limpiar los hongos y cortarlos en pedazos si éstos son muy grandes. Pelar el ajo.

❹ Escurrir los pedazos de pato y secarlos.

❺ Calentar el aceite en una olla, sofreír los cubitos de tocino y luego los hongos. Escurrirlos. Dorar los pedazos de pato y escurrirlos también.

❻ Desechar la grasa de la olla y volver a poner en ella los cubitos de tocino y el pato. Añadir la marinada, los hongos, el ajo y el bouquet garni. Condimentar con sal y pimienta al gusto. Cocer durante 40 minutos a fuego bajo.

❼ Retirar el bouquet garni, desgrasar el líquido de cocción y servir muy caliente.

■ **Preparación:** 15 min ■ **Marinada:** 2 h

■ **Cocción:** alrededor de 40 min

> EN ALGUNOS PAÍSES SE LLAMA:
>
> Cacahuate: *cacahuete, maní.* Refrigerador: *heladera, nevera.* Tocino: *bacon, larda de tocino, panceta, tocineta.*

Pato a la ciruela

Para 4 o 6 personas

- 1 pato de aproximadamente 2 kg
- 30 ciruelas pasas deshuesadas al armagnac
- 25 g de mantequilla
- 1 copita de licor de armagnac
- 1/2 naranja bien lavada
- 1/2 botella de vino tinto de Burdeos
- 2 clavos de olor
- nuez moscada
- 6 granos de pimienta
- 1 ramita de tomillo
- 1 hoja de laurel
- 1 zanahoria
- 1/4 de rama de apio
- 1 cebolla grande
- 100 g de tocino ahumado en cubitos
- 1/2 cucharada de harina
- sal y pimienta

❶ Preparar el pato (→ ver pág. 524) o pedir en la carnicería que lo hagan. Condimentarlo por dentro con sal y pimienta al gusto y colocar ahí 10 ciruelas pasas al armagnac. Coserlo con hilo de cocina para que quede cerrado.

❷ En una olla, derretir la mantequilla y dorar el pato por todos sus lados. Calentar la mitad del licor de armagnac, verterlo en la olla y flambear. Tapar la olla y continuar con la cocción a fuego lento durante 1 hora como máximo.

❸ Mientras tanto, rallar la cáscara de naranja. Colocar la ralladura en una cacerola junto con el vino, los clavos de olor, un poco de nuez moscada rallada, los granos de pimienta triturados, el tomillo y el laurel. Dejar hervir todo a fuego bajo durante 10 minutos.

❹ Pelar la zanahoria y el apio. Cortarlos en cuadritos muy pequeños. Pelar y picar la cebolla.

❺ En un sartén, saltear los cubitos de tocino y luego agregar los cuadritos de zanahoria y de apio junto con la cebolla picada. Mezclar bien todo, espolvorear con harina y verter encima el vino aromatizado colado. Condimentar con sal y pimienta al gusto, revolver bien y cocer todo a fuego lento durante 20 minutos más.

❻ Sacar el pato, escurrirlo y mantenerlo caliente.

❼ Verter la salsa con el vino en la olla. Raspar bien los jugos de cocción que se hayan adherido al fondo y las paredes de la olla. Añadir el resto del armagnac y algunas ciruelas pasas. Volver a calentar todo.

❽ Rodear el pato con las ciruelas pasas restantes y bañarlo con la salsa.

■ **Preparación:** 15 min ■ **Cocción:** alrededor de 1 h 15 min

---

EN ALGUNOS PAÍSES SE LLAMA:

Armagnac: aguardiente elaborado en la región francesa del mismo nombre. Deshuesar: *descarozar*. Mantequilla: *manteca*. Tocino: *bacon, larda de tocino, panceta, tocineta*.

Pato a la naranja

Para 4 o 6 personas

- *6 naranjas*
- *70 g de mantequilla*
- *1 pato de 2 kg*
- *150 ml de Grand Marnier*
- *1 cucharada de vinagre*
- *150 ml de base oscura de ternera (→ ver pág. 50)*
- *10 g de harina*
- *sal y pimienta*

❶ Quitar la cáscara a dos de las naranjas y cortarla en bastoncitos delgados. Sumergirlos durante 5 minutos en agua hirviendo y luego escurrirlos. Reservarlos para usarlos más tarde.

❷ Pelar las cuatro naranjas restantes (quitándoles también la piel blanca), cortarlas en rebanadas y también reservarlas.

❸ Derretir 60 g de mantequilla en una olla y dorar el pato a fuego moderado. Condimentar con sal y pimienta al gusto. Tapar la olla, bajar el fuego y dejar que los ingredientes se incorporen durante 1 hora, volteando el pato varias veces.

❹ Verter 100 ml de Grand Marnier y cocer durante 5 minutos más.

❺ Escurrir el pato, envolverlo en una hoja de papel aluminio y mantenerlo caliente.

❻ Exprimir el jugo de las naranjas sin cáscara y agregarlo a la olla junto con el vinagre, el resto del Grand Marnier y la base oscura de ternera. Dejar que los ingredientes se incorporen a fuego lento durante 10 minutos. Colar y desgrasar esta salsa.

❼ Preparar una mantequilla enharinada (→ ver pág. 40), utilizando la harina y 10 g de mantequilla. Incorporarla a la salsa.

❽ Poner las rebanadas de naranja en una cacerola pequeña, agregar cuatro cucharadas de salsa, calentar y retirar las rebanadas en cuanto suelte el hervor. Verter el contenido de la cacerola en la olla.

❾ Cortar el pato y colocarlo sobre una fuente caliente. Recuperar el jugo que haya escurrido en la hoja de papel aluminio, verterlo en la olla, recalentar y finalmente colar la salsa. Agregar algunas cucharadas de salsa sobre el pato.

❿ Espolvorear el pato con las cáscaras y rodearlo con las rebanadas de naranja. Servir el resto de la salsa por separado.

■ **Preparación:** 45 min ■ **Cocción:** alrededor de 1 h 15 min

> **EN ALGUNOS PAÍSES SE LLAMA:**
> Mantequilla: *manteca.*

Pato a la piña

Para 4 personas

- *1 pato de 2 kg*
- *60 g de mantequilla*
- *1 copita de licor de ron*
- *1 lata grande de trocitos de piña en almíbar*
- *1 limón*
- *1 cucharada de pimienta verde*
- *sal y pimienta*

❶ Preparar el pato (→ ver pág. 524) o pedir en la carnicería que lo hagan. Condimentarlo con sal y pimienta al gusto. También agregar sal al hígado y colocarlo dentro del pato antes de atarlo.

❷ Derretir 30 g de mantequilla en una olla, dorar el pato por todos sus lados durante 20 minutos. Calentar el ron, verterlo en la olla y flambear.

❸ Añadir tres o cuatro cucharadas del almíbar de las piñas, el jugo de limón y la pimienta verde. Mezclar bien, tapar la olla y prolongar la cocción durante 1 hora, aproximadamente.

❹ Escurrir las rebanadas de piña, derretir el resto de la mantequilla en un sartén, y dorarlas por ambos lados para luego agregarlas a la olla. Dejar que se incorporen a fuego lento durante 5 minutos. Probar y, en caso de ser necesario, condimentar.

❺ Cortar el pato y colocar los pedazos en la fuente de servicio caliente. Adornar con las piñas y bañar con el jugo de cocción.

■ **Preparación:** 15 min ■ **Cocción:** 1 h 30 min

EN ALGUNOS PAÍSES SE LLAMA:
Mantequilla: *manteca.* Piña: *ananá.*

Pato con chícharos

Para 4 o 6 personas

- *1 pato de 2 kg*
- *12 cebollitas de Cambray*
- *1 kg de chícharos con vaina o 1/2 kg de chícharos congelados*
- *40 g de mantequilla*
- *200 g de tocino en cubitos*
- *250 ml de base blanca de ave (→ ver pág. 48)*
- *1 manojo de estragón*

❶ Preparar el pato (→ ver pág. 524) o pedir en la carnicería que lo hagan.

❷ Pelar las cebollitas de Cambray. Pelar los chícharos. En una olla, derretir la mantequilla y saltear ahí las cebollitas y los chícharos, junto con los cubitos de tocino, de 8 a 10 minutos. Luego, escurrirlos.

❸ En la misma olla, poner a dorar el pato por todos sus lados. Retirarlo, desechar la grasa de cocción y verter la base blanca de ave, raspando bien los jugos de cocción que se hayan adherido al fondo y las paredes de la olla.

❹ Volver a colocar el pato en la olla durante 30 minutos más y luego agregar los chícharos, las cebollitas, los cubitos de tocino y el manojo de estragón. Condimentar

- 1 cucharadita de azúcar morena
- sal y pimienta

con sal y pimienta al gusto. Espolvorear todo con el azúcar. Tapar la olla y cocer durante 35 minutos más.

⑤ Extraer el manojo de estragón, escurrir el pato, partirlo en pedazos y colocarlo sobre la fuente en que se va a servir.

⑥ Servir por separado en una ensaladera los chícharos con las cebollitas y en una salsera el jugo de cocción.

■ **Preparación:** 20 min ■ **Cocción:** alrededor de 1 h 20 min

EN ALGUNOS PAÍSES SE LLAMA:

Azúcar morena: *azúcar mascabada, azúcar moscabada, azúcar negra.* Cebollita(s) de Cambray: *cebolla china, cebolla de almácigo, cebolla de verdeo, cebolla en rama, cebolla junca, cebolleta(s), cebollín.* Chícharo: *alverja, arveja, guisante, petit pois.* Mantequilla: *manteca.* Tocino: *bacon, larda de tocino, panceta, tocineta.*

Pato con nabos

Para 4 o 6 personas

- 1 pato de 2 kg
- 80 g de mantequilla
- 1 cucharada de aceite
- 200 ml de vino blanco seco
- 1 kg de nabos pequeños y frescos
- 1 manojo de cebollitas de Cambray frescas
- sal y pimienta

① Preparar el pato (→ ver pág. 524) o pedir en la carnicería que lo hagan. Condimentarlo con sal y pimienta al gusto. Calentar 25 g de mantequilla junto con el aceite en una olla y dorar el pato.

② Escurrir el pato, desechar la grasa, volverlo a poner en la olla y bañarlo con el vino blanco. Tapar la olla y cocer durante 30 minutos a fuego bajo.

③ Pelar los nabos y las cebollitas de Cambray y blanquearlos por separado: los nabos 10 minutos y las cebollas 2 minutos. Colocar estas verduras alrededor del pato. Condimentarlas con sal y pimienta al gusto. Continuar la cocción de 25 a 30 minutos más.

④ Colocar tanto el pato como su guarnición de verduras en una fuente.

⑤ Reducir el jugo de cocción a fuego alto y agregar el resto de la mantequilla sin dejar de revolver. Bañar el pato con esta salsa y servir inmediatamente.

■ **Preparación:** 15 min ■ **Cocción:** alrededor de 1 h 15 min

EN ALGUNOS PAÍSES SE LLAMA:

Cebollita(s) de Cambray: *cebolla china, cebolla de almácigo, cebolla de verdeo, cebolla en rama, cebolla junca, cebolleta(s), cebollín.* Mantequilla: *manteca.*

Pato en escabeche

Para 6 personas

- 1 pato mediano
- 4 cebollitas de Cambray
- 1 rama de yerbabuena
- 4 hojas de laurel
- 5 dientes de ajo
- 8 pimientas
- 1 cebolla morada
- 1/2 taza de vinagre
- 1 chile serrano
- 2 zanahorias
- aceite para freír
- sal

❶ Lavar el pato, secarlo, humedecerlo con alcohol y flamearlo.

❷ Cocer el pato en suficiente agua con sal, dos hojas de laurel, las cebollitas de Cambray, cinco pimientas, el ajo y la yerbabuena por aproximadamente 90 minutos o hasta que esté tierno. Escurrirlo, deshebrarlo y dejar enfriar.

❸ Filetear la cebolla morada junto con el chile, freír en aceite por unos minutos, agregar el vinagre, tres pimientas, dos hojas de laurel y la sal; añadir dos tazas del caldo en que se coció el pato y las zanahorias cortadas en rodajas delgadas. Cocinar por unos minutos más y reservar.

❹ Colocar el pato en una fuente y bañar con la salsa anterior.

Este plato se sirve frío, acompañado de lechuga y jitomate.

■ **Preparación:** 20 min ■ **Cocción:** 2 h, aproximadamente

> **EN ALGUNOS PAÍSES SE LLAMA:**
>
> Cebolla morada: *cebolla roja*. Cebollita(s) de Cambray: *cebolla china, cebolla de almácigo, cebolla de verdeo, cebolla en rama, cebolla junca, cebolleta(s), cebollín*. Chile: *ají cumbarí, ají picante, conguito, guindilla, ñora, páprika (picante), pimentón picante, pimiento picante*. Deshebrar: *deshilachar, desmechar, desmenuzar*. Jitomate: *tomate*.

Foie gras de pato o de ganso

Foie gras crudo: preparación

Separar los lóbulos del hígado. Con un cuchillo pequeño, abrir uno de los dos lóbulos, partiendo de la parte más gruesa y separarla bien. Tomar la vena principal y, ayudándose con la punta de un cuchillo, jalarla ligeramente para despegarla. Quitar el mayor número posible de tubitos vasculares. Repetir los mismos pasos para el otro lóbulo.

Espolvorear los lóbulos con cinco pizcas grandes de sal fina y con una pizca de pimienta recién molida por cada lado. Volver a cerrar los lóbulos, envolverlos en una película plástica autoadherente y dejarlos reposar toda una noche en el refrigerador.

> **EN ALGUNOS PAÍSES SE LLAMA:**
> Refrigerador: *heladera, nevera.*

Foie gras envuelto

Para 4 o 6 personas

- *1 hígado de ganso de 700 g, aproximadamente, o 2 hígados de pato de alrededor de 350 g cada uno*
- *800 g de masa para brioche (→ ver pág. 111)*
- *1 trufa grande*
- *100 ml de coñac*
- *80 g de tripas*
- *300 ml de salsa Périgueux (→ ver pág. 85)*
- *sal y pimienta*

❶ Preparar el hígado (→ ver preparación de foie gras crudo, pág. 535).

❷ Preparar la masa para brioche.

❸ Cortar la trufa en bastoncitos, condimentarla con sal y pimienta al gusto y dejarla macerar en el coñac durante 30 minutos.

❹ Mechar el hígado con los bastoncitos de trufa. Condimentarlo con sal y pimienta al gusto y dejarlo macerar también en el coñac durante 2 horas, volteándolo varias veces.

❺ Poner la tripa a remojar. Precalentar el horno a 200 °C.

❻ Exprimir la tripa, secarla y envolver con ella el hígado. Colocar en una olla el hígado junto con su líquido de maceración, luego tapar la olla y hornear durante 15 minutos. Después, dejar que se enfríe.

❼ Extender la masa para brioche y cortarla en dos rectángulos. Engrasar una terrina con mantequilla y colocar ahí el primer rectángulo de masa, presionando con las yemas de los dedos para que se pegue bien en las orillas del molde. Poner ahí el hígado y taparlo con el segundo rectángulo de masa. Pegar bien los bordes de los dos rectángulos de masa.

❽ Colocar el molde en un lugar tibio y dejarlo así durante 2 horas para que la masa se leve. Precalentar el horno a 200 °C. Hornear durante 1 hora, aproximadamente.

❾ Preparar la salsa Périgueux. Desmoldar y servir. Presentar la salsa por separado.

> ■ **Preparación:** 3 h ■ **Maceración:** 2 h 30 min
> ■ **Reposo:** 2 h ■ **Cocción:** alrededor de 15 min + 1 h

Mousse de foie gras de pato o de ganso

- 1 foie gras de pato
- 1 litro de base blanca de ave (→ ver pág. 48)
- 1 huevo
- 400 ml de gelatina sin sabor
- 400 ml de salsa blanca o velouté de ave (→ ver pág. 65)
- 400 ml de crema fresca
- 1 trufa pequeña
- 1/2 manojo de estragón
- sal y pimienta

❶ Preparar el foie gras (→ ver pág. 535).

❷ Preparar la base blanca de ave. Poner a cocer un huevo hasta que esté duro. Preparar la gelatina.

❸ Envolver el hígado en una muselina, sumergirlo en la base blanca de ave bien caliente y cocerlo durante 20 minutos a hervores muy bajos. Pasarlo por un cernidor o colador, presionando bien con el mazo de un mortero.

❹ Llenar un recipiente con hielos. Colocar el puré de foie gras en una terrina y mezclarlo con 250 ml de gelatina aún líquida y con el velouté de ave. Colocar la terrina sobre el hielo y revolver todo con mucho cuidado.

❺ Condimentar con sal y pimienta al gusto. Batir ligeramente la crema y añadirla a la terrina sin dejar de mezclar.

❻ Cubrir con gelatina un molde redondo (→ ver preparación de áspic, pág. 206).

❼ Pelar el huevo duro, cortar la clara junto con la trufa en rodajas delgadas. Colocar todas estas rodajas sobre la gelatina, alternándolas con hojitas de estragón. Meter la terrina en el refrigerador.

❽ Llenar el molde con el mousse y cubrir la preparación con gelatina. Dejar que se enfríe y meterlo también en el refrigerador.

❾ Desmoldar sobre la fuente en que se va a servir o, si se desea, sobre un pan tostado con mantequilla. Rodear de gelatina picada.

■ **Preparación:** 2 h 30 min ■ **Cocción:** 20 min

> **EN ALGUNOS PAÍSES SE LLAMA:**
> Cernidor: *cedazo, tamiz*. Crema: *nata*. Refrigerador: *heladera, nevera*.

Terrina de foie gras semicocido

Para 1 terrina de 1 kg

- *1 kg de foie gras de pato o de ganso*
- *18 g de sal*
- *5 g de pimienta blanca*
- *2 g de 4 especias*
- *100 ml de oporto blanco*

❶ Quitarle los nervios a los lóbulos de foie gras (→ ver foie gras crudo, pág. 535). Colocarlos sobre una charola, condimentarlos con sal y pimienta al gusto, espolvorearlos con las cuatro especias por ambos lados y, finalmente, bañarlos con el oporto. Dejarlos marinar durante 12 horas en el refrigerador, volteándolos de vez en cuando.

❷ Precalentar el horno a 100 °C. Colocar los lóbulos de hígado en una terrina, aplastándolos bien de manera que no quede ninguna bolsa de aire. Colocar la terrina en un baño maría y comenzar la cocción sobre la estufa hasta que hierva el agua. Luego, hornear durante 40 minutos.

❸ Sacar la terrina del horno. Colocar encima una placa y un peso de 250 g. Dejar que se enfríe. Meterla en el refrigerador.

❹ Retirar la placa una vez que la grasa se haya solidificado. Colocar esta grasa en una cacerola o en el horno caliente para que se derrita. Luego, verterla sobre la superficie de la terrina.

❺ Desmoldar la terrina antes de servirla y cortarla en rebanadas.

> **Esta terrina puede conservarse durante 15 días en el refrigerador. Para ello, es necesario taparla con una película plástica autoadherente o extender bien la grasa sobre la superficie de manera que el contenido no entre en contacto con el aire y, así, se evite la oxidación.**

■ **Preparación:** 15 min ■ **Marinada:** 12 h
■ **Cocción:** 40 min

EN ALGUNOS PAÍSES SE LLAMA:

Charola: *asadera*. Estufa: *cocina* (dispositivo o aparato en el que se hace fuego o produce calor para guisar los alimentos). Refrigerador: *heladera, nevera*.

PAVO

En cocina, se utiliza el término "pavo" sin importar si se trata de una hembra o de un macho; sin embargo, la carne del macho es más seca. Se habla de pavito o de pavita cuando el animal apenas ha rebasado las 25 semanas de nacido: su carne es más fina que la del pavo. No hay que elegir los pavos o los pavitos según su tamaño, ya que éste varía considerablemente dependiendo de la variedad del animal. Sin embargo, algunos criadores se especializan en la producción de pavos grandes, que se utilizan para sacar los cortes de pechuga o para hornearse y también para vender las piernas por separado. Un buen pavo debe ser joven, graso y de cogote corto, con una tráquea flexible.

Pavo: asado, frito

Pavito asado o rostizado

Para 6 personas

- 1 pavito de 2 y 1/2 kg, aproximadamente
- 60 g de tocino en rebanadas delgadas
- sal y pimienta

❶ Preparar el pavito (→ ver preparación de pollo, pág. 568) y condimentarlo por dentro con sal y pimienta. Colocar un pedazo de tocino sobre el vientre del animal y otro sobre su dorso, y coserlo con hilo de cocina o pedir al carnicero que lo haga.

❷ Precalentar el horno a 200 °C. Colocar el pavito en una charola con dos o tres cucharadas de agua. Hornearlo de 50 a 55 minutos, aproximadamente (40 minutos por kg para una cocción en el horno y 30 minutos por kg para una cocción en el rostizador del horno).

❸ Alrededor de 15 minutos antes del final de la cocción, retirar el tocino para que la carne se dore por todos sus lados. Agregar sal al gusto. Bañar varias veces durante la cocción.

❹ Colar el jugo de cocción y servirlo en una salsera por separado.

■ **Preparación:** 10 min ■ **Cocción:** alrededor de 1 h 40 min

> **EN ALGUNOS PAÍSES SE LLAMA:**
> Charola: *asadera*. Rostizar: *asar*. Tocino: *bacon, larda de tocino, panceta, tocineta*.

Pavito asado relleno de castañas

Para 6 personas

- *1 pavito de 2 y 1/2 kg*
- *1 kg de castañas frescas o 600 g de castañas en conserva, al natural o congeladas*
- *600 ml de consomé de pollo comercial*
- *80 g de tripas*
- *80 g de tocino en rebanadas*
- *sal y pimienta*

❶ Preparar el pavito sin llegar a coserlo o bien pedir en la carnicería que lo hagan.

❷ Si están frescas, pelar las castañas luego de sumergirlas en agua hirviendo. Calentar el consomé de pollo y agregarlas. Cocerlas durante unos 15 minutos si están crudas o durante 5 minutos si están en conserva.

❸ Precalentar el horno a 200 °C. Poner a remojar las tripas en agua fría, escurrirlas y secarlas.

❹ Escurrir las castañas, colocarlas sobre la tripa y enrollarla como si se tratara de un embutido. Colocar este cilindro en el interior del ave y coser la abertura.

❺ Envolver el pavo con el tocino y coserlo con hilo de cocina. Condimentar con sal y pimienta al gusto. Luego, hornearlo como se indica en la receta del pavito asado (→ ver pág. 539).

❻ Servir el jugo de cocción colado y desgrasado en una salsera. Acompañarlo con castañas.

■ **Preparación:** 30 min ■ **Cocción:** 1 h 40 min

> **EN ALGUNOS PAÍSES SE LLAMA:**
> Tocino: *bacon, larda de tocino, panceta, tocineta.*

Pavo a la landesa

Para 4 o 6 personas

- *2 pimientos rojos*
- *4 jitomates*
- *12 cebollitas de Cambray blancas*
- *2 cucharadas de aceite de oliva*
- *1 pieza de pavo de 1 kg y 200 g*
- *1 bouquet garni*
- *sal y pimienta*

❶ Lavar y secar los pimientos. Pasarlos por la parrilla del horno, volteándolos varias veces hasta que la piel esté casi negra. Pelarlos, partirlos en dos y cortarlos en rebanadas tras haberles quitado las semillas.

❷ Pasar los jitomates por agua hirviendo, pelarlos, cortarlos en dos y quitarles las semillas. Pelar las cebollitas de Cambray.

❸ En una olla, calentar una cucharada de aceite de oliva y dorar la pieza de pavo por todos sus lados. Luego, retirarla de la olla.

❹ Desechar la grasa y verter la otra cucharada de aceite de oliva. Cuando el aceite esté caliente, agregar las cebollitas y sofreírlas. Luego, añadir el pimiento. Remover durante 2 o 3 minutos y luego agregar los jitomates. Condimentar con sal y pimienta al gusto.

❺ Volver a poner la pieza de pavo en la olla, en medio de las verduras. Añadir el bouquet garni junto con dos o tres cucharadas de agua caliente. Tapar la olla y dejar que los ingredientes se incorporen a fuego lento durante 1 hora, volteando la pieza varias veces.

❻ Escurrir la carne y cortarla en rebanadas gruesas. Colocarlas sobre la fuente en que se va a servir y agregar algunas de las verduras de cocción sobre cada rebanada.

■ **Preparación:** 30 min ■ **Cocción:** alrededor de 1 h 15 min

---

EN ALGUNOS PAÍSES SE LLAMA:

Cebollita(s) de Cambray: *cebolla china, cebolla de almácigo, cebolla de verdeo, cebolla en rama, cebolla junca, cebolleta(s), cebollín.* Jitomate: *tomate.* Pimiento: *ají, locote, morrón.* Quitar las semillas: *despepitar.*

Pavo horneado con trufas

Para 6 u 8 personas

- 1 pavo que pese de 2 y 1/2 kg a 3 kg
- 1 trufa grande
- 50 ml de coñac
- 250 g de manteca de cerdo
- 250 g de foie gras crudo
- 1/2 cucharadita de 4 especias
- 1/2 cucharadita de laurel en polvo
- 1/2 cucharadita de tomillo en polvo
- 100 g de tocino en rebanadas delgadas
- 100 ml de oporto o de madeira
- 150 ml de base blanca de ave (→ ver pág. 48)
- sal y pimienta

❶ Preparar el pavo (→ ver preparación de pollo, pág. 568) dejándole un pedazo largo de la piel del cogote.

❷ Pelar ligeramente la trufa, como para darle una forma regular, y cortarla en rodajas delgadas. Condimentarla con sal y pimienta y ponerla a remojar en el coñac. Conservar las cáscaras.

❸ Cortar en cubos grandes la manteca de cerdo y el foie gras crudo y convertirlos en puré, en el pasapuré.

❹ Agregar las cáscaras de trufa, sal, pimienta y las cuatro especias. Poner este relleno en una cacerola y cocerlo a fuego muy bajo, agregando el tomillo y el laurel en polvo; cocerlo durante 10 minutos más, siempre a fuego muy bajo.

❺ Escurrir las rodajas de trufa y agregar el coñac a la cacerola. Mezclar bien y luego dejar que se enfríe por completo.

❻ Colocar las rodajas de trufa bajo la piel del pavo, empujándolas con el dedo. Luego, embutir el relleno en el interior del pavo, coserlo con hilo de cocina y envolverlo con una película plástica autoadherente. Ponerlo en el refrigerador durante 24 horas.

❼ Precalentar el horno a 210 °C. Cubrir el pavo con las rebanadas de tocino y ponerlo en una olla muy grande. Hornearlo sin tapar la olla de 40 a 50 minutos por kg de peso (→ ver pavito asado, pág. 539).

❽ Una vez cocido, acomodar el pavo en una fuente y mantenerla caliente.

❾ Verter el oporto o el madeira y raspar bien los jugos de cocción con una cuchara de madera. Reducir la salsa hasta que no quede prácticamente nada de líquido.

❿ Verter la base blanca de ave, mezclar bien y reducir a la mitad.

⓫ Colar la salsa y servirla por separado, en una salsera.

■ **Preparación:** 40 min ■ **Reposo:** 24 h ■ **Cocción:** alrededor de 2 h 15 min

> EN ALGUNOS PAÍSES SE LLAMA:
>
> Cerdo: *chancho, cochino, puerco*. Madeira: *madera* (vino dulce elaborado en la isla de Madeira). Manteca: *grasa, lardo*. Pasapuré: *machacador, pisapapas, pisapuré*. Refrigerador: *heladera, nevera*. Tocino: *bacon, larda de tocino, panceta, tocineta*.

Pechugas de pavo a la crema

Para 4 personas

- *50 g de mantequilla*
- *4 filetes de pechuga de pavo*
- *100 g de hongos*
- *150 ml de vino blanco seco*
- *1/2 cucharada de mostaza al estragón*
- *200 ml de crema fresca espesa*
- *1/2 limón*
- *sal y pimienta*

❶ Derretir 30 g de mantequilla en un sartén y freír los filetes de pechuga por ambos lados. Luego, bajar el fuego y cocerlos alrededor de 10 minutos. Condimentarlos con sal y pimienta al gusto.

❷ Limpiar los hongos y cortarlos en rodajas delgadas. Luego, cocerlos con mantequilla en el sartén.

❸ Escurrir los filetes de pechuga, colocarlos en una fuente de servicio y mantenerlos calientes.

❹ Desechar la grasa del sartén y vaciar ahí el vino blanco. Desprender los jugos de cocción con una cuchara de madera y cocer durante 2 o 3 minutos.

❺ Diluir la mostaza en dos cucharadas del líquido de cocción. Luego, volver a vaciarla en el sartén. Agregar los hongos y la crema fresca y reducir en una tercera parte, aproximadamente.

❻ Verter en el sartén el jugo que suelten los filetes de pechuga. Probar y, en caso de ser necesario, condimentar con sal y pimienta. Añadir el jugo del limón y cocer durante 2 o 3 minutos más. La salsa debe estar bien untuosa. Bañar los filetes de pechuga con esta salsa y servir.

■ **Preparación:** 15 min ■ **Cocción:** alrededor de 25 min

> **EN ALGUNOS PAÍSES SE LLAMA:**
> Crema: *nata*. Mantequilla: *manteca*.

Pechugas de pavo al curry

Para 4 personas

- *4 filetes de pechuga de pavo*
- *4 chalotes*
- *50 g de mantequilla*
- *250 ml de crema ligera*
- *1 cucharada de curry suave*
- *pimienta de Cayena*
- *sal y pimienta*

❶ Condimentar las pechugas de pavo con sal y pimienta al gusto.

❷ Pelar y picar los chalotes.

❸ Calentar la mantequilla en un sartén y sofreír las pechugas 5 minutos de cada lado. Escurrirlas sobre la fuente en que se van a servir, cubrirlas con una hoja de papel aluminio y mantenerlas calientes.

❹ En el mismo sartén, cocer los chalotes a fuego bajo. Cuando los chalotes estén muy suaves, verter la crema y mezclar bien todo, desprendiendo con una espátula los jugos adheridos al sartén.

❺ Agregar el curry y una pizca de pimienta de Cayena. Condimentar con sal y pimienta al gusto y cocer sin dejar de remover durante 4 o 5 minutos, hasta que la salsa adquiera una consistencia muy untuosa.

❻ Agregar el jugo que hayan soltado las pechugas. Probar y, en caso de ser necesario, volver a condimentar. Bañar las pechugas con la salsa y servir.

> La guarnición clásica de los platos con curry es el arroz blanco: se le puede agregar **pasitas** o **nueces de acajú**.

■ **Preparación:** 8 min ■ **Cocción:** alrededor de 15 min

> **EN ALGUNOS PAÍSES SE LLAMA:**
> Chalote: *ascalonia, chalota, echalote, escalonia*. Crema: *nata*. Mantequilla: *manteca*. Nuez de acajú: *anacardo, castaña de acajú, castaña de cajú, nuez de cajú, nuez de la India, nuez de marañón*. Pasitas: *pasas, pasas de uva, uvas pasas, uvas secas*.

Pechugas de pavo empanizadas con almendras

Para 4 personas

- 2 huevos
- 100 g de almendras fileteadas
- 4 filetes de pechuga de pavo de aproximadamente 150 g cada uno
- 2 cucharadas de harina
- 40 g de mantequilla
- sal
- pimienta blanca en granos

❶ Romper los huevos en un plato hondo, batirlos y mezclarlos con las almendras.

❷ Condimentar los filetes de pechuga con sal y pimienta al gusto. Pasarlos uno a uno y por ambos lados por la harina y luego por la mezcla de huevos y almendras.

❸ Derretir la mantequilla en un sartén, a fuego bajo, y cocer los filetes de pechuga durante 5 minutos de cada lado. Servir de inmediato.

> Este plato se acompaña muy bien con un puré de papas (→ ver pág. 805) o de apio-nabo (→ ver pág. 681).

■ **Preparación:** 5 min ■ **Cocción:** alrededor de 10 min

> **EN ALGUNOS PAÍSES SE LLAMA:**
> Empanizado: *empanado, rebozado*. Mantequilla: *manteca*.

Pavo: cocción lenta

Alones de pavito Sainte-Menehould

Para 4 o 6 personas

- 1 zanahoria
- 1 cebolla
- 1 jitomate
- 100 g de mantequilla
- 12 o 18 alones de pavito
- 1 bouquet garni
- 100 ml de vino blanco
- 400 ml de consomé de pollo deshidratado
- 150 g de pan molido
- sal y pimienta

❶ Pelar la zanahoria y la cebolla y cortarlas en cuadros pequeños. Pasar los jitomates por agua hirviendo, pelarlos, quitarles las semillas y cortarlos también en cuadritos.

❷ En una olla, derretir 40 g de mantequilla y dorar los alones. Luego, añadir las verduras, el bouquet garni, mezclar bien y cocer durante 5 minutos.

❸ Verter el vino blanco y reducirlo hasta que prácticamente se haya consumido todo el líquido.

❹ Agregar el consomé y cocer durante 50 minutos a fuego bajo y con la olla tapada.

❺ Escurrir los alones y ponerlos en una ensaladera para que se enfríen. Derretir 40 g de mantequilla, verterla sobre los alones y mezclar bien.

❻ Pasar los alones por el pan molido, colocarlos en una charola y meterlos en el refrigerador durante 1 hora.

❼ Precalentar el horno a 220 °C. Derretir la mantequilla restante y bañar con ella los alones. Hornear durante 15 minutos para que estén bien dorados.

■ **Preparación:** 10 min ■ **Reposo:** 1 h
■ **Cocción:** 1 h 15 min

> **EN ALGUNOS PAÍSES SE LLAMA:**
> Charola: *asadera*. Jitomate: *tomate*. Mantequilla: *manteca*. Pan molido: *pan rallado*. Quitar las semillas: *despepitar*. Refrigerador: *heladera, nevera*.

Estofado de pavo casero

Para 6 u 8 personas

- 1 pavo de aproximadamente 3 kg
- 2 zanahorias
- 2 cebollas
- 2 jitomates
- 40 g de mantequilla
- 1 bouquet garni
- 100 ml de vino blanco
- 200 ml de base blanca de ave (→ ver pág. 48)
- 1 kg y 200 g de zanahorias pequeñas y frescas
- 600 g de cebollitas glaseadas (→ ver pág. 777)
- 240 g de tocino en cubitos
- sal y pimienta

❶ Preparar el pavo (→ ver preparación de pollo, pág. 568) o pedir en la carnicería que lo hagan. Condimentarlo con sal y pimienta al gusto.

❷ Pelar y cortar en cuadritos las zanahorias y las cebollas. Pasar los jitomates por agua hirviendo, pelarlos, quitarles las semillas y cortarlos también en cuadritos.

❸ Precalentar el horno a 180 °C. En una olla, derretir la mantequilla y dorar el pavo por todos sus lados. Agregar los cuadritos de verduras, el bouquet garni y cocer durante 5 minutos, sin dejar de remover. Condimentar con sal y pimienta al gusto.

❹ Verter el vino blanco y la base blanca de ave (también se puede utilizar un consomé comercial deshidratado). Tapar la olla y hornear durante 1 hora y media.

❺ Pelar las zanahorias, cortarlas en tres pedazos y cocerlas durante 10 minutos en agua hirviendo.

❻ Preparar las cebollitas glaseadas.

❼ Sumergir los cubitos de tocino en agua hirviendo durante 5 minutos y luego dorarlos un poco en un sartén.

❽ Añadir las zanahorias, las cebollitas y los cubitos de tocino a la olla. Luego, tapar la olla y cocer durante 30 minutos más, bañando varias veces con el jugo de cocción.

❾ Colocar el pavo sobre una fuente, colar el caldo de cocción y servirlo en una salsera, por separado.

■ **Preparación:** 15 min ■ **Cocción:** 2 h

> **EN ALGUNOS PAÍSES SE LLAMA:**
> Jitomate: *tomate*. Mantequilla: *manteca*. Quitar las semillas: *despepitar*. Tocino: *bacon, larda de tocino, panceta, tocineta*.

Pierna de pavo

Para 4 personas

- *200 g de relleno de ave*
  (→ ver pág. 105)
- *1 pierna grande de pavo*
- *100 g de tripas*
- *1 zanahoria*
- *1 cebolla*
- *1 jitomate*
- *40 g de mantequilla*
- *100 ml de vino blanco*
- *400 ml de base blanca de ave*
  (→ ver pág. 48)
- *sal y pimienta*

❶ Preparar el relleno de ave. Quitarle los huesos a la pierna de pavo y rellenarla con la preparación previa. Condimentar con sal y pimienta al gusto.

❷ Poner a remojar la tripa en agua, escurrirla, secarla y envolver con ella la pierna rellena.

❸ Pelar la zanahoria y la cebolla. Cortarlas en cubitos pequeños. Pasar los jitomates por agua hirviendo, pelarlos, quitarles las semillas y cortarlos también en cubitos.

❹ En una olla, derretir 40 g de mantequilla y poner a dorar la pierna. Luego, agregar las verduras, mezclar bien y cocer alrededor de 5 minutos.

❺ Verter el vino y reducirlo hasta que prácticamente no quede nada de líquido. Agregar la base blanca de ave y cocer a fuego bajo y con la olla tapada durante 50 minutos, aproximadamente.

❻ Colocar la pierna en la fuente en que se va a servir, colar el jugo de cocción y usarlo para bañar la pieza de pavo.

Este plato puede servirse con un puré de verduras, unas verduras cocidas (zanahoria, apio, etc.) o con arroz.

■ **Preparación:** 30 min ■ **Cocción:** 1 h

> **En algunos países se llama:**
> Jitomate: *tomate*. Mantequilla: *manteca*. Quitar las semillas: *despepitar*.

CONEJO

Los conejos domésticos que se crían por su carne, aunque también por su piel, se diferencian por su tamaño, su color y la textura de su pelaje, así como por la calidad de la carne. Los especímenes extraordinarios alcanzan los 10 kg, pero los conejos que se comercializan habitualmente, cuya edad no supera las 12 semanas, pesan de 1 kg y 200 g a 1 kg y 400 g, con los huesos, aunque sin las patas. Siempre son tiernos, ya que se matan jóvenes. Deben tener el cuello poco alargado, las patas delanteras flexibles, las garras cortas, el hígado pálido y sin manchas, una carne rosácea, una grasa muy blanca alrededor de la zona lumbar y el riñón muy visible. El conejo de granja, más grande que el conejo de criadero intensivo, es excelente si se alimenta de hierbas y cereales.

La carne del conejo de criadero, rosa pálido con la grasa blanca, necesita condimentarse con una marinada al vino, con chalotes, zanahorias, perejil, ajo y tomillo para poder preparar una terrina o un estofado. Durante la cocción del conejo, es imprescindible evitar que la carne se seque.

> **En algunos países se llama:**
> Chalote: *ascalonia, chalota, echalote, escalonia*.

Conejo: preparación y despiece

① Cortar la cabeza y los extremos de las patas.
② Retirar el hígado y los pulmones.
③ Separar las patas delanteras deslizando el cuchillo en la articulación entre el hombro y el tórax.
④ Separar las patas traseras de la rabadilla: desencajar la articulación y cortar rebanando a lo largo la columna vertebral hasta la cola. Dependiendo del grosor de los muslos, partirlos en dos de un golpe seco y preciso con la ayuda de un cuchillo grande o de un hacha de cocina.
⑤ Separar de la misma manera la parte torácica de la rabadilla a la altura de la primera costilla. Dependiendo del grosor de la rabadilla, cortarla en dos o tres pedazos iguales.
⑥ Separar el tórax en dos cortando a cada lado de la columna vertebral.

Áspic de conejo

Para 4 o 6 personas

- 1 conejo de 1 y 1/2 kg
- 1 botella de vino blanco (de preferencia, riesling)
- 2 cebollas
- 2 zanahorias
- 2 dientes de ajo
- 3 sobrecitos de gelatina sin sabor
- 1 manojo de cebollín
- 1 manojo de perejil liso
- 1 manojo de perifollo
- sal y pimienta

① Preparar y cortar el conejo (→ ver arriba preparación y despiece de conejo). Ponerlo en una terrina junto con el vino. Condimentar con sal y pimienta al gusto y dejar reposar durante 15 minutos en el refrigerador.
② Cortar las cebollas y las zanahorias en rodajas. Picar el ajo.
③ Colocar el conejo envinado en una olla, añadirle las verduras, mezclar y cocer durante 2 horas a fuego bajo.
④ Retirar el conejo de la olla y colar el líquido de cocción. Probar y, en caso de ser necesario, condimentar al gusto.
⑤ Disolver los sobrecitos de gelatina sin sabor en un bol con tres cucharadas del líquido de cocción caliente. Una vez disuelta la gelatina, mezclarla con el resto del líquido. Dejar enfriar.
⑥ Mientras tanto, deshuesar todos los pedazos de conejo.
⑦ Picar las hierbas muy finamente, mezclarlas con el conejo y acomodar todo en un molde rectangular.

❽ Colocar la gelatina poco a poco en el molde, para que penetre hasta el fondo del mismo. Poner en el refrigerador durante un mínimo de 3 horas.

■ **Preparación:** 30 min ■ **Cocción:** 2 h
■ **Refrigeración:** 3 h

> EN ALGUNOS PAÍSES SE LLAMA:
> Cebollín: *cebolleta, cebollino, ciboulette*. Refrigerador: *heladera, nevera*.

Conejo a la cazadora

Para 4 o 6 personas

- *1 conejo de 1 y 1/2 kg*
- *80 g de mantequilla*
- *3 cucharadas de aceite*
- *2 chalotes*
- *100 ml de vino blanco*
- *250 ml de salsa de tomate (→ ver pág. 80)*
- *1/2 litro de demi-glace (→ ver pág. 55)*
- *1 bouquet garni*
- *300 g de hongos*
- *5 ramitas de estragón*
- *5 ramitas de perifollo*
- *sal y pimienta*

❶ Cortar el conejo (→ ver preparación y despiece de conejo, pág. 547). Condimentarlo con sal y pimienta al gusto.

❷ Sofreírlo en una olla con 40 g de mantequilla. Escurrirlo, desechar la grasa de la olla, colocar los chalotes picados en la olla y cocerlos a fuego bajo de 2 a 3 minutos. Volver a colocar las piezas de conejo en la olla.

❸ Verter el vino blanco y dejar que el líquido se reduzca a la mitad. Agregar la salsa de tomate, el demi-glace y el bouquet garni. Tapar la olla y cocer durante 45 minutos a fuego muy bajo.

❹ Limpiar los hongos, cortarlos en rebanadas delgadas y saltearlos con 20 g de mantequilla. Añadirles sal y pimienta al gusto. Escurrirlos y luego agregarlos a la olla. Cocer todo 5 minutos más.

❺ Picar las hierbas finas. Probar y, en caso de ser necesario, condimentar al gusto. Incorporar la mantequilla restante y mezclar bien.

❻ Poner todo en una fuente y espolvorear con las hierbas finas picadas.

■ **Preparación:** 15 min ■ **Cocción:** alrededor de 50 min

> EN ALGUNOS PAÍSES SE LLAMA:
> Chalote: *ascalonia, chalota, echalote, escalonia*. Mantequilla: *manteca*.

Conejo a la ciruela

Para 4 o 6 personas

- *1 bol grande de té muy concentrado*
- *350 g de ciruelas secas*
- *1 conejo de aproximadamente 1 y 1/2 kg*
- *2 chalotes*
- *20 g de mantequilla*
- *2 cucharadas de aceite*
- *1 rama de tomillo*
- *200 ml de vino blanco*
- *1 cucharada de vinagre*
- *sal y pimienta*

❶ Preparar el té y remojar en él las ciruelas durante 2 horas.

❷ Preparar y cortar el conejo (→ ver preparación y despiece de conejo, pág. 547). Condimentar las piezas con sal y pimienta al gusto. Deshuesar las ciruelas. Pelar y picar los chalotes.

❸ Calentar la mantequilla y el aceite en una olla. Colocar en ella las piezas de conejo y dorarlas a fuego muy alto por todas sus caras. Añadir los chalotes, el tomillo y el vino blanco. Tapar la olla y dejar que los ingredientes se incorporen a fuego bajo, durante 30 minutos.

❹ Moler en la licuadora el hígado del conejo junto con el vinagre y agregarlo a la olla al mismo tiempo que las ciruelas escurridas. Cocer durante 20 minutos más.

❺ Servir muy caliente en la olla de cocción.

■ **Preparación:** 20 min ■ **Remojo:** 2 h ■ **Cocción:** 50 min

> **EN ALGUNOS PAÍSES SE LLAMA:**
> Chalote: *ascalonia, chalota, echalote, escalonia.* Deshuesar: *descarozar.* Mantequilla: *manteca.*

Conejo a la mostaza

Para 4 o 6 personas

- *1 conejo de 1 y 1/2 kg*
- *50 g de mantequilla*
- *2 ramas de ajedrea o de tomillo*
- *3 o 4 cucharadas de mostaza*
- *3 chalotes*
- *200 ml de vino blanco*
- *300 ml de crema fresca*
- *sal y pimienta*

❶ Preparar y cortar el conejo (→ ver preparación y despiece de conejo, pág. 547).

❷ Precalentar el horno a 210 °C. Engrasar con mantequilla una charola para horno y desmenuzar en ella la ajedrea.

❸ Con la ayuda de una cuchara, embadurnar con abundantes cucharadas de mostaza todos los pedazos de conejo, tanto por dentro como por fuera, y acomodarlos en la charola. Hornearlos durante unos 50 minutos. Voltear los pedazos de conejo a mitad de la cocción.

❹ Picar los chalotes, colocarlos en una cacerola junto con el vino, calentar y reducir a fuego lento hasta la mitad. Colar apoyando con el dorso de una cuchara.

❺ Retirar las piezas de conejo y acomodarlas en la charola en que se van a servir. Mantenerlas calientes.

❻ Verter el líquido de cocción en la reducción de chalotes y vino, agregar 250 ml de crema fresca y reducir en una tercera parte, aproximadamente.

❼ Mezclar una cucharada de mostaza con el resto de la crema y agregarla a la salsa. Mezclar bien y cocer de 2 a 3 minutos, sin dejar de revolver. Probar y, en caso de ser necesario, condimentar al gusto. Bañar el conejo con esta salsa.

■ **Preparación:** 20 min ■ **Cocción:** alrededor de 1 h

> **EN ALGUNOS PAÍSES SE LLAMA:**
> Chalote: *ascalonia, chalota, echalote, escalonia*. Charola: *asadera*. Crema: *nata*. Mantequilla: *manteca*.

Conejo con col

Para 4 o 6 personas

- *200 g de tocino con poca sal*
- *1 col verde fresca*
- *1 zanahoria*
- *1 nabo*
- *3 cebollas*
- *30 g de mantequilla*
- *1 conejo de 1 kg y 600 g cortado en pedazos*
- *150 ml de vino blanco seco*
- *sal y pimienta*

❶ Cortar el tocino en cuadritos y sumergirlos en agua fría. Ponerlos a hervir y, una vez alcanzada la ebullición, cocerlos durante 2 minutos. Escurrir los cubitos de tocino y conservar el agua donde se cocieron.

❷ Retirar el tronquito de la col, luego desprenderle las hojas, lavarlas, eliminar los bordes gruesos y sumergirlas durante 3 minutos en el agua de cocción del tocino. Luego, escurrir las hojas de col.

❸ Cortar la zanahoria, el nabo y las cebollas en pedacitos.

❹ Derretir la mantequilla en un sartén grande y poner a dorar los pedazos de conejo. Una vez que estén dorados, retirarlos del sartén y escurrirlos.

❺ En el mismo sartén, colocar los cubitos de tocino, luego reemplazarlos por las verduras, salvo la col. Dorarlas y escurrirlas.

❻ Cubrir el fondo de una olla con hojas de col, agregarle encima una capa de pedazos de conejo, cubitos de tocino y verduras. Luego, volver a colocar hojas de col y continuar así condimentando con un poco de sal y pimienta entre cada capa. Bañar con el vino blanco. Tapar la olla y cocer de 45 a 50 minutos a fuego lento. Servir en la misma olla.

■ **Preparación:** 30 min ■ **Cocción:** alrededor de 1 h

> **EN ALGUNOS PAÍSES SE LLAMA:**
> Col: *berza, repollo*. Mantequilla: *manteca*. Tocino: *bacon, larda de tocino, panceta, tocineta*.

Conejo encebollado

Para 4 o 6 personas

- 1 conejo de 1 y 1/2 kg
- 4 cebollas grandes
- 1 rebanada gruesa de jamón serrano
- 3 cucharadas de aceite de oliva
- 1 ramita de tomillo
- 1 copita de licor de armagnac
- 200 ml de vino blanco seco
- 1/2 kg de papas
- 30 g de mantequilla
- 1 cucharada de cebollín picado
- sal y pimienta

❶ Preparar y cortar el conejo (→ ver preparación y despiece de conejo, pág. 547).

❷ Pelar y cortar las cebollas en rodajas delgadas. Cortar el jamón en bastoncitos.

❸ Calentar dos cucharadas de aceite de oliva en una olla. Dorar los pedazos de conejo. Condimentar con sal y pimienta al gusto, desmenuzar el tomillo por encima. Agregar las cebollas y el jamón. Mezclar bien. Añadir el armagnac y cocer durante 5 minutos a fuego muy alto para que se reduzca.

❹ Verter el vino blanco, volver a mezclar, tapar la olla y dejar que todos los elementos se incorporen a fuego bajo durante 45 minutos.

❺ Mientras tanto, pelar las papas, cortarlas en cuadritos y saltearlas (→ ver pág. 804) con el resto del aceite de oliva y la mantequilla. Añadir sal y pimienta.

❻ Retirar los pedazos de conejo de la olla y colocarlos en la fuente en que se van a servir. Bañarlos con la salsa y espolvorear con el cebollín picado.

❼ Servir las papas por separado.

■ **Preparación:** 15 min ■ **Cocción:** alrededor de 1 h

> En algunos países se llama:
> Armagnac: aguardiente elaborado en la región francesa del mismo nombre. Cebollín: *cebolleta, cebollino, ciboulette.* Jamón serrano: *jamón crudo.* Mantequilla: *manteca.* Papa: *patata.*

Conejo marinado

Para 4 o 6 personas

- 1 conejo de 1 y 1/2 kg
- 1 litro de marinada cruda para carnes rojas y de caza con vino blanco (→ ver pág. 57)
- 250 g de tocino en cuadritos
- 30 g de mantequilla
- 1 cucharada de aceite

❶ Preparar y cortar el conejo (→ ver preparación y despiece de conejo, pág. 547). Preparar la marinada. Marinar los pedazos de conejo durante 12 horas en el refrigerador.

❷ Sumergir los cubitos de tocino en agua fría. Ponerlos a hervir y luego cocerlos durante 2 minutos. Posteriormente, escurrirlos.

❸ Retirar los pedazos de conejo de la marinada y secarlos con mucho cuidado. En un sartén salteador, calen-

- 24 cebollitas de Cambray
- 1 cucharada de harina
- 200 ml de vino blanco
- 200 ml de base blanca de ave
  (→ ver pág. 48)
- 1 bouquet garni
- 1 rama de ajedrea
- 3/4 kg de papas
- 2 cucharadas de perejil picado

tar la mantequilla con el aceite y dorar todos los pedazos de conejo. Una vez que estén bien dorados, retirarlos del sartén y escurrirlos.

❹ Dorar las cebollas y los cubitos de tocino. Escurrirlos. Desechar la grasa de cocción y volver a colocar los pedazos de conejo, las cebollas y los cubitos de tocino. Espolvorear con harina, mezclar y cocer hasta que adquieran algo de color.

❺ Colar la marinada y verter tres o cuatro cucharadas en la olla, añadir el vino blanco, la base blanca de ave, el bouquet garni y la ajedrea. Cocer durante 15 minutos a fuego medio.

❻ Pelar las papas, colocarlas en la olla, tapar esta última y continuar la cocción durante 45 minutos más.

❼ Espolvorear con el perejil picado y servir directamente en la misma olla.

■ **Preparación:** 30 min ■ **Marinada:** 12 h

■ **Cocción:** alrededor de 1 h

> **EN ALGUNOS PAÍSES SE LLAMA:**
>
> Cebollita(s) de Cambray: *cebolla china, cebolla de almácigo, cebolla de verdeo, cebolla en rama, cebolla junca, cebolleta(s), cebollín.* Mantequilla: *manteca.* Papa: *patata.* Refrigerador: *heladera, nevera.* Tocino: *bacon, larda de tocino, panceta, tocineta.*

Conejo rostizado

Para 4 personas

- 80 g de tocino graso
- 800 g de carne de conejo
  (rabadilla y patas)
- 1 cucharada de aceite de
  cacahuate
- 20 g de mantequilla
- 2 ramitas de perejil
- 1 rama de tomillo
- 1 rama de ajedrea
- 1/2 hoja de laurel
- sal y pimienta

❶ Precalentar el horno a 200 °C.

❷ Cortar el tocino en bastoncitos. Practicar incisiones en toda la superficie del conejo e introducir en ellas los bastoncitos de tocino, sin hundirlos por completo en la carne. Condimentar con sal y pimienta al gusto y untar el conejo con aceite y mantequilla.

❸ Ensartar el conejo en el rostizador del horno o colocarlo en una charola y hornearlo durante 30 minutos bañándolo varias veces con los jugos de cocción.

❹ Cortar el conejo, colocarlo en la charola de servicio. Desgrasar la charola de cocción o la grasera, en caso de que se haya utilizado un rostizador, verterle 250 ml de agua, raspar bien los jugos de cocción que se hayan quedado adheridos, añadir las hierbas finas, sal, pimienta y reducir en una tercera parte.

❺ Colar estos jugos y servirlos por separado en una salsera.

■ **Preparación:** 15 min ■ **Cocción:** alrededor de 35 min

> **EN ALGUNOS PAÍSES SE LLAMA:**
> Cacahuate: *cacahuete, maní.* Charola: *asadera.* Mantequilla: *manteca.* Rostizar: *asar.* Tocino: *bacon, larda de tocino, panceta, tocineta.*

Conejo salteado

Para 4 o 6 personas

- *1 conejo de aproximadamente 1 y 1/2 kg*
- *2 chalotes*
- *50 ml de aceite*
- *40 g de mantequilla*
- *100 ml de vino blanco*
- *1 litro de base oscura de ave*
- *1 bouquet garni*
- *1 cucharada de perejil picado*
- *sal y pimienta*

❶ Preparar y cortar el conejo (→ ver preparación y despiece de conejo, pág. 547). Condimentar las piezas con sal y pimienta al gusto.

❷ Pelar y picar los chalotes.

❸ Calentar la mantequilla y el aceite en una olla. Colocar en ella las piezas de conejo, dorarlas a fuego muy alto por todas sus caras y retirarlas de la olla. Desechar la grasa de cocción.

❹ Colocar los chalotes en la olla y cocerlos a fuego lento durante 3 minutos.

❺ Verter el vino blanco y reducir los líquidos a la mitad.

❻ Volver a colocar las piezas de conejo en la olla, mezclar y verter la base oscura de ave, agregar el bouquet garni. Tapar la olla y cocer durante 45 minutos a fuego lento.

❼ Retirar el bouquet garni. Probar y, en caso de ser necesario, condimentar al gusto. Servir directamente de la olla de cocción o en una fuente. Espolvorear con el perejil picado.

■ **Preparación:** 15 min ■ **Cocción:** alrededor de 50 min

> **EN ALGUNOS PAÍSES SE LLAMA:**
> Chalote: *ascalonia, chalota, echalote, escalonia.* Mantequilla: *manteca.*

Estofado de conejo

Para 4 o 6 personas

- *1 conejo de 1 y 1/2 kg*
- *250 g de cebollitas de Cambray blancas*
- *1 diente de ajo*
- *60 g de mantequilla*
- *1 cucharada de aceite*
- *100 g de tocino en cuadritos*
- *1 cucharada de harina*
- *1/2 litro de vino tinto*
- *1 bouquet garni*
- *200 ml de base blanca de ave (→ ver pág. 48)*
- *300 g de hongos*
- *300 g de papas pequeñas*
- *2 cucharadas de perejil picado*
- *sal y pimienta*

❶ Preparar y separar el conejo en pedazos (→ ver preparación y despiece de conejo, pág. 547).

❷ Precalentar el horno a 150 °C.

❸ Pelar las cebollitas de Cambray y el ajo. En una olla, calentar 25 g de mantequilla con el aceite y colocar en ella las cebollitas y los cubitos de tocino para que se doren. Retirarlos de la olla cuando estén bien dorados. Colocar en la misma olla el conejo, dorar los pedazos, condimentarlos con sal y pimienta al gusto. Una vez que los pedazos de conejo estén dorados, retirarlos de la olla.

❹ Añadir la harina a la olla y remover durante 2 minutos con la espátula. Verter el vino tinto y poner a hervir.

❺ Una vez que hierva, volver a colocar los pedazos de conejo en la olla junto con el bouquet garni y el ajo. Posteriormente, añadir la base blanca de ave. Tapar la olla y hornear durante 30 minutos.

❻ Limpiar los hongos y pelar las papas. Dorar ambos rápidamente en un sartén con el resto de la mantequilla. Agregarlos a la olla, revolver y continuar la cocción 30 minutos más dentro del horno.

❼ Escurrir los pedazos de conejo.

❽ Comprobar el grado de cocción de las papas y, en caso de ser necesario, continuar su cocción directamente sobre la estufa.

❾ Si la salsa está demasiado líquida, reducirla un poco a fuego bajo.

❿ Espolvorear el estofado con el perejil.

■ **Preparación:** 20 min ■ **Cocción:** alrededor de 1 h 10 min

> **EN ALGUNOS PAÍSES SE LLAMA:**
> Cebollita(s) de Cambray: *cebolla china, cebolla de almácigo, cebolla de verdeo, cebolla en rama, cebolla junca, cebolleta(s), cebollín.* Estufa: *cocina* (dispositivo o aparato en el que se hace fuego o produce calor para guisar los alimentos). Mantequilla: *manteca.* Papa: *patata.* Tocino: *bacon, larda de tocino, panceta, tocineta.*

Estofado de conejo con verduras

Para 4 personas

- 1 conejo muy fresco sin desollar de alrededor de 1 kg y 400 g
- 100 ml de sangre de conejo
- 1/2 cucharada de vinagre de vino
- 1 zanahoria pequeña
- 1 cebolla mediana
- 40 g de mantequilla
- 1 cucharada de aceite de cacahuate
- 2 cucharadas de harina
- 2 cucharadas de coñac
- 1 litro de vino tinto
- 1 bouquet garni
- 60 g de croûtons (→ ver pág. 839)
- 2 cucharadas de perejil picado
- sal y pimienta

❶ Pedir en la carnicería que desuellen y vacíen el conejo. Recuperar la sangre que resultó de este proceso y agregarle el vinagre. Ponerla en el refrigerador junto con el hígado y el corazón. Cortar el conejo en ocho pedazos. Condimentarlos con sal y pimienta al gusto.

❷ Cortar la zanahoria y la cebolla en cubitos pequeños.

❸ En una olla, saltear rápidamente los pedazos de conejo en el aceite y la mantequilla. Una vez que adquirieron algo de color, retirar los pedazos de carne de la olla.

❹ Desechar la grasa de la olla y saltear a fuego lento, en la misma olla, los cubitos de verduras.

❺ Volver a colocar los pedazos de conejo en la olla, espolvorearlos con harina y mezclar bien. Calentar el coñac, verterlo en la olla y flambear.

❻ Verter el vino tinto, agregar el bouquet garni, tapar la olla y cocer durante 45 minutos a fuego bajo para que no hierva demasiado fuerte.

❼ Preparar los croûtons.

❽ Escurrir los pedazos de conejo y mantenerlos en la fuente en que se van a servir cubiertos con una hoja de papel aluminio.

❾ Colar la salsa y verter un cucharón pequeño de la misma en la sangre con vinagre, diluir. Una vez fuera del fuego, añadir la mezcla de sangre y vinagre en la salsa y revolver bien.

❿ Probar y, de ser necesario, condimentar al gusto. Recalentar la salsa sin dejar que hierva y usarla para bañar los pedazos de carne de conejo.

⓫ Espolvorear con el perejil picado y rodear las piezas de carne con los croûtons.

■ **Preparación:** 30 min ■ **Cocción:** alrededor de 50 min

EN ALGUNOS PAÍSES SE LLAMA:

Cacahuate: *cacahuete, maní.* Mantequilla: *manteca.* Refrigerador: *heladera, nevera.*

Salchichas de conejo aplanadas

Para 4 personas

- *1 conejo de 1 y 1/2 kg*
- *150 g de tripas*
- *2 chalotes*
- *250 g de hongos*
- *1 manojo de perejil*
- *200 g de tocino ahumado en trocitos*
- *1/2 cucharadita de tomillo en polvo*
- *1/2 cucharadita de laurel en polvo*
- *50 ml de coñac o de grapa*
- *100 g de mantequilla*

❶ Cortar el conejo (→ ver preparación y despiece de conejo, pág. 547) y deshuesar la rabadilla y los muslos. Guardar la parte de adelante para utilizarla en otra ocasión. Condimentar con sal y pimienta. Cortar la rabadilla en tres pedazos.

❷ Poner las tripas a remojar.

❸ Pelar los chalotes, limpiar los hongos. Picarlos junto con el perejil y el tocino ahumado. Condimentar con pimienta, agregar el tomillo, el laurel y el coñac o la grapa. Mezclar todo muy bien. En un sartén, derretir 30 g de mantequilla y cocer este relleno durante 10 minutos.

❹ Precalentar el horno a 250 °C. Extender los pedazos de conejo deshuesados, rellenarlos con la mezcla y volverlos a cerrar.

❺ Secar las tripas, estirarlas suavemente sobre la mesa de trabajo y cortarlas en cinco partes iguales. Enrollar con ellas los pedazos de conejo.

❻ Engrasar con mantequilla una charola para horno, acomodar en ella las salchichas aplastadas de conejo, bañar con el resto de la mantequilla derretida y hornear. Una vez que están doradas de un lado, voltearlas. Bajar la temperatura del horno a 200 °C y cocer durante otros 30 minutos.

❼ Servir bien caliente en la misma charola.

■ **Preparación:** 45 min ■ **Cocción:** alrededor de 45 min

> **EN ALGUNOS PAÍSES SE LLAMA:**
> Chalote: *ascalonia, chalota, echalote, escalonia*. Charola: *asadera*. Mantequilla: *manteca*. Tocino: *bacon, larda de tocino, panceta, tocineta*.

GANSO

El ganso gris puede pesar hasta 12 kg después de la engorda: de este ganso se obtienen los mejores foies gras. Los gansos con plumaje blanco (del Bourbonnais o del Poitou) son más livianos (pesan de 5 a 6 kg). Generalmente, los gansos se sacrifican alrededor de los 3 meses, pues a esta edad los filetes ya están bien desarrollados y la carne es delicada.

Ganso: en conserva

Carne de ganso machacada

Para 1 terrina

- 1 ganso graso
- 1/2 kg de manteca de ganso, aproximadamente

Se prepara de la misma manera que los chicharrones de puerco de Tours (→ ver pág. 211) y con la misma guarnición aromática. Se coloca en frascos que luego se completan con la manteca de ganso.

> **EN ALGUNOS PAÍSES SE LLAMA:**
> Manteca: *grasa*.

Ganso: horneado

Ganso a la alsaciana

Para 8 o 10 personas

- 1 ganso de 3 kg
- 600 g de tocino en rebanadas con poca sal
- 1 cebolla grande
- 50 g de perejil
- 100 g de manteca de ganso
- 1 kg y 200 g de carne para salchichas
- 1 cucharada de aceite de cacahuate
- 2 kg y 400 g de chucrut
- 12 salchichas tipo alemán
- 100 ml de vino blanco
- 100 ml de caldo
- sal y pimienta
- 4 especias

❶ Pedirle al carnicero que prepare el ganso.

❷ Quitarle la sal al tocino sumergiéndolo en agua fría.

❸ Picar la cebolla y el perejil.

❹ En un sartén, derretir la manteca de ganso, sofreír las cebollas, luego la carne para salchichas y el perejil. Mezclar y cocer de 10 a 15 minutos. Condimentar con sal y pimienta al gusto y espolvorear con una buena pizca de cuatro especias.

❺ Precalentar el horno a 240 °C. Rellenar el ganso y coserlo con hilo de cocina. Hornearlo en una charola engrasada con aceite. Al cabo de 20 minutos, bajar la temperatura del horno a 180 °C y continuar la cocción durante 2 horas más.

❻ Lavar y luego secar el chucrut y cocerlo junto con el tocino. Después de 30 minutos, agregar dos o tres cucharadas de la grasa de cocción del ganso. Continuar la cocción durante otros 30 minutos más.

❼ Cocer las salchichas durante 15 minutos sin que hiervan demasiado fuerte.

❽ Extender el chucrut en una charola. Colocar el ganso por encima. Rodearlo con el tocino en pedacitos y las salchichas. Mantener la charola caliente dentro del horno apagado, cubierta con una hoja de papel aluminio.

❾ Quitarle la grasa a la charola donde se coció el ganso. Sobre la flama de la estufa, verterle el vino blanco y el caldo (o agua), raspar bien los jugos de cocción que se hayan quedado adheridos a las paredes o al fondo de la charola, reducir en una tercera parte y servir esta salsa en una salsera.

■ **Preparación:** 30 min ■ **Cocción:** alrededor de 2 h 30 min

> **EN ALGUNOS PAÍSES SE LLAMA:**
>
> Cacahuate: *cacahuete, maní.* Charola: *asadera.* Estufa: *cocina* (dispositivo o aparato en el que se hace fuego o produce calor para guisar los alimentos). Manteca: *grasa.* Tocino: *bacon, larda de tocino, panceta, tocineta.*

Ganso con castañas

Para 8 o 10 personas

- *1 ganso que pese de 2 y 1/2 kg a 3 kg*
- *400 g de castañas crudas, congeladas peladas o cocidas al vacío*
- *1/2 litro de base blanca de ave (→ ver pág. 48)*
- *1 rama pequeña de apio*
- *600 g de carne fina para salchichas*
- *3 cucharadas de aceite*
- *40 g de mantequilla*
- *3 ramitas de perejil*
- *sal y pimienta*

❶ Pedirle al carnicero que prepare el ganso. Condimentarlo por dentro con sal y pimienta.

❷ Cocer las castañas crudas o congeladas en la base blanca de ave junto con el apio (no tiene caso cocer las castañas al vacío). Mantenerlas crujientes, escurrirlas.

❸ Precalentar el horno a 220 °C. Mezclar las castañas con la carne para salchichas y rellenar el ganso con esta mezcla.

❹ Coser el ganso con hilo de cocina y condimentarlo con sal y pimienta, ahora por fuera. Colocarlo en la charola en que se va a cocer junto con el aceite y la mantequilla y dorarlo sobre la flama de la estufa a fuego alto.

❺ Hornear durante 15 minutos, luego bajar la temperatura del horno a 180 °C y cocer de 1 hora y media a 1 hora y 45 minutos más. Retirar el ganso de la charola luego de escurrirlo sobre la misma. Mantenerlo caliente.

❻ Quitarle la grasa a la charola de cocción, verterle 600 ml de agua, raspar los jugos de cocción con una cuchara de madera, agregar el perejil y reducir en una tercera parte.

❼ Colar el jugo en un colador chino, probarlo y, de ser necesario, condimentarlo al gusto. Servirlo por separado en una salsera.

■ **Preparación:** 30 min ■ **Cocción:** alrededor de 2 h

> **EN ALGUNOS PAÍSES SE LLAMA:**
>
> Charola: *asadera.* Estufa: *cocina* (dispositivo o aparato en el que se hace fuego o produce calor para guisar los alimentos). Mantequilla: *manteca.*

Ganso relleno de manzanas

Para 6 u 8 personas

- *1 ganso de aproximadamente 3 kg*
- *1 kg de manzanas amarillas o verdes*
- *2 cucharadas de calvados*
- *1 cebolla*
- *3 chalotes*
- *2 hojas de salvia*
- *50 g de mantequilla*
- *1 cucharada de aceite*
- *sal y pimienta*

❶ Pedirle al carnicero que prepare el ganso sin colocarle las rebanadas de tocino.

❷ Pelar las manzanas, cortarlas en cuartos y quitarles las semillas. Colocarlas en una ensaladera junto con el calvados, mezclar bien y dejar macerar durante 15 minutos.

❸ Precalentar el horno a 180 °C.

❹ Pelar y picar finamente la cebolla y los chalotes, así como las hojas de salvia. Mezclar todo con las manzanas y condimentar con sal y pimienta al gusto. Con una cuchara, rellenar el interior del ganso con esta mezcla y coser la abertura con hilo de cocina.

❺ Untar el ave con mantequilla. En una charola para horno, colocar el aceite y hornear el ganso. Cocerlo durante 2 horas bañándolo varias veces con los jugos de cocción. En caso de que sea necesario, agregar algunas cucharadas de agua a la charola.

Este ganso puede servirse con papas salteadas (→ ver pág. 804).

■ **Preparación:** 20 min ■ **Cocción:** 2 h

EN ALGUNOS PAÍSES SE LLAMA:

Chalote: *ascalonia, chalota, echalote, escalonia.* Charola: *asadera.* Mantequilla: *manteca.* Quitar las semillas: *despepitar.*

Ganso: cocción lenta

Cogotes de ganso rellenos

Para 4 personas

- *2 cogotes de ganso*
- *1 cucharada de sal gruesa*
- *200 g de foie gras fresco*
- *200 g de carne fina para salchichas*
- *2 huevos*

❶ Deshuesar los cogotes de ganso por completo, dejando adherida una buena parte de la piel de la pechuga.

❷ Voltear las pieles, condimentarlas con sal gruesa y dejarlas en el refrigerador durante 12 horas.

❸ Cortar el foie gras en cubitos. Picar toscamente la carne deshuesada de ganso y mezclarla con la carne para salchichas y los huevos.

❹ Añadir el foie gras, las cáscaras de trufa y el armagnac. Condimentar con sal y pimienta al gusto y agregar una pizca de cuatro especias.

- *1 latita de cáscaras de trufa*
- *50 ml de armagnac*
- *1 kg de manteca de ganso*
- *sal y pimienta*
- *4 especias*

❺ Rellenar los cogotes de ganso con esta mezcla y luego anudar los extremos de la piel.

❻ Derretir 1/2 kg de manteca de ganso en una olla y colocar en ella los cogotes para que se cuezan durante 1 hora, como para un "confit": la manteca debe cubrir los cogotes, de no ser así, se debe agregar más para que queden completamente cubiertos y, de esa manera, se confiten.

❼ Colocar los cogotes en frascos y cubrirlos con la manteca de ganso derretida. Tapar y conservar en el refrigerador.

Los cogotes de ganso rellenos se consumen fríos o calientes.

■ **Preparación:** 30 min ■ **Maceración:** 12 h
■ **Cocción:** 1 h

EN ALGUNOS PAÍSES SE LLAMA:
Armagnac: aguardiente elaborado en la región francesa del mismo nombre. Manteca: *grasa*. Refrigerador: *heladera, nevera*.

Estofado de ganso

Para 8 o 10 personas

- *1 ganso de 3 kg*
- *3 cebollas*
- *80 g de manteca de ganso*
- *2 cucharadas de harina*
- *750 ml de caldo de pollo deshidratado*
- *2 cucharadas de concentrado de tomate*
- *1 bouquet garni*
- *sal y pimienta*

❶ Pedirle al carnicero que corte el ganso en pedazos.

❷ Pelar y cortar finamente las cebollas.

❸ Derretir la manteca de ganso en una olla y dorar los trozos de ganso. Agregar las cebollas y también dejar que se doren durante 5 minutos.

❹ Espolvorear con harina y dejar que ésta tome un poco de color revolviendo de manera constante.

❺ Diluir el concentrado de tomate con el caldo de pollo y verterlo sobre los pedazos de ganso. Condimentar con sal y pimienta al gusto y mezclar bien.

❻ Agregar el bouquet garni y dejar que los ingredientes se incorporen a fuego lento durante 1 hora y media.

❼ Retirar del fuego, desgrasar la cocción y desechar el bouquet garni. Escurrir los pedazos de carne y acomodarlos en la fuente en que se van a servir.

Trucos y secretos de la cocina

Desgrasar un caldo o consomé

Pasar el caldo por un colador cubierto con una muselina. Dejar que el líquido recolectado se enfríe y luego colocarlo en el refrigerador.

Una vez que la grasa se haya solidificado en la superficie, retirarla con una cuchara o con una espumadera.

EN ALGUNOS PAÍSES SE LLAMA:
Refrigerador: *heladera, nevera.*

Desglasar

Después de haber retirado todos los ingredientes cocidos de su recipiente de cocción, verter el líquido que se prefiera para desglasar (crema, caldo, vino, etc.) sobre los jugos que se hayan dorado y caramelizado en el fondo del recipiente de cocción puesto sobre el fuego. Con una espátula, despegar estos jugos para que se diluyan bien en el líquido elegido.

Continuar la cocción durante 3 o 4 minutos, sin dejar de remover, para reducir la preparación. Probar y, en caso de ser necesario, condimentar al gusto. Si se desea, se puede colar esta salsa en un cernidor.

EN ALGUNOS PAÍSES SE LLAMA:
Cernidor: *tamiz, cedazo.* Crema: *nata.*

Preparar una salsa Bechamel

(→ ver pág. 64)

En una cacerola de fondo grueso, derretir la mantequilla a fuego lento y luego agregarle toda la harina. Revolver enérgicamente para obtener una mezcla lisa y homogénea. Esta mezcla constituye la base para la salsa.

Cocer la base, siempre a fuego lento, removiendo bien para evitar que se pegue en el fondo de la cacerola. La base no debe dorarse.

Retirar la cacerola del fuego y verter en ella toda la leche fría de una sola vez y sin dejar de batir para evitar la formación de grumos. (También se puede invertir el procedimiento: agregar la leche muy caliente sobre la base ya fría. Este método es preferible cuando la salsa se prepara en grandes cantidades.)

Volver a calentar el contenido de la cacerola, a fuego lento y sin dejar de remover, hasta que vuelva a soltar el hervor. Dejar que se cueza, sin que hierva, durante 2 o 3 minutos. Condimentar con sal, pimienta y, si se desea, con nuez moscada rallada. Una vez que haya finalizado la cocción, pasar la salsa por un colador chino (opcional).

Preparar una salsa bearnesa (→ ver pág. 91)

En una cacerola de fondo grueso, poner los chalotes picados y una parte del estragón y del perifollo, luego, agregar el vinagre al estragón y el vino blanco. Condimentar con sal y pimienta al gusto. Calentar la mezcla a fuego lento y dejar que se reduzca en dos terceras partes. Una vez fuera del fuego, colar la preparación (opcional) y dejar que se enfríe.

Añadir las yemas de huevo y un poco de agua a la preparación ya reducida y fría, y luego batirla enérgicamente. Colocar la cacerola en un baño maría a fuego lento.

Incorporar la mantequilla suavizada, poco a poco, sin dejar de batir.

Cuando la salsa adquiera una consistencia cremosa, agregarle el resto del estragón y del perifollo. Probar y, en caso de ser necesario, condimentar al gusto.

EN ALGUNOS PAÍSES SE LLAMA:
Chalote: *ascalonia, echalote, chalota, escalonia.*

Preparar una masa para repostería

(→ ver pág. 112)

Cernir la harina, agregarle una pizca de sal, la mantequilla suavizada y cortada en pedacitos y el huevo batido. Desmenuzar esta mezcla con la yema de los dedos.

Después, agregar agua muy fría y trabajar la masa con las manos lo más rápidamente posible. Formar una bola, aunque algunos pedacitos de mantequilla queden sin incorporarse. Luego, envolverla en una hoja de papel aluminio y dejarla reposar así durante 1 hora en el refrigerador.

Volver a colocar la masa sobre la mesa de trabajo previamente enharinada, y extenderla con la palma de la mano para deshacer los pedacitos de mantequilla que hayan quedado enteros.

Enharinar un rodillo para repostería y extender con él la masa de acuerdo con el grosor que requiera la receta.

EN ALGUNOS PAÍSES SE LLAMA:
Refrigerador: *heladera, nevera.* Rodillo: *bolillo, palo de amasar, palote, uslero.*

V

Limpiar vieiras

Colocar la concha con la parte abombada hacia abajo y con la charnela hacia atrás. Luego, introducir con fuerza la lámina de un cuchillo entre las dos valvas. Buscar el músculo interno y seccionarlo, deslizando la lámina del cuchillo a lo largo de la tapa.

Abrir la concha. Pasarla con mucho cuidado bajo un chorro de agua para eliminar la arena que pueda contener. Con una cuchara, desprender la vieira de su concha.

Con los pulgares, presionar para retirar el músculo interno al igual que la membrana, las barbas y la bolsa de color negro.

Cortar la ventosa del coral. Dejar remojando las conchas durante algunos minutos en agua fría para que eliminen toda su suciedad.

EN ALGUNOS PAÍSES SE LLAMA:
Vieira: *concha de abanico, conchitas.*

Desbarbar un pescado

Con unas tijeras bien afiladas, cortar al ras del pescado las aletas laterales y la aleta ventral, así como las barbas. Luego, desbarbar la aleta dorsal en contrasentido. Recortarle un poco la cola.

Escamar un pescado

Con un cuchillo escamador (o con un cuchillo cualquiera), raspar enérgicamente el pescado desde la cola hacia la cabeza. Enjuagar varias veces el pescado bajo un chorro de agua fría.

Vaciar un pescado

Si el pescado es de tamaño pequeño, es necesario vaciarlo por los oídos. Introducir el dedo índice en el opérculo y jalar suavemente primero las branquias y luego las vísceras.

Si el pescado es de tamaño mediano o grande, debe vaciarse por el vientre. Hacer una incisión de algunos centímetros, separar los bordes de la hendidura y retirar por ahí las vísceras.

Rellenar un pescado grande

Sostener el pescado con una mano por el vientre y, con un cuchillo, hacer una incisión que vaya desde la cabeza hasta la aleta trasera.

Separar la piel y desprender la espina central. Seccionarla a la altura de la cabeza y de la cola y luego retirarla.

Vaciar el pescado por el vientre (→ ver pág. VII), escamarlo, lavarlo y, finalmente, secarlo.

Condimentar con sal y pimienta el interior del pescado. Colocarle el relleno, comprimiéndolo bien. Con hilo de cocina, mantener cerrado el pescado, cosiéndolo en varios lados.

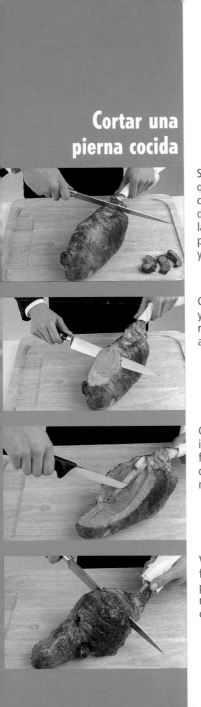

Cortar una pierna cocida

Sostener la pierna por el hueso de manera que la nuez (parte más abombada de la carne) quede hacia arriba. Con un cuchillo de carnicero, o con un cuchillo largo y de lámina delgada, cortar la carne que está pegada alrededor del hueso, desprenderla y conservarla por separado.

Colocar la pierna con la nuez hacia abajo y cortar la carne del lado opuesto en rebanadas delgadas, de manera paralela al hueso.

Con un cuchillo para rebanar, hacer una incisión poco profunda de cada lado del fémur. Desprender ligeramente el fémur de tal manera que la nuez se pueda cortar más fácilmente.

Voltear una vez más la pierna. Rebanar finamente la nuez, pero esta vez de manera perpendicular al hueso. También es posible rebanar primero la nuez después de haber cortado la carne que está pegada al hueso.

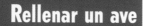

Rellenar un ave

Colocar el ave con la espalda hacia abajo, sosteniendo las patas hacia el lado izquierdo. Con una aguja e hilo de cocina, atravesar el ave, justo en la coyuntura de los muslos y de la grasa de las piernas. Tirar de la aguja y guardar un poco de hilo para poder anudarlo bien.

Voltear el ave, sosteniendo una vez más las patas hacia el lado izquierdo. Bajar la piel del pescuezo hacia la espalda. Atravesar el ave de un lado a otro, pero esta vez empezando a la altura del ala, atravesando también la piel, y pasando por debajo de la columna vertebral. Luego, ensartar la otra ala, tirar de la aguja y amarrar bien el primer hilo que había quedado.

Rellenar el ave con la preparación elegida, deslizando esta última con la mano por la rabadilla. Dejar un poco de espacio, pues el relleno se va a esponjar al momento de la cocción.

Cerrar la abertura con puntos regulares para impedir que el relleno se salga. Luego, terminar de coser todo.

Cortar un pollo cocido

Sostener el pollo con un trinche o con un tenedor firme. Con un cuchillo bien afilado, cortar la piel y la carne que está entre el muslo y la pechuga; luego, rebanar la carne contenida alrededor de la articulación.

Separar el muslo de la pierna.

Desprender la pechuga a lo largo de la quilla y luego cortar la articulación del ala.

Cortar la pechuga en dos.

Voltear un corazón de alcachofa

Después de haberle quitado el rabo a la alcachofa, emparejar el corazón con un cuchillo para quitarle todas las hojas. Bañarlo con limón.

Cortar las hojas a dos tercios de su altura, justo por debajo de la pelusa de la alcachofa. Recortar el contorno.

Separar el corazón y, con un cuchillo pequeño, retirarle con mucho cuidado las pelusas.

EN ALGUNOS PAÍSES SE LLAMA:
Alcachofa: *alcuacil*

Picar hierbas finamente

Sostener las hierbas con una mano y cortarlas con un cuchillo bien afilado. La parte afilada del cuchillo debe estar siempre ligeramente inclinada hacia el exterior.

Preparar una brunoise de zanahorias

Después de haber pelado y lavado las zanahorias, cortarlas a lo largo en rebanadas de 1 a 2 mm de grosor. Luego, superponerlas y cortarlas en bastoncitos muy delgados.

Tomar varios bastoncitos con una mano y cortarlos en cubitos minúsculos. Utilizar la brunoise de inmediato o bien conservarla durante algunos minutos dentro de un trapo húmedo.

EN ALGUNOS PAÍSES SE LLAMA:
Trapo: *paño, repasador, toalla o trapo de cocina.*

Preparar una juliana de poros

Cortar la parte blanca del poro en trozos de 5 a 10 cm de largo, y luego a lo largo.

Colocar las tiritas obtenidas en un lugar plano y cortarlas en filamentos delgados. La juliana se prepara con una o varias verduras, pero también se puede hacer con otros ingredientes: pechugas de pollo, hongos, pepinillos, jamón, pimiento, trufas, etc.

EN ALGUNOS PAÍSES SE LLAMA:
Poro: *puerro, ajo porro, porro.* Pimiento: *ají, locote, morrón.*

Preparar una crema inglesa (→ ver pág. 873)

En una cacerola, verter la leche y agregarle la vaina de vainilla partida y rallada. Dejar que hierva a fuego lento y, una vez alcanzada la ebullición, retirar la cacerola del fuego y dejar que repose durante 3 minutos.

En un bol, poner las yemas de huevo, añadir el azúcar y batir hasta que la mezcla adquiera una consistencia espumosa.

Extraer la vaina de vainilla de la leche y verter esta última poco a poco sobre las yemas de huevo batidas, sin dejar de revolver.

Verter la preparación en la cacerola y calentar a fuego lento para que se espese. No dejar que hierva. La crema está lista cuando la mezcla se adhiera a la cuchara.

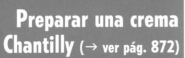

Preparar una crema
Chantilly (→ ver pág. 872)

Poner una ensaladera y la crema líquida, por separado, en el refrigerador durante 2 horas. Luego, colocar la crema en la ensaladera.

Con una batidora eléctrica, batir la crema a velocidad media (o bien utilizar un batidor manual).

Cuando la crema comience a elevarse, agregar el azúcar granulada y continuar batiendo.

Dejar de trabajar la crema una vez que esté firme y que forme un pico en las aspas de la batidora.

EN ALGUNOS PAÍSES SE LLAMA:
Crema: *nata*. Refrigerador: *heladera, nevera*.

Preparar un caramelo

(→ ver pág. 1082)

Para preparar el caramelo, escoger una cacerola de fondo grueso. Derretir los terrones de azúcar junto con el agua a fuego muy bajo. No se debe remover aunque se recomienda inclinar la cacerola de vez en cuando para que el color se unifique y el calor se distribuya homogéneamente.

Verificar si el caramelo ya adquirió el color deseado colocando una cucharada del mismo sobre un plato blanco. Si el caramelo tiene un color rubio claro, sirve para realizar las decoraciones.

Agregarle media cucharadita de vinagre de alcohol o de jugo de limón para que el caramelo permanezca líquido más tiempo.

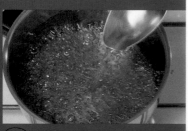

Continuar la cocción a fuego lento. Una vez que el caramelo esté oscuro, detener la cocción. Agregar un poco de agua fría y retirar la cacerola del fuego. El caramelo oscuro sirve para aromatizar cualquier tipo de preparación.

❽ Reducir el jugo de cocción en una tercera parte y verterlo sobre las piezas de ganso.

■ **Preparación:** 20 min ■ **Cocción:** 1 h 45 min

> **EN ALGUNOS PAÍSES SE LLAMA:**
> Manteca: *grasa*.

PALOMA

La paloma, doméstica o salvaje, debe escogerse muy joven y carnosa, cuando su carne tiene un color rosado y contiene muy poca grasa. Los pichones, cuya edad oscila alrededor del mes, son particularmente tiernos y la mayoría de las veces se consumen horneados. La paloma salvaje más consumida es la paloma torcaz, de carne más densa y más perfumada que la de la paloma doméstica.

Palomas a la niçoise

Para 6 personas

- *6 palomas*
- *20 cebollitas glaseadas (→ ver pág. 777)*
- *1 kg de chícharos chinos*
- *20 g de mantequilla*
- *1 cucharada de aceite*
- *1 hoja de laurel*
- *1 rama de ajedrea*
- *100 ml de vino blanco*
- *200 g de aceitunas negras*
- *sal y pimienta*

❶ Preparar las palomas (→ ver preparación de pollo, pág. 568).

❷ Preparar las cebollitas glaseadas. Quitarles los filamentos a los chícharos chinos.

❸ En una olla, derretir la mantequilla junto con el aceite y dorar las palomas, volteándolas para que se doren bien. Espolvorear con la hoja de laurel y la rama de ajedrea desmenuzadas. Mezclar bien.

❹ Verter el vino blanco y añadir las cebollitas glaseadas. Dejar que los ingredientes se incorporen a fuego bajo durante 15 minutos.

❺ Mientras tanto, cocer al vapor los chícharos chinos en una vaporera o dentro de un colador metálico ubicado sobre una olla grande llena de agua hirviendo.

❻ Agregar las aceitunas a la olla y cocer las palomas de 10 a 15 minutos más. Probar y, en caso de ser necesario, condimentar al gusto.

❼ Colocar los chícharos chinos en la fuente de servicio y acomodar encima las palomas junto con las aceitunas y las cebollitas glaseadas como guarnición.

Los chícharos chinos pueden reemplazarse por ejotes.

■ **Preparación:** 40 min ■ **Cocción:** alrededor de 30 min

> **EN ALGUNOS PAÍSES SE LLAMA:**
> Chícharo: *alverja, arveja, guisante, petit pois*. Ejote: *chaucha, judía verde, poroto verde, vaina, vainica, vainita*. Mantequilla: *manteca*.

Palomas con chícharos

Para 4 personas

- *4 palomas*
- *1 y 1/2 kg de chícharos frescos*
- *1 corazón de lechuga*
- *20 cebollitas de Cambray tipo cascabel*
- *1 chalote*
- *50 g de mantequilla*
- *1 cucharada de aceite de cacahuate*
- *200 ml de vino blanco*
- *60 g de tocino en cubitos*
- *1 pizca de azúcar*
- *sal y pimienta*

❶ Preparar las palomas (→ ver preparación de pollo, pág. 568) o pedir que lo hagan en la carnicería.

❷ Quitarles las vainas a los chícharos. Lavar y secar el corazón de lechuga. Pelar las cebollitas de Cambray. Pelar y picar finamente el chalote.

❸ Calentar en una olla 25 g de mantequilla y el aceite. Sofreír el chalote sin dejar de remover. Agregar las palomas y dorarlas volteándolas varias veces. Condimentar con sal y pimienta. Verter el vino blanco, tapar la olla y cocer durante 20 minutos.

❹ Mientras tanto, derretir en una cacerola el resto de la mantequilla y dorar en ella los cubitos de tocino. Agregar los chícharos, las hojas de lechuga y las cebollitas de Cambray. Condimentar con sal, agregar el azúcar y dos vasos de agua. Tapar la cacerola y cocer durante 15 minutos a fuego medio.

❺ Escurrir las palomas y colocarlas en la cacerola junto con los chícharos. Cubrirlas ligeramente con la guarnición y continuar la cocción a fuego lento durante 5 minutos más. Servir muy caliente.

■ **Preparación:** 30 min ■ **Cocción:** alrededor de 40 min

EN ALGUNOS PAÍSES SE LLAMA:

Cacahuate: *cacahuete, maní*. Cebollita(s) de Cambray: *cebolla china, cebolla de almácigo, cebolla de verdeo, cebolla en rama, cebolla junca, cebolleta(s), cebollín*. Chalote: *ascalonia, chalota, echalote, escalonia*. Chícharo: *alverja, arveja, guisante, petit pois*. Mantequilla: *manteca*. Tocino: *bacon, larda de tocino, panceta, tocineta*.

Palomas en compota

Para 4 personas

- *4 palomas*
- *1 cucharada de bayas de enebro*
- *4 cucharadas de grapa*

❶ Preparar las palomas (→ ver preparación de pollo, pág. 568).

❷ Condimentarlas con sal y pimienta tanto por dentro como por fuera. Luego introducir en cada ave tres o cuatro bayas de enebro y una cucharada de grapa. Voltearlas, con el cogote hacia abajo, para cubrirlas bien con la grapa.

- 100 g de rebanadas de tocino muy delgadas
- 2 manojos de cebolletas
- 150 g de hongos
- 30 g de mantequilla
- 1 cucharada de aceite
- 100 g de cubitos de tocino ahumado
- 1 bouquet garni
- 200 ml de vino blanco
- 200 ml de caldo de pollo deshidratado
- sal y pimienta

❸ Colocar una rebanada muy delgada de tocino sobre el dorso y la pechuga y coser las palomas con hilo de cocina.

❹ Pelar las cebolletas y los hongos y cortar estos últimos muy finamente. Precalentar el horno a 200 °C.

❺ En una olla derretir la mantequilla junto con el aceite y dorar las palomas. Retirarlas.

❻ Colocar en la olla las cebolletas, los cubitos de tocino ahumado y los hongos, y dorarlos. Agregar el bouquet garni, el vino blanco y el caldo de pollo y reducir la salsa en dos terceras partes.

❼ Volver a colocar las palomas en la olla, tapar esta última y ponerla a hervir. Una vez alcanzada la ebullición, meterla en el horno de 30 a 35 minutos.

❽ Retirar el bouquet garni, quitar el hilo a las palomas, acomodarlas en la fuente de servicio, previamente calentada, y bañarlas con el jugo de cocción colado.

■ **Preparación:** 30 min ■ **Cocción:** alrededor de 40 min

> **EN ALGUNOS PAÍSES SE LLAMA:**
> Cebolleta: *cebollín, cebollino, ciboulette*. Mantequilla: *manteca*. Tocino: *bacon, larda de tocino, panceta, tocineta*.

Palomas horneadas o rostizadas

Para 4 personas

- 4 palomas
- 200 g de tocino en rebanadas
- 3 ramitas de perejil
- 1 ramita de tomillo
- sal y pimienta

❶ Preparar las palomas (→ ver preparación de pollo, pág. 568) o pedir que lo hagan en la carnicería. Condimentarlas con sal y pimienta por dentro y por fuera. Colocar una rebanada de tocino sobre la pechuga antes de coserlas.

❷ Precalentar el horno a 200 °C. Hornear las palomas durante 20 minutos, o cocerlas en el rostizador del horno durante 30 minutos.

❸ Retirar las palomas del horno y mantenerlas calientes en la fuente de servicio. Verter 250 ml de agua en la charola de cocción, o en la grasera en caso de tratarse de un rostizador, raspar los jugos de cocción que se hubieran quedado adheridos a las paredes o al fondo de la charola, agregar el perejil y el tomillo y reducir en una tercera parte.

❹ Colar el jugo y usarlo para bañar las palomas, o bien servirlo por separado, en una salsera.

■ **Preparación:** 15 min ■ **Cocción:** de 20 a 30 min

> **EN ALGUNOS PAÍSES SE LLAMA:**
> Charola: *asadera*. Rostizar: *asar*. Tocino: *bacon, larda de tocino, panceta, tocineta*.

GALLINA PINTADA O GALLINETA

La gallina pintada o gallineta está disponible durante todo el año. Las gallinas o los pollos pintados deberían estar etiquetadas señalando el lugar de origen, el tipo de alimentación y la duración de la crianza; el término "de granja" se reserva a las pintadas que se criaron al aire libre.

La gallina pintada es un ave de tamaño modesto, similar al de un pollo pequeño. Su carne es muy fina, aunque un poco seca, por lo que necesita un aporte de materias grasas más importante que el recibido por otras aves. Cuando la gallina pintada se consume joven —que es cuando recibe el nombre de "pollo pintado"—, su carne es muy tierna y sabrosa, y se puede hornear o preparar como el faisán joven o la perdiz. La gallina pintada adulta se cocina sobre todo en fricasé o como el capón.

Gallina pintada con col

Para 4 personas

- 1 gallina pintada que pese de 1 kg a 1 kg y 200 g
- 1 col verde rizada pequeña
- 250 g de tocino ahumado
- 1 cucharada de aceite de cacahuate
- 30 g de mantequilla
- sal y pimienta

❶ Preparar la gallina pintada (→ ver preparación de pollo, pág. 568) o pedir que lo hagan en la carnicería, sin rodearla de tocino.

❷ Cortar la col en cuatro, retirando las hojas gruesas del exterior. Sumergirla 5 o 6 minutos en agua hirviendo con sal y escurrirla.

❸ Cortar el tocino en pedazos grandes. Ponerlos en una olla y calentarlos, sin dejar de remover, a fuego medio. Luego, escurrirlos.

❹ Agregar el aceite a la olla y dorar la gallina pintada, volteándola varias veces para que se dore bien por todos lados.

❺ Volver a colocar los pedazos de tocino en la olla, agregar los cuartos de col y condimentar con pimienta. Tapar la olla y continuar la cocción a fuego muy bajo de 45 a 50 minutos más.

❻ Retirar de la olla la gallina pintada, quitarle los hilos y despiezarla.

❼ Retirar la col y los pedazos de tocino de la olla. Colocarlos en la fuente de servicio, poner las piezas de gallina encima y mantener todo caliente.

❽ Colar los jugos de cocción, verterlos en la olla a fuego alto y reducirlos en una tercera parte.

❾ Una vez fuera del fuego, agregarles la mantequilla, batiendo bien. Probar y, de ser necesario, condimentar al gusto. Servir los jugos de cocción por separado, en una salsera.

■ **Preparación:** 30 min ■ **Cocción:** alrededor de 1 h

> **EN ALGUNOS PAÍSES SE LLAMA:**
> Cacahuate: *cacahuete, maní*. Col: *berza, repollo*. Mantequilla: *manteca*. Tocino: *bacon, larda de tocino, panceta, tocineta*.

Gallina pintada a la normanda

Para 4 personas

- *1 gallina pintada que pese de 1 kg a 1 kg y 200 g*
- *6 manzanas*
- *1/2 limón*
- *40 g de mantequilla*
- *1 cucharada de aceite de cacahuate*
- *100 ml de sidra (o de agua)*
- *1 copita de licor de calvados*
- *150 ml de crema fresca*
- *sal y pimienta*

❶ Preparar la gallina pintada (→ ver preparación de pollo, pág. 568) o pedir que lo hagan en la carnicería. Cortarla en cuatro. Condimentar los pedazos con sal y pimienta al gusto.

❷ Pelar las manzanas, cortarlas a la mitad, retirarles el corazón y las semillas y rociarlas con jugo de limón para que no se oscurezcan.

❸ Derretir 20 g de mantequilla junto con el aceite en una olla y dorar los pedazos de gallina.

❹ Verter la sidra o el agua en la olla, tapar esta última y cocer durante 15 minutos a fuego bajo. A continuación, agregar el calvados, volver a tapar la olla y continuar la cocción otros 15 minutos.

❺ Mientras tanto, en un sartén, derretir 20 g de mantequilla y dorar las mitades de manzana por ambos lados, de 3 a 4 minutos.

❻ Escurrir las piezas de gallina pintada y acomodarlas en una charola caliente. Añadir la crema al jugo de cocción y hervir de 3 a 4 minutos hasta que la salsa tenga una consistencia untuosa. Probar y, de ser necesario, condimentar al gusto.

❼ Bañar las piezas de gallina pintada con esta salsa, rodearlas con las mitades de manzana y servir inmediatamente.

■ **Preparación:** 20 min ■ **Cocción:** alrededor de 45 min

En algunos países se llama:
Cacahuate: *cacahuete, maní.* Charola: *asadera.* Crema: *nata.* Mantequilla: *manteca.*

Gallina pintada horneada

Para 4 personas

- *1 gallina pintada que pese de 1 kg a 1 kg y 200 g*
- *200 g de tocino en rebanadas delgadas*
- *20 g de mantequilla*
- *3 ramas de perejil*
- *1 ramita de tomillo*
- *1/2 manojo de berros*
- *sal y pimienta*

❶ Preparar la gallina pintada (→ ver preparación de pollo, pág. 568) o pedir que lo hagan en la carnicería. Condimentarla con sal y pimienta al gusto, tanto por dentro como por fuera. Cubrir la pechuga con el tocino en rebanadas. Coserla con hilo de cocina. Untar toda la gallina pintada con mantequilla.

❷ Colocar la gallina pintada en una charola y hornearla de 30 a 40 minutos a 200 °C (35 minutos si la cocción se hace en el rostizador del horno). Una vez cocida, retirar la gallina pintada del horno y mantenerla caliente.

❸ Verter 250 ml de agua en la charola, o en la grasera del rostizador, raspar las paredes y el fondo con una cuchara de madera para desprender lo que haya quedado adherido, agregar el perejil y el tomillo, y reducir el líquido en una tercera parte.

❹ Colar la salsa y usarla para bañar las piezas de gallina pintada, o bien servirla por separado, en una salsera. Decorar con los ramilletes de berros.

■ **Preparación:** 10 min ■ **Cocción:** alrededor de 45 min

En algunos países se llama:
Charola: *asadera.* Mantequilla: *manteca.* Rostizador: *asador.* Tocino: *bacon, larda de tocino, panceta, tocineta.*

Gallina pintada salteada

Para 4 personas

- 1 gallina pintada que pese de 1 kg a 1 kg y 200 g
- 1 cucharada de aceite
- 60 g de mantequilla
- 1 chalote
- 100 ml de vino blanco, sidra o cerveza
- 1/2 litro de base blanca de ave (→ ver pág. 48)
- 1 bouquet garni
- sal y pimienta

❶ Preparar la gallina pintada (→ ver preparación de pollo, pág. 568) y cortarla en cuatro pedazos. Condimentarla con sal y pimienta al gusto.

❷ En una olla, derretir 40 g de mantequilla junto con el aceite y dorar los pedazos de gallina pintada. Tapar la olla, bajar el fuego y cocer de 20 a 25 minutos.

❸ Pelar y picar el chalote.

❹ Retirar la gallina pintada de la olla y desechar la grasa de esta última. Agregar el chalote picado a la misma olla y cocerlo a fuego bajo durante 2 minutos, sin dejar de remover. Verter el vino y reducir el líquido a la mitad.

❺ Añadir la base blanca de ave y luego el bouquet garni. Reducir hasta que la salsa adquiera una consistencia muy untuosa. Probar y, en caso de ser necesario, condimentar al gusto.

❻ Una vez fuera del fuego, incorporar el resto de la mantequilla y bañar con esta salsa los pedazos de gallina pintada.

■ **Preparación:** 10 min

■ **Cocción:** de 25 a 30 min, aproximadamente

> **EN ALGUNOS PAÍSES SE LLAMA:**
> Chalote: *ascalonia, chalota, echalote, escalonia.* Mantequilla: *manteca.*

CAPÓN, GALLINA, POLLO

La **gallina** es la hembra del gallo o del faisán (faisana). Se sacrifica entre los 18 meses de edad y los 2 años, etapa en la que pesa de 2 a 3 kg. Su carne es bastante firme, un poco grasa y, por lo general, se prepara en un caldo con una base blanca de ave, que la suaviza y la perfuma.

La gallina cebada es un animal joven que se engorda en una jaula, con el fin de obtener una carne suave y muy blanca, de sabor muy refinado y con una cubierta de grasa. Con frecuencia se le llama **capón** a un pollo que pesa alrededor de 1 kg y 800 g. En cocina, el capón suele prepararse horneado o rostizado, en estofados, frito o hervido, pero no salteado ni a la parrilla, ya que se perdería toda su grasa. A menudo se prepara con trufas o con foie gras y se puede servir tanto frío como caliente.

Los **pollos** siempre provienen de criaderos artesanales o industriales. Ya sean machos o hembras, su carne es suave, blanca o ligeramente amarilla, dependiendo de su alimentación.

> **EN ALGUNOS PAÍSES SE LLAMA:**
> Rostizar: *asar.*

Existen varios grados de calidad.

– los pollos "cuatro-cuartos", de crecimiento acelerado, que se sacrifican muy jóvenes (aproximadamente a los 45 días de nacidos); éstos pesan 1 kg y su carne es muy tierna.

– los pollos de granja, conocidos como "de marca", sacrificados entre los 50 y los 70 días de nacidos, tienen una carne más firme y pesan de 1 kg y 200 g a 1 kg y 800 g.

– los pollos con denominación de origen, que cuentan con etiqueta, son criados en semilibertad y se sacrifican entre los 110 y los 120 días de nacidos. Estos pollos ya están bien formados, tienen una carne suave, firme y sabrosa. Pueden alcanzar los 2 kg.

Hoy en día es cada vez más fácil encontrar pollos ya "limpios" (es decir, ya sin intestinos, pero aún con el hígado, las mollejas, el corazón y los pulmones), "desviscerados" (sin ninguna de las menudencias), o "listos para cocer" (completamente vacíos, con el cogote rebanado y con las patas cortadas a la altura de la articulación).

Las principales formas de cocción del pollo. Son, en primer lugar, el horneado o rostizado y el salteado; luego, a la parrilla, empanizado, frito o hervido.

Para preparar un pollo horneado o rostizado es conveniente que el animal tenga un poco de grasa. Si se cuece en el horno, se puede condimentar con tomillo o estragón, o bien rellenarlo. El pollo estará bien cocido cuanto, al levantarlo, el jugo que escurre es transparente. Si se va a servir frío, el pollo deberá envolverse —aún caliente— con una hoja de papel aluminio para que conserve su suavidad y su sabor.

Para cocerlo a la olla o a la cacerola, el pollo debe estar regordete y bien firme, pero no demasiado grasoso. Para preparar un fricasé o un salteado, dos pollos pequeños proveen mayor cantidad de piezas "utilizables".

En algunos países se llama:
Empanizar: *empanar, rebozar.*

Capón, gallina, pollo: preparación

❶ Hacer una incisión, a lo largo, en la piel del cogote del animal. Luego, retirar la tráquea y el esófago, con todo y el buche.

❷ Dejarle el cogote o bien, con un cuchillo pequeño, seccionarlo desde la base sin cortarle la piel.

❸ Hacerle una incisión en la rabadilla y retirar el intestino, la molleja, el hígado, el corazón y los pulmones.

❹ Quitarle inmediatamente la hiel del hígado, teniendo mucho cuidado de no romper la bolsita.

❺ Cortar la molleja por la parte abombada y retirarle la bolsa de granos. Enjuagar la molleja bajo un chorro de agua y secarla.

❻ Pasar el pollo por la flama de la estufa para eliminar todas las plumas y los tubitos capilares restantes. Las menudencias ya limpias pueden o no introducirse de nuevo en el pollo, dependiendo del gusto de cada quien.

❼ Cortar la punta de los alones y doblar al revés, bajo cada ala, el resto del alerón.

❽ Cortar las patas en la coyuntura de las piernas. Doblar el cogote (si es que está entero) y colocarlo bajo una de las alas, o bien plegar la piel del cogote sobre la pechuga.

❾ Atar el pollo o coserlo para que recupere su forma.

El capón, la gallina, el pavo, la paloma y la gallina pintada se preparan de la misma manera.

> EN ALGUNOS PAÍSES SE LLAMA:
>
> Estufa: *cocina* (dispositivo o aparato en el que se hace fuego o produce calor para guisar los alimentos).

Capón, gallina, pollo: cocción en agua

Ají de gallina

Para 6 personas

- 1 gallina o pollo grande
- 1 rama de apio
- 1 zanahoria
- 1 hoja de laurel
- 50 ml de aceite
- 1 cebolla grande
- 2 dientes de ajo
- 1/2 pimiento amarillo
- 5 rebanadas de pan de caja (sin corteza)
- 250 ml de leche evaporada
- 10 cucharadas de queso parmesano
- 150 g de nueces
- sal y pimienta
- papas, aceitunas, huevo duro

❶ Cocinar la gallina o el pollo en agua con sal, el apio, la zanahoria y el laurel. Cuando esté tierna la carne escurrir, enfriar y deshebrar; la piel y los huesos se desechan.

❷ Calentar en una cacerola el aceite y freír la cebolla, los ajos y el pimiento finamente picados hasta que la cebolla esté transparente.

❸ Incorporar el pan previamente remojado en un poco del caldo de gallina y la mitad de la leche evaporada. Cocer durante 10 minutos sin dejar de mover.

❹ Añadir las nueces picadas, el queso rallado, la carne deshebrada y la otra mitad de la leche evaporada. Sazonar con sal y pimienta.

❺ Adornar el plato con rodajas de papa y huevo duro, aceitunas negras y arroz blanco (→ ver pág. 844).

■ **Preparación:** 25 min ■ **Cocción:** 40 min

> EN ALGUNOS PAÍSES SE LLAMA:
>
> Deshebrar: *deshilachar, desmechar, desmenuzar.* Pan de caja: *pan de molde, pan inglés o pan lactal.* Papa: *patata.* Pimiento: *ají, locote, morrón.*

Ajiaco colombiano

Para 6 personas

- *2 pechugas de pollo*
- *4 elotes desgranados*
- *3 dientes de ajo*
- *3 cebollitas de Cambray*
- *1 kg de papa amarilla*
- *1 kg de papa común*
- *1 rama de cilantro*
- *1 ramo de guascas*
- *crema al gusto*
- *alcaparras al gusto*
- *sal*

❶ Cocinar las pechugas de pollo en una olla grande con dos litros de agua, junto con las papas cortadas en rodajas, las cebollas enteras, el cilantro, los ajos, la sal y la pimienta hasta que el pollo esté tierno.

❷ Retirar las pechugas del caldo, deshebrarlas y conservarlas.

❸ Añadir los granos de elote y las guascas, dejar hervir hasta que estén tiernos y agregar el pollo deshebrado.

❹ Servir caliente y agregar crema y alcaparras al gusto.

Acompañar con arroz y aguacate.

■ **Preparación:** 15 min ■ **Cocción:** 1 h

> **EN ALGUNOS PAÍSES SE LLAMA:**
>
> Aguacate: *avocado, cura, palta.* Cebollita(s) de Cambray: *cebolla china, cebolla de almácigo, cebolla de verdeo, cebolla en rama, cebolla junca, cebolleta(s), cebollín.* Cilantro: *coriandro, culantro.* Crema: *nata.* Deshebrar: *deshilachar, desmechar, desmenuzar.* Elote: *chilote, choclo, jojoto, mazorca tierna de maíz, tolonca.* Guasca: hierba de olor típica de la cocina colombiana. Papa: *patata.*

Capón con arroz en salsa suprema

Para 6 u 8 personas

- *1 capón de 2 kg y 200 g a 2 kg y 400 g*
- *4 litros de base blanca de ave (→ ver pág. 48)*
- *300 o 400 g de arroz*
- *50 g de mantequilla*
- *1 litro de salsa suprema (→ ver pág. 71)*
- *sal y pimienta*

❶ Preparar el capón (→ ver preparación de pollo, pág. 844) o pedir en la carnicería que lo hagan. Condimentarlo con sal y pimienta y coserlo con hilo de cocina o atarlo para que recupere su forma.

❷ Calentar la base blanca de ave y sumergir ahí el capón. Dejar que hierva a fuego bajo, espumando frecuentemente. Cocer a fuego bajo durante 1 hora.

❸ Mientras tanto, cocer el arroz blanco (→ ver pág. 844), utilizando como líquido de cocción el caldo del ave. Condimentar con sal y pimienta al gusto. Cuando el arroz esté cocido, agregarle la mantequilla y revolver bien.

❹ Cuando el capón esté prácticamente cocido, preparar la salsa suprema con el caldo de cocción.

❺ Colocar el capón en una fuente caliente, bañarlo con un poco de salsa y rodearlo con el arroz. Servir el resto de la salsa por separado, en una salsera.

Se puede preparar de la misma manera un pollo grande, de 1 kg y 600 g a 1 kg y 800 g (cocción: 40 minutos) o una gallina (cocción: 1 hora y media).

■ **Preparación:** 10 min ■ **Cocción:** alrededor de 1 h

> EN ALGUNOS PAÍSES SE LLAMA:
> Mantequilla: *manteca.*

Capón demi-deuil

Para 8 personas

- *1 capón de 2 kg y 400 g*
- *200 g de relleno muselina (→ ver pág. 108)*
- *1 trufa*
- *4 litros de base blanca de ave (→ ver pág. 48)*
- *200 g de arroz basmati (arroz de la India)*
- *40 g de mantequilla*
- *1/2 litro de salsa suprema (→ ver pág. 71)*
- *sal y pimienta*

❶ Preparar el capón (→ ver preparación de pollo, pág. 568) o pedir en la carnicería que lo hagan.

❷ Condimentar con sal y pimienta el interior del ave, rellenarla y coserla con hilo de cocina o atarla para que recupere su forma.

❸ Cortar la trufa en rebanadas delgadas. Con un cuchillo pequeño y bien afilado, hacer varias incisiones en la piel del ave, en las piernas y a todo lo largo de los costados. Insertar una rebanada de trufa en cada incisión.

❹ Envolver el ave en una muselina de tejido muy apretado. Colocarla en la base blanca de ave, dejar que hierva a fuego muy bajo y cocer durante 1 hora sin subir el fuego.

❺ Apagar el fuego y mantener caliente.

❻ Extraer aproximadamente un litro del caldo de cocción, ponerlo a hervir en una cacerola y cocer ahí el arroz.

❼ Escurrir el arroz, reservarlo en una fuente y agregar la mantequilla.

❽ Preparar la salsa suprema con el caldo de cocción del ave y verterla en una salsera caliente.

❾ Escurrir el ave, colocarla sobre la fuente y quitarle la muselina. Servir el arroz y la salsa por separado.

■ **Preparación:** 20 min ■ **Cocción:** 1 h 30 min

> EN ALGUNOS PAÍSES SE LLAMA:
> Mantequilla: *manteca.*

Gallina a la bernesa

Para 6 u 8 personas

- *1 gallina que pese de 2 kg a 2 kg y 200 g*
- *200 g de jamón ahumado*
- *3 cebollas*
- *3 dientes de ajo*
- *1 manojo pequeño de perejil*
- *4 hígados de ave*
- *350 g de carne fina para salchichas*
- *sal y pimienta*

① Preparar la gallina (→ ver preparación de pollo, pág. 568) o pedir en la carnicería que lo hagan.

② Cortar el jamón ahumado en bastoncitos muy pequeños. Picar las cebollas, el ajo, el perejil, los hígados de ave y mezclar todo con la carne para salchichas. Condimentar con sal y pimienta al gusto. Revolver el relleno hasta que su consistencia sea muy homogénea.

③ Rellenar el interior de la gallina y coser con mucho cuidado las aberturas del cogote y la rabadilla con hilo para cocina.

④ Después, seguir el mismo procedimiento que se realiza para la olla parisina (→ ver pág. 425), con la misma guarnición de verduras. Luego, cocer durante aproximadamente 1 hora y 15 minutos.

⑤ Cortar la gallina en pedazos y el relleno en rebanadas. Servirlos con las verduras.

■ **Preparación:** 45 min ■ **Cocción:** alrededor de 1 h 15 min

Cazuela de ave

Para 4 personas

- *1 pollo mediano*
- *1 diente de ajo*
- *3 zanahorias*
- *4 papas*
- *1 cucharadita de tomillo seco*
- *3 cebollitas de Cambray*
- *3 cucharadas de arroz*
- *2 yemas de huevo*
- *sal y pimienta*

① Cortar el pollo en piezas, frotarlo con el ajo, la sal y la pimienta.

② Cocer en una olla con agua por 15 minutos, añadir las zanahorias cortadas en tiras, las papas cortadas en trozos, el tomillo, las cebollitas cortadas por la mitad y el arroz.

③ Batir las yemas en un poco de caldo tibio y mezclarlo con el resto cuando todo esté tierno.

■ **Preparación:** 15 min ■ **Cocción:** 40 min

> **EN ALGUNOS PAÍSES SE LLAMA:**
>
> Cebollita(s) de Cambray: *cebolla china, cebolla de almácigo, cebolla de verdeo, cebolla en rama, cebolla junca, cebolleta(s), cebollín.* Papa: *patata.*

Chaud-froid de pollo

Para 6 personas

- *1 pollo que pese de 1 kg y 800 g a 2 kg*
- *3 litros de base blanca de ave (→ ver pág. 48)*
- *1 litro de salsa chaud-froid blanca (→ ver pág. 61)*
- *1 manojo de estragón*

1 Preparar el pollo (→ ver preparación de pollo, pág. 568) o pedir en la carnicería que lo hagan.

2 Preparar la base blanca de ave, agregarle el pollo y cocerlo a hervores bajos durante 1 hora.

3 Posteriormente, retirar toda la piel del ave, colar el caldo de cocción y volver a poner la piel en el caldo. Dejar enfriar.

4 Preparar la chaud-froid blanca con el caldo de cocción. Agregarle la mitad del manojo de estragón para perfumarla.

5 Escoger una fuente grande, extender en su fondo una capa delgada de la salsa y colocarla en el refrigerador para que la salsa cuaje. Para decorar, colocar alrededor de la charola algunas hojas de estragón.

6 Cortar el pollo en ocho pedazos y deshuesar la parte alta de los muslos.

7 Poner a remojar los pedazos de pollo, uno por uno, en la salsa ya fría. Luego, colocarlos sobre una parrilla ubicada encima de una hoja de papel aluminio y ponerla durante 30 minutos en el refrigerador.

8 Cubrir los pedazos de pollo con una segunda y luego una tercera capa de chaud-froid blanca, volviendo a meter la parrilla en el refrigerador tras cada operación. Decorar con algunas hojas de estragón después de la última capa.

9 Colocar con mucho cuidado los pedazos de pollo sobre una fuente y ponerla en el refrigerador durante 5 o 6 horas antes de servir.

Este plato se puede acompañar con una ensalada de ejotes muy delgados.

■ **Preparación:** de 2 a 3 h ■ **Cocción:** 1 h
■ **Refrigeración:** de 5 a 6 h

EN ALGUNOS PAÍSES SE LLAMA:
Ejote: *chaucha, judía verde, poroto verde, vaina, vainica, vainita.* Refrigerador: *heladera, nevera.*

Mixiotes de pollo

Para 8 personas

- 2 pollos
- 1 kg de lomo de cerdo
- 5 chiles anchos
- 5 chiles guajillos
- 3 pimientas gordas
- 2 clavos
- 1 pizca de cominos
- 1 raja de canela
- 1 cebolla pequeña
- 3 dientes de ajo
- 1 pizca de orégano
- 2 hojas de laurel
- 1 taza de vinagre
- 1/2 taza de chícharos (opcional)
- hojas de aguacate
- hojas de mixiote (o una bolsa de plástico o papel aluminio)
- cordel
- sal

❶ Cortar el pollo en piezas junto con la carne de cerdo, reservar.

❷ Asar ligeramente los chiles y remojarlos en agua. Licuarlos con las especias, la cebolla, el ajo, la sal y el vinagre, si está muy espesa poner un poco del agua en la que se remojaron los chiles.

❸ Macerar en esta salsa el pollo y la carne por 2 horas, aproximadamente.

❹ Remojar las hojas para mixiote en agua caliente para que se puedan doblar.

❺ Poner en la hoja una pieza de pollo, un trozo de carne, una hoja de aguacate y chícharos, si se quiere; se amarran muy bien.

❻ Cocer al vapor 1 hora y media, aproximadamente.

> La hoja de mixiote se puede sustituir por una bolsa de plástico o papel aluminio a manera de papillote.

■ **Preparación:** 25 min ■ **Maceración:** 2 h
■ **Cocción:** 1 h 30 min

EN ALGUNOS PAÍSES SE LLAMA:

Aguacate: *avocado, cura, palta.* Cerdo: *chancho, cochino, puerco.* Chícharo: *alverja, arveja, guisante, petit pois.* Chile: *ají cumbarí, ají picante, conguito, guindilla, ñora, páprika (picante), pimentón picante, pimiento picante.* En papillote: *envuelto en papel aluminio.* Mixiote: *capa exterior de la hoja del maguey que se usa para envolver alimentos y cocinarlos al vapor.* Pimienta gorda: *pimienta gruesa.*

Picante de pollo

Para 4 personas

- 1 pollo mediano en piezas
- 8 papas pequeñas
- 1/2 cebolla grande
- 1 zanahoria
- 1 nabo

❶ Colocar en una olla el pollo y verter agua hirviendo que cubra la carne; añadir la zanahoria y el nabo en trozos y sazonar con sal. Cocinar a fuego fuerte, hasta que el pollo se encuentre medio cocido.

❷ Licuar la cebolla, el chile, el ajo, el comino y la pimienta. Verter a una olla con aceite caliente, agregar el glutamato y dos tazas del caldo de pollo y dejar hervir por 10

- 4 cucharaditas de perejil
- 1 cucharada de pan molido
- sal al gusto
- 3 cucharadas de aceite
- 3 dientes de ajo
- 6 chiles pequeños
- 1 pizca de glutamato
- 1 cucharadita de comino molido
- 1 cucharadita de pimienta molida

minutos para después incorporar las piezas de pollo que terminarán su cocción aquí. Espesar con el pan molido.

❸ Cocer las papas en agua caliente con sal al gusto.

❹ Servir en cada plato dos papas, una porción de arroz blanco (→ ver pág. 844), una pieza de pollo, encima su jugo espeso y adornar con una cucharadita de perejil.

■ **Preparación:** 20 min ■ **Cocción:** alrededor de 1 h 20 min

> **EN ALGUNOS PAÍSES SE LLAMA:**
> Chile: *ají cumbarí, ají picante, conguito, guindilla, ñora, páprika (picante), pimentón picante, pimiento picante.* Pan molido: *pan rallado.* Papa: *patata.*

Pollo al vapor con brócoli

Para 4 personas

- 1 zanahoria
- 1 nabo
- 1 calabacita
- 1 rebanada de jamón ahumado
- 40 g de mantequilla
- 1 cucharada de aceite
- 4 pechugas de pollo
- 1 cebolla
- 2 brócolis
- 200 g de tocino en cubitos
- sal y pimienta

❶ Pelar la zanahoria y el nabo y cortarlos en cuadritos pequeños. Cortar también la calabacita (sin pelarla) y el jamón ahumado en cubitos pequeños.

❷ En un sartén, saltear estos ingredientes con 20 g de mantequilla y el aceite. Luego, dejar que se cuezan a fuego bajo. Una vez que estén cocidos, condimentar con sal y pimienta al gusto.

❸ Colocar las pechugas de pollo entre dos pedazos de película plástica autoadherente y, con la ayuda de un cuchillo ancho y plano o de un hacha de cocina, golpearlas hasta que se aplanen bien.

❹ Luego, condimentar con pimienta las pechugas de pollo, colocarles en el centro un poco de la mezcla de verduras y enrollarlas sobre sí mismas en forma de cilindro pequeño. Después, envolver cada una por separado en un pedazo de película plástica autoadherente y cocerlas durante 20 minutos al vapor.

❺ Pelar y picar la cebolla.

❻ Separar el brócoli en ramilletes y cocerlo durante 5 minutos en agua con sal.

❼ En el resto de la mantequilla, saltear durante 5 minutos los cubitos de tocino junto con la cebolla. Luego, agregar los ramilletes de brócoli bien escurridos. Condimentar todo con sal y pimienta al gusto y mantener caliente.

❽ Quitarles la película plástica a las pechugas y cortarlas a lo largo, en diagonal. Colocarlas en una fuente y rodearlas con el brócoli y el tocino ahumado.

■ **Preparación:** 25 min ■ **Cocción:** alrededor de 15 min

EN ALGUNOS PAÍSES SE LLAMA:

Brócoli: *bróculi.* Calabacita(s): *calabacín, calabaza italiana, zapallito italiano, zapallito largo, zucchini.* Mantequilla: *manteca.* Tocino: *bacon, larda de tocino, panceta, tocineta.*

Pollo en nogada

Para 4 personas

- *2 pechugas de pollo*
- *1 diente de ajo*
- *2 cebollitas de Cambray*
- *1 taza de nueces*
- *200 ml de crema*
- *200 g de queso crema*
- *1/2 cucharadita de nuez moscada molida*
- *1 taza de leche*
- *1 copita de jerez*
- *1 cucharada de azúcar*
- *sal*

❶ Cocer las pechugas en agua con sal, ajo y cebolla.
❷ Retirar las pechugas del caldo, deshuesarlas y partirlas por la mitad, reservar.
❸ Licuar el resto de los ingredientes y bañar con esta salsa las pechugas. Servir en frío.

■ **Preparación:** 15 min ■ **Cocción:** 30 min

EN ALGUNOS PAÍSES SE LLAMA:

Cebollita(s) de Cambray: *cebolla china, cebolla de almácigo, cebolla de verdeo, cebolla en rama, cebolla junca, cebolleta(s), cebollín.* Crema: *nata.*

Pollo en pipián

Para 4 personas

- *1 pollo mediano*
- *250 g de tomates verdes*
- *1 taza de caldo de pollo*
- *250 g de cacahuates tostados*
- *3 chiles anchos*
- *1 cebolla*
- *5 dientes de ajo*

❶ Cocer los tomates en agua.
❷ Moler los tomates, los cacahuates tostados, los ajos, los chiles anchos desvenados y remojados en vinagre, las pepitas de los chiles tostadas y la cebolla asada.
❸ Freír en manteca muy caliente la mezcla anterior.
❹ Sofreír y agregar las piezas de pollo previamente cocido en agua con sal, la taza de caldo y algo de sal. Hervir hasta que espese.

- 3 cucharadas de manteca de cerdo
- las pepitas de los chiles
- 1 taza de vinagre
- sal

■ **Preparación:** 25 min ■ **Cocción:** 50 min

Puchero de pollo

Para 4 o 6 personas

- 1 pollo que pese de 1 y 1/2 kg a 1 kg y 700 g
- 1 litro de base blanca de ave (→ ver pág. 48)
- 5 cabezas de poro
- 2 ramas de apio
- 3 cebollas
- 80 g de mantequilla
- 1 manojo de perejil
- 2 yemas de huevo
- 250 ml de crema fresca
- 1 limón
- 6 u 8 rebanadas de pan
- sal y pimienta

❶ Preparar el pollo (→ ver preparación de pollo, pág. 568). Sumergirlo en la base blanca de ave y cocerlo durante 30 minutos a hervores muy bajos.

❷ Mientras tanto, pelar y cortar finamente los poros, el apio y las cebollas. En una olla, derretir 40 g de mantequilla, agregar cinco ramas de perejil y cocer las verduras durante 20 minutos, a fuego bajo. Condimentar con sal y pimienta al gusto.

❸ Cortar el pollo en ocho pedazos, quitándole la mayor cantidad posible de huesos. Colocar los pedazos de pollo en la olla, sobre las verduras. Verter el caldo de cocción del pollo hasta que se cubra por completo y cocer durante 30 minutos más.

❹ Escurrir los pedazos de pollo.

❺ Diluir las yemas de huevo en la crema fresca, agregar el jugo de limón y verter esta mezcla en la olla. Mezclar bien todo durante 5 minutos, pero sin dejar que hierva. Probar y, en caso de ser necesario, volver a condimentar.

❻ Volver a colocar los pedazos de pollo en la olla y servir así. Acompañar con las rebanadas de pan tostadas y untadas con mantequilla por separado.

■ **Preparación:** 15 min ■ **Cocción:** alrededor de 1 h 10 min

Capón, gallina, pollo: horneado, a la parrilla y frito

Capón al apio

Para 4 o 6 personas

- *1 capón o un pollo que pese de 1 kg y 800 g a 2 kg*
- *60 g de mantequilla*
- *2 cucharadas de aceite*
- *1 kg y 200 g de ramas de apio*
- *2 cucharadas de perejil picado*
- *sal y pimienta*

❶ Preparar el capón (→ ver pág. 568) o pedir en la pollería que lo hagan. Condimentarlo por dentro con sal y pimienta al gusto. Volver a colocar el hígado, el corazón y la molleja en el interior del ave. Coserlo con hilo de cocina.

❷ Precalentar el horno a 200 °C.

❸ En una olla, derretir 30 g de mantequilla junto con el aceite y dorar ahí el capón por todos sus lados. Retirar el ave y desechar la grasa de cocción.

❹ Poner otros 30 g de mantequilla en la olla y luego el capón. Tapar la olla y cocer durante 45 minutos.

❺ Mientras tanto, poner a hervir agua en una cacerola. Quitarle las fibras a los tallos de apio, cortarlos en bastoncitos gruesos, sumergirlos durante 3 minutos en el agua hirviendo y, finalmente, escurrirlos. Agregarlos a la olla y cocer todo durante 15 minutos más.

❻ Colocar el capón en la fuente de servicio caliente. Escurrir los bastoncitos de apio y acomodarlos alrededor del ave.

❼ Colar el jugo de cocción y, si se desea, reducirlo y usarlo para bañar el capón. Rodear con el apio cortado en juliana y espolvorear el perejil picado.

■ **Preparación:** 10 min ■ **Cocción:** alrededor de 1 h

En algunos países se llama:
Mantequilla: *manteca.*

Tinga de pollo

Para 6 personas

- *100 g de longaniza*
- *6 cucharadas de aceite*
- *2 cebollas*
- *1 diente de ajo*

❶ Freír la longaniza en el aceite. Agregar la cebolla fileteada y, cuando esté transparente, añadir el jitomate molido con el ajo, el laurel y uno de los chipotles.

❷ Ya que esté sazonado, agregar la carne y dejar cocinar 10 minutos a fuego medio. Si se seca mucho, agregar

- 2 hojas de laurel
- 1/4 kg de jitomate
- 2 chiles chipotles de lata
- 2 pechugas de pollo cocidas y deshebradas
- 1 aguacate
- hojas de lechuga orejona

un poco del caldo donde se coció la carne, pues es necesario que quede espeso.

❸ Sirva adornado con el otro chipotle en rajas, rebanadas de aguacate y las hojas de lechuga.

■ **Preparación:** 15 min ■ **Cocción:** 40 min

> **EN ALGUNOS PAÍSES SE LLAMA:**
> Aguacate: *avocado, cura, palta.* Chile chipotle: tipo de chile (*ají*) que se elabora a partir del jalapeño seco, marinado con salsa dulce. Deshebrar: *deshilachar, desmechar, desmenuzar.* Jitomate: *tomate.*

Muslos de pollo en orégano

Para 4 personas

- 200 g de pan molido a la milanesa (→ ver pág. 104)
- 1 cucharada de orégano seco
- 4 muslos de pollo
- 1 cucharada de aceite de oliva
- 2 limones

❶ Precalentar el horno a 210 °C.
❷ Preparar el pan molido a la milanesa, agregándole el orégano junto con el queso parmesano.
❸ Empanizar los muslos de pollo.
❹ Engrasar una charola con aceite, acomodar en ella las piezas de pollo y hornear durante 35 minutos.
❺ Servir muy caliente, con los limones partidos en cuatro.

■ **Preparación:** 20 min ■ **Cocción:** alrededor de 35 min

> **EN ALGUNOS PAÍSES SE LLAMA:**
> Charola: *asadera.* Empanizar: *empanar, rebozar.*

Pollitos a la parrilla

Para 4 personas

- 2 pollitos de 600 g cada uno
- 3 cucharadas de aceite
- 20 g de mantequilla
- 1/2 manojo de berros
- sal y pimienta

❶ Pedir en la carnicería que preparen los pollitos.
❷ Cortarlos por ambos lados de la columna vertebral con el fin de retirar esta última junto con el hueso de la quilla. Luego, aplanar cada mitad y ensartarla en una brocheta, atravesando el ala y la pata. Bañar con aceite y condimentar con sal y pimienta al gusto.
❸ Precalentar el horno a 150 °C. Primero, asar los pollos en una parrilla durante 4 minutos, volteándolos varias veces.

❹ Luego, colocar los pollitos en una charola, engrasarlos con mantequilla y hornearlos durante 25 minutos, aproximadamente.

❺ Lavar los berros y luego secarlos.

❻ Colocar los pollitos en la charola en que se van a servir y rodearlos con ramilletes de berros.

■ **Preparación:** 10 min ■ **Cocción:** alrededor de 30 min

EN ALGUNOS PAÍSES SE LLAMA:
Charola: *asadera*. Mantequilla: *manteca*.

Pollitos rostizados

Para 4 personas

- *2 pollitos de aproximadamente 600 g cada uno*
- *20 g de mantequilla*
- *1/2 manojo de berros*
- *3 ramas de perejil*
- *1 ramita de tomillo*
- *sal y pimienta*

❶ Pedir en la carnicería que preparen los pollitos y apartar las menudencias.

❷ Precalentar el horno a 200 °C.

❸ Condimentar los pollitos por dentro y por fuera con sal y pimienta al gusto. Untarles mantequilla. Colocarlos en una charola junto con las menudencias. Hornearlos durante 30 minutos, volteándolos y bañándolos con los jugos de cocción cada 10 minutos.

❹ Mientras tanto, preparar los berros, lavarlos y secarlos.

❺ Sacar los pollitos del horno y mantenerlos calientes en la fuente en que se van a servir.

❻ Verter 250 ml de agua en la charola de cocción, agregar el perejil y el tomillo, desprender bien los jugos de cocción y reducirlos en una tercera parte.

❼ Colar el jugo de cocción y servirlo por separado.

❽ Rodear los pollitos con los ramilletes de berros.

Los pollos también se pueden cocinar en el rostizador del horno durante 40 minutos.

■ **Preparación:** 10 min ■ **Cocción:** alrededor de 30 min

EN ALGUNOS PAÍSES SE LLAMA:
Charola: *asadera*. Mantequilla: *manteca*. Rostizado: *asado*.

Pollo asado al horno

Para 4 personas

- *4 papas grandes*
- *1 pollo de aproximadamente 1 kg*
- *30 g de mantequilla con poca sal*
- *100 g de mantequilla maître d'hôtel (→ ver pág. 41)*
- *pimienta en granos*

❶ Precalentar el horno a su máxima potencia.

❷ Lavar y cepillar bien las papas, secarlas, envolverlas en una hoja de papel aluminio y hornearlas de 30 a 40 minutos. Verificar su cocción picándolas con la punta de un cuchillo.

❸ Una vez que las papas estén medio cocidas, cortar las alas y los muslos de pollo y condimentarlos con pimienta.

❹ Colocar los pedazos de pollo en una charola. Colocar sobre cada uno de ellos una bolita de mantequilla del tamaño de una nuez y hornear. Al cabo de 10 o 12 minutos, cuando estén dorados, voltearlos y asarlos durante 10 minutos del otro lado.

❺ Mientras tanto, preparar la mantequilla maître d'hôtel.

❻ Servir los pedazos de pollo muy calientes con un pedacito de mantequilla encima. Cortar la parte de arriba de las papas, sin quitarles la hoja de papel aluminio y distribuirles el resto de la mantequilla.

■ **Preparación:** 10 min ■ **Cocción:** alrededor de 50 min

> **EN ALGUNOS PAÍSES SE LLAMA:**
> Charola: *asadera*. Mantequilla: *manteca*. Papa: *patata*.

Pollo en sal gruesa

Para 4 o 6 personas

- *1 pollo que pese de 1 kg y 600 g a 1 kg y 800 g*
- *2 ramitas de estragón o 1 ramita de tomillo*
- *7 kg de sal gruesa*

❶ Preparar el pollo (→ ver pág. 568) o pedir en la pollería que lo hagan.

❷ Colocar el estragón (o el tomillo) dentro del pollo.

❸ Precalentar el horno a 240 °C.

❹ Cubrir con papel aluminio una olla grande. Verter sal en el fondo de la olla hasta que se formen 4 cm de espesor. Colocar el pollo encima de la sal. Agregar sal alrededor del pollo e irla compactando. Continuar de esta manera hasta que todo el pollo esté cubierto por una capa de sal bien compacta de 3 o 4 cm. Meter la olla en el horno, sin taparla, durante 1 hora y media.

❺ Sacar la olla del horno y voltearla sobre una tabla de madera. Romper la capa de sal con un martillo. Quitarle con mucho cuidado la sal que se haya quedado pegada al pollo con un papel absorbente y luego colocarlo en la fuente en que se va a servir.

■ **Preparación:** 15 min ■ **Cocción:** 1 h 30 min

Pollo frito a la Maryland

Para 4 personas

- *1 pollo de aproximadamente 1 kg y 200 g*
- *aceite*
- *300 ml de leche*
- *3 cucharadas de harina*
- *2 dientes de ajo*
- *1 cebolla*
- *200 ml de base blanca de ave (→ ver pág. 48)*
- *4 rebanadas de tocino*
- *1 cucharada de aceite*
- *4 elotes frescos*
- *sal y pimienta*

❶ Cortar el pollo y apartar las menudencias y los retazos.

❷ Calentar el aceite.

❸ Precalentar el horno a 140 °C.

❹ Sumergir los pedazos de pollo en la leche fría. Escurrirlos, condimentarlos con sal y pimienta al gusto y luego rebozarlos en harina y freírlos a 180 °C.

❺ Una vez que los pedazos de pollo estén dorados, colocarlos en una charola para hornear y terminar la cocción en el horno de 12 a 15 minutos.

❻ Pelar y picar la cebolla y el ajo.

❼ En una cacerola, verter 200 ml de la leche de la marinada y la base blanca de ave, agregar el ajo, la cebolla, los retazos y las menudencias. Condimentar con sal y pimienta al gusto. Dejar cocer a fuego bajo durante 15 minutos para que los ingredientes se incorporen.

❽ Mientras tanto, freír las rebanadas de tocino en el aceite y escurrirlas sobre un papel absorbente.

❾ Asar los elotes en una parrilla (→ ver pág. 769).

❿ Acomodar los pedazos de pollo en una fuente y rodearlos con las rebanadas de tocino y los elotes. Colar Ja salsa y servirla en una salsera por separado.

■ **Preparación:** 20 min ■ **Cocción:** alrededor de 30 min

> **EN ALGUNOS PAÍSES SE LLAMA:**
>
> Charola: *asadera.* Elote: *chilote, choclo, jojoto, mazorca tierna de maíz, tolonca.* Rebozar: *abizcochar, aborrajar, emborrizar.* Tocino: *bacon, larda de tocino, panceta, tocineta.*

Pollo horneado

Para 4 personas

- *1 pollo de aproximadamente 1 kg y 300 g*
- *1 cucharada de aceite de cacahuate*
- *20 g de mantequilla*
- *sal y pimienta*

❶ Precalentar el horno a 200 °C.

❷ Preparar el pollo (→ ver pág. 568). Condimentarlo por dentro con sal y pimienta al gusto y luego coserlo con hilo de cocina.

❸ Poner el pollo en una charola para hornear, untarle aceite y agregarle aproximadamente 10 g de mantequilla a cada muslo. Condimentar con sal y pimienta al gusto y hornear.

❹ Después de 10 o 15 minutos de cocción, agregar un vaso de agua caliente a la charola. Cocer el pollo durante 45 minutos, bañándolo de vez en cuando con su jugo de cocción. A media cocción, voltearlo para que se dore de manera uniforme.

❺ Apagar el horno, colocar una hoja de papel aluminio sobre el pollo y dejarlo reposar durante 10 minutos.

❻ Cortar el pollo, luego recuperar el jugo que suelte y añadirlo a la charola de cocción. Ponerla en el fuego, agregar una o dos cucharadas de agua y desprender bien los jugos de cocción con una cuchara de madera. Servir en una salsera por separado o bien bañar con esta salsa los pedazos de pollo.

■ **Preparación:** 10 min ■ **Cocción:** alrededor de 1 h

> **EN ALGUNOS PAÍSES SE LLAMA:**
> Cacahuate: *cacahuete, maní*. Charola: *asadera*. Mantequilla: *manteca*.

Pollo salteado o a las brasas

Alas de pollo al curry

Para 4 personas

- *50 g de pasitas*
- *50 ml de ron*
- *8 alas de pollo*
- *2 cucharadas de curry*
- *1 cebolla*

❶ Poner a remojar las pasitas en el ron durante 15 minutos.

❷ Precalentar el horno a 200 °C. Espolvorear las alas de pollo con un poco de curry y ponerlas en una charola profunda.

❸ Picar la cebolla, rallar finamente la manzana y mezclarlas con las pasitas en ron. Añadir el coco, el resto

- 1 manzana
- 1 cucharada de coco rallado
- 100 ml de leche
- 50 ml de crema fresca
- sal

del curry, la leche y la crema. Cocer la salsa de 8 a 10 minutos; ésta debe tener una consistencia untuosa.

❹ Verter la salsa sobre las alas, cubrir la charola con una hoja de papel aluminio y hornear durante 15 minutos. A mitad de la cocción, sacar la charola del horno y remover la salsa.

❺ Una vez terminada la cocción, retirar la charola del horno y dejar reposar durante 5 minutos sin destaparla. Servir con arroz.

■ **Preparación:** 15 min ■ **Cocción:** alrededor de 35 min

> **EN ALGUNOS PAÍSES SE LLAMA:**
> Charola: *asadera*. Crema: *nata*. Pasitas: *pasas, pasas de uva, uvas pasas, uvas secas*.

Coq au vin

Para 4 o 6 personas

- 1 gallo o 1 pollo grande de granja de 2 y 1/2 kg
- 24 cebollitas de Cambray blancas
- 2 dientes de ajo
- 200 g de tocino en cubitos
- 1 cucharada de aceite
- 80 g de mantequilla
- 1 copita de licor de coñac
- 1 litro de vino tinto
- 1 bouquet garni
- 200 g de hongos
- 1 cucharada de harina
- 50 ml de sangre de cerdo (opcional)
- sal y pimienta

❶ Preparar el gallo o el pollo (→ ver pág. 568) y cortarlo en pedazos.

❷ Pelar las cebollas y el ajo y machacar este último.

❸ Sumergir los cubitos de tocino en agua fría y luego ponerlos en el fuego hasta que hiervan. Cocerlos durante 2 minutos y luego escurrirlos.

❹ Calentar una cucharada de aceite junto con 40 g de mantequilla en una olla. Dorar los cubitos de tocino y las cebollas. Escurrirlos. Colocar los pedazos de gallo o pollo en el mismo sartén. Voltear los pedazos de ave varias veces hasta que se doren ligeramente. Escurrirlos. Desechar la grasa de la olla. Volver a poner ahí las cebollas, los cubitos de tocino y los pedazos de ave.

❺ Calentar el coñac, verterlo en la olla y flambear. Añadir el vino tinto, el bouquet garni y el ajo. Dejar que hierva a fuego lento, luego tapar la olla y dejar que los ingredientes se incorporen durante 40 o 50 minutos, sin subir el fuego.

❻ Mientras tanto, limpiar y cortar finamente los hongos. Saltearlos en 20 g de mantequilla y agregarlos a la olla. Continuar la cocción durante 20 minutos más.

❼ Preparar una mantequilla enharinada (→ ver pág. 40) con la harina y el resto de la mantequilla. En un bol, diluirla con un poco de salsa caliente y luego verterla poco a poco en la olla sin dejar de remover. Cocer durante 5 minutos más y, si se desea, agregar la sangre de cerdo y dejar que la salsa se espese durante 5 minutos, sin dejar de revolver.

■ **Preparación:** 30 min ■ **Cocción:** alrededor de 1 h 30 min

---

EN ALGUNOS PAÍSES SE LLAMA:

Cebollita(s) de Cambray: *cebolla china, cebolla de almácigo, cebolla de verdeo, cebolla en rama, cebolla junca, cebolleta(s), cebollín.* Cerdo: *chancho, cochino, puerco.* Mantequilla: *manteca.* Tocino: *bacon, larda de tocino, panceta, tocineta.*

Costillitas de pechuga de pollo Pojarski

Para 4 personas

- *50 g de migajón de pan*
- *100 ml de leche*
- *600 g de pechuga de pollo*
- *1 huevo*
- *200 ml de crema fresca*
- *400 g de pan molido a la inglesa (→ ver pág. 104)*
- *40 g de mantequilla*
- *1 cucharada de aceite*
- *sal y pimienta*

❶ En un bol, poner a remojar el migajón en la leche. Cortar las pechugas en cuadritos y molerlos en la licuadora.

❷ Batir el huevo en una ensaladera, exprimir el migajón de pan con las manos y agregarlo a la ensaladera, junto con el pollo molido y la crema fresca. Mezclar bien. Condimentar con sal y pimienta al gusto.

❸ Preparar el pan molido a la inglesa. Dividir el relleno en cuatro partes, modelar cada una de las partes como si fuera una costillita de 2 o 3 cm de espesor. Luego, empanizarlas.

❹ En un sartén, calentar la mantequilla junto con el aceite y freír las costillitas a fuego bajo, alrededor de 5 minutos de cada lado.

❺ Quitarles el exceso de aceite con un papel absorbente.

■ **Preparación:** 20 min ■ **Cocción:** alrededor de 10 min

EN ALGUNOS PAÍSES SE LLAMA:

Crema: *nata.* Empanizar: *empanar, rebozar.* Mantequilla: *manteca.* Migajón: *borona, miga de pan, morona.*

Jamoncitos de ave

Para 4 personas

- *240 g de relleno de ave
  (→ ver pág. 105)*
- *8 muslos de pollo*
- *100 g de tripas*
- *1 zanahoria*
- *1 cebolla*
- *1 jitomate*
- *40 g de mantequilla*
- *100 ml de vino blanco*
- *400 ml de base blanca de ave
  (→ ver pág. 48)*
- *sal y pimienta*

❶ Preparar el relleno de ave. Abrir cada muslo de pollo por un lado, retirarles los huesos y rellenarlos. Condimentarlos con sal y pimienta al gusto.

❷ Cortar la tripa en ocho partes, sumergirlas en agua fría, escurrirlas, secarlas y envolver con ellas los muslos de pollo rellenos.

❸ Pelar la zanahoria y la cebolla y cortarlas en cuadritos pequeños. Pasar el jitomate por agua hirviendo, pelarlo y quitarle las semillas. Cortarlo en cubitos. En una olla, derretir 40 g de mantequilla, dorar los muslos de pollo rellenos y luego añadirles las verduras. Mezclar bien y cocer alrededor de 5 minutos.

❹ Verter el vino blanco y reducir hasta que prácticamente se haya evaporado todo el líquido. Verter la base blanca de ave y cocer, a fuego lento y con la olla tapada, alrededor de 50 minutos.

❺ Acomodar los muslos sobre la fuente en que se van a servir, colar el jugo de cocción y usarlo para bañar los pedazos de pollo.

> **Este plato se puede acompañar con un puré de verduras o con alguna verdura cocida (zanahoria, apio, etc.), con arroz o con un puré de papas. (→ ver pág. 805).**

■ **Preparación:** 45 min ■ **Cocción:** alrededor de 1 h

> **EN ALGUNOS PAÍSES SE LLAMA:**
> Jitomate: *tomate*. Mantequilla: *manteca*. Quitar las semillas: *despepitar*.

Muslos de pollo a la polonesa

Para 4 personas

- *50 g de mantequilla*
- *1/2 kg de col morada*
- *2 cucharadas de vinagre de
  vino tinto*
- *1 cucharadita de comino en
  granos*

❶ Ablandar 30 g de mantequilla.

❷ Cortar la col en cuartos , retirarle los bordes gruesos. Lavarla y cortarla en tiritas delgadas. Colocar las tiritas en una olla. Verterle el vinagre, añadir los granos de comino y condimentar con sal y pimienta al gusto.

❸ Engrasar con la mantequilla suavizada una hoja de papel aluminio y colocarla encima de la col. Luego, tapar la olla y cocer durante 1 hora a fuego lento.

- 1 cucharada de aceite de cacahuate
- 4 muslos de pollo
- sal y pimienta

❹ Calentar el resto de la mantequilla junto con el aceite en un sartén. Dorar los muslos de pollo durante 10 minutos, a fuego bajo, volteándolos varias veces. Luego, escurrirlos sobre un papel absorbente.

❺ Retirar la hoja de papel aluminio de la olla y colocar los muslos de pollo junto con la col. Cocer durante 15 minutos. Servir muy caliente.

■ **Preparación:** 20 min ■ **Cocción:** 1 h 15 min

> EN ALGUNOS PAÍSES SE LLAMA:
> Cacahuate: *cacahuete, maní*. Col: *berza, repollo*. Mantequilla: *manteca*.

Pollitos al estragón

Para 6 personas

- 3 pollitos que pesen entre 1/2 kg y 600 g cada uno
- 2 zanahorias
- 4 chalotes
- 45 g de mantequilla
- 3 cucharadas de aceite de maíz
- 100 ml de coñac
- 600 ml de vino blanco
- 1 manojo de estragón
- 150 ml de crema fresca espesa
- sal y pimienta

❶ Cortar los pollitos en dos (→ ver pollitos a la parrilla, pág. 579). Condimentar las dos mitades con sal y pimienta al gusto.

❷ Pelar las zanahorias y los chalotes, cortar las zanahorias en pedazos.

❸ Calentar 30 g de mantequilla y dos cucharadas de aceite en una olla. Dorar ligeramente los pollitos, volteándolos varias veces. Retirarlos de la olla y desechar la grasa de cocción. Agregar a la olla el resto de la mantequilla y el aceite. Sofreír los chalotes y las zanahorias.

❹ Volver a colocar los pollitos en la olla y bañarlos con el coñac. Tapar la olla, retirarla del fuego y dejarla reposar durante 3 minutos.

❺ Poner la olla nuevamente a fuego fuerte y verterle el vino blanco. Condimentar con sal y pimienta al gusto y dejar que los ingredientes se incorporen a fuego lento durante 10 minutos.

❻ Mientras tanto, picar el estragón. Agregar la mitad del estragón a la olla, mezclar y cocer durante 10 minutos más.

❼ Retirar los pollitos de la olla, acomodarlos en la fuente en que se van a servir y mantenerlos calientes.

❽ Quitarle la grasa al líquido de cocción, verterle la crema fresca y dejar que hierva, sin dejar de revolver, hasta que se reduzca en una tercera parte, aproximadamente.

⑨ Probar y, de ser necesario, condimentar al gusto. Agregar el resto del estragón y verter el líquido de cocción con la crema en una salsera. Servirlo bien caliente por separado.

■ **Preparación:** 30 min ■ **Cocción:** 30 min

> **EN ALGUNOS PAÍSES SE LLAMA:**
> Chalote: *ascalonia, chalota, echalote, escalonia.* Crema: *nata.*
> Mantequilla: *manteca.*

Pollo a la bohemia

Para 4 o 6 personas

- *1 pollo que pese de 1 kg y 300 g a 1 y 1/2 kg*
- *4 pimientos*
- *2 jitomates*
- *1 cebolla*
- *1 diente de ajo*
- *1/2 bulbo de hinojo*
- *3 cucharadas de aceite*
- *150 ml de vino blanco*
- *1 cucharada de páprika*
- *1 limón*
- *sal y pimienta*

① Preparar el pollo (→ ver pág. 568). Condimentarlo con sal y pimienta por dentro.

② Asar y pelar los pimientos. Quitarles las semillas y cortarlos en tiritas. Pasar los jitomates por agua hirviendo, pelarlos, quitarles las semillas y cortarlos en rebanadas gruesas. Pelar la cebolla y el ajo. Limpiar el bulbo de hinojo y picar todo.

③ En una olla, calentar dos cucharadas de aceite y dorar el pollo por todas sus caras. Retirarlo de la olla y desechar la grasa.

④ Verter el resto del aceite en la olla, volver a colocar el pollo, agregar la mitad del vino blanco y reducir el líquido a la mitad.

⑤ Añadir todas las verduras, la páprika y remover. Agregar sal y pimienta al gusto, luego tapar la olla y cocer a fuego muy bajo durante 30 minutos. Entonces, añadir el resto del vino blanco y continuar la cocción con la olla destapada durante 15 minutos más.

⑥ Al final de la cocción, agregar un chorrito de jugo de limón.

> **Este pollo puede acompañarse con arroz a la india o a la oriental (→ ver pág. 841).**

■ **Preparación:** 25 min ■ **Cocción:** alrededor de 1 h

> **EN ALGUNOS PAÍSES SE LLAMA:**
> Jitomate: *tomate.* Páprika: *pimentón.* Pimiento: *ají, locote, morrón.* Quitar las semillas: *despepitar.*

Pollo a la cazadora

Para 4 o 6 personas

- 1 pollo que pese de 1 kg y 300 g a 1 y 1/2 kg
- 2 chalotes
- 80 g de mantequilla
- 3 cucharadas de aceite
- 100 ml de vino blanco
- 250 ml de salsa de tomate (→ ver pág. 80)
- 1/2 litro de demi-glace (→ ver pág. 55)
- 1 bouquet garni
- 300 g de hongos
- 5 ramitas de estragón
- 5 ramitas de perifollo
- sal y pimienta

❶ Preparar el pollo (→ ver pág. 568) y cortarlo en pedazos. Condimentarlo con sal y pimienta.

❷ Pelar y picar los chalotes.

❸ En una olla, calentar 40 g de mantequilla con el aceite y sofreír el pollo. Escurrirlo y desechar la grasa de cocción.

❹ Colocar los chalotes dentro de la olla y cocerlos a fuego bajo 2 a 3 minutos. Agregar los pedazos de pollo a la olla.

❺ Verter el vino blanco y dejar que el líquido se reduzca alrededor de la mitad. Añadir la salsa de tomate, el demi-glace y el bouquet garni. Mezclar bien, tapar la olla y cocer a fuego muy bajo durante 45 minutos.

❻ Mientras tanto, limpiar los hongos y cortarlos en rebanadas delgadas. Derretir 20 g de mantequilla en un sartén y saltear los hongos. Condimentar con sal y pimienta al gusto.

❼ Retirar los hongos del sartén y agregarlos a la olla. Cocer durante 5 minutos más.

❽ Picar las hierbas finas.

❾ Probar y, de ser necesario, condimentar al gusto. Agregar la mantequilla restante y revolver bien.

❿ Verter todo en la fuente en que se va a servir y espolvorear con las hierbas finas picadas.

■ **Preparación:** 15 min ■ **Cocción:** alrededor de 50 min

> **EN ALGUNOS PAÍSES SE LLAMA:**
> Chalote: *ascalonia, chalota, echalote, escalonia*. Mantequilla: *manteca*.

Pollo a la cerveza

Para 4 o 6 personas

- 1 pollo que pese de 1 kg y 300 g a 1 y 1/2 kg
- 2 chalotes
- 2 cucharadas de aceite de cacahuate

❶ Preparar el pollo (→ ver pág. 568) y cortarlo en pedazos o pedirle al carnicero que lo haga.

❷ Pelar y picar los chalotes.

❸ Calentar el aceite en una olla y dorar los pedazos de pollo por todos sus lados. Agregar los chalotes y dejar que adquieran algo de color.

❹ Verter la ginebra y, una vez que esté caliente, flambear.

- 50 ml de ginebra
- 400 ml de cerveza clara
- 100 ml de crema fresca
- 1 bouquet garni
- pimienta de Cayena
- 250 g de hongos
- 1 yema de huevo
- 1 cucharada de perejil finamente picado
- sal y pimienta

⑤ Agregar la cerveza, la mitad de la crema fresca, el bouquet garni, sal y una pizca de pimienta de Cayena. Tapar la olla y dejar que los ingredientes se incorporen a fuego bajo durante 30 minutos.

⑥ Limpiar y cortar los hongos, agregarlos a la olla y cocer durante aproximadamente 15 minutos más.

⑦ Escurrir los pedazos de pollo, acomodarlos sobre la fuente en que se van a servir y mantenerlos calientes.

⑧ Retirar el bouquet garni, agregar el resto de la crema y reducir el líquido a la mitad.

⑨ Disolver la yema de huevo con un poco de la salsa, verterla en el recipiente y batir enérgicamente sin dejar que hierva. Probar y, de ser necesario, condimentar al gusto.

⑩ Verter la salsa sobre los pedazos de pollo y espolvorear con el perejil finamente picado.

■ **Preparación:** 20 min ■ **Cocción:** 45 min

> EN ALGUNOS PAÍSES SE LLAMA:
> Cacahuate: *cacahuete, maní.* Chalote: *ascalonia, chalota, echalote, escalonia.* Crema: *nata.*

Pollo a la Clamart

Para 6 personas

- 1 pollo de 1 kg y 800 g
- 40 g de mantequilla
- 1 cucharada de aceite de cacahuate
- 1 kg de chícharos a la francesa (→ ver pág. 785)
- sal y pimienta

① Preparar el pollo (→ ver pág. 568) o pedirle al carnicero que lo haga.

② Precalentar el horno a 200 °C.

③ En una olla, derretir 20 g de mantequilla junto con el aceite y dorar el pollo por todas sus caras a fuego alto de 8 a 10 minutos. Retirarlo de la olla y desechar la grasa de cocción.

④ Volver a colocar el pollo dentro de la olla con el resto de la mantequilla y dos cucharadas de agua. Condimentar con sal y pimienta al gusto, y hornear durante 20 minutos.

⑤ Mientras tanto, preparar los chícharos cociéndolos solamente 15 minutos. Agregarlos a la olla y cocer durante 20 minutos más.

■ **Preparación:** 15 min (40 min si son chícharos frescos)

■ **Cocción:** alrededor de 50 min

> EN ALGUNOS PAÍSES SE LLAMA:
> Cacahuate: *cacahuete, maní.* Mantequilla: *manteca.*

Pollo a la niçoise

Para 4 personas

- *1 pollo de 1 kg y 200 g*
- *20 g de mantequilla*
- *4 cucharadas de aceite de oliva*
- *100 ml de vino blanco*
- *100 ml de salsa concentrada de jitomate (→ ver pág. 819)*
- *1 diente de ajo*
- *4 corazones de alcachofa a la mantequilla (→ ver pág. 647)*
- *2 calabacitas*
- *2 cucharadas de aceitunas negras*
- *sal y pimienta*

❶ Preparar el pollo (→ ver pág. 568) o pedirle al carnicero que lo haga. Cortarlo en pedazos.

❷ En una olla, calentar la mantequilla con dos cucharadas de aceite de oliva y dorar los pedazos de pollo por todas sus caras durante 8 o 10 minutos.

❸ Condimentar con sal y pimienta al gusto. Tapar la olla y cocer durante 15 minutos a fuego lento.

❹ Retirar el pollo de la olla y desechar el aceite.

❺ Verter en la olla el vino blanco y la salsa concentrada de jitomate, añadir de nuevo sal y pimienta, mezclar y luego agregar el diente de ajo machacado. Volver a colocar las piezas de pollo y cocer durante 10 o 12 minutos más.

❻ Mientras el pollo se está cociendo, preparar los corazones de alcachofa.

❼ Pelar las calabacitas, cortarlas en cuadritos y saltearlas en un sartén con dos cucharadas de aceite de oliva. Agregar las aceitunas a la olla.

❽ Acomodar el pollo en la fuente en que se va a servir, rodearlo con las alcachofas y las calabacitas, y bañarlo con la salsa.

■ **Preparación:** 15 min ■ **Cocción:** alrededor de 40 min

EN ALGUNOS PAÍSES SE LLAMA:

Alcachofa: *alcaucil.* Calabacita(s): *calabacín, calabaza italiana, zapallito italiano, zapallito largo, zucchini.* Mantequilla: *manteca.*

Pollo a la portuguesa

Para 4 personas

- *1 pollo de 1 kg y 200 g*
- *2 cucharadas de aceite de oliva*
- *20 g de mantequilla*
- *1 cebollla*
- *8 jitomates*
- *50 ml de vino blanco*

❶ Preparar el pollo (→ ver pág. 568) o pedirle al carnicero que lo haga. En una olla, calentar el aceite de oliva junto con la mantequilla, saltear la cebolla picada y luego dorar el pollo a fuego alto de 8 a 10 minutos por todos sus lados.

❷ Condimentar con sal y pimienta al gusto. Tapar la olla y cocer durante 30 minutos a fuego lento.

❸ Retirar el pollo y desechar la grasa de la olla.

- *1 cucharada de perejil picado*
- *sal y pimienta*

❹ Pasar los jitomates por agua hirviendo, pelarlos, quitarles las semillas y cortarlos en pedazos.

❺ Volver a colocar el pollo dentro de la olla, agregar los jitomates, condimentar con sal y pimienta al gusto y cocer alrededor de 30 minutos tapando la olla sólo hasta la mitad.

❻ Acomodar el pollo en la fuente en que se va a servir.

❼ Verter el vino blanco en la olla y desglasar mezclando con una cuchara de madera. Reducir la salsa aproximadamente en una tercera parte y usarla para bañar el pollo.

❽ Espolvorear con el perejil picado y servir de inmediato.

■ **Preparación:** 15 min ■ **Cocción:** 1 h 10 min

> **EN ALGUNOS PAÍSES SE LLAMA:**
> Jitomate: *tomate*. Mantequilla: *manteca*. Quitar las semillas: *despepitar*.

Pollo a la vasca

Para 4 o 6 personas

- *1 pollo de 1 y 1/2 kg*
- *4 cucharadas de aceite de oliva*
- *4 cebollas*
- *3 dientes de ajo*
- *3 jitomates*
- *4 pimientos*
- *200 g de jamón ahumado*
- *1/2 chile de árbol o 1 pizca de pimienta de Cayena*
- *200 ml de vino blanco seco*
- *perejil liso*
- *sal y pimienta*

❶ Preparar el pollo (→ ver pág. 568) y cortarlo en pedazos o pedirle al carnicero que lo haga. Dorar los pedazos de pollo en una olla con dos cucharadas de aceite.

❷ Pelar y picar las cebollas y el ajo. Pasar los jitomates por agua hirviendo, pelarlos, quitarles las semillas y cortarlos en pedazos. Asar ligeramente los pimientos, pelarlos y cortarlos en tiritas delgadas. Cortar el jamón en cuadritos.

❸ Retirar el pollo de la olla. Desechar la grasa de cocción.

❹ Verter el resto del aceite y calentarlo. Añadir los cuadritos de jamón y la cebolla y sofreírlos sin dejar de remover.

❺ Agregar el ajo, los pimientos, el jitomate, el chile de árbol y el vino. Condimentar con sal y pimienta al gusto. Mezclar y cocer de 10 a 12 minutos con la olla destapada.

❻ Añadir los pedazos de pollo, mezclar, tapar la olla y cocer de 30 a 40 minutos más. Servir directamente en la olla de cocción.

■ **Preparación:** 10 min ■ **Cocción:** alrededor de 1 h

> **EN ALGUNOS PAÍSES SE LLAMA:**
> Chile de árbol: *ají muy picante*. Jitomate: *tomate*. Pimiento: *ají, locote, morrón*. Quitar las semillas: *despepitar*.

Pollo al estragón

Para 4 o 6 personas

- *1/2 litro de consomé de pollo deshidratado*
- *2 manojos de estragón*
- *1 pollo de 1 kg y 800 g*
- *1/2 limón*
- *30 g de mantequilla enharinada (→ ver pág. 40)*
- *sal y pimienta*

❶ Calentar el consomé de pollo, agregarle cuatro ramitas de estragón y cocer a fuego muy bajo durante 10 minutos.

❷ Preparar el pollo (→ ver pág. 568) o pedirle al carnicero que lo haga. Frotarlo con el medio limón. Agregar cuatro ramitas de estragón en el interior del pollo. Condimentarlo con sal y pimienta y atarlo para que recupere su forma. Colocarlo en una olla y verterle el consomé de pollo.

❸ Tapar la olla, poner a hervir y, una vez alcanzada la ebullición, cocer a fuego lento de 45 a 50 minutos.

❹ Retirar el pollo de la olla, escurrirlo, colocarlo sobre la fuente en que se va a servir y mantenerlo caliente.

❺ Preparar la mantequilla enharinada.

❻ Picar el resto de las hojas de estragón.

❼ Reducir el jugo de cocción en una tercera parte, aproximadamente. Agregarle la mantequilla enharinada batiendo con energía.

❽ Probar y, de ser necesario, condimentar con sal y pimienta al gusto. Espolvorear con el estragón picado. Bañar el pollo con un poco de la salsa y servir el resto por separado, en una salsera.

■ **Preparación:** 15 min ■ **Cocción:** alrededor de 1 h

Pollo al limón

Para 4 o 6 personas

- *1 pollo que pese de 1 kg y 300 g a 1 y 1/2 kg*
- *2 limones*
- *sal y pimienta*
- *1 pizca de pimienta de Cayena*
- *2 cucharadas de aceite de oliva*
- *2 ramitas de tomillo*
- *150 ml de crema fresca*

❶ Preparar el pollo (→ ver pág. 568) y cortarlo en pedazos.

❷ Exprimir los limones y mezclar el jugo con sal, pimienta y una pizca de pimienta de Cayena. Marinar los pedazos de pollo en este jugo durante al menos 1 hora.

❸ Escurrir los pedazos de pollo, secarlos y dorarlos en una olla junto con el aceite de oliva.

❹ Bajar el fuego, espolvorear el tomillo desmenuzado sobre el pollo, tapar la olla y cocer a fuego lento durante 30 minutos. Retirar los pedazos de pollo y mantenerlos calientes, sobre una hoja de papel aluminio.

❺ Verter la marinada y la crema fresca en la olla. Calentar sin dejar de revolver para que la salsa se espese. Probar y, en caso de ser necesario, condimentar al gusto.

❻ Volver a colocar los pedazos de pollo en la salsa, cocer durante 5 minutos más y servir directamente en la olla.

■ **Preparación:** 15 min ■ **Marinada:** 1 h
■ **Cocción:** 35 min

> **EN ALGUNOS PAÍSES SE LLAMA:**
> Crema: *nata.*

Pollo con alcachofas

Para 4 o 6 personas

- *1 pollo que pese de 1 kg y 300 g a 1 y 1/2 kg*
- *2 manojos de cebollitas de Cambray*
- *1/2 kg de papas pequeñas*
- *4 corazones de alcachofas congelados o de lata*
- *80 g de mantequilla*
- *1 cucharada de aceite de oliva*
- *100 ml de base blanca de ave (→ ver pág. 48)*
- *50 ml de espejo de carne (→ ver pág. 56)*
- *1/2 limón*
- *sal y pimienta*

❶ Preparar el pollo (→ ver pág. 568), condimentarlo con sal y pimienta por dentro y coserlo con hilo de cocina.
❷ Pelar las cebollas. Rallar las papas.
❸ Cortar los corazones de alcachofa.
❹ Calentar 20 g de mantequilla junto con el aceite y sofreír el pollo por todos sus lados. Escurrirlo sobre un papel absorbente.
❺ Dorar las cebollas y las papas. Escurrirlas y desechar la grasa de la olla. Volver a colocar en la olla 20 g de mantequilla, el pollo, las cebollas, las papas y los corazones de alcachofas. Condimentar con sal y pimienta al gusto. Tapar y cocer durante 40 minutos, removiendo de vez en cuando las verduras y volteando el pollo.
❻ Acomodar el pollo junto con la guarnición de verduras en una charola de cocción caliente.
❼ Verter la base blanca de ave en la olla, raspar bien los jugos de cocción con una cuchara de madera, agregar el espejo de carne (o 100 ml de caldo reducido a la mitad) y un chorrito de jugo de limón.
❽ Mezclar bien y luego agregar 40 g de mantequilla, revolviendo de manera constante. Bañar el pollo con esta salsa.

■ **Preparación:** 30 min ■ **Cocción:** alrededor de 45 min

> **EN ALGUNOS PAÍSES SE LLAMA:**
> Alcachofa: *alcaucil.* Cebollita(s) de Cambray: *cebolla china, cebolla de almácigo, cebolla de verdeo, cebolla en rama, cebolla junca, cebolleta(s), cebollín.* Charola: *asadera.* Mantequilla: *manteca.* Papa: *patata.*

Pollo con hongos colmenilla

Para 4 o 6 personas

- *400 g de hongos colmenilla frescos o 150 g de hongos colmenilla secos*
- *1 pollo que pese de 1 kg y 300 g a 1 y 1/2 kg*
- *50 g de mantequilla*
- *300 ml de vino blanco afrutado*
- *700 ml de crema fresca*
- *1 yema de huevo*
- *sal y pimienta*

❶ Limpiar los hongos con mucho cuidado o poner los hongos secos a remojar.

❷ Cortar el pollo en pedazos. Condimentarlo con sal y pimienta al gusto.

❸ En una olla, derretir la mantequilla y dorar las piezas de pollo de 8 a 10 minutos, volteándolas varias veces.

❹ Verter el vino blanco, subir un poco la intensidad del fuego y reducir hasta que no quede prácticamente nada de líquido.

❺ Escurrir o secar muy bien los hongos, agregarlos a la olla junto con la crema fresca. Mezclar bien, tapar la olla y cocer durante 35 minutos.

❻ Retirar el pollo y los hongos con una espumadera y acomodarlos en la fuente de servicio previamente calentada.

❼ En un bol, mezclar la yema de huevo con un poco de salsa, luego verterla en la olla y mezclar bien sin dejar que hierva.

❽ Bañar el pollo con la salsa.

■ **Preparación:** 25 min ■ **Cocción:** 50 min

> EN ALGUNOS PAÍSES SE LLAMA:
> Crema: *nata.* Mantequilla: *manteca.*

Pollo con jitomates

Para 4 personas

- *1 pollo de 1 kg y 200 g*
- *1 cebolla*
- *20 g de mantequilla*
- *2 cucharadas de aceite*
- *100 ml de vino blanco*
- *100 g de caldillo de jitomate (→ ver pág. 811)*
- *1 bouquet garni*
- *1 diente de ajo*
- *6 jitomates*

❶ Preparar el pollo (→ ver pág. 568) o pedirle al carnicero que lo haga. Cortarlo en pedazos.

❷ Picar la cebolla. En una olla, calentar la mantequilla con una cucharada de aceite y saltear la cebolla picada. Agregar las piezas de pollo, mezclar bien y dorar el pollo por todos lados.

❸ Verter el vino blanco, el caldillo de jitomate, agregar el bouquet garni y el ajo. Condimentar con sal y pimienta al gusto y cocer alrededor de 30 minutos.

❹ Mientras tanto, cortar los jitomates a la mitad y quitarles las semillas. Calentar una cucharada de aceite en

- *1 cucharada de perejil picado*
- *sal y pimienta*

un sartén y cocer los jitomates del lado de la piel durante 5 minutos, voltearlos, condimentarlos con sal y pimienta y cocerlos durante 10 minutos más. Voltearlos nuevamente del lado de la piel y cocerlos otros 5 minutos. Picar el perejil.

❺ Retirar las piezas de pollo con una espumadera y acomodarlas en la fuente en que se van a servir, junto con los jitomates salteados.

❻ Colar la salsa y usarla para bañar los jitomates. Espolvorear con el perejil picado y servir de inmediato.

■ **Preparación:** 15 min

■ **Cocción:** alrededor de 30 a 35 min

> **EN ALGUNOS PAÍSES SE LLAMA:**
> Jitomate: *tomate*. Mantequilla: *manteca*. Quitar las semillas: *despepitar*.

Pollo con piña y ron

Para 4 o 6 personas

- *1 pollo que pese de 1 kg y 300 g a 1 y 1/2 kg*
- *2 cebollas grandes*
- *1 chalote*
- *2 cucharadas de aceite de cacahuate*
- *50 ml de ron*
- *1 lata grande de piña en almíbar*
- *2 limones*
- *1/2 cucharadita de jengibre en polvo*
- *1 pizca de pimienta de Cayena*
- *sal y pimienta*

❶ Preparar el pollo (→ ver pág. 568) o pedirle al carnicero que lo haga. Condimentarlo con sal y pimienta por dentro y por fuera, y atarlo para que recupere su forma.

❷ Picar las cebollas y el chalote.

❸ En una olla, calentar el aceite de cacahuate y dorar el pollo por todas sus caras. Agregar las cebollas y el chalote y sofreírlos alrededor del pollo.

❹ Calentar el ron, verterlo en la olla y flambear.

❺ Verter tres cucharadas del almíbar de la piña, así como dos cucharadas de jugo de limón. Espolvorear el jengibre y la pimienta de Cayena y mezclar bien. Tapar la olla y cocer durante 45 minutos.

❻ Cortar las rebanadas de piña en cubitos y añadirlos a la olla. Condimentar con sal y pimienta al gusto y continuar la cocción durante 10 minutos más.

> Este pollo puede acompañarse con un arroz blanco (→ **ver pág. 844**).

■ **Preparación:** 15 min ■ **Cocción:** alrededor de 1 h

> **EN ALGUNOS PAÍSES SE LLAMA:**
> Cacahuate: *cacahuete, maní*. Chalote: *ascalonia, chalota, echalote, escalonia*. Piña: *ananá*.

Pollo embadurnado

Para 4 o 6 personas

- *1 pollo que pese de 1 kg y 300 g a 1 y 1/2 kg*
- *1 cucharada de vinagre*
- *100 ml de sangre de cerdo*
- *1 manojo de cebollitas de Cambray*
- *250 g de hongos pequeños*
- *1 diente de ajo*
- *2 cucharadas de aceite de cacahuate*
- *150 g de tocino en cubitos*
- *1 cucharada de harina*
- *1/2 litro de vino tinto*
- *1 bouquet garni*
- *sal y pimienta*

❶ Preparar el pollo (→ ver pág. 568) y cortarlo en pedazos o pedirle al carnicero que lo haga.

❷ Mezclar el vinagre con la sangre de cerdo.

❸ Pelar las cebollitas y los hongos (recortarlos si son demasiado grandes). Pelar y machacar el ajo.

❹ En una olla, calentar el aceite de cacahuate y sofreír los pedazos de pollo durante 5 minutos. Escurrirlos sobre un papel absorbente.

❺ Colocar los cubitos de tocino, las cebollitas de Cambray y los hongos en la olla y dorarlos de 3 a 4 minutos sin dejar de revolver.

❻ Volver a poner los pedazos de pollo en la olla, espolvorear con harina y mezclar bien durante 2 o 3 minutos.

❼ Verter el vino, condimentar con sal y pimienta al gusto, agregar el bouquet garni y el ajo machacado. Tapar la olla y cocer a fuego lento durante 40 minutos.

❽ Diluir la sangre y el vinagre con un poco de salsa y verterlos en la olla sin dejar de remover y sin que hierva. Probar y, de ser necesario, volver a condimentar. Servir directamente de la olla de cocción.

> **Este plato puede acompañarse con papas al vapor o con pastas frescas a la mantequilla.**

■ **Preparación:** 15 min ■ **Cocción:** alrededor de 50 min

EN ALGUNOS PAÍSES SE LLAMA:

Cacahuate: *cacahuete, maní.* Cebollita(s) de Cambray: *cebolla china, cebolla de almácigo, cebolla de verdeo, cebolla en rama, cebolla junca, cebolletas.* Cerdo: *chancho, cochino, puerco.* Mantequilla; *manteca.* Papa: *patata.* Tocino: *bacon, larda de tocino, panceta, tocineta.*

Pollo en vinagre

Para 4 o 6 personas

- *1 pollo que pese de 1 kg y 300 g a 1 y 1/2 kg con el hígado*
- *50 g de mantequilla*

❶ Preparar el pollo (→ ver pág. 568) o pedirle al carnicero que lo haga. Cortarlo en pedazos. Dorarlo durante 10 minutos en una olla con 20 g de mantequilla y el aceite de cacahuate. Escurrirlo y desechar la grasa de cocción.

❷ Agregar el resto de la mantequilla a la olla. Volver a colocar las piezas de pollo, condimentar con sal y pimien-

- 1 cucharada de aceite de cacahuate
- 1 litro de base blanca de ave (→ ver pág. 48)
- 1 pizca de pimienta de Cayena
- 1 vaso de vinagre
- 20 g de mantequilla enharinada (→ ver pág. 40)
- sal y pimienta

ta al gusto. Tapar la olla y cocer a fuego lento durante 35 minutos.

❸ Calentar la base blanca de ave y reducirla a la mitad. Añadir la pimienta de Cayena y el vinagre (reservar una cucharada de este último) y reducir de nuevo en una tercera parte.

❹ Convertir en puré el hígado del pollo y agregarle la cucharada de vinagre que se había apartado. Preparar la mantequilla enharinada. Verter la salsa de vinagre en la olla, remover bien y cocer durante 5 minutos. Agregar la mantequilla enharinada mezclando bien y cocer 1 minuto más sin dejar que hierva.

❺ Retirar la olla del fuego y añadirle el puré de hígado. Mezclar bien y servir muy caliente.

■ **Preparación:** 10 min ■ **Cocción:** alrededor de 45 min

EN ALGUNOS PAÍSES SE LLAMA:
Cacahuate: *cacahuete, maní.* Mantequilla: *manteca.*

Rollo de capón en gelatina

Para 18 o 20 personas

- 1 capón de 2 kg y 400 g
- galantina de ave (→ ver pág. 227)
- 2 zanahorias
- 3 cebollas
- 1 rama de apio
- 100 g de jamón
- 25 g de mantequilla
- 1 ramita de tomillo
- 200 ml de vino blanco
- 200 ml de base blanca de ave (→ ver pág. 48)
- 1 bouquet garni
- 1/2 litro de gelatina de carne (→ ver pág. 60)
- sal y pimienta

❶ Preparar el capón y la galantina de ave (se pueden preparar 1 día antes). Una vez que el ave esté rellena con la galantina, coserla con hilo de cocina. Precalentar el horno a 200 °C.

❷ Pelar las zanahorias, las cebollas y el apio y cortarlos en cuadritos pequeños, al igual que el jamón. Derretir la mantequilla en una olla y sofreír estos ingredientes a fuego bajo. Añadir el tomillo y condimentar con sal y pimienta al gusto.

❸ Agregar el ave rellena y dorarla por todos sus lados. Verter el vino y la base blanca de ave. Agregar el bouquet garni y cocer el rollo durante 5 minutos sin tapar la olla. Luego, tapar la olla y meterla en el horno durante 1 hora y media.

❹ Retirar el rollo de la olla, dejarlo enfriar y luego meterlo en el refrigerador.

❺ Preparar la gelatina y bañar con ella el fondo de la fuente en que se va a servir. Luego, dejarla en el refrigerador durante 10 minutos para dejar que cuaje.

❻ Colocar el rollo sobre la fuente y, con un pincel, bañarlo con cuatro o cinco capas de gelatina, poniéndolo en el refrigerador cada vez que se agregue una capa. Luego, volver a meter la charola en el refrigerador hasta el momento de servir.

■ **Preparación:** 1 h ■ **Cocción:** 1 h 40 min

■ **Recubrimiento:** 1 h

EN ALGUNOS PAÍSES SE LLAMA:

Mantequilla: *manteca*. Refrigerador: *heladera, nevera*. Rollo: *arrollado, rulo*.

Tarta de pollo

Para 4 o 6 personas

- 5 huevos
- 1 pollo de 1 y 1/2 kg
- 3 chalotes
- 1 cebolla
- 150 g de hongos
- 2 cucharadas de perejil picado
- 200 g de escalopes de ternera
- 30 g de mantequilla
- 150 g de rebanadas delgadas de tocino
- 1 litro de base blanca de ave (→ ver pág. 48)
- 1/2 kg de masa hojaldrada (→ ver pág. 114) o de masa para repostería (→ ver pág. 112)
- sal y pimienta

❶ Poner a cocer cuatro huevos hasta que estén duros.

❷ Despiezar el pollo crudo, separando los muslos, las pechugas y las alas. Quitarle los huesos y las menudencias (que pueden servir para preparar un caldo o un consomé).

❸ Pelar y picar los chalotes y la cebolla. Limpiar y cortar los hongos en rebanadas delgadas. Agregar el perejil, condimentar con sal y pimienta al gusto y untar con esta mezcla los pedazos de pollo.

❹ Precalentar el horno a 190 °C.

❺ Cortar el escalope de ternera en rebanadas muy delgadas y condimentarlas con sal y pimienta al gusto. Engrasar con mantequilla una tartera y cubrir el fondo y las paredes con las rebanadas de escalope de ternera. Colocar los muslos de pollo en este molde, luego las alas y finalmente las pechugas. Cubrir todo con las rebanadas de tocino.

❻ Pelar los huevos duros, partir las yemas en dos y agregarlas al molde. Verter la base blanca de ave hasta cubrir tres cuartas partes de la altura de la tartera.

❼ Con un rodillo, extender la masa hasta que quede de 5 mm de espesor. Cortar una tapa de masa que sea un poco más grande que el molde. Luego, con lo que sobre, cortar una tira de masa del mismo ancho que el borde del molde. Con la ayuda de un pincel, mojar con agua esta tira de masa y pegarla en el borde. Después, cubrir la superficie con la tapa de masa y pegar bien las orillas.

❽ Batir el último huevo y, con un pincel, barnizar toda la superficie de la tarta para que se dore. Con la punta de un cuchillo, hacer algunas incisiones en la tapa e insertar una chimenea de papel enrollado en el centro.

⑨ Hornear durante 1 hora y media.

⑩ Reducir bien el resto de la base blanca de ave y, en el momento de servir, verter dos o tres cucharadas de esta base por la chimenea para que la tarta la absorba. Servir inmediatamente.

■ **Preparación:** 40 min ■ **Cocción:** 1 h 30 min

> **EN ALGUNOS PAÍSES SE LLAMA:**
>
> Chalote: *ascalonia, chalota, echalote, escalonia.* Mantequilla: *manteca.* Rodillo: *bolillo, palo de amasar, palote, uslero.* Tocino: *bacon, larda de tocino, panceta, tocineta.*

Capón, gallina, pollo: estofado

Asopao de pollo

Para 6 personas

- *1 pollo*
- *2 tazas de arroz*
- *2 cucharadas de aceite con achiote*
- *1 pimiento verde*
- *1 cebolla grande*
- *4 ramas de cilantro*
- *1/2 taza de aceitunas y alcaparras*
- *200 g de jamón*
- *3 ajíes dulces*
- *3 ramas de orégano*
- *8 tazas de agua*
- *sal y pimienta*
- *1/2 taza de vinagre*
- *1 lata de chícharos*
- *1 lata de pimientos morrones*
- *1 lata de espárragos*

① Adobar el pollo el día anterior con sal, pimienta, ajo, vinagre y orégano.

② Remojar el arroz en agua.

③ En una olla grande colocar el aceite y dorar el jamón cortado en pedacitos. Agregar el resto de los ingredientes del sofrito cortados en pedazos pequeños.

④ Cocinar por 2 minutos. Añadir pollo cortado en piezas, dorar y cocinar durante 10 minutos.

⑤ Escurrir el arroz y añadir al pollo. Revolver bien y sofreír durante unos minutos.

⑥ Añadir el agua y el líquido de los pimientos morrones, los chícharos y los espárragos.

⑦ Mover y, cuando hierva, tapar y cocinar a fuego muy lento por 20 minutos.

⑧ Cuando el arroz esté cocido, servir y adornar con los espárragos, los chícharos y los pimientos.

■ **Preparación:** 15 min ■ **Maceración:** 24 h
■ **Cocción:** 1 h

> **EN ALGUNOS PAÍSES SE LLAMA:**
>
> Achiote: *bijol, onoto.* Ají: *ají cumbarí, chile, conguito, guindilla, ñora, páprika (picante), pimentón picante, pimiento picante.* Chícharo: *alverja, arveja, guisante, petit pois.* Cilantro: *coriandro, culantro.* Pimiento: *ají, locote, morrón.*

Gallina de chinamo

Para 6 personas

- 1 gallina grande
- 5 cucharadas de aceite
- 2 hojas de laurel
- 1 pizca de nuez moscada
- 2 zanahorias
- 1/2 kg de papas
- 50 g de pasitas
- 2 calabacitas
- 50 g de mantequilla
- 2 cucharadas de harina
- 1/2 taza de jerez
- chile en polvo
- 2 cucharadas de azúcar
- 2 cucharadas de alcaparras
- 2 cucharadas de salsa inglesa
- sal y pimienta

❶ Cortar en piezas la gallina y sazonar con sal y pimienta.
❷ Calentar el aceite en una olla y dorar los trozos de gallina. Verter agua hasta cubrir la gallina, añadir el laurel,
la nuez moscada y las zanahorias cortadas en rodajas.
❸ Tapar y cocinar hasta que las zanahorias estén tiernas.
❹ Incorporar las papas en rodajas y las pasas, continuar
la cocción por unos minutos hasta que ablande la papa, agregar las calabacitas.
❺ Mezclar la mantequilla con la harina e incorporar a la
olla junto con el jerez, el chile, el azúcar, la salsa inglesa, las alcaparras. Cocer hasta que todo esté tierno.

■ **Preparación:** 15 min ■ **Cocción:** alrededor de 1 h

> **EN ALGUNOS PAÍSES SE LLAMA:**
> Calabacita(s): *calabacín, calabaza italiana, zapallito italiano,
> zapallito largo, zucchini.* Chile: *ají cumbarí, ají picante, con-
> guito, guindilla, ñora, páprika (picante), pimentón picante,
> pimiento picante.* Mantequilla: *manteca.* Papa: *patata.* Pasitas:
> *pasas, pasas de uva, uvas pasas, uvas secas.*

Gallina guisada con coco

Para 5 personas

- 1 gallina grande
- 4 jitomates
- 2 cebollas moradas
- 3 dientes de ajo
- 1 pimiento rojo
- 4 chiles criollos
- 2 tazas de leche de coco
- 1/2 cucharadita de pimienta
- 1 cucharadita de comino
- sal al gusto
- aceite

❶ Partir la gallina en piezas y freírlas en una olla con aceite.
❷ Agregar la cebolla y el pimiento cortados en tiras, y los
chiles picados hasta que la cebolla se acitrone.
❸ Moler el jitomate con el ajo y verter a la olla.
❹ Añadir la leche de coco, la pimienta, el comino y la sal,
cocinar a fuego medio durante 1 hora y media, aproximadamente, hasta que la gallina se ablande.

■ **Preparación:** 20 min ■ **Cocción:** alrededor de 1 h y 30 min

> **EN ALGUNOS PAÍSES SE LLAMA:**
> Cebolla morada: *cebolla roja.* Chile: *ají cumbarí, ají picante, con-
> guito, guindilla, ñora, páprika (picante), pimentón picante, pi-
> miento picante.* Jitomate: *tomate.* Pimiento: *ají, locote, morrón.*

Manchamanteles

Para 5 personas

- 1 pollo tierno
- 250 g de lomo de cerdo
- 400 g de jitomate
- 4 chiles anchos
- 1 rebanada de pan de caja
- 1 cucharada de cacahuates pelados
- 1/2 cebolla chica
- 1 diente de ajo chico
- 1/2 cucharada de azúcar
- 1 bouquet garni
- 1/2 cucharada de vinagre
- 3 cucharadas de aceite vegetal
- 1/2 plátano macho
- 1/2 camote mediano
- 2 perones
- 1 rebanada de piña pelada
- 125 g de chícharos
- manteca de cerdo
- sal

❶ El día anterior, tostar y limpiar de venas y semillas los chiles. Dejarlos remojando en agua caliente con sal y vinagre.

❷ Al día siguiente, escurrir los chiles y molerlos con la cebolla, el ajo, los cacahuates, el pan ya frito y los jitomates sin cáscara ni semillas.

❸ Limpiar el pollo, ponerlo a cocinar en agua caliente con la cebolla, el ajo y el bouquet garni.

❹ Freír los ingredientes molidos y agregarles el caldo de pollo para formar la salsa.

❺ Freír el lomo de cerdo aparte con manteca. Cuando esté cocido, cortarlo en tiritas.

❻ Hervir la salsa unos minutos, agregar el pollo en partes, el lomo, el vinagre, el azúcar, las rebanadas de plátano, la piña en trocitos y el perón, así como los chícharos y el camote en rebanadas sin cáscara, que ya deben estar cocinados.

❼ Sazonar con sal y hervir un poco más hasta que las frutas se cocinen y la salsa espese. Servir bien caliente.

■ **Preparación:** 20 min ■ **Cocción:** 1 h

> **EN ALGUNOS PAÍSES SE LLAMA:**
>
> Cacahuate: *cacahuete, maní.* Camote: *batata, boniato, chaco, papa dulce.* Cerdo: *chancho, cochino, puerco.* Chícharo: *alverja, arveja, guisante, petit pois.* Chile ancho: *tipo de chile o ají seco.* Jitomate: *tomate.* Manteca: *grasa, lardo.* Pan de caja: *pan de molde, pan inglés o pan lactal.* Perón: *manzana ácida.* Piña: *ananá.* Plátano: *banana, cambur.*

Pollo al curry

Para 4 personas

- 1 pollo que pese de 1 kg y 300 g a 1 y 1/2 kg
- 3 cebollas
- 1/2 limón
- 2 plátanos

❶ Preparar el pollo (→ ver pág. 568) o pedirle al carnicero que lo haga. Cortarlo en pedazos.

❷ Pelar y picar las cebollas. Exprimir el jugo de limón en una ensaladera, agregar los plátanos pelados y cortados en cuadritos, así como las manzanas peladas, cortadas en cuadritos y sin las semillas.

- *2 manzanas*
- *2 jitomates*
- *2 cucharadas de aceite*
- *3 cucharadas de curry en polvo*
- *200 ml de leche de coco*
- *200 o 300 g de arroz*
- *1 yogur natural*
- *sal*

❸ Pasar los jitomates por agua hirviendo, pelarlos y triturarlos.

❹ En una olla, calentar el aceite y sofreír los pedazos de pollo junto con las cebollas. Espolvorear una cucharada de curry, mezclar bien y cocer durante 5 minutos sin dejar de revolver.

❺ Retirar con una espumadera los plátanos y las manzanas de la ensaladera y agregarlos a la olla, junto con el resto del curry y los jitomates.

❻ Verter la leche de coco, mezclar, añadir sal al gusto, tapar la olla y cocer a fuego lento durante aproximadamente 35 minutos.

❼ Mientras tanto, cocer el arroz blanco (→ ver pág. 844).

❽ Retirar las piezas de pollo de la olla y mantenerlas calientes en la fuente en que se van a servir.

❾ Agregar a la olla el yogur natural, mezclar y cocer de 5 a 10 minutos para que la salsa se espese. Probar y, de ser necesario, condimentar al gusto. Verter la salsa sobre las piezas de pollo y servir el arroz blanco por separado.

■ **Preparación:** 20 min ■ **Cocción:** alrededor de 40 min

> **EN ALGUNOS PAÍSES SE LLAMA:**
> Jitomate: *tomate*. Plátano: *banana, cambur*.

Pollo en salsa de piña

Para 6 personas

- *1 pollo tierno*
- *1 piña*
- *2 dientes de ajo*
- *2 limones*
- *sal al gusto*

❶ Limpiar el pollo, frotarlo con limón y cortarlo en piezas.

❷ Pelar la piña, rallarla y colar el jugo. Ponerla a hervir tapada con los ajos machacados y sal al gusto.

❸ Agregar el pollo y dejar cocinar tapado hasta formar una salsa espesa.

Se sirve caliente con arroz blanco (→ ver pág. 844) y ensalada de vegetales crudos.

■ **Preparación:** 20 min ■ **Cocción:** 50 min

> **EN ALGUNOS PAÍSES SE LLAMA:**
> Piña: *ananá*.

Capón, gallina, pollo: menudencias

Croquetas de hígado de ave

Para 4 o 6 personas

- 1/2 kg de higaditos de pollo o de pato
- 250 g de masa para freír (→ ver pág. 115)
- 4 chalotes
- 1 diente de ajo
- 1 manojo pequeño de perejil
- 25 g de mantequilla
- 80 g de migajón fresco
- 2 huevos
- 2 cucharadas de madeira
- 2 cucharadas de crema fresca
- 1 cucharada de harina
- 1/2 litro de salsa de tomate (→ ver pág. 80)
- aceite
- sal y pimienta

❶ Limpiar los hígados de pollo (quitarles todos los filamentos) y molerlos con el pasapuré (con la cuchilla más fina) o en la licuadora.

❷ Preparar la masa para freír.

❸ Pelar y picar los chalotes y el diente de ajo. Picar el perejil.

❹ En un sartén, calentar la mantequilla y sofreír ligeramente los chalotes.

❺ Desmoronar el migajón de pan. Batir los huevos en un bol.

❻ Verter el puré de hígado en una terrina junto con el ajo, el perejil, los chalotes, el migajón de pan, los huevos, el madeira, la crema, la harina, y sal y pimienta al gusto. Mezclar bien entre cada ingrediente. Dejar reposar durante 1 hora en el refrigerador.

❼ Preparar o recalentar la salsa de tomate.

❽ Dividir la preparación en porciones pequeñas del tamaño de una mandarina. Luego, moldearlas con las manos mojadas hasta formar bolitas, aplanarlas ligeramente y pasarlas por la masa para freír. Después, sumergirlas en el aceite muy caliente (180 °C) durante unos 10 minutos.

❾ Servir la salsa de tomate por separado.

■ **Preparación:** 30 min ■ **Reposo:** 1 h

■ **Cocción:** alrededor de 10 min

EN ALGUNOS PAÍSES SE LLAMA:

Chalote: *ascalonia, chalota, echalote, escalonia.* Crema: *nata.* Madeira: *madera* (vino dulce elaborado en la isla de Madeira). Mantequilla: *manteca.* Migajón: *borona, miga de pan, morona.* Pasapuré: *machacador, pisapapas, pisapuré.* Refrigerador: *heladera, nevera.*

Menudencias a la cazadora

Para 4 o 6 personas

- *1 kg o 1 kg y 200 g de menudencias de ave*
- *2 chalotes*
- *80 g de mantequilla*
- *3 cucharadas de aceite*
- *100 ml de vino blanco*
- *250 ml de salsa de tomate (→ ver pág. 80)*
- *1/2 litro de demi-glace (→ ver pág. 55)*
- *1 bouquet garni*
  300 g de hongos
- *5 ramitas de estragón*
- *5 ramitas de perifollo*
- *sal y pimienta*

❶ Condimentar las menudencias de pollo con sal y pimienta.
❷ Pelar y picar los chalotes.
❸ En una olla, calentar 40 g de mantequilla junto con el aceite y dorar las menudencias. Escurrirlas y desechar una parte de la grasa.
❹ Poner los chalotes en la olla y cocerlos a fuego lento de 2 a 3 minutos.
❺ Volver a colocar las menudencias en la olla. Verter el vino blanco, remover y reducir a la mitad, aproximadamente.
❻ Añadir la salsa de tomate, el demi-glace y el bouquet garni. Mezclar bien todo. Tapar la olla y cocer a fuego muy bajo durante 45 minutos.
❼ Mientras tanto, limpiar los hongos y cortarlos en rebanadas muy finas. En un sartén, poner 20 g de mantequilla y saltear los hongos. Condimentar con sal y pimienta al gusto.
❽ Escurrir los hongos, agregarlos a la olla y cocer todo durante 5 minutos más. Probar y, de ser necesario, volver a condimentar. Añadir la mantequilla restante y revolver bien.
❾ Picar las hierbas finas. Verter las menudencias en la fuente de servicio y espolvorearlas con las hierbas finas picadas.

■ **Preparación:** 15 min ■ **Cocción:** alrededor de 1 h

En algunos países se llama:

Chalote: *ascalonia, chalota, echalote, escalonia.* Mantequilla: *manteca.*

Menudencias Babylas

Para 4 o 6 personas

1 kg o 1 kg y 200 g de menudencias de pollo
3 cebollas
50 g de mantequilla

❶ Condimentar las menudencias de pollo con sal y pimienta. Pelar y picar las cebollas. En un sartén salteador, dorar las menudencias con 30 g de mantequilla y el aceite.
❷ Agregar las cebollas picadas, revolver y dejar que se sofrían.

- 1 cucharada de aceite de cacahuate
- 200 ml de caldo de pollo deshidratado
- 1 bouquet garni
- 300 g de hongos
- 150 ml de crema fresca
- 2 cucharadas de mostaza
- 1 cucharada de perejil
- sal y pimienta

❸ Verter el consomé de pollo, agregar el bouquet garni, dejar que hierva, tapar la olla y dejar que los ingredientes se incorporen a fuego lento de 25 a 30 minutos.

❹ Mientras tanto, limpiar los hongos y cortarlos finamente. Cocerlos en un sartén con el resto de la mantequilla y luego escurrirlos. Añadirlos al sartén salteador, revolver bien y condimentar con sal y pimienta al gusto.

❺ Verter la crema fresca y cocer durante 10 minutos más con la olla destapada.

❻ Diluir la mostaza en un poco del caldo de cocción, verterla en la olla y mezclar bien todo.

❼ Colocar las menudencias en la fuente de servicio, espolvorearlas con el perejil finamente picado.

■ **Preparación:** 10 min ■ **Cocción:** alrededor de 45 min

EN ALGUNOS PAÍSES SE LLAMA:

Cacahuate: *cacahuete, maní*. Crema: *nata*. Mantequilla: *manteca*.

Menudencias de la casa

Para 4 o 6 personas

- 1 kg o 1 kg y 200 g de menudencias de pollo
- 2 manojos de cebollitas de Cambray
- 300 g de papas pequeñas y frescas
- 1 diente de ajo
- 25 g de manteca de ganso (o de mantequilla)
- 100 g de tocino en cubitos
- 1 cucharada de harina
- 100 ml de vino blanco seco
- 1 bouquet garni
- 300 ml de caldo de pollo deshidratado o de agua
- sal y pimienta

❶ Condimentar las menudencias de pollo con sal y pimienta.

❷ Pelar las cebollitas y rallar las papas. Pelar y machacar el diente de ajo.

❸ En una olla, calentar la manteca de ganso, o la mantequilla, y dorar los cubitos de tocino. Luego, escurrirlos.

❹ Colocar las cebollitas en esta grasa, sofreírlas y luego escurrirlas. Finalmente, dorar las menudencias. Agregarles el ajo machacado y revolver bien todo.

❺ Espolvorear con la harina, mezclar y cocer durante minutos.

❻ Verter el vino blanco y dejar que se reduzca durante minutos. Condimentar ligeramente con sal y pimienta.

❼ Agregar el bouquet garni, los cubitos de tocino, las cebollitas y las papas. Verter agua o consomé de pollo hasta cubrir todo. Dejar que hierva, tapar la olla y luego cocer a fuego lento de 30 a 35 minutos.

❽ Verter las menudencias en una fuente o servirlas en la misma olla.

■ **Preparación:** 30 min ■ **Cocción:** alrededor de 50 min

Pastel de hígados de ave

Para 4 personas

- *1 diente de ajo*
- *1 cucharada de perejil picado*
- *8 hígados grandes de pollo*
- *50 g de harina*
- *8 huevos*
- *200 ml de crema fresca*
- *700 ml de leche*
- *nuez moscada*
- *20 g de mantequilla*
- *300 ml de salsa de tomate* (→ *ver pág. 80*)
- *sal y pimienta*

❶ Picar el ajo y el perejil.
❷ Limpiar los hígados (quitarles los filamentos) y molerlos en el pasapuré o en la licuadora, hasta convertirlos en puré.
❸ Precalentar el horno a 150 °C.
❹ Verter el puré de hígado en una terrina, agregarle la harina y mezclar bien.
❺ Romper cuatro huevos, separando las claras de las yemas. Luego, incorporar las yemas, una por una, a la mezcla del puré de hígado con la harina.
❻ Agregar poco a poco, mezclando bien, los demás huevos, el ajo y el perejil picados, 100 ml de crema fresca y, finalmente, la leche. Condimentar con sal y pimienta al gusto y agregar dos pizcas de nuez moscada rallada.
❼ Engrasar con mantequilla un molde para carlota y verter la preparación. Cocer a baño maría durante 50 minutos.
❽ Mientras tanto, preparar o recalentar la salsa de tomate y agregarle el resto de la crema fresca.
❾ Desmoldar el pastel y bañarlo con la salsa. Servir caliente.

■ **Preparación:** 20 min ■ **Cocción:** 50 min

Salpicón a la cazadora

Para 4 o 6 personas

- 200 ml de salsa cazadora
  (→ ver pág. 78)
- 200 g de hígados de pollo
- 200 g de hongos de cualquier
  tipo
- 40 g de mantequilla
- sal y pimienta

❶ Preparar la salsa cazadora.
❷ Limpiar y cortar en cubitos los hígados de pollo y los hongos.
❸ En un sartén, derretir la mantequilla y saltear todos los cubitos durante 10 minutos, aproximadamente. Luego, mezclarlos con la salsa cazadora.

> Este salpicón puede servirse en barquitos de masa para repostería o bien en una tarta o tartaleta (→ ver pág. 112 o 199). También puede servir de relleno para un pollo horneado (→ ver pág. 582).

■ **Preparación:** 30 min ■ **Cocción:** 10 min

> EN ALGUNOS PAÍSES SE LLAMA:
> Mantequilla: *manteca*.

Volován mercantil

Para 6 personas

- 1 kg de masa hojaldrada
  (→ ver pág. 114)
- 400 ml de salsa mercantil
  (→ ver pág. 83)
- 1 huevo
- 150 g de hongos
- 10 g de mantequilla
- 300 g de pechuga de pollo
  cocida
- 200 g de jamón blanco
- sal y pimienta

❶ Preparar la masa hojaldrada (o utilizar una masa comercial ya preparada).
❷ Preparar la salsa mercantil y mantenerla caliente.
❸ Dividir la masa en dos porciones iguales y, con un rodillo, extender cada porción hasta que quede de 5 mm de espesor. Precalentar el horno a 240 °C.
❹ Con una tartera circular de 18 cm de diámetro, cortar dos discos de masa.
❺ Humedecer la charola de cocción. Colocar en ella uno de los dos discos. Sobre el otro disco, poner una tartera circular de 15 cm de diámetro y presionar fuerte para cortar el centro del disco y obtener así una corona de masa.
❻ Con un pincel remojado en agua, humedecer los bordes del primer disco de masa y luego colocarle encima la corona.
❼ Tomar el círculo pequeño de masa de donde se sacó la corona y extenderlo con el rodillo para adelgazarlo. Luego, volverlo a cortar con una tartera circular de 15 cm de diámetro. Mojar con el pincel el perímetro del volo-

ván y colocar encima este tercer disco de masa, que será la tapa del volován.

⑧ Con la punta de un cuchillo pequeño, trazar la circunferencia de esta tapa (según el contorno del círculo interior de 15 cm), siguiendo el "pozo" central. Luego, hacer algunas incisiones pequeñas sobre el contorno del anillo exterior y dibujar figuras en forma de rombo sobre la superficie.

⑨ En un bol, batir el huevo y barnizar con él toda la superficie de la masa para que se dore. Luego, hornear durante 15 minutos.

⑩ Mientras tanto, preparar el relleno. Limpiar y cortar finamente los hongos y sofreírlos de 10 a 15 minutos en la mantequilla, sin tapar el sartén. Cortar en cubitos pequeños las pechugas de pollo junto con el jamón. Mezclarlos y luego agregarlos a la salsa mercantil. Probar y, de ser necesario, condimentar con sal y pimienta al gusto.

⑪ Sacar el volován del horno y colocarlo sobre una rejilla. Con un cuchillo, cortar delicadamente la tapa, sin romperla, y colocarla también sobre la rejilla. Retirar la masa cruda que haya quedado en el interior del volován.

⑫ Rellenar el volován con la mezcla de pollo y verduras, volverle a poner la tapa de masa y servir de inmediato.

Las pechugas de pollo pueden completarse con mollejas de ternera en base blanca (→ ver pág. 511).

■ **Preparación:** 1 h ■ **Cocción:** alrededor de 15 min

> EN ALGUNOS PAÍSES SE LLAMA:
> Charola: *asadera*. Mantequilla: *manteca*. Rodillo: *bolillo, palo de amasar, palote, uslero*.

CAZA DE PLUMA

No es fácil encontrar este tipo de aves en estado salvaje, por lo que se han establecido numerosos criaderos con el fin de compensar esta demanda: criaderos de tiro, criaderos de reproducción, criaderos para la venta… Un ave salvaje se distingue de un ave de criadero por la longitud de las plumas de la cola (son más cortas en las aves de criadero, pues se desgastan dentro de la pajarera) y por el aspecto de la piel (es seca y casi de color violeta en las aves silvestres y grasosa y amarilla en las aves de cautiverio).

Caza de pluma: preparación

Este tipo de animales de caza, el pato silvestre común, el faisán, la paloma torcaz, la perdiz —o perdigón— gris y la roja, se venden en ciertas carnicerías especiales y en algunos supermercados únicamente durante los periodos de caza autorizados. Pueden provenir de la cacería local o del extranjero. A menudo están congelados (o lo estuvieron).

Generalmente se venden desplumados y vacíos, por lo que después se preparan (flambeados, atados o cosidos), se cortan y se deshuesan de la misma manera que las aves de corral (→ ver preparación de pollo, pág. 568).

Las becadas y los pájaros pequeños (alondras, tordos o zorzales) no se comercializan y por ende sólo pueden provenir de una cacería individual.

La becada no se cose, se ata: el largo pico puntiagudo debe atravesar las dos piernas y las patas deben levantarse y atarse juntas. Se acostumbra sacarle los ojos y no vaciarla (sólo se le saca la molleja). Después de la cocción, los intestinos pueden servir para untarse en canapés.

En cambio, las codornices suelen provenir de criaderos y se venden todo el año en varios lugares. Las recetas con alondras y tordos o zorzales que se presentan en esta sección pueden prepararse también con codornices.

Alondra

Alondras o codornices en corteza de pan de caja

Para 4 personas

- 8 alondras o 4 codornices
- 20 g de foie gras
- 20 g de trufa
- 60 g de mantequilla
- 1 pan de caja de 240 g sin rebanar
- 50 ml de madeira

❶ Preparar el relleno para gratín: cortar el tocino y los hígados en cuadritos pequeños. Pelar y picar los chalotes. En un sartén sofreír el tocino, saltear los cubitos de hígado de pollo durante 2 minutos y agregar los chalotes. Condimentar con sal y pimienta al gusto.

❷ Calentar el coñac, verterlo en el sartén y flambear. Agregar el tomillo y el laurel. Mezclar bien todo.

Para 250 g de relleno para gratín

- *50 g de tocino en rebanadas*
- *150 g de hígados de pollo*
- *2 chalotes*
- *1 copita de licor de coñac*
- *1 pizca de tomillo desmenuzado*
- *1 pizca de laurel en polvo*
- *20 g de mantequilla*
- *sal y pimienta*

❸ Convertir toda esta preparación en puré con el pasa-puré o en la licuadora. Agregarle 20 g de mantequilla. Probar y, de ser necesario, volver a condimentar con sal y pimienta.

❹ Precalentar el horno a 250 °C.

❺ Deshuesar las aves siguiendo la misma técnica que con el pollo (→ ver galantina de ave, pág. 227). Condimentar con sal y pimienta al gusto.

❻ Cortar el foie gras y la trufa en cuatro pedazos. Rellenar las aves con el relleno para gratín (guardar un poco del relleno), añadiendo un pedazo de foie gras y uno de trufa en cada ave. Volverlas a cerrar y coserlas con hilo de cocina.

❼ Acomodar las aves bien juntas en una olla engrasada con mantequilla, bañarlas con 20 g de mantequilla derretida y hornearlas de 9 a 10 minutos.

❽ Vaciar el pan de caja (→ ver preparación de cortezas de pan de caja, pág. 175), untar la parte de adentro con mantequilla y dorarlo en el horno durante unos 5 minutos. Luego, cubrir el interior con el relleno para gratín restante.

❾ Escurrir las aves, colocarlas dentro de la corteza de pan y hornear todo de 7 a 8 minutos.

❿ Mientras tanto, agregar el madeira al jugo que hayan soltado las aves durante su cocción. Reducir y bañar las aves con esta salsa.

■ **Preparación:** 1h ■ **Cocción:** alrededor de 20 min

EN ALGUNOS PAÍSES SE LLAMA:

Chalote: *ascalonia, chalota, echalote, escalonia.* Madeira: *madera* (vino dulce elaborado en la isla de Madeira). Mantequilla: *manteca.* Pan de caja: *pan de molde, pan inglés o pan lactal.* Pasapuré: *machacador, pisapapas, pisapuré.* Tocino: *bacon, larda de tocino, panceta, tocineta.*

Brochetas de alondra o codorniz

Para 4 personas

- *12 alondras o 4 codornices*
- *60 g de rebanadas delgadas de tocino*
- *sal y pimienta*

❶ Condimentar el interior de las alondras (o de las codornices) con sal y pimienta al gusto.

❷ Mantener las patas y las alas plegadas a lo largo del cuerpo de cada ave, de manera que queden bien pegadas al mismo. Rodear cada ave con una rebanada de tocino y atarlas.

❸ Ensartar las aves en brochetas y asarlas, ya sea en un asador convencional (de 10 a 12 minutos las alondras y de 12 a 15 minutos las codornices), o bien en una parrilla vertical (de 8 a 10 minutos las alondras y de 10 a 12 minutos las codornices). Se debe mantener una distancia considerable entre el ave y la parrilla para que se cuezan bien por dentro sin quemarse por fuera.

■ **Preparación:** 15 min

■ **Cocción:** de 8 a 15 min, aproximadamente

> **EN ALGUNOS PAÍSES SE LLAMA:**
> Tocino: *bacon, larda de tocino, panceta, tocineta.*

Codorniz

Áspic de codornices rellenas

Para 4 personas

- *160 g de relleno de ave (→ ver pág. 105)*
- *40 g de foie gras entero o en mousse*
- *4 codornices*
- *400 ml de gelatina de madeira en polvo*
- *sal y pimienta*

❶ Preparar el relleno de ave, agregándole el foie gras. Condimentar con sal y pimienta al gusto.

❷ Rellenar las codornices, atarlas y envolverlas por separado en una muselina.

❸ Preparar y calentar la gelatina y cocer en ella las codornices de 20 a 25 minutos a hervores bajos. Luego, escurrirlas.

❹ Colar la gelatina y dejarla enfriar un poco.

❺ Acomodar las codornices en una terrina redonda y poco profunda. Cubrirlas con la gelatina. Meterlas en el refrigerador hasta el momento de servir.

■ **Preparación:** 30 min

■ **Cocción:** de 20 a 25 min, aproximadamente

> **EN ALGUNOS PAÍSES SE LLAMA:**
> Madeira: *madera* (vino dulce elaborado en la isla de Madeira).
> Refrigerador: *heladera, nevera.*

Codornices a la cacerola

Para 4 personas

- *4 codornices*
- *1 zanahoria*
- *1 cebolla*
- *1 ramita de apio*
- *50 g de mantequilla*
- *1 copita de licor de jerez*
- *200 g de hongos cultivados o silvestres*
- *1 lata pequeña de cáscaras de trufa*
- *2 cucharadas de coñac*
- *sal y pimienta*

❶ Preparar las codornices (→ ver preparación, pág. 610) y atarlas. Precalentar el horno a 250 °C.

❷ Cortar la zanahoria, la cebolla y el apio en juliana.

❸ En una cacerola con 40 g de mantequilla, dorar las codornices por todos sus lados. Escurrirlas.

❹ Colocar las verduras en la cacerola y sofreírlas durante 10 minutos sin dejar de remover. Poner las codornices en una olla y agregarles sal y pimienta al gusto. Cubrirlas con la mitad de las verduras, verter el jerez, tapar la olla y hornear durante 10 minutos.

❺ Mientras tanto, limpiar y cortar finamente los hongos.

❻ Sacar la olla del horno. Bajar la temperatura de éste a 210 °C.

❼ Desatar las codornices. Agregarles los hongos y las cáscaras de trufa. Añadir el resto de la juliana de verduras con la mantequilla, y luego el coñac. Tapar la olla y ponerla en un baño maría. Comenzar la cocción sobre el fuego y luego cocer en el horno durante 20 minutos. Servir muy caliente.

■ **Preparación:** 15 min ■ **Cocción:** 30 min

> EN ALGUNOS PAÍSES SE LLAMA:
> Mantequilla: *manteca.*

Codornices a la cereza

Para 4 personas

- *1/2 kg de guindas*
- *125 g de azúcar*
- *1 cucharada de gelatina de grosella en polvo*
- *4 codornices envueltas en tocino*
- *20 g de mantequilla*

❶ Quitar el tallito y el hueso a las guindas. Ponerlas en una cacerola con el azúcar y medio vaso de agua. Cocerlas de 8 a 10 minutos. Agregar la gelatina de grosella y cocer durante 5 minutos más.

❷ Precalentar el horno a 200 °C.

❸ Poner las codornices en una charola junto con la mantequilla y el aceite. Condimentarlas con sal y pimienta. Luego, hornearlas durante 15 minutos.

- *1 cucharada de aceite*
- *sal y pimienta*

❹ Una vez que las codornices estén cocidas, agregar las cerezas y un poco de su jugo a la charola de cocción. Volver a hornearlas durante 2 minutos y servir.

■ **Preparación:** 10 min ■ **Cocción:** alrededor de 35 min

> **EN ALGUNOS PAÍSES SE LLAMA:**
> Charola: *asadera*. Mantequilla: *manteca*. Tocino: *bacon, larda de tocino, panceta, tocineta*.

Codornices a la parrilla petit-duc

Para 4 personas

- *600 g de papas Anna (→ ver pág. 798)*
- *4 codornices*
- *4 hongos grandes*
- *1 cucharada de aceite de cacahuate*
- *50 g de mantequilla*
- *50 g de pan molido (o de migajón de pan duro)*
- *50 ml de base de animales de caza (→ ver pág. 48)*
- *1 cucharadita de madeira*
- *sal y pimienta*

❶ Preparar las papas Anna.
❷ Calentar la parrilla del horno.
❸ Abrir las codornices en dos, a lo largo. Cubrirlas con una película plástica autoadherente y golpearlas ligeramente con la lámina de un cuchillo grande para aplanarlas.
❹ Limpiar los hongos y conservar sólo la cabeza.
❺ Untar con aceite las codornices y los hongos y luego colocarlos 1 minuto de cada lado en la parrilla del horno muy caliente.
❻ Derretir 30 g de mantequilla y barnizar las codornices. Empanizarlas por ambos lados con el pan molido (o con el migajón de pan desmoronado), colocarlas en una charola junto con los hongos y hornearlas durante 8 minutos.
❼ Calentar la base de animales de caza, agregar la madeira, el resto de la mantequilla y mezclar bien todo.
❽ Desmoldar las papas Anna. Colocar las codornices encima, decoradas con una cabeza de hongo, y bañar todo con el jugo de madeira.

■ **Preparación:** 30 min ■ **Cocción:** alrededor de 15 min

> **EN ALGUNOS PAÍSES SE LLAMA:**
> Cacahuate: *cacahuete, maní*. Charola: *asadera*. Madeira: *madera* (vino dulce elaborado en la isla de Madeira). Mantequilla: *manteca*. Migajón: *borona, miga de pan, morona*. Pan molido: *pan rallado*.

Codornices a la romana

Para 4 personas

- 1 manojo de cebollitas de Cambray
- 50 g de jamón de ave
- 40 g de mantequilla
- 2 cucharadas de aceite de cacahuate
- 4 codornices
- 1/2 kg de chícharos congelados
- 1 pizca de azúcar
- sal y pimienta

❶ Pelar y picar una docena de cebollitas de Cambray.
❷ Cortar el jamón en cubos pequeños.
❸ Precalentar el horno a 200 °C.
❹ En una olla, derretir 20 g de mantequilla junto con el aceite y dorar las cebollitas y el jamón. Escurrirlos. Después, dorar las codornices por todos sus lados y escurrirlas.
❺ Desechar la grasa de la olla y poner en ella el resto de la mantequilla, las cebollitas y el jamón. Agregar los chícharos, una pizca de sal, una pizca de azúcar y pimienta. Tapar la olla y dejar que los ingredientes se incorporen a fuego bajo durante 20 minutos.
❻ Agregar las codornices, tapar la olla y hornear durante 20 minutos.
❼ Servir en el recipiente de cocción.

■ **Preparación:** 15 min ■ **Cocción:** 40 min

> **EN ALGUNOS PAÍSES SE LLAMA:**
> Cacahuate: *cacahuete, maní*. Cebollita(s) de Cambray: *cebolla china, cebolla de almácigo, cebolla de verdeo, cebolla en rama, cebolla junca, cebolleta(s), cebollín*. Chícharo: *alverja, arveja, guisante, petit pois*. Mantequilla: *manteca*.

Codornices con uvas

Para 4 personas

- 4 codornices
- 60 g de mantequilla
- 150 ml de vino blanco
- 2 cucharadas de jugo de limón
- 20 o 25 uvas
- 1 cucharada de almendras fileteadas
- sal y pimienta

❶ Condimentar las codornices por dentro con sal y pimienta al gusto. Luego, atarlas.
❷ En una olla, calentar la mantequilla y dorar las codornices por todos sus lados. Agregar el vino blanco y el jugo de limón. Bajar el fuego, tapar la olla y dejar que los ingredientes se incorporen a fuego bajo durante 10 minutos.
❸ Lavar y secar las uvas. Después, pelarlas y quitarles las semillas. Agregarlas a la olla junto con las almendras. Revolver y continuar la cocción durante 10 minutos más.

■ **Preparación:** 10 min ■ **Cocción:** 25 min

> **EN ALGUNOS PAÍSES SE LLAMA:**
> Mantequilla: *manteca*. Quitar las semillas: *despepitar*.

Codornices en hojas de parra

Para 4 personas

- *4 hojas de parra grandes*
- *4 codornices*
- *40 g de mantequilla*
- *8 rebanadas muy delgadas de tocino*
- *1 bolsa de papas fritas comerciales*
- *sal y pimienta*

❶ Precalentar el horno a 220 °C. Lavar y secar las hojas de parra. (Si éstas están en conserva, enjuagarlas abundantemente, secarlas y quitarles los pecíolos).

❷ Condimentar las codornices con sal y pimienta al gusto y untar con mantequilla las pechugas y las piernas. Colocar una hoja de parra sobre la pechuga de cada ave y doblar los bordes por debajo. Enrollarles dos rebanadas de tocino alrededor.

❸ Atar las codornices y envolver una por una con una hoja de papel aluminio muy bien cerrada. Cocer los papillotes en el horno durante 20 minutos (o bien 15 minutos en el rostizador del horno).

❹ Hornear las papas fritas hasta que se entibien. Desatar las codornices y quitarles las rebanadas de tocino. Partirlas en dos, a lo largo, y bañarlas con el jugo que haya quedado en el papel aluminio.

❺ Servir junto con las papas y, si se desea, con una ensalada verde.

codornices horneadas:
Preparar las codornices de la misma manera y meterlas directamente en el horno, sin envolverlas en papel aluminio. Disponerlas sobre algunos croûtons (→ ver pág. 839) cubiertos con 120 g de relleno para gratín (→ ver pág. 610) y luego colocarlas en la parrilla del horno de 2 a 3 minutos.

■ **Preparación:** 15 min ■ **Cocción:** de 15 a 20 min

> EN ALGUNOS PAÍSES SE LLAMA:
>
> En papillote: *envuelto en papel aluminio.* Mantequilla: *manteca.* Papa: *patata.* Rostizador: *asador.* Tocino: *bacon, larda de tocino, panceta, tocineta.*

Codornices envueltas

Para 4 personas

- *250 g de relleno para gratín (→ ver alondras o codornices en corteza de pan de caja, pág. 610)*

❶ Preparar el relleno para gratín y usarlo para rellenar las codornices.

❷ Atar las codornices. Condimentarlas con sal y pimienta al gusto. Envolver cada una de ellas en una muselina o en una tripa, anudando bien las orillas.

- 4 codornices
- 1/2 litro de base blanca de ave (→ ver pág. 48)
- sal y pimienta

❸ Poner a hervir la base blanca de ave y sumergir en ella las codornices. Cocerlas a hervores muy bajos durante 20 minutos.

❹ Sacar las codornices, quitarles la muselina o la tripa y colocarlas sobre la charola de cocción caliente.

❺ Reducir la base blanca de ave en tres cuartas partes y usarla para bañar las codornices.

■ **Preparación:** 30 min ■ **Cocción:** 20 min

> EN ALGUNOS PAÍSES SE LLAMA:
> Charola: *asadera.*

Pato silvestre

Pato silvestre al Oporto

Para 4 personas

- 1 pato silvestre
- 60 g de mantequilla
- 300 ml de Oporto rojo
- sal y pimienta

❶ Precalentar el horno a 230 °C. Preparar y atar el pato. Condimentarlo con sal y pimienta al gusto. Colocarlo en una charola y hornearlo durante 20 minutos.

❷ Cortarle las piernas al pato y mantener el resto caliente en una hoja de papel aluminio. Con la punta de un cuchillo, hacer algunas incisiones pequeñas en la superficie de las piernas. Derretir 10 g de mantequilla y untar con ella las piernas. Luego, asarlas en la parrilla de 2 a 3 minutos de cada lado.

❸ Desprender los filetes del pato y cortarlos en rebanadas delgadas. Colocarlos sobre la fuente de servicio caliente y agregar las piernas asadas.

❹ Desechar la grasa de la charola de cocción y verter en ella el Oporto rojo. Reducirlo a la mitad.

❺ Agregar el jugo que soltó el pato durante el tiempo de reposo. Añadir también el resto de la mantequilla en pedacitos, sin dejar de batir.

❻ Verter esta salsa sobre los pedazos de pato y servir.

■ **Preparación:** 15 min ■ **Cocción:** alrededor de 30 min

> EN ALGUNOS PAÍSES SE LLAMA:
> Charola: *asadera.* Mantequilla: *manteca.*

Pato silvestre con manzanas

Para 4 personas

- 600 g de manzanas
- 1 pato silvestre de 1 y 1/2 kg
- 50 g de mantequilla
- 2 cucharadas de calvados
- 100 ml de vino blanco seco
- 100 ml de crema fresca
- sal y pimienta

❶ Precalentar el horno a 220 °C.

❷ Pelar una manzana, quitarle las semillas y picarla. Picar finamente el hígado y la molleja del pato.

❸ Derretir 20 g de mantequilla en una cacerola y saltear todo lo anterior. Condimentar con sal y pimienta al gusto. Remover a fuego alto, bañar con el calvados y flambear.

❹ Rellenar el pato con esta mezcla y atarlo. Colocarlo en una charola y hornearlo durante unos 40 minutos.

❺ Mientras tanto, pelar las manzanas y cortarlas en cuatro quitándoles las semillas. En un sartén, calentar el resto de la mantequilla y saltear las manzanas durante 10 minutos. Condimentarlas con pimienta.

❻ Escurrir el pato sobre la fuente en que se va a servir, taparlo con una hoja de papel aluminio y mantenerlo caliente.

❼ Desechar la mayor cantidad posible de grasa de cocción, verter el vino blanco, desglasar y dejar que hierva durante 2 minutos. Añadir la crema y revolver durante 2 minutos a fuego bajo. Probar y, en caso de ser necesario, condimentar.

❽ Cortar el pato. Añadir a la salsa el jugo resultante de la cocción del pato, dejar que hierva y apagar inmediatamente.

❾ Bañar el pato con esta salsa y rodearlo con las manzanas.

■ **Preparación:** 25 min ■ **Cocción:** 45 min

> EN ALGUNOS PAÍSES SE LLAMA:
> Charola: *asadera*. Crema: *nata*. Mantequilla: *manteca*. Quitar las semillas: *despepitar*.

Pato silvestre en salsa a la naranja

Para 4 personas

- 2 patos silvestres
- marinada instantánea
  (→ ver pág. 57)

❶ Preparar los patos sin atarlos.

❷ Preparar la marinada y marinar los patos durante 15 minutos. Voltearlos varias veces.

❸ Precalentar el horno a 220 °C. Colocar los patos en una charola para horno y hornearlos durante 20 minutos.

- 250 ml de salsa a la naranja
  (→ ver pág. 73)
- 100 ml de base de animales
  de caza (→ ver pág. 48)
- 10 g de mantequilla
- 1/2 limón
- sal y pimienta

❹ Mientras tanto, preparar la salsa a la naranja.

❺ Cortar las piernas del pato y asarlas durante 2 minutos de cada lado, bañándolas con la marinada. Colocarlas sobre la fuente de servicio caliente, envueltas en una hoja de papel aluminio.

❻ Verter la base de animales de caza en una cacerola y reducirla hasta que tenga una consistencia almibarada. Agregar la mantequilla y el jugo de limón.

❼ Cortar los filetes y las alas del pato y calentarlos en esta salsa. Voltearlos. Colocar todos los pedazos en la fuente de servicio y bañarlos con la salsa. Servir la salsa a la naranja por separado.

■ **Preparación:** 15 min ■ **Marinada:** 15 min

■ **Cocción:** 30 min

> **EN ALGUNOS PAÍSES SE LLAMA:**
> Charola: *asadera*. Mantequilla: *manteca*.

Faisán

Faisán a la alsaciana

Para 4 personas

- 1 faisana
- 1 manojo de cebollín
- 3 quesitos petits-suisses
- 40 g de mantequilla
- 300 ml de vino blanco
  (riesling, de preferencia)
- 300 g de hongos mízcalos
- 100 ml de base de animales
  de caza (→ ver pág. 48)
- 20 g de mantequilla
  enharinada (→ ver pág. 40)
- sal y pimienta en granos
  recién triturada

❶ Preparar la faisana (→ ver preparación de animales de caza de pluma, pág. 610).

❷ Picar el cebollín, mezclarlo con los quesitos y agregarles sal y pimienta al gusto. Rellenar la faisana con el queso petit-suisse con cebollín y luego coserla con hilo de cocina.

❸ En una olla, calentar 30 g de mantequilla y sofreír la faisana por todas sus caras. Verterle la mitad del vino blanco, tapar la olla y cocer durante 1 hora. Voltear la faisana de vez en cuando, luego escurrirla y acomodarla sobre la fuente en que se va a servir y cubrir esta última con una hoja de papel aluminio.

❹ Mientras tanto, limpiar los hongos mízcalos. Saltearlos en un sartén con 10 g de mantequilla. Añadirles sal y pimienta. Escurrirlos con una espumadera y mantenerlos calientes en una charola.

❺ Verter el jugo de cocción del sartén en la olla, mezclar bien, agregar la base de animales de caza y reducir todo el líquido hasta la mitad. Verter el resto del vino blanco y volver a reducir alrededor de una tercera parte.

619

⑥ Preparar la mantequilla enharinada e incorporarla a la salsa sin dejar de revolver.

⑦ Cortar la faisana en piezas. Añadirle el líquido a la salsa. Bañar las piezas del ave.

■ **Preparación:** 20 min ■ **Cocción:** alrededor de 1 h 10 min

EN ALGUNOS PAÍSES SE LLAMA:

Cebollín: *cebolleta, cebollino, ciboulette.* Charola: *asadera.* Mantequilla: *manteca.* Queso petit-suisse: *queso blanco* (queso fresco sin sal, de pasta lisa y homogénea, en forma cilíndrica).

Faisán a la normanda

Para 4 personas

- *60 g de mantequilla*
- *1 cucharada de aceite de cacahuate*
- *1 faisán*
- *100 ml de sidra (o de vino blanco)*
- *4 manzanas grandes*
- *100 ml de crema fresca*
- *1 cucharada de calvados*
- *sal y pimienta*

① Calentar 20 g de mantequilla en una olla y dorar el faisán a fuego alto por todas sus caras, de 8 a 10 minutos. Condimentar con sal y pimienta al gusto.

② Retirar el faisán de la olla con una espumadera y desechar la grasa de cocción. Volver a colocar 20 g de mantequilla en la olla junto con el faisán, verterle la sidra o el vino blanco y cocer durante 30 minutos.

③ Pelar las manzanas, cortarlas en cuartos, quitarles las semillas y dorarlas a fuego alto con el resto de la mantequilla. Agregarlas a la olla y cocer durante 10 minutos.

④ Escurrir las manzanas y el faisán con una espumadera. Cortar el faisán en piezas. Recuperar el jugo de cocción y verterlo en la olla.

⑤ Agregar la crema fresca y el calvados, mezclar y hervir durante 3 minutos. Probar y, en caso de ser necesario, condimentar al gusto.

⑥ Bañar el faisán con la salsa, rodearlo con las manzanas y servir de inmediato.

■ **Preparación:** 10 min ■ **Cocción:** alrededor de 50 min

EN ALGUNOS PAÍSES SE LLAMA:

Cacahuate: *cacahuete, maní.* Crema: *nata.* Mantequilla: *manteca.* Quitar las semillas: *despepitar.*

Faisán con col y tocino

Para 4 personas

- *1 faisán recubierto de tocino*
- *1 col verde*
- *2 zanahorias*
- *1 pedazo de tocino magro de 200 g*
- *1 bouquet garni*
- *1 salchichón pequeño para cocinar*
- *sal y pimienta*

❶ Preparar el faisán y rodearlo con rebanadas de tocino o pedirle al carnicero que lo haga (→ ver preparación de animales de caza de pluma, pág. 610).

❷ Precalentar el horno a 220 °C.

❸ Colocar el faisán en una charola y hornearlo durante 15 minutos.

❹ Limpiar la col, cortarla en cuartos, eliminar las hojas gruesas externas y quitarles los bordes. Sumergir la col durante 5 minutos en agua hirviendo con sal y luego escurrirla.

❺ Pelar y cortar las zanahorias en pedazos.

❻ En una olla, dorar el pedazo de tocino por ambos lados. Agregar la col, las zanahorias, el bouquet garni y cocer a fuego lento durante 20 minutos. Condimentar ligeramente con sal y pimienta.

❼ Quitar el tocino que recubre el faisán. Colocarlo, junto con el salchichón, en medio de los cuartos de col, tapar la olla y cocer 40 minutos a fuego bajo.

❽ Descoser el faisán y cortarlo en piezas. Desechar el bouquet garni.

❾ Cortar el tocino en rebanadas y el salchichón en rodajas. Acomodar todo en un plato hondo y servir inmediatamente.

■ **Preparación:** 15 min ■ **Cocción:** 1 h 15 min

> **EN ALGUNOS PAÍSES SE LLAMA:**
> Charola: *asadera*. Col: *berza, repollo*. Tocino: *bacon, larda de tocino, panceta, tocineta*.

Faisán con nueces

Para 4 personas

- *1 faisana*
- *30 nueces frescas o 200 g de nueces peladas*
- *3 naranjas*
- *600 g de uvas*

❶ Preparar la faisana y rodearla con rebanadas de tocino o pedirle al carnicero que lo haga (→ ver preparación de animales de caza de pluma, pág. 610).

❷ En caso de ser necesario, pelar las nueces. Exprimir el jugo de las naranjas. Triturar las uvas en el pasapuré o en el procesador de alimentos. Colar el jugo resultante.

❸ Preparar el té.

- 1 taza de té muy concentrado
- 40 g de mantequilla
- 1 vaso pequeño de madeira
- sal y pimienta

④ Cortar la mantequilla en pedacitos pequeños.

⑤ Colocar la faisana en una olla. Agregar las nueces, los jugos de frutas, el té, la mantequilla en pedacitos y el madeira, así como sal y pimienta al gusto. Tapar la olla y cocer a fuego lento durante 30 minutos.

⑥ Precalentar el horno a 250 °C. Sacar la faisana de la olla, escurrirla, descoserla y quitarle el tocino que la recubre. Colocarla en una charola para horno y dorarla durante 10 minutos en el horno.

⑦ Escurrir las nueces con una espumadera. Colar el jugo de cocción y reducirlo durante 5 minutos a fuego alto.

⑧ Servir la faisana rodeada de las nueces y con el jugo por separado, en una salsera.

■ **Preparación:** 30 min ■ **Cocción:** 45 min

> **EN ALGUNOS PAÍSES SE LLAMA:**
> Charola: *asadera.* Madeira: *madera* (vino dulce elaborado en la isla de Madeira). Mantequilla: *manteca.* Pasapuré: *machacador, pisapapas, pisapuré.* Tocino: *bacon, larda de tocino, panceta, tocineta.*

Faisán en champán y jugo de naranja

Para 4 personas

- 1 faisán
- 1/2 litro de base de animales de caza (→ ver pág. 48) o de caldo de ternera deshidratado
- 1 botella de champán
- 40 g de mantequilla
- 1 cucharada de perejil picado
- 1 cucharada de cebollín picado
- 1 cucharada de perifollo picado
- 1 naranja
- sal y pimienta

❶ Cortar las alas y los muslos del faisán o pedirle al carnicero que lo haga. Separar el corazón, el hígado y los retazos. Cortar estos últimos en pedacitos y colocarlos en una cacerola junto con la base de animales de caza y el champán. Añadir sal y pimienta al gusto. Cocer durante 20 minutos a fuego muy bajo.

❷ Mientras tanto, derretir la mantequilla en una olla, dorar las alas y los muslos, y sazonarlos con sal y pimienta al gusto. Agregar tres cucharadas del caldo que contiene el champán. Tapar la olla y cocer durante 20 minutos a fuego muy bajo.

❸ Picar el corazón y el hígado del faisán. Picar las hierbas finas.

❹ Colar la salsa y volverla a colocar sobre el fuego. Reducirla alrededor de una tercera parte. Agregar el corazón y el hígado picados y cocer durante 10 minutos más.

❺ Escurrir el faisán. Verter el jugo de cocción de la olla en la salsa. Agregar las hierbas finas picadas y el jugo de la naranja. Probar y, de ser necesario, condimentar al gusto. Bañar el faisán con esta salsa.

■ **Preparación:** 15 min ■ **Cocción:** alrededor de 30 min

> **EN ALGUNOS PAÍSES SE LLAMA:**
> Cebollín: *cebolleta, cebollino, ciboulette*. Mantequilla: *manteca*.

Faisán horneado

Para 4 personas

- *2 faisanes jóvenes de aproximadamente 800 g cada uno*
- *3 cucharadas de aceite de cacahuate*
- *2 chalotes*
- *20 g de mantequilla*
- *sal y pimienta*

❶ Condimentar los faisanes con sal y pimienta, tanto por dentro como por fuera. Untarles aceite, masajeándolos, envolverlos en una hoja de papel aluminio y ponerlos en el refrigerador durante aproximadamente 12 horas.

❷ Retirar los faisanes del refrigerador 1 hora antes de cocerlos. Precalentar el horno a 220 °C.

❸ Colocar los faisanes en una charola y hornearlos de 20 a 25 minutos, volteándolos varias veces.

❹ Mientras tanto, pelar y picar los chalotes.

❺ Retirar la charola del horno y cortar los faisanes en trozos. Acomodar los pedazos en la fuente en que se van a servir y mantenerlos calientes, tapados con una hoja de papel aluminio.

❻ Colocar los chalotes en la charola para horno y cocerlos sobre la estufa durante 3 minutos, mezclándolos bien. Verter medio vaso de agua en la charola y raspar bien con una cuchara de madera para desprender los jugos de cocción que se hayan adherido a las paredes o al fondo del recipiente.

❼ Reducir el líquido en una tercera parte y agregar la mantequilla. Mezclar bien. Comprobar la sazón y, de ser necesario, condimentar al gusto.

❽ Servir el jugo de cocción por separado, en una salsera.

■ **Preparación:** 5 min ■ **Refrigeración:** 12 h

■ **Cocción:** alrededor de 30 min

> **EN ALGUNOS PAÍSES SE LLAMA:**
> Cacahuate: *cacahuete, maní*. Chalote: *ascalonia, chalota, echalote, escalonia*. Charola: *asadera*. Estufa: *cocina* (dispositivo o aparato en el que se hace fuego o produce calor para guisar los alimentos). Mantequilla: *manteca*. Refrigerador: *heladera, nevera*.

Perdigón, perdices

Áspic de perdigones rellenos

Para 4 personas

- *2 perdigones*
- *160 g de relleno de ave (→ ver pág. 105)*
- *40 g de foie gras entero o en mousse*
- *400 ml de gelatina de jerez comercial*
- *sal y pimienta*

❶ Deshuesar los perdigones por el dorso, abrirlos y condimentarlos con sal y pimienta al gusto.

❷ Preparar el relleno, agregándole el foie gras. Condimentar también con sal y pimienta. Rellenar los perdigones con esta mezcla y coserlos para que recuperen su forma. Posteriormente, envolverlos por separado en una muselina.

❸ Preparar y calentar la gelatina y cocer en ella los perdigones durante 35 minutos con el fuego bajo para que no hiervan demasiado. Retirarlos y escurrirlos con una espumadera. Colar la gelatina y dejarla enfriar un poco.

❹ Acomodar los perdigones en una terrina redonda, de poca profundidad, y cubrirlos con la gelatina. Colocar en el refrigerador hasta el momento de servir.

■ **Preparación:** 30 min ■ **Cocción:** alrededor de 35 min

> **EN ALGUNOS PAÍSES SE LLAMA:**
> Refrigerador: *heladera, nevera.*

Guiso de perdigón

Para 4 personas

- *2 perdigones*
- *2 rebanadas delgadas de tocino*
- *2 cucharadas de aceite*
- *3 chalotes*
- *400 ml de vino blanco*
- *2 cucharadas de coñac, armagnac o grapa*
- *40 g de mantequilla*
- *sal y pimienta*

❶ Precalentar el horno a 240 °C. Preparar las perdices y envolverlas con tocino en rebanadas delgadas o pedir en la carnicería que lo hagan. Untarles aceite. Acomodarlas en una charola junto con el resto del aceite y hornearlas durante 10 minutos, volteándolas a la mitad de la cocción.

❷ Pelar y picar los chalotes.

❸ Retirar las perdices del horno, quitarles las rebanadas de tocino que las envuelven y cortarlas en cuatro retirando la mayor cantidad posible de huesos. Romper estos últimos con un martillo y colocarlos en una cacerola junto con los chalotes. Condimentar con sal y pimienta al gusto. Verter el vino blanco y hervir de 10 a 15 minutos.

❹ Colar esta salsa y volverla a colocar en la cacerola. Agregar el licor, dejar que suelte el hervor, probar y, en caso de ser necesario, volver a condimentar.

❺ Colocar los pedazos de perdiz en una olla. Verter la salsa y calentar durante unos 5 minutos a fuego bajo.

❻ Agregar la mantequilla mezclando bien y servir directamente de la olla.

■ **Preparación:** 10 min ■ **Cocción:** alrededor de 30 min

> **EN ALGUNOS PAÍSES SE LLAMA:**
> Armagnac: aguardiente elaborado en la región francesa del mismo nombre. Chalote: *ascalonia, chalota, echalote, escalonia.* Charola: *asadera.* Mantequilla: *manteca.* Tocino: *bacon, larda de tocino, panceta, tocineta.*

Perdices con col y tocino

Para 4 personas

- 2 perdices envueltas en rebanadas de tocino
- 1 col verde
- 2 zanahorias
- 1 pedazo de tocino magro de 200 g
- 1 bouquet garni
- 1 salchichón pequeño para cocer
- sal y pimienta

❶ Preparar las perdices y envolverlas con las rebanadas delgadas de tocino o pedir en la carnicería que realicen esta operación.

❷ Precalentar el horno a 220 °C. Colocar las perdices en una charola y hornearlas durante 15 minutos.

❸ Cortar la col en cuartos y quitarle los bordes. Blanquear las hojas durante 5 minutos y posteriormente escurrirlas. Pelar las zanahorias y cortarlas en pedazos.

❹ En una olla, dorar el pedazo de tocino magro por ambos lados, luego agregar la col, las zanahorias y el bouquet garni. Cocer a fuego lento durante 20 minutos. Condimentar ligeramente con sal y pimienta.

❺ Quitarle las rebanadas de tocino a las perdices y colocar estas últimas en la olla, junto con la col. Agregar el salchichón, tapar la olla y cocer durante 40 minutos a fuego lento.

❻ Quitarle los hilos a las perdices y cortarlas en pedazos. Retirar y desechar el bouquet garni.

❼ Cortar el tocino en rebanadas y el salchichón en rodajas. Acomodar todo en una fuente y servir de inmediato.

■ **Preparación:** 15 min ■ **Cocción:** 1 h 15 min

> **EN ALGUNOS PAÍSES SE LLAMA:**
> Charola: *asadera.* Col: *berza, repollo.* Tocino: *bacon, larda de tocino, panceta, tocineta.*

Perdices con lentejas

Para 4 personas

- *200 g de tocino*
- *3 cebollas*
- *4 zanahorias*
- *250 g de lentejas verdes*
- *30 g de mantequilla*
- *2 perdices envueltas en rebanadas de tocino*
- *150 ml de vino blanco*
- *150 ml de base blanca de ave (→ ver pág. 48)*
- *1 bouquet garni*
- *1 salchichón de 200 g*

❶ Cortar en rebanadas la mitad del tocino magro y sofreírlas en una cacerola a fuego lento.

❷ Pelar las cebollas y las zanahorias y cortarlas en rodajas. Colocar la mitad de estas verduras en rodajas en la cacerola y mezclarlas con el tocino. Agregar las lentejas y cubrirlas de agua. Cocer durante 15 minutos a fuego bajo para que no hierva demasiado fuerte.

❸ Cortar el resto del tocino en cuadritos. En una olla, derretir la mantequilla, colocar las perdices envueltas en tocino y sofreírlas con los cuadritos de tocino, el resto de las cebollas y las zanahorias. Agregar el vino blanco y la base blanca de ave, el bouquet garni, sal y pimienta al gusto. Dejar que los ingredientes se incorporen a fuego medio y con la olla tapada durante 15 minutos.

❹ Añadir las lentejas a la olla, agregar el salchichón y cocer a fuego lento durante 25 minutos.

❺ Retirar las perdices y el salchichón de la olla. Colar el líquido de cocción y colocar las lentejas en un plato hondo caliente.

❻ Volver a colocar el líquido de cocción en la olla y reducirlo en una tercera parte.

❼ Cortar las perdices a la mitad, el salchichón en rodajas y acomodar todo sobre las lentejas. Bañar con el líquido de cocción.

■ **Preparación:** 15 min ■ **Cocción:** alrededor de 50 min

> **EN ALGUNOS PAÍSES SE LLAMA:**
> Mantequilla: *manteca.* Tocino: *bacon, larda de tocino, paceta, tocineta.*

Perdigones al pistache

Para 4 personas

- *2 perdigones*
- *12 dientes de ajo*
- *150 g de jamón ahumado*
- *1 cucharada de perejil*

❶ Preparar los perdigones apartando los hígados.

❷ Pelar los dientes de ajo.

❸ Picar 100 g de jamón, los hígados, el perejil y un diente de ajo. Mezclar estos ingredientes en una ensaladera junto con el migajón de pan desmoronado y el huevo. Rellenar los perdigones con esta mezcla.

- 50 g de migajón de pan
- 1 huevo
- 160 g de tocino en rebanadas delgadas
- 3 cucharadas de manteca de ganso
- 200 ml de vino blanco seco
- 200 ml de base de animales de caza (→ ver pág. 48)
- 1 cucharada de concentrado de tomate
- 1 bouquet garni
- 1 pedacito de cáscara de naranja seca
- sal y pimienta

④ Coser los perdigones con hilo de cocina, condimentarlos con sal y pimienta al gusto y envolverlos con las rebanadas delgadas de tocino.

⑤ Cortar el resto del jamón en cuadritos.

⑥ En una olla, calentar la manteca de ganso y dorar los perdigones. Retirar estos últimos de la olla una vez que estén bien dorados.

⑦ Colocar el jamón en cuadritos dentro de la olla y sofreírlo durante 2 minutos.

⑧ Agregar el vino blanco seco, la base de animales de caza, el concentrado de tomate, el bouquet garni y la cáscara de naranja. Cocer durante 10 minutos más. Posteriormente, retirar la cáscara de naranja.

⑨ Volver a colocar los perdigones en la olla y cocer otros 10 minutos.

⑩ Mientras tanto, sumergir los dientes de ajo en agua hirviendo con sal, escurrirlos y añadirlos a la olla. Cocer a fuego bajo durante 10 minutos más.

⑪ Retirar el bouquet garni. Servir los perdigones directamente de la olla de cocción.

■ **Preparación:** 20 min ■ **Cocción:** 35 min

EN ALGUNOS PAÍSES SE LLAMA:

Manteca: *grasa*. Migajón: *borona, miga de pan, morona*. Pistache: *pistacho*. Tocino: *bacon, larda de tocino, panceta, tocineta*.

Perdigones del bosque

Para 4 personas

- 2 perdigones
- 2 rebanadas de tocino muy delgadas
- 30 g de mantequilla
- 1 cucharada de aceite de cacahuate
- 1 copita de licor de aguardiente de ciruela mirabel
- 200 g de hongos mízcalos
- 100 g de hongos trompeta de los muertos o de hongos mízcalos

❶ Condimentar los perdigones con sal y pimienta. Rodearlos con rebanadas de tocino y atarlos.

❷ Calentar 20 g de mantequilla junto con el aceite en una olla y dorar los perdigones por todas sus caras.

❸ Calentar el aguardiente de ciruela, verterlo en la olla y flambear. Tapar la olla y dejar que los ingredientes se incorporen a fuego bajo durante 10 minutos.

❹ Limpiar los hongos. Saltearlos en un sartén con la mantequilla restante. Condimentarlos con sal y pimienta. Agregarles la crema, revolver bien y dejar incorporar a fuego bajo durante 5 minutos.

❺ Poner en la olla los hongos a la crema junto con los perdigones y cocer otros 8 minutos.

- *100 ml de crema fresca*
- *sal y pimienta*

6 Retirar las rebanadas de tocino y escurrir los perdigones con una espumadera. Cortarlos a la mitad y colocarlos en la fuente de servicio caliente. Rodearlos con los hongos a la crema y servirlos inmediatamente.

■ **Preparación:** 20 min ■ **Cocción:** 25 min

> EN ALGUNOS PAÍSES SE LLAMA:
> Cacahuate: *cacahuete, maní.* Crema: *nata.* Mantequilla: *manteca.* Tocino: *bacon, larda de tocino, panceta, tocineta.*

Perdigones del viñedo

Para 4 personas

- *2 perdigones*
- *30 g de mantequilla*
- *1 racimo de uvas blancas grandes*
- *1/2 litro de base de animales de caza (→ ver pág. 48)*
- *1 cucharada de coñac*
- *sal y pimienta*

1 Colocar los perdigones vacíos y cosidos en una olla junto con la mantequilla derretida, voltearlos varias veces para que se doren. Condimentarlos con sal y pimienta al gusto. Tapar la olla y cocer durante 20 minutos a fuego muy bajo. Escurrirlos con una espumadera y luego quitarles los hilos.

2 Pelar las uvas y quitarles las semillas. Colocarlas en la olla, agregar la base de animales de caza y el coñac. Mezclar bien y cocer a fuego bajo con la olla tapada durante 5 minutos.

3 Volver a colocar los perdigones en la olla con el jugo que hayan soltado durante la cocción. Recalentar y servir directamente en la olla de cocción.

■ **Preparación:** 10 min ■ **Cocción:** alrededor de 25 min

> EN ALGUNOS PAÍSES SE LLAMA:
> Mantequilla: *manteca.* Quitar las semillas: *despepitar.*

Perdigones horneados

Para 2 personas

- *60 g de mantequilla*
- *2 perdigones jóvenes*
- *2 rebanadas delgadas de tocino*

1 Precalentar el horno a 210 °C.

2 Añadir sal y pimienta a 20 g de mantequilla y colocar 10 g de esta última en cada perdigón.

3 Envolver los perdigones con las rebanadas de tocino, coserlos con hilo de cocina y condimentarlos con sal y pimienta al gusto. Colocarlos en una charola para hor-

- 2 rebanadas de pan rústico
- 3 cucharadas de coñac
- sal y pimienta

no pequeña y hornearlos durante 18 minutos, aproximadamente.

④ Apagar el horno y cubrir los perdigones con una hoja de papel aluminio.

⑤ Mientras tanto, untar las rebanadas de pan con el resto de la mantequilla, añadirles sal y pimienta, y tostarlas.

⑥ Quitar el hilo y las rebanadas de tocino a los perdigones. Colocarlos sobre las rebanadas de pan tostado en la fuente en que se van a servir.

⑦ Verter el coñac en la charola de cocción de los perdigones. Calentarlo, raspando bien los bordes y el fondo de la charola con una cuchara de madera para desprender los jugos de cocción. Bañar los perdigones con este líquido.

■ **Preparación:** 10 min ■ **Cocción:** alrededor de 20 min

> **EN ALGUNOS PAÍSES SE LLAMA:**
> Charola: *asadera*. Mantequilla: *manteca*. Tocino: *bacon, larda de tocino, panceta, tocineta*.

Perdigones trufados con alcachofas

Para 4 personas

- 150 g de foie gras
- 1 latita de cáscaras de trufa
- 2 perdigones
- 60 g de mantequilla
- 4 corazones de alcachofa congelados o de lata
- 200 g de hongos o de mízcalos
- 1 cucharada de perejil picado
- 2 cucharadas de coñac
- sal y pimienta

① En un plato, machacar el foie gras con un tenedor y mezclarlo con las cáscaras de trufa. Rellenar los perdigones con esta mezcla, luego coserlos con hilo de cocina y salpimentarlos al gusto. En una olla, derretir 30 g de mantequilla y dorar los perdigones por todos sus lados. Tapar la olla y cocer durante 15 minutos a fuego bajo.

② Mientras tanto, cortar los corazones de alcachofa en rebanadas finas y saltearlos en un sartén con 10 g de mantequilla durante 5 minutos. Posteriormente, agregarlos a la olla.

③ Limpiar los hongos. Derretir 20 g de mantequilla en un sartén y sofreír los hongos alrededor de 10 minutos. Colocar en una ensaladera y espolvorearles el perejil picado.

④ Calentar el coñac, verterlo en la olla y flambear. Servir los perdigones directamente en la olla de cocción.

■ **Preparación:** 15 min ■ **Cocción:** 30 min

> **EN ALGUNOS PAÍSES SE LLAMA:**
> Alcachofa: *alcaucil*. Mantequilla: *manteca*.

CAZA DE PELO

La caza de pelo incluye la caza mayor (cérvidos, jabalíes y jabatos) y la caza menor (liebre, conejo de monte...). El sabor y la textura de la carne de estos animales varían según la raza, el sexo, la edad y su tipo de alimentación.

Caza de pelo: preparación

Los animales de caza grandes (ciervo, gamuza, cierva y venado, gamo, muflón, jabato y jabalí) se comercializan únicamente durante los períodos autorizados de caza. Sea originaria del lugar o importada, la carne de animales de caza de pelo suele venderse congelada. Se cocina como la carne, aunque generalmente se la debe marinar para suavizarla.

Los animales de caza menor (conejo de monte y liebre) no siempre se venden desollados. Sin embargo, es imprescindible realizar esta operación.

Ciervo, venado

Costillitas de venado a la naranja con pepinillos

Para 4 personas

- 400 g de papas Dauphine (→ ver pág. 800)
- 1/2 naranja
- 20 g de pepinillos
- 20 g de mantequilla
- 2 cucharadas de aceite de cacahuate
- 12 costillitas de venado
- 2 cucharadas de vinagre
- 50 ml de base de animales de caza (→ ver pág. 48)
- 5 cucharadas de crema fresca
- sal y pimienta

❶ Preparar las papas Dauphine.

❷ Pelar la naranja y sumergir la cáscara durante 2 minutos en agua hirviendo. Escurrirla y cortarla en bastoncitos pequeños. Cortar los pepinillos de igual modo.

❸ En un sartén, derretir la mantequilla junto con el aceite y dorar las costillitas de 3 a 4 minutos de cada lado. Condimentarlas con sal y pimienta al gusto. Escurrirlas sobre el recipiente de cocción y desechar la grasa del mismo.

❹ Verter el vinagre y la base de animales de caza en el sartén, desglasar y cocer durante 2 o 3 minutos más.

❺ Agregar la crema fresca, la cáscara de naranja y los pepinillos, y cocer durante otros 2 minutos a fuego alto y sin dejar de revolver.

❻ Bañar con esta salsa las costillitas bien calientes. Servir con las papas Dauphine.

■ **Preparación:** 40 min ■ **Cocción:** alrededor de 15 min

> EN ALGUNOS PAÍSES SE LLAMA:
> Cacahuate: *cacahuete, maní*. Crema: *nata*. Mantequilla: *manteca*.

Costillitas de venado salteadas

Para 4 personas

- *12 costillitas de venado*
- *marinada instantánea (→ ver pág. 57)*
- *600 g de hongos silvestres (mízcalos o cualquier otro)*
- *1 chalote*
- *1 cebollita de Cambray*
- *50 g de mantequilla*
- *1 cucharada de aceite de cacahuate*
- *1 copita de licor de coñac*
- *sal y pimienta*

❶ Colocar las costillitas en la marinada durante 30 minutos, volteándolas varias veces.

❷ Mientras tanto, limpiar los hongos, picar el chalote y la cebolla. En un sartén, derretir 30 g de mantequilla y sofreír el chalote y la cebolla. Luego, agregar los hongos y cocer entre 10 y 15 minutos.

❸ Retirar las costillitas de venado sin secarlas. En otro sartén, derretir el resto de la mantequilla junto con el aceite y dorar a fuego alto las costillitas por todos sus lados. Posteriormente, cocerlas de 3 a 4 minutos, volteándolas.

❹ Calentar el coñac, verterlo sobre las costillitas y flambear.

❺ Acomodar las costillitas en forma de corona sobre una fuente y colocar los hongos en el centro de la misma.

■ **Preparación:** 10 min ■ **Marinada:** 30 min

■ **Cocción:** alrededor de 30 min

> EN ALGUNOS PAÍSES SE LLAMA:
> Cacahuate: *cacahuete, maní*. Cebollita(s) de Cambray: *cebolla china, cebolla de almácigo, cebolla de verdeo, cebolla en rama, cebolla junca, cebolletas*. Chalote: *ascalonia, chalota, echalote, escalonia*. Mantequilla: *manteca*.

Estofado de venado

Para 4 personas

- de 800 g a 1 kg de paleta, costillar o pecho de venado
- 100 ml de sangre de cerdo
- 1/2 cucharada de vinagre
- 1 litro de marinada [cruda] para carnes rojas y de caza (→ ver pág. 57)
- 60 g de mantequilla
- 1 cucharada de aceite
- 2 cucharadas de harina
- 1 copita de licor de coñac
- 1 litro de vino tinto

❶ Pedir al carnicero que deshuese el venado y lo corte en pedazos de alrededor de 50 g de peso cada uno. Mezclar la sangre de cerdo con el vinagre. Preparar la marinada y colocar en ella los pedazos de venado. Marinar de 24 a 48 horas en el refrigerador.

❷ Retirar los pedazos de venado de la marinada, escurrirlos y secarlos con un papel absorbente. Colar la marinada en una ensaladera. Condimentar los pedazos de carne con sal y pimienta al gusto.

❸ En una olla, derretir 40 g de mantequilla junto con el aceite y cocer los pedazos de carne a fuego alto de 2 a 3 minutos, volteándolos constantemente. Escurrirlos.

❹ Desechar la grasa de la olla, agregar la guarnición aromática de la marinada y cocerla durante 2 minutos sin dejar de revolver. Volver a colocar las piezas de carne en la olla, espolvorear con harina y cocer de 2 a 3 minutos, sin dejar de remover.

❺ Calentar el coñac, verterlo en la olla y flambear. Agregar el líquido de la marinada y el vino tinto. Poner a hervir y, una vez alcanzada la ebullición, tapar la olla y cocer durante 1 hora 30 minutos a fuego bajo.

❻ Escurrir los pedazos de carne de venado y mantenerlos calientes. Colar la salsa.

❼ En un bol, diluir la sangre con dos o tres cucharadas de la salsa y luego, una vez fuera del fuego, verter el contenido del bol en la olla y mezclar bien. Añadir a la salsa los 20 g de mantequilla restantes, sin dejar de batir. Probar y, en caso de ser necesario, condimentar al gusto.

❽ Volver a colocar la carne de venado dentro de la salsa y servir directamente en la olla de cocción.

■ **Preparación:** 30 min ■ **Marinada:** de 24 a 48 h

■ **Cocción:** alrededor de 1 h 40 min

> **EN ALGUNOS PAÍSES SE LLAMA:**
> Cerdo: *chancho, cochino, puerco.* Mantequilla: *manteca.* Refrigerador: *heladera, nevera.*

Filetes de venado de Anticosti

Para 4 o 6 personas

- 900 g aproximadamente de filete de venado
- 50 ml de aceite de oliva
- 50 ml de gelatina de grosella en polvo
- 1 cucharadita de salsa inglesa
- 60 g de mantequilla
- sal y pimienta

❶ Pedir en la carnicería que preparen el filete de venado en medallones. Colocarlos en una charola, condimentarlos con sal y pimienta al gusto y bañarlos con aceite. Dejarlos marinar durante 12 horas volteándolos varias veces.

❷ Escurrir los medallones de venado y asarlos de 3 a 5 minutos de cada lado, dependiendo del grado de cocción deseado. Colocarlos en la charola caliente.

❸ Disolver la gelatina de grosella con la salsa inglesa a fuego lento. Cortar la mantequilla en pedacitos pequeños y agregarla sin dejar de batir.

❹ Bañar los medallones de filete de venado con esta salsa.

■ **Preparación:** 10 min ■ **Marinada:** 12 h

■ **Cocción:** de 6 a 10 min

> EN ALGUNOS PAÍSES SE LLAMA:
> Charola: *asadera.* Mantequilla: *manteca.*

Pierna de venado

Para 6 u 8 personas

- 1 pierna de venado que pese de 2 y 1/2 kg a 3 kg
- 250 g de tocino
- 30 g de mantequilla
- 3 cucharadas de aceite
- 1 copita de licor de coñac
- 1 diente de ajo
- 50 ml de vino tinto
- 1 limón
- 1 chile de árbol
- 1 kg de puré de castañas
- 1 cucharada de harina
- 1 cucharada de mostaza fuerte

❶ Pedir en la carnicería que preparen la pierna de venado. Cortar el tocino en bastoncitos, hacer algunas incisiones pequeñas en la pierna e introducir en ellas los pedacitos de tocino.

❷ En una olla, calentar la mantequilla y el aceite, dorar la pierna por todos sus lados, escurrirla y desechar la grasa de cocción.

❸ Calentar el coñac. Volver a poner la pierna en la olla, verterle el coñac caliente, flambear, tapar la olla y dejar que se cueza a fuego bajo durante 40 minutos.

❹ Pelar el diente de ajo. Agregar a la olla la mitad del vino tinto, el jugo de limón, el diente de ajo, el chile de árbol y sal y pimienta al gusto. Dejar que se cueza todo durante 40 minutos a fuego bajo y con la olla tapada.

❺ Mientras tanto, preparar el puré de castañas.

❻ En un bol, mezclar la harina y la mostaza fuerte con un poco de vino tinto. Luego, verter esta mezcla en la olla

- *2 cucharadas de gelatina de frambuesa en polvo*
- *sal y pimienta*

y agregar el resto del vino tinto. Mezclar bien y cocer durante 30 minutos más.

❼ Colocar la pierna en la fuente en que se va a servir. Colar la salsa, agregarle la gelatina de frambuesa y servirla en una salsera. Acompañar con el puré de castañas.

■ **Preparación:** 30 min ■ **Cocción:** alrededor de 2 h

> **EN ALGUNOS PAÍSES SE LLAMA:**
> Chile de árbol: *ají muy picante.* Mantequilla: *manteca.* Tocino: *bacon, larda de tocino, panceta, tocineta.*

Silla de venado a la húngara

Para 6 personas

- *100 g de tocino*
- *1 silla de venado de 1 y 1/2 kg*
- *100 ml de aceite*
- *2 cebollas*
- *2 ramas de apio*
- *150 ml de vino tinto*
- *100 ml de crema fresca*
- *3 pizcas de páprika*
- *1 cucharada de kirsch*
- *sal y pimienta*

❶ Precalentar el horno a 220 °C. Cortar el tocino en bastoncitos y mechar con ellos la carne (→ ver pierna de venado, pág. 633). Untar la carne con aceite y ponerla en una charola para horno.

❷ Pelar y picar finamente las cebollas, lavar y picar el apio, y poner ambos alrededor del venado. Condimentar con sal y pimienta al gusto. Hornear durante 30 minutos.

❸ Escurrir la carne y mantenerla caliente. Taparla con una hoja de papel aluminio. Verter en la charola dos cucharadas de agua caliente y el vino tinto. Desprender bien los jugos de cocción.

❹ Reducir esta salsa hasta la mitad y luego molerla en la licuadora o en el pasapuré (con una lámina delgada).

❺ Verter la salsa en una cacerola, agregarle la crema fresca y cocer durante 10 minutos sin dejar de remover. Probar y, en caso de ser necesario, condimentar. Añadir la páprika y el kirsch. Mezclar bien.

❻ Cortar la carne en rebanadas y bañarlas con la salsa muy caliente. Servir de inmediato.

■ **Preparación:** 15 min ■ **Cocción:** alrededor de 45 min

> **EN ALGUNOS PAÍSES SE LLAMA:**
> Charola: *asadera.* Crema: *nata.* Páprika: *pimentón.* Pasapuré: *machacador, pisapapas, pisapuré.* Tocino: *bacon, larda de tocino, panceta, tocineta.*

Silla de venado montero mayor

Para 4 o 6 personas

- 1 trozo de silla de venado que pese de 1 kg y 200 g a 1 y 1/2 kg
- 100 g de tocino
- 1 copita de licor de coñac
- 2 cucharadas de aceite
- 1 cucharada de perejil picado
- 300 ml de salsa montero mayor (→ ver pág. 83)
- 80 g de mantequilla
- 400 g de castañas en lata o cocidas al vacío
- sal y pimienta

❶ Pedir en la carnicería que preparen la silla de venado. Cortar el tocino en bastoncitos y ponerlos en un bol. Agregarles el coñac, una cucharada de aceite, el perejil picado y sal y pimienta al gusto. Dejar marinar durante 15 minutos.

❷ Con la punta de un cuchillo, hacer algunas incisiones pequeñas en la carne e introducir en ellas los bastoncitos de tocino marinados. Reservar la marinada y dejarla reposar mientras se prepara la salsa montero mayor. Mantenerla caliente.

❸ En una olla, derretir 40 g de mantequilla junto con el resto del aceite y dorar la carne. Condimentar con sal y pimienta al gusto y luego cocerla a fuego bajo de 20 a 25 minutos, dependiendo del grado de cocción deseado.

❹ Escurrir la carne y colocarla sobre la fuente en que se va a servir. Taparla con una hoja de papel aluminio y mantenerla caliente.

❺ Verter la marinada de tocino y dos cucharadas de agua en la olla, desglasar y agregar las castañas. Cocer durante 10 minutos más.

❻ Colocar las castañas alrededor de la carne. Bañar con tres o cuatro cucharadas de salsa y servir el resto en una salsera.

■ **Preparación:** 40 min ■ **Cocción:** de 30 a 35 min

> **EN ALGUNOS PAÍSES SE LLAMA:**
> Mantequilla: *manteca.* Tocino: *bacon, larda de tocino, panceta, tocineta.*

Liebre

Liebre: preparación

Una liebre producto de una cacería individual debe desollarse y vaciarse. Se debe recuperar su sangre (agregarle inmediatamente media cucharada de vinagre con el fin de impedir que se coagule) y quitarle la hiel al hígado. Si la libre se va a cocinar en pedazos, cortarla de la misma manera que el conejo (→ ver pág. 547).

Estofado de liebre con chocolate

Para 6 u 8 personas

- *1 liebre grande con su hígado y su sangre*
- *1/2 cucharada de vinagre*
- *3 litros de marinada cruda para carnes rojas y de caza (→ ver pág. 57)*
- *4 bayas de enebro*
- *2 pizcas de macis o de nuez moscada*
- *10 g de jengibre fresco*
- *50 g de chocolate amargo*
- *40 g de mantequilla*
- *1 cucharadita de jugo de limón*
- *2 cucharadas de jugo de naranja*
- *sal y pimienta*

❶ Preparar la liebre o pedir en la carnicería que la preparen y guardar el hígado y la sangre. Agregar el vinagre a la sangre. Lavar el hígado y meterlo en el refrigerador. Cortar la liebre en pedazos (→ ver pág. 547).

❷ En una ensaladera grande, preparar la marinada. Agregarle las bayas de enebro trituradas, el macis o la nuez moscada y el jengibre. Colocar ahí los pedazos de liebre. Tapar la ensaladera y dejar marinar de 24 a 48 horas en el refrigerador.

❸ Precalentar el horno a 160 °C. En una olla, colocar la liebre y la marinada junto con su guarnición aromática. Dejar que hierva, tapar y hornear a fuego muy bajo durante 2 horas.

❹ Retirar los pedazos de liebre y mantenerlos calientes en otra olla. Colar la salsa con un colador fino. Diluir la sangre con un cucharón pequeño de esta salsa.

❺ Una vez fuera del fuego, verter toda la sangre en la salsa y agregar el chocolate, la mantequilla, el jugo de limón y el jugo de naranja. Mezclar bien. Probar y, en caso de ser necesario, condimentar. Bañar con esta salsa los pedazos de liebre. Mantener caliente, pero sin dejar que hierva.

■ **Preparación:** 45 min ■ **Marinada:** de 24 a 48 h
■ **Cocción:** 2 h

EN ALGUNOS PAÍSES SE LLAMA:
Mantequilla: *manteca*. Refrigerador: *heladera, nevera*.

Liebre en estofado

Para 6 u 8 personas

- *1 liebre grande con su hígado y su sangre*
- *1/2 cucharada de vinagre*
- *3 litros de marinada cruda para carnes rojas y de caza (→ ver pág. 57)*

❶ Preparar la liebre o pedir en la carnicería que la preparen y guardar el hígado y la sangre. Agregar el vinagre a la sangre. Lavar el hígado y meterlo en el refrigerador. Cortar la liebre en pedazos (→ ver pág. 547).

❷ En una ensaladera grande, preparar la marinada. Agregarle las bayas de enebro trituradas. Colocar en ella los pedazos de liebre. Tapar la ensaladera y dejar marinar de 24 a 48 horas en el refrigerador.

- 8 bayas de enebro
- 2 cucharadas de aceite de cacahuate
- 80 g de mantequilla
- 70 g de harina
- 2 cucharadas de coñac
- 1 cucharada de perejil picado
- sal y pimienta

❸ Escurrir los pedazos de liebre y secarlos. Escurrir todos los ingredientes de la marinada y guardar el líquido.

❹ Sazonar los pedazos de liebre y cocerlos en una olla, a fuego alto, en el aceite junto con 65 g de mantequilla. Retirarlos, desechar la grasa de la olla, añadir las verduras de la marinada y sofreírlas.

❺ Volver a colocar los pedazos de liebre en la olla, espolvorearlos con harina y rebozarlos bien. Flambear con el coñac, agregar la marinada y dejar que hierva. Cocer con la olla tapada alrededor de 2 horas.

❻ Retirar los pedazos de liebre y mantenerlos calientes. Colar la salsa con un colador fino. Diluir la sangre con un cucharón pequeño de la salsa.

❼ Una vez fuera del fuego, verter toda la sangre en la salsa y agregar una bolita de mantequilla del tamaño de una nuez. Probar y, de ser necesario, condimentar. Volver a colocar los pedazos de liebre en la salsa y espolvorearlos con el perejil picado.

liebre en estofado a la francesa:
proceder de la misma manera que con la liebre en estofado, pero agregando 24 cebollitas glaseadas (→ ver pág. 777), 300 g de hongos salteados y 250 g de tocino en cubitos. Decorar con ocho croûtones de pan de caja.

■ **Preparación:** 45 min ■ **Marinada:** de 24 a 48 h

■ **Cocción:** alrededor de 2 h

EN ALGUNOS PAÍSES SE LLAMA:

Cacahuate: *cacahuete, maní*. Croûton: *crostón, cruton, picatoste* (cuadritos de pan frito, muy utilizados en ensaladas). Mantequilla: *manteca.* Pan de caja: *pan de molde, pan inglés o pan lactal.* Refrigerador: *heladera, nevera.* Tocino: *bacon, larda de tocino, panceta, tocineta.*

Mousse de liebre con castañas

Para 6 u 8 personas

- 1/2 kg de carne de liebre sin huesos
- 3 claras de huevo
- 400 g de castañas en lata o congeladas

❶ Picar finamente la carne de liebre después de haberle quitado las nervaduras.

❷ Agregar nueve pizcas de sal y una pizca grande de pimienta blanca y mezclar bien. Después, añadirle las claras de huevo, una por una, mezclando bien entre una y otra. Colar con un cernidor o un colador y presionar bien con un mazo de mortero.

- 250 ml de caldo de pollo deshidratado
- 1/2 litro de crema fresca
- 250 ml de salsa Périgueux (→ ver pág. 85)
- sal y pimienta blanca

❸ Colocar la carne en un sartén salteador y remover constantemente con una cuchara de madera, a fuego bajo, hasta que la carne quede bien homogénea. Luego, ponerla en un recipiente hondo. Tapar el recipiente y meterlo en el refrigerador durante 2 horas.

❹ Mientras tanto, cocer las castañas en una olla junto con el caldo de pollo durante 10 minutos a fuego bajo. Escurrirlas, reservar ocho castañas enteras y cortar el resto en pedazos.

❺ Llenar una olla con hielos y colocar en ella el recipiente de la carne. Agregar poco a poco la crema fresca y las castañas en pedazos. Revolver enérgicamente. Volver a meter el recipiente en el refrigerador durante 1 hora.

❻ Preparar la salsa Périgueux.

❼ Precalentar el horno a 200 °C.

❽ Engrasar ocho moldes individuales y distribuir en ellos el mousse de liebre, compactándolo bien. Taparlos con una hoja de papel aluminio. Ponerlos en un baño maría, dejar que hiervan sobre el fuego de la estufa y después meterlos en el horno de 25 a 30 minutos.

❾ Desmoldar sobre la fuente en que se van a servir, bañarlos con un poco de salsa Périgueux y decorarlos con una castaña entera.

■ **Preparación:** 1 h ■ **Refrigeración:** 3 h

■ **Cocción:** 30 min

EN ALGUNOS PAÍSES SE LLAMA:

Cernidor: *cedazo, tamiz.* Crema: *nata.* Estufa: *cocina* (dispositivo o aparato en el que se hace fuego o produce calor para guisar los alimentos). Refrigerador: *heladera, nevera.*

Pastel de liebre

Para aproximadamente 20 personas

- 1 liebre de alrededor de 2 kg y 600 g
- 240 g de jamón de ave
- 640 g de tocino
- 200 g de carne magra de cerdo

La víspera

❶ Preparar la liebre o pedir en la carnicería que la preparen y guardar el hígado y la sangre como para preparar una liebre en estofado (→ ver pág. 636). Deshuesar la liebre (o pedir que la deshuesen por completo). Conservar enteros los filetes de la rabadilla.

❷ Cortar en rebanadas delgadas el jamón junto con 240 g de tocino. Cortar en cubitos el resto de la carne de liebre, 400 g de tocino, la carne magra y el pescuezo de cerdo. Limpiar los hongos y secarlos. Triturar las bayas de enebro.

- 150 g de pescuezo de cerdo
- 100 g de hongos trompeta de los muertos
- 4 bayas de enebro
- 1 ramita de tomillo
- 1 hoja de laurel
- 40 g de sal
- 12 g de pimienta
- 100 ml de coñac
- 400 g de masa para tarta (→ ver masa para repostería, pág. 112)
- 3 huevos
- 300 g de rebanadas de tocino
- 250 ml de gelatina de jerez en polvo

❸ Colocar todos estos ingredientes en un plato hondo, espolvorearlos con el tomillo y el laurel finamente desmenuzados. Condimentar con sal y pimienta al gusto. Bañar con el coñac, mezclar bien y meter en el refrigerador.

❹ Preparar la masa para tarta, cubrirla con una película plástica autoadherente y también meterla en el refrigerador.

El mismo día

❺ Separar los cubitos de carne de liebre y de cerdo por un lado y, por el otro, los filetes de liebre y las rebanadas de jamón y tocino. Picar los cubitos de liebre y de cerdo y mezclarlos en una terrina. Agregar dos huevos, la marinada y mezclar hasta que el relleno tenga una consistencia bien homogénea.

❻ Precalentar el horno a 190 °C. Extender la masa para tarta con un rodillo y cortar un pedazo de masa para recubrir con él todo el interior del molde. Primero, cubrir el fondo del molde con las rebanadas de tocino, luego con una capa delgada del relleno.

❼ Colocar una primera capa de rebanadas de jamón, carne de cerdo y un filete de liebre. Cubrir esto con otra capa de relleno. Después, agregar una segunda capa idéntica a la anterior y finalizar con una última capa de relleno.

❽ Cubrir con una capa de rebanadas de tocino y, finalmente, con un segundo pedazo de masa para tarta. Sellar bien la tapa de masa contra los bordes de la terrina, haciendo presión con los dedos. Hacer un pequeño orificio en el centro de la masa para insertar en él una chimenea (que permita que el vapor se escape durante la cocción) con un pedacito de cartón enrollado.

❾ Batir el último huevo y, con un pincel, barnizar toda la superficie del pastel para que se dore. Hornear durante 1 hora 30 minutos.

❿ Dejar enfriar el pastel sin sacarlo del molde y dejarlo reposar durante 24 horas.

Al día siguiente

⓫ Preparar la gelatina de jerez y verterla por la chimenea.

⓬ Meter el pastel en el refrigerador durante 4 o 5 horas. Ahora ya está listo para consumirse.

■ **Preparación:** 2 días ■ **Reposo:** 24 h + 5 h

■ **Cocción:** 1 h 30 min

> **EN ALGUNOS PAÍSES SE LLAMA:**
>
> Cerdo: *chancho, cochino, puerco.* Refrigerador: *heladera, nevera.* Rodillo: *bolillo, palo de amasar, palote, uslero.* Tocino: *bacon, larda de tocino, panceta, tocineta.*

Rabadilla de liebre a la crema

Para 4 personas

- *100 g de tocino*
- *2 rabadillas de liebre joven de aproximadamente 1/2 kg cada una*
- *2 cucharadas de aceite de oliva*
- *1 copita de licor de coñac*
- *100 ml de crema fresca*
- *pimienta de Cayena*
- *1 limón*
- *sal y pimienta*

❶ Precalentar el horno a 220 °C.

❷ Cortar el tocino en bastoncitos. Con la ayuda de un pequeño cuchillo puntiagudo, hacer pequeñas incisiones en las rabadillas (a una distancia regular) e insertar en ellas los bastoncitos de tocino. Condimentar con sal y pimienta al gusto. Colocar la carne en una charola para horno, untarle aceite y hornear durante 40 minutos. Bañarla dos o tres veces con un poco de agua.

❸ Retirar las rabadillas de la charola de cocción y mantenerlas calientes en la fuente de servicio, dentro del horno apagado.

❹ Desechar la grasa de cocción y verter el coñac en la charola. Desglasar a fuego alto, verter la crema fresca y remover. Condimentar con sal y pimienta al gusto y agregar una pizca de pimienta de Cayena. Dejar que la mezcla se espese durante 3 o 4 minutos a fuego moderado y sin dejar de remover.

❺ Añadir el jugo de limón. Probar y, de ser necesario, volver a condimentar. Bañar las rabadillas con esta salsa. Servir de inmediato.

■ **Preparación:** 15 min ■ **Cocción:** alrededor de 45 min

> EN ALGUNOS PAÍSES SE LLAMA:
> Charola: *asadera.* Crema: *nata.* Tocino: *bacon, larda de tocino, panceta, tocineta.*

Salteado de lebrato a la niçoise

Para 4 personas

- *1 lebrato cortado en pedazos*
- *1 diente de ajo*
- *100 ml de aceite de oliva*
- *2 cucharadas de coñac*
- *300 ml de vino tinto*
- *1 bouquet garni*
- *10 cebollitas de Cambray*
- *4 salchichas aplanadas*

❶ Cortar el lebrato en pedazos.

❷ Pelar el diente de ajo y partirlo en dos.

❸ En una olla, calentar el aceite (guardar una cucharada), vaciar los pedazos de carne y sofreírlos. Condimentar con sal y pimienta al gusto.

❹ Calentar el coñac, verterlo en la olla y flambear. Remover y luego agregar el vino tinto, el ajo y el bouquet garni. Cocer con la olla tapada y a fuego bajo durante 40 minutos.

❺ Pelar las cebollitas de Cambray y sumergirlas durante 2 minutos en una cacerola con agua hirviendo.

- 50 g de aceitunas negras
- 100 g de hongos mízcalos
- sal y pimienta

6 Sofreír las salchichas aplanadas en un sartén con el resto del aceite.

7 Deshuesar las aceitunas. Limpiar los hongos.

8 Agregar a la olla las aceitunas y las cebollas. Cocerlas durante 10 minutos más.

9 Finalmente, añadir las salchichas aplanadas partidas en dos y los hongos. Cocer todo alrededor de 10 minutos. Probar y, en caso de ser necesario, condimentar. Servir directamente en la olla de cocción.

■ **Preparación:** 20 min ■ **Cocción:** alrededor de 1 h 10 min

> EN ALGUNOS PAÍSES SE LLAMA:
> Cebollita(s) de Cambray: *cebolla china, cebolla de almácigo, cebolla de verdeo, cebolla en rama, cebolla junca, cebolleta(s), cebollín.* Deshuesar: *descarozar.*

Jabato, jabalí

Costillitas de jabato con peras

Para 4 personas

- 5 bayas de enebro
- 2 clavos de olor
- 5 granos de pimienta
- 4 cucharadas de aceite de cacahuate
- 1 limón
- 2 cucharadas de vinagre de sidra
- 4 costillitas de jabato
- 4 peras
- 1 vaina de vainilla
- 60 g de mantequilla
- 1 cucharada de ron
- 100 ml de crema fresca
- sal y pimienta

1 Triturar el enebro, los clavos de olor y la pimienta. Mezclarlos en un plato con el aceite, el jugo de medio limón y el vinagre de sidra. Poner a marinar las costillitas de jabato durante una 1 hora, volteándolas varias veces.

2 Pelar las peras, cortarlas en dos y quitarles las semillas. Bañarlas con el limón. Poner a hervir el agua con la vainilla y cocer las peras a fuego lento durante aproximadamente 15 minutos. Escurrirlas y mantenerlas calientes.

3 Escurrir las costillitas de jabato y secarlas. En un sartén, derretir la mantequilla, dorar las costillitas alrededor de 10 minutos de cada lado, escurrirlas y colocarlas sobre una fuente caliente.

4 Verter el ron en el sartén, desglasar, añadir la crema fresca, mezclar y reducir en aproximadamente un tercio. Condimentar con sal y pimienta al gusto.

5 Acomodar las mitades de pera alrededor de las costillitas. Bañarlas con la salsa y servirlas de inmediato.

■ **Preparación:** 15 min ■ **Marinada:** 1 h

■ **Cocción:** alrededor de 25 min

> EN ALGUNOS PAÍSES SE LLAMA:
> Cacahuate: *cacahuete, maní.* Crema: *nata.* Mantequilla: *manteca.* Quitar las semillas: *despepitar.*

Filete de jabalí horneado

Para 4 personas

- *1 kg y 200 g de lomo de jabalí joven*
- *20 g de mantequilla*
- *1 cucharada de aceite*
- *1 diente de ajo*
- *2 bayas de enebro*
- *2 ramas de perejil*
- *1 ramita de tomillo*
- *1/2 hoja de laurel*
- *sal y pimienta*

❶ Pedir en la carnicería que deshuesen el filete de jabalí. Guardar los huesos por separado. Coser la pieza de jabalí con hilo de cocina. Triturar los huesos.

❷ Precalentar el horno a 250 °C.

❸ Condimentar el filete de jabalí con sal y pimienta y untarlo con mantequilla. Poner el aceite en una charola para hornear y, sobre el fuego de la estufa, dorar el filete por todos sus lados. Agregar los huesos y hornear durante 15 minutos.

❹ Pelar y machacar el ajo. Triturar las bayas de enebro.

❺ Escurrir el filete, colocarlo sobre la charola en que se va a servir y taparlo con una hoja de papel aluminio para que se mantenga caliente.

❻ Desechar la grasa de la charola y volverla a poner sobre el fuego. Verter 400 ml de agua, agregar el ajo, las bayas de enebro, el perejil y el laurel. Mezclar bien. Desprender los jugos de cocción que se hayan adherido a la charola y reducir el líquido a la mitad.

❼ Colar este jugo. Probar y, de ser necesario, volver a condimentar. Servir el jugo por separado.

■ **Preparación:** 15 min ■ **Cocción:** alrededor de 20 min

> **EN ALGUNOS PAÍSES SE LLAMA:**
> Charola: *asadera*. Estufa: *cocina* (dispositivo o aparato en el que se hace fuego o produce calor para guisar los alimentos). Mantequilla: *manteca*.

Jabalí en adobo

Para 10 personas

- *200 g de tocino*
- *1 pernil de jabalí joven que pese 3 kg*
- *1 y 1/2 litros de marinada cruda para carnes rojas y animales de caza (→ ver pág. 57)*
- *5 bayas de enebro*
- *4 cebollas*

❶ Cortar el tocino en tiritas y usarlo para mechar el pernil por todos sus lados.

❷ Preparar la marinada y agregarle las bayas de enebro. Sumergir en ella el pernil de jabalí y dejarlo marinar durante 24 horas volteándolo varias veces.

❸ Precalentar el horno a 170 °C. Picar el perejil.

❹ Pelar las cebollas y las zanahorias y cortarlas finamente.

❺ Cubrir el fondo de una olla con las rebanadas de tocino. Agregar encima las zanahorias y las cebollas.

❻ Retirar el pernil de la marinada y colocarlo en la olla. Colar la marinada y verterla también. Añadir los clavos

- 5 zanahorias
- 1/2 manojo de perejil liso
- 2 rebanadas de tocino
- 5 clavos de olor
- 100 ml de coñac
- sal y pimienta

de olor triturados, el perejil y el coñac. Condimentar con sal y pimienta al gusto. Tapar la olla y hornear durante 5 horas, aproximadamente.

❼ Sacar el pernil de la olla y cortarlo en rebanadas gruesas. Colar el jugo de cocción. Servir las rebanadas bañadas con este jugo.

■ **Preparación:** 20 min ■ **Marinada:** 24 h ■ **Cocción:** 5 h

> **EN ALGUNOS PAÍSES SE LLAMA:**
> Tocino: *bacon, larda de tocino, panceta, tocineta.*

Jabato en estofado

Para 4 personas

- 800 g o 1 kg de paleta, costillar o pecho de jabato
- 100 ml de sangre de cerdo
- 1/2 cucharada de vinagre
- 1 litro de marinada cruda para carnes rojas y de caza (→ ver pág. 57)
- 60 g de mantequilla
- 1 cucharada de aceite
- 2 cucharadas de harina
- 1 copita de licor de coñac
- 1 litro de vino tinto
- sal y pimienta

❶ Pedir en la carnicería que deshuesen el jabato y lo corten en pedazos de aproximadamente 50 g cada uno.

❷ Mezclar la sangre de cerdo con el vinagre.

❸ Preparar la marinada y sumergir en ella los pedazos de jabato. Dejarlos marinar de 24 a 48 horas en el refrigerador.

❹ Escurrir los pedazos de carne y secarlos con un papel absorbente.

❺ Pasar la marinada a una ensaladera. Condimentar la carne con sal y pimienta al gusto.

❻ En una olla, derretir 40 g de mantequilla junto con el aceite y cocer la carne, a fuego alto, durante 2 o 3 minutos sin dejar de voltear los pedazos. Escurrir la carne y desechar la grasa de la olla.

❼ Verter la guarnición aromática de la marinada en la olla y cocer durante 2 minutos sin dejar de revolver.

❽ Volver a colocar la carne en la olla, espolvorearla con la harina y cocer durante 2 o 3 minutos más, removiendo constantemente.

❾ Calentar el coñac, verterlo en la olla y flambear. Agregar el líquido de la marinada y el vino tinto. Dejar que hierva, tapar la olla y cocer a fuego lento durante 1 hora y 30 minutos.

❿ Escurrir la carne y mantenerla caliente.

⓫ Colar la salsa.

⓬ En un bol, verter la sangre de cerdo con el vinagre, diluirla con dos o tres cucharadas de salsa y luego, una vez fuera del fuego, agregar el contenido del bol a la salsa y mezclar bien. Después, añadir los 20 g de mantequilla restantes, sin dejar de remover.

⓭ Probar y, en caso de ser necesario, condimentar con sal y pimienta al gusto. Volver a colocar la carne dentro de la salsa y servir directamente en la olla de cocción.

■ **Preparación:** 30 min ■ **Marinada:** de 24 a 48 h

■ **Cocción:** alrededor de 1 h 40 min

> EN ALGUNOS PAÍSES SE LLAMA:
>
> Cerdo: *chancho, cochino, puerco*. Mantequilla: *manteca*. Refrigerador: *heladera, nevera*.

Pernil de jabato en salsa agridulce

Para 6 u 8 personas

- *12 ciruelas pasas*
- *60 g de pasitas*
- *2 zanahorias*
- *2 cebollas*
- *1 rama de apio*
- *1 pernil de jabato que pese alrededor de 2 kg y 200 g*
- *3 cucharadas de aceite*
- *1/2 litro de caldo de ternera comercial*
- *4 cucharadas de piñones*
- *1 cucharada de azúcar*
- *4 terrones de azúcar*
- *4 cucharadas de vinagre*
- *400 ml de base de animales de caza (→ ver pág. 48) o de caldo de pollo comercial*
- *24 cerezas en vinagre*
- *30 g de chocolate negro*
- *20 g de mantequilla enharinada (→ ver pág. 40)*
- *sal y pimienta*

❶ Poner a remojar en agua fría y por separado las ciruelas pasas y las pasitas.

❷ Precalentar el horno a 200 °C.

❸ Pelar y cortar en rodajas las zanahorias, las cebollas y el apio.

❹ En una olla, calentar el aceite y dorar el pernil de jabato. Agregar las verduras. Condimentar con sal y pimienta al gusto. Verter el caldo de ternera, mezclar bien, tapar la olla y hornear durante 1 hora y 30 minutos.

❺ Colocar los piñones en una charola pequeña y meterlos en el horno para que se tuesten ligeramente.

❻ Escurrir el pernil y colocarlo en una charola para horno alargada. Colar el caldo de cocción y verter algunas cucharadas sobre la carne. Espolvorear la carne con azúcar y hornearla de 10 a 15 minutos aproximadamente hasta que esté bien dorada.

❼ Para la salsa, disolver los terrones de azúcar en dos cucharadas de agua y dejar que se caramelicen. Verter el vinagre y mezclar bien. Luego, agregar el caldo de cocción junto con la base de animales de caza. Mezclar bien y dejar que hierva durante 10 minutos. Luego, colar esta salsa.

❽ Escurrir las ciruelas pasas, las pasitas y agregarlas junto con los piñones y las cerezas encurtidas. Derretir el chocolate negro en una cucharada de agua y luego disolverlo en la salsa.

❾ Preparar la mantequilla enharinada y agregarla a la olla sin dejar de revolver. Probar y, de ser necesario, condimentar al gusto. Servir la salsa por separado.

■ **Preparación:** 30 min ■ **Cocción:** alrededor de 1 h 45 min

> EN ALGUNOS PAÍSES SE LLAMA:
>
> Charola: *asadera*. Pasitas: *pasas, pasas de uva, uvas pasas, uvas secas*.

Verduras

Las verduras frescas

Las verduras frescas, ricas en minerales (hierro, sodio, azufre, manganeso y yodo), en vitaminas y en fibras, son indispensables para el equilibrio alimenticio. Se consumen crudas, al natural o sazonadas, o cocidas, con o sin materia grasa. Generalmente se sirven como guarnición para acompañar una carne o un pescado, pero pueden también constituir platos fuertes: rellenas, en sopa, gratinadas. Las mejores maneras de cocerlas son en estofado o al vapor. Dependiendo de la verdura, se consume el fruto (berenjena, jitomate), la flor (alcachofa, coliflor), la hoja (col, espinacas, lechuga), el tallo (espárragos, poros), el bulbo (hinojo, cebolla), el tubérculo (papa), el germen (soya) o la raíz (zanahoria, nabo).

Lo ideal es consumir verduras frescas en la temporada adecuada y cuando están en plena madurez. Se conservan en un lugar fresco (16 °C) o en el compartimiento del refrigerador destinado a este uso, envueltas en un trapo o en una película plástica autoadherente. No deben lavarse sino hasta el momento de su utilización.

Las legumbres secas

Se trata de plantas leguminosas que ofrecen granos comestibles contenidos en una vaina. Ricas en proteínas y en glúcidos (azúcares), se conservan sin inconvenientes de una a otra estación y siempre se comen cocidas. Entre las legumbres secas se encuentran todos los tipos de frijoles, chícharos y lentejas. En principio, deben consumirse dentro del primer año posterior a su producción, ya que siguen secándose a medida que transcurre el tiempo. Las legumbres secas participan en la preparación de especialidades regionales (fabadas, sopas de legumbres, guisos) o de platos de otros países (chili con carne, feijoada).

Hongos

Pobres en elementos nutritivos y en calorías, los hongos se consumen, sobre todo, por sus cualidades gustativas. Se consumen igual que las verduras —como acompañamiento o como plato principal—, pero también se los utiliza como aromatizantes o condimentos, por ejemplo para perfumar marinadas y salsas. Los hongos comestibles incluyen especies cultivadas (champiñones) y un sinfín de variedades de recolección (setas, mízcalos, trompetas de muertos...). La colmenilla y la trufa, difíciles de conseguir y bastante caras, gozan de una reputación gastronómica muy antigua.

La mayoría de los hongos se comen cocidos, algunas especies pueden consumirse crudas, en ensaladas. Algunos hongos son tóxicos si se consumen crudos, como por ejemplo las colmenillas.

EN ALGUNOS PAÍSES SE LLAMA:

Alcachofa: *alcaucil*. Chícharo: *alverja, arveja, guisante, petit pois*. Col: *berza, repollo*. Frijol: *alubia, caráota, fréjol, habichuela, judía, poroto*. Jitomate: *tomate*. Papa: *patata*. Poro: *ajo porro, porro, puerro*. Refrigerador: *heladera, nevera*. Trapo: *paño, repasador, toalla o trapo de cocina*.

Ajo

Ajos envueltos

Para 4 personas

- 3 o 4 cabezas de ajo
- 200 ml de caldo o consomé de res (→ ver pág. 53)
- 3 cucharadas de aceite de oliva o 100 g de *manteca de ganso o de pato*

Separar todos los dientes que conforman la cabeza de ajo y escoger los más grandes, de manera que se obtengan cuatro o cinco dientes por persona. Lavarlos y secarlos, pero sin pelarlos. Entonces se puede realizar lo siguiente:

– ya sea sumergirlos 5 minutos en agua hirviendo y luego cocerlos durante 15 minutos en el caldo muy caliente;

– o colocarlos en una charola para horno, bañarlos con aceite y hornearlos a 220 °C de 15 a 20 minutos;

– o cristalizarlos: cubrirlos con manteca de ganso o de pato y cocerlos en una cacerola, a 80 °C, durante alrededor de 1 hora;

– o bien cocerlos en el horno de microondas: bañarlos con aceite y cocerlos durante 1 minuto y 30 segundos en el modo de cocción normal.

Los ajos envueltos acompañan muy bien los asados de cordero, de ternera y las aves.

■ **Preparación:** 5 min

■ **Cocción:** depende del modo de cocción escogido

> **EN ALGUNOS PAÍSES SE LLAMA:**
> Charola: *asadera*. Manteca: *grasa*.

Crema de ajo

Para 4 personas

- 12 dientes de ajo
- 1 rebanada de *pan de caja*
- 250 ml de leche
- 1 cucharada de perejil picado
- nuez moscada
- sal y pimienta

❶ En una cacerola pequeña, poner agua a hervir. Pelar los dientes de ajo y sumergirlos en el agua hirviendo durante 1 minuto. Escurrirlos y repetir la operación.

❷ Quitarle la corteza a la rebanada de pan de caja y cortarlo en pedazos.

❸ En una cacerola, calentar la leche, agregar los dientes de ajo, el perejil picado y los pedacitos de pan. Condimentar con sal y pimienta al gusto y rallar un poco de nuez moscada. Cocer a fuego lento durante 20 minutos, revolviendo de vez en cuando.

④ Pasar todo a la licuadora y moler hasta que la crema tenga una consistencia homogénea.

Esta crema de ajo acompaña muy bien un ave horneada o a la parrilla, una pierna o chuletas de cordero a la parrilla.

■ **Preparación:** 20 min ■ **Cocción:** 20 min

EN ALGUNOS PAÍSES SE LLAMA:
Pan de caja: *pan de molde, pan inglés o pan lactal.*

Puré de ajo

Para 4 personas

- *150 ml de salsa Bechamel* (→ *ver pág. 64*)
- *12 dientes de ajo*
- *20 g de mantequilla*

① Preparar la salsa Bechamel.
② En una cacerola pequeña, poner a hervir agua.
③ Pelar los dientes de ajo y sumergirlos en el agua hirviendo durante 1 minuto, escurrirlos y repetir la operación.
④ En una cacerola, derretir la mantequilla y cocer en ella los dientes de ajo durante 10 minutos, a fuego muy bajo.
⑤ Escurrir los dientes de ajo, mezclarlos con la salsa Bechamel y triturar todo en la licuadora.

Este puré de ajo sirve como guarnición para el cordero a la parrilla u horneado.

■ **Preparación:** 20 min ■ **Cocción:** 10 min

EN ALGUNOS PAÍSES SE LLAMA:
Mantequilla: *manteca.*

Alcachofas

Alcachofas: preparación

Con un cuchillo bien afilado, cortar las alcachofas a dos terceras partes de su altura para eliminar las puntas duras. Lavarlas bien.
Partir el tallo al ras de las hojas (sin cortarlo): las partes fibrosas están contenidas en el tallo.

Atar las alcachofas para que mantengan su forma durante la cocción y blanquearlas sumergiéndolas durante 5 minutos en agua hirviendo.

Escurrir las alcachofas y enfriarlas bajo un chorro de agua. Retirar las hojas pequeñas del centro y la pelusa del cáliz de la alcachofa. Condimentar con sal y pimienta al gusto.

> **EN ALGUNOS PAÍSES SE LLAMA:**
> Alcachofa: *alcaucil.*

Alcachofas a la bretona

Para 4 personas

- *4 alcachofas*
- *400 ml de salsa a la crema* (→ *ver pág. 62*)
- *sal*

❶ Preparar las alcachofas (→ ver pág. 648).
❷ En una cacerola pequeña, poner a hervir agua con sal y cocer las alcachofas de 25 a 30 minutos.
❸ Mientras tanto, preparar la salsa a la crema.
❹ Escurrir las alcachofas, separar las hojas y la pelusa del cáliz. Acomodarlas sobre la fuente en que se van a servir.
❺ Servir la salsa por separado.

■ **Preparación:** 15 min ■ **Cocción:** de 25 a 30 min

> **EN ALGUNOS PAÍSES SE LLAMA:**
> Alcachofa: *alcaucil.*

Alcachofas a la diabla

Para 4 personas

- *4 alcachofas (moradas de preferencia)*
- *4 dientes de ajo*
- *2 cucharadas de perejil picado*
- *200 g de migajón de pan*
- *3 cucharadas de alcaparras*
- *15 ml de aceite de oliva*
- *sal y pimienta*

❶ Preparar las alcachofas (→ ver pág. 648).
❷ Precalentar el horno a 160 °C.
❸ Pelar y picar los dientes de ajo. Lavar y picar el perejil. Mezclarlos con el migajón de pan desmoronado y las alcaparras. Condimentar con sal y pimienta al gusto.
❹ Rellenar las alcachofas con esta mezcla. Acomodarlas en una olla, bien apretadas unas contra otras, verter un chorrito de aceite de oliva y 100 ml de agua. Condimentar con sal y pimienta al gusto.
❺ Hornear con la olla tapada durante unos 50 minutos. Bañar las alcachofas varias veces con el propio jugo de cocción.

❻ Acomodarlas sobre la fuente en que se van a servir y bañarlas con el jugo de cocción.

■ **Preparación:** 20 min ■ **Cocción:** 50 min

> **EN ALGUNOS PAÍSES SE LLAMA:**
> Alcachofa: *alcaucil*. Migajón: *borona, miga de pan, morona*.

Alcachofas a la vinagreta

Para 4 personas

- *4 alcachofas*
- *150 ml de salsa vinagreta (→ ver pág. 100)*
- *1 cucharadita de mostaza fuerte*
- *1 cucharada de cebollín picado*
- *sal y pimienta*

❶ Preparar las alcachofas (→ ver pág. 648) y cocerlas en agua hirviendo con sal de 25 a 30 minutos (sólo 10 minutos si se cuecen en la olla exprés).

❷ Preparar la vinagreta añadiéndole el cebollín picado y la mostaza.

❸ Escurrir las alcachofas y dejar que se enfríen un poco.

❹ Separar el corazón de las alcachofas y retirarles toda la pelusa. Servirlas con la vinagreta por separado.

■ **Preparación:** 10 min ■ **Cocción:** alrededor de 30 min

> **EN ALGUNOS PAÍSES SE LLAMA:**
> Alcachofa: *alcaucil*. Cebollín: *cebolleta, cebollino, ciboulette*.

Alcachofas Clamart

Para 4 personas

- *1 y 1/2 kg de chícharos frescos o 1/2 kg de chícharos congelados*
- *12 alcachofas pequeñas*
- *1/2 limón*
- *1 lechuga*
- *50 g de mantequilla*
- *1 cucharadita de azúcar*
- *sal*

❶ Quitarle las vainas a los chícharos.

❷ Lavar las alcachofas, partirles los tallos, nivelar el corazón al ras para quitarle todas las hojas. Cortar cada alcachofa a la tercera parte de su altura, quitar las hojas pequeñas que se encuentran en el centro y la pelusa del corazón. Añadirles jugo de limón.

❸ Lavar la lechuga y cortarla en chiffonnade (tiritas muy delgadas).

❹ Derretir en una olla 30 g de mantequilla y acomodar en ella las alcachofas. Dejar que se cuezan a fuego lento durante 15 minutos, con la olla tapada.

❺ Agregar los chícharos, la lechuga en chiffonnade, sal, el azúcar y tres cucharadas de agua. Cocer todo a fuego muy bajo, con la olla tapada, durante 20 minutos.

❻ Agregar el resto de la mantequilla y servir directamente en la olla de cocción.

alcachofas Crécy:

pelar tres manojos de zanahorias pequeñas. Cortar cada zanahoria en tres pedazos. Luego, proceder igual que con las alcachofas Clamart sustituyendo los chícharos con las zanahorias.

■ **Preparación:** 30 min ■ **Cocción:** alrededor de 35 min

EN ALGUNOS PAÍSES SE LLAMA:
Alcachofa: *alcaucil*. Chícharo: *alverja, arveja, guisante, petit pois*. Mantequilla: *manteca*.

Corazones de alcachofa a la florentina

Para 4 personas

- 250 ml de salsa Mornay (→ ver pág. 68)
- 800 g de espinacas frescas o 200 g de espinacas congeladas
- 4 corazones de alcachofa congelados o de lata
- 20 g de queso rallado
- sal y pimienta

❶ Preparar la salsa Mornay y mantenerla caliente.
❷ Cocer las espinacas a la mantequilla (→ ver pág. 733).
❸ Saltear los corazones de alcachofa (→ ver receta siguiente) y colocarlos en una charola para gratín.
❹ Precalentar el horno a 275 °C.
❺ Rellenar cada corazón de alcachofa con una cucharada grande de sopa de espinacas y bañarlo con la salsa Mornay. Espolvorear con el queso rallado y gratinar en el horno de 5 a 6 minutos.

■ **Preparación:** 30 min ■ **Cocción:** de 5 a 6 min

EN ALGUNOS PAÍSES SE LLAMA:
Alcachofa: *alcaucil*. Charola: *asadera*.

Corazones de alcachofa a la mantequilla

Para 4 personas

- 4 corazones de alcachofa congelados o de lata
- 40 g de mantequilla
- sal y pimienta

❶ Descongelar los corazones de alcachofa.
❷ En una olla, derretir la mantequilla a fuego bajo y colocar en ella los corazones de alcachofa. Condimentar con sal y pimienta al gusto. Voltearlos una o dos veces para que se impregnen de mantequilla por todos lados.
❸ Tapar la olla y cocer a fuego bajo de 10 a 12 minutos si se trata de corazones de alcachofa congelados, y de 8 a 10 minutos si son corazones de alcachofa de lata.

Después de esto, los corazones de alcachofa pueden cortarse en cuadros grandes y servirse como acompañamiento de una carne o un ave. También pueden rellenarse.

■ **Preparación:** 5 min ■ **Cocción:** de 8 a 12 min

En algunos países se llama:
Alcachofa: *alcaucil*. Mantequilla: *manteca*.

Corazones de alcachofa con puré Soubise

Para 4 personas

- 150 g de puré Soubise (→ ver pág. 778)
- 4 corazones de alcachofa congelados o de lata
- 40 g de mantequilla
- 20 g de queso parmesano rallado
- sal y pimienta

❶ Preparar el puré Soubise.
❷ Saltear los corazones de alcachofa a la mantequilla (→ ver pág. 651).
❸ Precalentar el horno a 275 °C.
❹ Colocar las alcachofas en una charola para gratín, rellenarlas con el puré, espolvorearlas con el queso parmesano rallado y gratinarlas de 5 a 6 minutos.

■ **Preparación:** 30 min ■ **Cocción:** de 5 a 6 min

En algunos países se llama:
Alcachofa: *alcaucil*. Charola: *asadera*. Mantequilla: *manteca*.

Revuelto de alcachofas moradas

Para 4 personas

- 30 alcachofas pequeñas (moradas de preferencia)
- 1 limón
- 4 tomates verdes
- 2 jitomates maduros
- 2 dientes de ajo
- 2 cebollitas de Cambray blancas
- 200 g de cubitos de tocino magros

❶ Cortar con tijeras las puntas de las hojas de cada alcachofa. Extraer la pelusa del corazón con un cuchillo para toronja y bañar las alcachofas con jugo de limón por todos lados.
❷ Lavar los jitomates y cortarlos en cuartos. Pelar y picar finamente el ajo y las cebollas.
❸ Colocar los cubitos de tocino en un sartén y dorarlos sin añadirles materia grasa. Escurrirlos sobre un papel absorbente. Colocar en el sartén los jitomates y el ajo. Saltearlos y condimentarlos con sal y pimienta al gusto. Escurrirlos al cabo de 5 minutos.

- 5 cucharadas de aceite de oliva
- 1 ramita de tomillo
- 1/2 hoja de laurel
- 10 hojas de albahaca
- sal y pimienta

❹ Colocar en el sartén las alcachofas y las cebollas. Bañarlas con aceite y sofreírlas sin dejar de remover. Desmenuzar encima el tomillo y el laurel.

❺ Al cabo de 10 minutos, añadir los jitomates y los cubitos de tocino. Tapar la olla y dejar que se cuezan a fuego lento durante 20 minutos, para que los ingredientes se incorporen.

❻ Cortar con las manos las hojas de albahaca y usarlas para espolvorear el revuelto. Cocer durante 10 minutos más.

Este revuelto puede acompañar tanto el cordero asado como los escalopes de ternera o los medallones de filete. También puede comerse frío, como entrada, con una vinagreta de aceite de oliva o de limón condimentada con una pizca de ajo y de estragón.

■ **Preparación:** 20 min ■ **Cocción:** 1 h

EN ALGUNOS PAÍSES SE LLAMA:

Alcachofa: *alcaucil.* Cebollita(s) de Cambray: *cebolla china, cebolla de almácigo, cebolla de verdeo, cebolla en rama, cebolla junca, cebolleta(s), cebollín.* Jitomate: *tomate.* Tocino: *bacon, larda de tocino, panceta, tocineta.* Toronja: *pamplemusa, pomelo.*

Espárragos

Espárragos: preparación, cocción y congelamiento

Cortar todos los espárragos del mismo tamaño sobre una tabla de madera para evitar que se rompan. Pelarlos desde la punta hacia el rabo con un cuchillo para espárragos o con uno para verduras. Lavarlos rápidamente bajo un chorro grande de agua. Escurrirlos y atarlos en manojos.

Hervir agua con sal en una olla grande y sumergir los espárragos. Al cabo de 15 minutos, verificar si los espárragos están cocidos picándolos con la punta de un cuchillo en la base del más ancho: la lámina del cuchillo debe entrar con facilidad. Si aún no están listos, continuar la cocción durante algunos minutos más.

Retirar los espárragos del agua y escurrirlos en una fuente cubierta con una toalla o en la rejilla de una fuente para espárragos.

También pueden cocerse al vapor en una cacerola especial: las cabezas estarán más tiernas si se mantienen fuera del agua.

Los espárragos pueden servirse calientes o tibios. Ya sea que se cuezan en agua o al vapor, se acompañan con diferentes salsas calientes (a la crema, holandesa, maltesa o muselina) o frías (mayonesa, vinagreta, salsa a la mostaza o salsa tártara).

Puntas de espárragos

Cortar las puntas de los espárragos y atarlas en manojos. Cortar los tallos en cubitos y cocerlos durante 5 minutos en agua hirviendo con sal. Añadir las puntas, cocer de 7 a 8 minutos más, retirarlas y dejarlas enfriar.

Congelación de los espárragos

Pelar los espárragos y blanquearlos de 2 a 4 minutos, dependiendo de su tamaño y espesor, en abundante agua hirviendo con sal. Enjuagarlos con agua fría, escurrirlos y secarlos muy bien. Guardarlos en porciones pequeñas en bolsas de plástico para congelar y éstas, a su vez, en bolsas más grandes o en recipientes para congelador. Cerrar las bolsas o los recipientes, etiquetar con la fecha y meterlas al congelador.

Para utilizar estos espárragos, sumergirlos aún congelados en agua hirviendo con sal y dejar que se terminen de cocer de 12 a 16 minutos, dependiendo de su tamaño y espesor. Pueden prepararse igual que los espárragos frescos.

Espárragos a la flamenca

Para 4 personas

- 1 kg y 600 g de espárragos
- 2 huevos
- 80 g de mantequilla
- 1 cucharada de perejil picado
- sal

❶ Preparar y cocer los espárragos (→ ver pág. 653).
❷ Poner a hervir los huevos hasta que estén duros, enfriarlos, pelarlos y triturar las yemas.
❸ Derretir la mantequilla y mezclarla con las yemas de huevo trituradas y el perejil picado. Condimentar con sal al gusto.
❹ Servir los espárragos muy calientes y la salsa por separado.

■ **Preparación:** 20 min ■ **Cocción:** de 10 a 15 min

EN ALGUNOS PAÍSES SE LLAMA:
Mantequilla: *manteca.*

Espárragos a la polonesa

Para 4 personas

- *1 kg y 600 g de espárragos*
- *2 huevos*
- *1 cucharada de perejil picado*
- *50 g de mantequilla*
- *50 g de pan molido*
- *sal y pimienta*

❶ Preparar y cocer los espárragos (→ ver pág. 653). Luego, escurrirlos con mucho cuidado.

❷ Poner a hervir los huevos hasta que estén duros, enfriarlos, pelarlos y picarlos.

❸ Engrasar con mantequilla una charola alargada y acomodar en ella los espárragos de manera escalonada, de modo de que se vean todas las puntas.

❹ Espolvorear la charola con los huevos duros y el perejil picados. Condimentar con sal y pimienta al gusto.

❺ Preparar una mantequilla noisette (→ ver pág. 41), agregarle el pan molido y dejar que tome un poco de color. Bañar los espárragos con esta mantequilla. Servir inmediatamente.

■ **Preparación:** 35 min ■ **Cocción:** 15 min + 5 min

En algunos países se llama:
Charola: *asadera*. Mantequilla: *manteca*. Pan molido: *pan rallado*.

Espárragos al gratín

Para 4 personas

- *1 kg y 600 g de espárragos*
- *250 ml de salsa Mornay (→ ver pág. 68)*
- *20 g de queso parmesano rallado*
- *20 g de mantequilla*
- *sal y pimienta*

❶ Preparar y cocer los espárragos (→ ver pág. 653).

❷ Mientras tanto, preparar la salsa Mornay.

❸ Acomodar los espárragos en una charola para gratín, en capas alternadas, de manera que las puntas se presenten en cada lado de la charola.

❹ Cubrir las puntas con la salsa Mornay.

❺ Colocar una tira de papel encerado sobre las partes de los espárragos que no tienen salsa.

❻ Espolvorear con el queso parmesano rallado, condimentar con sal y pimienta al gusto, bañar con mantequilla derretida y gratinar de 3 a 4 minutos en la parrilla del horno, hasta que las puntas de los espárragos estén bien doradas.

❼ Retirar el papel encerado inmediatamente antes de servir.

■ **Preparación:** alrededor de 35 min ■ **Cocción:** de 3 a 4 min

En algunos países se llama:
Charola: *asadera*. Mantequilla: *manteca*.

655

Berenjenas

Berenjenas: preparación

Las berenjenas no necesitan pelarse. En algunos casos, hay que ponerlas a macerar: cortarlas en rebanadas, espolvorearlas con sal gruesa, dejarlas reposar durante 30 minutos y luego secarlas con mucho cuidado con un papel absorbente.

Para rellenar las berenjenas se puede, dependiendo de su forma y tamaño, cortarlas a la mitad en forma de barquitos y vaciar el interior, o bien quitarles la "tapa" y vaciarlas para obtener una sola "bóveda" más profunda. Después hay que pasar un cuchillo a 5 o 6 mm del borde, alrededor de la berenjena, y acabar de desprender la pulpa del fondo con un cuchillo para toronja. Rociar con jugo de limón el interior de la berenjena y la pulpa para evitar que se oscurezcan.

> **EN ALGUNOS PAÍSES SE LLAMA:**
> Toronja: *pamplemusa, pomelo.*

Berenjenas a la crema

Para 4 personas

- *4 berenjenas*
- *80 g de mantequilla*
- *150 ml de salsa a la crema (→ ver pág. 62)*
- *sal y pimienta*

① Cortar las berenjenas en rodajas de 5 mm de espesor. Macerarlas en sal gruesa (→ ver preparación anterior) y luego secarlas muy bien.

② En una olla, derretir la mantequilla, acomodar las rodajas de berenjena, condimentarlas con sal y pimienta al gusto y cocerlas a fuego muy bajo entre 15 y 20 minutos, aproximadamente.

③ Mientras tanto, preparar la salsa a la crema.

④ Mezclar muy suavemente las rodajas de berenjenas con la salsa, sin que se resquebrajen, y acomodarlas en la fuente en que se van a servir.

> ■ **Preparación:** 5 min ■ **Maceración:** 30 min
> ■ **Cocción:** de 15 a 20 min, aproximadamente

> **EN ALGUNOS PAÍSES SE LLAMA:**
> Mantequilla: *manteca.*

Berenjenas al comino

Para 4 personas

- *2 limones*
- *100 ml de aceite de oliva*
- *1 cucharadita de cilantro en polvo*
- *1/2 cucharada de comino en polvo*
- *12 granos de pimienta blanca*
- *1 bouquet garni*
- *3 ramitas de tomillo*
- *4 berenjenas*
- *sal gruesa*

❶ Preparar un caldo con medio litro de agua, el jugo de un limón, el aceite de oliva, los granos de cilantro y comino, la pimienta, el bouquet garni, el tomillo y tres pizcas de sal gruesa.

❷ Cortar las berenjenas en cuadritos regulares y rociarlas con jugo de limón para evitar que se oscurezcan.

❸ Sumergir las berenjenas en el caldo, hervir a fuego fuerte durante 10 minutos y luego escurrirlas.

❹ Desechar el bouquet garni, colar el caldo, reducirlo a la mitad y comprobar si está bien sazonado. Bañar las berenjenas con el caldo y dejarlas enfriar.

❺ Ponerlas en el refrigerador hasta el momento de servir.

Se puede agregar al caldo dos cucharadas de concentrado de tomate.

■ **Preparación:** 10 min ■ **Cocción:** alrededor de 15 min

> **EN ALGUNOS PAÍSES SE LLAMA:**
> Cilantro: *coriandro, culantro.* Refrigerador: *heladera, nevera.*

Berenjenas fritas

Para 4 personas

- *1/2 kg de masa para freír (→ ver pág. 115)*
- *4 berenjenas*
- *aceite*
- *sal*

❶ Preparar la masa para freír y dejarla reposar durante 30 minutos.

❷ Cortar las berenjenas en rodajas y macerarlas con sal gruesa (→ ver pág. 656).

❸ Secar las berenjenas y envolverlas con la masa para freír. Con una cuchara, separar cada rodaja de berenjena envuelta en masa y colocarla en el aceite a 180 °C. Retirar cada rodaja de berenjena cuando esté bien dorada.

❹ Escurrir las berenjenas en un papel absorbente. Añadirles sal al gusto y servirlas de inmediato.

■ **Preparación:** 10 min ■ **Maceración:** 30 min
■ **Cocción:** de 15 a 20 min

Berenjenas gratinadas

Para 4 personas

- *4 berenjenas*
- *1 cebolla*
- *1 diente de ajo*
- *150 o 200 g de restos de carne*
- *5 ramitas de perejil*
- *40 g de mantequilla*
- *2 cucharadas de concentrado de tomate*
- *50 ml de aceite de oliva*
- *pan molido*
- *sal y pimienta*

❶ Cortar las berenjenas en rodajas, lavarlas bien y dejarlas remojando en agua (→ ver pág. 656).

❷ Mientras tanto, pelar y picar la cebolla y el ajo. Picar los restos de carne y el perejil.

❸ En un sartén, derretir 30 g de mantequilla y sofreír ahí la cebolla y el ajo. Cuando estén dorados, agregarles la carne picada y el perejil. Mezclar bien todo.

❹ Verter el concentrado de tomate y revolver bien. Condimentar con sal y pimienta al gusto y cocer de 5 a 7 minutos.

❺ En un sartén grande, calentar el aceite y saltear las berenjenas durante unos 10 minutos. Condimentarlas con sal y pimienta al gusto. Escurrirlas sobre un papel absorbente.

❻ Precalentar el horno a 220 °C.

❼ Engrasar con mantequilla una charola para gratín y recubrir el fondo con una capa de berenjenas, luego con una capa de relleno y así sucesivamente, hasta acabar con una capa de berenjenas.

❽ Espolvorear la superficie con pan molido. Derretir el resto de la mantequilla y bañar todo con ella. Hornear durante 30 minutos.

■ **Preparación:** 20 min ■ **Remojo:** 30 min
■ **Cocción:** 50 min

> EN ALGUNOS PAÍSES SE LLAMA:
> Charola: *asadera*. Mantequilla: *manteca*. Pan molido: *pan rallado*.

Berenjenas gratinadas a la tolosana

Para 4 personas

- *4 berenjenas*
- *300 ml de aceite de oliva*
- *5 jitomates*
- *2 dientes de ajo*

❶ Cortar las berenjenas en rebanadas gruesas, ya sea a lo ancho o a lo largo, y macerarlas con sal gruesa (→ ver pág. 656).

❷ En un sartén, verter 200 ml de aceite de oliva y dorar las rebanadas de berenjena, volteándolas varias veces.

❸ Cortar los jitomates a la mitad y quitarles las semillas. En otro sartén, calentar 50 ml de aceite de oliva y sal-

- 50 g de migajón de pan duro (del día anterior)
- 1 cucharada de perejil picado
- sal y pimienta

tear los jitomates. Condimentarlos con sal y pimienta al gusto.

❹ Precalentar el horno a 200 °C.

❺ Picar el ajo y mezclarlo con el migajón de pan desmoronado.

❻ Engrasar una charola para gratín y colocar en ella los jitomates y las rebanadas de berenjena, alternándolos. Espolvorear de manera abundante con el migajón de pan con ajo y con el perejil picado. Bañar todo con el resto del aceite de oliva y hornear de 10 a 15 minutos para que se gratine.

■ **Preparación:** 15 min ■ **Maceración:** 30 min

■ **Cocción:** 30 min

> **EN ALGUNOS PAÍSES SE LLAMA:**
> Charola: *asadera*. Jitomate: *tomate*. Migajón: *borona, miga de pan, morona*. Quitar las semillas: *despepitar*.

Berenjenas "imam bayildi"

Para 4 personas

- 200 g de pasitas blancas
- un bol de té
- 4 berenjenas alargadas
- 1/2 limón
- 4 cebollas
- 8 jitomates
- 1 manojo pequeño de perejil
- 2 dientes de ajo
- 150 ml de aceite de oliva
- 2 ramitas de tomillo
- 2 hojas de laurel
- sal y pimienta

❶ Remojar las pasitas de uva blanca en un poco de té tibio.

❷ Limpiar las berenjenas, sin pelarlas, partirlas en dos, vaciarlas a 1 cm del borde, cuidando que la piel no se rompa, y realizar incisiones en las orillas. Cortar la pulpa en cuadritos y colocarla en un recipiente con el jugo del medio limón.

❸ Pelar y picar las cebollas.

❹ Pasar los jitomates por agua hirviendo, pelarlos, quitarles las semillas y triturarlos.

❺ Picar el perejil. Pelar y machacar el ajo.

❻ Calentar cuatro cucharadas de aceite de oliva y sofreír los cuadritos de berenjena, agregar las cebollas y el perejil picados, y luego la pulpa de jitomate triturada.

❼ Condimentar con sal y pimienta al gusto. Agregar una ramita de tomillo y una hoja de laurel. Tapar la olla y dejar que se incorporen los ingredientes durante 20 minutos.

❽ Agregar el ajo picado y las pasitas escurridas. Mezclar bien todo y cocer durante 5 minutos más.

❾ Retirar el tomillo y el laurel.

❿ Precalentar el horno a 160 °C.

⑪ Colocar las mitades de berenjena vacías en una charola para horno engrasada con aceite y rellenarlas con la mezcla.

⑫ Verter el resto del aceite alrededor de todo y agregar un poco de tomillo y laurel desmenuzados. Meter la charola en el horno durante 30 minutos.

■ **Preparación:** 25 min ■ **Cocción:** 50 min

EN ALGUNOS PAÍSES SE LLAMA:

Charola: *asadera.* Jitomate: *tomate.* Pasitas: *pasas, pasas de uva, uvas pasas, uvas secas.* Quitar las semillas: *despepitar.*

Berenjenas rellenas a la catalana

Para 4 personas

- *1 huevo*
- *2 dientes de ajo*
- *2 cebollas*
- *1 manojo de perejil*
- *2 berenjenas*
- *150 ml de aceite*
- *50 g de migajón de pan duro (del día anterior)*
- *sal y pimienta*

❶ Poner a hervir el huevo hasta que esté duro. Enfriarlo, pelarlo y picarlo bien.

❷ Pelar y picar el ajo y las cebollas. Picar el perejil.

❸ Precalentar el horno a 180 °C.

❹ Cortar las berenjenas a la mitad para formar barquitos. Vaciarlas a 1 cm del borde y retirar la pulpa sin lastimar la piel. Realizar incisiones muy finas en la orilla.

❺ Colocar las mitades de berenjena en una charola para horno engrasada con aceite, bañar con un chorrito de aceite y hornear durante 10 minutos.

❻ Mientras tanto, picar la pulpa de las berenjenas y mezclarla con el huevo picado, el ajo y el perejil, también picados.

❼ Subir la temperatura del horno a 225 °C.

❽ En una olla, calentar tres cucharadas de aceite y sofreír las cebollas durante 10 minutos. Luego, agregar las cebollas a la pulpa de berenjenas. Condimentar con sal y pimienta al gusto y mezclar todo muy bien.

❾ Rellenar las mitades de berenjena vacías con esta mezcla.

❿ Desmoronar el migajón de pan, espolvorearlo sobre las berenjenas rellenas, bañar con el resto del aceite y hornear entre 25 y 30 minutos.

■ **Preparación:** 20 min ■ **Cocción:** alrededor de 1 h

EN ALGUNOS PAÍSES SE LLAMA:

Charola: *asadera.* Migajón: *borona, miga de pan, morona.*

Berenjenas rellenas a la italiana

Para 4 personas

- *320 g de risotto*
  (→ ver pág. 848)
- *4 berenjenas*
- *2 dientes de ajo*
- *1 cucharada de perejil picado*
- *50 g de pan molido*
- *100 ml de aceite de oliva*
- *sal y pimienta*

❶ Precalentar el horno a 180 °C.

❷ Cortar las berenjenas a la mitad para formar barquitos. Vaciarlas a 1 cm del borde y retirar la pulpa sin lastimar la piel. Realizar incisiones muy finas en la orilla.

❸ Colocar las mitades de berenjena en una charola para horno engrasada con aceite, condimentarlas con sal y pimienta al gusto. Bañar con un chorrito de aceite y hornear durante 10 minutos.

❹ Picar la pulpa de las berenjenas. Pelar y picar el ajo. Agregar ambos ingredientes al risotto junto con el perejil picado y mezclar bien. Cocer todo durante 5 minutos.

❺ Subir la temperatura del horno a 220 °C.

❻ Rellenar las mitades de berenjena vacías con esta mezcla. Espolvorear con el pan molido.

❼ Bañar con el resto del aceite de oliva y gratinar entre 10 y 15 minutos.

■ **Preparación:** 15 min ■ **Cocción:** alrededor de 30 min

> **EN ALGUNOS PAÍSES SE LLAMA:**
> Charola: *asadera.* Pan molido: *pan rallado.*

Berenjenas salteadas

Para 4 personas

- *4 berenjenas*
- *40 g de harina*
- *200 ml de aceite de oliva*
- *1 cucharada de perejil picado*
- *sal*

❶ Cortar las berenjenas en cubitos de 2 cm de lado y macerarlas con sal gruesa (→ ver pág. 656).

❷ Extender la harina en un trapo limpio y usarla para rebozar los cubitos de berenjena.

❸ Calentar el aceite de oliva en un sartén grande. Colocar en él las berenjenas y saltearlas, volteándolas varias veces, entre 10 y 15 minutos.

❹ Colocar las berenjenas en la fuente de servicio previamente calentada y espolvorear todo con perejil.

■ **Preparación:** 10 min ■ **Maceración:** 30 min

■ **Cocción:** de 10 a 15 min

> **EN ALGUNOS PAÍSES SE LLAMA:**
> Rebozar: *abizcochar, aborrajar, emborrizar.* Trapo: *paño, repasador, toalla o trapo de cocina.*

Buñuelos de berenjena

Para 4 personas

- *150 g de masa para freír*
  (→ ver pág. 115)
- *4 berenjenas*
- *50 ml de aceite*
- *1/2 limón*
- *2 cucharadas de perejil picado*
- *4 huevos*
- *20 g de mantequilla*
- *sal y pimienta*
- *aceite*

❶ Preparar la masa para freír y dejarla reposar durante 1 hora.

❷ Cortar las berenjenas en rodajas. Mezclar el aceite, el jugo de limón, una cucharada de perejil picado, sal y pimienta y colocar las berenjenas en esta marinada durante 1 hora.

❸ Hervir los huevos hasta que estén duros, enfriarlos, pelarlos y separar las claras de las yemas.

❹ Escurrir las berenjenas y machacarlas con el tenedor o en la licuadora junto con las yemas de los huevos duros, la mantequilla y el perejil restante. Condimentar con sal y pimienta al gusto.

❺ Mezclar muy bien esta preparación y amasarla para formar bolitas del tamaño de una mandarina, aproximadamente.

❻ Aplanar las bolitas, envolverlas en la masa para freír y sumergirlas en el aceite calentado a 180 °C, hasta que los buñuelos de berenjena estén bien dorados.

❼ Cubrir la fuente en que se van a servir con una toalla de papel y acomodar en ella los buñuelos de berenjena.

> ■ **Preparación:** 15 min ■ **Marinada**: 1 h
> ■ **Cocción:** de 10 a 15 min

> EN ALGUNOS PAÍSES SE LLAMA:
> Mantequilla: *manteca.*

Caponata

Para 4 o 6 personas

- *1/2 kg de salsa de tomate*
  (→ ver pág. 80)
- *4 berenjenas*
- *100 ml de aceite de oliva*
- *1 cebolla*
- *100 g de alcaparras en salmuera*
- *100 g de corazón de apio*

La noche anterior

❶ Preparar la salsa de tomate.

❷ Lavar las berenjenas y cortarlas en cubitos. En un sartén, calentar cinco cucharadas de aceite de oliva y saltear las berenjenas de 10 a 15 minutos. Condimentar con sal y pimienta al gusto. Escurrirlas sobre un papel absorbente.

❸ Pelar y picar la cebolla. Poner dos cucharadas de aceite de oliva en una cacerola y dorar la cebolla. Agregarle la salsa de tomate y dejar que se incorpore a fuego muy bajo.

- 100 ml de vinagre
- 100 g de azúcar
- 100 g de aceitunas verdes sin hueso
- 2 huevos
- 150 g de calamares salteados (→ ver pág. 311)
- 4 sardinas en aceite
- 2 cucharadas de perejil picado
- sal y pimienta

④ Enjuagar las alcaparras. Pelar y picar el apio. En otra cacerola, verter el vinagre y el azúcar. Calentarlos a fuego muy bajo y luego añadir las alcaparras, las aceitunas y el apio. Cuando estén "al dente", añadirlos a la salsa de tomate y cocerlos durante 10 minutos más.

⑤ Bajar el fuego, agregar las berenjenas y continuar la cocción durante 15 minutos más, sin dejar de revolver. Refrigerar durante 12 horas.

El mismo día

⑥ Cocer los huevos hasta que estén duros. Preparar los calamares salteados.

⑦ Servir la caponata cubierta de huevos duros picados. Acompañar con los calamares y las sardinas en aceite escurridas. Espolvorear con perejil picado.

■ **Preparación:** 1 h ■ **Refrigeración:** al menos 12 h

■ **Cocción:** 30 min + 20 min, aproximadamente

EN ALGUNOS PAÍSES SE LLAMA:
Hueso: *carozo*.

Caviar de berenjenas

Para 4 o 6 personas

- 3 berenjenas
- 4 huevos
- 2 jitomates
- 1 cebolla
- 1/2 litro de aceite de oliva
- sal y pimienta

① Precalentar el horno a 200 °C. Hornear las berenjenas enteras de 15 a 20 minutos.

② Cocer los huevos hasta que estén duros, enfriarlos y pelarlos.

③ Pelar los jitomates y quitarles las semillas. Picar la pulpa.

④ Pelar y picar la cebolla.

⑤ Partir las berenjenas en dos. Quitarles la pulpa y picarla con un cuchillo.

⑥ En una ensaladera, mezclar el jitomate, la pulpa de las berenjenas y la cebolla. Condimentar con sal y pimienta al gusto. Agregar poco a poco el aceite, revolviendo como para hacer una mayonesa (también es posible utilizar la licuadora).

⑦ Poner en el refrigerador hasta el momento de servir. Decorar con los huevos duros partidos en cuatro.

■ **Preparación:** de 30 a 35 min ■ **Cocción:** de 15 a 20 min

EN ALGUNOS PAÍSES SE LLAMA:
Jitomate: *tomate*. Quitar las semillas: *despepitar*. Refrigerador: *heladera, nevera*.

Musaka

Para 4 o 6 personas

- 5 berenjenas
- 1/2 litro de aceite de oliva
- 350 g de salsa de tomate (→ ver pág. 80)
- 10 hojas de menta
- 10 ramitas de perejil
- 750 g de carne molida de res
- sal y pimienta

❶ Cortar las berenjenas en rebanadas. Verter 300 ml de aceite de oliva en un sartén y freír las berenjenas hasta que estén bien doradas.

❷ Extender las berenjenas sobre un papel absorbente y dejarlas así durante 12 horas para que se escurran bien. Es necesario cambiar el papel absorbente dos o tres veces.

❸ Preparar la salsa de tomate y dejar que se reduzca en una tercera parte.

❹ Picar la menta y el perejil.

❺ En una ensaladera, mezclar la carne molida, la salsa de tomate, la menta y el perejil, el resto del aceite de oliva (guardar dos cucharadas) y condimentar todo con sal y pimienta al gusto.

❻ Precalentar el horno a 180 °C.

❼ Engrasar con aceite una charola para horno ovalada y rellenarla con una capa de relleno y una de berenjenas, alternadamente, hasta acabar con una capa de relleno.

❽ Poner la charola a baño maría sobre la estufa y esperar a que hierva. Luego, hornear durante 1 hora.

❾ Apagar el horno y dejar ahí la musaka durante 15 minutos más, con la puerta del horno entreabierta. Desmoldar y servir.

■ **Preparación:** 30 min + 15 min ■ **Reposo:** 12 h

■ **Cocción:** 1 h 15 min

> **EN ALGUNOS PAÍSES SE LLAMA:**
>
> Carne molida: *carne picada.* Charola: *asadera.* Estufa: *cocina* (dispositivo o aparato en el que se hace fuego o produce calor para guisar los alimentos).

"Papeton" de berenjenas

Para 4 o 6 personas

- 1/2 litro de salsa concentrada de jitomate (→ ver pág. 819)
- 2 kg de berenjenas
- 50 g de harina
- 100 ml de aceite de oliva

❶ Preparar la salsa concentrada de jitomate.

❷ Lavar las berenjenas y cortarlas en cubitos. Espolvorearlas con sal fina y dejarlas remojando en agua durante 1 hora.

❸ Lavar las berenjenas con agua fría y secarlas muy bien. Poner harina sobre un trapo limpio y rebozar las berenjenas por todos sus lados.

- 2 dientes de ajo
- 7 huevos
- 100 ml de leche
- 1 pizca de pimienta de Cayena
- sal y pimienta

❹ En una olla, calentar el aceite y suavizar los cubitos de berenjena a fuego muy bajo. Condimentarlos con sal al gusto, dejarlos enfriar y luego molerlos en la licuadora.

❺ Precalentar el horno a 180 °C.

❻ Pelar el ajo y luego picarlo.

❼ En un bol, batir los huevos junto con la leche como para hacer una omelette. Agregar el ajo y condimentar con sal, pimienta y una pizca de pimienta de Cayena. Mezclar todo esto con el puré de berenjenas.

❽ Engrasar un molde para pastel y colocar en él la preparación. Poner el molde en un baño maría y dejar que hierva sobre el fuego de la estufa. Luego, hornear durante 1 hora.

❾ Volver a calentar la salsa concentrada de jitomate.

❿ Desmoldar el "papeton" sobre la fuente de servicio previamente calentada y bañarlo con la salsa concentrada de jitomate muy caliente.

■ **Preparación:** 30 min ■ **Remojo:** 1 h ■ **Cocción:** 1 h

> **EN ALGUNOS PAÍSES SE LLAMA:**
>
> Estufa: *cocina* (dispositivo o aparato en el que se hace fuego o produce calor para guisar los alimentos). Rebozar: *abizcochar, aborrajar, emborrizar.* Trapo: *paño, repasador, toalla o trapo de cocina.*

"Rougail" de berenjena

Para 4 o 6 personas

- 3 berenjenas
- 1 cebolla
- 1 cucharadita de jengibre fresco picado
- 1/2 chile de árbol
- 1/2 cucharadita de sal
- 1/2 limón
- 4 cucharadas de aceite de oliva

❶ Precalentar el horno a 220 °C.

❷ Retirar el pedúnculo de las berenjenas y hornearlas de 20 a 25 minutos.

❸ Mientras tanto, cortar la cebolla en pedacitos y molerla en la licuadora, junto con el jengibre, el chile de árbol, la sal fina, el jugo de limón y el aceite de oliva.

❹ Partir las berenjenas en dos, quitarles las semillas y, con una cuchara, sacarles la pulpa.

❺ Picar la pulpa y revolverla con la preparación molida. Trabajar esta pasta hasta que se vuelva muy fina.

❻ Poner en el refrigerador hasta el momento de servir.

■ **Preparación:** 20 min ■ **Cocción:** de 20 a 25 min

> **EN ALGUNOS PAÍSES SE LLAMA:**
>
> Chile de árbol: *ají muy picante.* Quitar las semillas: *despepitar.* Refrigerador: *heladera, nevera.*

Soufflé de berenjenas

Para 4 personas

- *400 ml de salsa Bechamel*
  (→ ver pág. 64)
- *4 berenjenas*
- *2 huevos*
- *40 g de queso parmesano o*
  gruyer rallado
- *nuez moscada*
- *sal y pimienta*

❶ Preparar la salsa Bechamel.
❷ Partir las berenjenas en dos como para rellenarlas (→ ver pág. 656). Vaciarlas a 1 cm del borde, cuidando que la piel no se rompa, y realizar incisiones en las orillas.
❸ Precalentar el horno a 200 °C.
❹ Moler la pulpa en el pasapuré o en el procesador de alimentos y mezclarla con la salsa Bechamel.
❺ Romper los huevos y separar las claras de las yemas. Montar las claras a punto de turrón bien firme con una pizca de sal. Agregar las yemas a la mezcla de berenjenas y salsa Bechamel. Condimentar con sal y pimienta al gusto y rallar un poco de nuez moscada.
❻ Añadir las claras batidas a punto de turrón, mezclando suavemente.
❼ Rellenar las mitades de berenjena y acomodarlas en una charola para gratín engrasada con aceite. Espolvorear con el queso rallado y hornear durante 10 min.

soufflé de berenjenas a la húngara:
agregar al relleno una cebolla picada y salteada en mantequilla, además de una cucharada de páprika.

■ **Preparación:** 30 min ■ **Cocción:** 10 min

> EN ALGUNOS PAÍSES SE LLAMA:
>
> A punto de turrón: *a punto de nieve.* Charola: *asadera.* Mantequilla: *manteca.* Páprika: *pimentón.* Pasapuré: *machacador, pisapapas, pisapuré.*

Aguacates

Aguacates: preparación

Los aguacates siempre deben escogerse maduros y no deben tener manchas en la cáscara. Si aún están un poco duros, es conveniente envolverlos en papel periódico para agilizar su maduración.

Para su consumo, es necesario lavarlos, partirlos en dos, quitarles el hueso y rociarlos inmediatamente con jugo de limón, el cual debe repartirse bien sobre toda la superficie de la pulpa para impedir que ésta se oxide.

> EN ALGUNOS PAÍSES SE LLAMA:
>
> Aguacate: *avocado, cura, palta.* Hueso: *carozo.*

Aguacates con jitomates y camarones

Para 4 personas

- *2 aguacates*
- *1 limón*
- *1 corazón de lechuga*
- *2 jitomates*
- *100 g de camarones pelados y desvenados*
- *2 cucharadas de vinagre de vino*
- *1 cucharada de whisky*
- *7 cucharadas de aceite de avellana*
- *sal y pimienta*

❶ Partir los aguacates en dos. Quitarles el hueso, sacar la pulpa y cortarla en cubitos, luego rociarles el jugo de limón.

❷ Deshojar el corazón de lechuga.

❸ Pasar los jitomates por agua hirviendo, pelarlos y cortarlos en cuadritos.

❹ Preparar una vinagreta mezclando el vinagre de vino, el whisky y el aceite de avellana. Condimentar con sal y pimienta al gusto.

❺ Mezclar los cuadritos de jitomate y aguacate con los camarones. Bañar con la vinagreta y mezclar con cuidado.

❻ Colocar esta preparación en una ensaladera, acomodar las hojas de lechuga alrededor y servir de inmediato.

■ **Preparación:** 30 min

> **EN ALGUNOS PAÍSES SE LLAMA:**
> Aguacate: *avocado, cura, palta.* Camarón(es): *gamba, quisquilla.* Hueso: *carozo.* Jitomate: *tomate.*

Aguacates salteados

Para 4 personas

- *2 aguacates*
- *1 limón*
- *1 chalote*
- *20 g de mantequilla*
- *1 cucharada de cebollín*
- *sal y pimienta*

❶ Preparar los aguacates (→ ver pág. 666).

❷ Sacar la pulpa en una sola pieza y luego cortarla en tiritas. Rociarla inmediatamente con el jugo de limón. Condimentar con sal y pimienta al gusto.

❸ Pelar y picar el chalote.

❹ En un sartén, derretir la mantequilla y saltear los aguacates durante 5 minutos.

❺ Añadir el chalote, mezclar con cuidado y cocer de 5 a 7 minutos más, salteando todo constantemente.

❻ Probar y, de ser necesario, volver a condimentar con sal y pimienta al gusto. Espolvorear la superficie con el cebollín picado y servir de inmediato.

■ **Preparación:** 10 min ■ **Cocción:** alrededor de 10 min

> **EN ALGUNOS PAÍSES SE LLAMA:**
> Aguacate: *avocado, cura, palta.* Cebollín: *cebolleta, cebollino, ciboulette.* Chalote: *ascalonia, chalota, echalote, escalonia.* Mantequilla: *manteca.*

Frescura de aguacates

Para 4 personas

- 1 plátano
- 1 limón
- 1 naranja
- 100 g de apio-nabo
- 1 huevo
- 1 cucharadita de perifollo picado
- 2 aguacates
- sal y pimienta

❶ Pelar el plátano, cortarlo en rodajas y rociarlo con el jugo de limón.

❷ Pelar por completo la naranja y cortarla en rebanadas delgadas.

❸ Pelar el apio y cortarlo en bastoncitos pequeños.

❹ Colocar las frutas y el apio en una ensaladera y ponerla en el refrigerador durante 30 minutos.

❺ Mientras tanto, cocer el huevo hasta que esté duro, pelarlo, picarlo y mezclarlo con el perifollo.

❻ Partir los aguacates en dos, quitarles el hueso, sacarles la pulpa y cortarla en cubitos.

❼ Mezclar los cubitos de aguacate con el plátano, la naranja y el apio recién refrigerados y condimentar con sal y pimienta al gusto.

❽ Colocar esta preparación en copas, espolvorear con el huevo y el perifollo picados y servir.

■ **Preparación:** 20 min ■ **Refrigeración**: 30 min

EN ALGUNOS PAÍSES SE LLAMA:

Aguacate: *avocado, cura, palta.* Hueso: *carozo.* Plátano: *banana, cambur.* Refrigerador: *heladera, nevera.*

Guacamole

Para 4 personas

- 2 *aguacates maduros*
- 1/2 *cebolla*
- 2 *jitomates*
- *chile jalapeño al gusto*
- 2 *cucharas de* cilantro
- *jugo de 1/2 limón*
- *sal*

❶ Machacar los aguacates.

❷ Picar finamente la cebolla, el jitomate, el chile jalapeño y el cilantro.

❸ Mezclar todos los ingredientes.

■ **Preparación:** 10 min

EN ALGUNOS PAÍSES SE LLAMA:

Aguacate: *avocado, cura, palta.* Chile: *ají cumbarí, ají picante, conguito, guindilla, ñora, páprika (picante), pimentón picante, pimiento picante.* Cilantro: *coriandro, culantro.* Jitomate: *tomate.*

Acelgas

Acelgas: preparación y cocción

Retirar la parte verde de las acelgas, luego partir las hojas (sin cortarlas con el cuchillo) para quitar todos los filamentos. Partir estas hojas en pedazos de 6 a 8 cm de largo y luego lavarlas.

Cocer las hojas en agua con sal junto con el jugo de un limón durante 20 o 25 minutos.

Lavar las partes verdes, blanquearlas durante 5 minutos en agua hirviendo, con o sin sal. Escurrirlas y pasarlas inmediatamente por agua fría. Volver a escurrirlas y secarlas.

Acelgas a la crema

Para 4 personas

- *1 kg de acelgas*
- *1 limón*
- *25 g de mantequilla*
- *300 ml de crema fresca*
- *1 cucharada de perejil picado*
- *sal y pimienta*

❶ Preparar y cocer las hojas de acelga (→ ver preparación anterior).

❷ Escurrir las acelgas. Cocerlas durante 5 minutos en un sartén salteador, a fuego bajo, junto con la mantequilla.

❸ Calentar la crema y añadirla. Condimentar con sal y pimienta al gusto.

❹ Cocer con el sartén tapado hasta que la crema se reduzca a la mitad.

❺ Verter en la fuente en que se va a servir y espolvorear con el perejil.

■ **Preparación:** 45 min

■ **Cocción:** de 20 a 30 min, aproximadamente

EN ALGUNOS PAÍSES SE LLAMA:
Crema: *nata.* Mantequilla: *manteca.*

Acelgas a la italiana

Para 4 personas

- *1 kg de acelgas*
- *1 limón*

❶ Preparar y cocer las hojas de acelga (→ ver preparación anterior). Escurrirlas.

❷ Preparar la salsa de tomate y añadirle el queso parmesano rallado.

- *400 ml de salsa de tomate (→ ver pág. 80)*
- *50 g de queso parmesano rallado*
- *1/2 manojo de albahaca*
- *sal y pimienta*

❸ Colocar las acelgas y la salsa de tomate en un sartén salteador, mezclar y dejar que los ingredientes se incorporen a fuego bajo durante 15 minutos. Condimentar con sal y pimienta al gusto.

❹ Picar la albahaca y espolvorearla sobre las acelgas.

■ **Preparación:** 45 min ■ **Cocción:** 15 min

Acelgas a la mantequilla

Para 4 personas

- *1 kg de acelgas*
- *1 limón*
- *75 g de mantequilla*
- *2 cucharadas de perejil finamente picado*
- *sal y pimienta*

❶ Preparar y cocer las hojas de acelga (→ ver pág. 669). Escurrirlas.

❷ Derretir la mantequilla en un sartén, añadir las hojas de acelga y dejar cocer a fuego bajo de 15 a 20 minutos, con el sartén tapado. Condimentar con sal y pimienta al gusto. Si es necesario, agregar una o dos cucharadas de agua.

❸ Colocar las acelgas en la fuente de servicio, bañarlas con la mantequilla de cocción y espolvorearlas con el perejil finamente picado.

acelgas a la provenzal:
cocer las acelgas a la mantequilla, luego añadir cuatro dientes de ajo finamente picados y dos cucharadas de perejil también picado.

■ **Preparación:** 45 min ■ **Cocción:** de 15 a 20 min

EN ALGUNOS PAÍSES SE LLAMA:
Mantequilla: *manteca.*

Acelgas en salsa Bechamel

Para 4 personas

- *1 kg de acelgas*
- *1 limón*
- *400 ml de salsa Bechamel (→ ver pág. 64)*
- *nuez moscada*

❶ Preparar y cocer las hojas de acelga (→ ver pág. 669).

❷ Mientras tanto, preparar la salsa Bechamel y añadirle un poco de nuez moscada.

❸ Escurrir las acelgas. Ponerlas en un sartén salteador junto con la salsa Bechamel. Condimentar con sal y pimienta al gusto. Dejar que se incorporen a fuego bajo durante 5 minutos con el sartén tapado.

- *50 g de mantequilla*
- *sal y pimienta*

④ Añadir 50 g de mantequilla, mezclar todo y colocar en la fuente de servicio.

■ **Preparación:** 45 min ■ **Cocción:** 5 min

> **EN ALGUNOS PAÍSES SE LLAMA:**
> Mantequilla: *manteca.*

Acelgas gratinadas

Para 4 personas

- *1 kg de acelgas*
- *1 limón*
- *400 ml de salsa a la crema (→ ver pág. 62)*
- *40 g de queso rallado*
- *10 g de mantequilla*
- *sal y pimienta*

① Preparar las acelgas (→ ver pág. 669), cociendo por separado las hojas y el tallo.

② Mientras tanto, preparar la salsa a la crema.

③ Precalentar el horno a 220 °C.

④ Escurrir bien el tallo. Cortarlo en pedazos gruesos. Mezclarlo con las hojas de acelga y luego con tres cuartas partes de la salsa a la crema.

⑤ Colocar la mezcla en una charola para gratín engrasada con mantequilla, cubrir con el resto de la salsa, luego espolvorear el queso rallado.

⑥ Derretir la mantequilla y usarla para bañar la preparación.

⑦ Gratinar en el horno de 10 a 15 minutos.

> La salsa a la crema puede sustituirse por 400 ml de crema fresca. Proceder de la misma manera.

■ **Preparación:** 40 min ■ **Cocción:** de 10 a 15 min

> **EN ALGUNOS PAÍSES SE LLAMA:**
> Charola: *asadera.* Crema: *nata.* Mantequilla: *manteca.*

Acelgas salteadas en caldo

Para 4 personas

- *1 kg de acelgas*
- *1 limón*
- *200 ml de base oscura de ternera (→ ver pág. 50)*

① Preparar y cocer las hojas de acelga (→ ver pág. 669).

② Escurrir las acelgas. En un sartén salteador, colocar las acelgas junto con la base oscura de ternera. Condimentar con sal y pimienta al gusto y dejar que se incorporen a fuego bajo, con el sartén tapado, durante al menos 15 minutos.

- *20 g de mantequilla*
- *sal y pimienta*

❸ Agregar la mantequilla partida en pedacitos pequeños.
❹ Verter en la fuente de servicio y bañar con el jugo.

■ **Preparación:** 45 min ■ **Cocción:** de 15 a 20 min

> **EN ALGUNOS PAÍSES SE LLAMA:**
> Mantequilla: *manteca.*

Brócoli

Brócoli: preparación y cocción

Eliminar las hojas verdes exteriores y la parte más grande de los tallos. Lavar bien los ramilletes de brócoli bajo un chorro de agua antes de ponerlos a cocer. Se cuecen muy rápido, de 5 a 10 minutos, ya sea en agua hirviendo con sal o bien al vapor. Cuando los ramilletes de brócoli son pequeños se pueden cocer al vapor enteros. Los ramitos se desprenderán de inmediato y con mayor facilidad. De lo contrario, hay que desprender los ramitos de los troncos y cortar los tallitos en cruz para asegurar una cocción uniforme.

El brócoli se puede servir solo, acompañado de una simple vinagreta.

> **EN ALGUNOS PAÍSES SE LLAMA:**
> Brócoli: *bróculi.*

Brócoli a la crema

Para 4 personas

- *1 y 1/2 kg de brócoli*
- *50 g de mantequilla*
- *200 ml de crema líquida*
- *sal y pimienta*

❶ Preparar el brócoli conservando solamente los ramilletes.
❷ Hervir dos litros de agua con sal y sumergir en ella los ramilletes de brócoli. Cocer durante 8 minutos mientras está hirviendo: los ramilletes deben quedar apenas tiernos.
❸ Escurrir los ramilletes de brócoli y dejarlos enfriar.
❹ Derretir la mantequilla en un sartén salteador, agregarle los ramilletes de brócoli y saltearlos durante 5 minutos. Verter la crema líquida, condimentar con pimienta al gusto y agregar, si se desea, un poco más de sal. Dejar

que los ingredientes se incorporen a fuego bajo durante 5 minutos más. Servir muy caliente.

■ **Preparación:** 15 min ■ **Cocción:** alrededor de 15 min

> **EN ALGUNOS PAÍSES SE LLAMA:**
> Brócoli: *brócul i*. Crema: *nata*. Mantequilla: *manteca*.

Puré de brócoli

Para 4 personas

- *1 y 1/2 kg de brócoli*
- *200 ml de crema fresca*
- *50 g de mantequilla*
- *sal y pimienta blanca en granos*

❶ Preparar el brócoli (→ ver pág. 672).
❷ Hervir agua con sal en una cacerola grande y sumergir en ella los ramilletes de brócoli. Cocerlos durante 5 minutos.
❸ Escurrir los ramilletes de brócoli y molerlos inmediatamente en la licuadora o en el pasapuré.
❹ Verter la crema fresca en una cacerola pequeña y reducirla hasta que tenga una consistencia untuosa.
❺ En otra cacerola, derretir la mantequilla hasta que esté muy caliente. En ese momento, agregarle el puré de brócoli y revolver enérgicamente. Luego, agregar la crema reducida y mezclar bien. Condimentar con sal y pimienta al gusto. Servir muy caliente.

■ **Preparación:** 10 min ■ **Cocción:** 10 min

> **EN ALGUNOS PAÍSES SE LLAMA:**
> Brócoli: *brócul i*. Crema: *nata*. Mantequilla: *manteca*. Pasapuré: *machacador, pisapapas, pisapuré*.

Cardos

Cardos: preparación y cocción

❶ Limpiar el tallo de los cardos eliminando los bordes duros. Desprender las ramas tiernas, quitarles los hilos, cortarlas en trozos de 8 cm y agregarles jugo de limón para evitar que se oscurezcan. Cortar el corazón del cardo en cuatro.
❷ Sumergir todo en una cacerola con agua hirviendo con sal y jugo de limón. Dejar que vuelva a hervir a fuego bajo, tapar la cacerola y seguir cociendo a fuego bajo de 1 hora a 1 hora y 20 minutos.

Cardos en caldo

Para 4 personas

- *1 kg de cardos*
- *200 ml de base oscura de ternera (→ ver pág. 50)*
- *20 g de mantequilla*
- *2 cucharadas de perifollo picado*
- *sal y pimienta*

❶ Preparar y cocer los cardos (→ ver pág. 673).
❷ Poner los cardos en una cacerola, verter la base oscura de ternera y hervir a fuego bajo de 5 a 8 minutos.
❸ Agregar la mantequilla y el perifollo. Condimentar con sal y pimienta al gusto y mezclar bien todo. Colocar todo en la fuente en que se va a servir.

■ **Preparación:** 1 h 30 min ■ **Cocción:** de 5 a 10 min

> **EN ALGUNOS PAÍSES SE LLAMA:**
> Mantequilla: *manteca.*

Cardos en salsa de médula

Para 4 personas

- *1 kg de cardos*
- *250 ml de salsa de médula (→ ver pág. 79)*
- *200 g de médula*
- *1 cucharada de perejil picado*
- *sal y pimienta*

❶ Preparar y cocer los cardos (→ ver pág. 673).
❷ Preparar la salsa de médula. Cortar la médula en rodajas. Hervir agua con sal y cocer la médula a fuego bajo durante 10 minutos. Posteriormente, escurrir la médula.
❸ Escurrir los cardos y acomodarlos en la fuente en que se van a servir.
❹ Cortar el corazón de los cardos en rebanadas y colocarlo en la fuente junto con las rodajas de médula. Bañar todo con la salsa de médula y espolvorear con el perejil picado.

■ **Preparación:** 15 min ■ **Cocción:** 1 h 30 min

> **EN ALGUNOS PAÍSES SE LLAMA:**
> Médula de res: *caracú, tuétano.*

Zanahorias

Zanahorias: preparación

Las zanahorias grandes se pelan con un cuchillo para verduras. A las zanahorias pequeñas, o a las que vienen en manojo, simplemente se les raspa la cáscara. Cortar los dos extremos de las zanahorias y lavarlas sin remojarlas en el agua.

Puré de zanahorias

Para 4 personas

- *1 kg de zanahorias*
- *1 cucharadita de azúcar*
- *70 g de mantequilla*
- *sal y pimienta*

❶ Pelar las zanahorias y cortarlas en pedazos. Hervir agua con sal y poner en ella las zanahorias, el azúcar y 30 g de mantequilla. Cocer de 15 a 20 minutos.

❷ Verificar el grado de cocción con la punta de un cuchillo. Escurrir las zanahorias y triturarlas en el pasapuré (con la lámina fina) o en la licuadora. Colocar este puré en una cacerola.

❸ Recalentar el puré a fuego bajo. Si está demasiado espeso, agregarle algunas cucharadas del líquido de cocción.

❹ En el último momento, incorporar el resto de la mantequilla.

❺ Mezclar bien y colocar todo en la fuente en que se va a servir.

■ **Preparación:** 15 min ■ **Cocción:** alrededor de 30 min

> **EN ALGUNOS PAÍSES SE LLAMA:**
> Mantequilla: *manteca.* Pasapuré: *machacador, pisapapas, pisapuré.*

Zanahorias a la crema

Para 4 personas

- *800 g de zanahorias*
- *80 g de mantequilla*
- *200 ml de crema fresca*
- *1 manojo pequeño de perifollo*
- *sal y pimienta*

❶ Pelar las zanahorias y cortarlas en pedazos regulares.

❷ Colocar las zanahorias en una olla. Condimentarlas con sal y pimienta al gusto. Verter agua suficiente para cubrirlas. Agregar la mantequilla cortada en pedacitos. Cocer a fuego bastante alto, con la olla destapada, hasta que el agua se evapore.

❸ Agregar la crema fresca y bajar la intensidad del fuego. Remover bien y tapar la olla. Dejar que los ingredientes se incorporen a fuego lento hasta el momento de servir.

❹ Picar el perifollo. Colocar las zanahorias junto con la salsa en la fuente en que se van a servir y espolvorear con el perifollo.

■ **Preparación:** 20 min ■ **Cocción:** 30 min

> **EN ALGUNOS PAÍSES SE LLAMA:**
> Crema: *nata.* Mantequilla: *manteca.*

Zanahorias con pasitas

Para 4 personas

- 80 g de pasitas
- 800 g de zanahorias pequeñas
- 40 g de mantequilla
- 1 cucharada de grapa
- 1 cucharada de perejil picado
- sal y pimienta

❶ Poner las pasitas de uva a remojar en agua tibia.

❷ Raspar la cáscara de las zanahorias y cortarlas en rodajas.

❸ En un sartén, derretir la mantequilla y saltear las zanahorias entre 5 y 10 minutos.

❹ Agregar 100 ml de agua y la grapa. Condimentar con sal y pimienta al gusto. Tapar el sartén y cocer alrededor de 15 minutos.

❺ Agregar las pasitas. Finalizar la cocción con el sartén tapado y a fuego bajo durante aproximadamente 10 minutos. Verificar el grado de cocción con la punta de un cuchillo.

❻ Colocar las zanahorias en la fuente en que se van a servir y espolvorear con el perejil.

■ **Preparación:** 15 min ■ **Cocción:** alrededor de 35 min

> **EN ALGUNOS PAÍSES SE LLAMA:**
> Mantequilla: *manteca.* Pasitas: *pasas, pasas de uva, uvas pasas, uvas secas.*

Zanahorias glaseadas

Para 4 personas

- 800 g de zanahorias pequeñas
- 30 g de azúcar
- 1 cucharadita de sal
- 60 g de mantequilla

❶ Raspar la cáscara de las zanahorias. Cortar estas últimas en pedacitos pequeños.

❷ Distribuir las zanahorias en un sartén salteador sin que se superpongan y cubrirlas con agua fría con sal; espolvorear el azúcar. Cortar la mantequilla en pedacitos y agregarla al sartén.

❸ Poner a hervir a fuego fuerte, luego bajar la intensidad del fuego, tapar el sartén con una hoja de papel encerado y cocer hasta que no quede casi nada de agua. Verificar el grado de cocción con la punta de un cuchillo.

❹ Mezclar las zanahorias con mucho cuidado para que el líquido de cocción las envuelva.

■ **Preparación:** 15 min ■ **Cocción:** de 20 a 30 min

> **EN ALGUNOS PAÍSES SE LLAMA:**
> Mantequilla: *manteca.*

Zanahorias Vichy

Para 4 personas

- *800 g de zanahorias pequeñas*
- *1 cucharadita de sal*
- *1/2 cucharada de azúcar*
- *30 g de mantequilla*
- *2 cucharadas de perejil picado*

❶ Raspar la cáscara de las zanahorias. Cortar estas últimas en rodajitas delgadas.

❷ Colocar las zanahorias en un sartén salteador y verterles agua hasta que apenas cubra su superficie. Agregar la sal, el azúcar y mezclar bien. Cocer a fuego bajo y con el sartén tapado hasta que toda el agua se evapore.

❸ Colocar las zanahorias en la fuente en que se van a servir. Cortar la mantequilla en pedacitos y distribuirlos encima de las zanahorias. Espolvorear con el perejil picado.

■ **Preparación:** alrededor de 20 min

■ **Cocción:** alrededor de 30 min

EN ALGUNOS PAÍSES SE LLAMA:
Mantequilla: *manteca.*

Ramas de apio

Ramas de apio: preparación

Eliminar los bordes duros y grandes del exterior, las ramas verdes y las hojas. Pelar la base y recortarle los tallos a 20 cm.

Si el apio se consume crudo, separar los tallos entre sí, lavarlos y eliminarles los filamentos fibrosos.

Si se va a cocer, lavar la planta ya recortada con agua fresca, separando los tallos; eliminar los filamentos fibrosos y luego enjuagar bien. Cocer durante 10 minutos en agua hirviendo con sal. Escurrir el apio. Condimentar con sal el interior y atar los tallos en manojitos.

Ramas de apio a la crema

Para 4 personas

- *4 corazones de apio en ramas*
- *20 g de mantequilla*
- *200 ml de crema fresca*
- *sal y pimienta*

❶ Preparar el apio (→ ver pág. 677).

❷ Colocar los corazones sobre un trapo, abrirlos ligeramente y condimentarlos por dentro con sal y pimienta al gusto. Atarlos por pares.

❸ Engrasar una olla con mantequilla y colocar en ella los corazones de apio. Cubrirlos con agua. Comenzar la ebullición en la fuente. Luego tapar la olla y meterla en el horno durante 1 hora y 30 minutos.

❹ Escurrir los corazones de apio y acomodarlos en la fuente en que se van a servir. Colar el líquido de cocción y reducirlo a la mitad, agregarle la crema fresca y volver a reducir a la mitad.

❺ Probar y, en caso de ser necesario, condimentar al gusto. Bañar los corazones de apio con esta salsa.

■ **Preparación:** 10 min ■ **Cocción:** alrededor de 1 h 40 min

> **EN ALGUNOS PAÍSES SE LLAMA:**
> Crema: *nata.* Estufa: *cocina* (dispositivo o aparato en el que se hace fuego o produce calor para guisar los alimentos). Mantequilla: *manteca.* Trapo: *paño, repasador, toalla o trapo de cocina.*

Ramas de apio a la milanesa

Para 4 personas

- *1 kg de apio en ramas*
- *60 g de mantequilla*
- *80 g de queso parmesano*
- *sal y pimienta*

❶ Preparar el apio (→ ver pág. 677) y escurrirlo.

❷ Precalentar el horno a 250 °C.

❸ Engrasar con 20 g de mantequilla una charola para gratín y colocar en ella la mitad del apio. Espolvorear con la mitad del queso parmesano. Cubrir con la otra mitad de apio y volver a espolvorear con el queso parmesano.

❹ Derretir el resto de la mantequilla y bañar con ella la superficie de la charola. Gratinar en el horno durante aproximadamente 10 minutos.

■ **Preparación:** alrededor de 10 min ■ **Cocción:** 20 min

> **EN ALGUNOS PAÍSES SE LLAMA:**
> Charola: *asadera.* Mantequilla: *manteca.*

Ramas de apio con tocino

Para 4 personas

- *4 corazones de apio en ramas*
- *150 g de tocino en rebanadas delgadas*
- *1 zanahoria*
- *1 cebolla*
- *20 g de mantequilla*
- *1 bouquet garni*
- *1 litro de base blanca de ave (→ ver pág. 48)*
- *sal y pimienta*

❶ Preparar el apio (→ ver pág. 677).

❷ Colocar los corazones sobre un trapo, abrirlos ligeramente y condimentarlos por dentro con sal y pimienta al gusto. Atarlos por pares.

❸ Precalentar el horno a 180 °C.

❹ Cortar las rebanadas de tocino en pedacitos pequeños. Pelar y cortar muy finamente la zanahoria y la cebolla.

❺ Engrasar una olla con mantequilla y cubrir el fondo con los pedacitos de rebanadas de tocino, la cebolla y la zanahoria, luego con los corazones de apio y finalmente agregar el bouquet garni.

❻ Verter la base blanca de ave. Comenzar la ebullición en la estufa. Luego tapar la olla y meterla en el horno durante 1 hora y 30 minutos.

ramas de apio magras:
para preparar el apio sin grasa, suprimir las rebanadas de tocino y sustituir la base blanca de ave por agua.

■ **Preparación:** 20 min ■ **Cocción:** alrededor de 1 h 40 min

> **EN ALGUNOS PAÍSES SE LLAMA:**
> Estufa: *cocina* (dispositivo o aparato en el que se hace fuego o produce calor para guisar los alimentos). Mantequilla: *manteca*. Tocino: *bacon, larda de tocino, panceta, tocineta*. Trapo: *paño, repasador, toalla o trapo de cocina*.

Apio-nabo

Apio-nabo: preparación

Pelar el apio-nabo como si fuera una papa, enjuagarlo y añadirle jugo de limón para evitar que se oscurezca. Si se va a consumir crudo, rallarlo, agregarle jugo de limón y luego sazonarlo al gusto con una mayonesa o una vinagreta, si se desea, aromatizada. Si se va a consumir cocido, cortarlo en pedazos y blanquearlo durante 5 minutos cociéndolo en agua hirviendo con sal y jugo de limón.

> **EN ALGUNOS PAÍSES SE LLAMA:**
> Papa: *patata*.

Apio-nabo en juliana

Para 4 personas

- *800 g de apio-nabo*
- *30 g de mantequilla*
- *1 cucharadita de azúcar*
- *5 cucharadas de hierbas finas picadas muy finamente*
- *sal y pimienta*

❶ Pelar y lavar el apio-nabo y luego cortarlo en bastoncitos delgados.

❷ En una olla, derretir la mantequilla y agregar el apio-nabo en bastoncitos junto con el azúcar. Condimentar con sal y pimienta al gusto.

❸ Tapar la olla y dejar que el apio-nabo se cueza durante 20 minutos a fuego bajo. Espolvorear con las hierbas aromáticas finamente picadas.

■ **Preparación:** 20 min ■ **Cocción:** 20 min

> **EN ALGUNOS PAÍSES SE LLAMA:**
> Mantequilla: *manteca.*

Apio-nabo en mayonesa con pepinillos

Para 4 personas

- *150 ml de mayonesa con pepinillos (→ ver pág. 95)*
- *400 g de apio-nabo*
- *1/2 limón*
- *2 cucharadas de perejil picado*

❶ Preparar la mayonesa con pepinillos.

❷ Pelar el apio-nabo y agregarle jugo de limón para que no se oscurezca.

❸ Rallar el apio-nabo con un rallador de agujeros grandes. Mezclarlo con la mayonesa con pepinillos y espolvorear con el perejil picado.

■ **Preparación:** 15 min

Apio-nabo relleno a la campesina

Para 4 personas

- *2 bulbos de apio-nabo de 300 g cada uno*
- *2 zanahorias*
- *2 cebollas*
- *60 g de mantequilla*
- *40 g de queso parmesano rallado*

❶ Preparar los bulbos de apio-nabo y cortarlos a la mitad. Cocerlos en agua hirviendo con sal, manteniéndolos firmes.

❷ Precalentar el horno a 200 °C.

❸ Vaciar las mitades de apio-nabo, dejándoles una pared de 1 cm de espesor. Cortar la pulpa que se retiró de los bulbos en cuadritos pequeños.

❹ Pelar las zanahorias y las cebollas y cortarlas en cuadritos.

- *50 ml de caldo comercial deshidratado*
- *sal y pimienta*

⑤ Derretir 20 g de mantequilla en una cacerola y cocer a fuego lento los cuadritos de verduras durante 10 minutos, con la cacerola tapada. Condimentar con sal y pimienta al gusto.

⑥ Rellenar las mitades de apio-nabo con esta mezcla.

⑦ Engrasar con mantequilla una charola y acomodar en ella las mitades de apio-nabo rellenas. Espolvorearlas con el queso parmesano rallado y con pedacitos de mantequilla.

⑧ Verter el caldo en la charola y hornear durante 10 minutos.

■ **Preparación:** 15 min ■ **Cocción:** 20 min

> EN ALGUNOS PAÍSES SE LLAMA:
> Charola: *asadera*. Mantequilla: *manteca*.

Puré de apio-nabo

Para 4 personas

- *800 g de apio-nabo*
- *200 g de papas*
- *2 limones*
- *100 ml de leche*
- *nuez moscada*
- *60 g de mantequilla*
- *sal y pimienta*

❶ Pelar los bulbos de apio-nabo. Rociarlos con jugo de limón. Cortarlos en rebanadas gruesas.

❷ Pelar las papas.

❸ En una olla muy grande, poner a hervir tres litros de agua con sal y el jugo de un limón. Añadir las papas y el apio-nabo.

❹ Cocer de 30 a 40 minutos, hasta que las verduras estén muy bien cocidas y se puedan machacar. Mientras tanto, poner a hervir la leche. Escurrir las verduras y machacarlas con el pasapuré.

❺ Verter el puré en una cacerola y añadir la leche caliente poco a poco, sin dejar de remover y con el fuego muy bajo. Condimentar con sal y pimienta al gusto y agregar una pizca de nuez moscada rallada. Incorporar a la mezcla la mantequilla fresca en pedacitos y remover bien.

> **Este puré es una buena guarnición para los asados y la carne de animales de caza.**

■ **Preparación:** 20 min ■ **Cocción:** 40 min

> EN ALGUNOS PAÍSES SE LLAMA:
> Mantequilla: *manteca*. Papa: *patata*. Pasapuré: *machacador, pisapapas, pisapuré*.

Hongos

Bocadillos de hongos

Para 4 personas

- 4 bocadillos salados
  (→ ver pág. 169)
- 600 g de hongos
- 30 g de mantequilla
- 20 g de chalotes
- 250 ml de crema fresca
- sal y pimienta

❶ Preparar los bocadillos salados con 400 g de masa hojaldrada y cocerlos.
❷ Limpiar los hongos (colmenilla, mízcalos o champiñones).
❸ En una olla, verter la mantequilla y cocer los hongos con los chalotes picados de 5 a 10 minutos a fuego lento.
❹ Agregar la crema fresca y dejar que se reduzca durante 5 minutos.
❺ Rellenar los bocadillos salados con esta preparación y servir de inmediato.

■ **Preparación:** 40 min ■ **Cocción:** alrededor de 10 min

> **EN ALGUNOS PAÍSES SE LLAMA:**
> Chalote: *ascalonia, chalota, echalote, escalonia.* Crema: *nata.*
> Mantequilla: *manteca.*

Setas: preparación

Debido a su porosidad, las setas no deben lavarse nunca. Es preferible escoger setas tiernas y, por consiguiente, pequeñas. Hay que limpiarlas una por una, con mucho cuidado, y luego cortarles el extremo del tronquito que tiene tierra.

Si son medianas o muy grandes y las esporas que están debajo del sombrero están verdes, hay que quitárselas.

Si la orilla de los sombreros está marchita y oscura, también es necesario cortar esta parte.

Setas a la bearnesa

Para 4 personas

- 800 g de setas grandes
- 2 cucharadas de aceite de oliva
- 5 dientes de ajo
- 50 g de migajón de pan

❶ Preparar las setas (→ ver preparación anterior).
❷ Precalentar el horno a 220 °C.
❸ Engrasar con aceite los sombreros de las setas, ponerlos en una charola y hornearlos durante 5 o 6 minutos para atenuar su sabor.

- *2 cucharadas de perejil picado*
- *sal y pimienta*

❹ Pelar el ajo. Cortar tres dientes de ajo en bastoncitos delgados y mechar con ellos los sombreros de las setas.

❺ Condimentar las setas con sal y pimienta al gusto. Luego, volverles a untar aceite y asarlas durante 5 minutos en un asador convencional o en una parrilla vertical.

❻ Picar los dos dientes de ajo restantes junto con el migajón de pan y mezclarlos con el perejil. Espolvorear con esta mezcla las setas asadas y servir de inmediato.

■ **Preparación:** 30 min ■ **Cocción:** 10 min

> **EN ALGUNOS PAÍSES SE LLAMA:**
> Charola: *asadera.* Migajón: *borona, miga de pan, morona.*

Setas a la bordelesa

Para 4 personas

- *800 g de setas*
- *2 chalotes*
- *1/2 manojo de perejil*
- *130 ml de aceite de cacahuate*
- *1/2 limón*
- *50 g de migajón de pan*
- *sal y pimienta*

❶ Limpiar las setas (→ ver preparación de setas, pág. 682). Cortarlas en rebanadas si son muy grandes; cortarlas en dos, en el sentido de la altura, si son de tamaño mediano y dejarlas enteras si son pequeñas.

❷ Pelar los chalotes y picarlos.

❸ Picar el perejil hasta obtener dos cucharadas. Apartar una cucharada del perejil picado y mezclar la otra con los chalotes.

❹ En un sartén salteador, calentar 100 ml de aceite y sofreír las setas. Agregar el jugo de limón y condimentar con sal y pimienta al gusto. Luego, cocerlas durante 5 minutos con el sartén tapado y sin dejar de remover. Finalmente, escurrirlas sobre un papel absorbente.

❺ En un sartén, calentar el resto del aceite de cacahuate, agregar las setas, condimentarlas con sal y pimienta al gusto y sofreírlas a fuego alto durante 2 o 3 minutos junto con los chalotes. Luego, agregar el migajón de pan.

❻ Escurrirlas, espolvorearlas con el perejil picado restante, mezclar y servir muy caliente.

■ **Preparación:** 30 min ■ **Cocción:** alrededor de 10 min

> **EN ALGUNOS PAÍSES SE LLAMA:**
> Cacahuate: *cacahuete, maní.* Chalote: *ascalonia, chalota, echalote, escalonia.* Migajón: *borona, miga de pan, morona.*

Setas a la húngara

Para 4 personas

- *800 g de setas*
- *1 cebolla*
- *50 g de mantequilla*
- *1 cucharadita de páprika*
- *150 g de crema líquida*
- *1 cucharada de perejil picado*
- *sal y pimienta*

❶ Preparar las setas (→ ver preparación de setas, pág. 682). Cortarlas en rebanadas si son muy grandes; cortarlas en dos en el sentido de la altura si son de tamaño mediano; dejarlas enteras si son pequeñas.

❷ Pelar y picar la cebolla. En una olla, derretir la mantequilla, agregar la cebolla y las setas, condimentar con sal, pimienta y páprika al gusto. Mezclar todo y cocer a fuego lento durante 10 minutos con la olla tapada.

❸ Verter la crema fresca, mezclar bien y dejar que se reduzca durante 5 minutos, con la olla destapada.

❹ Colocar los hongos en la fuente de servicio caliente y espolvorear con el perejil picado.

■ **Preparación:** 30 min ■ **Cocción:** alrededor de 15 min

> **EN ALGUNOS PAÍSES SE LLAMA:**
> Crema: *nata*. Mantequilla: *manteca*. Páprika: *pimentón*.

Setas a la parrilla

Para 4 personas

- *800 g de setas pequeñas*
- *2 dientes de ajo*
- *3 cucharadas de perejil picado*
- *50 ml de aceite de oliva*
- *1/2 limón*
- *sal y pimienta*

❶ Preparar las setas (→ ver preparación de setas, pág. 682). Con un cuchillo pequeño, hacer algunas incisiones pequeñas en los sombreros de los hongos.

❷ Pelar y picar el ajo. Picar el perejil. Mezclar el aceite de oliva, el jugo de limón, el ajo y dos cucharadas de perejil picado. Condimentar con sal y pimienta al gusto.

❸ Poner a marinar las setas durante 50 minutos, aproximadamente.

❹ Escurrir las setas y ponerlas en una parrilla o en un asador convencional durante 5 o 6 minutos, volteándolas varias veces. Espolvorearlas con el perejil picado.

■ **Preparación:** 15 min ■ **Marinada**: 50 min
■ **Cocción:** de 5 a 6 min

Setas a la provenzal

Para 4 personas

- *800 g de setas*
- *2 dientes de ajo*
- *1/2 manojo de perejil picado*
- *120 ml de aceite de oliva*
- *1/2 limón*
- *sal y pimienta*

❶ Preparar las setas (→ ver preparación de setas, pág. 682). Cortarlas en rebanadas si son muy grandes; cortarlas en dos en el sentido de la altura si son de tamaño mediano; dejarlas enteras si son pequeñas.

❷ Preparar una "persillade": pelar y picar los dientes de ajo, picar el perejil y mezclar ambos ingredientes.

❸ En un sartén salteador, calentar 100 ml de aceite de oliva y saltear las setas. Agregar el jugo de limón y condimentar con sal y pimienta al gusto. Cocer las setas durante 5 minutos con el sartén tapado y removiendo de vez en cuando. Luego, escurrirlas sobre un papel absorbente.

❹ Calentar tres cucharadas de aceite de oliva en un sartén y sofreír las setas a fuego alto durante 5 minutos. Condimentar con sal y pimienta al gusto.

❺ Escurrirlas, espolvorearlas con la "persillade", mezclar bien y servir muy caliente.

■ **Preparación:** 25 min ■ **Cocción:** 10 min

Setas gratinadas

Para 4 personas

- *800 g de setas*
- *200 ml de aceite de cacahuate*
- *4 chalotes*
- *1 manojo de perejil*
- *50 g de migajón de pan fresco*
- *sal y pimienta*

❶ Preparar las setas (→ ver preparación de setas, pág. 682). Separar los sombreros de los tronquitos. Condimentar con sal y pimienta al gusto.

❷ En un sartén, calentar 100 ml de aceite y saltear las setas durante 5 minutos sin dejar de remover. Escurrirlas sobre un papel absorbente.

❸ Picar los tronquitos de las setas, los chalotes y el perejil. Mezclar bien todo.

❹ En un sartén, calentar 50 ml de aceite y sofreír esta mezcla durante 10 minutos, aproximadamente.

❺ Precalentar el horno a 275 °C.

❻ Desmoronar el migajón de pan.

❼ Engrasar con aceite una charola para gratín. Acomodar en ella los sombreros de hongo, con la parte abombada hacia abajo, y rellenarlos con la mezcla. Espolvorear

el migajón de pan, bañarlos con el resto del aceite y
gratinarlos en el horno de 5 a 10 minutos.

■ **Preparación:** 25 min ■ **Cocción:** alrededor de 25 min

> **EN ALGUNOS PAÍSES SE LLAMA:**
>
> Cacahuate: *cacahuete, maní.* Chalote: *ascalonia, chalota, echa-
> lote, escalonia.* Charola: *asadera.* Migajón: *borona, miga de
> pan, morona.*

Setas marinadas

Para 4 o 6 personas

- *800 g de setas*
- *300 ml de aceite de oliva*
- *1/4 de bulbo de hinojo*
- *3 dientes de ajo*
- *10 ramitas de perejil*
- *1 limón bien lavado*
- *50 ml de vinagre de vino*
- *1 hoja de laurel*
- *2 ramitas de tomillo*
- *sal y granos de pimienta recién molidos*

❶ Preparar las setas (→ ver preparación de setas, pág.
682). Cortarlas en rebanadas o a la mitad, dependiendo de su tamaño.

❷ En un sartén, calentar 100 ml de aceite de oliva y sofreír las setas durante 5 minutos. Condimentar con sal
y pimienta al gusto.

❸ Escurrir las setas sobre un papel absorbente y luego
colocarlas en una terrina.

❹ Limpiar y picar el hinojo. Pelar el ajo y picarlo. Picar el
perejil.

❺ Quitarle la cáscara al limón y picar el equivalente a una
cucharadita.

❻ En una cacerola, mezclar 200 ml de aceite de oliva, el
vinagre de vino, el hinojo picado, la cáscara de limón
picada, la hoja de laurel cortada en cuatro y el tomillo.
Condimentar con sal y pimienta al gusto y dejar que
hierva 5 minutos.

❼ Colar esta marinada y verterla de inmediato sobre las
setas.

❽ Agregar el ajo y el perejil. Revolver bien para que todos
los condimentos aromáticos se distribuyan de manera
homogénea.

❾ Poner en el refrigerador al menos durante 24 horas antes de servir.

■ **Preparación:** 40 min ■ **Marinada**: 24 h

> **EN ALGUNOS PAÍSES SE LLAMA:**
> Refrigerador: *heladera, nevera.*

Terrina de setas

Para 4 personas

- 800 g de setas
- 4 dientes de ajo
- 4 chalotes
- 1 manojo pequeño de perejil
- 100 ml de aceite de oliva
- 150 g de rebanadas delgadas de tocino ahumado
- sal y pimienta

❶ Preparar las setas (→ ver preparación de setas, pág. 682). Separar los sombreros de los tronquitos.

❷ Pelar y picar el ajo, los chalotes, el perejil y los tronquitos de los hongos.

❸ En un sartén, poner la mitad del aceite y sofreír todas las verduras picadas. Condimentar con sal y pimienta al gusto.

❹ En una olla, calentar el resto del aceite y cocer los sombreros de los hongos durante 10 minutos con la olla tapada. Condimentar con sal y pimienta al gusto. Escurrir los sombreros de las setas sobre un papel absorbente.

❺ Precalentar el horno a 200 °C.

❻ Recubrir el fondo y los bordes de una terrina con las rebanadas de tocino ahumado. Colocar una capa de los sombreros de las setas, luego las verduras picadas y después una segunda capa de sombreros de setas. Finalmente, cubrir todo con una capa de rebanadas de tocino ahumado.

❼ Cerrar la terrina con la tapa y hornear durante 50 minutos.

■ **Preparación:** 40 min ■ **Cocción:** 50 min

> **EN ALGUNOS PAÍSES SE LLAMA:**
> Chalote: *ascalonia, chalota, echalote, escalonia.* Tocino: *bacon, larda de tocino, panceta, tocineta.*

Champiñones: preparación

❶ De preferencia, escoger los champiñones más blancos y firmes. Las laminillas ubicadas debajo del sombrero del champiñón se oscurecen a medida que los champiñones envejecen.

❷ Cortar el extremo terroso del tronquito y luego lavar los champiñones varias veces, pero rápidamente, con agua fría. Si no se van a preparar inmediatamente, bañarlos con jugo de limón para que no se pongan negros.

❸ Después, los champiñones se pueden preparar de diversas maneras. La "cocción en blanco" (→ ver base de hongos, pág. 49) permite obtener un jugo perfumado que después servirá para realizar otras preparaciones.

Champiñones a la crema

Para 4 personas

- *800 g de champiñones*
- *30 g de mantequilla*
- *1/2 limón*
- *400 ml de crema fresca*
- *2 cucharadas de perifollo picado*
- *sal y pimienta*

❶ Preparar los champiñones (→ ver preparación de champiñones, pág. 687) y cortarlos en rebanadas.

❷ En un sartén, derretir la mantequilla y agregar los champiñones junto con el jugo de limón. Condimentar con sal y pimienta al gusto.

❸ Cocer los champiñones a fuego bajo y con el sartén destapado durante unos 10 minutos. Remover constantemente.

❹ Una vez que el agua que suelten los champiñones se evapore, añadir la crema fresca y revolver. Cocer durante 5 minutos más para que la crema se reduzca ligeramente.

❺ Agregar el perifollo picado. Probar y, de ser necesario, volver a condimentar con sal y pimienta al gusto. Colocarlos sobre una fuente caliente y servirlos de inmediato.

■ **Preparación:** 10 min ■ **Cocción:** alrededor de 15 min

> En algunos países se llama:
> Crema: *nata*. Mantequilla: *manteca*.

Champiñones a la griega

Para 4 personas

- *1 cebolla grande*
- *1 diente de ajo*
- *2 jitomates*
- *1/2 manojo de perejil*
- *1/2 kg de champiñones pequeños*
- *4 cucharadas de aceite de oliva*
- *2 cucharadas de vino blanco*
- *1 bouquet garni*
- *12 granos de cilantro*
- *sal y pimienta*

❶ Pelar y picar la cebolla y el ajo.

❷ Pasar los jitomates por agua hirviendo, pelarlos, quitarles las semillas y cortarlos en pedazos.

❸ Picar el perejil.

❹ Preparar los champiñones (→ ver preparación de champiñones, pág. 687) y cortarles los tronquitos al ras del sombrero.

❺ En una cacerola, verter cuatro cucharadas de aceite y sofreír la cebolla. Cuando esté bien dorada, bañarla con el vino blanco y condimentarla con sal y pimienta al gusto.

❻ Agregar el bouquet garni, los granos de cilantro y el ajo. Mezclar bien. Cocer de 2 a 3 minutos más.

❼ Agregar los champiñones y los jitomates. Cocer a fuego bajo y con la cacerola destapada durante 10 minutos, aproximadamente. El líquido que suelten los jitomates y los champiñones debe reducirse poco a poco.

❽ Retirar la cacerola del fuego y dejar enfriar un poco. Extraer el bouquet garni. Probar y, en caso de ser necesario, condimentar con sal y pimienta al gusto.

❾ Verter en la fuente donde se va a servir y dejar que se enfríe por completo. Espolvorear con el perejil picado al momento de servir.

■ **Preparación:** 20 min ■ **Reposo:** alrededor de 2 h

■ **Cocción:** alrededor de 20 min

> **EN ALGUNOS PAÍSES SE LLAMA:**
> Cilantro: *coriantro, culantro*. Jitomate: *tomate*. Quitar las semillas: *despepitar*.

Champiñones a la inglesa

Para 4 personas

- *12 champiñones grandes*
- *20 g de mantequilla maître d'hôtel (→ ver pág. 41)*
- *12 rebanadas de pan de caja redondo*
- *20 g de mantequilla*
- *sal y pimienta*

❶ Limpiar los champiñones (→ ver preparación de champiñones, pág. 687) y cortarles los tronquitos. Condimentar las cabezas con sal y pimienta al gusto.

❷ Preparar la mantequilla maître d'hôtel.

❸ Precalentar el horno a 200 °C.

❹ Rellenar la parte hueca de las cabezas con un poco de mantequilla maître d'hôtel.

❺ Untar con mantequilla las rebanadas de pan de caja y tostarlas ligeramente.

❻ Colocar un champiñón relleno sobre cada rebanada de pan. Acomodar los panes en una charola para gratín engrasada con mantequilla y taparla con una hoja de papel aluminio. Hornear de 12 a 15 minutos.

■ **Preparación:** 15 min ■ **Cocción:** de 12 a 15 min

> **EN ALGUNOS PAÍSES SE LLAMA:**
> Charola: *asadera*. Mantequilla: *manteca*. Pan de caja: *pan de molde, pan inglés o pan lactal*.

Champiñones a la mantequilla

Para 4 personas

- *800 g de champiñones*
- *50 g de mantequilla*
- *2 cucharadas de perejil picado*
- *sal y pimienta*

❶ Preparar los champiñones (→ ver preparación de champiñones, pág. 687) y cortarlos en rebanadas pequeñas o en pedacitos. Condimentarlos con sal y pimienta a gusto.

❷ En un sartén, derretir la mantequilla y dorarlos a fuego alto, removiéndolos constantemente. Colocarlos en la fuente donde se van a servir y espolvorearlos con el perejil picado.

■ **Preparación:** 15 min ■ **Cocción:** alrededor de 15 min

EN ALGUNOS PAÍSES SE LLAMA:
Mantequilla: *manteca.*

Champiñones en salsa pichona

Para 4 personas

- *800 g de champiñones*
- *40 g de mantequilla*
- *1 limón*
- *1 cucharada de cebollín*
- *100 ml de salsa pichona* (→ *ver pág. 90*)
- *sal y pimienta*

Lavar los champiñones, cortarlos en rebanadas si éstos son grandes y cocerlos en blanco (→ ver base de champiñones, pág. 49) con 40 g de mantequilla y el jugo de limón. Picar el cebollín. Preparar la salsa pichona con la base de champiñones. Verterla sobre los champiñones cocidos y mezclar bien. Probar y, en caso de ser necesario, condimentar con sal y pimienta al gusto. Colocar en la fuente donde se va a servir y espolvorear con el cebollín.

■ **Preparación:** 30 min ■ **Cocción:** alrededor de 15 min

EN ALGUNOS PAÍSES SE LLAMA:
Cebollín: *cebolleta, cebollino, ciboulette.* Mantequilla: *manteca.*

Champiñones rellenos

ara 4 personas

- *12 champiñones muy grandes*
- *250 ml de salsa de hongos (→ ver pág. 79)*
- *80 g de migajón de pan*
- *3 cucharadas de aceite de cacahuate*
- *sal y pimienta*

❶ Preparar los champiñones (→ ver preparación de champiñones, pág. 687).

❷ Cortarles los tronquitos y utilizarlos para preparar la salsa de champiñones. Cuando la salsa esté lista, agregarle 20 g de migajón de pan desmoronado para espesarla más.

❸ Precalentar el horno a 180 °C.

❹ Untar con aceite los sombreros de champiñones. Acomodarlos en una charola para gratín con el lado abombado hacia abajo y hornearlos durante 5 minutos.

❺ Sacar la charola del horno. Rellenar las cabezas de champiñones con la salsa. Espolvorearlas con el resto del migajón de pan desmoronado y bañarlas con el resto del aceite de cacahuate. Gratinar en el horno durante 10 minutos, aproximadamente.

■ **Preparación:** 30 min ■ **Cocción:** alrededor de 10 min

> **EN ALGUNOS PAÍSES SE LLAMA:**
> Cacahuate: *cacahuete, maní.* Charola: *asadera.* Migajón: *borona, miga de pan, morona.*

Crepas de champiñones

ara 6 u 8 personas

- *300 g de masa para crepas saladas (→ ver pág. 113)*
- *300 ml de salsa Bechamel (→ ver pág. 64)*
- *400 g de champiñones*
- *1 chalote*
- *1 diente de ajo*
- *50 g de mantequilla*
- *60 g de queso rallado*
- *sal y pimienta*

❶ Preparar la masa para crepas saladas. Dejarla reposar.

❷ Mientras tanto, preparar la salsa Bechamel.

❸ Pelar el chalote y el ajo y picarlos.

❹ Preparar los champiñones (→ ver preparación de champiñones, pág. 687) y cortarlos en cubitos pequeños.

❺ En un sartén, derretir 20 g de mantequilla y añadir los champiñones para que se cuezan junto con el chalote y el ajo. Condimentar con sal y pimienta al gusto. Continuar la cocción hasta que el agua que suelten los vegetales se evapore por completo. Mezclar todo con la salsa Bechamel.

❻ Cocer ocho crepas. Rellenarlas con una cucharada grande de la salsa Bechamel con champiñones y enrollarlas.

❼ Precalentar el horno a 200 °C. Disponer las crepas en una charola para gratín engrasada con mantequilla. Espolvorear con el queso rallado.

❽ Derretir el resto de la mantequilla y usarla para baña
las crepas. Hornearlas durante 5 minutos y servirlas muy
calientes.

> La salsa Bechamel se puede sustituir por seis cucha
> radas de crema fresca.

■ **Preparación:** 30 min ■ **Reposo:** 1 h ■ **Cocción:** 25 mi

EN ALGUNOS PAÍSES SE LLAMA:

Chalote: *ascalonia, chalota, echalote, escalonia.* Charola: *asadera.* Crema: *nata.* Mantequilla: *manteca.*

Ensalada de champiñones y ejotes

Para 4 personas

- *250 g de champiñones*
- *1 cucharada de jugo de limón*
- *200 g de ejotes*
- *1 chalote*
- *1 huevo duro*
- *3 cucharadas de aceite de oliva*
- *1 cucharada de vinagre de estragón*
- *perifollo fresco*
- *sal y pimienta*

❶ Limpiar los champiñones y cortarlos en rebanadas muy fi
nas. Agregarles jugo de limón para que no se oscurezcan
❷ Cocer los ejotes en agua hirviendo. Escurrirlos y deja
que se enfríen un poco.
❸ Pelar y picar el chalote.
❹ Pelar el huevo duro y cortarlo en dos. Retirar la yema
desmenuzarla en un bol. Agregarle el aceite y el vina
gre. Condimentar con sal y pimienta al gusto.
❺ Juntar los champiñones con los ejotes en una ensalade
ra. Bañar con la salsa y mezclar bien. Decorar con la clar
de huevo duro picada y el perifollo, también picado.

> El perifollo puede sustituirse con **cilantro.**

■ **Preparación:** 20 min ■ **Cocción:** de 8 a 10 min

EN ALGUNOS PAÍSES SE LLAMA:

Chalote: *ascalonia, chalota, echalote, escalonia.* Cilantro: *coriandro, culantro.* Ejote: *chaucha, judía verde, poroto verde,
vaina, vainica, vainita.*

Hongos mízcalos: preparación

Los hongos mízcalos son un tipo de seta muy frágil, po
lo cual es preciso limpiarlos con mucho cuidado. Simple
mente hay que cepillarlos y cortar el extremo inferio
del tallito. Si están verdaderamente sucios, colocarlo
en un colador y lavarlos muy rápidamente, bajo un cho

rro de agua fría. Luego, colocarlos sobre un papel absorbente o sobre un trapo y secarlos bien.

Hongos mízcalos a la crema

Para 4 personas

- 800 g de hongos mízcalos
- 30 g de mantequilla
- 200 ml de crema fresca
- 1 cucharada de perifollo picado
- sal y pimienta

❶ Preparar los hongos mízcalos (→ ver pág. 692).
❷ En un sartén, derretir la mantequilla y saltear los hongos mízcalos a fuego fuerte de 5 a 7 minutos. Condimentarlos con sal y pimienta al gusto.
❸ Agregar la crema fresca y reducir a fuego lento en una tercera parte.
❹ Colocar todo en la fuente en que se va a servir y espolvorear con el perifollo picado.

■ **Preparación:** 15 min ■ **Cocción:** alrededor de 15 min

> **EN ALGUNOS PAÍSES SE LLAMA:**
> Crema: *nata.* Mantequilla: *manteca.*

Hongos mízcalos a la mantequilla

Para 4 personas

- 800 g de hongos mízcalos
- 2 chalotes
- 40 g de mantequilla
- sal y pimienta

❶ Preparar los hongos mízcalos (→ ver pág. 692).
❷ Pelar y picar los chalotes.
❸ En un sartén, derretir la mantequilla y saltear los hongos mízcalos a fuego fuerte de 10 a 12 minutos.
❹ Agregar los chalotes, remover bien y cocer durante 5 minutos más.
❺ Condimentar con sal y pimienta al gusto y colocar todo en la fuente en que se va a servir.

> Si este plato se utiliza como guarnición para una carne, basta con 1/2 kilo de hongos.

■ **Preparación:** 15 min ■ **Cocción:** de 15 a 20 min

> **EN ALGUNOS PAÍSES SE LLAMA:**
> Chalote: *ascalonia, chalota, echalote, escalonia.* Mantequilla: *manteca.*

Hongos mízcalos de la casa

Para 4 personas

- *600 g de hongos mízcalos*
- *1 manojo de cebollitas de Cambray*
- *125 g de tocino en cubitos*
- *40 g de mantequilla*
- *250 ml de vino blanco*
- *100 ml de crema fresca*
- *1 cucharada de perejil picado*
- *sal y pimienta*

❶ Preparar los hongos mízcalos (→ ver pág. 692).
❷ Pelar las cebollitas de Cambray y cortarlas en dos.
❸ En un sartén, sofreír los cubitos de tocino, agregar las cebollitas y dorarlos de manera conjunta. Escurrirlos con una espumadera y desechar la grasa del sartén.
❹ Volver a colocar los cubitos de tocino y las cebollitas de Cambray junto con 40 g de mantequilla caliente. Agregar los hongos mízcalos y saltearlos durante 5 minutos.
❺ Verter el vino blanco, mezclar y reducir el líquido a la mitad, a fuego alto.
❻ Agregar la crema fresca, mezclar bien y reducir durante 2 o 3 minutos más. Condimentar con sal y pimienta al gusto.
❼ Verter todo en la fuente en que se va a servir, espolvorear con el perejil picado y servir inmediatamente.

■ **Preparación:** 15 min ■ **Cocción:** alrededor de 15 min

> En algunos países se llama:
>
> Cebollita(s) de Cambray: *cebolla china, cebolla de almácigo, cebolla de verdeo, cebolla en rama, cebolla junca, cebolleta(s), cebollín.* Crema: *nata.* Mantequilla: *manteca.* Tocino: *bacon, larda de tocino, panceta, tocineta.*

Hongos colmenilla: preparación

Hongos colmenilla frescos

Cortar los tallitos al ras de las cabezas de los hongos. Sumergir estas últimas en agua fría y agitarlas rápidamente para eliminar la arena de los alvéolos. Escurrirlas y secarlas. Cortar las cabezas más grandes en dos o en cuatro partes.

Dada su escasez y su precio, estos hongos suelen servirse como guarnición de una carne, un ave o un animal de caza (calcular en este caso 75 g de hongos colmenilla por persona).

Hongos colmenilla secos

Sumergir los hongos secos en un bol o una ensaladera y cubrirlos con abundante agua. Dejar que se rehidraten de 20 a 30 minutos. Agitarlos en la misma agua para eliminar la arena que aún pudieran tener. Posteriormente, escurrirlos y secarlos.

El agua de remojo, si se filtra cuidadosamente en un filtro de papel (de los que se utilizan en las cafeteras eléctricas), puede utilizarse luego para aromatizar una preparación.

Hongos colmenilla a la crema

Para 4 personas

- 300 g de hongos colmenilla
- 1 chalote
- 20 g de mantequilla
- 1/2 limón
- 150 ml de crema fresca
- 1 cucharada de crema fresca
- 1 cucharada de perejil picado
- sal y pimienta

❶ Preparar los hongos colmenilla (→ ver pág. 694).

❷ Pelar y picar el chalote.

❸ En un sartén salteador, derretir la mantequilla y agregar los hongos colmenilla, el chalote, el jugo del medio limón, sal y pimienta. Mezclar bien y cocer a fuego bajo durante 5 minutos con el sartén tapado.

❹ Poner a hervir la crema líquida y verterla por encima de la mezcla de hongos. Continuar la cocción hasta que la salsa adquiera una consistencia espesa. Probar y, de ser necesario, condimentar al gusto.

❺ Colocar los hongos en la fuente en que se van a servir, agregar la crema fresca, espolvorear con el perejil picado y mezclar bien.

■ **Preparación:** 30 min ■ **Cocción:** de 10 a 15 min

> **EN ALGUNOS PAÍSES SE LLAMA:**
> Chalote: *ascalonia, chalota, echalote, escalonia.* Crema: *nata.*
> Mantequilla: *manteca.*

Chayotes

Chayotes a la martiniquesa

Para 4 personas

- 4 chayotes grandes
- 100 g de migajón de pan
- 100 ml de leche
- 50 g de cebollas
- 20 g de mantequilla
- 3 cucharadas de aceite de oliva

❶ Pelar los chayotes, vaciarles el corazón, cortarlos en pedazos y cocerlos durante 5 minutos en agua hirviendo con sal. Exprimirlos en un lienzo para que se escurran bien. Precalentar el horno a 200 °C.

❷ En una ensaladera, mezclar el migajón de pan junto con la leche y luego agregarlos a la pulpa del chayote. Triturar todo con un tenedor.

- *50 g de pan molido*
- *sal y pimienta*

❸ Pelar las cebollas y cortarlas muy finamente. Derretir la mantequilla en una cacerola y dorar las cebollas durante 5 minutos. Luego, agregar la mezcla de pan y chayote. Condimentar con sal y pimienta al gusto.

❹ Engrasar con aceite una charola para gratín y verter en ella toda la preparación. Alisar la superficie hasta que esté homogénea. Rociar con el aceite, espolvorear con el pan molido fresco y hornear alrededor de 10 minutos. Servir bien caliente.

━━━━━━━━━━━━━━━━━━━━━━━━━━━━

■ **Preparación:** 15 min ■ **Cocción:** alrededor de 15 min

┌───┐
│ **EN ALGUNOS PAÍSES SE LLAMA:**
│ Charola: *asadera.* Mantequilla: *manteca.* Migajón: *borona,*
│ *miga de pan, morona.* Pan molido: *pan rallado.*
└───┘

Chayotes gratinados con higaditos de ave

Para 4 personas

- *4 chayotes grandes*
- *1 chalote*
- *100 g de higaditos de ave*
- *40 g de mantequilla*
- *1 cucharada de aceite*
- *nuez moscada*
- *2 cucharadas de crema fresca*
- *100 g de queso gruyer rallado*
- *sal y pimienta*

❶ Lavar los chayotes y cocerlos al vapor durante 20 minutos. Dejarlos enfriar.

❷ Pelar y picar el chalote.

❸ Limpiar los higaditos de ave y cortarlos en pedacitos regulares.

❹ En un sartén, calentar 20 g de mantequilla junto con el aceite. Sofreír el chalote, agregarle los higaditos de ave y saltearlos a fuego alto durante 8 minutos.

❺ Condimentar con sal y pimienta, rallar un poco de nuez moscada y agregar la crema fresca. Reducir durante 3 o 4 minutos para que los elementos se liguen bien. Retirar del fuego.

❻ Precalentar el horno a 180 °C. Engrasar con mantequilla una charola para gratín.

❼ Pelar los chayotes, cortarlos en cuatro, y luego cortar los cuartos en rebanadas delgadas, conservando la almendra central.

❽ Acomodar una capa de chayotes en la charola y luego agregarles los higaditos salteados a la crema. Cubrir con el resto de las rebanadas de chayote. Añadir sal y un poco más de nuez moscada. Espolvorear con el queso gruyer rallado.

❾ Hornear durante 20 minutos. Servir directamente en la charola de cocción.

■ **Preparación:** 30 min ■ **Cocción:** alrededor de 35 min

> **EN ALGUNOS PAÍSES SE LLAMA:**
>
> Chalote: *ascalonia, chalota, echalote, escalonia.* Charola: *asadera.* Crema: *nata.* Mantequilla: *manteca.*

Achicoria

Achicoria: preparación

Eliminar las hojas que estén lastimadas o marchitas. Cortar el tallo y pelarlo para que quede completamente limpio. Separar las hojas y cortarlas eliminando los bordes duros. Lavar y escurrir.

La achicoria se utiliza generalmente en ensaladas, aunque también puede consumirse cocida.

> **EN ALGUNOS PAÍSES SE LLAMA:**
>
> Achicoria: *almirón, amargón, chicoria, escarola, hierba del café, husillo, lechuga trevise, lechuguilla, radicchio, radicheta.*

Achicorias salteadas en su jugo

Para 4 personas

- *4 achicorias*
- *1 zanahoria*
- *1 cebolla*
- *20 g de mantequilla*
- *150 g de rebanadas delgadas de tocino*
- *1 bouquet garni*

❶ Preparar las achicorias (→ ver preparación anterior).

❷ Sumergir las achicorias durante 5 minutos en agua hirviendo con sal. Dejarlas enfriar. Escurrirlas y exprimirlas cuidadosamente con las manos para extraerles el exceso de agua.

❸ Cocinar las achicorias como las lechugas horneadas con tocino (→ ver pág. 756). Escurrirlas y reconstituirlas dándoles una forma ovalada. Colocarlas en la fuente en que se van a servir y mantenerlas calientes.

❹ Colar el jugo de cocción en un colador chino y reducirlo hasta que se obtenga una consistencia almibarada.

- *400 ml de caldo o base blanca de ternera (→ ver pág. 52) o de base blanca de ave (→ ver pág. 48)*
- *sal y pimienta*

⑤ Probar y verificar la sazón. Bañar las achicorias con el jugo de cocción y servir todo muy caliente.

■ **Preparación:** 15 min ■ **Cocción:** alrededor de 1 h

> **EN ALGUNOS PAÍSES SE LLAMA:**
>
> Achicoria: *almirón, amargón, chicoria, escarola, hierba del café, husillo, lechuga trevise, lechuguilla, radicchio, radicheta*. Mantequilla: *manteca*. Tocino: *bacon, larda de tocino, panceta, tocineta*.

Ensalada de achicorias con cubitos de tocino

Para 4 personas

- *1 achicoria grande*
- *100 ml de vinagreta (→ ver pág. 100)*
- *50 g de croûtons con ajo (→ ver pág. 839)*
- *20 g de mantequilla*
- *de 250 g a 300 g de cubitos de tocino*
- *sal y pimienta*

❶ Preparar las achicorias (→ ver pág. 697).
❷ Confeccionar la vinagreta y agregarle algunas gotas de vinagre balsámico.
❸ Hacer los croûtons cortándolos en cubitos pequeños.
❹ En una ensaladera, mezclar la achicoria junto con la vinagreta.
❺ En un sartén, derretir la mantequilla y dorar los cubitos de tocino a fuego alto, sin dejar de voltearlos.
❻ Colocar el contenido completo del sartén en la ensaladera, añadir los croûtons, mezclar y servir inmediatamente.

■ **Preparación:** 20 min ■ **Cocción:** alrededor de 5 min

> **EN ALGUNOS PAÍSES SE LLAMA:**
>
> Achicoria: *almirón, amargón, chicoria, escarola, hierba del café, husillo, lechuga trevise, lechuguilla, radicchio, radicheta*. Mantequilla: *manteca*. Tocino: *bacon, larda de tocino, panceta, tocineta*.

Puré de achicoria

Para 4 personas

- *2 achicorias grandes*
- *150 g de rebanadas delgadas de tocino*
- *1 zanahoria*
- *1 cebolla*
- *1 bouquet garni*
- *1/2 litro de caldo o base blanca de ternera (→ ver pág. 52)*
- *200 g de puré de papa (→ ver pág. 805)*
- *50 ml de crema fresca*
- *20 g de mantequilla*
- *sal y pimienta*

① Preparar las achicorias (→ ver pág. 697).

② Sumergir las achicorias en agua hirviendo con sal durante 5 minutos. Escurrirlas. Cocinarlas como las lechugas horneadas con tocino (→ ver pág. 756).

③ Preparar el puré de papa.

④ Escurrir las achicorias y molerlas en el pasapuré (lámina fina) o en el procesador de alimentos.

⑤ Colocar este puré en una cacerola a fuego lento, junto con la crema fresca. Mezclar bien. Agregarles el puré de papas y volver a mezclar. Probar y, en caso de ser necesario, condimentar al gusto.

⑥ Retirar la cacerola del fuego, agregar la mantequilla mezclando bien, condimentar con sal y pimienta al gusto y verter todo en la fuente en que se va a servir.

■ **Preparación:** 1 h ■ **Cocción:** 10 min

> **EN ALGUNOS PAÍSES SE LLAMA:**
>
> Achicoria: *almirón, amargón, chicoria, escarola, hierba del café, husillo, lechuga trevise, lechuguilla, radicchio, radicheta.* Crema: *nata.* Mantequilla: *manteca.* Pasapuré: *machacador, pisapapas, pisapuré.* Tocino: *bacon, larda de tocino, panceta, tocineta.*

Colecitas de Bruselas

Colecitas de Bruselas: preparación

Escoger colecitas de Bruselas que estén bien verdes y firmes. Cortar el tallo y eliminar las hojas que aparezcan dañadas. Lavar las colecitas en agua con vinagre y luego enjuagarlas y escurrirlas. Blanquearlas sumergiéndolas 10 minutos en agua hirviendo con sal.

Las colecitas de Bruselas, ya sean en conserva o congeladas, se cocinan igual que las colecitas frescas y blanqueadas.

> **EN ALGUNOS PAÍSES SE LLAMA:**
>
> Colecitas de Bruselas: *bretón, colecillas de Bruselas, repollitos de Bruselas.*

Colecitas de Bruselas a la inglesa

Para 4 personas

- *800 g de colecitas de Bruselas*
- *mantequilla con poca sal*
- *sal y pimienta*

① Preparar las colecitas de Bruselas (→ ver pág. 699).
② Sumergir las colecitas durante 30 minutos en una cacerola con agua salada hirviendo. Escurrirlas y verterlas en la fuente en que se van a servir.
③ Colocar la mantequilla sobre la mesa para que cada comensal pueda servirse a su gusto.

> **colecitas de Bruselas salteadas:**
> derretir 40 g de mantequilla en un sartén y dorar las colecitas bien escurridas. Espolvorear con perejil picado.

■ **Preparación:** 20 min ■ **Cocción:** 30 min

EN ALGUNOS PAÍSES SE LLAMA:
Colecitas de Bruselas: *bretón, colecillas de Bruselas, repollitos de Bruselas.* Mantequilla: *manteca.*

Colecitas de Bruselas a la mantequilla

Para 4 personas

- *800 g de colecitas de Bruselas*
- *40 g de mantequilla*
- *2 cucharadas de perejil picado*
- *sal y pimienta*

① Preparar las colecitas de Bruselas (→ ver pág. 699) y cocerlas a la inglesa (→ ver colecitas de Bruselas a la inglesa, receta anterior) sólo durante 20 minutos. Escurrirlas bien.
② En un sartén salteador, calentar la mantequilla y sofreír las colecitas. Probar y, de ser necesario, condimentar al gusto. Tapar el sartén y dejar que las verduras se cuezan hasta que estén tiernas.
③ Colocar todo en la fuente en que se va a servir y espolvorear con perejil picado.

> **colecitas de Bruselas a la crema:**
> agregar 100 ml de crema fresca luego de haber sofrito las colecitas en la mantequilla y continuar la cocción como indica la receta.

■ **Preparación:** 20 min ■ **Cocción:** 30 min

EN ALGUNOS PAÍSES SE LLAMA:
Colecitas de Bruselas: *bretón, colecillas de Bruselas, repollitos de Bruselas.* Crema: *nata.* Mantequilla: *manteca.*

Colecitas de Bruselas gratinadas

Para 4 personas

- *800 g de colecitas de Bruselas*
- *70 g de mantequilla*
- *80 g de queso rallado*
- *sal y pimienta*

❶ Preparar las colecitas de Bruselas (→ ver pág. 699) y cocerlas a la mantequilla (40 g) (→ ver colecitas de Bruselas a la mantequilla, pág. 700). Condimentarlas con bastante sal y pimienta.

❷ Precalentar el horno a 275 °C. Engrasar con mantequilla una charola para gratín. Acomodar en ella las colecitas de Bruselas a la mantequilla y espolvorearlas con el queso rallado.

❸ Derretir el resto de la mantequilla y usarla para bañar las colecitas. Gratinar en el horno durante 10 minutos.

■ **Preparación:** 50 min ■ **Cocción:** 10 min

> **EN ALGUNOS PAÍSES SE LLAMA:**
> Charola: *asadera*. Colecitas de Bruselas: *bretón, colecillas de Bruselas, repollitos de Bruselas*. Mantequilla: *manteca*.

Puré de colecitas de Bruselas

Para 4 personas

- *800 g de colecitas de Bruselas*
- *40 g de mantequilla*
- *300 g de puré de papa* (→ *ver pág. 805*)
- *100 ml de crema fresca*
- *1 cucharada de perejil picado*
- *sal y pimienta*

❶ Preparar las colecitas de Bruselas (→ ver pág. 699) y luego cocerlas a la mantequilla (→ ver pág. 700), prolongando la cocción durante 5 minutos más, aproximadamente.

❷ Preparar el puré de papa.

❸ Machacar las colecitas de Bruselas con el pasapuré y ponerlas en una cacerola. Dejar que el puré se seque a fuego lento, sin dejar de revolver.

❹ Agregar el puré de papa y la crema fresca. Mezclar bien todo. Condimentar con sal y pimienta al gusto, espolvorear con el perejil picado y servir muy caliente.

■ **Preparación:** 25 min ■ **Cocción:** alrededor de 35 min

> **EN ALGUNOS PAÍSES SE LLAMA:**
> Colecitas de Bruselas: *bretón, colecillas de Bruselas, repollitos de Bruselas*. Crema: *nata*. Mantequilla: *manteca*. Pasapuré: *machacador, pisapapas, pisapuré*.

Col china

Col china: preparación

Cortar el tronco de la col, de manera que las hojas no se desprendan. Desechar las partes maltratadas de las hojas. Lavar la col, cambiando varias veces el agua, y luego escurrirla.

> **EN ALGUNOS PAÍSES SE LLAMA:**
> Col: *berza, repollo.*

Col china a la pequinesa

Para 4 personas

- *200 g de jamón de pavo*
- *1 col china*
- *1 manojo de cebollitas de Cambray*
- *2 cucharadas de aceite de oliva*
- *sal*

① Pedir que corten el jamón en rebanadas delgadas.
② Desechar las hojas exteriores de la col y cortar el corazón en pedazos de 10 cm.
③ Cortar las rebanadas de jamón del mismo tamaño que los pedazos de col.
④ Filetear las cebollitas de Cambray al igual que 15 cm de su tallo, aproximadamente.
⑤ En un sartén salteador, calentar el aceite de oliva, agregar los pedazos de col y sofreírlos a fuego alto de 2 a 3 minutos.
⑥ Acomodar los pedazos de col en una vaporera, junto con las cebollitas de Cambray y un poco de sal fina, y cocerlas al vapor durante 30 minutos.
⑦ Intercalar el jamón y los pedazos de col, recalentarlos al vapor durante 4 o 5 minutos más y servir todo junto.

■ **Preparación:** 15 min ■ **Cocción:** alrededor de 40 min

> **EN ALGUNOS PAÍSES SE LLAMA:**
> Cebollita(s) de Cambray: *cebolla china, cebolla de almácigo, cebolla de verdeo, cebolla en rama, cebolla junca, cebolleta(s), cebollín.* Col: *berza, repollo.*

Col china a la sichuanesa

Para 4 personas

- 1 col china
- 1 diente de ajo
- 3 cucharadas de aceite de cacahuate
- pimienta de Sichuán
- 1 cucharadita de grapa
- 1 cucharadita de azúcar
- sal

❶ Preparar la col china (→ ver preparación de col china, pág. 702) y cortarla en pedazos de 3 cm, aproximadamente. Sumergir los pedacitos de col durante 10 minutos en agua hirviendo con sal y luego escurrirlos.

❷ Pelar y picar el ajo.

❸ En un sartén, calentar el aceite de cacahuate y dorar ahí el ajo. Luego, agregar los pedazos de col, mezclar bien y condimentar con un poco de pimienta de Sichuán y sal. Remover bien y cocer durante 1 minuto.

❹ Verter la grapa y el azúcar y remover bien durante 1 minuto.

❺ Probar y, de ser necesario, volver a condimentar. Servir muy caliente.

■ **Preparación:** 15 min ■ **Cocción:** alrededor de 2 min

> **EN ALGUNOS PAÍSES SE LLAMA:**
> Cacahuate: *cacahuete, maní.* Col: *berza, repollo.*

Coliflor

Coliflor: preparación

Retirar todas las hojas verdes y cortar el tronco de la coliflor. Separar los ramilletes y ponerlos a remojar en agua con vinagre durante 10 minutos, aproximadamente. Enjuagarlos varias veces y luego escurrirlos.

A menos que la coliflor se consuma cruda en una ensalada, siempre debe blanquearse: sumergir los ramilletes en una olla con abundante agua hirviendo con sal y dejarlos ahí de 2 a 3 minutos sin tapar la olla. Luego, escurrirlos.

Coliflor a la crema

Para 4 personas

- 1 coliflor
- 400 ml de salsa a la crema
  (→ ver pág. 62)
- sal

❶ Preparar la coliflor (→ ver preparación de coliflor, pág. 703).

❷ Cocer los ramilletes de coliflor durante 20 minutos en agua hirviendo con sal.

❸ Mientras tanto, preparar la salsa a la crema.

❹ Escurrir los ramilletes de coliflor, colocarlos en la fuente en la que se van a servir, tratando de reconstituir la forma de la coliflor, y bañarlos con la salsa a la crema.

■ **Preparación:** 15 min ■ **Cocción:** 20 min

Coliflor a la polonesa

Para 4 personas

- 1 coliflor
- 3 huevos
- 10 ramas de perejil
- 75 g de migajón de pan duro
  (del día anterior)
- 75 g de mantequilla derretida
- sal

❶ Preparar la coliflor (→ ver preparación de coliflor, pág. 703). Después, cocerla durante 20 minutos en agua hirviendo con sal.

❷ Mientras tanto, cocer los huevos hasta que estén duros. Luego, enfriarlos bajo un chorro de agua, pelarlos y picarlos.

❸ Picar el perejil.

❹ Desmoronar el migajón de pan.

❺ Escurrir los ramilletes de coliflor y acomodarlos en la fuente en que se van a servir, tratando de recuperar la forma de la coliflor.

❻ Espolvorear con los pedacitos de huevo duro y el perejil picados y mantener caliente.

❼ En un sartén, derretir la mantequilla y sofreír el migajón de pan.

❽ Agregar inmediatamente sobre la coliflor y servir.

■ **Preparación:** 15 min ■ **Cocción:** alrededor de 35 min

> **EN ALGUNOS PAÍSES SE LLAMA:**
> Mantequilla: *manteca*. Migajón: *borona, miga de pan, morona*.

Coliflor a la vinagreta

Para 4 personas

- 1 coliflor
- 2 huevos
- 3 cucharadas de vinagre de vino blanco
- 6 cucharadas de aceite de oliva
- 5 ramitas de perejil liso
- sal y pimienta

❶ Preparar la coliflor (→ ver pág. 703) y luego cocerla durante 20 minutos en agua hirviendo con sal.

❷ Mientras tanto, cocer los huevos hasta que estén duros.

❸ Preparar la vinagreta con tres cucharadas de vinagre de vino blanco y seis cucharadas de aceite de oliva. Condimentar con sal y pimienta al gusto.

❹ Picar el perejil.

❺ Enfriar los huevos bajo un chorro de agua, luego pelarlos y picarlos.

❻ Escurrir los ramilletes de coliflor. Colocarlos en forma de montículo sobre una fuente redonda. Espolvorearlos con el huevo duro picado, bañarlos con la vinagreta y añadir el perejil picado. Servirlos tibios.

■ **Preparación:** 20 min ■ **Cocción:** 25 min

Coliflor al gratín

Para 4 personas

- 1 coliflor
- 400 ml de salsa Mornay (→ ver pág. 68)
- 40 g de mantequilla
- 40 g de queso gruyer rallado
- sal y pimienta

❶ Preparar la coliflor (→ ver preparación de coliflor, pág. 703).

❷ Cocer la coliflor durante 15 minutos en agua hirviendo con sal.

❸ Preparar la salsa Mornay.

❹ Precalentar el horno a 275 °C.

❺ Colocar los ramilletes de coliflor en una charola para gratín engrasada con mantequilla. Bañarlos con la salsa Mornay. Espolvorearlos con el queso gruyer rallado, bañarlos con la mantequilla derretida y gratinar en el horno durante 10 minutos, aproximadamente.

El queso gruyer se puede sustituir por queso parmesano. En ese caso, se deberá espolvorear la charola con el queso antes de colocar los ramilletes de coliflor.

■ **Preparación:** 15 min ■ **Cocción:** alrededor de 25 min

EN ALGUNOS PAÍSES SE LLAMA:
Charola: *asadera*. Mantequilla: *manteca*.

Coliflor aurora

Para 4 personas

- 1 coliflor
- 4 huevos
- 10 g de mantequilla
- 250 ml de salsa Bechamel
  (→ ver pág. 64)
- 100 ml de salsa
  concentrada de jitomate
  (→ ver pág. 819)
- 100 g de queso gruyer rallado
- sal y pimienta

❶ Preparar la coliflor (→ ver preparación de coliflor, pág. 703).

❷ Cocer la coliflor durante 20 minutos en agua hirviendo con sal.

❸ Escurrir la coliflor y molerla en el pasapuré.

❹ En un bol, batir los huevos como para hacer una omelette y condimentarlos con sal y pimienta al gusto. Agregar los huevos batidos al puré de coliflor y mezclar bien.

❺ Verter la preparación en un molde para carlota engrasado con mantequilla. Poner el molde en un baño maría y cocer durante 40 minutos.

❻ Mientras tanto, preparar la salsa Bechamel y agregarle la salsa concentrada de jitomate y el queso gruyer rallado. Mezclar bien y mantener caliente.

❼ Desmoldar el pan de coliflor y bañarlo con la salsa.

■ **Preparación:** 15 min ■ **Cocción:** alrededor de 1 h

> **EN ALGUNOS PAÍSES SE LLAMA:**
> Mantequilla: *manteca*. Pasapuré: *machacador, pisapapas, pisapuré*.

Puré de coliflor

Para 4 personas

- 1 coliflor
- 200 g de papas amarillas
- 200 ml de crema fresca
- 80 g de mantequilla
- nuez moscada
- sal

❶ Preparar la coliflor (→ ver pág. 703).

❷ Pelar las papas, lavarlas y cortarlas en pedazos.

❸ Cocer los ramilletes de coliflor junto con las papas durante 20 minutos en agua hirviendo con sal.

❹ Escurrir la coliflor y las papas con una espumadera y machacarlas con el pasapuré.

❺ Colocar el puré en una cacerola, añadirle la crema fresca y remover con una cuchara de madera. Luego, agregar la mantequilla.

❻ Probar y, de ser necesario, condimentar al gusto. Rallar un poco de nuez moscada. Verter en una fuente y servir bien caliente.

■ **Preparación:** 20 min ■ **Cocción:** alrededor de 30 min

> **EN ALGUNOS PAÍSES SE LLAMA:**
> Crema: *nata*. Mantequilla: *manteca*. Papa: *patata*. Pasapuré: *machacador, pisapapas, pisapuré*.

Palmitos

Palmitos: preparación

Cuando los palmitos son frescos, se deben elegir las partes más tiernas, lavarlas y secarlas. Cuando son palmitos en conserva, se trata de "corazones de palmito" y es necesario enjuagarlos con agua fresca y secarlos.

Ensalada de corazones de palmito

Para 4 personas

- *200 g de mejillones a la marinera o congelados (→ ver pág. 294)*
- *8 corazones de palmito*
- *5 pepinillos*
- *4 jitomates*
- *50 ml de vinagreta*
- *4 rebanadas de tocino*
- *sal y pimienta*

❶ Preparar los mejillones.
❷ Escurrir los corazones de palmito y cortarlos en pedazos del mismo tamaño.
❸ Cortar los pepinillos y los jitomates en rodajas.
❹ Preparar la vinagreta con mostaza (→ ver pág. 100).
❺ En un sartén antiadherente, sofreír las rebanadas de tocino por ambos lados. Escurrirlas cuando estén doradas.
❻ En un recipiente hondo, mezclar los corazones de palmito, los mejillones, los pepinillos y los jitomates. Bañar con la vinagreta y revolver.
❼ Distribuir esta ensalada en los platos y esparcirles encima el tocino frito. Condimentar con dos pizcas grandes de pimienta en granos recién molida y servir.

■ **Preparación:** 20 min ■ **Cocción:** de 3 a 5 min

> **EN ALGUNOS PAÍSES SE LLAMA:**
> Jitomate: *tomate*. Tocino: *bacon, larda de tocino, panceta, tocineta*.

Palmitos en adobo

Para 4 personas

- *600 g de palmitos frescos*
- *40 g de manteca de cerdo (o mantequilla)*
- *1 cucharada de concentrado de tomate*

❶ Preparar los palmitos (→ ver preparación de palmitos, pág. 707). Cortarlos en pedazos de aproximadamente 5 cm y atarlos todos juntos.
❷ Derretir la manteca de cerdo en un sartén y dorar los ramilletes de palmitos durante 30 minutos a fuego bajo, volteándolos de vez en cuando.

- *100 ml de caldo de pollo deshidratado*
- *sal y pimienta*

❸ Precalentar el horno a 250 °C. Añadir el concentrado de tomate, luego el consomé de pollo muy concentrado y mezclar bien todo. Dejar que se reduzca en aproximadamente una tercera parte y luego condimentar con sal y pimienta al gusto.

❹ Colocar en una charola para gratín y hornear durante 5 minutos.

■ **Preparación:** 15 min ■ **Cocción:** alrededor de 35 min

> **EN ALGUNOS PAÍSES SE LLAMA:**
> Cerdo: *chancho, cochino, puerco.* Charola: *asadera.* Manteca: *grasa, lardo.* Mantequilla: *manteca.*

Col morada

Col morada: preparación

Cortar el tronquito. Retirar las hojas que estén maltratadas. Partir la col en cuatro pedazos y cortar la parte del tronco que queda al descubierto. Separar las hojas y quitarles los bordes blancos. Poner las hojas a remojar en agua con un poquito de vinagre durante 10 minutos y luego lavarlas tres o cuatro veces, cambiando el agua. Enjuagarlas y luego escurrirlas.

Si la col se va a consumir cruda, se deberán separar las hojas y espolvorearse con sal gruesa. Después de una hora, enjuagarlas y secarlas.

> **EN ALGUNOS PAÍSES SE LLAMA:**
> Col morada: *col colorada, repollo colorado.*

Col morada a la flamenca

Para 4 personas

- *1 col morada*
- *40 g de mantequilla*
- *1 cucharada de vinagre*
- *4 manzanas aciduladas*
- *1 cucharada de azúcar morena*
- *sal y pimienta*

❶ Preparar la col morada (→ ver arriba preparación de col morada) y cortarla en rebanadas muy delgadas.

❷ En una olla, derretir la mantequilla y agregarle la col morada. Condimentarla con sal y pimienta al gusto, bañar con el vinagre, tapar la olla y cocer a fuego muy bajo.

❸ Pelar las manzanas, partirlas en cuatro, quitarles las semillas y cortarlas en rebanadas. Agregarlas a la olla.

❹ Al cabo de 1 hora de cocción, espolvorear con azúcar morena, volver a tapar la olla y cocer durante 20 minutos más. Servir directamente en la olla de cocción.

■ **Preparación:** 10 min ■ **Cocción:** 1 h 20 min

EN ALGUNOS PAÍSES SE LLAMA:

Azúcar morena: *azúcar mascabada, azúcar moscabada, azúcar negra*. Col morada: *col colorada, repollo colorado*. Mantequilla: *manteca*. Quitar las semillas: *despepitar*.

Col morada a la limosina

Para 4 personas

- *1 col morada*
- *50 g de manteca de cerdo*
- *1/2 litro de caldo de pollo deshidratado*
- *300 g de castañas en lata o envasadas al vacío*
- *sal y pimienta*

❶ Preparar la col morada (→ ver preparación de col morada, pág. 708) y cortarla en rebanadas delgadas.

❷ En una olla, derretir la manteca de cerdo, colocar la col morada y verter el caldo de pollo. Condimentar con sal y pimienta al gusto. Tapar la olla y cocer a fuego muy lento durante 1 hora.

❸ Agregar las castañas a la olla y cocer durante 30 minutos más.

Esta col acompaña muy bien cualquier asado o unas costillitas de cerdo.

■ **Preparación:** 15 min ■ **Cocción:** 1 h 30 min

EN ALGUNOS PAÍSES SE LLAMA:

Cerdo: *chancho, cochino, puerco*. Col morada: *col colorada, repollo colorado*. Manteca: *grasa, lardo*.

Ensalada de col morada

Para 4 personas

- *1/2 col morada*
- *200 ml de vinagre de vino tinto*
- *50 ml de aceite de avellanas*
- *sal y pimienta*

❶ Preparar la col morada (→ ver preparación de col morada, pág. 708) y cortarla en rebanadas delgadas.

❷ Hervir el vinagre de vino y verterlo sobre las rebanadas de col. Mezclar bien. Tapar el recipiente y dejar marinar de 30 minutos a 1 hora.

❸ Escurrir la col y condimentarla con sal, pimienta y aceite de avellanas al gusto. Mezclar bien todo.

■ **Preparación:** 20 min ■ **Marinada:** 1 h

EN ALGUNOS PAÍSES SE LLAMA:

Col morada: *col colorada, repollo colorado*.

Col verde

Col verde: preparación

Cortar el tronco de la col. Retirarle las hojas externas grandes que generalmente están maltratadas. Separar todas las hojas. Cortar el tronco central grueso. Lavar las hojas varias veces sin dejarlas remojar.

Salvo si se consumen crudas (en cuyo caso hay que limpiarlas 1 hora en sal, enjuagarlas y luego secarlas), las coles verdes siempre deben blanquearse: sumergirlas de 5 a 8 minutos en abundante agua con sal, sin tapar el recipiente.

> **EN ALGUNOS PAÍSES SE LLAMA:**
> Col: *berza, repollo.*

Col en mantequilla

Para 4 personas

- *1 col verde rizada pequeña*
- *100 g de mantequilla con poca sal*
- *1 manojo de cebollín*
- *sal y pimienta*

① Preparar y blanquear la col (→ ver arriba preparación de col verde), luego cortar las hojas en tiritas del mismo tamaño.

② En una olla, derretir 60 g de mantequilla.

③ Agregar las tiritas de col y cocerlas de 20 a 30 minutos sin dejar de revolver. Condimentar con pimienta y con un poco de sal al gusto.

④ Agregar el cebollín picado y, posteriormente, el resto de la mantequilla cortada en pedacitos. Revolver con el tenedor para que la mantequilla se derrita y servir inmediatamente.

■ Preparación: 15 min **■ Cocción:** alrededor de 30 min

> **EN ALGUNOS PAÍSES SE LLAMA:**
> Cebollín: *cebolleta, cebollino, ciboulette.* Col: *berza, repollo.*
> Mantequilla: *manteca.*

Col horneada

Para 4 personas

- 1 col verde
- 1 cebolla
- 2 zanahorias
- 10 g de mantequilla
- 200 g de rebanadas delgadas de tocino
- 1 bouquet garni
- 1/2 litro de caldo de res deshidratado
- 50 g de rebanadas gruesas de tocino
- sal y pimienta

❶ Preparar y blanquear la col (→ ver preparación de col verde, pág. 710).

❷ Pelar las zanahorias y la cebolla y cortarlas en cubitos pequeños. Sofreír estos últimos en la mantequilla.

❸ Precalentar el horno a 180 °C.

❹ Cubrir el fondo de la olla con las rebanadas delgadas de tocino. Agregar los cubitos de zanahoria y de cebolla. Luego, añadir la col y aplanar sus hojas.

❺ Añadir sal y pimienta al gusto, así como el bouquet garni. Verter el caldo de res y cubrir todo con las rebanadas gruesas de tocino. Tapar la olla.

❻ Poner a hervir sobre la estufa y luego hornear durante 1 hora y 30 minutos.

■ **Preparación:** 20 min ■ **Cocción:** 1 h 30 min

> **EN ALGUNOS PAÍSES SE LLAMA:**
>
> Col: *berza, repollo.* Estufa: *cocina* (dispositivo o aparato en el que se hace fuego o produce calor para guisar los alimentos). Tocino: *bacon, larda de tocino, panceta, tocineta.* Mantequilla: *manteca.*

Col rellena

Para 6 u 8 personas

- 1 col verde grande
- 100 g de jamón
- 200 g de tocino magro
- 200 g de carne de ternera
- 3 cebollas
- 3 chalotes
- 40 g de mantequilla
- 1 rebanada de pan
- 3 cucharadas de leche
- 1 huevo
- 2 rebanadas gruesas de tocino
- 2 zanahorias

❶ Preparar la col (→ ver preparación de col verde, pág. 710) sin quitarle las hojas.

❷ Blanquear la col entera durante 10 minutos en agua hirviendo con sal. Dejar que se enfríe, escurrirla y retirarle el tronco.

❸ Humedecer un trapo delgado (o una muselina). Cubrir con él una ensaladera muy grande y colocar en ella la col. Abrir esta última, quitándole las hojas grandes, una por una. Retirar las hojas del corazón y picarlas.

❹ Picar el jamón, el tocino magro y la carne de ternera. Pelar y picar dos cebollas y todos los chalotes. En una cacerola con mantequilla sofreír la cebolla y el chalote picados durante 3 minutos. Luego, agregar las carnes picadas, mezclar bien y cocer durante 10 minutos más.

- 150 g de rebanadas delgadas de tocino
- 75 g de tocino en cubitos
- 1/2 litro de caldo graso (→ ver pág. 122)
- sal y pimienta

⑤ En un bol, desmoronar la rebanada de pan y embeberla en leche. Mezclarla con el huevo y agregarla posteriormente al relleno de carne. Mezclar bien. Condimentar con sal y pimienta al gusto.

⑥ Rellenar con esta mezcla el centro de la col, luego replegar las hojas grandes externas hasta volver a dar forma a la col, insertando las rebanadas gruesas de tocino entre las últimas hojas. Envolver la col con el trapo, anudarlo y amarrar todo con hilo de cocina para que no pierda la forma al cocerse.

⑦ Precalentar el horno a 200 °C.

⑧ Pelar las zanahorias y la cebolla restante y cortarlas muy delgaditas.

⑨ Cubrir la olla con las rebanadas delgadas de tocino, los cubitos de verduras y los cubitos de tocino. Colocar la col por encima y verterle el caldo graso. Tapar la olla, poner a hervir sobre la estufa y luego hornear durante 1 hora y 30 minutos.

⑩ Escurrir la col, quitarle el trapo y retirarle las rebanadas de tocino. Acomodarla en un recipiente hondo y mantenerla caliente.

⑪ Reducir a la mitad el líquido de cocción y usarlo para bañar la col.

■ **Preparación:** 40 min ■ **Cocción:** alrededor de 1 h 50 min

---

EN ALGUNOS PAÍSES SE LLAMA:

Chalote: *ascalonia, chalota, echalote, escalonia.* Col: *berza, repollo.* Estufa: *cocina* (dispositivo o aparato en el que se hace fuego o produce calor para guisar los alimentos). Mantequilla: *manteca.* Tocino: *bacon, larda de tocino, panceta, tocineta.* Trapo: *paño, repasador, toalla o trapo de cocina.*

Col verde rellena a la provenzal

Para 6 u 8 personas

- 1 col verde grande
- 4 cucharadas de aceite de oliva
- 250 g de hojas de acelga
- 2 jitomates grandes
- 250 g de tocino en cubitos

① Preparar la col y blanquearla (→ ver preparación de col verde, pág. 710). Separar y apartar las hojas grandes.

② Picar el corazón de la col y cocerlo en una cacerola con dos cucharadas de aceite de oliva. Condimentar con sal y pimienta al gusto. Escurrir la col picada y cocida y colocarla en un plato.

- 2 cebollas
- 100 g de arroz
- 1 diente de ajo
- 750 g de carne para salchichas
- 4 litros de caldo o consomé de res (→ ver pág. 53)
- sal y pimienta

❸ Preparar las hojas de acelga (→ ver preparación y cocción de acelgas, pág. 669). Cocerlas en una cacerola, a fuego bajo, con dos cucharadas de aceite. Condimentarlas con sal y pimienta al gusto. Colocarlas en un plato.

❹ Pasar los jitomates por agua hirviendo, pelarlos, quitarles las semillas y cortarlos en pedacitos. Guardarlos en un bol.

❺ En un sartén, sofreír los cubitos de tocino durante 5 minutos. Escurrirlos en un plato.

❻ Pelar y picar las cebollas y saltearlas en la grasa de los cubitos de tocino. Luego, apartarlas.

❼ Cocer el arroz durante 15 minutos en agua con sal y escurrirlo.

❽ Pelar el diente de ajo, picarlo y mezclarlo con la carne para salchichas. Condimentar con sal y pimienta al gusto.

❾ Calentar el caldo en una olla muy grande (también se puede utilizar un caldo comercial deshidratado).

❿ Distribuir las hojas de col sobre un trapo delgado, o una muselina, humedecido y escurrido. Colocar la col picada a lo largo de las hojas completas, luego, en capas sucesivas, el corazón de la col picado, las hojas de acelga, los cubitos de tocino, las cebollas, los jitomates, el arroz y, finalmente, la carne para salchichas.

⓫ Modelar esta preparación dándole la forma de una bola grande. Posteriormente, replegar las hojas encerrando el relleno. Anudar el trapo o la muselina y atar bien todo el contenido.

⓬ Sumergir la col rellena a la provenzal en el caldo y dejar que se incorpore a fuego bajo durante 3 horas y media. Escurrir la col con una espumadera. Quitarle el trapo que la envuelve y acomodarla en un recipiente circular.

⓭ Reducir a la mitad un litro de caldo, aproximadamente, y usarlo para bañar la col rellena a la provenzal. Servir muy caliente.

■ **Preparación:** de 1 h 15 min a 1 h 30 min

■ **Cocción:** 3 h 30 min

EN ALGUNOS PAÍSES SE LLAMA:

Col: *berza, repollo.* Jitomate: *tomate.* Quitar las semillas: *despepitar.* Tocino: *bacon, larda de tocino, panceta, tocineta.* Trapo: *paño, repasador, toalla o trapo de cocina.*

Rollitos de col

Para 4 personas

- 1 col verde
- 350 g de relleno americano
  (→ ver pág. 105)
  o de relleno de ave
  (→ ver pág. 105)
- 50 ml de caldo o base blanca
  de ternera (→ ver pág. 52)
- 50 g de mantequilla
- 1 zanahoria
- 1 cebolla
- sal y pimienta

❶ Preparar la col (→ ver preparación de col verde, pág. 710).

❷ Preparar el relleno escogido, americano o de ave, y la base blanca de ternera (puede descongelarse una base casera confeccionada con anterioridad o utilizarse un caldo comercial deshidratado).

❸ Desprender ocho hojas grandes de la col y retirarle los bordes gruesos. Picar el corazón de la col.

❹ En una cacerola, derretir 20 g de mantequilla y cocer a fuego bajo la col picada durante 15 minutos, aproximadamente. Condimentar con sal y pimienta al gusto. Mezclar bien la col picada y cocida con el relleno elegido.

❺ Pelar y cortar en cubitos pequeños la zanahoria y la cebolla.

❻ Colocar cada una de las hojas grandes de col en un cucharón. Colocarles el relleno, envolverlas en forma de rollito y atarlas con hilo de cocina.

❼ En una olla, derretir el resto de la mantequilla. Dorar la zanahoria y la cebolla durante 3 minutos y luego agregar las espirales de col y dorarlas por todos lados con mucho cuidado para que no se deshagan.

❽ Verter la base blanca de ternera, tapar la olla y cocer a fuego lento durante 1 hora y 15 minutos.

❾ Escurrir rollitos con una espumadera, colar el líquido de cocción y usarlo para bañarlos.

■ **Preparación:** 1 h ■ **Cocción:** 1 h 15 min

> **EN ALGUNOS PAÍSES SE LLAMA:**
> Col: *berza, repollo.* Mantequilla: *manteca.*

Chucrut

Chucrut: preparación y cocción

Para 6 u 8 personas

- 2 kg de col blanca
- 2 clavos de olor
- 1 cucharadita de pimienta en
  granos

❶ Lavar la col varias veces, cambiando el agua hasta que salga clara. Escurrirla bien y exprimirla entre las manos para eliminar casi toda el agua.

❷ Colocar la col en un trapo y secarla bien.

❸ Desenredar la col levantándola varias veces con las manos.

- 1/2 cucharada de bayas de enebro
- 1 bouquet garni
- 2 cebollas
- 100 g de manteca de ganso
- 2 dientes de ajo
- 1 vaso de vino blanco
- sal

④ Precalentar el horno a 190 °C.

⑤ Preparar una infusión con los clavos de olor, la pimienta, las bayas de enebro y el bouquet garni, sumergiendo estos ingredientes durante 5 minutos en 200 ml de agua hirviendo. Transcurrido este tiempo, colar el líquido y reservarlo.

⑥ Picar las cebollas y sofreírlas en una olla muy grande junto con la manteca de ganso.

⑦ Agregar la col y el ajo a la olla, verter el líquido de infusión y el vino blanco. Tapar la olla, poner a hervir sobre el fuego de la estufa y luego hornear durante 1 hora y 30 minutos. Cuando la col se cuece de esta manera es ligeramente crocante.

■ **Preparación:** 20 min ■ **Cocción:** 1 h 30 min

> EN ALGUNOS PAÍSES SE LLAMA:
>
> Col: *berza, repollo*. Estufa: *cocina* (dispositivo o aparato en el que se hace fuego o produce calor para guisar los alimentos). Manteca: *grasa*. Trapo: *paño, repasador, toalla o trapo de cocina*.

Bigos (estofado del cazador: plato nacional polaco)

Para 4 o 6 personas

- 2 kg de col blanca
- 4 manzanas
- 1 limón
- 2 cebollas grandes
- 600 g de jamón (o de sobrantes de carne de res o de ave)
- 100 g de manteca de cerdo
- 800 ml de caldo de res comercial
- 30 g de harina

① Lavar la col varias veces, cambiando el agua hasta que salga clara. Escurrirla bien y exprimirla entre las manos para eliminar casi toda el agua.

② Colocar la col en un trapo y secarla bien.

③ Desenredarla levantándola varias veces con las manos.

④ Colocar la col en una olla grande y cubrirla con agua fría. Ponerla a hervir y luego cocerla durante 5 minutos.

⑤ Pelar las manzanas, quitarles las semillas, cortarlas en cuadritos y bañarlas con jugo de limón.

⑥ Pelar y picar las cebollas.

⑦ Escurrir la col, agregarle las manzanas y las cebollas y mezclar bien.

⑧ Cortar el jamón (o los sobrantes de carne) en pedazos.

⑨ En una olla grande, derretir 30 g de manteca de cerdo y colocar en ella una capa de col bastante gruesa y luego una capa de jamón (o de carne).

⓾ Seguir llenando la olla alternando las capas y agregando un poco de manteca de cerdo entre cada una. Finalizar con una capa de col. Verter el caldo encima de todas las capas, tapar la olla y cocer a fuego bajo durante 1 hora y 30 minutos.

⓫ Preparar una base para salsas blancas (→ ver pág. 61) con el resto de la manteca de cerdo y la harina. Diluirla con un poco del líquido de cocción.

⓬ Verter la base para salsas blancas sobre el estofado y cocer durante 30 minutos más. Servir bien caliente directamente de la olla de cocción.

El bigos puede acompañarse también con salchichitas asadas.

■ **Preparación:** 30 min ■ **Cocción:** 2 h

> **EN ALGUNOS PAÍSES SE LLAMA:**
> Cerdo: *chancho, cochino, puerco*. Col: *berza, repollo*. Manteca: *grasa, lardo*. Quitar las semillas: *despepitar*. Trapo: *paño, repasador, toalla o trapo de cocina*.

Chucrut a la alsaciana

Para 6 u 8 personas

- 1 kg y 250 g de papas
- 2 kg de chucrut cocido (→ *ver preparación y cocción de chucrut, pág. 714*)
- 1 paleta de cerdo ahumada de tamaño mediano
- 700 g de pechuga ahumada
- 6 u 8 salchichas tipo alemán

❶ Pelar las papas.

❷ Preparar el chucrut y cocerlo durante 1 hora y 30 minutos en el horno.

❸ Retirar la olla del horno, colocar la paleta de cerdo y la pechuga ahumada sobre el chucrut y hornear durante 30 minutos más.

❹ Retirar la pechuga ahumada y agregar las papas. Cocer durante 30 minutos más. Agregar las salchichas tipo alemán 5 minutos antes del final de la cocción y volver a colocar la pechuga ahumada para recalentarla.

❺ Acomodar el chucrut en una fuente. Cortar las carnes en rebanadas regulares y acomodarlas encima del chucrut. Añadir las salchichas y rodear todo con las papas.

■ **Preparación:** 15 min ■ **Cocción:** 2 h 30 min

> **EN ALGUNOS PAÍSES SE LLAMA:**
> Cerdo: *chancho, cochino, puerco*. Papa: *patata*.

Ensalada de chucrut a la alemana

Para 4 o 6 personas

- *1 kg de col blanca*
- *3 cebollas*
- *1/2 litro de caldo de res deshidratado*
- *1 cucharada de aceite de cacahuate*
- *4 huevos*
- *200 ml de salsa vinagreta (→ ver pág. 100)*
- *1 betabel rojo cocido*
- *sal y pimienta*

❶ Lavar la col varias veces, cambiando el agua hasta que salga clara. Escurrirla bien y exprimirla entre las manos para eliminar casi toda el agua.

❷ Pelar las cebollas.

❸ Colocar la col en una cacerola y meter las cebollas entre sus hojas. Condimentar con sal y pimienta al gusto.

❹ Cubrir la col con el caldo de res (o igual cantidad de agua) y añadir el aceite de cacahuate. Tapar la olla y cocer a fuego muy bajo durante 2 horas y 30 minutos, luego escurrirla y dejarla enfriar.

❺ Cocer los huevos hasta que estén duros.

❻ Preparar la salsa vinagreta.

❼ Cortar el betabel en cuadritos.

❽ Retirar las cebollas de la col. Exprimir bien esta última para extraer la mayor cantidad posible de caldo. Luego, airearla un poco.

❾ Picar las cebollas y mezclarlas con la col exprimida.

❿ Condimentar con la salsa vinagreta y acomodar la col en forma de domo en un plato hondo. Decorar con huevos duros cortados en cuartos y con los cubitos de betabel cocido.

■ **Preparación:** 30 min ■ **Cocción:** 2 h 30 min

EN ALGUNOS PAÍSES SE LLAMA:

Betabel: *betarraga, betarrata, remolacha.* Cacahuate: *cacahuete, maní.* Col: *berza, repollo.*

Pepinos

Pepinos: preparación

Pepinos crudos

Pelar los pepinos hasta la mitad con un cuchillo para verduras o un pelapapas dejándoles toda una cara con piel para otorgarles una presentación más agradable.

Si el pepino está apenas maduro y se acaba de cosechar, no es necesario limpiarlo con sal. En caso contrario, cortarlo en rebanadas muy delgadas o en cubos pequeños y quitarle las semillas. Colocar las rebanadas o cubitos en un trapo, espolvorearlos con sal fina, cubrirlos con otro trapo (o plegar el primero, dependiendo de la cantidad) y dejarlos así durante 30 minutos.

Pepinos cocidos

Pelar los pepinos, abrirlos a la mitad y quitarles las semillas. Cortar la pulpa en pedazos del mismo tamaño y sumergirlos durante 2 minutos en agua hirviendo para blanquearlos. Luego, escurrirlos.

> **EN ALGUNOS PAÍSES SE LLAMA:**
> Quitar las semillas: *despepitar*. Trapo: *paño, repasador, toalla o trapo de cocina*.

Ensalada de pepinos con yogur

Para 4 personas

- *2 pepinos*
- *1 manojo de eneldo*
- *2 yogures naturales*
- *1 limón*
- *sal y pimienta*

❶ Preparar los pepinos (→ ver preparación de pepinos, pág. 717) y cortarlos muy finamente.
❷ Picar el eneldo.
❸ Colocar los yogures en un bol y, con un tenedor, mezclarlos con el jugo de limón. Agregar el eneldo. Condimentar con sal y pimienta al gusto.
❹ Mezclar los pepinos con esta salsa de yogur.
❺ Colocarlos en el refrigerador hasta el momento de servir.

> ■ **Preparación:** 10 min ■ **Cocción:** 1 h

> **EN ALGUNOS PAÍSES SE LLAMA:**
> Refrigerador: *heladera, nevera*.

Pepinos a la crema

Para 4 personas

- *1 pepino grande o 2 pepinos medianos*
- *60 g de mantequilla*
- *250 ml de crema fresca*
- *2 cucharadas de perejil picado*
- *sal y pimienta*

❶ Preparar y blanquear los pepinos (→ ver preparación de pepinos, pág. 717). Cortarlos en cubitos.
❷ En una cacerola, derretir la mantequilla y colocar los cubitos de pepino. Mezclar bien. Condimentar con sal y pimienta al gusto, tapar la cacerola y cocer a fuego muy bajo durante 10 minutos.
❸ Calentar la crema fresca, agregarla a los pepinos y cocer durante 10 minutos más, ahora con la cacerola destapada.
❹ Colocar todo en la fuente en que se va a servir y espolvorear con el perejil picado.

Los pepinos a la crema pueden servirse como **tentempiés**: colocar una pequeña cantidad de éstos sobre rebanadas de pan tostado, espolvorearlas con queso rallado y ponerlas en la parrilla del horno durante algunos minutos.

pepinos a la Mornay:
cocer los pepinos a la crema, escurrirlos y bañarlos con 200 ml de salsa Mornay (→ ver pág. 68).

■ **Preparación:** 10 min ■ **Cocción:** 20 min

EN ALGUNOS PAÍSES SE LLAMA:

Crema: *nata*. Mantequilla: *manteca*. Tentempié: *aperitivo, boquitas, botana, canapé, entremés, pasapalo, tapa.*

Pepinos rellenos

Para 4 personas

- *2 pepinos medianos*
- *400 g de relleno americano (→ ver pág. 105)*
- *5 ramitos de perejil*
- *2 zanahorias*
- *1 cebolla*
- *20 g de* mantequilla
- *300 ml de caldo de pollo deshidratado*
- *40 g de mantequilla enharinada (→ ver pág. 40)*
- *sal y pimienta*

❶ Pelar los pepinos, abrirlos a la mitad y retirarles las semillas, ahuecando un poco la pulpa con una cuchara.

❷ Preparar el relleno americano. Picar el perejil.

❸ Pelar las zanahorias y la cebolla y cortarlas en cuadritos.

❹ Precalentar el horno a 225 °C. Engrasar con mantequilla una charola para horno. Cubrir el fondo de la charola con la zanahoria y la cebolla y espolvorear un poco de perejil picado. Condimentar con sal y pimienta al gusto. Rellenar las mitades de pepino y colocarlas en la charola. Verterle el caldo de pollo hasta las dos terceras partes de la altura de los pepinos.

❺ Poner a hervir sobre la estufa y luego hornear durante 35 minutos. Una vez que la superficie del relleno se comience a secar, tapar con una hoja de papel aluminio.

❻ Acomodar los pepinos rellenos en la charola en que se van a servir y mantenerlos calientes.

❼ Colar el líquido de cocción y reducirlo en, aproximadamente, una tercera parte. Preparar la mantequilla enharinada e incorporarla al líquido de cocción ya reducido, batiendo muy bien.

❽ Verter esta salsa sobre los pepinos rellenos y servirlos muy calientes.

■ **Preparación:** 20 min ■ **Cocción:** alrededor de 40 min

EN ALGUNOS PAÍSES SE LLAMA:

Charola: *asadera*. Estufa: *cocina* (dispositivo o aparato en el que se hace fuego o produce calor para guisar los alimentos). Mantequilla: *manteca*.

Pepinos salteados

Para 4 personas

- *2 pepinos grandes*
- *40 g de mantequilla*
- *2 cucharadas de perifollo o de cebollín*
- *1 cucharadita de azúcar*
- *sal y pimienta*

❶ Preparar los pepinos (→ ver preparación de pepinos, pág. 717) y cortarlos en cubos o en bastoncitos.

❷ En un sartén, derretir la mantequilla, colocar los pepinos, mezclarlos bien con la mantequilla y condimentar con sal y pimienta al gusto. Añadir el azúcar y sofreírlos de 10 a 15 minutos removiendo frecuentemente.

❸ Colocar los pepinos en la fuente en que se van a servir, espolvorearlos con el perifollo o el cebollín picados y mezclar bien.

■ **Preparación:** 10 min

■ **Cocción:** de 10 a 15 min, aproximadamente

> **EN ALGUNOS PAÍSES SE LLAMA:**
> Cebollín: *cebolleta, cebollino, ciboulette.* Mantequilla: *manteca.*

Pepinillos

Pepinillos fríos en vinagre

Para 2 frascos de 1 litro y medio cada uno

- *1 kg de pepinillos*
- *200 g de sal gruesa*
- *2 litros de vinagre blanco*
- *2 ramas de estragón*
- *125 g de cebollitas de Cambray blancas*
- *2 dientes de ajo*
- *2 hojas pequeñas de laurel*
- *2 ramitas de tomillo*
- *4 clavos de olor*
- *1 chile de árbol*
- *6 granos de pimienta negra*
- *10 granos de cilantro*

❶ Frotar los pepinillos con un trapo grueso (o con una esponja que raspe) para quitarles la pelusa picante. Luego, colocarlos en una terrina, agregarles la sal gruesa y dejarlos de esta manera durante 24 horas.

❷ Lavar los pepinillos en agua con vinagre, secarlos uno por uno y colocarlos en los frascos. Lavar las ramas de estragón, secarlas con un papel absorbente y añadirlas a los frascos con los pepinillos. Pelar las cebollitas de Cambray y los dientes de ajo y agregarlos también a los frascos.

❸ Colocar las hojas de laurel desmenuzadas, el tomillo, los clavos de olor, el chile de árbol, la pimienta negra y los granos de cilantro. Cubrir todo con el vinagre blanco y cerrar los frascos herméticamente. Voltearlos para que todo se mezcle bien y ponerlos en el refrigerador.

Estos pepinillos pueden consumirse al cabo de 5 o 6 semanas, aunque saben mejor con el tiempo (hasta un año).

■ **Preparación:** 30 min ■ **Maceración en sal:** 24 h

Calabazas y calabacitas

Calabazas y calabacitas: preparación

Calabaza es el nombre genérico de los diversos frutos de la familia de las cucurbitáceas, entre los cuales se distinguen las calabazas de verano: las calabacitas (que en la actualidad se comercializan durante todo el año); así como diferentes variedades de calabazas de invierno, cuya piel es dura y gruesa: calabaza de América o de invierno, también llamada calabaza de Castilla (→ ver pág. 808).

Calabaza de Castilla

Cortar la calabaza en pedazos grandes y retirarles la cáscara, además de las pepitas y las fibras. Lavar la pulpa.

Calabaza china

Cortar el pedúnculo. La piel se quita de acuerdo con el grado de madurez de la calabaza.

Calabacita

Cortar el pedúnculo. Pelar las calabacitas con un pelapapas o un cuchillo para verduras, ya sea de manera completa (lo cual es indispensable si se pretende realizar un puré, y no tanto si se intenta hacer buñuelos de calabacitas) o parcialmente, dejando lengüetas de piel entre las partes peladas. Para cualquier otra preparación, como las calabacitas rellenas o los tajines magrebíes, no es necesario pelarlas.

Calabacitas a la criolla

Para 4 personas

- *800 g de calabacitas*
- *50 g de manteca de cerdo*
- *sal y pimienta*

❶ Cortar las calabacitas a la mitad, a lo largo, y quitarles las semillas. Cortar la pulpa en cubitos.

❷ En una olla, derretir la manteca de cerdo y sofreír los cubitos de calabacita hasta que se doren un poco. Condimentar con sal y pimienta al gusto. Tapar la olla y cocer de 20 a 25 minutos a fuego muy bajo, revolviendo de vez en cuando.

❸ Cuando los cubitos de calabacita se deshagan fácilmente, machacarlos con el tenedor y continuar la cocción, sin dejar de remover, hasta que esta especie de mermelada se vuelva dorada.

❹ Servir muy caliente.

■ **Preparación:** 10 min

■ **Cocción:** de 20 a 25 min, aproximadamente

> **EN ALGUNOS PAÍSES SE LLAMA:**
> Calabacita(s): *calabacín, calabaza italiana, zapallito italiano, zapallito largo, zucchini.* Cerdo: *chancho, cochino, puerco.* Manteca: *grasa, lardo.* Quitar las semillas: *despepitar.*

Calabacitas a la mentonesa

Para 4 personas

- *2 calabacitas que pesen de 220 g a 250 g cada una*
- *1 kg de espinacas frescas o 250 g de espinacas congeladas*
- *100 ml de aceite de oliva*
- *40 g de queso parmesano rallado*
- *1 diente de ajo*
- *1 cucharada de perejil picado*
- *30 g de pan molido*
- *sal y pimienta*

❶ Cortar las calabacitas a la mitad, a lo largo. Realizar una incisión en la pulpa a 1 cm del borde y practicarle siete u ocho cortes pequeños.

❷ Condimentar con sal las mitades de calabacitas y dejar que escurran su líquido colocándolas con la piel hacia arriba de 30 a 40 minutos sobre un papel absorbente. Luego, secarlas bien.

❸ Mientras tanto, preparar las espinacas (→ ver pág. 730) o descongelarlas. Exprimirlas bien para extraerles todo el líquido y luego picarlas. Verter tres cucharadas de aceite de oliva en una cacerola y cocer las espinacas durante aproximadamente 10 minutos, removiendo varias veces. Condimentarlas con sal y pimienta al gusto y luego escurrirlas.

❹ En un sartén, dorar las calabacitas en cuatro cucharadas de aceite de oliva. Escurrirlas. Retirar la pulpa, picarla y so parmesano y mezclar bien.

➎ Precalentar el horno a 250 °C. Rellenar las mitades de calabacitas con esta preparación y colocarlas en una charola para horno engrasada con aceite. Pelar y picar el ajo, mezclarlo con el perejil y el pan molido y espolvorear con esta preparación la superficie de las calabacitas.

➏ Bañar con el resto del aceite de oliva y gratinar en el horno durante aproximadamente 15 minutos.

■ **Preparación:** 30 min ■ **Escurrimiento:** de 30 a 40 min
■ **Cocción:** 15 min

> EN ALGUNOS PAÍSES SE LLAMA:
>
> Calabacita(s): *calabacín, calabaza italiana, zapallito italiano, zapallito largo, zucchini.* Charola: *asadera.* Pan molido: *pan rallado.*

Calabacitas rellenas

Para 4 personas

- *2 calabacitas que pesen de 220 g a 250 g cada una*
- *40 g de arroz largo*
- *400 ml de salsa de tomate (→ ver pág. 80)*
- *100 g de jamón o de sobrantes de carne de res*
- *1 cebolla*
- *1/2 bulbo de hinojo*
- *1 diente de ajo*
- *1/2 manojo de perejil*
- *30 g de* mantequilla
- *sal y pimienta*

➊ Cortar las calabacitas a la mitad, a lo largo, y quitarles las semillas con una cucharita, vaciándolas un poco. Sumergirlas en agua hirviendo con sal durante 5 minutos. Posteriormente, escurrirlas.

➋ En una cacerola, poner a hervir agua con sal y cocer el arroz durante 15 minutos. Escurrirlo, enfriarlo con un poco de agua fría y volverlo a escurrir.

➌ Preparar o descongelar la salsa de tomate.

➍ Picar el jamón o los sobrantes de carne. Pelar y picar la cebolla, el hinojo y el ajo. En un sartén, derretir 20 g de mantequilla y cocer las verduras picadas durante 10 minutos. Condimentarlas con sal y pimienta al gusto. Mezclarlas en una ensaladera junto con el arroz y la carne picada. Picar el perejil, agregarlo a la mezcla anterior y revolver todo nuevamente.

➎ Precalentar el horno a 185 °C. Rellenar con esta preparación las calabacitas en forma de bóveda. Acomodarlas, una junto a la otra, en una charola para gratín engrasada con mantequilla, tratando de que queden algo apretadas. Bañarlas con la salsa de tomate.

6 Poner a hervir a fuego bajo sobre la estufa, luego tapar con una hoja de papel aluminio y hornear de 10 a 15 minutos; bañar regularmente con los jugos que va soltando.

■ **Preparación:** 40 min ■ **Cocción:** de 10 a 15 min

> **EN ALGUNOS PAÍSES SE LLAMA:**
> Calabacita(s): *calabacín, calabaza italiana, zapallito italiano, zapallito largo, zucchini.* Charola: *asadera.* Estufa: *cocina* (dispositivo o aparato en el que se hace fuego o produce calor para guisar los alimentos). Mantequilla: *manteca.* Quitar las semillas: *despepitar.*

Calabazas al gratín

Para 4 personas

- *1 kg de calabaza*
- *80 g de mantequilla*
- *60 g de queso rallado*
- *sal y pimienta*

1 Preparar la calabaza (→ ver preparación de calabazas y calabacitas, pág. 721).
2 Sumergir los trozos de calabaza en agua hirviendo con sal de 4 a 5 minutos. Escurrirlos y secarlos bien.
3 Precalentar el horno a 220 °C. Engrasar con mantequilla una charola para gratín y acomodar en ella los pedazos de calabaza. Condimentarlos con sal y pimienta al gusto y espolvorearlos con el queso rallado.
4 Derretir el resto de la mantequilla y bañar con ella la superficie de la charola. Hornear de 20 a 25 minutos.

■ **Preparación:** 15 min

■ **Cocción:** de 20 a 25 min, aproximadamente

> **EN ALGUNOS PAÍSES SE LLAMA:**
> Calabaza: *auyama, ayote, uyama, zapallo.* Charola: *asadera.* Mantequilla: *manteca.*

Ensalada de calabacitas marinadas

Para 4 personas

- *4 o 5 calabacitas de piel delgada*
- *1 limón bien lavado*

1 Lavar las calabacitas y, sin pelarlas, cortarlas en rodajas delgadas.
2 Rallar la cáscara del limón y luego exprimirlo.
3 Poner a hervir agua con sal en una cacerola y sumergir en ella las rodajas de calabacitas durante 2 minutos, escurrirlas y secarlas bien.

- 1 cucharadita de cilantro en granos
- 30 g de azúcar granulada
- 4 cucharadas de vinagre de estragón
- sal y pimienta

④ Colocar las calabacitas en un recipiente hondo junto con los granos de cilantro, sal, pimienta y la cáscara de limón rallada. Bañar con el jugo de limón.

⑤ En una cacerola, calentar el azúcar granulada con algunas gotas de agua. Cuando comience a caramelizarse, agregar el vinagre y remover bien. Una vez que esté muy caliente, verter la mezcla sobre las calabacitas. Revolver bien y dejar marinar durante 2 horas.

⑥ Colocar en el refrigerador. Servir muy frío.

■ **Preparación**: 25 min ■ **Marinada**: 2 h

> **EN ALGUNOS PAÍSES SE LLAMA:**
> Calabacita(s): *calabacín, calabaza italiana, zapallito italiano, zapallito largo, zucchini.* Cilantro: *coriandro, culantro.* Refrigerador: *heladera, nevera.*

Puré de calabacitas

Para 4 personas

- 800 g o 1 kg de calabacitas
- 3 dientes de ajo
- 80 g de mantequilla
- 1 cucharadita de perifollo picado
- 1 cucharadita de cebollín picado
- 1 cucharadita de perejil picado
- sal y pimienta

① Pelar las calabacitas, cortarlas en rodajas, ponerlas en una cacerola y cubrirlas apenas con agua. Condimentarlas con sal al gusto. Pelar los dientes de ajo y agregarlos a la cacerola. Cocer con la cacerola tapada durante 10 minutos.

② Escurrir las calabacitas y machacarlas con el tenedor o el pasapuré.

③ Colocar las calabacitas en una cacerola y, si se desea, reducir el líquido del puré sobre la estufa revolviendo sin parar y sin dejar que se pegue. Agregar la mantequilla poco a poco, sin dejar de revolver.

④ Colocar las calabacitas en la fuente en que se van a servir y espolvorear con las hierbas finas.

■ **Preparación:** 10 min ■ **Cocción:** 15 min

> **EN ALGUNOS PAÍSES SE LLAMA:**
> Calabacita(s): *calabacín, calabaza italiana, zapallito italiano, zapallito largo, zucchini.* Cebollín: *cebolleta, cebollino, ciboulette.* Estufa: *cocina* (dispositivo o aparato en el que se hace fuego o produce calor para guisar los alimentos). Mantequilla: *manteca.* Pasapuré: *machacador, pisapapas, pisapuré.*

Berros

Ensalada de berros

Para 4 personas

- *2 huevos*
- *1 manojo de berros*
- *1 manzana*
- *2 cucharadas de jugo de limón*
- *100 g de queso gouda o gruyer*
- *50 ml de vinagreta a la mostaza (→ ver pág. 100)*
- *sal y pimienta*

❶ Poner a hervir los huevos hasta que estén duros.

❷ Seleccionar los berros, eliminando los tallos grandes, y lavarlos. Escurrirlos y secarlos bien.

❸ Pelar la manzana, cortarla a la mitad, quitarle el corazón y las semillas. Rociarla con jugo de limón y cortarla en cuadritos.

❹ Cortar el queso también en cuadritos pequeños.

❺ Pelar los huevos duros y cortarlos en rodajas.

❻ Preparar la vinagreta a la mostaza.

❼ En una ensaladera, colocar los berros, los cuadritos de manzana y los cuadritos de queso. Condimentar con sal y pimienta al gusto. Bañar todo con la vinagreta a la mostaza y mezclar bien. Añadir las rodajas de huevo duro y servir.

■ **Preparación:** 20 min

Puré de berros

Para 4 personas

- *4 manojos de berros*
- *60 g de* mantequilla
- *sal y pimienta*
- *nuez moscada*

❶ Lavar los berros, escurrirlos y desprenderles las hojas.

❷ Poner a hervir agua con sal en una cacerola y sumergir en ella los berros durante 2 minutos. Escurrirlos, enjuagarlos bajo un chorro de agua fría dentro de un colador y exprimirlos con las manos para extraer la máxima cantidad posible de agua.

❸ Moler los berros en la licuadora o en el pasapuré (con la lámina fina).

❹ Colocar el puré de berros en una cacerola. Si se desea, eliminar a fuego lento, revolviendo sin parar y sin dejar que se pegue, el agua que pudiera quedarle.

❺ Agregar la mantequilla poco a poco, mezclando bien. Condimentar con sal y pimienta al gusto y rallar un poco de nuez moscada.

■ **Preparación:** 15 min ■ **Cocción:** alrededor de 5 min

> **EN ALGUNOS PAÍSES SE LLAMA:**
> Mantequilla: *manteca.* Pasapuré: *machacador, pisapapas, pisapuré.*

Endibias

Endibias: preparación

Escoger las endibias muy blancas y firmes.

Eliminar las primeras hojas que generalmente se encuentran maltratadas.

Con un cuchillo pequeño, cortar el tronco, ahuecarlo y retirar un cono pequeño de la base.

Las endibias no deben lavarse ya que el agua las amarga.

Chiffonnade de endibias a la crema

Para 4 personas

- *1 kg de endibias*
- *60 g de mantequilla*
- *1/2 cucharadita de azúcar*
- *1 limón*
- *200 ml de crema fresca*
- *sal y pimienta*

❶ Preparar las endibias (→ ver arriba preparación de endibias) y cortarlas en tiritas de 1 cm de largo.

❷ En una olla, derretir la mantequilla y agregar las endibias junto con el azúcar, el jugo del limón, sal y pimienta. Tapar la olla y dejar que los ingredientes se incorporen durante 30 minutos a fuego lento.

❸ Agregar la crema fresca y calentar a fuego alto, con la olla destapada, sin dejar de remover. Probar y, en caso de ser necesario, volver a condimentar. Servir muy caliente.

■ **Preparación:** 15 min ■ **Cocción:** alrededor de 30 min

En algunos países se llama:
Crema: *nata*. Mantequilla: *manteca*.

Endibias cocidas

Para 4 personas

- *1 kg de endibias*
- *30 g de mantequilla*
- *1/2 limón*
- *1 cucharada de perejil picado*
- *sal*

❶ Preparar las endibias (→ ver arriba preparación de endibias).

❷ Colocar las endibias en una cacerola junto con la mantequilla, una pizca de sal, el jugo de limón y un vaso de agua. Poner a hervir a fuego alto con la olla tapada y, una vez alcanzada la ebullición, reducir la intensidad del fuego y cocer durante 35 minutos.

❸ Escurrirlas y acomodarlas sobre una fuente. Espolvorear con el perejil picado.

■ **Preparación:** 10 min ■ **Cocción:** 35 min

> **En algunos países se llama:**
> Mantequilla: *manteca.*

Endibias con jamón

Para 4 personas

- *4 endibias*
- *60 g de mantequilla*
- *1/2 litro de salsa Bechamel* (→ *ver pág. 64*)
- *60 g de queso rallado*
- *nuez moscada*
- *4 rebanadas de jamón de pavo*
- *sal y pimienta*

❶ Preparar las endibias y cocerlas en 30 g de mantequilla (→ ver endibias cocidas, pág. 727).

❷ Preparar la salsa Bechamel, reducirla un poco para que se espese bien, agregarle 30 g de queso rallado, mezclar bien y rallar por encima una buena pizca de nuez moscada.

❸ Precalentar el horno a 275 °C. Engrasar con mantequilla una charola para gratín. Escurrir las endibias. Envolver cada una con una rebanada de jamón y acomodarlas una junto a otra en la charola. Bañarlas con la salsa Bechamel hirviendo.

❹ Espolvorear con el resto del queso rallado y pedacitos de mantequilla. Hornear durante aproximadamente 15 minutos.

■ **Preparación:** 30 min ■ **Cocción:** alrededor de 15 min

> **En algunos países se llama:**
> Charola: *asadera.* Mantequilla: *manteca.*

Endibias con queso

Para 4 personas

- *1 kg de endibias*
- *30 g de mantequilla*
- *250 ml de salsa Bechamel (→ ver pág. 64)*
- *60 g de queso rallado*

❶ Preparar las endibias y cocerlas en mantequilla (→ ver endibias cocidas, pág. 727).

❷ Preparar la salsa Bechamel.

❸ Precalentar el horno a 250 °C. Escurrir las endibias, colocarlas en una charola para gratín, cubrirlas con la salsa Bechamel y luego con el queso rallado. Hornearlas durante 15 minutos.

■ **Preparación:** 20 min ■ **Cocción:** 15 min

> **EN ALGUNOS PAÍSES SE LLAMA:**
> Charola: *asadera.* Mantequilla: *manteca.*

Ensalada de endibias

Para 4 personas

- *3 endibias*
- *1 limón*
- *1 manzana*
- *3 cucharadas de aceite de nuez*
- *1 cucharada de perifollo picado*

❶ Preparar las endibias (→ ver preparación de endibias, pág. 727) y cortarlas muy finamente. Colocarlas en una ensaladera. Bañarlas inmediatamente con jugo de limón para evitar que se oxiden.

❷ Pelar la manzana, quitarle las semillas y cortarla en cubitos muy pequeños. Agregarla a la ensaladera y mezclar bien para que los cubitos de manzana no se oscurezcan.

❸ Preparar una vinagreta con tres cucharadas de aceite de nuez y una cucharada de jugo de limón. Verter la vinagreta sobre la ensalada, mezclar bien, espolvorear con el perifollo picado y servir.

A partir de esta ensalada básica, se pueden preparar diversas variantes, principalmente si se agregan: nueces, bastoncitos de jamón, cubitos de queso gruyer o, incluso, piñones.

■ **Preparación:** 10 min

> **EN ALGUNOS PAÍSES SE LLAMA:**
> Quitar las semillas: *despepitar.*

Espinacas

Espinacas: preparación

❶ Quitarles el tallo a las espinacas. Cortar las hojas más grandes en dos. Lavar todas las hojas con abundante agua y escurrirlas.

❷ Si hay que blanquear las espinacas: llenar de agua una olla muy grande, agregarle sal, ponerla a hervir y, una vez alcanzada la ebullición, sumergir las espinacas y blanquearlas entre 8 y 10 minutos.

❸ Mientras tanto, preparar un recipiente de agua con hielos. Escurrir las espinacas, colocarlas inmediatamente en el recipiente con los hielos, mezclarlas bien para que se enfríen rápidamente (lo que hace que conserven su color), luego escurrirlas y exprimirlas fuertemente con las manos, por puñados, para extraer la máxima cantidad posible de agua.

espinacas congeladas:
Una vez descongeladas, las espinacas se preparan de la misma manera que las espinacas frescas.

Bolitas de espinaca saboyanas

Para 4 personas

- 1 kg y 200 g de espinacas frescas o 1/2 kg de espinacas congeladas
- 1 jitomate
- 2 cuadritos de queso blanco fresco con poca sal
- 50 g de harina
- 2 huevos
- 20 g de mantequilla
- 100 ml de leche
- 100 ml de crema fresca
- 100 g de queso gruyer rallado
- sal y pimienta

❶ Preparar las espinacas y blanquearlas (→ ver arriba preparación de espinacas). Picarlas finamente.

❷ Pasar el jitomate por agua hirviendo, pelarlo, quitarle las semillas y cortar la pulpa.

❸ En una terrina, mezclar los cuadritos de queso fresco, la harina y los huevos. Luego, agregar las espinacas y el jitomate. Mezclar hasta que este relleno tenga una consistencia muy homogénea.

❹ Poner a hervir agua con sal en una cacerola grande.

❺ Modelar el relleno formando bolitas y hervir estas últimas durante 10 minutos. Secarlas una vez transcurrido el tiempo de cocción.

❻ Precalentar el horno a 180 °C. Engrasar con mantequilla una charola para gratín y acomodar en ella las bolitas de espinacas.

❼ Espolvorear con el queso rallado y gratinar en el horno durante 15 minutos. Servir directamente de la charola de cocción.

■ **Preparación:** 20 min ■ **Cocción:** 25 min

> **EN ALGUNOS PAÍSES SE LLAMA:**
> Charola: *asadera*. Crema: *nata*. Jitomate: *tomate*. Mantequilla: *manteca*. Quitar las semillas: *despepitar*.

Buñuelos a la florentina

Para 4 o 6 personas

- *1/2 kg de masa para freír (→ ver pág. 115)*
- *1 kg y 200 g de espinacas frescas o 1/2 kg de espinacas congeladas*
- *300 ml de salsa Bechamel (→ ver pág. 64)*
- *60 g de queso rallado*
- *100 g de harina*
- *aceite*
- *sal y pimienta*

❶ Preparar la masa para freír y dejarla reposar.

❷ Preparar las espinacas y blanquearlas o descongelarlas (→ ver preparación de espinacas, pág. 730). Escurrirlas y exprimirlas con las manos para extraerles la máxima cantidad posible de agua.

❸ Moler las espinacas en la licuadora o con el pasapuré (con la lámina fina).

❹ Colocar en una cacerola el puré de espinacas y ponerlo sobre el fuego de la estufa para eliminar el agua que pudiera quedarle, revolviendo constantemente con una cuchara de madera. Mantenerlo caliente.

❺ Preparar la salsa Bechamel y mezclarla con el puré de espinacas. Agregar el queso rallado y dejar que se enfríe completamente.

❻ Calentar el aceite. Dividir la mezcla en bolitas del tamaño de una mandarina. Pasar estas bolitas por la harina, luego por la masa para freír y sumergirlas en el aceite caliente (a 180 °C) hasta que estén bien doradas.

❼ Escurrir los buñuelos de espinacas en un papel absorbente. Espolvorearlos con sal y servirlos muy calientes.

■ **Preparación:** 40 min ■ **Cocción:** de 15 a 20 min

> **EN ALGUNOS PAÍSES SE LLAMA:**
> Estufa: *cocina* (dispositivo o aparato en el que se hace fuego o produce calor para guisar los alimentos). Pasapuré: *machacador, pisapapas, pisapuré*.

Crepas gratinadas de espinacas

Para 4 personas

- 250 ml de masa para crepas saladas (→ ver pág. 113)
- 400 g de espinacas a la crema (→ ver pág. 733)
- 30 g de mantequilla
- 60 g de queso rallado

❶ Preparar la masa para crepas, luego las espinacas a la crema.

❷ Cocer 12 crepas pequeñas, rellenarlas con una cucharada de espinacas a la crema, enrollarlas y plegar los bordes hacia el centro.

❸ Engrasar con mantequilla una charola para gratín. Acomodar las crepas en la charola, poniendo los bordes plegados hacia abajo. Espolvorear con queso rallado y bañar con mantequilla derretida.

❹ Gratinar de 3 a 5 minutos en la parrilla del horno. Servir muy caliente.

■ Preparación: 35 min **■ Cocción:** alrededor de 10 min

> **EN ALGUNOS PAÍSES SE LLAMA:**
> Charola: *asadera.* Crepas: *crêpes, panquecas, panqueques, tortitas.* Mantequilla: *manteca.*

Croquetas de espinaca

Para 4 personas

- 250 ml de salsa a la crema (→ ver pág. 62) o de salsa de tomate (→ ver pág. 80)
- 200 ml de salsa Bechamel (→ ver pág. 64)
- 800 g de espinacas frescas o 400 g de espinacas congeladas
- 1 huevo entero
- 3 yemas de huevo
- 2 cucharadas de crema espesa
- 30 g de mantequilla
- 1 cucharada de aceite de cacahuate
- sal y pimienta
- nuez moscada

❶ Preparar la salsa a la crema, agregándole nuez moscada rallada, o la salsa de tomate. Mantener la salsa escogida caliente.

❷ Preparar las espinacas y blanquearlas (→ ver preparación de espinacas, pág. 730). Secarlas bien y picarlas. Preparar la salsa Bechamel. Mezclar esta última con las espinacas.

❸ En un bol, batir el huevo entero con las tres yemas y agregarlos a la salsa. Mezclar bien. Añadir la crema espesa. Condimentar con sal y pimienta al gusto y un poco de nuez moscada rallada. Dejar que se enfríe por completo.

❹ Modelar esta preparación en bolitas o en discos pequeños. En un sartén, derretir la mantequilla junto con el aceite y dorar las croquetas de espinaca durante 3 minutos de cada lado.

❺ Servir las croquetas muy calientes, bañadas con salsa a la crema o con salsa de tomate.

■ Preparación: 30 min **■ Cocción:** 6 min

> **EN ALGUNOS PAÍSES SE LLAMA:**
> Cacahuate: *cacahuete, maní.* Crema: *nata.* Mantequilla: *manteca.*

Ensalada de espinacas

Para 4 personas

- 150 g de bacalao ahumado con huevo (→ ver pág. 348)
- 2 huevos
- 120 g de brotes de espinacas jóvenes o de espinacas de verano, llamadas espinacas de Nueva Zelanda
- 50 ml de salsa vinagreta (→ ver pág. 100)
- 1/2 manojo de eneldo

❶ Preparar el bacalao ahumado con huevo.

❷ Poner a hervir los huevos hasta que estén duros.

❸ Preparar las espinacas (→ ver preparación de espinacas, pág. 730) y secarlas bien.

❹ Hacer la vinagreta con aceite de avellana y aceite de cacahuate.

❺ Colocar las espinacas en una ensaladera y mezclar bien con la vinagreta. Desmenuzar el bacalao ahumado por encima.

❻ Pelar los huevos duros, cortarlos en cuartos y acomodarlos sobre la ensalada. Espolvorear el bacalao con pelusitas de eneldo.

■ **Preparación:** 20 min

> **EN ALGUNOS PAÍSES SE LLAMA:**
> Cacahuate: *cacahuete, maní.*

Espinacas a la mantequilla

Para 4 personas

- 1 y 1/2 kg de espinacas muy frescas
- 100 g de mantequilla
- nuez moscada
- sal y pimienta blanca

❶ Preparar las espinacas y blanquearlas (→ ver preparación de espinacas, pág. 730).

❷ En un sartén salteador, calentar 60 g de mantequilla. Agregar las espinacas al sartén. Condimentarlas con sal y pimienta al gusto, así como con un poco de nuez moscada rallada. Remover durante 2 minutos a fuego medio.

❸ Añadir 40 g de mantequilla en pedacitos y cocer durante 2 minutos más.

   espinacas a la crema:
   agregar 250 g de crema fresca en lugar de los últimos 40 g de mantequilla. Remover y cocer a fuego lento durante 5 minutos. Probar y, en caso de ser necesario, volver a condimentar. Servir caliente.

■ **Preparación:** 6 min ■ **Cocción:** alrededor de 10 min

> **EN ALGUNOS PAÍSES SE LLAMA:**
> Crema: *nata.* Mantequilla: *manteca.*

Espinacas gratinadas

Para 4 personas

- *1 kg y 200 g de espinacas*
- *400 ml de salsa Bechamel*
  (→ ver pág. 64)
- *nuez moscada*
- *80 g de queso rallado*
- *20 g de mantequilla*
- *sal y pimienta*

❶ Preparar las espinacas y blanquearlas (→ ver preparación de espinacas, pág. 730).

❷ Preparar la salsa Bechamel, agregarle la nuez moscada rallada y 40 g de queso rallado.

❸ Precalentar el horno a 275 °C. Engrasar ligeramente con mantequilla una charola para gratín y distribuir en ella las espinacas. Cubrirlas con la salsa Bechamel y espolvorear con el resto del queso rallado.

❹ Bañar con mantequilla derretida y gratinar en el horno de 10 a 15 minutos.

■ **Preparación:** 30 min

■ **Cocción:** de 10 a 15 min, aproximadamente

EN ALGUNOS PAÍSES SE LLAMA:
Charola: *asadera*. Mantequilla: *manteca*.

Pan de espinacas a la romana

Para 4 personas

- *1 kg y 200 g de espinacas*
  frescas o 400 g de espinacas
  congeladas
- *6 filetes de anchoas saladas*
- *50 g de mantequilla*
- *3 huevos*
- *50 g de queso gruyer o 30 g*
  de queso parmesano rallado
- *nuez moscada*
- *200 ml de salsa de tomate*
  (→ ver pág. 79)
- *sal y pimienta*

❶ Preparar las espinacas y blanquearlas (→ ver preparación de espinacas, pág. 730). Exprimirlas bien para extraerles la máxima cantidad posible de agua y, posteriormente, picarlas.

❷ Poner los filetes de anchoas en un bol con agua para quitarles la sal.

❸ Precalentar el horno a 200 °C.

❹ Derretir la mantequilla y mezclarla con las espinacas.

❺ Escurrir los filetes de anchoas, cortarlos en cuadritos muy pequeños y agregarlos a las espinacas.

❻ Batir los huevos como para hacer una omelette e incorporarlos a las espinacas. Añadir el queso. Condimentar con sal y pimienta al gusto y con un poco de nuez moscada rallada. Probar y verificar la sazón.

❼ Verter esta preparación en un molde engrasado con mantequilla y cocer en el horno, durante 45 minutos, a baño maría.

❽ Preparar la salsa de tomate.

❾ Desmoldar el pan de espinacas sobre la fuente en que se va a servir. Servir la salsa de tomate por separado.

■ **Preparación:** 30 min ■ **Cocción:** 45 min

> EN ALGUNOS PAÍSES SE LLAMA:
> Anchoa: *anchova, boquerón.* Mantequilla: *manteca.*

Tarta de espinacas

Para 4 personas

- *225 g de masa para repostería (→ ver pág. 112)*
- *250 ml de salsa Mornay (→ ver pág. 68)*
- *40 g de queso rallado*
- *700 g de espinacas frescas o 250 g de espinacas congeladas*
- *120 g de mantequilla*

❶ Preparar una base para tarta con la masa para repostería y cocerla (→ ver preparación de tartas y tartaletas, pág. 199).

❷ Confeccionar la salsa Mornay, agregarle la mitad del queso rallado, mezclar bien y mantenerla caliente.

❸ Preparar las espinacas y cocerlas a la mantequilla (→ ver pág. 733).

❹ Precalentar el horno a 275 °C.

❺ Colocar las espinacas en la base para tarta. Bañarlas con la salsa Mornay, espolvorear con el queso rallado restante, bañar con mantequilla derretida y hornear durante 10 minutos.

■ **Preparación:** 40 min ■ **Cocción:** 10 min

> EN ALGUNOS PAÍSES SE LLAMA:
> Mantequilla: *manteca.*

Torta pascualina

Para 8 personas

- *500 g de masa hojaldrada*
  (→ ver pág. 114)
- *4 cucharadas de aceite*
- *1 cebolla mediana*
- *2 tazas de espinacas cocidas*
- *2 tazas de acelgas cocidas*
- *1 taza de queso mozarella*
- *7 huevos*
- *1 cucharada de fécula de maíz*
- *1 pizca de nuez moscada*
- *sal y pimienta*

❶ Acitronar la cebolla picada en el aceite.

❷ Agregar las espinacas y las acelgas picadas, revolver y cocinar por 5 minutos o hasta que se consuma el líquido.

❸ Retirar y dejar enfriar 20 minutos.

❹ En un bol colocar el queso, los condimentos, dos huevos y la fécula de maíz; mezclar hasta ligar todos los ingredientes. Añadir la mezcla de las espinacas e incorporar bien. Precalentar el horno a 160 °C por 10 minutos.

❺ Forrar un molde para tarta con masa de hojaldre extendida de 1/2 cm de grosor, volcar el relleno, emparejar y con una cuchara hacer cuatro huecos. Colocar en cada hueco un huevo crudo. Tapar con masa de hojaldre y hacer un repulgue en la orilla.

❻ Pintar con huevo batido y llevar al horno. Cocinar 5 minutos en el piso del horno, pasar la tarta a la parte media del horno y cocinar por 50 minutos (150 °C a 160 °C).

■ **Preparación:** 15 min ■ **Cocción:** 1 h 10 min

> **EN ALGUNOS PAÍSES SE LLAMA:**
> Fécula de maíz: *almidón de maíz, maicena.*

Hinojo

Hinojo: Preparación

❶ Cortar los tallos de hinojo (si se desea, se los puede guardar en el congelador para aromatizar otra preparación). Retirar las partes maltratadas del bulbo.

❷ Salvo que se consuma crudo en una ensalada, el hinojo debe blanquearse antes de cocinarse: sumergirlo entero en agua hirviendo con sal durante 5 minutos, luego escurrirlo, dejarlo enfriar y secarlo.

❸ Para preparar una ensalada de hinojo, cortar muy finamente los bulbos, macerarlos en agua con sal gruesa durante 10 minutos, y luego enjuagarlos con agua fría. Cuando se consume en ensalada, el hinojo se sirve con alguna mayonesa.

❹ También es posible añadir hinojo a las ensaladas mixtas con jitomates, pepinos, calabacitas, aceitunas, anchoas, y a las ensaladas verdes.

EN ALGUNOS PAÍSES SE LLAMA:

Anchoa: *anchova, boquerón.* Calabacita(s): *calabacín, calabaza italiana, zapallito italiano, zapallito largo, zucchini.* Jitomate: *tomate.*

Estofado de hinojo en salsa de jitomate

Para 4 personas

- *1 berenjena grande*
- *1/2 kg de jitomates*
- *2 cebollas*
- *3 bulbos de hinojo*
- *200 ml de aceite de oliva*
- *3 dientes de ajo*
- *1 manojo de perejil liso*
- *4 anchoas en aceite*
- *sal y pimienta*

❶ Cortar la berenjena en cubitos y ponerla a macerar (→ ver preparación de berenjenas, pág. 656).

❷ Pasar los jitomates por agua hirviendo, pelarlos, quitarles las semillas y cortarlos en cuatro. Pelar las cebollas y filetearlas. Preparar los bulbos de hinojo (→ ver preparación de hinojo, pág. 736) y luego cortarlos en rebanadas.

❸ En una olla, calentar el aceite de oliva. Agregar las cebollas y el hinojo, remover y luego dejar que se suavicen durante 10 minutos. Condimentar con sal y pimienta al gusto.

❹ Secar los cubitos de berenjena y añadirlos a la olla junto con los jitomates y los dientes de ajo pelados pero enteros. Cocer durante 30 minutos a fuego bajo y con la olla destapada, removiendo de vez en cuando.

❺ Picar el perejil y machacar las anchoas en un poco de aceite de oliva. Agregar esta mezcla a las verduras y remover. Dejar que los ingredientes se incorporen a fuego muy bajo durante 5 minutos más.

■ **Preparación:** 30 min ■ **Cocción:** 45 min

EN ALGUNOS PAÍSES SE LLAMA:

Anchoa: *anchova, boquerón.* Jitomate: *tomate.* Quitar las semillas: *despepitar.*

Hinojo al vino blanco

Para 4 personas

- *3 bulbos de hinojo*
- *150 ml de vino blanco seco*
- *50 ml de aceite de oliva*
- *2 ramitas de tomillo*
- *1 hoja de laurel*
- *1 cucharadita de semillas de cilantro*
- *1 limón*
- *sal y pimienta*

❶ Preparar los bulbos de hinojo (→ ver preparación de hinojo, pág. 736) y luego cortarlos en dos.

❷ En una cacerola, verter el vino blanco seco, el aceite de oliva y un vaso pequeño de agua. Agregar el tomillo, el laurel y el cilantro. Mezclar bien. Después, añadir las mitades de los bulbos de hinojo y condimentar con sal y pimienta al gusto. Cocer todo de 30 a 40 minutos con la cacerola tapada, o bien cocer durante 10 minutos en el horno de microondas.

❸ Dejar que se enfríe dentro del líquido de cocción, escurrir con un colador y bañar con el jugo de limón.

■ **Preparación:** 10 min ■ **Cocción:** alrededor de 40 min

> EN ALGUNOS PAÍSES SE LLAMA:
> Cilantro: *coriandro, culantro.*

Hinojo horneado con tocino

Para 4 personas

- *4 bulbos de hinojo*
- *1 zanahoria*
- *1 cebolla*
- *150 g de rebanadas delgadas de tocino*
- *1 bouquet garni*
- *1/2 litro de caldo o consomé de res (→ ver pág. 53) o de base blanca de ternera (→ ver pág. 52)*
- *sal y pimienta*

❶ Preparar los bulbos de hinojo (→ ver preparación de hinojos, pág. 736). Si son demasiado grandes, dividirlos en cuartos, dejarlos completos si son pequeños.

❷ Pelar la zanahoria y la cebolla y cortarlas en rodajas.

❸ Precalentar el horno a 220 °C.

❹ Cubrir el fondo de una olla con las rebanadas de tocino. Agregar el bouquet garni y las rodajas de cebolla y zanahoria. Acomodar el hinojo por encima de las verduras.

❺ Verter el caldo de res o la base blanca de ternera (se pueden utilizar también productos comerciales deshidratados).

❻ Poner a hervir sobre el fuego de la estufa, tapar la olla y, una vez alcanzada la ebullición, hornear durante 40 minutos.

■ **Preparación:** 15 min ■ **Cocción:** alrededor de 45 min

> EN ALGUNOS PAÍSES SE LLAMA:
> Estufa: *cocina* (dispositivo o aparato en el que se hace fuego o produce calor para guisar los alimentos). Tocino: *bacon, larda de tocino, panceta, tocineta.*

Habas

Habas: preparación

Las habas frescas que se encuentran en los mercados durante la primavera deben "limpiarse": luego de extraerlas de su vaina, es necesario retirarles la piel blanca que cubre cada grano. De esta manera, las habas pueden comerse con sal de cocina o bien guisarse. Para este último caso, primero hay que blanquearlas durante 10 minutos en agua hirviendo con sal.

Habas a la crema

Para 4 personas

- 2 kg de habas frescas o 600 g de habas congeladas
- 40 g de mantequilla
- 150 ml de crema fresca
- sal y pimienta

❶ Preparar y blanquear las habas (→ ver arriba preparación de habas).

❷ En una olla, derretir la mantequilla y saltear las habas.

❸ Condimentar con sal y pimienta al gusto, luego agregar la crema fresca y continuar la cocción durante algunos minutos más. Probar y, de ser necesario, volver a condimentar.

■ **Preparación:** 20 min ■ **Cocción:** 5 min

> EN ALGUNOS PAÍSES SE LLAMA:
> Crema: *nata.* Mantequilla: *manteca.*

Habas con cubitos de tocino

Para 4 personas

- 2 kg de habas frescas
- 2 cebollas medianas
- 40 g de mantequilla
- 1 cucharada de aceite de maíz
- 150 g de tocino en cubitos
- 3 ramitas de ajedrea fresca
- sal y pimienta

❶ Preparar y blanquear las habas (→ ver preparación de habas, pág. 739).

❷ Picar finamente las cebollas. En un sartén salteador, calentar la mantequilla junto con el aceite de maíz y saltear las cebollas a fuego muy bajo. Luego, añadir los cubitos de tocino y revolver durante 2 minutos.

❸ Agregar las habas y la ajedrea al sartén. Condimentar con sal y pimienta al gusto.

❹ Verter dos cucharadas de agua, mezclar bien y dejar que los ingredientes se incorporen a fuego lento durante 10 minutos, aproximadamente, o hasta que las habas estén bien tiernas. Servir muy caliente.

■ **Preparación:** 25 min ■ **Cocción:** 15 min

> **EN ALGUNOS PAÍSES SE LLAMA:**
> Mantequilla: *manteca.* Tocino: *bacon, larda de tocino, pance-ta, tocineta.*

Puré de habas frescas

Para 4 personas

- 2 kg de habas frescas
- 50 g de mantequilla
- 1 ramita de ajedrea
- 1 cucharadita de azúcar
- 1 o 2 cucharadas de crema fresca
- sal y pimienta

❶ Preparar y blanquear las habas (→ ver preparación de habas, pág. 739).

❷ En una olla, derretir la mantequilla, agregar las habas, la ajedrea, una pizca de sal, el azúcar y 100 ml de agua. Cocer de 10 a 15 minutos con la olla tapada.

❸ Escurrir las habas con un colador y molerlas con el pasapuré o en la licuadora.

❹ Agregar la crema fresca para volver a aligerar el puré y servir muy caliente.

■ **Preparación:** 30 min ■ **Cocción:** alrededor de 15 min

> **EN ALGUNOS PAÍSES SE LLAMA:**
> Crema: *nata.* Mantequilla: *manteca.* Pasapuré: *machacador, pi-sapapas, pisapuré.*

Germinados

Germinados: preparación

Lavar rápidamente los germinados (alfalfa, brotes de trigo, de soya, de lentejas, de rábanos, de mostaza, etc.). Luego, escurrirlos y secarlos delicadamente con una tela limpia. Se pueden preparar en ensaladas pero también pueden cocerse rápidamente al vapor.

Ensalada de germen de trigo

Para 6 personas

- 200 g de trigo integral
- 2 calabacitas de piel delgada
- 50 ml de aceite de oliva
- 3 cucharadas de jugo de limón
- 4 cucharadas de pasitas
- 1 pimiento amarillo marinado
- sal y pimienta

Dos días antes

❶ Poner los granos de trigo en un plato hondo, cubrirlos con agua y dejarlos remojar durante 24 horas.

La noche anterior

❷ Lavar los granos de trigo y volverlos a poner en el plato hondo ya sin agua y dejarlos ahí otras 24 horas. Deben quedar un poco húmedos.

El mismo día

❸ Lavar los granos de trigo ya germinados.

❹ Lavar y filetear las calabacitas. Bañarlas con el aceite de oliva y el jugo de limón. Dejarlas marinar durante 30 minutos.

❺ Mientras tanto, poner las pasitas a remojar en agua tibia hasta que se esponjen. Filetear el pimiento. Colocar en una ensaladera el germen de trigo, las calabacitas con todo y su marinada, el pimiento y las pasitas escurridas.

❻ Condimentar con sal y pimienta al gusto. Revolver bien y servir a temperatura ambiente.

Una vez que los granos de trigo han germinado no pueden conservarse, por lo cual deberán consumirse el mismo día.

■ **Remojo:** 24 h + 24 h ■ **Preparación:** 30 min

■ **Marinada**: 30 min

> **EN ALGUNOS PAÍSES SE LLAMA:**
>
> Calabacita(s): *calabacín, calabaza italiana, zapallito italiano, zapallito largo, zucchini.* Germen: *brote.* Pasitas: *pasas, pasas de uva, uvas pasas, uvas secas.* Pimiento: *ají, locote, morrón.*

Germen de soya a la mantequilla

Para 4 personas

- 200 g de germen de soya
- 1 zanahoria
- 1 calabacita
- 40 g de mantequilla
- 1 cucharada de cebollín picado
- sal y pimienta

❶ Lavar rápidamente el germen de soya y luego sumergirlo durante 1 minuto en agua hirviendo con sal (→ ver preparación de germinados, pág. 740). Luego, escurrirlo con un colador.

❷ Pelar la zanahoria y cortarla en bastoncitos, al igual que la calabacita. Sumergir los bastoncitos de zanahoria y calabacita durante 1 minuto en agua hirviendo con sal. Escurrirlos con un colador y refrescarlos con agua.

❸ En una cacerola, derretir la mantequilla y añadir el germen de soya, la zanahoria y la calabacita. Mezclar bien todo y cocer durante 3 minutos.

❹ Condimentar con sal y pimienta al gusto, probar y, de ser necesario, volver a condimentar. Luego, colocar en la fuente de servicio y espolvorear con el cebollín picado.

■ **Preparación:** 10 min ■ **Cocción:** 3 min

> **EN ALGUNOS PAÍSES SE LLAMA:**
>
> Calabacita(s): *calabacín, calabaza italiana, zapallito italiano, zapallito largo, zucchini.* Cebollín: *cebolleta, cebollino, ciboulette.* Germen: *brote.* Mantequilla: *manteca.*

Frijoles y ejotes

Frijoles en grano: preparación

Frijoles secos

❶ Colocar los frijoles (blancos, rojos, bayos o negros) en una ensaladera grande y cubrirlos con abundante agua. Desechar los frijoles que suban rápidamente a la superficie. Dejarlos remojar durante 6 horas.

❷ Escurrirlos con un colador. Colocarlos en una cacerola grande, cubrirlos con abundante agua y dejar que hiervan.

❸ Espumar, agregar una o dos cebollas mechadas con un clavo de olor, una o dos zanahorias peladas y cortadas en cubitos (dependiendo de la cantidad de frijoles), un diente de ajo pelado y un bouquet garni.

❹ Cocerlos a fuego lento de 1 hora y 30 minutos a 2 horas y 30 minutos. Condimentar con sal sólo cuando hayan transcurrido tres cuartas partes del tiempo total de la cocción. Probarlos para darse una idea del grado de cocción.

Frijoles frescos en vaina

❶ Sacar los frijoles de su vaina y sumergirlos en agua. Desechar los que estén manchados, deformes y los que suban rápidamente a la superficie. Lavarlos por segunda ocasión, pero esta vez sin remojarlos.

❷ Después, cocerlos de la misma manera que los frijoles secos durante alrededor de 1 hora. Están bien cocidos cuando se pueden aplastar con los dedos sin que se formen grumos.

> **EN ALGUNOS PAÍSES SE LLAMA:**
> Frijol: *alubia, caráota, fréjol, habichuela, judía, poroto.*

Alubias a la crema

Para 4 personas

- 600 g de alubias frescas y sin vaina
- 2 jitomates
- 150 ml de crema líquida
- 1 cucharada de perejil picado
- sal y pimienta

❶ Preparar y cocer las alubias (→ ver preparación de frijoles en grano, pág. 742) y luego escurrirlas.

❷ Pasar los jitomates por agua hirviendo, pelarlos y machacarlos.

❸ Calentar la crema hasta que hierva y luego verterla sobre las alubias. Revolver bien y dejar que los ingredientes se incorporen de 5 a 10 minutos hasta que la salsa adquiera una consistencia untuosa.

❹ Probar y, de ser necesario, condimentar con sal y pimienta al gusto. Colocar las alubias en la fuente de servicio y rodearlas con los jitomates machacados. Espolvorear con el perejil picado y servir de inmediato.

■ **Preparación:** alrededor de 10 min

■ **Cocción:** alrededor de 1 h

> EN ALGUNOS PAÍSES SE LLAMA:
> Crema: *nata*. Jitomate: *tomate*.

Cassoulet

Para 8 personas

- 1 kg de frijoles blancos
- 200 g de tocino en rebanadas delgadas
- 1 zanahoria
- 5 dientes de ajo
- 4 cebollas
- 1 clavo de olor
- 300 g de tocino magro
- 2 bouquet garni
- 3/4 de kg de espinazo de cerdo
- 1/2 kg de pecho de cordero deshuesado
- 100 g de manteca de ganso
- 300 ml de caldo de res deshidratado

❶ Poner a remojar los frijoles (→ ver preparación de frijoles en grano, pág. 742).

❷ Cortar en pedacitos las rebanadas de tocino. Luego, poner varios encimados y atarlos en pequeños paquetes.

❸ Pelar la zanahoria, el ajo y las cebollas. Luego, mechar una de las cebollas con el clavo de olor. Cortar en pedacitos la zanahoria y el tocino entero.

❹ En una olla, colocar los frijoles junto con los pedacitos de tocino, los paquetes de rebanadas de tocino, la zanahoria, la cebolla mechada, tres dientes de ajo y un bouquet garni. Cubrir todo con agua. Cocer durante 1 hora a hervores muy bajos y con la olla tapada. Condimentar con sal gruesa a media cocción.

❺ Partir el espinazo de cerdo y el pecho de cordero en trozos grandes. En un sartén salteador, derretir 50 g de manteca de ganso y saltear los trozos de carne durante 10 minutos. Condimentar con sal y pimienta al gusto.

- *1 salchichón con ajo*
- *4 porciones de "confit" de ganso o de pato*
- *40 cm de salchicha de cerdo fresca*
- *pan molido*
- *sal gruesa y pimienta*

❻ Picar las tres cebollas restantes, machacar dos dientes de ajo y agregarlos al sartén de la carne junto con el otro bouquet garni. Verter un poco de caldo de res y luego cocer durante 40 minutos con el sartén tapado. Añadir más caldo de res de vez en cuando.

❼ Una vez que los frijoles estén prácticamente cocidos, retirar de la olla las verduras para la guarnición y el bouquet garni. Agregar la carne de cerdo y de cordero, el salchichón con ajo, el "confit" de ganso o de pato y la salchicha de cerdo. Dejar que los ingredientes se incorporen a fuego muy bajo durante 1 hora.

❽ Precalentar el horno a 160 °C.

❾ Escurrir las carnes. Cortar la carne de cordero, cerdo y ganso en pedacitos del mismo tamaño, los paquetitos de tocino en rectángulos, el salchichón en rebanadas (quitarle la piel) y la salchicha en trocitos.

❿ Recubrir el fondo de una terrina grande y profunda con una parte de los rectángulos de tocino. Luego, colocar una capa de frijoles y después una capa de las diferentes carnes con todo y su salsa. Cubrir con frijoles y terminar de llenar la terrina, alternando sucesivamente las diferentes capas y condimentando cada capa con un poco de pimienta en granos recién molida.

⓫ Sobre la última capa de frijoles, colocar los pedacitos y los paquetitos de tocino, así como algunas rebanadas de salchichón. Espolvorear con el pan molido y finalmente bañar con los 50 g restantes de manteca de ganso.

⓬ Hornear a temperatura muy baja durante 1 hora y 30 minutos, aproximadamente. Una vez que se forme una costra en la superficie, romperla y sumergirla en la terrina para que se vuelva a formar después.

⓭ Servir el cassoulet directamente en la terrina.

La calidad de los frijoles es esencial para que el cassoulet adquiera buen sabor y untuosidad.

■ **Preparación:** 40 min ■ **Remojo:** 2 h

■ **Cocción:** alrededor de 3 h 30 min

EN ALGUNOS PAÍSES SE LLAMA:

Cerdo: *chancho, cochino, puerco.* Frijol: *alubia, caráota, fréjol, habichuela, judía, poroto.* Manteca: *grasa.* Pan molido: *pan rallado.* Tocino: *bacon, larda de tocino, panceta, tocineta.*

Ensalada de alubias

Para 4 personas

- 600 g de alubias frescas y sin vaina
- 1 cebollita de Cambray
- 1 clavo de olor
- 1 zanahoria
- 1 diente de ajo
- 1 bouquet garni
- 1 chalote
- 5 ramitas de perejil
- 100 ml de salsa vinagreta (→ ver pág. 100)
- 1 cucharadita de vinagre de jerez

❶ Escoger alubias blancas o rosadas sin vaina. Prepararlas y cocerlas (→ ver preparación de frijoles en granos, pág. 742) junto con la cebollita de Cambray mechada con el clavo de olor, la zanahoria, el ajo y el bouquet garni. Escurrirlas y dejarlas enfriar un poco.
❷ Pelar y picar el chalote y el perejil.
❸ Preparar la salsa vinagreta y agregarle el vinagre de jerez. Mezclar esta salsa con las alubias tibias y añadir el chalote picado.
❹ Colocar las alubias en el plato en el que se van a servir y espolvorearlas con el perejil picado.

■ **Preparación:** 15 min ■ **Cocción:** alrededor de 1 h

> **EN ALGUNOS PAÍSES SE LLAMA:**
> Cebollita(s) de Cambray: *cebolla china, cebolla de almácigo, cebolla de verdeo, cebolla en rama, cebolla junca, cebolleta(s), cebollín.* Chalote: *ascalonia, chalota, echalote, escalonia.*

Feijoada

Para 6 personas

- 500 g de frijol negro
- 1 kg de chuleta de cerdo ahumada
- 500 g de carne de res magra
- 250 g de chorizo
- 2 dientes de ajo
- 4 cebollas
- 8 cebollitas de Cambray
- 4 naranjas
- 1/2 taza de perejil
- aceite
- sal

❶ Poner los frijoles en remojo por 12 horas. Desechar los que floten.
❷ Dorar las chuletas de cerdo en su propia grasa, añadir los frijoles, cubrir con agua y hervir con un poco de sal en una cacerola tapada.
❸ Dorar el ajo y la cebolla en una sartén con un poco de aceite. Agregar la carne de res cortada en cubitos, añadir agua y hervir hasta que la carne se cocine.
❹ Dorar aparte los chorizos y cocinarlos con agua cuando suelten su grasa.
❺ Una vez que los frijoles hirvieron 1 hora, agregar la carne cocida con caldo, el jugo de las naranjas, el perejil picado, las cebollitas de Cambray picadas y, por último, los chorizos.

> Este plato se acompaña con arroz blanco (ver pág. 844) y puede condimentarse con un poco de chile seco o fresco.

■ **Remojo:** 12 h ■ **Preparación:** 15 min

■ **Cocción:** aproximadamente 2 h

> **EN ALGUNOS PAÍSES SE LLAMA:**
>
> Cebollita(s) de Cambray: *cebolla china, cebolla de almácigo, cebolla de verdeo, cebolla en rama, cebolla junca, cebolleta(s), cebollín.* Cerdo: *chancho, cochino, puerco.* Chile: *ají cumbarí, ají picante, conguito, guindilla, ñora, páprika (picante), pimentón picante, pimiento picante.* Chuleta: *costeletas, costillas, costillitas.* Frijol: *alubia, caráota, fréjol, habichuela, judía, poroto.*

Frijoles bayos a la crema

Para 4 personas

- *300 g de frijoles bayos secos o 1 lata grande de frijoles bayos*
- *150 ml de crema líquida*
- *sal y pimienta*

❶ Preparar y cocer los frijoles (→ ver preparación de frijoles en grano, pág. 742). Escurrirlos (o escurrir el agua de la lata).

❷ Poner a hervir la crema y luego verterla sobre los frijoles. Mezclar bien y dejar que los ingredientes se incorporen a fuego bajo de 5 a 10 minutos hasta que la crema adquiera una consistencia muy untuosa.

❸ Probar y, de ser necesario, condimentar con sal y pimienta al gusto. Verter en la fuente de servicio.

■ **Remojo:** 2 h ■ **Cocción:** alrededor de 2 h

■ **Preparación:** alrededor de 10 min

> **EN ALGUNOS PAÍSES SE LLAMA:**
>
> Crema: *nata.* Frijol: *alubia, caráota, fréjol, habichuela, judía, poroto.*

Frijoles blancos a la bretona

Para 4 personas

- *1 kg y 200 g de frijoles blancos en vaina o 300 g de frijoles blancos secos*
- *3 cebollas*

❶ Poner a remojar los frijoles durante 2 horas (→ ver preparación de frijoles en grano, pág. 742) y luego escurrirlos.

❷ Cocer los frijoles durante 1 hora y 30 minutos junto con dos cebollas mechadas con un clavo de olor, la zanahoria, un diente de ajo y el bouquet garni.

- *2 clavos de olor*
- *1 zanahoria*
- *2 dientes de ajo*
- *1 bouquet garni*
- *2 jitomates*
- *40 g de mantequilla*
- *50 ml de vino blanco*
- *1 cucharada de concentrado de tomate*
- *1 cucharada de perejil picado*
- *sal y pimienta*

❸ Mientras tanto, preparar la salsa bretona: pelar y picar una cebolla y un diente de ajo. Pasar los jitomates por agua hirviendo, pelarlos, quitarles las semillas y cortarlos en cubitos pequeños. En una cacerola, derretir 20 g de mantequilla y dorar la cebolla. Verter el vino blanco y dejar que se reduzca a la mitad. Agregar los jitomates, el concentrado de tomate, el ajo y luego condimentar con sal y pimienta al gusto. Tapar la cacerola y cocer alrededor de 15 minutos.

❹ Añadir los frijoles y mezclarlos bien con la salsa. Agregar la mantequilla restante, espolvorear con el perejil picado y servir.

■ **Remojo:** 2 h ■ **Preparación:** 15 min
■ **Cocción:** 1 h 30 min

> EN ALGUNOS PAÍSES SE LLAMA:
> Frijol: *alubia, caráota, fréjol, habichuela, judía, poroto.* Jitomate: *tomate.* Mantequilla: *manteca.* Quitar las semillas: *despepitar.*

Frijoles blancos en jugo de carne

Para 4 personas

- *1 kg y 200 g de frijoles blancos en vaina o 300 g de frijoles blancos secos*
- *2 cebollas*
- *2 clavos de olor*
- *1 zanahoria*
- *1 diente de ajo*
- *1 bouquet garni*
- *100 ml de jugo de carne*
- *40 g de mantequilla*
- *1 cucharada de perejil picado*

❶ Poner a remojar los frijoles durante 2 horas y luego cocerlos (→ ver frijoles blancos a la bretona, pág. 746).

❷ Calentar el jugo de carne resultante de una pieza de carne, de una pierna o de un ave, o bien reconstituir 200 ml de caldo de ternera o de pollo deshidratados y dejar que se reduzca a la mitad. Condimentar con sal y pimienta al gusto.

❸ Escurrir los frijoles y verterles el jugo de carne. Añadir la mantequilla y mezclar bien. Espolvorear con el perejil picado y servir.

■ **Remojo:** 2 h ■ **Preparación:** 10 min
■ **Cocción:** 1 h 30 min

> EN ALGUNOS PAÍSES SE LLAMA:
> Frijol: *alubia, caráota, fréjol, habichuela, judía, poroto.* Mantequilla: *manteca.*

Frijoles blancos en salsa de tomate

Para 4 personas

- *1 kg y 200 g de frijoles blancos en vaina o 300 g de frijoles blancos secos*
- *3 dientes de ajo*
- *400 g de tocino magro*
- *1 bouquet garni*
- *250 ml de salsa de tomate (→ ver pág. 80)*
- *sal y pimienta*

❶ Poner a remojar los frijoles (→ ver preparación de frijoles en grano, pág. 742).

❷ Pelar el ajo.

❸ Colocar los frijoles en una olla junto con el tocino, el ajo y el bouquet garni. Cubrirlos con abundante agua. Tapar la olla y cocer a fuego bajo durante 1 hora y 30 minutos. Condimentar con sal sólo a media cocción.

❹ Preparar la salsa de tomate.

❺ Escurrir los frijoles y, con una espumadera, retirar el tocino y el bouquet garni.

❻ Volver a colocar los frijoles en la olla y agregarles la salsa de tomate.

❼ Cortar el tocino en cubitos y añadirlo también a la olla.

❽ Dejar que los ingredientes se incorporen a fuego bajo durante 10 minutos. Servir bien caliente.

■ **Preparación:** 15 min ■ **Remojo:** 2 h

■ **Cocción:** alrededor de 1 h 40 min

> **EN ALGUNOS PAÍSES SE LLAMA:**
>
> Frijol: *alubia, caráota, fréjol, habichuela, judía, poroto.* Tocino: *bacon, larda de tocino, panceta, tocineta.*

Frijoles charros

Para 8 personas

- *1 kg de frijol*
- *2 piezas de patitas de cerdo*
- *100 g de jamón cocido*
- *200 g de chorizo*
- *150 g de tocino*
- *250 ml de cerveza*
- *2 jitomates medianos*
- *1 cebolla mediana*
- *1 chile serrano*
- *cilantro*
- *sal*

❶ Poner a cocinar con sal al mismo tiempo las patitas de cerdo y los frijoles durante 2 horas.

❷ Dorar en un sartén el tocino, agregar en este orden el chorizo, el jamón, el jitomate y la cebolla picados.

❸ Una vez que la mezcla anterior esté bien dorada, añadir a la olla donde se cocinaron los frijoles y calentar. Cuando hierva, vertir la cerveza y sazonar con el chile serrano cortado en rodajas y cilantro picado al gusto.

■ **Preparación:** 15 min ■ **Cocción:** aproximadamente 2 h

> **EN ALGUNOS PAÍSES SE LLAMA:**
>
> Cerdo: *chancho, cochino, puerco.* Chile: *ají cumbarí, ají picante, conguito, guindilla, ñora, páprika (picante), pimentón picante, pimiento picante.* Cilantro: *coriandro, culantro.* Frijol: *alubia, caráota, fréjol, habichuela, judía, poroto.* Jitomate: *tomate.* Tocino: *bacon, larda de tocino, panceta, tocineta.*

Frijoles con pezuña

Para 4 personas

- *1 kg de frijoles rojos grandes*
- *3 1/2 litros de agua*
- *1 1/2 tazas de ogao*
  (→ ver pág. 59)
- *1 pezuña de cerdo*
- *1 zanahoria*
- *2 plátanos machos verdes*
- *sal*
- *comino al gusto*

❶ Lavar los frijoles y ponerlos a remojar en agua por 12 horas.

❷ Tirar el agua donde se remojaron los frijoles y ponerlos a cocer con el ogao, la pezuña de cerdo, la zanahoria finamente picada, el plátano verde picado con la uña, la sal y el comino, durante 45 minutos en olla a presión o 3 horas en olla normal, a fuego medio hasta que todo esté blando.

❸ Destapar la olla, dejar sazonar a fuego lento hasta lograr la consistencia deseada, revolver con frecuencia.

❹ Retirar la pezuña de cerdo antes de servir.

■ **Remojo:** 12 h ■ **Preparación:** 20 min
■ **Cocción:** de 1 a 3 h 30 min

> **EN ALGUNOS PAÍSES SE LLAMA:**
> Cerdo: *chancho, cochino, puerco*. Frijol: *alubia, caráota, fréjol, habichuela, judía, poroto*. Plátano: *banana, cambur*.

Frijoles de ejote a la mantequilla

Para 4 personas

- *600 g de chícharos chinos verdes o amarillos*
- *60 g de mantequilla*
- *1 cucharada de perejil picado*
- *sal y pimienta*

❶ Quitar los filamentos a las vainas, rompiendo cada una de sus extremidades y jalándolas para quitarles el hilo. Lavar bien los frijoles y escurrirlos.

❷ En una cacerola grande, poner a hervir agua con sal y añadir los chícharos. Cocerlos durante 20 minutos a hervores fuertes y con la cacerola destapada. Condimentar con sal sólo a la mitad de la cocción. Probar para verificar el grado de cocción y, una vez que estén listos, escurrirlos.

❸ En otra cacerola, derretir la mantequilla y agregarle los chícharos. Mezclar con mucho cuidado para que no se rompan.

❹ Colocar los chícharos en el plato en el que se van a servir y espolvorearlos con el perejil picado.

Estos chícharos chinos también se pueden preparar con una salsa de tomate.

■ **Preparación:** 15 min ■ **Cocción:** de 20 a 25 min

Frijoles refritos

Para 4 personas

- *250 g de frijol cocido*
- *1/2 cebolla*
- *aceite*
- *50 g de queso fresco*

❶ Picar la cebolla y ponerla a freír en el aceite hasta que acitrone.

❷ Agregar los frijoles y, mientras se fríen en una cantidad generosa de aceite, machacarlos sin dejar de mover para evitar que se quemen.

❸ Servir en una fuente y espolvorear el queso desmenuzado.

Estos frijoles son un buen acompañamiento de carnes y huevos.

■ **Preparación:** 10 min ■ **Cocción:** 10 min

Frijoles rojos a la bourguignonne

Para 4 o 6 personas

- *1 kg y 200 g de frijoles rojos frescos o 300 g de frijoles rojos secos*
- *50 ml de vino tinto de Borgoña*
- *1 zanahoria*
- *1 cebolla*
- *1 clavo de olor*
- *1 bouquet garni*
- *150 g de tocino fresco*
- *1 cucharada de aceite de cacahuate*

❶ Poner a remojar los frijoles (→ ver preparación de frijoles en granos, pág. 742). Colocarlos en una olla, agregar el vino tinto y la cantidad de agua necesaria para que queden bien cubiertos. Dejar que hiervan.

❷ Pelar la zanahoria y la cebolla. Mechar esta última con el clavo de olor. Agregar todo a la olla junto con el tocino fresco y el bouquet garni. Cocer a fuego lento de 1 hora y 30 minutos a 2 horas.

❸ Con una espumadera, retirar el tocino, la cebolla y el bouquet garni. Escurrir los frijoles y mantenerlos calientes. Apartar el jugo.

❹ Cortar el tocino en cubitos y sofreírlo ligeramente en un sartén con el aceite de cacahuate. Escurrirlo y añadirlo a los frijoles.

- *20 g de mantequilla enharinada (→ ver pág. 40)*
- *sal y pimienta*

⑤ Preparar la mantequilla enharinada e incorporarla al jugo de los frijoles, revolviendo bien. Condimentar con sal y pimienta al gusto y verter sobre los frijoles.

⑥ Ponerlos en el plato en el que se van a servir.

■ **Remojo:** 2 h ■ **Preparación:** 15 min
■ **Cocción:** alrededor de 2 h

> **EN ALGUNOS PAÍSES SE LLAMA:**
> Cacahuate: *cacahuete, maní.* Frijol: *alubia, caráota, fréjol, habichuela, judía, poroto.* Tocino: *bacon, larda de tocino, panceta, tocineta.*

Porotos granados

Para 6 personas

- *1 kg de frijoles*
- *2 elotes desgranados*
- *250 g de calabaza*
- *1 cebolla mediana*
- *1 cucharada de páprika*
- *sal*
- *6 hojas de albahaca*
- *aceite para freír*

① Freír en una olla con aceite la cebolla finamente picada junto con el pimentón.

② Agregar los frijoles, la albahaca y la sal, junto a dos litros de agua hirviendo; mantener a fuego lento por aproximadamente 2 horas hasta que estén suaves, agregándole agua hirviendo de ser necesario.

③ Agregar el elote desgranado y la calabaza picada en cubitos, dejando a fuego muy suave hasta que estén blandos.

■ **Preparación:** 15 min ■ **Cocción:** alrededor de 2 h 30 min

> **EN ALGUNOS PAÍSES SE LLAMA:**
> Frijol: *alubia, caráota, fréjol, habichuela, judía, poroto.* Calabaza: *auyama, ayote, uyama, zapallo.* Elote: *chilote, choclo, jojoto, mazorca tierna de maíz, tolonca.* Páprika: *pimentón.*

Sopión

Para 8 personas

- *4 tazas de frijoles rojos cocidos*
- *7 tazas de agua*
- *1/2 taza de apio*
- *1 cebolla morada pequeña*

① Freír en aceite el apio, la cebolla, los jitomates y el ajo finamente picados, agregar el orégano y las hierbas picadas.

② Agregar las carnes y dos cucharadas de agua. Cuando el agua casi se haya evaporado agregar el caldo de pollo y

- 1 cubito de caldo de pollo
- 1 cucharadita de perejil
- 1 cucharadita de cilantro
- 1 cucharada de concentrado de tomate
- 2 jitomates
- 1 cucharada de aceite
- 500 g de chuletas de cerdo con hueso
- 500 g de chorizo
- 2 dientes de ajo
- 1 pizca de orégano
- 250 g de camote
- 2 plátanos maduros
- 1 cucharadita de azúcar
- 1 cucharadita de sal

dos cucharadas más de agua. Revolver y añadir los frijoles y el agua restante, el azúcar, el camote y los plátanos.

❸ Dejar hervir a fuego medio y agregar agua si es necesario hasta que todos los ingredientes estén blandos y adquiera una consistencia cremosa. Salar al gusto.

Servir con arroz blanco (→ ver pág. 844).

■ **Preparación:** 20 min

■ **Cocción:** de 20 a 25 min, aproximadamente

> **EN ALGUNOS PAÍSES SE LLAMA:**
>
> Camote: *batata, boniato, chaco, papa dulce.* Cebolla morada: *cebolla roja.* Cerdo: *chancho, cochino, puerco.* Chuleta: *costeletas, costillas, costillitas.* Cilantro: *coriandro, culantro.* Frijol: *alubia, caráota, fréjol, habichuela, judía, poroto.* Jitomate: *tomate.* Plátano: *banana, cambur.*

Ejotes: preparación

Ejotes frescos

Se recomienda escoger los ejotes más delgados, más firmes y más crujientes posibles. De esta manera no tendrán filamentos. Desprender cada una de sus extremidades y luego lavarlos con mucha agua. No hay que ponerlos a remojar. Entre más pequeños sean los ejotes, más rápidamente se cocerán. Blanquearlos de 8 a 12 minutos en agua hirviendo o bien cocerlos al vapor (la misma cantidad de tiempo).

Si los ejotes se van a utilizar después para otra preparación, es preferible dejarlos más crujientes. Una vez que estén cocidos, escurrirlos y pasarlos de inmediato por un chorro de agua muy fría con el fin de detener su proceso de cocción y preservar así su color verde (de otro modo adquieren un color amarillento).

Ejotes congelados

Se utilizan de la misma manera que los ejotes frescos, pero no es necesario blanquearlos. Nunca tendrán la misma firmeza ni el mismo sabor que los ejotes frescos. Sólo se deben descongelar si se van a freír.

Congelación

Se recomienda escoger ejotes muy frescos. Quitarles los filamentos. Lavarlos con abundante agua. Sumergirlos durante 2 minutos en agua hirviendo con sal. Enfriarlos con agua fresca y escurrirlos. Extenderlos sobre un plato y meterlos en el congelador durante 2 o 3 horas. Después, empacarlos de inmediato en bolsitas de plástico especiales para congelación, cerrarlas bien y volverlas a meter en el congelador.

EN ALGUNOS PAÍSES SE LLAMA:
Ejote: *chaucha, judía verde, poroto verde, vaina, vainica, vainita.*

Ejotes a la mantequilla

Para 4 o 6 personas

- *600 u 800 g de ejotes*
- *60 g de mantequilla*
- *2 cucharadas de hierbas finas (opcional)*
- *sal y pimienta*

❶ Preparar y cocer los ejotes (→ ver preparación de ejotes, pág. 752). Escurrirlos.
❷ En una cacerola, derretir la mantequilla, agregarle los ejotes y revolver con mucho cuidado.
❸ Verificar la sazón y colocarlos en el plato en el que se van a servir.
  El sabor de los ejotes frescos es tan fino que no es necesario agregar otros sabores.

■ **Preparación:** 15 min ■ **Cocción:** alrededor de 15 min

EN ALGUNOS PAÍSES SE LLAMA:
Ejote: *chaucha, judía verde, poroto verde, vaina, vainica, vainita.* Mantequilla: *manteca.*

Ejotes a la normanda

Para 4 personas

- *600 g de ejotes*
- *200 ml de crema fresca espesa*
- *3 cucharadas de perifollo picado*
- *sal y pimienta negra en granos*

❶ Preparar y cocer los ejotes (→ ver preparación de ejotes, pág. 752). Escurrirlos y colocarlos en una cacerola.
❷ Agregar la crema fresca y condimentar con sal y pimienta recién molida al gusto. Dejar que los ingredientes se incorporen a fuego lento de 10 a 12 minutos, con la cacerola destapada, y remover de vez en cuando para que la crema se reduzca.
❸ Colocar los ejotes en el plato en el que se van a servir, espolvorearlos con el perifollo picado y mezclar delicadamente. Servir de inmediato.

■ **Preparación:** 10 min ■ **Cocción:** alrededor de 25 min

EN ALGUNOS PAÍSES SE LLAMA:
Crema: *nata.* Ejote: *chaucha, judía verde, poroto verde, vaina, vainica, vainita.*

Ejotes al vapor

Para 4 o 6 personas

- *600 u 800 g de ejotes*
- *60 g de mantequilla*
- *sal*

❶ Quitar los filamentos a los ejotes, lavarlos y colocarlos en la rejilla de una vaporera o en una olla exprés. Condimentar el agua con mucha sal.

❷ Cocer los ejotes en el agua con sal, escurrirlos y bañarlos con la mantequilla derretida.

■ **Preparación:** 15 min

■ **Cocción:** 15 min en la vaporera y 5 min en la olla exprés

> **EN ALGUNOS PAÍSES SE LLAMA:**
> Ejote: *chaucha, judía verde, poroto verde, vaina, vainica, vainita.* Mantequilla: *manteca.*

Ejotes en salsa de jitomate

Para 6 personas

- *600 u 800 g de ejotes*
- *4 jitomates medianos bastante firmes*
- *2 dientes de ajo*
- *6 cebollitas de Cambray blancas*
- *2 cucharadas de aceite de oliva*
- *1 ramita de tomillo*
- *sal y pimienta*

❶ Quitar los filamentos a los ejotes y cortarlos en dos. Cocerlos durante 2 minutos en agua hirviendo, enfriarlos y escurrirlos.

❷ Pasar los jitomates por agua hirviendo, pelarlos y quitarles las semillas. Cortarlos en pedazos. Pelar las cebollitas de Cambray y cortarlas en dos. Pelar el ajo.

❸ En una olla, calentar el aceite de oliva y dorar ligeramente las cebollitas de Cambray, sin dejar de remover. Añadir los pedazos de jitomate y continuar la cocción durante 3 minutos más.

❹ Agregar los ejotes, el tomillo y el ajo. Condimentar con sal y pimienta al gusto. Revolver bien. Tapar la olla y dejar que los ingredientes se incorporen a fuego muy lento de 20 a 25 minutos. Servir directamente en la olla.

■ **Preparación:** 15 min ■ **Cocción:** alrededor de 30 min

> **EN ALGUNOS PAÍSES SE LLAMA:**
> Cebollita(s) de Cambray: *cebolla china, cebolla de almácigo, cebolla de verdeo, cebolla en rama, cebolla junca, cebolleta(s), cebollín.* Ejote: *chaucha, judía verde, poroto verde, vaina, vainica, vainita.* Jitomate: *tomate.* Quitar las semillas: *despepitar.*

Ensalada de ejotes

Para 4 personas

- 1/2 kg de ejotes
- 3 cebollita(s) de Cambray
- 150 ml de salsa vinagreta (→ ver pág. 100)
- 1 cucharada de perejil finamente picado
- sal

❶ Quitar los filamentos, cocer y enfriar los ejotes para que queden un poco firmes (→ ver preparación de ejotes, pág. 752). Cortarlos en dos.

❷ Pelar las cebollitas de Cambray y cortarlas en cuatro.

❸ Preparar la salsa vinagreta. Mezclar delicadamente los ejotes con la salsa vinagreta y las cebollitas de Cambray.

❹ Colocar la ensalada en la fuente en que se va a servir y espolvorear con el perejil finamente picado.

■ **Preparación:** 15 min ■ **Cocción:** 8 min

EN ALGUNOS PAÍSES SE LLAMA:

Cebollita(s) de Cambray: *cebolla china, cebolla de almácigo, cebolla de verdeo, cebolla en rama, cebolla junca, cebolleta(s), cebollín.* Ejote: *chaucha, judía verde, poroto verde, vaina, vainica, vainita.*

Lechuga

Lechuga: preparación

Para preparar una ensalada, cortarle el tronquito a la lechuga, desechar las hojas maltratadas (amarillas, muy duras o muy verdes) y separar todas sus hojas. Quitar las orillas a las hojas y partir las que sean demasiado grandes. Lavar la lechuga con cuidado y luego sumergirla en agua (con alguna sustancia antibacteriana, de preferencia). Remover bien las hojas mientras estén en el agua para quitarles toda la tierra que pudieran tener. Escurrirlas y secarlas con mucho cuidado.

Para preparar una lechuga que se va a cocer: cortar el tronquito al ras de las hojas y eliminar las hojas maltratadas. Llenar un recipiente con agua fría, tomar la lechuga por el lado del tronquito y lavarla, sumergiéndola varias veces en el agua y separando bien las hojas, sin romperlas, para que el agua penetre. Luego, escurrir la lechuga.

Chiffonnade de lechuga cocida

Para 4 personas

- 1 lechuga grande
- 50 g de mantequilla
- sal y pimienta

❶ Preparar la lechuga (→ ver preparación de lechuga, pág. 755) y cortarla en tiritas muy delgadas.

❷ En una olla, derretir la mantequilla y colocar la lechuga. Condimentarla con sal y pimienta al gusto.

❸ Cocer todo a fuego lento y con la olla destapada hasta que el agua que suelta la lechuga se haya evaporado por completo. Probar y, en caso de ser necesario, volver a condimentar con sal y pimienta.

■ **Preparación:** 10 min ■ **Cocción:** de 15 a 20 min

En algunos países se llama:
Mantequilla: *manteca*.

Lechugas horneadas con tocino

Para 4 personas

- 4 lechugas
- 1 zanahoria
- 1 cebolla
- 20 g de mantequilla
- 150 g de tocino en rebanadas delgadas
- 1 bouquet garni
- 400 ml de caldo o base blanca de ternera (→ ver pág. 52)
- sal

❶ Preparar las lechugas (→ ver preparación de lechuga, pág. 755). Sumergirlas durante 5 minutos en agua hirviendo con sal, enfriarlas y exprimirlas enérgicamente con las manos para quitarles la máxima cantidad posible de agua.

❷ Precalentar el horno a 200 °C.

❸ Pelar y cortar finamente la zanahoria y la cebolla.

❹ Engrasar una olla con mantequilla, cubrir el fondo con las rebanadas de tocino, agregar las rebanadas de zanahoria y de cebolla y colocar hasta arriba las lechugas y el bouquet garni. Verter la base blanca o el caldo de ternera y condimentar ligeramente con sal.

❺ Dejar que hierva sobre el fuego de la estufa. Luego, colocar un pedazo de papel encerado sobre las lechugas, tapar la olla y hornear durante 50 minutos.

❻ Escurrir las lechugas. Partirlas en dos, a lo largo, y colocarlas en la fuente en que se van a servir.

Este plato puede servirse como guarnición de una pieza de carne horneada.

■ **Preparación:** 15 min ■ **Cocción:** alrededor de 1 h

En algunos países se llama:
Estufa: *cocina* (dispositivo o aparato en el que se hace fuego o produce calor para guisar los alimentos). Mantequilla: *manteca*. Tocino: *bacon, larda de tocino, panceta, tocineta*.

Puré de lechuga

Para 4 personas

- *6 lechugas horneadas (→ ver pág. 756)*
- *250 ml de salsa Bechamel (→ ver pág. 64)*
- *20 g de mantequilla*
- *sal y pimienta*

❶ Preparar las lechugas horneadas.
❷ Preparar la salsa Bechamel.
❸ Escurrir las lechugas y molerlas en la licuadora o con el pasapuré.
❹ Poner a calentar este puré y mezclarlo con la salsa Bechamel.
❺ Probar y, de ser necesario, condimentar con sal y pimienta al gusto. Agregar la mantequilla y revolver bien. Servir de inmediato.

■ **Preparación:** 15 min ■ **Cocción:** alrededor de 1 h 15 min

---

EN ALGUNOS PAÍSES SE LLAMA:
Mantequilla: *manteca.* Pasapuré: *machacador, pisapapas, pisapuré.*

Verduras mixtas

Chop suey de verduras

Para 6 personas

- *4 zanahorias pequeñas*
- *3 calabacitas pequeñas*
- *3 poros pequeños*
- *1 pimiento*
- *2 cucharadas de aceite*
- *1/2 manojo de cebollitas de Cambray verdes*
- *150 g de germen de soya*
- *1 diente de ajo*
- *2 jitomates*
- *1 cucharada de salsa de soya*
- *1 cucharadita de aceite de ajonjolí*
- *sal y pimienta*

❶ Pelar, lavar y cortar en bastoncitos las zanahorias, las calabacitas, los poros y el pimiento.
❷ En un sartén salteador, verter dos cucharadas de aceite, agregar las verduras y remover bien. Tapar el sartén y dejar que las verduras se cuezan a fuego lento de 4 a 5 minutos.
❸ Cortar los tallos de las cebollitas de Cambray en bastoncitos.
❹ Pasar el germen de soya por agua hirviendo, enfriarlo con agua y escurrirlo.
❺ Pelar y picar el ajo.
❻ Pasar los jitomates por agua hirviendo, pelarlos y cortarlos en cubitos.
❼ Añadir el germen de soya al sartén, mezclar bien y cocer 1 minuto más.
❽ Agregar los jitomates, las cebollas, el ajo, la pimienta, una cucharada de salsa de soya, un poco de sal y, final-

mente, una cucharadita de aceite de ajonjolí. Mezclar bien, cocer durante 1 minuto y servir.

■ **Preparación:** 30 min ■ **Cocción:** alrededor de 8 min

> **EN ALGUNOS PAÍSES SE LLAMA:**
>
> Ajonjolí: *sésamo.* Calabacita(s): *calabacín, calabaza italiana, zapallito italiano, zapallito largo, zucchini.* Cebollita(s) de Cambray: *cebolla china, cebolla de almácigo, cebolla de verdeo, cebolla en rama, cebolla junca, cebolleta(s), cebollín.* Germen: *brote.* Jitomate: *tomate.* Pimiento: *ají, locote, morrón.* Poro: *ajo porro, porro, puerro.*

Encurtido de verduras al limón

Para 1 frasco de 1 y 1/2 litros

- 2 limones
- 1 pepino
- 2 pimientos
- 2 zanahorias
- 100 g de ejotes
- 100 g de hojas de col verde
- 100 g de ramilletes de coliflor
- 250 g de sal gruesa
- 1/2 cebolla
- 20 g de raíz de jengibre
- pimienta de Cayena
- 1/2 litro de vinagre de alcohol blanco
- 1 pizca de azafrán
- 50 ml de aceite de oliva

❶ Partir los limones en cuatro y quitarles las semillas.
❷ Pelar el pepino, los pimientos, las zanahorias y cortarlos en rebanadas delgadas de aproximadamente 4 cm de largo.
❸ Lavar y cortar en pedacitos los ejotes y las hojas de col. Lavar los ramilletes de coliflor.
❹ Poner a macerar todas las verduras en la sal gruesa y, por separado, los limones.
❺ Después de 12 horas de maceración, lavar los limones y dejarlos remojar en agua fría durante 24 horas, cambiándoles el agua varias veces.
❻ Poner a hervir los cuartos de limón hasta que estén suaves. Escurrirlos y secarlos.
❼ Después de 36 horas, escurrir y secar las verduras.
❽ Pelar la cebolla, picarla y luego mezclarla con el jengibre. Agregar una pizca de pimienta de Cayena, el vinagre, el azafrán, y luego el aceite de oliva.
❾ Poner en un frasco los cuartos de limón con los pedacitos de verdura y cubrirlos con el aceite perfumado. Cerrar bien el frasco y conservarlo en un lugar fresco hasta el momento en que se vaya a consumir.

■ **Preparación:** 15 min ■ **Maceración:** 36 h

> **EN ALGUNOS PAÍSES SE LLAMA:**
>
> Col: *berza, repollo.* Ejote: *chaucha, judía verde, poroto verde, vaina, vainica, vainita.* Encurtidos: *pickles, verduras curtidas.* Pimiento: *ají, locote, morrón.* Quitar las semillas: *despepitar.*

Ensalada de aguacates y cítricos

Para 6 personas

- 2 aguacates
- 2 limones
- 2 naranjas
- 1 toronja rosada
- 1 toronja amarilla
- 1 ramito de menta
- 80 ml de aceite
- azúcar granulada
- 2 cucharadas de piñones
- 6 hojas de lechuga
- 6 aceitunas negras
- sal y pimienta

❶ Exprimir los limones. Pelar los aguacates y partirlos en dos. Quitarles el hueso. Partir la pulpa en cubitos pequeños y bañarlos con el jugo de limón.

❷ Pelar las naranjas y las toronjas. Desprender la piel blanca que las envuelve.

❸ Lavar, deshojar y picar la menta. Colocarla en un bol. Verterle el aceite encima y espolvorear con una pizca de azúcar. Condimentar con sal y pimienta al gusto. Mezclar bien.

❹ Colocar el aguacate y la pulpa de las frutas en una ensaladera grande. Cubrir con la salsa y mezclar bien la ensalada. Meterla en el refrigerador alrededor de 30 minutos.

❺ Tostar los piñones en un sartén, sin ponerles grasa.

❻ Lavar y escurrir la lechuga. Colocar una hoja de lechuga sobre cada plato, rellenarla de ensalada, espolvorearle un poco de piñones y, por último, decorar con una aceituna negra.

■ **Preparación:** 15 min ■ **Refrigeración:** 30 min

> EN ALGUNOS PAÍSES SE LLAMA:
>
> Aguacate: *avocado, cura, palta*. Hueso: *carozo*. Refrigerador: *heladera, nevera*. Toronja: *pamplemusa, pomelo*.

Estofado de verduras

Para 6 personas

- 250 g de chícharos
- 200 g de zanahorias pequeñas
- 200 g de nabos pequeños
- 12 cebollitas de Cambray
- 220 g de papas muy pequeñas
- 2 corazones de lechuga
- 250 g de ejotes muy delgados
- 3 alcachofas
- 1/2 limón
- 1/2 coliflor

❶ Desvainar los chícharos. Pelar y lavar las zanahorias, los nabos, las cebollitas de Cambray, las papas, los corazones de lechuga y los ejotes. Deshojar las alcachofas y sólo conservar los corazones. Bañarlos con jugo de limón y cortarlos en cuatro. Separar la coliflor en ramilletes.

❷ Engrasar una olla con mantequilla y poner en ella las zanahorias, los ejotes y los corazones de alcachofa. Agregar el caldo de pollo hasta que cubra las verduras y dejar que hierva.

❸ Después de 8 minutos de cocción, agregar los nabos, las papas, los chícharos, la coliflor, las cebollitas de Cambray y los corazones de lechuga. Condimentar con sal

- *50 g de mantequilla*
- *50 ml de caldo o consomé de pollo*
- *10 ramitas de cebollín*
- *10 ramitas de perifollo*
- *sal y pimienta*

y pimienta al gusto. Continuar la cocción durante 20 minutos más.

❹ Picar el cebollín y el perifollo.

❺ Escurrir las verduras con una espumadera y colocarlas en una ensaladera.

❻ Dejar que el caldo de cocción se reduzca en tres cuartas partes, agregar 50 g de mantequilla, revolviendo bien, y luego verterlo sobre las verduras.

❼ Espolvorear con el cebollín y el perifollo finamente picados.

■ **Preparación:** 30 min ■ **Cocción:** alrededor de 30 min

EN ALGUNOS PAÍSES SE LLAMA:

Alcachofa: *alcaucil.* Cebollín: *cebolleta, cebollino, ciboulette.* Cebollita(s) de Cambray: *cebolla china, cebolla de almácigo, cebolla de verdeo, cebolla en rama, cebolla junca, cebolleta(s), cebollín.* Chícharo: *alverja, arveja, guisante, petit pois.* Ejote: *chaucha, judía verde, poroto verde, vaina, vainica, vainita.* Mantequilla: *manteca.* Papa: *patata.*

Jardinera de verduras frescas

Para 4 personas

- *3 zanahorias*
- *2 nabos*
- *300 g de ejotes*
- *1 kg de chícharos frescos*
- *1/4 de manojo de perifollo*
- *40 g de mantequilla*
- *sal y pimienta*

❶ Pelar las zanahorias y los nabos y cortarlos en bastoncitos.

❷ Quitar los filamentos a los ejotes y cortarlos en dos. Desvainar los chícharos.

❸ Cocer los ejotes y los chícharos en agua hirviendo con sal durante 7 u 8 minutos y, por otro lado, cocer las zanahorias y los nabos al vapor durante el mismo tiempo.

❹ Picar el perifollo.

❺ Poner todas las verduras escurridas en una cacerola junto con la mantequilla. Volver a calentar a fuego lento, sin dejar de remover. Condimentar con sal y pimienta al gusto.

❻ Colocar la jardinera en una ensaladera, espolvorear con el perifollo y servir.

■ **Preparación:** 35 min ■ **Cocción:** 15 min

EN ALGUNOS PAÍSES SE LLAMA:

Chícharo: *alverja, arveja, guisante, petit pois.* Ejote: *chaucha, judía verde, poroto verde, vaina, vainica, vainita.* Mantequilla: *manteca.*

Macedonia de verduras

Para 4 personas

- 250 g de zanahorias
- 250 g de nabos
- 250 g de ejotes
- 250 g de chícharos frescos sin vaina o congelados
- sal y pimienta

❶ Pelar y cortar en cubitos las zanahorias, los nabos y los ejotes. Desvainar o descongelar los chícharos.

❷ Cocer por separado todas las verduras en agua hirviendo con sal. Cocerlas a hervores altos y con la olla destapada. Probar para verificar el grado de cocción.

❸ Escurrir las verduras con una espumadera, verterlas en una ensaladera y agregarles mantequilla para consumirlas calientes.

Calientes, estas verduras pueden acompañar tanto una carne como un pescado. También se pueden dejar enfriar y mezclarse con aproximadamente 250 ml de mayonesa tradicional (→ ver pág. 96).

■ **Preparación:** 30 min ■ **Cocción:** alrededor de 15 min

> **EN ALGUNOS PAÍSES SE LLAMA:**
> Chícharo: *alverja, arveja, guisante, petit pois.* Ejote: *chaucha, judía verde, poroto verde, vaina, vainica, vainita.* Mantequilla: *manteca.*

Ratatouille niçoise

Para 4 o 6 personas

- 6 calabacitas
- 2 cebollas
- 3 pimientos
- 6 jitomates
- 3 dientes de ajo
- 6 berenjenas
- 100 ml de aceite de oliva
- 1 bouquet garni
- 1 rama de tomillo
- sal y pimienta

❶ Retirar el pedúnculo a las calabacitas y cortarlas en rodajas, sin pelarlas.

❷ Pelar las cebollas y filetearlas.

❸ Abrir los pimientos, retirarles el pedúnculo y las semillas y cortarlos en tiritas.

❹ Pasar los jitomates por agua hirviendo, pelarlos, quitarles las semillas y cortarlos en seis.

❺ Pelar y machacar los dientes de ajo. Cortar en rodajas las berenjenas.

❻ En una olla de hierro fundido, calentar seis cucharadas de aceite de oliva y saltear primero las berenjenas, luego los pimientos, los jitomates, las cebollas y, finalmente, las calabacitas y el ajo.

❼ Agregar el bouquet garni y el tomillo. Condimentar con sal y pimienta al gusto y cocer durante 30 minutos a fuego bajo.

❽ Finalmente, agregar dos cucharadas de aceite de oliva y continuar la cocción dependiendo del gusto (entre más tiempo se cuezan las verduras, más se ablandarán).

⑨ Retirar el bouquet garni con una espumadera y servir la ratatouille muy caliente.

La ratatouille niçoise acompaña muy bien una pieza de carne horneada, aves salteadas, pescados asados u omelettes. También se puede consumir fría: dejarla enfriar y meterla en el refrigerador.

■ **Preparación:** 30 min ■ **Cocción:** alrededor de 40 min

> **EN ALGUNOS PAÍSES SE LLAMA:**
>
> Calabacita(s): *calabacín, calabaza italiana, zapallito italiano, zapallito largo, zucchini.* Jitomate: *tomate.* Pimiento: *ají, locote, morrón.* Quitar las semillas: *despepitar.* Refrigerador: *heladera, nevera.*

Revuelto de pimientos

Para 4 o 6 personas

- *75 g de tocino*
- *800 g de cebollas*
- *600 g de pimientos verdes*
- *8 dientes de ajo*
- *150 g de jamón ahumado*
- *1 bouquet garni*
- *1 y 1/2 kg de jitomates*
- *1 cucharadita de azúcar*
- *1 o 2 pizcas de chile guajillo*
- *sal*

❶ Picar el tocino. Pelar y cortar finamente las cebollas. Quitarle las semillas a los pimientos y cortarlos en cuatro partes, a lo largo. Pelar y machacar el ajo. Cortar el jamón en pedacitos, incluyendo los bordes ahumados.

❷ En una olla, suavizar el tocino y sofreír las cebollas y los pimientos. Agregar el ajo, el jamón y el bouquet garni y cocer a fuego bajo durante 15 minutos.

❸ Pasar los jitomates por agua hirviendo, pelarlos, quitarles las semillas, cortarlos y añadirlos a la olla. Si los jitomates están ácidos, agregar un poco de azúcar. Agregar el chile guajillo.

❹ Cocer a fuego alto, removiendo constantemente, hasta que se evapore el jugo que suelten los jitomates. Probar y, en caso de ser necesario, condimentar. Servir.

■ **Preparación:** 15 min ■ **Cocción:** de 30 a 40 min

> **EN ALGUNOS PAÍSES SE LLAMA:**
>
> Chile: *ají cumbarí, ají picante, conguito, guindilla, ñora, páprika (picante), pimentón picante, pimiento picante.* Jitomate: *tomate.* Pimiento: *ají, locote, morrón.* Quitar las semillas: *despepitar.* Tocino: *bacon, larda de tocino, panceta, tocineta.*

Sopa de verduras mixtas

Para 8 personas

- *1 punta de jamón ahumado*
- *300 g de frijoles blancos secos*
- *200 g de habas*
- *1/2 kg de papas*
- *2 zanahorias*
- *2 nabos*
- *2 chalotes*
- *3 dientes de ajo*
- *2 cabezas de poro*
- *1 rama de apio*
- *1/4 de col verde*
- *2 salchichas*
- *3 muslos de pato "confit"*
- *1 bouquet garni*
- *2 litros de caldo de pollo deshidratado*
- *200 ml de vino blanco seco*
- *6 u 8 rebanadas de pan rústico*
- *1 cucharada de perejil picado*
- *sal y pimienta*

❶ La noche anterior, poner a remojar el jamón ahumado en agua fría, junto con los frijoles blancos.

❷ Sumergir el jamón en agua hirviendo durante 10 minutos. Desvainar las habas (→ ver pág. 739).

❸ Pelar las papas, las zanahorias, los nabos y cortarlos en cubitos pequeños. Pelar y picar los chalotes junto con dos dientes de ajo. Partir en rebanadas muy delgadas las cabezas de poro y el apio. Partir las hojas de col en tiritas.

❹ Precalentar el horno a 220 °C.

❺ Poner las salchichas y las piezas de pato en una charola para hornear y dorarlas en el horno durante 15 minutos. Escurrirlas, quitarles el exceso de grasa y cortarlas en pedazos grandes. Colocar esto por separado.

❻ En una olla muy grande, colocar el jamón, los frijoles, el bouquet garni y verter el caldo de pollo (o agua). Cocer durante 45 minutos.

❼ Desglasar la charola de cocción con el vino blanco seco y luego verter este jugo en la olla.

❽ En un sartén salteador, sofreír durante 5 minutos los chalotes, las zanahorias, los nabos, los poros y el apio con un poco de grasa del pato "confit".

❾ Condimentar con sal y pimienta al gusto. Luego, poner todo en la olla grande y dejar que los ingredientes se incorporen a fuego lento durante 30 minutos.

❿ Blanquear la col (→ ver pág. 710) y agregarla a la olla al igual que las papas. Una vez más, dejar que los ingredientes se incorporen a fuego lento durante 30 minutos.

⓫ Agregar las habas frescas y continuar la cocción durante 5 minutos más. Probar y, de ser necesario, volver a condimentar. Extraer el bouquet garni con una espumadera.

⓬ Frotar con el ajo las rebanadas de pan previamente tostadas y colocarlas en una sopera de porcelana que resista el fuego.

⓭ Cortar la punta de jamón ahumado en rebanadas de 1 cm de espesor y colocarlas en la sopera junto con los pedazos de salchicha y de pato.

⓮ Verter encima el caldo muy caliente con todo y las verduras. Espolvorear con el perejil picado y dejar que hierva. Probar y, de ser necesario, condimentar con algunas pizcas de pimienta negra recién molida. Servir muy caliente.

■ **Remojo:** 12 h ■ **Preparación:** 40 min
■ **Cocción:** alrededor de 2 h

> **EN ALGUNOS PAÍSES SE LLAMA:**
> Chalote: *ascalonia, chalota, echalote, escalonia.* Charola: *asadera.* Col: *berza, repollo.* Frijol: *alubia, caráota, fréjol, habichuela, judía, poroto.* Papa: *patata.* Poro: *ajo porro, porro, puerro.*

Verduras con frijoles blancos

Para 6 personas

- *1/2 kg de frijoles blancos frescos*
- *4 corazones de lechuga*
- *600 g de chícharos frescos*
- *2 zanahorias*
- *2 nabos*
- *3 papas*
- *250 g de ejotes*
- *100 g de mantequilla*
- *sal y pimienta*

❶ Preparar los frijoles blancos (→ ver preparación de frijoles en granos, pág. 742), cociéndolos únicamente durante 15 minutos.

❷ Mientras tanto, lavar los corazones de lechuga, secarlos y cortarlos en dos o en cuatro.

❸ Desvainar los chícharos. Pelar las zanahorias, los nabos y las papas. Cortarlos en cubitos o en rodajas.

❹ Preparar los ejotes (→ ver preparación de ejotes, pág. 752).

❺ Precalentar el horno a 180 °C.

❻ Engrasar una olla con la mitad de la mantequilla. Colocar en ella la mitad de la lechuga y la mitad de cada una de las demás verduras. Agregar 25 g de mantequilla en pedacitos. Terminar de llenar la olla con las verduras, mezclando bien. Agregar el resto de la mantequilla y tres cucharadas de agua. Condimentar con sal y pimienta al gusto.

❼ Tapar la olla, comenzar la cocción sobre el fuego de la estufa de 10 a 12 minutos y luego hornear durante 40 minutos. Servir muy caliente.

■ **Preparación:** 30 min ■ **Cocción:** alrededor de 50 min

> **EN ALGUNOS PAÍSES SE LLAMA:**
> Chícharo: *alverja, arveja, guisante, petit pois.* Ejote: *chaucha, judía verde, poroto verde, vaina, vainica, vainita.* Estufa: *cocina* (dispositivo o aparato en el que se hace fuego o produce calor para guisar los alimentos). Frijol: *alubia, caráota, fréjol, habichuela, judía, poroto.* Mantequilla: *manteca.* Papa: *patata.*

Lentejas

Lentejas: preparación

Lavar las lentejas. No es necesario ponerlas a remojar. Sumergirlas en una gran cantidad de agua hirviendo con una cebolla mechada con un clavo de olor, una zanahoria pelada y cortada en pedazos, y un bouquet garni. Condimentar las lentejas con sal únicamente a la mitad de la cocción.

El agua de cocción se puede utilizar para preparar un potaje.

Lentejas a la criolla

Para 4 personas

- 3 tazas de lentejas
- 1 chorizo
- 1 pizca de orégano
- 1 pizca de comino
- 1 pizca de tomillo
- 3 papas
- 1 zanahoria
- 1 taza de ogao
  (→ ver pág. 59)
- sal y pimienta al gusto

❶ Poner a remojar las lentejas en agua por 6 u 8 horas; transcurrido el tiempo, cambiar el agua y poner a cocer por 1 hora con sal.

❷ Pelar las papas y la zanahoria y cortar en cubos pequeños.

❸ Cortar en rodajas delgadas el chorizo y freírlo ligeramente.

❹ Agregar las zanahorias, las papas, el ogao, las especias y el chorizo a las lentejas.

❺ Salpimentar al gusto y cocinar lentamente hasta que todo esté cocido.

■ **Remojo:** 6 u 8 h ■ **Preparación:** 15 min

■ **Cocción:** alrededor de 1 h 20 min

> EN ALGUNOS PAÍSES SE LLAMA:
> Papa: *patata*.

lentejas > VERDURAS

Lentejas a la cúrcuma

Para 4 personas

- 200 g de lentejas oscuras
- 1 pizca de cúrcuma molida
- 2 chiles rojos secos
- 1 cucharadita de granos de mostaza
- 1 cucharada de aceite de cacahuate
- 1 cucharada de azúcar morena
- 2 yogures naturales
- sal

❶ Escoger y lavar las lentejas. En una cacerola, verter dos litros de agua y sumergir las lentejas, condimentar con sal y cúrcuma. Una vez que hiervan, continuar la cocción a fuego alto durante 45 minutos, aproximadamente. Verificar el grado de cocción de las lentejas, que deben estar suaves y muy cocidas.

❷ Mientras tanto, quitarle los pedúnculos y las semillas a los chiles y desmenuzarlos. Dejar que los granos de mostaza se abran en aceite muy caliente. Agregar el chile. Mezclar y continuar la cocción unos instantes más.

❸ Verter esta mezcla en la cacerola, espolvorear con azúcar morena y añadir los yogures. Agregar, de ser necesario, un poco de agua caliente y prolongar la cocción unos instantes más.

■ **Preparación:** 25 min ■ **Cocción:** 1 h

> **EN ALGUNOS PAÍSES SE LLAMA:**
> Azúcar morena: *azúcar mascabada, azúcar moscabada, azúcar negra.* Cacahuate: *cacahuete, maní.* Chile: *ají cumbarí, ají picante, conguito, guindilla, ñora, páprika (picante), pimentón picante, pimiento picante.*

Lentejas a la dijonesa

Para 4 personas

- 300 g de lentejas
- 1 cebolla
- 1 clavo de olor
- 1 zanahoria
- 1 diente de ajo
- 1 bouquet garni
- 100 g de tocino fresco
- 2 cucharadas de mostaza de Dijon
- 20 g de mantequilla
- sal y pimienta

❶ Escoger y lavar las lentejas.

❷ Pelar la cebolla y mecharla con el clavo de olor. Pelar la zanahoria y cortarla en pedacitos. Pelar el diente de ajo.

❸ Cubrir las lentejas con el triple de agua fría de su volumen y dejar que hiervan.

❹ Agregar las verduras, el bouquet garni y el tocino. Tapar la olla y cocer durante 40 minutos. Agregar sal a la mitad de la cocción.

❺ Extraer el tocino (guardarlo para otra preparación), el bouquet garni y la cebolla.

❻ Si es necesario, quitarles un poco de jugo con un cucharón (las lentejas deben estar apenas cubiertas).

❼ Diluir la mostaza en una cucharada de este jugo y verterla sobre las lentejas. Mezclar bien y agregar la mantequilla.

⑧ Colocar en la fuente de servicio.

■ **Preparación:** 15 min ■ **Cocción:** alrededor de 40 min

> EN ALGUNOS PAÍSES SE LLAMA:
> Mantequilla: *manteca*. Tocino: *bacon, larda de tocino, panceta, tocineta*.

Lentejas en su jugo

Para 4 personas

- *300 g de lentejas*
- *1 cebolla*
- *1 clavo de olor*
- *1 zanahoria*
- *1 diente de ajo*
- *1 bouquet garni*
- *100 g de tocino magro fresco*
- *200 ml de salsa demi-glace*
  (→ ver pág. 55)
- *20 g de mantequilla*

① Preparar las lentejas (→ ver preparación de lentejas, pág. 765) y cocerlas como las lentejas a la dijonesa (→ ver pág. 766).

② Recalentar la salsa demi-glace o reducir a la mitad 400 ml de base oscura deshidratada comercial. Cuando las lentejas estén cocidas, escurrirlas.

③ Cortar el tocino en cuadritos pequeños y colocarlo junto con las lentejas.

④ Agregar la salsa demi-glace o la base oscura reducida, mezclar, calentar y, finalmente, incorporar la mantequilla. Servir de inmediato.

> Estas lentejas pueden utilizarse para acompañar tanto una carne al horno como una carne asada, sobre todo si se trata de carnes blancas.

■ **Preparación:** 10 min ■ **Cocción:** alrededor de 45 min

> EN ALGUNOS PAÍSES SE LLAMA:
> Mantequilla: *manteca*. Tocino: *bacon, larda de tocino, panceta, tocineta*.

Puré de lentejas

Para 4 personas

- *400 g de lentejas verdes*
- *1 cebolla*
- *1 clavo de olor*
- *1 zanahoria pequeña*
- *1 bouquet garni*
- *50 g de mantequilla*
- *sal gruesa y pimienta*

① Preparar las lentejas (→ ver preparación de lentejas, pág. 765).

② Pelar la cebolla y mecharla con el clavo de olor. Pelar la zanahoria y cortarla en cubitos.

③ Colocar las lentejas en una cacerola grande, cubrirlas con abundante agua fría, ponerlas a hervir y espumar.

④ Agregar sal gruesa, pimienta, el bouquet garni, la cebolla y la zanahoria. Cocer con la olla tapada a hervores bajos durante aproximadamente 45 minutos.

⑤ Retirar el bouquet garni y la cebolla. Moler las lentejas con el pasapuré.

⑥ Poner el puré de lentejas en una cacerola y calentarlo a fuego bajo revolviendo constantemente con la cuchara de madera. Agregar la mantequilla. Servir muy caliente.

■ **Preparación:** 15 min ■ **Cocción:** alrededor de 45 min

> **EN ALGUNOS PAÍSES SE LLAMA:**
> Mantequilla: *manteca.* Pasapuré: *machacador, pisapapas, pisapuré.*

Maíz

Maíz: preparación

Sobre todo en América, el maíz se utiliza ampliamente en cocina, además de que también se emplea para la producción de sémolas y de harina.

Para escoger las mazorcas de elote hay que buscar las que tengan granos claros y estén rodeados de hojas de color verde claro.

Si las mazorcas van a cocerse en agua hirviendo con sal, es necesario quitarles las hojas.

Si las mazorcas van a asarse, conservar las hojas, humedecerlas y envolver muy bien los granos, o bien rodear la mazorca con una hoja de papel aluminio.

elote en conserva
Escurrirlo y enjuagarlo en un colador.

> **EN ALGUNOS PAÍSES SE LLAMA:**
> Elote: *chilote, choclo, jojoto, mazorca tierna de maíz, tolonca.* Hoja de elote: *chala.*

Budín de elote

Para 3 o 4 personas

- 6 elotes tiernos
- 6 huevos
- 6 cucharadas de mantequilla
- 1 taza de leche

① Batir la mantequilla hasta que tenga una consistencia cremosa.

② Agregar los elotes (desgranados y molidos en crudo), los huevos, uno por vez, el azúcar, la leche y sazonar todo con sal.

- 1 cucharada de azúcar
- 2 tazas de jitomate asado, molido y colado
- 3 chiles poblanos
- 1 cebolla
- 1 cucharada de manteca de cerdo
- 1 queso fresco
- 2 panes bolillo
- sal y pimienta

❸ Untar con mantequilla una charola, espolvorear con el pan previamente molido, y añadir la preparación anterior.

❹ Colocar la fuente en el horno, a 250 °C y cocinar aproximadamente de 30 a 45 minutos.

❺ Retirar y adornar con rebanadas de queso.

❻ Esparcir alrededor la salsa previamente preparada y servir enseguida.

preparación de la salsa:

Asar y cortar en rajas los chiles y freírlos en manteca. Agregarles el jitomate, sazonar con sal y pimienta y dejar hervir lentamente hasta que espese.

■ **Preparación:** 15 min

■ **Cocción:** 45 min, aproximadamente

> **EN ALGUNOS PAÍSES SE LLAMA:**
> Bolillo: *pan francés.* Cerdo: *chancho, cochino, puerco.* Charola: *asadera.* Chile poblano: variedad de ají de tamaño grande, parecido al pimiento morrón. Elote: *chilote, choclo, jojoto, mazorca tierna de maíz, tolonca.* Jitomate: *tomate.* Manteca: *grasa, lardo.* Mantequilla: *manteca.*

Elote fresco asado

Para 4 personas

- 4 mazorcas de elote
- 250 ml de leche
- 40 g de mantequilla
- 1 limón
- sal

❶ Preparar las mazorcas de elote como para la receta de elote en salsa Bechamel (→ ver pág. 770), pero cociéndolas durante 5 minutos solamente. Escurrir las mazorcas de elote, enjuagarlas bajo un chorro de agua fría y secarlas.

❷ Asarlas en el horno o sobre una parrilla de 10 a 12 minutos volteándolas varias veces.

❸ Derretir la mantequilla, mezclarla con el jugo de limón y usarla para bañar las mazorcas, o bien servirla por separado en una salsera.

elote fresco al natural:

cocer las mazorcas en la mezcla de agua y leche durante 15 minutos. Acomodarlas sobre la fuente en que se van a servir cubierta con una servilleta y presentar la mantequilla con jugo de limón por separado.

■ **Preparación:** 10 min ■ **Cocción:** alrededor de 15 min

> **EN ALGUNOS PAÍSES SE LLAMA:**
> Elote: *chilote, choclo, jojoto, mazorca tierna de maíz, tolonca.* Mantequilla: *manteca.*

Elotes en salsa Bechamel

Para 4 personas

- 4 mazorcas de elote o 2 latas de elote desgranado
- 250 ml de leche
- 200 ml de salsa Bechamel (→ ver pág. 64)
- sal y pimienta

❶ Preparar las mazorcas de elote (→ ver preparación de elote, pág. 768) dejándoles una sola capa de hojas.

❷ Calentar el agua (alrededor de cinco vasos) y agregarle la leche. Condimentar con sal al gusto y poner a hervir. Una vez alcanzada la ebullición, colocar las mazorcas en el líquido hirviendo y cocerlas durante 15 minutos o recalentar en un poco de agua el elote de lata.

❸ Mientras tanto, preparar la salsa Bechamel.

❹ Escurrir los elotes. Quitarles las hojas y desgranar las mazorcas. Mezclar los granos con la salsa Bechamel, probar y, en caso de ser necesario, condimentar al gusto. Servir de inmediato.

■ **Preparación:** 5 min ■ **Cocción:** 15 min

> **EN ALGUNOS PAÍSES SE LLAMA:**
> Elote: *chilote, choclo, jojoto, mazorca tierna de maíz, tolonca.*
> Hoja de elote: *chala.*

Hallacas

Para 18 personas

- 1 kg de pulpa de res
- 500 g de lomo de cerdo
- 1/2 gallina
- 2 cebollas grandes
- 2 cucharadas de aceite
- 3 jitomates
- 2 pimientos (verdes y rojos)
- 8 chiles dulces
- 3 cebollines
- 1 poro mediano
- 3 dientes de ajo
- 1/2 piloncillo
- 2 kg de harina de maíz precocida

❶ Abrir las hojas y hacer cortes cada 30 cm. Eliminar las que estén partidas. Cortar primero entre 25 y 30 hojas para colocar la masa. Posteriormente se utilizará la misma cantidad para la segunda envoltura (pueden ser más estrechas o utilizar dos hojas).

❷ Lavar las hojas, remojarlas por 5 minutos en agua caliente, secarlas, taparlas con un paño seco y reservar.

❸ Cocer en agua con sal las carnes hasta que estén tiernas, retirarlas y picarlas, reservar.

❹ Calentar la manteca y freír en ella las semillas de achiote hasta que suelten su color y retirarlas.

❺ Amasar la harina con caldo, sal y la manteca con color hasta que la masa sea suave y homogénea.

❻ Picar las cebollas, los jitomates, los pimientos, los chiles, los cebollines y el poro y freír en una olla grande con aceite y el ajo triturado a fuego alto.

- 1 cucharada de semillas de achiote
- 4 cucharadas de manteca de cerdo
- 100 g de encurtidos
- 100 g de alcaparras
- 150 g de aceitunas sin hueso
- 100 g de almendras
- 50 g de pasitas
- comino, canela, clavo, sal y pimienta
- 3 kg de hojas de plátano
- cordel

7 Cuando esté listo el sofrito agregar poco a poco las carnes y mezclar todo de manera uniforme, agregar sal, las especias, los encurtidos y dos tazas del caldo de las carnes.

8 Disolver 50 gramos de masa en agua y agregarla a la olla hasta que espese un poco.

9 Agregar a la olla las alcaparras, las aceitunas, las pasitas y las almendras, cocinar por 5 minutos más, retirar del fuego y dejar reposar.

10 Colocar una porción de masa en una hoja previamente engrasada y extenderla en la forma más delgada y uniforme posible. Colocar una porción del guiso y envolver, colocar la segunda hoja, amarrar con el cordel y cocinar en agua hirviendo con sal y un trozo de piloncillo por 1 hora, aproximadamente.

> Mientras se sacan de la olla, no se debe apagar el fuego para que no penetre agua en la hallaca.

■ **Preparación:** 40 min ■ **Cocción:** 2 h

EN ALGUNOS PAÍSES SE LLAMA:

Achiote: *bijol, onoto*. Cebollín: *cebolleta, cebollino, ciboulette*. Cerdo: *chancho, cochino, puerco*. Chile: *ají cumbarí, ají picante, conguito, guindilla, ñora, páprika (picante), pimentón picante, pimiento picante*. Encurtidos: *pickles, verduras curtidas*. Hueso: *carozo*. Jitomate: *tomate*. Manteca: *grasa, lardo*. Pasitas: *pasas, pasas de uva, uvas pasas, uvas secas*. Piloncillo: *chancaca, panela, papelón, pilón*. Pimiento: *ají, locote, morrón*. Plátano: *banana, cambur*. Poro: *ajo porro, porro, puerro*.

Humitas

Para 8 personas

- 12 elotes grandes
- 1 cebolla grande
- 2 cucharadas de manteca de cerdo
- 1 rama de albahaca
- 2 ajíes verdes
- 1 taza de leche
- 1 cucharada de páprika
- 1/4 cucharadita de pimienta
- 1 1/2 cucharaditas de sal

1 Seccionar la base de cada mazorca con un cuchillo y separar con cuidado las hojas de cada elote. Elegir las hojas anchas en parejas.

2 Desgranar los elotes y molerlos, reservarlos.

3 Cortar la cebolla finamente y freír en manteca hasta que se vuelva transparente. Añadir los ajíes verdes sin semillas y picados, la páprika, la sal, la pimienta y la albahaca finamente picada.

4 Colocar esta mezcla en una olla con la leche y los elotes, mezclar bien. Si el elote tiene poco jugo, aumentar dos tazas de leche (al mezclar debe quedar espeso).

5 Agregar el jitomate y el ají verde molido si se desea.

Optativo:

- 1 ají verde molido
- 2 jitomates pelados y picados

⑥ Colocar parejas de hojas de elote, superpuestas por su parte más ancha, sobre una fuente pequeña (así se evita que la mezcla se derrame al colocarla); doblar las hojas de costado y luego cruzar los extremos. Así se forma la humita y se amarra con tiras de las hojas pequeñas para formar una cintura.

⑦ Ponerlas a cocer en una olla grande con agua hirviendo y sal durante 1 hora.

Tenga en la mesa unas tijeras para cortar las amarras.

■ **Preparación:** 20 min ■ **Cocción:** 1 h, aproximadamente

> **EN ALGUNOS PAÍSES SE LLAMA:**
> Ají: *ají cumbarí, chile, conguito, guindilla, ñora, páprika* (picante), *pimentón picante, pimiento picante.* Cerdo: *chancho, cochino, puerco.* Elote: *chilote, choclo, jojoto, mazorca tierna de maíz, tolonca.* Hoja de elote: *chala.* Jitomate: *tomate.* Manteca: *grasa, lardo.* Páprika: *pimentón.*

Maíz con menudencias de pollo

Para 4 personas

- 700 g de menudencias de pollo
- 40 g de manteca de ganso
- 2 cucharadas de concentrado de tomate
- 3 cucharadas de harina de maíz
- 1 cebolla
- sal y pimienta

❶ Cortar las menudencias de pollo en pedazos de igual tamaño. En una olla, dorarlas con la manteca de ganso.

❷ Agregar 250 ml de agua y el concentrado de tomate. Condimentar con sal y pimienta al gusto. Cocer a fuego lento alrededor de 20 minutos.

❸ Cuando las menudencias estén bien cocidas, escurrirlas y retirarlas de la olla.

❹ Diluir la harina de maíz en el caldo de cocción de las menudencias, verter un poco de agua para rebajar este líquido, pues no debe estar espeso.

❺ Picar la cebolla y agregarla a la olla.

❻ Volver a colocar las menudencias de pollo en la olla y cocer a fuego muy bajo durante 15 minutos más.

■ **Preparación:** 5 min ■ **Cocción:** alrededor de 35 min

> **EN ALGUNOS PAÍSES SE LLAMA:**
> Elote: *chilote, choclo, jojoto, mazorca tierna de maíz, tolonca.* Manteca: *grasa.*

Nabos

Nabos: preparación

Pelar y lavar los nabos. Los nabos pequeños pueden simplemente cepillarse y lavarse, sin necesidad de pelarlos.

Nabos con cebollín

Para 4 personas

- *800 g de nabos de invierno que no sean demasiado grandes*
- *60 g de mantequilla*
- *2 cucharadas de cebollín picado*
- *sal y pimienta*

❶ Pelar y lavar los nabos.
❷ Colocarlos en una cacerola y cubrirlos con agua fría. Condimentarlos ligeramente con sal. Poner a hervir y, una vez alcanzada la ebullición, cocerlos durante 15 minutos a fuego bastante alto.
❸ Escurrir los nabos y dejarlos entibiar. Cortarlos en cubitos pequeños o en rodajas.
❹ En un sartén, calentar la mantequilla. Agregar los nabos y mezclarlos con una espátula.
❺ Dejar que se doren a fuego bajo removiendo de vez en cuando. Condimentar con sal y pimienta al gusto. Espolvorear con el cebollín picado y servir de inmediato.

■ **Preparación:** 15 min ■ **Cocción:** alrededor de 25 min

> EN ALGUNOS PAÍSES SE LLAMA:
> Cebollín: *cebolleta, cebollino, ciboulette.* Mantequilla: *manteca.*

Nabos gratinados

Para 4 personas

- *600 g de nabos*
- *60 g de mantequilla*
- *250 ml de salsa Mornay (→ ver pág. 68)*
- *20 g de queso rallado*
- *sal*

❶ Preparar los nabos (→ ver preparación de nabos, pág. 773).
❷ Cortar los nabos en rodajas y sumergirlos durante 2 minutos en agua hirviendo con sal. Escurrirlos y dejarlos enfriar.
❸ En una olla, derretir 40 g de mantequilla, agregar los nabos, condimentar con sal y pimienta al gusto y cocer durante 20 minutos a fuego bajo.
❹ Precalentar el horno a 240 °C.

❺ Mientras tanto, preparar la salsa Mornay.

❻ Engrasar con bastante mantequilla una charola para gratín, acomodar en ella los nabos y emparejar la superficie. Cubrir los nabos con la salsa Mornay y luego espolvorear con queso rallado.

❼ Colocar la charola en la parrilla del horno hasta que la superficie esté bien dorada.

■ **Preparación:** 30 min ■ **Cocción:** alrededor de 25 min

> **EN ALGUNOS PAÍSES SE LLAMA:**
> Charola: *asadera*. Mantequilla: *manteca*.

Nabos rellenos de hongos

Para 4 personas

- *12 nabos frescos medianos*
- *50 g de mantequilla*
- *300 g de hongos*
- *50 ml de consomé de pollo comercial*
- *30 g de migajón de pan*
- *sal*

❶ Pelar, lavar y vaciar los nabos.

❷ Sumergirlos durante 8 minutos en agua hirviendo con sal, escurrirlos y luego enfriarlos bajo un chorro de agua. Condimentarlos por dentro con un poco de sal.

❸ En una cacerola, cocer a fuego bajo la pulpa que se retiró de los nabos junto con 20 g de mantequilla.

❹ Mientras tanto, limpiar los hongos, cortarlos en cubitos muy pequeños, condimentarlos con sal y pimienta, y cocerlos en 20 g de mantequilla hasta que el agua que suelten se haya evaporado por completo. Mezclarlos con la pulpa de los nabos cocida.

❺ Precalentar el horno a 210 °C.

❻ Con una cuchara pequeña, rellenar los nabos con esta mezcla.

❼ Engrasar con mantequilla una charola para gratín y acomodar en ella los nabos rellenos. Bañar la superficie con consomé de pollo (o consomé de res) y espolvorear con el migajón de pan.

❽ Hornear hasta que las verduras estén tiernas: picarlas con una aguja para verificar el grado de cocción.

■ **Preparación:** 30 min ■ **Cocción:** alrededor de 25 min

> **EN ALGUNOS PAÍSES SE LLAMA:**
> Charola: *asadera*. Mantequilla: *manteca*. Migajón: *borona, miga de pan, morona*.

Cebollas

Cebollas: preparación

Cebollas blancas
Escogerlas muy brillantes.

Cebollas moradas y amarillas
Deben estar cubiertas por una cáscara seca, quebradiza y sin brotes. Para pelarlas sin lagrimear: colocarlas durante 10 minutos en el congelador o durante 1 hora en el refrigerador. Incluso se puede dejar correr un pequeño chorrito de agua y pelarlas debajo del agua.

Cebollitas de Cambray en manojo
Cortar los tallos (guardarlos para utilizarlos en otra preparación; se los puede congelar) y retirar la primera capa de la piel.

Cebollitas de cascabel amarillas o blancas
Sumergirlas durante 1 minuto en agua hirviendo y pelarlas.

Una cebolla pelada y cortada nunca debe guardarse, ya que se oxida rápidamente y se vuelve tóxica.

EN ALGUNOS PAÍSES SE LLAMA:

Cebollita(s) de Cambray: *cebolla china, cebolla de almácigo, cebolla de verdeo, cebolla en rama, cebolla junca, cebolleta(s), cebollín*. Refrigerador: *heladera, nevera*.

Cebollas cocidas al vino

Para 4 personas

- *6 cebollas amarillas grandes*
- *1 cucharada de aceite de oliva*
- *150 ml de vino tinto, blanco o rosado*
- *sal y pimienta*

❶ Pelar las cebollas. Acomodarlas enteras y en una sola capa en una olla o en un sartén salteador lo suficientemente grande como para contenerlas. Bañar con aceite. Condimentar con sal y pimienta al gusto.

❷ Precalentar el horno a 170 °C.

❸ Calentar la olla con las cebollas durante 5 minutos a fuego medio. Enseguida, agregar el vino y poner a hervir. Verter agua hasta la mitad de la altura de las cebollas y tapar la olla.

❹ Colocar el recipiente en el horno y cocer durante 1 hora y 15 minutos. Las cebollas deben permanecer completas.

⑤ Retirar el recipiente del horno, quitarle la tapa y reducir el líquido de cocción sobre la estufa a fuego bastante alto, hasta que se obtenga una consistencia almibarada.

■ **Preparación:** 10 min ■ **Cocción:** 1 h 30 min

> **EN ALGUNOS PAÍSES SE LLAMA:**
> Estufa: *cocina* (dispositivo o aparato en el que se hace fuego o produce calor para guisar los alimentos).

Cebollas encurtidas

Para 2 frascos de 1/2 kg cada uno

- *1 kg de cebollitas de cascabel blancas muy pequeñas*
- *10 granos de pimienta*
- *1 cucharada de cilantro en granos*
- *350 ml de vinagre al estragón (→ ver pág. 48)*
- *sal*

① En una cacerola, poner una cucharada de sal junto con un litro de agua. Agregar las cebollitas sin pelarlas y dejar marinar durante 12 horas.
② Escurrir las cebollitas, pelarlas y remojarlas nuevamente en un litro de agua con sal; esta vez se dejarán remojar durante 24 horas.
③ Escurrir las cebollitas y enjuagarlas.
④ Hervir con mucho cuidado dos frascos y distribuir en ellos la pimienta y el cilantro. Agregar las cebollitas y verter el vinagre encima.
⑤ Cerrar los frascos y mantenerlos en un lugar fresco y oscuro. Esperar al menos 2 meses antes de consumir.

■ **Marinada:** 12 h + 24 h

■ **Preparación:** 20 min, en 2 días ■ **Reposo:** 2 meses

> **EN ALGUNOS PAÍSES SE LLAMA:**
> Cilantro: *coriandro, culantro*. Encurtidos: *pickles, verduras curtidas*.

Cebollas rellenas

Para 4 personas

- *4 cebollas blancas muy grandes*
- *160 g de carne picada de cerdo o de ternera*
- *1 cucharada de perejil picado*
- *30 g de mantequilla*

① Pelar las cebollas sin que se rompa la primera capa blanca. Cortarlas transversalmente, a tres cuartas partes de su altura.
② Sumergirlas durante 10 minutos en agua hirviendo con sal, dejarlas enfriar y escurrirlas.
③ Vaciarlas con mucho cuidado conservando una capa de sólo 2 o 3 mm de espesor.
④ Precalentar el horno a 200 °C.

- *200 ml de base oscura de ternera (→ ver pág. 50)*
- *20 g de queso parmesano rallado*
- *sal y pimienta*

⑤ Picar la pulpa de las cebollas y la carne, agregar el perejil y mezclar bien. Condimentar con sal y pimienta al gusto.

⑥ Con una cuchara pequeña, rellenar las cebollas con esta mezcla. Acomodarlas sobre una charola para gratín engrasada con mantequilla. Rociarlas con la base oscura de ternera (o con consomé de res).

⑦ Poner a hervir ligeramente sobre la estufa, con la charola tapada. Luego, hornear durante 30 minutos.

⑧ Diez minutos antes del final de la cocción, espolvorear con el queso parmesano rallado, bañar con mantequilla derretida y gratinar durante 5 minutos en la parrilla del horno. Servir directamente en la charola de cocción.

■ **Preparación:** 20 min ■ **Cocción:** alrededor de 35 min

> **EN ALGUNOS PAÍSES SE LLAMA:**
> Cerdo: *chancho, cochino, puerco.* Charola: *asadera.* Estufa: *cocina* (dispositivo o aparato en el que se hace fuego o produce calor para guisar los alimentos). Mantequilla: *manteca.*

Cebollitas glaseadas

Para 12 cebollitas (alrededor de 250 g)

- *12 cebollitas de Cambray blancas*
- *20 g de mantequilla*
- *1/2 cucharadita de azúcar en polvo*
- *1 pizca de sal*

❶ Pelar las cebollitas de Cambray (→ ver preparación de cebollas, pág. 775).

❷ Derretir la mantequilla en una cacerola pequeña, poner las cebollitas en ella, cubrirlas con agua y agregar la sal y el azúcar.

❸ Cocer las cebollitas a fuego bajo de 10 a 15 minutos, dejando que el líquido se evapore hasta que adquiera una consistencia almibarada. Revolver las cebollitas muy bien en ese líquido.

❹ Dejar las cebollitas en el líquido durante 5 minutos más para que estén bien doradas y brillantes.

■ **Preparación:** 15 min ■ **Cocción:** alrededor de 20 min

> **EN ALGUNOS PAÍSES SE LLAMA:**
> Cebollita(s) de Cambray: *cebolla china, cebolla de almácigo, cebolla de verdeo, cebolla en rama, cebolla junca, cebolleta(s), cebollín.* Mantequilla: *manteca.*

Puré Soubise

Para aproximadamente
1 y 1/2 kg

- *1 kg de cebollas*
- *175 g de mantequilla*
- *1 pizca de azúcar*
- *150 g de arroz blanco
  (→ ver pág. 844) o 300 ml
  de salsa Bechamel
  (→ ver pág. 64)*
- *sal y pimienta*

❶ Pelar las cebollas y cortarlas en rodajas.
❷ Sumergirlas en una cacerola grande con agua salada. Ponerlas a hervir y luego escurrirlas.
❸ Colocar las cebollas en una cacerola con 100 g de mantequilla, sal, pimienta y una pizca de azúcar. Tapar la cacerola y cocer a fuego bajo de 30 a 40 minutos.
❹ Mientras tanto, cocer el arroz blanco o preparar una salsa Bechamel muy espesa.
❺ Agregar el arroz blanco (o la salsa Bechamel) a las cebollas, mezclar bien y continuar la cocción durante 20 minutos más.
❻ Probar y, de ser necesario, volver a condimentar. Pasar las cebollas por un cernidor de malla fina y agregar 75 g de mantequilla.

■ **Preparación:** 20 min ■ **Cocción:** alrededor de 1 h

> En algunos países se llama:
> Cernidor: *cedazo, tamiz*. Mantequilla: *manteca*.

Tarta de cebolla rellena

Para 4 o 6 personas

- *400 g de masa para
  repostería (→ ver pág. 112)*
- *750 g de cebollas*
- *80 g de mantequilla*
- *1 huevo*
- *200 ml de crema fresca*
- *nuez moscada*
- *200 g de sobrantes de pollo o
  de ternera fríos, o 200 g de
  jamón*
- *sal y pimienta*

❶ Preparar la masa para repostería y dejarla reposar 1 hora (o utilizar una masa comercial).
❷ Colocar un disco de masa de 28 cm en una tartera y apenas cocerlo (→ ver preparación de tartas y tartaletas, pág. 199).
❸ Pelar las cebollas y cortarlas finamente. Cocerlas a fuego bajo en una olla con 50 g de mantequilla de 15 a 20 minutos.
❹ Precalentar el horno a 210 °C.
❺ Batir el huevo junto con la crema en un bol. Condimentar con sal y pimienta al gusto y con un poco de nuez moscada rallada.
❻ Colocar esta mezcla en una cacerola y espesarla a fuego muy bajo, sin que hierva. Luego, agregarle las cebollas.
❼ Cortar los sobrantes de carne o el jamón en bastoncitos muy pequeños. Colocar estos últimos en el fondo de la tartera. Poner las cebollas encima de los bastonci-

tos de carne o de jamón. Distribuir pedacitos de mantequilla y hornear de 15 a 20 minutos.

❽ Servir muy caliente.

■ **Preparación:** 30 min ■ **Reposo de la masa:** 1 h

■ **Cocción:** de 15 a 20 min, aproximadamente

> **EN ALGUNOS PAÍSES SE LLAMA:**
> Crema: *nata*. Mantequilla: *manteca*.

Tarta de cebollas

Para 4 o 6 personas

- *400 g de masa para tarta (→ ver pág. 112)*
- *1 kg de puré Soubise (→ ver pág. 778)*
- *40 g de pan molido*
- *30 g de mantequilla*

❶ Preparar la masa para tarta.

❷ Colocar un disco de masa de 28 cm en una tartera y apenas cocerlo (→ ver preparación de tartas y tartaletas, pág. 199). Preparar el puré Soubise.

❸ Precalentar el horno a 250 °C.

❹ Agregar el puré sobre la base de la tarta, espolvorear con el pan molido, luego agregar pedacitos pequeños de mantequilla y gratinar en el horno durante 15 minutos.

■ **Preparación:** 30 min ■ **Cocción:** alrededor de 15 min

> **EN ALGUNOS PAÍSES SE LLAMA:**
> Mantequilla: *manteca*. Pan molido: *pan rallado*.

Camote

Camote: preparación

Los camotes se preparan de la misma manera que las papas. Se deben escoger muy firmes, sin magulladuras y sin olor.

> **EN ALGUNOS PAÍSES SE LLAMA:**
> Camote: *batata, boniato, chaco, papa dulce*. Papa: *patata*.

Camotes gratinados con especias

Para 4 personas

- 800 g de camotes
- 4 huevos
- 2 pizcas de pimienta de Cayena
- 1/2 cucharadita de chile en polvo
- 1 cucharadita de comino
- nuez moscada
- 40 g de mantequilla
- sal y pimienta

❶ Lavar los camotes, cepillándolos bien. Cocerlos al vapor durante 20 minutos.

❷ Escurrirlos, dejarlos enfriar un poco y pelarlos. Luego, machacarlos con un tenedor.

❸ Precalentar el horno a 180 °C.

❹ Batir los huevos como para hacer una omelette y añadirlos al puré de camote junto con la pimienta de Cayena, el chile en polvo y el comino. Condimentar con sal, pimienta y nuez moscada rallada al gusto.

❺ Engrasar con mantequilla una charola para gratín y colocar en ella la preparación. Agregar el resto de la mantequilla en pedacitos y hornear durante 20 minutos. Servir directamente en la charola de cocción.

■ **Preparación:** 15 min ■ **Cocción:** 40 min

> **EN ALGUNOS PAÍSES SE LLAMA:**
>
> Camote: *batata, boniato, chaco, papa dulce.* Charola: *asadera.* Chile: *ají cumbarí, ají picante, conguito, guindilla, ñora, páprika (picante), pimentón picante, pimiento picante.* Mantequilla: *manteca.*

Perejil

Perejil: preparación

El perejil liso es más perfumado que el perejil chino. Lavar rápidamente las ramas de perejil. Desprender las hojas de los tallos y secarlas bien con un papel absorbente.

Cuando el perejil va a utilizarse como decoración y como condimento, es necesario picar las hojas muy finamente con un cuchillo (no se debe usar el procesador de alimentos, pues lo convierte en puré) o bien colocar las hojas en un vaso y cortarlas con tijeras.

También se puede utilizar perejil picado congelado (para prepararlo uno mismo, es necesario secar bien el manojo de perejil después de haberlo lavado y luego guardarlo picado en un recipiente especial para congelación).

Perejil frito

Para 4 personas

- 40 g de perejil chino
- aceite
- sal

❶ Calentar el aceite.
❷ Separar el perejil en ramilletes pequeños. Lavarlos y secarlos muy bien. Sumergirlos durante 5 segundos en el aceite previamente calentado a 180 °C.
❸ Escurrir los ramilletes de perejil sobre un papel absorbente, condimentarlos con sal al gusto y utilizarlos de inmediato.

■ **Preparación:** 5 min ■ **Cocción:** 5 seg

Persillade

Para 100 g

- 50 g de migajón de pan
- 40 g de perejil
- 2 dientes de ajo
- 1 cucharadita de aceite de oliva
- 1 pizca de flor de tomillo
- sal y pimienta

❶ Desmoronar el migajón de pan, picar el perejil. Pelar y picar el ajo.
❷ Mezclar estos ingredientes con el aceite de oliva y el tomillo. Condimentar con sal y pimienta al gusto.
La persillade se utiliza para carnes horneadas, pescados o verduras. Ésta los perfuma y resalta su sabor. Se distribuye sobre la carne unos 10 minutos antes del final de la cocción.

■ **Preparación:** 10 min

EN ALGUNOS PAÍSES SE LLAMA:
Migajón: *borona, miga de pan, morona.*

Puré de perejil

Para 4 personas

- 1/2 kg de perejil liso
- 100 ml de crema ligera
- 40 g de mantequilla
- sal y pimienta

❶ Deshojar y lavar el perejil. Sumergirlo durante 3 minutos en agua hirviendo con sal.
❷ Escurrirlo y pasarlo bajo un chorro de agua. Exprimirlo bien con las manos. Molerlo en la licuadora junto con la crema y la mantequilla.
❸ Calentar un poco el puré a fuego bajo (o 2 minutos en el horno de microondas). Condimentar con sal y pimienta al gusto.

■ **Preparación:** 10 min ■ **Cocción:** 5 min

EN ALGUNOS PAÍSES SE LLAMA:
Crema: *nata.* Mantequilla: *manteca.*

Poro

Poro: preparación

Se recomienda escoger poros frescos, lisos, de tono pálido y con las hojas levantadas. Desechar las primeras hojas de color verde oscuro y duras, al igual que las raíces.

Poros pequeños

Si se van a utilizar enteros, partirlos a lo largo dos o tres veces, comenzando en la base y hasta llegar a las hojas. Lavarlos varias veces bajo un chorro de agua, separando las hojas para eliminar cualquier resto de tierra. Después, atarlos en manojos para cocerlos en agua hirviendo con sal.

Poros grandes

Eliminar las hojas verdes y conservar únicamente la cabeza de poro. Partirla y lavarla de la misma manera que los poros pequeños. Luego, cortarla en rodajas o en bastoncitos dependiendo de la receta.

La parte verde se puede utilizar para preparar un potaje: eliminar las partes maltratadas, poner a remojar las hojas ya cortadas antes de cocerlas, cambiándoles varias veces el agua.

> **EN ALGUNOS PAÍSES SE LLAMA:**
> Poro: *ajo porro, porro, puerro.*

Estofado de poro

Para 4 o 6 personas

- *1 codillo del pernil con poca sal*
- *300 g de tocino con poca sal*
- *1 kg y 200 g de poros*
- *80 g de cebolla*
- *50 g de mantequilla*
- *300 ml de vino blanco seco*
- *300 ml de caldo o consomé de res (→ ver pág. 53)*
- *600 g de papas*
- *1 salchichón*
- *pimienta*

❶ Desalar el codillo y el tocino.
❷ Preparar los poros (→ ver arriba preparación de poros). Cortarlos en pedacitos de 1 cm de ancho.
❸ Pelar y filetear las cebollas.
❹ En una olla, derretir la mantequilla y saltear los poros y las cebollas a fuego lento.
❺ Agregar el vino blanco seco con el caldo o consomé de res y cocer durante 15 minutos. Condimentar ligeramente con pimienta.
❻ Mientras tanto, pelar las papas y cortarlas en rodajas. Agregarlas a la mezcla de poros y cebollas. Colocar hasta arriba el salchichón, el codillo y el tocino. Cocer a

fuego lento durante 50 minutos y añadir un poco de líquido si es necesario.

❼ Retirar las carnes frías y revolver para que las verduras se desbaraten. Servir la carne cortada en trocitos hasta arriba del estofado.

■ **Remojo:** 3 h ■ **Preparación:** 30 min

■ **Cocción:** alrededor de 1 h 10 min

> **EN ALGUNOS PAÍSES SE LLAMA:**
> Carnes frías: *charcuterías, embutidos, fiambres*. Mantequilla: *manteca*. Papa: *patata*. Poro: *ajo porro, porro, puerro*. Tocino: *bacon, larda de tocino, panceta, tocineta*.

Poros a la mantequilla

Para 4 personas

- *1 kg y 200 g de poros medianos*
- *60 g de mantequilla*
- *sal y pimienta*

❶ Preparar las cabezas de poro (→ ver preparación de poros, pág. 782) y cortarlas en pedacitos del mismo tamaño.

❷ En una olla, derretir la mitad de la mantequilla y agregar los poros. Condimentar con sal y pimienta al gusto. Verter medio vaso de agua, tapar la olla y cocer durante 40 minutos a fuego muy bajo.

❸ Escurrir los poros y colocarlos en la fuente en que se van a servir. Agregar el resto de la mantequilla al caldo de cocción y usarlo para bañar los poros.

■ **Preparación:** 15 min ■ **Cocción:** 40 min

> **EN ALGUNOS PAÍSES SE LLAMA:**
> Mantequilla: *manteca*. Poro: *ajo porro, porro, puerro*.

Poros a la vinagreta

Para 4 personas

- *800 g de poros pequeños*
- *1 chalote*
- *1/2 manojo de cebollín*
- *100 ml de salsa vinagreta (→ ver pág. 100)*
- *mostaza*
- *sal y pimienta*

❶ Preparar los poros pequeños (→ ver preparación de poros, pág. 782). Sumergirlos durante unos 10 minutos en agua hirviendo con sal.

❷ Mientras tanto, pelar y picar el chalote. Picar el cebollín.

❸ Preparar la salsa vinagreta con un poco de mostaza y agregarle el chalote y el cebollín picados.

❹ Escurrir los poros, colocarlos 10 segundos bajo un chorro de agua fría y luego secarlos. Colocarlos en un plato hondo y bañarlos con la vinagreta. Servir este plato tibio.

■ **Preparación:** 10 min ■ **Cocción:** 10 min

> **EN ALGUNOS PAÍSES SE LLAMA:**
> Cebollín: *cebolleta, cebollino, ciboulette.* Chalote: *ascalonia, chalota, echalote, escalonia.* Poro: *ajo porro, porro, puerro.*

Poros gratinados

Para 4 personas

- *1 kg y 200 g de poros*
- *60 g de mantequilla*
- *40 g de queso parmesano o de queso gruyer rallados*
- *sal y pimienta*

❶ Limpiar las cabezas de poro (→ ver preparación de poros, pág. 782).

❷ Cocerlas durante 10 minutos (o más, dependiendo de su tamaño) en agua hirviendo con sal y luego escurrirlas.

❸ En una olla, derretir 40 g de mantequilla y sofreír los poros. Condimentar con sal y pimienta al gusto y dejar que se cuezan de 6 a 8 minutos.

❹ Precalentar el horno a 240 °C.

❺ Engrasar una charola para gratín con mantequilla y colocar ahí los poros. Espolvorear con el queso rallado y gratinar en la parrilla del horno.

■ **Preparación:** alrededor de 35 min

■ **Cocción:** alrededor de 20 min

> **EN ALGUNOS PAÍSES SE LLAMA:**
> Charola: *asadera.* Mantequilla: *manteca.* Poro: *ajo porro, porro, puerro.*

Chícharos

Chícharos: preparación

Chícharos frescos

Desvainar los chícharos y desechar los granos que tengan brotes. Lavarlos, sumergirlos en agua hirviendo con sal y cocerlos de 8 a 10 minutos, aproximadamente. Probar para verificar el grado de cocción. Para obtener 1/2 kg de chícharos en grano es necesario calcular 1 kg de chícharos en su vaina.

Chícharos congelados

No es necesario descongelarlos. Sumergirlos aún congelados en agua hirviendo con sal. Calcular el tiempo de cocción (4 o 5 minutos) a partir de que el agua empiece a hervir otra vez.

Chícharos en conserva

Evitar que hiervan mientras se están calentando para que no se endurezcan.

> **EN ALGUNOS PAÍSES SE LLAMA:**
>
> Chícharo: *alverja, arveja, guisante, petit pois.*

Chícharos a la francesa

Para 4 personas

- *1 kg y 200 g de chícharos frescos o 600 g de chícharos congelados*
- *1 lechuga*
- *1 manojo de cebollitas de Cambray*
- *1 bouquet garni*
- *1/4 de manojo de perifollo*
- *100 g de mantequilla*
- *2 cucharaditas de azúcar*
- *sal*

❶ Desvainar los chícharos y pelar las cebollas.

❷ Lavar la lechuga, enrollar algunas hojas juntas como si se estuviera formando un habano y luego cortarla en pedazos bastante grandes.

❸ En una olla, colocar estas verduras junto con el bouquet garni, el perifollo, 70 g de mantequilla cortada en pedacitos, una cucharadita de sal, el azúcar y medio vaso de agua fría. Tapar la olla, dejar que hierva a fuego muy bajo y, una vez alcanzada la ebullición, cocer de 15 a 20 minutos sin subir el fuego.

❹ Retirar el bouquet garni con una espumadera, agregar el resto de la mantequilla y verter en la fuente en que se va a servir.

■ Preparación: 15 min (30 min si son chícharos frescos)

■ Cocción: de 15 a 20 min

> **EN ALGUNOS PAÍSES SE LLAMA:**
>
> Cebollita(s) de Cambray: *cebolla china, cebolla de almácigo, cebolla de verdeo, cebolla en rama, cebolla junca, cebolleta(s), cebollín.* Chícharo: *alverja, arveja, guisante, petit pois.* Mantequilla: *manteca.*

Chícharos a la inglesa

Para 4 personas

- *1 kg y 200 g de chícharos frescos o 600 g de chícharos congelados*
- *40 g de mantequilla*
- *sal*

❶ Desvainar los chícharos y sumergirlos en agua hirviendo con sal. Cocerlos de 12 a 15 minutos con la olla destapada hasta que estén bien suaves.

❷ Escurrir los chícharos y colocarlos en la fuente en que se van a servir. Servir la mantequilla por separado.

■ **Preparación:** 20 min ■ **Cocción:** de 12 a 15 min

> EN ALGUNOS PAÍSES SE LLAMA:
> Chícharo: *alverja, arveja, guisante, petit pois*. Mantequilla: *manteca*.

Chícharos con jamón a la occitana

Para 4 personas

- *1 kg y 200 g de chícharos frescos o 600 g de chícharos congelados*
- *1 cebolla*
- *125 g de jamón ahumado sin grasa*
- *30 g de manteca de ganso*
- *1 cucharada de harina*
- *1 cucharadita de azúcar*
- *1 bouquet garni*
- *sal*

❶ Desvainar los chícharos. Pelar la cebolla y cortarla en cuatro. Cortar el jamón en cubos grandes.

❷ En una olla, derretir la manteca de ganso y sofreír la cebolla y el jamón. Agregar los chícharos y sofreírlos ligeramente. Espolvorearlos con harina y remover bien.

❸ Verter 300 ml de agua. Condimentar con sal y agregar el azúcar y el bouquet garni. Cocer con la olla destapada de 15 a 20 minutos, aproximadamente.

❹ Extraer el bouquet garni con una espumadera y colocar los chícharos en la fuente en que se van a servir.

■ **Preparación:** 30 min

■ **Cocción:** de 15 a 20 min, aproximadamente

> EN ALGUNOS PAÍSES SE LLAMA:
> Chícharo: *alverja, arveja, guisante, petit pois*. Manteca: *grasa*.

Chícharos de la casa

Para 4 personas

- 1 kg y 200 g de chícharos frescos o 600 g de chícharos congelados
- 1 manojo de cebollitas de Cambray
- 20 g de mantequilla
- 125 g de tocino en cubitos
- 1 cucharada de harina
- 300 ml de caldo o base blanca de ternera (→ ver pág. 52)
- 1 bouquet garni

❶ Desvainar los chícharos y pelar las cebollas.

❷ En una olla, derretir la mantequilla y sofreír ligeramente las cebollitas de Cambray y el tocino. Luego, escurrirlos.

❸ Espolvorear con harina la mantequilla de cocción y seguir cociendo de 1 a 2 minutos, removiendo con una cuchara de madera.

❹ Verter la base blanca de ternera, revolver bien y dejar que hierva. Cocer durante 5 minutos y luego agregar los chícharos. Mezclar bien.

❺ Colocar en la olla las cebollitas y el tocino. Agregar el bouquet garni y cocer de 15 a 20 minutos con la olla tapada.

> Si se desea, pueden agregarse una o dos cucharadas de hierbas finas.

■ **Preparación:** 30 min ■ **Cocción:** alrededor de 40 min

> **EN ALGUNOS PAÍSES SE LLAMA:**
>
> Cebollita(s) de Cambray: *cebolla china, cebolla de almácigo, cebolla de verdeo, cebolla en rama, cebolla junca, cebolleta(s), cebollín.* Chícharo: *alverja, arveja, guisante, petit pois.* Mantequilla: *manteca.* Tocino: *bacon, larda de tocino, panceta, tocineta.*

Puré de chícharos

Para 6 personas

- 600 g de chícharos
- 1 pata de cerdo
- 1 bouquet garni
- 2 cebollas
- 2 clavos de olor
- 20 g de mantequilla
- 2 cucharadas de crema fresca
- sal y pimienta

❶ Poner a remojar los chícharos en agua fría durante 2 horas.

❷ Escurrir los chícharos y ponerlos en una olla muy grande. Agregar la pata de cerdo, el bouquet garni y las cebollas peladas y mechadas cada una con un clavo de olor. Verter agua en la olla hasta que cubra las verduras y dejar que hierva lentamente. Una vez alcanzada la ebullición, cocer durante 1 hora a fuego medio, removiendo de vez en cuando. Condimentar con sal a la mitad de la cocción.

❸ Con una espumadera, extraer la pata de cerdo, el bouquet garni y las cebollas. Escurrir los chícharos sobre una cacerola (guardar el jugo de cocción para hacer una sopa) y molerlos con el pasapuré.

❹ En una olla, calentar el puré a fuego bajo, agregarle primero la mantequilla y revolver bien hasta que se disuelva, luego añadir la crema fresca y condimentar con sal y pimienta al gusto. Mezclar bien todo. El puré debe quedar muy untuoso. Colocarlo en la fuente en que se va a servir.

> **Una vez deshuesada y cortada en pedazos, la pata de cerdo puede servir para otra preparación. Se puede conservar en el congelador.**

■ **Remojo:** 2 h ■ **Preparación:** 10 min ■ **Cocción:** 1 h

---

EN ALGUNOS PAÍSES SE LLAMA:

Cerdo: *chancho, cochino, puerco.* Chícharo: *alverja, arveja, guisante, petit pois.* Crema: *nata.* Mantequilla: *manteca.* Pasapuré: *machacador, pisapapas, pisapuré.*

Salteado de chícharos chinos a la mantequilla de almendras

Para 4 personas

- 800 g de chícharos chinos
- 50 g de mantequilla
- 80 g de almendras fileteadas
- sal y pimienta

❶ Filetear los chícharos y sumergirlos en agua hirviendo con un poco de sal. Cocer durante aproximadamente 6 minutos. Probarlos para verificar el grado de cocción. Una vez que estén listos, escurrirlos, reservarlos en un sartén salteador y taparlos.

❷ En un sartén pequeño, derretir la mantequilla y agregar las almendras. Sofreír las almendras a fuego moderado, removiéndolas delicadamente durante 3 minutos.

❸ Añadir las almendras junto con su mantequilla de cocción sobre los chícharos. Poner el sartén en el fuego y remover delicadamente durante 2 minutos. Condimentar con sal y pimienta al gusto. Servir de inmediato.

■ **Preparación:** 10 min ■ **Cocción:** alrededor de 20 min

EN ALGUNOS PAÍSES SE LLAMA:
Mantequilla: *manteca.*

Garbanzos

Garbanzos con longaniza

Para 4 o 6 personas

- *1/2 kg de garbanzos*
- *1 zanahoria*
- *1 cebolla*
- *2 ramas de apio*
- *1 cabeza de poro*
- *250 g de tocino ahumado*
- *1 bouquet garni*
- *4 cucharadas de aceite de oliva*
- *200 ml de salsa concentrada de jitomate (→ ver pág. 819)*
- *400 g de longaniza*
- *sal y pimienta*

❶ Poner a remojar los garbanzos durante 12 horas en agua fría. Escurrirlos.

❷ Cortar en pedazos la zanahoria, la cebolla, el apio y la cabeza de poro. Colocar todas estas verduras en una olla, agregar los garbanzos, el tocino ahumado y el bouquet garni. Cubrir con dos litros de agua fría y hervir.

❸ Espumar. Condimentar con sal y pimienta al gusto, bajar el fuego y agregar el aceite de oliva. Cocer a fuego lento de 2 a 3 horas.

❹ Preparar la salsa de jitomate. Agregar la longaniza a la olla y cocinar durante 30 minutos más.

❺ Con una espumadera, extraer el bouquet garni, el tocino ahumado y la longaniza. Escurrir los garbanzos y colocarlos en una cacerola junto con la salsa concentrada de jitomate. Añadir la longaniza cortada en rodajas y el tocino ahumado en rebanadas. Dejar que los ingredientes se incorporen a fuego lento durante 15 minutos. Servir muy caliente.

■ **Remojo:** 12 h ■ **Preparación:** 15 min

■ **Cocción:** alrededor de 3 h 45 min

> **EN ALGUNOS PAÍSES SE LLAMA:**
> Poro: *ajo porro, porro, puerro.* Tocino: *bacon, larda de tocino, panceta, tocineta.*

Pimientos y chiles

Pimientos y chiles: preparación

Se recomienda elegir pimientos y chiles muy brillantes y firmes. Para pelarlos, hornearlos enteros a una temperatura de 250 °C hasta que su piel esté bien negra. De esta manera, es muy fácil quitársela. Cortar en dos y quitarles todas las semillas y los filamentos.

> **EN ALGUNOS PAÍSES SE LLAMA:**
> Chile: *ají cumbarí, ají picante, conguito, guindilla, ñora, páprika (picante), pimentón picante, pimiento picante.* Pimiento: *ají, locote, morrón.* Quitar las semillas: *despepitar.*

pimientos y chiles > VERDURAS

Ensalada de pimientos marinados

Para 4 personas

- *6 pimientos rojos*
- *2 dientes de ajo*
- *1 limón*
- *6 cucharadas de aceite de oliva*
- *1 cucharadita de tomillo desmenuzado*
- *12 filetes de anchoa en aceite*
- *12 aceitunas negras*
- *1 cucharada de perejil picado*
- *sal y pimienta*

❶ Preparar los pimientos (→ ver preparación de pimientos, pág. 789) y pelarlos. Partirlos a la mitad, retirarles las semillas y cortar la pulpa en tiritas delgadas. Colocarlas en un plato hondo.
❷ Pelar y picar finamente el ajo.
❸ Exprimir el jugo de limón y mezclarlo junto con el aceite de oliva, el ajo y el tomillo desmenuzado.
❹ Secar los filetes de anchoa y deshuesar las aceitunas.
❺ Bañar los pimientos con la salsa de limón.
❻ Mezclar todo muy bien y acomodarlo en la fuente en que se va a servir. Decorar la parte de arriba con los filetes de anchoa y las aceitunas. Agregar el perejil picado y dejar reposar en el refrigerador durante al menos 2 horas antes de consumir.

> Esta ensalada puede conservarse durante 2 o 3 días en el refrigerador.

■ **Preparación:** 30 min ■ **Reposo:** al menos 2 h

EN ALGUNOS PAÍSES SE LLAMA:

Anchoa: *anchova, boquerón.* Deshuesar: *descarozar.* Pimiento: *ají, locote, morrón.* Refrigerador: *heladera, nevera.*

Pimientos a la piamontesa

Para 4 personas

- *600 g de risotto a la piamontesa*
  (→ ver pág. 850)
- *4 pimientos*
- *40 g de queso parmesano o de queso gruyer rallado*
- *60 g de mantequilla*

❶ Preparar el risotto a la piamontesa.
❷ Preparar los pimientos (→ ver preparación de pimientos, pág. 789) y cortarlos en tiritas delgadas.
❸ Precalentar el horno a 230 °C.
❹ Engrasar con mantequilla una charola para gratín y colocar en ella capas alternadas de pimientos y risotto. Finalizar con una capa de pimientos. Espolvorear con el queso rallado.
❺ Bañar con mantequilla derretida y gratinar en el horno a temperatura baja de 15 a 20 minutos.

■ **Preparación:** 30 min

■ **Cocción:** de 15 a 20 min, aproximadamente

EN ALGUNOS PAÍSES SE LLAMA:

Charola: *asadera.* Mantequilla: *manteca.* Pimiento: *ají, locote, morrón.*

Pimientos con orégano

Para 4 personas

- 150 g de tocino ahumado
- 4 pimientos de colores diferentes
- 2 cebollas
- 2 cucharadas de aceite de oliva
- 1 cucharadita de orégano
- 3 jitomates
- sal y pimienta

❶ Cortar el tocino en cubitos. Preparar los pimientos (→ ver preparación de pimientos, pág. 789) y cortarlos en tiritas. Pelar y filetear las cebollas.

❷ En una olla, calentar el aceite de oliva y suavizar el tocino y las cebollas durante unos 10 minutos.

❸ Agregar los pimientos y el orégano. Condimentar con sal y pimienta al gusto. Mezclar bien y cocer de 10 a 15 minutos.

❹ Pasar los jitomates por agua hirviendo, pelarlos y cortarlos en cubitos. Agregarlos a la olla y cocer con la olla destapada hasta que el agua que suelten los vegetales se evapore.

> Los pimientos al orégano acompañan muy bien un pescado cocido al vapor o un ave asada.

■ **Preparación:** 15 min ■ **Cocción:** de 40 a 45 min

> EN ALGUNOS PAÍSES SE LLAMA:
> Jitomate: *tomate*. Pimiento: *ají, locote, morrón*. Tocino: *bacon, larda de tocino, panceta, tocineta*.

Pimientos marinados

Para 1 frasco de 1/2 kg

- 8 pimientos verdes, amarillos y rojos (aproximadamente 700 g)
- 250 ml de aceite de oliva
- 3 dientes de ajo
- pimiento rojo seco molido
- 1/2 cucharada de vinagre de jerez
- sal y pimienta

❶ Precalentar el horno a 220 °C.

❷ Untar con aceite la piel de los pimientos, colocarlos en una charola y hornearlos durante 10 minutos, aproximadamente, hasta que la piel se hinche.

❸ Pelar y picar el ajo.

❹ Dejar que los pimientos se enfríen y, posteriormente, pelarlos. Partirlos a la mitad, retirarles las semillas y los filamentos. Luego, cortarlos en tiritas de 2 cm de largo, aproximadamente.

❺ Colocar una capa de pimientos en el fondo del frasco, añadir sal y pimienta, espolvorear el pimiento rojo molido y un poco del ajo picado. Poner una nueva capa de pimientos y repetir la operación hasta que se acaben los pimientos. Verter el aceite y el vinagre: los pimientos deben quedar completamente cubiertos por el líquido.

⑥ Cerrar el frasco y ponerlo en un lugar oscuro y fresco hasta su consumo.

■ **Preparación:** 30 min

Pimientos rellenos

Para 4 o 6 personas

- *250 g de arroz salteado (→ ver pág. 846)*
- *300 g de salsa de tomate (→ ver pág. 80)*
- *15 pimientos pequeños*
- *1/2 manojo de acedera*
- *3 jitomates*
- *3 cebollas amarillas*
- *1 ramita de hinojo*
- *250 ml de aceite de oliva*
- *1 limón*
- *sal y pimienta*

① Preparar el arroz salteado y la salsa de tomate.
② Abrir 12 pimientos del lado del pedúnculo. Quitarles las semillas y blanquearlos durante 5 minutos en agua hirviendo con sal.
③ Hornear los tres pimientos restantes y luego pelarlos (→ ver preparación de pimientos, pág. 789).
④ Lavar y picar la acedera. Pasar los jitomates por agua hirviendo, pelarlos, quitarles las semillas y cortarlos en pedazos. Pelar y picar las cebollas amarillas. Picar los tres pimientos pelados y el hinojo.
⑤ En una cacerola, calentar dos cucharadas de aceite de oliva y cocer las verduras picadas de 10 a 12 minutos.
⑥ Colar la mezcla de verduras para eliminar el líquido y revolverla con el arroz salteado.
⑦ Condimentar con sal y pimienta al gusto. Rellenar los 12 pimientos con esta mezcla de verduras.
⑧ Engrasar un sartén salteador con aceite y acomodar unos contra otros los pimientos rellenos. Agregar el resto del aceite y el jugo de limón a la salsa de tomate y verter esta mezcla en el sartén. Tapar el sartén y cocer durante 25 minutos.
⑨ Acomodar los pimientos en un recipiente hondo junto con su jugo de cocción. Servir caliente, o bien dejar enfriar y luego meter el recipiente durante 1 hora en el refrigerador.

■ **Preparación:** 30 min ■ **Cocción:** alrededor de 40 min

Rajas con crema

Para 4 personas

- *6 chiles poblanos*
- *1 cebolla grande*
- *250 ml de crema*
- *250 g de queso mozarella*
- *3 cucharadas de aceite*
- *sal*

❶ Asar los chiles directamente en la llama de la hornilla de la estufa sin dejarlos quemar, guardarlos en una bolsa de plástico por 10 minutos. Pelarlos, desvenarlos y quitarles las semillas. Cortarlos en tiras y reservar.

❷ Freír en aceite la cebolla fileteada hasta que se acitrone.

❸ Agregar las rajas y la sal, guisar por 2 minutos, incorporar la crema y el queso rallado.

■ **Preparación:** 20 min ■ **Reposo:** 10 min
■ **Cocción:** 10 min

> **EN ALGUNOS PAÍSES SE LLAMA:**
> Chile poblano: variedad de ají de tamaño grande, parecido al pimiento morrón. Crema: *nata.* Estufa: *cocina* (dispositivo o aparato en el que se hace fuego o produce calor para guisar los alimentos).

Papas

Papas: preparación

Escoger siempre papas muy firmes, sin brotes y sin ninguna parte verde. Si no van a utilizarse de inmediato, conservarlas en un lugar oscuro (en una bolsa bien cerrada), dado que la luz propicia el desarrollo de la solanina verde, que es amarga e indigesta.

Las papas conocidas como "de consumo habitual" suelen destinarse a las sopas, las papas fritas y el puré; las consideradas como "de consistencia firme" se destinan a las otras preparaciones. Las papas se consiguen durante todo el año, pues si se cosechan antes de alcanzar el grado de maduración, pueden almacenarse con inhibidores químicos y pesticidas (cuya existencia es imprescindible mencionar). Dado que estos últimos son tóxicos, es necesario lavar las papas antes y después de pelarlas, así como evitar cocerlas con la cáscara. La única excepción la constituyen las variedades orgánicas y las papas pequeñas, en ocasiones llamadas "de Cambray", que no llegan a almacenarse.

Las papas "de consumo habitual" se pelan con un cuchillo para verduras (con lo que se eliminan los residuos de productos químicos), se cortan, si se desea, se lavan bien y se secan con un trapo limpio. Las papas "de Cambray" se raspan con una esponja nueva.

Una vez peladas, las papas deben cocinarse de inmediato, ya que de lo contrario se oscurecen. Si no se van a utilizar enseguida, colocarlas en un recipiente hondo y cubrirlas con agua fría.

> **EN ALGUNOS PAÍSES SE LLAMA:**
> Papa: *patata*. Trapo: *paño, repasador, toalla o trapo de cocina*.

Bolitas de papa hervidas

Para 4 o 6 personas

- *1/2 kg de puré de papa*
  (→ ver pág. 805)
- *2 huevos*
- *75 g de harina*
- *nuez moscada*
- *80 g de mantequilla*
- *20 g de migajón de pan duro*
  (del día anterior)
- *sal y pimienta*

❶ Preparar el puré de papa. Agregar los huevos, uno por uno, así como la harina y mezclar bien hasta obtener una masa lo suficientemente consistente. Condimentar con sal y pimienta al gusto y rallar un poco de nuez moscada.

❷ Con las manos enharinadas, moldear esta masa en bolitas o en bocadillos.

❸ Poner a hervir agua en una olla grande y agregarle sal. Colocar en la olla las bolitas de papa y dejarlas hervir de 8 a 10 minutos. Escurrirlas y acomodarlas en una fuente engrasada con mantequilla.

❹ Derretir el resto de la mantequilla y desmoronar el migajón de pan encima. Cuando el migajón esté dorado, colocarlo sobre las bolitas de papa y mezclar bien. Servir muy caliente.

■ **Preparación:** alrededor de 40 min

■ **Cocción:** alrededor de 15 min

> **EN ALGUNOS PAÍSES SE LLAMA:**
> Mantequilla: *manteca*. Migajón: *borona, miga de pan, morona*. Papa: *patata*.

Croquetas de papa

Para 4 personas

- 750 g de papas "de consumo habitual"
- 40 g de mantequilla
- 3 yemas de huevo
- 1 cucharada de harina
- aceite
- 400 g de pan molido a la inglesa (→ ver pág. 104)
- sal

❶ Pelar y lavar las papas, cortarlas en cuartos. Colocarlas en una cacerola, cubrirlas con agua fría y condimentar con sal al gusto. Ponerlas a hervir y, una vez alcanzada la ebullición, cocerlas durante 20 minutos.

❷ Precalentar el horno a 250 °C. Acomodar las papas en una charola y ponerlas en el horno hasta que la superficie de las mismas adquiera un color blancuzco.

❸ Reducir las papas a puré con el pasapuré. Añadir la mantequilla, y luego incorporar poco a poco las yemas de huevo batidas. Condimentar con sal al gusto. Engrasar con aceite una charola, distribuir en ella el puré de papas y dejar que éste se enfríe completamente.

❹ Calentar el aceite. Con las manos enharinadas, modelar el puré en bolitas para luego formar un cilindro largo, estrecho y de tamaño homogéneo. Cortar este cilindro en trozos de 6 o 7 cm y redondearlos ligeramente. Empanizarlos y freírlos durante 3 minutos a 180 °C. Escurrirlos sobre un papel absorbente y servir de inmediato.

■ **Preparación:** 30 min ■ **Cocción:** alrededor de 30 min

> EN ALGUNOS PAÍSES SE LLAMA:
>
> Charola: *asadera.* Empanizar: *empanar, rebozar.* Mantequilla: *manteca.* Papa: *patata.* Pasapuré: *machacador, pisapapas, pisapuré.*

Ñoquis de papa

Para 4 personas

- 600 g de papas de consistencia harinosa
- 70 g de mantequilla
- 1 huevo completo
- 1 yema de huevo
- 80 g de harina
- nuez moscada
- 40 g de queso gruyer rallado
- sal y pimienta

❶ Preparar las papas y cocerlas en papillote (→ ver papas en papillote, pág. 800). Pelarlas y machacarlas con el pasapuré. Añadir 30 g de mantequilla, el huevo completo, la yema del otro huevo y 75 g de harina. Condimentar con sal y pimienta al gusto y rallar un poco de nuez moscada.

❷ Enharinar la mesa de trabajo, colocar el puré encima de la harina y dividirlo en dos porciones. Formar con cada parte un cilindro de aproximadamente 2 cm de diámetro, envolviendo el puré en la harina. Cortar estos cilindros en pedacitos de 1 cm de largo y redondearlos con las manos enharinadas. Hacerles muescas con los dientes de un tenedor, aplanando ligeramente los ñoquis.

❸ Precalentar el horno a 200 °C. Cocer los ñoquis durante 5 o 6 minutos en agua hirviendo con sal. Escurrirlos.

❹ Engrasar con mantequilla una charola para gratín y acomodar en ella los ñoquis. Espolvorear con el queso rallado y bañar con el resto de la mantequilla derretida. Hornear de 12 a 15 minutos. Servir directamente en la charola de cocción.

■ **Preparación:** 30 min ■ **Cocción:** de 12 a 15 min

> **EN ALGUNOS PAÍSES SE LLAMA:**
> Charola: *asadera*. Mantequilla: *manteca*. Papa: *patata*. Pasapuré: *machacador, pisapapas, pisapuré*.

Papas a la crema

Para 4 personas

- 600 g de papas de consistencia firme
- 300 ml de crema líquida
- 1 cucharada de cebollín picado
- sal

❶ Preparar las papas y cocerlas a la inglesa (→ ver pág. 797), pero sin pelarlas. Luego pelarlas y cortarlas en rodajas gruesas o en cubos grandes.

❷ Poner las papas en una cacerola, junto con 250 ml de crema y sal y pimienta al gusto. Reducir la crema aproximadamente a la mitad volteando las papas con mucho cuidado para que no se quiebren.

❸ Agregar el resto de la crema justo antes de servir. Probar y, de ser necesario, volver a condimentar. Posteriormente, colocar las papas a la crema en la fuente en que se van a servir. Espolvorear con el cebollín picado.

■ **Preparación:** 15 min ■ **Cocción:** alrededor de 15 min

> **EN ALGUNOS PAÍSES SE LLAMA:**
> Cebollín: *cebolleta, cebollino, ciboulette*. Crema: *nata*. Papa: *patata*.

Papas a la inglesa

Para 4 personas

- *1 kg de papas de consistencia firme*
- *150 g de mantequilla*
- *sal*

❶ Escoger papas del tamaño de un huevo pequeño. Pelarlas con el cuchillo para verduras dándoles una forma ovalada homogénea.

❷ Colocar las papas en una cacerola y cubrirlas con abundante agua fría. Añadir sal. Poner las papas a hervir y cocerlas de 20 a 25 minutos.

❸ Escurrir las papas con una espumadera y colocarlas en la fuente en que se van a servir. Servir la mantequilla por separado.

Si las papas no van a consumirse inmediatamente, colocar la charola en un baño maría, cubierta con una hoja de papel aluminio.

papas al vapor:

preparar las papas de la misma manera. Cocerlas de 20 a 30 minutos en una vaporera o de 6 a 8 minutos en la rejilla de la olla exprés.

■ **Preparación:** 15 min ■ **Cocción:** de 20 a 25 min

> **EN ALGUNOS PAÍSES SE LLAMA:**
> Mantequilla: *manteca*. Papa: *patata*.

Papas a la landesa

Para 4 personas

- *800 g de papas*
- *1 cebolla grande*
- *150 g de jamón ahumado*
- *60 g de manteca de ganso*
- *2 dientes de ajo*
- *1/2 manojo de perejil*
- *sal y pimienta*

❶ Pelar y lavar bien las papas. Luego, cortarlas en cubitos.

❷ Pelar y cortar la cebolla en cubitos. Cortar el jamón ahumado, también en cubitos.

❸ En un sartén, derretir la manteca de ganso y sofreír los cubitos de cebolla y de jamón ahumado. Una vez que estén bien dorados, agregar las papas y mezclar bien. Condimentar con sal ligeramente y con pimienta al gusto. Cocer con el sartén tapado de 15 a 20 minutos, removiendo de vez en cuando.

❹ Pelar y picar el ajo y el perejil y agregarlos al último momento de la cocción.

■ **Preparación:** 15 min ■ **Cocción:** alrededor de 25 min

> **EN ALGUNOS PAÍSES SE LLAMA:**
> Manteca: *grasa*. Papa: *patata*.

Papas a la panadera

Para 4 personas

- *600 g de papas de consistencia firme*
- *300 g de cebollas*
- *40 g de mantequilla*
- *2 cucharadas de aceite de cacahuate*
- *1/2 litro, aproximadamente, de consomé de res deshidratado*
- *sal y pimienta*

❶ Pelar y lavar las papas. Cortarlas en rodajas. Pelar y cortar las cebollas de la misma manera. Sofreírlas por separado en 20 g de mantequilla y una cucharada de aceite de cacahuate durante 10 minutos. Condimentarlas ligeramente con sal y pimienta.

❷ Precalentar el horno a 200 °C.

❸ Escurrir las papas y las cebollas con una espumadera. Acomodarlas en capas alternadas en una charola para gratín y luego cubrirlas con el caldo de res. Hornearlas durante 25 minutos.

❹ Transcurrido este tiempo, reducir la temperatura del horno a 180 °C y continuar la cocción durante 20 minutos más.

■ **Preparación:** 30 min ■ **Cocción:** 45 min

> EN ALGUNOS PAÍSES SE LLAMA:
> Cacahuate: *cacahuete, maní.* Charola: *asadera.* Mantequilla: *manteca.* Papa: *patata.*

Papas Anna

Para 4 personas

- *800 g de papas de consistencia firme*
- *100 g de mantequilla*
- *sal y pimienta*

❶ Preparar las papas (→ ver preparación de papas, pág. 793), cortándolas en rodajas muy delgadas (de ser posible con el procesador de alimentos). Condimentarlas con sal y pimienta al gusto.

❷ Derretir 25 g de mantequilla en un molde para tarta con recubrimiento antiadherente de 26 cm de diámetro. Acomodar las papas en el molde formando capas circulares (como para una torta de papa). Verter el resto de la mantequilla derretida sobre las papas y luego compactarlas presionándolas con una espumadera.

❸ Cubrir con una hoja de papel aluminio y cocer durante 5 minutos a fuego bajo. Luego colocarlas en el horno a 220 °C de 25 a 30 minutos.

❹ Con una espumadera, presionar ligeramente la superficie de la tarta. Dejar reposar en el horno aún caliente durante 10 minutos. Desmoldar en la fuente de servicio y servirla de inmediato en la mesa.

■ **Preparación:** 15 min ■ **Cocción:** de 30 a 35 min

> **EN ALGUNOS PAÍSES SE LLAMA:**
> Mantequilla: *manteca.* Papa: *patata.*

Papas con tocino

Para 4 personas

- *800 g de papas de consistencia firme*
- *250 g de tocino ahumado en cubitos*
- *3 pizcas de tomillo*
- *3 cucharadas de perejil liso picado*
- *pimienta*

❶ Pelar y lavar bien las papas. Luego, cortarlas en cubitos.

❷ Sumergir los cubitos de tocino ahumado en agua fría, luego calentarlos hasta que hiervan y cocerlos durante 10 minutos. Escurrirlos.

❸ Precalentar el horno a 210 °C.

❹ Colocar los cubitos de papa en una olla. Agregarles el agua de cocción del tocino hasta que se cubran a la mitad, añadir el tomillo, condimentar con sal y mezclar bien. Hornear durante 20 minutos, aproximadamente.

❺ En un sartén con recubrimiento antiadherente, colocar los cubitos de tocino y volverlos a calentar hasta que se doren un poco.

❻ Escurrir las papas, colocarlas en una fuente caliente, agregar los cubitos de tocino y el perejil. Mezclar bien. Servir de inmediato.

■ **Preparación:** 15 min ■ **Cocción:** 35 min

> **EN ALGUNOS PAÍSES SE LLAMA:**
> Papa: *patata.* Tocino: *bacon, larda de tocino, panceta, tocineta.*

Papas Darphin

Para 4 personas

- *800 g de papas de consistencia firme*
- *2 cucharadas de aceite de cacahuate*
- *30 g de mantequilla*
- *sal y pimienta*

❶ Pelar las papas, lavarlas y cortarlas en papas paille (→ ver pág. 801). Secarlas en un trapo limpio, distribuirlas en él y condimentarlas con sal y pimienta al gusto.

❷ En un sartén antiadherente grande, calentar el aceite y la mantequilla, agregar las papas y saltearlas durante 30 segundos.

❸ Compactarlas en forma de galleta y continuar la cocción a fuego medio o en el horno previamente calentado a 200 °C. Voltear la galleta y dejar que se dore del otro lado. Escurrir el exceso de grasa para desmoldar sobre la fuente de servicio. Servir muy caliente.

Las papas Darphin pueden cocerse también en sartenes pequeños para crepas (200 g de papas por persona).

■ **Preparación:** 15 min ■ **Cocción:** alrededor de 30 min

> **EN ALGUNOS PAÍSES SE LLAMA:**
> Cacahuate: *cacahuete, maní.* Crepas: *crêpes, panquecas, panqueques, tortitas.* Mantequilla: *manteca.* Papa: *patata.* Trapo: *paño, repasador, toalla o trapo de cocina.*

Papas Dauphine

Para 6 personas

- *750 g de papas "de consumo habitual"*
- *40 g de mantequilla*
- *3 yemas de huevo*
- *250 g de masa para choux (→ ver pág. 113)*
- *nuez moscada*
- *sal y pimienta*
- *aceite*

❶ Preparar las papas como para la receta de croquetas de papa (→ ver pág. 795).
❷ Preparar la masa para choux agregándole nuez moscada. Luego, mezclarla con las papas preparadas.
❸ Calentar el aceite.
❹ Tomar un poco de la masa con una cuchara para postre (o media cucharada). Moldearla con las manos para formar una bolita. Freír las bolitas en el aceite caliente (a 180 °C), una por una. Cuando las papas dauphine se hayan inflado y dorado, escurrirlas con una espumadera y secarlas con papel absorbente; condimentar con sal al gusto y servirlas muy calientes.

■ **Preparación:** 40 min ■ **Cocción:** de 15 a 20 min

> **EN ALGUNOS PAÍSES SE LLAMA:**
> Mantequilla: *manteca.* Papa: *patata.*

Papas en papillote

Para 4 personas

- *4 papas que pesen alrededor de 150 g cada una*
- *4 cucharaditas de cebollín picado*

❶ Precalentar el horno a 200 °C.
❷ Lavar y cepillar las papas. Secarlas y luego envolverlas en una hoja de papel aluminio. Hornearlas durante 1 hora.
❸ Partir las papas en dos, a lo largo, espolvorearlas con el cebollín picado y servirlas de esta manera, acompañadas con mantequilla o con crema fresca.

- *4 cucharadas de crema fresca o 60 g de mantequilla*

■ **Preparación:** 5 min ■ **Cocción:** 1 h

> EN ALGUNOS PAÍSES SE LLAMA:
>
> Cebollín: *cebolleta, cebollino, ciboulette.* Crema: *nata.* En papillote: *envuelto en papel aluminio.* Mantequilla: *manteca.* Papa: *patata.*

Papas fritas

Para 4 personas

- *1 kg o 1 kg y 200 g de papas*
- *aceite*
- *sal*

❶ Pelar las papas, cortarlas en bastoncitos de 1 cm de espesor y de 7 cm de largo, aproximadamente. Lavarlas dos veces, escurrirlas y secarlas bien.

❷ Calentar el aceite a 180 °C.

❸ Sumergir las papas en el aceite caliente. Una vez que estén bien doradas, escurrirlas sobre un papel absorbente. Realizar esta operación con pocas papas a la vez, para evitar que éstas se peguen unas con otras dentro del aceite caliente. Condimentar con sal y servir de inmediato.

> **También se puede proceder friendo las papas primero de 7 a 9 minutos en el aceite previamente calentado a 160 °C, para luego escurrirlas y, justo antes de servir, volver a sumergirlas de 4 a 5 minutos en el aceite calentado a 180 °C para que se doren.**
>
> **papas paille:**
> cortar las papas en tiritas muy delgadas (del tamaño de un fósforo), ya sea con un cuchillo o bien con un procesador de alimentos. Luego, freírlas de 2 a 3 minutos y retirarlas con una espumadera una vez que estén bien doradas.

■ **Preparación:** 15 min ■ **Cocción:** alrededor de 30 min

> EN ALGUNOS PAÍSES SE LLAMA:
> Papa: *patata.*

Papas gratinadas

Para 4 o 6 personas

- *1 kg de papas de consistencia firme*
- *2 dientes de ajo*

❶ Pelar las papas y cortarlas en rodajas delgadas.

❷ Precalentar el horno a 220 °C. Frotar una charola para gratín con los dientes de ajo y luego engrasarla con bastante mantequilla. Acomodar las rodajas de papa sobre la charola en capas más o menos regulares.

- *80 g de mantequilla*
- *250 ml de leche*
- *1/2 litro de crema fresca*
- *sal*

❸ Batir la leche junto con la crema, agregar una cucharadita al ras de sal. Verter esta mezcla sobre las papas y añadir encima pedacitos de mantequilla. Hornear durante 50 minutos.

■ **Preparación:** 15 min ■ **Cocción:** 50 min

> **EN ALGUNOS PAÍSES SE LLAMA:**
> Charola: *asadera*. Crema: *nata*. Mantequilla: *manteca*. Papa: *patata*.

Papas Macaire

Para 4 personas

- *600 g de papas de consistencia harinosa*
- *50 g de mantequilla*
- *nuez moscada*
- *40 g de harina*
- *50 ml de aceite de cacahuate*
- *sal y pimienta*

❶ Preparar las papas y cocerlas en papillote (→ ver papas en papillote, pág. 800).

❷ Pelar las papas y machacarlas con el pasapuré mientras estén calientes. Agregar la mantequilla. Condimentar con sal y pimienta al gusto. Rallar un poco de nuez moscada y mezclar bien.

❸ Forrar una placa para horno con papel encerado y engrasarlo ligeramente con aceite. Distribuir el puré formando una capa de aproximadamente 2 cm de espesor. Cortar el puré en cuadrados o en círculos utilizando un sacabocados (o un vaso).

❹ Despegarlos de la placa y enharinarlos por todos lados. En un sartén, calentar el aceite y dorar ligeramente los cuadrados o círculos de papa. Escurrirlos sobre un papel absorbente y acomodarlos en la fuente en que se van a servir.

■ **Preparación:** 50 min ■ **Cocción:** de 10 a 12 min

> **EN ALGUNOS PAÍSES SE LLAMA:**
> Cacahuate: *cacahuete, maní*. Mantequilla: *manteca*. Papa: *patata*. Pasapuré: *machacador, pisapapas, pisapuré*.

Papas noisettes

Para 4 personas

- *800 g de papas de consistencia firme*

❶ Pelar las papas, lavarlas y secarlas.

❷ Con la ayuda de una cucharita redonda especial (cuchara parisina), extraer bolitas de pulpa de papa. Lavarlas y secarlas.

- 60 g de mantequilla
- 3 cucharadas de aceite de cacahuate
- sal y pimienta

❸ Calentar el aceite y la mantequilla en un sartén grande de hierro fundido, colocar las papas noisettes y dorarlas removiendo frecuentemente.

❹ Secar las papas con un papel absorbente y condimentarlas con sal y pimienta al gusto. Acomodarlas en la fuente en que se van a servir.

■ **Preparación:** 20 min ■ **Cocción:** de 12 a 15 min

> EN ALGUNOS PAÍSES SE LLAMA:
>
> Cacahuate: *cacahuete, maní*. Mantequilla: *manteca*. Papa: *patata*.

Papas rellenas

Para 4 personas

- 4 papas grandes (que pesen aproximadamente 150 g cada una)
- sal gruesa
- 80 g de restos de carne cocida, de jamón, de queso o de cebolla
- 150 ml de crema fresca
- 30 g de mantequilla
- 20 g de pan molido o de queso rallado
- sal y pimienta

❶ Precalentar el horno a 200 °C.

❷ Lavar las papas, cepillarlas y secarlas. Colocarlas en una charola para horno, sobre una cama de sal gruesa, y hornearlas durante aproximadamente 1 hora.

❸ Mientras tanto, preparar el relleno elegido: picar la carne o el jamón, rallar el queso, o bien saltear la cebolla picada durante 5 minutos en un poco de mantequilla. Luego, mezclar la carne (el jamón, el queso rallado o la cebolla salteada) con la crema fresca, 20 g de mantequilla y sal y pimienta al gusto. Calentar a fuego bajo.

❹ Precalentar el horno a 270 °C.

❺ Cortar, a lo largo, el cuarto superior de cada papa y apartar los sombreritos que resulten. Con una cuchara pequeña, vaciar las papas sin romperlas.

❻ Moler la pulpa con la hoja más delgada del pasapuré y mezclarla con el relleno. Rellenar las papas vacías, espolvorear con pan molido o con queso rallado (o con una mezcla de ambos).

❼ Bañar las papas rellenas con el resto de la mantequilla derretida y gratinar en el horno durante unos 15 minutos.

■ **Preparación:** 30 min ■ **Cocción:** 1 h 15 min

> EN ALGUNOS PAÍSES SE LLAMA:
>
> Charola: *asadera*. Crema: *nata*. Mantequilla: *manteca*. Pan molido: *pan rallado*. Papa: *patata*. Pasapuré: *machacador, pisapapas, pisapuré*.

Papas salteadas

Para 4 personas

- *1 kg de papas de consistencia firme u 800 g de papas congeladas en cubitos*
- *150 ml de aceite*
- *20 g de mantequilla*
- *sal y pimienta*

❶ Pelar y lavar las papas. Cortarlas en rebanadas de 3 mm de espesor o en cubitos. Luego, lavarlas con abundante agua y secarlas muy bien.

❷ En un sartén con recubrimiento antiadherente, saltear las rebanadas de papa de 15 a 20 minutos, moviendo el sartén con frecuencia. Condimentar con sal y pimienta al gusto.

❸ Agregar la mantequilla hacia el final de la cocción para que se doren.

❹ Escurrir las papas y colocarlas en la fuente en que se van a servir.

> **papas salteadas al queso parmesano:**
> preparar las papas salteadas, colocarlas sobre la placa del horno y espolvorearlas con 200 g de queso parmesano rallado. Gratinarlas en la parrilla del horno durante 10 minutos.

■ **Preparación:** 15 min ■ **Cocción:** de 15 a 20 min

> EN ALGUNOS PAÍSES SE LLAMA:
> Mantequilla: *manteca*. Papa: *patata*.

Papas salteadas a la sarladaise

Para 4 personas

- *800 g de papas*
- *4 o 5 dientes de ajo*
- *1 manojo de perejil*
- *60 g de manteca de ganso*
- *1 trufa fresca (opcional)*

❶ Pelar y lavar las papas. Luego, cortarlas en rodajas de aproximadamente 5 mm de espesor.

❷ Pelar y picar el ajo. Picar finamente el perejil.

❸ Calentar la manteca de ganso en un sartén de fondo grueso, colocar en él las papas y media cucharada del ajo picado. Saltear las papas a fuego bastante alto durante 15 minutos moviéndolas varias veces.

❹ Mezclar el resto del ajo picado con el perejil. Agregarlo al sartén y mezclar bien. Reducir la intensidad del fuego y tapar el sartén. Continuar la cocción 4 o 5 minutos más.

❺ Si se tiene una trufa fresca, pelarla, filetearla y agregarla a las papas al final de la cocción junto con una cu-

charada de manteca de ganso. Tapar el sartén nuevamente y dejar que los aromas se impregnen entre sí.

■ **Preparación:** 20 min ■ **Cocción:** alrededor de 20 min

> **EN ALGUNOS PAÍSES SE LLAMA:**
> Manteca: *grasa*. Papa: *patata*.

Puré de papa

Para 4 personas (1 kg de puré)

- *800 g de papas "de consumo habitual"*
- *50 g de mantequilla*
- *400 ml de leche*
- *sal*

❶ Pelar las papas y cortarlas en pedacitos. Cocerlas, ya
sea en agua fría con sal durante 20 minutos a partir de
la ebullición, o bien al vapor durante 35 minutos.

❷ Moler las papas con la lámina más delgada del pasapuré. Colocar el puré resultante en una cacerola y, a
fuego bajo, agregar poco a poco la mantequilla, revolviendo bien.

❸ Mientras tanto, calentar la leche y luego verterla poco
a poco sin dejar de revolver. Trabajar el puré rápidamente para que no se vuelva muy elástico. Debe quedar
ligero. Probar y, en caso de ser necesario, condimentar.
Servir de inmediato.

puré muselina:
ir agregando 100 g de mantequilla a las papas recién molidas, luego añadir dos yemas de huevo y trabajar el puré a
fuego bajo. Condimentar con sal al gusto y espolvorear un
poco de nuez moscada rallada. Una vez fuera del fuego,
agregarle 100 ml de crema batida.

■ **Preparación:** 10 min ■ **Cocción:** de 25 a 40 min

> **EN ALGUNOS PAÍSES SE LLAMA:**
> Crema batida: *nata montada*. Mantequilla: *manteca*. Papa: *pa-*
> *tata*. Pasapuré: *machacador, pisapapas, pisapuré*.

Puré de papa con queso

Para 6 personas

- *1 kg de papas de consistencia harinosa*
- *1/2 kg de queso fresco*

❶ Pelar las papas y cortarlas en pedazos grandes. Colocarlas en una cacerola, cubrirlas con agua fría y condimentar
con sal al gusto. Ponerlas a hervir y, una vez alcanzada la
ebullición, cocerlas durante 20 minutos (una vez transcurrido ese tiempo, verificar el grado de cocción).

- 2 dientes de ajo
- 30 g de mantequilla
- sal y pimienta

❷ Mientras tanto, cortar el queso en tiritas. Pelar y picar el ajo.

❸ Escurrir las papas y reducirlas a puré con el pasapuré (con la lámina fina).

❹ Colocar el puré aún caliente en una cacerola, poner esta última a baño maría y mezclar el puré con la mantequilla y el ajo. Condimentar con sal y pimienta al gusto.

❺ Ir agregando el queso fresco sin dejar de revolver y esperando cada vez que se agrega una porción de queso que ésta se amalgame bien con el resto de los ingredientes. Al mezclar, se debe levantar cada vez más la cuchara de madera. Una vez que la consistencia sea lisa, untuosa y más o menos líquida, el puré de papa con queso está listo.

❻ Probar y, de ser necesario, volver a condimentar. Servir muy caliente.

■ **Preparación:** 25 min ■ **Cocción:** alrededor de 20 min

> **EN ALGUNOS PAÍSES SE LLAMA:**
> Mantequilla: *manteca.* Papa: *patata.* Pasapuré: *machacador, pisapapas, pisapuré.*

Torta de papa horneada

Para 4 o 6 personas

- 750 g de papas
- 3 yemas de huevo
- 100 g de mantequilla
- harina
- 1 huevo completo
- sal

❶ Preparar las papas como para la receta de croquetas de papa (→ ver pág. 795), aunque con 100 g de mantequilla en lugar de 40 g.

❷ Precalentar el horno a 220 °C.

❸ Con las manos enharinadas, formar una bola con el puré y luego aplanarla con la palma de la mano. Volver a formar la bola y repetir la operación dos veces más.

❹ Cubrir con papel encerado una plancha de hierro fundido para hacer galletas y aplanar el puré sobre ella hasta formar una torta de 4 cm de espesor. Rayar la torta con la punta de un cuchillo, barnizarla con el huevo batido para que se dore y hornearla durante aproximadamente 20 minutos.

■ **Preparación:** 30 min ■ **Cocción:** alrededor de 20 min

> **EN ALGUNOS PAÍSES SE LLAMA:**
> Mantequilla: *manteca.* Papa: *patata.*

Tortitas de papa rellenas

Para 4 personas

- 750 g de papas
- 2 huevos
- 250 g de carne molida de res
- 1/2 cebolla picada
- 1 jitomate hecho puré
- 250 ml de aceite
- sal

❶ Pelar las papas, cortarlas en trozos y cocinarlas en agua con sal hasta que estén tiernas, escurrirlas y hacerlas puré. Agregarle los huevos y amasar hasta obtener una mezcla homogénea.

❷ Freír la carne con sal y cebolla, agregarle el puré de jitomate, guisar y reservar para que se enfríe.

❸ Tomar una cucharada colmada del puré de papa, ponerle una cucharada de carne y cubrirla con más puré, darle forma de papa y freír en bastante aceite caliente hasta que se dore.

❹ Dejar escurrir en papel absorbente y servir con ensalada.

■ **Preparación:** 15 min ■ **Cocción:** 30 min

> **EN ALGUNOS PAÍSES SE LLAMA:**
> Carne molida: *carne picada*. Jitomate: *tomate*. Papa: *patata*.

Calabaza china

Calabaza china gratinada

Para 4 personas

- 800 g de calabaza china
- 1 manojo de cebollín
- 30 g de mantequilla
- 30 g de queso gouda al comino
- 1 cucharada de aceite de oliva
- sal y pimienta

❶ Pelar y cortar la calabaza china en pedazos. Cocerla durante 20 minutos en agua hirviendo con sal y luego escurrirla con una espumadera.

❷ Precalentar el horno a 200 °C.

❸ Machacar la calabaza con un tenedor.

❹ Picar el cebollín. Mezclar la mitad del cebollín picado con la mantequilla y untar con esta mezcla el fondo y las paredes de una charola para gratín. Colocar la calabaza en la charola y condimentar con pimienta al gusto.

❺ Cortar el queso gouda en rebanadas muy delgaditas y extenderlas encima de la calabaza junto con el resto del cebollín picado. Bañar con el aceite y gratinar en el horno durante 10 minutos. Servir directamente en la charola.

La calabaza gratinada va muy bien con un pollo asado.

■ **Preparación:** 20 min ■ **Cocción:** alrededor de 30 min

> **EN ALGUNOS PAÍSES SE LLAMA:**
> Calabaza: *auyama, ayote, uyama, zapallo*. Cebollín: *cebolleta, cebollino, ciboulette*. Charola: *asadera*. Mantequilla: *manteca*.

Calabaza de Castilla

Calabaza de Castilla: preparación

Elegir una calabaza de Castilla pequeña. Cortarla en cuatro partes y quitarle la cáscara. Retirarle todas las pepitas y los filamentos.

> **EN ALGUNOS PAÍSES SE LLAMA:**
> Calabaza: *auyama, ayote, uyama, zapallo.*

Calabaza de Castilla con hierbas provenzales

Para 4 o 6 personas

- *1 kg de calabaza de Castilla*
- *120 g de mantequilla*
- *1 cucharada de hierbas provenzales mezcladas*
- *1 limón*
- *sal y pimienta*

❶ Preparar la calabaza de Castilla (→ ver arriba preparación de calabaza de Castilla) y cortarla en rebanadas de 1 cm de espesor.

❷ Cortar 100 g de mantequilla en pedacitos pequeños y colocarlos dentro de un recipiente profundo. Trabajar la mantequilla con el tenedor hasta que se convierta en puré. Agregarle las hierbas provenzales y condimentar con sal y pimienta al gusto.

❸ Precalentar el horno a 150 °C.

❹ Engrasar con mantequilla una charola para gratín y acomodar ahí las rebanadas de calabaza. Untarlas con abundante mantequilla a las hierbas.

❺ Hornear durante 30 minutos. Bañar de vez en cuando las rebanadas de calabaza con la mantequilla derretida durante el transcurso de la cocción. Condimentar con sal y pimienta al gusto y bañar con el jugo de limón al final de la cocción. Servir directamente en la charola para gratín.

■ **Preparación:** 20 min ■ **Cocción:** 30 min

> **EN ALGUNOS PAÍSES SE LLAMA:**
> Calabaza: *auyama, ayote, uyama, zapallo.* Charola: *asadera.*
> Mantequilla: *manteca.*

Calabaza de Castilla gratinada

Para 4 personas

- *800 g de calabaza de Castilla bien madura*
- *200 g de cebollas*
- *50 g de mantequilla*
- *1 diente de ajo*
- *50 g de queso rallado*
- *2 cucharadas de aceite de oliva*
- *sal y pimienta*

❶ Preparar la calabaza de Castilla (→ ver preparación de calabaza de Castilla, pág. 808). Cortar la pulpa en pedazos pequeños y sumergirlos durante 10 minutos en agua hirviendo. Luego, enfriarlos bajo un chorro de agua fría y escurrirlos.

❷ Pelar y filetear las cebollas. En un sartén, derretir 40 g de mantequilla y sofreír las cebollas a fuego lento de 10 a 12 minutos.

❸ Precalentar el horno a 230 °C.

❹ Pelar el ajo y usarlo para frotar el fondo y las paredes de una charola para gratín, engrasarla con mantequilla y colocar dentro una capa de calabaza, luego una capa de cebollas y finalmente el resto de la calabaza.

❺ Espolvorear con queso rallado, bañar con aceite de oliva y gratinar en el horno de 10 a 15 minutos.

■ **Preparación:** 15 min ■ **Cocción:** alrededor de 30 min

> **EN ALGUNOS PAÍSES SE LLAMA:**
> Calabaza: *auyama, ayote, uyama, zapallo.* Charola: *asadera.*
> Mantequilla: *manteca.*

Mermelada de calabaza

Para 4 o 5 frascos de 375 g cada uno

- *1 kg y 300 g de calabaza de Castilla (es decir, 1 kg neto de pulpa de calabaza)*
- *2 limones bien lavados*
- *1 kg de azúcar cristalizada*

La noche anterior

❶ Pelar la calabaza de Castilla, retirarle las pepitas y los filamentos y cortar la pulpa en cubitos pequeños.

❷ Lavar muy bien los limones, cepillándolos bajo un chorro de agua fría. Quitarles la cáscara teniendo mucho cuidado de no romper la piel blanca que recubre la pulpa.

❸ Picar la cáscara de los limones y luego cortar la fruta en rebanadas muy delgadas. Conservar el jugo que se escurra.

❹ En una terrina, poner la pulpa de la calabaza de Castilla, las rebanadas de limón junto con su jugo y la cáscara, así como 200 ml de agua, alternando las diferentes capas con el azúcar. Tapar la terrina con una película plástica autoadherente y dejar que se macere durante 12 horas.

El mismo día

❺ Escurrir las frutas y verter el jugo de maceración en el recipiente que se va a usar para preparar la mermelada. Poner el jugo a hervir. Una vez que hierva, espumarlo y continuar la cocción a fuego alto hasta que aparezcan burbujas bien redondas en la superficie.

❻ Agregar los pedazos de calabaza y de limón, dejar que hierva una vez más, espumar y dejar que se cuezan durante 10 minutos hasta que se espese la mezcla. Verificar la cocción, colocando un poco de mermelada en un plato frío: la mermelada debe formar una gota abombada y no escurrirse.

❼ Rellenar los frascos y cerrarlos de inmediato. Voltear los frascos y dejarlos de este modo durante 24 horas.

■ **Preparación:** 20 min ■ **Maceración:** 12 h

> EN ALGUNOS PAÍSES SE LLAMA:
> Calabaza: *auyama, ayote, uyama, zapallo.*

Muselina de calabaza de Castilla

Para 4 personas

- *800 g de calabaza de Castilla*
- *2 yemas de huevo*
- *150 ml de crema fresca*
- *sal y pimienta*
- *nuez moscada*

❶ Pelar y cortar la calabaza de Castilla en pedazos. Retirarle los filamentos y las pepitas (→ ver preparación de calabaza de Castilla, pág. 808).

❷ Cocer la calabaza en agua hirviendo con sal de 10 a 15 minutos (o bien al vapor). Molerla con la lámina más fina del pasapuré o en la licuadora.

❸ Colocar el puré de calabaza en una cacerola y removerlo de 5 a 10 minutos a fuego bajo para que se seque un poco.

❹ Retirar la cacerola del fuego, agregar las yemas de huevo y mezclar bien.

❺ Añadir la crema fresca, volver a poner la cacerola en la estufa, a fuego muy bajo, y revolver bien. Condimentar con sal y pimienta al gusto y agregar un poco de nuez moscada rallada. Verter en la fuente en que se va a servir.

■ **Preparación:** 10 min ■ **Cocción:** alrededor de 25 min

> EN ALGUNOS PAÍSES SE LLAMA:
> Calabaza: *auyama, ayote, uyama, zapallo.* Crema: *nata.* Estufa: *cocina* (dispositivo o aparato en el que se hace fuego o produce calor para guisar los alimentos). Pasapuré: *machacador, pisapapas, pisapuré.*

Jitomates

Jitomates: preparación

Escoger jitomates bien firmes, pulposos, brillantes y de color uniforme. Deben estar muy rojos, pues ello determina que están maduros. Si aún no lo están, hay que dejarlos madurar en un lugar cálido.

Jitomates cocidos

Antes de cocerse, los jitomates deben sumergirse durante 1 minuto en agua hirviendo y luego enfriarse. De esta manera es más fácil pelarlos. Cortarlos a la mitad y retirarles las semillas. Posteriormente, cortar la pulpa en pedacitos.

Jitomates crudos

A veces se puede prescindir de pelarlos. Lavarlos bien, secarlos con un papel absorbente y luego cortarlos y quitarles las semillas.

> **EN ALGUNOS PAÍSES SE LLAMA:**
> Jitomate: *tomate*. Quitar las semillas: *despepitar*.

Caldillo de jitomate

Para 1 kg de caldillo

- *1 kg de jitomates*
- *1 cebolla grande*
- *1 diente de ajo*
- *1 chalote*
- *20 g de mantequilla*
- *2 cucharadas de aceite de oliva*
- *1 bouquet garni*
- *sal y pimienta*

❶ Preparar los jitomates (→ ver arriba preparación de jitomates) y cortarlos en cubitos. Pelar y picar finamente la cebolla, el ajo y el chalote.

❷ En una cacerola, calentar a fuego bajo la mantequilla junto con el aceite de oliva. Sofreír la cebolla y el chalote, y luego añadir los cubitos de jitomate. Mezclar bien, agregar el ajo, el bouquet garni y condimentar con sal y pimienta al gusto. Dejar que los ingredientes se incorporen con la olla destapada de 15 a 20 minutos.

❸ Colar los jitomates en un colador, presionando bien con el reverso de una cuchara o con el mazo de un mortero. Probar y, en caso de ser necesario, volver a condimentar.

Este caldillo puede prepararse en grandes cantidades y congelarse para tenerlo siempre disponible.

■ **Preparación:** 15 min ■ **Cocción:** 30 min

> **EN ALGUNOS PAÍSES SE LLAMA:**
> Chalote: *ascalonia, chalota, echalote, escalonia*. Jitomate: *tomate*. Mantequilla: *manteca*.

Flan de jitomates

Para 4 o 6 personas

- 1 kg de jitomates
- 3 cucharadas de perejil liso
- 3 dientes de ajo
- 100 ml de aceite de oliva
- 3 ramas de romero
- sal y pimienta

❶ Lavar y secar los jitomates. Cortarlos en rebanadas gruesas. Picar el perejil. Pelar y picar el ajo.

❷ Precalentar el horno a 210 °C.

❸ Barnizar una **charola** para gratín con la mitad del aceite. Colocar en su fondo dos ramas de romero. Acomodar las rebanadas de jitomate en capas regulares sobre las ramas de romero. Condimentar con sal y pimienta al gusto. Agregar el ajo y el perejil. Desmenuzar sobre la superficie la tercera rama de romero.

❹ Bañar con el resto del aceite de oliva y hornear durante 25 minutos. Servir muy caliente directamente en la charola de cocción.

■ **Preparación:** 10 min ■ **Cocción:** 25 min

> **EN ALGUNOS PAÍSES SE LLAMA:**
> Charola: *asadera.* Jitomate: *tomate.*

Jitomates a la provenzal

Para 4 personas

- 8 jitomates
- 1/2 cucharadita de sal
- 1/2 cucharadita de azúcar
- 3 cucharadas de aceite de oliva
- 40 g de persillade
  (→ ver pág. 781)
- 1 cucharadita de mejorana o de orégano en polvo
- sal y pimienta

❶ Precalentar el horno a 190 °C.

❷ Lavar y cortar los jitomates a la mitad. Presionarlos suavemente para extraerles las semillas.

❸ Engrasar con aceite una **charola** y acomodar en ella los jitomates del lado de la piel. Mezclar la sal con el azúcar y distribuirlas sobre las mitades de jitomate.

❹ Preparar la persillade, mezclarla con el orégano (o la mejorana) y espolvorearla sobre la superficie de las mitades de jitomate.

❺ Bañar con el resto del aceite de oliva y hornear durante 45 minutos.

> La persillade puede reemplazarse con un diente de ajo machacado y mezclado con la mejorana.

■ **Preparación:** 10 min ■ **Cocción:** 45 min

> **EN ALGUNOS PAÍSES SE LLAMA:**
> Charola: *asadera.* Jitomate: *tomate.*

Jitomates con queso mozzarella

Para 4 personas

- *4 o 5 jitomates*
- *200 g de queso mozzarella*
- *1/4 de manojo de albahaca*
- *1 cucharada de vinagre*
- *4 cucharadas colmadas de aceite de oliva*
- *sal y pimienta*

❶ Lavar, pelar y cortar los jitomates en rodajas.

❷ Cortar el queso mozzarella en rebanadas delgadas. Picar la albahaca.

❸ Distribuir las rodajas de jitomate sobre la fuente de servicio, alternándolas con las rebanadas de queso. Condimentar con sal y pimienta al gusto y espolvorear con la albahaca picada. Bañar con algunas gotas de vinagre y luego con un chorrito de aceite de oliva. Servir a temperatura ambiente.

■ **Preparación:** 15 min

> **EN ALGUNOS PAÍSES SE LLAMA:**
> Jitomate: *tomate.*

Jitomates rellenos: preparación

Para 4 personas

- *4 jitomates grandes*
- *1 cucharada de aceite*
- *sal*

❶ Escoger jitomates maduros, aunque firmes, de forma y tamaño similar.

❷ Cortarlos del lado del pedúnculo y retirarles la "tapa". Con una cucharita pequeña, quitarles las semillas sin lastimar la piel y presionarlos ligeramente para eliminar el agua que contienen. Retirar toda la pulpa para poder colocar el relleno.

❸ Condimentar ligeramente con sal el interior de los jitomates y voltearlos sobre un trapo de 10 a 15 minutos para que se acaben de escurrir.

❹ Precalentar el horno a 240 °C.

❺ Engrasar una charola para gratín, acomodar en ella los jitomates y colocarles las "tapas". Hornear durante 5 minutos. Escurrirlos nuevamente antes de rellenarlos.

■ **Preparación:** 20 min ■ **Cocción:** 5 min

> **EN ALGUNOS PAÍSES SE LLAMA:**
> Charola: *asadera.* Jitomate: *tomate.* Quitar las semillas: *despepitar.* Trapo: *paño, repasador, toalla o trapo de cocina.*

Jitomates rellenos con crema y cebollín

Para 4 personas

- 4 jitomates grandes
- 2 dientes de ajo
- 1 manojo de cebollín
- 200 ml de crema fresca espesa
- 1 cucharada colmada de vinagre balsámico
- 1 pizca de pimienta de Cayena

❶ Preparar los jitomates (→ ver preparación de jitomates rellenos, pág. 799) sin hornearlos.

❷ Pelar y picar el ajo. Picar el cebollín. Mezclar ambos aromatizantes con la crema fresca y el vinagre. Condimentar con sal y pimienta al gusto y agregar una pizca de pimienta de Cayena.

❸ Rellenar los jitomates, "taparlos" y ponerlos en el refrigerador durante 1 hora antes de servirlos.

■ **Preparación:** 25 min ■ **Refrigeración:** 1 h

> **EN ALGUNOS PAÍSES SE LLAMA:**
> Cebollín: *cebolleta, cebollino, ciboulette*. Crema: *nata*. Jitomate: *tomate*. Refrigerador: *heladera, nevera*.

Jitomates rellenos de atún

Para 4 personas

- 100 g de arroz blanco o pilaf (→ ver pág. 844 u 846)
- 4 jitomates grandes
- 1 limón
- 50 ml de mayonesa tradicional (→ ver pág. 96)
- 4 cucharadas de hierbas finas
- 150 g de atún en aceite
- 4 aceitunas negras
- 1/2 manojo de perejil
- sal y pimienta

❶ Preparar el arroz blanco y dejar que se enfríe.

❷ Preparar los jitomates (→ ver preparación de jitomates rellenos, pág. 813).

❸ Pelar completamente el limón (retirando toda la piel blanca), cortarlo en cuadritos muy pequeños y retirarle todas las semillas.

❹ Preparar la mayonesa tradicional o utilizar una mayonesa comercial.

❺ Mezclar el arroz, el atún escurrido, la mayonesa, las hierbas finas y los cubitos de limón. Probar y, en caso de ser necesario, condimentar al gusto.

❻ Rellenar los jitomates. Colocar una aceituna negra sobre cada uno y ponerlos en el refrigerador durante 1 hora antes de servirlos.

❼ Decorar la fuente con ramilletes pequeños de perejil.

■ **Preparación:** 30 min ■ **Refrigeración:** 1 h

> **EN ALGUNOS PAÍSES SE LLAMA:**
> Jitomate: *tomate*. Refrigerador: *heladera, nevera*.

Jitomates rellenos de la casa

Para 4 personas

- *4 jitomates grandes*
- *1/2 cebolla*
- *1/2 diente de ajo*
- *20 g de perejil*
- *20 g de mantequilla*
- *150 g de carne fina para salchichas*
- *20 g de migajón de pan fresco*
- *pan molido*
- *1 cucharada de aceite de cacahuate*
- *sal y pimienta*

❶ Preparar los jitomates (→ ver preparación de jitomates, pág. 811).
❷ Pelar y picar la cebolla y el ajo. Picar el perejil.
❸ En una cacerola, derretir la mantequilla y dorar la cebolla. Luego, mezclarla bien con la carne para salchichas, el migajón de pan desmoronado, el perejil, el ajo y sal y pimienta al gusto. Trabajar el relleno con las manos hasta que tenga una consistencia homogénea.
❹ Reducir la temperatura del horno a 220 °C.
❺ Con una cuchara pequeña, rellenar los jitomates formando un domo. Espolvorear con el pan molido, bañar con aceite y hornear de 30 a 40 minutos.
❻ Volver a "tapar" los jitomates antes de servirlos.

■ **Preparación:** alrededor de 20 min

■ **Cocción:** de 30 a 40 min

> **EN ALGUNOS PAÍSES SE LLAMA:**
> Cacahuate: *cacahuete, maní*. Jitomate: *tomate*. Mantequilla: *manteca*. Migajón: *borona, miga de pan, morona*. Pan molido: *pan rallado*.

Jitomates rellenos en nido

Para 4 personas

- *4 jitomates grandes*
- *4 huevos*
- *15 g de mantequilla*
- *sal y pimienta*

① Preparar los jitomates (→ ver preparación de jitomates rellenos, pág. 813).

② Romper un huevo dentro de cada jitomate. Condimentar ligeramente con sal y pimienta. Colocar encima un pedacito pequeño de mantequilla y hornear durante 6 minutos en el horno previamente calentado a 230 °C.

③ Volver a "tapar" los jitomates antes de servirlos.

■ **Preparación:** 20 min ■ **Cocción:** 6 min

En algunos países se llama:
Jitomate: *tomate.* Mantequilla: *manteca.*

Jitomates salteados

Para 4 personas

- *8 jitomates*
- *2 cucharadas de aceite de oliva*
- *1 cucharada de perejil picado*
- *sal y pimienta*

① Lavar y cortar los jitomates a la mitad. Presionarlos suavemente para extraerles las semillas.

② En un sartén, calentar el aceite y colocar las mitades de jitomate del lado de la piel. Saltearlos durante aproximadamente 15 minutos a fuego lento, volteándolos varias veces.

③ Condimentar con sal y pimienta al gusto, espolvorear con perejil picado y servir.

■ **Preparación:** 5 min ■ **Cocción:** alrededor de 15 min

En algunos países se llama:
Jitomate: *tomate.*

Jitomates salteados con huevo

Para 4 personas

- 4 jitomates salteados
  (→ ver pág. 816)
- 8 huevos
- sal y pimienta

❶ Preparar los jitomates salteados.

❷ Romper un huevo sobre cada mitad de jitomate en el mismo sartén donde se están salteando y continuar la cocción hasta que las claras de huevo se hayan cocido completamente. Condimentar con sal y pimienta al gusto.

■ **Preparación:** 5 min ■ **Cocción:** 15 min

EN ALGUNOS PAÍSES SE LLAMA:
Jitomate: *tomate.*

Mermelada de jitomate

Para 1 kg de mermelada

- 1 kg y 800 g de jitomates
  muy maduros
- 2 kg de azúcar para
  mermelada
- 2 limones

❶ Preparar y pasar los jitomates por agua hirviendo (→ ver preparación de jitomates, pág. 811). Cortarlos en pedacitos pequeños y colocarlos en una ensaladera grande. Añadir el azúcar, el jugo de los limones, mezclar y dejar que se maceren durante 2 horas.

❷ Colocar todo en un recipiente para cocer mermelada y dejar que hierva a fuego muy bajo. Cocer de 1 hora a 1 hora y 15 minutos a fuego lento.

❸ Hervir los frascos y llenarlos de mermelada. Cerrarlos, voltearlos y dejarlos así durante 24 horas.

mermelada de jitomates verdes
proceder de la misma manera que con los jitomates rojos, pero dejándolos macerar en el azúcar durante 24 horas.

■ **Preparación:** 20 min ■ **Maceración:** 2 h

■ **Cocción:** de 1 h a 1 h 15 min

EN ALGUNOS PAÍSES SE LLAMA:
Jitomate: *tomate.*

Nieve de jitomate

Para 250 ml de nieve

- *1 kg de jitomates*
- *300 g de azúcar para mermelada*
- *1 copita de licor de vodka*
- *1 clara de huevo*
- *50 g de azúcar glas*

❶ Pasar los jitomates por agua hirviendo, luego pelarlos, cortarles la pulpa y pasarlos por un cernidor o por un colador para filtrarles el jugo (guardar la pulpa de los jitomates para otra preparación). Medir 250 ml de jugo.

❷ Preparar un almíbar en frío, mezclando 150 ml de agua con el azúcar. Agregarle el jugo de tomate y el vodka. Luego, colocar todo en un molde para helado y ponerlo durante 1 hora en el congelador.

❸ Batir la clara de huevo junto con el azúcar glas dentro de un baño maría, a hervores bajos. Cuando la nieve comience a cuajar, batirla, incorporarle la clara batida con el azúcar glas y volver a poner en el congelador durante 2 horas.

Esta nieve se utiliza para acompañar frutas y verduras exóticas.

■ **Preparación:** 30 min ■ **Congelación:** 3 h

> **EN ALGUNOS PAÍSES SE LLAMA:**
> Azúcar glas: *azúcar de repostería, azúcar glasé, azúcar impalpable.* Cernidor: *cedazo, tamiz.* Jitomate: *tomate.*

"Rougail" de jitomate

Para 4 personas

- *1 cebolla grande*
- *25 g de jengibre fresco*
- *4 jitomates*
- *1/2 limón*
- *1 pimiento rojo*
- *1 pimiento verde*
- *sal y pimienta*

❶ Pelar y picar la cebolla. Pelar y rallar el jengibre. Preparar los jitomates (→ ver preparación de jitomates, pág. 811), pelarlos y machacar la pulpa. Exprimir el jugo del medio limón. Lavar los pimientos y cortarlos en pedacitos pequeños.

❷ Moler todo junto con media cucharadita de sal y algunas pizcas de pimienta en la licuadora o con el pasapuré.

❸ Colocar el puré resultante en un bol.

Este puré, servido fresco, puede acompañar una preparación con arroz, un pescado asado o buñuelos salados.

■ **Preparación:** 10 min

> **EN ALGUNOS PAÍSES SE LLAMA:**
> Jitomate: *tomate.* Pasapuré: *machacador, pisapapas, pisapuré.* Pimiento: *ají, locote, morrón.*

Salsa concentrada de jitomate

Para 250 g de salsa, aproximadamente

- *1 kg de jitomates*
- *1 cebolla*
- *1 diente de ajo*
- *3 cucharadas de aceite de oliva*
- *1 bouquet garni*
- *sal y pimienta*

❶ Preparar los jitomates (→ ver preparación de jitomates, pág. 811) y cortarlos en cubitos.
❷ Pelar y picar finamente la cebolla y el ajo.
❸ Calentar el aceite y sofreír la cebolla. Luego, agregar los jitomates, el ajo y el bouquet garni. Cocer a fuego lento sin dejar de remover con una cuchara de madera hasta que la salsa tenga una consistencia ligera. Probar y, en caso de ser necesario, condimentar al gusto.

De realizarse en mayores cantidades, esta salsa puede congelarse sin inconvenientes.

■ **Preparación:** 15 min ■ **Cocción:** alrededor de 30 min

> **EN ALGUNOS PAÍSES SE LLAMA:**
> Jitomate: *tomate.*

Nopales

Nopales: preparación

Los nopales son las hojas de una cactácea y forma parte de la cocina mexicana. Antes de cocinarlos deben limpiarse de espinas y eliminar los bordes.
Se cocinan en agua con sal y, una vez cocidos, siempre hay que enjuagarlos y escurrirlos.

Ensalada de nopales

Para 4 personas

- *6 nopales tiernos*
- *2 jitomates*
- *2 chiles serranos*
- *1/4 de cebolla*
- *3 ramas de cilantro*
- *125 g de queso fresco*
- *1/2 cucharada de orégano*
- *3 cucharadas de vinagre*
- *2 cucharadas de aceite de oliva*
- *sal y pimienta*

❶ Lavar bien los nopales y partirlos en tiritas. Cocerlos a fuego bajo hasta que estén tiernos.
❷ Escurrir y lavarlos con agua fría.
❸ Picar finamente el jitomate, la cebolla, el cilantro y los chiles y agregar a los nopales junto con el resto de los ingredientes excepto el queso, éste deberá ir rallado encima.

■ **Preparación:** 15 min ■ **Cocción:** 15 min

> **EN ALGUNOS PAÍSES SE LLAMA:**
> Chile: *ají cumbarí, ají picante, conguito, guindilla, ñora, páprika (picante), pimentón picante, pimiento picante.* Cilantro: *coriandro, culantro.* Jitomate: *tomate.*

Nopalitos navegantes

Para 6 personas

- 10 nopales tiernos
- 6 huevos
- 700 ml de consomé de ave
  (→ ver pág. 124)
- 4 jitomates
- 1 cebolla
- 3 dientes de ajo
- 1 rama de cilantro
- 3 chiles guajillos
- 3 cucharadas de aceite
- sal

❶ Limpiar los nopales y picar en cubos pequeños. Poner en agua hirviendo con un diente de ajo, media cebolla y sal. Cuando estén blandos retirar del fuego; escurrir, enjuagarlos y retirar el ajo y la cebolla.

❷ Licuar los jitomates con dos dientes de ajo, media cebolla y los chiles remojados. Colar y freír todo hasta que se guise. Agregar los nopales, el consomé y el cilantro.

❸ Bajar el fuego y agregar uno por uno los huevos para que se cuezan enteros.

EN ALGUNOS PAÍSES SE LLAMA:

Chile: *ají cumbarí, ají picante, conguito, guindilla, ñora, páprika (picante), pimentón picante, pimiento picante.* Cilantro: *coriandro, culantro.* Jitomate: *tomate.*

Pastas, arroz
y sémolas

Las pastas alimenticias

Las pastas frescas se preparan a base de harina o de sémola de trigo, y también pueden contener huevos.

Las pastas industrializadas se fabrican con sémolas de trigo duro ricas en gluten y luego se deshidratan y someten a complicados procedimientos mediante los cuales adquieren las diferentes formas en que se presentan comercialmente. Se clasifican en cuatro grandes familias:
– las pastas para sopas y potajes: vermicelli, cabellos de ángel y todos los tipos de pastas pequeñas y con formas muy diversas (coditos, estrellitas, letras, etc.);
– las pastas para cocinar, que constituyen la mayoría, pueden ser redondas (como el espagueti), rectas y huecas (como los macarrones), curvas (como los caracolitos), en forma de mariposa (como los moñitos), etc. A veces están coloreadas y aromatizadas con espinacas, zanahorias, hierbas finas, etc.;
– las pastas para gratinar o cocer en el horno, como por ejemplo las lasañas;
– las pastas para rellenar, de las cuales los canelones y los ravioles son las más comunes.
Ya sean el plato principal o un acompañamiento, las pastas se sirven con diversas salsas, generalmente hechas a base de jitomate, y que pueden llevar jamón, carne molida, mariscos, hongos, etc. También se preparan en ensaladas, al gratín o en timbales. Cuando una pasta se come acompañada de una salsa, o de mantequilla, y de queso, constituye en sí misma un plato perfectamente equilibrado.

El arroz

Este cereal energético constituye la base de numerosos platos calientes o fríos, salados o dulces. Existe una gran variedad de arroces que pueden clasificarse en dos grandes familias: el arroz de grano largo (cuyos granos se desprenden muy bien) y el arroz de grano redondo (cuyos granos tienden a pegarse y se destinan a algunas preparaciones cremosas, a potajes y, fundamentalmente, a los postres). El arroz puede cocerse en agua (arroz blanco, arroz a la india), al vapor, en aceite o alguna otra materia grasa y en leche. El arroz representa el ingrediente principal de muchas preparaciones, las ensaladas compuestas, los estofados de carne o pescado, la paella, el pilaf o arroz blanco, el risotto; además, puede acompañar el guiso de ternera, las brochetas, la carne de cordero, los pescados asados o el pollo. También entra en la composición de algunos entremeses (galletas de arroz, pudines, croquetas).

La sémola

La sémola, alimento a la vez nutritivo y ligero, se obtiene de la molienda de un cereal, trigo duro, arroz o maíz. Sirve para fabricar pastas alimenticias, así como para preparar potajes, guarniciones, platos diversos (cuscús, ñoquis, tabulé) o también entremeses dulces (cremas, pudines, croquetas).

EN ALGUNOS PAÍSES SE LLAMA:
Carne molida: *carne picada*. Jitomate: *tomate*. Mantequilla: *manteca*.

Pastas

Masa para canelones, tallarines, lasañas o ravioles: preparación

Para 300 g de masa

- *200 g de harina*
- *2 huevos*
- *sal*

❶ Cernir la harina en un recipiente hondo. Hacer una fuente con la harina, romper los huevos en su centro, agregar una buena pizca de sal y, ya sea con las manos o con una cuchara de madera, comenzar a mezclar los ingredientes. Agregar agua y amasar la mezcla hasta que tenga una consistencia firme pero elástica.

❷ Rodar la masa hasta formar una bola, cubrirla con una película plástica autoadherente y ponerla en el refrigerador durante al menos 1 hora.

❸ Enharinar la mesa de trabajo y extender la masa con el rodillo hasta alcanzar un espesor de aproximadamente 3 mm. Modelarla según su utilización.

Canelones

❶ Con una ruedita acanalada para cortar masa, cortar rectángulos de 6 cm de ancho por 8 cm de largo y dejarlos secar durante 1 hora.

❷ En una olla grande, poner a hervir agua con sal. Sumergir en ella los rectángulos de masa y cocerlos alrededor de 4 minutos.

❸ Escurrir los rectángulos con una espumadera y sumergirlos inmediatamente en agua fría.

❹ Escurrirlos nuevamente y distribuirlos sobre un trapo húmedo.

Tallarines

❶ Cortar la masa en tiras largas y pasarlas por la máquina para hacer pasta o cortar los tallarines con un cuchillo.

❷ Dejar reposar los tallarines durante 2 horas antes de cocerlos (→ ver cocción de pasta, pág. 824).

Lasañas

❶ Cortar rectángulos de 20 cm por 30 cm, aproximadamente (o del tamaño de la charola que se utilizará para la cocción).

❷ Proceder igual que con los canelones.

Ravioles (→ ver pág. 832).

■ **Preparación:** 10 min ■ **Reposo de la masa:** 1 h

> **EN ALGUNOS PAÍSES SE LLAMA:**
>
> Charola: *asadera*. Refrigerador: *heladera, nevera*. Rodillo: *bolillo, palo de amasar, palote, uslero*. Trapo: *paño, repasador, toalla o trapo de cocina*.

Pastas: cocción

❶ Sumergir la pasta en una olla con abundante agua hirviendo (dos litros por cada 250 g de pasta), que contenga una cucharada de sal por litro y, si la pasta es fresca, una cucharada de aceite de cacahuate. Mezclar bien y dejar que hierva, revolviendo de vez en cuando.

❷ Probar la pasta para verificar que no esté demasiado cocida. Escurrirla una vez que esté cocida "al dente" y sazonarla de inmediato.

❸ Si la pasta debe reservarse mientras se termina otra preparación, es necesario enfriarla con agua, luego escurrirla y mezclarla con una cucharada de aceite. Al momento de su utilización, volver a sumergirla durante 2 minutos en agua hirviendo, escurrirla de nuevo y prepararla.

❹ Calcular entre 50 y 60 g de pasta por persona.

> **EN ALGUNOS PAÍSES SE LLAMA:**
> Cacahuate: *cacahuete, maní.*

Canelones de carne

Para 4 personas

- *300 g de masa para canelones o 12 rectángulos de canelones comerciales*
- *400 ml de salsa boloñesa (→ ver pág. 76)*
- *40 g de migajón de pan*
- *4 cucharadas de leche*
- *5 ramas de perejil*
- *300 g de restos de carne (de un adobo o una carne horneada)*
- *1 huevo*
- *60 g de queso parmesano rallado*
- *30 g de mantequilla*
- *sal y pimienta*
- *nuez moscada*

❶ Preparar 12 rectángulos de masa para canelones (→ ver preparación de masa para canelones, pág. 823) o bien cocer los rectángulos que se venden comercialmente durante 4 minutos en agua hirviendo con sal y luego escurrirlos.

❷ Preparar la salsa boloñesa.

❸ Poner a remojar el migajón de pan en la leche.

❹ Picar el perejil y la carne. Mezclarlos con el huevo, el queso parmesano rallado, el migajón de pan escurrido, sal, pimienta y nuez moscada rallada.

❺ Precalentar el horno a 275 °C.

❻ Rellenar los rectángulos de masa con la mezcla de carne y enrollar los canelones.

❼ Acomodar los canelones en una charola para gratín engrasada con mantequilla. Bañarlos con la salsa boloñesa y espolvorearlos con pedacitos de mantequilla. Hornear durante 20 minutos.

Si se desea, antes de poner la charola en el horno se pueden agregar algunas cucharadas de salsa Bechamel (→ ver pág. 64) sobre la salsa boloñesa.

■ **Preparación:** 45 min ■ **Reposo:** 1 h

■ **Cocción:** 20 min

EN ALGUNOS PAÍSES SE LLAMA:

Charola: *asadera.* Mantequilla: *manteca.* Migajón: *borona, miga de pan, morona.*

Canelones de jamón y queso

Para 4 personas

- *300 ml de salsa de tomate (→ ver pág. 80)*
- *300 g de masa para canelones o 12 rectángulos de canelones comerciales*
- *1/2 kg de queso ricota o de queso blanco fresco sin suero*
- *2 huevos completos*
- *1 yema de huevo*
- *4 cucharadas de perejil*
- *5 cucharadas de queso parmesano*
- *nuez moscada*
- *25 g de mantequilla*
- *12 rebanadas de jamón serrano*
- *sal y pimienta*

❶ Preparar la salsa de tomate.

❷ Preparar 12 rectángulos de masa para canelones (→ ver preparación de masa para canelones, pág. 823) o bien cocer los rectángulos que se venden comercialmente durante 4 minutos en agua hirviendo con sal y luego escurrirlos.

❸ En una terrina, mezclar el queso ricotta (o el queso blanco fresco), los huevos enteros y la yema de huevo, el perejil picado y una cucharada de queso parmesano. Condimentar con sal y pimienta al gusto y agregar un poco de nuez moscada rallada. Derretir la mantequilla.

❹ Precalentar el horno a 100 °C.

❺ Sobre cada rectángulo de masa, colocar una rebanada de jamón serrano y luego una porción del relleno de queso. Enrollar los canelones y acomodarlos en una charola engrasada con mantequilla.

❻ Bañar con la mantequilla derretida, cubrir con la salsa de tomate y espolvorear con el resto del queso parmesano. Hornear durante 20 minutos.

■ **Preparación:** 45 min ■ **Reposo:** 1 h

■ **Cocción:** 20 min

EN ALGUNOS PAÍSES SE LLAMA:

Charola: *asadera.* Jamón serrano: *jamón crudo.* Mantequilla: *manteca.* Ricota: *requesón.*

Ensalada a la carbonara

Para 4 personas

- *125 g de macarrones*
- *1 cucharada de aceite de oliva*
- *150 ml de mayonesa tradicional (→ ver pág. 96)*
- *1/2 cucharadita de páprika*
- *1 limón*
- *100 g de queso holandés (de color naranja por dentro)*
- *1/2 rama de apio*
- *1 lechuga*
- *1/2 cebolla*
- *50 g de avellanas trituradas*
- *2 cucharadas de avellanas enteras*

❶ Cocer los macarrones (→ ver cocción de pastas, pág. 824). Escurrirlos, ponerlos en una terrina, verter el aceite de oliva y dejar que se enfríen.

❷ Preparar la mayonesa bien firme, añadiéndole dos cucharaditas de mostaza, la páprika y el jugo de limón.

❸ Cortar el queso en bastoncitos pequeños. Lavar y picar el apio. Limpiar y lavar lechuga y escoger las mejores hojas (guardar el resto para utilizarlo en otra ocasión). Cortar la cebolla en rodajas.

❹ Mezclar la mayonesa con los macarrones ya fríos. Añadir las avellanas trituradas, el queso y el apio picado y mezclar bien.

❺ Colocar algunas hojas de lechuga en una fuente grande y servir en ella la ensalada. Decorar con las rodajas de cebolla y las avellanas enteras.

■ **Preparación:** 15 min ■ **Cocción:** alrededor de 10 min

> **EN ALGUNOS PAÍSES SE LLAMA:**
> Páprika: *pimentón.*

Espagueti a la amatriciana

Para 4 personas

- *800 g de jitomates*
- *200 g de tocino entero o en cubitos*
- *50 ml de aceite de oliva*
- *1 chile de árbol*
- *100 ml de vino blanco*
- *250 g de espaguetis*
- *100 g de queso pecorino o queso de cabra*
- *sal y pimienta*

❶ Pasar los jitomates por agua hirviendo, pelarlos, quitarles las semillas y machacarlos. Cortar el tocino entero en cubitos.

❷ En un sartén salteador, calentar el aceite de oliva y dorar los cubitos de tocino junto con el chile de árbol.

❸ Verter el vino blanco, mezclar bien, dejar que se reduzca a la mitad y luego agregar los jitomates machacados. Cocer hasta que el agua que soltaron los jitomates se haya evaporado por completo, removiéndolos de vez en cuando.

❹ Mientras tanto, cocer el espagueti "al dente" (→ ver cocción de pastas, pág. 824).

❺ Rallar el queso pecorino (o de cabra).

❻ Escurrir el espagueti y agregarlo al sartén salteador. Revolver y espolvorear con el queso rallado.

❼ Servir muy caliente.

■ **Preparación:** 10 min ■ **Cocción:** alrededor de 30 min

> **EN ALGUNOS PAÍSES SE LLAMA:**
> Chile de árbol: *ají muy picante*. Jitomate: *tomate*. Quitar las
> semillas: *despepitar*. Tocino: *bacon, larda de tocino, panceta,
> tocineta*.

Espagueti a la boloñesa

Para 4 personas

- *1/2 litro de salsa boloñesa
  (→ ver pág. 76)*
- *250 g de espaguetis*
- *50 g de queso parmesano
  rallado*
- *sal*

❶ Preparar la salsa boloñesa.
❷ Cocer el espagueti "al dente" (→ ver cocción de pastas, pág. 824).
❸ Verter tres cuartas partes de la salsa en la fuente de servicio.
❹ Escurrir el espagueti y mezclarlo con la salsa boloñesa.
❺ Vaciar el resto de la salsa encima del espagueti y espolvorear con un poco de queso parmesano rallado. Servir el resto del queso parmesano por separado.

■ **Preparación:** 40 min ■ **Cocción:** de 10 a 12 min

Espagueti a la botarga

Para 4 personas

- *250 g de espaguetis*
- *1 chile de árbol*
- *2 dientes de ajo*
- *50 ml de aceite de oliva*
- *100 g de hueva de mújol*
- *2 cucharadas de crema fresca*
- *1 cucharada de perejil picado*
- *1/2 limón*
- *sal*

❶ Cocer el espagueti "al dente" (→ ver cocción de pastas, pág. 824).
❷ Cortar el chile de árbol en pedacitos pequeños, pelar y cortar en cuatro los dientes de ajo.
❸ En un sartén, calentar el aceite de oliva y dorar los pedacitos de chile y de ajo. Escurrir el espagueti y colocarlo en el sartén. Mezclar bien.
❹ Machacar la hueva de mújol y mezclarla con la crema fresca, el perejil picado y el jugo de limón.
❺ Vaciar el espagueti muy caliente en la fuente en que se va a servir, añadirle la hueva de mújol, mezclar bien y servir muy caliente.

■ **Preparación:** 15 min ■ **Cocción:** de 10 a 12 min

> **EN ALGUNOS PAÍSES SE LLAMA:**
> Chile de árbol: *ají muy picante*. Crema: *nata*.

Espagueti a la carbonara

Para 4 personas

- *400 g de espaguetis*
- *1 cebolla*
- *30 g de mantequilla*
- *200 g de tocino ahumado en cubitos*
- *1/2 vaso de vino blanco*
- *1 huevo entero*
- *2 yemas de huevo*
- *75 g de queso parmesano rallado*
- *sal y pimienta*

❶ Cocer el espagueti "al dente" (→ ver cocción de pastas, pág. 824). Colocar la fuente de servicio en un baño maría para que se entibie.

❷ Pelar y picar la cebolla. Derretir la mantequilla en un sartén y sofreír la cebolla junto con los cubitos de tocino. Agregar el vino blanco y cocer de 2 a 3 minutos. Colocar en la fuente de servicio.

❸ Batir el huevo entero junto con las yemas de huevo, condimentar con sal y pimienta, agregar el queso parmesano y dos cucharadas del agua de cocción de la pasta.

❹ Escurrir el espagueti y colocarlo en la fuente. Mezclarlo con los cubitos de tocino.

❺ Colocar inmediatamente encima del espagueti los huevos batidos con el queso parmesano, mezclar bien y servir muy caliente.

■ **Preparación:** 15 min ■ **Cocción:** de 12 a 15 min

> **EN ALGUNOS PAÍSES SE LLAMA:**
> Mantequilla: *manteca.* Tocino: *bacon, larda de tocino, paneta, tocineta.*

Espagueti con aceitunas negras

Para 4 personas

- *2 naranjas bien lavadas*
- *1 cebolla grande*
- *2 cucharadas de aceite de oliva*
- *100 g de aceitunas negras deshuesadas*
- *250 g de espaguetis*
- *sal y pimienta*

❶ Quitar la cáscara a las naranjas y cortarla en tiritas delgadas. Hervirlas durante 2 minutos en una cacerola pequeña con agua. Escurrirlas.

❷ Pelar y filetear la cebolla. En una cacerola, calentar el aceite y sofreír la cebolla por 5 minutos a fuego bajo.

❸ Retirar la cacerola del fuego. Agregar las aceitunas con las cascaritas de naranja y mezclar bien. Mantener la salsa caliente.

❹ Cocer el espagueti durante 10 minutos (→ ver cocción de pasta, pág. 824).

❺ Escurrir el espagueti y colocarlo en un plato hondo muy caliente. Agregar la salsa y mezclar bien.

■ **Preparación:** 10 min ■ **Cocción:** alrededor de 15 min

> **EN ALGUNOS PAÍSES SE LLAMA:**
> Deshuesar: *descarozar.*

Lasaña a la boloñesa

Para 4 o 6 personas

- *450 g de masa para lasaña o de lasaña comercial*
- *400 ml de salsa boloñesa (→ ver pág. 76)*
- *300 ml de salsa blanca o velouté (→ ver pág. 65)*
- *150 g de queso parmesano rallado*
- *sal y pimienta*
- *nuez moscada*

❶ Preparar la masa para lasaña (→ ver preparación de masa para lasaña, pág. 823) y modelarla, o bien utilizar los rectángulos que se venden comercialmente.

❷ Mientras la masa reposa, preparar la salsa boloñesa y la salsa blanca o velouté. Agregar un poco de nuez moscada rallada a la salsa blanca.

❸ Precalentar el horno a 250 °C. Engrasar con mantequilla una charola para gratín. Cubrir el fondo de la charola con una capa de salsa boloñesa, luego alternar las capas de lasaña, de salsa blanca y de salsa boloñesa, finalizando con dos capas muy espesas de cada una de las salsas.

❹ Hornear durante 30 minutos. Servir con mucho queso parmesano recién rallado, por separado.

■ **Preparación:** 45 min ■ **Reposo:** 1 h

■ **Cocción:** 30 min

> EN ALGUNOS PAÍSES SE LLAMA:
> Charola: *asadera.*

Lasaña gratinada

Para 4 personas

- *450 g de masa para lasaña o de lasaña comercial*
- *1/2 litro de salsa boloñesa (→ ver pág. 76)*
- *150 g de queso parmesano rallado*
- *2 huevos*
- *200 g de queso mozzarella*
- *60 g de mantequilla*
- *sal y pimienta*

❶ Preparar la masa para lasaña (→ ver preparación de masa para lasaña, pág. 823) y modelar las lasañas o bien utilizar los rectángulos que se venden comercialmente.

❷ Mientras la masa reposa, preparar la salsa boloñesa y agregarle 100 g de queso parmesano rallado.

❸ Cocer los huevos hasta que estén duros, enfriarlos bajo un chorro de agua, pelarlos y cortarlos en rodajas. Cortar el queso mozzarella en rebanadas.

❹ Precalentar el horno a 180 °C. Engrasar con mantequilla una charola para gratín. Cubrir el fondo de la charola con una capa de masa para lasaña. Bañarla con una capa de salsa boloñesa. Después, agregar las rodajas de huevo duro y algunas rebanadas de queso mozzarella. Llenar la charola con capas sucesivas de estos ingredientes y finalizar con una capa de masa para lasaña.

❺ Bañar con la mantequilla derretida y espolvorear con el resto del queso parmesano rallado. Hornear durante 15 minutos para que se gratine. Servir de inmediato.

■ **Preparación:** 45 min ■ **Reposo:** 1 h ■ **Cocción:** 15 min

EN ALGUNOS PAÍSES SE LLAMA:
Charola: *asadera.* Mantequilla: *manteca.*

Macarrones a la calabresa

Para 4 personas

- *800 g de jitomates*
- *50 ml de aceite de oliva*
- *100 g de aceitunas negras deshuesadas*
- *2 cucharadas de alcaparras*
- *300 o 350 g de macarrones*
- *3 cucharadas de albahaca picada*
- *sal y pimienta*

❶ Partir los jitomates en dos y exprimirlos ligeramente para eliminar un poco del agua que contienen.

❷ Colocarlos en una charola para gratín, del lado de la piel, condimentarlos con sal y pimienta al gusto y bañarlos con cuatro cucharadas de aceite.

❸ Hornear los jitomates a una temperatura de 180 °C, hasta que estén casi asados, pero no totalmente cocidos. A la mitad de la cocción, agregar las aceitunas negras y las alcaparras.

❹ Mientras tanto, cocer los macarrones (→ ver cocción de pastas, pág. 824) y escurrirlos.

❺ Colocarlos en la charola en que se van a servir y agregar los jitomates horneados. Espolvorear con un poco de albahaca picada y bañar con el resto del aceite de oliva. Servir muy caliente.

■ **Preparación:** 10 min ■ **Cocción:** alrededor de 20 min

EN ALGUNOS PAÍSES SE LLAMA:
Charola: *asadera.* Deshuesar: *descarozar.* Jitomate: *tomate.*

Pastas frescas al foie gras

Para 4 personas

- *400 g de pastas frescas*
- *100 ml de crema líquida*
- *tomillo*
- *nuez moscada*

❶ Cocer las pastas frescas (→ ver cocción de pastas, pág. 824). Escurrirlas y ponerlas en una cacerola.

❷ Agregar la crema líquida, revolver y calentar a fuego bajo. Agregar dos pizcas grandes de pimienta recién molida, un poco de tomillo y un poco de nuez moscada rallada.

- sal y pimienta en granos recién molida
- 100 o 120 g de foie gras de pato o de ganso en bloque

❸ Cortar el foie gras en pedazos, agregárselos a la pasta y mezclar bien todo de 1 a 2 minutos. Colocar en la fuente en que se va a servir.

■ **Preparación:** 2 min ■ **Cocción:** alrededor de 15 min

EN ALGUNOS PAÍSES SE LLAMA:
Crema: *nata*.

Pastas frescas con albahaca

Para 4 personas

- 1 manojo de albahaca
- 2 dientes de ajo
- 80 g de queso parmesano
- 200 ml de crema líquida
- 400 g de pastas frescas

❶ Lavar la albahaca, secarla y desprenderle las hojas. Picar estas últimas toscamente. Pelar y picar el ajo.
❷ En la fuente de servicio, mezclar el ajo, la albahaca, el queso parmesano y la crema líquida.
❸ Cocer las pastas frescas (→ ver cocción de pastas, pág. 824). Escurrirlas, colocarlas en la fuente y revolverlas con la salsa.
❹ Poner todo en una cacerola, colocarla sobre el fuego de la estufa y revolver nuevamente durante 2 minutos.
❺ Colocar todo en la fuente y servir de inmediato.

■ **Preparación:** 10 min ■ **Cocción:** alrededor de 15 min

EN ALGUNOS PAÍSES SE LLAMA:
Crema: *nata*. Estufa: *cocina* (dispositivo o aparato en el que se hace fuego o produce calor para guisar los alimentos).

Pastas frescas con mariscos

Para 6 personas

- 750 g de berberechos
- 750 g de mejillones
- 400 g de tagliatelli verdes
- 18 camarones rosados grandes
- 50 g de mantequilla
- 250 ml de crema ligera
- 40 g de queso parmesano
- sal y pimienta

❶ Poner sobre la estufa, a fuego alto, dos cacerolas con agua para abrir los berberechos y los mejillones por separado. Desechar los mariscos que no se hayan abierto. Retirar los demás de sus conchas.
❷ Filtrar y reservar el agua que suelten los berberechos. En una cacerola pequeña, reducir este líquido hasta que queden únicamente cinco cucharadas.
❸ Cocer los tagliatelli en una gran cantidad de agua con poca sal, a hervores fuertes, hasta que estén "al dente".
❹ Mientras tanto, pelar los camarones y cortarlos en dos.

❺ Escurrir la pasta y colocarla en una cacerola junto con la mantequilla cortada en pedacitos. Mezclar a fuego bajo para que se derrita.

❻ Agregar la crema y el queso parmesano, revolver y condimentar con sal y pimienta al gusto. Luego, añadir los berberechos, los mejillones y los camarones.

❼ Mezclar agregando el agua de cocción de los berberechos. Condimentar con pimienta al gusto. Servir de inmediato.

■ **Preparación:** 20 min ■ **Cocción:** 20 min

EN ALGUNOS PAÍSES SE LLAMA:

Camarón(es): *gamba, quisquilla*. Crema: *nata*. Estufa: *cocina* (dispositivo o aparato en el que se hace fuego o produce calor para guisar los alimentos). Mantequilla: *manteca*. Mejillón: *cholga, chorito, choro*.

Ravioles: preparación y cocción

❶ Preparar la masa para ravioles (→ ver preparación de ravioles, pág. 823) y extenderla en dos grandes rectángulos del mismo tamaño, con un espesor de 1.5 mm.

❷ Con la ayuda de una manga con duya, colocar pequeños pedazos iguales de relleno sobre uno de los rectángulos de masa. Acomodarlos en filas con una separación de 4 cm entre cada uno.

❸ Humectar la masa con un pincel entre los pedacitos de relleno.

❹ Colocar el segundo rectángulo de masa sobre el primero y presionar entre los pedacitos de relleno para que la masa de ambos rectángulos se pegue. Cortar los ravioles con la ruedita acanalada para cortar masa y dejarlos secar durante 4 horas en un lugar fresco.

❺ Cocer los ravioles de 8 a 10 minutos en el agua hirviendo con sal, luego, prepararlos según la receta.

EN ALGUNOS PAÍSES SE LLAMA:
Duya: *boquillas*.

Ravioles de espinacas

Para 4 personas

- 400 g de harina
- 4 huevos
- 100 g de espinacas congeladas
- 1 cebolla
- 100 g de restos de carne de res
- 100 g de jamón de pavo
- 100 g de carne de ternera
- 50 ml de aceite
- tomillo y laurel
- 1 vaso de caldo de res o vino blanco
- 30 g de mantequilla
- 50 g de queso parmesano
- sal y pimienta

❶ Preparar la masa para ravioles (→ ver preparación de masa para ravioles, pág. 823) con 400 g de harina y cuatro huevos. Ponerla a secar.

❷ Cocer las espinacas en agua, escurrirlas y picarlas.

❸ Picar la cebolla. Picar finamente los restos de carne de res, el jamón y la carne de ternera.

❹ Sofreír la cebolla en el aceite, agregar las carnes, un poco de tomillo y de laurel desmenuzados y condimentar con sal y pimienta al gusto. Bañar con el caldo de res o el vino blanco y cocer a fuego bajo durante 5 minutos. Luego, incorporar las espinacas.

❺ Rellenar los ravioles con esta mezcla (→ ver preparación y cocción de ravioles, pág. 832) y cocerlos en agua hirviendo con sal de 8 a 10 minutos.

❻ Escurrir los ravioles. Bañarlos con la mantequilla derretida y servirlos con el queso parmesano rallado por separado.

> Los ravioles también se pueden servir con salsa de tomate.

■ **Preparación:** alrededor de 1 h ■ **Secado:** 4 h

■ **Cocción:** 10 min

> EN ALGUNOS PAÍSES SE LLAMA:
> Mantequilla: *manteca.*

Ravioles rellenos de alcachofas

Para 4 personas

- 400 g de harina
- 5 huevos
- 3 alcachofas moradas pequeñas
- 1 limón
- 1/2 cebolla
- 1 diente de ajo
- 3 cucharadas de aceite de oliva
- 1 cucharada de perejil

❶ Preparar la masa para ravioles con la harina y cuatro huevos (→ ver preparación de masa para ravioles, pág. 823).

❷ Limpiar las alcachofas, quitarles las hojas más duras. Poner las demás hojas en agua con jugo de limón y cortarlas en rebanadas delgadas.

❸ Pelar y picar la cebolla y el ajo. En una cacerola, calentar el aceite de oliva, añadir la cebolla y el ajo picados, luego las alcachofas y cocer todo de 10 a 15 minutos, añadiendo más agua en caso de ser necesario.

- 1 cucharadita de mejorana
- 20 g de queso parmesano
- 150 g de queso ricota
- sal y pimienta

❹ Picar finamente las alcachofas y mezclarlas con el perejil picado, la mejorana, el queso parmesano, un huevo y el queso ricota. Condimentar con sal y pimienta al gusto y mezclar bien.

❺ Rellenar los ravioles con esta mezcla (→ ver preparación y cocción de ravioles, pág. 832).

❻ Dejar que los ravioles se sequen en un lugar fresco y cocerlos de 8 a 10 minutos en agua hirviendo con sal.

■ **Preparación:** 1 h ■ **Secado:** 4 h

■ **Cocción:** de 8 a 10 min

> EN ALGUNOS PAÍSES SE LLAMA:
> Alcachofa: *alcaucil*. Ricota: *requesón*.

Ravioles rellenos de carne

Para 4 personas

- 400 g de harina
- 4 huevos
- 450 g de restos de estofado de res con sus verduras y la salsa
- 50 g de queso parmesano rallado
- sal

❶ Preparar la masa para ravioles (→ ver preparación de masa para ravioles, pág. 823) con 400 g de harina y cuatro huevos. Ponerla a secar. Recalentar a fuego bajo el estofado de carne de res.

❷ Colar la salsa y conservarla por separado.

❸ Picar finamente la carne y las verduras.

❹ Rellenar los ravioles con esta mezcla (→ ver preparación y cocción de ravioles, pág. 832) y cocerlos en agua hirviendo con sal de 8 a 10 minutos.

❺ Recalentar la salsa del estofado de carne de res.

❻ Escurrir los ravioles y colocarlos en la fuente de servicio caliente. Bañarlos con la salsa y servir con el queso parmesano por separado.

ravioles en salsa de tomate:
proceder exactamente de la misma forma, preparar la salsa de tomate (→ ver pág. 80) y usarla para bañar los ravioles.

■ **Preparación:** alrededor de 1 h ■ **Secado:** 4 h

■ **Cocción:** 10 min

Spätzles a la mantequilla noisette

Para 6 personas

- 1/2 kg de harina
- 1 cucharadita de sal fina
- 5 huevos
- 2 cucharadas de crema fresca
- 100 g de mantequilla
- pimienta
- nuez moscada

❶ En una olla grande, poner a hervir agua con sal.

❷ Cernir la harina en un recipiente. Hacer una fuente con la harina. Ponerle sal, pimienta y rallar un poco de nuez moscada. Luego, agregar los huevos uno por uno, mezclando en cada ocasión. Finalmente, añadir la crema y mezclar bien hasta que la masa tenga una consistencia muy homogénea.

❸ Con una cuchara pequeña tomar un poco de la masa. Con otra cuchara, darle la forma de una bolita y dejarla caer en el agua hirviendo. Hervir las bolitas de masa hasta que vuelvan a subir a la superficie. Escurrirlas, secarlas con un papel absorbente y colocarlas en la fuente en que se van a servir.

❹ Preparar una mantequilla noisette (→ ver pág. 41) y verterla sobre las bolitas de masa.

■ **Preparación:** 10 min ■ **Cocción:** alrededor de 20 min

> **EN ALGUNOS PAÍSES SE LLAMA:**
> Crema: *nata*. Mantequilla: *manteca*.

Tagliatelli en salsa de hongos

Para 4 personas

- 300 g de tagliatelli
- aceite de oliva
- 400 g de hongos plerotos
- 2 dientes de ajo
- 10 hojas de estragón
- sal y pimienta

❶ Cocer los tagliatelli durante 8 minutos en abundante agua hirviendo con un poco de sal y una cucharada de aceite. Cuando estén cocidos, escurrirlos.

❷ Mientras tanto, limpiar los hongos y filetearlos. Pelar y picar el ajo.

❸ En un sartén grande, calentar tres cucharadas de aceite de oliva. Agregar el ajo y remover con la espátula durante 2 minutos. Añadir los hongos y saltear durante 7 u 8 minutos.

❹ Agregar los tagliatelli y el estragón finamente picado. Mezclar con mucho cuidado, reducir la intensidad del fuego y dejar que se caliente durante 3 minutos. Condimentar con pimienta al gusto. Distribuir en los platos calientes y servir de inmediato.

■ **Preparación:** 10 min ■ **Cocción:** 15 min

> **EN ALGUNOS PAÍSES SE LLAMA:**
> Hongos de pleroto: *hongo de maguey, oreja blanca, oreja de cazaguate.*

Tallarines a la alsaciana

Para 4 personas

- *550 g de masa para tallarines*
- *80 g de mantequilla*
- *harina*
- *pimienta en granos recién molida*

❶ Preparar la masa para tallarines (→ ver preparación de masa para tallarines, pág. 823), modelar los tallarines y dejarlos secar. Reservar un puñado grande de tallarines y enharinarlos ligeramente.

❷ En una cacerola, poner a hervir tres litros de agua con un poco de sal y, cuando el agua esté en plena ebullición, sumergir los tallarines que no tienen harina. En cuanto el agua vuelva a hervir, retirar la cacerola del fuego y dejar la pasta en ella durante 6 minutos más.

❸ En un sartén, calentar 25 g de mantequilla. Una vez que la mantequilla empiece a espumar, agregar el puñado de tallarines con harina y sofreírlos a fuego alto durante unos 5 minutos.

❹ Escurrir los tallarines que se cocieron en agua, colocarlos en una charola profunda muy caliente y agregar el resto de la mantequilla en pedacitos. Revolver para que la mantequilla se derrita y luego agregarle los tallarines sofritos en mantequilla. Condimentar con pimienta recién molida y servir.

■ **Preparación:** 1 h ■ **Cocción:** alrededor de 8 min

> **EN ALGUNOS PAÍSES SE LLAMA:**
> Charola: *asadera*. Mantequilla: *manteca*.

Tallarines con nueces

Para 4 personas

- *50 g de nueces*
- *50 g de piñones*
- *2 dientes de ajo*
- *1/2 manojo de perejil liso*
- *150 ml de aceite de oliva*
- *400 g de tallarines frescos*
- *sal y pimienta*

❶ Encender la parrilla del horno.

❷ Sumergir las nueces en agua hirviendo, dejarlas ahí un minuto, luego escurrirlas con una espumadera y quitarles la piel que las cubre.

❸ Colocar los piñones en una charola y tostarlos durante 5 minutos, removiéndolos de vez en cuando.

❹ Envolver los piñones junto con las nueces en un trapo limpio y triturarlos con un rodillo.

❺ Pelar y picar los dientes de ajo. Lavar el perejil, secarlo y picarlo finamente.

❻ En un sartén, calentar la mitad del aceite y sofreír el ajo y el perejil de 3 a 4 minutos, sin dejar de remover.

⑦ Agregar las nueces y los piñones y dorarlos, mezclándolos bien con todo lo demás durante 2 minutos.

⑧ Retirar el sartén del fuego y luego verter el resto del aceite de oliva junto con 100 ml de agua. Revolver muy bien para que todos los ingredientes se incorporen. Probar y, de ser necesario, condimentar. Mantener la salsa caliente.

⑨ Cocer los tallarines en agua hirviendo (→ ver cocción de pastas, pág. 824). Escurrirlos, colocarlos en la fuente en que se van a servir y revolverlos con la salsa.

■ **Preparación:** 15 min ■ **Cocción:** alrededor de 20 min

> **EN ALGUNOS PAÍSES SE LLAMA:**
> Charola: *asadera.* Rodillo: *bolillo, palo de amasar, palote, uslero.* Trapo: *paño, repasador, toalla o trapo de cocina.*

Tallarines con queso

Para 4 personas

- *250 g de fideos o de tallarines*
- *50 g de mantequilla*
- *100 g de queso gruyer rallado*
- *25 g de queso parmesano*
- *sal y pimienta*
- *nuez moscada (opcional)*

① Cocer los tallarines (→ ver cocción de pastas, pág. 824).

② Cortar la mantequilla en pedacitos y colocarlos en la fuente en que se van a servir, ponerla en un baño maría para que la mantequilla se derrita (o bien meterla en el horno de microondas). Si se desea, agregar un poco de nuez moscada rallada y mezclar bien.

③ Escurrir los tallarines y colocarlos en la fuente. Mezclarlos bien con la mantequilla.

④ Añadir los quesos y volver a mezclar bien. Servir de inmediato.

■ **Preparación:** 5 min ■ **Cocción:** de 10 a 12 min

> **EN ALGUNOS PAÍSES SE LLAMA:**
> Mantequilla: *manteca.*

Tallarines en jugo de carne

Para 4 personas

- *250 g de tallarines*
- *1 vaso de jugo de carne o 200 ml de base de ternera*
- *70 g de mantequilla*

❶ Cocer los tallarines (→ ver cocción de pastas, pág. 824).
❷ Calentar el jugo de carne (o reducir la base de ternera a la mitad) y agregarlo a los tallarines escurridos al mismo tiempo que la mantequilla. Servir muy caliente.

■ **Preparación:** 5 min ■ **Cocción:** de 10 a 12 min

> **EN ALGUNOS PAÍSES SE LLAMA:**
> Mantequilla: *manteca.*

Timbal de pastas a la boloñesa

Para 4 personas

- *400 ml de salsa boloñesa (→ ver pág. 76)*
- *250 g de pasta en forma de caracolitos*
- *250 g de hongos*
- *1 diente de ajo*
- *1 chalote*
- *1 cucharada de perejil*
- *100 g de jamón*
- *50 g de mantequilla*
- *40 g de queso parmesano rallado*
- *sal y pimienta*

❶ Preparar la salsa boloñesa.
❷ Cocer los caracolitos (→ ver cocción de pasta, pág. 824) y mantenerlos calientes.
❸ Pelar y filetear los hongos. Pelar el ajo y el chalote, y picarlos junto con el perejil. Cortar el jamón en cubitos. En una cacerola, derretir 40 g de mantequilla, sofreír en ella el chalote, el ajo y el perejil, agregarle los hongos y saltear durante aproximadamente 10 minutos.
❹ Agregar el jamón y cocer durante 5 minutos más. Mezclar con los caracolitos y luego con la salsa boloñesa.
❺ Verter el timbal de pastas en una charola para gratín engrasada con mantequilla, espolvorear con el queso parmesano y gratinar durante 5 minutos en la parrilla del horno.

■ **Preparación:** 30 min ■ **Cocción:** alrededor de 20 min

> **EN ALGUNOS PAÍSES SE LLAMA:**
> Chalote: *ascalonia, chalota, echalote, escalonia.* Charola: *asadera.* Mantequilla: *manteca.*

Pan

Club sándwich de pollo

Para 2 personas

- 1 huevo
- 6 rebanadas de pan de caja
- 2 cucharadas de mayonesa
- 4 hojas de lechuga
- 1 jitomate
- 100 g de pechuga de pollo
- salsa catsup o hierbas finas picadas

❶ Poner a cocer el huevo hasta que esté duro.

❷ Quitar los bordes a las rebanadas de pan de caja grande y tostarlas ligeramente.

❸ Untar las rebanadas de pan con mayonesa. Colocar sobre cuatro de las rebanadas una hoja de lechuga, dos rodajas de jitomate, rebanadas delgadas de la pechuga de pollo y rodajitas de huevo duro.

❹ Untar nuevamente con mayonesa, pero esta vez agregándole salsa catsup o hierbas finas picadas muy finamente. Superponer las rebanadas de pan tostado ya rellenas de dos en dos. Cubrir con la última rebanada de pan tostado.

■ **Preparación:** 15 min

> **EN ALGUNOS PAÍSES SE LLAMA:**
> Jitomate: *tomate*. Pan de caja: *pan de molde, pan inglés o pan lactal*. Salsa catsup: *salsa katchup, salsa ketchup*.

Croûtons

Para 50 g de croûtons

- 70 g de pan de caja, baguette o pan rústico
- 1 cucharada de aceite
- 10 g de mantequilla

❶ Cortar el pan en rebanadas y retirarle la costra. Si se desea, cortar las rebanadas de pan en triángulos. (También se puede cortar el pan en cubos o en cuadritos pequeños).

❷ Tostar ligeramente las rebanadas de pan, ya sea en el tostador o sobre la parrilla del horno.

❸ En un sartén, calentar el aceite con la mantequilla y dorar las rebanadas de pan por ambos lados. Escurrirlas sobre un papel absorbente.

croûtons con ajo:
proceder de la misma manera, frotando las rebanadas de pan con un diente de ajo después de haberlas tostado.

■ **Preparación:** 5 min ■ **Cocción:** 5 min

> **EN ALGUNOS PAÍSES SE LLAMA:**
> Croûton: *crostón, cruton, picatoste* (cuadritos de pan frito, muy utilizados en ensaladas). Mantequilla: *manteca*. Pan de caja: *pan de molde, pan inglés o pan lactal*.

Panecitos al tocino

Para 1/2 kg de pan

- *350 g de masa para pan, aproximadamente (→ ver pág. 115)*
- *150 g de cubitos de tocino ahumado*

❶ Preparar y amasar la masa para pan.

❷ Tostar en un sartén los cubitos de tocino volteándolos varias veces durante 5 minutos. Luego, agregarlos a la masa y dejar que se fermente durante 2 horas en un lugar cálido.

❸ Con la masa, moldear panecitos pequeños de aproximadamente 50 g cada uno. Dejar que la masa vuelva a levar durante 2 horas.

❹ Barnizar los panecitos con un poco de agua (esto los hará brillantes a la hora de la cocción).

❺ Cocer los panecitos en el horno previamente calentado a 200 o 220 °C hasta que estén dorados y crujientes. Retirarlos del horno y dejar que se enfríen.

■ **Preparación:** 2 h 30 min ■ **Cocción:** 15 min
■ **Reposo:** 2 h

> **EN ALGUNOS PAÍSES SE LLAMA:**
> Tocino: *bacon, larda de tocino, panceta, tocineta.*

Sándwich de ensalada niçoise

Para 4 personas

- *2 huevos duros*
- *2 jitomates*
- *1 cebollita de Cambray*
- *1/2 pimiento*
- *4 panes redondos pequeños*
- *2 dientes de ajo*
- *4 cucharaditas de vinagre*
- *4 cucharadas de aceite de oliva*
- *8 aceitunas negras deshuesadas*
- *4 filetes de anchoas en aceite*

❶ Poner a cocer los huevos hasta que estén duros. Enfriarlos, pelarlos y cortarlos en rodajas. Cortar en rodajas los jitomates y la cebolla y cortar el pimiento en tiritas delgadas.

❷ Partir los panecitos a la mitad y abrirlos sin que se separen las dos mitades. Retirar la tercera parte del migajón.

❸ Frotar las dos mitades de pan con los dientes de ajo. Bañar con un poco de vinagre y de aceite de oliva.

❹ Rellenar cada pan con rodajas de jitomate, cebolla y huevo duro, las tiritas de pimiento y las aceitunas. Agregar un filete de anchoas en cada uno. Humedecer con el resto del aceite de oliva y volver a cerrar los panes.

❺ Poner durante 1 o 2 horas en el refrigerador antes de servirlos.

■ **Preparación:** 15 min ■ **Refrigeración:** 1 o 2 h

EN ALGUNOS PAÍSES SE LLAMA:

Anchoa: *anchova, boquerón.* Cebollita(s) de Cambray: *cebolla china, cebolla de almácigo, cebolla de verdeo, cebolla en rama, cebolla junca, cebolleta(s), cebollín.* Deshuesar: *descarozar.* Jitomate: *tomate.* Migajón: *borona, miga de pan, morona.* Pimiento: *ají, locote, morrón.* Refrigerador: *heladera, nevera.*

Arroz

Arroz: preparación

Salvo que el arroz utilizado sea precocido, siempre debe lavarse muy bien antes de la cocción.

Para lavarlo: colocar el arroz en un colador y enjuagarlo muy bien bajo un chorro de agua, removiéndolo de vez en cuando.

Para la cocina se utiliza siempre el arroz largo, mientras que el arroz redondo, a excepción de algunas recetas específicas de risotto, se destina sobre todo a los postres.

Los tiempos de cocción varían dependiendo del origen del arroz.

Arroz a la india o a la oriental

Para 4 personas

- *200 g de arroz de grano largo, arroz basmati o arroz tailandés*
- *sal*

❶ Enjuagar el arroz y colocarlo en agua hirviendo con sal (calcular 9 g de sal por cada litro de agua). Cocerlo durante 18 minutos (12 minutos si se trata de arroz basmati u 11 minutos si es arroz tailandés). Remover tres o cuatro veces durante la cocción. Escurrirlo y enjuagarlo con abundante agua fría.

❷ Precalentar el horno a 100 °C.

❸ Colocar una servilleta de tela en un colador. Poner en ella el arroz, plegar los bordes de la servilleta para encerrarlo bien. Terminar de secarlo durante 15 minutos en el horno.

■ **Preparación:** 5 min ■ **Cocción:** de 11 a 18 min

■ **Secado:** 15 min

Arroz a la mantequilla

Para 4 personas

- *200 g de arroz de grano largo, arroz basmati o arroz tailandés*
- *50 g de mantequilla*
- *sal*

❶ Lavar y escurrir el arroz. Cubrirlo con abundante agua fría (el triple de agua respecto del volumen de arroz). Condimentar con sal (calcular 10 g de sal por cada litro de agua) y cocer durante 18 minutos (12 minutos si se trata de arroz basmati o arroz tailandés), con la cacerola tapada y a hervores bajos.

❷ Escurrir el arroz, enfriarlo un poco bajo un chorro de agua fría, escurrirlo nuevamente y ponerlo en una cacerola.

❸ Agregar la mantequilla en pedacitos y mezclar delicadamente. Tapar la cacerola y recalentar el arroz antes de servirlo.

■ **Preparación:** 2 min ■ **Cocción:** de 12 a 18 min

> **EN ALGUNOS PAÍSES SE LLAMA:**
> Mantequilla: *manteca.*

Arroz a la mexicana

Para 6 personas

- *2 tazas de arroz*
- *1 taza de chícharos*
- *2 zanahorias*
- *5 jitomates*
- *1/2 cebolla mediana*
- *2 dientes de ajo*
- *4 tazas de consomé de ave (→ ver pág. 124)*
- *1 rama de cilantro*
- *aceite para freír*
- *sal*

❶ Freír el arroz en aceite por varios minutos, hasta que empiece a tomar color dorado. Retirar del fuego y retirar el aceite sobrante.

❷ Licuar el jitomate con el ajo y la cebolla. Verter al arroz y dejar que se guise a fuego medio y remover bien.

❸ Añadir los chícharos y las zanahorias cortadas en cubos pequeños. Cubrir con el caldo, rectificar la sal, agregar el cilantro y cocinar tapado a fuego lento hasta que el arroz esté seco.

■ **Preparación:** 15 min ■ **Cocción:** 30 min

> **EN ALGUNOS PAÍSES SE LLAMA:**
> Chícharo: *alverja, arveja, guisante, petit pois.* Cilantro: *coriandro, culantro.* Jitomate: *tomate.*

Arroz al curry

Para 4 personas

- *200 g de arroz de grano largo o arroz basmati*
- *1 cebolla*
- *50 ml de aceite*
- *1 cucharada de curry*
- *1 bouquet garni*
- *40 g de mantequilla*
- *sal*

❶ Precalentar el horno a 200 °C.

❷ Medir el arroz con un vaso. Luego, medir una vez y media su volumen en agua; verter esta última en una cacerola, añadirle sal y pimienta y ponerla a hervir.

❸ Pelar y picar la cebolla.

❹ Calentar el aceite en un sartén salteador, dorar la cebolla y añadirle el curry. Agregar el arroz y removerlo bien para que el aceite lo envuelva.

❺ Verter lentamente el agua hirviendo y agregar el bouquet garni. Poner a hervir de nuevo y, una vez alcanzada la ebullición, tapar el sartén y ponerlo en el horno durante 17 minutos si se trata de arroz de grano largo (u 11 minutos si es arroz basmati).

❻ Retirar el sartén del horno, espolvorear con pedacitos de mantequilla, mezclar con el tenedor para separar los granos de arroz y colocar todo en la fuente en que se va a servir.

■ **Preparación:** 15 min ■ **Cocción:** de 11 a 17 min

> En algunos países se llama:
> Mantequilla: *manteca.*

Arroz berraco

Para 6 personas

- *4 tazas de arroz*
- *500 g de chorizo*
- *1 kg de costillas de cerdo*
- *1 kg de pierna de cerdo*
- *2 tazas de ogao (→ ver pág. 57)*
- *1 pimiento rojo*
- *2 cucharadas de cilantro fresco*
- *1 cucharada de páprika*
- *4 litros de agua*
- *500 g de papas pequeñas*

❶ Calentar un poco de aceite en una olla a fuego bajo; añadir las costillas y la pierna de cerdo cortadas en trozos pequeños y dorarlas, agregar el chorizo y sofreírlo.

❷ Incorporar el arroz y dorarlo, revolviendo constantemente, durante unos 5 minutos. Agregar el ogao, el pimiento, el cilantro, la páprika, la sal y el comino, revolver y sofreír unos minutos.

❸ Añadir el agua y las papas peladas, revolver y cocinar a fuego alto, hasta que el líquido comience a hervir, bajar el fuego y colocar la olla sobre una parrilla, tapar el recipiente y continuar cocinando hasta que todo esté en su punto, teniendo en cuenta que el arroz debe quedar caldoso.

- *1 pizca de comino*
- *aceite*
- *sal*

■ **Preparación:** 20 min ■ **Cocción:** 1 h 30 min

> EN ALGUNOS PAÍSES SE LLAMA:
>
> **Cerdo:** *chancho, cochino, puerco.* **Cilantro:** *coriandro, culantro.* **Papa:** *patata.* **Páprika:** *pimentón.* **Pimiento:** *ají, locote, morrón.*

Arroz blanco

Para 4 personas

- *200 g de arroz de grano largo, arroz basmati o arroz tailandés*
- *sal*

❶ Lavar varias veces el arroz y colocarlo en una cacerola. Añadir sal y cubrir el arroz con tres veces su volumen de agua.

❷ Cocer con la cacerola destapada y a hervores altos.

❸ Cuando el nivel del agua esté justo a la altura de los granos, tapar y poner el fuego a temperatura mínima. Mantenerlo así hasta que el arroz esté completamente seco.

■ **Preparación:** 2 min ■ **Cocción:** de 12 a 18 min

Arroz cantonés

Para 4 personas

- *200 g de arroz de grano largo*
- *100 g de jamón serrano o de salchicha china*
- *4 huevos*
- *2 cucharadas de cebollín picado*
- *50 ml de aceite de cacahuate*
- *sal y pimienta*

❶ Cocer el arroz blanco (→ ver receta anterior).

❷ Cortar el jamón serrano o la salchicha china en cubitos pequeños.

❸ Batir los huevos como para una omelette. Condimentarlos con sal y pimienta al gusto.

❹ En un sartén, calentar dos cucharadas de aceite y cocer la omelette (→ ver cocción de omelettes al natural, pág. 260). Luego, cortarla en pedacitos pequeños.

❺ Verter el resto del aceite en el sartén, calentarlo y saltear el arroz rápidamente. Agregar los cubitos de jamón o de salchicha, los pedazos de omelette y el cebollín, mezclar con cuidado, probar y, en caso de ser necesario, condimentar al gusto. Acomodar todo en la fuente en que se va a servir.

■ **Preparación:** 30 min ■ **Cocción:** alrededor de 15 min

> EN ALGUNOS PAÍSES SE LLAMA:
>
> **Cacahuate:** *cacahuete, maní.* **Cebollín:** *cebolleta, cebollino, ciboulette.* **Jamón serrano:** *jamón crudo.*

Arroz con páprika

Para 4 personas

- 200 g de arroz de grano largo o arroz basmati
- 1 cebolla
- 50 ml de aceite
- 1 cucharada de páprika
- 1 bouquet garni
- 40 g de mantequilla
- sal

1 Precalentar el horno a 200 °C.

2 Medir el arroz con un vaso. Luego, medir una vez y media su volumen en agua; verter esta última en una cacerola, añadirle sal y ponerla a hervir.

3 Pelar y picar la cebolla. Calentar el aceite en una cacerola, dorar la cebolla y añadirle la páprika. Agregar inmediatamente el arroz y removerlo bien para que el aceite lo envuelva.

4 Verter lentamente el agua hirviendo y agregar el bouquet garni. Poner a hervir de nuevo y, una vez alcanzada la ebullición, tapar la cacerola y ponerla en el horno durante 17 minutos si se trata de arroz de grano largo (u 11 minutos si es arroz basmati).

5 Retirar la cacerola del horno, espolvorear con pedacitos de mantequilla, mezclar con el tenedor para separar los granos de arroz y colocar todo en la fuente en que se va a servir.

■ **Preparación:** 15 min ■ **Cocción:** de 11 a 17 min

EN ALGUNOS PAÍSES SE LLAMA:
Mantequilla: *manteca.* Páprika: *pimentón.*

Arroz congrí

Para 6 personas

- 500 g de arroz
- 250 g de frijoles negros
- 1 y 1/4 litros de agua
- 250 g de carne de cerdo
- 125 g de tocino o jamón
- 1 cebolla grande
- 5 dientes de ajo
- 1 pimiento verde
- 1 cucharada de sal
- 1/4 cucharadita de orégano
- 1/4 cucharadita de comino
- 1/8 cucharadita de pimienta

1 Poner los frijoles al fuego en el agua y con el pimiento picado. Cocinar hasta que los frijoles se ablanden un poco.

2 Colar los frijoles y utilizar 3/4 de litro del caldo de la cocción para cocinar el arroz (si no quedó suficiente, agregar agua).

3 Freír en una olla la carne y el tocino cortados en pedacitos. Luego, agregar la cebolla picada, los ajos picados, la sal, el orégano, el comino y la pimienta.

4 En la misma olla poner el caldo y, cuando suelte el hervor, agregar el arroz crudo y lavado. Revolver y añadir el frijol y el azúcar.

5 Tapar la cazuela y cocinar a fuego medio hasta que el arroz esté blando. Bajar el fuego y cocinar otros 10 minutos.

- 8 cucharadas de aceite de oliva
- 1/2 cucharada de azúcar

Esta misma receta puede elaborarla sin carne.

■ **Preparación:** 20 min ■ **Cocción:** 1 h 30 min

> **EN ALGUNOS PAÍSES SE LLAMA:**
> Cerdo: *chancho, cochino, puerco.* Frijol: *alubia, caráota, fréjol, habichuela, judía, poroto.* Pimiento: *ají, locote, morrón.* Tocino: *bacon, larda de tocino, panceta, tocineta.*

Arroz pilaf

Para 4 personas (alrededor de 400 g)

- 200 g de arroz de grano largo
- 80 g de mantequilla
- 1 cebolla
- 1 bouquet garni
- sal

❶ Medir el arroz y medir una vez y media su volumen en agua. Añadir sal al agua y ponerla a hervir.

❷ Precalentar el horno a 200 °C.

❸ Pelar y picar la cebolla. Dorarla a fuego lento en 40 g de mantequilla. Agregarle el arroz sin lavar y mezclarlo bien para que la mantequilla lo envuelva. Cocer durante 1 o 2 minutos sin dejar de revolver.

❹ Verter el agua hirviendo lentamente y agregar el bouquet garni. Colocar una hoja de papel encerado sobre el arroz. Tapar la cacerola y ponerla en el horno 16 o 17 minutos.

❺ Retirar la cacerola del horno y dejar que el arroz se esponje durante 15 minutos.

❻ Agregar el resto de la mantequilla, mezclar cuidadosamente con un tenedor para que se separen los granos de arroz. Colocar en la fuente en que se va a servir.

■ **Preparación:** 5 min + 15 min ■ **Cocción:** de 16 a 17 min

> **EN ALGUNOS PAÍSES SE LLAMA:**
> Mantequilla: *manteca.*

Arroz salteado

Para 4 personas

- 200 g de arroz de grano largo
- 30 g de mantequilla
- 300 ml de caldo de res o de pollo, aproximadamente
- sal

❶ Medir la cantidad de arroz. Colocarlo en agua hirviendo con sal y dejarlo en el agua durante 5 minutos.

❷ Escurrir el arroz y enfriarlo bajo un chorro de agua fría.

❸ Precalentar el horno a 220 °C.

❹ Calentar la mantequilla en una cacerola, añadir el arroz y remover bien. Luego, cubrir con el equivalente en caldo al doble del volumen de arroz. Poner a hervir, tapar la cacerola y, una vez alcanzada la ebullición, cocer durante 15 minutos en el horno caliente.

■ **Preparación:** 2 min ■ **Cocción:** 18 min

EN ALGUNOS PAÍSES SE LLAMA:
Mantequilla: *manteca.*

Jambalaya de pollo

Para 4 personas

- *1 pollo que pese 1 kg y 200 g*
- *3 litros de caldo o de base de pollo deshidratado*
- *250 g de arroz largo*
- *300 g de jamón ahumado*
- *50 g de mantequilla*
- *1 pizca de pimienta de Cayena*
- *sal y pimienta*

❶ Preparar el pollo (→ ver preparación de pollo, pág. 568) o pedir en la carnicería que lo preparen.

❷ Calentar el caldo o la base de ave y cocer ahí el pollo durante 50 minutos. Luego, escurrirlo y dejarlo enfriar.

❸ Lavar el arroz y cocerlo en blanco (→ ver arroz blanco, pág. 844) junto con el caldo del pollo.

❹ Desollar el pollo y deshuesarlo por completo. Cortar la carne del pollo en cubitos y mantenerla caliente.

❺ Cortar el jamón en cubitos muy pequeños y saltearlos a fuego lento en un sartén con la mantequilla durante 10 minutos.

❻ Cuando el jamón esté cocido, agregar los cubitos de pollo, una pizca de pimienta de Cayena, sal y pimienta al gusto (la mezcla debe estar muy bien condimentada).

❼ Agregar el arroz, mezclar bien todo y servir muy caliente.

■ **Preparación:** 20 min ■ **Cocción:** alrededor de 1 h

EN ALGUNOS PAÍSES SE LLAMA:
Mantequilla: *manteca.*

Paella

Para 8 personas

- *1 pollo que pese 1 kg y 500 g*
- *350 g de almejas grandes*
- *350 g de berberechos*
- *16 mejillones*
- *250 ml de aceite de oliva*
- *16 langostinos*
- *400 g de calamares*

❶ Cortar el pollo en ocho trozos. Lavar y cepillar las almejas, los berberechos y los mejillones.

❷ En una paellera (o en una olla o en una olla grande de poca profundidad) calentar el aceite de oliva y dorar los langostinos. Retirarlos y mantenerlos aparte.

❸ Agregar los pedazos de pollo a la paellera y sofreírlos. Añadir los calamares cortados en tiritas, luego las cebollas picadas, los pimientos cortados igualmente en tiritas y los jitomates sin las semillas y cortados en cubitos.

- 2 cebollas
- 2 pimientos
- 6 jitomates
- 1 pizca de azafrán
- 2 dientes de ajo
- 250 g de ejotes
- 1/2 kg de chícharos frescos o 250 g de chícharos congelados
- 400 g de arroz de grano largo
- 1 pizca de pimienta de Cayena
- sal y pimienta

❹ Espolvorear todo con el azafrán. Agregar el ajo machacado, los ejotes cortados en pedacitos y los chícharos. Cocer esta mezcla a fuego lento durante 15 minutos.

❺ Medir el volumen de arroz y poner a hervir agua equivalente al doble del volumen de arroz.

❻ Agregar el arroz a la paellera, mezclar con el resto de los ingredientes y luego añadir las almejas, los berberechos y los mejillones. Verter agua hirviendo, condimentar con sal al gusto y una pizca de pimienta de Cayena. Poner a hervir todo y, una vez alcanzada la ebullición, tapar la paellera y cocer durante 25 minutos en el horno precalentado a 220 °C.

❼ Retirar la paellera del horno y colocar los langostinos encima. Dejar reposar durante 10 minutos antes de servir.

■ **Preparación:** 50 min ■ **Cocción:** 40 min

EN ALGUNOS PAÍSES SE LLAMA:

Calamar: *chipirón, jibión*. Chícharo: *alverja, arveja, guisante, petit pois*. Ejote: *chaucha, judía verde, poroto verde, vaina, vainica, vainita*. Jitomate: *tomate*. Langostino: *camarón grande*. Mejillón: *cholga, chorito, choro*. Pimiento: *ají, locote, morrón*.

Risotto

Para 4 personas (600 g de risotto)

- 200 g de arroz de grano largo o redondo
- 250 o 300 ml de caldo
- 1 cebolla
- 4 cucharadas de aceite de oliva
- 1 bouquet garni
- sal

❶ Medir el volumen de arroz y calcular el doble del volumen en caldo. Calentar este último.

❷ Pelar y picar la cebolla y sofreírla en el aceite de 2 a 3 minutos, luego agregar el arroz y mezclar bien.

❸ Cuando los granos de arroz se vuelvan transparentes, agregar el caldo. Remover con una cuchara de madera hasta que el arroz comience a absorber el caldo. Posteriormente, verificar la sazón y agregar el bouquet garni. Tapar y cocer de 16 a 18 minutos (el arroz debe "deshacerse"); dejar de remover.

❹ Luego, añadir los distintos ingredientes señalados en la receta, sin que se rompan los granos de arroz.

■ **Preparación:** 5 min ■ **Cocción:** alrededor de 20 min

Risotto a la italiana

Para 4 personas (700 g de risotto)

- *200 g de arroz de grano largo o redondo*
- *250 o 300 ml de caldo*
- *1 cebolla*
- *4 cucharadas de aceite de oliva*
- *1 bouquet garni*
- *40 g de mantequilla*
- *90 g de queso parmesano o de queso gruyer rallado*
- *sal*

❶ Medir el volumen de arroz y calcular el doble del volumen en caldo. Calentar este último.

❷ Pelar y picar la cebolla y sofreírla en el aceite de 2 a 3 minutos, luego agregar el arroz y mezclar bien.

❸ Cuando los granos de arroz se vuelvan transparentes, agregar el caldo. Remover con una cuchara de madera hasta que el arroz comience a absorber el caldo. Posteriormente, verificar la sazón y agregar el bouquet garni. Tapar y cocer de 16 a 18 minutos (el arroz debe "deshacerse"); dejar de remover.

❹ Al final de la cocción, incorporar la mantequilla al risotto, así como 60 g del queso rallado. Servir el resto del queso rallado por separado.

risotto a la milanesa:
proceder igual que con el risotto a la italiana, agregando una medida de azafrán al mismo tiempo que el queso rallado.

■ **Preparación:** 5 min ■ **Cocción:** alrededor de 20 min

> En algunos países se llama:
> Mantequilla: *manteca.*

Risotto a la marinara

Para 6 personas

- *750 g de mejillones*
- *300 g de almejas*
- *3 cucharadas de aceite de oliva*
- *200 g de calamares*
- *150 g de camarones pelados y desvenados*
- *1 cebolla*
- *1 diente de ajo*
- *150 ml de vino blanco*
- *300 o 350 g de arroz de grano redondo*
- *300 ml de caldo de res*
- *30 g de mantequilla*

❶ Limpiar los mejillones y las almejas. Abrirlos en una olla a fuego alto junto con una cucharada de aceite de oliva. Mantenerlos calientes.

❷ Limpiar los calamares y cortarlos en pedacitos pequeños. Cortar los camarones en cuatro.

❸ Pelar y picar la cebolla y el ajo y dorar la mitad de ambos en un sartén con una cucharada de aceite.

❹ Agregar los calamares y los camarones y cocer a fuego alto hasta que toda el agua que suelten se haya evaporado.

❺ Escurrir los mariscos en su concha. Colarlos y agregar el agua que soltaron al sartén junto con 50 ml de vino blanco. Mantener caliente.

❻ En otra cacerola, sofreír a fuego lento el resto de la cebolla y el ajo en una cucharada de aceite. Agregar el arroz

- 30 g de queso parmesano rallado
- 2 cucharadas de perejil picado
- sal

y remover bien con la cuchara de madera para que el arroz se impregne de la materia grasa.

❼ Verter el vino blanco restante repartido en dos porciones. Cuando el vino se haya absorbido por completo, verter un cucharón de caldo de res, dejar que se evapore, agregar otro cucharón de caldo y repetir la operación hasta que se acabe el caldo.

❽ Al cabo de 10 minutos, agregar el líquido de cocción de los mariscos en su concha.

❾ Después de 18 minutos, el arroz estará justo "al dente". Retirarlo del fuego y mezclarlo con la mantequilla y el queso parmesano, agregar todos los mariscos, el perejil picado y mezclar con mucho cuidado.

■ **Preparación:** 30 min ■ **Cocción:** alrededor de 25 min

> **EN ALGUNOS PAÍSES SE LLAMA:**
> Calamar: *chipirón, jibión*. Camarón(es): *gamba, quisquilla*.
> Mantequilla: *manteca*. Mejillón: *cholga, chorito, choro*.

Risotto a la piamontesa

Para 4 personas (850 g de risotto)

- 200 g de arroz de grano largo o redondo
- 250 o 300 ml de caldo
- 1 cebolla
- 4 cucharadas de aceite de oliva
- 1 bouquet garni
- 150 g de jamón
- 40 g de mantequilla
- 90 g de queso parmesano rallado
- sal

❶ Medir el volumen de arroz y calcular el doble del volumen en caldo. Calentar este último.

❷ Pelar y picar la cebolla y sofreírla en el aceite de 2 a 3 minutos, luego agregar el arroz y mezclar bien.

❸ Cuando los granos de arroz se vuelvan transparentes, agregar el caldo. Remover con una cuchara de madera hasta que el arroz comience a absorber el caldo. Posteriormente, verificar la sazón y agregar el bouquet garni. Tapar y cocer de 16 a 18 minutos (el arroz debe "deshacerse"); dejar de remover.

❹ Mientras tanto, cortar en jamón en cubitos.

❺ Al final de la cocción, incorporar al risotto la mantequilla, así como 60 g del queso rallado y los cubitos de jamón. Servir muy caliente con el resto del queso rallado por separado.

■ **Preparación:** 10 min ■ **Cocción:** alrededor de 20 min

> **EN ALGUNOS PAÍSES SE LLAMA:**
> Mantequilla: *manteca*.

Risotto de primavera

Para 4 personas

- 600 g de risotto
  (→ ver pág. 848)
- 1/2 kg de chícharos frescos o
  250 g de chícharos
  congelados
- 2 alcachofas moradas
  pequeñas
- 1 diente de ajo
- 100 g de hongos
- 1/2 limón
- 1 cucharada de perejil picado
- 2 cucharadas de aceite
- 1/2 manojo de cebollitas de
  Cambray
- 1 manojo pequeño de
  espárragos verdes
- 60 g de mantequilla
- 30 g de queso parmesano
  rallado
- sal y pimienta

❶ Preparar el risotto y mantenerlo caliente.

❷ Desvainar los chícharos y cocerlos durante 10 minutos en agua hirviendo con sal. Transcurrido este tiempo, escurrirlos.

❸ Preparar las alcachofas (→ ver pág. 648), cortar la parte de arriba de las hojas. Pelar y picar el ajo. Limpiar los hongos, cortarlos en pedazos, bañarlos con jugo de limón y condimentarlos con sal y pimienta al gusto. Picar el perejil.

❹ En una cucharada de aceite, cocer las alcachofas junto con el ajo y, por otro lado, en otra cucharada de aceite, los hongos; agregarles el perejil picado.

❺ Limpiar las cebollitas de Cambray junto con la parte verde de los tallos y sumergirlas durante 5 minutos en agua hirviendo con sal.

❻ Limpiar los espárragos y cocerlos durante 10 minutos en agua hirviendo con sal.

❼ En un sartén, derretir 20 g de mantequilla, agregar los espárragos y remover bien para que la mantequilla los envuelva. Mantenerlos calientes.

❽ Recalentar todas las verduras juntas, a excepción de los espárragos. Agregarles el risotto y mezclar bien.

❾ Agregar el queso parmesano rallado y el resto de la mantequilla y remover bien.

❿ Servir el risotto decorado con las puntas de espárragos.

■ **Preparación:** 40 min ■ **Cocción:** alrededor de 40 min

> **EN ALGUNOS PAÍSES SE LLAMA:**
>
> Alcachofa: *alcaucil.* Cebollita(s) de Cambray: *cebolla china, cebolla de almácigo, cebolla de verdeo, cebolla en rama, cebolla junca, cebolleta(s), cebollín.* Chícharo: *alverja, arveja, guisante, petit pois.* Mantequilla: *manteca.*

Timbales pequeños a la piamontesa

Para 4 personas

- 450 g de risotto a la
  piamontesa
  (→ ver pág. 850)

❶ Preparar el risotto a la piamontesa.

❷ Precalentar el horno a 200 °C. Engrasar con mantequilla moldes para flan (o flaneras individuales de 100 ml de capacidad).

- *40 g de lengua escarlata o de jamón*
- *20 g de trufa blanca*

❸ Cortar la lengua escarlata (o el jamón) en cubitos y colocarlos en el fondo de los moldes.

❹ Cortar la trufa en bastoncitos y mezclarla con el risotto.

❺ Poner el risotto en los moldes y hornearlos de 10 a 15 minutos. Dejar reposar 5 minutos antes de desmoldar.

■ **Preparación:** 30 min ■ **Cocción:** alrededor de 15 min

Sémola

Sémola para cuscús: cocción

❶ Poner agua o caldo en la olla grande de una cuscusera hasta cubrir sus dos terceras partes y calentar a fuego alto.

❷ Una vez que el líquido comience a hervir, colocar la parte superior de la cuscusera, el *keskés*, que contiene la sémola. Rodear con un trapo húmedo la unión entre los dos recipientes para evitar cualquier pérdida de vapor y taparla.

❸ Después de aproximadamente 30 minutos, retirar la sémola y distribuirla sobre una bandeja circular grande con bordes altos. Trabajar la sémola con las manos aceitadas para eliminar los grumos.

❹ Volver a colocar la sémola en la cuscusera y repetir esta operación dos veces más, sin olvidar trabajar la sémola con las manos en cada ocasión.

❺ Es en durante la segunda y la tercera cocción cuando se agrega la "guarnición" del cuscús: las verduras o carnes se colocan en la olla, las pasitas surtidas, junto con la sémola.

❻ Después de la tercera cocción, añadir cuadritos pequeños de mantequilla sobre la sémola y servir.

> **EN ALGUNOS PAÍSES SE LLAMA:**
> Pasitas: *pasas, pasas de uva, uvas pasas, uvas secas.* Trapo: *paño, repasador, toalla o trapo de cocina.*

Brochetas a la piamontesa

Para 4 personas

- 400 g de polenta a la piamontesa
  (→ ver pág. 855)
- 400 g de pan molido a la inglesa (→ ver pág. 104)
- aceite
- perejil frito (→ ver pág. 781)

❶ Preparar la polenta, extenderla sobre una **charola** previamente engrasada con aceite y luego dejar que se enfríe.

❷ Calentar el aceite.

❸ Cortar la sémola en cuadrados de 4 cm de lado, ensartarlos en palitos para brochetas y **empanizarlos** con el pan molido a la inglesa.

❹ Freír los cuadritos de sémola en el aceite a una temperatura de 180 °C.

❺ Escurrirlos y acomodarlos en una fuente junto con el perejil frito.

■ **Preparación:** 30 min ■ **Cocción:** de 5 a 10 min

> **EN ALGUNOS PAÍSES SE LLAMA:**
> Charola: *asadera.* Empanizar: *empanar, rebozar.*

Cuscús con verduras

Para 4 personas

- 50 g de garbanzos
- 1/2 kg de sémola
- 150 g de habas frescas
- 1 cebolla
- 2 nabos
- 2 zanahorias
- 2 jitomates
- 2 corazones de alcachofa en lata o congelados
- 2 calabacitas
- 100 g de mantequilla
- 4 especias o ras al-hanout
- sal y pimienta negra

❶ Poner a remojar los garbanzos durante 24 horas.

❷ Proceder con la primera cocción de la sémola (→ ver cocción de sémola para cuscús, página anterior).

❸ Desvainar las habas y pelarlas. Pelar la cebolla y cortarla finamente. Pelar los nabos y las zanahorias y cortarlos en pedazos. Cortar los jitomates y las calabacitas en rodajas. Cortar los corazones de alcachofa en cubitos.

❹ Colocar todas las verduras en una cuscusera y agregarles sal al gusto. Cubrir con agua o con caldo de verduras las dos terceras partes de la capacidad de la cuscusera, antes de colocarle la parte superior, el *keskés,* que contiene la sémola, y comenzar así la cocción del cuscús.

❺ Escurrir las verduras y ponerlas en un plato.

❻ Mezclar la sémola con la mantequilla y ponerla en otro plato.

❼ Probar el caldo para verificar la sazón, y condimentarlo con pimienta negra o especias diversas (cuatro especias o ras al hanout).

■ **Preparación:** 2 h ■ **Remojo:** 24 h

■ **Cocción:** alrededor de 1 h 30 min

EN ALGUNOS PAÍSES SE LLAMA:

Alcachofa: *alcaucil*. Calabacita(s): *calabacín, calabaza italiana, zapallito italiano, zapallito largo, zucchini*. Jitomate: *tomate*. Mantequilla: *manteca*.

Ñoquis a la romana

Para 4 personas

- *1/2 litro de leche*
- *125 g de sémola*
- *1 yema de huevo*
- *1 huevo entero*
- *60 g de queso gruyer o de queso parmesano rallado*
- *60 g de mantequilla*
- *sal y pimienta*
- *nuez moscada*

❶ Poner a hervir la leche y agregar la sémola en forma de lluvia. Mezclar bien, condimentar con sal y pimienta al gusto y con un poco de nuez moscada rallada. Cocer de 15 a 20 minutos, hasta que la sémola forme una papilla lisa y muy espesa.

❷ Retirar la cacerola del fuego, agregar la yema de huevo con el huevo entero y mezclar bien.

❸ Cubrir una charola con papel encerado y humedecerlo ligeramente.

❹ Extender de manera homogénea la masa obtenida hasta que quede de 1 cm de espesor y luego dejarla enfriar.

❺ Una vez que la masa esté bien fría, cortarla en discos de aproximadamente 5 cm de diámetro con un sacabocados (o con un vaso).

❻ Precalentar el horno a 220 °C.

❼ Engrasar con mantequilla una charola para gratín, colocar los ñoquis, espolvorearlos de manera abundante con queso parmesano o queso gruyer rallado y bañarlos con la mantequilla derretida. Gratinarlos en el horno de 10 a 12 minutos.

■ **Preparación:** 20 min ■ **Reposo:** alrededor de 1 h

■ **Cocción:** de 10 a 12 min

EN ALGUNOS PAÍSES SE LLAMA:

Charola: *asadera*. Mantequilla: *manteca*.

Polenta a la piamontesa

**Para 4 personas
(1 y 1/2 kg de polenta)**

- *250 g de sémola de maíz*
- *100 g de mantequilla*
- *120 g de queso parmesano rallado*
- *sal*

❶ Poner a hervir un litro de agua con sal y agregar la sémola en forma de lluvia. Mezclar bien y cocer de 25 a 30 minutos sin dejar de remover con una cuchara de madera.

❷ Agregar 50 g de mantequilla y 75 g de queso parmesano rallado. Mezclar bien.

❸ Cubrir una charola con papel encerado y humedecerlo ligeramente con un poco de agua, poner ahí la polenta y extenderla en una capa homogénea de aproximadamente 2 cm de espesor. Dejar que se enfríe por completo.

❹ Cortar la polenta en cuadrados o en rombos y luego dorarlos en un sartén con 30 g de mantequilla.

❺ Colocar la polenta en una charola y espolvorearla con el resto del queso parmesano rallado.

❻ Derretir el resto de la mantequilla y, cuando esté dorada, usarla para bañar la polenta.

■ **Preparación:** 45 min ■ **Cocción:** alrededor de 5 min

> **EN ALGUNOS PAÍSES SE LLAMA:**
> Charola: *asadera*. Mantequilla: *manteca*. Polenta: harina de maíz amarillo.

Polenta gratinada

Para 4 personas

- *1 taza de polenta precocida*
- *500 ml de leche*
- *500 ml de agua*
- *30 g de mantequilla*
- *250 g de queso cuartirolo en rodajas finas*
- *150 g de jamón*
- *1/2 taza de queso parmesano rallado*
- *pimienta*
- *nuez moscada*
- *sal al gusto*

❶ Hervir la leche con el agua, mantequilla y sal.

❷ Agregar la polenta en forma de lluvia y cocinar durante 1 minuto, mientras se remueve con pala de madera.

❸ Condimentar con una pizca de pimienta y nuez moscada.

❹ Precalentar el horno a 220 °C.

❺ Engrasar con mantequilla una charola para gratín. Colocar en ella una capa de polenta y cubrirla con queso cuartirolo y jamón picado. Poner encima otra capa de polenta y espolvorearla con el queso rallado.

❻ Hornear hasta que se gratine.

Puede servirse con salsa de tomate ligera.

■ **Preparación:** 15 min ■ **Cocción:** 10 min.

Tabulé a la menta

Para 4 personas

- *250 g de sémola gruesa para cuscús o de bulgur (trigo duro triturado)*
- *1/2 kg de jitomates*
- *250 g de cebollas*
- *menta fresca*
- *perejil liso*
- *6 cucharadas de aceite de oliva*
- *3 limones*
- *8 cebollitas de Cambray blancas*
- *sal y pimienta*

❶ Colocar el cuscús en una ensaladera. Bañarlo poco a poco con 200 ml de agua hirviendo. Dejarlo enfriar.

❷ Lavar los jitomates y cortarlos en cubitos. Pelar y picar las cebollas. Picar muy finamente cuatro cucharadas de menta y la misma cantidad de perejil. Agregar todas estas verduras al cuscús. Condimentar con sal y pimienta al gusto y mezclar bien.

❸ Verter el aceite y agregar el jugo de los limones. Mezclar y dejar reposar en el refrigerador durante 3 horas, removiendo cuatro o cinco veces.

❹ Al momento de servir, pelar las cebollitas de Cambray y cortarlas en cuatro. Agregarlas encima del tabulé junto con algunas hojas de menta.

■ **Preparación:** 30 min (con 3 h de anticipación)

Postres y dulces

¿Postres o dulces?

El postre es el último plato de una comida. Se trata de un término genérico que en teoría incluye el queso, las preparaciones dulces (dulces de cocina y repostería) y las frutas crudas. Hoy en día, las palabras dulce y postre tienden a confundirse. En el lenguaje corriente, los dulces son platos azucarados y calientes: buñuelos, crepas, frutas flambeadas, omelettes dulces y soufflés; o bien azucarados y fríos: bavarois, "blancs-mangers", carlotas, compotas, cremas, postres con arroz o con sémola, merengues, islas flotantes, "œufs à la neige" (huevos a la nieve), pudines; o incluso helados: mousses, copas heladas, frutas escarchadas, helados de frutas, helados de café, nieves, merengues con crema Chantilly.

Lograr que un postre salga bien no exige necesariamente todos los conocimientos y el talento de un gran repostero. Sin embargo, es conveniente ser muy cuidadoso en la elección de los ingredientes, pues éstos deben ser de buena calidad y de una frescura indiscutible. Algunos ingredientes son muy delicados, como la crema fresca, por lo que es preferible comprar únicamente las cantidades necesarias en el último momento. Por el contrario, el arroz y la sémola pueden conservarse en recipientes herméticos, protegidos del calor y la humedad. Esta parte se enfoca exclusivamente a los diversos postres que no requieren de masa para su preparación. La repostería —pasteles, tartas, galletas, pastelería fina, etc.— se presenta en el capítulo siguiente (→ ver pág. 984). Por comodidad, todos los dulces a base de frutas se han ordenado de acuerdo con el nombre de las frutas (→ ver pág. 901). De esta manera, bajo la palabra "cereza" se podrán encontrar cerca de 15 recetas para preparar esta fruta en crepas, buñuelos, compota, mermelada, pasteles… Hacer un inventario de las frutas de temporada es una buena manera de renovar los postres. Vale la pena congelar algunas frutas tal como están, o bien en compota o en jarabe, para después preparar las salsas o las nieves. Las frutas rojas se congelan en bandeja, cubiertas con azúcar. Al resto de las frutas (cerezas, chabacanos, duraznos, ciruelas, mangos, etc.) es necesario, dependiendo del caso, quitarles el rabito, pelarlas, quitarles el hueso o cortarlas en pedazos.

Las mermeladas

Para preparar buenas mermeladas, es necesario que las frutas estén en buen estado y maduras. El azúcar es el factor esencial para la conservación. En principio, se utiliza la misma cantidad de azúcar que de frutas; la proporción de azúcar puede variar ligeramente, pero si se reduce demasiado, o si el azúcar no se cuece lo suficiente, la mermelada corre el riesgo de fermentarse. Para la cocción, es preferible utilizar utensilios de cobre o de acero inoxidable.

POSTRES SIN FRUTAS

Un bavarois, un "blanc-manger" o una carlota le otorgan un agradable final a una comida completa. En general, las cremas se utilizan para acompañar ciertos postres, como en el caso de la

---

EN ALGUNOS PAÍSES SE LLAMA:
Crema: *nata.* Hueso: *carozo.* Pastel: *cake, queque, torta.*

crema pastelera, la crema Chantilly, el sabayón… Pero también existen cremas que pueden servirse solas, como la isla flotante o la crema al chocolate. Todas estas cremas se han agrupado en la siguiente sección, pues se preparan siguiendo los mismos principios.

Arroz a la emperatriz

Para 4 o 6 personas

- *125 g de frutas confitadas cortadas en cubitos*
- *70 ml de ron*
- *1 litro de leche*
- *1 vaina de vainilla*
- *1 pizca de sal*
- *25 g de mantequilla*
- *250 g de arroz de grano redondo*
- *150 g de azúcar granulada*
- *1 sobrecito de gelatina sin sabor*
- *1/2 kg de crema inglesa (→ ver pág. 873)*
- *250 g de crema Chantilly (→ ver pág. 872)*
- *1 cucharada de azúcar a la vainilla*
- *3 cerezas confitadas*

❶ Poner a macerar las frutas confitadas en 50 ml de ron.

❷ En una cacerola, calentar la leche junto con la vainilla, la sal y la mantequilla.

❸ En otra cacerola, poner a hervir un litro de agua. Colocar el arroz en forma de lluvia en el agua hirviendo, cocerlo durante 2 minutos, luego escurrirlo y vaciarlo en la leche hirviendo. Reducir la intensidad del fuego y cocer a fuego bajo durante 20 minutos, aproximadamente, hasta que el arroz se deshaga.

❹ Añadir el azúcar y cocer durante 5 minutos más. Agregar las frutas confitadas y el ron de la maceración. Mezclar bien y luego retirar la cacerola del fuego. Dejar que se enfríe.

❺ Disolver la gelatina en un poco de agua fría.

❻ Preparar la crema inglesa y, hacia el final de la cocción, incorporarle la gelatina sin cuajar y el resto del ron. Pasar la crema por un cernidor fino y luego dejarla enfriar.

❼ Preparar la crema Chantilly con el azúcar a la vainilla.

❽ Mezclar el arroz con la crema inglesa una vez que ambos estén fríos. Añadir la crema Chantilly, revolviendo ligeramente.

❾ Verter todo en un molde de corona de 22 cm de diámetro y poner en el refrigerador de 3 a 4 horas.

❿ Para desmoldar: sumergir el molde durante algunos segundos en un recipiente lleno de agua hirviendo y luego voltearlo sobre la fuente en que se va a servir.

⓫ Decorar con las cerezas confitadas cortadas a la mitad.

■ **Preparación:** 1 h ■ **Cocción:** 25 min
■ **Refrigeración:** de 3 a 4 h

> **EN ALGUNOS PAÍSES SE LLAMA:**
>
> Cernidor: *cedazo, tamiz.* Frutas confitadas: *frutas abrillantadas, frutas cristalizadas, frutas escarchadas, frutas glaseadas o glaseadas.* Mantequilla: *manteca.* Refrigerador: *heladera, nevera.*

Arroz con leche

**Para 4 o 6 personas
(1 kg y 200 g,
aproximadamente)**

- 900 ml de leche
- 1 vaina de vainilla o 1 pizca de canela en polvo
- 70 g de azúcar
- 1 pizca de sal
- 200 g de arroz de grano redondo
- 50 g de mantequilla
- 2 o 3 yemas de huevo

❶ Calentar la leche junto con la vainilla o la canela, el azúcar y una pizca de sal. Poner a hervir un litro de agua.

❷ Lavar el arroz y verterlo en el agua hirviendo. Después de 2 minutos, escurrirlo y ponerlo en la leche hirviendo.

❸ Bajar la intensidad del fuego y dejar que el arroz se cueza con la olla tapada, a fuego muy lento, de 30 a 40 minutos.

❹ Añadir la mantequilla y las yemas de huevo, una por una, mezclando bien en cada ocasión.

> **Este arroz con leche puede servirse tibio o frío junto con una crema inglesa, un jarabe de frambuesas o una compota de manzanas.**

■ **Preparación:** 15 min ■ **Cocción:** de 30 a 40 min

> EN ALGUNOS PAÍSES SE LLAMA:
> Mantequilla: *manteca.*

Bavarois de crema

**Para 4 o 6 personas
(700 g, aproximadamente)**

- 2 sobrecitos de gelatina sin sabor
- 1/2 kg de crema inglesa (→ ver pág. 873)
- 200 g de crema batida (→ ver pág. 871)

❶ Comenzar la preparación del bavarois de crema disolviendo los sobrecitos de gelatina en un bol con agua. Luego, poner el bol que contiene la gelatina en un recipiente con hielos.

❷ Preparar la crema inglesa. Verterla en el bol donde se encuentra la gelatina y mezclar bien hasta que adquiera una consistencia espesa.

❸ Preparar la crema batida e incorporarla con mucho cuidado a la crema inglesa previamente espesada. Verter la preparación en un molde para pastel de 22 cm y meterlo durante al menos 3 horas en el refrigerador.

❹ Para desmoldar el bavarois, pasar el fondo del molde por agua caliente y luego colocar el recipiente en que se va a servir sobre el molde y voltearlo rápidamente.

■ **Preparación:** 30 min ■ **Refrigeración:** al menos 3 h

> EN ALGUNOS PAÍSES SE LLAMA:
> Pastel: *cake, queque, torta.* Refrigerador: *heladera, nevera.*

Bavarois de chocolate y vainilla

Para 4 o 6 personas

- *2 sobrecitos de gelatina sin sabor*
- *1/2 kg de crema inglesa (→ ver pág. 873)*
- *200 g de crema batida (→ ver pág. 871)*
- *70 g de chocolate negro (amargo)*
- *2 cucharaditas de extracto de vainilla*

❶ Preparar el bavarois de crema (→ ver pág. 860). Dividirlo en dos porciones iguales.

❷ Derretir el chocolate negro en un baño maría o en el horno de microondas y agregarlo a una de las porciones del bavarois de crema. Mezclar la otra porción con el extracto de vainilla.

❸ Verter el bavarois de crema que contiene el chocolate en un molde para pastel de 22 cm y meterlo en el refrigerador durante 30 minutos.

❹ Completar el molde con el bavarois de vainilla y volverlo a meter en el refrigerador de 3 a 4 horas.

❺ Para desmoldar el bavarois, pasar el fondo del molde por agua caliente y luego colocar la copa o el recipiente en que se va a servir sobre el molde y voltearlo rápidamente.

■ **Preparación:** 40 min ■ **Refrigeración:** de 3 a 4 h

> EN ALGUNOS PAÍSES SE LLAMA:
> Pastel: *cake, queque, torta*. Refrigerador: *heladera, nevera*.

Betún de chocolate

Para 1/2 kg de crema, aproximadamente

- *300 ml de crema fresca*
- *250 g de chocolate negro (amargo)*

❶ Verter la crema fresca en una cacerola de fondo grueso y ponerla a calentar.

❷ Partir el chocolate en pedacitos muy pequeños y derretirlo a baño maría o en el horno de microondas.

❸ Verter la crema muy caliente, poco a poco, sobre el chocolate, mezclando cuidadosamente con una espátula.

❹ Pasar todo el contenido de la cacerola a una ensaladera y poner en el refrigerador.

El betún de chocolate puede utilizarse para cubrir, bañar o glasear un pastel.

■ **Preparación:** 10 min

> EN ALGUNOS PAÍSES SE LLAMA:
> Betún: *cobertura de chocolate*. Crema: *nata*. Pastel: *cake, queque, torta*. Refrigerador: *heladera, nevera*.

Blanc-manger

Para 4 o 6 personas

- *400 ml de jarabe de almendras (→ ver pág. 907)*
- *8 sobrecitos de gelatina sin sabor*
- *150 g de azúcar*
- *60 g de crema batida (→ ver pág. 871)*
- *2 ramitas de menta*

❶ Preparar el jarabe de almendras.

❷ Disolver la gelatina en agua fría.

❸ Calentar un poco el jarabe de almendras. En un bol, verter un cucharón del jarabe, agregarle la gelatina diluida y mezclar bien. Luego, vaciar el contenido del bol en el resto del jarabe de almendras y revolver bien. Añadir el azúcar y mezclar hasta que se haya disuelto por completo.

❹ Colocar esta preparación en una ensaladera y dejarla enfriar.

❺ Preparar la crema batida e incorporarla con mucho cuidado a la preparación ya fría. Verter en un molde para carlota de aproximadamente 18 cm y meterlo en el refrigerador de 4 a 5 horas.

❻ Desmoldar sobre la fuente en que se va a servir. Decorar con las hojitas de menta.

El blanc-manger también puede servirse en flaneras individuales.

■ **Preparación:** 40 min ■ **Refrigeración:** de 4 a 5 h

> En algunos países se llama:
> Refrigerador: *heladera, nevera.*

Bottereaux

Para 40 bottereaux

- *700 g de masa para brioche (→ ver pág. 110)*
- *azúcar glas*
- *aceite*

❶ Preparar la masa para brioche y dejarla reposar durante 1 hora y 30 minutos.

❷ Cuando la masa haya duplicado su volumen, aplanarla con la mano y meterla en el refrigerador durante 1 hora.

❸ Con un rodillo, extender la masa hasta que quede de 5 mm de espesor.

❹ Calentar el aceite.

❺ Con un sacabocados, cortar rombos, triángulos o círculos de masa y sumergirlos en el aceite caliente a una temperatura de 180 °C.

⑥ Cuando los bottereaux estén bien dorados, retirarlos con una espumadera, escurrirlos sobre un papel absorbente y espolvorearlos con el azúcar glas.

■ **Preparación:** 15 min ■ **Reposo:** 2 h 30 min
■ **Cocción:** 5 min

> EN ALGUNOS PAÍSES SE LLAMA:
>
> Azúcar glas: *azúcar de repostería, azúcar glasé, azúcar impalpable.* Refrigerador: *heladera, nevera.* Rodillo: *bolillo, palo de amasar, palote, uslero.*

Budín de arroz

Para 6 u 8 personas

- *250 g de arroz de grano redondo*
- *1 litro de leche*
- *150 g de azúcar granulada*
- *1/2 vaina de vainilla*
- *1 pizca de sal*
- *50 g de mantequilla*
- *8 huevos*
- *pan molido fino*

❶ Precalentar el horno a 220 °C.
❷ Lavar el arroz y sumergirlo durante 3 minutos en agua hirviendo con sal para blanquearlo.
❸ Calentar la leche, agregándole el azúcar, la media vaina de vainilla y una pizca de sal.
❹ Escurrir el arroz y ponerlo en una cacerola que se pueda meter en el horno, luego agregarle la leche caliente y la mantequilla. Revolver y dejar que hierva a fuego lento.
❺ Tapar la cacerola y hornear de 25 a 30 minutos.
❻ Separar las claras y las yemas de huevo. Batir las claras a punto de turrón muy firme.
❼ Sacar la cacerola con el arroz del horno y agregarle las yemas de huevo, una por una, mezclando bien cada vez. Luego, incorporar las claras batidas a punto de turrón.
❽ Disminuir la temperatura del horno a 180 °C.
❾ Engrasar con mantequilla un molde de 22 cm de diámetro, espolvorear el fondo con el pan molido y luego verter la preparación. Poner el molde en un baño maría y después hornear de 30 a 35 minutos.

> Este budín se puede acompañar con una crema inglesa (→ ver pág. 873) o con un jarabe de frutas.
> budín de arroz con chocolate:
> una vez que el arroz con leche haya salido del horno, agregarle 100 g de chocolate negro (amargo) rallado y mezclarlo bien hasta que se derrita con el calor del arroz.

■ **Preparación:** 30 min ■ **Cocción:** de 45 min a 1 h 5 min

> EN ALGUNOS PAÍSES SE LLAMA:
>
> A punto de turrón: *a punto de nieve.* Mantequilla: *manteca.* Pan molido: *pan rallado.*

Budín de Navidad

Para 12 personas, aproximadamente

- *1/2 kg de manteca*
- *125 g de cáscaras de naranja confitadas*
- *125 g de cerezas confitadas*
- *125 g de almendras peladas*
- *2 limones bien lavados*
- *1/2 kg de pasitas*
- *1/2 kg de pasitas de Esmirna*
- *250 g de pasitas de Corinto*
- *1/2 kg de pan molido*
- *125 g de harina*
- *25 g de cuatro especias*
- *25 g de canela*
- *1/2 nuez moscada rallada*
- *300 ml de leche*
- *7 u 8 huevos*
- *60 ml de ron*

❶ Cortar la manteca en pedacitos pequeños.

❷ Picar las cáscaras de naranja y las cerezas confitadas, las almendras y las cáscaras de limón, y mezclarlas en una terrina con todas las pasitas, el pan molido, la harina y todas las especias. Agregar la leche.

❸ Batir los huevos por separado e irlos agregando a la mezcla anterior, uno por uno, mezclando bien cada vez que se incorpora un huevo. Verter el ron y el jugo de dos limones.

❹ Amasar con mucho cuidado hasta obtener una masa homogénea.

❺ Envolver esta masa en una tela limpia enharinada, dándole la forma de una esfera. Cerrar bien la tela con un hilo para cocina y cocer la esfera en agua hirviendo durante 4 horas, aproximadamente. (O bien engrasar ligeramente una terrina redonda, colocar ahí la masa y cerrar bien con una hoja de papel encerado. Amarrar el papel para que la terrina no se abra y colocarla en una olla con agua hasta la mitad de su capacidad. Cocer durante 4 horas.)

❻ Conservar el budín durante al menos 3 semanas en un lugar fresco y seco, sin sacarlo de la tela que lo envuelve o de la terrina.

❼ Al momento de servirlo, calentarlo durante 2 horas a baño maría, luego desmoldarlo, bañarlo con el ron y servirlo flambeado y adornado con una rama de acebo.

Este budín también puede servirse con un "rhum butter": mezclar y batir 250 g de azúcar glas con 125 g de mantequilla hasta que la mezcla se vuelva cremosa y blanca. En ese momento, agregarle un vaso de ron, cucharada por cucharada. Esta salsa se sirve muy fría sobre el budín de Navidad flambeado.

■ **Preparación:** con 3 semanas de anticipación

■ **Cocción:** 4 h ■ **Recalentado:** 2 h

EN ALGUNOS PAÍSES SE LLAMA:

Azúcar glas: *azúcar de repostería, azúcar glasé, azúcar impalpable.* Confitadas: *abrillantadas, cristalizadas, escarchadas, glaseadas.* Manteca: *grasa, grasa de pella.* Mantequilla: *manteca.* Pan molido: *pan rallado.* Pasitas: *pasas, pasas de uva, uvas pasas, uvas secas.*

Budín de pan a la francesa

Para 6 u 8 personas

- *té poco concentrado*
- *50 g de pasitas*
- *125 g de mermelada de chabacano*
- *14 rebanadas de pan brioche duro (del día anterior)*
- *400 ml de leche*
- *4 huevos*
- *100 g de azúcar granulada*
- *60 g de frutas confitadas*
- *60 ml de ron*
- *4 peras en almíbar*
- *300 ml de jarabe de chabacano (→ ver pág. 905)*

❶ Preparar el té y sumergir en él las pasitas para que se esponjen.

❷ Cernir la mermelada de chabacano.

❸ Escurrir las pasitas.

❹ Cortar las rebanadas de pan brioche en cubitos y colocarlos en una ensaladera grande.

❺ Entibiar la leche.

❻ Batir los huevos junto con el azúcar y verter la mezcla encima de los cubitos de pan. Mezclar bien.

❼ Añadir la leche, las pasitas, las frutas confitadas cortadas en cubitos, el ron, una pizca de sal y la mermelada de chabacano. Mezclar bien.

❽ Escurrir las peras en almíbar y cortarlas en rebanadas.

❾ Precalentar el horno a 200 °C.

❿ Engrasar con mantequilla un molde para budín de 18 cm de diámetro (o un molde para pastel de 22 cm) y verter la mitad de la masa. Distribuir en la superficie las rebanadas de pera y cubrir todo con el resto de la masa. Sacudir ligeramente el molde sobre la mesa para homogeneizar la preparación.

⓫ Colocar el budín en una charola y ponerla a baño maría. Primero, esperar a que hierva sobre el fuego de la estufa y luego hornear durante 1 hora.

⓬ Preparar el jarabe de chabacano.

⓭ Colocar el molde en un recipiente con agua fría durante algunos instantes y luego desmoldar el budín en una charola redonda y servir junto con el jarabe de chabacano.

■ **Preparación:** 15 min ■ **Cocción:** 1 h

> **EN ALGUNOS PAÍSES SE LLAMA:**
>
> Chabacano: *albaricoque, damasco*. Charola: *asadera*. Estufa: *cocina* (dispositivo o aparato en el que se hace fuego o produce calor para guisar los alimentos). Frutas confitadas: *frutas abrillantadas, frutas cristalizadas, frutas escarchadas, frutas glaceadas o glaseadas*. Pasitas: *pasas, pasas de uva, uvas pasas, uvas secas*. Pastel: *cake, queque, torta*.

Budín de sémola

Para 6 u 8 personas

- *1 litro de leche*
- *125 g de azúcar granulada*
- *100 g de mantequilla*
- *2 pizcas de sal*
- *250 g de sémola fina*
- *6 yemas de huevo*
- *4 claras de huevo*
- *30 ml de licor de naranja*
- *1 cucharada de sémola para el molde*

❶ Poner a hervir la leche junto con el azúcar, 100 g de mantequilla y una buena pizca de sal. Luego, verter la sémola en forma de lluvia. Mezclar bien con una cuchara de madera y cocer durante 25 minutos a fuego muy bajo. Después, dejar enfriar un poco.

❷ Precalentar el horno a 200 °C.

❸ Romper los huevos separando las claras de las yemas. Batir cuatro claras a punto de turrón muy firme junto con una pizca de sal.

❹ Añadir las yemas de huevo junto con el licor de naranja a la sémola tibia. Mezclar bien, luego agregar las claras de huevo batidas a punto de turrón y revolver nuevamente con mucho cuidado.

❺ Engrasar con mantequilla un molde de corona, espolvorear el fondo con la cucharada de sémola y luego verter la preparación. Poner el molde en un baño maría y después hornear durante 30 minutos: el budín debe quedar un poco elástico al tacto.

❻ Dejar reposar el budín durante 30 minutos, aproximadamente, antes de desmoldarlo.

Este budín puede acompañarse con una crema inglesa (→ ver pág. 873) aromatizada con naranja.

■ **Preparación:** 30 min ■ **Cocción:** 55 min
■ **Reposo:** 30 min

EN ALGUNOS PAÍSES SE LLAMA:
A punto de turrón: *a punto de nieve*. Mantequilla: *manteca*.

Budín escocés

Para 6 u 8 personas

- *200 g de mantequilla*
- *300 ml de leche*
- *1/2 kg de migajón de pan*
- *125 g de azúcar granulada*
- *375 g de pasitas (de Corinto, de Málaga o de Esmirna)*

❶ Suavizar la mantequilla en un baño maría o en el horno de microondas.

❷ Calentar la leche.

❸ Desmoronar el migajón de pan dentro de una ensaladera y verterle la leche. Agregar la mantequilla suavizada, el azúcar, las pasitas y las frutas confitadas, mezclando muy bien cada vez que se añade un ingrediente. Luego, poner los huevos completos, uno por uno, y el ron. Re-

- *175 g de frutas confitadas en cubitos*
- *4 huevos*
- *60 ml de ron*

volver hasta que la masa tenga una consistencia muy homogénea.

❹ Precalentar el horno a 200 °C.

❺ Engrasar con mantequilla un molde de 22 cm de diámetro y colocar en él la masa. Poner el molde en un baño maría y hornearlo durante 1 hora.

> **Este budín puede acompañarse con un sabayón (→ ver pág. 894) perfumado con 50 ml de ron, o bien una crema inglesa (→ ver pág. 873), perfumada con 30 ml de madeira.**

■ **Preparación:** 30 min ■ **Cocción:** 1 h

EN ALGUNOS PAÍSES SE LLAMA:

Frutas confitadas: *frutas abrillantadas, frutas cristalizadas, frutas escarchadas, frutas glaceadas o glaseadas.* Madeira: *madera* (vino dulce elaborado en la isla de Madeira). Mantequilla: *manteca.* Migajón: *borona, miga de pan, morona.* Pasitas: *pasas, pasas de uva, uvas pasas, uvas secas.*

Buñuelos lioneses

Para 25 buñuelos

- *50 g de mantequilla*
- *2 huevos*
- *250 g de harina*
- *30 g de azúcar*
- *1 copita de licor de ron, aguardiente o agua de azahar*
- *aceite*
- *azúcar glas*
- *sal*

❶ Dejar que la mantequilla se suavice. Batir los huevos como para preparar una omelette.

❷ En un recipiente hondo, colocar la harina previamente cernida y formar con ella una fuente. Colocar en el centro la mantequilla suavizada, el azúcar, una pizca grande de sal, los huevos batidos y el ron (o el aguardiente o el agua de azahar). Mezclar bien y amasar un buen rato. Luego, formar una bola con la masa y dejarla reposar durante 3 horas en el refrigerador. Calentar el aceite.

❸ Con un rodillo, extender la masa hasta que quede de 5 mm de espesor. Cortar la masa en tiras de 10 cm de largo por 4 cm de ancho. Con un cuchillo, hacer una incisión de 5 cm en el centro de cada una de las tiras de masa. Insertar una de las extremidades de la masa en la incisión realizada en la tira: de esta manera se forma una especie de nudo.

❹ Sumergir los buñuelos en el aceite caliente a una temperatura de 180 °C, volteándolos solamente una vez. Luego, retirarlos con una espumadera y escurrirlos sobre un papel absorbente.

❺ Colocar los buñuelos en la fuente de servicio y espolvorearlos con el azúcar glas.

■ **Preparación:** 30 min ■ **Reposo:** 3 h ■ **Cocción:** 15 min

> **En algunos países se llama:**
> Azúcar glas: *azúcar de repostería, azúcar glasé, azúcar impalpable*. Mantequilla: *manteca*. Refrigerador: *heladera, nevera*. Rodillo: *bolillo, palo de amasar, palote, uslero*.

Café helado con crema

Para 4 personas

- *4 bolas de helado de café (→ ver pág. 880)*
- *2 tazas de café frío muy concentrado*
- *200 g de crema Chantilly (→ ver pág. 872)*
- *24 granos de café cubiertos de chocolate o un puñado de granillo de chocolate*

❶ Preparar el helado de café (también se puede utilizar un helado comercial).
❷ Preparar la crema Chantilly y ponerla dentro de una manga con una duya acanalada.
❸ Mezclar las bolas de helado con el café frío durante algunos segundos en la batidora, o bien batirlos a mano dentro de una ensaladera, hasta que el helado y el café hayan formado una crema homogénea.
❹ Verter esta crema en vasos grandes. Coronarlos con la crema Chantilly. Decorarlos con los granos de café o con el granillo de chocolate.

■ **Preparación:** 30 min

> **En algunos países se llama:**
> Duya: *boquillas*.

Carlota de chocolate

Para 6 u 8 personas

- *800 g de bavarois de crema (→ ver pág. 860)*
- *330 g de chocolate negro (amargo)*
- *400 g de crema inglesa (→ ver pág. 873)*
- *300 g de galletas suaves y porosas*
- *120 g de azúcar granulada*

❶ Preparar el bavarois de crema.
❷ Derretir 300 g de chocolate en un baño maría a fuego bajo, o bien en el horno de microondas, e incorporarlo al bavarois de crema, mezclando bien. Dejar que se enfríe.
❸ Preparar la crema inglesa y guardarla en el refrigerador.
❹ Poner a hervir el agua junto con el azúcar. Dejar que se enfríen un poco para después agregar el ron o el Grand Marnier.
❺ Embeber cada una de las galletas con este almíbar. Luego, cubrir con ellas el fondo y las paredes de un molde para carlota de 22 cm de diámetro.

- *100 ml de agua*
- *100 ml de ron o Grand Marnier*

❻ Verter con mucho cuidado la crema de chocolate dentro del molde y meterlo en el refrigerador durante 4 horas.

❼ Desmoldar la carlota colocando el molde unos instantes en un recipiente con agua caliente antes de voltearlo sobre una fuente.

❽ Con un cuchillo para verduras, cortar algunos pedacitos del chocolate negro restante y espolvorearlos sobre la carlota. Servir la crema inglesa por separado.

■ **Preparación:** 40 min ■ **Refrigeración:** 4 h

■ **Cocción:** 20 min

> **EN ALGUNOS PAÍSES SE LLAMA:**
> Refrigerador: *heladera, nevera.*

Cassata italiana

Para 8 personas

- *1 litro de helado de vainilla (→ ver pág. 882)*
- *60 g de almendras fileteadas*
- *60 g de frutas confitadas cortadas en cubitos*
- *1 copita de licor de kirsch*
- *400 g de relleno para helado en molde (→ ver pág. 882)*

❶ Preparar el helado de vainilla o bien sacar del congelador un helado comercial de vainilla con 1 hora de anticipación.

❷ En un sartén, tostar las almendras en seco y rápidamente, de manera que queden apenas doradas.

❸ Poner a macerar las frutas confitadas dentro del kirsch.

❹ Preparar el relleno para helado en molde y añadirle las almendras y las frutas confitadas.

❺ Recubrir un molde para carlota de 18 cm de diámetro con el helado de vainilla.

❻ Verter el relleno para helado en molde en el centro del molde y meterlo en el congelador durante 4 horas.

❼ Desmoldar la cassata, colocando el molde unos instantes en un recipiente con agua caliente y volteándolo rápidamente sobre la fuente en que se va a servir.

■ **Preparación:** 30 min ■ **Cocción:** 15 min

■ **Congelación:** 4 h

> **EN ALGUNOS PAÍSES SE LLAMA:**
> Frutas confitadas: *frutas abrillantadas, frutas cristalizadas, frutas escarchadas, frutas glaceadas o glaseadas.*

Crema a la mantequilla

Para 1/2 kg de crema

- *250 g de mantequilla*
- *2 huevos enteros*
- *2 yemas de huevo*
- *1 pizca de sal*
- *140 g de azúcar granulada*
- *el aromatizante elegido: vainilla, chocolate, café, etc.*

❶ Dejar que la mantequilla se suavice y trabajarla con un tenedor hasta que tenga una consistencia cremosa.

❷ Poner los huevos enteros y las yemas de huevo en un recipiente hondo. Agregar una pizca de sal y batir ligeramente.

❸ Preparar el caramelo: poner el azúcar en una cacerola y agregarle medio litro de agua. Dejar que se disuelva a fuego bajo, moviendo la cacerola de adelante hacia atrás para equilibrar el calor.

❹ Una vez que el caramelo esté translúcido y un poco espeso, dejar que hierva durante 2 o 3 minutos hasta que adquiera la consistencia de "petit boulé": mojarse los dedos con agua fría, tomar un poquito de caramelo entre el pulgar y el índice, y volver a remojar los dedos en agua helada; se debe formar una perlita aplanada.

❺ Poco a poco, verter el caramelo hirviendo sobre los huevos batidos, mezclando constantemente con una batidora eléctrica hasta que la preparación se enfríe por completo. Luego, agregarle la mantequilla sin dejar de batir.

❻ Una vez que la crema esté brillante y firme, agregarle el aromatizante elegido: una cucharada de extracto de vainilla o de extracto de café, dos cucharadas de cacao sin azúcar, la misma cantidad de praliné, o de licor (ron, kirsch, Cointreau, etc.). Mezclar bien.

La crema a la mantequilla debe consumirse de inmediato; si se va a consumir posteriormente, se puede conservar en el refrigerador dentro de un recipiente bien tapado.

■ **Preparación:** 25 min ■ **Cocción:** 5 min

> EN ALGUNOS PAÍSES SE LLAMA:
>
> Mantequilla: *manteca.* Praliné: *almendras garapiñadas o garapiñadas.* Refrigerador: *heladera, nevera.*

Crema al chocolate

Para 4 o 6 personas (900 g de crema)

- *100 ml de crema líquida*
- *400 ml de leche*
- *1/2 vaina de vainilla*
- *5 yemas de huevo*
- *80 g de azúcar*
- *200 g de chocolate negro (amargo)*

❶ Verter la crema líquida y la leche en una cacerola, agregar la vaina de vainilla partida y poner a hervir. Retirar del fuego y dejar que los ingredientes se incorporen como si se tratara de una infusión, durante 3 minutos.

❷ Batir las yemas de huevo y el azúcar hasta obtener una mezcla lisa y homogénea.

❸ Retirar la vaina de vainilla de la leche y verter esta última poco a poco sobre la mezcla de huevos sin dejar de batir.

❹ Volver a colocar la crema en la cacerola y dejar que se espese a fuego lento, sin dejar de remover, y sin dejar que hierva. Luego, verterla en un recipiente frío.

❺ Derretir el chocolate a baño maría o en el horno de microondas.

❻ Verter la crema por encima del chocolate, mezclar bien y poner en el refrigerador hasta el momento de servir.

■ **Preparación:** 15 min ■ **Cocción:** 10 min
■ **Refrigeración:** al menos 1 h

> EN ALGUNOS PAÍSES SE LLAMA:
> Crema: *nata*. Refrigerador: *heladera, nevera*.

Crema batida

Para 250 g de crema

- *200 ml de crema líquida*
- *50 ml de leche*

❶ Refrigerar durante 2 horas la crema, la leche y una ensaladera. Deben estar a la misma temperatura antes de empezar a trabajar la crema.

❷ Verter la crema y la leche en la ensaladera y batir enérgicamente con la batidora manual o con la batidora eléctrica a velocidad media. Dejar de batir una vez que la crema esté firme y antes de que se transforme en mantequilla.

❸ Poner la crema en el refrigerador hasta su utilización.

■ **Preparación:** 5 min ■ **Refrigeración:** 2 h antes

> EN ALGUNOS PAÍSES SE LLAMA:
> Crema: *nata*. Crema batida: *nata montada*. Mantequilla: *manteca*. Refrigerador: *heladera, nevera*.

Crema Chantilly

Para 1/2 kg de crema

- *1/2 litro de crema líquida*
- *30 g de azúcar granulada*

❶ Colocar la crema líquida y una ensaladera dentro del refrigerador durante 2 horas. Deben estar a la misma temperatura.

❷ Verter la crema en la ensaladera. Batirla enérgicamente con una batidora manual o con la batidora eléctrica a velocidad media.

❸ Agregar el azúcar, en forma de lluvia, cuando la crema aún esté a punto de turrón pero ya haya comenzado a montar. Dejar de batir a partir del momento en que esté firme. Si se sigue batiendo, dejará de ser crema chantilly para convertirse en mantequilla.

■ **Refrigeración:** 2 h ■ **Preparación:** 10 min

> **EN ALGUNOS PAÍSES SE LLAMA:**
> A punto de turrón: *a punto de nieve.* Crema: *nata.* Mantequilla: *manteca.* Refrigerador: *heladera, nevera.*

Crema Chiboust

Para 1/2 kg de crema

- *2 sobrecitos de gelatina sin sabor*
- *1/2 kg de crema pastelera (→ ver pág. 874)*
- *3 claras de huevo*
- *30 g de azúcar*
- *1 pizca de sal*

❶ Disolver la gelatina en agua fría. Preparar la crema pastelera.

❷ Batir las claras a punto de turrón con una pizca de sal, agregándole el azúcar poco a poco.

❸ Agregar la gelatina en polvo antes de que cuaje, revolviendo bien, a la crema pastelera caliente. Añadir la mitad de las claras batidas a punto de turrón a la misma crema pastelera y luego voltear todo sobre el resto de las claras batidas. Mezclar con mucho cuidado, levantando la cuchara de madera o la espátula para airear la crema.

La crema Chiboust sirve para rellenar choux o éclairs.

■ **Preparación:** 25 min ■ **Cocción:** 10 min

> **EN ALGUNOS PAÍSES SE LLAMA:**
> A punto de turrón: *a punto de nieve.*

Crema espesa perfumada con almendras

Para 1 y 1/2 kg de crema

- *50 g de mantequilla*
- *1 litro de leche*
- *1 cucharada de azúcar a la vainilla*
- *2 huevos completos*
- *3 yemas de huevo*
- *150 g de azúcar granulada*
- *125 g de harina*
- *120 g de almendras en polvo*
- *sal*

❶ Poner a suavizar la mantequilla. Calentar la leche en una cacerola junto con el azúcar a la vainilla.

❷ Batir los huevos completos junto con las yemas de huevo en una terrina. Agregar 110 g de azúcar y una pizca de sal. Batir hasta que la mezcla adquiera un color blancuzco.

❸ Incorporar la harina sin dejar de mezclar, luego verter la leche muy caliente sin dejar de remover.

❹ Verter esta crema en una cacerola y cocerla a fuego bajo hasta que suelte el primer hervor. Retirarla del fuego.

❺ Agregar la mantequilla suavizada con las almendras en polvo y mezclar bien. Espolvorear la crema aún caliente con el resto del azúcar granulada para evitar que se forme una capa mientras se enfría.

■ **Preparación:** 10 min ■ **Cocción:** alrededor de 15 min

EN ALGUNOS PAÍSES SE LLAMA:
Mantequilla: *manteca.*

Crema inglesa

Para 6 personas (1 kg y 300 g de crema)

- *1 litro de leche*
- *1 vaina de vainilla*
- *6 yemas de huevo*
- *150 g de azúcar granulada*

❶ Verter la leche en una cacerola. Partir la vaina de vainilla y agregarla a la leche. Calentar a fuego muy lento hasta que hierva y, una vez que haya soltado el hervor, retirar del fuego y dejar la vainilla en infusión durante 3 minutos.

❷ Poner las yemas de huevo en una terrina. Agregar el azúcar y trabajar la mezcla con una espátula hasta que se vuelva espumosa, lisa y homogénea.

❸ Con una espumadera, retirar la vaina de vainilla de la leche y verter esta última poco a poco sobre la mezcla de azúcar y yemas de huevo, revolviendo enérgicamente.

❹ Colocar esta mezcla en la cacerola y dejar que se espese a fuego muy bajo, sin dejar de remover con una cuchara de madera. No dejar que hierva. La crema estará cocida una vez que la espuma que se formó en la superficie haya desaparecido y cuando la mezcla se pegue a la cuchara.

❺ Verter la crema en un recipiente frío.

La crema inglesa puede perfumarse con extracto de café, con una cáscara de naranja o de limón rallada y dejada en infusión dentro de la leche, o con una o dos cucharadas de caramelo que se agregan a la leche cuando está hirviendo. Si la crema forma grumos, pasarla a un recipiente hondo y batirla enérgicamente.

■ **Preparación:** 10 min ■ **Cocción:** 15 min

Crema pastelera

Para 4 o 6 personas (800 g de crema)

- *50 ml de leche*
- *el aromatizante de su elección: vainilla, café, caramelo, licor, etc.*
- *3 o 4 yemas de huevo*
- *100 g de azúcar*
- *50 g de harina*
- *50 g de mantequilla*

❶ Calentar la leche agregándole el aromatizante escogido.

❷ Batir las yemas de huevo junto con el azúcar hasta que la mezcla adquiera un color blancuzco.

❸ Agregar la harina cernida poco a poco. Verter la leche hirviendo, lentamente, sin dejar de remover.

❹ Pasar esta preparación a una cacerola y cocerla a fuego lento, sin dejar de revolver hasta que suelte el primer hervor.

❺ Retirar la cacerola del fuego y voltear su contenido en una ensaladera. En ese momento agregar la mantequilla en pedacitos pequeños, batiendo enérgicamente.

❻ Poner en el refrigerador hasta el momento de servir.

crema pastelera al chocolate:
rallar una tableta de chocolate (100 g) y agregarla al final de la cocción.

■ **Preparación:** 15 min ■ **Cocción:** 10 min

> EN ALGUNOS PAÍSES SE LLAMA:
> Mantequilla: *manteca.* Refrigerador: *heladera, nevera.*

Crema volteada

Para 4 o 6 personas (1/2 kg de crema)

- *70 g de caramelo (→ ver pág. 1063)*
- *1/2 litro de leche*

❶ Preparar el caramelo y ponerlo en un molde o en flaneras individuales. Inclinar el molde para que el caramelo se distribuya uniformemente por las paredes del mismo.

❷ Calentar la leche junto con la vaina de vainilla.

❸ Preparar una crema inglesa (→ ver pág. 873) con las yemas de huevo y los huevos enteros batidos junto con

- 1 vaina de vainilla
- 2 huevos completos
- 4 yemas de huevo
- 125 g de azúcar

el azúcar y la leche. Verter la crema inglesa en el (o los) molde(s).

❹ Precalentar el horno a 160 °C.

❺ Colocar el molde en un baño maría y hornear de 35 a 40 minutos. La crema está lista una vez que el centro resiste ligeramente a la presión cuando se lo toca con un dedo. Retirar del horno y dejar que se enfríe.

❻ Poner en el refrigerador hasta el momento de servir.

❼ Desmoldar la crema despegándola ligeramente con un cuchillo de los bordes del molde y volteándola sobre la fuente en que se va a servir.

■ **Preparación:** 20 min ■ **Cocción:** de 35 a 40 min

> EN ALGUNOS PAÍSES SE LLAMA:
> Refrigerador: *heladera, nevera.*

Crème brûlée

Para 4 personas

- 1 vaina de vainilla
- 4 yemas de huevo
- 130 g de azúcar granulada
- 200 ml de leche
- 250 ml de crema fresca
- 1 cucharada de licor de naranja

❶ Partir la vaina de vainilla en dos y recuperar las semillas.

❷ Precalentar el horno a 150 °C.

❸ Verter las yemas de huevo en una ensaladera, agregarles 100 g de azúcar y batirlas bien.

❹ Agregar las semillas de vainilla y luego la leche. Batir nuevamente para homogeneizar. Luego, sin dejar de batir, agregar la crema fresca y el licor de naranja.

❺ Distribuir la mezcla en flaneras individuales de porcelana refractaria.

❻ Colocar estos recipientes en el horno y cocer durante 30 minutos.

❼ Dejar que se enfríen completamente y colocar en el refrigerador al menos durante 30 minutos.

❽ Espolvorear la superficie con el resto del azúcar y colocar en la parrilla del horno para caramelizar la parte de arriba. Servir tibio o frío.

■ **Preparación:** 20 min ■ **Cocción:** 30 min
■ **Reposo:** 30 min

> EN ALGUNOS PAÍSES SE LLAMA:
> Crema: *nata.* Refrigerador: *heladera, nevera.*

Crepas con azúcar

Para 10 crepas

- *azúcar granulada*
- *800 g de masa para crepas dulces (→ ver pág. 988)*
- *2 cucharadas de aceite de cacahuate*

❶ Preparar la masa para crepas y dejarla reposar durante 2 horas.

❷ Colocar el aceite de cacahuate en un bol. Calentar un sartén con recubrimiento antiadherente y engrasarlo con un pincel embebido en el aceite.

❸ Poner la fuente de servicio sobre una cacerola con agua hirviendo.

❹ Llenar un cucharón con la masa para crepas y verterla sobre el sartén. Inclinar este último en todas las direcciones para que la masa se distribuya homogéneamente.

❺ Volver a colocar el sartén sobre el fuego de la estufa. Cuando la masa se vuelva opaca, despegarla de los bordes con una espátula y voltear la crepa. Cocer del otro lado alrededor de 1 minuto: la crepa debe tomar un color dorado. Deslizarla sobre la fuente y espolvorearla con azúcar.

❻ Proseguir de esta manera hasta que se acabe toda la masa.

■ **Preparación:** 15 min ■ **Reposo:** 2 h
■ **Cocción:** 30 min

> **EN ALGUNOS PAÍSES SE LLAMA:**
>
> Cacahuate: *cacahuete, maní*. Crepas: *crêpes, panquecas, panqueques, tortitas*. Estufa: *cocina* (dispositivo o aparato en el que se hace fuego o produce calor para guisar los alimentos).

Crepas de Besanzón

Para 5 crepas

- *50 g de harina*
- *150 ml de leche*
- *1 huevo entero*
- *2 yemas de huevo*
- *50 g de azúcar granulada*
- *1 pizca de sal*
- *1 cucharadita de aceite de cacahuate*

❶ Colocar la harina en una ensaladera y formar con ella una fuente. Agregarle la leche, el huevo entero y las yemas de huevo, el azúcar, la sal y el aceite de cacahuate. Mezclar bien todo y luego agregar el kirsch. Dejar que la masa repose durante 1 hora, aproximadamente.

❷ Calentar la mantequilla en un sartén con recubrimiento antiadherente. Luego, verter un poco de masa, distribuirla bien en el sartén, cocer la crepa de un lado, voltearla y dorarla del otro lado.

- *20 ml de kirsch*
- *20 g de mantequilla*

■ **Preparación:** 10 min ■ **Reposo:** 1 h

■ **Cocción:** 10 min

EN ALGUNOS PAÍSES SE LLAMA:

Cacahuate: *cacahuete, maní.* Crepas: *crêpes, panquecas, pan-queques, tortitas.* Mantequilla: *manteca.*

Crepas de los cartujos

Para 6 crepas

- *1/2 kg de masa para crepas dulces (→ ver pág. 988)*
- *50 g de mantequilla suavizada*
- *50 g de azúcar granulada*
- *3 merengues*
- *50 ml de licor de los cartujos (chartreuse) verde*
- *1 naranja bien lavada*
- *6 galletas de almendra*
- *50 ml de coñac*
- *1 cucharada de aceite de cacahuate*
- *azúcar glas*

❶ Preparar la masa para crepas y dejarla reposar duran-te 2 horas. Sacar la mantequilla del refrigerador para que se suavice.

❷ Colocar la mantequilla en una terrina y trabajarla con un tenedor hasta que tenga una consistencia cremosa. Agregar el azúcar granulada y mezclar bien.

❸ Desmoronar con las manos los merengues encima de la terrina. Agregar el licor de los cartujos verde. Rallar la cáscara de naranja encima de la preparación y mezclar.

❹ Picar finamente las galletas de almendra y agregarlas junto con el coñac. Mezclar todo muy bien.

❺ Con un pincel, barnizar con aceite el sartén y cocer las crepas (→ ver crepas con azúcar, pág. 876).

❻ Untar las crepas con la preparación de la terrina y ple-garlas en cuatro.

❼ Colocarlas en platos calientes, espolvorearlas con el azúcar glas y servirlas inmediatamente.

■ **Preparación:** 35 min ■ **Reposo:** 2 h

■ **Cocción:** 20 min

EN ALGUNOS PAÍSES SE LLAMA:

Azúcar glas: *azúcar de repostería, azúcar glasé, azúcar impal-pable.* Cacahuate: *cacahuete, maní.* Crepas: *crêpes, panque-cas, panqueques, tortitas.* Mantequilla: *manteca.* Refrigerador: *heladera, nevera.*

Crepas Suzette

Para 6 crepas

- *2 mandarinas*
- *1/2 kg de masa para crepas dulces (→ ver pág. 988)*
- *2 cucharadas de curaçao*
- *2 cucharadas de aceite de cacahuate*
- *50 g de mantequilla*
- *50 g de azúcar*
- *50 ml de Grand Marnier*

❶ Rallar la cáscara de una de las mandarinas y exprimir el jugo de ambas.

❷ Preparar la masa para crepas agregándole la mitad del jugo de mandarina, una cucharada de curaçao y una cucharada de aceite de cacahuate. Dejar reposar la masa durante 2 horas.

❸ Cortar la mantequilla en pedacitos pequeños y colocarlos en una terrina. Trabajar la mantequilla con el resto del jugo de mandarina y con la otra cucharada de curaçao, la cáscara de mandarina rallada y el azúcar granulada.

❹ Colocar una cucharada de aceite en un bol. Calentar un sartén con recubrimiento antiadherente y barnizarlo con un pincel embebido en el aceite.

❺ Poner la fuente de servicio sobre una cacerola con agua hirviendo.

❻ Llenar un cucharón pequeño con la masa para crepas y verterla sobre el sartén. Inclinar este último en todas las direcciones para que la masa se distribuya homogéneamente. Las crepas deben quedar bastante delgadas.

❼ Añadir una cucharada de la mantequilla perfumada sobre cada crepa. Plegar las crepas en cuatro y colocarlas en un sartén.

❽ Calentar el Grand Marnier, verterlo sobre las crepas y flambear. Servir inmediatamente.

■ **Preparación:** 30 min ■ **Reposo:** 2 h

■ **Cocción:** alrededor de 30 min

> **EN ALGUNOS PAÍSES SE LLAMA:**
>
> Cacahuate: *cacahuete, maní.* Crepas: *crêpes, panquecas, panqueques, tortitas.* Mantequilla: *manteca.*

Croquetas de arroz

Para 4 o 6 personas

- *100 g de frutas confitadas cortadas en cubitos*
- *50 ml de Grand Marnier*

❶ Poner a macerar las frutas confitadas en el Grand Marnier.

❷ Preparar el arroz con leche. Mezclarlo con las frutas confitadas.

❸ Derretir 50 g de mantequilla en una cacerola.

- 1/2 kg de arroz con leche
  (→ ver pág. 860)
- 100 g de mantequilla
- 150 g de gelatina de grosella
  o de frambuesa, o bien de
  mermelada de chabacano

❹ Cubrir una placa para horno con una hoja de papel encerado. Con una espátula, distribuir el arroz con las frutas confitadas, dándole un espesor de 4 a 6 mm. Con un pincel, barnizarlo con mantequilla derretida. Luego, poner la placa en el refrigerador durante 30 minutos.

❺ Cortar el arroz con frutas confitadas en discos o en cuadrados, con un sacabocados o un cuchillo.

❻ En un sartén con recubrimiento antiadherente, calentar el resto de la mantequilla y dorar las croquetas de arroz por ambos lados.

❼ A medida que se van dorando, acomodar las croquetas en la fuente en que se van a servir y decorarlas con una cucharada de gelatina o mermelada.

croquetas de sémola:
proceder de la misma manera, sustituyendo el arroz con leche por sémola con leche (→ ver pág. 894), con o sin las frutas confitadas.

■ **Preparación:** 30 min ■ **Cocción:** 10 min

> **EN ALGUNOS PAÍSES SE LLAMA:**
> Chabacano: *albaricoque, damasco.* Frutas confitadas: *frutas abrillantadas, frutas cristalizadas, frutas escarchadas, frutas glaceadas o glaseadas.* Mantequilla: *manteca.* Refrigerador: *heladera, nevera.*

Dulce de leche

Para 250 ml

- 1 litro de leche
- 300 g de azúcar
- 1/4 de cucharadita de
  bicarbonato de sodio
- 1 cucharadita de esencia de
  vainilla

❶ Hervir en una cacerola de cobre o esmaltada la leche con el azúcar, la esencia de vainilla y la pizca de bicarbonato.

❷ Mantener a fuego muy suave, moviendo de manera constante para evitar que se pegue o queme.

❸ Apartar del fuego cuando adquiera consistencia espesa.

■ **Preparación:** 15 min ■ **Cocción:** 1 h 30 min

Flan

Para 4 o 6 personas

- 75 g de caramelo
  (→ ver pág. 1082)

❶ Preparar el caramelo y calentar la leche junto con el azúcar simultáneamente. Verter el caramelo en la leche caliente.

879

- *1/2 litro de leche*
- *100 g de azúcar*
- *2 huevos completos*
- *4 yemas de huevo*

❷ Precalentar el horno a 200 °C.

❸ Batir los dos huevos completos junto con las cuatro yemas de huevo. Agregar la leche caliente sin dejar de batir.

❹ Verter esta preparación en un molde para soufflé y cocer durante 30 minutos a baño maría en el horno.

■ **Preparación:** 20 min ■ **Cocción:** 30 min

Helado de café

Para 1 litro de helado

- *3 cucharadas de café soluble*
- *1/2 litro de leche fresca entera*
- *6 yemas de huevo*
- *200 g de azúcar granulada*
- *20 g de crema Chantilly (→ ver pág. 872)*

❶ Disolver el café en la leche. Ponerlos a hervir. Colar.

❷ Preparar una crema inglesa (→ ver pág. 873) con la leche con café, las yemas de huevo y el azúcar. Colocarla en una ensaladera y poner esta última sobre un recipiente lleno de hielos. Dejar que se enfríe.

❸ Hacer la crema Chantilly e incorporarla a la crema inglesa, revolviendo delicadamente.

❹ Poner en la máquina para hacer helados.

■ **Preparación:** 15 min ■ **Cocción:** alrededor de 20 min

Helado de caramelo

Para 1 litro de helado

- *400 g de azúcar granulada*
- *1/2 litro de leche fresca entera*
- *100 ml de crema líquida*
- *6 yemas de huevo*

❶ Preparar un caramelo con 200 g de azúcar (→ ver pág. 1082).

❷ Poner a calentar la leche. Verter la crema líquida en el caramelo, mezclar bien e incorporar todo a la leche hirviendo.

❸ Preparar una crema inglesa (→ ver pág. 873) con la leche con caramelo, las yemas de huevo y el resto del azúcar. Colocarla en una ensaladera y luego, poner esta última sobre un recipiente lleno de hielos.

❹ Dejar que se enfríe. Luego, poner en la máquina para hacer helados.

■ **Preparación:** 25 min

> **EN ALGUNOS PAÍSES SE LLAMA:**
> Crema: *nata*.

Helado de chocolate

Para 1 litro de helado

- *150 g de chocolate negro (amargo)*
- *1/2 litro de leche*
- *4 yemas de huevo*
- *100 g de azúcar granulada*

❶ Rallar el chocolate negro, agregarle medio vaso de agua y ponerlo en baño maría o en el microondas para que se derrita.

❷ Calentar la leche, añadirle el chocolate derretido y mezclar bien. Con la leche con chocolate, las yemas de huevo y el azúcar, preparar una crema inglesa (→ ver pág. 873). Luego, verter la crema inglesa en una ensaladera y colocar ésta dentro de un recipiente lleno de hielos.

❸ Dejar que se enfríe bien y luego poner en la máquina para hacer helados.

■ **Preparación:** 20 min

Helado de frutas confitadas

Para 1 litro de helado

- *200 g de frutas confitadas*
- *50 ml de ron*
- *650 ml de crema líquida*
- *100 g de almendras en polvo*
- *1 o 2 gotas de extracto de almendras amargas*
- *700 ml de leche*
- *100 g de azúcar granulada*
- *4 yemas de huevo*

❶ Poner las frutas confitadas a macerar en el ron.

❷ Calentar la crema líquida.

❸ Mezclar las almendras en polvo (y, si se desea, dos gotas de extracto de almendras amargas) con la leche. Añadirle entonces la crema y mezclar bien.

❹ Pasar esta preparación por un cernidor o colador, presionando bien con el reverso de una cuchara para extraer la leche de las almendras.

❺ Preparar una crema inglesa (→ ver pág. 873) con la leche almendrada, el azúcar y las yemas de huevo.

❻ Luego, verter la crema inglesa en una ensaladera y colocar ésta dentro de un recipiente lleno de hielos para que se enfríe.

❼ Agregarle las frutas confitadas que se maceraron en el ron y mezclar bien.

❽ Poner la crema en la máquina para hacer helados.

■ **Preparación:** 25 min

EN ALGUNOS PAÍSES SE LLAMA:

Cernidor: *cedazo, tamiz.* Crema: *nata.* Frutas confitadas: *frutas abrillantadas, frutas cristalizadas, frutas escarchadas, frutas glaceadas o glaseadas.*

Helado de vainilla

Para 1 litro de helado

- *150 ml de leche fresca entera*
- *1/2 litro de crema fresca*
- *1 vaina de vainilla partida y raspada*
- *7 yemas de huevo*
- *150 g de azúcar granulada*

❶ En una olla, poner a hervir la leche y la crema fresca junto con la vaina de vainilla abierta. Una vez alcanzada la ebullición, retirar del fuego y dejar la vainilla en infusión durante 30 minutos. Luego, colarla.

❷ Preparar una crema inglesa con esta mezcla, las yemas de huevo y el azúcar (→ ver pág. 873).

❸ Luego, verter la crema inglesa en una ensaladera y colocar ésta dentro de un recipiente lleno de hielos para que se enfríe más rápidamente.

❹ Dejar que se enfríe bien y luego ponerla en la máquina para hacer helados.

Para resaltar el perfume de este helado de vainilla, se puede dejar la vaina de vainilla en infusión durante una noche entera dentro del refrigerador.

■ **Preparación:** 15 min

> **EN ALGUNOS PAÍSES SE LLAMA:**
> Crema: *nata*. Refrigerador: *heladera, nevera*.

Helado en molde: preparación

Para 6 u 8 personas (1 y 1/2 kg de relleno para el helado en molde)

- *100 g de azúcar*
- *4 yemas de huevo*
- *200 g de crema batida (→ ver pág. 871)*
- *1 litro de helado*

Preparar el relleno del helado en molde:

❶ En una cacerola con 100 ml de agua, disolver el azúcar a fuego bajo. Una vez que el almíbar empiece a hervir, retirarlo del fuego y dejar que se enfríe un poco.

❷ Colocar las yemas de huevo en una ensaladera y ponerla en un baño maría. Después, verter el almíbar encima con mucho cuidado y mezclar bien con un batidor manual. Retirar del fuego y batir hasta que la mezcla esté completamente fría.

❸ Preparar la crema batida e incorporarla delicadamente. Añadir el aromatizante elegido.

Recubrir el molde con helado:

❹ Colocar el recipiente en que se va a preparar el helado en molde durante 1 hora en el congelador para que esté muy frío. Retirar del congelador el helado elegido como recubrimiento para que se ablande. Con una espátula, extender el helado suavizado en el fondo y en las paredes del molde hasta que quede una capa homogénea. Alisarla bien.

❺ Meter el molde durante 1 hora en el congelador.

❻ Verter el relleno para el helado en molde en el centro del recipiente y ponerlo en el congelador de 5 a 6 horas. **Desmoldar el helado:**

❼ Pasar rápidamente el molde bajo un chorro de agua caliente y voltearlo sobre la fuente de servicio.

■ **Preparación:** 15 min ■ **Refrigeración:** 7 h

Helado en molde Chateaubriand

Para 6 u 8 personas

- *1 litro de nieve comercial de chabacano*
- *50 g de chabacanos confitados*
- *50 ml de kirsch*
- *400 g de relleno para helado en molde (→ ver pág. 882)*
- *1 vaina de vainilla*
- *200 ml de crema líquida*
- *50 g de praliné*

❶ Pasar la nieve del congelador al refrigerador para que se suavice.

❷ Cortar los chabacanos en cubitos y ponerlos a macerar en el kirsch.

❸ Elaborar el relleno para helado en molde (→ ver relleno para helado en molde, pág. 882), agregarle la vaina de vainilla partida y raspada al almíbar y luego los cubitos de chabacano junto con el kirsch.

❹ Recubrir con la nieve de chabacano el recipiente (→ ver recubrimiento de helado en molde, pág. 882). Verter el relleno para helado en molde en el centro del recipiente y meterlo en el congelador de 5 a 6 horas.

❺ Batir la crema líquida, agregarle el praliné y ponerla dentro de una manga con duya.

❻ Desmoldar el helado (→ ver desmolde de helado, pág. 883) y decorarlo con la crema batida.

■ **Preparación:** 45 min ■ **Congelación:** de 5 a 6 h

EN ALGUNOS PAÍSES SE LLAMA:

Chabacano: *albaricoque, damasco.* Confitados: *abrillantados, cristalizados, escarchados, glaseados.* Crema: *nata.* Duya: *boquillas.* Praliné: *almendras garapiñadas o garrapiñadas.* Refrigerador: *heladera, nevera.*

Huevos en leche

Para 4 o 6 personas

- *1 litro de leche*
- *125 g de azúcar*
- *1 vaina de vainilla*
- *4 huevos*

❶ Calentar la leche junto con el azúcar y la vaina de vainilla partida y raspada hasta que hierva.

❷ En una ensaladera, batir los huevos como para preparar una omelette.

❸ Precalentar el horno a 200 °C.

❹ Con una espumadera, extraer la vaina de vainilla y agregar poco a poco la leche hirviendo a la ensaladera con los huevos batidos, sin dejar de remover.

❺ Verter esta preparación en una charola para horno o en flaneras individuales. Poner la charola o las flaneras a baño maría y hornear durante 40 minutos. Verificar el grado de cocción, insertando la lámina de un cuchillo: ésta debe salir limpia.

❻ Dejar que se enfríe y luego guardar en el refrigerador.

■ **Preparación:** 20 min ■ **Cocción:** 40 min

> **En algunos países se llama:**
> Charola: *asadera.* Refrigerador: *heladera, nevera.*

Huevos en nieve

Para 6 u 8 personas

- *800 ml de leche*
- *1 vaina de vainilla*
- *8 huevos*
- *1 pizca de sal*
- *290 g de azúcar*
- *100 g de caramelo*
  (→ ver pág. 1082)

❶ Calentar la leche junto con la vaina de vainilla hasta que hierva.

❷ Abrir todos los huevos separando las claras de las yemas. Batir las claras a punto de turrón bien firme junto con una pizca de sal y agregando 40 g de azúcar poco a poco.

❸ Con una cuchara, tomar una porción de las claras de huevo batidas y dejarla caer en la leche hirviendo con la vainilla. Cocerla ahí durante 2 minutos, dándole vuelta con una espumadera y luego escurrirla sobre una servilleta de tela. Continuar así, cucharada por cucharada, hasta que todas las claras estén cocidas.

❹ Preparar una crema inglesa (→ ver pág. 873) con la leche de vainilla, las yemas de huevo y el resto del azúcar (250 g). Luego, verterla en una copa y meterla en el refrigerador para que se enfríe por completo.

❺ Preparar el caramelo.

❻ Colocar las bolitas de clara de huevo cocidas sobre la crema inglesa y verterles encima un chorrito delgado del caramelo caliente. Meter en el refrigerador hasta el momento de servir.

■ **Preparación:** 30 min ■ **Cocción:** 10 min

> **EN ALGUNOS PAÍSES SE LLAMA:**
> A punto de turrón: *a punto de nieve.* Refrigerador: *heladera, nevera.*

Isla flotante

Para 6 u 8 personas

- *800 ml de leche*
- *1 vaina de vainilla*
- *8 huevos*
- *1 pizca de sal*
- *290 g de azúcar*
- *100 g de caramelo (→ ver pág. 1082)*

❶ En una olla, poner a hervir la leche junto con la vaina de vainilla.

❷ Romper los huevos separando las claras de las yemas.

❸ Precalentar el horno a 180 °C.

❹ Batir las claras a punto de turrón bien firme junto con un pizca de sal e ir agregando 40 g de azúcar poco a poco.

❺ Verter esta preparación en un molde de corona de 22 cm de diámetro. Colocar el molde en un baño maría y hornear durante 30 minutos, hasta que la superficie empiece a dorarse. Dejar que se enfríe por completo.

❻ Preparar una crema inglesa (→ ver pág. 873) con la leche de vainilla, las yemas de huevo y el resto del azúcar (250 g).

❼ Luego, verter la crema inglesa en un recipiente (más ancho que el molde de corona) y meterlo en el refrigerador para que se enfríe por completo.

❽ Desmoldar la corona de claras de huevo y colocarla sobre la crema inglesa.

❾ Preparar el caramelo y verterlo hirviendo sobre las claras de huevo.

❿ Dejar la isla flotante en el refrigerador hasta el momento de servirla.

■ **Preparación:** 25 min ■ **Cocción:** 30 min

> **EN ALGUNOS PAÍSES SE LLAMA:**
> A punto de turrón: *a punto de nieve.* Refrigerador: *heladera, nevera.*

Marquesa de chocolate

Para 4 o 6 personas

- 120 g de mantequilla
- 3 huevos
- 200 g de chocolate negro (amargo)
- 80 g de azúcar glas
- 1 pizca de sal

❶ Sacar la mantequilla del refrigerador para que se suavice.

❷ Romper los huevos separando las claras de las yemas.

❸ Partir el chocolate en pedacitos pequeños y ponerlo en un baño maría o en el horno de microondas para que se derrita. Agregar la mantequilla y mezclar bien, luego, incorporar las yemas de huevo y el azúcar glas, batiendo enérgicamente.

❹ Batir las claras a punto de turrón bien firme junto con una pizca de sal e ir agregando la preparación de chocolate con mucho cuidado.

❺ Verter esta preparación en un molde para pastel (o para carlota). Meter la marquesa de chocolate en el refrigerador 12 horas antes de servirla.

■ **Preparación:** 20 min ■ **Cocción:** de 3 a 4 min

■ **Refrigeración:** al menos 12 h

> **EN ALGUNOS PAÍSES SE LLAMA:**
>
> A punto de turrón: *a punto de nieve.* Azúcar glas: *azúcar de repostería, azúcar glasé, azúcar impalpable.* Mantequilla: *manteca.* Pastel: *cake, queque, torta.* Refrigerador: *heladera, nevera.*

Mazapán de sémola

Para 4 o 6 personas

- 150 g de mantequilla
- 175 g de sémola fina de trigo
- 75 g de pasitas
- 30 g de almendras fileteadas
- 2 pizcas de cardamomo en polvo
- 100 g de azúcar
- coco rallado

❶ En un sartén con recubrimiento antiadherente, derretir la mantequilla a fuego lento. Luego, subir un poco la intensidad del fuego, agregar al sartén la sémola en forma de lluvia y freírla en la mantequilla durante 10 minutos, sin dejar de remover con una cuchara de madera.

❷ Bajar el fuego nuevamente y agregar las pasitas, la mitad de las almendras y una buena pizca de cardamomo. Mezclar bien todo, luego añadir 150 ml de agua, volver a mezclar y cocer a fuego lento hasta que toda el agua se haya evaporado.

❸ Agregar el azúcar y continuar la cocción sin dejar de remover hasta que éste se haya disuelto por completo.

❹ Llenar seis bols con esta preparación, espolvorear la superficie de cada uno con el resto de las almendras fileteadas, con una pizca pequeña de cardamomo en polvo y coco rallado. Servir muy caliente.

Las pasitas pueden sustituirse por otras frutas secas como pistaches, avellanas, etc.

■ **Preparación:** 30 min ■ **Cocción:** 20 min

> EN ALGUNOS PAÍSES SE LLAMA:
>
> Mantequilla: *manteca.* Pasitas: *pasas, pasas de uva, uvas pasas, uvas secas.* Pistache: *pistacho.*

Mousse chocolate de leche

Para 4 o 6 personas

- *30 g de mantequilla*
- *3 huevos*
- *1 pizca de sal*
- *200 g de chocolate de leche*

❶ Sacar la mantequilla del refrigerador para que se suavice.

❷ Romper los huevos separando las claras de las yemas. Batir las claras a punto de turrón bien firme junto con una pizca de sal.

❸ Partir el chocolate en pedacitos pequeños y ponerlo en un baño maría o en el horno de microondas para que se derrita.

❹ Una vez fuera del fuego, agregar la mantequilla y mezclar bien. Una vez que la mezcla esté bien lisa, añadir las yemas de huevo e incorporar poco a poco las claras batidas a punto de turrón, revolviendo delicadamente con un movimiento envolvente y siempre en el mismo sentido para no romperlas.

❺ Verter esta preparación en la fuente de servicio y ponerla en el refrigerador al menos durante 3 horas.

■ **Preparación:** 15 min ■ **Refrigeración:** 3 h

> EN ALGUNOS PAÍSES SE LLAMA:
>
> A punto de turrón: *a punto de nieve.* Mantequilla: *manteca.* Refrigerador: *heladera, nevera.*

Nieve con calvados

Para 1/2 litro de nieve

- *200 g de azúcar granulada*
- *300 ml de agua*
- *1 vaina de vainilla*
- *1 limón*
- *1 pizca de canela*
- *3 claras de huevo*
- *4 o 5 copitas de licor de calvados añejo*

❶ Disolver el azúcar granulada en el agua. Agregar la vaina de vainilla partida en dos. Poner a hervir, sin mantener en el fuego demasiado tiempo, hasta obtener un almíbar ligero.

❷ Retirar el almíbar del fuego y extraerle la vainilla. Agregar el jugo de limón y la canela y mezclar bien.

❸ Batir las claras de huevo junto con la pizca de sal a punto de turrón firme y agregarlas delicadamente al almíbar. Verter todo en la máquina para hacer helados.

❹ Una vez que el almíbar comience a cuajar, agregar cuatro o cinco copitas de licor de calvados añejo.

❺ Batir con la batidora manual durante algunos segundos y volver a congelar.

■ **Preparación:** alrededor de 40 min

> **EN ALGUNOS PAÍSES SE LLAMA:**
> A punto de turrón: *a punto de nieve.*

Nieve de chocolate

Para 1 litro de nieve

- *250 g de chocolate negro (amargo)*
- *600 ml de agua*
- *220 g de azúcar granulada*

❶ Rallar la tableta de chocolate.

❷ Poner a hervir el agua junto con el azúcar hasta obtener un almíbar ligero. Agregarle el chocolate rallado y mezclar bien hasta que el chocolate se haya disuelto.

❸ Poner a hervir la mezcla de nuevo. Verterla en una ensaladera, dejarla enfriar y luego colocarla en la máquina para hacer helados.

Esta nieve puede acompañarse con una crema inglesa (→ ver pág. 873) tibia o presentarse en copas con una nieve de menta y de café.

■ **Preparación:** 10 min

Nieve de té

Para 1 litro de nieve

- *2 cucharadas de té de hoja*
- *600 ml de agua*
- *400 g de azúcar granulada*
- *3 limones*

❶ Preparar el té con 600 ml de agua. Colarlo.
❷ Verter el té en una cacerola, recalentarlo a fuego bajo sin dejar que hierva y agregarle el azúcar y el jugo de limón.
❸ Mezclar bien, dejar que se enfríe y luego colocarlo en la máquina para hacer helados.

■ **Preparación:** 15 min

Omelette flambeada

Para 4 personas

- *8 huevos*
- *60 g de azúcar*
- *1 pizca de sal*
- *10 g de mantequilla*
- *150 ml de ron*

❶ Batir los huevos junto con 40 g de azúcar y una pizca pequeña de sal.
❷ En un sartén, derretir la mantequilla y cocer la omelette (→ ver pág. 260), manteniéndola muy suave. Enrollar la omelette en la fuente de servicio y espolvorearla con azúcar.
❸ Calentar el ron y usarlo para flambear la omelette al momento de servir.

También es posible sustituir el ron por armañac, calvados, coñac, whisky o algún licor de frutas.

■ **Preparación:** 5 min ■ **Cocción:** de 10 a 12 min

EN ALGUNOS PAÍSES SE LLAMA:
Mantequilla: *manteca.*

Omelette noruega

Para 6 personas

- *1 litro de helado de vainilla (→ ver pág. 882)*
- *1/2 kg de masa para genovesa (→ ver pág. 991)*
- *300 g de merengue a la francesa (→ ver pág. 991)*

❶ Preparar el helado de vainilla o utilizar un helado comercial de vainilla y meterlo en el refrigerador.
❷ Precalentar el horno a 200 °C.
❸ Preparar la masa para genovesa y llenar con ella una manga con duya lisa de 1 cm de diámetro.
❹ Recubrir una placa para repostería con papel encerado y colocar en él la masa, dándole una forma ovalada (la forma de una omelette). Hornear durante 15 minutos.

- *260 g de azúcar*
- *200 ml de agua*
- *200 ml de Grand Marnier*
- *azúcar glas*

Con la punta de un cuchillo, verificar la cocción y, una vez que esté listo, dejar que se enfríe.

⑤ Elevar la temperatura del horno a 250 °C.

⑥ Preparar el merengue e introducirlo en una manga con duya acanalada de 1 cm de diámetro.

⑦ Preparar el almíbar poniendo a hervir el azúcar en el agua. Luego, dejarlo enfriar y agregarle 100 ml de Grand Marnier.

⑧ Colocar la omelette en una charola para horno ovalada y, con un pincel, barnizarla con el almíbar al Grand Marnier.

⑨ Desmoldar el helado de vainilla y distribuirlo sobre la omelette.

⑩ Cubrir por completo el helado de vainilla y la omelette con la mitad del merengue y alisar bien la superficie del mismo con una espátula de metal. Luego, formar algunos trazos con el resto del merengue en la superficie de la omelette. Finalmente, espolvorear con el azúcar glass.

⑪ Meter la charola en el horno caliente para que el merengue se dore.

⑫ Al último momento, calentar el resto del Grand Marnier (100 ml) en una cacerola pequeña, verterlo sobre la omelette y flambear.

■ **Preparación:** 1 h 30 min ■ **Cocción:** de 15 a 20 min

> **EN ALGUNOS PAÍSES SE LLAMA:**
>
> Azúcar glas: *azúcar de repostería, azúcar glasé, azúcar impalpable.* Charola: *asadera.* Duya: *boquillas.* Refrigerador: *heladera, nevera.*

Orejitas de Montpellier

Para 25 orejitas

- *1 cáscara de naranja bien lavada*
- *250 g de harina*
- *75 g de mantequilla*
- *2 huevos*
- *1/2 cucharada de azúcar*
- *1 copita de licor de ron*
- *3 cucharadas de leche*

❶ Rallar la cáscara de naranja.

❷ En una ensaladera, poner la harina, agregar la mantequilla derretida, los huevos, el azúcar, el ron, la leche y la cáscara de naranja rallada, revolviendo bien cada vez que se incorpore un nuevo ingrediente.

❸ Amasar con mucho cuidado para obtener una masa homogénea y elástica. Luego, formar con ella una bola, envolverla en una película plástica autoadherente y dejarla reposar durante 2 horas.

❹ Calentar el aceite.

- *aceite*
- *azúcar glas*

❺ Extender la masa con un rodillo hasta que quede de aproximadamente 2 mm de espesor y después cortarla con una ruedita acanalada especial para repostería en rectángulos de 5 cm de ancho por 8 cm de largo. Hacer dos incisiones con la ruedita acanalada dentro de cada rectángulo de masa.

❻ Sumergir los rectángulos de masa en el aceite previamente calentado a una temperatura de 180 °C, en cantidades pequeñas: las orejitas se esponjan de inmediato y se doran muy rápido. Luego, escurrirlas, secarlas sobre un papel absorbente y espolvorearlas con azúcar glas.

❼ Acomodar las orejitas en una canasta cubierta con una servilleta de tela blanca.

■ **Preparación:** 15 min ■ **Reposo:** 2 h
■ **Cocción:** de 15 a 20 min

> EN ALGUNOS PAÍSES SE LLAMA:
>
> Azúcar glas: *azúcar de repostería, azúcar glasé, azúcar impalpable*. Mantequilla: *manteca*. Rodillo: *bolillo, palo de amasar, palote, uslero*.

Parfait helado de café

Para 6 personas

- *80 ml de agua*
- *200 g de azúcar granulada*
- *8 yemas de huevo*
- *1 cucharadita de café liofilizado*
- *50 ml de extracto de café*
- *300 g de crema batida (→ ver pág. 871)*

❶ Mezclar el azúcar con el agua y dejar que hierva a 118 °C hasta que adquiera la consistencia de "petit boulé": mojarse los dedos con agua fría, tomar un poquito de almíbar entre el pulgar y el índice y volver a remojar los dedos en agua helada; se debe formar una perlita blanda.

❷ En una ensaladera, poner las yemas de huevo y verterles encima el almíbar hirviendo, poco a poco y sin dejar de revolver. Continuar batiendo hasta que la mezcla se haya enfriado.

❸ Disolver el café liofilizado en una cucharada de agua caliente y agregarlo a las yemas de huevo al igual que el extracto de café. Mezclar bien.

❹ Preparar la crema batida e incorporarla a la crema de café, revolviendo con mucho cuidado.

❺ Verter todo en un molde para parfait (o en un molde para carlota o para soufflé de 16 cm de diámetro) y ponerlo en el congelador durante 6 horas.

❻ Desmoldar, colocando el molde en un recipiente con agua caliente antes de voltear el helado sobre la fuente en que se vaya a servir.

parfait de chocolate:
agregar a las yemas de huevo batidas una tableta de 200 g de chocolate comestible, previamente derretido a baño maría o en el horno de microondas.

parfait de praliné:
agregar 150 g de praliné en polvo a las yemas de huevo batidas.

■ **Preparación:** 30 min ■ **Congelación:** 6 h

> EN ALGUNOS PAÍSES SE LLAMA:
> Praliné: *almendras garapiñadas o garrapiñadas.*

Pastel bretón

Para 6 u 8 personas

- *1 bol de té tibio poco concentrado*
- *125 g de pasitas de Corinto*
- *400 g de ciruelas pasas*
- *4 huevos*
- *250 g de harina*
- *1 pizca de sal*
- *20 g de azúcar granulada*
- *400 ml de leche*
- *azúcar glas*

❶ Preparar el té y poner las pasitas de Corinto y las ciruelas pasas a esponjar en el bol que lo contiene durante alrededor de 1 hora. Luego, escurrirlas.

❷ Deshuesar las ciruelas pasas.

❸ Precalentar el horno a 200 °C.

❹ Batir los huevos como para hacer una omelette.

❺ Colocar la harina en una ensaladera grande, agregar la sal y el azúcar granulada. Luego verter los huevos batidos, la leche y mezclar bien. Finalmente, añadir las pasitas y las ciruelas pasas y revolver hasta que la masa tenga una consistencia muy homogénea.

❻ Engrasar con mantequilla un molde de 24 cm de diámetro. Verter la masa en él y hornear durante 1 hora: la superficie del pastel debe quedar muy oscura. Espolvorear con el azúcar glas.

■ **Preparación:** 1 h + 15 min ■ **Cocción:** 1 h

> EN ALGUNOS PAÍSES SE LLAMA:
> Azúcar glas: *azúcar de repostería, azúcar glasé, azúcar impalpable.* Deshuesar: *descarozar.* Mantequilla: *manteca.* Pasitas: *pasas, pasas de uva, uvas pasas, uvas secas.* Pastel: *cake, queque, torta.*

Pastel de arroz al caramelo

Para 4 o 6 personas

- *400 g de arroz con leche (→ ver pág. 860)*
- *3 huevos*
- *175 g de azúcar granulada*
- *1 pizca de sal*

Para el caramelo

- *100 g de azúcar*
- *1/2 limón*

❶ Preparar el arroz con leche.

❷ Romper los huevos separando las claras de las yemas. Retirar la vaina de vainilla del arroz con leche y agregarle el azúcar y las yemas de huevo mezclando bien.

❸ Batir las claras de huevo con la pizca de sal a punto de turrón muy firme. Luego, incorporarlas poco a poco al arroz. Precalentar el horno a 200 °C.

❹ En una cacerola grande, preparar un caramelo (→ ver pág. 1082) mezclando el azúcar, el jugo de limón y una cucharada de agua. Verter inmediatamente la mitad del caramelo en un molde para carlota de 20 cm de diámetro, girando el mismo en todas las direcciones para que el caramelo se distribuya de manera uniforme tanto en el fondo como en los bordes. Reservar la mitad restante de caramelo.

❺ Poner el arroz con leche en el molde compactándolo muy bien y colocarlo en un baño maría. Ponerlo a hervir sobre el fuego de la estufa y luego hornearlo durante 45 minutos.

❻ Dejar que se enfríe y luego desmoldarlo sobre la fuente en que se va a servir. Disolver el caramelo que se había reservado con un poco de agua caliente y usarlo para bañar el pastel de arroz.

■ **Preparación:** 30 min ■ **Cocción:** 45 min

> **EN ALGUNOS PAÍSES SE LLAMA:**
>
> A punto de turrón: *a punto de nieve*. Estufa: *cocina* (dispositivo o aparato en el que se hace fuego o produce calor para guisar los alimentos). Pastel: *cake, queque, torta*.

Pastel de frutas secas

Para 6 u 8 personas

- *8 ciruelas pasas*
- *100 ml de ron*
- *100 g de pasitas*
- *4 chabacanos deshidratados*
- *4 huevos*
- *100 g de azúcar granulada*

❶ Deshuesar las ciruelas y ponerlas a macerar en el ron junto con las pasitas y los chabacanos cortados en pedacitos pequeños durante al menos 3 horas, aunque lo mejor es que la maceración se extienda hasta 12 horas. Precalentar el horno a 220 °C.

❷ Batir los huevos completos y el azúcar en una terrina hasta que la mezcla adquiera una consistencia muy espumosa.

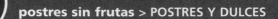

- *100 g de harina*
- *1 pizca de sal*
- *1 litro de leche*
- *40 g de mantequilla*

❸ Agregar poco a poco la harina mezclada con la sal, revolviendo muy bien. Diluir con la leche sin dejar de revolver. Añadir las frutas secas maceradas y el ron.

❹ Engrasar con mantequilla una charola para gratín de 24 cm de ancho y verter en ella la masa. Espolvorear la superficie con pedacitos de mantequilla. Hornear durante 30 minutos. Servir tibio.

■ **Preparación:** 20 min ■ **Maceración:** de 3 a 12 h
■ **Cocción:** 30 min

> **EN ALGUNOS PAÍSES SE LLAMA:**
>
> Chabacano: *albaricoque, damasco.* Charola: *asadera.* Deshuesar: *descarozar.* Mantequilla: *manteca.* Pasitas: *pasas, pasas de uva, uvas pasas, uvas secas.* Pastel: *cake, queque, torta.*

Sabayón

Para 4 o 6 personas

- *6 yemas de huevo*
- *150 g de azúcar*
- *250 ml de vino blanco o champaña*
- *1 cáscara de limón bien lavada*

❶ Calentar el agua en una cacerola.

❷ En otra cacerola, mezclar las yemas de huevo, el azúcar, el vino o la champaña y la cáscara de limón.

❸ Colocar esta segunda cacerola sobre la cacerola de agua hirviendo y batir la mezcla de yemas, azúcar y vino enérgicamente, hasta que se vuelva espumosa y duplique su volumen.

❹ Batir durante 30 segundos más, luego extraer la cáscara de limón con una espumadera y servir de inmediato.

El sabayón puede presentarse en copas, acompañado de galletas secas o de frutas frescas.

■ **Preparación:** 15 min ■ **Cocción:** de 2 a 3 min

Sémola con leche

Para 4 o 6 personas
(alrededor de 1 y 1/2 kg)

- *1 litro de leche*
- *150 g de azúcar*

❶ Precalentar el horno a 180 °C.

❷ Calentar la leche junto con el azúcar, la sal y la vaina de vainilla abierta. Cuando suelte el hervor, verter la sémola en forma de lluvia, revolver, luego agregar la mantequilla y mezclar bien.

- 1 pizca de sal
- 1 vaina de vainilla
- 250 g de sémola
- 75 o 100 g de mantequilla

❸ Distribuir la sémola en una charola para gratín, cubrirla con una hoja de papel aluminio o encerado engrasado con mantequilla y hornear durante 30 minutos.

> A la sémola con leche se le pueden agregar pasitas, frutas confitadas cortadas en cubitos, ciruelas o chabacanos secos macerados con anterioridad en un bol de té.

■ **Preparación:** 10 min ■ **Cocción:** 30 min

> EN ALGUNOS PAÍSES SE LLAMA:
> Chabacano: *albaricoque, damasco.* Charola: *asadera.* Frutas confitadas: *frutas abrillantadas, frutas cristalizadas, frutas escarchadas, frutas glaseadas o glaseadas.* Mantequilla: *manteca.* Pasitas: *pasas, pasas de uva, uvas pasas, uvas secas.*

Soufflé al Grand Marnier

Para 6 personas

- 250 ml de leche
- 70 g de azúcar
- 70 g de mantequilla
- 50 g de harina
- 1 cucharada de azúcar a la vainilla
- 3 huevos
- 1 copita de licor de Grand Marnier

❶ Calentar la leche junto con 40 g de azúcar.
❷ En una cacerola grande, derretir la mantequilla. Cuando comience a esponjarse, colocar la harina. Mezclar bien y agregar el azúcar a la vainilla, luego, verter la leche azucarada hirviendo de una sola vez. Poner a hervir, luego reducir el fuego y cocer durante 8 minutos sin dejar de remover para que se evapore el líquido contenido en la masa.
❸ Romper los huevos separando las claras de las yemas.
❹ Una vez fuera del fuego, incorporar las yemas junto con el Grand Marnier. Precalentar el horno a 200 °C.
❺ Batir las claras de huevo a punto de turrón y agregarlas a la masa revolviendo la mezcla con un movimiento envolvente.
❻ Engrasar con mantequilla y espolvorear con azúcar un molde para soufflé de 18 cm de diámetro. Verter la preparación en el molde y hornear durante 20 minutos. Servir inmediatamente.

■ **Preparación:** 15 min ■ **Cocción:** alrededor de 30 min

> EN ALGUNOS PAÍSES SE LLAMA:
> A punto de turrón: *a punto de nieve.* Mantequilla: *manteca.*

Soufflé de chocolate

Para 6 personas

- 200 g de chocolate negro (amargo)
- 6 huevos
- 40 g de fécula de maíz
- 120 g de azúcar granulada
- 1 cucharada de azúcar a la vainilla
- 15 g de mantequilla
- azúcar glas

❶ Partir la tableta de chocolate en pedacitos. Ponerlos en una cacerola con fondo grueso junto con una cucharada de agua y derretirlos a baño maría o en el horno de microondas.

❷ Romper los huevos, separando las yemas de las claras. Cernir la fécula de maíz y mezclarla con 60 g del azúcar granulada.

❸ Incorporar al chocolate derretido las yemas de huevo de dos en dos; luego, añadir el azúcar a la vainilla y finalmente la mezcla de fécula de maíz con azúcar.

❹ Precalentar el horno a 220 °C.

❺ Batir las claras de huevo a punto de turrón muy firme. Agregarles 50 g de azúcar granulada. Incorporar las claras batidas a la preparación de chocolate, revolviendo la mezcla con un movimiento envolvente aunque sin batir demasiado.

❻ Engrasar con mantequilla un molde para soufflé de 16 cm de diámetro y espolvorearlo con 10 g de azúcar. Verter la preparación en el molde y hornear de 25 a 30 minutos. Retirar el soufflé del horno, espolvorear con azúcar glas y servir.

■ **Preparación:** 30 min ■ **Cocción:** alrededor de 30 min

> **EN ALGUNOS PAÍSES SE LLAMA:**
>
> A punto de turrón: *a punto de nieve*. Azúcar glas: *azúcar de repostería, azúcar glasé, azúcar impalpable*. Fécula de maíz: *almidón de maíz, maicena*. Mantequilla: *manteca*.

Soufflé de la embajadora

Para 6 u 8 personas

- 80 g de almendras fileteadas
- 30 ml de ron
- 8 galletas de almendra
- 800 g de crema pastelera (→ ver pág. 874)
- 1 cucharadita de extracto de vainilla

❶ Macerar las almendras en el ron durante 15 minutos.

❷ Picar con un cuchillo las galletas de almendra.

❸ Preparar la crema pastelera agregándole el extracto de vainilla, las galletas trituradas y las almendras fileteadas maceradas en ron. Mezclar con mucho cuidado.

❹ Precalentar el horno a 200 °C.

❺ Batir las claras de huevo a punto de turrón muy firme e incorporarlas a la crema pastelera.

- *12 claras de huevo*
- *10 g de mantequilla*

❻ Engrasar con mantequilla un molde para soufflé, verter en él la preparación y hornear. Al cabo de 5 minutos, reducir la temperatura del horno a 180 °C y cocer durante 25 minutos más.

■ **Preparación:** 40 min ■ **Cocción:** 30 min

> **EN ALGUNOS PAÍSES SE LLAMA:**
> A punto de turrón: *a punto de nieve.* Mantequilla: *manteca.*

Suspiro de monja

Para 30 suspiros de monja

- *300 g de masa dulce para choux (→ ver pág. 987)*
- *aceite*
- *azúcar glas*

❶ Preparar la masa dulce para choux.
❷ Calentar el aceite a 170 o 180 °C.
❸ Con una cucharita, tomar un poco de masa y sumergirla en el aceite caliente. Poner así unas diez cucharaditas a la vez y voltearlas para que se doren bien por todos lados. Después de 2 o 3 minutos de cocción, extraer las bolitas de masa fritas con una espumadera y escurrirlas sobre un papel absorbente. Continuar con este procedimiento hasta que se termine la masa.
❹ Colocar las bolitas fritas sobre la fuente en que se van a servir y espolvorearlas con el azúcar glas justo antes de servirlas.

choux almendrados en buñuelos:
agregar 50 g de almendras fileteadas a la masa dulce para choux. Servir los choux almendrados tibios con un jarabe de frutas.

■ **Preparación:** 15 min ■ **Cocción:** de 25 a 30 min

> **EN ALGUNOS PAÍSES SE LLAMA:**
> Azúcar glas: *azúcar de repostería, azúcar glasé, azúcar impalpable.*

Suspiros de limeña

Para 8 personas

- *1 lata de leche evaporada*
- *1 lata de leche condensada*
- *8 yemas de huevo*

❶ Mezclar las dos leches en una olla pesada y colocarlo a fuego bajo, revolver continuamente con una cuchara de madera hasta que la mezcla esté chiclosa y la cuchara deje marcas en el fondo de la olla, aproximadamente 1 hora.

- 1 taza de vino dulce
- 1 y 1/2 taza de azúcar granulada
- 4 claras
- canela en polvo

❷ Retirar del fuego e incorporarle las yemas de huevo de una en una sin dejar de mezclar.

❸ Dejar enfriar esta mezcla y colocarla en copas individuales.

❹ Mezclar el azúcar y el vino en una olla pequeña. Hervir hasta que el caramelo tome forma.

❺ Batir las claras de huevo a punto de nieve. Continuar batiendo, añadir el caramelo en un hilo fino hasta obtener un merengue firme.

❻ Decorar las copas con el merengue y espolvorear la canela.

■ **Preparación:** 30 min ■ **Cocción:** 70 min

Tapioca con leche

Para 4 o 6 personas

- 1 litro de leche
- 1 pizca de sal
- 20 g de azúcar
- 1 vaina de vainilla o 1/2 cucharadita de agua de azahar
- 80 g de tapioca

❶ Poner a hervir la leche con una pizca de sal, el azúcar y la vainilla o el agua de azahar.

❷ Verter la tapioca en forma de lluvia. Mezclar bien y cocer durante 10 minutos revolviendo frecuentemente con una cuchara de madera.

❸ Retirar la vaina de vainilla. Servir esta crema caliente o completamente fría.

A esta tapioca se le pueden agregar **pasitas** o **frutas confitadas.**

■ **Preparación:** 10 min ■ **Cocción:** 10 min

> EN ALGUNOS PAÍSES SE LLAMA:
>
> Frutas confitadas: *frutas abrillantadas, frutas cristalizadas, frutas escarchadas, frutas glaceadas o glaseadas.* Pasitas: *pasas, pasas de uva, uvas pasas, uvas secas.*

Tiramisú

Para 6 u 8 personas

- 200 ml de café muy concentrado
- 8 huevos
- 160 g de azúcar granulada

❶ Preparar el café.

❷ Romper los huevos separando las claras de las yemas.

❸ Mezclar el azúcar con el agua y derretirla a fuego bajo. Una vez que el almíbar esté translúcido, dejar que hierva durante 2 o 3 minutos hasta que una gota del almíbar, al sumergirse en agua fría, forme una bolita blanda.

- *1/2 litro de agua*
- *1 kg de queso mascarpone*
- *250 g de galletas suaves y porosas*
- *80 ml de marsala*
- *cacao sin azúcar*

❹ Verter el almíbar sobre las claras de huevo batiendo sin parar hasta que se enfríe por completo.

❺ Poner el queso mascarpone en una ensaladera y mezclarlo con las yemas de huevo. Luego, agregarle las claras batidas con el almíbar.

❻ Remojar la mitad de las galletas en el café, acomodarlas en una charola para gratín y bañarlas con el marsala. Cubrir con la mitad de la crema al mascarpone. Colocar una nueva capa de galletas embebidas en café y la crema al mascarpone restante.

❼ Meter la charola en el refrigerador durante al menos 2 horas.

❽ Espolvorear con el cacao sin azúcar antes de servir.

■ **Preparación:** 30 min ■ **Refrigeración:** 2 h

EN ALGUNOS PAÍSES SE LLAMA:
Charola: *asadera.* Marsala: vino dulce elaborado en Sicilia. Refrigerador: *heladera, nevera.*

Tostadas de brioche

Para 4 o 6 personas

- *1/2 litro de leche*
- *100 g de azúcar*
- *1/2 vaina de vainilla*
- *250 g de pan brioche duro (del día anterior)*
- *2 huevos*
- *100 g de mantequilla*
- *azúcar glas*
- *canela en polvo*

❶ Poner a calentar la leche con 80 g de azúcar y la vaina de vainilla abierta. Una vez alcanzada la ebullición, retirar del fuego, dejarla en infusión y luego enfriar.

❷ Cortar el pan brioche en rebanadas bastante gruesas.

❸ Batir los huevos como para hacer una omelette junto con el resto del azúcar (20 g).

❹ Sumergir rápidamente cada rebanada de brioche en la leche ya fría y luego pasarla por los huevos batidos con el azúcar.

❺ En un sartén grande, calentar la mantequilla y sofreír las rebanadas de brioche por todos sus lados hasta que estén bien doradas.

❻ Acomodar las rebanadas de pan en la fuente en que se van a servir y espolvorearlas con azúcar glas y canela en polvo.

■ **Preparación:** 20 min ■ **Cocción:** 5 min

EN ALGUNOS PAÍSES SE LLAMA:
Azúcar glas: *azúcar de repostería, azúcar glasé, azúcar impalpable.* Mantequilla: *manteca.*

Vacherin helado

Para 6 u 8 personas

- *1 litro de helado de vainilla (→ ver pág. 882)*
- *300 g de merengue a la francesa (→ ver pág. 991)*
- *200 g de crema Chantilly (→ ver pág. 872)*

Para decorar

- *250 g de fresas*
- *300 g de frambuesas*

❶ Preparar el helado de vainilla (también puede utilizarse un helado comercial).

❷ Precalentar el horno a 120 °C.

❸ Preparar el merengue, ponerlo en una manga con duya de 1 cm.

❹ Sobre una placa (o dos) cubierta con papel encerado, sacar en forma de espiral dos conchillas de 20 cm de diámetro y 16 conchillas de 8 cm de largo y 3 cm de ancho.

❺ Hornear durante 1 hora a 120 °C, y luego cocer durante 3 horas más a 100 °C. Dejar que se enfríen por completo.

❻ Colocar el primer disco de merengue en un círculo de 22 cm de diámetro y 6 cm de altura y cubrirlo con todo el helado de vainilla. Ponerle encima el segundo disco de merengue y meter en el refrigerador durante 2 horas.

❼ Preparar la crema Chantilly y colocarla en una manga con duya acanalada.

❽ Retirar el merengue del refrigerador y esperar de 3 a 5 minutos.

❾ Retirar el círculo. Hacer una corona de crema Chantilly en los bordes del merengue y colocarle los merenguitos más pequeños. Hacer otra corona de crema Chantilly en forma de rosetón por encima y volver a poner en el refrigerador durante 30 minutos.

❿ Lavar rápidamente las fresas y escurrirlas. Seleccionar las mejores frambuesas. Decorar el centro del merengue con las frutas al momento de servir.

Este postre se puede preparar con un helado distinto o con una nieve y se puede decorar con chispas de chocolate o con frutas confitadas.

■ **Preparación:** 1 h ■ **Congelación:** 2 h 30 min
■ **Cocción:** 1 h + 3 h

EN ALGUNOS PAÍSES SE LLAMA:

Duya: *boquillas.* Fresa(s): *fresón, frutillas, madroncillo.* Frutas confitadas: *frutas abrillantadas, frutas cristalizadas, frutas escarchadas, frutas glaceadas o glaseadas.* Refrigerador: *heladera, nevera.*

POSTRES CON FRUTAS

Siempre se deben escoger frutas maduras. Esta sugerencia es válida también cuando se van a hacer mermeladas. Leer muy bien las etiquetas que especifican la categoría y la procedencia, y considerar la variedad sugerida en cada receta. En cuanto a los cítricos, adquirirlos sin ningún tipo de pesticida o lavarlos muy bien si es que se va a utilizar la cáscara de los mismos. Por último, en los establecimientos comerciales se consigue cualquier tipo de frutas congeladas de excelente calidad.

Chabacanos

Carlota de chabacanos

Para 6 u 8 personas

- *100 g de frutas confitadas partidas en cubitos*
- *100 g de pasitas*
- *100 ml de ron*
- *140 g de azúcar*
- *2 sobrecitos de gelatina sin sabor*
- *1 lata grande de chabacanos en almíbar*
- *1 limón*
- *36 galletas suaves y porosas*

❶ Poner a macerar en 60 ml de ron las frutas confitadas y las pasitas.

❷ En una cacerola, colocar 40 g de azúcar y 100 ml de agua y ponerlos a hervir. Dejar que el almíbar se enfríe un poco fuera del fuego y agregarle el resto del ron.

❸ Disolver la gelatina en agua fría.

❹ Escurrir los chabacanos (recuperando el almíbar que suelten) y molerlos en la licuadora o con el pasapuré.

❺ Añadir el jugo de limón, el almíbar de los chabacanos y el resto del azúcar. En un bol, colocar tres cucharadas de este puré. Mezclarle la gelatina diluida y luego verter todo en el resto del puré y volver a mezclar bien.

❻ Escurrir las pasitas y las frutas confitadas.

❼ Remojar las galletas en el almíbar al ron, una por una, y cubrir con ellas el fondo de un molde cuadrado de 22 cm de lado. Distribuir encima de las galletas una capa de frutas confitadas y de pasitas, luego una capa de puré de chabacano y finalmente una capa de galletas embebidas en ron. Seguir con capas alternadas hasta terminar con una capa de galletas.

❽ Colocar la carlota en el refrigerador durante 24 horas.

❾ Desmoldar la carlota y bañarla con el resto del puré de chabacano.

■ **Preparación:** 30 min ■ **Refrigeración:** 24 h

> **EN ALGUNOS PAÍSES SE LLAMA:**
>
> Chabacano: *albaricoque, damasco*. Frutas confitadas: *frutas abrillantadas, frutas cristalizadas, frutas escarchadas, frutas glaceadas o glaseadas*. Pasapuré: *machacador, pisapapas, pisapuré*. Pasitas: *pasas, pasas de uva, uvas pasas, uvas secas*. Refrigerador: *heladera, nevera*.

Chabacanos Bourdaloue

Para 6 u 8 personas

- *600 g de sémola con leche (→ ver pág. 894)*
- *1/2 kg de chabacanos frescos (o en almíbar) de los cuales 8 deben ser grandes*
- *700 g de azúcar*
- *50 ml de kirsch*
- *1 vaina de vainilla*
- *2 galletas de almendra*

❶ Preparar la sémola con leche. Colocar dos terceras partes de la misma en una charola para gratín de 24 cm.

❷ Deshuesar los chabacanos. Reservar los ocho chabacanos grandes abiertos a la mitad cuidadosamente. Cortar los demás chabacanos en pedacitos y molerlos en la licuadora o en el pasapuré.

❸ Mezclar 200 ml de agua con 50 g de azúcar. Calentar para que el azúcar se disuelva bien, agregar el puré de chabacanos y dejar que hierva durante 5 minutos revolviendo constantemente con una cuchara de madera.

❹ Pasar este puré por el cernidor (o un colador fino), agregarle el kirsch y mantener esta salsa caliente.

❺ Precalentar el horno a 230 °C.

❻ Verter medio litro de agua en una cacerola, agregarle la vaina de vainilla abierta a la mitad y el resto del azúcar (reservar una cucharada de esta última), poner a hervir y, una vez alcanzada la ebullición, bajar la intensidad del fuego.

❼ Hervir durante 10 minutos en este almíbar las mitades de chabacano que se habían apartado. Escurrirlas y secarlas. (Guardar el almíbar para otra ocasión.)

❽ Picar las galletas de almendra con el cuchillo.

❾ Acomodar las mitades de chabacano sobre la superficie de la sémola con leche, cubrirlas con el resto de la sémola con leche y espolvorearlas con los pedacitos de galleta machacados y con azúcar. Hornear de 7 a 10 minutos.

❿ Servir la salsa de chabacano por separado.

Este postre Bourdaloue también puede realizarse con peras o con duraznos, e incluso con plátanos. También pueden utilizarse frutas en almíbar.

■ **Preparación:** 40 min ■ **Cocción:** de 7 a 10 min

EN ALGUNOS PAÍSES SE LLAMA:

Cernidor: *cedazo, tamiz.* Chabacano: *albaricoque, damasco.* Charola: *asadera.* Deshuesar: *descarozar.* Durazno: *melocotón.* Pasapuré: *machacador, pisapapas, pisapuré.* Plátano: *banana, cambur.*

Chabacanos confitados en aguardiente

Para 1 frasco de 1 y 1/2 litro

- *1 kg de chabacanos*
- *1/2 kg de azúcar*
- *700 ml de aguardiente*
- *1 vaina de vainilla*

❶ Lavar y deshuesar los chabacanos. En una cacerola, poner a hervir agua y sumergir en ella los chabacanos durante 5 minutos. Posteriormente, escurrirlos.

❷ En la cacerola, mezclar un litro de agua con el azúcar y poner a hervir. Meter los chabacanos en el almíbar hirviendo durante 2 minutos y luego colocar todo en una ensaladera. Dejar que los chabacanos se maceren en este almíbar durante 2 días.

❸ Escurrir los chabacanos y colocarlos en un frasco. Cubrirlos con aguardiente y completar con el almíbar. Añadir la vaina de vainilla. Cerrar el frasco y voltearlo una o dos veces para que se mezclen los líquidos.

❹ Guardar durante 1 mes en un lugar fresco y seco, al abrigo de la luz, antes de consumir.

■ **Preparación:** 10 min ■ **Maceración:** 2 días

> En algunos países se llama:
> Chabacano: *albaricoque, damasco*. Confitados: *abrillantados, cristalizados, escarchados, glaseados*. Deshuesar: *descarozar*.

Chabacanos en almíbar

Para 1 frasco de 1 y 1/2 litro

- *1 kg de chabacanos*
- *1/2 kg de azúcar granulada*

❶ Lavar y deshuesar los chabacanos y colocarlos en una ensaladera.

❷ En una cacerola, poner a hervir un litro de agua junto con el azúcar. Cubrir los chabacanos con el almíbar resultante. Dejar que los chabacanos se maceren en este almíbar durante 3 horas.

❸ Escurrir los chabacanos y colocarlos en un frasco. Poner a hervir el almíbar durante 1 o 2 minutos y verterlo sobre los chabacanos. Cerrar el frasco inmediatamente.

❹ Esterilizar el frasco sumergiéndolo durante 10 minutos en una olla muy grande con agua hirviendo.

■ **Preparación:** 30 min ■ **Maceración:** 3 h
■ **Cocción:** de 15 a 20 min

> En algunos países se llama:
> Chabacano: *albaricoque, damasco*. Deshuesar: *descarozar*.

Compota de chabacano

Para 4 o 6 personas

- 700 g de chabacanos
- 75 g de azúcar granulada
- 3 sobrecitos de gelatina sin sabor
- 20 ml de aguardiente de chabacano

❶ Lavar y deshuesar los chabacanos. Molerlos en la licuadora o con el pasapuré. Agregar el azúcar al puré y mezclar bien.

❷ Disolver en agua la gelatina sin sabor. Poner una cuarta parte del puré de chabacano en una cacerola, agregarle el aguardiente de chabacano y la gelatina disuelta. Calentar todo a fuego lento mezclando bien para que la gelatina se incorpore.

❸ Mezclar esta preparación con el resto del puré de chabacano, batiendo enérgicamente. Meter en el refrigerador hasta el momento de servir.

■ **Preparación:** 10 min ■ **Cocción:** 2 min

> **EN ALGUNOS PAÍSES SE LLAMA:**
>
> Chabacano: *albaricoque, damasco*. Deshuesar: *descarozar*. Pasapuré: *machacador, pisapapas, pisapuré*. Refrigerador: *heladera, nevera*.

Crepas de chabacano

Para 4 personas

- 350 g de masa para crepas dulces (→ ver pág. 988)
- 150 g de crema pastelera (→ ver pág. 874)
- 2 cucharadas de ron
- 8 chabacanos en almíbar
- 50 g de almendras fileteadas
- 10 g de mantequilla
- 20 g de azúcar

❶ Preparar la masa para crepas dulces y dejarla reposar durante 1 hora.

❷ Preparar la crema pastelera y agregarle el ron.

❸ Escurrir los chabacanos, cortarlos en cubitos y agregarlos a la crema pastelera junto con las almendras.

❹ Engrasar con mantequilla una charola para gratín. Precalentar el horno a 250 °C.

❺ Cocer ocho crepas.

❻ Rellenar estas crepas con la crema. Enrollarlas y colocarlas en la charola. Espolvorearlas con azúcar y hornearlas de 8 a 10 minutos. Servirlas muy calientes.

■ **Preparación:** 1 h ■ **Reposo:** 1 h
■ **Cocción:** 10 min

> **EN ALGUNOS PAÍSES SE LLAMA:**
>
> Chabacano: *albaricoque, damasco*. Charola: *asadera*. Crepas: *crêpes, panquecas, panqueques, tortitas*. Mantequilla: *manteca*.

Jarabe de chabacano

Para 1/2 litro de jarabe

- *700 g de chabacanos*
- *50 g de azúcar granulada*
- *1 limón*

Lavar y deshuesar los chabacanos. Molerlos en la licuadora o con el pasapuré. Agregar el azúcar y el jugo de limón a este puré y mezclar bien.

■ **Preparación:** 15 min

> EN ALGUNOS PAÍSES SE LLAMA:
>
> Chabacano: *albaricoque, damasco.* Deshuesar: *descarozar.* Pasapuré: *machacador, pisapapas, pisapuré.*

Mermelada de chabacano

Para 1 kg de mermelada

- *600 g de chabacanos*
- *6 almendras de chabacano*
- *450 g de azúcar granulada*
- *1 limón*
- *1 vaina de vainilla*

❶ Lavar y deshuesar los chabacanos. Romper seis huesos de chabacano y sacarles las almendras. Poner los chabacanos en una terrina, espolvorearlos con azúcar, agregarles el jugo de limón y dejarlos macerar durante 24 horas.

❷ Escurrir los chabacanos con un colador dentro de la olla especial para mermelada. Al almíbar que se haya acumulado en la olla, agregarle la vaina de vainilla abierta en dos y las almendras de chabacano. Cocer este almíbar a fuego lento durante 5 minutos, aproximadamente.

❸ Agregar los chabacanos, bajar todavía más el fuego y cocer durante 20 minutos más.

❹ Distribuir la mermelada de chabacano en frascos previamente hervidos, cerrarlos de inmediato y dejarlos boca abajo durante 24 horas.

■ **Preparación:** 1 h ■ **Maceración:** 24 h
■ **Cocción:** alrededor de 30 min

> EN ALGUNOS PAÍSES SE LLAMA:
>
> Chabacano: *albaricoque, damasco.* Deshuesar: *descarozar.* Hueso: *carozo.*

Nieve de chabacano

Para 1 litro de nieve

- *1 kg y 200 g de chabacanos*
- *200 g de azúcar*
- *2 limones*

❶ Lavar y deshuesar los chabacanos. Molerlos en la licuadora o con el pasapuré.

❷ Agregar el azúcar, el jugo de limón y 300 ml de agua al puré. Mezclar bien y procesar en la máquina para hacer helados.

■ **Preparación:** 10 min

> **EN ALGUNOS PAÍSES SE LLAMA:**
> Chabacano: *albaricoque, damasco.* Deshuesar: *descarozar.* Pasapuré: *machacador, pisapapas, pisapuré.*

Arándanos

Compota de arándano

Para 8 o 10 personas

- *1 kg de arándanos*
- *1/2 limón*
- *1/2 kg de azúcar granulada*
- *2 litros de agua*

❶ Desprender los arándanos de su ramo y lavarlos.

❷ Rallar la cáscara de limón.

❸ Mezclar el azúcar, la cáscara del limón y el agua. Dejar que hiervan durante 5 minutos.

❹ Agregar los arándanos y cocerlos durante 10 minutos a fuego alto. Escurrirlos dentro de una ensaladera de cristal.

❺ Reducir el almíbar en aproximadamente una tercera parte y luego verterlo sobre las frutas.

❻ Meter en el refrigerador durante al menos 1 hora.

■ **Preparación:** 15 min ■ **Cocción:** 15 min
■ **Refrigeración:** 1 h

> **EN ALGUNOS PAÍSES SE LLAMA:**
> Refrigerador: *heladera, nevera.*

Almendras

Almendras peladas

Para 100 g de almendras

- *100 g de almendras secas*

❶ Poner a hervir agua en una cacerola.

❷ Colocar las almendras en un colador, sumergirlo en la cacerola y retirarla del fuego.

❸ Una vez que la piel de las almendras se quede en los dedos al tocarlas, escurrir algunas de ellas, pelarlas de inmediato y sumergirlas en agua fría. Hacer lo mismo con el resto de las almendras. Escurrirlas y luego secarlas.

❹ Extender las almendras sobre la placa del horno y dejar que se sequen con la temperatura del horno muy baja hasta que su color empiece a cambiar.

❺ Conservar las almendras en un recipiente hermético o en un frasco bien cerrado, en un lugar alejado de la luz.

■ **Preparación:** de 15 a 20 min

Crepas de almendra

Para 6 personas

- *1 kg de masa para crepas dulces (→ ver pág. 988)*
- *1/2 kg de crema pastelera (→ ver pág. 874)*
- *75 g de almendras en polvo*
- *30 ml de ron*
- *azúcar glas*

❶ Preparar la masa para crepas dulces y dejarla reposar durante 1 hora.

❷ Preparar la crema pastelera agregándole las almendras en polvo y el ron. Mezclar bien.

❸ Precalentar el horno a 250 °C.

❹ Hacer 12 crepas, rellenar una por una con la crema pastelera con almendras y luego enrollarlas.

❺ Colocarlas en una charola para gratín engrasada con mantequilla, espolvorearlas con el azúcar glas y dorarlas en el horno durante 5 minutos.

❻ Servir de inmediato.

■ **Preparación:** 30 min ■ **Reposo:** 1 h ■ **Cocción:** 30 min

> EN ALGUNOS PAÍSES SE LLAMA:
>
> Azúcar glas: *azúcar de repostería, azúcar glasé, azúcar impalpable*. Charola: *asadera*. Crepas: *crêpes, panquecas, panqueques, tortitas*.

Jarabe de almendras

Para 1/2 litro de jarabe de almendras

- *100 g de azúcar granulada*
- *170 g de almendras en polvo*
- *1 cucharada de kirsch*

❶ Poner a hervir 250 ml de agua junto con el azúcar y una vez alcanzada la ebullición, retirar la cacerola del fuego. Agregarle las almendras en polvo y el kirsch, mezclando bien.

❷ Moler esta preparación en la licuadora. Colocar un colador sobre una terrina y filtrar en ella la mezcla.

- *1 gota de extracto de almendras amargas*

❸ Dejar reposar el jarabe de almendras durante al menos 12 horas en el refrigerador.

❹ Justo antes de su utilización, agregar el extracto de almendras amargas y mezclar bien.

■ **Preparación:** 10 min ■ **Refrigeración:** al menos 12 h

> **EN ALGUNOS PAÍSES SE LLAMA:**
> Refrigerador: *heladera, nevera.*

Piña

Copas jamaiquinas

Para 6 personas

- *160 g de pasitas*
- *100 ml de ron*
- *1 piña fresca o 1 lata grande de piñas en trocitos*
- *1/2 litro de helado comercial de café*

❶ Enjuagar las pasitas y ponerlas a macerar en el ron durante 1 hora. Meter seis copas en el refrigerador.

❷ Cortar la pulpa de la piña en cubitos (o escurrir los trocitos de piña en conserva). Distribuir los cubitos de piña en las copas y cubrirlos con el helado de café. Escurrir las pasitas y colocarlas encima.

❸ Meter las copas en el refrigerador hasta el momento de servir.

■ **Preparación:** 10 min ■ **Maceración:** 1 h

> **EN ALGUNOS PAÍSES SE LLAMA:**
> Pasitas: *pasas, pasas de uva, uvas pasas, uvas secas.* Piña: *ananá.* Refrigerador: *heladera, nevera.*

Crepas a la criolla

Para 4 personas

- *350 g de masa para crepas dulces (→ ver pág. 988)*
- *150 g de crema pastelera (→ ver pág. 874)*
- *2 cucharadas de ron*
- *4 rebanadas de piña en almíbar*
- *10 g de mantequilla*
- *20 g de azúcar*

❶ Preparar la masa para crepas y dejarla reposar.

❷ Mientras tanto, preparar la crema pastelera y agregarle el ron.

❸ Escurrir las rebanadas de piña y cortarlas en cubitos pequeños. Mezclar los cubitos de piña con la crema pastelera.

❹ Engrasar con mantequilla una charola para gratín. Precalentar el horno a 250 °C.

❺ Hacer las crepas y rellenarlas con la crema pastelera con piña. Luego, enrollarlas y colocarlas en la charola. Espolvorearlas con azúcar y hornearlas de 8 a 10 minutos. Servirlas muy calientes.

■ **Preparación:** 1 h ■ **Cocción:** alrededor de 10 min

> **EN ALGUNOS PAÍSES SE LLAMA:**
> Charola: *asadera*. Crepas: *crêpes, panquecas, panqueques, tortitas*. Mantequilla: *manteca*. Piña: *ananá*.

Nieve de piña al vodka

Para 8 personas (alrededor de 1 litro)

- *2 piñas*
- *300 g de azúcar granulada*
- *1 o 2 limones*
- *1 clara de huevo*
- *100 ml de vodka*

❶ Pelar la piña, cortarla en cuatro y retirarle el corazón. Cortar la pulpa en cubos.

❷ En una cacerola, poner el azúcar, agregar 300 ml de agua y dejar que hierva durante 10 minutos. Añadir los cubos de piña y cocerlos durante 20 minutos a fuego bajo, revolviéndolos con el almíbar. Escurrirlos y conservar el almíbar por separado.

❸ Moler en la licuadora los cubos de piña para obtener 900 ml de puré. Agregarle al puré tres cucharadas de jugo de limón y la clara de huevo ligeramente batida. Verter la preparación en una máquina para hacer helados.

❹ Una vez que la nieve esté bien congelada, batirla hasta volverla espumosa. Distribuirla en las copas en que se va a servir y meterlas en el congelador.

❺ En el momento de servir, bañar cada copa con dos cucharadas de vodka bien frío.

■ **Preparación:** 20 min ■ **Cocción:** 30 min

> **EN ALGUNOS PAÍSES SE LLAMA:**
> Piña: *ananá*.

Piña Condé

Para 4 o 6 personas

- *800 g de arroz con leche* (→ *ver pág. 860*)
- *1 piña*
- *50 ml de kirsch*
- *30 g de azúcar*

❶ Preparar el arroz con leche y verterlo en un molde de corona de 22 cm de diámetro. Meterlo en el refrigerador de 3 a 4 horas.

❷ Pelar la piña, cortarla en ocho rebanadas, retirarles el corazón y ponerlas a macerar durante 30 minutos en el kirsch mezclado con el azúcar.

- 20 g de cerezas confitadas
- 25 g de angélica confitada

❸ Desmoldar el arroz con leche, sumergiendo el molde durante 5 segundos en un recipiente con agua hirviendo y luego voltearlo sobre la fuente en que se va a servir. Luego, colocar en el centro las rebanadas de piña.

❹ Decorar con las cerezas confitadas y con la angélica cortada en rombitos.

■ **Preparación:** 40 min ■ **Refrigeración:** de 3 a 4 h
■ **Maceración:** 30 min

> En algunos países se llama:
> Confitadas: *abrillantadas, cristalizadas, escarchadas, glaseadas*. Piña: *ananá*. Refrigerador: *heladera, nevera*.

Piña confitada

Para 20 rebanadas, aproximadamente

- 1 piña grande
- azúcar granulada

❶ Cortar la parte de arriba y la base de la piña y luego pelarla con un cuchillo de lámina aserrada. Partirla en rebanadas de 1 cm de espesor. Retirarle el corazón a cada rebanada.

❷ Pesar las rebanadas de piña y luego ponerlas en una cacerola de acero inoxidable con 350 ml de agua por cada 1/2 kg de fruta. Cocerlas a fuego medio durante 12 minutos, hasta que estén suaves. Después, sacarlas del agua y colocarlas sobre una rejilla para que se escurran durante al menos 1 hora. Guardar el jugo de cocción.

❸ Pesar el jugo de cocción y agregarle 180 g de azúcar por cada 300 ml de jugo. Mezclar bien y cocer a fuego medio, sin dejar de remover hasta que se alcance la ebullición. El azúcar se debe disolver por completo.

❹ Colocar las rebanadas de piña, unas junto a otras, en una charola grande y luego verter encima el almíbar hirviendo. Tapar la charola con una hoja de papel encerado: la fruta debe quedar cubierta por el líquido. Dejar macerar de este modo durante 24 horas.

❺ Al día siguiente, sacar las rebanadas de piña del almíbar con una espumadera y volverlas a poner en una rejilla con un plato hondo por debajo para que se escurran y se pueda conservar el jugo que suelten.

❻ En un vaso medidor verter el almíbar que haya quedado en la charola de maceración y agregar el que se haya escurrido en el plato hondo. Medir la cantidad de almíbar y agregarle 60 g de azúcar por cada 300 ml de almíbar. Poner a hervir el jarabe resultante.

❼ Volver a colocar las rebanadas de piña en la charola y bañarlas con el almíbar hirviendo. Tapar la charola y dejar macerar durante 24 horas más.

❽ Los siguientes 6 días repetir exactamente la misma operación. Luego, el octavo día, agregar 90 g de azúcar (en lugar de los 60 g de los días anteriores) por cada 300 ml de almíbar. Hacer exactamente lo mismo que los días anteriores y dejar reposar durante 48 horas.

❾ El décimo día, volver a realizar la misma operación, pero esta vez dejar macerar durante 4 días.

❿ El décimocuarto día, escurrir las rebanadas de piña sobre la rejilla y esta vez dejarlas secar sobre ella en un lugar cálido y seco (máximo 35 °C) durante 3 días.

⓫ La piña confitada está lista cuando ya no se pega a los dedos. Conservarla en un recipiente hermético, acomodándola en capas separadas por un pedazo de papel encerado.

■ **Preparación:** 15 días ■ **Maceración:** 14 días

> En algunos países se llama:
> Charola: *bandeja*. Confitadas: *abrillantadas, cristalizadas, escarchadas, glaseadas*. Piña: *ananá*.

Piña glaseada a la bávara

Para 6 personas

- *1/2 kg de bavarois a la crema (→ ver pág. 860)*
- *1 piña grande*
- *100 ml de ron blanco*
- *70 g de coco rallado*

❶ Preparar el bavarois a la crema y conservarlo en el refrigerador.

❷ Cortar la piña a 1 cm y 1/2 de la corona y conservar esta última. Extraer la pulpa, dejando alrededor de 1 cm de pulpa pegada a la cáscara. Luego, cortar 200 g de pulpa en cubitos pequeños y ponerlos a macerar durante 1 hora en 50 ml de ron blanco.

❸ Moler el resto de la pulpa (alrededor de 150 g) con el pasapuré o en el procesador de alimentos y luego poner a macerar este puré en el resto del ron.

❹ Mezclar la pulpa en puré y los cubitos de piña con el bavarois a la crema. Después, agregarle el coco rallado y verter esta mezcla en la cáscara de la piña.

❺ Meter toda la piña en el refrigerador durante aproximadamente 2 horas para que se enfríe. Luego, volverle a colocar la corona a la piña en el momento de servir.

■ **Preparación:** 45 min ■ **Maceración:** 1 h
■ **Refrigeración:** 2 h

> **EN ALGUNOS PAÍSES SE LLAMA:**
> Pasapuré: *machacador, pisapapas, pisapuré.* Piña: *ananá.* Refrigerador: *heladera, nevera.*

Piña glaseada a la criolla

Para 4 o 6 personas

- *1 piña*
- *200 g de frutas confitadas cortadas en cubitos*
- *50 ml de ron*
- *1 litro de nieve de piña al vodka (→ ver pág. 909)*
- *hielo granizado*

❶ Cortar la corona de la piña y conservar esta última en el refrigerador para que las hojas no se marchiten.
❷ Poner a macerar las frutas confitadas cortadas en cubitos en el ron.
❸ Vaciar la piña y meter la cáscara en el congelador.
❹ Preparar la nieve de piña al vodka o sacar del congelador una nieve comercial.
❺ Escurrir las frutas confitadas.
❻ Poner una capa de nieve de piña al vodka en el fondo de la piña. Luego, agregar un poco de frutas confitadas, después una capa de hielo, luego otra capa de frutas confitadas y así consecutivamente hasta llenar toda la piña. Finalmente, volverle a colocar la corona a la piña y meterla en el congelador.
❼ Sacar la piña del congelador 1 hora antes de servirla y entonces colocarla en una ensaladera en forma de copa, sobre el hielo granizado.

■ **Preparación:** 35 min

> **EN ALGUNOS PAÍSES SE LLAMA:**
> Frutas confitadas: *frutas abrillantadas, frutas cristalizadas, frutas escarchadas, frutas glaceadas o glaseadas.* Piña: *ananá.* Refrigerador: *heladera, nevera.*

Piña sorpresa

Para 4 o 6 personas

- *1 piña*
- *100 g de azúcar granulada*
- *50 ml de ron*
- *950 g de crema pastelera (→ ver pág. 874)*
- *100 ml de crema fresca*
- *6 u 8 fresas*

❶ Cortar la piña en dos, a lo largo, y vaciarla teniendo cuidado de no perforar la cáscara. Guardar algunas rebanadas delgadas de pulpa para la decoración. Cortar el resto de la pulpa en cubitos pequeños y ponerlos a macerar en el ron junto con el azúcar, durante unas 2 horas.

❷ Preparar la crema pastelera, reservando tres claras de huevo.

❸ Escurrir los cubitos de piña y agregar su jugo de maceración a la crema pastelera. Mezclar bien y meter en el refrigerador durante 2 horas.

❹ Batir las claras de huevo a punto de turrón muy firme. Agregarlas poco a poco y delicadamente a la crema pastelera, luego, añadir los cubitos de piña y la crema fresca.

❺ Lavar rápidamente las fresas.

❻ Rellenar muy bien cada una de las mitades de piña con esta preparación. Luego, decorar con las rebanadas delgadas que se habían reservado al principio y con las fresas. Meter todo en el refrigerador hasta el momento de servir.

■ **Preparación:** 40 min ■ **Maceración:** 2 h
■ **Refrigeración:** 2 h

> **EN ALGUNOS PAÍSES SE LLAMA:**
> A punto de turrón: *a punto de nieve*. Crema: *nata*. Fresa(s): *fresón, frutillas, madroncillo*. Piña: *ananá*. Refrigerador: *heladera, nevera*.

Plátanos

Banana split

Para 4 personas

- *200 g de merengue francés (→ ver pág. 991) u 8 merengues comerciales*
- *1 limón*
- *4 plátanos*

❶ Preparar el merengue desde el día anterior o bien utilizar merengues comerciales.

❷ Precalentar el horno a 120 °C. Poner el merengue en una manga con duya acanalada, del número 10. Colocar algunos copos de merengue en grupos de tres sobre una placa para horno recubierta con papel encerado. Continuar así hasta formar ocho merengues. Hornear

- *400 ml de jarabe de fresa (→ ver pág. 935)*
- *300 g de crema Chantilly (→ ver pág. 872)*
- *1/2 litro de helado de vainilla (→ ver pág. 882) o helado comercial de vainilla*
- *50 g de almendras fileteadas*

durante 1 hora a 120 °C y luego reducir la temperatura del horno a 90 o 100 °C y continuar la cocción durante 3 horas más.

❸ Exprimir el limón sobre una ensaladera. Pelar los plátanos, cortarlos en dos, a lo largo, y colocarlos sobre el jugo de limón para evitar que se pongan negros.

❹ Preparar el jarabe de fresa y la crema Chantilly. Poner esta última dentro de una manga con duya acanalada.

❺ Poner dos mitades de plátano en cada copa, luego, colocar dos bolas de helado de vainilla en medio y un merengue de cada lado. Bañar con el jarabe de fresa, espolvorear encima las almendras fileteadas y, finalmente, decorar con la crema Chantilly.

■ **Preparación:** 40 min ■ **Cocción:** 4 h

> **EN ALGUNOS PAÍSES SE LLAMA:**
> Duya: *boquillas.* Plátano: *banana, cambur.*

Bananos calados

Para 8 personas

- *8 plátanos*
- *8 cucharadas de mantequilla*
- *2 cucharadas de jugo de limón*
- *1 cucharada de ralladura de limón*
- *3 cucharadas de azúcar*

❶ Precalentar el horno a 100 °C.

❷ Poner en una bandeja refractaria la mantequilla, la ralladura, el jugo de limón y el azúcar. Meter al horno para que se derrita la mantequilla, sacar y revolver bien la mezcla.

❸ Elevar a 200 °C la temperatura del horno.

❹ Pelar los plátanos, untarlos con la mezcla y poner a cocinar en el horno por 20 minutos.

❺ Sacarlos y con una brocha untarlos de nuevo con la mezcla, devolverlos al horno otros 10 minutos para que se doren. Servir bien calientes.

■ **Preparación:** 10 min ■ **Cocción:** 35 min

> **EN ALGUNOS PAÍSES SE LLAMA:**
> Mantequilla: *manteca.* Plátano: *banana, cambur.*

Buñuelos de plátano

Para 4 personas

- *1/2 kg de masa para buñuelos (→ ver pág. 111)*
- *4 plátanos*
- *50 ml de ron*
- *aceite*
- *50 g de azúcar cristalizada*
- *1 pizca de canela*

❶ Preparar la masa para buñuelos y dejarla reposar.
❷ Pelar los plátanos y partirlos en dos a lo largo y macerarlos durante 1 hora en el ron.
❸ Calentar el aceite.
❹ Ensartar los plátanos en palitos largos para brochetas, rodarlos por la masa y sumergirlos en el aceite caliente. Retirarlos cuando estén dorados y espolvorearlos con el azúcar mezclada con la canela.

■ **Preparación:** 20 min ■ **Maceración:** 1 h

■ **Reposo de la masa:** 1 h ■ **Cocción:** alrededor de 15 min

> **EN ALGUNOS PAÍSES SE LLAMA:**
> Plátano: *banana, cambur.*

Plátanos a la criolla

Para 4 personas

- *4 plátanos*
- *2 naranjas*
- *40 g de pasitas*
- *30 g de mantequilla*
- *40 g de azúcar granulada*
- *1 cucharada de azúcar a la vainilla*
- *100 ml de ron*

❶ Pelar los plátanos y partirlos en dos a lo largo. Exprimir el jugo de las naranjas.
❷ Enjuagar rápidamente las pasitas sin sumergirlas en el agua.
❸ Colocar la fuente de servicio en el horno o en el horno de microondas para que se caliente.
❹ Derretir la mantequilla en un sartén con recubrimiento antiadherente y colocar en él los plátanos. Dorarlos. Agregar el azúcar granulada, el azúcar a la vainilla, el jugo de naranja y las pasitas. Una vez alcanzada la ebullición, verter la mitad del ron. Dejar que se incorpore a fuego bajo durante 2 o 3 minutos.
❺ Añadir los plátanos y la salsa que soltaron en la fuente bien caliente. Calentar el resto del ron en una cacerola, bañar con él los plátanos y flambear. Servir inmediatamente.

■ **Preparación:** 10 min ■ **Cocción:** 15 min

> **EN ALGUNOS PAÍSES SE LLAMA:**
> Mantequilla: *manteca.* Pasitas: *pasas, pasas de uva, uvas pasas, uvas secas.* Plátano: *banana, cambur.*

Plátanos Beauharnais

Para 6 personas

- 6 plátanos
- 10 g de mantequilla
- 30 g de azúcar
- 4 cucharadas de ron blanco
- 100 g de galletas de almendra
- 150 ml de crema fresca

❶ Precalentar el horno a 220 °C. Engrasar con mantequilla una charola para gratín. Pelar los plátanos y colocarlos en la charola. Espolvorearlos con azúcar y bañarlos con el ron. Hornear de 6 a 8 minutos.

❷ Desmoronar las galletas de almendra.

❸ Bañar los plátanos con la crema, espolvorearlos con las galletas de almendra desmoronadas y volver a hornear de 3 a 4 minutos para que la superficie se dore. Servir de inmediato.

■ **Preparación:** 15 min ■ **Cocción:** de 10 a 12 min

> **EN ALGUNOS PAÍSES SE LLAMA:**
> Charola: *asadera.* Crema: *nata.* Mantequilla: *manteca.* Plátano: *banana, cambur.*

Plátanos flambeados

Para 4 personas

- 4 plátanos
- 30 g de mantequilla
- 40 g de azúcar granulada
- 100 ml de ron
- 4 cucharadas de crema fresca

❶ Pelar los plátanos y partirlos en dos a lo largo. Colocar la fuente de servicio en el horno o en el horno de microondas para que se caliente.

❷ Derretir la mantequilla en un sartén con recubrimiento antiadherente y colocar en él los plátanos. Dorarlos. Agregar el azúcar y verter la mitad del ron. Cocer los plátanos durante aproximadamente 10 minutos volteándolos frecuentemente. Acomodarlos en la fuente muy caliente.

❸ Calentar el resto del ron en una cacerola pequeña, bañar con él los plátanos y flambear.

❹ Servir la crema fresca por separado.

■ **Preparación:** 10 min ■ **Cocción:** 10 min

> **EN ALGUNOS PAÍSES SE LLAMA:**
> Crema: *nata.* Mantequilla: *manteca.* Plátano: *banana, cambur.*

Soufflé de plátanos

Para 6 u 8 personas

- *200 ml de leche*
- *1 vaina de vainilla*
- *70 g de azúcar granulada*
- *50 g de mantequilla*
- *1 limón*
- *8 plátanos bien maduros*
- *20 g de harina cernida*
- *4 yemas de huevo*
- *50 ml de kirsch o de ron (opcional)*
- *6 claras de huevo*
- *1 pizca de sal*

❶ Poner a hervir la leche junto con la vaina de vainilla (cortada a la mitad a lo largo y raspada) y 60 g de azúcar. Retirar del fuego y dejar que los ingredientes incorporen sus sabores hasta que se enfríen por completo.

❷ Suavizar 40 g de mantequilla.

❸ Exprimir el jugo del limón. Pelar los plátanos y rociarlos con el jugo de limón para evitar que se oscurezcan. Molerlos en la licuadora o con el **pasapuré** (con la lámina más fina).

❹ Colocar la harina en una cacerola y verter la leche hervida poco a poco y mezclando bien. Cocer durante 2 minutos sin dejar de revolver. Retirar del fuego, agregar el puré de plátano, las yemas de huevo y la mantequilla suavizada.

❺ Si se desea, perfumar con kirsch o con ron.

❻ Precalentar el horno a 200 °C.

❼ Batir las claras de huevo con una pizca de sal **a punto de turrón** muy firme y agregarlas a la crema de plátano, mezclando con la cuchara de madera o una espátula, siempre en el mismo sentido para evitar que se rompan.

❽ Engrasar con mantequilla y luego espolvorear con azúcar un molde para soufflé de 20 cm de diámetro, verter en él la preparación y hornear durante 30 minutos.

■ **Preparación:** 40 min ■ **Cocción:** 30 min

> **EN ALGUNOS PAÍSES SE LLAMA:**
> A punto de turrón: *a punto de nieve*. Mantequilla: *manteca*.
> Pasapuré: *machacador, pisapapas, pisapuré*. Plátano: *banana, cambur*.

Cerezas

Buñuelos de cerezas

Para 30 buñuelos

- *400 g de masa para buñuelos (→ ver pág. 111)*
- *300 g de cerezas de consistencia firme*

❶ Preparar la masa para buñuelos y dejarla reposar durante 1 hora.

❷ Calentar el aceite.

❸ Lavar las cerezas sin quitarles el rabito y secarlas con mucho cuidado.

- *100 g de azúcar cristalizada*
- *1 pizca de canela en polvo*
- *aceite*

④ Mezclar el azúcar con la canela en un plato.

⑤ Tomar cada cereza por el rabito y sumergirla en la masa para buñuelos, luego dejarla caer en el aceite caliente a 175 °C. Freír los buñuelos hasta que estén dorados. Retirarlos con una espumadera a medida que estén listos.

⑥ Escurrir los buñuelos de cerezas sobre un papel absorbente, pasarlos por la mezcla de azúcar y canela, y servirlos bien calientes.

■ **Preparación:** 20 min ■ **Reposo de la masa:** 1 h
■ **Cocción:** 15 min

Cerezas en aguardiente

Para 1 frasco de 2 y 1/2 litros

- *1 kg de cerezas ácidas*
- *150 ml de agua*
- *250 g de azúcar granulada*
- *1 litro de aguardiente de 45°*

❶ Hervir el frasco para esterilizarlo.

❷ Lavar las cerezas ácidas, secarlas, cortarles la mitad del rabito y perforarlas con una aguja del lado opuesto al rabito. Acomodarlas en el frasco.

❸ En una cacerola, verter 150 ml de agua y el azúcar. Ponerlos a hervir hasta que el almíbar adquiera un color ligeramente dorado. Retirar del fuego, agregarle el aguardiente y verter este líquido sobre las cerezas.

❹ Cerrar el frasco, colocarlo en un lugar fresco y oscuro. Esperar 3 meses antes de consumir las cerezas en aguardiente.

■ **Preparación:** 30 min ■ **Cocción:** de 2 a 3 min

Cerezas en compota

Para 4 personas

- *600 g de cerezas*
- *150 g de azúcar granulada*
- *100 ml de agua*
- *1 copita de licor de kirsch*

❶ Enjuagar las cerezas, quitarles el rabito y deshuesarlas.

❷ En una cacerola, poner 100 ml de agua junto con el azúcar granulada y ponerlos a cocer de 10 a 12 minutos.

❸ Colocar las cerezas en este almíbar y continuar la cocción a fuego muy lento durante aproximadamente 8 minutos más.

❹ Escurrir las frutas y ponerlas en una ensaladera de cristal.

❺ Agregar al almíbar la copita de kirsch y mezclar bien. Verterlo sobre las cerezas y dejar que se enfríen. Poner en el refrigerador hasta el momento de servir.

■ **Preparación:** 30 min ■ **Cocción:** de 8 a 10 min

> EN ALGUNOS PAÍSES SE LLAMA:
> Deshuesar: *descarozar*. Refrigerador: *heladera, nevera*.

Cerezas en vinagre a la alemana

**Para 1 frasco de 2
y 1/2 litros**

- *1 y 1/2 kg de cerezas*
- *1 litro de vinagre de vino*
- *200 g de azúcar morena o de azúcar refinada*
- *3 clavos de olor*
- *1 bastoncito de canela*
- *nuez moscada*

❶ Quitarle los rabitos a las cerezas, lavarlas con mucho cuidado, secarlas y deshuesarlas. Hervir el frasco y acomodar en él las frutas.

❷ Mezclar el vinagre y el azúcar morena (o refinada), los clavos de olor, el bastoncito de canela así como un poco de nuez moscada rallada. Poner a hervir todo y luego dejarlo enfriar.

❸ Cubrir las cerezas con esta preparación, cerrar el frasco herméticamente y colocarlo en un lugar fresco y oscuro. Esperar 2 meses antes de consumir las cerezas.

■ **Preparación:** 40 min

> EN ALGUNOS PAÍSES SE LLAMA:
> Azúcar morena: *azúcar mascabada, azúcar moscabada, azúcar negra*. Deshuesar: *descarozar*.

Cerezas flambeadas

Para 4 o 6 personas

- *600 g de cerezas*
- *200 ml de agua*
- *260 g de azúcar*
- *2 o 3 cucharadas de gelatina de grosella*
- *50 ml de grapa*

❶ Retirar el rabito y el hueso de las cerezas.

❷ Preparar un almíbar con 200 ml de agua y el azúcar. Cuando se logre el almíbar sumergir las cerezas en él, reducir la intensidad del fuego y cocerlas durante aproximadamente 10 minutos.

❸ Agregar la gelatina de grosella y reducir a fuego bajo durante 5 o 6 minutos más.

❹ Colocar las cerezas en la fuente en que se van a servir. Calentar la grapa en una cacerola pequeña, bañar con ella las cerezas, flambearlas y servir de inmediato.

■ **Preparación:** 30 min ■ **Cocción:** 15 min

> EN ALGUNOS PAÍSES SE LLAMA:
> Hueso: *carozo*.

Copas heladas de cerezas ácidas

Para 6 personas

- 24 cerezas ácidas en aguardiente
- 50 ml de kirsch
- 1/2 litro de nieve comercial de cerezas
- 1/2 litro de helado comercial de frutas confitadas
- 300 g de crema Chantilly (→ ver pág. 872)
- 80 g de mermelada comercial de chabacano
- granillos de chocolate

❶ Macerar las cerezas ácidas deshuesadas en el kirsch durante 1 hora.

❷ Colocar seis copas para helado en el refrigerador durante el mismo tiempo o durante 10 minutos en el congelador. Retirar la nieve de cerezas y el helado de frutas confitadas del congelador.

❸ Preparar la crema Chantilly.

❹ Distribuir la mermelada de chabacano en el fondo de las copas para helado. Agregar dos bolas de nieve de cereza y una bola de helado de frutas confitadas. Acomodar las cerezas ácidas encima del helado.

❺ Decorar con la crema Chantilly y espolvorear con granillos de chocolate.

■ **Preparación:** 30 min ■ **Maceración:** 1 h

> **EN ALGUNOS PAÍSES SE LLAMA:**
> Chabacano: *albaricoque, damasco.* Deshuesar: *descarozar.* Frutas confitadas: *frutas abrillantadas, frutas cristalizadas, frutas escarchadas, frutas glaceadas o glaseadas.* Refrigerador: *heladera, nevera.*

Crepas de cerezas

Para 4 o 6 personas

- 650 g de masa para crepas dulces (→ ver pág. 988)
- 400 g de cerezas frescas o 300 g de cerezas en almíbar
- 3 cucharadas de aceite de cacahuate
- 200 g de mermelada de naranja
- 30 g de azúcar granulada

❶ Preparar la masa para crepas y dejarla reposar durante 1 hora.

❷ Quitarles el rabito y el hueso a las cerezas frescas o escurrir las cerezas en almíbar. Cortarlas a la mitad y añadirlas a la masa para crepas.

❸ Cocer las crepas (→ ver crepas con azúcar, pág. 876) y bañarlas con una capa muy delgada de mermelada de naranja.

❹ Precalentar el horno a 250 °C.

❺ Plegar las crepas sobre sí mismas y acomodarlas en una charola para gratín engrasada con mantequilla. Espolvorearlas con el azúcar granulada y hornearlas durante 5 minutos.

■ **Preparación:** 30 min ■ **Reposo:** 1 h

■ **Cocción:** de 15 a 20 min

> **EN ALGUNOS PAÍSES SE LLAMA:**
>
> Cacahuate: *cacahuete, maní.* Charola: *asadera.* Crepas: *crêpes, panquecas, panqueques, tortitas.* Hueso: *carozo.* Mantequilla: *manteca.*

Flan de cereza a la danesa

Para 6 u 8 personas

- *300 g de masa para repostería (→ ver pág. 112)*
- *250 g de cerezas grandes rojas*
- *195 g de azúcar*
- *1 cucharadita de canela en polvo*
- *125 g de mantequilla*
- *125 g de almendras en polvo*
- *2 huevos*
- *100 g de fondant (→ ver pág. 1084)*
- *20 ml de ron*

❶ Preparar la masa para repostería y dejarla reposar durante 2 horas en el refrigerador.

❷ Lavar y deshuesar las cerezas. Colocarlas en un recipiente grande junto con 70 g de azúcar y la canela en polvo. Mezclar y dejar que se maceren durante aproximadamente 1 hora.

❸ Engrasar con mantequilla una tartera de 24 cm de diámetro. Estirar la masa hasta alcanzar 2 mm de espesor y cubrir la tartera con ella.

❹ Escurrir las cerezas, sin desechar su jugo.

❺ Suavizar la mantequilla.

❻ Precalentar el horno a 210 °C.

❼ Colocar las almendras en polvo junto con 125 g de azúcar en una ensaladera grande.

❽ Batir los huevos como para hacer una omelette. Ponerlos en la ensaladera; luego, agregarles la mantequilla suavizada, el jugo de las cerezas y trabajar la masa hasta que tenga una consistencia homogénea.

❾ Colocar las cerezas en el fondo de la tartera y cubrirlas con esta preparación.

❿ Poner la tartera en el horno y cocerla durante 10 minutos a 210 °C. Luego, reducir la temperatura del horno a 190 °C y cocer de 30 a 35 minutos más.

⓫ Suavizar el fondant y mezclarlo con el ron.

⓬ Retirar el flan del horno y dejar que se enfríe. Bañar con el glasé de fondant distribuyéndolo bien con una espátula.

■ **Preparación:** 30 min ■ **Reposo:** 2 h

■ **Maceración:** 1 h ■ **Cocción:** de 40 a 45 min

> **EN ALGUNOS PAÍSES SE LLAMA:**
>
> Deshuesar: *descarozar.* Mantequilla: *manteca.* Refrigerador: *heladera, nevera.*

Mermelada de cerezas

Para 1 kg de mermelada

- 1/2 kg de cerezas deshuesadas
- 450 g de azúcar para mermelada
- 1 limón

❶ Poner las cerezas en un recipiente, espolvorearlas con azúcar, agregarles el jugo de limón, mezclar bien y dejar que se maceren durante 24 horas.

❷ Colocar un colador sobre la olla para hacer mermeladas o sobre una cacerola. Verter el contenido del recipiente con las cerezas sobre el colador y esperar de 15 a 20 minutos.

❸ Poner los frascos a hervir.

❹ Cocer el almíbar que soltaron las cerezas sin dejar de remover. Sumergir las cerezas en ese almíbar, ponerlas a hervir y cocerlas, una vez alcanzada la ebullición, de 10 a 15 minutos sin dejar de remover. Espumar bien al final de la cocción.

❺ Verter la mermelada inmediatamente dentro de los frascos, cerrarlos bien y guardarlos boca abajo hasta el día siguiente.

■ **Preparación:** 1 h ■ **Maceración:** 24 h

■ **Cocción:** de 15 a 20 min, aproximadamente

EN ALGUNOS PAÍSES SE LLAMA:
Deshuesar: *descarozar*.

Ribete de arroz a la Montmorency

Para 4 o 6 personas

- 150 g de arroz de grano redondo
- 400 ml de leche
- 1 vaina de vainilla
- 300 g de crema pastelera (→ ver pág. 874)
- 3 cucharadas de kirsch
- 3 galletas de almendra
- 300 g de cerezas en almíbar
- 20 g de mantequilla

❶ Preparar un arroz con leche (→ ver pág. 860) con la leche y la vaina de vainilla. Verterlo en un molde de corona de 18 cm. Compactarlo bien.

❷ Preparar la crema pastelera y agregarle el kirsch.

❸ Desmenuzar las galletas de almendra.

❹ Precalentar el horno a 275 °C. Escurrir las cerezas de su almíbar.

❺ Desmoldar el ribete de arroz y rellenar el centro con capas alternadas de crema pastelera y de cerezas. Finalizar con un domo de cerezas.

❻ Espolvorear con las galletas desmenuzadas. Bañar con la mantequilla derretida y hornear durante aproximadamente 10 minutos.

Este ribete de arroz se puede servir con un jarabe de casis, de fresa o de cereza.

■ **Preparación:** 40 min ■ **Cocción:** 10 min

EN ALGUNOS PAÍSES SE LLAMA:
Fresa(s): *fresón, frutillas, madroncillo*. Mantequilla: *manteca*.

Sopa de cerezas

Para 4 personas

- 600 g de cerezas
- 50 g de mantequilla
- 1 cucharada de harina
- 200 ml de vino tinto
- 200 ml de kirsch
- 2 cucharadas de azúcar granulada
- 4 rebanadas de pan de caja

❶ Lavar las cerezas, secarlas, deshuesarlas y recuperar el jugo que suelten en este proceso.

❷ En una cacerola, derretir 25 g de mantequilla. Agregar la harina y remover durante 2 minutos.

❸ Verter 750 ml de agua tibia batiendo enérgicamente, agregar el vino tinto y el kirsch. Una vez que esta mezcla tenga una consistencia homogénea, añadir las cerezas y espolvorear con el azúcar. Calentar durante algunos minutos a fuego bajo.

❹ Untar con mantequilla las rebanadas de pan de caja, dorarlas y luego cortarlas en croûtons pequeños. Distribuir estos últimos en platos hondos y verter la sopa por encima.

■ **Preparación:** 10 min ■ **Cocción:** alrededor de 15 min

> **EN ALGUNOS PAÍSES SE LLAMA:**
>
> Croûton: *crostón, cruton, picatoste* (cuadritos de pan frito, muy utilizados en ensaladas). Deshuesar: *descarozar.* Mantequilla: *manteca.* Pan de caja: *pan de molde, pan inglés o pan lactal.*

Tarta de cerezas

Para 4 personas

- 300 g de cerezas negras
- 50 g de azúcar granulada
- 10 g de mantequilla
- 100 g de harina
- 1 pizca de sal
- 2 huevos
- 200 ml de leche
- azúcar glas

❶ Lavar las cerezas y quitarles el rabito. Colocarlas en una ensaladera, espolvorearlas con la mitad del azúcar, revolver para que se distribuya el azúcar y dejar que se maceren al menos durante 30 minutos.

❷ Precalentar el horno a 180 °C. Engrasar con mantequilla una tartera o un molde de porcelana refractaria de 24 cm.

❸ Cernir la harina en una terrina, agregar la sal y el resto del azúcar.

❹ Batir los huevos como para hacer una omelette. Agregarlos a la terrina y mezclar bien. Luego, añadir la leche y volver a mezclar.

❺ Acomodar las cerezas en la tartera y cubrirlas con esta preparación. Hornear de 35 a 40 minutos.

❻ Dejar que se enfríe un poco y espolvorear la tarta con azúcar glas. Servir fría directamente en la tartera.

cerezas > POSTRES Y DULCES

tarta de ciruelas mirabel:
sustituir las cerezas por ciruelas mirabel y colocar 30 ml de
aguardiente de ciruelas mirabel en la masa.

■ **Preparación:** 15 min ■ **Reposo:** 30 min

■ **Cocción:** de 35 a 40 min

> **EN ALGUNOS PAÍSES SE LLAMA:**
> Azúcar glas: *azúcar de repostería, azúcar glasé, azúcar impal-
> pable.* Mantequilla: *manteca.*

Limones

Crema de limón

Para 1/2 kg de crema

- *3 limones*
- *165 g de mantequilla*
- *2 huevos*
- *135 g de azúcar granulada*

❶ Rallar la cáscara de los limones, luego de haberlos lavado muy bien.
❷ Exprimir las frutas y colar el jugo resultante.
❸ Cortar la mantequilla en pedacitos pequeños.
❹ Colocar hielos en un recipiente.
❺ Poner a hervir agua en una cacerola para un baño maría. En una ensaladera colocada sobre el baño maría,
mezclar los huevos, el azúcar, el jugo y las cáscaras de
limón ralladas y cocer durante 10 minutos. Dejar de mezclar justo antes de que comience a hervir.
❻ Colar la preparación en un recipiente y colocarlo inmediatamente sobre los hielos. Revolver la crema hasta
que esté tibia.
❼ Retirar el recipiente con la crema de los hielos y agregarle la mantequilla mezclando con un batidor manual o en
la licuadora hasta que tenga una consistencia homogénea. Guardarla en el refrigerador hasta su consumo.

■ **Preparación:** alrededor de 20 min

■ **Cocción:** alrededor de 10 min

> **EN ALGUNOS PAÍSES SE LLAMA:**
> Mantequilla: *manteca.* Refrigerador: *heladera, nevera.*

Flan merengado de limón

Para 4 o 6 personas

- *300 g de masa para pastaflora (→ ver pág. 993)*
- *50 g de mantequilla*
- *2 limones*
- *3 huevos*
- *250 ml de leche*
- *40 g de harina*
- *175 g de azúcar*
- *1 pizca de sal*

❶ Preparar la masa para pastaflora y dejarla reposar durante 1 hora en el refrigerador.

❷ Precalentar el horno a 190 °C. Engrasar con mantequilla un molde para tarta de 24 cm. Extender la masa y cubrir el molde con ella.

❸ Hornear de 3 a 4 minutos.

❹ Rallar la cáscara de los limones, luego de haberlos lavado muy bien. Exprimir uno de ellos. Poner a hervir en agua las cáscaras durante 2 minutos, escurrirlas y cortarlas en tiritas delgadas.

❺ Romper los huevos separando las claras de las yemas. Calentar 200 ml de leche. Derretir el resto de la mantequilla.

❻ Mezclar la harina junto con 100 g de azúcar y diluirlas en principio con la leche fría. Luego, añadir la leche hirviendo, la mantequilla derretida, las yemas de huevo, una por una, y la cáscara de los limones. Espesar durante 15 minutos a fuego lento, sin dejar de remover.

❼ Una vez fuera del fuego, agregar el jugo de limón, mezclar y dejar que se enfríe un poco.

❽ Cubrir el fondo de la tartera que contiene la masa con esta preparación.

❾ Subir la temperatura del horno a 240 °C.

❿ Batir las claras de huevo a punto de turrón junto con el resto del azúcar y una pizca de sal. Verterlas sobre la crema y alisarlas con una espátula. Hornear de 3 a 4 minutos para que las claras batidas se doren.

⓫ Dejar que se enfríe por completo antes de servir.

■ **Preparación:** 45 min ■ **Reposo:** 1 h

■ **Cocción:** 10 min

> **EN ALGUNOS PAÍSES SE LLAMA:**
> A punto de turrón: *a punto de nieve.* Mantequilla: *manteca.*
> Refrigerador: *heladera, nevera.*

Mantequilla de limón

Para 3 frascos de 1/2 kg cada uno

- *400 g de mantequilla fina*
- *6 limones grandes bien lavados*
- *8 huevos*
- *1 kg de azúcar granulada*

❶ Cortar la mantequilla en pedacitos pequeños.

❷ Rallar la cáscara de los limones, luego de haberlos lavado muy bien, y luego exprimirlos.

❸ Romper los huevos y batirlos en un recipiente grande. Posteriormente, colocar este último en un baño maría sobre el fuego de la estufa. Añadir la mantequilla, las cáscaras de limón, el jugo de los limones y el azúcar. Incorporar todos los ingredientes batiendo suavemente.

❹ Retirar las cáscaras de limón y seguir cociendo el resto a baño maría durante aproximadamente 30 minutos, hasta que la pasta tenga una consistencia homogénea.

❺ Poner a hervir los frascos y distribuir en ellos la preparación. Cerrar bien cada frasco y ponerlos boca abajo durante 24 horas. Conservar en el refrigerador. Esta mantequilla de limón se debe consumir dentro de los 3 meses posteriores a su preparación.

■ **Preparación:** 10 min ■ **Cocción:** alrededor de 40 min

> **EN ALGUNOS PAÍSES SE LLAMA:**
> Estufa: *cocina* (dispositivo o aparato en el que se hace fuego o produce calor para guisar los alimentos). Mantequilla: *manteca*. Refrigerador: *heladera, nevera*.

Mermelada de limón

Para 1 kg de mermelada

- *1/2 kg de limones*
- *600 g de azúcar*

❶ Hervir los frascos.

❷ Lavar muy bien los limones y retirar la cáscara de la tercera parte de los mismos. Sumergir las cáscaras durante 2 minutos en agua hirviendo, luego enjuagarlas bajo un chorro de agua fría y cortarlas en bastoncitos delgados.

❸ Cortar en rebanadas gruesas dos tercios del total de los limones. Exprimir los demás limones para extraerles el jugo. Colocar en un recipiente el jugo resultante y las rebanadas de limón. Ponerlos a hervir y, una vez alcanzada la ebullición, dejarlos durante 5 minutos más sin dejar de remover.

④ Agregar tres cuartas partes de la cáscara de los limones cortada en juliana, el azúcar y 600 ml de agua. Remover y cocer durante 20 minutos a fuego muy bajo.

⑤ Agregar el resto de las cascaritas, mezclar y cocer durante 3 minutos más a fuego lento.

⑥ Colocar la mermelada en los frascos, cerrar estos últimos inmediatamente y guardarlos boca abajo hasta el día siguiente.

■ **Preparación:** 20 min ■ **Cocción:** alrededor de 25 min

Mousse de limón

Para 6 personas

- *3 huevos*
- *3 limones bien lavados*
- *150 g de azúcar granulada*
- *1 cucharada de fécula de maíz*
- *20 g de mantequilla*

① Romper los huevos separando las claras de las yemas.

② Lavar los limones. Rallar muy finamente la cáscara de dos de ellos y exprimir los tres para extraerles el jugo.

③ Mezclar las yemas de los huevos en una cacerola con el azúcar, la fécula de maíz y 200 ml de agua.

④ Calentar esta mezcla a fuego bajo, agregarle el jugo y las cáscaras de limón y cocer a fuego muy bajo hasta que se espese y cubra el reverso de una cuchara sin despegarse.

⑤ Retirar del fuego y agregar la mantequilla sin dejar de batir. Dejar que se enfríe por completo.

⑥ Batir las claras a punto de turrón firme e incorporarlas a la mezcla revolviendo suavemente con movimientos envolventes.

⑦ Verter el mousse de limón en copas individuales. Poner en el refrigerador hasta el momento de servir.

■ **Preparación:** 20 min (con 24 h de anticipación)

■ **Cocción:** alrededor de 10 min

EN ALGUNOS PAÍSES SE LLAMA:

A punto de turrón: *a punto de nieve*. Fécula de maíz: *almidón de maíz, maicena*. Mantequilla: *manteca*. Refrigerador: *heladera, nevera*.

Nieve de limón

Para 1 litro de nieve

- *250 g de azúcar granulada*
- *4 limones bien lavados*
- *20 g de leche en polvo*

❶ Poner a hervir medio litro de agua junto con el azúcar. Luego, dejar que se enfríe.

❷ Agregar el jugo de los limones y la leche en polvo. Mezclar bien y procesar todo en la máquina para hacer helados.

nieve de mandarina:
proceder de la misma manera utilizando 17 mandarinas y la misma cantidad de azúcar y leche en polvo.

nieve de naranja:
proceder de la misma manera utilizando cuatro naranjas.

■ **Preparación:** 45 min ■ **Congelación:** al menos 3 h 30 min

Soufflé de limón

Para 6 personas

- *6 limones bien lavados*
- *300 ml de leche*
- *40 g de harina*
- *110 g de mantequilla*
- *110 g de azúcar granulada*
- *6 claras de huevo*
- *5 yemas de huevo*

❶ Rallar la cáscara de cuatro limones hasta obtener el equivalente a dos cucharadas. Exprimir el jugo de los otros dos limones.

❷ Calentar la leche y cernir la harina.

❸ En una cacerola, trabajar con un tenedor 100 g de mantequilla hasta que tenga una consistencia cremosa. Agregar 60 g de azúcar granulada y la harina cernida, luego verterle la leche hirviendo y mezclar enérgicamente. Poner a hervir durante 1 minuto sin dejar de remover y luego dejar que la mezcla se seque un poco como si fuera una masa para choux.

❹ Precalentar el horno a 200 °C.

❺ Batir las claras a punto de turrón firme agregándole, poco a poco, 40 g de azúcar granulada.

❻ Una vez fuera del fuego, agregar a la masa: el jugo de dos limones, las cinco yemas de huevo y luego las claras batidas a punto de turrón junto con la cáscara de limón rallada, mezclando muy bien cada vez que se añade un ingrediente.

❼ Engrasar con mantequilla y luego espolvorear con azúcar seis moldes pequeños para soufflé, distribuir en ellos la masa y hornear durante 40 minutos a baño maría.

■ **Preparación:** 40 min ■ **Cocción:** 40 min

> **EN ALGUNOS PAÍSES SE LLAMA:**
> A punto de turrón: *a punto de nieve*. Mantequilla: *manteca*.

Clementinas y mandarinas

Clementinas confitadas

Para 1 kg de clementinas confitadas

- *600 g de clementinas bien lavadas*
- *600 g de azúcar*

❶ En una cacerola grande, poner a hervir agua. Lavar muy bien las clementinas y sumergirlas en el agua hirviendo durante 30 segundos. Luego, escurrirlas.

❷ Poner a hervir 120 ml de agua con el azúcar, agregarle las clementinas y cocer durante 1 minuto. Retirar la cacerola del fuego y dejar macerar durante 12 horas.

❸ Al día siguiente, volver a colocar la cacerola sobre el fuego de la estufa, dejar que hierva durante 1 minuto y luego dejar que se macere nuevamente durante 12 horas. Repetir esta operación durante 4 días seguidos.

❹ El sexto día, cortar una clementina a la mitad para verificar si el confitado penetró hasta el centro de la fruta. Éste ya no debe estar crudo, sino brillante y almibarado. En caso de que no sea así, repetir la operación una vez más.

❺ Escurrir las clementinas confitadas en un colador para eliminar el exceso del almíbar que las envuelve. Dejarlas secar un poco antes de acomodarlas sobre una fuente o sobre un recipiente hermético.

■ **Preparación:** 6 o 7 días antes de su consumo

> EN ALGUNOS PAÍSES SE LLAMA:
>
> Confitadas: *abrillantadas, cristalizadas, escarchadas, glaseadas.*
> Estufa: *cocina* (dispositivo o aparato en el que se hace fuego o produce calor para guisar los alimentos).

Clementinas en aguardiente

Para 1 frasco de 2 litros

- *750 g de clementinas confitadas (→ ver receta anterior)*
- *750 ml de aguardiente*

❶ Poner a hervir el frasco y luego secarlo con un papel absorbente.

❷ Cortar las clementinas confitadas en cuatro y ponerlas en el frasco. Cubrirlas con el aguardiente.

❸ Cerrar el frasco herméticamente y guardarlo durante 15 días en un lugar oscuro antes de consumir las clementinas.

■ **Preparación:** 5 min ■ **Reposo:** 15 días

Mandarinas escarchadas

Para 8 personas

- *8 mandarinas*
- *120 g de azúcar*

❶ Quitarles la "tapa" a las mandarinas cortándolas con un cuchillo de lámina aserrada. Luego, vaciarlas completamente con una cuchara de borde filoso, evitando lastimar las cáscaras. Guardar las cáscaras y las "tapas" en el congelador.

❷ Colocar la pulpa de las mandarinas en un colador y exprimirlas bien con una espátula o con el mazo de un mortero.

❸ Con el jugo obtenido y el azúcar, preparar una nieve de mandarina (→ ver pág. 928).

❹ Colocar la nieve en una manga con duya acanalada y llenar las cáscaras sobrepasando su altura.

❺ Cubrir las mandarinas con sus "tapas". Luego, volverlas a poner en el congelador hasta el momento de servir.

limones escarchados:
proceder de la misma manera con ocho limones y la misma cantidad de azúcar.

■ **Preparación:** 30 min

> **EN ALGUNOS PAÍSES SE LLAMA:**
> Duya: *boquillas.*

Membrillos

Jalea de membrillo

Para 1 kg de jalea de membrillo

- *1 y 1/2 kg de membrillos muy maduros*
- *5 granos de pimienta*
- *azúcar granulada*
- *jugo de limón*

El día anterior

❶ Pelar y cortar los membrillos en rebanadas. Ponerlas en una cacerola con medio litro de agua y la pimienta. Poner a hervir y dejar que se incorporen a fuego bajo durante 45 minutos hasta que las frutas estén muy tiernas.

❷ Poner a hervir un trapo, luego exprimirlo y colocarlo en el fondo de un colador que, a su vez, esté sobre una ensaladera. Verter ahí la pulpa de membrillo y dejar que se escurra durante al menos 12 horas.

El mismo día

❸ Poner a hervir los frascos.

❹ Desechar la pulpa que quedó en el colador. Medir el volumen de jugo de membrillo obtenido del escurrimiento y verterlo en la olla para mermeladas agregándole, por cada medio litro de jugo de membrillo, 350 g de azúcar y una cucharada de jugo de limón. Mezclar y calentar a fuego bajo hasta que el almíbar tenga una consistencia homogénea.

⑤ Luego, ponerlo a hervir y dejarlo de ese modo durante 10 minutos, sin remover. Espumar varias veces: no debe quedar ninguna impureza en la superficie.

⑥ Llenar los frascos y cerrarlos herméticamente. Dejarlos boca abajo durante 24 horas antes de su consumo.

■ **Preparación:** 20 min ■ **Reposo:** 12 h ■ **Cocción:** 1 h

> EN ALGUNOS PAÍSES SE LLAMA:
> Trapo: *paño, repasador, toalla o trapo de cocina.*

Membrillos al horno

Para 4 personas

- *4 membrillos muy maduros*
- *100 ml de crema fresca*
- *195 g de azúcar granulada*
- *10 g de mantequilla*
- *100 ml de néctar de chabacano*

① Precalentar el horno a 220 °C.

② Pelar los membrillos y vaciarlos con un descorazonador de manzanas, sin atravesarlos.

③ Mezclar la crema fresca con 65 g de azúcar y rellenar con esta mezcla los membrillos.

④ Espolvorear las frutas con el azúcar restante, acomodarlas en una charola para gratín engrasada con mantequilla y cocer durante aproximadamente 30 minutos, bañando regularmente los membrillos con el jugo que suelten y el néctar de chabacano. Servir caliente.

■ **Preparación:** 15 min ■ **Cocción:** de 30 a 35 min

> EN ALGUNOS PAÍSES SE LLAMA:
> Chabacano: *albaricoque, damasco.* Charola: *asadera.* Crema: *nata.* Mantequilla: *manteca.*

Higos

Compota de higos secos

Para 4 o 6 personas

- *300 g de higos secos*
- *1 limón bien lavado*

① Poner a remojar los higos secos en un recipiente con agua fría durante 3 o 4 horas, hasta que los higos se vuelvan a hidratar.

- *300 g de azúcar*
- *300 ml de vino tinto*

❷ Rallar la cáscara del limón. Poner el azúcar en una cacerola, agregarle el vino y la cáscara de limón y hervir.

❸ Escurrir los higos, sumergirlos en el almíbar y cocerlos a fuego bajo durante 20 o 30 minutos. Servir esta compota tibia.

Esta compota puede acompañarse con un helado de vainilla.

■ **Preparación:** 10 min ■ **Maceración:** de 3 a 4 h
■ **Cocción:** de 20 a 30 min

Higos secos con almendras

Para 6 personas

- *2 cucharaditas de té (earl grey)*
- *6 higos secos*
- *200 g de almendras en polvo*
- *100 g de miel*
- *5 g de granos de hinojo*
- *10 g de mantequilla*

❶ Poner a hervir 750 ml de agua y preparar el té, dejándolo en infusión de 3 a 4 minutos.

❷ Colar el té en una terrina. Sumergir ahí los higos y dejarlos en remojo hasta que el té se haya enfriado por completo.

❸ En otro recipiente, mezclar las almendras en polvo, la miel y los granos de hinojo.

❹ Una vez que los higos estén bien esponjados, partirlos trazando una cruz por encima con un cuchillo muy afilado, para abrirlos casi por completo. Agrandar esta incisión con los dedos.

❺ Precalentar el horno a 200 °C.

❻ Con una cuchara, rellenar cada higo con la mezcla de granos de hinojo, almendras en polvo y miel.

❼ Engrasar con mantequilla una charola, colocar en ella los higos rellenos y hornear durante 10 minutos. Servir de inmediato.

■ **Preparación:** 30 min ■ **Cocción:** 10 min

> **EN ALGUNOS PAÍSES SE LLAMA:**
> Charola: *asadera*. Mantequilla: *manteca*.

Fresas

Carlota de fresas

Para 6 u 8 personas

- 1 kg de fresas
- 6 sobrecitos de gelatina sin sabor
- 60 g de azúcar
- 750 ml de crema líquida
- 250 g de galletas suaves y porosas

❶ Lavar las fresas, quitarles el rabito y escurrirlas sobre un papel absorbente. Remojar la gelatina en un poco de agua.

❷ Reservar las fresas más bonitas para decorar. Moler todas las demás en la licuadora o triturarlas con el pasapuré. Luego pasar el puré por el colador chino o por un colador normal para obtener una pulpa muy delgada.

❸ Calentar ligeramente la cuarta parte de la pulpa de fresas junto con el azúcar. Luego, agregarles la gelatina disuelta y mezclar bien. Incorporar enseguida el resto de la pulpa y volver a mezclar. Añadir entonces la crema líquida y revolver nuevamente.

❹ Cubrir el fondo y las paredes de un molde para carlota de 16 cm de diámetro con las galletas, luego, verter encima el mousse de fresa. Cubrir nuevamente con una capa de galletas y guardar en el refrigerador durante 4 horas.

❺ Una vez transcurrido ese tiempo, sumergir rápidamente el molde en un recipiente con agua muy caliente para poder desmoldar la carlota en la fuente en que se va a servir. Decorar la superficie con las fresas que se habían apartado.

■ **Preparación:** 35 min ■ **Refrigeración:** 4 h

> **En algunos países se llama:**
> Crema: *nata*. Fresa(s): *fresón, frutillas, madroncillo*. Pasapuré: *machacador, pisapapas, písapuré*. Refrigerador: *heladera, nevera*.

Fresas a la maltesa

Para 6 personas

- 600 g de fresas de monte
- 3 naranjas muy jugosas
- 70 g de azúcar
- 30 ml de cointreau
- hielo granizado

❶ Lavar las fresas y quitarles el rabito.

❷ Cortar las naranjas a la mitad y vaciarlas con un cuchillo de lámina aserrada o con una cuchara para toronja. Colocar la pulpa en una ensaladera.

❸ Cortar una media rodaja de cáscara en la parte de abajo de las mitades de naranja, para que se puedan parar de manera estable. Luego, colocar las naranjas en el refrigerador.

④ Machacar la pulpa en la licuadora o con el pasapuré y colar el jugo. Agregarle el azúcar y el cointreau. Bañar las fresas con este líquido y ponerlas en el refrigerador.

⑤ En el momento de servir, llenar las mitades de naranja con las fresas. Distribuir hielo granizado en las copas individuales y colocar las frutas encima. Servir de inmediato.

■ **Preparación:** 15 min

> **EN ALGUNOS PAÍSES SE LLAMA:**
> Fresa(s): *fresón, frutillas, madroncillo.* Pasapuré: *machacador, pisapapas, pisapuré.* Refrigerador: *heladera, nevera.* Toronja: *pamplemusa, pomelo.*

Fresas a la menta

Para 6 personas

- *1 kg de fresas*
- *250 g de azúcar granulada*
- *1/2 litro de vino blanco seco*
- *20 hojas de menta fresca*

① Lavar las fresas y quitarles el rabito. Cortar a la mitad las que estén muy grandes. Ponerlas en una ensaladera de cristal junto con el azúcar. Remover y verter el vino. Mezclar bien y agregar 10 hojas de menta.

② Dejarlas macerar durante 4 horas en el refrigerador.

③ En el momento de servir, retirar las hojas de menta que se hayan marchitado y reemplazarlas por hojas frescas. Verter las fresas en platos hondos o en una ponchera.

■ **Preparación:** 20 min ■ **Maceración:** 4 h

> **EN ALGUNOS PAÍSES SE LLAMA:**
> Fresa(s): *fresón, frutillas, madroncillo.* Refrigerador: *heladera, nevera.*

Fresas Ginette

Para 4 personas

- *750 ml de nieve de limón (→ ver pág. 928) o de nieve comercial de limón*
- *1/2 kg de fresas*
- *100 g de azúcar granulada*
- *100 ml de curaçao*

① Preparar la nieve de limón. Colocar cuatro copas vacías en el congelador.

② Lavar las fresas y quitarles el rabito. Ponerlas en una ensaladera. Cortar a la mitad las que estén muy grandes. Espolvorearlas con azúcar, verterles el curaçao y la champaña y remover bien. Dejar macerar todo durante 30 minutos.

- 1 vaso de champaña
- 80 g de violetas confitadas
- 100 g de cáscara de naranja confitada
- 200 ml de crema ligera
- 1 cucharada de azúcar a la vainilla

❸ Con un rodillo de repostería, machacar 60 g de violetas confitadas. Cortar la cáscara de naranja confitada en cubitos pequeños o en tiritas delgadas.

❹ Batir la crema con el resto del azúcar (60 g) y con el azúcar a la vainilla. Escurrir las fresas. Colar el almíbar en un colador cubierto con una muselina.

❺ Distribuir la nieve de limón en el fondo de las copas frías. Agregar las fresas, luego las cáscaras de naranja y las violetas confitadas machacadas.

❻ Bañar con el almíbar y decorar con bolitas de crema batida y con el resto de las violetas confitadas.

■ **Preparación:** 20 min ■ **Maceración:** 30 min

> **EN ALGUNOS PAÍSES SE LLAMA:**
> Confitadas: *abrillantadas, cristalizadas, escarchadas, glaseadas.*
> Crema: *nata.* Fresa(s): *fresón, frutillas, madroncillo.* Rodillo:
> *bolillo, palo de amasar, palote, uslero.*

Jarabe de fresa

Para 1/2 litro de jarabe

- 750 g de fresas
- 80 g de azúcar
- 1 limón

❶ Lavar las fresas y quitarles el rabito. Molerlas en la licuadora o con el pasapuré. Pasarlas por un colador presionando bien la superficie con una cuchara.

❷ Mezclar el puré de fresa con el azúcar y el jugo de limón. Guardarlo en el refrigerador.

jarabe de frambuesa:
proceder de la misma manera utilizando 750 g de frambuesas (sin lavar) y cantidades iguales de azúcar y limón.

■ **Preparación:** 20 min

> **EN ALGUNOS PAÍSES SE LLAMA:**
> Fresa(s): *fresón, frutillas, madroncillo.* Pasapuré: *machacador, pisapapas, pisapuré.* Refrigerador: *heladera, nevera.*

Mermelada de fresa

Para 1 y 1/2 kg de mermelada

- 1 kg de fresas muy maduras

❶ Lavar las fresas y quitarles el rabito. Colocarlas en una terrina, espolvorearlas con azúcar y mezclar bien. Dejarlas macerar durante 12 horas.

❷ Colocar las fresas en una olla para mermelada junto con el jugo del limón y mezclar. Poner a hervir y, una vez

- 1 kg de azúcar para mermelada
- 1 limón

alcanzada la ebullición, cocer durante 5 minutos. Retirar las fresas con una espumadera y ponerlas en una ensaladera.

❸ Hervir los frascos. Hervir el almíbar durante 5 minutos para que se reduzca un poco. Volver a colocar las fresas en la olla y dejar que siga la cocción durante 5 minutos más. Repetir esta operación dos veces y retirar toda la espuma de la superficie al final de la cocción.

❹ Llenar los frascos con la mermelada y cerrarlos inmediatamente. Voltearlos y dejarlos boca abajo durante 24 horas.

■ **Preparación:** 20 min ■ **Maceración:** 12 h
■ **Cocción:** 20 min

> **EN ALGUNOS PAÍSES SE LLAMA:**
> Fresa(s): *fresón, frutillas, madroncillo.*

Mousse de fresa

Para 4 personas

- 600 g de fresas
- 160 g de azúcar granulada
- 1 cucharadita de licor de fresa
- 4 claras de huevo
- 1/2 limón

❶ Lavar las fresas y quitarles el rabito. Moler 400 g de las mismas en la licuadora. Mezclar este puré con 150 g de azúcar y agregarle el licor de fresa.

❷ Batir las claras de huevo a punto de turrón firme junto con el azúcar restante y agregarlas poco a poco y con mucho cuidado al puré de fresa. Distribuir este mousse en las copas en que se va a servir. Ponerlas en el refrigerador.

❸ Convertir el resto de las fresas (200 g) en un puré líquido agregándoles dos o tres cucharadas de agua y el jugo de limón. Bañar cada copa con este jarabe.

■ **Preparación:** 15 min ■ **Reposo:** 1 h

> **EN ALGUNOS PAÍSES SE LLAMA:**
> A punto de turrón: *a punto de nieve.* Fresa(s): *fresón, frutillas, madroncillo.* Refrigerador: *heladera, nevera.*

Nieve de fresas

Para 1 litro de nieve

- *1/2 kg de fresas*
- *250 g de azúcar granulada*
- *2 limones*
- *2 naranjas*

❶ Lavar las fresas y quitarles el rabito. Molerlas en la licuadora.

❷ Poner a hervir 200 ml de agua junto con el azúcar durante 5 minutos.

❸ Dejar enfriar y mezclar el almíbar con el puré de fresas, el jugo de los limones y el jugo de las naranjas.

❹ Ponerlas en la máquina para hacer helados y colocarla en el congelador.

■ **Preparación:** 15 min

> **EN ALGUNOS PAÍSES SE LLAMA:**
> Fresa(s): *fresón, frutillas, madroncillo.*

Soufflé de fresas

Para 6 u 8 personas

- *350 g de crema pastelera (→ ver pág. 874)*
- *300 g de fresas*
- *12 claras de huevo*
- *2 pizcas de sal*
- *10 g de mantequilla*
- *10 g de azúcar*

❶ Preparar la crema pastelera.

❷ Lavar las fresas y quitarles el rabito. Molerlas en la licuadora o con el pasapuré y mezclarlas con la crema pastelera.

❸ Batir las claras de huevo a punto de turrón muy firme junto con la sal. Luego, agregarlas a la crema pastelera con fresas, poco a poco y con un movimiento envolvente.

❹ Precalentar el horno a 200 °C.

❺ Engrasar con mantequilla y espolvorear con azúcar un molde para soufflé de 18 cm de diámetro. Hornear durante 5 minutos a 200 °C.

❻ Bajar la temperatura del horno a 180 °C y continuar la cocción durante 20 minutos más.

soufflé de frambuesas:
prepararlo de la misma manera. Las frambuesas no deben lavarse.

■ **Preparación:** 30 min ■ **Cocción:** 25 min

> **EN ALGUNOS PAÍSES SE LLAMA:**
> A punto de turrón: *a punto de nieve.* Fresa(s): *fresón, frutillas, madroncillo.* Mantequilla: *manteca.* Pasapuré: *machacador, pisapapas, pisapuré.*

Frambuesas

Mermelada de frambuesa

Para 1 y 1/2 kg de mermelada

- *1 kg de frambuesas*
- *800 g de azúcar granulada*
- *el jugo de un limón pequeño*

❶ Seleccionar y limpiar las frambuesas, sin enjuagarlas.

❷ Poner las frambuesas en una olla para mermelada junto con el azúcar y el jugo de limón. Mezclar los tres ingredientes con mucho cuidado.

❸ Poner a hervir a fuego muy bajo y espumar cuidadosamente. Una vez alcanzada la ebullición, continuar la cocción a fuego alto, removiendo con una cuchara de madera, durante unos 10 minutos.

❹ Colocar la mermelada en los frascos, cerrarlos, voltearlos y dejarlos boca abajo durante 24 horas.

mermelada de frambuesa con grosella:
derretir 600 g de azúcar junto con 400 g de gelatina de grosella en la olla para mermelada. Poner a hervir lentamente. Colocar las frambuesas en ese almíbar y continuar la cocción como se indica en la receta.

■ **Preparación:** 5 min ■ **Cocción:** de 10 a 15 min

Nieve de frambuesa

Para 1 litro de nieve

- *1 kg de frambuesas*
- *200 g de azúcar granulada*

❶ Escoger las mejores frambuesas, ponerlas en un colador de malla fina y machacarlas con el mazo de un mortero o con una cuchara de madera (los granitos deben quedar atrapados en el colador).

❷ Añadir el azúcar, mezclar bien y colocar todo en la máquina para hacer helados.

■ **Preparación:** 15 min

Queso fresco a la frambuesa

Para 4 personas

- *4 cucharadas de crema fresca*
- *4 frasquitos de queso fresco en muselina*

❶ Batir enérgicamente la crema fresca muy fría.

❷ Retirar los quesitos de sus frascos y colocarlos en los platos en que se van a servir. Rodearlos de frambuesas frescas.

- 1/2 kg de frambuesas
- azúcar granulada

❸ Colocarles encima una cucharada de crema fresca batida y espolvorear con azúcar al gusto.

Las frambuesas se pueden mezclar con frutas silvestres o también se puede servir este postre junto con un frasco de mermelada de frutas rojas.

■ **Preparación:** 10 min

EN ALGUNOS PAÍSES SE LLAMA:
Crema: *nata.*

Frutas mixtas

Bavarois a la criolla

Para 4 o 6 personas

- 3 plátanos
- 100 ml de ron
- 700 g de bavarois de crema (→ ver pág. 860)
- 1/2 cucharada de aceite de cacahuate
- 150 g de crema Chantilly (→ ver pág. 872)
- 2 rebanadas de piña en almíbar
- 20 g de pistaches

❶ Pelar los plátanos, cortarlos en rodajas y macerarlos en el ron.
❷ Preparar el bavarois de crema.
❸ Con un pincel, barnizar con aceite un molde para pastel. Verter una capa de bavarois de crema, cubrir esta capa con las rodajitas de plátano, luego volver a colocar una capa de bavarois y seguir así hasta finalizar con una capa de bavarois de crema. Poner en el refrigerador durante 5 o 6 horas.
❹ Preparar la crema Chantilly.
❺ Escurrir las rebanadas de piña y cortarlas en pedacitos pequeños.
❻ Para desmoldar el bavarois, meter el molde en un recipiente con agua caliente. Desmoldarlo sobre la fuente en que se va a servir. Distribuir encima los pedacitos de piña.
❼ Colocar la crema Chantilly en una manga con duya y decorar con ella el bavarois (también se pueden poner bolitas de crema con una cuchara pequeña). Espolvorear con los pistaches machacados.

■ **Preparación:** 1 h ■ **Refrigeración:** de 5 a 6 h

EN ALGUNOS PAÍSES SE LLAMA:
Cacahuate: *cacahuete, maní.* Duya: *boquillas.* Pastel: *cake, queque, torta.* Piña: *ananá.* Pistache: *pistacho.* Plátano: *banana, cambur.* Refrigerador: *heladera, nevera.*

Bavarois de frutas

Para 6 u 8 personas

- *600 g de bavarois de crema (→ ver pág. 860)*
- *3 sobrecitos de gelatina sin sabor*
- *1/2 limón*
- *1/2 litro de puré de frutas congelado*
- *2 cucharadas de coco rallado*
- *azúcar glas*

❶ Descongelar el puré de frutas (chabacano, piña, grosella, fresa, frambuesa, etc.).

❷ Preparar el bavarois de crema.

❸ Disolver la gelatina durante 15 minutos en agua fría.

❹ Añadir el jugo de limón al puré de frutas y dejar que la cuarta parte del mismo se entibie un poco, agregarle la gelatina disuelta, mezclar bien, verterlo al resto del puré de frutas y volver a mezclar bien.

❺ Agregar esta preparación al bavarois de crema, mezclar y verter en un molde para pastel de 22 cm o en un molde para carlota de 18 cm y ponerlo en el refrigerador durante 6 u 8 horas.

❻ Desmoldar el bavarois sobre una fuente circular después de haberlo sumergido algunos instantes en un recipiente con agua caliente.

❼ Tostar ligeramente el coco rallado en el horno caliente (a 200 °C) y usarlo para decorar el bavarois. Espolvorear con el azúcar glas.

■ **Preparación:** 1 h ■ **Cocción:** de 6 a 8 h

> **EN ALGUNOS PAÍSES SE LLAMA:**
>
> Azúcar glas: *azúcar de repostería, azúcar glasé, azúcar impalpable.* Chabacano: *albaricoque, damasco.* Fresa(s): *fresón, frutillas, madroncillo.* Pastel: *cake, queque, torta.* Piña: *ananá.* Refrigerador: *heladera, nevera.*

Budín de pan con frutas confitadas

Para 6 u 8 personas

- *230 g de frutas confitadas*
- *80 g de pasitas*
- *100 ml de ron*
- *1 pan brioche de 1/2 kg*
- *40 g de mantequilla*
- *200 g de azúcar granulada*
- *1 cucharada de azúcar a la vainilla*

❶ Picar las frutas confitadas, luego de haber reservado algunas para la decoración. Macerarlas en el ron junto con las pasitas durante 1 hora.

❷ Precalentar el horno a 150 °C.

❸ Cortar el pan brioche en rebanadas de 2 cm de espesor. Retirarle la costra, untar mantequilla en las rebanadas de pan por ambos lados y dorarlas ligeramente en la parrilla del horno, volteándolas.

❹ Escurrir las pasitas y las frutas confitadas. Reservar el ron en que se maceraron.

- *250 ml de leche*
- *6 huevos*

⑤ Engrasar con mantequilla un molde para carlota de 22 cm de diámetro y espolvorearlo con azúcar granulada. Distribuir una capa de las rebanadas de pan tostado en el fondo del molde, luego, cubrirla con las frutas maceradas. Poner otra capa de rebanadas de pan, luego una capa de frutas y continuar de esta manera hasta que el molde esté lleno.

⑥ Mezclar en un recipiente grande el azúcar granulada y el azúcar a la vainilla con la leche.

⑦ Batir los huevos con el tenedor y agregarlos al recipiente junto con el ron resultante de la maceración.

⑧ Verter esta preparación poco a poco en el molde para que el pan tenga tiempo de absorber el líquido.

⑨ Colocar el molde en un baño maría y hornearlo durante 1 hora.

⑩ Retirarlo del horno y dejar que se enfríe por completo. Desmoldar el budín sobre la fuente en que se va a servir. Decorar con las frutas confitadas que se habían apartado.

⑪ Poner la fuente en el refrigerador hasta el momento de servir.

■ **Preparación:** 35 min ■ **Maceración:** 1 h ■ **Cocción:** 1 h

> **EN ALGUNOS PAÍSES SE LLAMA:**
> Frutas confitadas: *frutas abrillantadas, frutas cristalizadas, frutas escarchadas, frutas glaceadas o glaseadas.* Mantequilla: *manteca.* Pasitas: *pasas, pasas de uva, uvas pasas, uvas secas.* Refrigerador: *heladera, nevera.*

Compota del viejo vinicultor

Para 6 u 8 personas

- *350 g de manzanas un poco ácidas*
- *250 g de azúcar*
- *250 ml de vino tinto*
- *1 clavo de olor*
- *1 pizca de canela*
- *250 g de peras*
- *250 g de duraznos*
- *20 g de mantequilla*
- *90 g de uvas frescas*

❶ Pelar las manzanas, cortarlas en cuatro, quitarles las semillas y ponerlas en una cacerola con 100 g de azúcar. Tapar la cacerola y cocer a fuego muy bajo hasta que las frutas estén casi completamente cocidas.

❷ Poner a hervir el resto del azúcar (150 g) con el vino tinto, el clavo de olor y la canela.

❸ Pelar las peras y los duraznos. Cortar las peras en cuatro y quitarles las semillas. Cortar los duraznos a la mitad y quitarles el hueso. Recuperar el jugo que suelten estas frutas y ponerlo junto con las frutas cortadas en el almíbar hirviendo. Cocer durante 15 minutos.

④ Agregar la mantequilla a la compota de manzanas y verter esta última en una ensaladera grande de cristal. Escurrir los duraznos y las peras con una espumadera y acomodarlos sobre la compota de manzanas.

⑤ Poner las uvas en el almíbar hirviendo, dejarlas ahí durante 3 minutos y luego escurrirlas y agregarlas a las otras frutas.

⑥ Retirar el clavo de olor del almíbar y dejar que éste se reduzca hasta que espese. Usarlo para bañar la compota. Dejar que todo se enfríe por completo a temperatura ambiente antes de servir.

■ **Preparación:** 40 min ■ **Cocción:** 15 min

> **EN ALGUNOS PAÍSES SE LLAMA:**
> Durazno: *melocotón.* Hueso: *carozo.* Mantequilla: *manteca.* Quitar las semillas: *despepitar.*

Copas de crema Hawai

Para 4 personas

- *250 ml de jarabe de almendras (→ ver pág. 907)*
- *200 g de fresas*
- *4 rebanadas de piña en lata*
- *100 g de jarabe de frambuesa (→ ver pág. 935)*
- *100 g de crema Chantilly (→ ver pág. 872)*

① Preparar el jarabe de almendras y ponerlo en el refrigerador.

② Lavar, secar y quitarles el rabito a las fresas. Si son demasiado grandes, partirlas a la mitad.

③ Escurrir las rebanadas de piña en almíbar y cortarlas en pedacitos pequeños.

④ Preparar el jarabe de frambuesas (también puede usarse un jarabe de frambuesas congelado).

⑤ Preparar la crema Chantilly y colocarla en una manga con duya.

⑥ Llenar las copas con fresas y los cubitos de piña, bañar con el jarabe de almendras y el jarabe de frambuesas. Decorar con un domo de crema Chantilly realizado con la manga con duya. Servir muy frío.

■ **Preparación:** 30 min

> **EN ALGUNOS PAÍSES SE LLAMA:**
> Duya: *boquillas.* Fresa(s): *fresón, frutillas, madroncillo.* Piña: *ananá.* Refrigerador: *heladera, nevera.*

Ensalada de frutas con kirsch y marrasquino

Para 6 u 8 personas

- 2 limones
- 6 duraznos
- 2 manzanas
- 2 peras
- 3 plátanos
- 6 chabacanos
- 150 g de fresas
- 150 g de frambuesas
- 3 cucharadas de azúcar granulada
- 200 ml de kirsch
- 200 ml de marrasquino
- 24 almendras frescas
- de 5 a 10 hojas de menta

❶ Exprimir los limones y colocar el jugo en una ensaladera. Pelar los duraznos, las manzanas y las peras. Cortar todas estas frutas en tiritas pequeñas. Pelar los plátanos y cortarlos en rodajas. Cortar los chabacanos en pedacitos.

❷ Poner todas las frutas en la ensaladera que contiene el jugo de limón, una a la vez, y luego mezclarlas para evitar que se oscurezcan. Agregar 100 g de fresas y 100 g de frambuesas. Luego, añadir el azúcar. Bañar con el kirsch y el marrasquino. Mezclar con mucho cuidado. Dejar macerar las frutas durante 1 hora en el refrigerador.

❸ Mientras tanto, pelar las almendras y partirlas a la mitad.

❹ Servir la ensalada de frutas en copas grandes. Decorarlas con el resto de las frambuesas y las fresas, con las almendras y con las hojitas de menta.

■ **Preparación:** 20 min ■ **Maceración:** 1 h

> **EN ALGUNOS PAÍSES SE LLAMA:**
> Chabacano: *albaricoque, damasco.* Durazno: *melocotón.* Fresa(s): *fresón, frutillas, madroncillo.* Plátano: *banana, cambur.* Refrigerador: *heladera, nevera.*

Ensalada de peras y duraznos con frambuesas

Para 4 o 6 personas

- 4 peras
- 4 duraznos
- 1 limón
- 3 cucharadas de azúcar granulada
- 200 g de frambuesas

❶ Pelar las peras y los duraznos. Cortar la pulpa de ambas frutas en cubitos y ponerlos en una ensaladera junto con el jugo de limón. Mezclar bien y espolvorear con el azúcar.

❷ Añadir encima las frambuesas y colocar en el refrigerador durante al menos 3 horas.

❸ Mezclar con suavidad al momento de servir.

■ **Preparación:** 10 min ■ **Refrigeración:** 3 h

> **EN ALGUNOS PAÍSES SE LLAMA:**
> Durazno: *melocotón.* Refrigerador: *heladera, nevera.*

Jarabe de frutas frescas

Para 1 litro de jarabe

- *1 kg de frutas mixtas: chabacanos, fresas, frambuesas, duraznos, grosellas, etc.*
- *200 g de azúcar*
- *2 limones*

❶ Preparar todas las frutas (lavar algunas, quitarles el rabito o deshuesar otras).

❷ Si se desea, cortar las frutas en pedacitos y molerlas en la licuadora junto con el azúcar y el jugo de los limones.

Este jarabe puede realizarse con una sola fruta o con una mezcla de dos, tres o más frutas, lo que permite utilizar las frutas de temporada, cuando su precio es más bajo. Puede congelarse en recipientes de plástico y guardarse para ser consumido durante otra estación del año.

■ **Preparación:** 15 min

> **EN ALGUNOS PAÍSES SE LLAMA:**
> Chabacano: *albaricoque, damasco*. Deshuesar: *descarozar*. Durazno: *melocotón*. Fresa(s): *fresón, frutillas, madroncillo*.

Mermelada de cuatro frutas

Para 4 kg de mermelada, aproximadamente

- *1/2 kg de fresas*
- *1/2 kg de cerezas ácidas*
- *1/2 kg de grosellas*
- *1/2 kg de frambuesas*
- *1 kg y 700 g de azúcar para mermelada*

❶ Lavar las fresas y quitarles el rabito. Quitar el rabito a las cerezas y deshuesarlas. Desgranar las grosellas.

❷ Verter medio litro de agua en una olla para mermelada y agregarle el azúcar. Calentar a fuego medio removiendo de vez en cuando. Dejar que el almíbar se concentre hasta que algunas gotitas del mismo, al echarse en agua fría, formen unas bolitas blandas.

❸ Colocar las cerezas en el almíbar. Cocerlas a fuego alto durante 20 minutos.

❹ Agregar las fresas y calcular otros 15 minutos de cocción.

❺ Luego, añadir las grosellas y las frambuesas y cocer durante 5 minutos más.

❻ Hervir los frascos y voltearlos sobre un trapo limpio. Espumar la mermelada y verterla en los frascos. Cerrarlos inmediatamente y dejarlos boca abajo durante 24 horas.

■ **Preparación:** 20 min ■ **Cocción:** 45 min

> **EN ALGUNOS PAÍSES SE LLAMA:**
> Deshuesar: *descarozar*. Fresa(s): *fresón, frutillas, madroncillo*. Trapo: *paño, repasador, toalla o trapo de cocina*.

Ribete de sémola con frutas

Para 4 o 6 personas

- 1 y 1/2 kg de sémola con leche (→ ver pág. 894)
- 100 g de frutas confitadas
- 1/2 kg de crema inglesa (→ ver pág. 873) o jarabe de frutas congelado
- 1 lata grande de piñas o duraznos en almíbar, o bien de ensalada o coctel de frutas en almíbar

❶ Preparar la sémola con leche. Agregarle las frutas confitadas cortadas en cubitos.

❷ Colocar todo en un molde para flan de 23 cm de diámetro y hornear durante 30 minutos en el horno previamente calentado a 180 °C.

❸ Mientras tanto, preparar la crema inglesa o descongelar el jarabe de frutas elegido.

❹ Desmoldar el ribete de sémola. Escurrir las frutas en almíbar, volver a cortarlas en cubitos y colocarlas en el centro del ribete de sémola. Bañar con la crema inglesa o con el jarabe de frutas y servir.

■ **Preparación:** 15 min ■ **Cocción:** 30 min

> **EN ALGUNOS PAÍSES SE LLAMA:**
> Durazno: *melocotón*. Frutas confitadas: *frutas abrillantadas, frutas cristalizadas, frutas escarchadas, frutas glaceadas o glaseadas*. Piña: *ananá*.

Sorpresa de melón a la parisina

Para 4 o 6 personas

- 1 melón de aproximadamente 2 kg
- 100 g de chabacanos o duraznos
- 50 g de ciruelas
- 50 g de uvas
- 100 g de fresas
- 100 g de frambuesas
- 100 g de azúcar granulada
- 70 ml de licor de durazno
- hielo granizado

❶ Retirarle una "tapa" al melón del lado del pedúnculo. Quitarle las semillas y las fibras. Luego, vaciarlo con una cuchara, teniendo mucho cuidado de no maltratar la cáscara. Cortar la pulpa en cuadritos y poner estos últimos en una ensaladera.

❷ Cortar los chabacanos, o los duraznos, en cubos (si se trata de duraznos, primero hay que quitarles la piel). Deshuesar las ciruelas. Colocar estas frutas en la ensaladera junto con los cubitos de melón.

❸ Añadir el resto de las frutas. Espolvorearlas con azúcar, verterles el licor de durazno y mezclar con mucha delicadeza para que las frambuesas no se deshagan.

❹ Rellenar la cáscara de melón con todas las frutas, volver a ponerle la "tapa" y ponerlo en el refrigerador durante 2 horas.

⑤ Poner el hielo granizado en una ensaladera muy grande para que el melón se detenga de manera estable y servir.

■ **Preparación:** 30 min ■ **Refrigeración:** 2 h

> **EN ALGUNOS PAÍSES SE LLAMA:**
> Chabacano: *albaricoque, damasco*. Deshuesar: *descarozar*. Durazno: *melocotón*. Fresa(s): *fresón, frutillas, madroncillo*. Quitar las semillas: *despepitar*. Refrigerador: *heladera, nevera*.

Frutas exóticas mixtas

Ensalada exótica con limón agrio

Para 6 personas

- 4 limones verdes agrios
- 1 piña (o una lata de piñas en trocitos al natural)
- 3 mangos
- 3 plátanos
- 4 cucharadas de azúcar cristalizada

① Exprimir los limones y colocar el jugo en una ensaladera. Pelar las frutas y luego cortarlas de la siguiente manera: la piña en cubitos, los mangos en tiritas y los plátanos en rodajas.

② Colocar todas estas frutas en la ensaladera que contiene el jugo de limón, mezclarlas, luego escurrirlas y volverlas a colocar en la ensaladera. Espolvorear con azúcar y poner en el refrigerador durante 3 horas.

③ Al momento de servir, agregar una cucharada de jugo de limón y mezclar bien.

■ **Preparación:** 15 min ■ **Refrigeración:** 3 h

> **EN ALGUNOS PAÍSES SE LLAMA:**
> Piña: *ananá*. Plátano: *banana, cambur*. Refrigerador: *heladera, nevera*.

Merengue de frutas exóticas a la vainilla

Para 8 personas

- 200 g de crema pastelera (→ ver pág. 874)
- 250 g de crema Chantilly (→ ver pág. 872)

① Preparar la crema pastelera y la crema Chantilly y ponerlas en el refrigerador.

② Pelar el mango, el kiwi y la piña. Cortarlos en tiritas y ponerlas en una ensaladera, agregar la pulpa de las frutas de la pasión y las semillas de la granada.

- 1 mango bien maduro
- 1 kiwi
- 1 piña pequeña
- 8 frutas de la pasión
- 1/4 de granada
- 1 vaina de vainilla
- 90 g de merengue a la francesa (→ ver pág. 991)

❸ Partir y raspar la vaina de vainilla por encima de la ensaladera, agregarle la crema pastelera, mezclar bien y luego incorporar la crema Chantilly. Precalentar el horno a 150 °C.

❹ Preparar el merengue a la francesa y colocarlo en una manga con duya lisa. Distribuir la crema de frutas en platos hondos que se puedan meter en el horno. Luego, decorar tres cuartas partes de la superficie de cada plato con bolitas de merengue muy apretadas.

❺ Colocar los platos en el horno durante 8 o 10 minutos para que el merengue se dore y servir inmediatamente.

■ **Preparación:** 45 min ■ **Cocción:** de 8 a 10 min

EN ALGUNOS PAÍSES SE LLAMA:
Duya: *boquillas.* Fruta de la pasión: *maracuyá, parcha, parchita.* Piña: *ananá.* Refrigerador: *heladera, nevera.*

Nieve de frutas exóticas

Para 1 litro de nieve

- 1 piña
- 2 mangos
- 1 plátano
- 1 limón
- azúcar granulada
- 1 cucharada de azúcar a la vainilla
- 1 pizca de canela en polvo

❶ Pelar la piña, cortarla en cuatro, retirarle el corazón y picar la pulpa en cubitos, recuperando el jugo que suelte. Cortar los mangos a la mitad, deshuesarlos y extraerles la pulpa con una cucharita. Pelar el plátano y cortarlo en rodajas.

❷ Moler todas estas frutas en la licuadora junto con el jugo de limón y medir el volumen de la preparación resultante.

❸ Agregar 75 g de azúcar granulada por cada cuarto de litro del puré de frutas. Mezclar bien con el batidor manual, luego incorporar el azúcar a la vainilla y la canela. Poner toda la preparación en la máquina para hacer helados.

■ **Preparación:** 15 min

EN ALGUNOS PAÍSES SE LLAMA:
Deshuesar: *descarozar.* Piña: *ananá.* Plátano: *banana, cambur.*

Fruta de la pasión

Jarabe de fruta de la pasión

Para 1/2 litro de jarabe

- *800 g de frutas de la pasión*
- *1 limón*
- *50 g de azúcar*

❶ Pelar las frutas de la pasión, cortarlas en pedacitos pequeños y molerlas con el pasapuré. Luego pasarlas por un colador de malla fina.

❷ Añadir tres cucharadas de agua, el jugo del limón y el azúcar. Mezclar bien.

❸ Guardar en el refrigerador hasta el momento de servir.

■ **Preparación:** 15 min

> **EN ALGUNOS PAÍSES SE LLAMA:**
> Fruta de la pasión: *maracuyá, parcha, parchita.* Pasapuré: *machacador, pisapapas, pisapuré.* Refrigerador: *heladera, nevera.*

Mousse de fruta de la pasión

Para 6 personas

- *5 o 6 frutas de la pasión*
- *1 lata de leche condensada*
- *500 ml de crema*
- *200 g de azúcar glas*
- *1 cucharada de gelatina sin sabor*
- *1/4 de taza de agua*

❶ Preparar el jugo de maracuyá con una poca de agua y colarlo. Reservar.

❷ Batir la crema hasta que empiece a endurecerse y agregar el azúcar. Agregar la leche condensada y seguir batiendo hasta que tenga consistencia espesa.

❸ Hidratar la gelatina en el agua.

❹ Calentar una parte de jugo y diluir la gelatina. Verter el resto del jugo.

❺ Incorporar a la crema el jugo y poner en el refrigerador por 2 o 3 horas.

■ **Preparación:** 20 min ■ **Refrigeración:** 2 a 3 h

> **EN ALGUNOS PAÍSES SE LLAMA:**
> Azúcar glas: *azúcar de repostería, azúcar glasé, azúcar impalpable.* Crema: *nata.* Fruta de la pasión: *maracuyá, parcha, parchita.* Refrigerador: *heladera, nevera.*

Nieve de fruta de la pasión

Para 1 litro de nieve

- 800 g de frutas de la pasión
- 300 g de azúcar
- 1/2 limón

❶ Pelar las frutas de la pasión, cortarlas en pedacitos pequeños y molerlas con el pasapuré. Luego pasarlas por un colador de malla fina.

❷ Poner a hervir 250 ml de agua junto con el azúcar. Agregar este almíbar al puré de frutas de la pasión junto con algunas gotas de jugo de limón. Mezclar bien y colocar todo en la máquina para hacer helados hasta que cuaje.

■ **Preparación:** 15 min

EN ALGUNOS PAÍSES SE LLAMA:
Fruta de la pasión: *maracuyá, parcha, parchita.* Pasapuré: *machacador, pisapapas, pisapuré.*

Grosellas

Jalea de grosella

Para 2 kg de jalea, aproximadamente

- 1 y 1/2 kg de grosellas
- 1 kg de azúcar para mermelada

❶ Hervir los frascos.

❷ Lavar las grosellas, desgranarlas, escurrirlas y colocarlas en una olla para hacer mermelada. Agregar 100 ml de agua y calentar a fuego medio. Dejar que las grosellas se deshagan para que suelten el jugo y, al mismo tiempo, presionar las frutas con el reverso de una espumadera. Poner a hervir.

❸ Agregar el azúcar y mezclar bien. Dejar que hierva durante aproximadamente 3 minutos. Luego, retirar la olla del fuego.

❹ Cubrir un colador con un trapo limpio y delgado. Verter el contenido de la olla y dejarlo escurriendo durante 30 minutos.

❺ Tomar una punta del trapo en cada mano, inclinando un poco los brazos para formar una especie de bolsa. Retorcer el trapo para que salga la máxima cantidad posible de jugo.

❻ Colocar la jalea en frascos, cerrarlos inmediatamente y ponerlos boca abajo hasta que se enfríen por completo.

jalea de frambuesa:
utilizar la misma cantidad de azúcar y de fruta, sustituyendo las grosellas por frambuesas.

■ **Preparación:** 10 min ■ **Cocción:** alrededor de 6 min

EN ALGUNOS PAÍSES SE LLAMA:
Trapo: *paño, repasador, toalla o trapo de cocina.*

Grosellas con jarabe de frambuesa

Para 4 personas

- *1/2 kg de grosellas rojas y blancas*
- *250 g de frambuesas*
- *150 g de azúcar granulada*
- *200 ml de crema fresca*

❶ Lavar y desgranar las grosellas y luego ponerlas en una ensaladera.

❷ Poner las frambuesas en una cacerola, calentarlas a fuego lento y luego machacarlas con el reverso de una cuchara. Una vez que se haya alcanzado la ebullición, retirar la cacerola del fuego.

❸ Colocar las frambuesas en un colador fino y presionarlas cuidadosamente con una cuchara para separar la pulpa del jugo. Agregar el azúcar al jugo de las frambuesas. Bañar las grosellas con este jarabe mientras todavía esté tibio y después meter la ensaladera en el refrigerador.

❹ Algunos minutos antes de servir, batir la crema fresca mientras esté muy fría. Distribuir las grosellas con el jugo de frambuesas en copas de vidrio, bañarlas con la crema batida y servir de inmediato.

Si se utilizan grosellas congeladas, es necesario prever una hora de descongelación a temperatura ambiente.

■ **Preparación:** 15 min (con 2 h de anticipación)

■ **Cocción:** de 6 a 7 min

EN ALGUNOS PAÍSES SE LLAMA:
Crema: *nata.* Refrigerador: *heladera, nevera.*

Nieve de grosella

Para 1 litro de nieve

- *1 kg de grosellas*
- *250 g de azúcar granulada*

❶ Escoger y lavar las grosellas.

❷ Colocar las frambuesas en un colador fino y machacarlas con el mazo de un mortero o con una cuchara de madera (las semillitas deben quedarse en el colador).

❸ Agregar el azúcar, mezclar bien y poner la mezcla en la máquina para hacer helados hasta que cuaje.

■ **Preparación:** 15 min

Mangos

Compota de mango

Para 4 personas

- *2 limones bien lavados*
- *2 kg de mangos*
- *50 g de azúcar granulada*
- *2 pizcas de canela*

❶ Rallar la cáscara de uno de los limones y exprimir el jugo de ambos.

❷ Cortar los mangos en dos y quitarles el hueso. Luego, con una cuchara pequeña sacarles la pulpa y ponerla en una cacerola. Agregar el jugo de los dos limones, la cáscara del limón, el azúcar y la canela. Cubrir todo con agua. Dejar que hierva, espumar, bajar la intensidad del fuego y, una vez alcanzada la ebullición, cocer durante unos 30 minutos.

❸ Vaciar la compota en una ensaladera grande, dejar que se enfríe y luego meterla en el refrigerador al menos 1 hora antes de servir.

■ **Preparación:** 15 min ■ **Cocción:** 30 min
■ **Refrigeración:** 1 h

> EN ALGUNOS PAÍSES SE LLAMA:
> Hueso: *carozo*. Refrigerador: *heladera, nevera*.

Nieve de mango

Para 1 litro de nieve

- *1 kg y 200 g de mangos bien maduros*
- *1 limón*
- *150 g de azúcar granulada*

❶ Pelar los mangos, quitarles los huesos y cortarlos en pedazos.

❷ Moler los pedazos de mango en la licuadora o con el pasapuré.

❸ Exprimir el limón y añadir su jugo al puré de mango junto con el azúcar. Mezclar bien y poner la mezcla en la máquina para hacer helados hasta que cuaje.

■ **Preparación:** 10 min

> EN ALGUNOS PAÍSES SE LLAMA:
> Hueso: *carozo*. Pasapuré: *machacador, pisapapas, pisapuré*.

Castañas

Budín Nesselrode

Para 6 u 8 personas

- *70 g de cáscaras de naranja y de cerezas confitadas*
- *50 ml de málaga*
- *60 g de pasitas de Corinto y de Esmirna*
- *1/2 kg de crema inglesa (→ ver pág. 873)*
- *125 g de puré de castañas en lata*
- *1/2 kg de crema batida (→ ver pág. 871)*
- *70 ml de marrasquino*
- *12 marrons glacés*

❶ Cortar las cáscaras de naranja y las cerezas confitadas en cubitos pequeños y ponerlos a macerar durante 1 hora en el málaga.

❷ Poner las pasitas en agua tibia hasta que se esponjen.

❸ Preparar la crema inglesa y luego mezclarla con el puré de castañas.

❹ Preparar la crema batida y agregarle el marrasquino.

❺ Mezclar la crema con castañas, las frutas confitadas, las pasitas y la crema batida.

❻ Verter esta mezcla en un molde para carlota de 18 cm de diámetro. Tapar el molde con una película plástica auto-adherente y meterlo en el congelador durante 1 hora.

❼ Desmoldar el pudín sobre la fuente en que se va a servir luego de pasarlo rápidamente por agua caliente. Decorarlo con una corona de marrons glacés.

■ **Preparación:** 1 h ■ **Congelación:** 1 h

> **EN ALGUNOS PAÍSES SE LLAMA:**
> Confitadas: *abrillantadas, cristalizadas, escarchadas, glaseadas.*
> Pasitas: *pasas, pasas de uva, uvas pasas, uvas secas.*

Mont-blanc

Para 4 o 6 personas

- *200 g de merengue a la francesa (→ ver pág. 991)*
- *80 g de mantequilla*
- *300 g de pasta de castañas*
- *400 g de crema de castañas*
- *50 ml de ron*
- *400 g de crema Chantilly (→ ver pág. 872)*
- *pedacitos de marrons glacés*

❶ Precalentar el horno a 120 °C.

❷ Preparar el merengue a la francesa y colocarlo en una manga con una duya de 1 cm de diámetro.

❸ Forrar con una hoja de papel encerado una placa para repostería y formar una corona de merengue de 24 cm de diámetro que contenga varios anillos concéntricos (de aproximadamente 6 cm de ancho), de manera que formen una base. Hornear la corona de merengue durante 45 minutos a 120 °C y, luego, durante 2 horas a 100 °C.

❹ Ablandar la mantequilla en un baño maría, o bien en el horno de microondas hasta que se ponga muy suave. Agregarle la pasta de castañas y amasar bien todo. Cuando la mezcla esté homogénea, agregarle la crema de castañas, luego el ron y volver a mezclar todo muy bien.

⑤ Colocar esta crema en una manga con una duya de hoyitos y formar con ella vermicelli de crema de castañas sobre la base de merengue.

⑥ Preparar la crema Chantilly. Colocarla en una manga con una duya acanalada y formar rosetones pequeños sobre los vermicelli de crema de castañas. Espolvorear cada rosetón con los pedacitos de marrons glacés.

■ **Preparación:** 1 h ■ **Cocción:** 2 h 45 min

> **EN ALGUNOS PAÍSES SE LLAMA:**
> Duya: *boquillas*. Mantequilla: *manteca*.

Pastel helado de castañas

Para 6 u 8 personas

- *1 litro de helado de vainilla (→ ver pág. 882)*
- *150 g de pasta de castañas*
- *150 g de puré de castañas*
- *700 g de pasta de almendras (→ ver pág. 995)*
- *azúcar glas*
- *8 marrons glacés grandes*

El día anterior

① Preparar el helado de vainilla pero, cuando aún se encuentra en el estado de crema inglesa cocida, agregarle la pasta y el puré de castañas. Dejar que se enfríe y luego meterlo en la máquina para hacer helados.

② Preparar la pasta de almendras y ponerla en una manga con una duya de 1 y 1/2 cm de diámetro. Precalentar el horno a 160 °C.

③ Forrar una placa para repostería con una hoja de papel encerado. Colocar en ella dos discos de pasta de almendras de 22 cm de diámetro cada uno, comenzando por el centro y formando una espiral.

④ Hornear durante 30 minutos a 160 °C. Luego, bajar la temperatura del horno a 140 °C y cocer durante 1 hora más. Si el horno no es lo suficientemente grande, será necesario cocer los discos por separado. Dejar que se enfríen por completo.

⑤ Para despegar los discos del papel encerado, colocar el papel sobre un trapo mojado extendido sobre la mesa de trabajo. Mantener los discos a temperatura ambiente, tapados con un trapo.

El mismo día

⑥ Sacar el helado del congelador 1 hora antes de que se vaya a servir, para que se suavice. Con una espátula, colocar el helado sobre el primer círculo de masa, formando una capa espesa. Luego, colocar encima el segundo disco.

❼ Espolvorear con azúcar glas y decorar con los marrons glacés.

■ **Preparación:** 20 min (con 24 h de anticipación)

■ **Cocción:** 1 h 30 min

> **EN ALGUNOS PAÍSES SE LLAMA:**
> Azúcar glas: *azúcar de repostería, azúcar glasé, azúcar impalpable.* Duya: *boquillas.* Pastel: *cake, queque, torta.* Trapo: *paño, repasador, toalla o trapo de cocina.*

Soufflé dulce de castañas

Para 4 o 6 personas

- *300 g de crema pastelera (→ ver pág. 874)*
- *4 cucharadas de puré de castañas con azúcar y vainilla*
- *5 claras de huevo*
- *1 pizca de sal*
- *70 g de pedacitos de marrons glacés*
- *10 g de mantequilla*
- *1 cucharada de harina*

❶ Preparar la crema pastelera y agregarle el puré de castañas. Mezclar bien.

❷ Precalentar el horno a 190 °C.

❸ Batir las claras de huevo a punto de turrón junto con la sal. Incorporar una cuarta parte de las claras batidas a la crema pastelera con castañas. Después, agregarle la mitad de los pedacitos de marrons glacés.
Finalmente, incorporar el resto de las claras batidas y mezclar con movimientos suaves y envolventes.

❹ Engrasar con mantequilla un molde para soufflé de 18 cm de diámetro y enharinarlo. Verter la preparación en el molde. Alisar la superficie de la mezcla y espolvorearla con la otra mitad de los pedacitos de marrons glacés.

❺ Meter el molde en el horno y reducir de inmediato la temperatura a 170 °C. Hornear de 20 a 25 minutos.

■ **Preparación:** 20 min ■ **Cocción:** de 20 a 25 min

> **EN ALGUNOS PAÍSES SE LLAMA:**
> A punto de turrón: *a punto de nieve.* Mantequilla: *manteca.*

Melón

Jarabe de melón

Para 1/2 litro de jarabe

- *1 melón de 1 kg, aproximadamente*
- *50 g de azúcar*

❶ Cortar el melón, quitarle las semillas y los filamentos. Extraer toda la pulpa con una cuchara.

❷ Moler la pulpa en la licuadora y agregarle el azúcar.

❸ Meter el jarabe en el refrigerador o bien congelarlo.

■ **Preparación:** 10 min

Melón frappé

Para 6 personas

- *6 melones chicos*
- *1 litro de nieve comercial de melón*
- *200 ml de oporto*
- *hielo granizado*

❶ Destapar los melones del lado del pedúnculo. Quitarles las semillas y los filamentos y luego extraer con mucho cuidado la pulpa con una cuchara parisina, formando bolitas pequeñas. Poner las bolitas de melón en un recipiente grande y hondo. Agregarles el oporto y dejar que se maceren durante 2 horas en el refrigerador.

❷ Poner en el refrigerador las cáscaras y las "tapas" de los melones durante el mismo tiempo.

❸ Llenar las cáscaras vacías de los melones con capas alternadas de nieve y bolitas de melón. Bañar con el oporto de la maceración. Volver a "tapar" los melones.

❹ Presentar los melones en copas individuales con un poco de hielo granizado y servir de inmediato.

■ **Preparación:** 10 min

■ **Maceración y Refrigeración:** 2 h

Mermelada de melón

Para 1 kg de mermelada

- *700 g de pulpa de melón*
- *450 g de azúcar*

❶ Cortar el melón en dos. Quitarle las semillas y extraerle la pulpa. Cortar la pulpa en pedacitos y ponerlos en una terrina. Agregar el azúcar y mezclar bien. Dejar macerar en un lugar fresco de 3 a 4 horas.

❷ Hervir los frascos.

❸ Colocar los pedacitos de melón junto con su jugo de maceración en una olla para mermelada y cocer alrededor de 15 minutos, sin dejar de remover.

❹ Distribuir la mermelada en los frascos previamente hervidos y cerrarlos de inmediato.

■ **Preparación:** 15 min ■ **Maceración:** de 3 a 4 h
■ **Cocción:** alrededor de 15 min

> **EN ALGUNOS PAÍSES SE LLAMA:**
> Quitar las semillas: *despepitar.*

Moras

Jarabe de moras

Para 1/2 litro de jarabe

- *1/2 kg de moras*
- *50 g de azúcar*
- *1/2 limón*

❶ Escoger las mejores moras, lavarlas y quitarles el rabito. Poner un colador encima de una ensaladera, vaciar las moras en él y machacarlas con una cuchara para extraerles todo el jugo.
❷ Mezclar el jugo de las moras contenido en la ensaladera con el azúcar y con el jugo de limón.
❸ Meter el jarabe en el refrigerador o bien congelarlo.

■ **Preparación:** 15 min

> **EN ALGUNOS PAÍSES SE LLAMA:**
> Refrigerador: *heladera, nevera.*

Mermelada de mora

Para 1 kg de mermelada

- *1/2 kg de moras*
- *1/2 limón*
- *450 g de azúcar, aproximadamente*

❶ Escoger las mejores moras, lavarlas y quitarles el rabito. Pesarlas y luego ponerlas en una ensaladera con medio vaso de agua. Dejarlas remojar ahí durante al menos 12 horas.
❷ Hervir los frascos.
❸ Verter las moras junto con su jugo de maceración en una olla para mermelada, agregarles el jugo de limón, dejar que hiervan y, una vez alcanzada la ebullición, cocer durante 10 minutos a fuego muy bajo. En ese momento, agregar el azúcar (900 g por cada kilo de moras utilizado), dejar que hiervan nuevamente, espumar y cocer durante 15 minutos más, removiendo de vez en cuando.

④ Distribuir la mermelada en los frascos previamente hervidos y cerrarlos de inmediato.

■ **Preparación:** 10 min ■ **Reposo:** 12 h

■ **Cocción:** alrededor de 25 min

Avellana

Pasta de avellanas

Para 6 personas

- *130 g de avellanas*
- *8 claras de huevo*
- *160 g de azúcar granulada*
- *40 g de harina*
- *110 g de mantequilla*
- *azúcar glas*

① Precalentar el horno a 250 °C.

② Triturar burdamente las avellanas con un rodillo para repostería. Colocarlas sobre una charola y hornearlas de 3 a 4 minutos en el horno ya caliente para que se tuesten.

③ En un recipiente hondo, mezclar las claras de huevo sin batir y el azúcar. Agregar las avellanas tostadas y después la harina cernida. Mezclar bien todo.

④ Derretir 100 g de mantequilla, agregarlos a la preparación de avellanas y revolver hasta que la mantequilla se haya absorbido por completo.

⑤ Bajar la temperatura del horno a 200 °C.

⑥ Engrasar con mantequilla un molde pequeño para pastel, verter en él la mezcla y hornear durante 30 minutos.

⑦ Sacar la pasta del horno, dejar que se enfríe un poco, desmoldar y espolvorear con el azúcar glas.

■ **Preparación:** 20 min ■ **Cocción:** 35 min

EN ALGUNOS PAÍSES SE LLAMA:

Azúcar glas: *azúcar de repostería, azúcar glasé, azúcar impalpable.* Charola: *asadera.* Mantequilla: *manteca.* Pastel: *cake, queque, torta.* Rodillo: *bolillo, palo de amasar, palote, uslero.*

Coco

Soufflé de coco

Para 4 personas

- *100 g de coco rallado*
- *700 ml de leche*
- *125 g de arroz*

① En una cacerola, poner el coco rallado junto con la leche. Dejar que hierva sin dejar de remover y, una vez alcanzada la ebullición, cocer durante 10 minutos.

② Forrar un colador con una muselina y colocarlo encima de una cacerola. Filtrar la mezcla de coco con leche,

- 100 g de azúcar
- 60 g de mantequilla
- 4 huevos
- 2 pizcas de sal
- nuez moscada

presionando con fuerza para extraer la máxima cantidad posible de líquido.

❸ Poner esta cacerola sobre el fuego de la estufa, dejar que hierva, agregar el arroz y el azúcar y mezclar bien todo. Bajar la intensidad del fuego y cocer durante 20 minutos a hervores muy bajos hasta que el líquido se evapore por completo. Agregar 50 g de mantequilla y mezclar bien.

❹ Precalentar el horno a 200 °C.

❺ Romper los huevos, separando las claras de las yemas. Agregar las yemas una por una a la mezcla anterior, revolviendo bien. Condimentar con sal y con una pizca de nuez moscada rallada.

❻ Batir las claras de huevo a punto de turrón firme junto con una pizca de sal e incorporarlas a la mezcla con movimientos suaves y envolventes.

❼ Engrasar con mantequilla un molde para soufflé de 16 cm de diámetro y verter en él la masa. Hornear durante 5 minutos a 200 °C y luego bajar la temperatura del horno a 180 °C y cocer durante 15 minutos más, sin abrir la puerta del horno. Servir de inmediato.

■ **Preparación:** 30 min ■ **Cocción:** 20 min

> EN ALGUNOS PAÍSES SE LLAMA:
>
> A punto de turrón: *a punto de nieve*. Estufa: *cocina* (dispositivo o aparato en el que se hace fuego o produce calor para guisar los alimentos). Mantequilla: *manteca*.

Naranja

Conserva de naranja

Para 2 y 1/2 kg de mermelada

- 1 y 1/2 kg de naranjas bien lavadas
- 2 limones bien lavados
- 1 kg y 200 g de azúcar cristalizada

❶ Lavar muy bien las naranjas y los limones. Quitarles la cáscara a las cuatro naranjas y a uno de los limones, y luego picarla. Retirarles toda la piel blanca a estas frutas.

❷ Cortar todas las frutas en dos. Retirarles la membrana blanca central y las semillas y envolver estas últimas en una muselina. Hacerle un nudo a la tela para que no se salgan. Después, colocar la muselina dentro de un recipiente hondo con 250 ml de agua.

❸ Cortar en rodajas delgadas todas las frutas partidas a la mitad (con o sin cáscara), colocarlas en una olla grande junto con las cáscaras picadas. Verter 300 ml de agua en el recipiente. Dejar que las frutas se remojen ahí durante 24 horas, volteándolas dos o tres veces.

④ Poner las frutas junto con su jugo en la olla para mermelada, agregarle la muselina atada, con todo y su agua, tapar la olla y dejar que hierva.

⑤ Destapar la olla una vez alcanzada la ebullición y cocer durante 30 minutos más a hervores bajos.

⑥ Hervir los frascos.

⑦ Añadir el azúcar a la olla con la mermelada, poner a hervir nuevamente y, una vez alcanzada la ebullición, bajar la intensidad del fuego para que continúe hirviendo lentamente, sin dejar de remover.

⑧ Espumar y continuar la cocción durante 30 minutos más.

⑨ Distribuir la mermelada en los frascos previamente hervidos, cerrarlos de inmediato y dejarlos boca abajo durante 24 horas.

■ **Preparación:** 20 min ■ **Maceración:** 24 h
■ **Cocción:** 1 h

Mermelada de naranja

Para 1 y 1/2 kg de mermelada

- *8 naranjas grandes bien lavadas*
- *1 limón bien lavado*
- *azúcar cristalizada*

① Pelar las naranjas y el limón, separar los gajos de las frutas retirando con mucho cuidado los filamentos blancos. Quitar por completo la parte blanca y cortar la mitad de las cáscaras en tiritas muy delgadas.

② Pesar las frutas y las cáscaras cortadas, luego ponerlas en una terrina y agregar el equivalente del peso de los cítricos en agua. Dejar remojando durante 24 horas.

③ Escurrir las frutas, pesarlas y colocarlas en una olla para mermelada junto con la misma cantidad en peso de azúcar. Poner a hervir y, una vez alcanzada la ebullición, cocer de 15 a 30 minutos, hasta que la fruta se deshaga con facilidad.

④ Hervir los frascos, llenarlos con la mermelada y cerrarlos herméticamente.

■ **Preparación:** 30 min ■ **Maceración:** 24 h
■ **Cocción:** de 15 a 30 min

Naranjas escarchadas

Para 8 personas

- *8 naranjas*
- *120 g de azúcar*
- *20 g de leche en polvo*

❶ Cortarles una "tapa" a las naranjas con un cuchillo de lámina aserrada, para luego vaciarlas por completo con una cuchara de borde filoso, sin atravesar las cáscaras. Guardar las cáscaras y las "tapas" en el congelador.

❷ Poner la pulpa en un colador y exprimirla bien con la ayuda del mazo de un mortero.

❸ Preparar una nieve de naranja (→ ver pág. 928) con el jugo resultante, el azúcar y la leche en polvo.

❹ Colocar la nieve en una manga con duya acanalada y rellenar las cáscaras de naranja, rebasando su altura. Cubrir cada una de las naranjas con su "tapa" y volver a colocarlas en el congelador hasta el momento de servir.

■ **Preparación:** 30 min

> EN ALGUNOS PAÍSES SE LLAMA:
> Duya: *boquillas.*

Soufflé de naranja

Para 6 personas

- *6 naranjas grandes bien lavadas*
- *3 huevos*
- *60 g de azúcar granulada*
- *2 cucharadas al ras de fécula de maíz*
- *50 ml de Grand Marnier*
- *1 pizca de sal*

❶ Cortarles una "tapa" a las naranjas con un cuchillo de lámina aserrada. Además, cortar una rodajita en la parte de abajo para que las naranjas puedan mantenerse paradas.

❷ Vaciar las naranjas con una cuchara para toronja, cuidando que las cáscaras no se maltraten. Exprimir la pulpa sobre un colador de malla fina y filtrar ahí el jugo resultante.

❸ Romper los huevos separando las claras de las yemas. En un recipiente, batir las yemas de huevo junto con el azúcar y la fécula de maíz y luego, diluir este batido con el jugo de naranja.

❹ Verter esta mezcla en una cacerola y calentar a fuego bajo sin dejar de revolver con una cuchara de madera. Retirar la cacerola del fuego una vez que la mezcla se haya espesado. Agregar el Grand Marnier y dejar que se enfríe.

❺ Precalentar el horno a 220 °C.

⑥ Batir las claras a punto de turrón firme junto con una pizca de sal y añadirlas con movimientos suaves y envolventes a la crema de naranja.

⑦ Distribuir este mousse en las cáscaras de naranja. Acomodar estas últimas en una charola y colocarla en el horno durante 30 minutos. Servir caliente.

■ **Preparación:** 45 min ■ **Cocción:** 30 min

> EN ALGUNOS PAÍSES SE LLAMA:
>
> A punto de turrón: *a punto de nieve.* Charola: *asadera.* Fécula de maíz: *almidón de maíz, maicena.* Toronja: *pamplemusa, pomelo.*

Toronja

Toronjas caramelizadas

Para 4 personas

- *2 toronjas*
- *2 cucharadas de azúcar morena*
- *4 cerezas confitadas*

① Cortar cada toronja a la mitad en el sentido del grosor. Desprender de la cáscara las mitades de gajo con la ayuda de un cuchillo para toronja pero sin retirar la pulpa (luego, esto facilitará el consumo de la toronja).

② Espolvorear las mitades de toronja con azúcar y colocarlas durante 1 minuto en la parrilla del horno muy caliente.

③ Colocar una cereza confitada en el centro de cada mitad de toronja y servirlas de inmediato.

■ **Preparación:** 10 min ■ **Cocción:** 1 min

> EN ALGUNOS PAÍSES SE LLAMA:
>
> Azúcar morena: *azúcar mascabada, azúcar moscabada, azúcar negra.* Confitadas: *abrillantadas, cristalizadas, escarchadas, glaseadas.* Toronja: *pamplemusa, pomelo.*

Toronjas heladas

Para 4 personas

- *4 toronjas*
- *125 g de azúcar*

① Cortarles una "tapa" a las toronjas con un cuchillo de lámina aserrada. Vaciar las toronjas con una cuchara de borde filoso, cuidando que las cáscaras no se maltraten.

② Separar la pulpa de las membranas blancas y colocarla en un colador. Presionar con el reverso de una cuchara de madera para extraer todo el jugo de la pulpa. Poner las "tapas" y las cáscaras vacías en el congelador.

❸ Mezclar el jugo resultante de las toronjas con el azúcar y ponerlo en la máquina para hacer helados. Cuando la nieve comience a cuajar, pero aún esté suave, rellenar con ella las cáscaras de toronja heladas. Colocar las "tapas" sobre las toronjas y volverlas a poner durante 2 horas en el congelador.

❹ Retirar las toronjas del congelador 40 minutos antes de servirlas y colocarlas en el refrigerador.

■ **Preparación:** 30 min ■ **Congelación:** 2 h

> EN ALGUNOS PAÍSES SE LLAMA:
> Refrigerador: *heladera, nevera*. Toronja: *pamplemusa, pomelo*.

Duraznos

Compota de duraznos

Para 4 o 6 personas

- *1 kg de duraznos*
- *300 g de azúcar granulada*
- *1 vaina de vainilla*

❶ Poner a hervir agua, sumergir en ella los duraznos, luego pelarlos, cortarlos a la mitad y deshuesarlos. Volver a cortar cada mitad en cuatro pedazos.

❷ Poner el azúcar en una cacerola junto con 100 ml de agua. Abrir la vaina de vainilla, raspar el interior encima de la cacerola y luego agregarla a la misma. Dejar que hierva durante aproximadamente 10 minutos.

❸ Sumergir los pedacitos de durazno en este almíbar y cocerlos de 6 a 8 minutos. Verter todo en una ensaladera y dejarlo enfriar.

❹ Servir tibio o muy frío (2 horas en el refrigerador).

■ **Preparación:** 15 min

■ **Cocción:** alrededor de 15 min

> EN ALGUNOS PAÍSES SE LLAMA:
> Deshuesar: *descarozar*. Durazno: *melocotón*. Refrigerador: *heladera, nevera*.

Duraznos a la bordelesa

Para 4 personas

- *4 duraznos*
- *70 g de azúcar*
- *300 ml de vino tinto de Bordeaux*
- *8 terrones de azúcar*
- *1 bastoncito de canela*

① Poner a hervir agua en una cacerola, sumergir los duraznos en ella durante 30 segundos, y luego pasarlos bajo un chorro de agua fría.

② Pelar los duraznos, abrirlos a la mitad, deshuesarlos y colocarlos en una ensaladera. Espolvorearlos con azúcar y dejarlos macerar durante 1 hora.

③ Verter el vino en otra cacerola junto con los terrones de azúcar y el bastoncito de canela y poner a hervir. Una vez alcanzada la ebullición, cocer los duraznos de 10 a 12 minutos en este almíbar, a fuego bajo.

④ Escurrir los duraznos y acomodarlos en una ensaladera grande de cristal. Reducir el almíbar de cocción hasta que este último se pegue al dorso de una cuchara. Verter este jarabe sobre los duraznos. Dejar enfriar.

■ **Preparación:** 30 min ■ **Maceración:** 1 h
■ **Cocción:** alrededor de 20 min

> EN ALGUNOS PAÍSES SE LLAMA:
> Deshuesar: *descarozar*. Durazno: *melocotón*.

Duraznos dama blanca

Para 4 personas

- *1/2 litro de helado de vainilla (→ ver pág. 882)*
- *4 rebanadas de piña*
- *1 cucharada de kirsch*
- *1 cucharada de marrasquino*
- *2 duraznos grandes*
- *250 ml de agua*
- *250 g de azúcar granulada*
- *1/2 vaina de vainilla*
- *200 g de crema Chantilly (→ ver pág. 872)*

① Preparar el helado de vainilla.

② Poner las rebanadas de piña a macerar durante 1 hora en un plato hondo con el kirsch y el marrasquino.

③ Sumergir los duraznos durante 30 segundos en agua hirviendo y pasarlos rápidamente por agua fría. Pelarlos sin cortarlos.

④ Poner a hervir 250 ml de agua junto con el azúcar y la mitad de la vaina de vainilla partida en dos. Sumergir los duraznos enteros durante aproximadamente 10 minutos en este almíbar, a hervores bajos, volteándolos de vez en cuando. Luego, escurrirlos, cortarlos a la mitad y deshuesarlos.

⑤ Preparar la crema Chantilly y colocarla en una manga con duya acanalada de 1 cm de diámetro.

⑥ Poner en el fondo de cuatro copas el helado de vainilla, cubrirlo con una rebanada de piña y luego con una mitad de durazno. Coronar cada mitad de durazno con crema Chantilly y rodear las rebanadas de piña con un turbante de crema Chantilly.

■ **Preparación:** 45 min ■ **Maceración:** 1 h

> **EN ALGUNOS PAÍSES SE LLAMA:**
> Deshuesar: *descarozar*. Durazno: *melocotón*. Duya: *boquillas*.
> Piña: *ananá*.

Duraznos de la emperatriz

Para 4 o 6 personas

- *375 g de azúcar*
- *1 vaina de vainilla*
- *6 duraznos*
- *800 g de arroz con leche
  (→ ver pág. 860)*
- *3 cucharadas de kirsch*
- *2 cucharadas de marrasquino*
- *150 g de chabacanos*
- *100 g de galletas de
  almendra*

❶ Preparar los duraznos hervidos. Para esto, poner a hervir 750 ml de agua, el azúcar y la vaina de vainilla partida y raspada. Sumergir ahí los duraznos de 10 a 15 minutos. Luego, retirarlos del almíbar, pelarlos, cortarlos en dos y deshuesarlos. Reservarlos aparte.

❷ Preparar el arroz con leche agregándole el kirsch y el marrasquino.

❸ Cortar los chabacanos en pedacitos y molerlos en la licuadora o con el pasapuré.

❹ Picar las galletas de almendra con un cuchillo.

❺ Precalentar el horno a 180 °C.

❻ Poner en el fondo de un molde de 24 cm de diámetro una capa de arroz con leche. Cubrir esta capa con las mitades de duraznos hervidos, luego colocar encima otra capa de arroz, un poco más delgada. Bañar con el puré de chabacano. Espolvorear con las galletas de almendra desmenuzadas.

❼ Poner el molde en el horno durante 5 minutos cuidando que la superficie no se gratine. Servir de inmediato.

■ **Preparación:** 40 min ■ **Cocción:** 20 min

> **EN ALGUNOS PAÍSES SE LLAMA:**
> Chabacano: *albaricoque, damasco*. Deshuesar: *descarozar*. Durazno: *melocotón*. Pasapuré: *machacador, pisapapas, pisapuré*.

Duraznos Melba

Para 4 personas

- *1/2 litro de helado de vainilla (→ ver pág. 882)*
- *1/2 kg de frambuesas*
- *4 duraznos blancos*
- *1/2 kg de azúcar*
- *1 vaina de vainilla*

❶ Preparar el helado de vainilla, si se desea, o bien utilizar un helado comercial.

❷ Triturar las frambuesas en la licuadora o con el pasapuré.

❸ Sumergir los duraznos en agua hirviendo durante 30 segundos. Luego pasarlos rápidamente bajo un chorro de agua fría y pelarlos.

❹ Poner a hervir durante 5 minutos un litro de agua junto con el azúcar y la vaina de vainilla abierta y raspada. Sumergir ahí los duraznos enteros durante 7 u 8 minutos, volteándolos de vez en cuando. Luego, escurrirlos y dejarlos enfriar por completo.

❺ Cortar los duraznos a la mitad y deshuesarlos.

❻ Distribuir el helado de vainilla en el fondo de una ensaladera de cristal grande o en copas individuales. Poner los duraznos encima y bañarlos con el puré de frambuesas.

peras Melba:
proceder de la misma manera utilizando peras en lugar de duraznos.

■ **Preparación:** 30 min ■ **Cocción:** de 12 a 13 min

> **EN ALGUNOS PAÍSES SE LLAMA:**
> Deshuesar: *descarozar.* Durazno: *melocotón.* Pasapuré: *machacador, pisapapas, pisapuré.*

Jarabe de duraznos

Para 1/2 litro de jarabe

- *1/2 kg de duraznos*
- *50 g de azúcar*

❶ Pasar los duraznos por agua hirviendo, sumergirlos rápidamente en agua fría, pelarlos y deshuesarlos. Moler los duraznos en la licuadora o con el pasapuré.

❷ Mezclar el puré resultante con el azúcar. Poner en el refrigerador o congelar.

■ **Preparación:** 15 min

> **EN ALGUNOS PAÍSES SE LLAMA:**
> Deshuesar: *descarozar.* Durazno: *melocotón.* Pasapuré: *machacador, pisapapas, pisapuré.* Refrigerador: *heladera, nevera.*

Salsa de duraznos cocidos

Para 1/2 litro de salsa

- *1/2 kg de duraznos*
- *1/2 limón*
- *150 g de azúcar granulada*
- *3 cucharadas del licor de frutas de su elección*

❶ Pasar los duraznos por agua hirviendo durante 30 segundos, enfriarlos bajo un chorro de agua fría, pelarlos y deshuesarlos. Moler los duraznos en la licuadora o con el pasapuré. Añadir el jugo de limón.

❷ Verter el puré resultante en una cacerola, añadir el azúcar y cocer de 7 a 8 minutos a fuego alto, sin dejar de remover.

❸ Dejar que se enfríe un poco y perfumar al gusto con un licor de frutas.

■ **Preparación:** 15 min ■ **Cocción:** de 7 a 8 min

> **EN ALGUNOS PAÍSES SE LLAMA:**
> Deshuesar: *descarozar*. Durazno: *melocotón*. Pasapuré: *machacador, pisapapas, pisapuré*.

Salsa de duraznos crudos

Para 1/2 litro de salsa

- *1/2 kg de duraznos*
- *1/2 limón*
- *150 g de azúcar*
- *3 cucharadas de kirsch o de licor de frutas (opcional)*

❶ Pasar los duraznos por agua hirviendo durante 30 segundos, enfriarlos bajo un chorro de agua fría, pelarlos y deshuesarlos.

❷ Moler los duraznos en la licuadora o con el pasapuré. Añadir el jugo de limón, luego el azúcar y, si se desea, el kirsch (o el licor de frutas).

❸ Guardarlos en el refrigerador o congelarlos.

■ **Preparación:** 15 min

> **EN ALGUNOS PAÍSES SE LLAMA:**
> Deshuesar: *descarozar*. Durazno: *melocotón*. Pasapuré: *machacador, pisapapas, pisapuré*. Refrigerador: *heladera, nevera*.

Pera

Carlota de pera

Para 6 u 8 personas

- *1/2 kg de azúcar granulada*
- *1 y 1/2 kg de peras*

❶ En una cacerola, poner a hervir un litro de agua junto con el azúcar. Pelar las peras y sumergirlas enteras en este almíbar. Hervirlas de 10 a 15 minutos. Verificar el grado de cocción con la punta de un cuchillo.

- *8 sobrecitos de gelatina sin sabor*
- *1/2 kg de crema inglesa (→ ver pág. 873)*
- *50 ml de aguardiente de pera*
- *50 g de crema Chantilly (→ ver pág. 872)*
- *24 galletas suaves y porosas*

② Cortar dos de estas peras a la mitad, quitarles las semillas y triturar las frutas en la licuadora o con el pasapuré. Reservar este puré.

③ Disolver la gelatina sin sabor en agua fría.

④ Preparar la crema inglesa.

⑤ Una vez disuelta la gelatina, agregarla a la crema inglesa, fuera del fuego. Dejar que la crema inglesa se enfríe y luego agregarle el puré de pera y el aguardiente de pera.

⑥ Batir la crema Chantilly y mezclarla con la crema de pera.

⑦ Cortar las peras en almíbar restantes en rebanadas medianas. Quitarles también las semillas. Reservar algunas rebanadas para decorar el postre.

⑧ Cubrir un molde para carlota de 20 cm de diámetro con las galletas suaves. Añadir una capa de crema de pera, luego una capa de rebanadas de pera. Volver a colocar una capa de crema y continuar con capas alternadas de peras y crema hasta que el molde se llene por completo. Finalizar con una capa de galletas.

⑨ Tapar el molde con una película plástica autoadherente y poner en el refrigerador alrededor de 6 u 8 horas.

⑩ Una vez transcurrido este tiempo, sumergir rápidamente el molde en un recipiente con agua caliente para poder desmoldar la carlota sobre la fuente en que se va a servir. Decorar la superficie con las rebanadas de peras que se habían reservado.

■ **Preparación:** 1 h ■ **Cocción:** 30 min

■ **Refrigeración:** de 6 a 8 h

> **EN ALGUNOS PAÍSES SE LLAMA:**
>
> Pasapuré: *machacador, pisapapas, pisapuré*. Quitar las semillas: *despepitar*. Refrigerador: *heladera, nevera*.

Compota caramelizada de peras y manzanas

Para 4 o 6 personas

- *400 g de manzanas*
- *400 g de peras*
- *150 g de azúcar*
- *1 bastoncito de canela*

① Pelar las peras y las manzanas y cortarlas en pedacitos. Quitarles las semillas.

② Preparar dos almíbares poniendo en dos cacerolas diferentes 75 g de azúcar, 50 ml de agua y la mitad del bastoncito de canela en cada una. Poner a hervir y, una vez alcanzada la ebullición, sumergir las peras en una cacerola y las manzanas en la otra. Cocerlas de 10 a 15 minutos y luego escurrirlas en una ensaladera de cristal. Poner esta última en el refrigerador.

❸ Mezclar los dos almíbares de cocción y reducirlos hasta que el azúcar comience a dorarse.

❹ Una vez que las frutas se enfríen, verterles encima el azúcar aún hirviendo y dejar que se caramelicen en un lugar fresco, pero fuera del refrigerador, y luego servirlas.

■ **Preparación:** 15 min ■ **Cocción:** alrededor de 15 min

> **EN ALGUNOS PAÍSES SE LLAMA:**
> Quitar las semillas: *despepitar.* Refrigerador: *heladera, nevera.*

Compota de pera a la cerveza

Para 4 o 6 personas

- *1/2 kg de peras*
- *1/2 litro de cerveza*
- *50 g de naranjas confitadas*
- *50 g de limones confitados*
- *100 g de azúcar*
- *100 g de pasitas de Corinto*
- *1 cucharada de canela en polvo*

❶ Pelar las peras, cortarlas en cubitos de 2 cm de lado, aproximadamente. Quitarles las semillas. Ir poniendo los cubitos de pera en una cacerola y cubrirlos con la cerveza.

❷ Cortar las naranjas y los limones confitados en pedacitos muy pequeños. Agregarlos a la cacerola de frutas junto con el azúcar, las pasitas y la canela. Cocer a fuego muy bajo durante 20 minutos, removiendo varias veces.

❸ Dejar que se enfríe a temperatura ambiente y luego distribuir en copas individuales o verter todo en una ensaladera de cristal.

■ **Preparación:** 10 min ■ **Cocción:** 20 min

> **EN ALGUNOS PAÍSES SE LLAMA:**
> Confitadas: *abrillantadas, cristalizadas, escarchadas, glaseadas.* Pasitas: *pasas, pasas de uva, uvas pasas, uvas secas.* Quitar las semillas: *despepitar.*

Mermelada de pera y arándano

Para 1 kg y 200 g de mermelada

- 400 g de peras
- 80 g de chabacanos secos
- 30 g de nueces
- 340 g de arándanos
- 160 g de pasitas de Corinto
- 120 g de jugo de naranja
- 165 g de azúcar
- 1 cucharada de canela en polvo
- 1 cucharada de Grand Marnier

❶ Pelar las peras, quitarles las semillas y cortarlas en cubitos. Cortar los chabacanos del mismo modo. Picar las nueces. Escoger y limpiar los arándanos.

❷ En una cacerola, poner las peras, los chabacanos, los arándanos, las pasitas, el jugo de naranja, el azúcar y la canela. Poner a hervir y, una vez alcanzada la ebullición, cocer durante 6 minutos a fuego medio, revolviendo de vez en cuando con una cuchara de madera.

❸ Agregar las nueces y el Grand Marnier y continuar la cocción de 3 a 4 minutos más. Retirar del fuego y poner todo en una ensaladera. Dejar que se enfríe antes de servir.

■ **Preparación:** 30 min ■ **Cocción:** 10 min

> EN ALGUNOS PAÍSES SE LLAMA:
> Chabacano: *albaricoque, damasco.* Pasitas: *pasas, pasas de uva, uvas pasas, uvas secas.* Quitar las semillas: *despepitar.*

Nieve de pera

Para 1 litro de nieve

- 1 kg y 200 g de peras
- 1/2 kg de azúcar granulada
- 2 limones
- 1 vaina de vainilla
- 1 cucharada de azúcar a la vainilla

❶ Pelar las peras, cortarlas en pedazos y quitarles las semillas.

❷ Poner a hervir un litro de agua junto con el azúcar, el jugo de limón y la vaina de vainilla abierta y raspada. Verter este almíbar sobre las peras y dejarlas macerar durante 12 horas.

❸ Retirar la vaina de vainilla y moler las peras junto con su jugo en la licuadora. Añadir el azúcar a la vainilla y algún licor, si se desea una nieve más fuerte. Colocar en la máquina para hacer helados hasta que cuaje.

■ **Preparación:** 30 min ■ **Maceración:** 12 h

> EN ALGUNOS PAÍSES SE LLAMA:
> Quitar las semillas: *despepitar.*

Pastel suave de pera

Para 4 o 6 personas

- *800 g de peras*
- *1 copita de licor de aguardiente de pera*
- *4 huevos*
- *100 g de azúcar*
- *100 g de harina*
- *1 pizca de sal*
- *1 y 1/2 litros de leche*
- *40 g de mantequilla*

❶ Pelar las peras, cortarlas a la mitad y quitarles las semillas. Cortarlas en tiritas delgadas y ponerlas en una ensaladera con el aguardiente de pera. (Se deben macerar un mínimo de 3 horas, aunque lo mejor es que lo hagan durante 12 horas). Precalentar el horno a 220 °C.

❷ En una terrina, batir, con la batidora eléctrica o el batidor manual, los huevos enteros y el azúcar hasta que la mezcla tenga una consistencia muy esponjosa. Incorporar poco a poco la harina junto con una pizca de sal y mezclar bien. Luego, verter la leche, sin dejar de revolver.

❸ Agregar las frutas maceradas y el aguardiente. Engrasar con abundante mantequilla una charola grande para gratín de 24 cm de ancho. Verter en ella la masa, echarle algunos pedacitos de mantequilla y hornear durante 30 minutos.

❹ Servir este pastel tibio directamente en la charola de cocción y, si se desea, acompañarlo con mermelada.

■ **Preparación:** 20 min ■ **Maceración:** de 3 a 12 h
■ **Cocción:** 30 min

> **EN ALGUNOS PAÍSES SE LLAMA:**
> Charola: *asadera*. Mantequilla: *manteca*. Pastel: *cake, queque, torta*. Quitar las semillas: *despepitar*.

Peras al vino tinto

Para 4 personas

- *1 limón bien lavado*
- *1 botella de vino tinto*
- *200 g de azúcar granulada*
- *1/2 bastoncito de canela*
- *nuez moscada*
- *8 peras pequeñas o 4 peras grandes*

❶ Cortar el limón en rodajitas muy delgadas. Verter el vino tinto en una cacerola de acero inoxidable. Agregar el limón, el azúcar y la canela. Rallar tres buenas pizcas de nuez moscada. Poner a hervir a fuego lento.

❷ Mientras tanto, pelar las peras. Dejarlas enteras si son pequeñas, sin retirarles el rabito. Si no, cortarlas a la mitad o en cuartos y quitarles las semillas.

❸ Colocar las peras en el almíbar hirviendo, tapar la cacerola y dejar que hierva a fuego muy bajo. Cocer las peras de este modo durante 30 o 40 minutos, volteando las frutas a mitad de la cocción. Picar las peras en el centro con una aguja para ver si ya están muy tiernas. Escurrirlas y acomodarlas sobre una fuente.

④ Retirar el limón y la canela. Reducir el almíbar hasta que se pegue al reverso de una cuchara. Cuando esté en su punto, verterlo sobre las peras.

⑤ Dejarlas reposar y ponerlas en el refrigerador hasta el momento de servir.

■ **Preparación:** 10 min ■ **Cocción:** alrededor de 1 h

> EN ALGUNOS PAÍSES SE LLAMA:
> Quitar las semillas: *despepitar*. Refrigerador: *heladera, nevera*.

Peras Belle-Hélène

Para 6 personas

- *1 litro de helado de vainilla (→ ver pág. 882)*
- *250 g de azúcar granulada*
- *6 peras tipo williams*
- *125 g de chocolate negro (amargo)*
- *600 ml de crema fresca*

① Preparar el helado de vainilla o utilizar un helado comercial.

② Poner a hervir medio litro de agua junto con el azúcar. Pelar las peras, sin partirlas y conservando el rabito. Sumergirlas en el almíbar de 20 a 30 minutos. Cuando las peras estén muy tiernas, escurrirlas y ponerlas sobre un plato para luego colocarlas en el refrigerador.

③ Poner a hervir otro medio litro de agua. Partir el chocolate en pedacitos, picarlo y colocarlo dentro de una cacerola a fuego bajo. Verter el agua hirviendo sobre el chocolate, revolviendo de manera constante para que se derrita, y agregarle la crema fresca.

④ Poner helado en el fondo de cada copa individual, añadir encima una pera y bañar con la salsa de chocolate bien caliente. Servir de inmediato.

■ **Preparación:** 45 min ■ **Cocción:** de 20 a 30 min

> EN ALGUNOS PAÍSES SE LLAMA:
> Crema: *nata*. Refrigerador: *heladera, nevera*.

Peras gratinadas con almendras

Para 4 personas

- *12 peras passa-crassana*
- *1 limón*

① Pelar las peras, cortarlas a la mitad y quitarles las semillas. Frotarlas con medio limón por todos lados para evitar que se oscurezcan.

② Precalentar el horno a 220 °C.

- *50 g de mantequilla*
- *50 g de azúcar morena*
- *100 ml de vino blanco*
- *50 ml de licor de fresa*
- *80 g de almendras fileteadas*

❸ Engrasar con mantequilla una charola para gratín, acomodar en ella las peras, unas junto a otras, con el lado plano hacia el fondo de la charola. Exprimir las mitades de limón y bañar las peras con el jugo resultante.

❹ En un bol, mezclar el azúcar, el vino blanco y el licor de fresa. Verter este líquido sobre las peras. Espolvorearlas con pedacitos de mantequilla y con las almendras fileteadas. Hornear durante 25 minutos.

❺ Servir las peras gratinadas calientes, tibias o frías.

Este postre puede acompañarse con una crema inglesa (→ ver pág. 873) o una crema al chocolate (→ ver pág. 871).

■ **Preparación:** 15 min ■ **Cocción:** 25 min

> **EN ALGUNOS PAÍSES SE LLAMA:**
>
> Azúcar morena: *azúcar mascabada, azúcar moscabada, azúcar negra.* Charola: *asadera.* Fresa(s): *fresón, frutillas, madroncillo.* Mantequilla: *manteca.* Quitar las semillas: *despepitar.*

Sorpresa deliciosa

Para 4 o 6 personas

- *1 pan brioche muselina grande (→ ver pág. 1016)*
- *1 naranja bien lavada*
- *1 cucharada de crema fresca*
- *1 cucharada de leche*
- *130 g de chocolate*
- *20 g de mantequilla*
- *100 ml de ron*
- *1 limón*
- *3 peras de consistencia suave*
- *200 g de crema Chantilly (→ ver pág. 872)*

❶ Preparar un pan brioche grande rectangular o utilizar un pan brioche comercial. Rallar la cáscara de la naranja.

❷ Calentar la crema fresca junto con la leche. Cortar el chocolate en pedacitos pequeños y derretirlos a baño maría o en el horno de microondas. Derretir también la mantequilla.

❸ Mezclar todos estos ingredientes y agregarles la cáscara de naranja. Mantenerlos calientes dentro de un baño maría.

❹ Cortar el pan brioche en seis rebanadas bastante gruesas, acomodarlas en una fuente rectangular y untarles el ron con un pincel.

❺ Exprimir sobre una ensaladera el jugo del limón. Pelar las peras y quitarles las semillas. Cortarlas en tiritas y colocarlas inmediatamente en el jugo de limón para evitar que se oscurezcan. Luego, acomodarlas sobre las rebanadas de pan brioche.

❻ Batir la crema Chantilly. Colocarla en una manga con duya acanalada grande y decorar cada rebanada con un domo de crema.

❼ Bañar con la salsa de chocolate a la naranja caliente. Servir de inmediato.

■ **Preparación:** 30 min ■ **Cocción:** 5 min

> **EN ALGUNOS PAÍSES SE LLAMA:**
> Crema: *nata*. Duya: *boquillas*. Mantequilla: *manteca*. Quitar las semillas: *despepitar*.

Manzana

Budín de manzanas

Para 6 u 8 personas

- *225 g de manteca*
- *400 g de harina*
- *100 g de azúcar granulada*
- *7 g de sal*
- *1 cáscara de limón bien lavada*
- *1/2 kg de manzanas tipo starking o delicious*
- *canela en polvo*
- *10 g de mantequilla*

❶ Picar finamente la manteca de riñón de res. Luego, mezclarla con la harina, 30 g de azúcar granulada, la sal y 100 ml de agua en el procesador de alimentos o en una ensaladera con una cuchara de madera, trabajando bien esta masa hasta que tenga una consistencia homogénea.

❷ Estirar la masa hasta que tenga 8 mm de espesor.

❸ Picar la cáscara de limón. Pelar las manzanas, quitarles las semillas y cortarlas en tiras delgadas. Mezclar estas tiras con el resto del azúcar, la cáscara de limón y la canela.

❹ Engrasar con mantequilla un bol para budín de un litro de capacidad, un molde para carlota, o bien un molde de vidrio refractario (tipo Pyrex) de 18 a 20 cm de diámetro y 10 cm de altura. Colocar en él la mitad de la masa, agregar las rebanaditas de manzana y cubrirlas con el resto de la masa. Pegar muy bien los bordes de la masa pellizcándolos con los dedos. Envolver el bol con un trapo y amarrarlo con hilo de cocina.

❺ Colocar el bol con el budín en una cacerola con agua hirviendo y cocerlo durante 2 horas a fuego lento.

■ **Preparación:** 30 min ■ **Cocción:** 2 h

> **EN ALGUNOS PAÍSES SE LLAMA:**
> Manteca: *grasa, grasa de pella*. Mantequilla: *manteca*. Quitar las semillas: *despepitar*. Trapo: *paño, repasador, toalla o trapo de cocina*.

Buñuelos de manzana

Para 20 buñuelos

- *400 g de masa para buñuelos (→ ver pág. 111)*
- *4 manzanas tipo starking o delicious*
- *90 g de azúcar granulada*
- *1 cucharada de canela en polvo*
- *aceite*

❶ Preparar la masa para buñuelos y dejarla reposar durante 1 hora.

❷ Pelar las manzanas sin cortarlas. Con un descorazonador de manzanas o un pelapapas, quitarles el corazón y luego cortarlas en rebanadas de igual tamaño, bastante gruesas.

❸ Calentar el aceite a 175 °C.

❹ En un plato, mezclar la mitad del azúcar con la canela. Poner cada rodaja de manzana sobre este azúcar, presionando bien para que se adhiera bien por ambos lados.

❺ Ensartar cada rodaja en un tenedor largo y envolverlas en la masa para buñuelos. Luego, sumergirlas en el aceite caliente. Voltear los buñuelos de manzana con una espumadera para que se doren bien por todos lados. Retirarlos del aceite y colocarlos sobre un papel absorbente.

❻ Acomodar los buñuelos sobre la fuente en que se van a servir, espolvorearlos con azúcar y servirlos de inmediato.

■ **Preparación:** 30 min ■ **Reposo:** 1 h ■ **Cocción:** 20 min

Compota de manzana

Para 4 o 6 personas

- *100 ml de agua*
- *150 g de azúcar granulada*
- *2 vainas de vainilla o 3 bastoncitos de canela*
- *1 limón*
- *800 g de manzanas*

❶ En una cacerola, mezclar el agua, el azúcar y las vainas de vainilla (partidas y raspadas) o los bastoncitos de canela. Poner la cacerola a hervir.

❷ Exprimir el jugo de limón en una ensaladera. Pelar las manzanas, cortarlas en cuartos y quitarles las semillas. Colocarlas en la ensaladera y moverlas bien para que se bañen en el jugo de limón.

❸ Sumergir las manzanas en el almíbar hirviendo y cocerlas de 15 a 20 minutos. Las manzanas deben estar cocidas pero no deshechas. Servir la compota tibia o fría.

■ **Preparación:** 10 min ■ **Cocción:** de 15 a 20 min

EN ALGUNOS PAÍSES SE LLAMA:
Quitar las semillas: *despepitar*.

Manzanas de la casa

Para 4 personas

- *4 manzanas grandes de consistencia firme*
- *50 g de mantequilla*
- *40 g de azúcar granulada*

❶ Precalentar el horno a 220 °C.

❷ Cortar las manzanas en forma circular a la mitad de su altura. Quitarles el corazón y las semillas con una cuchara y colocarlas en una charola para gratín engrasada con mantequilla.

❸ Trabajar con las manos el resto de la mantequilla junto con el azúcar y rellenar con esta mezcla cada mitad de manzana. Verter medio vaso de agua en la charola.

❹ Hornear de 35 a 40 minutos y servir directamente en la charola de cocción.

■ **Preparación:** 10 min ■ **Cocción:** de 35 a 40 min

> **EN ALGUNOS PAÍSES SE LLAMA:**
> Charola: *asadera.* Mantequilla: *manteca.* Quitar las semillas: *despepitar.*

Soufflé de manzana

Para 6 u 8 personas

- *8 manzanas grandes*
- *50 g de mantequilla*
- *300 g de azúcar granulada*
- *100 ml de coñac*
- *5 claras de huevo*
- *50 g de azúcar glas*

❶ Cortar las manzanas a la mitad, retirarles el corazón y luego, con una cuchara, retirar la mitad de la pulpa de cada media manzana. En una cacerola, derretir alrededor de 45 g de mantequilla, agregarle la pulpa de las manzanas y cocer durante 5 minutos con la cacerola tapada y sin remover. Entonces, agregar 200 g de azúcar y reducir este puré sin dejar de remover para que se evapore un poco el líquido de las manzanas.

❷ Precalentar el horno a 230 °C. Bañar el interior de las mitades de manzana con la mitad del coñac. Añadir la otra mitad del coñac al puré y mezclar bien.

❸ Batir las claras de huevo a punto de turrón firme y, con una espátula de madera, incorporarlas al puré de manzana, revolviendo con un movimiento suave y envolvente.

❹ Acomodar las mitades de manzana en una charola para horno engrasada con mantequilla. Con una cucharita, rellenarlas con el puré de manzana y luego espolvorearlas con el azúcar glas. Gratinarlas de 10 a 12 minutos en el horno.

❺ Preparar un caramelo con el resto del azúcar (→ ver pág. 1082). Agregarle 70 ml de agua caliente, revolviendo con una cuchara de madera para desglasar y que la mezcla se vuelva almibarada. Bañar las manzanas con esta salsa o servirla por separado, en una salsera.

■ **Preparación:** 45 min ■ **Cocción:** de 15 a 17 min

> **EN ALGUNOS PAÍSES SE LLAMA:**
>
> A punto de turrón: *a punto de nieve.* Azúcar glas: *azúcar de repostería, azúcar glasé, azúcar impalpable.* Charola: *asadera.* Mantequilla: *manteca.*

Volteado de manzanas

Para 4 o 6 personas

- *60 g de harina*
- *75 g de azúcar granulada*
- *1 pizca de sal*
- *3 huevos*
- *1/2 litro de leche*
- *10 g de mantequilla*
- *3 o 4 manzanas tipo starking o delicious*
- *azúcar glas*

❶ Colocar la harina en una ensaladera junto con el azúcar granulada y la pizca de sal. Batir los huevos como para hacer una omelette, agregarlos a la harina y mezclar bien con una espátula de madera hasta que la masa quede lo más lisa posible. Verter la leche poco a poco y seguir mezclando.

❷ Precalentar el horno a 180 °C. Engrasar con mantequilla un molde para tarta de 22 cm de diámetro. Pelar las manzanas y cortarlas en rebanadas delgadas, quitarles las semillas. Colocarlas en forma de corona dentro de la tartera, superponiéndolas un poco. Verter la masa encima de las rebanadas de manzana y hornear durante 45 minutos.

❸ Desmoldar el volteado de manzanas cuando esté tibio y espolvorearlo con azúcar glas. Servirlo tibio o frío.

■ **Preparación:** 15 min ■ **Cocción:** 45 min

> **EN ALGUNOS PAÍSES SE LLAMA:**
>
> Azúcar glas: *azúcar de repostería, azúcar glasé, azúcar impalpable.* Mantequilla: *manteca.* Quitar las semillas: *despepitar.*

Ciruelas

Budín de ciruela pasa

Para 4 o 6 personas

- *1 bol de té poco concentrado*

❶ Preparar el té y colocar las ciruelas enteras en él para que se maceren durante toda la noche.

- 200 g de ciruelas pasas
- 1/2 kg de crema pastelera (→ ver pág. 874)
- 50 g de azúcar granulada
- 2 copitas de licor de ron o de kirsch
- 28 galletas suaves y porosas
- 1/2 kg de crema inglesa (→ ver pág. 873)

El mismo día

❷ Preparar la crema pastelera.

❸ Colocar las ciruelas y el té en una cacerola grande, agregarles el azúcar y cocer a fuego lento durante 15 minutos. Luego, dejar que se enfríen.

❹ Escurrir las ciruelas pasas y deshuesarlas. Verter el almíbar en un plato hondo y agregarle una copita de licor de ron o de kirsch.

❺ Remojar, una por una, las galletitas en ese almíbar y cubrir con ellas el fondo de un molde para carlota de 18 cm de diámetro. Verter un poco de crema pastelera, luego distribuir una capa de ciruelas pasas, después una capa de galletas y seguir con capas alternadas hasta que el molde se haya llenado por completo. Finalizar con una capa de galletas.

❻ Cubrir el budín con una película plástica autoadherente y colocarlo en el refrigerador durante 6 horas.

❼ Preparar la crema inglesa agregándole el resto del ron (o del kirsch) y también colocarla en el refrigerador.

❽ Transcurrido el tiempo de refrigeración, desmoldar el budín y servirlo bañado con la crema inglesa.

■ **Maceración:** 12 h ■ **Preparación:** 40 min
■ **Refrigeración:** 6 h

> **EN ALGUNOS PAÍSES SE LLAMA:**
> Deshuesar: *descarozar*. Refrigerador: *heladera, nevera*.

Compota de ciruelas mirabel

Para 4 o 6 personas

- 1 kg de ciruelas mirabel
- 200 g de azúcar granulada
- 250 ml de crema fresca
- 1 copita de licor de kirsch o aguardiente de ciruela mirabel

❶ Lavar las ciruelas mirabel. Con un cuchillo pequeño, deshuesarlas sin que se separen en dos.

❷ En una cacerola, poner a hervir 80 ml de agua junto con el azúcar. Cuando el almíbar comience a hervir, agregar las ciruelas mirabel y cocerlas durante 8 minutos.

❸ Retirar las frutas y colocarlas en una ensaladera de cristal. Agregar el licor elegido al almíbar que se quedó en la cacerola, luego verter el líquido sobre las frutas y dejarlas enfriar.

❹ Servir la crema fresca por separado.

■ **Preparación:** 20 min ■ **Cocción:** alrededor de 8 min

EN ALGUNOS PAÍSES SE LLAMA:
Crema: *nata*. Deshuesar: *descarozar*.

Compota de ciruela pasa

Para 4 o 6 personas

- *300 ml de té poco concentrado tibio*
- *1/2 kg de ciruelas pasas secas o frescas*
- *100 ml de vino blanco o tinto*
- *80 g de azúcar cristalizada*
- *1 limón*
- *1 cucharada de azúcar a la vainilla*

❶ Preparar el té y colocar las ciruelas en él para remojarlas de 4 a 5 horas. (No es necesario remojar las ciruelas frescas.)

❷ Deshuesar las ciruelas y colocarlas en una cacerola junto con el vino, el azúcar cristalizada, el jugo de limón y el azúcar a la vainilla. Poner a hervir y, una vez alcanzada la ebullición, cocer alrededor de 40 minutos.

❸ Servir esta compota tibia o fría.

En caso de que se prefiera no deshuesar las ciruelas pasas, aumentar la cantidad de vino a 150 ml.

■ **Preparación:** 10 min ■ **Maceración:** de 4 a 5 h

■ **Cocción:** 40 min

EN ALGUNOS PAÍSES SE LLAMA:
Deshuesar: *descarozar*.

Mermelada de ciruelas

Para 1 kg de mermelada

- *800 g de ciruelas*
- *1/2 kg de azúcar cristalizada*

❶ Lavar y deshuesar las ciruelas. Colocarlas en la olla para mermelada junto con el azúcar y 70 ml de agua.

❷ Mezclar bien, poner a hervir y, una vez alcanzada la ebullición, cocer durante 20 minutos sin dejar de remover. Espumar de manera frecuente.

❸ Hervir los frascos, verterles la mermelada y cerrarlos de inmediato. Voltear los frascos y dejarlos boca abajo hasta que se enfríen por completo.

■ **Preparación:** 15 min ■ **Cocción:** alrededor de 25 min

EN ALGUNOS PAÍSES SE LLAMA:
Deshuesar: *descarozar*.

Mermelada de ciruela pasa

Para 1 kg de mermelada, aproximadamente

- 80 g de pasitas
- 1/2 kg de ciruelas pasas
- 2 naranjas pequeñas bien lavadas
- 1 limón bien lavado
- 1 litro de agua
- 50 g de azúcar
- 1/4 de cucharadita de clavo de olor en polvo
- 1/2 cucharadita de canela en polvo
- 1/4 de cucharadita de jengibre molido
- 80 g de nueces peladas y limpias

❶ Poner las pasitas y las ciruelas pasas a remojar, en dos recipientes diferentes, durante 12 horas.

❷ Escurrir y deshuesar las ciruelas pasas. Quitarles los pedúnculos a las naranjas y el limón, cortar las frutas en rebanadas delgadas y picarlas toscamente luego de haberles quitado las semillas.

❸ Colocar las ciruelas pasas deshuesadas, el agua, las naranjas y el limón picados en una cacerola o en una olla para mermelada. Cocer durante 10 minutos a fuego lento.

❹ Agregar las pasitas escurridas, el azúcar, el clavo de olor en polvo y la canela en polvo, así como el jengibre molido. Mezclar y continuar la cocción de 10 a 15 minutos más hasta que la mermelada haya adquirido una consistencia espesa.

❺ Hervir los frascos.

❻ Picar las nueces y agregarlas a la mermelada. Mezclar bien.

❼ Poner la mermelada en los frascos y cerrarlos de inmediato. Voltearlos y dejarlos boca abajo durante 24 horas para que se enfríen.

■ **Maceración:** 12 h ■ **Preparación:** 30 min

■ **Cocción:** de 20 a 25 min

> **EN ALGUNOS PAÍSES SE LLAMA:**
> Deshuesar: *descarozar*. Pasitas: *pasas, pasas de uva, uvas pasas, uvas secas*. Quitar las semillas: *despepitar*.

Uvas

Crema de uvas

Para 4 o 6 personas

- 1 litro de jugo de uva roja o blanca
- 100 g de nueces peladas y limpias
- 50 g de fécula de maíz

❶ Verter el jugo de uva en una cacerola, ponerlo a hervir y, una vez alcanzada la ebullición, bajar la intensidad del fuego y dejar que se reduzca a fuego muy bajo, hasta que no quede más que 750 ml de líquido.

❷ Picar toscamente las nueces.

❸ Disolver la fécula de maíz en 100 ml de agua fría y agregarla al jugo hirviendo. Batir rápidamente con un

- 1 cucharadita de caramelo líquido
- 1 cucharadita de canela en polvo

batidor manual o con una cuchara de madera. Luego, sin sacar del fuego, agregar el caramelo, la canela y la mitad de las nueces trituradas.

❹ Retirar la cacerola del fuego, dejar que se enfríe un poco y verter la crema de uvas en copas individuales.

❺ Espolvorear con el resto de las nueces y colocar de 2 a 3 horas en el refrigerador antes de servir.

■ **Preparación:** 15 min ■ **Cocción:** 25 min
■ **Refrigeración:** de 2 a 3 h

> **EN ALGUNOS PAÍSES SE LLAMA:**
> Fécula de maíz: *almidón de maíz, maicena*. Refrigerador: *heladera, nevera*.

Calabaza

Flan de calabaza

Para 4 personas

- 1 kg de calabaza
- 10 cucharadas de azúcar
- 6 cucharadas de fécula de maíz
- 3 tazas de leche
- 3 tazas de leche de coco
- 2 ramas de canela
- 1/2 taza de pasitas
- 1 cucharadita de mantequilla
- sal

❶ Hervir la calabaza hasta que se ablande con una pizca de sal y canela.

❷ Sacar del agua y dejar que enfríe a temperatura ambiente.

❸ Licuar todos los ingredientes restantes, menos las pasitas.

❹ Poner la calabaza, la mezcla y las pasitas a fuego bajo en una olla grande. Remover constantemente para que no se pegue. Cuando espese lo suficiente como para pegarse al fondo de la cuchara, retirar del fuego y dejar enfriar un poco.

❺ Engrasar un molde para flan con mantequilla. Verter en el molde y enfriar a temperatura ambiente. Meter en el refrigerador 2 horas antes de desmoldar.

Servir frío con hojas de menta como adorno.

■ **Cocción:** 30 min **Refrigeración:** 2 h

> **EN ALGUNOS PAÍSES SE LLAMA:**
> Calabaza: *auyama, ayote, uyama, zapallo*. Fécula de maíz: *almidón de maíz, maicena*. Mantequilla: *manteca*. Pasitas: *pasas, pasas de uva, uvas pasas, uvas secas*. Refrigerador: *heladera, nevera*.

Picarones

Para 6 personas

- 300 g de calabaza
- 500 g de camote
- 2 y 1/2 tazas de harina de trigo
- 1 huevo
- 3 cucharadas de levadura
- 4 cucharadas de azúcar
- 2 cucharadas de semillas de anís
- 2 ramas de canela
- 1/2 cucharadita de clavo entero
- sal
- aceite

Miel

- 500 g de piloncillo
- 2 tazas de azúcar
- 2 tazas de agua
- cáscara de naranjas
- 2 ramas de canela
- 1/2 cucharadita de clavo entero

❶ Colocar en una olla a fuego lento los ingredientes para la miel, dejarlos hervir hasta que la miel adquiera consistencia oscura y espesa. Reservar.

❷ Poner en una olla tres litros de agua con la canela, el anís y el clavo. Hervir a fuego bajo por 10 minutos o hasta obtener una infusión aromática, colarla y retirarle las especias. En esta misma infusión poner a cocer el camote y la calabaza hasta que estén tiernos. Colar y guardar dos tazas del líquido, dejar enfriar.

❸ Hacer puré el camote y la calabaza y dejar enfriar.

❹ Mezclar la infusión, el azúcar y la levadura. Dejar reposar 15 minutos.

❺ Amasar el puré, la levadura, sal y el huevo, incorporar la harina batiendo con la mano hasta que no se pegue en las manos.

❻ Dejar reposar la masa tapada con un trapo húmedo en un bol hasta que doble su volumen.

❼ Freír en un sartén con bastante aceite. Darle a la preparación forma de rosca.

Servir caliente, con un baño de la miel de piloncillo.

■ **Preparación:** 20 min ■ Reposo de la masa: 1 h
■ **Cocción:** 20 min

> **EN ALGUNOS PAÍSES SE LLAMA:**
>
> Calabaza: *auyama, ayote, uyama, zapallo*. Camote: *batata, boniato, chaco, papa dulce*. Piloncillo: *chancaca, panela, papelón, pilón*. Trapo: *paño, repasador, toalla o trapo de cocina*.

Guayaba

Cascos de guayaba

Para 5 personas

- *500 g de guayabas maduras*
- *1 litro de agua*
- *400 g de azúcar refinada*
- *1 rama de canela*
- *sal*

❶ Pelar las guayabas, quitarles las semillas y cortar en cascos (mitades).

❷ Colocarlos una olla grande y cocinar con abundante agua hasta que tengan una consistencia semiblanda.

❸ Agregar el azúcar, una pizca de sal, la canela, continuar la cocción hasta que las guayabas estén blandas.

❹ Dejar enfriar y guardar en el refrigerador hasta antes de servir.

Pueden servirse con queso blanco o crema.

■ **Preparación:** 10 min ■ **Cocción:** 20 min

> EN ALGUNOS PAÍSES SE LLAMA:
> Crema: *nata*. Quitar las semillas: *despepitar*. Refrigerador: *heladera, nevera*.

Yuca

Enyucado

Para 4 o 6 personas

- *500 g de yuca pelada*
- *1 coco grande pelado*
- *250 g de queso blanco*
- *250 g de azúcar*
- *1 cucharadita de semillas de anís machacadas*
- *1 cucharada de esencia de anís*
- *125 ml de leche de coco*
- *2 cucharadas de* mantequilla *derretida*
- *125 ml de* crema de leche

❶ Rallar el queso, el coco y la yuca.

❷ Agregar el azúcar, las semillas de anís, la esencia, la leche de coco, la crema y la mantequilla derretida.

❸ Mezclar bien todos los ingredientes hasta obtener una masa suave y dejarla reposar 1 hora.

❹ Engrasar con mantequilla un molde, verter la mezcla y llevar al horno precalentado a 180 ºC durante 30 minutos o hasta que esté cuajado.

❺ Cortar en porciones y servir.

■ **Preparación:** 30 min ■ **Reposo:** 1h ■ **Cocción:** 30 min

> EN ALGUNOS PAÍSES SE LLAMA:
> Crema: *nata*. Mantequilla: *manteca*. Yuca: *mandioca*.

Pastelería y repostería

Algunos consejos

Cuando se habla de pastelería y repostería, se hace referencia al conjunto de preparaciones dulces o saladas que necesitan la presencia de una masa como soporte o envoltorio. Por lo general, estas preparaciones son horneadas. Este capítulo sólo comprende los postres, es decir, pasteles, tartas, galletas, repostería vienesa y petits-fours.

Las recetas de masa para pastelería se agruparon al inicio del capítulo, dado que se utilizan en un gran número de postres. Las masas que pueden utilizarse en preparaciones tanto dulces como saladas —por ejemplo, la masa para repostería, la masa para buñuelos, la masa para tartas o la masa hojaldrada— se presentan al inicio del libro, en el capítulo consagrado a las preparaciones básicas (→ ver pág. 111). Algunas masas pueden prepararse con anticipación e incluso pueden congelarse, lo que permite realizarlas en grandes cantidades. Éste es el caso de la masa hojaldrada o de la masa para repostería. Las masas para genovesa o para galletas, por ejemplo, se conservan en el congelador una vez cocidas, envueltas en una película plástica autoadherente. Cuando se quiera utilizar una masa para repostería congelada hay que dejarla descongelar lentamente en el refrigerador antes de estirarla, sin volverla a amasar, pues perdería su textura suave.

La preparación de una multitud de pasteles se facilita mediante la utilización de aparatos eléctricos o procesadores de alimentos con varias funciones.

Para que la preparación de pasteles y galletas sea exitosa, es imprescindible hacer caso exacto a las técnicas, escoger muy bien los ingredientes, pesarlos con precisión y respetar las temperaturas y tiempos de cocción. Esta última tiene una importancia fundamental para todas las masas. El horno debe calentarse con anterioridad para obtener la temperatura deseada al momento de introducir la preparación. Conocer bien el funcionamiento del horno es determinante para lograr una preparación, por lo que es aconsejable consultar las instrucciones del fabricante. A pesar de que los aparatos se perfeccionan cada vez más, puede existir una diferencia de 20 a 30 % entre la temperatura señalada en el termostato y la temperatura real.

Por último, se puede ganar un tiempo considerable si se utilizan algunas preparaciones listas que se venden en los establecimientos comerciales, como las masas congeladas en porciones o previamente amasadas, sobre todo en el caso de la masa hojaldrada o la masa para repostería. (Escoger, de preferencia, masas que contengan mantequilla pura, lo que las hace más sabrosas.) Las coberturas dulces o los flanes en polvo también pueden conseguirse fácilmente en los comercios.

En los negocios que venden productos exóticos también se pueden adquirir polvos ya listos para preparar buñuelos, a los que sólo hay que agregar agua al momento de su utilización.

EN ALGUNOS PAÍSES SE LLAMA:
Mantequilla: *manteca.* Pastel: *cake, queque, torta.* Refrigerador: *heladera, nevera.*

Masas para pastelería

Masa azucarada

Para 1/2 kg de masa

- 125 g de mantequilla a temperatura ambiente
- 210 g de harina
- 85 g de azúcar glas
- 1 huevo entero
- 1/2 vaina de vainilla
- 25 g de almendras en polvo
- 4 g (1 cucharadita pequeña) de sal fina

❶ Sacar la mantequilla del refrigerador para que se suavice.

❷ Cernir por separado la harina y el azúcar glas y colocarlas en dos ensaladeras diferentes. Romper el huevo en un bol. Abrir la media vaina de vainilla, rasparla sobre el azúcar glas y mezclar bien. Partir la mantequilla en pedacitos pequeños, ponerlos en una terrina y trabajarlos bien con una cuchara de madera hasta que se ablanden por completo.

❸ Agregar sucesivamente el azúcar glas, las almendras en polvo, la sal, el huevo y, finalmente, la harina, revolviendo bien cada vez que se incorpore un ingrediente.

❹ Formar una bola con la masa y luego aplanarla con las manos. Envolverla en una película plástica autoadherente y dejarla reposar durante 2 horas en el refrigerador. En ese momento, la masa está lista para extenderla y darle forma.

■ **Preparación:** 15 min ■ **Reposo:** 2 h

> **EN ALGUNOS PAÍSES SE LLAMA:**
> Azúcar glas: *azúcar de repostería, azúcar glasé, azúcar impalpable.* Mantequilla: *manteca.* Refrigerador: *heladera, nevera.*

Masa de nuez para tarta

Para 1/2 kg de masa

- 50 g de mantequilla
- 3 huevos completos
- 3 claras de huevo
- 125 g de nueces
- 125 g de azúcar granulada
- 70 g de fécula de maíz

❶ Cortar la mantequilla en pedacitos y trabajarlos con una espátula para que se suavicen.

❷ Romper los huevos, separando las claras de las yemas. Juntar todas las claras y batirlas a punto de turrón firme con una pizca de sal.

❸ En un procesador de alimentos, triturar las nueces. Agregarles las yemas de huevo y mezclar bien.

❹ Añadir sucesivamente el azúcar, la mantequilla y la fécula de maíz, mezclando bien cada vez que se incorpore un nuevo ingrediente.

❺ Incorporar, con un movimiento suave y envolvente, las claras batidas a punto de turrón, poco a poco, revolviendo siempre en el mismo sentido para evitar que las claras se rompan. Ahora la masa está lista para darle forma y cocerla.

Las nueces pueden sustituirse por avellanas.

■ **Preparación:** 15 min

> **EN ALGUNOS PAÍSES SE LLAMA:**
> A punto de turrón: *a punto de nieve.* Fécula de maíz: *almidón de maíz, maicena.* Mantequilla: *manteca.*

Masa dulce para brioche

Para 1/2 kg de masa

- *150 g de mantequilla a temperatura ambiente*
- *5 g de levadura de panadería*
- *1 cucharada de leche*
- *190 g de harina*
- *20 g de azúcar granulada*
- *3 huevos completos*
- *sal*

❶ Retirar la mantequilla del refrigerador y cortarla en pedacitos.

❷ Desmenuzar la levadura en un bol, agregarle una cucharada de leche y mezclar bien.

❸ Cernir la harina en una ensaladera, agregar el azúcar, una cucharadita de sal y la levadura. Mezclar bien. Añadir los huevos, uno por uno, incorporándolos completamente antes de añadir el siguiente.

❹ Cuando la masa se despegue bien de los bordes de la ensaladera, agregar la mantequilla y seguir trabajando la masa con las manos hasta que vuelva a despegarse de la ensaladera.

❺ Formar una bola con la masa, ponerla en una terrina, cubrir con una película plástica autoadherente y colocarla en un lugar cálido (a 22 °C) alrededor de 3 horas: la masa debe duplicar su volumen.

❻ Retirar la masa de la terrina, ponerla sobre la mesa de trabajo y machacarla con el puño hasta que vuelva a tener el volumen inicial. Luego, colocar nuevamente la masa en la terrina, taparla otra vez con una película plástica autoadherente y dejarla en un lugar cálido durante un mínimo de 1 hora. La masa debe volver a duplicar su volumen.

❼ Volver a machacar la masa con el puño. En esta ocasión la masa está lista para estirarse o moldearse de acuerdo con la receta deseada. Después de esta operación, la masa debe reposar 1 hora más hasta volver a duplicar su volumen.

Esta masa se puede preparar en un procesador de alimentos con la ayuda del gancho para repostería.

■ **Preparación:** 20 min ■ **Reposo:** al menos 4 h

EN ALGUNOS PAÍSES SE LLAMA:
Mantequilla: *manteca*. Refrigerador: *heladera, nevera*.

Masa dulce para choux

Para 1/2 kg de masa

- *100 ml de leche fresca entera*
- *4 g (1 cucharadita pequeña) de sal fina*
- *1 cucharadita de azúcar granulada*
- *75 g de mantequilla*
- *100 g de harina*
- *3 huevos*

❶ En una cacerola, verter 80 ml de agua y la leche fresca. Agregar la sal, el azúcar y la mantequilla. Poner a hervir sin dejar de remover con una espátula.

❷ Añadir toda la harina de una sola vez. Revolver enérgicamente hasta que la masa esté lisa y homogénea. Cuando la masa se despegue de las paredes y del fondo de la cacerola, seguir revolviendo 2 o 3 minutos más, de manera que la masa se seque un poco.

❸ Colocar la masa en una ensaladera y agregar un huevo. Incorporar este último completamente a la masa. Luego agregar los otros huevos procediendo de la misma manera.

❹ Seguir trabajando la masa, levantándola de vez en cuando: la masa está lista cuando cae formando una cinta.

❺ Poner la masa en una manga con duya para darle luego la forma deseada.

■ **Preparación:** 20 min

EN ALGUNOS PAÍSES SE LLAMA:
Duya: *boquillas*. Mantequilla: *manteca*.

Masa para babá

Para 600 g de masa, aproximadamente

- *15 g de levadura de panadería*
- *125 g de mantequilla*

❶ Disolver la levadura en un bol con dos cucharadas de agua tibia y dejarla reposar durante 10 minutos.

❷ Cortar la mantequilla en pedacitos pequeños y dejar que se suavicen a temperatura ambiente.

- 225 g de harina
- 3 huevos
- 25 g de azúcar granulada
- sal

❸ Cernir conjuntamente la harina y tres pizcas de sal encima de una terrina. Formar una fuente con la harina cernida.

❹ Batir los huevos en un recipiente, verterlos en el centro de la fuente, agregarle la levadura disuelta y el azúcar. Mezclar todo con las manos hasta que la masa tenga una consistencia muy homogénea. Amasarla levantándola con la punta de los dedos para eliminar todos los grumos que pudieran quedarle.

❺ Una vez que la masa tenga una textura lisa y elástica, colocarle los pedacitos de mantequilla por encima y cubrir la terrina con un trapo húmedo. Poner la terrina en un lugar cálido de 45 minutos a 1 hora: la masa debe duplicar su volumen.

❻ Una vez que la masa haya duplicado su volumen, incorporar con las manos la mantequilla hasta que la masa tenga una consistencia homogénea. Entonces, la masa está moldeada y lista para cocerse.

> **A esta masa se le pueden agregar pasitas: remojar 75 g de pasitas en 100 ml de ron. Escurrirlas y agregarlas, al mismo tiempo que la mantequilla, después de que la masa haya reposado.**

■ **Preparación:** 30 min ■ **Reposo:** de 45 min a 1 h

EN ALGUNOS PAÍSES SE LLAMA:

Mantequilla: *manteca*. Pasitas: *pasas, pasas de uva, uvas pasas, uvas secas*. Trapo: *paño, repasador, toalla o trapo de cocina*.

Masa para crepas dulces

Para 1/2 kg de masa

- 2 huevos completos
- 10 g de mantequilla
- 100 g de harina
- 1/2 cucharadita de sal fina
- 250 ml de leche fresca entera
- 1 cucharada de Grand Marnier o cualquier otro licor (opcional)

❶ Batir los huevos en un bol como para hacer una omelette. Derretir la mantequilla en una cacerola.

❷ Cernir la harina en una ensaladera, agregarle la sal, mezclar bien, añadir los huevos, y diluir con la leche y dos o tres cucharadas de agua. Entonces, agregar la mantequilla derretida y, si se desea, el licor, mezclando bien. Dejar reposar 2 horas como mínimo a temperatura ambiente (20 °C).

❸ Al momento de la utilización, rebajar la masa agregándole una cucharada de agua.

- *1/2 vaina de vainilla (opcional)*

Para agregarle vainilla a esta masa, partir la vaina, raspar los granos y colocarlos en la harina.

■ **Preparación:** 10 min ■ **Reposo:** al menos 2 h

EN ALGUNOS PAÍSES SE LLAMA:

Crepas: *crêpes, panquecas, panqueques, tortitas*. Mantequilla: *manteca*.

Masa para cuernitos

Para 1/2 kg de masa

- *140 g de mantequilla a temperatura ambiente*
- *5 g de levadura de panadería*
- *210 g de harina refinada*
- *1 cucharadita de sal*
- *2 cucharadas de azúcar granulada*
- *1 cucharadita de leche entera en polvo*

❶ Derretir 15 g de mantequilla en una cacerola pequeña. Desmenuzar la levadura en un bol y diluirla con cinco o seis cucharadas de agua.

❷ Cernir la harina en una ensaladera y agregarle la sal, el azúcar, la leche en polvo si se desea, la mantequilla derretida y la levadura disuelta. Trabajar la masa con las manos, del exterior hacia el interior, hasta que tenga una consistencia homogénea. Si está demasiado dura, se le puede agregar un poquito de agua.

❸ Tapar la ensaladera con una película plástica autoadherente, colocarla entre 1 hora y 1 hora y 30 minutos en un lugar cálido (a 22 °C); la masa debe duplicar su volumen.

❹ Retirar la masa de la ensaladera y machacarla con el puño para eliminar el dióxido de carbono producido por la fermentación. Entonces, la masa volverá a adquirir su volumen inicial. Cubrir la ensaladera con una película plástica autoadherente y ponerla en el refrigerador durante aproximadamente 1 hora para que la masa vuelva a duplicar su volumen.

❺ Machacar la masa por segunda vez y luego ponerla 30 minutos en el congelador.

❻ Suavizar el resto de la mantequilla trabajándola en una ensaladera con una espátula.

❼ Retirar la masa del congelador y extenderla con el rodillo para repostería hasta que alcance la forma de un rectángulo tres veces más largo que ancho. Los ángulos de este rectángulo deben quedar muy rectos.

❽ Distribuir con los dedos la mitad de la mantequilla sobre las dos terceras partes inferiores de la masa y darle la primera vuelta a lo largo: plegar la masa en tres como para formar un sobre rectangular.

⑨ Darle un cuarto de vuelta al rectángulo sobre la mesa de trabajo y plegar nuevamente la masa en tres. Ponerla durante 30 minutos en el congelador y, luego, durante 1 hora en el refrigerador.

⑩ Repetir la operación de plegado y replegado con el resto de la mantequilla.

⑪ Volver a colocar la masa en el congelador durante 30 minutos, y luego durante 1 hora en el refrigerador. La masa está lista para su utilización.

■ **Preparación:** 30 min ■ **Reposo:** al menos 5 h
■ **Congelación:** 1 h 30 min

> **EN ALGUNOS PAÍSES SE LLAMA:**
> Cuernitos: *croissants, cruasanes, medialunas, medias lunas*. Mantequilla: *manteca*. Refrigerador: *heladera, nevera*. Rodillo: *bolillo, palo de amasar, palote, uslero*.

Masa para galletas

Para 1/2 kg de masa, aproximadamente

- 60 g de mantequilla
- 4 huevos
- 125 g de azúcar granulada
- 100 g de harina
- 1/2 cucharadita de levadura

❶ Derretir la mantequilla.

❷ Romper los huevos separando las claras de las yemas. En una terrina, batir las claras de huevo a punto de turrón incorporándoles, poco a poco, 50 g de azúcar.

❸ En otra terrina, batir las yemas con el resto del azúcar hasta que adquieran un color blancuzco y una consistencia esponjosa.

❹ Agregar poco a poco la mitad de la harina, la mantequilla derretida, la levadura, las claras de huevo batidas y luego el resto de la harina, mezclando todo muy bien. La masa está lista entonces para estirarse, rellenarse o decorarse y luego cocerse.

■ **Preparación:** 20 min

> **EN ALGUNOS PAÍSES SE LLAMA:**
> A punto de turrón: *a punto de nieve*. Mantequilla: *manteca*.

Masa para genovesa

Para 1/2 kg de masa

- *140 g de harina*
- *40 g de mantequilla*
- *4 huevos completos*
- *140 g de azúcar granulada*

❶ Cernir la harina en una ensaladera.

❷ Derretir la mantequilla en una cacerola pequeña, manteniéndola esponjosa.

❸ Preparar una cacerola con agua hirviendo para un baño maría.

❹ Romper los huevos dentro de una ensaladera refractaria (de vidrio, preferentemente) y mezclarlos con el azúcar.

❺ Poner la ensaladera en el baño maría cuando el agua apenas suelte el hervor, comenzar a batir y continuar hasta que la mezcla de huevos con azúcar haya espesado y se pegue al reverso de una cuchara.

❻ Retirar la ensaladera del baño maría y continuar batiendo con el batidor manual o con la batidora eléctrica hasta que la mezcla se enfríe por completo.

❼ Verter la mitad de la harina en forma de lluvia e incorporarla revolviendo la masa y levantándola con una espátula. Entonces, agregar la mantequilla derretida tibia y mezclar con movimientos suaves y envolventes.

❽ Finalmente, verter el resto de la harina e incorporarla levantando bien la masa con una espátula para que se mantenga ligera. La masa ya está lista para darle forma.

■ **Preparación:** 30 min

> **EN ALGUNOS PAÍSES SE LLAMA:**
> Mantequilla: *manteca.*

Masa para merengue a la francesa

Para 1/2 kg de merengue

- *5 claras de huevo*
- *1 pizca de sal*
- *340 g de azúcar granulada*
- *1 cucharadita de extracto natural de vainilla*

❶ Romper los huevos, uno por uno, separando con mucho cuidado las claras de las yemas. Colocar las yemas por separado y reservarlas para otra utilización. Cuidar que no quede ninguna huella de clara en las yemas de los huevos, ya que de ser así las yemas no subirían bien.

❷ Con la batidora eléctrica (o el batidor manual), batir las claras a punto de turrón junto con una pizca de sal, incorporándoles, poco a poco, la mitad del azúcar. Pasar la batidora por toda la ensaladera formando ochos, de modo que se desplacen hacia el centro las claras que aún no han sido batidas.

❸ Cuando las claras hayan duplicado su volumen, verterles el extracto de vainilla y la otra mitad del azúcar. Seguir batiendo hasta que las claras se vuelvan muy firmes, lisas y brillantes. La masa debe sostenerse sin dificultad en las aspas de la batidora.

❹ Poner el merengue en una manga provista de una duya lisa. El merengue ya está listo para que se le dé la forma deseada.

■ **Preparación:** 20 min

> **EN ALGUNOS PAÍSES SE LLAMA:**
> A punto de turrón: *a punto de nieve.* Duya: *boquillas.*

Masa para merengue italiano

Para 1/2 kg de merengue

- *85 ml de agua*
- *5 claras de huevo*
- *280 g de azúcar granulada*

❶ Verter el agua en una cacerola, agregarle el azúcar y ponerla a hervir, limpiando frecuentemente las paredes del recipiente con un pincel húmedo. Cocer este almíbar hasta alcanzar el punto de "grand boulé" (es decir, a una temperatura de 126 a 130 °C): sumergir una cuchara de madera en el almíbar, sacarla y dejar caer una gotita del almíbar en un bol con agua fría, al tomarla entre los dedos debe formarse una bolita de consistencia dura. Otra forma de comprobar si el almíbar está listo es sumergir una espumadera en el almíbar y soplar por encima: deben salir copos de nieve de almíbar.

❷ En una ensaladera, y con la batidora eléctrica (o el batidor manual), batir las claras a punto de turrón, aunque éste no debe quedar demasiado firme.

❸ Verter poco a poco el almíbar sobre las claras, regulando la batidora a velocidad media (o batiendo menos enérgicamente con la batidora manual). Batir hasta que las claras y el almíbar se enfríen ligeramente.

❹ Colocar el merengue en una manga provista de una duya lisa. El merengue ya está listo para que se le dé la forma deseada.

■ **Preparación:** 20 min

> **EN ALGUNOS PAÍSES SE LLAMA:**
> A punto de turrón: *a punto de nieve.* Duya: *boquillas.*

Masa para pastaflora

Para 1/2 kg de masa

- *125 g de mantequilla*
- *125 g de azúcar granulada*
- *1 vaina de vainilla*
- *250 g de harina*
- *1 huevo completo*

❶ Retirar la mantequilla del refrigerador para que esté a temperatura ambiente. Colocar el azúcar en un bol. Abrir la vaina de vainilla en dos y rasparle los granos. Mezclarlos con el azúcar.

❷ Cernir la harina directamente encima de la mesa de trabajo y formar una fuente. Cortar la mantequilla en pedacitos pequeños, colocarlos en el centro de la fuente y trabajar estos ingredientes con la punta de los dedos hasta que la preparación tenga una consistencia arenosa y ya no quede ningún pedacito de mantequilla.

❸ Con la masa arenosa obtenida, volver a formar una fuente. Romper los huevos en el centro, verter el azúcar y mezclar con la yema de los dedos todos los ingredientes, sin amasarlos demasiado.

❹ Aplastar la masa con la palma de la mano, presionando hacia delante, hasta que tenga una consistencia muy homogénea. Rodarla hasta formar una bola, aplanarla ligeramente con las manos y envolverla en una película plástica autoadherente.

❺ Dejar reposar la masa durante 1 hora como mínimo en el refrigerador (a 4 °C). Una vez transcurrido ese tiempo, la masa está lista para extenderla con el rodillo y darle la forma deseada.

■ **Preparación:** 15 min ■ **Reposo:** 1 h

> **EN ALGUNOS PAÍSES SE LLAMA:**
> Mantequilla: *manteca*. Refrigerador: *heladera, nevera*. Rodillo: *bolillo, palo de amasar, palote, uslero*.

Masa para pastel

Para 1/2 kg de masa

- *100 g de harina*
- *70 g de mantequilla*
- *4 huevos completos*
- *140 g de azúcar granulada*

❶ Cernir la harina en una ensaladera.

❷ Derretir la mantequilla en una cacerola pequeña, evitando que se dore.

❸ Romper los huevos y separar las claras de las yemas. Agregar el azúcar granulada y el azúcar a la vainilla a las yemas y batir enérgicamente hasta que la mezcla se vuelva blanca y espumosa.

- *1/2 cucharada de azúcar a la vainilla*
- *1 cucharada de ron (opcional)*
- *2 pizcas de sal*

❹ Verter la harina en forma de lluvia, luego incorporar la mantequilla derretida y, si se desea, el ron, mezclando bien hasta que la masa tenga una consistencia homogénea.

❺ Batir las claras a punto de turrón muy firme junto con la sal. Luego, agregarlas con movimientos suaves y envolventes a la masa, revolviendo siempre en el mismo sentido para que no se rompan las claras batidas.

> **Si se desea, esta masa se puede aromatizar con 50 g de almendras o avellanas en polvo, 50 g de avellanas trituradas, pasitas, frutas confitadas, granos de anís o incluso con dos cucharadas de algún licor de su elección.**

■ **Preparación:** 15 min

EN ALGUNOS PAÍSES SE LLAMA:

A punto de turrón: *a punto de nieve*. Frutas confitadas: *frutas abrillantadas, frutas cristalizadas, frutas escarchadas, frutas glaceadas o glaseadas*. Mantequilla: *manteca*. Pasitas: *pasas, pasas de uva, uvas pasas, uvas secas*. Pastel: *cake, queque, torta*.

Masa para rosca

Para 1/2 kg de masa

- *1/4 de cáscara de limón*
- *60 g de mantequilla a temperatura ambiente*
- *15 g de levadura de panadería*
- *160 g de harina refinada*
- *1/2 cucharadita de extracto de vainilla*
- *1 cucharada de miel de acacia*
- *1 cucharadita de sal fina*
- *5 huevos*

❶ Picar finamente la cáscara de limón.

❷ Cortar la mantequilla en pedazos muy pequeños.

❸ Desmenuzar la levadura sobre una ensaladera, agregarle la harina, la vainilla, la miel, la sal, la cáscara de limón y un huevo.

❹ Mezclar bien con una cuchara de madera y luego agregar el resto de los huevos uno por uno. Trabajar la masa con las manos hasta que se desprenda de las paredes de la ensaladera.

❺ Añadir la mantequilla y seguir trabajando hasta que la masa se vuelva a desprender y esté elástica, lisa y brillante. Dejar de amasar una vez que la masa tenga una consistencia homogénea y dejarla levar durante 30 minutos a temperatura ambiente.

❻ En ese momento, la masa ya estará lista para ponerse en el molde. Una vez que esto se lleve a cabo, dejarla levar aún más, hasta que cubra la altura del molde.
(Para preparar esta masa con la ayuda de un procesador de alimentos, se recomienda emplear el gancho para repostería. Poner la harina, la miel, la cáscara de limón

y tres huevos en el bol del procesador de alimentos. Encender el aparato en la velocidad media hasta que la masa se desprenda de las paredes del bol, añadir los demás huevos, uno por uno, y luego esperar a que la masa se vuelva a desprender. Después, incorporar la mantequilla en pedazos muy pequeños. Detener el aparato cuando la masa esté totalmente desprendida de las paredes del bol.)

■ **Preparación:** 20 min ■ **Reposo:** 30 min

EN ALGUNOS PAÍSES SE LLAMA:
Mantequilla: *manteca*.

Masa perlada para tarta

Para 1/2 kg de masa, aproximadamente

- *175 g de almendras en polvo*
- *175 g de azúcar*
- *6 claras de huevo*
- *1 pizca de sal*

❶ Mezclar las almendras en polvo con el azúcar.
❷ Batir las claras de huevo a punto de turrón muy firme junto con la pizca de sal. Agregarlas con un movimiento suave y envolvente a la mezcla de almendras en polvo y azúcar.
❸ Poner la masa en una manga con duya. La masa está lista para que se le dé forma.

■ **Preparación:** 10 min

EN ALGUNOS PAÍSES SE LLAMA:
A punto de turrón: *a punto de nieve*. Duya: *boquillas*.

Pasta de almendra

Para 1/2 kg de masa

- *85 g de almendras en polvo (o de avellanas)*
- *85 g de azúcar glas*
- *6 claras de huevo*
- *160 g de azúcar granulada*
- *pedacitos de almendra (optativo)*

❶ Mezclar las almendras en polvo (o las avellanas) con el azúcar glas y luego cernirlas.
❷ Batir las claras a punto de turrón junto con un poco de azúcar granulada. Una vez que las claras estén bien esponjadas, agregar de una sola vez el resto del azúcar y revolver. Dejar de batir. Agregar poco a poco, y con precaución, la mezcla de azúcar y almendras a las claras batidas. Si se desea, añadir también algunos pedacitos de almendra.

❸ Poner la pasta en una manga con duya. En ese momento está lista para darle la forma deseada.

■ **Preparación:** 15 min

> **EN ALGUNOS PAÍSES SE LLAMA:**
> A punto de turrón: *a punto de nieve.* Azúcar glas: *azúcar de repostería, azúcar glasé, azúcar impalpable.* Duya: *boquillas.*

Galletas, pasteles secos y petits-fours secos

Alfajores de fécula de maíz

Para 5 o 6 personas

- *300 g de fécula de maíz*
- *150 g de harina*
- *2 cucharaditas de polvo de hornear*
- *200 g de mantequilla*
- *100 g de azúcar glas*
- *3 yemas*
- *la ralladura de un limón*
- *1 taza de dulce de leche (→ ver pág. 879)*
- *coco seco rallado*

❶ Mezclar y tamizar la fécula de maíz con la harina y el polvo de hornear.
❷ Batir la mantequilla con el azúcar hasta que esté cremosa e incorporarle las yemas una por una y poco a poco los ingredientes secos.
❸ Agregar la ralladura de limón mezclando bien.
❹ Formar la masa y dejar reposar durante 20 minutos.
❺ Estirarla con un rodillo sobre una superficie enharinada hasta que quede de 1/2 cm de espesor. Cortar círculos de 5 cm de diámetro con un cortador de galletas.
❺ Colocarlos en charolas engrasadas y enharinadas y meter al horno durante 20 minutos a temperatura media. Retirar (no deben dorarse) y dejar enfriar.
❻ Unir dos galletas con dulce de leche y adherir en el contorno el coco rallado.

■ **Preparación:** 15 min ■ **Reposo de la masa:** 20 min
■ **Cocción:** 20 min

> **EN ALGUNOS PAÍSES SE LLAMA:**
> Azúcar glas: *azúcar de repostería, azúcar glasé, azúcar impalpable.* Charola: *asadera.* Fécula de maíz: *almidón de maíz, maicena.* Mantequilla: *manteca.* Rodillo: *bolillo, palo de amasar, palote, uslero.*

Bastoncitos glaseados a la vainilla

Para 15 bastoncitos

- *85 g de almendras en polvo*
- *85 g de azúcar*
- *1 cucharada de azúcar a la vainilla*
- *1 clara de huevo*
- *250 g de glasé real (→ ver pág. 1085)*
- *1 cucharadita de extracto de vainilla*

❶ En una ensaladera, mezclar las almendras en polvo, el azúcar y el azúcar a la vainilla. Agregar la clara de huevo y revolver hasta que la masa se ligue.

❷ Preparar el glasé real y agregarle el extracto de vainilla.

❸ Precalentar el horno a 160 °C.

❹ Enharinar ligeramente la mesa de trabajo y extender sobre ella la masa con un rodillo hasta que quede de 1 cm de espesor. Cubrir la masa ya extendida con una capa de glasé real. Cortarla en bastoncitos de 2 cm de ancho por 10 cm de largo.

❺ Engrasar con mantequilla una placa para repostería, luego enharinarla y colocar sobre ella los bastoncitos. Hornear durante 10 minutos.

■ **Preparación:** 20 min ■ **Cocción:** 10 min

> **EN ALGUNOS PAÍSES SE LLAMA:**
> Mantequilla: *manteca.* Rodillo: *bolillo, palo de amasar, palote, uslero.*

Bizcochos bretones

Para 30 o 35 bizcochos

- *130 g de mantequilla*
- *135 g de azúcar*
- *2 g de sal*
- *1 huevo*
- *230 g de harina*
- *7 g de polvo para hornear*

❶ Ablandar la mantequilla y luego mezclarla con el azúcar y la sal. Después, agregar el huevo y mezclar bien durante algunos minutos con una cuchara de madera. Añadir la harina y el polvo para hornear y amasar hasta que la mezcla adquiera una consistencia homogénea.

❷ Formar una bola con la masa, luego envolverla con una película plástica autoadherente y dejarla reposar en el refrigerador durante 1 hora.

❸ Cortar la masa en cuatro partes. Modelar cada una de las partes de la masa en cilindros de 3 cm de diámetro y luego cortarlos en rebanadas de 1 cm de espesor. Colocar los discos resultantes sobre una placa para repostería forrada con papel encerado y volver a meter en el refrigerador durante 1 hora.

❹ Hornear los bizcochos durante 10 minutos a una temperatura de 200 °C. Una vez que se hayan enfriado, guardarlos en un recipiente hermético.

■ **Preparación:** 10 min ■ **Reposo:** 2 h ■ **Cocción:** 10 min

> **EN ALGUNOS PAÍSES SE LLAMA:**
> Mantequilla: *manteca*. Refrigerador: *heladera, nevera*.

Cocadas

Para unas 20 cocadas

- *300 g de azúcar granulada*
- *1 pizca de sal*
- *5 claras de huevo*
- *250 g de coco rallado*
- *1 cucharadita de vainilla en polvo*
- *30 g de mantequilla*

❶ Colocar una terrina a baño maría dentro de una cacerola con agua puesta sobre el fuego de la estufa. Agregar el azúcar, la sal y las claras de huevo.

❷ Batir regularmente hasta que el azúcar se disuelva por completo y la mezcla esté caliente. Añadir el coco rallado, la vainilla en polvo y revolver. Retirar la terrina del baño maría.

❸ Precalentar el horno a 250 °C. Forrar una placa para repostería con una hoja de papel encerado.

❹ Con una cucharita, formar pequeñas pirámides de masa, a intervalos regulares, manteniendo una distancia considerable entre una y otra. Hornear alrededor de 10 minutos.

❺ Sacar las cocadas del horno y dejar que se enfríen antes de despegarlas.

■ **Preparación:** 20 min ■ **Cocción:** 10 min

> **EN ALGUNOS PAÍSES SE LLAMA:**
> Estufa: *cocina* (dispositivo o aparato en el que se hace fuego o produce calor para guisar los alimentos). Mantequilla: *manteca*.

Galletas con chocolate

Para 30 galletas

- *110 g de mantequilla*
- *175 g de chocolate negro (amargo) o de chispas de chocolate negro*

❶ Precalentar el horno a 170 °C.

❷ Suavizar la mantequilla.

❸ Rallar el chocolate con un rallador de orificios grandes o picarlo con un cuchillo (o utilizar las chispas de chocolate).

- *110 g de azúcar morena*
- *100 g de azúcar granulada*
- *1 huevo*
- *1/2 cucharadita de extracto de vainilla*
- *225 g de harina*
- *1/2 cucharadita de polvo para hornear*
- *1 pizca de sal*

4 En una terrina, batir la mantequilla junto con los dos tipos de azúcar, hasta que la mezcla adquiera un color amarillo pálido y una consistencia espumosa. Agregar el huevo entero, el extracto de vainilla y mezclar bien.

5 Cernir la harina junto con el polvo para hornear y la sal. Agregar esta mezcla en la terrina, poco a poco y en forma de lluvia, y trabajarla bien con una espátula de madera para evitar la formación de grumos. Luego, añadir el chocolate rallado (o las chispas de chocolate negro) a esta mezcla.

6 Con una cuchara, formar bolitas de masa bien espaciadas sobre una placa para repostería previamente forrada con papel encerado. Cada vez que se coloque una bolita de masa es necesario remojar la cuchara en un bol con agua caliente. Luego, con el reverso de la cuchara, aplanar las bolitas de masa con el fin de formar discos de unos 10 cm de diámetro.

7 Hornear de 8 a 10 minutos. Las galletas deben estar crujientes por dentro.

8 Sacar las galletas del horno, colocarlas sobre una rejilla y servirlas tibias o frías.

■ **Preparación:** 20 min

■ **Cocción:** de 8 a 10 min por cada horneada

EN ALGUNOS PAÍSES SE LLAMA:

Azúcar morena: *azúcar mascabada, azúcar moscabada, azúcar negra.* Mantequilla: *manteca.*

Galletas con pasitas

Para 25 galletas

- *80 g de pasitas de Corinto*
- *80 ml de ron*
- *125 g de mantequilla*
- *125 g de azúcar granulada*
- *2 huevos*
- *150 g de harina*
- *1 pizca de sal*

1 Lavar las pasitas de Corinto y ponerlas a macerar en el ron alrededor de 1 hora. Precalentar el horno a 200 °C.

2 Ablandar la mantequilla y luego batirla dentro de una terrina junto con el azúcar. Después, agregar uno por uno los huevos y mezclar bien. Finalmente, verter la harina, las pasitas con el ron y una pizca de sal. Mezclar bien cada vez que se incorpore un nuevo ingrediente.

3 Forrar una placa para repostería con una hoja de papel encerado. Con una cuchara pequeña, colocar sobre la placa algunas bolitas de masa, cuidando que queden bien separadas unas de otras, y hornear durante 10 minutos.

❹ Dejar que las galletas se enfríen sobre una rejilla. Se pueden conservar en un recipiente hermético.

■ **Preparación:** 15 min ■ **Maceración:** 1 h

■ **Cocción:** 10 min

EN ALGUNOS PAÍSES SE LLAMA:

Mantequilla: *manteca*. Pasitas: *pasas, pasas de uva, uvas pasas, uvas secas*.

Galletas de almendras

Para unas 10 o 12 galletas

- *240 g de azúcar glas*
- *150 g de almendras en polvo*
- *3 claras de huevo*

❶ En una terrina, mezclar el azúcar glas y las almendras en polvo. Batir las claras a punto de turrón e incorporarles con movimientos suaves y envolventes la mezcla de azúcar con almendras. La masa debe quedar un poco líquida.

❷ Precalentar el horno a 250 °C. Forrar una placa para repostería con una hoja de papel encerado.

❸ Poner la masa en una manga con duya y formar con ella bolitas de masa sobre la placa. Con un pincel humedecido en agua aplanar cada bolita de masa.

❹ Dejar que la masa repose alrededor de 15 minutos y luego hornear de 10 a 12 minutos, manteniendo la puerta del horno entreabierta.

❺ Sacar la placa del horno y verter un vaso pequeño de agua entre la placa de metal y el papel encerado para que las galletas se despeguen con facilidad. Colocarlas sobre una rejilla y dejarlas enfriar ahí.

Estas galletas de almendras se pueden perfumar agregando 20 g de cacao en polvo al azúcar glas (galletas de almendras con chocolate) o bien agregando 1/2 cucharadita de extracto de café (galletas de almendras con café) o un poco de extracto de vainilla (galletas de almendras a la vainilla). También se les puede untar betún de chocolate (150 g → ver pág. 861), crema a la mantequilla al natural, o bien crema a la mantequilla aromatizada con café (150 g → ver pág. 870).

■ **Preparación:** 30 min ■ **Reposo:** 15 min

■ **Cocción:** de 10 a 12 min

EN ALGUNOS PAÍSES SE LLAMA:

A punto de turrón: *a punto de nieve*. Azúcar glas: *azúcar de repostería, azúcar glasé, azúcar impalpable*. Duya: *boquillas*. Mantequilla: *manteca*.

Galletas de limón

Para 40 galletas

- *175 g de harina*
- *1 limón bien lavado*
- *80 g de mantequilla*
- *150 g de azúcar granulada*
- *1 huevo*
- *100 o 150 g de mantequilla de limón (→ ver pág. 926)*

❶ Precalentar el horno a 180 °C.

❷ Forrar una placa para repostería con papel encerado.

❸ Cernir la harina. Rallar la cáscara de limón.

❹ Dentro de una terrina, trabajar la mantequilla con las manos hasta que se vuelva muy suave, agregar el azúcar y continuar amasándola.

❺ Una vez que la mezcla esté blanca y homogénea, incorporar el huevo entero y la cáscara de limón rallada. Agregar progresivamente la harina sin dejar de remover y luego continuar amasando con la mano.

❻ Con un rodillo, extender la masa hasta que quede de 8 mm de espesor. Cortar corazones o rombos de masa con un sacabocados. Acomodarlos sobre la placa para repostería y hornearlos durante 10 minutos.

❼ Despegar las galletas, colocarlas sobre una rejilla y dejar que se enfríen. Untar la mitad de las galletas con mantequilla de limón. Luego, colocar encima de cada galleta untada con mantequilla una de las galletas de la otra mitad y servirlas de inmediato.

■ **Preparación:** 25 min ■ **Cocción:** 10 min

> EN ALGUNOS PAÍSES SE LLAMA:
> Mantequilla: *manteca.* Rodillo: *bolillo, palo de amasar, palote, uslero.*

Lenguas de gato

Para 45 lenguas de gato

- *125 g de mantequilla*
- *1 cucharada de azúcar a la vainilla*
- *75 o 100 g de azúcar granulada*
- *2 huevos*
- *125 g de harina*

❶ Cortar la mantequilla en pedazos y trabajarla con las manos hasta que adquiera una consistencia cremosa y una textura muy lisa.

❷ Agregar el azúcar a la vainilla y el azúcar granulada y mezclar bien. Luego, agregar uno por uno los huevos. Cernir la harina, verterla en forma de lluvia e incorporarla con un batidor manual.

❸ Precalentar el horno a 200 °C. Forrar una placa para repostería con una hoja de papel encerado.

④ Poner la masa en una manga con una duya lisa del número 6 y formar con ella lengüetas de masa de 5 cm de largo. Dejar un espacio de 2 cm entre cada lengüeta.

⑤ Hornear de 4 a 5 minutos las lengüetas que quepan en la placa para repostería y, luego, continuar horneando así las que falten.

⑥ Cuando las lenguas de gato se hayan enfriado por completo, guardarlas en un recipiente hermético.

■ **Preparación:** 20 min

■ **Cocción:** de 4 a 5 min por horneada

> EN ALGUNOS PAÍSES SE LLAMA:
> Duya: *boquillas*. Mantequilla: *manteca*.

Magdalenas

Para 36 magdalenas

- *2 limones bien lavados*
- *200 g de mantequilla*
- *4 huevos*
- *200 g de azúcar granulada*
- *225 g de harina*

① Rallar la cáscara de los dos limones. Derretir 180 g de mantequilla. En una terrina, romper los huevos, agregarles el azúcar y luego batir hasta que la mezcla se vuelva blanca. Agregar la cáscara de limón, luego la harina y finalmente la mantequilla derretida, mezclando bien cada vez que se agregue un ingrediente.

② Dejar reposar esta masa durante 1 hora en el refrigerador.

③ Precalentar el horno a 190 °C. Engrasar con mantequilla tres moldes para magdalenas de 12 espacios cada uno. Verter la masa en los moldes hasta completar dos terceras partes de cada espacio. Hornear de 10 a 12 minutos.

④ Desmoldar las magdalenas en cuanto salgan del horno y dejar que se enfríen sobre una rejilla. También se pueden comer tibias. Las magdalenas se pueden conservar durante algunos días en un recipiente hermético.

■ **Preparación:** 25 min ■ **Reposo:** 1 h

■ **Cocción:** de 10 a 12 min, aproximadamente

> EN ALGUNOS PAÍSES SE LLAMA:
> Mantequilla: *manteca*. Refrigerador: *heladera, nevera*.

Monjitas

Para 40 monjitas

- *4 claras de huevo*
- *40 g de harina*
- *200 g de mantequilla*
- *125 g de azúcar granulada*
- *125 g de almendras en polvo*

❶ Poner tres claras de huevo en un bol y, en otro, poner la clara de huevo restante. Meter ambos recipientes en el refrigerador durante 1 hora completa para que estén bien frías.

❷ Cernir la harina.

❸ Derretir 185 g de mantequilla en un baño maría a fuego lento.

❹ Batir a punto de turrón muy firme la clara de huevo que está sola y volverla a poner en el refrigerador.

❺ Precalentar el horno a 220 °C.

❻ En una terrina, mezclar el azúcar granulada y las almendras en polvo. Añadir la harina y luego incorporar poco a poco las tres claras de huevo frías restantes, trabajando bien esta mezcla con las manos. Finalmente, agregar la mantequilla derretida cuando esté apenas tibia. Después, agregar la clara batida a punto de turrón.

❼ Engrasar con mantequilla algunos moldes individuales para barquillos y rellenarlos poco a poco con la preparación, utilizando para ello una manga con una duya grande y lisa. Hornear de 8 a 10 minutos. Las monjitas deben estar doradas por fuera pero suaves por dentro.

❽ Desmoldar las monjitas cuando aún estén tibias. Para realizar esta operación con mayor facilidad, golpear suavemente el molde sobre la mesa antes de voltearlo.

■ **Preparación:** 20 min ■ **Refrigeración:** 1 h

■ **Cocción:** de 8 a 10 min

> EN ALGUNOS PAÍSES SE LLAMA:
>
> A punto de turrón: *a punto de nieve.* Duya: *boquillas.* Mantequilla: *manteca.* Refrigerador: *heladera, nevera.*

Palitos glaseados

Para 20 palitos

- *200 g de masa hojaldrada*
  (→ ver pág. 114)

❶ Preparar la masa hojaldrada y dejarla reposar en el refrigerador (también se puede usar una masa comercial).

❷ Preparar el glasé real.

❸ Precalentar el horno a 200 °C.

- 250 g de glasé real
  (→ ver pág. 1085)

❹ Extender la masa hojaldrada hasta que quede de 4 mm de espesor. Cortar tiras de masa de 8 cm de ancho.

❺ Con un pincel o con una espátula pequeña, untar el glasé real hasta que quede una capa ligera en la superficie de las tiras de masa.

❻ Cortar las tiras de masa en pedazos de 2.5 a 3 cm de ancho y luego acomodarlos sobre una placa para repostería forrada con papel encerado.

❼ Meter la placa en el horno durante 10 minutos, aproximadamente, hasta que la superficie de los palitos obtenga un color crema. Servir calientes.

■ **Preparación:** 50 min ■ **Cocción:** 10 min

> **EN ALGUNOS PAÍSES SE LLAMA:**
> Refrigerador: *heladera, nevera.*

Palmeritas

Para 20 palmeritas

- 1/2 kg de masa hojaldrada
  (→ ver pág. 114)
- azúcar glas

❶ Preparar la masa hojaldrada siguiendo la receta y espolvorearla con azúcar glas en las últimas dos vueltas. Dejar reposar la masa durante 1 hora en el refrigerador.

❷ Precalentar el horno a 240 °C.

❸ Con un rodillo, extender la masa en forma de rectángulo, hasta que quede de 1 cm de espesor, y luego espolvorearla con azúcar glas.

❹ Doblar los lados de la masa, a lo largo, hacia el centro y luego volverlos a doblar de la misma manera para obtener una especie de cilindro.

❺ Cortar este cilindro en rebanadas de 1 cm de ancho y luego colocarlas sobre una placa para repostería forrada con papel encerado, espaciándolas para que no se peguen, pues la masa se va a extender en el momento de la cocción.

❻ Hornear las palmeritas durante 10 minutos, volteándolas a media cocción para que se doren por ambos lados.

❼ Dejar que las palmeritas se enfríen y luego conservarlas en un recipiente hermético para que se mantengan crujientes.

■ **Preparación:** 40 min ■ **Reposo:** 1 h ■ **Cocción:** 10 min

> **EN ALGUNOS PAÍSES SE LLAMA:**
> Azúcar glas: *azúcar de repostería, azúcar glasé, azúcar impalpable.* Refrigerador: *heladera, nevera.* Rodillo: *bolillo, palo de amasar, palote, uslero.*

Panes de Nantes

Para 10 panes

- 1 limón o 1 naranja bien lavados
- 200 g de mantequilla
- 200 g de azúcar granulada
- 2 pizcas de sal
- 1 cucharadita de polvo para hornear
- 4 huevos
- 250 g de harina
- 30 g de almendras fileteadas
- 300 g de fondant (→ ver pág. 1084)
- 40 ml de marrasquino
- 200 g de cobertura de chabacano
- granillo de azúcar rosa

❶ Rallar la cáscara del limón o la naranja. Cortar la mantequilla en pedacitos y dejar que se suavice a temperatura ambiente.

❷ Agregar el azúcar, la sal, el polvo para hornear y la cáscara del cítrico rallada. Trabajar con las manos hasta que la mezcla se convierta en una crema. Entonces, incorporar los huevos enteros, la harina cernida y mezclar bien.

❸ Precalentar el horno a 190 °C.

❹ Engrasar con mantequilla unos moldes individuales para tartaletas y espolvorearlos con las almendras fileteadas. Rellenarlos con la masa y hornearlos durante 20 minutos.

❺ Preparar el fondant y diluirlo en el marrasquino.

❻ Desmoldar los panes sobre una rejilla y, con un pincel, bañarlos primero con un poco de cobertura de chabacano y luego con el fondant perfumado con marrasquino. Espolvorear con el granillo de azúcar rosa.

■ **Preparación:** 20 min ■ **Cocción:** 20 min

> En algunos países se llama:
> Chabacano: *albaricoque, damasco*. Mantequilla: *manteca*.

Pastitas de almendras

Para 35 pastitas

- 250 g de azúcar granulada
- 1/2 cucharada de azúcar a la vainilla
- 125 g de almendras en polvo
- 4 claras de huevo
- 135 g de harina cernida

❶ En una terrina, mezclar el azúcar granulada, el azúcar a la vainilla y las almendras en polvo. Agregar una por una las claras de huevo y luego poco a poco la harina.

❷ Precalentar el horno a 180 °C. Colocar la masa sobre la mesa de trabajo y extenderla con un rodillo hasta que quede de 1 cm de espesor. Cortar la masa en tiritas y colocarlas sobre una placa para repostería forrada con una hoja de papel encerado.

❸ Hornear durante 10 minutos. Despegar las pastitas con una espátula de metal cuando aún estén calientes y luego dejarlas enfriar sobre la placa. Después, guardarlas en un recipiente hermético.

Estas pastitas pueden servirse con una crema inglesa (→ ver pág. 873).

■ **Preparación:** 15 min ■ **Cocción:** 10 min

> **EN ALGUNOS PAÍSES SE LLAMA:**
> Rodillo: *bolillo, palo de amasar, palote, uslero.*

Polvorones de Milán

Para unos 50 polvorones

- 1/2 kg de masa azucarada (→ ver pág. 985)
- 1 cucharadita de coñac o de ron
- 1 huevo

❶ Preparar la masa azucarada, agregándole una cucharadita de coñac (o de ron) y dejarla reposar durante 2 horas en el refrigerador.

❷ Precalentar el horno a 200 °C. Forrar una placa para repostería con una hoja de papel encerado.

❸ Con un rodillo, extender la masa hasta que quede de 5 mm de espesor y luego cortarla con un sacabocados redondo u ovalado. Colocar los polvorones sobre la placa para repostería.

❹ Con un pincel, barnizar los polvorones con el huevo batido y luego dibujarles encima algunas texturas con un tenedor. Hornear durante 15 minutos.

❺ Desmoldar los polvorones sobre una rejilla para que se enfríen y luego guardarlos en un recipiente hermético.

■ **Preparación:** 15 min ■ **Reposo:** 2 h ■ **Cocción:** 15 min

> **EN ALGUNOS PAÍSES SE LLAMA:**
> Refrigerador: *heladera, nevera.* Rodillo: *bolillo, palo de amasar, palote, uslero.*

Rollitos rusos

Para 25 o 30 rollitos

- 100 g de mantequilla
- 4 claras de huevo
- 1 pizca de sal
- 90 g de harina
- 160 g de azúcar granulada
- 1 cucharada de azúcar a la vainilla

❶ Forrar una placa para repostería con papel encerado.

❷ Precalentar el horno a 180 °C.

❸ Derretir la mantequilla a baño maría.

❹ Batir las claras de huevo a punto de turrón muy firme junto con la sal.

❺ En una terrina, mezclar la harina, el azúcar granulada, el azúcar a la vainilla y la mantequilla derretida. Luego, incorporar las claras de huevo batidas, con movimientos suaves y envolventes para que las claras no se rompan.

⑥ Extender la masa con un rodillo sobre la placa para repostería hasta que quede una capa muy fina. Cortarla en discos delgados de 8 cm de diámetro. Luego, hornearlos durante 10 minutos: apenas deben dorarse.

⑦ Despegar los discos y enrollarlos de inmediato. Dejar que se enfríen por completo y conservarlos en un recipiente hermético.

■ **Preparación:** 30 min ■ **Cocción:** 10 min

> **EN ALGUNOS PAÍSES SE LLAMA:**
> A punto de turrón: *a punto de nieve.* Mantequilla: *manteca.*
> Rodillo: *bolillo, palo de amasar, palote, uslero.*

Tejitas de almendras

Para 25 tejitas

- 75 g de mantequilla
- 75 g de harina
- 100 g de azúcar granulada
- 1/2 cucharada de azúcar a la vainilla
- 2 huevos
- 1 pizca de sal
- 75 g de almendras fileteadas
- aceite de cacahuate

① Precalentar el horno a 200 °C.

② Derretir la mantequilla y cernir la harina. En un recipiente hondo, mezclar con una cuchara de madera el azúcar granulada, el azúcar a la vainilla, la harina cernida, los huevos (agregándolos uno por uno) y una pequeña pizca de sal. Después, incorporar la mantequilla derretida y, por último, las almendras fileteadas, mezclándolas con mucho cuidado para que no se rompan.

③ Forrar una placa para repostería con una hoja de papel aluminio. Con una cuchara pequeña, colocar bolitas de masa sobre la placa, dejando una distancia considerable entre una y otra. Luego, extender ligeramente las bolitas de masa con el reverso de un tenedor, previamente humedecido con agua fría. Hornear alrededor de 4 minutos.

④ Engrasar con suficiente aceite un rodillo para repostería. Luego, despegar con mucho cuidado cada galletita, utilizando para ello una espátula de metal, y colocarla de inmediato sobre el rodillo engrasado para que adquiera su forma curva. Una vez que la galleta se haya enfriado, separarla del rodillo y acomodarla dentro de un recipiente hermético.

Es recomendable hornear las galletas en cantidades pequeñas para facilitar la colocación sobre el rodillo, pues estas tejitas son muy frágiles.

■ **Preparación:** 20 min ■ **Cocción:** 4 min por horneada

> **EN ALGUNOS PAÍSES SE LLAMA:**
> Cacahuate: *cacahuete, maní*. Mantequilla: *manteca*. Rodillo: *bolillo, palo de amasar, palote, uslero*.

Pasteles, tartas, tartaletas y repostería vienesa

Alajú

Para 6 personas

- *100 ml de leche*
- *200 g de miel muy perfumada*
- *80 g de azúcar granulada*
- *2 yemas de huevo*
- *1 cucharada de bicarbonato de sodio*
- *300 g de harina*
- *1 o 2 limones*
- *100 g de frutas confitadas picadas*
- *1 cucharadita de canela en polvo*
- *20 g de mantequilla*
- *sal*

❶ En una cacerola pequeña, verter la leche, la miel y el azúcar. Calentar a fuego bajo sin dejar de remover.

❷ En un bol, batir las yemas de huevo y mezclarlas con la mitad de la leche con miel. Agregar el bicarbonato de sodio y luego el resto de la leche con miel. Mezclar bien todo.

❸ Precalentar el horno a 180 °C.

❹ En una terrina, cernir la harina. Agregarle poco a poco los ingredientes, alternándolos: la preparación precedente, dos cucharadas de jugo de limón, las frutas confitadas y la canela. Batir esta masa durante 10 minutos aproximadamente.

❺ Engrasar con mantequilla un molde para pastel y forrarlo con papel encerado. Verter la masa y hornear durante 1 hora.

❻ Desmoldar el pan y dejar que se enfríe sobre una rejilla. Esperar al menos 24 horas antes de consumirlo.

■ **Preparación:** 20 min (con 24 horas de anticipación)
■ **Cocción:** 1 h

> **EN ALGUNOS PAÍSES SE LLAMA:**
> Confitadas: *abrillantadas, cristalizadas, escarchadas, glaseadas*. Mantequilla: *manteca*.

Almendrado de café

Para 6 u 8 personas

- 400 g de pasta de almendra (→ ver pág. 995)
- 150 g de almendras fileteadas
- 20 g de café soluble
- 600 g de crema a la mantequilla (→ ver pág. 870)
- azúcar glas

❶ Preparar la pasta de almendras.

❷ Precalentar el horno a 130 °C. Engrasar con mantequilla dos placas para repostería, colocar encima tres platos de 23 cm de diámetro, espolvorear las placas con harina y luego retirar los platos: de esta manera, quedarán delineados tres discos sobre cada una.

❸ Colocar la masa dentro de una manga con una duya del número 8. Cubrir con la masa los tres discos previamente delineados sobre la placa, trazando una espiral que parta del centro hacia las orillas del círculo.

❹ Hornear alrededor de 45 minutos y luego dejar que los discos se enfríen sobre una rejilla.

❺ Tostar las almendras en el horno aún caliente.

❻ Disolver el café soluble en una cucharada de agua hirviendo.

❼ Preparar la crema a la mantequilla y perfumarla con el café disuelto. Reservar una cuarta parte de esta mezcla y dividir el resto en tres partes.

❽ Con una espátula, untar el primer disco con la crema; luego, colocar encima el segundo disco y también cubrirlo de crema. Hacer lo mismo con el tercer disco y luego untar todo el exterior del pastel con la cuarta parte de crema que se había reservado.

❾ Decorar la superficie del pastel con las almendras fileteadas. Meterlo durante 1 hora en el refrigerador.

❿ Cortar algunas bandas de 1 cm de ancho y 25 cm de largo de cartulina. Luego, colocarlas sobre el pastel, dejando un espacio de 2 cm entre cada una, pero sin hacer presión sobre ellas. Espolvorear el pastel con azúcar glas, retirar las bandas de papel y volver a meterlo en el refrigerador durante 1 hora más.

■ **Preparación:** 45 min ■ **Cocción:** 45 min

■ **Refrigeración:** 2 h

> **EN ALGUNOS PAÍSES SE LLAMA:**
>
> Azúcar glas: *azúcar de repostería, azúcar glasé, azúcar impalpable.* Duya: *boquillas.* Pastel: *cake, queque, torta.* Refrigerador: *heladera, nevera.*

Babá al ron

Para 6 personas

- 1/2 kg de masa para babá (→ ver pág. 987)
- 150 g de azúcar granulada
- 400 ml de vino blanco
- 5 g de fécula de maíz
- 100 ml de ron
- 1 yema de huevo
- 300 ml de crema Chantilly (→ ver pág. 872)

❶ Preparar la masa para babá y dejarla reposar durante 1 hora.

❷ Precalentar el horno a 180 °C. Engrasar con mantequilla un molde de corona y verter en él la masa. Dejar que ésta repose 15 minutos más y luego hornear durante 30 minutos.

❸ Aproximadamente 15 minutos antes de que finalice la cocción, disolver el azúcar en el vino blanco dentro de una cacerola a fuego lento. Diluir la fécula de maíz en el ron, agregarla al almíbar de la cacerola y mezclar bien todo.

❹ En un bol, batir la yema de huevo con un tenedor, añadirle dos cucharadas de almíbar, una tras otra, batir bien y verter la mezcla en el almíbar caliente de la cacerola, sin dejar de revolver. Retirar la cacerola del fuego.

❺ Sacar el babá del horno y desmoldarlo sobre una rejilla colocada sobre un plato hondo. Bañarlo de inmediato con la salsa de ron, dando tiempo de que la masa absorba el líquido.

❻ Volver a realizar esta operación, recuperando el jarabe que se haya escurrido dentro del plato hondo y así sucesivamente hasta que todo el jarabe se haya quedado en el pastel.

❼ Mientras el babá se impregna, preparar la crema Chantilly. Colocarla en el centro del babá. Servir frío.

■ **Preparación:** 20 min

■ **Reposo de la masa:** 1 h + 15 min ■ **Cocción:** 30 min

> **EN ALGUNOS PAÍSES SE LLAMA:**
> Fécula de maíz: *almidón de maíz, maicena.* Mantequilla: *manteca.* Pastel: *cake, queque, torta.*

Barquitos de castañas

Para 10 barquitos

- 300 g de masa azucarada (→ ver pág. 985)

❶ Preparar la masa azucarada y dejarla reposar durante 2 horas en el refrigerador.

❷ Con un rodillo, extender la masa hasta que quede de 3 o 4 mm de espesor y, luego, cortarla con un sacaboca-

- 25 g de mantequilla
- 100 g de fondant aromatizado con café (→ ver pág. 1084)
- 100 g de cobertura de chocolate (→ ver pág. 1075)
- 400 g de crema de castañas

dos acanalado o con uno de los moldes en 10 pedazos ovalados.

❸ Engrasar con mantequilla los moldes para barquito, forrarlos con los óvalos de masa, picar el fondo con un tenedor y luego dejar que la masa repose durante 1 hora más.

❹ Precalentar el horno a 180 °C y hornear durante 15 minutos.

❺ Preparar el fondant y la cobertura de chocolate.

❻ Desmoldar los barquitos una vez que estén fríos y, con una cuchara, rellenarlos con abundante crema de castañas, de manera que se forme una especie de domo. Luego, alisar la crema con una espátula.

❼ Recubrir una de las mitades de cada barquito, a lo largo, con el fondant aromatizado con café y la otra mitad con la cobertura de chocolate.

❽ Colocar el resto de la crema de castañas en una manga con duya y trazar con ella una línea en la superficie de cada barquito. Servirlos frescos.

■ **Preparación:** 1 h ■ **Reposo:** 2 h + 1 h
■ **Cocción:** 15 min

> EN ALGUNOS PAÍSES SE LLAMA:
> Duya: *boquillas.* Mantequilla: *manteca.* Refrigerador: *heladera, nevera.* Rodillo: *bolillo, palo de amasar, palote, uslero.*

Barquitos de chabacano

Para 10 barquitos

- 300 g de masa para repostería (→ ver pág. 112)
- 20 g de mantequilla
- 1 cucharada de azúcar granulada
- 1 lata de chabacanos en almíbar o 300 g de chabacanos frescos
- 5 cucharadas de mermelada de chabacano
- 60 g de almendras fileteadas

❶ Preparar la masa para repostería y dejarla reposar durante 1 hora en el refrigerador.

❷ Precalentar el horno a 200 °C.

❸ Con un rodillo, extender la masa hasta que quede de 3 o 4 mm de espesor y, luego, cortarla con un sacabocados ovalado y acanalado. Engrasar con mantequilla los moldes para barquito, forrarlos con los óvalos de masa, picar el fondo con un tenedor y finalmente espolvorear cada uno con una pizca de azúcar granulada.

❹ Deshuesar los chabacanos (o escurrir los chabacanos en almíbar) y cortarlos en cuatro. Acomodar los cuartos de chabacano, a lo largo y con la piel hacia abajo, dentro de los barquitos. Hornear durante 20 minutos.

⑤ Desmoldar los barquitos y dejar que se enfríen sobre una rejilla.

⑥ Rebajar la mermelada de chabacano con dos cucharadas de agua, luego pasarla por un cernidor o por un colador y usarla para bañar cada barquito. Decorar con las almendras fileteadas.

■ **Preparación:** 30 min ■ **Reposo:** 1 h ■ **Cocción:** 20 min

> **EN ALGUNOS PAÍSES SE LLAMA:**
>
> Cernidor: *cedazo, tamiz*. Chabacano: *albaricoque, damasco*. Deshuesar: *descarozar*. Mantequilla: *manteca*. Refrigerador: *heladera, nevera*. Rodillo: *bolillo, palo de amasar, palote, uslero*.

Barquitos de frambuesas

Para 10 barquitos

- *300 g de masa para repostería (→ ver pág. 112)*
- *150 g de crema pastelera (→ ver pág. 874)*
- *25 g de mantequilla*
- *200 g de frambuesas*
- *5 cucharadas de jalea de grosella (o de frambuesa)*
- *25 g de mantequilla para engrasar los moldes*

① Preparar la masa para repostería y dejarla reposar durante 1 hora en el refrigerador.

② Preparar la crema pastelera y meterla también en el refrigerador.

③ Con un rodillo, extender la masa hasta que quede de aproximadamente 3 mm de espesor y luego cortarla en 10 pedazos, con un molde o con un sacabocados. Engrasar con mantequilla los moldes para barquito, forrarlos con los pedazos de masa, picar el fondo con un tenedor y dejarlos reposar durante 1 hora.

④ Precalentar el horno a 180 °C. Hornear los moldes con la masa durante 15 minutos.

⑤ Desmoldar los barquitos y dejar que se enfríen sobre una rejilla.

⑥ Con una cuchara pequeña, colocar un poco de crema pastelera en el fondo de cada barquito. Escoger y limpiar las mejores frambuesas y distribuirlas encima de la crema pastelera.

⑦ En una cacerola pequeña, calentar un poco la jalea de grosella (o de frambuesa) y, con un pincel, bañar delicadamente las frambuesas de los barquitos con la jalea.

■ **Preparación:** 40 min

■ **Reposo:** 1 h + 1 h, aproximadamente ■ **Cocción:** 15 min

> **EN ALGUNOS PAÍSES SE LLAMA:**
>
> Mantequilla: *manteca*. Refrigerador: *heladera, nevera*. Rodillo: *bolillo, palo de amasar, palote, uslero*.

Bocadillos de chabacano

Para 20 bocadillos

- *210 g de mantequilla derretida*
- *150 ml de ron*
- *250 g de azúcar granulada*
- *8 huevos*
- *200 g de harina*
- *1 cucharadita de polvo para hornear*
- *30 g de almendras fileteadas*
- *10 cucharadas de mermelada de chabacano*
- *20 cerezas confitadas*

❶ Precalentar el horno a 180 °C.

❷ Derretir 200 g de mantequilla y agregarle 100 ml de ron.

❸ En una ensaladera, poner el azúcar granulada junto con los huevos y batir hasta que la mezcla se vuelva blanca. Luego, añadir la harina cernida, el polvo para hornear y la mantequilla derretida perfumada con ron.

❹ Engrasar con mantequilla unos moldes pequeños, redondos u ovalados, y luego verter en ellos la masa, únicamente hasta que ésta alcance las tres cuartas partes de la capacidad de cada molde. Hornear durante 20 minutos. Desmoldar los bocadillos sobre una rejilla y dejar que se enfríen.

❺ Tostar las almendras fileteadas en el horno.

❻ Mezclar cinco cucharadas de mermelada de chabacano con la mitad del ron restante. Abrir cada bocadillo a la mitad. Untar la superficie de una de las mitades con la mermelada que contiene el ron y colocarle la otra mitad encima.

❼ Reducir el resto de la mermelada de chabacano, agregarle el resto del ron y untar con esta mezcla la superficie y el contorno de cada bocadillo.

❽ Espolvorearlos con las almendras fileteadas y colocarles una cereza confitada encima a cada uno.

■ **Preparación:** 30 min ■ **Cocción:** 20 min

> **EN ALGUNOS PAÍSES SE LLAMA:**
> Chabacano: *albaricoque, damasco.* Confitadas: *abrillantadas, cristalizadas, escarchadas, glaseadas.* Mantequilla: *manteca.*

Bollitos

Para 15 o 20 bollitos

- *12 g de levadura de panadería*
- *300 ml de leche*
- *1 huevo*
- *2 pizcas de sal fina*
- *1/2 limón bien lavado*

❶ Desmenuzar la levadura en un bol y diluirla en un poco de leche tibia. Batir el huevo junto con la sal. Rallar la cáscara de limón y ponerla en una terrina junto con 250 ml de leche, 75 g de mantequilla suavizada, 50 g de azúcar y las pasitas. Mezclar bien, agregar el huevo batido, luego la levadura y, finalmente, incorporar la harina. Trabajar con las manos hasta obtener una masa

- *100 g de mantequilla*
- *60 g de azúcar*
- *75 g de pasitas*
- *300 g de harina*

elástica y luego dejarla reposar durante 5 horas para que duplique su volumen.

❷ Dividir la masa en bolitas del tamaño de una mandarina. Engrasar con mantequilla una caja metálica grande y con tapa, colocar en ella las bolitas de masa, bañarlas con el resto de la mantequilla derretida, taparla y dejar que se esponjen durante 5 horas. (Las bolitas también se pueden colocar sobre una placa para repostería y luego guardarla en una alacena para protegerla de las corrientes de aire.)

❸ Precalentar el horno a 200 °C. Colocar los bollitos sobre una placa para repostería forrada con papel encerado y hornearlos durante 20 minutos.

❹ Unos minutos antes de sacar los bollitos del horno, mezclar el resto de la leche con una cucharada de azúcar y bañar los bollitos con esta mezcla.

■ **Preparación:** 15 min ■ **Reposo:** 10 h ■ **Cocción:** 20 min

> EN ALGUNOS PAÍSES SE LLAMA:
> Mantequilla: *manteca*. Pasitas: *pasas, pasas de uva, uvas pasas, uvas secas.*

Brioche de frutas

Para 4 o 6 personas

- *400 g de masa dulce para brioche (→ ver pág. 986)*
- *150 g de crema espesa perfumada con almendras (→ ver pág. 873)*
- *300 g de frutas de temporada (chabacanos, duraznos, peras, ciruelas, etc.)*
- *50 ml de aguardiente de pera o de ciruela*
- *50 g de azúcar granulada*
- *1/2 limón*
- *1 huevo*
- *azúcar glas*

❶ Preparar la masa para brioche. Preparar la crema espesa perfumada con almendras y meterla en el refrigerador.

❷ Lavar bien las frutas elegidas, pelarlas si es necesario y luego cortarlas en cubos grandes. Ponerlas a macerar en el aguardiente de frutas junto con el azúcar y el jugo de medio limón.

❸ Engrasar con mantequilla un molde redondo de 22 cm de diámetro que tenga poca altura. Precalentar el horno a 200 °C.

❹ Tomar tres cuartas partes de la masa y extender este pedazo con un rodillo. Colocar la masa dentro del molde como para hacer una tarta. Verter la crema espesa perfumada con almendras en el fondo del molde. Escurrir las frutas y colocarlas encima de la crema.

❺ Extender la porción restante de masa y colocarla encima, sellando bien los bordes. Dejar que la masa leve durante 1 hora a temperatura ambiente.

⑥ En un bol, batir el huevo y, con un pincel, barnizar con él toda la superficie de la tarta. Hornear durante 15 minutos a 200 °C y luego bajar la temperatura del horno a 180 °C y continuar la cocción durante 30 minutos más.

⑦ Retirar el molde del horno, espolvorear la tarta con el azúcar glas y servir muy caliente.

■ **Preparación:** 1 h ■ **Reposo:** 1 h ■ **Cocción:** 45 min

---

EN ALGUNOS PAÍSES SE LLAMA:

Azúcar glas: *azúcar de repostería, azúcar glasé, azúcar impalpable.* Chabacano: *albaricoque, damasco.* Durazno: *melocotón.* Mantequilla: *manteca.* Refrigerador: *heladera, nevera.* Rodillo: *bolillo, palo de amasar, palote, uslero.*

Brioche de praliné

Para 4 o 6 personas

- *400 g de masa dulce para brioche (→ ver pág. 986)*
- *130 g de praliné rosa*

❶ Preparar la masa para brioche.

❷ Triturar toscamente 100 g de praliné y moler el resto en el procesador de alimentos, o bien colocarlos dentro de un trapo limpio doblado en dos y aplastarlos con el rodillo. Agregar los 100 g de praliné triturado a la masa y dejarla levar durante 3 horas.

❸ Amasar rápidamente la bola de masa y rodarla sobre el resto del praliné para que se distribuya en toda la superficie. Colocar esta bola sobre una placa para repostería forrada con papel encerado y dejar que leve durante 1 hora más.

❹ Precalentar el horno a 230 °C. Hornear durante 15 minutos, luego reducir la temperatura del horno a 180 °C y continuar la cocción durante 30 minutos más. Desmoldar el brioche y servirlo tibio.

brioche de praliné rojo:
proceder de la misma manera, pero esta vez mezclando la masa con 130 g de praliné rojo entero. Hornear el brioche en un molde o sobre una placa para repostería.

■ **Preparación:** 30 min ■ **Reposo:** 3 h + 1 h

■ **Cocción:** 45 min

EN ALGUNOS PAÍSES SE LLAMA:

Praliné: *almendras garapiñadas o garrapiñadas.* Rodillo: *bolillo, palo de amasar, palote, uslero.* Trapo: *paño, repasador, toalla o trapo de cocina.*

Brioche muselina

Para un molde para carlota de 14 cm de diámetro

- *700 g de masa dulce para brioche (→ ver pág. 986)*
- *15 g de mantequilla*
- *1 yema de huevo*

❶ Preparar la masa dulce para brioche.

❷ Cortar un círculo de papel encerado del tamaño del fondo del molde y una banda para cubrir las paredes de 6 u 8 cm de altura que rebase las paredes del mismo. Engrasar con mantequilla el papel encerado y luego colocarlo en su lugar dentro del molde.

❸ Trabajar la masa con los puños para compactarla y reunirla formando con ella una bola. Colocar la bola de masa dentro del molde. Dejar que la masa leve durante 2 horas más.

❹ Precalentar el horno a 210 °C.

❺ Barnizar la superficie de la masa con una yema de huevo batida y hornear a 210 °C durante 30 minutos. Reducir la temperatura del horno a 180 °C y continuar la cocción de 10 a 15 minutos más.

❻ Antes de desmoldar, insertar un palillo de madera en el centro de la masa: éste debe salir seco. Por ningún motivo se debe abrir la puerta del horno hasta que hayan transcurrido al menos 35 minutos de cocción.

❼ Desmoldar el brioche, retirarle el papel aluminio y dejar que se enfríe sobre una rejilla.

■ **Preparación:** 30 min ■ **Reposo de la masa:** 2 h
■ **Cocción:** de 40 a 45 min

> **EN ALGUNOS PAÍSES SE LLAMA:**
> Mantequilla: *manteca.* Palillos de madera: *escarbadientes, mondadientes.*

Brioche parisino

Para 4 personas

- *300 g de masa dulce para brioche (→ ver pág. 986)*
- *15 g de mantequilla*
- *1 huevo*

❶ Preparar la masa dulce para brioche. Dividir la masa en dos bolas: una de 250 g que se va a utilizar para el cuerpo del brioche y la otra de 50 g para la cabeza. Con las manos enharinadas, rodar la bola grande hasta que quede bien redonda.

❷ Engrasar con mantequilla un molde para brioche de medio litro de capacidad y colocar dentro la bola grande de masa. Rodar de la misma manera la bola pequeña, pero esta vez dándole la forma de una pera.

❸ Con los dedos, hacer un hueco en la parte alta de la bola grande para introducir ahí la bola pequeña. Luego, presionar ligeramente la bola de arriba para que se detenga. Dejar que la masa leve a temperatura ambiente durante 1 hora y 30 minutos: ésta debe duplicar su volumen.

❹ Precalentar el horno a 200 °C.

❺ Humedecer las cuchillas de unas tijeras y hacer con ellas pequeñas incisiones en la bola grande, de abajo arriba.

❻ Batir el huevo. Con un pincel, barnizar el brioche con el huevo para que se dore.

❼ Hornear a 200 °C durante 10 minutos, luego reducir la temperatura del horno a 180 °C y continuar la cocción durante 20 minutos más, aproximadamente. Desmoldar el brioche cuando aún esté tibio.

brioche polonés:
cortar el brioche horizontalmente en cinco rebanadas. Mezclar 300 g de crema pastelera (→ ver pág. 874) con 100 g de frutas confitadas cortadas en cubitos y maceradas en 30 ml de kirsch. Untar cada rebanada con una capa espesa de crema de frutas. Volver a darle forma al brioche, cubrirlo con 200 g de merengue a la francesa (→ ver pág. 991) y espolvorearlo con 50 g de almendras fileteadas y tostadas en el horno durante 5 minutos.

■ **Preparación:** 25 min ■ **Reposo:** 1 h 30 min
■ **Cocción:** 30 min

> EN ALGUNOS PAÍSES SE LLAMA:
>
> Frutas confitadas: *frutas abrillantadas, frutas cristalizadas, frutas escarchadas, frutas glaceadas o glaseadas.* Mantequilla: *manteca.*

Choux de café

Para 12 choux

- *350 g de masa dulce para choux (→ ver pág. 987)*
- *800 g de crema pastelera (→ ver pág. 874)*
- *10 cucharaditas de extracto de café soluble*

❶ Preparar la masa para choux. Precalentar el horno a 180 °C. Poner la masa en una manga con una duya grande y acanalada (del número 14) y colocar 12 bolitas bien redondas en una placa para repostería forrada con papel encerado.

❷ Hornear durante 20 minutos. Entreabrir un poco la puerta del horno después de 5 minutos de cocción.

- *200 g de fondant*
  (→ ver pág. 1084)
- *30 g de azúcar*
- *2 cucharadas de agua*

❸ Preparar la crema pastelera y perfumarla con seis cucharadas de extracto de café soluble.

❹ Calentar, por un lado, el fondant a baño maría o en el horno de microondas y agregarle cuatro cucharaditas de extracto de café y, por el otro, dos cucharadas de agua junto con el azúcar para obtener un almíbar. Verter poco a poco este almíbar sobre el fondant, revolviendo con una cuchara de madera.

❺ Poner la crema pastelera en una manga con una duya lisa mediana (del número 7) y rellenar los choux con la crema, introduciendo la duya por la parte inferior.

❻ Sumergir la parte superior de los choux en el fondant y retirarles el excedente con el dedo. Colocarlos sobre una rejilla y dejar que se enfríen.

choux de crema Chiboust de café:
reemplazar la crema pastelera por la misma cantidad de crema Chiboust (→ ver pág. 872) perfumada con la misma cantidad de extracto de café soluble.

■ **Preparación:** 40 min ■ **Cocción:** 20 min

> **EN ALGUNOS PAÍSES SE LLAMA:**
> Duya: *boquillas.*

Choux de crema Chantilly

Para 10 choux en forma de cisne

- *300 g de masa dulce para choux (→ ver pág. 987)*
- *1/2 kg de crema Chantilly (→ ver pág. 872)*
- *azúcar glas*

❶ Preparar la masa para choux. Precalentar el horno a 180 °C. Poner la masa en una manga con una duya lisa de 15 mm de diámetro.

❷ Sobre una placa para repostería forrada con papel encerado, colocar 10 choux ovalados de 8 cm de largo por 5 cm de ancho (éstos formarán los cuerpos de los cisnes).

❸ Retirar la duya de la manga y reemplazarla por otra de 4 o 5 mm de diámetro. Formar con la masa 10 curvas en forma de "S" de 5 o 6 cm de altura (éstas servirán para formar los cuellos de los cisnes).

❹ Hornear los choux de 18 a 20 minutos y las "S" de 10 a 12 minutos. Luego, dejar que se enfríen dentro del horno con la puerta abierta.

❺ Preparar la crema Chantilly y meterla en el refrigerador.

❻ Con un cuchillo de sierra pequeño, cortar la parte superior de cada chou. Luego, volver a cortar esta tapa en dos partes, a lo largo (estos pedazos serán las alas de los cisnes).

❼ Colocar la crema Chantilly en una manga con una duya gruesa y acanalada y rellenar cada chou, formando un domo.

❽ Introducir cada "S" en uno de los extremos de cada chou e insertar las alas en la crema Chantilly. Espolvorear con abundante azúcar glas.

■ **Preparación:** 30 min ■ **Cocción:** alrededor de 20 min

En algunos países se llama:

Azúcar glas: *azúcar de repostería, azúcar glasé, azúcar impalpable.* Duya: *boquillas.* Refrigerador: *heladera, nevera.*

Cuatro-cuartos

Para 6 u 8 personas

- *3 huevos*
- *el equivalente al peso de tres huevos en* mantequilla, azúcar *granulada y harina*
- *2 pizcas de sal*
- *50 ml de ron o coñac*
- *10 g de mantequilla*
- *1 cucharada de harina*

❶ Pesar los huevos y calcular el mismo peso en azúcar granulada, mantequilla y harina.

❷ Cernir la harina. Romper los huevos, separando la clara de las yemas. Derretir la mantequilla. Batir las claras de huevo a punto de turrón muy firme junto con una pizca de sal.

❸ Precalentar el horno a 200 °C.

❹ En un recipiente hondo, mezclar las yemas de huevo, la azúcar granulada y una pizca de sal. Batir bien hasta que la mezcla se vuelva blanca.

❺ Sin dejar de revolver, agregar los 10 g de mantequilla, luego la cucharada de harina y finalmente el ron o el coñac.

❻ Incorporar las claras batidas a punto de turrón con movimientos suaves y envolventes, revolviendo con una cuchara de madera y siempre en el mismo sentido para no romper las claras.

❼ Engrasar con mantequilla un molde de 22 cm de diámetro. Verter la masa y hornear durante 15 minutos a 200 °C. Luego, reducir la temperatura del horno a 180 °C y hornear durante 25 minutos más.

❽ Desmoldar el cuatro-cuartos algunos minutos después de haberlo retirado del horno, cuando aún esté tibio.

■ **Preparación:** 15 min ■ **Cocción:** 40 min

En algunos países se llama:

A punto de turrón: *a punto de nieve.* Mantequilla: *manteca.*

Cuernitos

Para 8 cuernitos

- *400 g de masa para cuernitos (→ ver pág. 989)*
- *1 yema de huevo*

❶ Preparar la masa para cuernitos. Con un rodillo, extenderla hasta que quede de 6 mm de espesor. Cortar triángulos de masa de 14 cm de base por 16 cm de lado. Enrollar cada triángulo sobre sí mismo, partiendo de la base hacia la punta.

❷ Colocar los cuernitos sobre una placa para repostería forrada con papel encerado.

❸ Diluir la yema de huevo en un poquito de agua y, con un pincel, barnizar los cuernitos con esta mezcla para que se doren. Dejarlos reposar durante 1 hora: éstos deben duplicar su volumen.

❹ Precalentar el horno a 220 °C.

❺ Volver a barnizar los cuernitos con el huevo y luego hornearlos. Cuando hayan transcurrido 5 minutos de cocción, bajar la temperatura del horno a 190 °C y continuar la cocción durante 10 minutos más.

■ **Preparación:** 25 min ■ **Reposo:** 1 h ■ **Cocción:** 15 min

> **EN ALGUNOS PAÍSES SE LLAMA:**
> Cuernitos: *croissants, cruasanes, medialunas, medias lunas.* Rodillo: *bolillo, palo de amasar, palote, uslero.*

Cuernitos alsacianos

Para 8 cuernitos

- *400 g de masa para cuernitos (→ ver pág. 989)*
- *70 g de azúcar granulada*
- *20 g de azúcar cristalizada*
- *70 g de nueces en polvo*
- *70 g de almendras en polvo*
- *70 g de avellanas en polvo*
- *60 ml de agua o de kirsch*
- *150 g de azúcar glas*

❶ Preparar la masa para cuernitos.

❷ En una cacerola, poner a hervir 50 ml de agua junto con el azúcar granulada. Retirar la cacerola del fuego. Luego, agregar el azúcar cristalizada y las nueces, almendras y avellanas en polvo. Mezclar bien todo.

❸ Con un rodillo, extender la masa para cuernitos hasta que quede de 6 mm de espesor. Cortar ocho triángulos de masa de 14 cm de base por 16 cm de lado. Con una cuchara, colocar un poco de la mezcla en la base de cada triángulo y después enrollarlos sobre sí mismos, partiendo de la base hacia la punta.

❹ Colocar los cuernitos sobre una placa para repostería forrada con papel encerado y dejarlos reposar durante 1 hora.

❺ Precalentar el horno a 220 °C.

❻ Meter los cuernitos en el horno y cuando hayan transcurrido 5 minutos de cocción, bajar la temperatura del horno a 190 °C y continuar horneando durante 10 minutos más.

❼ Preparar el glaseado, mezclando el kirsch o el agua con el azúcar glas. Luego, con una cuchara pequeña, distribuir este glaseado sobre los cuernitos. Dejar que se enfríen.

■ **Preparación:** 50 min ■ **Reposo:** 1 h ■ **Cocción:** 15 min

> EN ALGUNOS PAÍSES SE LLAMA:
>
> Azúcar glas: *azúcar de repostería, azúcar glasé, azúcar impalpable.* Cuernitos: *croissants, cruasanes, medialunas, medias lunas.* Rodillo: *bolillo, palo de amasar, palote, uslero.*

Cuernitos con almendra

Para 6 cuernitos

- *250 g de crema espesa perfumada con almendras (→ ver pág. 873)*
- *375 g de azúcar granulada*
- *70 g de almendras en polvo*
- *1 cucharadita de agua de azahar*
- *6 cuernitos duros (de días anteriores)*
- *50 g de almendras fileteadas*
- *azúcar glas*

❶ Preparar la crema espesa perfumada con almendras y guardarla mientras tanto en el refrigerador.

❷ En una cacerola, poner a hervir 250 ml de agua junto con el azúcar granulada. Retirar la cacerola del fuego. Luego, agregar las almendras en polvo y el agua de azahar. Mezclar bien todo.

❸ Precalentar el horno a 180 °C.

❹ Abrir los cuernitos duros por la mitad, a lo largo, y sumergirlos en el almíbar. Con una cuchara, untar la crema espesa perfumada con almendras en el interior y en la superficie de las mitades de cuernito. Luego, volver a armarlos. Distribuir en la superficie un poco más de crema espesa perfumada con almendras y luego espolvorearlos con las almendras fileteadas.

❺ Colocar los cuernitos sobre una placa para repostería forrada con papel encerado y hornearlos de 10 a 12 minutos. Espolvorearlos con el azúcar glas.

■ **Preparación:** 20 min ■ **Cocción:** de 10 a 12 min

> EN ALGUNOS PAÍSES SE LLAMA:
>
> Azúcar glas: *azúcar de repostería, azúcar glasé, azúcar impalpable.* Cuernitos: *croissants, cruasanes, medialunas, medias lunas.* Refrigerador: *heladera, nevera.*

Delicia de limón

Para 6 u 8 personas

- *100 g de frutas confitadas*
- *100 g de mantequilla*
- *2 limones bien lavados*
- *250 g de harina*
- *1 cucharada de polvo para hornear*
- *4 huevos*
- *200 g de azúcar granulada*
- *350 g de crema a la mantequilla*
  (→ ver pág. 870)
- *azúcar glas*

❶ Precalentar el horno a 190 °C.

❷ Cortar las frutas confitadas en cubitos muy pequeños. Derretir la mantequilla en un baño maría a fuego lento. Rallar la cáscara de un limón y exprimirle el jugo.

❸ En un recipiente hondo, mezclar la harina y el polvo para hornear. Luego, agregar la mantequilla derretida, los huevos, el azúcar granulada, la cáscara y el jugo del limón y, finalmente, las frutas confitadas en cubitos. Cuando la masa tenga una consistencia muy lisa, verterla en un molde para pastel de 25 cm de diámetro y hornear durante 40 minutos.

❹ Preparar la crema a la mantequilla, agregándole la cáscara y el jugo del segundo limón.

❺ Verificar el grado de cocción insertando la hoja de un cuchillo (ésta debe salir limpia). Desmoldar el pastel sobre una rejilla y dejar que se enfríe por completo.

❻ Cortar el pastel en tres discos. Con una espátula de metal, cubrir dos de estos discos con una capa espesa de crema. Luego, colocarlos uno sobre otro y poner hasta encima el último disco.

❼ Espolvorear con el azúcar glas y guardar en un lugar fresco fuera del refrigerador.

Servir acompañado de frambuesas frescas o con un jarabe de frambuesas.

■ **Preparación:** 40 min ■ **Cocción:** 40 min

En algunos países se llama:

Azúcar glas: *azúcar de repostería, azúcar glasé, azúcar impalpable.* Frutas confitadas: *frutas abrillantadas, frutas cristalizadas, frutas escarchadas, frutas glaceadas o glaseadas.* Mantequilla: *manteca.* Pastel: *cake, queque, torta.* Refrigerador: *heladera, nevera.*

Delicias de fresa

Para 6 delicias

- *250 g de masa para pastaflora (→ ver pág. 993)*
- *300 g de fresas*
- *60 g de azúcar granulada*
- *140 g de mantequilla*
- *6 hojas de menta fresca*

❶ Preparar la masa para pastaflora y dejarla reposar durante 1 hora en el refrigerador.

❷ Lavar rápidamente las fresas y quitarles los rabitos. Poner la mitad de las fresas en una ensaladera junto con el azúcar granulada y dejarlas macerar durante 1 hora, aproximadamente.

❸ Dejar la otra mitad de las fresas sobre un papel absorbente para que se escurran.

❹ Precalentar el horno a 190 °C.

❺ Con un rodillo, extender la masa para pastaflora hasta que quede de 3 mm de espesor y, con un sacabocados, cortar seis discos de masa. Colocarlos en moldes para tartaleta previamente engrasados con mantequilla. Picar la masa que está en el fondo de cada molde con un tenedor.

❻ Cortar seis pedazos de papel encerado, colocarlos en el fondo de cada molde junto con algunos frijoles secos, para evitar que la masa se infle durante la cocción. Hornear los moldes durante 10 minutos.

❼ En una ensaladera, poner el resto de la mantequilla y, con un batidor manual o un tenedor, trabajarla para que se ablande.

❽ Escurrir las fresas maceradas, machacarlas con el pasapuré y agregarlas a la mantequilla. Mezclar bien hasta que esta crema tenga una consistencia muy homogénea.

❾ Una vez que las tartaletas estén frías, desmoldarlas con mucho cuidado y, con una cuchara, distribuir la crema de fresas dentro de cada una de ellas.

❿ Colocar las fresas frescas por encima y decorarlas con algunas hojas de menta.

■ **Preparación:** 30 min ■ **Maceración:** 1 h

■ **Reposo:** 1 h ■ **Cocción:** 15 min

EN ALGUNOS PAÍSES SE LLAMA:

Fresa(s): *fresón, frutillas, madroncillo.* Mantequilla: *manteca.* Pasapuré: *machacador, pisapapas, pisapuré.* Refrigerador: *heladera, nevera.* Rodillo: *bolillo, palo de amasar, palote, uslero.*

Delicias de nuez

Para 6 delicias

- *250 g de masa azucarada (→ ver pág. 985)*
- *250 g de crema espesa perfumada con almendras (→ ver pág. 873)*
- *350 g de crema a la mantequilla aromatizada con café (→ ver pág. 870)*
- *10 g de mantequilla*
- *100 g de nueces peladas y limpias*
- *250 g de fondant (→ ver pág. 1084)*
- *2 cucharadas de extracto de café*
- *8 nueces peladas y limpias para decorar*

❶ Preparar la masa azucarada y dejarla reposar durante 1 hora.

❷ Preparar la crema espesa perfumada con almendras y la crema a la mantequilla aromatizada con café. Guardarlas en el refrigerador.

❸ Precalentar el horno a 190 °C.

❹ Con un rodillo, extender la masa azucarada hasta que quede de 2 mm de espesor y, con un molde para tartaleta, cortar seis discos de masa. Colocarlos en moldes para tartaleta previamente engrasados con mantequilla. Picar la masa que está en el fondo de cada molde con un tenedor y distribuir encima la crema espesa perfumada con almendras. Hornear durante 15 minutos.

❺ Picar los 100 g de nueces y mezclarlos con la crema a la mantequilla.

❻ Una vez que las tartaletas estén frías, desmoldarlas con mucho cuidado y, con una cuchara pequeña, rellenar cada una hasta formar un domo con la crema a la mantequilla perfumada. Alisar la superficie con una espátula. Luego, meterlas en el refrigerador durante 1 hora.

❼ En una cacerola, entibiar el fondant en un baño maría o bien en el horno de microondas y agregarle el extracto de café junto con dos cucharadas de agua caliente.

❽ Ensartar cada delicia en un tenedor, por la base, y sumergir los domos de crema en el fondant, sólo hasta donde empieza la masa. Igualar la superficie de cada una con una espátula de metal.

❾ Decorar cada delicia con una nuez y meter en el refrigerador hasta el momento de servirlas.

■ **Preparación:** 45 min ■ **Reposo:** 1 h + 1 h
■ **Cocción:** 15 min

> **EN ALGUNOS PAÍSES SE LLAMA:**
>
> Mantequilla: *manteca*. Refrigerador: *heladera, nevera*. Rodillo: *bolillo, palo de amasar, palote, uslero*.

Empanadas de manzana

**Para 10 o 12
empanaditas**

- *1/2 kg de masa hojaldrada
  (→ ver pág. 114)*
- *1 limón*
- *5 manzanas starking o
  deliciosas*
- *150 g de azúcar granulada*
- *200 ml de crema fresca
  espesa*
- *30 g de mantequilla*
- *1 huevo*

❶ Preparar la masa hojaldrada siguiendo la receta (también se puede utilizar una masa comercial).

❷ Exprimir el jugo del limón. Pelar las manzanas, quitarles todas las semillas, cortarlas en cubitos y mezclarlos de inmediato con un poco de jugo de limón para evitar que se pongan negros. Escurrirlos y mezclarlos, en un recipiente hondo, con el azúcar y la crema fresca.

❸ Cortar la mantequilla en pedacitos.

❹ Precalentar el horno a 250 °C.

❺ Con un rodillo, extender la masa hasta que quede de 3 mm de espesor. Cortar 10 o 12 círculos de 12 cm de diámetro cada uno. En un bol, batir el huevo y utilizarlo para barnizar con un pincel el contorno de los círculos.

❻ Con una cuchara, colocar los cubitos de manzana y los pedacitos de mantequilla sobre la mitad de cada disco de masa. Doblar la otra mitad sobre la que tiene el relleno.

❼ Barnizar la superficie de cada empanada con el resto del huevo batido. Dejar que se sequen y luego, con la punta de un cuchillo, trazar algunas texturas cuidando de no romper la empanada.

❽ Hornear durante 10 minutos a 250 °C, luego reducir la temperatura del horno a 200 °C y continuar la cocción de 25 a 30 minutos más. Servir tibio.

empanadas de manzana con ciruelas pasas:
proceder de la misma manera, pero utilizando 250 g de ciruelas pasas previamente remojadas en agua y deshuesadas, 50 g de pasitas de Corinto previamente maceradas en ron, al igual que cuatro manzanas cortadas en cubitos.

■ **Preparación:** 1 h ■ **Cocción:** de 35 a 40 min

EN ALGUNOS PAÍSES SE LLAMA:

Crema: *nata.* Deshuesar: *descarozar.* Mantequilla: *manteca.* Pasitas: *pasas, pasas de uva, uvas pasas, uvas secas.* Quitar las semillas: *despepitar.* Rodillo: *bolillo, palo de amasar, palote, uslero.*

Grenoblés con nueces

Para 8 personas

- 250 g de nueces peladas
- 5 huevos
- 270 g de azúcar granulada
- 2 cucharadas de ron
- 100 g de fécula de maíz
- 40 g de mantequilla
- 10 nueces enteras peladas y limpias

❶ Picar muy finamente las nueces peladas.

❷ Romper los huevos, separando las claras de las yemas. Colocar las yemas en una terrina, agregarles 250 g de azúcar y trabajar esta mezcla con las manos hasta que adquiera una consistencia espumosa. Agregar el ron.

❸ Batir las claras a punto de turrón muy firme junto con una pizca de sal y luego incorporarlas a la preparación. Añadir, mezclando bien, las nueces picadas y luego la fécula de maíz.

❹ Precalentar el horno a 190 °C.

❺ Engrasar con abundante mantequilla un molde para pastel de 25 cm de diámetro. Luego, engrasar de igual manera un círculo de papel encerado del mismo diámetro del molde y colocarlo en el fondo del mismo. Verter la masa y hornear durante 50 minutos. Posteriormente, dejar que el pastel se enfríe un poco y desmoldarlo sobre una rejilla.

❻ En una cacerola, poner el resto del azúcar junto con una cucharada de agua y dejar que hierva. Sumergir en este almíbar las nueces enteras peladas y limpias y después colocarlas sobre la superficie del pastel. Servir frío.

> Este grenoblés puede recubrirse con un glaseado de café elaborado con 150 g de **azúcar glas** disuelta en una cucharada de agua y dos cucharadas de extracto de café. Colocar las nueces enteras sobre el glaseado cuando aún esté suave.

■ **Preparación:** 25 min ■ **Cocción:** 50 min

EN ALGUNOS PAÍSES SE LLAMA:

A punto de turrón: *a punto de nieve.* Azúcar glas: *azúcar de repostería, azúcar glasé, azúcar impalpable.* Fécula de maíz: *almidón de maíz, maicena.* Mantequilla: *manteca.* Pastel: *cake, queque, torta.*

Hojaldritas de crema almendrada

Para 8 hojaldritas

- 400 g de masa hojaldrada (→ ver pág. 114)

❶ Preparar la masa hojaldrada siguiendo la receta (también se puede utilizar una masa comercial).

❷ Preparar la crema espesa perfumada con almendras.

- *200 g de crema espesa perfumada con almendras (→ ver pág. 873)*
- *2 yemas de huevo*
- *250 g de azúcar glas*

❸ Dividir la masa hojaldrada en dos porciones. Con un rodillo, extender uno de los pedazos de masa hasta que quede de 3 mm de espesor. Luego, cortar ocho círculos de masa con un sacabocados. Hacer lo mismo con el otro pedazo de masa.

❹ Engrasar con mantequilla ocho moldes para tartaleta y llenarlos con los primeros círculos de masa. Untarles la crema espesa perfumada con almendras y extenderla de manera regular con el reverso de una cuchara pequeña. Dejar libre un contorno de 5 mm de ancho en la orilla del círculo.

❺ Con un pincel, humectar los bordes de los otros ocho círculos de masa hojaldrada y colocarlos sobre los primeros círculos de masa, sellando bien los bordes entre ambos discos.

❻ Batir las claras a punto de turrón suave e incorporarles poco a poco el azúcar glas. Con una espátula, extender esta mezcla sobre toda la superficie de las hojaldritas.

❼ Precalentar el horno a 180 o 190 °C.

❽ Formar una bola con las sobras de la masa y extenderla con el rodillo hasta que quede de 2 mm de espesor. Cortar 16 banditas de 6 a 8 mm de ancho.

❾ Colocar las banditas en forma de rombos sobre el glaseado, entrelazándolas unas con otras. Dejar que las hojaldritas reposen durante 15 minutos.

❿ Hornear durante 30 minutos. Servir frías.

■ **Preparación:** 1 h ■ **Reposo:** 15 min ■ **Cocción:** 30 min

> EN ALGUNOS PAÍSES SE LLAMA:
>
> A punto de turrón: *a punto de nieve*. Azúcar glas: *azúcar de repostería, azúcar glasé, azúcar impalpable*. Mantequilla: *manteca*. Rodillo: *bolillo, palo de amasar, palote, uslero*.

Kouglof

Para 2 kouglofs

- *145 g de pasitas*
- *60 ml de ron*
- *365 g de harina*
- *30 g de levadura de panadería*
- *160 ml de leche*

La noche anterior

❶ Poner a remojar las pasitas en el ron.

El mismo día

❷ Preparar la masa: en una ensaladera, mezclar 115 g de harina con 5 g de levadura de panadería y 80 ml de leche. Amasar bien. Cubrir la ensaladera con un trapo húmedo y ponerla en el refrigerador de 4 a 5 horas, hasta

- *3 pizcas de sal*
- *75 g de azúcar granulada*
- *2 yemas de huevo*
- *115 g de mantequilla*
- *40 g de almendras enteras peladas y limpias*
- *azúcar glas*

que empiecen a aparecer burbujitas en la superficie de la masa.

❸ Diluir 25 g de levadura de panadería en 80 ml de leche. Colocar la masa que estaba en el refrigerador, el resto de la harina, la sal, el azúcar, las yemas de huevo y la levadura diluida en una ensaladera grande. Mezclar bien hasta que la masa se desprenda de las paredes de la ensaladera.

❹ Agregar 85 g de mantequilla partida en pedacitos y continuar trabajando la masa hasta que se desprenda de nuevo de las paredes de la ensaladera.

❺ Escurrir las pasitas maceradas y añadirlas a la masa. Mezclarlas bien y luego cubrir el recipiente con un trapo húmedo. Dejar que la masa repose a temperatura ambiente durante 2 horas aproximadamente, hasta que haya duplicado su volumen.

❻ Engrasar con mantequilla los dos moldes para kouglof y colocar una almendra dentro de cada ranura.

❼ Colocar la masa sobre la mesa de trabajo enharinada y dividirla en dos partes iguales. Machacar cada pedazo con la palma de la mano para volverle a dar su forma inicial. Luego, formar dos bolas de masa, plegando los bordes hacia el centro. Finalmente, rodar cada bola sobre la mesa de trabajo, girándola con la palma de la mano en movimientos circulares.

❽ Enharinarse las manos, tomar cada bola de masa con ambas manos y hundirle los pulgares en el centro. Estirar un poco las bolas de masa y colocarlas dentro de los moldes. Dejarlas levar una vez más, a temperatura ambiente, durante 1 hora y 30 minutos aproximadamente: si el lugar es seco, cubrir los moldes con un trapo húmedo.

❾ Precalentar el horno a 200 °C y luego hornear los dos kouglofs de 35 a 40 minutos.

❿ Desmoldar los pasteles sobre una rejilla y bañarlos con la mantequilla derretida para que no se sequen tan rápido. Dejar que se enfríen, espolvorearlos ligeramente con azúcar glas y servirlos.

Estos pasteles pueden conservarse durante algún tiempo si se envuelven bien en una película plástica autoadherente.

■ **Preparación:** 40 min

■ **Refrigeración de la masa:** de 4 a 5 h

■ **Reposo:** 2 h + 1 h 30 min ■ **Cocción:** de 35 a 40 min

EN ALGUNOS PAÍSES SE LLAMA:

Azúcar glas: *azúcar de repostería, azúcar glasé, azúcar impalpable.* Mantequilla: *manteca.* Pasitas: *pasas, pasas de uva, uvas pasas, uvas secas.* Pastel: *cake, queque, torta.* Refrigerador: *heladera, nevera.* Trapo: *paño, repasador, toalla o trapo de cocina.*

Muffins

Para 18 muffins

- *300 ml de leche*
- *1 huevo*
- *2 pizcas de sal*
- *250 g de harina de trigo candeal*
- *1 cucharada de polvo para hornear*
- *60 g de azúcar granulada*
- *100 g de mantequilla derretida*

❶ Entibiar la leche. Romper el huevo, separando la clara de la yema. Batir la clara a punto de turrón junto con una pizca de sal. Colocar la harina, el polvo para hornear y la sal en una terrina y formar un volcán. Verter la leche y la yema de huevo en el centro del volcán y mezclar bien.

❷ Rodar la masa hasta formar una bola y cubrirla con un trapo. Dejarla reposar durante 2 horas en un lugar cálido.

❸ Precalentar el horno a 220 °C.

❹ Incorporar el azúcar y la mantequilla derretida a la masa y luego agregar la clara de huevo batida a punto de turrón con movimientos suaves y envolventes para no romperla.

❺ Engrasar con mantequilla 18 moldes pequeños y redondos, y luego llenarlos con la masa hasta la mitad de su capacidad. Hornear durante 5 minutos, luego bajar la temperatura del horno a 200 °C y dejar los muffins dentro del horno durante 10 minutos más, hasta que estén bien dorados.

❻ Sacar los muffins del horno, forrar la placa del horno con una hoja de papel encerado y desmoldarlos sobre ella. Volverlos a meter en el horno de 10 a 12 minutos más para que se doren del otro lado.

■ **Preparación:** 25 min ■ **Reposo:** 2 h ■ **Cocción:** 30 min

---

EN ALGUNOS PAÍSES SE LLAMA:

A punto de turrón: *a punto de nieve.* Mantequilla: *manteca.* Trapo: *paño, repasador, toalla o trapo de cocina.*

Orangina

Para 6 u 8 personas

- 250 g de crema pastelera
  (→ ver pág. 874)
- 180 ml de curaçao
- 650 g de masa para genovesa
  (→ ver pág. 991)
- 300 g de crema Chantilly
  (→ ver pág. 872)
- 120 g de azúcar a la vainilla
- 200 g de fondant
  (→ ver pág. 1084)
- pedacitos de cáscara de
  naranja confitada
- pedacitos de angélica

❶ Preparar la crema pastelera y agregarle 50 ml de curaçao.
❷ Precalentar el horno a 200 °C.
❸ Preparar la masa para genovesa.
❹ Engrasar con mantequilla un molde de 26 cm de diámetro y verter en él la masa. Hornear durante 45 minutos.
❺ Preparar la crema Chantilly con el azúcar a la vainilla en lugar del azúcar granulada y luego añadir la crema pastelera aromatizada al curaçao, revolviendo con movimientos suaves y envolventes. Meter en el refrigerador durante 1 hora.
❻ Poner a hervir 100 ml de agua junto con 120 g de azúcar a la vainilla y 100 ml de curaçao. Mientras tanto, mezclar el fondant con el resto del curaçao en otro recipiente.
❼ Cortar el pastel en tres discos iguales. Con un pincel, humedecer el primer disco con el almíbar aromatizado al curaçao y luego cubrirlo con la crema pastelera con crema Chantilly.
❽ Colocar el segundo disco encima del primero y repetir la misma operación. Después, colocar el tercer disco y, con una espátula, untarle con mucho cuidado el fondant al curaçao, alisándolo bien.
❾ Decorar el pastel con pedacitos de cáscara de naranja confitada y pedacitos de angélica. Servir fresco.

■ **Preparación:** 30 min ■ **Reposo:** 1 h ■ **Cocción:** 45 min

> EN ALGUNOS PAÍSES SE LLAMA:
>
> Confitada: *abrillantada, cristalizada, escarchada, glaseada*. Mantequilla: *manteca*. Pastel: *cake, queque, torta*. Refrigerador: *heladera, nevera*.

Pan belga con pasitas

Para 6 personas

- 1 bol de té negro
- 100 g de pasitas de Corinto
- 100 g de mantequilla
- 20 g de levadura de panadería
- 200 ml de leche fresca
- 1/2 kg de harina

❶ Preparar el té negro y poner a remojar en él las pasitas de Corinto.
❷ Cortar la mantequilla en pedacitos muy pequeños.
❸ En una ensaladera, desmenuzar la levadura, agregarle un poco de leche tibia y mezclar bien. Agregar harina, poco a poco, revolviendo con una cuchara de madera hasta que la masa adquiera una consistencia suave. Poner el resto de la harina sobre la mesa de trabajo y

- *3 huevos*
- *1 pizca de sal*

formar una fuente. Poner la mezcla en el centro. Romper dos huevos, batirlos como para hacer una omelette junto con la sal y agregarlos a la mezcla, al igual que el resto de la leche.

❹ Trabajar la masa con las manos hasta que adquiera una consistencia elástica. Incorporar la mantequilla en pedacitos. Continuar amasando. Escurrir las pasitas y agregarlas también. Amasar un poco más para que todo se integre bien.

❺ Precalentar el horno a 200 °C.

❻ Moldear la masa en forma de cilindro. Colocarla sobre la placa para repostería forrada con papel encerado. Romper y batir el último huevo y, con un pincel, barnizar la masa para que se dore. Dejar que la masa leve durante 1 hora a temperatura ambiente.

❼ Hornear el pan a 200 °C durante 10 minutos y luego bajar la temperatura del horno a 180 °C y hornear durante 30 minutos más. Desmoldar y dejar que se enfríe.

Servir con una compota de frutas, una crema de chocolate o un helado de frutas.

■ **Preparación:** 25 min ■ **Reposo:** 1 h ■ **Cocción:** 40 min

> EN ALGUNOS PAÍSES SE LLAMA:
> Mantequilla: *manteca*. Pasitas: *pasas, pasas de uva, uvas pasas, uvas secas*.

Pan de camote

Para 8 personas

- *500 g de camote*
- *2 tazas de leche*
- *1 taza de azúcar*
- *1/4 taza de pasitas*
- *1/2 taza de mantequilla*
- *1/2 taza de coco rallado*
- *1 cucharadita de jengibre rallado*
- *1 cucharadita de canela en polvo*
- *1 cucharadita de sal*
- *1 cucharadita de clavos dulces*
- *4 ramas de canela*
- *1 pizca de nuez moscada molida*

❶ Untar con mantequilla un molde para hornear de 7 cm de alto. Espolvorear azúcar morena en el fondo del molde.

❷ Calentar en el horno a fuego medio (200 °C).

❸ Pelar los camotes y hervirlos en agua hasta que se ablanden. Triturar antes de que se enfríen.

❹ Mezclar todos los ingredientes.

❺ Verter la mezcla en el molde y hornear por 30 minutos. Pinchar con un cuchillo limpio y, si no se pega, sacar del horno. Dejar enfriar antes de desmoldar.

■ **Preparación:** 15 min ■ **Cocción:** 30 min

> EN ALGUNOS PAÍSES SE LLAMA:
> Azúcar morena: *azúcar mascabada, azúcar moscabada, azúcar negra*. Camote: *batata, boniato, chaco, papa dulce*. Mantequilla: *manteca*. Pasitas: *pasas, pasas de uva, uvas pasas, uvas secas*.

Pan de elote

Para 8 personas

- *500 g de masa de elote nuevo (8 elotes desgranados y molidos)*
- *500 g de azúcar*
- *250 g de mantequilla*
- *500 g de harina*
- *30 g de polvo de hornear*
- *8 huevos*
- *1/2 litro de leche*
- *1 cucharada de vainilla*

❶ Batir la mantequilla con el azúcar hasta que esté cremosa.

❷ Agregar uno por uno los huevos, sin dejar de batir.

❸ Deshacer la masa de elote en la leche. Añadir de manera alternada la harina cernida con el polvo de hornear y la vainilla.

❹ Revolver bien todos los ingredientes y poner en un molde engrasado en el horno a 220 °C durante 30 minutos.

■ **Preparación:** 20 min ■ **Cocción:** 30 min

> **EN ALGUNOS PAÍSES SE LLAMA:**
> Elote: *chilote, choclo, jojoto, mazorca tierna de maíz, tolonca.*
> Mantequilla: *manteca.*

Pan de frutas confitadas

Para 4 o 6 personas

- *150 ml de leche*
- *15 g de levadura de panadería*
- *1/2 kg de harina cernida*
- *100 g de mantequilla*
- *4 huevos*
- *1 pizca de sal*
- *30 ml de ron, coñac o agua de azahar*
- *50 g de azúcar granulada*
- *200 g de frutas confitadas cortadas en cubitos*
- *1 huevo*

❶ Preparar la masa: entibiar la leche y diluir en ella la levadura de panadería. En una terrina, mezclarla con 125 g de harina y, si se desea, con un poco de leche o agua para formar una masa más bien suave.

❷ Dejar que la masa leve alrededor de 1 hora y 30 minutos, hasta que haya duplicado su volumen.

❸ Suavizar la mantequilla y batir los cuatro huevos como para hacer una omelette. Sobre la mesa de trabajo o en una terrina, poner el resto de la harina en forma de fuente. En el centro, agregar una pizca grande de sal, la mantequilla suavizada, el ron (o el coñac o el agua de azahar), el azúcar y los huevos batidos. Trabajar esta mezcla con las manos, agregándole un poco de leche o agua para obtener una masa suave. Luego, incorporar la levadura, amasando bien y, finalmente, añadir las frutas confitadas.

❹ Seguir trabajando la masa hasta que adquiera una consistencia elástica. Luego, formar con ella una bola y, con la punta de un cuchillo, hacerle algunas incisiones en forma de cruz en la superficie. Dejarla levar (la masa debe duplicar su volumen).

❺ Precalentar el horno a 210 °C.

❻ Aplanar la masa con la palma de la mano. Moldear el pan, ya sea en forma de esfera, de pan o de corona. Colocarla sobre una placa para repostería forrada con papel encerado.

❼ Batir el último huevo y usarlo para barnizar la masa. Hornear durante 10 minutos a 210 °C y luego bajar la temperatura del horno a 180 °C y continuar la cocción durante 30 minutos más. Dejar que se enfríe antes de servir.

■ **Preparación:** 30 min ■ **Reposo:** 1 h 30 min + 1 h 30 min

■ **Cocción:** 40 min

> EN ALGUNOS PAÍSES SE LLAMA:
>
> Frutas confitadas: *frutas abrillantadas, frutas cristalizadas, frutas escarchadas, frutas glaceadas o glaseadas.* Mantequilla: *manteca.*

Pan de muerto

Para 8 personas

- *450 g de harina*
- *115 g de azúcar*
- *250 g de mantequilla*
- *15 g de levadura*
- *2 huevos enteros*
- *7 yemas de huevo*
- *1 huevo para barnizar*
- *2 cucharadas de agua de azahar*
- *raspadura de naranja*
- *3 cucharadas de cocimiento de anís*
- *1/4 de cucharadita de sal*
- *125 ml de agua*
- *140 g de azúcar fina para espolvorear*

❶ Disolver la levadura en ocho cucharadas de agua tibia y agregar la harina necesaria para hacer una pasta. Formar una bola y deja reposar en un lugar cálido por 15 minutos.

❷ Mezclar el resto de la harina con la sal y el azúcar. Añadir los dos huevos enteros batidos, las yemas, el agua de azahar, el cocimiento de anís (una cucharadita de anís en grano hervido en seis cucharadas de agua), la raspadura de naranja y la mantequilla. Amasar bien y luego agregar la masa fermentada. Volver a amasar y golpear la masa.

❸ Barnizar con aceite la masa y colocar en una cacerola. Cubrir con un trapo y dejar reposar 2 horas.

❹ Amasar de nuevo y elaborar bolas del tamaño deseado. Colocarlas en una placa engrasada. Adornar con trozos de masa en forma de hueso o lágrima, pegados con huevo, dejar reposar nuevamente 1 hora. Barnizar con huevo y hornear durante 30 o 40 minutos.

❺ Adornar con azúcar espolvoreada antes de que se enfríe.

■ **Preparación:** 30 min ■ **Reposo:** 3 h 15 min

■ **Cocción:** 40 min, aproximadamente

> EN ALGUNOS PAÍSES SE LLAMA:
>
> Mantequilla: *manteca.* Trapo: *paño, repasador, toalla o trapo de cocina.*

Pan genovés

Para 6 personas

- 150 g de mantequilla
- 150 g de azúcar granulada
- 100 g de almendras en polvo
- 3 huevos
- 100 g de harina
- 1 pizca de sal
- 1 copita de licor de Grand Marnier

❶ En una terrina, poner 120 g de mantequilla, agregarle el azúcar y mezclar bien hasta que adquiera una consistencia muy suave. Luego, incorporarle las almendras en polvo.

❷ Agregar los huevos, uno por uno, mezclando bien cada vez que se incorpore un huevo. Luego, añadir la harina, una pizca de sal y el Grand Marnier. Trabajar la masa con las manos hasta que adquiera una consistencia muy homogénea.

❸ Precalentar el horno a 180 °C.

❹ Engrasar con mantequilla un molde para pan genovés. Cortar un círculo de papel encerado del tamaño exacto del molde, engrasarlo con mantequilla y colocarlo dentro del molde con la parte engrasada hacia arriba. Verter la masa y hornear durante 40 minutos.

❺ Desmoldar el pan sobre una rejilla y retirar con mucho cuidado el papel encerado. Dejar que se enfríe.

■ **Preparación:** 20 min ■ **Cocción:** 40 min

> **EN ALGUNOS PAÍSES SE LLAMA:**
> Mantequilla: *manteca*.

Panes de leche

Para 10 panecitos

- 100 g de masa para pan (→ ver pág. 115)
- 125 ml de leche
- 75 g de mantequilla
- 250 g de harina
- 1 pizca de sal
- 10 g de azúcar granulada
- 1 huevo

❶ Preparar la masa para pan.

❷ Entibiar la leche. Suavizar la mantequilla.

❸ Cernir la harina sobre la mesa de trabajo y formar con ella una fuente. Colocar sal, azúcar granulada y mantequilla suavizada en el centro de la fuente. Mezclar bien y luego agregar la leche tibia. Amasar esta preparación y luego agregarle la masa para pan. Incorporar bien esta última y luego juntar toda la masa formando una bola, cubrirla con un trapo y dejarla levar durante 12 horas en un lugar cálido.

❹ Precalentar el horno a 220 °C.

❺ Forrar una placa para repostería con papel encerado. Dividir la masa en 10 bolitas de aproximadamente 50 g cada una. Moldearlas rápidamente con las manos para darles la forma de un panecito y luego colocarlas sobre la placa para repostería. Con la punta de un cuchillo, trazar una cruz en la superficie de cada pan.

❻ Batir el huevo y, con un pincel, barnizar los panecitos para que se doren. Hornear durante 45 minutos.

■ **Preparación:** 15 min ■ **Reposo:** 12 h ■ **Cocción:** 45 min

> **EN ALGUNOS PAÍSES SE LLAMA:**
> Mantequilla: *manteca*. Trapo: *paño, repasador, toalla o trapo de cocina*.

Pastel con yogurt

Para 4 o 6 personas

- *3 huevos*
- *300 g de azúcar granulada*
- *1 naranja bien lavada (o 1 limón)*
- *150 ml de aceite*
- *1 yogurt natural*
- *250 g de harina*
- *1 cucharada de polvo para hornear*
- *1 pizca de sal*
- *1 limón*

❶ Precalentar el horno a 180 °C.

❷ Romper los huevos, separando las claras de las yemas. En una ensaladera, mezclar las yemas con 200 g de azúcar granulada y batir hasta que la mezcla se vuelva blanca y adquiera una consistencia esponjosa.

❸ Rallar la cáscara de la naranja (o del limón). Agregarla a la preparación junto con el aceite y el yogurt, sin dejar de remover. Con un colador fino, cernir la harina y el polvo para hornear encima de una ensaladera. Agregar la harina y el polvo para hornear cernidos a la masa y trabajarla con las manos hasta que adquiera una consistencia muy homogénea.

❹ Batir las claras a punto de turrón firme junto con una pizca de sal. Agregarlas a la masa con movimientos suaves y envolventes, levantándolas para que no se rompan.

❺ Engrasar con mantequilla un molde de 24 cm de diámetro y verter la masa. Hornear durante 25 minutos.

❻ En una cacerola, verter 250 ml de agua y agregarle el jugo de limón junto con el resto del azúcar. Poner esta mezcla a hervir durante unos 15 minutos. Dejar que se enfríe y luego bañar el pastel con este almíbar.

■ **Preparación:** 30 min ■ **Cocción:** 25 min + 15 min

> **EN ALGUNOS PAÍSES SE LLAMA:**
> A punto de turrón: *a punto de nieve*. Mantequilla: *manteca*. Pastel: *cake, queque, torta*.

Pastel de almendras

Para 8 o 10 personas

- 14 yemas de huevo
- 400 g de azúcar granulada
- 15 g de azúcar a la vainilla
- 1 cucharada de agua de azahar
- 185 g de harina
- 185 g de fécula de maíz
- 200 g de almendras en polvo
- 1 gota de extracto de almendras amargas
- 3 claras de huevo
- 25 g de mantequilla
- 150 g de mermelada de frambuesa
- 100 g de fondant aromatizado con vainilla (→ ver pág. 1084)
- 2 cucharadas de betún de chabacano
- 30 g de almendras picadas

❶ Mezclar las yemas de huevo con 300 g de azúcar granulada, el azúcar a la vainilla y el agua de azahar. Batir esta mezcla hasta que se vuelva blanca.

❷ Cernir juntas la harina y la fécula de maíz y agregarlas a la mezcla. Batir bien. Después, incorporar las almendras en polvo y el extracto de almendras amargas.

❸ Batir las claras a punto de turrón junto con el resto del azúcar. Incorporarlas con movimientos suaves y envolventes a la primera preparación.

❹ Precalentar el horno a 180 °C. Engrasar con mantequilla un molde para pastel de 28 cm de diámetro y de 4 o 5 cm de altura. Luego, espolvorearlo con azúcar granulada y verter ahí la masa.

❺ Hornear durante 40 minutos. Verificar el grado de cocción con la hoja de un cuchillo: éste debe salir seco. Desmoldar el pastel sobre una rejilla y dejar que se enfríe por completo.

❻ Cortar el pastel en tres discos del mismo grosor. Con una espátula, untar el primer disco con la mermelada de frambuesa; luego, colocarle encima el segundo disco y volver a untarle mermelada y, finalmente, colocar encima el tercer disco.

❼ Preparar el fondant aromatizado con vainilla.

❽ Con un pincel, untar el betún de chabacano en toda la superficie y los lados del pastel.

❾ Glasear la superficie del pastel con el fondant aromatizado con vainilla y espolvorearla con las almendras picadas.

■ **Preparación:** 25 min ■ **Cocción:** 40 min

EN ALGUNOS PAÍSES SE LLAMA:

A punto de turrón: *a punto de nieve*. Chabacano: *albaricoque, damasco*. Fécula de maíz: *almidón de maíz, maicena*. Mantequilla: *manteca*. Pastel: *cake, queque, torta*.

Pastel de chocolate

Para 6 u 8 personas

- *3 huevos*
- *125 g de azúcar granulada*
- *125 g de mantequilla*
- *1 pizca de sal*
- *150 g de chocolate para repostería*
- *3 cucharadas de leche*
- *1 cucharadita de café soluble (opcional)*
- *125 g de harina*
- *2 cucharadas de azúcar*
- *1 cucharada de vinagre de vino*
- *nueces limpias y peladas*
- *cobertura de chocolate (→ ver pág. 1075)*

❶ Romper los huevos separando las claras de las yemas. Agregar el azúcar a las yemas y batirlas hasta que la mezcla se vuelva blanca.

❷ Cortar la mantequilla en pedacitos para que se suavice y colocarla dentro de una terrina.

❸ Batir las claras a punto de turrón firme junto con una pizca de sal.

❹ Partir el chocolate en pedacitos, ponerlos en una cacerola y agregarles la leche. Derretirlos en un baño maría o en el horno de microondas. Unificar la mezcla una vez que el chocolate esté derretido.

❺ Precalentar el horno a 190 °C.

❻ Poner a entibiar un poco la terrina en la que se encuentra la mantequilla, horneándola durante 2 minutos. Luego, agregarle el chocolate caliente (y si se desea el café soluble), mezclar bien y agregarle la preparación de yemas de huevo con azúcar, sin dejar de revolver.

❼ Cernir la harina y agregarla en forma de lluvia, luego incorporar las claras de huevo batidas a punto de turrón.

❽ Engrasar con mantequilla un molde de 25 cm de diámetro y verter la masa. Hornear durante 45 minutos.

❾ Preparar la decoración: en una cacerola, poner el azúcar, una cucharada de agua y el vinagre. Dejar que se caramelice. Colocar cada nuez sobre un tenedor, sumergirla en el caramelo y luego ponerla sobre un plato engrasado con aceite.

❿ Dejar que el pastel se enfríe dentro de su molde. Luego, desmoldarlo sobre una rejilla colocada encima de una fuente.

⓫ Con una espátula de metal, extender la cobertura de chocolate en la superficie y el contorno del pastel, alisándola bien. Decorar con las nueces y meter en el refrigerador.

■ **Preparación:** 30 min ■ **Cocción:** 45 min

> **EN ALGUNOS PAÍSES SE LLAMA:**
>
> A punto de turrón: *a punto de nieve*. Mantequilla: *manteca*. Pastel: *cake, queque, torta*. Refrigerador: *heladera, nevera*.

Pastel de fresa

Para 6 personas

- *250 g de crema a la mantequilla (→ ver pág. 870)*
- *50 ml de kirsch*
- *50 g de crema pastelera (→ ver pág. 874)*
- *30 g de azúcar granulada*
- *1 genovesa comercial de 22 cm de diámetro*
- *1/2 kg de fresas*
- *azúcar glas*

❶ Preparar la crema a la mantequilla, agregándole primero una cucharada de kirsch. Luego, preparar la crema pastelera. Batir la crema a la mantequilla y agregarle la crema pastelera.

❷ Mezclar el azúcar granulada, 100 ml de agua y el resto del kirsch. Cortar la genovesa en dos, horizontalmente y, con un pincel, humedecer cada parte con el almíbar de kirsch.

❸ Lavar las fresas y quitarles el rabito. Escoger la fresa más bonita y reservarla para la decoración. Colocar uno de los pedazos de genovesa en una fuente, con el lado cortado hacia arriba. Con una espátula, untarle un poco de crema. Acomodar las fresas sobre la crema, paradas unas junto a otras. Luego, cubrirlas con una capa gruesa de crema, dejando que ésta penetre entre las fresas, pero sin cubrirlas, que queden a la vista.

❹ Colocar el segundo pedazo de genovesa con la parte cortada hacia abajo y apoyar ligeramente sobre ella para fijarla. Espolvorear con azúcar glas, colocar en el centro la fresa reservada para la decoración y guardar en el refrigerador hasta el momento de servir.

Para decorar la superficie del pastel se puede preparar una crema Chantilly (→ ver pág. 872) o glasearla con fondant (→ ver pág. 1084).

■ **Preparación:** 30 min ■ **Cocción:** alrededor de 15 min

EN ALGUNOS PAÍSES SE LLAMA:

Azúcar glas: *azúcar de repostería, azúcar glasé, azúcar impalpable.* Fresa(s): *fresón, frutillas, madroncillo.* Pastel: *cake, queque, torta.* Refrigerador: *heladera, nevera.*

Pastel de limón

Para 6 u 8 personas

- *1 limón bien lavado*
- *100 g de cidras confitadas o de cáscaras de limón confitadas*

❶ Pelar el limón y sumergir la cáscara durante 2 minutos en agua hirviendo, luego pasarla por agua fría, secarla y cortarla en tiritas muy delgadas. Cortar en cubitos las cidras o las cáscaras de limón confitadas.

❷ Preparar la masa para pastel, agregándole las cidras (o el limón) confitadas y las tiritas de cáscara de limón, justo antes de añadir las claras batidas a punto de turrón.

- *600 g de masa para pastel (→ ver pág. 993)*
- *70 g de glasé real (→ ver pág. 1085)*
- *50 g de cidras confitadas*

❸ Precalentar el horno a 200 °C.

❹ Engrasar con mantequilla un molde para pastel de 22 cm de diámetro. Verter la masa en el molde. Hornear durante 15 minutos a 200 °C, luego bajar la temperatura del horno a 180 °C y seguir horneando de 25 a 30 minutos más. Verificar el grado de cocción con la punta de un cuchillo.

❺ Esperar que el pastel esté tibio para desmoldarlo y luego dejar que se enfríe por completo.

❻ Preparar el glasé real. Con una espátula, cubrir el pastel ya frío con el glasé y luego decorarlo con las cidras confitadas.

■ **Preparación:** 30 min ■ **Cocción:** de 40 a 45 min

> **EN ALGUNOS PAÍSES SE LLAMA:**
>
> A punto de turrón: *a punto de nieve.* Confitadas: *abrillantadas, cristalizadas, escarchadas, glaseadas.* Mantequilla: *manteca.* Pastel: *cake, queque, torta.*

Pastel de mandarina

Para 6 u 8 personas

- *300 g de masa para tarta (→ ver pág. 112)*
- *3 cucharadas de mermelada de chabacano*
- *4 pedazos de cáscara de mandarina confitada*
- *125 g de almendras peladas*
- *4 huevos*
- *125 g de azúcar granulada*
- *3 gotas de extracto de vainilla*
- *2 gotas de extracto de almendras amargas*
- *150 g de mermelada de mandarina*
- *3 o 4 mandarinas*
- *almendras fileteadas*
- *3 cucharadas de betún de chabacano*
- *hojas de menta fresca*

❶ Preparar la masa para tarta y dejarla reposar durante 1 hora.

❷ Cernir la mermelada de chabacano. Cortar en pedazos las cáscaras de mandarina.

❸ Machacar las almendras, con un mortero o en el procesador de alimentos, e irles incorporando los huevos uno por uno.

❹ Agregar las cáscaras de mandarina, el azúcar, el extracto de vainilla, el extracto de almendras amargas y la mermelada de chabacano cernida. Mezclar bien todo.

❺ Precalentar el horno a 200 °C.

❻ Con un rodillo, extender la masa hasta que quede de 3 mm de espesor y ponerla en un molde para tarta de 24 cm de diámetro previamente engrasado con mantequilla. En el fondo, extender la mermelada de mandarina. Después, verter la preparación de almendras. Alisar bien la superficie.

❼ Hornear durante 25 minutos. Sacar el pastel del horno y dejar que se enfríe.

❽ Pelar las mandarinas. Tostar las almendras fileteadas durante algunos minutos en el horno.

⑨ Calentar el betún de chabacano y, con un pincel, extenderlo ligeramente sobre la superficie del pastel.

⑩ Colocar en círculo los gajos de mandarina y cubrirlos también con el betún. Espolvorear con las almendras fileteadas y mechar las hojas de menta. Servir fresco.

■ **Preparación:** 30 min ■ **Reposo:** 1 h ■ **Cocción:** 25 min

> **EN ALGUNOS PAÍSES SE LLAMA:**
>
> Chabacano: *albaricoque, damasco.* Confitadas: *abrillantadas, cristalizadas, escarchadas, glaseadas.* Mantequilla: *manteca.* Pastel: *cake, queque, torta.* Rodillo: *bolillo, palo de amasar, palote, uslero.*

Pastel de moka

Para 6 u 8 personas

- 650 g de masa para genovesa
  (→ ver pág. 991)
- 60 g de avellanas en polvo
- 600 g de crema a la mantequilla
  (→ ver pág. 870)
- 1 cucharadita de extracto de café
- 130 g de azúcar
- 60 ml de ron
- 150 g de avellanas
- granos de café cubiertos con chocolate

❶ Preparar la masa para genovesa agregándole las avellanas en polvo.

❷ Precalentar el horno a 180 °C. Engrasar con mantequilla un molde para pastel de 20 cm de diámetro, verter la masa y hornear durante 35 minutos.

❸ Desmoldar el pan sobre una placa para repostería, dejar que se enfríe por completo, luego cubrirlo con un trapo limpio y meterlo en el refrigerador durante 1 hora.

❹ Preparar la crema a la mantequilla, perfumándola con el extracto de café.

❺ Preparar el almíbar, poniendo a hervir el azúcar en un litro de agua. Dejar que se enfríe y agregarle el ron.

❻ Colocar las avellanas sobre la placa para repostería y hornearlas durante 5 minutos para que se tuesten.

❼ Cortar el pan del pastel en tres discos. Dividir la crema a la mantequilla en cinco porciones.

❽ Con un pincel, humedecer el primer disco con el almíbar al ron y luego, con una espátula, cubrirlo con una quinta parte de la crema y espolvorear la superficie con una cuarta parte de las avellanas picadas.

❾ Colocar el segundo disco encima y hacer lo mismo. Repetir la misma operación con el tercer disco.

❿ Otra vez con la espátula, cubrir todo el contorno del pastel con la crema y pegarle el resto de las avellanas picadas.

⓫ Poner el resto de la crema en una manga con una duya acanalada y dibujar con ella algunos rosetones en la superficie del pastel. En el centro de cada rosetón, colocar un grano de café cubierto con chocolate.

⑫ Meter el pastel de moka en el refrigerador al menos 2 horas antes de servirlo.

■ **Preparación:** 40 min ■ **Refrigeración:** 1 h + 2 h
■ **Cocción:** 40 min

> EN ALGUNOS PAÍSES SE LLAMA:
>
> Duya: *boquillas*. Pastel: *cake, queque, torta*. Refrigerador: *heladera, nevera*. Trapo: *paño, repasador, toalla o trapo de cocina*.

Pastel de pasitas y frutas confitadas

Para 8 personas (o para un molde pastelero de 24 cm)

- *100 g de pasitas de Corinto*
- *100 g de frutas confitadas cortadas en cubitos*
- *1 copita de licor de ron*
- *175 g de mantequilla*
- *125 g de azúcar granulada*
- *3 huevos*
- *270 g de harina*
- *1 cucharadita de polvo para hornear*
- *10 g de mantequilla*
- *1 pizca de sal*

❶ Lavar las pasitas de Corinto y ponerlas a macerar en el ron junto con las frutas confitadas.

❷ En una terrina, trabajar la mantequilla hasta que se suavice por completo. Agregar poco a poco el azúcar, al igual que una pizca de sal. Trabajar esta mezcla con las manos hasta que tenga una consistencia muy untuosa. Incorporar los huevos enteros, uno por uno, y luego añadir de una sola vez 250 g de harina.

❸ Escurrir las frutas confitadas y las pasitas, rodarlas por aproximadamente dos cucharadas de harina (enharinadas de esta manera no se irán al fondo del molde), luego, agregarlas a la masa junto con el ron de la maceración. Incorporar el polvo para hornear y mezclar bien todos los ingredientes.

❹ Precalentar el horno a 210 °C.

❺ Engrasar con mantequilla una hoja de papel encerado, forrar con ella el interior del molde y luego vaciar la masa: ésta sólo debe llenar dos terceras partes de la capacidad del molde.

❻ Hornear a 210 °C durante 10 minutos, luego reducir la temperatura del horno a 150 °C y hornear durante 35 minutos más.

❼ Desmoldar el pastel en cuanto salga del horno y dejar que se enfríe sobre una rejilla.

pastel de miel y cerezas confitadas:
proceder de la misma manera, pero disminuyendo la cantidad de azúcar a 100 g y agregando dos cucharadas de miel líquida. Sustituir las pasitas y las frutas confitadas por 125 g

de cerezas confitadas. Decorar el pastel con bastoncitos de angélica.

■ **Preparación:** 25 min ■ **Cocción:** 45 min

> **EN ALGUNOS PAÍSES SE LLAMA:**
>
> Frutas confitadas: *frutas abrillantadas, frutas cristalizadas, frutas escarchadas, frutas glaseadas o glaseadas.* Mantequilla: *manteca.* Pasitas: *pasas, pasas de uva, uvas pasas, uvas secas.* Pastel: *cake, queque, torta.*

Pastel de queso crema

Para 6 u 8 personas

- *1/2 kg de queso crema*
- *150 g de chabacanos secos*
- *1/2 litro de vino blanco*
- *1/2 cucharadita de canela en polvo*
- *1 limón bien lavado*
- *150 g de mantequilla*
- *350 g de harina*
- *200 g de azúcar*
- *1 pizca de sal*
- *1 cucharada de polvo para hornear*
- *5 yemas de huevo*
- *1 cucharada de azúcar a la vainilla*

❶ Poner el queso crema en un colador forrado con una muselina y dejar que se escurra durante 2 horas.

❷ Remojar los chabacanos en 400 ml de vino blanco junto con la canela en polvo. Rallar la cáscara del limón. Suavizar la mantequilla.

❸ Colocar la harina en un recipiente hondo o sobre la mesa de trabajo y formar con ella una fuente. Agregar en el centro 160 g de azúcar, una pizca de sal, el polvo para hornear, la cáscara de limón, la mantequilla y dos yemas de huevo. Mezclar bien y amasar hasta que la pasta adquiera una consistencia homogénea, agregándole el resto del vino blanco para suavizarla. Cortar la bola de masa en dos.

❹ Engrasar con mantequilla un molde para pastel de 28 cm de diámetro. Con un rodillo, extender cada pedazo hasta que quede de 3 mm de espesor. Formar dos discos del mismo tamaño. Colocar uno de los discos de masa dentro del molde.

❺ Precalentar el horno a 160 °C.

❻ Escurrir y picar los chabacanos.

❼ Verter el queso crema en un recipiente hondo, agregarle el azúcar a la vainilla y el resto del azúcar granulada, los chabacanos picados y tres yemas de huevo. Mezclar bien todo y luego verter la mezcla en el molde y alisar la superficie con una espátula de madera.

❽ Con un pincel humedecido en agua, humectar el contorno del segundo disco y colocarlo sobre la mezcla de queso fresco. Sellar bien los bordes. Hornear durante 40 minutos.

⑨ Desmoldar el pastel cuando aún esté tibio y meterlo en el refrigerador una vez que se haya enfriado por completo.

■ **Preparación:** 40 min ■ **Reposo:** 2 h ■ **Cocción:** 40 min

> EN ALGUNOS PAÍSES SE LLAMA:
>
> Chabacano: *albaricoque, damasco*. Mantequilla: *manteca*. Pastel: *cake, queque, torta*. Refrigerador: *heladera, nevera*. Rodillo: *bolillo, palo de amasar, palote, uslero*.

Pastel enrollado

Para 4 o 6 personas

- *450 g de masa para galletas (→ ver pág. 990)*
- *15 g de mantequilla*
- *100 g de azúcar granulada*
- *1 cucharadita de ron*
- *125 g de almendras fileteadas*
- *6 cucharadas de mermelada de chabacano o jalea de frambuesa*
- *2 cucharadas de betún de chabacano*

❶ Preparar la masa para galletas. Precalentar el horno a 180 °C. Derretir la mantequilla, sin dejar que se cueza. Forrar una placa para repostería con papel encerado y, con un pincel, untarlo con la mantequilla derretida.

❷ Con una espátula de metal, extender uniformemente la masa sobre la placa para repostería, hasta que quede de 1 cm de espesor. Hornear durante 10 minutos: la superficie del pastel apenas debe dorarse.

❸ Mezclar el azúcar con 100 ml de agua, ponerla a hervir y, una vez alcanzada la ebullición, agregarle el ron.

❹ Tostar ligeramente las almendras en el horno, a una temperatura de 180 °C.

❺ Colocar el pastel sobre un trapo limpio y, con un pincel, embeberlo con el jarabe de ron. Luego, con una espátula, recubrirlo con la mermelada de chabacano o con la jalea de frambuesa.

❻ Enrollar el pastel, ayudándose con el trapo para que no se rompa. Cortar ambos extremos en diagonal. Con un pincel, untar todo el pastel enrollado con el betún de chabacano. Finalmente, espolvorearlo con las almendras fileteadas.

■ **Preparación:** 25 min ■ **Cocción:** 10 min

> EN ALGUNOS PAÍSES SE LLAMA:
>
> Chabacano: *albaricoque, damasco*. Mantequilla: *manteca*. Pastel: *cake, queque, torta*. Trapo: *paño, repasador, toalla o trapo de cocina*.

Pastel Montmorency

Para 4 o 6 personas

- *400 g de cerezas en almíbar*
- *350 g de masa para genovesa*
  (→ ver pág. 991)
- *200 g de fondant*
  (→ ver pág. 1084)
- *1 copita de licor de kirsch*
- *2 o 3 gotas de colorante rojo*
- *12 cerezas confitadas*
- *pedacitos de angélica*

❶ Precalentar el horno a 200 °C. Lavar, escurrir y deshuesar las cerezas. Preparar la masa para genovesa, agregándole las cerezas. Mezclar bien.

❷ Engrasar con mantequilla un molde para genovesa de 20 cm de diámetro, verter la masa y hornear durante 30 minutos. Desmoldar sobre una rejilla y dejar que se enfríe.

❸ En una cacerola, entibiar el fondant a fuego lento, sin dejar de remover. Agregar el kirsch con dos o tres gotas de colorante rojo y mezclar bien. Usar una espátula para cubrir el pastel con esta preparación, alisándola bien, y decorarlo con las cerezas confitadas y algunos pedacitos de angélica.

Este pastel también puede cortarse en dos discos, humedecerlos con kirsch y cubrirlos con una crema a la mantequilla (→ ver pág. 870) adicionada con cerezas en aguardiente.

■ **Preparación:** 40 min ■ **Cocción:** 30 min

EN ALGUNOS PAÍSES SE LLAMA:

Confitadas: *abrillantadas, cristalizadas, escarchadas, glaseadas.* Deshuesar: *descarozar.* Mantequilla: *manteca.* Pastel: *cake, queque, torta.*

Pastel muselina a la naranja

Para 4 o 6 personas

- *80 g de harina*
- *4 huevos*
- *110 g de azúcar granulada*
- *15 g de mantequilla*
- *30 g de azúcar glas*
- *100 ml de jarabe de naranja*
- *300 g de mermelada
  de naranja*
- *180 g de fondant
  (→ ver pág. 1084)*
- *20 ml de curaçao*
- *50 g de cáscaras de naranja
  confitada o 1 naranja fresca*

❶ Cernir la harina. Separar las claras de las yemas de todos los huevos. Batir las claras a punto de turrón, agregándoles poco a poco 50 g de azúcar.

❷ En una terrina, batir las yemas de huevo junto con el resto del azúcar hasta que esta mezcla se vuelva blanca. Agregar poco a poco las yemas batidas a las claras a punto de turrón y revolver con movimientos suaves y envolventes. Después, agregar la harina en forma de lluvia e incorporarla de la misma manera a la mezcla.

❸ Precalentar el horno a 180 °C. Con un pincel, engrasar con mantequilla un molde para carlota de 20 cm de diámetro y luego espolvorearlo con el azúcar glas. Verter la masa en el molde: sólo debe llenar dos terceras partes del mismo.

❹ Hornear durante 40 minutos. Verificar el grado de cocción con la lámina de un cuchillo: éste debe salir seco y limpio.

❺ Desmoldar el pastel sobre una rejilla y dejar que se enfríe un poco. Cortar el pastel en dos discos del mismo grosor.

❻ Rebajar el jarabe de naranja con 50 ml de agua. Humedecer el primer disco con un poco del jarabe de naranja rebajado y luego untarle una capa abundante de mermelada de naranja.

❼ Colocarle encima el segundo disco. Volverlo a humedecer ligeramente con el jarabe de naranja. Luego, mezclar el fondant con el curaçao y cubrir con esta mezcla la superficie del pastel.

❽ Decorar formando figuritas con las cáscaras de naranja confitada o bien con algunas rebanadas de naranja fresca.

■ **Preparación:** 40 min ■ **Cocción:** 40 min

En algunos países se llama:

A punto de turrón: *a punto de nieve.* Azúcar glas: *azúcar de repostería, azúcar glasé, azúcar impalpable.* Confitadas: *abrillantadas, cristalizadas, escarchadas, glaseadas.* Mantequilla: *manteca.* Pastel: *cake, queque, torta.*

Pastel relleno de cerezas

Para 6 personas

- *1/2 kg de cerezas*
- *200 ml de crema fresca espesa*
- *150 g de azúcar granulada*
- *5 huevos*
- *250 g de harina*
- *1 cucharada de polvo para hornear*
- *2 o 3 cucharadas de kirsch*
- *100 ml de leche*
- *1 pizca de sal*
- *25 g de mantequilla*

❶ Lavar las cerezas, secarlas, quitarles el rabito y deshuesarlas.

❷ En un recipiente hondo, mezclar la crema fresca y el azúcar.

❸ Romper tres huevos, separando las yemas de las claras. Poner las yemas en una terrina, agregarles los otros dos huevos enteros y mezclar bien, añadiendo la crema. Incorporar poco a poco la harina y el polvo para hornear, revolviendo con movimientos suaves y envolventes.

❹ Una vez que la masa tenga una consistencia homogénea, agregar el kirsch y luego la leche, en cantidades pequeñas, para aligerarla.

❺ Precalentar el horno a 200 °C.

❻ Batir las tres claras restantes a punto de turrón firme junto con una pizca de sal e incorporarlas con movimientos suaves y envolventes.

❼ Engrasar con mantequilla un molde para pastel de 24 cm de diámetro y verter una tercera parte de la masa. Agregar la mitad de las cerezas. Cubrirlas con el otro tercio de masa y luego añadir el resto de las cerezas y de la masa.

❽ Hornear de 45 a 50 minutos, dejar que el pastel se enfríe un poco fuera del horno y luego desmoldarlo sobre una rejilla. Servir frío.

■ **Preparación:** 30 min

■ **Cocción:** de 45 a 50 min, aproximadamente

> **EN ALGUNOS PAÍSES SE LLAMA:**
>
> A punto de turrón: *a punto de nieve*. Crema: *nata*. Deshuesar: *descarozar*. Mantequilla: *manteca*. Pastel: *cake, queque, torta*.

Pastel saboyano

Para 8 personas

- *14 huevos*
- *1/2 kg de azúcar granulada*
- *1 cucharada de azúcar a la vainilla*
- *185 g de harina cernida*
- *185 g de fécula de maíz*
- *10 g de mantequilla*
- *1 cucharada de fécula de maíz para el molde*
- *1 pizca de sal*

❶ Romper los huevos, separando las claras de las yemas. Precalentar el horno a 170 °C.

❷ En una terrina, colocar el azúcar granulada, el azúcar a la vainilla y las yemas de huevo. Mezclar bien todo hasta que la preparación esté bien lisa y se vuelva blanca.

❸ Batir las claras a punto de turrón muy firme junto con la pizca de sal. Incorporarlas con movimientos suaves y envolventes a la mezcla anterior, junto con la harina y la fécula de maíz. Continuar revolviendo, siempre en el mismo sentido para que las claras no se rompan, hasta que la masa adquiera una consistencia homogénea.

❹ Engrasar con mantequilla un molde para pastel saboyano o un molde para genovesa de 28 cm de diámetro, y luego espolvorearlo con la cucharada de fécula de maíz. Verter la masa en el molde: éste sólo debe llenarse hasta las dos terceras partes de su capacidad.

❺ Hornear durante 45 minutos. Verificar el grado de cocción con la lámina de un cuchillo: éste debe salir limpio y seco. Desmoldar sobre la fuente en la que se va a servir en cuanto el pastel salga del horno. Servir frío.

■ **Preparación:** 25 min ■ **Cocción:** 45 min

> **EN ALGUNOS PAÍSES SE LLAMA:**
>
> A punto de turrón: *a punto de nieve*. Fécula de maíz: *almidón de maíz, maicena*. Mantequilla: *manteca*. Pastel: *cake, queque, torta*.

Pastel Sacher

Para 6 u 8 personas

- 200 g de chocolate negro amargo
- 125 g de mantequilla
- 8 yemas de huevo
- 10 claras de huevo
- 1 pizca de sal
- 140 g de azúcar granulada ligeramente aromatizada con vainilla
- 125 g de harina cernida
- 350 g de cobertura de chocolate (→ ver pág. 1075)
- 8 cucharadas de betún de chabacano

❶ Precalentar el horno a 180 °C. Forrar dos moldes de 26 cm de diámetro con papel encerado engrasado con mantequilla.

❷ Cortar el chocolate negro amargo en pedacitos y derretirlo a baño maría o en el horno de microondas. Derretir la mantequilla en una cacerola pequeña. Con una cuchara de madera o un batidor manual, mezclar las yemas de huevo con la mantequilla y el chocolate derretidos.

❸ Batir las claras de huevo a punto de turrón firme junto con la sal y luego agregar el azúcar. Continuar batiendo con una batidora eléctrica hasta que la espuma forme picos entre las aspas.

❹ Primero, agregar a la mezcla de huevos, mantequilla y chocolate, una tercera parte de las claras batidas a punto de turrón y, luego, ir agregando poco a poco el resto de las claras batidas. Verter la harina en forma de lluvia y continuar batiendo hasta que la masa adquiera una consistencia homogénea.

❺ Verter la masa en los moldes. Hornear durante 45 minutos: los pasteles deben esponjarse y quedar secos.

❻ Preparar la cobertura de chocolate.

❼ Desmoldar los pasteles sobre una rejilla y dejar que se enfríen. Con un pincel, untar la superficie de uno de los pasteles con el betún de chabacano. Luego, colocar encima el segundo pastel y, con una espátula, cubrir toda la superficie y el contorno del pastel con la cobertura de chocolate, distribuyéndola bien.

❽ Colocar el pastel Sacher sobre la fuente en que se va a servir y luego meterlo en el refrigerador durante 3 horas para que la cobertura se endurezca. Sacarlo del refrigerador 30 minutos antes de servir.

■ **Preparación:** 35 min ■ **Cocción:** 45 min
■ **Refrigeración:** 3 h

> **EN ALGUNOS PAÍSES SE LLAMA:**
>
> A punto de turrón: *a punto de nieve*. Chabacano: *albaricoque, damasco.* Mantequilla: *manteca.* Pastel: *cake, queque, torta.* Refrigerador: *heladera, nevera.*

Pithiviers

Para 6 u 8 personas

- *1/2 kg de masa hojaldrada (→ ver pág. 114)*
- *400 g de crema espesa perfumada con almendras (→ ver pág. 873)*
- *1 huevo*

❶ Preparar la masa. Preparar la crema perfumada.

❷ Dividir la masa hojaldrada en dos porciones. Con un rodillo, extender la primera porción y cortar un disco de 20 cm de diámetro. Untarle la crema espesa perfumada con almendras, dejando un margen libre de 1.5 cm en la orilla del círculo.

❸ Precalentar el horno a 250 °C. Extender el resto de la masa hojaldrada y obtener un disco de un diámetro idéntico al primero. Barnizar el contorno del primer disco con un pincel humedecido con agua. Colocar el segundo disco sobre el primero y sellar bien los bordes.

❹ Con la punta de un cuchillo, hacer pequeñas incisiones en todo el contorno de la tarta y barnizar con el huevo batido. Dibujar algunas texturas en forma de rombos o de rosetones en la superficie, con la punta de un cuchillo.

❺ Hornear durante 45 minutos. Servir tibio o frío.

■ **Preparación:** alrededor de 1 h ■ **Reposo:** 2 h
■ **Cocción:** 45 min

> **EN ALGUNOS PAÍSES SE LLAMA:**
> Rodillo: *bolillo, palo de amasar, palote, uslero.*

Profiteroles con salsa de chocolate

Para 30 profiteroles

- *350 g de masa dulce para choux (→ ver pág. 987)*
- *1 huevo*
- *1 tableta de chocolate de 200 g*
- *100 ml de crema fresca*
- *400 g de crema Chantilly (→ ver pág. 872)*
- *75 g de azúcar granulada*
- *1 cucharada de azúcar a la vainilla*

❶ Preparar la masa dulce para choux.

❷ Precalentar el horno a 200 °C.

❸ Colocar la masa para choux dentro de una manga con una duya de embudo liso y formar 30 bolitas de masa, del tamaño de una nuez, sobre una placa para repostería forrada con papel encerado.

❹ Romper el huevo, batirlo y, con un pincel, barnizar cada bolita para que se dore. Hornearlas durante 15 minutos, entreabriendo la puerta del horno después de 5 minutos de cocción.

❺ Picar finamente la tableta de chocolate. Poner a hervir la crema fresca, verterla de inmediato sobre el chocolate y batirla.

❻ Preparar la crema Chantilly, agregándole poco a poco azúcar granulada y el azúcar a la vainilla. Colocarla en una manga con una duya del número 7. Insertar la duya en el fondo de los choux y luego rellenarlos con la crema.

❼ Colocar los profiteroles en una copa y servirlos acompañados de la salsa de chocolate caliente.

■ **Preparación:** 40 min ■ **Cocción:** 15 min

EN ALGUNOS PAÍSES SE LLAMA:
Crema: *nata.* Duya: *boquillas.*

Roles de pasitas

Para 12 roles

- *15 g de levadura de panadería*
- *100 ml de leche*
- *530 g de harina*
- *100 g de pasitas de Corinto*
- *150 g de mantequilla*
- *30 g de azúcar granulada*
- *4 huevos*
- *6 pizcas de sal fina*
- *granillo de azúcar*

❶ Preparar la masa de la siguiente manera: diluir la levadura de panadería en 60 ml de leche y agregarle 30 g de harina. Mezclar bien. Espolvorear con 30 g de harina y dejar que la masa leve durante 30 minutos en un lugar cálido.

❷ Colocar las pasitas en un bol con agua tibia y dejar que se inflen.

❸ Suavizar la mantequilla. Cernir la harina restante dentro de una terrina, agregar la masa, luego el azúcar, tres huevos y finalmente la sal. Amasar durante 5 minutos golpeando la masa sobre la mesa para que se vuelva elástica.

❹ Añadir el resto de la leche (40 ml) y mezclar bien. Después, incorporar la mantequilla suavizada a la masa y luego las pasitas de Corinto escurridas. Amasar un poco más y dejar reposar la masa durante 1 hora en un lugar cálido.

❺ Dividir la masa en 12 pedazos, moldearlos en forma de cilindros delgados, enrollarlos en forma de espiral y dejarlos levar durante 30 minutos sobre la placa para repostería forrada con papel encerado.

❻ Precalentar el horno a 210 °C. Batir el último huevo con un tenedor.

❼ Barnizar los panes con el huevo batido, espolvorearlos con el granillo de azúcar y hornearlos durante 20 minutos. Servirlos tibios o fríos.

■ **Preparación:** 30 min ■ **Reposo:** 30 min + 1 h 30 min

■ **Cocción:** 20 min

EN ALGUNOS PAÍSES SE LLAMA:
Mantequilla: *manteca.* Pasitas: *pasas, pasas de uva, uvas pasas, uvas secas.*

Rosca con crema pastelera

Para 4 o 6 personas

- *400 g de masa para rosca (→ ver pág. 994)*
- *10 g de mantequilla*
- *700 g de crema pastelera (→ ver pág. 874)*
- *1 vaina de vainilla*
- *250 g de azúcar*
- *1/2 litro de agua*

❶ Preparar la masa para rosca. Engrasar con mantequilla un molde para rosca de 20 a 22 cm de diámetro, verter en él la masa y luego dejarla reposar durante 30 minutos en un lugar cálido.

❷ Precalentar el horno a 200 °C. Hornear de 20 a 25 minutos.

❸ Desmoldar sobre una rejilla y dejar que se enfríe.

❹ Preparar la crema pastelera y meterla en el refrigerador.

❺ Abrir y raspar la vaina de vainilla. En una cacerola, poner a hervir 1/2 litro de agua con el azúcar y agregar la vainilla. Quitar la cacerola del fuego. Una vez que el almíbar se haya enfriado un poco, utilizar una cuchara para bañar la rosca.

❻ Rellenar el centro del pastel con la crema pastelera y ponerlo en el refrigerador hasta el momento de servir.

■ **Preparación:** 25 min ■ **Reposo:** 30 min

■ **Cocción:** de 20 a 25 min

> EN ALGUNOS PAÍSES SE LLAMA:
> Mantequilla: *manteca.* Refrigerador: *heladera, nevera.*

Rosca con frutas rojas y crema Chantilly

Para 4 o 6 personas

- *400 g de masa para rosca (→ ver pág. 994)*
- *250 g de azúcar*
- *1 vaina de vainilla*
- *150 ml de ron*
- *250 g de crema Chantilly (→ ver pág. 872)*
- *250 g de frambuesas*
- *125 g de grosellas*
- *250 ml de jarabe de fresa (→ ver pág. 935)*

❶ Preparar una rosca de la misma manera que para la rosca con crema pastelera (→ ver receta anterior) y humedecerla con el mismo almíbar. Luego, bañarla con el ron.

❷ Preparar la crema Chantilly.

❸ Preparar todas las frutas y el jarabe de fresa.

❹ Mezclar, con movimientos suaves y envolventes, las frambuesas y las grosellas con la crema Chantilly. Rellenar con esta mezcla el centro de la rosca. Bañar con el jarabe de fresa y meter en el refrigerador hasta el momento de servir.

■ **Preparación:** 25 min ■ **Reposo:** 30 min

■ **Cocción:** de 20 a 25 min

> EN ALGUNOS PAÍSES SE LLAMA:
> Refrigerador: *heladera, nevera.*

Saint-Honoré con crema Chantilly

Para 6 u 8 personas

- *250 g de masa para repostería* (→ *ver pág. 112*)
- *250 g de masa dulce para choux* (→ *ver pág. 987*)
- *125 g de azúcar granulada*
- *1/2 kg de crema Chantilly* (→ *ver pág. 872*)
- *violetas en azúcar*

❶ Preparar la masa para repostería y la masa para choux. Con un rodillo, extender la masa para repostería hasta que quede de 4 mm de espesor.

❷ Cortar un disco de masa de 22 cm de diámetro y colocarlo sobre una placa para repostería forrada con una hoja de papel encerado previamente humedecida.

❸ Precalentar el horno a 200 °C.

❹ Colocar la masa para choux en una manga con una duya lisa del número 9 o 10 y formar una primera corona a 1 cm de la orilla de la masa para repostería, luego, formar otra corona en el interior, a unos 5 cm de la primera. Al lado del disco, colocar sobre la placa el resto de la masa para choux en bolitas pequeñas del tamaño de una nuez. Hornear durante 25 minutos.

❺ En una cacerola, poner el azúcar junto con 200 ml de agua y preparar un caramelo (→ ver pág. 1082). Retirar el caramelo del fuego cuando esté dorado. Ensartar los choux en una aguja y sumergirlos uno por uno en el caramelo. Conforme vayan saliendo, pegarlos sobre la corona de masa para choux, unos junto a otros. Dejar que se enfríen.

❻ Batir la crema Chantilly, colocarla en una manga con duya acanalada y rellenar con ella el centro de la corona. Espolvorear con las violetas en azúcar.

❼ Poner la corona en el refrigerador hasta el momento de servir. Un Saint-Honoré no se puede conservar durante mucho tiempo.

■ **Preparación:** 30 min ■ **Reposo:** 1 h ■ **Cocción:** 25 min

> EN ALGUNOS PAÍSES SE LLAMA:
> Duya: *boquillas*. Refrigerador: *heladera, nevera*. Rodillo: *bolillo, palo de amasar, palote, uslero*.

Selva negra

Para 6 u 8 personas

- *700 g de masa para galletas* (→ *ver pág. 990*)

❶ Preparar la masa para galletas.

❷ Precalentar el horno a 180 °C.

❸ Engrasar con mantequilla un molde de 22 cm de diámetro, enharinarlo y luego sacudirlo para eliminar todo

- 10 g de mantequilla
- 10 g de harina
- 200 g de azúcar granulada
- 100 ml de kirsch
- 800 g de crema Chantilly (→ ver pág. 872)
- 2 cucharadas de azúcar a la vainilla
- 60 cerezas en aguardiente (→ ver pág. 918)
- 250 g de chocolate negro amargo rallado en pedacitos gruesos

el excedente de harina. Colocar en él la masa y hornear de 35 a 40 minutos. Verificar el grado de cocción con la lámina de un cuchillo: ésta debe salir limpia. Desmoldar y dejar que se enfríe.

❹ Con un cuchillo de sierra, cortar el pastel en tres discos iguales.

❺ Poner a hervir 350 ml de agua junto con el azúcar y el kirsch. Guardar este almíbar por separado.

❻ Preparar la crema Chantilly y agregarle el azúcar a la vainilla.

❼ Humedecer el primer disco de pastel en el almíbar al kirsch y luego recubrirlo con crema Chantilly. Insertar en el disco entre 25 y 30 cerezas en aguardiente.

❽ Hacer lo mismo con el segundo disco y colocarlo sobre el primero.

❾ Cubrir todo el pastel con la crema Chantilly. Decorarlo con los pedacitos de chocolate amargo y meterlo en el refrigerador de 2 a 3 horas.

■ **Preparación:** 40 min ■ **Refrigeración:** de 2 a 3 h
■ **Cocción:** de 35 a 40 min

EN ALGUNOS PAÍSES SE LLAMA:
Mantequilla: *manteca*. Pastel: *cake, queque, torta*. Refrigerador: *heladera, nevera*.

Tarta con miel de maple

Para 4 personas

- 300 g de masa para repostería (→ ver pág. 112)
- 100 ml de miel de maple
- 3 cucharaditas de fécula de maíz
- 50 g de mantequilla
- 50 g de almendras picadas

❶ Preparar la masa para repostería y dejarla reposar durante 1 hora en el refrigerador.

❷ En una cacerola, diluir la miel de maple en un poco de agua y hervirla durante 5 minutos. Agregar la fécula de maíz disuelta en agua fría, así como la mantequilla. Mezclar bien y luego dejar enfriar esta preparación. Precalentar el horno a 220 °C.

❸ Extender con un rodillo la mitad de la masa para repostería y cubrir con ella una tartera de 18 cm de diámetro previamente engrasada con mantequilla.

❹ Verter la preparación en la base de masa. Colocar encima las almendras picadas. Estirar el resto de la masa hasta que quede muy delgada. Darle la misma forma y tamaño del molde y colocarla encima del mismo. Presionar los bordes para que sellen bien, pellizcándolos con los dedos. Insertar una chimenea de papel en el centro de esta tapa de masa.

⑤ Hornear de 30 a 35 minutos. Servirla fría.

■ **Preparación:** 10 min ■ **Reposo:** 1 h

■ **Cocción:** alrededor de 40 min

> **EN ALGUNOS PAÍSES SE LLAMA:**
> Fécula de maíz: *almidón de maíz, maicena.* Mantequilla: *manteca.* Refrigerador: *heladera, nevera.* Rodillo: *bolillo, palo de amasar, palote, uslero.*

Tarta con nueces de pacana

Para 4 o 6 personas

- *300 g de masa para repostería (→ ver pág. 112)*
- *100 g de nueces de pacana peladas y limpias*
- *80 g de mantequilla*
- *3 huevos*
- *40 g de azúcar de betabel*
- *1/2 cucharadita de vainilla en polvo*
- *1 pizca de sal*

① Preparar la masa para repostería. Cortar todas las nueces a la mitad longitudinalmente.

② Precalentar el horno a 200 °C. Extender la masa con el rodillo hasta que alcance un espesor de 3 mm, aproximadamente. Engrasar con mantequilla un molde de 24 cm de diámetro y cubrirlo con la masa.

③ Derretir la mantequilla. En una terrina, batir los huevos, el azúcar de betabel, la vainilla y la sal. Agregar luego la mantequilla derretida. Colocar todo en el fondo de la tarta.

④ Colocar encima de la tarta las nueces de pacana y hornear de 20 a 30 minutos. Dejar que la tarta se enfríe antes de servirla.

■ **Preparación:** 30 min ■ **Cocción:** de 20 a 30 min

> **EN ALGUNOS PAÍSES SE LLAMA:**
> Betabel: *betarraga, betarrata, remolacha.* Mantequilla: *manteca.* Rodillo: *bolillo, palo de amasar, palote, uslero.*

Tarta de chabacano

Para 4 o 6 personas

- *250 g de masa hojaldrada (→ ver pág. 114)*
- *20 g de mantequilla*

① Preparar la masa hojaldrada o utilizar una masa comercial. Con un rodillo, extender la masa hasta que quede de 2 mm de espesor y luego meterla en el refrigerador durante 30 minutos.

- *20 g de azúcar granulada*
- *180 g de crema espesa perfumada con almendras (→ ver pág. 873)*
- *900 g de chabacanos*
- *4 cucharadas de mermelada o betún de chabacano*

❷ Engrasar con mantequilla un molde de 22 cm de diámetro y luego espolvorearlo con el azúcar granulada. Colocar ahí la masa. Cortar los bordes de masa que sobresalgan del molde, pasando el rodillo por encima de este último, presionando con fuerza. Luego, fijar bien toda la orilla de masa, pellizcándola con el pulgar y el índice. Picar el fondo del molde con un tenedor y poner en el refrigerador durante 30 minutos.

❸ Mientras tanto, preparar la crema espesa perfumada con almendras.

❹ Precalentar el horno a 185 °C. Cubrir la base de masa con un disco de papel encerado de 23 cm de diámetro, sostenido por las orillas del molde. Colocarle encima algunos huesos de chabacano (o leguminosas) y hornear esta base de masa durante 12 minutos.

❺ Retirar los huesos y el papel encerado y volver a hornear durante 5 minutos más.

❻ Extender bien la crema espesa perfumada con almendras sobre la base de masa. Partir los chabacanos en dos y deshuesarlos. Colocar las frutas en forma de rosetón, con la piel hacia abajo, y traslapando una con otra.

❼ Espolvorear con el azúcar y con pedacitos de mantequilla. Hornear de 22 a 25 minutos más: las frutas deben caramelizarse.

❽ Retirar la tarta del horno y dejarla enfriar un poco.

❾ Con un pincel, bañarla con la mermelada de chabacano (o el betún). Consumirla tibia.

tarta de durazno:
proceder de la misma manera, sustituyendo los chabacanos por duraznos.

■ **Preparación:** 40 min ■ **Reposo:** 1 h

■ **Cocción:** alrededor de 40 min

> **EN ALGUNOS PAÍSES SE LLAMA:**
> Chabacano: *albaricoque, damasco.* Deshuesar: *descarozar.* Durazno: *melocotón.* Hueso: *carozo.* Mantequilla: *manteca.* Refrigerador: *heladera, nevera.* Rodillo: *bolillo, palo de amasar, palote, uslero.*

Tarta de chocolate

Para 4 o 6 personas

- *175 g de masa azucarada*
  (→ ver pág. 985)
- *250 g de betún de chocolate*
  (→ ver pág. 861)

❶ Preparar la masa azucarada y dejarla reposar durante 2 horas.

❷ Precalentar el horno a 170 °C.

❸ Con un rodillo, extender la masa hasta que quede de aproximadamente 2 mm de espesor. Colocarla en un molde de 22 cm de diámetro. Picar el fondo de la base con un tenedor. Luego, cubrirlo con una hoja de papel encerado cortada del mismo tamaño y colocarle encima algunos huesos de chabacano (o leguminosas) y hornear esta base de masa durante 12 minutos.

❹ Retirar los huesos y el papel encerado y continuar la cocción de 8 a 10 minutos más. Sacar la base de masa del horno y dejar que se enfríe.

❺ Preparar el betún de chocolate. Colocarlo en una manga con duya y cubrir de betún el fondo de la tarta. Alisar bien la superficie del betún con una espátula de metal.

❻ Meter en el refrigerador hasta el momento de servir.

■ **Preparación:** 15 min ■ **Reposo:** alrededor de 2 h 30 min

■ **Cocción:** alrededor de 25 min

> En algunos países se llama:
>
> Chabacano: *albaricoque, damasco.* Duya: *boquillas.* Hueso: *carozo.* Refrigerador: *heladera, nevera.* Rodillo: *bolillo, palo de amasar, palote, uslero.*

Tarta de frambuesa

Para 6 u 8 personas

- *300 g de masa hojaldrada*
  (→ ver pág. 114)
- *300 g de crema pastelera*
  (→ ver pág. 874)
- *6 cucharadas de jalea de grosella o de frambuesa*
- *1/2 kg de frambuesas*

❶ Preparar la masa hojaldrada.

❷ Preparar la crema pastelera y dejarla enfriar.

❸ Precalentar el horno a 200 °C. Con un rodillo, extender la masa hasta que quede de 3 o 4 mm de espesor. Colocarla en un molde de 24 cm de diámetro previamente engrasado con mantequilla. Picar el fondo de la base para tarta con un tenedor, en varios lugares. Luego, cubrirla con un círculo de papel encerado del mismo tamaño y ponerle encima algunos huesos de chabacano (o leguminosas) para que la masa no se infle.

❹ Bajar la temperatura del horno a 180 °C y hornear durante 25 minutos.

❺ Derretir a fuego lento la jalea de frambuesa o de grosella. Cubrir la base para tarta ya fría con la crema pastelera. Distribuir las frambuesas encima de la crema y, con un pincel, bañarlas con la jalea. Meter en el refrigerador hasta el momento de servir.

■ **Preparación:** 30 min ■ **Cocción:** 25 min

> EN ALGUNOS PAÍSES SE LLAMA:
>
> Chabacano: *albaricoque, damasco*. Hueso: *carozo*. Mantequilla: *manteca*. Refrigerador: *heladera, nevera*. Rodillo: *bolillo, palo de amasar, palote, uslero*.

Tarta de fresa

Para 6 personas

- *300 g de masa para pastaflora* (→ ver pág. 993)
- *800 g de fresas*
- *30 g de azúcar granulada*
- *sal fina*

❶ Preparar la masa para pastaflora y dejarla reposar durante 1 hora en el refrigerador. Precalentar el horno a 200 °C.

❷ Lavar rápidamente las fresas y quitarles los rabitos. Separar una docena de fresas (alrededor de 150 g) y hacer con ellas un jarabe, mezclándolas con el azúcar en la licuadora.

❸ Con un rodillo, extender la masa y colocarla en un molde de 26 cm de diámetro previamente engrasado con mantequilla. Picar el fondo de la base para tarta con un tenedor. Luego, cubrirla con un círculo de papel encerado del mismo tamaño, colocarle encima algunos huesos de chabacano (o leguminosas) y hornearla durante 10 minutos.

❹ Mientras tanto, entibiar a fuego lento el jarabe de fresas. Sacar la base de masa del horno y rellenarla con las fresas frescas. Bañar con el jarabe de fresas tibio y servir.

Antes de hornear la base para tarta, ésta puede untarse con 200 g de crema espesa perfumada con almendras (→ ver pág. 873). Después, colocar las fresas frescas encima y bañar con el jarabe de fresas.

■ **Preparación:** 10 min ■ **Reposo:** 1 h ■ **Cocción:** 10 min

> EN ALGUNOS PAÍSES SE LLAMA:
>
> Chabacano: *albaricoque, damasco*. Fresa(s): *fresón, frutillas, madroncillo*. Hueso: *carozo*. Mantequilla: *manteca*. Refrigerador: *heladera, nevera*. Rodillo: *bolillo, palo de amasar, palote, uslero*.

Tarta de kiwi

Para 4 o 6 personas

- *250 g de masa para repostería (→ ver pág. 112)*
- *2 yemas de huevo*
- *80 g de azúcar granulada*
- *1 cucharadita de harina*
- *200 ml de leche*
- *1 cucharada de jalea de grosella*
- *5 o 6 kiwis*

❶ Preparar la masa para repostería.

❷ Precalentar el horno a 200 °C. Con un rodillo, extender la masa hasta que quede de aproximadamente 3 mm de espesor. Colocarla en un molde para tarta de 26 cm de diámetro previamente engrasado con mantequilla. Picar el fondo de la base para tarta con un tenedor. Luego, cubrirla con un círculo de papel encerado del mismo tamaño y ponerle encima algunos huesos de chabacano (o leguminosas) para que la masa no se infle. Hornear durante 20 minutos.

❸ Mientras tanto, mezclar en una cacerola las yemas de huevo, el azúcar granulada, la harina y la leche. Cocer a fuego lento, sin dejar de remover, hasta que la crema se quede adherida a la cuchara. Una vez fuera del fuego, agregar la jalea de grosella.

❹ Sacar del horno la base para tarta, dejar que se enfríe un poco y luego rellenarla con la crema.

❺ Pelar los kiwis y cortarlos en rodajas delgadas. Colocar las rodajas de kiwi sobre la crema, formando círculos concéntricos y sobreponiéndolas un poco entre ellas. Meter en el refrigerador hasta el momento de servir.

■ **Preparación:** 25 min ■ **Cocción:** 20 min

> **EN ALGUNOS PAÍSES SE LLAMA:**
>
> Chabacano: *albaricoque, damasco.* Hueso: *carozo.* Mantequilla: *manteca.* Refrigerador: *heladera, nevera.* Rodillo: *bolillo, palo de amasar, palote, uslero.*

Tarta de limón

Para 4 o 6 personas

- *400 g de masa para repostería (→ ver pág. 112)*
- *3 limones bien lavados*
- *80 g de mantequilla*
- *3 huevos*
- *250 g de azúcar granulada*

❶ Preparar la masa para repostería y dejarla reposar durante 1 hora en el refrigerador. Con un rodillo, extender la masa hasta que quede de aproximadamente 3 mm de espesor y luego colocarla en un molde de 22 cm de diámetro.

❷ Rallar la cáscara de los limones y exprimirlos para obtener su jugo.

❸ Derretir la mantequilla en una cacerola pequeña o en el horno de microondas.

④ Precalentar el horno a 220 °C.

⑤ En una terrina, mezclar los huevos con el azúcar y batirlos durante 2 minutos para que se amalgamen bien.

⑥ Agregar la mantequilla derretida, el jugo de limón y por último la cáscara de los limones. Batir enérgicamente todos estos ingredientes.

⑦ Verter la preparación en la base de la tarta y hornear durante 35 minutos.

⑧ Desmoldar la tarta y dejar que se enfríe sobre una rejilla.

tarta de naranja:
la preparación se hace exactamente de la misma manera pero sustituyendo los tres limones por tres naranjas.
tarta de mandarina:
la preparación se hace exactamente de la misma manera pero sustituyendo los tres limones por siete mandarinas.

■ **Preparación:** 25 min ■ **Reposo:** 1 h ■ **Cocción:** 35 min

---

EN ALGUNOS PAÍSES SE LLAMA:

Mantequilla: *manteca*. Refrigerador: *heladera, nevera*. Rodillo: *bolillo, palo de amasar, palote, uslero*.

Tarta de manzana

Para 6 u 8 personas

- *300 g de masa para tarta (→ ver pág. 112)*
- *40 g de harina*
- *30 g de azúcar morena*
- *1 pizca de vainilla en polvo*
- *1/2 cucharadita de canela en polvo*
- *1 pizca de nuez moscada rallada*
- *800 g de manzanas starking o delicious*
- *1 limón*
- *1 huevo batido*

① Preparar la masa para tartas y dejarla reposar durante 1 hora en el refrigerador.

② Dividir la masa en dos porciones de diferente tamaño. Con un rodillo, extender las dos porciones de masa hasta que queden de 2 mm de espesor. Colocar la porción más grande en un molde para tarta de porcelana refractaria de 22 cm de diámetro.

③ En una ensaladera, mezclar la harina, el azúcar morena, la vainilla en polvo, la canela en polvo y la nuez moscada rallada. Distribuir la mitad de esta mezcla sobre la masa que está en el molde.

④ Precalentar el horno a 200 °C.

⑤ Pelar las manzanas, quitarles el corazón, cortarlas en cuatro y, luego, en rebanadas delgadas. Colocarlas dentro del molde en forma de corona y, en el centro, formar con ellas un domo. Bañarlas con el jugo de limón y luego espolvorearlas con el resto de la mezcla de harina con azúcar y especias.

⑥ Cubrir todo con el segundo disco de masa y, con un pincel humedecido con el huevo batido, sellar bien los bordes de ambos discos de masa.

➐ Hacer una chimenea, insertando un pedacito de cartón enrollado en el centro de la tarta.

➑ Barnizar la superficie de la tarta con huevo batido para que se dore y hornear durante 10 minutos.

➒ Sacar de la tarta del horno, volver a barnizar la superficie con huevo batido y hornear durante 40 minutos más.

> La tarta de manzana se puede servir sola cuando aún está tibia, o bien acompañarse con crema fresca, con un jarabe de moras o también con una bola de helado de vainilla.

■ **Preparación:** 40 min ■ **Reposo:** 1 h ■ **Cocción:** 50 min

---

EN ALGUNOS PAÍSES SE LLAMA:

Azúcar morena: *azúcar mascabada, azúcar moscabada, azúcar negra.* Crema: *nata.* Refrigerador: *heladera, nevera.* Rodillo: *bolillo, palo de amasar, palote, uslero.*

Tarta de mirtillo

Para 4 o 6 personas

- *350 g de masa para repostería (→ ver pág. 112)*
- *10 g de mantequilla*
- *1 cucharada de harina*
- *400 g de mirtillos (o de moras silvestres)*
- *60 g de azúcar granulada*
- *10 g de azúcar glas*

➊ Preparar la masa para repostería.

➋ Con un rodillo, extender la masa hasta que quede de aproximadamente 3 mm de espesor. Colocarla en un molde para tarta de 26 cm de diámetro previamente engrasado con mantequilla y enharinado. Picar el fondo de la base para tarta con un tenedor. Precalentar el horno a 220 °C.

➌ Escoger y limpiar los mirtillos. Espolvorearlos con el azúcar granulada, mezclar bien y distribuirlos sobre la masa. Reducir la temperatura del horno a 200 °C y hornear durante 30 minutos.

➍ Sacar el molde del horno y esperar a que se enfríe antes de desmoldar la tarta sobre la fuente en que se va a servir. Espolvorear con el azúcar glas.

> **tarta de mora silvestre:**
> se prepara de la misma manera sustituyendo los mirtillos con las moras silvestres. La tarta de mora silvestre se decora tradicionalmente con bolitas de crema Chantilly.

■ **Preparación:** 30 min ■ **Cocción:** 30 min

EN ALGUNOS PAÍSES SE LLAMA:

Azúcar glas: *azúcar de repostería, azúcar glasé, azúcar impalpable.* Mantequilla: *manteca.* Rodillo: *bolillo, palo de amasar, palote, uslero.*

Tarta de peras Bourdaloue

Para 6 u 8 personas

- *300 g de masa para repostería (→ ver pág. 112)*
- *280 g de crema espesa perfumada con almendras (→ ver pág. 873)*
- *10 o 12 mitades de peras en almíbar (según el tamaño)*
- *4 cucharadas de betún de chabacano*

❶ Preparar la masa para repostería y dejarla reposar durante 1 hora en el refrigerador.

❷ Preparar la crema espesa perfumada con almendras y también guardarla en el refrigerador. Escurrir las peras del almíbar.

❸ Precalentar el horno a 190 °C. Extender la masa con el rodillo hasta que alcance 2 mm de espesor. Engrasar con mantequilla un molde para tarta de 26 cm de diámetro y cubrirlo con la masa, con mucho cuidado para que no se rompa al colocarla. Estirar la masa hacia los bordes de la tartera con los pulgares, de manera que quede una cresta alrededor del molde.

❹ Verterle la crema espesa perfumada con almendras hasta la mitad de la altura de la tartera y alisar la superficie con una espátula. Cortar las peras en rebanadas de 2 mm de espesor y colocarlas encima de la tarta en forma de corona. Hornear durante 30 minutos.

❺ Retirar la tarta del horno y, una vez que esté tibia, desmoldarla sobre una rejilla.

❻ Untarle el betún de chabacano con un pincel.

■ **Preparación:** 40 min ■ **Reposo:** 1 h ■ **Cocción:** 30 min

> **EN ALGUNOS PAÍSES SE LLAMA:**
>
> Chabacano: *albaricoque, damasco.* Mantequilla: *manteca.* Refrigerador: *heladera, nevera.* Rodillo: *bolillo, palo de amasar, palote, uslero.*

Tarta de queso crema

Para 6 u 8 personas

- *250 g de masa para repostería (→ ver pág. 112)*
- *1/2 kg de queso crema bien escurrido*
- *50 g de azúcar granulada*
- *50 g de harina*
- *1/2 litro de crema fresca*
- *2 huevos*

❶ Preparar la masa para repostería y dejarla reposar durante 1 hora en el refrigerador.

❷ Precalentar el horno a 200 °C. Con un rodillo, extender la masa hasta que quede de 2 mm de espesor. Colocarla en un molde para tarta de 18 cm de diámetro previamente engrasado con mantequilla. Luego, guardarlo en el refrigerador durante 30 minutos.

❸ Bajar la temperatura del horno a 180 °C.

❹ En una terrina, mezclar el queso crema, el azúcar, la harina, la crema fresca y los huevos batidos.

❺ Verter esta preparación en el molde y hornear durante unos 45 minutos. Servir frío.

■ **Preparación:** 10 min ■ **Reposo:** 1 h 30 min
■ **Cocción:** 45 min

> EN ALGUNOS PAÍSES SE LLAMA:
> Crema: *nata*. Mantequilla: *manteca*. Refrigerador: *heladera, nevera*. Rodillo: *bolillo, palo de amasar, palote, uslero*.

Tarta de uva

Para 6 u 8 personas

- *1/2 kg de masa para pastaflora (→ ver pág. 993)*
- *1/2 kg de uvas blancas*
- *3 huevos*
- *100 g de azúcar granulada*
- *250 ml de crema fresca*
- *250 ml de leche*
- *100 ml de kirsch*
- *azúcar glas*

❶ Preparar la masa para pastaflora. Lavar las uvas y desprenderlas del racimo.

❷ Precalentar el horno a 200 °C. Extender la masa con un rodillo hasta que alcance 3 mm de espesor y cubrir con ella un molde engrasado con mantequilla de 24 cm de diámetro. Picar el fondo de la masa con un tenedor. Acomodar las uvas encima de la masa, muy juntas, y hornear durante 10 minutos.

❸ En una terrina, mezclar los huevos con el azúcar y luego, cuando la preparación se haya vuelto blanca, agregarle la crema fresca. Batir bien con el batidor manual y añadir poco a poco la leche y, posteriormente, el kirsch.

❹ Retirar la tarta del horno, verterle la crema encima y volverla a hornear durante 30 minutos más.

❺ Dejarla enfriar, desmoldarla y espolvorearla con el azúcar glas.

■ **Preparación:** 40 min ■ **Cocción:** 40 min

> EN ALGUNOS PAÍSES SE LLAMA:
> Azúcar glas: *azúcar de repostería, azúcar glasé, azúcar impalpable*. Crema: *nata*. Mantequilla: *manteca*. Rodillo: *bolillo, palo de amasar, palote, uslero*.

Tarta flambeada de manzanas

Para 6 personas

- 350 g de masa para repostería (→ ver pág. 112)
- 1 kg de manzanas starking o delicious
- 40 g de mantequilla
- 150 g de azúcar cristalizada o azúcar morena
- 2 cucharaditas de canela en polvo
- 120 ml de whisky

❶ Preparar la masa para repostería y dejarla reposar durante 1 hora en el refrigerador.

❷ Precalentar el horno a 200 °C. Extender la masa con el rodillo hasta que alcance un espesor de 3 mm, aproximadamente. Engrasar con mantequilla un molde de 26 cm de diámetro y cubrirlo con la masa. Picar el fondo de la masa con un tenedor.

❸ Cortar un círculo de papel encerado del mismo formato y tamaño que el molde. Colocarlo encima de la base de masa y ponerle huesos de chabacano o frijoles secos. Hornear la masa durante 20 minutos.

❹ Mientras tanto, pelar las manzanas, quitarles el corazón y las semillas. Cortarlas en ocho pedazos. En un sartén, derretir la mantequilla y poner las manzanas para que se doren.

❺ Añadir 125 g de azúcar, espolvorear con una cucharadita de canela en polvo y agregar dos cucharadas de whisky. Mezclar cuidadosamente, tapar el sartén y cocer a fuego bajo durante 10 minutos.

❻ Colocar las rebanadas de manzanas en la base de masa de la tarta ya cocida y distribuirlas bien. En un bol, mezclar el resto del azúcar con el resto de la canela en polvo y espolvorear la tarta con esta mezcla. Mantenerla caliente hasta el momento de servir.

❼ Calentar el whisky restante en una cacerola pequeña o en el horno de microondas. Verterlo sobre las manzanas de la tarta y flambear. Servir de inmediato.

■ **Preparación:** 30 min ■ **Reposo:** 1 h

■ **Cocción:** alrededor de 35 min

EN ALGUNOS PAÍSES SE LLAMA:

Azúcar morena: *azúcar mascabada, azúcar moscabada, azúcar negra.* Frijol: *alubia, caráota, fréjol, habichuela, judía, poroto.* Hueso: *carozo.* Mantequilla: *manteca.* Quitar las semillas: *despepitar.* Refrigerador: *heladera, nevera.* Rodillo: *bolillo, palo de amasar, palote, uslero.*

Tarta rápida de manzana

Para 4 personas

- *400 g de masa comercial para repostería*
- *4 manzanas golden grandes*
- *50 g de azúcar granulada*

❶ Precalentar el horno a 220 °C. Extender la masa y cubrir con ella un molde de 22 cm de diámetro previamente engrasado con mantequilla.

❷ Pelar las manzanas, quitarles las semillas, cortarlas en cuartos y ponerlas en una ensaladera. Espolvorearlas con el azúcar y mezclar bien.

❸ Acomodar los pedazos de manzana sobre la masa para tarta y hornear de 25 a 30 minutos. Servir esta tarta tibia o fría.

■ **Preparación:** 10 min ■ **Cocción:** de 25 a 30 min

> EN ALGUNOS PAÍSES SE LLAMA:
> Mantequilla: *manteca*. Quitar las semillas: *despepitar*.

Tarta suiza envinada

Para 6 u 8 personas

- *1/2 kg de masa para tarta (→ ver pág. 112)*
- *15 g de fécula de maíz*
- *220 g de azúcar granulada*
- *1 pizca grande de canela en polvo*
- *150 ml de vino blanco*
- *20 g de azúcar glas*
- *20 g de mantequilla*

❶ Preparar la masa para tarta y dejarla reposar durante 1 hora en el refrigerador.

❷ Precalentar el horno a 240 °C. Extender la masa con el rodillo hasta que alcance un espesor de 4 mm. Engrasar con mantequilla un molde de 22 cm de diámetro y cubrirlo con la masa.

❸ Mezclar la fécula de maíz junto con el azúcar y la canela. Colocar esta mezcla en la base de la tarta. Verter encima el vino blanco y hornear durante 20 minutos.

❹ Retirar la tarta del horno. Espolvorearla con el azúcar glas, luego con pedacitos de mantequilla y volverla a hornear durante 15 minutos más. Servirla tibia.

■ **Preparación:** 30 min ■ **Reposo:** 1 h ■ **Cocción:** 35 min

> EN ALGUNOS PAÍSES SE LLAMA:
> Azúcar glas: *azúcar de repostería, azúcar glasé, azúcar impalpable*. Fécula de maíz: *almidón de maíz, maicena*. Mantequilla: *manteca*. Refrigerador: *heladera, nevera*. Rodillo: *bolillo, palo de amasar, palote, uslero*.

Tarta Tatin

Para 6 personas

- *250 g de masa para repostería (→ ver pág. 112)*
- *120 g de azúcar granulada*
- *50 g de mantequilla*
- *1 kg y 300 g de manzanas starking o delicious*
- *250 ml de crema fresca*

❶ Preparar la masa para repostería y dejarla reposar durante 1 hora.

❷ En una cacerola, poner 100 g de azúcar y tres cucharadas de agua. Realizar un caramelo con estos ingredientes (→ ver pág. 1082). Agregarle la mantequilla y mezclar bien. Verter este caramelo en una tartera de 18 a 20 cm de diámetro.

❸ Precalentar el horno a 200 °C.

❹ Pelar las manzanas. Cortarlas a la mitad, retirarles el corazón y volver a cortar cada mitad en tres pedazos. Acomodar las rebanadas de manzana en la superficie del molde de manera que queden muy juntas, aunque sin superponerse. Hornear de 40 a 45 minutos.

❺ Extender la masa con un rodillo formando un disco del mismo tamaño del molde. Colocarla en el refrigerador durante 30 minutos.

❻ Retirar la tartera del horno y esperar a que las manzanas se enfríen.

❼ Colocar el disco de masa sobre las manzanas, presionando muy bien el borde hacia el interior de la tartera. Hornear la tarta nuevamente de 30 a 35 minutos.

❽ Retirar la tarta del horno y dejar que se enfríe un poco.

❾ Entonces, colocar la fuente de servicio sobre el molde y voltearlos conjuntamente. Servir esta tarta tibia, acompañada de crema fresca.

■ **Preparación:** 30 min ■ **Reposo:** 1 h + 30 min
■ **Cocción:** alrededor de 1 h 15 min

> **EN ALGUNOS PAÍSES SE LLAMA:**
> Crema: *nata.* Mantequilla: *manteca.* Refrigerador: *heladera, nevera.* Rodillo: *bolillo, palo de amasar, palote, uslero.*

Tartaletas de la duquesa

Para 8 tartaletas

- *300 g de masa azucarada (→ ver pág. 985)*

❶ Preparar la masa azucarada y dejarla reposar durante 2 horas en el refrigerador.

❷ Preparar la crema espesa perfumada con almendras y agregarle el kirsch.

❸ Precalentar el horno a 200 °C.

- *400 g de crema espesa perfumada con almendras (→ ver pág. 873)*
- *100 ml de kirsch*
- *10 g de mantequilla*
- *300 g de grosellas en almíbar*
- *100 g de jalea de grosella*

4 Con un rodillo, extender la masa hasta que quede de 3 mm de espesor. Con un sacabocados, o con un molde para tartaletas, cortar ocho discos de masa. Colocar estos discos en moldes pequeños previamente engrasados con mantequilla. Luego, picar la masa del fondo de cada molde con un tenedor.

5 Escurrir las grosellas del almíbar. Reservar algunas para la decoración y distribuir el resto en los moldes. Luego, con una cuchara, cubrir las grosellas con la crema espesa perfumada con almendras.

6 Hornear las tartaletas durante 20 minutos. Dejar que se enfríen por completo antes de desmoldarlas con mucho cuidado.

7 En una cacerola pequeña, poner a entibiar la jalea de grosella y, con un pincel, barnizar las tartaletas con la jalea.

8 Decorar la superficie de cada tartaleta con algunas grosellas en almíbar y conservarlas en el refrigerador hasta el momento de servir.

tartaletas de la duquesa con cerezas:
proceder de la misma manera, sustituyendo las grosellas en almíbar por 300 g de cerezas confitadas.

■ **Preparación:** 40 min ■ **Reposo:** 2 h ■ **Cocción:** 20 min

> **EN ALGUNOS PAÍSES SE LLAMA:**
> Confitadas: *abrillantadas, cristalizadas, escarchadas, glaseadas.*
> Mantequilla: *manteca.* Refrigerador: *heladera, nevera.* Rodillo: *bolillo, palo de amasar, palote, uslero.*

Tartaletas de mora

Para 6 tartaletas

- *1/2 kg de masa azucarada (→ ver pág. 985)*
- *800 g de moras*
- *20 g de mantequilla*
- *40 g de azúcar granulada*
- *sal*

1 Preparar la masa azucarada.

2 Precalentar el horno a 200 °C.

3 Lavar las moras, escoger las mejores y quitarles el rabito.

4 Extender la masa con el rodillo hasta que alcance un espesor de 3 mm. Engrasar con mantequilla seis moldes para tartaleta y cubrirlos con la masa. Picarles el fondo con un tenedor y espolvorearlos con azúcar.

5 Acomodar muy juntas las moras dentro de las tartaletas de masa. Volverlas a espolvorear con azúcar. Hornear de 25 a 30 minutos.

❻ Dejar que las tartaletas se enfríen un poco y desmoldarlas sobre una rejilla. Servirlas tibias o frías.

■ **Preparación:** 20 min ■ **Cocción:** de 25 a 30 min

> **EN ALGUNOS PAÍSES SE LLAMA:**
> Mantequilla: *manteca*. Rodillo: *bolillo, palo de amasar, palote, uslero*.

Torta de casabe

Para 6 personas

- *3 panes pequeños de casabe*
- *500 ml de leche*
- *250 g de queso blanco rallado*
- *1/2 taza de* pioncillo rallado
- *4 huevos*
- *3 cucharadas de* fécula de maíz

❶ Triturar y remojar el casabe en la leche y formar una masa.

❷ Agregar el queso, el piloncillo, la fécula y los huevos ligeramente batidos.

❸ Verter la mezcla en un molde bien engrasado. Hornear durante 45 minutos a una temperatura de 180 °C.

Se sirve bañada con jarabe de piloncillo.

■ **Preparación:** 15 min ■ **Cocción:** 45 min

> **EN ALGUNOS PAÍSES SE LLAMA:**
> Casabe: harina de yuca (mandioca). Fécula de maíz: *almidón de maíz, maicena*. Piloncillo: *chancaca, panela, papelón, pilón*.

Tronco de castañas

Para 8 personas

- *125 g de chocolate negro (amargo)*
- *125 g de* mantequilla
- *1/2 kg de puré de castañas*
- *125 g de* azúcar glas

❶ Partir el chocolate en pedazos y ponerlo en una cacerola a fuego muy bajo. Agregar dos cucharadas de agua y dejar que se derrita ahí.

❷ Mientras tanto, trabajar la mantequilla con una espátula. Verter el puré de castañas en un recipiente hondo y trabajarlo con un tenedor para eliminar todos los grumos.

❸ Incorporar la mantequilla y el chocolate al puré de castañas junto con la mitad del azúcar glas. Mezclar bien hasta que la mezcla adquiera una consistencia homogénea.

❹ Verter esta masa a cucharadas sobre una hoja doble de papel aluminio. Moldearla hasta darle la forma de un pan alargado y grueso, y rodarla. Meter en el refrigerador durante al menos 24 horas.

⑤ Una vez que el rollo de masa esté bien firme quitarle las hojas de papel aluminio y colocar el tronco de castañas sobre una fuente alargada. Cortar los dos extremos del tronco en diagonal. Con un tenedor, hacerle algunas texturas y luego espolvorearlo con el resto del azúcar glas. Meter en el refrigerador hasta el momento de servir.

La masa puede perfumarse con un poco de ron. Para ganar tiempo, también se puede meter el tronco de castañas durante 2 horas en el congelador, donde se endurecerá más pronto.

■ **Preparación:** 25 min (con 24 horas de anticipación)

EN ALGUNOS PAÍSES SE LLAMA:

Azúcar glas: *azúcar de repostería, azúcar glasé, azúcar impalpable.* Mantequilla: *manteca.* Refrigerador: *heladera, nevera.*

Waffles con azúcar

Para 5 waffles

- *50 ml de crema líquida*
- *200 ml de leche fresca entera*
- *3 g de sal fina*
- *75 g de harina*
- *30 g de mantequilla*
- *3 huevos enteros*
- *5 ml de agua de azahar*
- *aceite para el molde*
- *azúcar glas*

❶ En una cacerola, poner a hervir la crema junto con la mitad de la leche. Dejar que la mezcla se enfríe.

❷ En otra cacerola, poner a hervir el resto de la leche junto con la sal y, una vez alcanzada la ebullición, agregar la harina en forma de lluvia y la mantequilla. Mezclar bien. Continuar la cocción durante 2 o 3 minutos más, hasta que la mezcla se seque, sin dejar de remover con una espátula, como si se estuviera preparando una masa dulce para choux (→ ver pág. 987).

❸ Verter esta mezcla en una terrina, incorporarle los huevos, uno por uno, luego la crema y la leche hervidas y, finalmente, añadir el agua de azahar. Dejar que la mezcla repose durante al menos 1 hora.

❹ Con un pincel remojado en el aceite, engrasar la wafflera y calentarla.

❺ En una de las mitades de la wafflera abierta, verter con un cucharón pequeño la masa hasta que se llene sin desbordarse. Luego, cerrar la wafflera y voltearla para que la masa se reparta uniformemente en ambas partes del molde. Cocer durante 2 o 3 minutos.

⑥ Abrir la wafflera, desmoldar el waffle y espolvorear con abundante azúcar glas. Continuar de este modo hasta que la masa se termine.

■ **Preparación:** 15 min ■ **Reposo:** 1 h ■ **Cocción:** 10 min

> **EN ALGUNOS PAÍSES SE LLAMA:**
>
> Azúcar glas: *azúcar de repostería, azúcar glasé, azúcar impalpable.* Crema: *nata.* Mantequilla: *manteca.*

Petits-fours frescos

Alfajorcitos de crema con praliné

Para 8 alfajorcitos

- *350 g de masa de nuez para tarta (→ ver pág. 985)*
- *175 g de merengue italiano (→ ver pág. 992)*
- *100 g de mantequilla*
- *50 g de almendras*
- *azúcar glas*
- *125 g de praliné*
- *180 g de chocolate con leche*

① Precalentar el horno a 150 °C.

② Preparar la masa para tarta sustituyendo las nueces por avellanas. Colocarla en una manga con duya del número 8.

③ Cubrir una placa para repostería con papel encerado y colocar en ella pequeños discos de masa de 3 cm de diámetro. Hornear durante 45 minutos y luego dejarlos enfriar.

④ Preparar el merengue italiano y también dejar que se enfríe.

⑤ Subir la temperatura del horno a 180 °C.

⑥ Poner a suavizar la mantequilla.

⑦ Picar finamente las almendras ya sea en un procesador de alimentos o con un cuchillo. Colocarlas sobre una placa cubierta con papel encerado, espolvorearlas con el azúcar glas y hornearlas durante 5 minutos sacudiendo la placa dos o tres veces durante la cocción. Luego, dejarlas enfriar.

⑧ Batir la mantequilla junto con el praliné en la batidora eléctrica o con el batidor manual. Después, agregar el merengue italiano y las almendras tostadas.

⑨ Colocar la preparación en una manga con duya del número 12. Poner una bolita grande de crema con praliné sobre cada disco de masa. Añadir encima otro disco de masa y luego meter los alfajorcitos en el refrigerador durante 1 hora.

⑩ Con la ayuda de un cuchillo, raspar el chocolate como para formar granillo. Cubrir completamente cada alfajorcito con el resto de la crema con praliné.

⓫ Decorar con el granillo de chocolate y volver a poner en el refrigerador hasta el momento de servir.

■ **Preparación:** 45 min ■ **Cocción:** 45 min
■ **Refrigeración:** 1 h

> EN ALGUNOS PAÍSES SE LLAMA:
>
> Azúcar glas: *azúcar de repostería, azúcar glasé, azúcar impalpable.* Duya: *boquillas.* Mantequilla: *manteca.* Praliné: *almendras garapiñadas o garrapiñadas.* Refrigerador: *heladera, nevera.*

Buñuelos de yuca

Para 6 personas

- *1 kg de yuca*
- *3 huevos*
- *1/2 pieza de piloncillo*
- *2 cucharadas de azúcar*
- *1 cucharadita de sal*
- *1 rama de canela*
- *6 clavos*

❶ Pelar la yuca, lavarla y cocer hasta que se ablande. Escurrir y moler.
❷ Agregar los huevos, la sal y el azúcar. Unir bien todo (agregar un poco de harina si la masa está muy húmeda).
❸ Formar bolitas con la masa y freírlas en aceite caliente, hasta que se doren.
❹ Bañar los buñuelos con miel preparada con piloncillo, los clavos, la canela y dos tazas de agua.

■ **Preparación:** 15 min ■ **Cocción:** 20 min

> EN ALGUNOS PAÍSES SE LLAMA:
>
> Piloncillo: *chancaca, panela, papelón, pilón.* Yuca: *mandioca.*

Cuadrados de chocolate y nuez

Para 20 cuadrados

- *230 g de chocolate negro (amargo)*
- *80 g de nueces peladas*
- *50 g de mantequilla*
- *80 ml de crema líquida*
- *180 g de azúcar granulada*
- *2 huevos*
- *100 g de harina*
- *1 cucharada de azúcar a la vainilla*

❶ Precalentar el horno a 240 °C.
❷ Derretir 150 g de chocolate a baño maría o en el horno de microondas.
❸ Picar las nueces con un cuchillo o en el procesador de alimentos.
❹ Retirar la mantequilla del refrigerador para que se ablande.
❺ Preparar un betún de chocolate: picar el resto del chocolate, calentar la crema líquida y verterla sobre el chocolate revolviendo sin parar.
❻ En una terrina, mezclar el azúcar granulada con los huevos, batirlos hasta que la mezcla se vuelva blanca. Lue-

go, agregarle la mantequilla suavizada, la harina, el azúcar a la vainilla, el chocolate derretido y las nueces picadas, incorporando muy bien cada ingrediente antes de agregar el siguiente.

7 Engrasar con mantequilla un molde rectangular de 30 por 20 cm. Colocar en él la masa y hornear durante 20 minutos.

8 Dejar que el pastel se enfríe por completo y luego cubrirlo con una capa del betún de chocolate de alrededor de 5 mm de espesor. Esperar nuevamente a que se enfríe y, posteriormente, cortarlo en cuadritos pequeños.

■ **Preparación:** 45 min ■ **Cocción:** 20 min

> **EN ALGUNOS PAÍSES SE LLAMA:**
> Crema: *nata*. Mantequilla: *manteca*. Pastel: *cake, queque, torta*. Refrigerador: *heladera, nevera*.

Delicias de café

Para 20 delicias

- *20 galletas de almendra con café (→ ver pág. 1000)*
- *100 g de crema a la mantequilla aromatizada con café (→ ver pág. 870)*
- *100 g de chocolate blanco*
- *2 cucharaditas de café liofilizado*
- *100 ml de crema fresca*
- *10 nueces peladas partidas a la mitad*

1 Preparar 20 galletas de almendra con café o comprarlas en la pastelería.

2 Preparar la crema a la mantequilla aromatizada con café y colocarla en una manga con duya del número 10.

3 Poner las galletas de almendra en los huecos de empaques de huevo vacíos. Colocar una bolita de crema a la mantequilla aromatizada con café sobre cada una de las galletas. Luego, colocar los empaques de huevo en el congelador durante 1 hora o en el refrigerador durante 2 horas.

4 Picar finamente el chocolate blanco con un cuchillo.

5 Colocar el café liofilizado en un bol grande. Poner a hervir la crema fresca y luego verterla sobre el café. Mezclar bien y luego añadir el chocolate blanco sin dejar de remover. Si la preparación no está lo suficientemente líquida, agregar una cucharadita de agua caliente.

6 Ensartar cada delicia en la punta de un cuchillo, sumergirla en la mezcla de café y darle vueltas con el mismo cuchillo para que se impregne de café por todos lados. Retirarlas de la mezcla de café y ponerle encima media nuez a cada una.

❼ Colocar las delicias en el refrigerador hasta el momento de servir.

■ **Preparación:** 1 h 30 min ■ **Cocción:** 10 min
■ **Reposo:** 2 h

> **EN ALGUNOS PAÍSES SE LLAMA:**
> Crema: *nata*. Duya: *boquillas*. Refrigerador: *heladera, nevera*.

Duquesas

Para 20 duquesas

- *4 claras de huevo*
- *1 pizca de sal*
- *70 g de almendras en polvo*
- *70 g de azúcar granulada*
- *30 g de harina*
- *60 g de mantequilla*
- *30 g de almendras fileteadas*
- *140 g de praliné*

❶ Precalentar el horno a 220 °C.

❷ Batir las claras de huevo a punto de turrón muy firme junto con la pizca de sal.

❸ En una terrina grande, mezclar las almendras en polvo, el azúcar granulada y la harina. Agregar las claras batidas a esta preparación con movimientos suaves y envolventes, siempre en el mismo sentido, para que las claras no se rompan.

❹ Añadir 30 g de mantequilla derretida, mezclar bien y colocar esta masa en una manga con duya del número 7.

❺ Cubrir dos placas para repostería con papel encerado y, con la manga para repostería, formar en ellas pequeñas bolitas de masa. Espolvorear con las almendras fileteadas. Hornear de 4 a 5 minutos. Con una espátula, desprender las rodajitas de masa.

❻ Derretir el resto de la mantequilla (30 g) y mezclarla con el praliné. Con una cuchara pequeña, bañar con esta mezcla una cara de las duquesas e, inmediatamente, colocar encima otra duquesa.

❼ Juntar de este modo todas las duquesas y ponerlas en un lugar fresco, pero no en el refrigerador, hasta el momento de servir.

■ **Preparación:** 20 min ■ **Cocción:** de 4 a 5 min

> **EN ALGUNOS PAÍSES SE LLAMA:**
> A punto de turrón: *a punto de nieve*. Duya: *boquillas*. Mantequilla: *manteca*. Praliné: *almendras garapiñadas o garrapiñadas*. Refrigerador: *heladera, nevera*.

Petits-fours griegos con miel

Para 25 o 30 petits-fours

- *1/2 naranja bien lavada*
- *125 g de azúcar granulada*
- *100 ml de aceite de cacahuate*
- *50 ml de coñac*
- *250 g de harina*
- *10 g de polvo para hornear*
- *1/2 limón*
- *100 g de miel*
- *1/2 bastoncito de canela*
- *25 o 30 nueces peladas*
- *canela en polvo*

❶ Precalentar el horno a 180 °C.

❷ Rallar la cáscara de la media naranja y exprimirle el jugo. Poner todo, cáscara rallada y jugo, en una terrina. Añadir 75 g de azúcar, el aceite de cacahuate, el coñac, la harina, el polvo para hornear y mezclar bien con una espátula de madera hasta que la preparación esté suave y tenga una consistencia homogénea.

❸ Realizar, con las manos enharinadas, pequeñas croquetas de masa en forma de ciruelas.

❹ Hacer dos incisiones en forma de cruz encima de cada croqueta y acomodarlas sobre una placa para repostería cubierta con papel encerado. Hornear durante 20 minutos y luego dejarlas enfriar.

❺ En una cacerola, mezclar el jugo del medio limón con la miel, el resto del azúcar, el bastoncito de canela y 100 ml de agua. Poner a hervir y, una vez alcanzada la ebullición, cocer durante 10 minutos.

❻ Retirar el bastoncito de canela. Sumergir los petits-fours en este almíbar y luego acomodarlos sobre una fuente.

❼ Decorar cada uno de los petits-fours con media nuez y espolvorear con la canela.

■ **Preparación:** 1 h ■ **Cocción:** 40 min

EN ALGUNOS PAÍSES SE LLAMA:
Cacahuate: *cacahuete, maní.*

Caramelos, chocolates y confites

Caramelos

Caramelos de café

Para 50 o 60 caramelos

- *250 g de azúcar granulada*
- *100 g de crema fresca*
- *2 cucharadas de extracto de café*
- *12 gotas de jugo de limón*
- *aceite de cacahuate*

❶ En una cacerola, mezclar el azúcar, la crema fresca, el extracto de café y las 12 gotas de jugo de limón. Calentar removiendo con una cuchara de madera hasta que el caramelo adquiera un color ámbar oscuro.

❷ Colocar un círculo para tarta sin fondo de 22 cm de diámetro sobre una hoja de papel encerado ligeramente engrasado con aceite. Verter el caramelo encima y dejar que se enfríe un poco.

❸ Retirar el círculo y cortar el caramelo en cuadrados. Envolver estos últimos con papel celofán y guardarlos en un frasco.

caramelos de chocolate:
proceder de la misma manera utilizando 250 g de azúcar granulada, 100 g de crema fresca, 50 g de miel y 50 g de cacao en polvo.

■ **Preparación:** 10 min ■ **Cocción:** de 10 a 12 min

> **EN ALGUNOS PAÍSES SE LLAMA:**
> Cacahuate: *cacahuete, maní.* Crema: *nata.*

Caramelos suaves de mantequilla

Para 50 o 60 caramelos

- *250 g de azúcar granulada*
- *100 ml de leche*
- *80 g de miel*
- *1 vaina de vainilla*
- *150 g de mantequilla*
- *aceite de cacahuate*

❶ En una cacerola, mezclar el azúcar, la leche, la miel y la vaina de vainilla partida en dos y raspada. Poner a hervir a fuego lento removiendo constantemente con una cuchara de madera. Una vez alcanzada la ebullición, añadir la mantequilla, poco a poco, y continuar la cocción a fuego lento, sin dejar de remover, hasta que la preparación adquiera un color dorado oscuro.

❷ Colocar un círculo para tarta sin fondo de 22 cm de diámetro sobre una hoja de papel encerado ligeramente engrasado con aceite. Verter el caramelo encima y dejar que se enfríe un poco.

❸ Retirar el círculo y cortar el caramelo en cuadrados. Envolver estos últimos con papel celofán y guardarlos en un frasco.

■ **Preparación:** 10 min ■ **Cocción:** de 10 a 12 min

EN ALGUNOS PAÍSES SE LLAMA:
Cacahuate: *cacahuete, maní*. Mantequilla: *manteca*.

Chocolate

Cobertura de chocolate

Para 300 g de cobertura, aproximadamente

- *60 g de mantequilla*
- *100 g de azúcar glas*
- *125 g de chocolate negro (amargo)*

❶ Suavizar la mantequilla, luego de haberla cortado en pedacitos.
❷ Cernir el azúcar glas.
❸ Derretir el chocolate en un baño maría, revolviéndolo con una cuchara de madera.
❹ Agregar el azúcar glas en forma de lluvia y luego añadir la mantequilla. Seguir removiendo hasta que la preparación adquiera una consistencia homogénea. Entonces, agregar cinco cucharadas de agua fría poco a poco.

Esta cobertura de chocolate se utiliza tibia para bañar pasteles.

■ **Preparación:** 10 min ■ **Cocción:** alrededor de 5 min

EN ALGUNOS PAÍSES SE LLAMA:
Azúcar glas: *azúcar de repostería, azúcar glasé, azúcar impalpable*. Mantequilla: *manteca*. Pastel: *cake, queque, torta*.

Salsa de chocolate

Para 250 ml de salsa

- *100 g de chocolate negro (amargo)*
- *100 ml de leche*
- *20 g de mantequilla*
- *20 g de azúcar*
- *1 cucharada de crema fresca*

❶ Cortar el chocolate en pedacitos pequeños. Derretirlo junto con la leche y la mantequilla en una cacerola colocada sobre un baño maría.
❷ Una vez que la mezcla esté muy lisa, añadir el azúcar y la crema fresca.
❸ Colocar la cacerola directamente sobre el fuego. Ponerla a hervir sin dejar de revolver y retirarla del fuego en cuanto alcance la ebullición.
❹ Colocar la salsa resultante en una salsera.

■ **Preparación:** 5 min ■ **Cocción:** alrededor de 10 min

EN ALGUNOS PAÍSES SE LLAMA:
Crema: *nata*. Mantequilla: *manteca*.

Trufas de chocolate

Para 20 trufas, aproximadamente

- *300 g de chocolate negro (amargo)*
- *1 cucharada de leche*
- *100 g de mantequilla*
- *2 yemas de huevo*
- *50 ml de crema fresca*
- *125 g de azúcar glas*
- *1 cucharada del licor de su elección (opcional)*
- *250 g de cacao amargo*

❶ Colocar un recipiente en un baño maría y poner en él el chocolate partido en pedacitos. Verterle la leche y mezclar hasta que el chocolate se haya derretido por completo y tenga una textura lisa.

❷ Agregar la mantequilla en pedacitos pequeños, poco a poco para que se incorpore bien.

❸ Añadir las yemas de huevo, una por una, y luego la crema fresca y el azúcar glas. Si se desea, se puede agregar un aromatizante: ron, coñac, Grand Marnier o cualquier otro licor. Batir la preparación durante 5 minutos.

❹ Extender la mezcla sobre una placa cubierta con papel encerado hasta que tenga 2 cm de espesor, aproximadamente, y colocarla en el refrigerador durante 2 horas.

❺ Extender el cacao sobre una charola grande o sobre una placa para repostería. Cortar el contenido de la placa en cuadrados pequeños. Sumergir las manos en el cacao en polvo, tomar un cuadrado, rodarlo entre las manos rápidamente hasta formar una bola y volverlo a colocar de inmediato sobre el cacao. Se debe actuar rápidamente porque si no las trufas se ablandarían.

❻ Cuando ya estén hechas todas las trufas, retirarlas de la placa con el cacao y colocarlas en una ensaladera de cristal grande. Guardarlas en un lugar fresco (que no sea el refrigerador) hasta su consumo.

❼ Recuperar el cacao de la placa y colocarlo en un frasco para otra utilización.

Cada trufa puede presentarse en una cajita de papel plisado.

■ **Preparación:** 30 min ■ **Cocción:** alrededor de 3 min
■ **Reposo:** 2 h

> **EN ALGUNOS PAÍSES SE LLAMA:**
> Azúcar glas: *azúcar de repostería, azúcar glasé, azúcar impalpable.* Charola: *asadera.* Crema: *nata.* Mantequilla: *manteca.* Refrigerador: *heladera, nevera.*

Confites

Cáscaras de naranja confitadas

Para 400 g de cáscaras de naranja confitadas

- *6 naranjas de cáscara gruesa bien lavadas*
- *1 litro de agua*
- *1/2 kg de azúcar*
- *100 ml de jugo de naranja*

❶ Poner a hervir agua en una cacerola. Cortar los dos extremos de las naranjas. Realizar cuatro incisiones en la piel de las mismas con un cuchillo pequeño y retirar la cáscara en cuatro cuartos regulares.

❷ Sumergir las cáscaras en el agua hirviendo durante 1 minuto. Escurrirlas en un colador y enjuagarlas bajo un chorro de agua fría.

❸ Poner a hervir agua en otra cacerola y repetir la operación. Escurrir las cáscaras de naranja sobre un papel absorbente.

❹ En una cacerola grande, verter un litro de agua, añadir el azúcar y el jugo de naranja y poner a hervir.

❺ Una vez alcanzada la ebullición, agregar las cáscaras de naranja, tapar la cacerola y cocer a fuego lento durante 1 hora y 30 minutos. Dejar que las cáscaras de naranja se enfríen dentro del almíbar.

❻ Escurrir las cáscaras de naranja en un colador y luego sobre un papel absorbente. Dejar que se sequen durante algunos minutos antes de colocarlas en un frasco hermético y guardarlas en un lugar fresco.

■ **Preparación:** 2 h ■ **Cocción:** 1 h 30 min

EN ALGUNOS PAÍSES SE LLAMA:
Confitadas: *abrillantadas, cristalizadas, escarchadas, glaseadas.*

Cerezas disfrazadas de "marquesas"

Para 50 cerezas

- *50 cerezas en aguardiente*
- *375 g de fondant (→ ver pág. 1084)*
- *3 cucharadas de kirsch*
- *3 gotas de colorante rojo*
- *azúcar glas*

❶ Escurrir las cerezas en aguardiente (con todo y su rabito) y secarlas con un papel absorbente.

❷ Derretir el fondant en una cacerola pequeña junto con el kirsch, revolviendo con una espátula de madera. Cuando ya esté líquido, retirarlo del fuego y agregarle el colorante rojo, removiendo enérgicamente.

❸ Espolvorear ligeramente una charola con el azúcar glas. Tomar las cerezas por el rabito y sumergirlas en el fondant. Dejar que el exceso del mismo se escurra en la cacerola. Colocar las cerezas sobre la charola y dejar que se sequen.

❹ Poner las cerezas en cajitas de papel.

El fondant también puede utilizarse sin colorante, o bien se puede dar color sólo a la mitad de las cerezas, de manera que queden 25 cerezas rosas y 25 cerezas blancas.

■ **Preparación:** 30 min

> EN ALGUNOS PAÍSES SE LLAMA:
> Azúcar glas: *azúcar de repostería, azúcar glasé, azúcar impalpable.* Charola: *asadera.*

Chabacanos cristalizados

Para 24 cuadrados de pasta

- 2 kg de chabacanos muy maduros
- azúcar para mermelada
- aceite de cacahuate
- azúcar cristalizada

❶ Deshuesar los chabacanos, colocarlos en una olla para mermelada o en una cacerola de acero inoxidable. Cubrirlos con agua y cocerlos, a fuego lento, de 15 a 20 minutos.

❷ Escurrir los chabacanos en un colador ubicado sobre una ensaladera y presionar con una espátula de madera para que la pulpa pase a través del colador. Pesar la pulpa resultante y calcular 1 kg y 200 g de azúcar para mermelada por cada kilo de pulpa.

❸ Colocar la pulpa en la olla o en la cacerola y poner a hervir. Una vez alcanzada la ebullición, agregar la mitad del azúcar y volver a poner a hervir sin dejar de revolver. Entonces, añadir el resto del azúcar, revolviendo sin parar. Cocer a hervores altos de 6 a 7 minutos.

❹ Colocar una hoja de papel encerado engrasada con muy poco aceite sobre la mesa de trabajo y ponerle encima un marco rectangular de madera o un círculo para tarta sin fondo. Verter la preparación, alisar la superficie y dejar enfriar durante aproximadamente 2 horas.

❺ Cortar la pasta de chabacano en cuadrados o en rectángulos y pasarlos por el azúcar cristalizada.

■ **Preparación:** 40 min ■ **Cocción:** 30 min ■ **Reposo:** 2 h

> EN ALGUNOS PAÍSES SE LLAMA:
> Cacahuate: *cacahuete, maní.* Chabacano: *albaricoque, damasco.* Deshuesar: *descarozar.*

Ciruelas disfrazadas

Para 40 ciruelas

- *40 ciruelas pasas semisecas*
- *300 g de pasta para confites de almendra (→ ver receta siguiente)*

❶ Preparar la pasta para confites de almendra utilizando varios colores o utilizar una pasta comercial de almendra.

❷ Luego, proceder igual que con los dátiles rellenos (→ ver pág. 1080).

■ **Preparación:** 40 min

Confites de almendra

Para 1/2 kg de confites de almendra

- *1/2 kg de azúcar granulada*
- *50 g de glucosa (se adquiere en las farmacias)*
- *250 g de almendras en polvo*
- *5 gotas de colorante*
- *azúcar glas*

❶ Poner a hervir el azúcar granulada y la glucosa en 150 ml de agua, hasta que se llegue al punto de "petit boulé" (una gota de almíbar sumergida en agua fría debe formar una bolita blanda al tacto).

❷ Retirar la cacerola del fuego, verterle las almendras en polvo y mezclar enérgicamente con una cuchara de madera hasta que la preparación tenga una consistencia granulosa. Añadir el colorante y dejar que se enfríe.

❸ Espolvorear la mesa de trabajo con azúcar glas. Trabajar la pasta con las manos en pequeñas cantidades hasta que se vuelva esponjosa.

❹ Modelar la pasta de formas diferentes. Iniciar siempre formando cilindros pequeños de 3 o 4 cm de diámetro y cortarlos en pedacitos regulares. Rodar cada pedacito hasta formar una bola con la palma de las manos y darle la forma de una cereza, de una fresa o de cualquier otra cosa.

■ **Preparación:** 25 min ■ **Cocción:** 15 min

EN ALGUNOS PAÍSES SE LLAMA:
Azúcar glas: *azúcar de repostería, azúcar glasé, azúcar impalpable.* Fresa(s): *fresón, frutillas, madroncillo.*

Dátiles rellenos

Para 20 dátiles

- 20 dátiles grandes
- 150 g de pasta de almendra verde
- 125 g de azúcar
- aceite de cacahuate

❶ Abrir los dátiles con un cuchillo pequeño, sin que se partan en dos, y retirarles el hueso.

❷ Cortar la pasta de almendra en 20 pedazos iguales y darles la forma de una aceituna, rodándolos entre las palmas de las manos. Poner cada "aceituna" de pasta de almendra dentro de cada dátil. Hacer algunas incisiones con la punta de un cuchillo en la superficie de los dátiles.

❸ En una cacerola, diluir el azúcar con tres cucharadas de agua. Ponerla a hervir y, una vez alcanzada la ebullición, cocer hasta el punto de "grand cassé". Para reconocer este punto, es necesario dejar caer una gota del almíbar en un bol pequeño con agua fría. El almíbar debe ponerse duro y partirse con facilidad.

❹ Ensartar cada dátil relleno en una aguja para coser (o en un tenedor para fondue o en la punta de un cuchillo), sumergirlo en el almíbar y luego acomodarlo en una charola engrasada con aceite.

❺ Posteriormente, presentar los dátiles rellenos en cajitas de papel.

■ **Preparación:** 40 min

> **EN ALGUNOS PAÍSES SE LLAMA:**
> Cacahuate: *cacahuete, maní.* Charola: *asadera.* Hueso: *carozo.*

Dulces de membrillo

Para 40 o 50 dulces de membrillo

- 1 kg de membrillos
- 600 o 700 g de azúcar granulada
- 2 limones bien lavados
- aceite de cacahuate
- azúcar cristalizada
- 200 ml de agua

❶ Lavar y pelar los membrillos, cortarlos en pedazos de 2 a 3 cm luego de haberles quitado el corazón y las semillas.

❷ Colocar los pedazos de membrillo en una cacerola o en una olla para mermelada. Agregar 200 ml de agua y la cáscara de los dos limones. Cocer a fuego lento hasta que las frutas se hayan convertido en puré.

❸ Pesar el puré resultante y agregar 1/2 kg de azúcar por cada 1/2 kg de puré. Mezclar y volver a cocer de 5 a 6 minutos, espumando de vez en cuando. Para verificar el grado de cocción, retirar una cucharita de dulce y verterla sobre un plato frío. Si el dulce no está lo suficientemente firme, y todavía está algo líquido, continuar la cocción 1 o 2 minutos más.

④ Colocar el dulce sobre una placa con borde o sobre una charola cubierta con papel encerado engrasado con aceite, de manera que alcance un espesor de 1.5 a 2 cm. Dejar que el dulce se endurezca de 3 a 4 horas en un lugar fresco, fuera del refrigerador.

⑤ Luego, cortar cuadrados de dulce de aproximadamente 2 cm de lado y pasarlos por el azúcar cristalizada.

⑥ Guardar los cuadrados de dulce de membrillo en un frasco hermético donde se conservarán de 5 a 8 días.

■ **Preparación:** 40 min ■ **Cocción:** alrededor de 25 min

■ **Reposo:** de 3 a 4 h

> **EN ALGUNOS PAÍSES SE LLAMA:**
> Cacahuate: *cacahuete, maní.* Charola: *asadera.* Quitar las semillas: *despepitar.* Refrigerador: *heladera, nevera.*

Gajos de naranja glaseados

Para 200 g de gajos de naranja

- *2 naranjas bien lavadas*
- *250 g de azúcar*
- *azúcar glas*

① Precalentar el horno a 250 °C.

② Pelar las naranjas y retirarles cuidadosamente todos los filamentos blancos de la piel, sin atravesar la película que rodea los gajos. Separar estos últimos, colocarlos en una charola y dejarlos secar de 10 a 15 minutos en la puerta del horno.

③ Colocar el azúcar en una cacerola con 1/2 litro de agua y realizar un almíbar a punto de "grand cassé" (una gota de almíbar sumergida en agua fría debe volverse dura y partirse con facilidad).

④ Espolvorear la mesa de trabajo con el azúcar glas. Ensartar los gajos secos de naranja en una aguja y sumergirlos en el almíbar. Mezclar bien, luego escurrirlos y acomodarlos sobre el azúcar glas.

⑤ Cuando los gajos de naranja se hayan enfriado por completo, colocarlos en cajitas de papel.

■ **Preparación:** 30 min

> **EN ALGUNOS PAÍSES SE LLAMA:**
> Azúcar glas: *azúcar de repostería, azúcar glasé, azúcar impalpable.* Charola: *asadera.*

Mazapanes

Para 24 mazapanes

- *1/2 kg de pasta de almendras*
- *1 cucharadita de agua de azahar*
- *1 cucharadita de extracto de vainilla*
- *2 o 3 gotas de extracto de almendras amargas*
- *250 g de glasé real (→ ver pág. 1085)*
- *azúcar glas*

❶ Mezclar la pasta de almendras con el agua de azahar, el extracto de vainilla y el extracto de almendras amargas.
❷ Precalentar el horno a 120 °C.
❸ Preparar el glasé real.
❹ Espolvorear la mesa de trabajo con azúcar glas y extender la pasta de almendras hasta que tenga 1 cm de espesor. Con un pincel, barnizar la pasta de almendras con una película de aproximadamente 1 mm de glasé real.
❺ Con un sacabocados, cortar formas diferentes de la pasta (cuadrados, círculos, etc.). Acomodar los mazapanes en una placa para repostería cubierta con una hoja de papel encerado. Hornearlos 5 o 6 minutos para que se sequen un poco.

> Se puede utilizar pasta de almendras de diferentes colores.

■ **Preparación:** 15 min ■ **Cocción:** 5 o 6 min

EN ALGUNOS PAÍSES SE LLAMA:
Azúcar glas: *azúcar de repostería, azúcar glasé, azúcar impalpable.*

Azúcar

Caramelo: técnica y utilización

Para 100 g de caramelo

- *100 g de azúcar en terrones o de azúcar granulada*
- *2 cucharadas de agua*
- *jugo de limón o vinagre blanco de alcohol*

❶ Escoger una cacerola pequeña de acero inoxidable.
❷ Disolver en ella el azúcar con el agua a fuego muy bajo.
❸ Cuando se haya disuelto por completo, subir un poco la intensidad del fuego, vigilando el grado de cocción. No se debe remover, pero, de vez en cuando, hay que inclinar un poco la cacerola para homogeneizar el color y distribuir uniformemente el calor.
❹ El caramelo claro se obtiene a una temperatura que ronda entre 150 y 160 °C. Verter una cucharada del almíbar sobre un plato blanco: el caramelo debe tener un color miel pálido.

⑤ Para que el caramelo continúe líquido durante más tiempo, agregar media cucharadita de vinagre o un chorrito de jugo de limón por cada 100 g de azúcar.

⑥ Una vez que el caramelo haya adquirido un color caoba, agregar un poquito de agua fría con mucho cuidado para interrumpir la cocción: una parte del almíbar se solidifica de inmediato. En ese caso, se lo puede utilizar como aromatizante disolviéndolo nuevamente, a fuego lento, sobre la flama de la estufa.

Para caramelizar un molde

❶ Si el molde puede colocarse sobre el fuego, verterle 80 g de azúcar en terrones humedecidos con agua (para una flanera de 22 cm de diámetro). Colocarlo sobre la estufa a fuego medio y vigilar el grado de cocción.

❷ Una vez que el caramelo haya adquirido el color deseado, retirar el molde del fuego e inclinarlo para que el caramelo lo cubra por completo. Dejar el molde boca abajo para que se enfríe y se evite la formación de depósitos de caramelo.

(En caso de que el molde no pueda ponerse directamente al fuego, calentar el azúcar en una cacerola pequeña y, al mismo tiempo, colocar el molde vacío en el horno caliente para que el caramelo no se solidifique una vez que esté listo. Verter el caramelo en el molde e inclinar este último para que el caramelo se distribuya de manera uniforme.)

Para glasear frutas con caramelo (fresas, cerezas, uvas)

Calcular un terrón de azúcar del número 3 por cada fruta. Ensartar las frutas en un palillo para brocheta de madera y sumergirlas, una por una, en el caramelo claro.

Para caramelizar choux

Utilizar un caramelo claro con vinagre (un terrón de azúcar del número 3 por cada choux). Sumergir los choux, uno por uno, y luego dejar que se enfríen sobre una parrilla.

■ **Preparación:** 2 min ■ **Cocción:** de 8 a 12 min

EN ALGUNOS PAÍSES SE LLAMA:

Estufa: *cocina* (dispositivo o aparato en el que se hace fuego o produce calor para guisar los alimentos). Fresa(s): *fresón, frutillas, madroncillo*.

Azúcar a la vainilla

Para 250 g de azúcar

- *4 vainas de vainilla*
- *250 g de azúcar granulada*

❶ Abrir y raspar el interior de las vainas de vainilla y agregar todo al azúcar.
❷ Colocar el azúcar a la vainilla en un frasco, agitarlo bien para que se mezcle y cerrar herméticamente.

■ **Preparación:** 5 min

Azúcar con canela

Para 30 g de azúcar, aproximadamente

- *1 bastoncito de canela*
- *3 cucharadas de azúcar granulada*

❶ Picar el bastoncito de canela junto con una cucharada de azúcar y luego machacar todo en la licuadora o en un mortero junto con otra cucharada de azúcar granulada.
❷ Pasar todo por un colador de malla muy delgada.
❸ Volver a machacar, con la tercera cucharada de azúcar, la canela que no haya traspasado el colador.

■ **Preparación:** 10 min

Fondant

Para 1/2 kg de fondant

- *450 g de azúcar en terrones*
- *20 g de glucosa (se adquiere en las farmacias)*
- *2 cucharadas de agua*
- *aceite de cacahuate*

❶ En una cacerola, calentar el azúcar, la glucosa y el agua. Dejar que el almíbar hierva hasta el punto de "petit boulé" (una gota de almíbar sumergida en agua fría debe formar una bolita blanda al tacto).
❷ Engrasar con aceite la mesa de trabajo. Verter el almíbar y dejar que se enfríe un poco. Trabajarlo con una espátula, reuniéndolo varias veces sobre sí mismo, hasta que se vuelva liso y blanco.
❸ Colocar el fondant en un frasco hermético o en un bol tapado con una película plástica autoadherente y guardarlo en el refrigerador.

El fondant puede encontrarse listo para usarse en los negocios especializados en repostería. Para recalentarlo, basta con ponerlo en una ensaladera sobre un baño maría. Agregarle el aromatizante o el colorante de su elección y mezclar cuando el fondant esté líquido.

■ **Preparación:** 10 min ■ **Cocción:** 5 min

EN ALGUNOS PAÍSES SE LLAMA:
Cacahuate: *cacahuete, maní.* Refrigerador: *heladera, nevera.*

Glasé real

Para 250 g de glasé real

- *225 g de azúcar glas*
- *1/2 limón*
- *1 clara de huevo*

❶ En una terrina, colocar el azúcar glas, agregarle algunas gotas de jugo de limón y la clara de huevo. Revolver con el batidor manual hasta que la mezcla tenga una consistencia muy homogénea y lo suficientemente densa como para distribuirse sin que escurra.

❷ Cubrir el pastel con este glasé.

El glasé real sólo puede realizarse en grandes cantidades, pero lo que no se consuma puede conservarse en la parte de arriba del refrigerador, de 10 a 12 días como máximo, dentro de un bol bien tapado con una película plástica autoadherente.

■ **Preparación:** 5 min

> EN ALGUNOS PAÍSES SE LLAMA:
> Azúcar glas: *azúcar de repostería, azúcar glasé, azúcar impalpable.* Pastel: *cake, queque, torta.* Refrigerador: *heladera, nevera.*

Miel de casis

Para 750 ml de miel

- *2 kg de casis*
- *azúcar*

❶ Desgranar y lavar los casis. Luego moler los granos con el pasapuré. Cubrir un colador con un trapo limpio y delgado, colocarlo sobre una ensaladera y verter el puré de casis. Dejar que se escurra el jugo durante 3 o 4 horas.

❷ Pesar el jugo resultante y calcular 750 g de azúcar por cada 1/2 kg de jugo. Verter este último en una cacerola, agregarle el azúcar y calentarlo sin dejar de remover hasta que el azúcar se haya disuelto por completo.

❸ La miel debe estar a punto de "petit filé" (sumergir los dedos en agua fría y luego en la miel: se debe formar un filamento entre los dedos cuando se separen). Espumar y verter la miel en una botella previamente hervida.

❹ Cerrar la botella y guardarla en un lugar oscuro.

■ **Preparación:** 20 min ■ **Escurrimiento:** de 3 a 4 h
■ **Cocción:** alrededor de 10 min

> EN ALGUNOS PAÍSES SE LLAMA:
> Pasapuré: *machacador, pisapapas, pisapuré.* Trapo: *paño, repasador, toalla o trapo de cocina.*

Miel de moras

Para 750 ml de miel

- *1 y 1/2 kg de moras*
- *azúcar granulada*

❶ Escoger y limpiar las mejores moras y quitarles el rabito. Pesarlas y colocarlas en un recipiente hondo con un vaso de agua por cada kilogramo de frutas limpias. Dejar macerando de esta manera durante al menos 12 horas a temperatura ambiente.

❷ Moler las frutas con el pasapuré o en la licuadora y verter el puré resultante en un trapo. Retorcer este último de las dos puntas como para hacer una especie de bolsa. Luego, colocarlo encima de una ensaladera y seguir retorciendo de cada lado para extraer la máxima cantidad de jugo.

❸ Pesar el jugo resultante. Verterlo en una cacerola y agregar 800 g de azúcar por cada 1/2 kg de jugo. Calentar hasta que hierva y, una vez alcanzada la ebullición, cocer durante 10 minutos.

❹ Verter la miel en una botella previamente hervida. Cerrar la botella y guardarla en un lugar fresco y oscuro.

miel de grosella o de frambuesa:
proceder de la misma manera sustituyendo las frutas.

■ **Preparación:** 25 min ■ **Maceración:** 12 h
■ **Cocción:** 15 min

EN ALGUNOS PAÍSES SE LLAMA:

Pasapuré: *machacador, pisapapas, pisapuré.* Trapo: *paño, repasador, toalla o trapo de cocina.*

Miel de naranja

Para 750 ml de miel

- *2 kg de naranjas bien lavadas*
- *azúcar granulada*

1 Pelar finamente y separar la cáscara de dos de las naranjas. Luego pelarlas todas.

2 Machacar la pulpa con el pasapuré y luego pasarla por un colador de malla fina.

3 Pesar el jugo resultante. Agregar 800 g de azúcar por cada 1/2 kg de jugo.

4 Poner todo en una cacerola y cocer de 2 a 3 minutos, espumando de manera frecuente.

5 Cubrir con una muselina el fondo de un colador y colocarlo sobre una ensaladera. Poner en el colador las cáscaras de naranja que se habían separado. Verter la miel hirviendo sobre las cáscaras de naranja para que la miel se impregne de su perfume.

6 Dejar que esta miel se enfríe por completo antes de colocarla en una botella previamente hervida. Cerrar la botella y guardarla en un lugar fresco y oscuro.

■ **Preparación:** 40 min ■ **Cocción:** de 2 a 3 min

En algunos países se llama:
Pasapuré: *machacador, pisapapas, pisapuré.*

Volumen y capacidad

	Volumen	Peso
1/2 cucharadita	5 ml	5 g (café, sal, azúcar, tapioca), 3 g (fécula de maíz)
1 cucharadita	10 ml	
1 cucharada	15 ml	5 g (queso rallado), 8 g (cacao, café, pan molido), 12 g (harina, arroz, sémola, crema fresca), 15 g (azúcar en polvo, mantequilla)
1 tacita de café	100 ml	
1 taza de té	de 120 a 150 ml	
1 tazón	350 ml	225 g de harina, 320 g de azúcar en polvo, 300 g de arroz 260 g de chocolate en polvo
1 plato sopero	de 250 a 300 ml	
1 copa de licor chica	de 25 a 30 ml	
1 copa de licor grande	de 50 a 60 ml	
1 copa de vino tinto	de 100 a 150 ml	
1 taza grande	250 ml	150 g de harina, 220 g de azúcar en polvo, 200 g de arroz, 190 g de sémola, 170 g de cacao
1 vaso chico	150 ml	100 g de harina 140 g de azúcar en polvo, 125 g de arroz, 110 g de sémola, 120 g de cacao, 120 g de pasitas

Peso: equivalencia de medidas de volumen

5 oz	30 g
1/4 lb	125 g
1/3 lb	150 g
1/2 lb	250 g
3/4 lb	375 g
1 lb	500 g

Capacidad: equivalencia de medidas de volumen

5 ml	0.5 cl
15 ml	1.5 cl
1/4 de taza	50 ml
1/3 de taza	75 ml
1/2 taza	130 ml
2/3 de taza	150 ml
3/4 de taza	180 ml
4/5 de taza	200 ml
1 taza	250 ml

Tabla indicativa de temperaturas

Termostato	Temperatura	Calor
1	de 100 °C a 120 °C	apenas tibio
2	de 120 °C a 140 °C	tibio
3	de 140 °C a 160 °C	medio bajo
4	de 160 °C a 180 °C	medio
5	de 180 °C a 200 °C	moderado
6	de 200 °C a 220 °C	medio alto
7	de 220 °C a 240 °C	caliente
8	de 240 °C a 260 °C	muy caliente
9	de 260 °C a 280 °C	alto
10	de 280 °C a 300 °C	muy alto

Estas indicaciones son válidas para un horno eléctrico tradicional. Para los hornos de gas o eléctricos por convección, remitirse a lo señalado por el fabricante.

Este libro se terminó de imprimir en agosto de 2014
en Quad/Graphics Querétaro, S. A. de C. V.,
Fracc. Agro Industrial La Cruz El Marqués,
Querétaro, México.